ÖFFENTLICHES RECHT

Staats- und Europarecht

Studienbuch für den Bachelorstudiengang mit praktischen Übungen und Lösungen

4. vollständig überarbeitete und erweiterte Auflage

von
Heinz-Joachim Pabst

Verlag Bernhardt-Witten · 58456 Witten

Bibliografische Information der Deutschen Bibliothek

Die Deutsche Bibliothek verzeichnet diese Publikation in der Deutschen Nationalbibliografie; detaillierte bibliografische Daten sind im Internet über http://dnb.ddb.de abrufbar.

Verlag: Bernhardt-Witten, Bruchstr. 33, 58456 Witten
☎ 02302-71713, Telefax 02302-77126
E-Mail: mail@bernhardt-witten.de
Internet: www.bernhardt-witten.de

Satz: Schreibservice Bernhardt, Witten

Druck: inprint druck und service, Erlangen

Vorwort zur 4. Auflage

Mit der vierten Auflage wird aktuelle Rechtsprechung eingearbeitet und der Kreis der Beispiel- und Übungsfälle erweitert. Zugleich habe ich die vierte Auflage zur kritischen Durchsicht der bisherigen Texte genutzt.

Im Übrigen gilt im Vorwort zur ersten Auflage Gesagte unverändert fort. Weiter so!

Köln, im August 2017 Heinz-Joachim Pabst

Vorwort zur 1. Auflage

Staatsrecht macht Spaß!

Diese Überzeugung will das vorgelegte Buch bei den allen Studierenden, die sich mit dem Staatsrecht und dem Europarecht befassen müssen, wecken.

Seit dem Jahr 2010 wird die Ausbildung im Bereich Allgemeine Verwaltung an der FHöV NRW mit dem Bachelor abgeschlossen. Mit dem vorliegenden Werk sollen die Inhalte der neu gestalteten Fächer Staatsrecht und Europarecht kompakt aufgearbeitet werden. Das Buch folgt dem Curriculum der Studiengänge. Die zahlreichen Beispiele, Beispielfälle und Merke-Hinweise mögen zum Verständnis und zur Erläuterung beitragen.

Ich bitte all diejenigen um Verzeihung, die erwarten, dass jede Funktion in männlicher und weiblicher Form wiedergegeben wird; meinem schlichten männlichen Gemüt und der Diktion vor allem des Grundgesetzes folgend habe ich mich anstelle gendergerechter Sprache weit überwiegend für die männliche Form entschieden. Sollte jemand hieran Anstoß nehmen, drohe ich hiermit an, evtl. in späteren Fassungen des Werkes die Bezeichnungen in bunter Reihe zu wählen.

Eine Empfehlung zur Verwendung des Buches: Wer Spaß daran hat, kann den Hinweisen auf die staatsrechtliche Literatur und insb. auf die höchstrichterliche Rechtsprechung folgen; gerade letztere einmal im Original zu lesen, macht Freude und vertieft die Rechtskenntnis.

Die verwendete Rechtsprechung aus der Amtlichen Sammlung des Bundesverfassungsgerichts („BVerfGE") kann zu 99 % abgerufen werden unter http://www.verfassungsrecht.ch. Die verwendete Rechtsprechung des EuGH kann abgerufen werden unter curia.europa.eu.

Anregungen, Lob, Kritik und Hinweise sind jederzeit ausdrücklich erwünscht. Nachrichten können gerichtet werden an

steur-haudrauf@web.de

Und nun viel Freude beim Lesen und Arbeiten!

Köln, im Dezember 2014 Heinz-Joachim Pabst

Zur Person

Der Verfasser ist hauptamtlich Lehrender an der Fachhochschule für öffentliche Verwaltung NRW, Abt. Köln. Er lehrt dort Staatsrecht, Europarecht und besonderes Verwaltungsrecht. Zugleich ist er Privatdozent an der Rechtswissenschaftlichen Fakultät der Universität zu Köln mit der Lehrbefugnis für die Fächer Öffentliches Recht, Europarecht und Sozialrecht. Er ist im zivilen Leben verheiratet, Vater zweier Söhne und Hundebesitzer.

Inhaltsverzeichnis mit Gliederung

Abkürzungsverzeichnis

aA	andere/r Ansicht
aaO	am angegebenen Ort
abgedr.	abgedruckt
abl.	ablehnend
ABl.	Amtsblatt
ABlEG	Amtsblatt der Europäischen Gemeinschaften
ABlEU	Amtsblatt der Europäischen Union (ab 1.2.2003)
Abs.	Absatz
Abschn.	Abschnitt
Abw.	abweichend
aE	am Ende
ÄndG	Änderungsgesetz
aF	alte Fassung
allg.	allgemein
Alt.	Alternative
aM	anderer Meinung
amtl.	amtlich
Anh.	Anhang
Anm.	Anmerkung
arg.e.	argumentum ex (= Argument aus)
Art.	Artikel
Aufl.	Auflage
Az.	Aktenzeichen
BAG	Bundesarbeitsgericht
BAGE	Amtliche Sammlung der Entscheidungen des Bundesarbeitsgerichts
BayObLG	Bayerisches Oberstes Landesgericht
Bd.	Band
Begr.	Begründung
ber	berichtigt
Beschl.	Beschluss
BFH	Bundesfinanzhof
BGB	Bürgerliches Gesetzbuch
BGBl.	Bundesgesetzblatt
BGH	Bundesgerichtshof
BGHZ	Amtliche Sammlung der Entscheidungen des Bundesgerichtshofs in Zivilsachen
BGHSt	Amtliche Sammlung der Entscheidungen des Bundesgerichtshofs in Strafsachen
bspw.	beispielsweise
BR	Bundesrat
BR-Drs.	Bundesratsdrucksache
BReg	Bundesregierung
BSG	Bundessozialgericht
BT	Bundestag
BT-Drs.	Bundestagsdrucksache
BVerfG	Bundesverfassungsgericht
BVerfGE	Amtliche Sammlung der Entscheidungen des Bundesverfassungsgerichts
BVerwG	Bundesverwaltungsgericht
BVerwGE	Amtliche Sammlung der Entscheidungen des Bundesverwaltungsgerichts

bzgl.	bezüglich
bzw.	beziehungsweise
Ca.	circa
d.	des
ders.	derselbe
dh	das heißt
dies.	dieselbe/n
DRiZ	Deutsche Richter-Zeitung
Dt.	Deutsche, Deutscher
DVBl	Deutsches Verwaltungsblatt
DVO	Durchführungsverordnung
ebd.	ebenda
EG	Europäische Gemeinschaft(en)
Einf.	Einführung
EingV	Einigungsvertrag
Einl.	Einleitung
Erg., erg.	Ergänzung; ergänzend
Erl.	Erläuterung
EuG	Europäisches Gericht 1. Instanz
EuGH	Gerichtshof der Europäischen Gemeinschaften
EuZW	Europäische Zeitschrift für Wirtschaftsrecht
EWG	Europäische Wirtschaftsgemeinschaften
f.	folgende
ff.	fortfolgende
Fn.	Fußnote
GBl	Gesetzblatt
Gem.	gemäß
GO	Geschäftsordnung
GOBR	Geschäftsordnung des Bundesrates
GOBReg	Geschäftsordnung der Bundesregierung
GOBT	Geschäftsordnung des Bundestages
ggf.	gegebenenfalls
grdl.	grundlegend
grds.	grundsätzlich
GVBl.	Gesetz- und Verordnungsblatt
hA	herrschende Ansicht
Hdb.	Handbuch
HessVerf	Hessische Verfassung
hL	herrschende Lehre
hM	herrschende Meinung
Hrsg.	Herausgeber
Hs.	Halbsatz
idF	in der Fassung
idR	in der Regel
iE	im Ergebnis

ieS	im engeren Sinne
int	international
iSd	im Sinne des
iSv	im Sinne von
iÜ	im Übrigen
iVm	in Verbindung mit
Jb	Jahrbuch
JuS	Juristische Schulung
JZ	Juristenzeitung
Kap.	Kapitel
Komm.	Kommentar
Krit.	kritisch
lat.	lateinisch
Ls.	Leitsatz
LG	Landgericht
lit	Buchstabe
Lit.	Literatur
LVerf	Landesverfassung
MDHS	Maunz/Dürig/Herzog/Scholz uA (Herausgeber), Kommentar zum Grundgesetz
mwN	mit weiteren Nachweisen
nF	neue Fassung
NJW	Neue Juristische Wochenschrift
NJW-RR	Neue Juristische Wochenschrift - Rechtsprechungsreport
NVwZ	Neue Zeitschrift für Verwaltungsrecht
NVwZ-RR	Neue Zeitschrift für Verwaltungsrecht - Rechtsprechungsreport
Nr.	Nummer
NRW	Nordrhein-Westfalen
NZM	Neue Zeitschrift für Mietrecht
NStZ	Neue Zeitschrift für Strafrecht
o.a.	oben angegeben, -e, -er
OLG	Oberlandesgericht
RefE	Referentenentwurf
RegE	Regierungsentwurf
RGBl	Reichsgesetzblatt
Rh.-Pfl.	Rheinland-Pfalz
RL	Richtlinie
Rn.	Randnummer
Rs.	Rechtssache
Rspr	Rechtsprechung
S.	Seite, Satz
SG	Sozialgericht
Slg.	Amtliche Sammlung der Rechtsprechung des Europäischen Gerichtshofs
so	siehe oben

sog.	so genannte/n
StGB	Strafgesetzbuch
str.	streitig
stRSpr	ständige Rechtsprechung
su	siehe unten
ua	unter anderem; und andere
uÄ	und Ähnliche(s)
UAbs.	Unterabsatz
umstr.	umstritten
Urt.	Urteil
usw	und so weiter
uU	unter Umständen
v.	von, vom
Var.	Variante
Verf.	Verfasser, Verfassung
VerfGH	Verfassungsgerichtshof
VG	Verwaltungsgericht
vgl.	vergleiche
VO	Verordnung
Vorb.	Vorbemerkung
VVdStRL	Veröffentlichungen der Vereinigung deutscher Staatsrechtslehrer
WuM	Wohnungswirtschaft und Mietrecht
zB	zum Beispiel
zit.	zitiert
ZRP	Zeitschrift für Rechtspolitik
zT	zum Teil
zust.	zustimmend
zutr.	zutreffend

Auswahl der verwendeten Literatur

Callies/Ruffert, EUV/AEUV Kommentar, 5. Auflage 2016

Degenhart, Staatsrecht I, 31. Auflage 2015

Dolzer (Hrsg.), Bonner Kommentar zum Grundgesetz, 179. Erg.-Lfg. 2016

Epping/Hillgruber (Hrsg.), Beck Online-Kommentar Grundgesetz, Stand 2016

Gröpl, Staatsrecht I, 7. Auflage 2015

Ipsen, Staatsrecht I, 27. Auflage 2015

Jarass/Pieroth, Grundgesetz, Kommentar, 14. Auflage 2016

Katz, Staatsrecht, 18. Auflage 2010

Mangoldt v./Klein/Starck (Hrsg.), Grundgesetz, Kommentar, 6. Auflage 2010

Manssen, Staatsrecht II, 13. Auflage 2016

Maunz/Dürig/Herzog/Scholz uA, Grundgesetz, Kommentar, 77. Erg.-Lfg. 2016 (abgekürzt: MDHS)

Maunz/Schmidt-Bleibtreu/Klein/Bethge, Bundesverfassungsgerichtsgesetz, Kommentar, 48. Erg.-Lfg. 2016

Maurer, Staatsrecht I, 6. Auflage 2010

Münch, v./Kunig, Grundgesetz, Kommentar, 6. Auflage 2012

Oppermann/Classen/Nettesheim, Europarecht, 7. Auflage 2016

Pieroth/Schlink/Kingreen/Poscher, Staatsrecht II, 31. Auflage 2015

Sachs, Grundgesetz, Kommentar, 7. Auflage 2014

Schöbener, Allgemeine Staatslehre, 3. Auflage 2016

Schroeder, Grundrechte, 4. Auflage 2016

Sodan, Grundgesetz, Kommentar, 3. Auflage 2015

Streinz, Europarecht, 10. Auflage 2016

1. Teil: Staatsrecht

Kapitel 1: Einführung

A Bestimmung des Gegenstandes „Staatsrecht"

Dem Thema „Staat" kann man sich aus verschiedener Sicht nähern. Der Staat ist nicht über nur Gegenstand der rechtswissenschaftlichen Auseinandersetzung, sondern zugleich bspw. der politikwissenschaftlichen oder der volkswirtschaftlichen Sicht zugänglich. Bei allen denkbaren Überschneidungen steht die rechtswissenschaftliche Sicht auf das Staatsrecht im Vordergrund, die zum einen das Staatsrecht in der Gesamtrechtsordnung der Bundesrepublik verortet und zugleich die unerlässliche Positionierung ggü. dem supranationalen Recht, dem Völkerrecht und vor allem dem Europarecht, vornimmt.

I. Der Begriff des Staatsrechts

Die deutsche Rechtsordnung ist geprägt von der Unterscheidung zwischen dem **öffentlichen Recht** und dem **Privatrecht**. Ungeachtet der verschiedenen Theorien zur Abgrenzung zwischen Privatrecht und öffentlichem Recht[1] gehört das Staatsrecht dem öffentlichen Recht an.

Als Staatsrecht wird die Gesamtheit aller Normen begriffen, die die **fundamentalen Grundlagen** der staatlichen Ordnung sowie den Aufbau und die Organisation des Staates, dessen Funktionen und Aufgaben betreffen. Geregelt werden die Kreation und die Funktion der obersten Staatsorgane sowie das Verhältnis des Menschen und der Gesellschaft zum Staat hinsichtlich der gegenseitigen Rechte und Pflichten. Der föderalen Ordnung der Bundesrepublik geschuldet regelt das deutsche Staatsrecht zugleich das Verhältnis des Bundes und der Länder untereinander.

Parallel zum Begriff des Staatsrechts existiert der Begriff des **Verfassungsrechts**, der für sich regelmäßig in die Bereiche des materiellen und des formellen Verfassungsrechts unterteilt wird. Das **formelle Verfassungsrecht** beschreibt die eigentliche **Verfassungsurkunde**, somit für die Bundesrepublik Deutschland das Grundgesetz (GG). Dabei wird aus der Verfassung heraus häufig auf Normen außerhalb der Verfassung verwiesen, die vom Gesetzgeber zu erlassen sind und nähere Bestimmungen zu den jeweiligen Fragestellungen der betreffenden Verfassungsrechtnorm enthalten (vgl. etwa Art. 38 Abs. 3 GG).

Das **materielle Verfassungsrecht** ist dabei nach überwiegender Ansicht deckungsgleich mit dem Begriff des Staatsrechts, da beide Begriffe alle Normen umfassen, die neben dem Text des Grundgesetzes auch die übrigen staats(organ)bezogenen Normen – oder auch das „außerverfassungsrechtliche Staatsrecht[2] – betreffen.[3]

---

1 Vgl. hierzu nur *Katz*, Staatsrecht, Rn. 12 ff.

2 Vgl. *Gröpl*, Staatsrecht I, Rn. 120.

3 Vgl. hierzu insgesamt *Ipsen*, Staatsrecht I, Rn. 17 ff.

Beispiel:
Bundeswahlgesetz (BWahlG), (Bundes-)Abgeordnetengesetz (AbgG), Bundesministergesetz (BMinG), Gesetz über parlamentarische Untersuchungsausschüsse (PUAG), Parteiengesetz (PartG), Staatsangehörigkeitsgesetz (StAG), Bundesverfassungsgerichtsgesetz (BVerfGG)

Es kann insoweit auch – untechnisch – von „politischen Gesetzen" gesprochen werden. Die betreffenden Gesetze konkretisieren zumeist die in der Verfassung notwendiger Weise allgemein gehaltenen Aussagen zu dem jeweiligen Rechtsgebiet.

II. Der Begriff des Staates

Mit dem Begriff des Staatsrechts ist allerdings noch nicht geklärt, was der Staat überhaupt ist. Üblicher Weise nähert man sich dem Staatsbegriff aus der Warte des Völkerrechts, also der Gesamtheit der Prinzipien und Regeln, die das Verhältnis von Völkerrechtssubjekten untereinander betreffen, wobei Völkerrechtssubjekte Träger von völkerrechtlichen Rechten und Pflichten sind. Zu diesen Völkerrechtssubjekten zählen neben internationalen Organisationen (etwa das Internationale Komitee vom Roten Kreuz) überwiegend Staaten, die aus völkerrechtlicher Sicht durch **drei Elemente** geprägt sind, ein **Staatsgebiet**, ein **Staatsvolk** sowie **Staatsgewalt**[4].

Das Staatsgebiet bestimmt sich über denjenigen Teil der **Erdoberfläche**, für den der jeweilige Staat räumlich Geltung beansprucht. Das Staatsvolk bezeichnet die Gesamtheit von Personen, die über ihre Staatsangehörigkeit dem jeweiligen Staat zugeordnet ist. Zentralbegriff der Drei-Elemente-Lehre ist die Staatsgewalt, also die umfassende und alleinige Herrschaftsmacht eines Staates bezogen auf das Staatsgebiet und das Staatsvolk. Merkmal der Staatsgewalt ist vornehmlich das Recht, aus sich selbst heraus – also ohne gesonderte Ermächtigung – verbindliche Regeln aufzustellen und Entscheidungen zu treffen. Zu beachten ist allerdings, dass in einem Verfassungsstaat wie der Bundesrepublik Deutschland diese Entscheidungsgewalt nur im Rahmen der Verfassung ausgeübt werden darf.[5]

Die bundesstaatliche Ordnung der Bundesrepublik bedingt es zudem, dass Staatsgewalt entsprechend der **Kompetenzverteilung** zwischen Bund und Ländern auch auf Ebene der Bundesländer ausgeübt wird; damit haben die Länder aber entsprechend der Drei-Elemente-Lehre zugleich Staatsqualität neben dem Bund.[6]

---

4 Sog. „Drei-Elemente-Lehre", zurückgehend auf *Jellinek*, Allgemeine Staatslehre, 3. Aufl. 1913, Neudruck 1976, S. 394 ff.

5 Vgl. *Degenhart*, Staatsrecht I, Rn. 3 ff.

6 Dazu unten Kap. 2 A I.

Daneben wird der Staat auch in seiner Funktion als juristische Person des öffentlichen Rechts beschrieben,[7] und zwar, da er sich über das von ihm beherrschte Territorium definiert, als **Gebietskörperschaft**. Merkmal der juristischen Personen ist es, dass sie nur über ihre Organe, für den Staat also insbesondere die Staatsorgane, wie etwa die Regierung, aber auch über Behörden und andere Einrichtungen, handlungsfähig sind.

III. Verhältnis des deutschen Staatsrechts zu anderen Rechtskreisen

Einen eigenen, vom bundesdeutschen Staatsrecht getrennt zu betrachtenden Rechtskreis stellt das Recht der Europäischen Union, das **Europarecht**, dar. Das Europarecht steht im Rang über dem Staatsrecht der Bundesrepublik Deutschland, wobei sich dieses Rangverhältnis vornehmlich durch einen Anwendungsvorrang ausdrückt: Nationales Recht wird nicht außer Kraft gesetzt, es wird lediglich verdrängt, soweit es europarechtlichen Normen im Rahmen von deren Anwendung entgegensteht; innerstaatliches Recht findet so auf innerstaatliche Sachverhalte ohne europarechtlichen Bezug weiterhin Anwendung.[8]

In Abgrenzung zum Staatsrecht ist das **Verwaltungsrecht** zu sehen, wobei das Verwaltungsrecht das öffentliche Recht im Übrigen, also dasjenige öffentliche Recht darstellt, das nicht zugleich Staatsrecht im vorgenannten Sinne ist. Gegenstand des Verwaltungsrechts sind neben der Ordnung der staatlichen Stellen und der Verhältnisse der staatlichen Stellen untereinander die „alltäglichen" Rechtsbeziehungen zwischen Staat und Bürger. Dies sind bspw. solche auf dem Gebiet der Polizei- und Ordnungsrechts, des Baurechts oder auch des Sozialrechts, nicht aber die zuvor beschriebenen grundlegenden Rechtsverhältnisse des Staates bzw. die elementaren Rechtsbeziehungen zwischen Bürger und Staat, wie sie sich etwa aus Grundrechten ergeben.

Verfassungsrecht steht im Rang über jeder anderen Norm des sog. einfachen Rechts, gleich ob **Parlamentsgesetz** oder untergesetzliche Vorschriften wie Rechtsverordnungen und Satzungen.[9] Das Staatsrecht des Bundes ist zugleich getrennt zu betrachten insb. von den Landesverfassungen, die für die Bundesländer eine eigene Kodifizierung des Staatsrechts des jeweiligen Landes vornehmen. Das Staatsrecht des Bundes wie jedes andere Bundesrecht steht im Rang über dem Verfassungsrecht und dem übrigen Recht der Länder.[10]

---

7 Vgl. etwa *Ipsen*, Staatsrecht I, Rn. 9 ff.

8 Vgl. BVerfGE 1, 14, 34; Sodan, Grundgesetz, Art. 30 Rn. 2.

9 Zu den unterschiedlichen Gesetzesbegriffen siehe unten Kap. 2 D II 1.

10 Zum Einfluss der Bundesverfassung auf die Verfassungen der Länder siehe unten Kap. 2 A I; zur Normenhierarchie unten Kap. 2 D II 2.

B Das Grundgesetz als Verfassung der Bundesrepublik Deutschland

I. Entstehung des Grundgesetzes

Innerstaatlich steht die Verfassung an der Spitze der Normenordnung. Für die Bundesrepublik erfüllt das Grundgesetz die Funktion der Verfassung. Die Schöpfer des Grundgesetzes mieden die Bezeichnung „Verfassung" bewusst, da in den Jahren 1948/1949 im Zeichen des Ost-West-Konflikts keine rechtliche Grundlegung für das gesamte deutsche Volk möglich schien und das „Grundgesetz" nur den Übergang bis zu einer gesamtdeutschen Verfassung darstellen sollte. So planten im Jahre 1947 die Westalliierten unter Beteiligung der Benelux-Staaten die Schaffung eines deutschen Teilstaates in den drei westlichen Besatzungszonen. Diese Absicht stellte die Ministerpräsidenten der in den westlichen Besatzungszonen entstandenen Bundesländer vor das Problem, einerseits die Vorteile einer Staatsbildung in Anspruch zu nehmen, dies andererseits unter Inkaufnahme einer deutlicheren **Spaltung Deutschlands** in West und Ost. In der Folge entschloss man sich, das kommende Staatsgebilde letztlich als Provisorium auszugestalten, mit dem Ziel einer gesamtdeutschen Staatsbildung.[11]

Die ersten Vorarbeiten zum Grundgesetz wurden zwischen dem 10. und 23.08.1948 auf der im Chiemsee in Bayern gelegenen Insel Herrenchiemsee geschaffen. Der schließlich vorgelegte „**Herrenchiemseer Entwurf**" wies bereits die Leitlinien der staatlichen Ordnung der Bundesrepublik auf: Existenz zweier Kammern (Parlament und Ländervertretung); Abhängigkeit des Kanzlers/der Regierung vom Parlament; möglichst Vermeidung von Minderheitenregierungen; Schaffung eines neutralen Staatsoberhauptes; föderale Strukturen mit einer Vermutung zugunsten der Länderkompetenzen; weitgehender Verzicht auf plebiszitäre Elemente (Volksbegehren/Volksentscheid); Unberührbarkeit der sog. freiheitlich-demokratischen Grundordnung[12].[13]

Der Entwurf wurde zur Grundlage der Arbeit des **Parlamentarischen Rates**, der sich aus 65 Abgeordneten, vorwiegend Berufspolitikern, Akademikern und Juristen, zusammensetzte. Der Parlamentarische Rat trat erstmals am 01.09.1948 zusammen. Am 08.05.1949 wurde im Parlamentarischen Rat über das Grundgesetz abgestimmt. Die Genehmigung der alliierten Militärgouverneure wurde am 12.05.1949 erteilt. Schließlich stimmten zehn der elf existierenden Landtage dem Grundgesetz zu; trotz der fehlenden Zustimmung des bayerischen Landtags war damit die nach Art. 144 Abs. 1 GG erforderliche Zweidrittelmehrheit der Länder gegeben.[14] Die Ausfertigung und Verkündung des Grundgesetzes erfolgte schließlich auf einer Abschlusssitzung des Parlamentarischen Rates am 23.05.1949. Das Inkrafttreten erfolgte gemäß Art. 145 Abs. 2 GG mit dem Ablauf des Tages der Verkündung.

---

[11] Vgl. hierzu *Maurer*, Staatsrecht I, § 3 Rn. 18.

[12] Zum Begriff der freiheit-demokratischen Grundordnung vgl. unten Kap. 3 A V 3 c.

[13] *Dt. Bundestag und Bundesarchiv* (Hrsg.): Parlamentarischer Rat 1948-1949, Akten und Protokolle, S. 505 ff.

[14] Vgl. hierzu insgesamt *Maurer*, Staatsrecht I, § 3 Rn. 19 ff.

Die Frage, ob das Inkrafttreten damit noch am 23.05.1949 oder am 24.05.1949 um 0:00 Uhr erfolgte, ist weithin umstritten.[15]

Anders als die **Präambel** des Grundgesetzes in der Fassung vom 23.05.1949 aussagt *(„... hat sich das deutsche Volk kraft seiner verfassungsgebenden Gewalt dieses Grundgesetz gegeben.“)*, fehlte es dem Grundgesetz in seiner Urfassung mangels innerer Souveränität der Bundesrepublik an der notwendigen demokratischen Legitimation durch das Volk. Auch dürfte die erste Wahl zum Bundestag im August 1949 – ungeachtet der hohen Wahlbeteiligung – keine nachträgliche Legitimation des Grundgesetzes durch die westdeutsche Bevölkerung dargestellt haben,[16] nicht zuletzt, da die Frage der Akzeptanz des Grundgesetzes als deutsche Verfassung allenfalls mittelbar Gegenstand der Wahl war. Es ist davon auszugehen, dass diese Legitimation erst nach dem endgültigen Ende des Besatzungsregimes am 12.09.1990[17] mit dem Beitritt der fünf neuen Länder auf Grundlage des **Einigungsvertrags**[18] am 03.10.1990 eingetreten ist.[19] So besagte Art. 23 GG a. F.: *„Dieses Grundgesetz gilt zunächst im Gebiete der Länder Baden, Bayern, Bremen, Groß-Berlin, Hamburg, Hessen, Niedersachsen, Nordrhein-Westfalen, Rheinland-Pfalz, Schleswig-Holstein, Württemberg-Baden und Württemberg-Hohenzollern. In den anderen Teilen Deutschlands ist es nach deren Beitritt in Kraft zu setzen“*. Zu diesem Zeitpunkt beruhte der Beitritt auf der Entscheidung frei gewählter Parlamente.

Mit dem Beitritt der fünf Länder wurde zugleich auch Art. 146 GG angepasst. In der alten Fassung hieß es: *„Dieses Grundgesetz verliert seine Gültigkeit an dem Tage, an dem eine Verfassung in Kraft tritt, die von dem deutschen Volke in freier Entscheidung beschlossen worden ist.“* Nunmehr lautet Art. 146 GG: *„Dieses Grundgesetz, das nach Vollendung der Einheit und Freiheit Deutschlands für das gesamte deutsche Volk gilt, verliert seine Gültigkeit an dem Tage, an dem eine Verfassung in Kraft tritt, die von dem deutschen Volke in freier Entscheidung beschlossen worden ist“*. Die letztgenannte Norm ist – neben der Präambel zum Grundgesetz, in der es heißt *„hat sich das Deutsche Volk kraft seiner* ***verfassungsgebenden Gewalt****“* – Ausdruck des sog. „pouvoir constituant“, also des Umstandes, dass das deutsche Volk Inhaber der verfassunggebenden Gewalt ist.

---

15 Vgl. hierzu die Nachweise bei *Maurer*, Staatsrecht I § 3 Rn. 25.

16 So auch *Schöbener*, Allgemeine Staatslehre, § 5 Rn. 56; a.A. *Maurer*, Staatsrecht I, § 3 Rn. 32.

17 Sog. Zwei-plus-Vier-Vertrag zwischen der Bundesrepublik und der DDR einerseits („Zwei“) und den früheren Besatzungsmächten USA, UdSSR, Großbritannien und Frankreich („Vier“), „Vertrag über die abschließende Regelung in Bezug auf Deutschland“; vgl. dazu näher *Maurer*, Staatsrecht I, § 3 Rn. 72 ff.

18 Vertrag über die Herstellung der Einheit Deutschlands (Einigungsvertrag - EGV) vom 31.08.1990, BGBl. 1990 II S. 889 ff.

19 So auch *Schöbener*, Allgemeine Staatslehre, § 5 Rn. 56.

II. Struktur des Grundgesetzes

Das Grundgesetz weist folgende Grundstruktur nach Abschnitten auf:

Eingangsformel – Präambel		
I.	Die Grundrechte	(Art. 1 – 19 GG)
II.	Der Bund und die Länder	(Art. 20 – 37 GG)
III.	Der Bundestag	(Art. 38 – 49 GG)
IV.	Der Bundesrat	(Art. 50 – 53 GG)
IVa.	Gemeinsamer Ausschuss	(Art. 53a GG)
V.	Der Bundespräsident	(Art. 54 – 61 GG)
VI.	Die Bundesregierung	(Art. 62 – 69 GG)
VII.	Die Gesetzgebung des Bundes	(Art. 70 – 82 GG)
VIII.	Die Ausführung der Bundesgesetze und die Bundesverwaltung	(Art. 83 – 91 GG)
VIIIa.	Gemeinschaftsaufgaben, Verwaltungszusammenarbeit	(Art. 91a – 91b GG)
IX.	Die Rechtsprechung	(Art. 92 – 104 GG)
X.	Finanzwesen	(Art. 105 – 115 GG)
Xa.	Verteidigungsfall	(Art. 115a – 115l GG)
XI.	Übergangs- und Schlussbestimmungen	(Art. 116 – 146 GG)

Die gewählten Überschriften der Abschnitte sind keine amtlichen, gehören also nicht zum Text des Grundgesetzes, haben sich aber so eingebürgert.

An der Spitze des Grundgesetzes steht die **Präambel**, die wegen ihrer Bezugnahme *„Im Bewusstsein seiner Verantwortung vor Gott ...“* nicht unumstritten ist. Üblicher Weise wird hierunter aber keine Gottesanrufung verstanden, vielmehr soll das Wissen um die Begrenztheit menschlichen Tuns ausgedrückt werden.[20] Nach der Wiedervereinigung ist das wesentliche in der Präambel formulierte Staatsziel, *„als gleichberechtigtes Glied in einem vereinten Europa dem Frieden der Welt zu dienen“*.

Im ersten Abschnitt sind die **Grundrechte** aufgeführt; er enthält damit neben den **Staatsprinzipien** aus Art. 20 GG (Abschnitt II) die wesentlichen Grundentscheidungen der Verfassung. Die Weimarer Reichsverfassung führte die Grundrechte erst nach den staatsorganisatorischen Vorschriften auf. In den anschließenden Abschnitten finden sich im Wesentlichen staatsorganisatorische Normen, wie angesprochen die Staatsprinzipien an der Spitze des zweiten Abschnitts sowie in den Abschnitten III bis VI die Vorschriften über die obersten Bundesorgane. Abschnitte VII und VIII betreffen die Gesetzgebung des Bundes bezüglich Gesetzgebungskompetenzen und Gesetzgebungsverfahren (Abschnitt VII), sowie die Formen des Gesetzesvollzugs (Abschnitt VIII). Abschnitte IX und X betreffen die Rechtsprechung mit der hervorgehobenen Stellung des Richters in seiner Unabhängigkeit, die sog. Justizgrundrechte (Abschnitt IX) sowie die Finanzverfassung, u.a. mit haushaltsrechtlichen Vorschriften und der Erhebung und Verteilung von Steuern (Abschnitt X). Später eingefügt

[20] So *Maurer*, Staatsrecht I, § 3 Rn. 4, 6.

wurden Abschnitte VIIIa und Xa über Gemeinschaftsaufgaben zwischen Bund und Ländern, die ursprünglich nicht vorgesehen waren (Abschnitt VIIIa), sowie Regeln zum Verteidigungsfall, letztere eingeführt im Jahre 1968 (Abschnitt Xa). Den Abschluss (Abschnitt XI) bilden Übergangs- und Schlussbestimmungen, einschließlich einer Bestimmung über die mögliche Ablösung des Grundgesetzes durch eine Nachfolgeverfassung (Art. 146 GG).

III. Verhältnis des Grundgesetzes zu den Landesverfassungen

Da den Ländern Staatsqualität zugesprochen wird[21], steht auch den Ländern das Recht zur autonomen Regelung ihrer staatlichen Ordnung durch Erlass einer Landesverfassung zu. Diese Verfassungsautonomie wird aber durch das Grundgesetz beschränkt. Das sog. **Homogenitätsprinzip**, hergeleitet aus Art. 28 Abs. 1 GG, gebietet, dass *„die verfassungsmäßige Ordnung in den Ländern [...] den Grundsätzen des republikanischen, demokratischen und sozialen Rechtsstaates im Sinne dieses Grundgesetzes entsprechen"* muss.

IV. Verhältnis des Grundgesetzes zum Europarecht

Beispielfall 1:
Nach dem früheren § 10 Abs. 1 des deutschen Biersteuergesetzes durfte untergäriges Bier lediglich aus Gerstenmalz, Hopfen, Hefe und Wasser bestehen; für obergäriges Bier waren ausgewählte andere Malzsorten sowie näher definierte Zuckerarten und Farbstoffe erlaubt. Der Europäische Gerichtshof entschied, dass ein Verbot, ausländische Biere, die auch andere als die genannten Zutaten enthielten, in der Bundesrepublik als „Bier" zu vertreiben, mit europarechtlichen Vorschriften über die Warenverkehrsfreiheit unvereinbar sei.[22]
Dürfte der deutsche Brauer B Bananenbier brauen und es Bier nennen?

Mit den Verträgen über die Europäischen Gemeinschaften, weiterentwickelt in den Verträgen über die Europäische Union, wurde das sog. primäre Gemeinschafts- bzw. **Unionsrecht** geschaffen[23]. Wie bereits ausgeführt, geht das Europarecht dem Grundgesetz im Rang vor. Allerdings beruht die Schaffung des Europarechts als sog. supranationales Recht einzig auf der Übertragung von Hoheitsrechten der Mitgliedstaaten auf die Europäische Union, wie sie in Art. 23 GG vorgesehen ist. Hieraus resultiert zu einen, dass das Europarecht nicht an nationalem Verfassungsrecht zu messen ist.[24] Zum anderen besteht lediglich ein Anwendungsvorrang des Europarechts: Verstößt nationales Recht gegen europarechtliche Bestimmungen, ist das nationale Recht nicht nichtig, sondern es kommt lediglich auf den betreffenden Sachverhalt nicht zur Anwendung.

---

21 Vgl. oben Kap. 1 A III.

22 *EuGH*, Rs. 178/84, Slg. 1987, 1227.

23 Zum primären Unionsrecht und seiner Entwicklung vgl. unten Kap. 11 A.

24 Vgl. insoweit nur *Ipsen*, Staatsrecht I, Rn. 53 ff.; *Degenhart*, Staatsrecht I, Rn. 248 ff.

Lösung zum Beispielfall 1

Damit durfte – europarechtlicher Sachverhalt – ein Brauer aus einem anderen Mitgliedstaat sein Bananenbier in der Bundesrepublik als „Bier" vertreiben; das Recht der Warenverkehrsfreiheit, heute Art. 34 ff. AEUV, genoss Anwendungsvorrang vor dem deutschen Biersteuergesetz. Die deutschen Brauer – nationaler Sachverhalt – unterfielen dagegen weiterhin den Regelungen des Biersteuergesetzes und waren an die dort genannten Vorschriften über zulässige Zutaten für Bier gebunden.

Seine Grenze findet der **Anwendungsvorrang** des Europarechts dort, wo mit Blick auf Art. 23 Abs. 1 S. 3 GG iVm Art. 79 Abs. 3 GG staatsfundamentale Normen des Grundgesetzes[25] angetastet würden, insbesondere das Demokratie- und das Rechtsstaatsprinzip sowie Grundrechte in ihrem Menschenwürdekern; kein Rechtsakt der europäischen Union darf diese – die Verfassungsidentität der Bundesrepublik ausmachenden – Grundnormen verletzen.

---

[25] BVerfGE 89, 155 ff. – Maastricht; vgl. zu den Staatsprinzipien Kap. 2, sowie zu Grenzen der Änderung von Grundrechten nach Maßgabe des Art. 79 Abs. 3 GG Kap. 4 B V 3.

Kapitel 2: Verfassungsprinzipien

Als Verfassungsprinzipien oder Staatsprinzipien werden **verfassungsgestaltende Grundentscheidungen** begriffen, die die elementaren Wesensmerkmale des jeweiligen Staates und seiner verfassungsmäßigen Ordnung beschreiben. Im Grundgesetz sind diese Verfassungsprinzipien im Wesentlichen in Art. 20 GG niedergelegt. Synonym verwendet werden insoweit die Begriffe **Staatsstrukturprinzipien**, Staatsfundamentalnormen, Staatsformmerkmale, Verfassungsgrundsätze, oder auch verfassungsrechtliche Grundprinzipien.

Aus Art. 20 GG werden folgende Verfassungsprinzipien hergeleitet:

- Bundesstaatsprinzip (Art. 20 Abs. 1 GG)
- Demokratieprinzip (Art. 20 Abs. 1, 2 GG)
- Republikprinzip (Art. 20 Abs. 1 GG)
- Rechtsstaatsprinzip (insb. Art. 20 Abs. 3 GG, auch Art. 28 Abs. 1 GG)
- Sozialstaatsprinzip (Art. 20 Abs. 1 GG)

Die Grundsätze des Art. 20 GG genießen insgesamt einen besonderen Schutz; so ist eine Änderung des Grundgesetzes, durch die unter anderem die in Art. 20 GG niedergelegten Grundsätze berührt werden, gemäß Art. 79 Abs. 3 GG, der sog. **Ewigkeitsgarantie**, unzulässig.[1]

Im Kontext der Verfassungsprinzipien wird auch häufig die sich aus Art. 20a GG ergebende Staatszielbestimmung Umwelt- und Tierschutz behandelt.

A Bundesstaatsprinzip

Das Grundgesetz hat sich in Abgrenzung zum zentralstaatlichen Gefüge der NS-Zeit und in Anlehnung an die staatenbündisch oder bundesstaatlich gefassten Vorläuferverfassungen, etwa der des Deutschen Bundes (1815) , der Paulskirchenverfassung (1849), der Verfassung des Norddeutschen Bundes (1867), des Deutschen Reichs von 1871 und der Weimarer Republik, für die Wiedererrichtung eines Bundesstaates entschieden. Dies kommt auch in Art. 20 Abs. 1 GG zum Ausdruck: *„Die Bundesrepublik Deutschland ist ein ... Bundesstaat“*.

Die derzeit existierenden sechzehn **Bundesländer** sind Baden-Württemberg, Bayern, Berlin, Brandenburg, Bremen, Hamburg, Hessen, Mecklenburg-Vorpommern, Niedersachsen, Nordrhein-Westfalen, Rheinland-Pfalz, Saarland, Sachsen, Sachsen-Anhalt, Schleswig-Holstein und Thüringen. Die von verschiedenen Ländern verwendeten Zusätze „Freistaat“ (Bayern, Sachsen, Thüringen) oder „Freie (Hanse-)Stadt“ (Bremen, Hamburg) sind historisch bedingt und haben heute keine maßgebliche rechtliche Bedeutung mehr; insoweit genießen alle Bundesländer die gleiche verfassungsrechtliche Position.

---

1 Näher zur Ewigkeitsgarantie nach Art. 79 Abs. 3 GG unten Kap. 4 B V 3.

Bundesländer der Bundesrepublik Deutschland

Das Bundesstaatsprinzip ist zweifach gegen eine Abschaffung abgesichert. Zum einen verbietet, wie bereits angesprochen, Art. 79 Abs. 3 GG die Änderung der in Art. 20 GG niedergelegten Grundsätze, zum anderen ist die *„Gliederung des Bundes in Länder"* in Art. 79 Abs. 3 GG noch einmal ausdrücklich gegen Veränderung geschützt.

I. Staatlichkeit der Länder

Wie bereits oben ausgeführt[2], besitzen die Länder Staatlichkeit. Damit stellt sich die Bundesrepublik als **zweigliedriges Staatsgebilde**, bestehend aus Gesamtstaat und Gliedstaaten dar. Die Bundesländer besitzen jeweils originäre, nicht vom Bund abgeleitete eigene Staatsgewalt, so dass der Bürger sich stets einer doppelten Staatsgewalt gegenübersieht.

2 Vgl. oben Kap. 1 A II.

Merke:
Der Gesamtstaat „Bundesrepublik Deutschland" besitzt kein allein diesem zugeordnetes Territorium. Vielmehr ist das Staatsgebiet der Bundesrepublik vollständig auf die Territorien der Länder aufgeteilt.
Ein abweichendes Modell findet sich etwa in den USA. Hier ist Washington D.C. (District of Columbia) ein originär dem Kongress der Vereinigten Staaten unterstelltes Gebiet, das selbst nicht Bundesstaat ist oder einem der Bundesstaaten der Vereinigten Staaten von Amerika angehört.

Als Ausfluss der Staatlichkeit ergibt sich zugleich, dass die Bundesländer über **Verfassungsautonomie**, damit auch Rechtssetzungsgewalt bezüglich des Erlasses einer Landesverfassung haben.

Beispielfall 2:
Im Bundesland X bildet sich eine monarchistische Volksbewegung, die eine Änderung der Landesverfassung dahingehend anstrebt, dass anstelle des Ministerpräsidenten ein Landesfürsten eingesetzt wird, der fortan die Fürstenwürde im Wege der Erbfolge in seinem Herrscherhaus weitergeben soll.

Begrenzt wird die Rechtssetzungsgewalt insoweit allerdings durch das zuvor beschriebene Homogenitätsprinzip.[3] Art. 28 Abs. 1 GG gebietet, dass die Verfassungen der Länder auf die Grundsätze des republikanischen, demokratischen und sozialen Rechtsstaates im Sinne dieses Grundgesetzes festgelegt sind. Zugleich ist entgegenstehendes Landesverfassungsrecht nichtig und unbeachtlich.

Lösung zum Beispielfall 2:
Geht man davon aus, dass das Republikprinzip jegliche monarchische Herrschaft iSv Herrschaft eines durch Erbfolge bestimmten Staatsoberhaupts ausschließt[4] und zugleich das Demokratieprinzip eine vom Volk in Wahlen übertragene Herrschaft auf Zeit gebietet[5], würde eine entsprechende Verfassungsänderung im Bundesland X einen Verstoß gegen Art. 28 Abs. 1 GG begründen.

Sieht man bspw. richtiger Weise die Abschaffung der Todesstrafe (Art. 102 GG) u.a. als Ausfluss des Rechtstaatsprinzips,[6] ist den Ländern eine entsprechende Regelungsmöglichkeit schon mit Blick auf Art. 28 Abs. 1 GG verwehrt. Damit ist Art. 21 Abs. 1 S. 3 HessVerf, dem zufolge bei besonders schweren Verbrechen die Todesstrafe verhängt werden darf, gegenstandslos.

---

3 Dazu oben Kap. 1 B III.

4 Vgl. unten Kap. 2 C.

5 Vgl. unten Kap. 2 B I.

6 Vgl. nur *Scholz* in MDHS, GG-Kommentar, Art. 102 GG Rn. 9; *Degenhart* in Sachs, Grundgesetz-Kommentar, Art. 102 GG Rn. 7; zum Rechtsstaatsprinzip vgl. unten Kap. 2 D.

> **Merke:**
> Die Existenz des Art. 21 Abs. 1 S. 3 HessVerf deutet bereits darauf hin, dass die Hessische Verfassung älter ist als das Grundgesetz; sie datiert vom 01.12.1946. Zur Zeit der Schaffung der Hessischen Verfassung galt die Todesstrafe noch als eine vorstellbare Bestrafung. Die betreffende Vorschrift soll entsprechend der Koalitionsvereinbarung der schwarz-grünen Landesregierung vom 23.12.2013 deklaratorisch, d.h. klarstellend abgeschafft werden.

II. Zuständigkeitsverteilung zwischen Bund und Ländern

Die Aufteilung des Bundes in Länder führt zu einer Verteilung der Staatsgewalt auf zwei Ebenen und enthält damit ein Moment vertikaler Gewaltenteilung.[7] Damit ist zugleich die Abgrenzung von Kompetenzen zwischen Bund und Ländern von besonderer Wichtigkeit. Eine Grundaussage zur **Kompetenzverteilung zwischen Bund und Ländern** trifft Art. 30 GG, demzufolge die Ausübung der staatlichen Befugnisse und die Erfüllung der staatlichen Aufgaben Sache der Länder ist, soweit das Grundgesetz keine andere Regelung trifft oder zulässt. Damit wird zunächst eine klare Zuordnung staatlicher Kompetenzen entweder zugunsten der Länder oder zugunsten des Bundes ausgesprochen; keine staatliche Aufgabe bewegt sich damit im kompetenzlosen Raum.[8] Zugleich spricht das Grundgesetz ein Regel-Ausnahme-Verhältnis zugunsten der Länder aus:[9] Der Bund darf sich auf die ausdrücklich zugewiesenen Kompetenzen berufen, den Ländern stehen die unbenannten Kompetenzen im Übrigen zu.[10] Dieser Grundsatz des Art. 30 GG wird für die Gesetzgebungszuständigkeit bestätigt in Art. 70 Abs. 1 GG,[11] für die Ausführung der Bundesgesetze in Art. 83 ff. GG.[12]

Wenn gültiges Bundesrecht und gültiges Landesrecht nebeneinanderstehen und sich widersprechen, gilt nach der **Kollisionsregel** des Art. 31 GG, dass in diesem Fall Bundesrecht Landesrecht bricht, Bundesrecht also vorgeht. Anwendungsfälle werden vornehmlich im Bereich der konkurrierenden Gesetzgebungskompetenz nach Art. 72 Abs. 1, 2 GG[13] gesehen: Die Länder dürfen hier regeln, solange und soweit der Bund nicht geregelt hat. Wenn mangels einer bundesgesetzlichen Regelung rechtmäßiges Landesrecht existierte und der Bund nunmehr eine bestimmte Frage erstmals rechtmäßig regelt, verdrängt das neu entstandene Bundesgesetz kraft Art. 31 GG das bereits existierende Landesgesetz.

---

7 *Leisner* in Sodan, Grundgesetz-Kommentar, Art. 30 GG Rn. 1; *Ipsen*, Staatsrecht I Rn. 536.

8 *Hellermann* in BeckOK GG, Art. 30 GG Rn. 2; *März* in v. Mangoldt/Klein/Starck, GG-Kommentar, Art. 30 Rn 15, 21 f.

9 *Hellermann* in BeckOK GG, Art. 30 GG Rn. 2.

10 *Jarass/Pieroth*, GG-Kommentar, Art 30 GG Rn 1.

11 Dazu näher unten Kap. 4 A.

12 Dazu näher unten Kap. 5 A.

13 Zur konkurrierenden Gesetzgebungskompetenz vgl. unten Kap. 4 A II.

III. Grundsatz der Bundestreue

Beispielfall 3:
Die Europäische Union will eine Richtlinie zur Harmonisierung der Rundfunkordnungen in Europa erlassen. Hierüber verhandelt die Bundesrepublik, vertreten durch den zuständigen Bundesminister, im Rat der Europäischen Union. Die Bundesländer legen der Regierung einen Forderungskatalog vor, der in die Verhandlungen in Brüssel einfließen soll. Zunächst folgt der Bundesminister den Forderungen der Länder, weicht dann aber partiell von diesen ab. Die Bundesregierung beschließt, der Richtlinie, in die verschiedene Punkte der Bundesländer nicht eingeflossen sind, zuzustimmen.

Zwar weist Art. 30 GG die Zuständigkeiten eindeutig zu, gleichwohl sind Bund und Länder gehalten, bei der Ausübung der jeweiligen Kompetenzen Rücksichtnahme zu üben. Diese Pflicht fasst man üblicherweise unter den Begriff der **Bundestreue**, auch des bundes- bzw. länderfreundlichen Verhaltens.[14] Der Grundsatz der Bundestreue ist ein ungeschriebener Verfassungsgrundsatz, der in der Rechtsprechung des Bundesverfassungsgerichts entwickelt und näher ausgeführt worden ist.

Lösung zum Beispielfall 3:
Die Vertretung der Bundesrepublik im Rat der Europäischen Union obliegt der grds. Bundesregierung. Der Regelungsbereich „Rundfunk" liegt nach Art. 30, 70 Abs. 1 GG in der Gesetzgebungskompetenz der Länder.
Das Bundesverfassungsgericht (BVerfG) sah in der Zustimmung der Bundesregierung zur Richtlinie einen Verstoß gegen den Grundsatz der Bundestreue (hier in der Form des Grundsatzes länderfreundlichen Verhaltens). Der zuständige Bundesminister habe bei den Verhandlungen über die Richtlinie die Position der Länder nicht konsequent vertreten.[15]

Merke:
So wie die Bundesregierung die Position der Länder, insbesondere im Bereich der innerstaatlichen Gesetzgebungskompetenz der Länder, in der EU vertreten muss, sind die Länder nach dem Grundsatz bundesfreundlichen Verhaltens umgekehrt verpflichtet, die Europäischen Richtlinien im Rahmen ihrer Gesetzgebungskompetenz korrekt in nationales (Länder-)Recht umzusetzen.

Der Grundsatz der Bundestreue wird damit als **Kompetenzbegrenzungsregelung** angesehen. Die Akteure auf Bundes- und Landesebene dürfen ihre Kompetenz gegenüber der anderen Seite nicht um jeden Preis durchsetzen. Es handelt sich insoweit um einen Ausdruck des kooperativen Föderalismus. Die Bedeutung des Grundsatzes kann sich auch darin zeigen, dass im Umgang zwischen Bund und Ländern bestimmte Verfahrensanforderungen eingehalten werden. Der Bund ist gehalten, sich in Fragen, die die Länder betreffen, mit

---

14 *Ipsen*, Staatsrecht I, Rn. 717 ff.

15 BVerfGE 92, 203, 242 f.

allen Ländern abzustimmen. Er darf aber andererseits, wenn keine Einigung mit allen Ländern erreichbar ist, eine Allianz mit politisch nahestehenden Landesregierungen schmieden. Wenn der Bund gegenüber einem Land, etwa im Rahmen der Auftragsverwaltung, Weisungen erteilen will, muss das Land zunächst angehört werden, obgleich Art. 85 GG eine solche Anhörungspflicht nicht ausdrücklich vorsieht.[16]

Wichtig ist, dass der Grundsatz der Bundestreue keinen originären Anspruch des Bundes oder eines Landes auf ein bestimmtes Verhalten der Gegenseite erzeugt. Der Grundsatz der Bundestreue kann vielmehr nur akzessorisch, d.h. innerhalb eines bestehenden Rechtsverhältnisses – Rechtssetzungsverfahren der EU wie im Beispiel, Ausübung des Weisungsrechts nach Art. 85 GG – geltend gemacht werden Er begründet aber keine selbständigen Rechtsverhältnisse zwischen den Beteiligten.[17]

IV. Zuschnitt der Bundesländer

Die grundsätzliche Gliederung des Bundes in Länder ist mit Blick auf Art. 79 Abs. 3 GG garantiert. Nicht aber garantiert ist der **Bestand** des einzelnen Bundeslandes. Art. 29 GG sieht ein Verfahren vor, nach dem Ländergrenzen neu definiert werden, bestehende Länder abgeschafft oder neue Länder geschaffen werden können. Die Neugliederung kann durch den Bund oder durch einen qualifizierten Anteil der Einwohner eines Landes oder mehrerer Länder initiiert werden. Die Entscheidung über die Neugliederung erfolgt durch Bundesgesetz, das durch **Volksbefragung**, also durch Abstimmung der betroffenen Einwohner bestätigt werden muss.[18]

> Merke:
> Entsprechend dem Wortlaut findet die Neugliederung der Länder ihre Grenze wiederum in Art. 79 Abs. 3 GG. Auch nach einer Neugliederung ist, da Art. 79 Abs. 3 GG von der Gliederung des Bundes *„in Länder“* spricht, eine Existenz von mindestens zwei Ländern erforderlich.

Ein Anspruch eines Landes bzw. mehrerer Länder auf Neugliederung besteht nach der Rechtsprechung des Bundesverfassungsgerichts nicht. *„Die lediglich passive Beteiligung der Länder als Objekte der von Bundes wegen vorzunehmenden Neugliederung kann nicht einen Status der gegenwärtig bestehenden Länder erzeugen, aus dem sich ein Anspruch auf Neugliederung ergeben könnte“*.[19]

---

16 BVerfGE 81, 310, 331 ff.; einschränkend BVerfGE 104, 249, 270; zur Auftragsverwaltung nach Art. 85 GG näher unten Kap. 5 B.

17 Vgl. BVerfGE 13, 54, 75; BVerfGE 104, 238, 247 f.

18 Vgl. hierzu insgesamt *Leisner* in Sodan, GG-Kommentar, Art. 29 Rn. 2 ff.

19 So BVerfGE 13, 54, 75.

B Demokratieprinzip

Demokratie bedeutet entsprechend der altgriechischen Herleitung Herrschaft (κρατία, kratia) des Volkes (δῆμος dēmos). Das **Demokratieprinzip** ist Gegenstand des Art. 20 Abs. 1 GG (*„Die Bundesrepublik ist ein demokratischer ... Bundesstaat"*). Zugleich ist Art. 20 Abs. 2 GG Ausdruck des Demokratieprinzips, da hier der Grundsatz der Volkssouveränität, also die Forderung, dass alle Staatsgewalt vom Volke ausgeht, beschrieben wird.

Obgleich alle Staatsgewalt vom Volke ausgeht, ist der unmittelbare Einfluss des Volkes auf die Ausübung der Staatsgewalt begrenzt. Art. 20 Abs. 2 S. 2 GG beschreibt die Form der Ausübung von Staatsgewalt so: *„Sie wird vom Volke in Wahlen und Abstimmungen und durch besondere Organe der Gesetzgebung, der vollziehenden Gewalt und der Rechtsprechung ausgeübt."* Aus dieser Formulierung lassen sich zwei wesentliche Aussagen herleiten, nämlich wie und durch wen die Staatsgewalt ausgeübt wird.

I. Ausübung der Staatsgewalt in Wahlen und Abstimmungen

Zunächst ist die wichtigste Möglichkeit der Ausübung von Staatsgewalt für den Einzelnen die Teilnahme an **Wahlen** und **Abstimmungen**. Wahlen bezeichnen das Treffen von **Personalentscheidungen** durch Bestimmung von Repräsentanten des Volkes.[20]

> **Merke:**
> Damit wird ein wesentliches Merkmal des Demokratieprinzips deutlich, nämlich die Verleihung von **Macht auf Zeit**; derjenige, der aus einer Wahl als Gewählter hervorgeht, muss sich, so er dies möchte, periodisch wieder zur Wahl stellen.

Abstimmungen bezeichnen die Entscheidung über **Sachfragen**.[21] Letztere sind im Grundgesetz nur selten und ausnahmsweise vorgesehen. Im Wesentlichen handelt es sich um Abstimmungen (eines hiervon betroffenen Teilvolkes) über die Neugliederung des Bundes durch Veränderung des Zuschnitts von Bundesländern gem. Art. 29 GG,[22] daneben aber auch die Abstimmung über eine neue Verfassung iSd Art. 146 GG. Weitere, d.h. über die Vorgaben des Grundgesetzes in der jetzigen Fassung hinausgehende Volksentscheide oder auch nur staatlicherseits organisierte Volksbefragungen sind mit Blick auf das dem Grundgesetz zugrunde liegende Leitbild der parlamentarischen Demokratie unzulässig.[23] Die in der Weimarer Reichsverfassung enthaltenen plebiszitären (von lat. plebs, plebis, Volk und scitum, Beschluss) Elemente wurden bei Schaffung des Grundgesetzes als eine Ursache für das Wachsen extremistischer Kräfte und damit als mögliche Schwächung der Demokratie angesehen, obgleich in der Weimarer Zeit kein Volksentscheid erfolgreich durchgeführt wurde.

---

20 Zum Wahlrecht und zu Wahlrechtsgrundsätzen unten Kap. 3 A II.

21 *Degenhart*, JuS 2010, 473, 476.

22 Dazu oben Kap. 2 A IV.

23 So auch *Gröpl*, Staatsrecht I, Rn. 299; einschränkend *Grzeszick* in MDHS, GG-Kommentar, Art. 20 Rn. 114: unzulässig nur Volksbefragungen, die eine auch nur ansatzweise rechtliche Verbindlichkeit entfalten. Zur parlamentarischen Demokratie sogleich unten Kap. 2 B III.

II. Notwendigkeit ununterbrochener demokratischer Legitimation

Darüber hinaus wird die Staatsgewalt des Volkes besonderen Organen der Gesetzgebung, der vollziehenden Gewalt und der Rechtsprechung übertragen. Hieraus lässt sich herleiten, dass wenn eines der Organe rechtmäßig Staatsgewalt ausüben will, dieses in einer ununterbrochenen demokratischen **Legitimationskette** – unmittelbar oder mittelbar – auf den Volkswillen rückführbar sein muss.

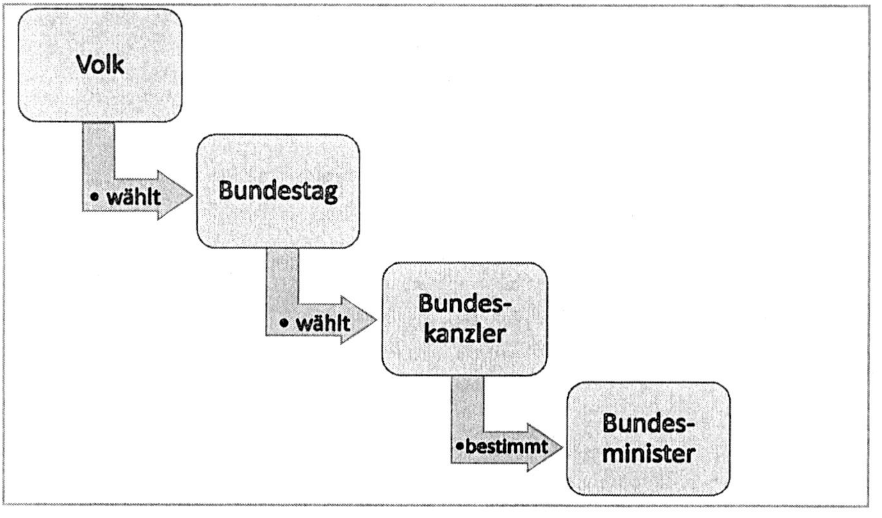

Legitimationskette vom Volk bis zu den Bundesministern

Entsprechend der Darstellung legitimiert das **Volk** durch Wahl unmittelbar den **Bundestag** bzw. die gewählten Abgeordneten. Die Abgeordneten legitimieren durch Wahl – mittelbar, da dieser nicht direkt vom Volk gewählt wird – den **Bundeskanzler** bzw. die Bundeskanzlerin. Dadurch, dass der Bundeskanzler die Mitglieder seiner Regierung, also die **Bundesminister** bestimmt, sind diese auch - mehrfach mittelbar - durch das Volk legitimiert.

Die Legitimationskette lässt sich innerhalb des **Verwaltungsaufbaus**, also der vollziehenden Gewalt oder Exekutive, dadurch nachvollziehen, dass die jeweilige Verwaltung – auf Bundes- wie auf Landesebene – weisungsgebunden gegenüber der jeweiligen obersten Bundes- oder Landesbehörde, also dem jeweiligen Ministerium, letztlich gegenüber dem Minister ist. Materiell entfaltet sich die Legitimation der Verwaltung dadurch, dass die Verwaltung zur Ausführung und Achtung der durch die Parlamente erlassenen Gesetze verpflichtet ist. Über die nach unten wirkende Ministerverantwortung wird auch die persönliche Legitimation des Amtswalters, also des Beamten oder Angestellten im öffentlichen Dienst, hergestellt. Die ununterbrochene Legitimation der Rechtsprechung, also der Judikative, wird über die Ernennung der Richter zumeist durch den (Landes-)Justizminister unter Beteiligung demokratisch eingesetzter Richterwahlausschüsse, Art. 98 Abs. 4 GG, vermittelt.[24]

> **Merke:**
> Demokratische Legimitation ist nicht in allen Bereichen des Staates gleich ausgeprägt; allerdings soll ein Ausgleich weniger starker demokratischer Bindung durch Bereiche intensiverer demokratischer Legitimation ausgeglichen werden können; notwendig ist ein insgesamt betrachtet hinreichendes Legitimationsniveau.[25]

III. Parlamentarische Demokratie als Leitbild des Grundgesetzes

Durch die Anordnung in Art. 20 Abs. 2 GG, dass das Volk die Staatsgewalt primär „in Wahlen“ ausübt, liegt dem Grundgesetz das Bild der parlamentarisch-repräsentativen Demokratie zugrunde. Ergebnis der Wahlen auf Bundesebene ist die Bestimmung der Mitglieder **des Deutschen Bundestages**, also des Parlaments der Bundesrepublik. Der Bundestag ist das einzige unmittelbar vom Volk legitimierte Staatsorgan auf Bundesebene. Zugleich wird die Staatsgewalt damit repräsentativ, nämlich primär durch die gewählten Abgeordneten ausgeübt. Auch alle weiteren durch das Parlament mittelbar legitimierten staatlichen Organe nehmen eine solche das Volk vertretende, also repräsentative Funktion wahr.

> **Merke:**
> Das Staatssystem der Bundesrepublik ist damit zugleich von der präsidialen Demokratie abzugrenzen. Merkmal präsidialer Systeme ist die Volkswahl des Staatspräsidenten, der zugleich oberstes Exekutivorgan ist; regelmäßig ist die Regierung nicht dem Parlament, sondern dem Präsidenten verpflichtet und von diesem abhängig. Er kann durch das Parlament nicht seines Amtes enthoben werden.
> Klassisch präsidiale Regierungssysteme sind selten; am ehesten ist dies heute in den USA anzutreffen. Hier wird der Präsident durch das Volk gewählt, er ist Regierungschef und kann die Regierung unabhängig vom Parlament bestimmen. Seine Ablösung kann nur durch ein Amtsenthebungsverfahren bspw. wegen strafrechtlicher Vergehen herbeigeführt werden. Dennoch ist der Präsident, insbesondere bei der Gesetzgebung, auf die Zusammenarbeit mit dem Parlament angewiesen.

Da die Repräsentativfunktion aufgrund der unmittelbaren demokratischen Legitimation der Abgeordneten primär im Bundestag ausgeübt wird, wird aus dem Demokratieprinzip der **Parlamentsvorbehalt** hergeleitet. Danach werden die zentralen Entscheidungen für das Gemeinwesen durch das Parlament getroffen. Der Parlamentsvorbehalt verlangt dabei, dass – im Sinne eines **staatsrechtlichen Wesentlichkeitsgrundsatzes** – jedenfalls alle

---

24 Vgl. hierzu *Detterbeck* in Sachs, Grundgesetz-Kommentar, Art. 98 GG Rn. 20 ff.; für Bundesrichter gilt vergleichbar Art. 95 Abs. 2 GG

25 Vgl. BVerfGE 119, 311, 366; *VerfGH Rh.-Pfl.,* NVwZ-RR 1994, 665, 668 f.

staatswesentlichen Entscheidungen dem Parlament vorbehalten sind.[26] Diese Entscheidungen können – als wichtigstes „Transportmittel" – in Gesetzesform ergehen;[27] das Parlament kann aber staatswesentliche Entscheidungen auch in Form von Bundestagsbeschlüssen treffen, so etwa über Bundeswehreinsätze im Ausland mit der Möglichkeit der Einbindung in bewaffnete Konflikte.[28]

Ein feststehender Katalog staatswesentlicher Entscheidungen besteht allerdings nicht, so dass im Einzelfall streitig sein kann, ob die Reaktion auf eine bestimmte politische Situation einen Parlamentsbeschluss verlangt. Im Zweifelsfall ist – insbesondere, wenn sich das Parlament bspw. durch die Bundesregierung übergangen fühlt – das Bundesverfassungsgericht auf Antrag von Abgeordneten gehalten, die Notwendigkeit einer parlamentarischen Entscheidung festzustellen.

C Republikprinzip

Dass das deutsche Staatsgefüge Republik ist, ergibt sich aus der der Wendung in Art. 20 Abs. 1 GG: *„Die Bundesrepublik Deutschland..."*; die reine Nennung des Staatsnamens hat damit zugleich konstitutive, also rechtlich bestimmende Bedeutung.[29] Der Republikbegriff wird hergeleitet aus dem lateinischen „res" (Sache) „publica" (des Volkes).

Zentrale Aussage des **Republikprinzips** ist, dass das Staatsvolk die höchste Gewalt im Staat und damit der eigentliche Ausgangspunkt staatlicher Legitimität ist. Insoweit wird die Aussage in Art. 20 Abs. 2 S. 1 GG: *„Alle Staatsgewalt geht vom Volke aus"*, bestätigt. Verbunden mit der Entscheidung für die Republik ist der generelle Ausschluss monarchischer Herrschaft. Damit ist ein durch Erbfolge bestimmtes Staatsoberhaupt unzulässig.[30] In der Folge sind zugleich Formen der parlamentarischen oder konstitutionellen Monarchie ausgeschlossen,[31] etwa nach britischem Vorbild.

> **Beispielfall 4:**
> Um dem Wunsch des deutschen Volkes nach König- und Kaisertum nachzugeben, wird erwogen, durch Grundgesetzänderung bei Belassung aller Regelungen im Übrigen (Wahlverfahren, Amtszeit, Wiederwahlmöglichkeiten usw.) das Staatsoberhaupt zukünftig in der ersten Amtsperiode als König, in der einmal im Anschluss möglichen zweiten Amtsperiode als Kaiser zu bezeichnen.
> Verstoß gegen das Republikprinzip?

---

26 Vgl. insoweit *Gröpl*, Staatsrecht I, Rn. 296 ff.

27 Zum Zusammenhang dem Grundsatz des Vorbehalts des Gesetzes vgl. unten Kap. 2 D III.

28 Vgl. hierzu BVerfGE 121, 135, 154 ff. (AWACS) und BVerfGE 90, 286, 381 ff. (Adria-Einsatz.)

29 In diesem Sinne statt vieler auch *Herzog/Grzeszick* im MDHS, GG- Kommentar, Art. 20 GG Rn. 4.

30 Vgl. insoweit *Huster/Rux* in BeckOK GG Art. 20 GG Rn. 201.

31 In diesem Sinne wohl auch *Sachs* in Sachs, Grundgesetz-Kommentar, Art. 20 GG Rn. 9.

Wenn das Grundgesetz durch die Festlegung auf das Republikprinzip jede Form monarchischer Herrschaft verbietet, muss aber auch die Verwendung entsprechender Bezeichnungen als unzulässig angesehen werden, die symbolhaft für eine monarchische Herrschaft stehen.

Lösung zu Beispielfall 4:
Entsprechend den vorherigen Ausführungen wäre damit auch eine Bezeichnung eines demokratisch auf Zeit gewählten Staatsoberhauptes als König oder Kaiser nicht mit dem Republikprinzip vereinbar.

Merke:
Zugespitzt bedeutet das jedenfalls aus Sicht des Republikprinzips zugleich, dass wir – in der Sache schon wegen der damit verbundenen Lächerlichkeit unvorstellbar – unser Staatsoberhaupt etwa „Wuppdich" (oder auch „Bundeswuppdich"), aber niemals König nennen dürften.

Zugleich wird – und dies macht die Überschneidung und die schwierige Trennbarkeit gegenüber anderen Verfassungsprinzipien, etwa dem Demokratieprinzip deutlich – jede Form einer die **Volkssouveränität** gefährdenden **despotischen Herrschaft** ausgeschlossen.

D Rechtsstaatsprinzip

Das **Rechtsstaatsprinzip** wird in Art. 20 GG, insbesondere in Absatz 2 und 3, umschrieben. Seine ausdrückliche Erwähnung findet es in Art. 28 Abs. 1 S. 1 GG in der Beschreibung des Homogenitätsprinzips: *„Die verfassungsmäßige Ordnung in den Ländern muss den Grundsätzen des republikanischen, demokratischen und sozialen Rechtsstaates im Sinne dieses Grundgesetzes entsprechen."*

Das Rechtsstaatsprinzip bietet – wie auch das Republikprinzip – zahlreiche Überschneidungen zu anderen Verfassungsprinzipien. Zugleich enthält es verschiedene Facetten, die jeweils für sich prägend für das Staatssystem der Bundesrepublik sind, insbesondere

- das Gewaltenteilungsprinzip
- der Grundsatz des Vorbehalts des Gesetzes
- der Grundsatz des Vorrangs des Gesetzes
- der Bestimmtheitsgrundsatz
- das Vertrauensschutzprinzip
- der Grundsatz der Verhältnismäßigkeit und
- die Rechtsschutzgarantie.

I. Gewaltenteilungsprinzip

Das **Gewaltenteilungsprinzip** wird insbesondere in Art. 20 Abs. 2 S. 2 GG („*Sie [die Staatsgewalt] wird ... durch besondere Organe der Gesetzgebung, der vollziehenden Gewalt und der Rechtsprechung ausgeübt.*") beschrieben und in Art. 20 Abs. 3 GG („*Die Gesetzgebung ist an die verfassungsmäßige Ordnung, die vollziehende Gewalt und die Rechtsprechung sind an Gesetz und Recht gebunden.*") vorausgesetzt. Die Gewaltenteilung grenzt bspw. die umfassende Herrschaft eines Monarchen oder Despoten (Rechtssetzung, Gesetzesausführung und Gerichtsbarkeit in der Gestalt des Alleinherrschers als „Alles-aus-einer-Hand-Lösung") von den demokratischen Strukturen eines Rechtsstaates ab.

> Merke:
> Die Idee der Gewaltenteilung geht auf die Gedanken der Aufklärung zurück, vor allem auf die Schriften von John Locke (1632-1704) und Montesquieu[32] (1869-1755). So heißt es in Montesquieus Schrift „Vom Geiste der Gesetze" („De L'Esprit des Lois") aus dem Jahr 1748: *„Alles wäre verloren, wenn ein und derselbe Mann beziehungsweise die gleiche Körperschaft entweder der Mächtigsten oder der Adligen oder des Volkes folgende drei Machtvollkommenheiten ausübte: Gesetze erlassen, öffentliche Beschlüsse in die Tat umsetzen, Verbrechen und private Streitfälle aburteilen".*

Grundgedanke der Gewaltenteilung ist das Prinzip der gegenseitigen **Kontrolle** bzw. Hemmung und des gegenseitigen **Ausgleichs** der **Staatsgewalten** („checks and balances").

1. Formen der Gewaltenteilung

Gewaltenteilung existiert in verschiedenen Ausprägungen. Sozusagen die Grundform der Gewaltenteilung ist diejenige, die Art. 20 Abs. 2 GG zum Ausdruck bringt, das Neben- (und Gegen-)einander von rechtssetzender Gewalt („**Legislative**"), ausführender oder vollziehender Gewalt („**Exekutive**") und rechtsprechender Gewalt („**Judikative**"). Die rechtssetzende Gewalt – der parlamentarische Gesetzgeber – erlässt die Gesetze. Deren Ausführung obliegt der Exekutive. Dabei wird als Exekutive im Sinne einer Negativdefinition jede staatliche Tätigkeit angesehen, die nicht Rechtssetzung oder Rechtsprechung ist.[33] Rechtssetzung und Rechtsausführung werden ihrerseits durch die Rechtsprechung kontrolliert, die wiederum nur im Rahmen der Gesetze agieren darf. Insoweit wird auch von horizontaler Gewaltenteilung gesprochen.

Von **vertikaler Gewaltenteilung** ist die Rede, wenn zwischen unterschiedlichen staatlichen Ebenen unterschieden wird, im Staatssystem der Bundesrepublik Deutschland insbesondere die föderale Struktur. Hier werden sowohl Aufgaben der Legislative, Exekutive und Judikative einerseits kompetenziell eigenverantwortlich den einzelnen Bundesländern, andererseits der Bundesebene zugewiesen.

---

32 Charles de Secondat, Baron de Montesquieu, bekannt unter dem Namen Montesquieu.

33 *Degenhart*, Staatsrecht I Rn. 267.

Ein Ausdruck vertikaler Gewaltenteilung ist es auch, dass die Bundesländer am Erlass ausnahmslos jedes Bundesgesetzes beteiligt sind, wenn auch die Einflussmöglichkeiten je nachdem, ob es sich um ein Einspruchs- oder ein Zustimmungsgesetz handelt, unterschiedlich ausgeprägt sind.[34]

2. Durchbrechungen

Die Gewaltenteilung ist der Grundsatz, der aber an verschiedenen Stellen **Durchbrechungen** und Modifikationen erfährt, die häufig sinnvoll, ggf. aber zu rechtfertigen sind.

Der Gesetzgeber ist zum Erlass abstrakt-genereller Vorschriften befugt, die von der Exekutive auszuführen sind. Bei einem besonderen Bedürfnis kann aber auch eine konkret einzelfallbezogene Entscheidung Gegenstand von Gesetzen sein. Dies geschieht in Ausnahmefällen im Planungsrecht[35] oder im Falle der Legislativenteignung[36], also der Enteignung von Eigentumsgegenständen zugunsten der Allgemeinheit unmittelbar durch Gesetz anstelle der **Administrativenteignung**, also durch Einzelentscheidung der zuständigen Verwaltungsbehörde. Gerechtfertigt werden derartige Übergriffe in den Bereich des Verwaltungshandelns regelmäßig mit der besonderen Eilbedürftigkeit der jeweiligen Maßnahme.

Auch ist die Regierung in Bund oder Land als Spitze der Exekutive zumeist mit Mitgliedern des Parlamentes als zentralem Organ der Gesetzgebung besetzt (in Nordrhein-Westfalen bez. des Ministerpräsidenten/der Ministerpräsidentin gem. § 52 Abs. 1 LVerf NRW zwingend: *„Der Landtag wählt aus seiner Mitte in geheimer Wahl ohne Aussprache den Ministerpräsidenten mit mehr als der Hälfte der gesetzlichen Zahl seiner Mitglieder."*). Zugleich hat die Bundesregierung gem. Art. 76 Abs. 1 GG ein Gesetzesinitiativrecht und ist gem. Art. 82 Abs. 1 GG am Abschluss des Gesetzgebungsverfahrens beteiligt.

Eine weitere Durchbrechung besteht darin, dass die Exekutive, auf Bundesebene die Bundesregierung, einzelne Bundesminister oder auch Landesregierungen, unter den Voraussetzungen des Art. 80 GG durch den Gesetzgeber zur Rechtssetzung, also zum Erlass von abstrakt-generellen Normen, dies in Form von **Rechtsverordnungen**[37], befugt werden kann. Sinn dieser Delegation, also der Übertragung der Rechtssetzungszuständigkeit ist es, den fachnahen Sachverstand der Ministerien für die Ausgestaltung bspw. von technischen Vorschriften zu nutzen und so den parlamentarischen Gesetzgeber zu entlasten, sowie eine schnellere Abänderbarkeit derartiger Vorschriften ohne ein aufwändiges Gesetzgebungs- bzw. –änderungsverfahren zu ermöglichen.

Die Gerichte sind zur Kontrolle der Legislative und der Exekutive berufen. Im Falle der Kontrolle der Exekutive handelt es sich regelmäßig um eine nachlaufende Kontrolle, also eine Überprüfung ergangener Entscheidungen; ausnahmsweise ist das Gericht aber auch im

---

34 Zum Gesetzgebungsverfahren näher Kap. 4 B.

35 Vgl. BVerfGE 95, 1 ff. – Investitionsmaßnahmegesetz.

36 Vgl. BVerfGE 24, 367 ff. – Hamburger Deichordnungsgesetz.

37 Zur Gesetzesqualität von Rechtsverordnungen siehe Kap. 2 D I; zur Einordnung von Rechtsverordnungen in der Normenhierarchie siehe unten Kap. 2 D II; zum Erlass von Rechtsverordnungen Kap. 4 C.

Rahmen der sog. vorbeugenden Unterlassungsklage befugt, der Verwaltungsbehörde ein bestimmtes zukünftiges Handeln zu untersagen. Diese Übergriffe in den Bereich der Exekutive verlangen eine strenge Rechtfertigung, insbesondere wenn anderenfalls der effektive Rechtsschutz für den Bürger eingeschränkt wäre.[38] Ein weiterer Durchbrechungstatbestand ist die sog. richterliche Rechtsfortbildung, bei der in engen Grenzen Ergänzungen und Weiterführungen des geschriebenen Rechts zulässig sein können.[39]

II. Exkurs: Gesetzesbegriffe und Normenhierarchie

Insbesondere im Folgenden wird häufig auf das „Gesetz" abgestellt; damit liegt es nahe, sich zunächst Klarheit über den Begriff des Gesetzes und über die Rangordnung von Normen, die sog. Normenhierarchie zu verschaffen.

1. Gesetzesbegriffe

Der Begriff „Gesetz" ist nicht eindeutig. Es werden verschiedene Gesetzesbegriffe unterschieden, die sich aber auch partiell überschneiden. Der Duden definiert das Gesetz als „eine vom Staat festgesetzte, rechtlich bindende Vorschrift"[40]. Der Begriff „Rechtsnorm" wird teilweise synonym verwendet, teilweise ist das Verständnis des Begriffs Rechtsnorm aber auch weiter, wenn bspw. auf das Merkmal der Außenwirkung verzichtet wird.

Bezüglich des Begriffs Gesetz wird insbesondere unterschieden zwischen dem **Gesetz** im **materiellen** und im **formellen** Sinne. Ein Gesetz im materiellen Sinne ist jede abstrakt-generelle Regelung, die mit dem Anspruch auf Außenwirkung menschliches Verhalten ordnet. Abstrakt-generell bedeutet, dass eine Vielzahl von Sachverhalten für eine Vielzahl von Personen geregelt wird, und nicht nur ein einzelner Lebenssachverhalt bezogen auf eine bestimmte Person (konkret-individuell).

Ein Gesetz im formellen Sinne ist jede Regelung, die in einem formellen, in der Verfassung niedergelegten Gesetzgebungsverfahren zustande gekommen ist. Insoweit sind die Begriffe des **Parlamentsgesetzes** und des formellen Gesetzes gleichzusetzen. Ob es sich hierbei um eine gesetzliche Bestimmung der Verfassung oder um eine des einfachen, d.h. nicht der Verfassung angehörigen Rechts handelt, macht für den Begriff des formellen Gesetzes keinen Unterschied.

Gesetze im formellen Sinne sind in der weit überwiegenden Zahl auch zugleich materielle Gesetze. Eine Ausnahme bildet das Haushaltsgesetz gem. Art. 110 Abs. 2 S. 1 GG, durch das lediglich der als Anlage beigefügte Haushaltsplan für die betreffende Haushaltsperiode, zumeist ein Jahr, mit einer Gesamtsumme von Einnahmen und Ausgaben festgestellt wird. Das Haushaltsgesetz wird im förmlichen Gesetzgebungsverfahren erlassen, enthält aber

---

38 Vgl. hierzu *Degenhart*, Staatsrecht I, Rn. 273 ff.

39 Wiederum *Degenhart*, Staatsrecht I, Rn. 273 mwN.

40 Vgl. *Duden*, Universalwörterbuch, Begriff: „Gesetz".

keine materiellen Regelungen, die allein dem Haushaltsplan vorbehalten sind. Auch Zustimmungsgesetze zu völkerrechtlichen Verträgen gem. Art. 59 Abs. 2 GG sind lediglich formelle und nicht zugleich materielle Gesetze.[41]

Dagegen existieren **materielle Gesetze**, die nicht zugleich formelle Gesetze sind. So stellen Rechtsverordnungen, auf Bundesebene erlassen auf Grundlage des Art. 80 GG, zwar materielle Gesetze dar. Sie sind aber – aufgrund Delegation, also Übertragung der Rechtssetzungsbefugnis durch den Gesetzgeber auf die Exekutive – nicht zugleich formelle Gesetze, da sie nicht im parlamentarischen Gesetzgebungsverfahren nach Art. 76 ff. GG zustande gekommen sind.

Beispiel:
Die Straßenverkehrsordnung als Rechtsverordnung beinhaltet die wichtigsten materiellen Regeln für den Straßenverkehr; sie basiert auf dem (formellen) Straßenverkehrsgesetz, das in §§ 5, 6 StVG die Delegation vornehmlich zugunsten des Bundesverkehrsministeriums enthält.

Merke:
Rechtsverordnung können „Verordnung" oder „Ordnung" heißen, aber nicht jede Rechtsvorschrift, die „Ordnung" heißt, ist Rechtsverordnung. So führen verschiedene ältere (formelle) Gesetze die Bezeichnung „Ordnung", obgleich sie formelles Gesetz sind, so die Gewerbeordnung, die Handwerksordnung (Volltitel: „Gesetz zur Ordnung des Handwerks – Handwerksordnung), aber auch die Zivilprozess- oder Strafprozessordnung. Neuere Prozessordnungen tragen dagegen ihre Rechtsqualität im Namen, so das Arbeitsgerichtsgesetz oder das Sozialgerichtsgesetz. Besteht Unsicherheit, ob eine „Ordnung" Rechtsverordnung oder Gesetz ist, hilft der Blick ins Bundesgesetzblatt. Dort ist für eine Rechtsverordnung stets eingangs die ermächtigende Norm in einem formellen Gesetz zitiert.

Eine weitere Kategorie materieller Gesetze, die nicht zugleich formelle Gesetze sind, sind öffentlich-rechtliche Satzungen. Diese werden im Rahmen der **Satzungsautonomie** von juristischen Personen des öffentlichen Rechts für ihren jeweiligen Bereich erlassen. So steht den Kommunen als Selbstverwaltungskörperschaften das Recht zu, die eigenen Angelegenheiten durch Satzung zu regeln. Satzungen werden zwar nach einem gesetzlich festgelegten Verfahren erlassen, nicht aber aufgrund eines verfassungsrechtlich niedergelegten Verfahrens, was, wie zuvor ausgeführt, formellen (Parlaments-)Gesetzen vorbehalten ist. Ausgehend vom Begriff des formellen Gesetzes handelt es sich bei Rechtsverordnungen und Satzung um sog. untergesetzliches Recht.

Legt man die oben angeführten Begriffe zugrunde, wird zugleich deutlich, dass ein „Gesetz" nicht nur das Gesamtwerk, also das Bürgerliche Gesetzbuch (BGB), das Strafgesetzbuch (StGB), das Baugesetzbuch (BauGB) oder auf Ebene der Rechtsverordnungen als (nur) materiellem Gesetz, etwa die StVO als Ganzes ist. „Gesetz" ist auch die einzelne Rechtsnorm,

---

41 Vgl. *Gröpl*, Staatsrecht I, Rn. 464.

da auch die einzelne Vorschrift eine abstrakt-generelle Regelung mit dem Anspruch auf Außenwirkung ist. Ebenso ist ein **Änderungsgesetz** zu einem existierenden Gesetz stets selbst „vollwertiges" Gesetz, da es Willensäußerung des parlamentarischen Gesetzgebers zur Schaffung einer neuen Vorschrift, eines neuen Gesetzes ist.

Keinen Gesetzescharakter haben reine Innenrechtssätze, also solche abstrakt-generellen Regelungen, die nur innerhalb der Verwaltung gelten und keine unmittelbare Außenwirkung besitzen. Hier sind in erster Linie **Veraltungsvorschriften** zu nennen, die innerhalb der Verwaltung die gleichmäßige Rechtsanwendung bezogen auf Gesetze sicherstellen sollen.

Beispiel:
Das Ordnungsbehördengesetz NRW (OBG NRW) ist formelles Landesgesetz, das die Ordnungsbehörden zu Eingriffen bei Verstößen gegen die öffentliche Sicherheit und Ordnung ermächtigt. Zum Ordnungsbehördengesetz existiert eine umfangreiche Verwaltungsvorschrift, die die gesetzlichen Begriffe erläutert und so als Auslegungshilfe für die Rechtsanwender dient.

---

2. Normenhierarchie

Mit dem Begriff der **Normenhierarchie** wird beschrieben, welche Rangordnung zwischen unterschiedlichen Rechtsnormen besteht. Hier sind einerseits die Herkunft der Norm (Europarecht, Bundesrecht, Landesrecht) und andererseits die Rechtsqualität (Verfassungsrecht, einfaches Recht, untergesetzliches Recht) von Bedeutung. Im Verhältnis zum Europarecht wird nationales Recht, soweit das europäische Recht die betreffenden Sachverhalte betrifft, verdrängt. Für nationale Sachverhalte gilt im Verhältnis Bundesrecht zu Landesrecht im Wesentlichen Art. 31 GG („Bundesrecht bricht Landesrecht"), sodass nach wohl überwiegender Ansicht im Falle der Kollision von Bundesrecht und Landesrecht , also in dem Fall, in dem auf einen Sachverhalt sowohl eine Norm des Bundesrechts als auch eine Norm des Landesrechts anwendbar ist, Bundesrecht jeder Rangstufe vorgeht und Landesrecht insoweit unwirksam und nichtig ist.[42]

Europarecht (mit Anwendungsvorrang vor nationalem Recht)
Grundgesetz (Verfassung) Bundesgesetze Bundesrechtsverordnungen (vgl. Art. 80 GG) Satzungsrecht und übriges untergesetzliches Recht auf Bundesebene
Landesverfassungen Landesgesetze Landesrechtsverordnungen (vgl. etwa Art. 70 LVerf NRW) Satzungsrecht und übriges untergesetzliches Recht auf Landesebene

42 Vgl. zum Meinungsstand nur *Hellermann* in BeckOK GG, Art. 31 GG Rn. 15.

Das **Völkerrecht**, also die Gesamtheit der (geschriebenen und ungeschriebenen) Normen, die das Verhältnis der (unabhängigen) Staaten untereinander und die Beziehungen zwischen den einzelnen Staaten und den internationalen Organisationen regeln, wird, insbesondere bezüglich völkerrechtlicher Verträge, durch Transformationsgesetz (Art. 59 Abs. 2 GG) in nationales Recht überführt[43]. Es genießt damit zunächst (nur) den Rang eines einfachen (Bundes-)Gesetzes und steht damit im Rang unterhalb der Verfassung. Gleichwohl gilt der Grundsatz der **Völkerrechtsfreundlichkeit** des Grundgesetzes.[44] Demnach ist innerstaatliches Recht jedes Ranges, also auch das Grundgesetz einschließlich der Grundrechte, so auszulegen, dass eine Verletzung von bindenden Völkerrechtsnormen nach Möglichkeit vermieden wird, und eingetretene Verletzungen ggf. korrigiert werden müssen.[45]

III. Grundsatz des Vorbehalts des Gesetzes

Der Grundsatz des Vorbehalts des Gesetzes besagt, dass belastendes staatliches Handeln stets auf einer gesetzlichen Grundlage basieren muss. Sofern also der Staat in Rechte des Bürgers eingreifen will, muss er sich hierfür auf eine **Ermächtigungsgrundlage** berufen können. Der Vorbehalt des Gesetzes hat eine grundrechtssichernde Funktion und ist zugleich Ausdruck der parlamentarischen Demokratie. Wenn Grundrechte des Bürgers zulässigerweise beschränkt werden sollen, darf dies nur auf der Entscheidung der gewählten Abgeordneten in Form eines Gesetzes erfolgen. Der Grundsatz des Vorbehalts des Gesetzes ist damit zugleich Ausprägung des Parlamentsvorbehalts; er korreliert mit der Forderung, dass im Sinne einer grundrechtlichen Wesentlichkeitstheorie alle wesentlichen Entscheidungen dem parlamentarischen Gesetzgeber vorbehalten sind.

Der Vorbehalt des Gesetzes findet insbesondere für das Strafrecht seine Ausprägung in Art. 103 Abs. 2 GG, wo ausgeführt wird, dass eine Tat nur bestraft werden kann, wenn die Strafbarkeit gesetzlich bestimmt war, bevor die Tat begangen wurde („nulla poena sine lege" – keine Strafe ohne Gesetz).[46]

Gleichermaßen gilt der Vorbehalt des Gesetzes aber auch für anderweitiges belastendes Staatshandeln, etwa im Polizei- und Ordnungsrecht. Wenn dem Bürger bspw. ein bestimmtes Verhalten aufgegeben wird, um eine Gefahr für die öffentliche Sicherheit oder Ordnung zu beseitigen, muss sich der Staat hierfür auf eine gesetzliche Ermächtigungsgrundlage berufen können. Aber auch die Rücknahme begünstigender Verwaltungsakte, die Rückforderung zu Unrecht erbrachter staatlicher Leistungen oder auch die Meldepflicht am neuen Wohnort, um nur einige Beispiele zu nennen, sind nur zulässig, wenn sich der Staat hierfür auf eine entsprechende gesetzliche Vorschrift berufen kann.

---

43 Vgl. zum Verfahren der Transformation von Völkerrecht *Degenhart*, Staatsrecht I, Rn. 560 ff.

44 Vgl. nur BVerfGE 75, 1, 17; BVerfGE 112, 24, 26.

45 BVerfGE 112, 24, 26; dazu auch *Degenhart*, Staatsrecht I, Rn. 253.

46 Dazu unter dem Aspekt des Rückwirkungsverbotes unten Kap. 2 D VI.

Merke:
Umstritten ist, ob nicht letztlich jegliches Staatshandeln nur auf gesetzlicher Grundlage zulässig sein soll (sog. **Totalvorbehalt**). Damit würde sich der Vorbehalt des Gesetzes auch auf staatlicherseits gewährte Begünstigungen erstrecken müssen. Gegen einen solchen Totalvorbehalt werden allerdings Bedenken aus Sicht der Gewaltenteilung erhoben. So geht die wohl überwiegende Ansicht davon aus, dass es einen „Kernbereich exekutiver Eigenverantwortung" geben muss, der der parlamentarischen Entscheidung entzogen ist. Ein Problemfeld stellt insoweit die Gewährung staatlicher Subventionen dar. Hier lassen es die höchsten Gerichte[47] genügen, wenn im Haushaltsplan als wesentlichem Bestandteil des förmlichen Haushaltsgesetzes bestimmte Mittel vorgesehen sind, der Haushaltsplan eine hinreichende Zweckbestimmung aufweist und die Verteilung der Mittel, zumeist auf Grundlage von innerbehördlichen Richtlinien, von den zuständigen Verwaltungsinstanzen erfolgt. Nicht zu leugnen ist jedenfalls, dass die Begünstigung einer Person mit der Benachteiligung einer anderen Person in vergleichbarer Lage verbunden sein kann, die diese Begünstigung nicht erfährt. Diese Problematik wird im Zweifel so zu lösen sein, dass man einerseits die Anforderungen an die Regelungsdichte eines ermächtigenden Gesetzes herabschraubt, eine minimale Orientierung der Exekutive am Gesetz genügen lässt und so der eben beschriebenen exekutiven Eigenverantwortung hinreichend Raum lässt. Zugleich müssen sich die behördeninternen Vergaberichtlinien an rechtsstaatlichen Maßstäben, insb. Willkürfreiheit, messen lassen. Die Diskussion um das Erfordernis eines Totalvorbehalts dürfte aber als nicht abgeschlossen anzusehen sein.[48]

IV. Grundsatz des Vorrangs des Gesetzes

Der Grundsatz des Vorrangs des Gesetzes besagt, dass keine der drei Staatsgewalten, Legislative, Exekutive oder Judikative, gegen das Gesetz, also geltendes Recht verstoßen darf. Der Grundsatz des **Vorrangs des Gesetzes** erstreckt sich auf jede gültige Vorschrift, gleich ob Verfassungsnorm, „einfaches" Gesetz, Verordnung oder Satzung.

Die Bindung der Legislative, also des parlamentarischen Gesetzgebers entfaltet sich durch die Pflicht zur Beachtung höherrangigen Rechts, also insbesondere formellen Verfassungsrechts[49]. Gesetze im Rang unterhalb der Verfassung darf der Gesetzgeber im Rahmen seiner Kompetenz abschaffen oder ändern, so dass insoweit keine Bindungswirkung konstruiert werden kann. Dem entsprechend besagt Art. 20 Abs. 3 1. Hs. GG: *„Die Gesetzgebung ist an die verfassungsmäßige Ordnung [...] gebunden."*

---

47 Vgl. nur BVerfGE 8, 155, 155 f., Leitsatz 2: *„Das Bundesverfassungsrecht enthält keinen allgemeinen ungeschriebenen Gesetzesvorbehalt für die Regelung des Verfahrens und der Zuständigkeiten der Verwaltungsbehörden im Bereich der leistungsgewährenden Verwaltung."*; auch BVerwGE 58, 45, 48.

48 Umfassend zur Lehre vom Totalvorbehalt und der hiergegen erhobenen Kritik *Ossenbühl* in Isensee/Kirchhof, Handbuch des Staatsrechts der Bundesrepublik Deutschland Bd. 5, 3. Aufl., § 101 Rn. 23 ff.

49 Zum Begriff des formellen Verfassungsrechts vgl. oben Kap. 1 A I.

Der Vorrang des Gesetzes erstreckt sich für die Exekutive und die Judikative auf die gesamte Rechtsordnung. Dem entsprechend besagt Art. 20 Abs. 3 2. Hs. GG erweiternd zum ersten Halbsatz: „[...] *die vollziehende Gewalt und die Rechtsprechung sind Gesetz und Recht gebunden.*" Dabei ist die Unterscheidung zwischen den Begriffen **Gesetz und Recht** schwierig. Der Begriff „Gesetz" beschreibt relativ unstreitig das geschriebene Recht. Der Begriff Recht soll nach einer Ansicht vornehmlich das Gewohnheitsrecht umfassen, also regelmäßig angewendete Rechtsvorstellungen, die zwar keinen gesetzlichen Niederschlag gefunden haben, aber nach allgemeiner Überzeugung notwendig und richtig sind. Teilweise wird auch auf überrechtliche Gerechtigkeitsvorstellungen abgestellt. Wenig überzeugend ist insbesondere, im Nebeneinander der Begriffe in Art. 20 Abs. 3 1. Hs. GG „verfassungsmäßige Ordnung" und Art. 20 Abs. 3 2. Hs. GG „Recht" mit dem Begriff „Recht" die Verfassung, mit dem Begriff „Gesetz" das einfache Gesetzesrecht zu bezeichnen. Zutreffend dürfte sein, dass der zunehmende Hang zur Vergesetzlichung, also die Tendenz, immer mehr Lebenssachverhalte in Gesetzesform zu fassen, den eigenständigen Sinngehalt des Begriffs „Recht" gegenüber „Gesetz" verblassen lässt. Vorzugswürdig scheint aber dennoch, dass die in Art. 20 Abs. 3 2. Hs. GG verwendete Begrifflichkeit in Ansehung der Erfahrungen des NS-Regimes eine reine, den Sinn und Wortlaut des Gesetzes nicht hinterfragende Gesetzesbindung nicht ausreichen lassen soll, sondern die Gesetze eben auch im Sinne allgemeiner Wert- und Gerechtigkeitsvorstellungen auszulegen sind.[50]

Ein Verstoß des Gesetzgebers gegen die verfassungsmäßige Ordnung hat zur Folge, dass verfassungswidrige Gesetze nichtig und unwirksam sind. Verstöße der Exekutive gegen gesetzliche Bestimmungen lässt untergesetzliches Recht (Rechtsverordnungen, Satzungen) unwirksam, und Ausführungsakte (Verwaltungsakte, aber auch Realakte) rechtswidrig und aufhebbar werden.

Merke:
Zwar ist verfassungswidriges formelles Gesetzesrecht unwirksam. Diese Feststellung ist aber für sog. nachkonstitutionelles Recht dem Bundesverfassungsgericht vorbehalten (sog. Verwerfungsmonopol des Bundesverfassungsgerichts). Nachkonstitutionelles Recht bezeichnet Gesetze, die jünger sind als das Grundgesetz oder nach Schaffung des Grundgesetzes wieder in den Willen des Gesetzgebers aufgenommen wurden, bspw. bei Änderung von Vorschriften des BGB (Inkrafttreten im Jahre 1900).
Rechtswidrige Verwaltungsakte verlangen, auch wenn sie rechtswidrig sind – mit Ausnahme bei schwerer offensichtlicher Rechtswidrigkeit, also Nichtigkeit – zunächst Befolgung, sie können aber angefochten und so beseitigt werden.

50 Vgl. die Übersicht bei *Gröpl*, Staatsrecht I, Rn. 465 ff.

V. Bestimmtheitsgrundsatz

Der **Bestimmtheitsgrundsatz** verlangt, dass der Normbefehl einer gesetzlichen Vorschrift für den Bürger hinreichend klar erkennbar ist, so dass er sein Verhalten an dieser Norm ausrichten kann. Der Grundsatz der Bestimmtheit lässt sich aus dem Grundgesetz nicht ausdrücklich herleiten, gehört aber zu den ungeschriebenen und zugleich wesentlichen Bestandteilen des Rechtsstaatsprinzips. Dass das Bundesverfassungsgericht nur hinreichende Bestimmtheit verlangt, ist nicht unproblematisch. Zutreffend wird darauf hingewiesen, dass die Anforderungen an die Bestimmtheit umso höher sind, je stärker der Bürger belastet werden soll. Der Bestimmtheitsgrundsatz ist damit zugleich Ausdruck des mit dem Rechtsstaatsprinzip verknüpften Grundsatzes der Rechtssicherheit.

Der Grundsatz der Bestimmtheit hindert den Gesetzgeber nicht, unbestimmte Rechtsbegriffe oder auch **Generalklauseln** zu verwenden. Insbesondere Generalklauseln (vgl. etwa § 14 Abs. 1 OBG NRW) sind häufig auf Tatbestands- („*um eine [...] Gefahr für die öffentliche Sicherheit und Ordnung [...] abzuwenden*“) wie auf Rechtsfolgenseite („*können die notwendigen Maßnahmen treffen*“) zu finden. Insoweit steht der Bestimmtheitsgrundsatz im Widerstreit zum abstrakt-generellen Charakter von Normen, die eine Vielzahl von Sachverhalten erfassen sollen und deswegen notwendiger Weise weit gefasst sein müssen. Die Problematik stellt sich gleichermaßen im Strafrecht, wo rechtlich umschriebene Verhaltensweisen unter Strafe gestellt werden. Hier wird die sog. **Parallelwertung** in der **Laiensphäre** bemüht, die darauf abstellt, dass auch der juristisch nicht geschulte Bürger ein zutreffendes Verständnis der Strafnorm mit ihren in juristischer Sprache gefassten Tatbestandsmerkmalen entwickeln kann.

Beispiel: Text des § 242 Abs. 1 StGB - Diebstahl
„Wer eine fremde bewegliche Sache einem anderen in der Absicht wegnimmt, die Sache sich oder einem Dritten rechtswidrig zuzueignen, wird mit Freiheitsstrafe bis zu fünf Jahren oder mit Geldstrafe bestraft.“
Parallelwertung in der Laiensphäre:
Wer einem anderen („fremd“) etwas („bewegliche Sache“) klaut („in der Absicht wegnimmt, ...“), wird bestraft.

Grenzfälle der Parallelwertung in der Laiensphäre sind etwa die Entscheidungen zum Gewaltbegriff im Rahmen der Nötigung gem. § 240 StGB, bezogen auf Sitzblockaden. Reicht (bspw. durch das Sitzenbleiben vor einem Militär-LKW) rein psychisch vermittelte Gewalt aus, um Gewalt iSd Nötigungsparagraphen zu verüben, und kann der Blockierer erkennen, dass er damit Gewalt ausübt? Das Bundesverfassungsgericht hat ursprünglich psychisch vermittelte Gewalt als Gewalt gelten lassen und den Gewaltbegriff nach § 240 StGB insoweit als hinreichend bestimmt erachtet.[51] In einer Folgeentscheidung[52] kam das Gericht zur Überzeugung, dass der Gewaltbegriff im Lichte des Bestimmtheitsgrundsatzes iVm Art. 103 Abs. 2 GG bezogen auf Fälle des Fehlens physisch vermittelter Gewalt zu unbestimmt sei.

---

51 Vgl. BVerfGE 73, 206, 239 f.

52 Vgl. BVerfGE 92, 1, 14 ff.

Aus Art. 103 Abs. 2 GG wird ein **Verbot** strafschärfender **Analogie** im Sinne einer Schließung unbeabsichtigter Regelungslücken abgeleitet. Für die Rechtsprechung folgt insoweit aus dem Erfordernis gesetzlicher Bestimmtheit ein Verbot analoger oder gewohnheitsrechtlicher Strafbegründung. Die Grenzen der zulässigen Analogie sah das Bundesverfassungsgericht im Fall der Sitzblockaden überschritten. Folge war, dass ein Sitzblockierer nicht erkennen musste, dass er mit seiner friedlichen Sitzblockade Gewalt iSd § 240 StGB ausübt. Der Bundesgerichtshof (BGH) entwickelte daraufhin die „Zweite-Reihe-Rechtsprechung“[53]: Der Sitzblockierer verübt zwar nicht Gewalt gegen den ersten LKW-Fahrer, er benutzt diesen aber als schuldlos handelndes Werkzeug gegen den hinter ihm stehenden LKW-Fahrer im Sinne physisch wirkender Gewalt, indem durch Errichtung des physisch unüberwindlichen Hindernisses in Form des ersten LKW Gewalt auf den zweiten LKW-Fahrer ausgeübt wird. Das Bundesverfassungsgericht hat diese Rechtsprechung des BGH jedenfalls bezogen auf den Grundsatz der Bestimmtheit gebilligt, im konkreten Fall aber dem Grundrecht des Betroffenen aus Art. 8 GG (Versammlungsfreiheit) höheren Rang eingeräumt.[54]

Beispielfall 5:
Der Bedienstete B der Bauaufsichtsbehörde der kreisfreien Stadt K geht am Haus des H in der X-Straße 15 vorbei und meint erkennen zu können, dass einer der beiden an der Vorderseite des Hauses befindlichen Balkone baufällig ist.
Nach Zusendung eines Anhörungsschreibens an H (dieser hat keine Lust, sich zu äußern und tut dies denn auch nicht) erlässt der B unter Nennung der einschlägigen Normen eine Bauordnungsverfügung, in der es heißt:
„Ordnungsverfügung – Hiermit gebe ich Ihnen auf, binnen zwei Wochen etwas gegen den Zustand eines der Balkone an der Vorderseite Ihres Hauses X-Straße 15 in K zu unternehmen.
Begründung: Der Zustand des betreffenden Balkons an Ihrem o.a. Haus ist baurechtlich nicht hinnehmbar.“
Ist in der Fassung der Bauordnungsverfügung – ungeachtet evtl. weiterer Rechtswidrigkeitsgründe – ein Verstoß gegen das rechtsstaatliche Bestimmtheitsgebot zu sehen?

Der Bestimmtheitsgrundsatz gilt nicht nur für Gesetze gleich welchen Ranges, er verlangt auch Beachtung bei staatlichen Einzelakten, so bei Verwaltungsakten. Nur wenn der Bürger hinreichend klar erkennen kann, welches Verhalten die Behörde bei Erlass eines Verwaltungsaktes von ihm erwartet, kann er diesem Verwaltungsakt folgen leisten. Zwar muss grds. der Tenor, also der eigentlich verfügende Teil des Verwaltungsaktes hinreichend bestimmt sein. Hier reicht es aber, wenn dem Betroffenen „geeignete Maßnahmen“ aufgegeben werden, dass die Begründung den abzuändernden Zustand beschreibt und die hierzu geeigneten **Handlungsoptionen** erkennbar sind. In einem solchen Fall kann es geradezu ein Gebot der Verhältnismäßigkeit[55] sein, dem Adressaten des Verwaltungsakts die Wahl zu lassen, wie er der Verfügung nachkommen will.

---

53 Vgl. BGHSt 41, 182, 184 f.

54 Vgl. *BVerfG*, NJW 2011, 3020 ff.

55 Dazu sogleich unten Kap. 2 D VII.

Lösung Beispielfall 5:
Zunächst unterfällt auch der Erlass eines Verwaltungsaktes dem Bestimmtheitsgebot. Hier wird in zweifacher Hinsicht gegen das Bestimmtheitsgebot verstoßen. Zum einen fehlt die Angabe, welcher Balkon von Baufälligkeit betroffen sein könnte. Ggf. stellt der Eigentümer H bei näherer Betrachtung fest, dass der linke Balkon einen Schaden hat, den der B gar nicht erkannt hat. Der B aber meinte den rechten Balkon, sodass H Gefahr läuft, entgegen der Intention des B den falschen Balkon in Angriff zu nehmen. Zum anderen muss die Behörde klarer aufgeben, welche Maßnahme sie von H erwartet. Was bemängelt sie? Soll der Balkon abgestützt, repariert oder abgerissen werden? Soll H innerhalb einer bestimmten Frist handeln? Hier würde zwar ausreichen, wenn sich die Bestimmtheit aus dem Zusammenspiel von Tenor („Hiermit gebe ich Ihnen auf, ...") und Begründung ergibt; letztere ist aber für sich unzureichend und gibt ihrerseits keine Auskunft über das Bemängelte und das Gewollte.

VI. Vertrauensschutz bzw. Rückwirkungsverbot

Vertrauensschutz bedeutet, dass sich der Bürger im Wesentlichen darauf verlassen können muss, dass einmal getroffene Dispositionen nicht entwertet oder bzw. gefestigte Rechtspositionen nicht beliebig entzogen werden dürfen. Auch der Gedanke des Vertrauensschutzes sowie das **Rückwirkungsverbot** sind wiederum Ausfluss des Gebotes der Rechtssicherheit.[56] Konflikte mit dem Grundsatz des Vertrauensschutzes treten dann auf, wenn der Staat rückwirkend Umstände ändert, die negativen Einfluss bspw. auf die o.a. Rechte oder Dispositionen haben. Ob eine derartige Rückwirkung zulässig ist oder nicht, hängt an der Art der Rückwirkung. Unterschieden werden die echte und die unechte Rückwirkung.

Beispielfall 6:
1. Fallvariante:
Die Studierenden des Einstellungsjahrganges 2012 der FHöV des Landes X haben ihren Bachelorabschluss erworben. Es mehren sich Beschwerden aus den Einstellungsbehörden, dass die Kenntnisse der Studierenden im Fach ÖBWL nicht hinreichend seien. Daraufhin wird die Studien- und Prüfungsordnung (StPrO) der FHöV geändert. Sodann werden die Bachelorabsolventen angeschrieben, dass sie sich noch einmal an der FH einzufinden hätten, um in Einklang mit der neuen StPrO im Fach ÖBWL einen Ergänzungskurs zu belegen und eine „Bestätigungsklausur" zu bestehen. Dann dürften sie weiterhin den Bachelortitel führen, ansonsten würde dieser aberkannt.
2. Fallvariante:
Der Einstellungsjahrgang 2014 an der FHöV des Landes X beginnt das Studium unter Geltung einer Studien- und Prüfungsordnung mit einer Gesamtzahl von sechs dreistündigen Klausuren. Im zweiten Studienjahr wird die StPrO geändert. Nunmehr ist zum Ende des dritten Studienjahrs eine Klausur mehr als bisher zu bestehen, die beiden bislang schon im dritten Studienjahr zu schreibenden Klausuren werden auf vier Stunden aufgestockt.

56 Vgl. *Gröpl*, Staatsrecht I, Rn. 514

3. Fallvariante:
Die Regelung nach Fallvariante 2 wird auch auf die Studierenden des Einstellungsjahrganges 2013 erstreckt, die kurz vor ihrem Abschluss stehen.
Frage jeweils: Verstoß gegen das Rückwirkungsverbot?

Eine **echte Rückwirkung** liegt vor, wenn ein Sachverhalt in der Vergangenheit begonnen und abgeschlossen wurde, und dieser Sachverhalt nachträglich einer anderen belastenden Regelung unterworfen wird. Der Vertrauensschutz gebietet es, die neuen Rechtsfolgen nicht rückwirkend auf den abgeschlossenen Tatbestand zu erstrecken. Die echte Rückwirkung ist regelmäßig unzulässig. Nur wenn mit einer Neuregelung – etwa wegen offenbarer Nichtigkeit oder jedenfalls großer Bedenken an der Wirksamkeit der Norm – zu rechnen war, wenn die Auswirkungen der Neuregelung absolut nachrangig sind oder wenn ein weit überwiegendes Gemeinwohlinteresse die Anwendung auf abgeschlossene Sachverhallte verlangt, kann die echte Rückwirkung ausnahmsweise zulässig sein.

Eine **unechte Rückwirkung** oder auch tatbestandliche Rückanknüpfung liegt vor, wenn ein Sachverhalt in der Vergangenheit begonnen wurde, aber noch nicht abgeschlossen ist. Wird ein solcher „laufender" Sachverhalt einer neuen Rechtslage unterworfen, können die neuen belastenden Rechtsfolgen zunächst einmal grundsätzlich auf den betreffenden Sachverhalt angewendet werden. Die unechte Rückwirkung ist damit grundsätzlich zulässig. Allerdings kann der Vertrauensschutz im Einzelfall gebieten, von einer Anwendung abzusehen. So kann bspw. gefragt werden, wie weit der Sachverhalt im Einzelfall gediehen ist, sodass je nachdem das Vertrauen auf die Beibehaltung der alten Rechtslage schutzwürdig erscheinen kann. Abzustellen ist allerdings nicht auf den Zeitpunkt des Inkrafttretens einer Neuregelung, sondern auf den Zeitpunkt, in dem diese Neuregelung in wesentlichen Zügen zugänglich ist, bspw. bei Vorlage eines Gesetzentwurfs; ab diesem Zeitpunkt muss mit einer Neuregelung gerechnet werden und das Vertrauen ist nicht mehr schutzwürdig.

Lösung zu Beispielfall 6:
1. Fallvariante
Es handelt sich um einen Fall echter Rückwirkung, die grds. unzulässig ist. Auch ist keiner der zuvor genannten Ausnahmen einschlägig. Die StPrO war bislang unbestritten, die Auswirkung der nachträglichen Änderung ist erheblich und überwiegende Gemeinwohlbelange sind nicht erkennbar; ggf. müsste die Einstellungsbehörde nachschulen, ohne dass der Bachelorabschluss gefährdet werden dürfte.
2. Fallvariante:
Es handelt sich um einen Fall unechter Rückwirkung, die grundsätzlich und wohl auch hier zulässig ist. Es kann nicht davon ausgegangen werden, dass das Vertrauen der Studierenden auf eine Beibehaltung der gleichen Prüfungsanforderungen im zweiten Studienjahr so groß ist, dass eine derartige Änderung für das dritte Studienjahr unzulässig wäre. (aA wohl vertretbar)

3. Fallvariante:
In diesem Fall unechter Rückwirkung könnte das Vertrauen auf die Fortgeltung des alten Prüfungsrechts teilweise überwiegen. Die Studierenden des EJ 2013 haben sich im Zweifel von ihrer Studienplanung her so auf die alte StPrO eingestellt, dass jedenfalls die zusätzliche Klausur kurz vor Ende des dritten Studienjahres, in dem sich die Studierenden befinden, nicht verlangt werden darf. Die Verlängerung der schon bisher verlangten Klausuren um eine Stunde dagegen dürfte zumutbar sein. (aA wohl vertretbar)

Merke:
Der Grundsatz: „nulla poena sine lege" gem. Art. 103 Abs. 2 GG beschreibt insoweit auch einen Fall echter Rückwirkung. Ein Verhalten, das zu dem Zeitpunkt, zu dem es gezeigt wurde, nicht strafbar war, darf für den Handelnden nicht rückwirkend mit Strafe belegt werden.[57] Hier kommt es auch nicht auf eine evtl. Ankündigung einer zukünftigen Strafbarkeit an, sondern entsprechend dem eindeutigen Wortlaut des Art. 103 Abs. 2 GG: „wenn die *Strafbarkeit gesetzlich bestimmt war*, bevor die Tat begangen wurde" tatsächlich auf das Inkrafttreten der Strafnorm.

VII. Grundsatz der Verhältnismäßigkeit

Der Grundsatz der **Verhältnismäßigkeit** (oder auch das **Übermaßverbot**) ist ein grundlegender Bestandteil des Rechtsstaatsprinzips. Er zieht sich durch das gesamte öffentliche Recht und bezeichnet ein wesentliches Element des Staat-Bürger-Verhältnisses, insbesondere des Grundrechtsschutzes: *„Der Grundsatz der Verhältnismäßigkeit [...] ergibt sich aus dem Rechtsstaatsprinzip, im Grunde bereits aus dem Wesen der Grundrechte selbst, die als Ausdruck des allgemeinen Freiheitsanspruchs des Bürgers gegenüber dem Staat von der öffentlichen Gewalt jeweils nur so weit beschränkt werden dürfen, als es zum Schutz öffentlicher Interessen unerlässlich ist."*[58] Der Staat soll (nur) bei legitimen Eingriffen gegenüber dem Bürger stets (nur) das Mittel anwenden, das am wenigsten belastet und das zugleich die Rechte der Betroffenen wie der Allgemeinheit am ehesten achtet. Ausdrücklich in der Verfassung genannt ist der Grundsatz der Verhältnismäßigkeit nicht, besitzt aber unstreitig Verfassungsrang.[59] Seine positive Normierung findet er bspw. in den Vorschriften des Polizei- und Ordnungsrechtsrechts, etwa in § 2 PolG NRW oder in § 15 OBG NRW.

Der Grundsatz der Verhältnismäßigkeit bemisst sich nach den vier Elementen:

- Legitimer Zweck
- Geeignetheit
- Erforderlichkeit
- Angemessenheit oder Verhältnismäßigkeit im engeren Sinne

---

57 Dazu unter dem Aspekt des Vorbehalts des Gesetzes oben Kap. 2 D III.

58 So BVerfGE 19, 342, 249.

59 Vgl. insoweit BVerfGE 23, 127, 133: *„die Grundsätze der Verhältnismäßigkeit und des Übermaßverbotes, die sich als übergreifende Leitregeln allen staatlichen Handelns zwingend aus dem Rechtsstaatsprinzip ergeben und deshalb Verfassungsrang haben"*.

1. Legitimer Zweck

Ziel der Verhältnismäßigkeit ist letztlich, die Zweck-Mittel-Relation bezüglich eines bestimmten Staatshandelns zu untersuchen. Ausgangspunkt und Maßstab der Verhältnismäßigkeitsprüfung ist deswegen der **Zweck**, den der Staat mit seinem jeweiligen Handeln verfolgt. Der Staat darf dabei nur Zwecke verfolgen, die vor der Verfassung Bestand haben.

Beispiel:
Der Polizist P erschießt einen unangeleint über die Straße laufenden Hund, weil er Hunde nicht leiden kann und Katzen vorzieht → Verfassungsrechtlich legitimer Zweck (-)

Der Polizist P erschießt einen unangeleinten Hund, der laut kläffend und mit gefletschten Zähnen auf ein kleines Kind in der Sandkiste auf dem Spielplatz zustürmt → Verfassungsrechtlich legitimer Zweck (+)

Ob ein Zweck legitim ist, bedarf der genauen Feststellung. Dabei ist die Legitimität eines Zwecks immer recht leicht zu bejahen, wenn etwa der Schutz von Grundrechten Dritter bezweckt ist (siehe das Beispiel des Kindes, das in der Sandkiste in Kürze vom Hund gefressen würde). Legitime Zwecke kommen aber nicht immer mit dieser Deutlichkeit des Wegs. So kann auch ein nicht ausdrücklich aus der Verfassung herzuleitender Zweck legitim sein, so im Falle des Haftbefehls und der Untersuchungshaft (Mittel!) die Durchführung eines geordneten Strafverfahrens zu gewährleisten und die spätere Strafvollstreckung sicherzustellen (Zweck!).[60]

Merke:
Bei der Prüfung des legitimen Zwecks müssen Zweck und Mittel sauber getrennt werden. In den o.a. Beispielen sind das Ausleben der Aversion gegen Hunde und der Schutz von Leben und körperlicher Unversehrtheit des Kindes der Zweck, der Schuss ist das Mittel.

Der Staat kann mit einer Regelung auch mehrere verschiedene Zwecke verfolgen, die zunächst einzeln auf ihre Legitimität hin zu überprüfen sind. Im Übrigen sollten diese Zwecke auch in der weiteren Prüfung der Verhältnismäßigkeit mitgeführt und gesondert geprüft werden.

---

60 Hierzu BVerfGE 19, 342, 349.

Beispiel:
Der Bundesverkehrsminister fügt in die StVO anstelle der Richtgeschwindigkeit von 130 km/h auf Autobahnen ein generelles Tempolimit von 120 km/h ein. Hintergrund der Regelung ist zum einen die Minimierung von Unfallzahlen und Unfallfolgen, zum anderen eine Verbesserung des Umweltschutzes durch den tendenziell geringeren Benzinverbrauch.
Der erste Zweck ist legitim mit Blick auf den Schutz von Leben, körperlicher Unversehrtheit und bedeutenden Sachwerten (Art. 2 Abs. 1 GG, Art. 2 Abs. 2 GG, Art. 14 GG). Der zweite Zweck ist legitimiert durch Art. 20a GG, das Staatsziel Umweltschutz[61].

Im Zweifel wird davon auszugehen sein, dass, wenn sich nur ein verfolgter Zweck als legitim erweist, insgesamt dennoch das Vorliegen eines legitimen Zwecks zu bejahen ist. So würde der Polizist, der im Beispiel oben den Hund erschießt, weil er Hunde hasst (und Katzen vorzieht), zugleich aber das Kind retten will, trotz seiner gelebten Hundeaversion einen legitimen Zweck verfolgen.

2. Geeignetheit

Mit dem Merkmal der **Geeignetheit** wird beschrieben, ob das gewählte Mittel den zuvor festgestellten Zweck zumindest fördert. Es ist also gerade nicht optimale Zweckerreichung verlangt, es genügt **Zweckförderlichkeit** im weitesten Sinne, gleichsam „der Schritt in die richtige Richtung". Bezogen auf die Auswahl der Mittel zur Zweckerreichung liegt es im Prognosespielraum des Staates, ein seiner Ansicht nach zweckförderliches Mittel anstelle eines anderen auch zweckförderlichen Mittels zu wählen.

Merke:
Bei der Prüfung der Verhältnismäßigkeit ist die Geeignetheit in den seltensten Fällen ein Hindernis, da der Staat sich schon für ein relativ schwachsinniges Mittel entschieden haben muss, damit dieses in keiner Weise zweckförderlich und damit schlechthin ungeeignet zu erachten ist.

Beispiel:
§ 1 Transsexuellengesetz (TSG) sah vor, dass Transsexuellen die Führung eines Vornamens des von ihnen präferierten Geschlechts ohne geschlechtsumwandelnde Operation (sog. kleine Lösung) erst mit 25 Jahren erlaubt werden sollte. Grund der Regelung sollte sein, dass es bei jüngeren Transsexuellen nicht zu deren vorzeitigen Fixierung in der anderen Geschlechterrolle kommen sollte, falls sich die vermutete abweichende sexuelle Orientierung später als irrig erweisen sollte. Zugleich war für die Entscheidung für eine geschlechtsumwandelnde Operation (sog. große Lösung) mittlerweile keine derartige Altersgrenze mehr vorgesehen.

61 Dazu unten Kap. 2 F II.

Das Bundesverfassungsgericht führte dazu aus: „*Die Altersgrenze für die Vornamensänderung ist vielmehr eher geeignet, das Leben in der anderen Geschlechtsrolle über einen längeren Zeitraum vor der Operation - und damit eine zusätzliche Absicherung der Diagnose - zu erschweren und jüngere Transsexuelle zu einer möglichst frühen Entscheidung für eine geschlechtsanpassende Operation zu veranlassen, weil sie nur auf diesem Wege die Voraussetzungen für eine Vornamensänderung im Rahmen der großen Lösung schaffen können.*“[62] Die gesetzliche Regelung musste so als geradezu kontraproduktiv und letztlich ungeeignet erachtet werden.

3. Erforderlichkeit

Im Rahmen der **Erforderlichkeit** wird gefragt, ob es zur Erreichung des zuvor skizzierten Zwecks ein milderes, d.h. weniger eingreifendes Mittel gleicher Eignung, also gleicher Zweckförderlichkeit gibt. Die Feststellung der Erforderlichkeit darf damit insbesondere nicht im Wortsinn etwa als „Notwendigkeit“ einer Regelung verstanden werden. Sie folgt der Erkenntnis, dass der Staat stets das Mittel wählen muss, das die Rechte des Bürgers relativ am wenigsten einschränkt.[63]

Der Prüfung der Erforderlichkeit ist im Rahmen einer Klausurbearbeitung besondere Beachtung zu schenken. Sie muss stets in den beiden Schritten „1. Milderes Mittel – 2. Gleicher Eignung“ erfolgen. So finden sich häufig Mittel, die deutlich milder sind als das vom Staat gewählte. Fraglich ist aber, ob dieses Mittel auch gleich geeignet ist. Genau so gibt es extrem zweckförderliche Mittel, die den Bürger aber übermäßig belasten.

Beispiel:
Mord (§ 211 StGB) wird mit lebenslanger Freiheitsstrafe bestraft. Sicher wäre eine Flyer- und Anzeigenkampagne des Bundesjustizministers: „Töte Deinen Nächsten nicht! Das führt zu Verstimmungen!“ ein deutlich milderes Mittel. Ungeachtet jeder Diskussion um die Abschreckungswirkung langer Haftstrafen dürfte eine solche Kampagne aber nicht gleich geeignet sein, Mordtaten einzudämmen und Leben zu schützen.
Stellt sich heraus, dass ein Bauwerk ohne die notwendige Baugenehmigung errichtet wurde, wäre eine Abrissverfügung bestens geeignet, baurechtlich rechtmäßige Verhältnisse zu schaffen. Ist das Gebäude aber genehmigungsfähig (also nur formell, aber nicht materiell rechtswidrig), ist eine solche Abrissverfügung nicht erforderlich. Es reicht für die Schaffung des rechtmäßigen Zustandes aus, das Genehmigungsverfahren nachzuholen und den Bau so nachträglich zu legalisieren.[64]

62 BVerfGE 88, 87, 100.
63 Vgl. *Gröpl*, Staatsrecht I, Rn. 539.
64 Beispiel nach *Degenhart*, Staatsrecht I, Rn. 404.

Merke:
Auch bei der Frage der Erforderlichkeit ist stets der Prognosespielraum – die „Einschätzungsprärogative" – des Gesetzgebers zu beachten. Dieser Gedanke kann in der Klausur helfen, die Frage der Erforderlichkeit zu entscheiden.
So kann man trefflich darüber streiten, ob im Beispiel oben zur StVO-Änderung zum Schutz der Umwelt und zur Eindämmung von Unfallschäden ein generelles Tempolimit von 120 km/h auf Autobahnen erforderlich ist. Warum nicht 110 km/h? Warum nicht 130 km/h? 130 km/h wären bezogen auf passionierte Schnellfahrer milder, 110 km/h bezogen auf Umweltschutz und Unfallfolgen uU geeigneter. Hier muss es genügen festzustellen, dass sich das gewählte Tempolimit im Rahmen des Üblichen, bspw. im europäischen Vergleich, hält und damit nicht schlechthin fehlsam ist.

Wie bereits angesprochen, ist im Falle mehrerer verfolgter Zwecke auch die Erforderlichkeitsprüfung auf alle legitim verfolgten Zwecke zu erstrecken. Hierbei kann sich ergeben, dass das vorgesehene Mittel bezogen auf einen der Zwecke milder bei gleicher Eignung, bezogen auf den anderen Zweck aber weniger geeignet ist. Im Ergebnis würde die Erforderlichkeit dann zu bejahen sein.

Beispiel:
Im Falle der Einführung eines allgemeinen Tempolimits käme als mildere Maßnahme bezogen auf die Sicherheit des Straßenverkehrs der Ausbau von Bundesautobahnen in Betracht; ungeachtet der fiskalischen Machbarkeit („Diktat leerer Kassen") würde dies aber dem Umweltschutz nicht entscheidend weiterhelfen. Bezogen auf den Zweck Umweltschutz dagegen würde die staatliche Förderung verbrauchsarmer Motoren in Betracht kommen, was aber bei gleichbleibend hohem Geschwindigkeitsniveau nichts zur Unfallprävention beitragen würde. In der Folge scheiden bei Alternativen gegenüber dem gewählten Ansatz „Tempolimit" aus.

---

4. Angemessenheit oder Verhältnismäßigkeit im engeren Sinne

Ein vom Staat gewähltes Mittel, das geeignet, also zweckförderlich und erforderlich, also das relativ mildeste Mittel ist, muss **angemessen** sein. Die Begriffe Angemessenheit, Proportionalität oder Verhältnismäßigkeit im engeren Sinne sind insoweit gleichbedeutend. Das Bundesverfassungsgericht führt dazu aus: *„Das Gebot der Verhältnismäßigkeit im engeren Sinn verlangt, dass die Schwere des Eingriffs bei einer Gesamtabwägung nicht außer Verhältnis zu dem Gewicht der ihn rechtfertigenden Gründe stehen darf [...]. Die Prüfung an diesem Maßstab kann dazu führen, dass ein an sich geeignetes und erforderliches Mittel des Rechtsgüterschutzes nicht angewandt werden darf, weil die davon ausgehenden Grundrechtsbeeinträchtigungen den Zuwachs an Rechtsgüterschutz überwiegen, so dass der Einsatz des Schutzmittels als unangemessen erscheint [...}. In dem Spannungsverhältnis zwischen der Pflicht des Staates zum Rechtsgüterschutz und dem Interesse des Einzelnen an der Wahrung seiner von der Verfassung verbürgten Rechte ist es dabei [...} Aufgabe des*

Gesetzgebers, in abstrakter Weise einen Ausgleich der widerstreitenden Interessen zu erreichen.“[65]

Gegenstand der Angemessenheitsfeststellung ist damit die Ermittlung aller einschlägigen Interessen, sowohl derjenigen der Allgemeinheit bzw. derer, die der Staat mit einer bestimmten Maßnahme zu schützen oder zu befördern gewillt ist, als auch derjenigen, die durch die staatliche Maßnahme in Rechten betroffen werden.

Beispiel:
So kann die automatisierte Erfassung von Autokennzeichen zwar geeignet und erforderlich sein, um bspw. Autodiebstähle oder Verstöße gegen das Pflichtversicherungsgesetz aufzudecken. Gleichwohl ist eine flächendeckende verdachts- und anlasslose Erfassung von Kennzeichen mit unklarer anschließender Zweckverwendung mit den Rechten insbesondere rechtmäßig agierender Autofahrer nicht vereinbar und bezogen auf die Persönlichkeitsrechte dieser Fahrer unangemessen.[66]

Zugleich kann eine Maßnahme bezogen auf die Mehrheit der Betroffenen angemessen, bezogen auf Einzelfälle aber unangemessen und damit unverhältnismäßig sein, so dass die Betrachtung ggf. bis hin zur Ermittlung der Interessen einzelner Betroffener reichen muss. Hier kann verlangt werden, dass der Gesetzgeber, um auch derartige Ausreißer erfassen zu können, **Ausnahme-**, **Härtefall-** oder **Übergangsbestimmungen** in die gesetzliche Regelung einfügt; unterlässt er dies, kann die Regelung im Einzelfall unangemessen sein.

Beispiel:
Durch Gesetz werden Verleger im Bundesland X verpflichtet, von jeder Auflage eines Werkes ein Exemplar unentgeltlich der Landesbibliothek als Pflichtexemplar zu überlassen. Zweck der Regelung ist das verfassungsrechtlich legitime Bestreben des Gesetzgebers, literarische Erzeugnisse einer Epoche der Allgemeinheit möglichst geschlossen zugänglich zu machen und so auch späteren Generationen einen umfassenden Eindruck vom geistigen Schaffen früherer Epochen zu ermöglichen. Die Maßnahme ist geeignet, weil zweckförderlich. Sie ist auch erforderlich, da insbesondere eine Entschädigung der Verleger zu teuer wäre und die Überlassung von Kopien oder elektronischen Formen häufig nicht den gleichen dokumentarischen Wert hätte. Die Regelung ist für die Mehrheit der Verleger, die die finanzielle Belastung bei der Preiskalkulation berücksichtigen und weiterreichen können, auch angemessen. Übermäßig betroffen werden aber Klein- und Kleinstverleger, insbesondere wenn sie geringe Auflagen besonders wertvoller Bücher herstellen. Wenn der Gesetzgeber diese Verleger nicht im Blick hat und deswegen bspw. keine ausnahmsweisen Entschädigungsregelungen vorsieht, kann die Regelung für solche Verleger unangemessen sein.[67]

---

65 BVerfGE 115, 320, 345 f.
66 Vgl. BVerfGE 120, 378, 429 ff.
67 So vereinfacht die Fallgestaltung BVerfGE 58, 137 ff. – Pflichtexemplar-Entscheidung.

Die Angemessenheit kann auch bei der Rechtsanwendung problematisch sein. Die Verhältnismäßigkeitsprüfung ist also nicht auf ein ermächtigendes Gesetz, sondern auch auf Ausführungsakte seitens der Exekutive zu erstrecken.

Beispiel:
So dürfte die Polizei nicht gezielt auf einen rasant auf dem Fahrrad flüchtenden Taschendieb schießen. Die Maßnahme verfolgt einen legitimen Zweck, nämlich Strafverfolgung und Schutz der Rechte des Bestohlenen. Sie ist geeignet, also zweckförderlich, da man des Täters und der Beute habhaft werden kann. Sie ist, wenn der Polizist selbst zu Fuß unterwegs ist und nicht wirksam Verstärkung herbeirufen kann, auch erforderlich. Jedoch steht der Anlass (Taschendiebstahl) und der verfolgte Zweck (Strafverfolgung, Schutz der Rechte des Bestohlenen) in keinem angemessenen Verhältnis zu den potentiellen Folgen für den Taschendieb, nämlich schwere Gefahren für die körperliche Integrität bis hin zur Lebensgefährdung.

Die hier vorzunehmende Abwägung zwischen den betroffenen Interessen sollte im Rahmen der Klausurbearbeitung besonderes Gewicht erfahren, sie kommt aber nicht ohne wertende, je nach persönlicher Sicht und Erfahrung abweichende Gesichtspunkte aus. Der Aufgabensteller sollte daher eine sorgsame Abwägung verlangen, nicht (s)eine einzig richtige Abwägung.

VIII. Rechtsschutzgarantie

Flankiert werden die Aussagen des Rechtsstaatsprinzips durch die **Rechtsschutzgarantie**. Den Schutz des Bürgers vor Übergriffen des Staates gewährleistet das Grundgesetz zentral in Art. 19 Abs. 4 GG, wo es in Satz 1 heißt: *„Wird jemand durch die öffentliche Gewalt in seinen Rechten verletzt, so steht ihm der Rechtsweg offen."* Der Staatsrechtler *Richard Thoma* (1874-1957) hat Art. 19 Abs. 4 GG dem entsprechend als „Schlussstein im Gewölbe des Rechtsstaates"[68] bezeichnet. So würde ein möglicher Verstoß gegen Vorrang des Gesetzes, Bestimmtheit, Vertrauensschutz oder Verhältnismäßigkeit ungeahndet bleiben und die entsprechenden Grundsätze für den Bürger entwertet, wenn er seine Rechte nicht vor einem unabhängigen Gericht durchzusetzen versuchen könnte.

Der Begriff der öffentlichen Gewalt betrifft vorrangig die Exekutive. So bezieht das Bundesverfassungsgericht die Reichweite des Art. 19 Abs. 4 GG nicht auf die (Parlaments-)Gesetzgebung.[69] Dies erscheint in Anbetracht des **Verwerfungsmonopols** des Bundesverfassungsgerichts[70] nachvollziehbar: Wenn das Bundesverfassungsgericht für sich zutreffend das alleinige Recht zur Verwerfung von (Parlaments-)Gesetzen reklamiert, kann der Bürger unmittelbar gegen ein Gesetz allenfalls vor der Verfassungsgerichtsbarkeit streiten. Auch der

---

68 *Thoma*, Über die Grundrechte im Grundgesetz für die BRD, in: Wandersleb u.a.: Recht, Staat, Wirtschaft Bd. 2, S. 9 ff, 9.

69 Vgl. etwa BVerfGE 45, 297, 334.

70 Vgl. oben Kap. 2 D IV.

Richter, der eine streitentscheidende Vorschrift des nachkonstitutionellen Rechts für verfassungswidrig hält, muss diese nach Art. 100 GG dem Bundesverfassungsgericht vorlegen. Zugleich aber verbürgt Art. 19 Abs. 4 GG keinen subjektiven verfassungsgerichtlichen Rechtsschutz,[71] sondern vornehmlich Zugang zur „einfachen" Fachgerichtsbarkeit.

Für bürgerlich-rechtliche Streitigkeiten wird ein allgemeiner **Justizgewährleistungsanspruch** allgemein aus dem Rechtsstaatsprinzip iVm Art. 2 Abs. 1 GG, der allgemeinen Handlungsfreiheit[72], hergeleitet; die Notwendigkeit eines Zugangs zu unabhängigen Gerichten auch im Streit von Privaten untereinander ergibt sich bereits daraus, dass dem Bürger die Anwendung von Selbsthilfe verwehrt bleiben muss.[73]

Die Ausgestaltung effektiven Rechtsschutzes überlässt das Grundgesetz dem parlamentarischen Gesetzgeber. Damit lässt sich aus dem Grundgesetz, weder aus dem allgemeinen Justizgewährleistungsanspruch noch aus Art. 19 Abs. 4 GG, ein Anspruch auf Gewährung eines Instanzenzuges nicht herleiten.[74] Auch wird Rechtsschutz grundsätzlich nur durch den Richter und nicht gegen den Richter gewährt.[75] Gleichwohl ist es geboten, gegen verwaltendes Handeln der Gerichte (Entscheidungen des Rechtspflegers, Kostenentscheidungen) Rechtsschutz zu gewähren. Auch können sich aus dem gerichtlichen Verfahren selbst Grundrechtsverstöße ergeben, so bei Verletzung rechtlichen Gehörs (Art. 103 Abs. 1 GG). In solchen Fällen muss jedenfalls nach dem allgemeinen Justizgewährleistungsanspruch ein Gericht höherer Instanz angerufen werden können; letztendlich wäre eine Verfassungsbeschwerde, gestützt auf eine Verletzung von Art. 103 Abs. 1 GG, zulässig.

E Sozialstaatsprinzip

Die Aufnahme des **Sozialstaatsprinzips** als unabänderbarem Strukturprinzip der Bundesrepublik ist geschichtlich der zunehmenden Bedeutung der „sozialen Frage" als Spätfolge der industriellen Revolution geschuldet. Unter dem Grundgesetz soll allen Bevölkerungsschichten die Möglichkeit eröffnet werden, ihre bürgerlichen Freiheiten in Anspruch zu nehmen. In Abgrenzung zum liberalen Rechtsstaat, bei dem die Garantie des privaten Freiraums gegenüber dem Staat über die Gewährung von Freiheit und Eigentum und die Gewährung von Rechtsgleichheit im Vordergrund steht, bemüht sich der soziale Rechtsstaat um die Realisierung tatsächlicher Gleichheit, bzw. um die Schaffung der tatsächlichen Voraussetzungen für die Verwirklichung grundrechtlicher Freiheit.[76]

---

71 Vgl. BVerfGE 99, 1, 19.

72 Dazu unten Kap. 8 B.

73 Vgl. *Degenhart*, Staatsrecht I, Rn. 418a.

74 Vgl. BVerfGE 54, 277, 291.

75 Vgl. *Sachs* in Sachs, Grundgesetzkommentar, Art. 19 GG Rn. 120.

76 *Degenhart*, Staatsrecht I, Rn. 566.

> **Merke:**
> Teilweise wird vertreten, dass es sich bei der Vorgabe, dass die „Bundesrepublik Deutschland ein [...] *sozialer* Bundesstaat" ist, um ein Staatsziel handelt[77]. Staatsziele bergen die Verpflichtung für den Staat, auf die jeweilige Zielsetzung im Rahmen des Möglichen hinzuwirken.[78] Da das Sozialstaatsprinzip auch als Staatsziel der Ewigkeitsgarantie nach Art. 79 Abs. 3 GG unterfiele, leiten sich aus der Verortung als Verfassungsprinzip oder als Staatsziel keine unterschiedlichen Rechtsfolgen her.

Gekennzeichnet ist der Sozialstaat durch ein Moment der **Umverteilung**. um die Ziele des Sozialstaatsprinzips, soziale Gerechtigkeit und Sicherheit, zu fördern. Umverteilung erfolgt in der Bundesrepublik unter anderem über jegliche an der Höhe des Einkommens gestaffelten Leistungen des Bürgers, etwa bei der Steuerlast oder bei entsprechend ausgestalteten abweichenden Sozialversicherungsbeiträge, so bspw. in der gesetzlichen Krankenversicherung.

I. Sozialstaat als Aufgabe des Staates

Adressat des Sozialstaatsprinzips ist der Staat in seiner Tätigkeit als Gesetzgeber, der eine an sozialer Gerechtigkeit orientierte Ordnung schaffen soll, die aber zugleich mit der (begrenzten) Leistungsfähigkeit der Volkswirtschaft in Einklang stehen muss. Deswegen wird dem Staat bei der konkreten Ausgestaltung sozialstaatlicher Strukturen – bei dem „Wie" des Sozialstaates – auch ein großer Gestaltungsspielraum eingeräumt.[79] Während die Regelungen etwa der gesetzlichen Sozialversicherung den Aspekt der sozialen Sicherheit betreffen (SGB V - Gesetzliche Krankenversicherung, SGB VI- Gesetzliche Rentenversicherung, SGB VII - Gesetzliche Unfallversicherung, SGB XI - Pflegeversicherung, ergänzt durch SGB II - Grundsicherung für Arbeitssuchende und SGB XII - Sozialhilfe), sind über Vorschriften des sozialen Mietrechts, des Verbraucherschutzes und des Arbeitsrechts die Aspekte der sozialen Gerechtigkeit erfasst.

Die Umsetzung sozialstaatlicher Strukturen ist dann aber auch Aufgabe der Exekutive beim Gesetzesvollzug und der Rechtsprechung bei der Überprüfung gesetzgeberischer und exekutiver Entscheidungen. Dabei ist auch auf diesen Ebenen stets das Bestreben des Staates zur Schaffung **sozialer Gerechtigkeit** zu beachten.

Zu bedenken sind neben dem Wunsch des Einzelnen zur **Teilhabe** eben auch volkswirtschaftliche Grenzen, Grundrechte Dritter, gerichtet auf Wahrnehmung wirtschaftlicher Freiheit sowie Aspekte der Generationengerechtigkeit. Sofern soziale Gerechtigkeit gefordert wird, ist einzugestehen, dass Gerechtigkeit stets eine Frage des Blickwinkels ist.

---

77 So *Degenhart*, Staatsrecht I, Rn. 566 ff.; wohl auch *Gröpl*, Staatsrecht I, Rn. 572.

78 Näher unten Kap. 2 F I.

79 BVerfGE 132,134, 159; BVerfGE 125, 175, 222 (stRspr).

Beispiel:
Derjenige, der als Arbeitsloser Arbeitslosengeld II-Regelsatzleistungen bezieht, mag diesen Regelsatz als zu niedrig und damit ungerecht empfinden. Derjenige, der einer schlecht bezahlten Vollzeitbeschäftigung nachgeht und nur wenig mehr als den Regelsatz verdient, mag die ALG II-Leistungen gemessen an dem, was er aus acht Stunden Arbeit am Tag geringfügig mehr erzielt, als zu hoch und damit gleichermaßen ungerecht empfinden.

II. Regelmäßig keine Ansprüche des Einzelnen aus dem Sozialstaatsprinzip

Wie gezeigt, obliegt die Ausgestaltung des Sozialstaats dem Gesetzgeber, der auf einfachgesetzlicher Ebene Ansprüche auf Leistungen (bspw. Hilfe zum Lebensunterhalt, Arbeitslosengeld II, Erwerbsminderungsrenten) regeln kann. Dagegen lassen sich aus dem Sozialstaatsprinzip unmittelbar regelmäßig keine Leistungsansprüche herleiten. Ausnahmsweise hat das Bundesverwaltungsgericht aus dem Sozialstaatsprinzip iVm Art. 2 Abs. 1, 1 Abs. 1 GG, dem allgemeinen Persönlichkeitsrecht,[80] einen Anspruch auf Gewährleistung des Existenzminimums hergeleitet,[81] der mittlerweile aber in §§ 27 ff. SGB XII ausdrücklich normiert ist.

Auch kann der Einzelne nicht die Beibehaltung bestimmter Strukturen von Sozialleistungen aus dem Sozialstaatsprinzip heraus fordern. So ist ein Umsteuern der Politik, das sich beispielhaft an der Schaffung des SGB II und SGB XII anstelle des vorherigen Systems von Arbeitslosenhilfe und Sozialhilfe (sog. Hartz-Gesetze) zeigen lässt, in Ansehung des zuvor geschilderten Gestaltungsspielraums des Staates regelmäßig zulässig.

F Exkurs: Widerstandsrecht, Art. 20 Abs. 4 GG

Das Widerstandsrecht ist im Jahr 1968 im Zuge der sog. **Notstandsgesetzgebung** und quasi als Gegengewicht zu dieser in das Grundgesetz eingefügt worden. So wurden mit dem 17. Gesetz zur Änderung des Grundgesetzes[82] Regelungen für den Verteidigungsfall, den Spannungsfall und Fälle des inneren Notstandes sowie zum Katastrophenfall eingefügt. In diesen Situationen sollte nicht zuletzt die Einschränkung von Grundrechten erleichtert werden können und insb. im Verteidigungsfall staatliche Funktionen auf den **Gemeinsamen Ausschuss** übertragen werden[83]. Auch die vorgenannten Krisensituationen sollten nicht als Vorwand für die Beseitigung grundrechtlicher Freiheiten dienen können.[84]

---

80 Dazu unten Kap. 8 C.
81 BVerwGE 1, 159 ff.
82 17. Gesetz zur Änderung des Grundgesetzes vom 24.06.1968, BGBl. I 709.
83 Vgl. unten Kap. 3 E.
84 In diesem Sinne *Huster/Rux* in BeckOK GG Art. 20 GG Rn. 226.

Gedacht war das Widerstandsrecht als subjektiv-rechtliche Ergänzung zu Art. 79 Abs. 3 GG[85], mit dem Staatsbürger individuell wie kollektiv berechtigt werden sollten, gegen die Beseitigung der staatlichen Ordnung **aufzubegehren**.

Nicht unumstritten ist, ob das Widerstandsrecht reduziert ist auf die Kernaussagen des **Art. 20 Abs. 1 bis 3 GG**, oder ob die Beseitigung der freiheitlich-demokratischen Grundordnung[86] bzw. aller in Art. 79 Abs. 3 GG geschützten Verfassungsgüter Anlass zur Ausübung des Widerstandsrechts sein darf.[87] Zutreffend dürfte sein, dass etwa in der Beseitigung der besonderen Achtung der Menschenwürde – als solche erfasst von Art. 79 Abs. 3 GG, nicht aber ausdrücklich erwähnt in Art. 20 Abs. 1 bis 3 GG – zugleich ein Verstoß gegen die Grundsätze der Rechtsstaatlichkeit nach Art. 20 Abs. 3 GG liegen dürfte, so dass auch ein solches Vorgehen zur Ausübung des Widerstandsrechts berechtigen würde. Ob Art. 20 Abs. 4 GG von der Ewigkeitsgarantie des Art. 79 Abs. 3 GG erfasst ist, wird unterschiedlich gesehen.[88]

Ein wesentliches Strukturelement des Widerstandsrechts ist, dass es (erst) einsetzt, wenn – insb. im Falle des Versagens existierender verfassungsrechtlicher Kontrollinstanzen und -mechanismen – die **staatliche Ordnung** bereits **beseitigt** ist. Jede Ausübung von Widerstand innerhalb des noch rechtsstaatlich agierenden Systems ist damit nicht vom Widerstandsrecht erfasst.

Keine Aussage trifft das Grundgesetz dazu, **welche Mittel** zur Ausübung des Widerstandsrechts ausgeübt werden darf. Hier ist davon auszugehen, dass alle Formen des „zivilen Ungehorsams“ bzw. des passiven Widerstandes bis hin zur (ggf. bewaffneten) Gewaltausübung gegen Personen und Sachen erfasst sind. Korrektiv ist insoweit aber stets der Grundsatz der **Verhältnismäßigkeit**.

> Merke:
> Ob das Widerstandsrecht wirklich ein geeigneter Mechanismus zur Verteidigung einer – gefallenen – staatlichen Ordnung sein kann, mag bezweifelt werden.
> Entweder steht der Bürger, der berechtigt das Widerstandsrecht ausübt, einer in der Regel nicht rechtsstaatlich agierenden Staatsmacht gegenüber und bekommt es – wenn auch zu Unrecht – auf die Mütze. Oder der Bürger wähnt sich zu Unrecht in der Situation, das Widerstandsrecht ausüben zu dürfen; in diesem Fall bekommt er es von einer rechtstaatlich agierenden Staatsmacht – dann zu Recht – auf die Mütze. Auf die Mütze gibt's also immer was, im letzteren Fall aber wiederum hoffentlich im Rahmen der Verhältnismäßigkeit.[89]

---

85 Dazu unten Kap. 4 B V 3.

86 Dazu unten Kap. 3 A V 3 c.

87 Zum Meinungsstand vgl. *Huster/Rux* in BeckOK GG Art. 20 GG Rn. 226.

88 Vgl. einerseits (nicht erfasst) *Pieroth/Schlink/Kingreen/Poscher*, Staatsrecht II, Rn. 1122 und andererseits (erfasst) *Huster/Rux* in BeckOK GG Art. 20 GG Rn. 231.

89 Vgl. insoweit auch *Pieroth/Schlink/Kingreen/Poscher*, Staatsrecht II, Rn. 1120: *„Art. 20 Abs. 4 […] hat mit anderen Worten nur symbolische Funktion.“*

Im Übrigen steht das Widerstandsrecht aber nicht nur gegenüber staatlichen Stellen oder Amtsträgern zur Verfügung, sondern auch gegenüber einem **Staatsstreich** revolutionär – „von unten" – agierender Kräfte. Gleichwohl folgt hieraus kein Recht der Organe der rechtmäßigen staatlichen Ordnung, sich auf das Widerstandsrecht zu berufen.

G Staatsziel Umweltschutz und Tierschutz

Seit 1994 ist im Grundgesetz der **Umweltschutz** durch Einfügen des Art. 20a GG[90] als **Staatsziel** in die Verfassung aufgenommen worden; Art. 20a GG wurde im Jahre 2002[91] durch Aufnahme des Staatsziels **Tierschutz** ergänzt.

I. Staatsziel

Staatsziele erlegen dem Staat eine grundsätzliche verfassungsrechtlich bekräftigte Verpflichtung auf, ein bestimmtes **Ziel anzustreben** und möglichst zu verwirklichen. Staatsziele müssen beachtet, das heißt, bei allem staatlichen Handeln mit bedacht und nach Möglichkeit gefördert werden. Die Mittel, die der Staat zur Förderung des Staatsziels einsetzt, stehen ihm weithin frei. Auch ist er weithin frei, unbestimmte Zielsetzungen zu konkretisieren.[92]

Eine Besonderheit des Staatsziels Umwelt- und Tierschutz ist es, dass letztlich nicht ein Ziel, also ein bestehender unvollkommener Zustand und ein angestrebter Zustand, sondern vielmehr eine Aufgabenstellung formuliert wird – anders mit deutlicherer Zielperspektive in Art. 3 Abs. 2 S. 2 GG: *„Der Staat fördert die tatsächliche Durchsetzung der Gleichberechtigung von Frauen und Männern und wirkt auf die Beseitigung bestehender Nachteile hin"*.[93]

Die Formulierung in Art. 20a GG, der zufolge der Staat Umwelt und Tiere *„auch in Verantwortung für die künftigen Generationen"* schützen soll, legt ein **anthropozentrisches** Verständnis der Norm nahe, also den Schutz der genannten Güter für den Menschen. Allerdings dürfte davon auszugehen sein, dass das Grundgesetz Umwelt und Tiere auch um ihrer selbst willen als eigenen Wert schützen will, und damit auch ein **ökozentrischer** Ansatz verfolgt wird. Deutlich wird dies in der einfachgesetzlichen Ausprägung nach § 1 Bundesnaturschutzgesetz (BNatSchG), wo es heißt: *„Natur und Landschaft sind auf Grund ihres eigenen Wertes und als Grundlage für Leben und Gesundheit des Menschen [...] zu schützen, [...]"*. Gleich ob die Konzeption des Art. 20a GG anthropozentrisch oder ökozentrisch anzusehen ist, sind Umweltschutz und Tierschutz nunmehr als Rechtsgüter mit Verfassungsrang anzusehen. Aufgabe und Verpflichtung des Staates ist es, dem Umweltschutz und dem Tierschutz im Sinne eines Optimierungsgebots einen möglichst hohen Stellenwert im Rechtssystem der Bundesrepublik zukommen zu lassen.[94]

---

90 42. Gesetz zur Änderung des Grundgesetzes vom 27.10.1994, BGBl. I 3146.

91 50. Gesetz zur Änderung des Grundgesetzes vom 26.07.2002, BGBl. I 2862.

92 Vgl. *Murswiek* in Sachs, Grundgesetz-Kommentar, Art. 20a GG Rn. 17.

93 Vgl. auch insoweit *Murswiek* in Sachs, Grundgesetz-Kommentar, Art. 20a GG Rn. 19 f.

94 Vgl. *Caspar/Geissen*, NVwZ 2002, 913, 913.

Weder das Staatsziel Umweltschutz noch das Staatsziel Tierschutz vermittelt dem Einzelnen ein subjektives Recht. Weser besteht aus Art. 20a GG heraus ein rechtlich geschützter Anspruch gegen den Staat, dass dieser Umwelt- oder Tierschutz in bestimmter Weise betreibt, noch gewährt Art. 20a GG ein Recht des Einzelnen, ungestört Umwelt- oder Tierschutz betreiben zu können. Diese Rechte stehen dem Einzelnen allenfalls als Gewährleistung der Grundrechte, insb. Art. 2 Abs. 1 GG, zu.

II. Staatsziel Umweltschutz

1. Inhalt

Gemäß Art. 20a GG sollen die **natürlichen Lebensgrundlagen** geschützt werden. Zu diesen natürlichen Lebensgrundlagen zählen die Umweltmedien wie Luft, Wasser und Boden, sowie die klimatischen Bedingungen.[95] Zugleich werden aber auch Fauna und Flora in ihren natürlichen Lebensräumen erfasst. Die Rechtsprechung sieht auch die Unversehrtheit der Landschaft einbezogen.[96]

Der Begriff „schützen" beschreibt das Vermeiden belastender Eingriffe in die Umwelt, das Abwehren von Gefahren sowie – im Sinne des **Vorsorgeprinzips** – die frühzeitige Prävention zukünftiger Gefährdungen, um diese erst gar nicht entstehen zu lassen. Primärer Adressat der Schutzpflicht ist der Staat, der aber nicht nur eigene Eingriffe unterlassen und Gefährdungen vermeiden soll; er ist auch gehalten, das Verhalten Dritter im Rahmen der Gesetzgebung und der Rechtsanwendung im Sinne des Staatsziels zu lenken. Der sog. „Nachweltschutz" (*„auch in Verantwortung für die künftigen Generationen"*) bezieht den Ressourcenschutz und den nachhaltigen Umgang mit Umweltgütern ausdrücklich mit ein.

2. Aufwertung, aber kein Diktat des Umweltschutzes

Trotz der dem Staat auferlegten Schutzverpflichtung ergibt sich aus Art. 20a GG **kein Diktat** des Umweltschutzes. Umweltbelastende Vorhaben sind nicht schlechthin unzulässig, allerdings kann der Umweltschutz, etwa bei baurechtlichen Zulassungsentscheidungen, als gewichtiger gelten. Umweltschutzgesichtspunkte sind bspw. in der Bauleitplanung seit je her als abwägungsrelevanter Belang vorgesehen; mit der „Adelung" des Umweltschutzes zum Rechtsgut mit Verfassungsrang ist er aber tendenziell aufgewertet und stärker in den Fokus staatlicher Aufmerksamkeit gerückt. Jedenfalls enthält die Norm ein umweltrechtliches Verschlechterungsverbot, d.h., dass von bestehenden Umweltstandards nicht mehr nach unten abgewichen werden darf.

---

95 *Degenhart*, Staatsrecht I, Rn. 583.

96 *BVerwG*, NJW 1995, 2648, 2649.

III. Staatsziel Tierschutz

1. Inhalt

Das Staatsziel **Tierschutz** betrifft in Abgrenzung zum Staatsziel Umweltschutz nicht den Schutz der Tiere in ihrer natürlichen Umgebung, sondern, wie es in § 1 S. 1 Tierschutzgesetz (TierSchG) zum Ausdruck kommt, das Leben und Wohlbefinden des Tieres als Mitgeschöpf des Menschen zu schützen. Auch gilt das Gebot des Satzes 2, demzufolge einem Tier ohne vernünftigen Grund keine Schmerzen, Leiden oder Schäden zugefügt werden dürfen. Art. 20a GG ist insoweit Ausdruck des ethischen Tierschutzes.

Der Tierbegriff des Art. 20a GG ist ebenfalls dem **Tierschutzgesetz** entlehnt und betrifft alle Arten von Tieren, nicht nur Wirbeltiere.[97] Die Norm gebietet, den Tierschutz wiederum im Sinne eines tierschutzrechtlichen **Verschlechterungsverbots** und zugleich einer staatlichen Nachbesserungspflicht[98] stets auf dem aktuellen wissenschaftlichen Stand zu halten.

2. Auswirkung auf grundrechtlich geschützte Verhaltensweisen

Konsequenzen hat die Aufnahme des Tierschutzes in die Verfassung insbesondere bei Konflikten des Tierschutzes mit sog. vorbehaltlos gewährten Grundrechten, also mit Grundrechten, die keinen ausdrücklichen Gesetzesvorbehalt vorsehen.[99] Beispiele hierfür sind die die Wissenschafts-, die Forschungs- und die Religionsfreiheit.

Seine Auswirkungen zeigt Art. 20a GG auf dem Gebiet des **Tierversuchsrechts.** Solange der Tierschutz keinen Verfassungsrang hatte, war von einem tendenziellen Überwiegen der in Art. 5 Abs. 3 GG geschützten Wissenschaftsfreiheit gegenüber den Wertungen des Tierschutzgesetzes auszugehen. Nunmehr kann insoweit eine Abwägung zwischen zwei Rechtsgütern mit Verfassungsrang vorgenommen werden, so dass Genehmigungsanträgen nicht mehr unterschiedslos Folge zu leisten ist. Auch kann **Tier quälende Kunst** nunmehr in Einzelfällen strafrechtlich geahndet werden.

Kollisionen mit der **Religionsfreiheit** ergeben sich vorwiegend im Bereich rituellen Schlachtens von Tieren, insbesondere des **Schächtens**, also des betäubungslosen Schlachtens mit anschließendem Ausbluten lassen. Derartige Riten treten im Judentum und im Islam in Erscheinung, stehen aber im Gegensatz zu § 4a Abs. 1 TierSchG, der betäubungsloses Töten von Wirbeltieren grundsätzlich untersagt und nur dann ausnahmsweise erlaubt, wenn zwingende Vorschriften der jeweiligen Religionsgemeinschaft dies vorschreiben. Auch hier kann Art. 20a GG bewirken, dass die Ausnahmegenehmigung nicht erteilt werden darf,

---

97 Vgl. *Caspar/Geissen*, NVwZ 2002, 913, 914.

98 So *Caspar/Geissen*, NVwZ 2002, 913, 914 unter Bezugnahme auf *Schulze-Fielitz* in Dreier, Grundgesetz-Kommentar, Art. 20a GG Rn. 59, für den alten Art. 20a GG bezogen auf den Umweltschutz.

99 Dazu ausführlich unten Kap. 7 F III.

wenn sich solche zwingenden Vorgaben der Religion nicht objektivierbar feststellen lassen;[100] die Konflikte, die an die Feststellung des zwingenden Charakters derartiger Vorschriften anknüpfen, vermag Art. 20a GG aber nach wie vor nicht letztlich zu lösen, nicht zuletzt, da er – ebenso wenig wie beim Umweltschutz – kein Diktat des Tierschutzes anordnet.

In der **Massentierhaltung** gewinnt Art. 20a GG insbesondere Bedeutung, wenn es um Fragen der Tötung überzähliger oder unerwünschter Tiere geht, so bei der massenhaften Tötung von männlichen Eintagsküken, die für die Eierproduktion gar nicht und für die Fleischproduktion weniger geeignet sind. So haben die Bundesländer NRW im Jahre 2013 und Hessen im Jahre 2014 die Tötung männlicher Eintagsküken von Legehennenrassen verboten, wobei das VG Minden und in der Folge das OVG NRW das Verbot für NRW mittlerweile wieder aufgehoben haben.[101]

---

100 *Caspar/Geissen*, NVwZ 2002, 913, 916 f.

101 Zu NRW vgl. einerseits http://www.nrw.de/landesregierung/nrw-setzt-zeichen-fuer-den-tierschutz-ministerium-untersagt-massenhaftes-toeten-maennlicher-eintagskueken-von-legehennenrassen-14931/, zuletzt abgerufen am 15.12.2014, *VG Minden*, Urt. v. 30.01.2015, Az. 2 K 83/14 – juris – andererseits; neuerdings *OVG NRW*, Urt. v. 20.05.2016, Az. 20 A 488/15, 20 A 530/15 – juris.

Kapitel 3: Die obersten Verfassungsorgane

Abschnitte III bis VI des Grundgesetzes betreffen (nicht abschließend) die **Verfassungsorgane** oder auch **obersten Bundesorgane**. Verfassungsorgane sind solche Staatsorgane, die durch die Verfassung mit Rechten und Pflichten ausgestattet werden. Zu den obersten Bundesorganen zählen neben den in den vorgenannten Abschnitten ausdrücklich genannten die Bundesversammlung, die als nicht ständiges Bundesorgan im Rahmen der Erörterungen zum Bundespräsidenten angesprochen wird, und das Bundesverfassungsgericht. In der Reihenfolge der folgenden Ausführungen sind die obersten Bundesorgane:

- Bundestag (Art. 38 - 49 GG)
- Bundesregierung (Art. 62 - 69 GG)
- Bundesrat (Art. 50 - 53 GG)
- Bundespräsident (insb. 54 - 61 GG)
- Gemeinsamer Ausschuss (Art. 53a GG)
- Bundesverfassungsgericht (Art. 93, 94, 99, 100 GG)

A Bundestag

Die Regelungen zum Bundestag sind Gegenstand des III. Abschnitts des Grundgesetzes. Der Deutsche **Bundestag** – so die offizielle Bezeichnung des Bundesparlaments – ist am 07.09.1949 erstmals zusammengetreten und fungiert seit der ersten Bundestagswahl nach der Wiedervereinigung vom 02.12.1990 als gesamtdeutsches Parlament. Die wesentlichen Regelungen zum Zustandekommen und zur Organisation des Bundestages finden sich in Art. 38 - 49 GG, daneben finden sich Bezüge an verschiedenen anderen Stellen des GG, so bspw. in Bezug auf Bundeskanzler und Bundesregierung in Art. 63, 67 f. GG, auf das Gesetzgebungsverfahren in Art. 76, 77, GG, auf die Haushaltsgesetzgebung in Art. 110, 114 GG.

Unter der Ebene der Verfassung finden sich einfachgesetzliche Regelungen u.a. zum Zustandekommen des Bundestags durch Wahlen im **BWahlG**, zur Rechtsstellung der Abgeordneten im AbgG, zu Untersuchungsausschüssen im PUAG.

Gem. Art. 40 Abs. 1 S. 2 GG gibt sich der Bundestag eine Geschäftsordnung. Die **Geschäftsordnung des Bundestages** (GOBT) ist der Regelungsort für wesentliche Verfahrensabläufe. Ihr Rechtscharakter ist umstritten, zutreffend dürfte sein, sie als organinterne Regelung sui generis (eigener Art) zu bezeichnen, da sie sich der Qualifikation als Rechtsverordnung, (Verfassungs-)Satzung oder Verwaltungsvorschrift weithin entzieht.[1] Die Geltungsdauer der GOBT ist auf die Legislaturperiode beschränkt, der neue Bundestag gibt sich eine neue Geschäftsordnung aber zumeist dadurch, dass er mit der konstituierenden Sitzung weiter nach der alten GOBT verfährt; es steht ihm aber frei, die Geschäftsordnung jederzeit durch eine andere Geschäftsordnung zu ersetzen oder die bestehende Geschäftsordnung zu ändern.

1 Zur Diskussion um den Rechtscharakter der GOBT umfangreich *Maurer*, Staatsrecht I, § 13 Rn. 94 f.

Der Bundestag verhandelt gem. Art. 42 GG öffentlich; die Öffentlichkeit kann nach Maßgabe des Art. 42 Abs. 1 S. 2, Abs. 2 GG ausgeschlossen werden. Nicht eindeutig ist, ob der Ausschluss der Öffentlichkeit nur der erforderlichen Mehrheiten bedarf, oder ob ein sachlicher Grund für den Ausschluss der Öffentlichkeit hinzutreten muss. Von derartigen Gründen sagt Art. 42 Abs. 1, 2 GG nichts; gleichwohl ist es der Verantwortlichkeit gegenüber dem Bürger und der Forderung nach Transparenz von Beschlüssen des Bundestages geschuldet, dass ein willkürlicher Ausschluss der Öffentlichkeit verfassungswidrig sein dürfte. Unklar ist allerdings auch die Folge eines unzulässigen Ausschlusses der Öffentlichkeit; teilweise wird bei Verstoß gegen das **Öffentlichkeitsprinzip** von einem reinen Verfahrensfehler ausgegangen, der die Wirksamkeit des Beschlusses nicht berühren soll, teilweise wird vertreten, dass der Fehler auf die Wirksamkeit des betreffenden Beschlusses durchschlägt.[2] Vorzugswürdig erscheint die letztere Ansicht.

I. Wahl- oder Legislaturperiode

Gewählt wird der Bundestag gem. Art. 39 Abs. 1 S. 1 GG für eine reguläre Wahlperiode oder auch **Legislaturperiode** (Gesetzgebungsperiode) von vier Jahren. Dieser Zeitraum ließe sich durch Verfassungsänderung verlängern. Vorbild könnten insoweit die Landtage sein, die (bis auf die Bürgerschaft in Bremen) mittlerweile durchgehend (in Hamburg seit 2015) für fünf Jahre gewählt werden. Es wäre auch eine Verlängerung auf sechs Jahre und mehr denkbar, allerdings ergäben sich bei einer solchen Verlängerung Bedenken bez. des Demokratieprinzips („**Macht auf Zeit**").[3] In der Tendenz dürfte anzunehmen sein, dass die Wahl von Einzelpersonen eine eher längere Amtszeit verträgt als die Wahl von Kollegialorganen, die sich häufiger der Entscheidung des Wählers unterwerfen müssen. Jedenfalls aber gebietet das Demokratieprinzip zwingend, dass eine Verlängerung der Legislaturperiode frühestens für den nächsten Bundestag greift, da der amtierende Bundestag nur für vier Jahre demokratisch legitimiert ist und sich nicht selbst eine Verlängerung „spendieren" darf.

Der Beginn und das reguläre Ende der Legislaturperiode werden in Art. 39 Abs. 1 S. 2 GG beschrieben. Die Legislaturperiode des alten Bundestages endet mit dem **Zusammentritt** des neuen Bundestages. Zugleich bestimmt Satz 3 der Norm, dass Neuwahlen frühestens sechsundvierzig, spätestens achtundvierzig Monate nach Beginn der Legislaturperiode stattfinden; die Entscheidung über den genauen Wahltermin in diesem Korridor trifft der Bundeskanzler. Damit wird zugleich deutlich, dass die Legislaturperioden des Bundestages nahtlos aneinander anschließen und zu keiner Zeit kein Bundestag besteht. Nach der Neuwahl amtiert damit zunächst weiter der alte Bundestag, der formal voll funktionsfähig bleibt.

Art. 39 Abs. 2 GG sieht vor, dass der Bundestag spätestens am dreißigsten Tag nach der Wahl zu seiner konstituierenden Sitzung zusammentritt. Die Entscheidung über das erste Zusammentreten liegt beim Präsidenten des amtierenden Bundestages, der sich hierüber

---

2 Vgl. einerseits *Brocker* in BeckOK GG, Art. 42 GG Rn. 9, 10 ff. (reiner Verfahrensfehler); andererseits *Jarass/Pieroth*, Grundgesetz-Kommentar, Art. 42 GG Rn. 2; *Kornmeier* DÖV 2010, 676, 680 (Fehlerhaftigkeit des Beschlusses).

3 So auch *Maurer*, Staatsrecht I, § 13 Rn. 51.

aber regelmäßig mit den Fraktionen abstimmen wird, da auch der erste Zusammentritt des neuen Bundestages auf dessen Selbstversammlungsrechts beruht.[4]

Merke:
Die 30-Tage-Frist wird regelmäßig genutzt, um in Koalitionsverhandlungen zwischen den Parteien zu einer mehrheitsfähigen Regierung zu gelangen. Die Regierungsbildung muss aber zum Zeitpunkt des ersten Zusammentritts des Bundestages nicht abgeschlossen sein. In diesem Fall bleibt die alte Regierung auf Ersuchen des Bundespräsidenten kommissarisch im Amt (Art. 69 Abs. 3 GG).[5] So hat nach der Bundestagswahl 2013 die konstituierende Sitzung des neuen Bundestages am 22.10.2013 stattgefunden, die Bundeskanzlerin ist erst am 17.12.2013 gewählt und zusammen mit den Regierungsmitgliedern ernannt und danach vereidigt worden.

Geleitet wird die erste Sitzung des neuen Bundestages vom **Alterspräsidenten**, der die Sitzung bis zur Wahl des neuen Bundestagspräsidenten[6] leitet (§ 1 Abs. 2 GOBT). Bis zur konstituierenden Sitzung des 18. Bundestages war gem. § 1 Abs. 2 der Geschäftsordnung des Deutschen Bundestages (GOBT) Alternspräsident der lebensälteste Abgeordnete. Durch Änderung der GOBT ist nunmehr der dienstälteste Abgeordnete Alterspräsident.

Merke:
Die Entwurfsbegründung führt für die Änderung an, dass ansonsten die notwendige Parlamentserfahrung beim Alterspräsidenten fehlen könnte[7]; eine Erkenntnis, die 18 Legislaturperioden lang reifen musste.
Der wirkliche Grund für die Änderung liegt – mehr oder weniger offen kommuniziert – darin, dass nach der Wahl zum 19. Bundestag ein höchst wahrscheinlicher (Lebens-)Alterspräsident aus den Reihen der Partei Alternative für Deutschland (AfD) verhindert werden sollte.[8]

Die Frage nach einer Verkürzung der Legislaturperiode durch Verfassungsänderung dürfte eher theoretischer Natur sein, da für eine kontinuierliche Politik bereits die jetzigen vier Jahre recht knapp bemessen sind[9]. Verkürzt werden kann die Legislaturperiode realistisch (nur) durch vorzeitige Auflösung des Bundestages durch den Bundespräsidenten, etwa im Falle einer gescheiterten **Kanzlerwahl** oder nach verlorener **Vertrauensfrage** des Bundeskanzlers[10]. Gem. Art. 39 Abs. 1 S. 4 GG findet im Falle einer Auflösung des Bundestages die Neuwahl innerhalb von sechzig Tagen nach der Auflösung statt.

---

4 Vgl. *Magiera* in Sachs, Grundgesetz-Kommentar, Art. 39 GG Rn. 21, 23.

5 Dazu unten Kap. 3 B I 2 a.

6 Dazu unten Kap. 1 A V 1.

7 BT-Drs. 18/12376, S. 1.

8 http://www.zeit.de/politik/deutschland/2017-04/bundestag-alterspraesident-regelung-abstimmung-afd-dienstzeit, zuletzt abgerufen am 10.07.2017.

9 In diesem Sinne wohl auch *Maurer*, Staatsrecht I, § 13 Rn. 51.

10 Vgl. unten Kap. 3 A VII.

II. Wahlrechtsgrundsätze und Wahlrecht zum Deutschen Bundestag

Die wesentlichen Aussagen zu den Wahlen auf Bundesebene finden sich in Art. 38 Abs. 1 S. 1 GG. Die Festlegung, nach welchem Wahlrecht Wahlen zum Bundestag abgehalten werden, ist Gegenstand des Bundeswahlgesetzes (BWahlG). Das BWahlG konkretisiert damit die Bestimmungen des Grundgesetzes; zugleich ist aber die Frage des **Wahlsystems** mangels Aussage des Grundgesetzes dem einfachen Gesetzgeber überlassen.

1. Wahlrechtsgrundsätze

Gem. Art. 38 Abs. 1 S. 1 GG werden die Abgeordneten des Deutschen Bundestages in

- allgemeiner,
- unmittelbarer,
- freier,
- gleicher und
- geheimer

Wahl gewählt. In diesem Kontext wird zugleich der Grundsatz der Öffentlichkeit der Wahl diskutiert.

> **Merke:**
> Gemäß Art. 28 Abs. 1 S. 2 GG gelten diese Wahlrechtsgrundsätze in Anwendung des Homogenitätsprinzips[11] auch für Wahlen auf Landes- und Kommunalebene.

a) Allgemeinheit der Wahl

Allgemeinheit der Wahl bedeutet, dass grundsätzlich jeder wählen darf, der die Vorgaben des Grundgesetzes erfüllt, insb. das in Art. 38 Abs. 2 1. Hs. GG notwendige Alter von 18 Jahren erreicht hat (aktives Wahlrecht), bzw. das Recht hat, unter den genannten Vorgaben gewählt zu werden (passives Wahlrecht).

Neben anderen Verfassungsnormen (bspw. Art. 3 Abs. 2 S. 1 GG: *„Männer und Frauen sind gleichberechtigt."*[12]) gebietet die Allgemeinheit der Wahl – selbstverständlich – auch das **Frauenwahlrecht**.

> **Merke:**
> Das Frauenwahlrecht ist in Europa seit Beginn des 20. Jahrhunderts schrittweise eingeführt worden. Den Anfang machte Finnland 1906, gefolgt von Norwegen 1913. In Deutschland besteht das Frauenwahlrecht seit Ende des ersten Weltkrieges im Jahr 1918, in Großbritannien seit 1928 und in Frankreich seit 1944. Erst spät wurde ein flächendeckendes Frauenwahlrecht in der Schweiz eingeführt (auf Bundesebene 1971,

---

11 Vgl. oben Kap. 1 B III.

12 Dazu näher unten Kap 9 A.

auf Kantonalebene zuletzt 1991 im Kanton Appenzell Innerrhoden). Der letzte westeuropäische Staat, der das Frauenwahlrecht einführte, war Liechtenstein im Jahre 1984 durch Volksabstimmung, nachdem zuvor zwei Volksabstimmungen (1971 und 1973) erfolglos waren – Volksabstimmungen, an denen selbstredend nur Männer teilnehmen durften![13]

Da durch die Wahlen deutsche Staatsgewalt ausgeübt wird, beschränkt sich der Grundsatz der Allgemeinheit der Wahl allerdings auf das deutsche Staatsvolk.[14] Das im Zuge der europäischen Einigung auch aufgrund Richtlinienrecht einzuführende **kommunale Ausländerwahlrecht** für EU-Bürger[15] bedurfte einer entsprechenden Grundgesetzänderung, vgl. Art. 28 Abs. 1 S. 3 GG.[16]

Sofern ein grundsätzlich Wahlberechtigter vom Wahlrecht ausgeschlossen werden soll, muss es hierfür zwingende verfassungsrechtliche Gründe geben, die das Interesse des Betroffenen überwiegen, also eine verfassungsrechtlichen Rechtfertigung.[17] Vom Wahlrecht ausgeschlossen ist etwa gem. § 13 Nr. 2 BWahlG derjenige, der unter sog. **„Totalbetreuung"** steht, der also gem. § 1896 Abs. 1 S. 1 1. Hs. BGB *„auf Grund einer psychischen Krankheit oder einer körperlichen, geistigen oder seelischen Behinderung seine Angelegenheiten ganz (...) nicht besorgen"* kann.[18] Die verfassungsrechtliche Begründung liegt hier auf der Hand: Wer nicht mehr imstande ist, den seiner bisherigen Lebensgestaltung entsprechenden Alltag wenigstens teilweise zu beherrschen und zu gestalten, dürfte auch nicht in der Lage sein, durch Wahlen Staatsgewalt auszuüben.

Schwieriger stellt sich die Lage bei der Begehung von Straftaten dar. So ist vom Wahlrecht ausgeschlossen, wer durch Richterspruch vom **(aktiven) Wahlrecht** ausgeschlossen ist, oder durch Richterspruch die Wählbarkeit nicht besitzt.

Beispielfall 7:
Der Bundestag erwägt, im Strafgesetzbuch die Möglichkeit aufzunehmen, rechtskräftig verurteilten Mördern (§ 211 StGB) das aktive Wahlrecht für die Zeit der Haft zu entziehen. Zur Begründung wird angeführt, dass wenn der Ermordete durch die Hand des Mörders die Möglichkeit zu wählen verloren habe, es nur recht und billig sei, auch dem Mörder das Wahlrecht für die Zeit seiner Buße abzuerkennen.

Wer zu einer Freiheitsstrafe von mindestens einem Jahr verurteilt wurde, verliert gem. § 45 Abs. 1 StGB automatisch für fünf Jahre das **passive Wahlrecht**, auch wenn die Strafe zur

---

13 Eine Übersicht zur Einführung des Frauenwahlrechts in Europa bietet http://www.bundestag.de/kulturundgeschichte/ausstellungen/parl_hist/frauenwahlrecht/einfuehrung/246998, zuletzt abgerufen am 14.08.2016.

14 Vgl. nur BVerfGE 83, 37, 50 f.; auch BVerfGE 83, 60, 70 f.

15 Richtlinie 94/80/EG, Abl. 1994 Nr. 368, S. 38 ff.

16 Vgl. hierzu auch *Degenhart*, Staatsrecht I, Rn. 70.

17 Vgl. BVerfGE 42, 312, 340.

18 Zu den – strengen – Anforderungen an eine Betreuung „für alle Angelegenheiten" vgl. *BayObLG*, NJW-RR 1997, 834.

Bewährung ausgesetzt wird, der Betroffene also nicht in Haft muss. Auch kann ein Richter, soweit der jeweilige Straftatbestand dies vorsieht, bei geringeren Strafen das passive Wahlrecht für zwei bis fünf Jahre anerkennen. Das aktive Wahlrecht kann derjenige durch Richterspruch für zwei bis fünf Jahre verlieren, der bestimmte politische Straftaten (bspw. Hochverrat, Verunglimpfung des Staates o. des Bundespräsidenten, Wahlfälschung, Wahlbehinderung, Wahlbetrug) begeht. Der Gesetzgeber hat sich damit beim Entzug des aktiven Wahlrechts als strafrechtliche Nebenfolge für die verfassungsrechtliche Notwendigkeit eines politischen Bezugs entschieden; gerechtfertigt wird die Aberkennung des aktiven Wahlrechts vornehmlich damit, dass das Wahlrecht als „politisches Ehrenrecht" in den angeführten Fällen aus zwingendem Grund verwirkt wird.[19] Damit erscheint die Begrenzung der Aberkennung insb. des aktiven Wahlrechts auf Straftaten mit politischem Bezug nahe liegend.

Lösung zum Beispielfall 7:
Legt man die genannten Grundsätze an den Plan zur Gesetzesänderung an, wird man die verfassungsrechtliche Zulässigkeit der StGB-Änderung bezweifeln müssen. Zwar gehört die Sühnefunktion zu den anerkannten Strafzwecken, diese ist aber nur sehr nachrangig in Beziehung zum Verlust des Wahlrechts des Opfers zu setzen; damit ist ein zwingender Grund für die Aberkennung des Wahlrechts nicht nachweisbar. Zudem spricht der Resozialisierungsgedanke gegen eine Aberkennung des aktiven Wahlrechts bei anderen als den im StGB genannten politischen Straftaten (aA wohl vertretbar).

b) Unmittelbarkeit der Wahl

Der Grundsatz der **Unmittelbarkeit der Wahl** sagt zunächst aus, dass die zu Wählenden ohne zwischengeschaltete Instanz direkt vom Wähler bestimmt werden. So wäre eine indirekte Wahl, also bspw. eine Wahl von Wahlmännern, die dann ihrerseits die endgültige Wahlentscheidung treffen, unzulässig.

Das Bundesverfassungsgericht verlangt ein Wahlrecht, bei dem der Wähler vor dem Wahlakt erkennen kann, *„welche Personen sich um ein Abgeordnetenmandat bewerben und wie sich die eigene Stimmabgabe auf Erfolg oder Misserfolg der Wahlbewerber auswirken kann"*.[20]

Beispielfall 8:
Die X-Partei tritt zum ersten Mal bei einer Landtagswahl an. Da die Partei nicht sonderlich groß ist, besetzt sie ihre Liste mit lediglich 12 Personen und macht diese Liste öffentlich. Der Wahlerfolg fällt über jede Erwartung hoch aus; auf die X-Partei entfallen 13 Sitze. Daraufhin erwägt die Parteivorsitzende, F, ihren Ehemann nach zu nominieren und auf Platz 13 der Liste zu setzen.
Zieht der Ehemann der F in das Landesparlament ein?

---

19 Vgl. *Nelles*, JZ 1991, 18, 22, mit Zweifeln an der Tragfähigkeit dieser Sicht.

20 BVerfGE 95, 335, 349.

Problematisch ist das vom Bundesverfassungsgericht aufgestellte Erfordernis der Erkennbarkeit der Bewerber insb. bei einer sog. **Verhältniswahl**,[21] bei der nicht Personen („Direktkandidaten"), sondern (Partei-)Listen gewählt werden. Hier ist es erforderlich, dass die Kandidatenlisten den Wählern vor der Wahl zugänglich gemacht werden. Für den Wähler ist selbstverständlich nicht absehbar, wer genau von der Liste in das Parlament einziehen wird, aber er kann erkennen, wer potentiell bei wachsendem Wahlerfolg der Partei zum Abgeordneten bestimmt wird.

Lösung zum Beispielfall 8:
Zwar stehen der X-Partei 13 Sitze zu. Würde aber eine Nachnominierung zugelassen werden, würde eine Person in den Landtag einziehen, die vorher nicht zur Wahl stand. Der Grundsatz der Unmittelbarkeit der Wahl wäre verletzt.
Je nach Wahlrecht würde der dreizehnte auf die X-Partei entfallende Sitz im Zweifel unbesetzt bleiben.

Üblicherweise werden die Listen der Parteien mit der zwei- bis dreifachen Zahl an Bewerbern gemessen an der zu erwartenden Abgeordnetenzahl besetzt. Hiermit wird zugleich sichergestellt, dass wenn ein Bundestagsabgeordneter (wegen Todes oder Aufgabe des Mandats) aus dem Bundestag ausscheidet, genügend Nachrücker von der **Landesliste** existieren; auch im Falle der sog. Listenerschöpfung dürfte keine Nachnominierung und damit kein Nachrücken erfolgen, der Sitz des ausgeschiedenen Abgeordneten bliebe frei.

Merke:
Akut geworden wäre diese Frage beinahe bei der Wahl zum Berliner Abgeordnetenhaus 2011. Hier hatte die Piraten-Partei 15 Sitze erlangt, die Liste der Partei wies aber auch genau diese Zahl an Kandidaten auf.

Einfachgesetzlich bestimmt § 14 Abs. 4 BWahlG, das jeder Wahlberechtigte sein Wahlrecht „nur persönlich" ausüben kann. Diese einfachgesetzliche Anordnung wird aber als Konkretisierung des Grundsatzes der Unmittelbarkeit der Wahl angesehen, so dass die **höchstpersönliche Stimmabgabe** – abgesehen von Fällen der technischen Wahlhilfe etwa bei Behinderung – ein zwingendes Gebot des Art. 38 Abs. 1 S. 1 GG ist.[22]

c) Freiheit der Wahl

Der Grundsatz der **Freiheit der Wahl** verlangt, dass der Wähler seine Wahlentscheidung frei von staatlicher Pression oder sonstiger Beeinflussung treffen kann. *„Der Wähler soll [...] nach dem Grundsatz der Freiheit der Wahl schon vor Beeinflussungen geschützt werden, die geeignet sind, eine Entscheidungsfreiheit trotz bestehenden Wahlgeheimnisses ernstlich zu beeinträchtigen. Hierzu gehört der unzulässige Druck von Seiten anderer Bürger oder*

---

21 Zur Verhältniswahl näher unten Kap. 3 A II 2 a.

22 *Klein* in MDHS, Grundgesetz-Kommentar, Art. 38 GG Rn. 101 mwN.

gesellschaftlicher Gruppen.“[23] Damit ist die Wahlrechtsfreiheit nicht alleine staatsgerichtet, sie betrifft auch die (unzulässige) Einflussnahme durch andere Bürger und gesellschaftliche Kräfte. Entsprechend stellt das StGB in §§ 108, 108b StGB auch Wählernötigung und -bestechung unter Strafe. Zu beachten ist aber, dass damit eine Stellungnahme für oder gegen eine politische Partei durch gesellschaftliche Gruppen nicht schlechthin ausgeschlossen ist. So sind Hirtenbriefe der Kirchen oder auch Positionspapiere von Gewerkschaften etwa im Zuge eines Wahlkampfes nicht schlechthin verboten. Sie stellen nur eine Quelle der Beeinflussung dar, wie sie in Wahlkampfzeiten üblich ist.[24]

Beispielfall 9:
Der Kreisverband der X-Partei in der Stadt S kommt während des Bundestagswahlkampfes auf die Idee, den örtlichen Seniorenheimen am Wahltag einen kostenlosen Abholservice zum nächst gelegenen Wahllokal anzubieten. Die Seniorenheime sollen sich bei der X-Partei melden, es soll eine Abholzeit nach dem Frühstück und vor dem Mittagessen ausgemacht werden. Diejenigen Senioren, die den Service in Anspruch nehmen wollen, melden sich bei der Heimleitung. Die Partei schickt dann einen bei einem örtlichen Busunternehmer gecharterten Bus, der die Alten und Gebrechlichen abholt, zum Wahllokal fährt und wieder zum Heim zurückbringt. Die Partei plant, im Fond des Busses ein Werbebanner zu platzieren mit der Aufschrift „Ein Wahlservice, ermöglicht durch Ihre X-Partei!“.
Die Y-Partei sieht durch die Aktion der X-Partei den Grundsatz der Freiheit der Wahl verletzt.

Der Grundsatz der Freiheit der Wahl weist aber auch Grenzfälle auf. So ist nicht zuletzt die Grenzziehung zwischen zulässiger **Aufklärungsarbeit der Regierung** und unzulässiger Wählerbeeinflussung häufig schwer zu ziehen. *„Grundsätzlich lässt sich sagen, dass die Öffentlichkeitsarbeit der Regierung dort ihre Grenze findet, wo die Wahlwerbung beginnt.*“[25] Auch kann die Abgrenzung zwischen unzulässiger Einflussnahme und zulässigen Aktionen der politischen Parteien problematisch sein. Verboten ist jedenfalls das Ausnutzen von Abhängigkeitsverhältnissen oder die Entfaltung wirtschaftlichen Drucks.

Lösung zum Beispielfall 9:
Für eine unzulässige Beeinflussung der Freiheit der Wahl spricht, dass der Bus mit dem Banner im Innenraum einen klaren Bezug zur X-Partei aufweist und beim Wähler eine innere Verpflichtung auslösen könnte, die Partei zu wählen. Andererseits ist die Inanspruchnahme des Bustransports freiwillig. Auch Alten und Gebrechlichen steht mit der Briefwahl eine anderweitige Möglichkeit zur Verfügung, trotz aller Einschränkungen zu wählen. Zugleich es ist zweifelhaft, ob der Busservice in der Lage ist, gewachsene Bindungen zu einer politischen Richtung aufzubrechen.
Die Aktion der X-Partei dürfte damit mit Blick auf den Grundsatz der Freiheit der Wahl noch zulässig sein (aA gut vertretbar).

---

23 BVerfGE 66, 369, 380; ähnlich auch BVerfGE 44, 125, 139.

24 So auch *Degenhart*, Staatsrecht I, Rn. 93 f.

25 BVerfGE 44, 125, 150, auch unter dem Aspekt der Wahlrechtsgleichheit.

Umfasst vom Grundsatz der Freiheit der Wahl ist auch die Freiheit, gewählt zu werden, also die Verwirklichung des passiven Wahlrechts ohne Pression und unzulässiger sonstiger Einflussnahme. So darf ein Kandidat nicht durch Drohung mit Kündigung seitens des Arbeitgebers von der Kandidatur abgehalten werden. Gegebenenfalls muss auch eine Freistellung von der Arbeitsleistung (wenn auch unter Wegfall des Arbeitslohnes) ermöglichst werden, um dem Arbeitnehmer das Werben um Wählerstimmen zu ermöglichen. Dem kann allerdings im Einzelfall ein Überwiegen betrieblicher Belange entgegenstehen, ohne dass damit die Freiheit der Wahl verletzt sein muss.

Umstritten ist die Zulässigkeit der Einführung einer **Wahlpflicht**:

Beispielfall 10:
Über die letzten Jahre nähert sich die Wahlbeteiligung bei Bundestagswahlen der 50 %-Marke. Durch diese stetig sinkende Wahlbeteiligung sieht der Gesetzgeber die demokratische Legitimation der Parlamente gefährdet. Er plant daher die Einführung einer Wahlpflicht. Jeder Wahlberechtigte soll verpflichtet sein, bei der Bundestagswahl seine Stimme – durch Briefwahl oder Urnenwahl im Wahllokal – abzugeben. Für den Fall des unentschuldigten Fernbleibens von der Wahl – entschuldigt ist bspw. der Fall plötzlicher Erkrankung oder überraschender Notwendigkeit von Auslandsaufenthalten – kann ein Bußgeld verhängt werden.
Ist die Einführung einer Wahlpflicht mit dem Grundsatz der Freiheit der Wahl vereinbar?

Die Wahlpflicht ist zunächst auch im europäischen Raum nicht völlig unüblich. Neben Italien und Luxemburg und Liechtenstein unterliegen auch die Bürger in Belgien der Wahlpflicht; Verstöße sind strafbewehrt, allerdings werden diese nicht (mehr) geahndet. In Österreich bestand bis 2010 eine Pflicht zur Teilnahme an der Wahl des österreichischen Bundespräsidenten.

Argumente, die für eine Wahlpflicht vorgebracht werden, sind etwa, dass zur **Auseinandersetzung mit politischen Inhalten** gezwungen werde. Auch solle verhindert werden, dass wahlbereite Minderheiten die Politik gegenüber der Mehrheit dominieren. Argumente gegen eine Wahlpflicht sind, dass zur Freiheit der Wahl auch die Freiheit gehöre, den **Wahlakt zu unterlassen**. Auch berge die Wahlpflicht die Gefahr, dass der erzwungene Urnengang irrationale Wahlentscheidungen oder Protestwahlen zugunsten extremer Parteien begünstige.

Lösung zu Beispielfall 10:
Aufbautechnisch lässt sich insoweit eine Parallele zur Prüfung von Grundrechten ziehen, die dem Grobschema Schutzbereich – Eingriff – Rechtfertigung folgt.[26].
Zunächst ist festzustellen, dass die Freiheit der Wahl durch die Einführung einer Wahlpflicht berührt wird. Ausdruck (völliger) Freiheit der Wahl ist demnach auch die Frei-

26 Zum Schema der Grundrechtsprüfung bei Freiheitsrechten vgl. unten Kap 7 H.

heit, keinen Wahlakt vorzunehmen bzw. dem Wahllokal fernzubleiben („Schutzbereich"). Diese Freiheit wird durch die Pflicht, einen Wahlzettel auszufüllen und abzusenden (Briefwahl) oder einen Wahlzettel im Wahllokal einzuwerfen (Urnenwahl) verkürzt, so dass ein „Eingriff" in die Freiheit der Wahl anzunehmen sein dürfte.
Mit dem Abwägen des Für und Wider kann festgestellt werden, ob diese Einschränkung der Freiheit der Wahl „gerechtfertigt" ist oder ob die Freiheit der Wahl verletzt wird, mit der Folge, dass die Einführung der Wahlpflicht durch Änderung des Bundeswahlgesetzes verfassungswidrig wäre.
Dem Argument, dass die Wahlpflicht zu irrationalen oder Protestwahlentscheidungen führen kann, mag entgegengehalten werden, dass auch nicht erzwungene Wahlentscheidungen aus Protest oder irrational ergehen können. Auch besteht jedenfalls die Chance, dass der Zwang zur Wahl zur Auseinandersetzung mit politischen Inhalten führt („Wenn ich schon mal hier bin, will ich auch wissen, was ich tue"). Die Nichtteilnahme an einer Wahl – Argument gegen eine Wahlpflicht – kann die politische Aussage enthalten, dass man sich mit dem politischen System nicht identifiziert; die Nichtteilnahme an der Wahl kann aber auch aus Bequemlichkeit erfolgen. Die Möglichkeit, die Ablehnung des politischen Systems durch Nichtwahl auszudrücken, kann durch absichtliches Ungültigwählen ersetzt werden; allerdings kann eine ungültige Wahl auch auf Unwissenheit bzw. Idiotie beruhen. Die Zahl der Nichtwähler und der ungültigen Stimmen ist damit mit oder ohne Wahlpflicht kein verlässliches Barometer für politische Stimmungen.
Im Endeffekt wird man kein klares Überwiegen der rechtlichen Argumente gegen eine Wahlpflicht feststellen können, so dass die Einführung einer Wahlpflicht noch vom Gestaltungsspielraum des Gesetzgebers gedeckt sein dürfte (aA gut vertretbar).[27]

d) Gleichheit der Wahl

Der Grundsatz der **Gleichheit der Wahl** weist unterschiedliche Aspekte auf. Zu betrachten ist der Grundsatz der Gleichheit aus der Sicht des Wählers wie aus der Sicht der Parteien bzw. Kandidaten. Aus der Wählersicht gilt es zunächst, die beiden zentralen Aspekte der **Zählwertgleichheit** und der **Erfolgswertgleichheit** zu trennen. Aus Sicht der zu Wählenden, Parteien und Kandidaten, ist die Frage der **Chancengleichheit** von besonderer Bedeutung.

aa) Zählwert- und Erfolgswertgleichheit

Das Bundesverfassungsgericht prüft gleichheitsbezogene Sachverhalte zumeist unter dem Aspekt der Zählwert- und der Erfolgswertgleichheit. Nicht abänderbar ist unter Geltung des Grundgesetzes die Zählwertgleichheit.

---

[27] Vgl. insoweit auch *Guckelberger*, JA 2012, 561, 565: Wahlpflicht nur durch Verfassungsänderung einführbar.

Beispielfall 11:
Um den zukünftigen Generationen mehr Gewicht in der Politik zu verschaffen, plant der Bundesgesetzgeber, ein sog. „Elternwahlrecht" einzuführen. Elternteile sollen nach einem im Gesetz näher beschriebenen System (bspw. Aufteilung der Stimmen zwischen beiden Elternteilen, bei ungeraden Kinderzahlen abwechselnd zwischen Mutter und Vater, unter Gleichbehandlung von nicht ehelichen Lebensgemeinschaften oder gleichgeschlechtlichen Partnerschaften mit Kindern) so viele Stimmen haben wie Kinder.

Die Zählwertgleichheit wird häufig mit der englischen Wendung „One man - one vote" beschrieben; hier ist „man" im Sinne von Mensch zu verstehen. Die Formel besagt, dass jeder Wahlberechtigte eine Stimme hat und keinem Wahlbürger etwa aufgrund Herkommens oder Vermögenslage mehr Stimmen zukommen dürfen. Ausgeschlossen sind damit Klassen- oder **Pluralwahlrechte**. In einem echten Pluralwahlrecht werden Angehörigen einer Gruppe von Wählern mehrere Stimmen zugestanden. Beim unechten Pluralwahlrecht haben alle zwar Wahlbürger nur eine Stimme, diese Stimme hat aber aufgrund des Zuschnitts von Wahlkreisen oder Wahlen von Wahlmännern nach Klassen unterschiedlich großes Gewicht.

Merke:
Ein solches Wahlsystem war etwa das Dreiklassenwahlrecht in Preußen zwischen 1849 und 1918. Je nach direktem Staatssteueraufkommen wurden die Wahlbürger in drei Abteilungen (Klassen) aufgeteilt, eine kleine Abteilung mit höchstem Aufkommen, eine relativ größere Abteilung mit mittlerem Steueraufkommen und eine überragend große Abteilung mit geringem Steueraufkommen. Gewählt wurden Wahlmänner, wobei jede der drei Abteilungen trotz ihrer abweichenden Größe je ein Drittel der Wahlmänner stellte.[28] Im Ergebnis wirkten sich also die Stimmen der Mitglieder der relativ kleinsten Gruppe deutlich stärker aus als die der Wähler in den anderen Gruppen.
Das Dreiklassenwahlrecht ist damit bezüglich der Problemlage auf der Grenzlinie zwischen Zählwert- und Erfolgswertgleichheit.

Ein Pluralwahlrecht verstößt damit schon gegen Art. 3 Abs. 1 GG (*„Alle Menschen sind vor dem Gesetz gleich."*); der Grundsatz der Gleichheit der Wahl stellt insoweit einen besonderen Gleichheitssatz dar.[29]

Lösung zum Beispielfall 11:
Die Einführung eines Elternwahlrechts durch Gewährung von mehr Stimmen pro Wahlbürger mit Kind(ern) stellt ein echtes Pluralwahlrecht dar und begründet damit – trotz der möglicher Weise hehren Zielsetzung der Stärkung von Kinderrechten – einen Verstoß gegen die Zählwertgleichheit und damit den Grundsatz der Gleichheit der Wahl.

---

28 Nachweise bei *Huber*, Deutsche Verfassungsgeschichte seit 1789, Bd. III, S. 91 ff.

29 Zur Gleichheit im grundrechtlichen Sinne vgl. unten Kap. 9 A.

Während das Bundesverfassungsgericht die Zählwertgleichheit uneingeschränkt anmahnt, verlangt es bezüglich des Erfolgswerts nur eine gleiche Erfolgschance.[30] Bei einem reinen **Mehrheitswahlsystem**, bei dem pro Wahlkreis ein Kandidat direkt gewählt wird, haben Erfolg nur diejenigen Stimmen, die auf den gewählten Kandidaten entfallen; alle anderen Stimmen werden im Wahlergebnis nicht abgebildet und haben damit keinen Erfolg.

Merke:
Wenn – wie etwa bei der Mehrheitskomponente des Bundestagswahlrechts[31] – keine absolute, sondern nur eine relative Mehrheit der Stimmen für das Erringen des Mandats verlangt wird, kann die Zahl der Stimmen, die keinen Erfolg hat, bei weit über 50 % liegen (Beispiel: Kandidat A erhält 31 % der Stimmen, Kandidat B 25 %, Kandidat C 21 %; die restlichen Stimmen verteilen sich auf vier weitere Kandidaten jenseits der 10 %. Es setzt sich Kandidat A mit seinen 31 % durch, der Erfolgswert von 69 % der Stimmen ist gleich null.).
Verlangt man eine absolute Mehrheit, gehen nur 49, 99 % der Stimmen verloren; ein solches Wahlsystem würde aber – so auch im Beispiel zuvor – regelmäßig einen zweiten Wahlgang mit Stichwahl zwischen den beiden erfolgreichsten Kandidaten des ersten Wahlgangs erfordern.

Aber auch die **Verhältniswahl** kann den Erfolgswert von Stimmen beeinträchtigen, wenn, so wie etwa bei der Verhältniswahlkomponente auf Bundesebene, eine Sperrklausel („**5 %-Hürde**") geregelt ist. Hier setzt sich nur diejenige Partei durch, die mindestens eine Stimmzahl oberhalb der Sperrklausel erreicht. Die Stimmen, die auf Parteien unterhalb der Sperrklausel entfallen, werden im Ergebnis der Wahl nicht abgebildet, haben also keinen Erfolg. Zwar haben alle Stimmen die gleiche Erfolgschance, gleichwohl bedarf die Einschränkung des Erfolgswertes stets der verfassungsrechtlichen Rechtfertigung: *„Aus den Grundsätzen der formalen Wahlrechtsgleichheit und der Chancengleichheit der Parteien folgt mithin, daß dem Gesetzgeber bei der Ordnung des Wahlrechts zu politischen Körperschaften nur ein eng bemessener Spielraum für Differenzierungen verbleibt. Diese bedürfen hier stets zu ihrer Rechtfertigung eines zwingenden Grundes."*[32] Diese wird bei der **5 %-Sperrklausel** bislang regelmäßig mit dem Ziel einer Sicherung der Funktionsfähigkeit des Parlaments durch den Schutz vor Zersplitterung bei Einzug kleiner und kleinster Parteien benannt.[33] Die Höhe der Sperrklausel von 5 % sieht das Gericht dabei vom Ermessensspielraum des Gesetzgebers gedeckt.[34] Letztlich sind die 5 % eine gegriffene Zahl, deren Berechtigung sich jedenfalls aus statistischen Betrachtungen herleiten lässt, also daraus, bei welcher Bundestagswahl wie viele Parteien die Hürde überwunden haben bzw. daran gescheitert sind.

Sozusagen als Gegenausnahme zur 5 %-Sperrklausel sieht das Bundeswahlrecht in § 6 Abs. 6 S. 1 BWahlG die sog. **Grundmandatsklausel** vor. Demgemäß nimmt diejenige Partei an der Verteilung der Bundestagsmandate teil, die zwar nicht die 5 %-Hürde überwunden,

---

30 Vgl. etwa BVerfGE 51, 222, 235 f.
31 Dazu näher unten Kap. 3 A II 2 b.
32 So BVerfGE 82, 322, 337.
33 Vgl. nur BVerfGE 51, 222, 236; BVerfGE 82, 322, 338.
34 Wiederum BVerfGE 82, 322, 338.

aber gleichzeitig in drei Wahlkreisen Direktmandate errungen hat. Eine Partei, die lediglich ein oder zwei Direktmandate erringt und die 5 %-Hürde nicht überwindet, zieht nur mit den Direktmandaten in das Parlament ein.

> **Merke:**
> Nach § 6 Abs. 6 S. 1 BWahlG zieht eine solche Partei nicht nur mit den Direkt(Grund-) mandaten in den Bundestag ein, sondern auch mit der Zahl an Abgeordneten, die auf den prozentualen Stimmenanteil unterhalb der 5 % entfallen.
> So errang die PDS bei der ersten Bundestagswahl nach der Wiedervereinigung 1994 im gesamten Bundesgebiet nur 4,4 % der Stimmen, aber zugleich in Berlin vier Direktmandate. Die PDS zog daraufhin neben den vier Direktmandaten mit 26 Listenmandaten, diese aus verschiedenen Bundesländern, in den Bundestag ein.

Diese Regelung soll laut Bundesverfassungsgericht ihre Rechtfertigung in folgender Überlegung finden: Das Erringen dreier Direktmandate spreche dafür, dass die Partei offenbar Anliegen aufgreife, die ihre Präsenz im Parlament rechtfertige. Auch wenn die Direktmandate nicht regional geschlossen errungen würden und wenn über die Berücksichtigung der Listenmandate Abgeordnete aus verschiedenen Bundesländern Berücksichtigung finden,[35] soll dies die Rechtmäßigkeit der Grundmandatsklausel nicht hindern.[36]

Gefährdet werden kann die Erfolgswertgleichheit auch durch den ungleichen **Zuschnitt von Wahlkreisen**. So sollte die Zahl an Stimmen, die notwendig ist, um ein Mandat zu erreichen, ungefähr gleich sein; hat ein Wahlkreis deutlich weniger Wähler, kann hier ein Direktmandat mit weniger Stimmen erreicht werden. Verlangt man eine ungefähr gleiche Wählerzahl pro Wahlkreis, hat dies wiederum gerade in ländlichen Gebieten potentiell Auswirkungen auf die flächenmäßige Ausdehnung des Wahlbezirks. Je größer sich der Wahlbezirk flächenmäßig erstreckt, desto weiter sind die Wege, die der Wahlberechtigte zur Ausübung seines Wahlrechts zurücklegen muss, mit der Folge, dass Wähler vom Urnengang abgehalten werden könnten. Hier kann dann allenfalls durch eine höhere Zahl an Wahllokalen Abhilfe geschaffen werden. Einen Einfluss kann auch der Zuschnitt der Wahlkreise haben. So könnte in Gegenden mit einem hohen Wähleranteil einer Partei der Erfolg dieser Partei dadurch beeinflusst werden, dass dieser Bereich über den Wahlkreiszuschnitt mit Hochburgen anderer Parteien zusammengelegt wird.

bb) Chancengleichheit der Parteien

Eng verknüpft mit der Frage des Erfolgswerts von Wählerstimmen ist die Frage der **Chancengleichheit der Parteien**. Wenn eine staatliche Stelle einer Partei Begünstigungen gewährt, muss sie diese Begünstigungen möglichst auch anderen Parteien gleichmäßig gewähren. Dies kann sowohl das Zurverfügungstellen von öffentlichen Einrichtungen (Stadt-

---

35 Insgesamt, aber gerade insoweit kritisch zur Grundmandatsklausel *Roth*, NJW 1994, 3269, 3271 mwN.

36 Für die Berücksichtigung auch von über das Bundesgebiet verstreuten Grundmandaten ausdrücklich BVerfGE 95, 408, 424 f.

hallen u.Ä.) für Wahlkampfveranstaltungen als auch die Zuweisung von Flächen für Wahlwerbung auf öffentlichen Straßen betreffen. Hier darf die kleinere „unbedeutende“ Partei nicht unter Hinweis auf ihre potentielle Bedeutungslosigkeit auf unattraktive Flächen verwiesen werden, während die großen Parteien bspw. im Zentrum der Einkaufsmeile werben dürfen; ggf. muss eine Stadt bei begrenzter Kapazität an vorteilhaften Lagen nachvollziehbare Vergabekriterien aufstellen, über Rotation bis hin etwa zum Losverfahren.

Insb. die Zuweisung von **Wahlwerbezeiten** in Rundfunk und Fernsehen folgt dabei einem Modell **abgestufter Chancengleichheit**. So kann, wenn der öffentlich-rechtliche Rundfunk kostenlose Sendezeiten für politische Parteien zur Verfügung stellt, die Vergabe von Sendezeiten an den Erfolg einer Partei bei der letzten Wahl angeknüpft werden. Dies hat zur Folge, dass relativ kleine Parteien weniger Berücksichtigung bei Rundfunk- und Fernsehauftritten finden und damit der Status als kleinere Partei ein Stückweit verfestigt wird. Allerdings kann aus dem Grundsatz der Chancengleichheit auch nicht folgen, dass kleinere Parteien gegenüber größeren Parteien absolut gleich behandelt werden. Eine Abstufung nach Wahlerfolg einer Partei ist daher grundsätzlich zulässig, es sollen aber auch andere Faktoren einfließen, wie etwa Zeitdauer ihres Bestehens, ihre Kontinuität, ihre Mitgliederzahl, der Umfang und Ausbau ihres Organisationsnetzes, ihre Vertretung in Parlamenten und ihre Beteiligung an der Regierung in Bund oder Ländern.[37] Nähere Vorgaben trifft insoweit auch § 5 Abs. 1 PartG, der bspw. vorschreibt, dass für eine Partei, die im Bundestag in Fraktionsstärke vertreten ist, der Umfang der Gewährung mindestens halb so groß wie für jede andere Partei sein muss. Für die Wahlwerbung im privaten Rundfunk sehen die Landesgesetze über den privaten Rundfunk Regelungen vor, die sich an § 5 Abs. 1 PartG orientieren; im privaten Rundfunk kann nach Maßgabe der vorgenannten Gesetze Kostenersatz für die in Anspruch genommene Sendezeit verlangt werden (vgl. etwa § 36 Landesmediengesetz NRW).

e) Geheimheit der Wahl

Im engen Zusammenhang mit dem Grundsatz der Freiheit der Wahl steht der Grundsatz der **Geheimheit der Wahl**. Die Möglichkeit, die Stimme geheim abzugeben, sichert die Freiheit der Wahlentscheidung. Neben der geheimen Stimmabgabe sichert der Grundsatz der Geheimheit auch das Recht, seine Wahlentscheidung vor und nach der Wahl nicht offenbaren zu müssen. Der Staat hat organisatorische Vorkehrungen zu treffen, die es dem Bürger ermöglichen, seine Wahlentscheidung geschützt vor der Kenntnisnahme durch Dritte, Staat oder Private, zu treffen. Hierzu gehört vornehmlich das Aufstellen von hinreichend geschützten Wahlkabinen, die es ermöglichen, dass der Wähler seinen Stimmzettel „unbeobachtet kennzeichnen und falten“ kann, und die Verwendung von Wahlurnen, „die die Wahrung des Wahlgeheimnisses sicherstellen“ (§ 33 Abs. 1 BWahlG).

---

[37] So die Kriterien nach BVerfGE 14, 121, 136.

Beispielfall 12:
Der A ist glühender Anhänger der X-Partei. Er betritt das Wahllokal, bekommt die Wahlunterlagen ausgehändigt und nähert sich der Wahlkabine. Dann aber macht er auf dem Absatz kehrt, zückt einen mitgebrachten Kugelschreiber, markiert den Stimmzettel für jeden im Wahllokal sichtbar bei der X-Partei und wirft den Stimmzettel vor den verblüfften Augen der Wahlhelfer in die Urne.
Ist das Verhalten des A verfassungsrechtlich zulässig?

Der Grundsatz der Geheimheit der Wahl hindert den Wahlbürger nicht, seine Wahlentscheidung vor oder nach der Wahl, etwa bei Befragungen durch **Meinungsforschungsinstitute**, preiszugeben.[38] Überwiegend wird aber für die Wahlhandlung selbst eine Pflicht zur Geheimheit angenommen. Als Gründe werden in erster Linie genannt die Möglichkeit einer Beeinflussung Dritter, die sich genötigt sehen könnten, ihre Stimme ebenfalls offen abzugeben[39] und der Umstand, dass die Geheimheit der Wahl nicht nur subjektives Recht des Wählers, sondern allgemeiner Wahlrechtsgrundsatz sei[40]. Hiergegen lässt sich vorbringen, dass die geheime Abstimmung – anders als etwa in totalitären Systemen, in denen sich der geheim Wählende verdächtig machte und deswegen staatliche Repressionen befürchten musste – für den weit überwiegenden Teil der Wähler selbstverständlich ist. Ein abweichendes Verhalten dürfte kaum negative Vorbildwirkung haben oder gar Zwang nur Nachahmung auslösen. Auch folgt aus dem Grundsatz der Allgemeinheit der Wahl, der mit der o.a. Argumentation auch nicht nur ein subjektives Recht, sondern zugleich als allgemeiner Wahlrechtsgrundsatz zu gelten hat, keine Wahlpflicht. Allerdings geht § 56 Bundeswahlordnung (BWahlO) von einer Pflicht zur Geheimheit aus; so hat der örtliche Wahlvorstand Wähler zurückzuweisen, die den Stimmzettel außerhalb der Wahlkabine gekennzeichnet oder gefaltet haben. Jedenfalls wird man festhalten können, dass die Geheimheit der Wahl als demokratische Errungenschaft durch den Wähler gewahrt werden sollte.

Lösung zum Beispielfall 12:
Geht man mit der herrschenden Meinung von einer Pflicht zur Geheimheit der Wahlhandlung aus, ist das Verhalten des A gemessen am Grundsatz der Geheimheit der Wahl unzulässig.

Gefährdet wird der Grundsatz der Geheimheit der Wahl durch die Wahrnehmung der **Briefwahl**. Zunächst ist sicherzustellen, dass der eigentliche Stimmzettel von den mit dem Briefwahlumschlag übersendeten Angaben zum Wähler, etwa Namen und Nr. im Wählerverzeichnis, vor Auswertung getrennt wird. Allerdings kann, anders als im Wahllokal, die Geheimheit der Stimmabgabe bei der Briefwahl nicht kontrolliert werden. So ist nicht sichergestellt, dass der Wähler bei Kennzeichnung des Stimmzettels unbeobachtet war. Zugleich gefährdet ist mit der Briefwahl der Grundsatz der Freiheit der Wahl, da eine unzulässige Beeinflussung bei der Wahlentscheidung staatlicherseits nicht festgestellt werden kann.

---

38 Vgl. etwa *Degenhart*, Staatsrecht I, Rn. 88.

39 In diesem Sinne *Guckelberger*, JA 2012, 561, 565

40 So *Maurer*, Staatsrecht I, § 13 Rn. 12.

Gleichwohl hat das Bundesverfassungsgericht die **Briefwahl** ausdrücklich **gebilligt.** Ausgangspunkt der Überlegungen war, dass die Wahlrechtsgrundsätze niemals vollständig und lückenlos durchsetzbar seien; zugleich werde der Grundsatz der Allgemeinheit der Wahl gefördert.[41] Festzustellen ist, dass die Briefwahl bis 2008 an die Angabe von zwingenden Verhinderungsgründen geknüpft war (Krankheit, zwingende Abwesenheit vom Wahlort am Wahltag, vgl. § 25 Abs. 1 BWahlO aF). Mit der nunmehr allgemeinen und gleichwertigen Möglichkeit der Briefwahl neben der Urnenwahl nehmen die Gefährdungen der Freiheit und Geheimheit der Wahl zu; zuzugestehen ist aber, dass die Verhinderungsgründe auch vor 2008 kaum überprüfbar waren. Ob Bequemlichkeit oder der Vorrang von Freizeitbedürfnissen am Wahltag die zunehmende Tendenz zur Briefwahl rechtfertigen können, ist zweifelhaft.[42] Auch kann das zeitliche Auseinanderziehen der Wahl, das durch die Briefwahl erzeugt wird, das Wahlergebnis verfälschen.[43] Es ist aber davon auszugehen, dass die nicht zu leugnenden Gefährdungen in Anbetracht der ansonsten im Zweifel weiter sinkenden Wahlbeteiligung hinzunehmen ist und wohl noch hingenommen werden kann.[44]

Nicht bedenkenfrei hinsichtlich der Freiheit und Geheimheit der Wahl ist die Einrichtung von Sonderwahlbezirken, etwa in Altenheimen oder Wahlen in sozialtherapeutischen Anstalten und Justizvollzugsanstalten (vgl. §§ 13, 62, 64 BWahlG).

Beispielfall 13:
Der Gesetzgeber denkt immer noch über die Stärkung von Kinderrechten nach, nicht zuletzt, um auch Anreize für eine kindgerechte Politik und damit mittelbar für ein größeres Bevölkerungswachstum zu setzen. Anders als im Beispielfall 11 („Elternwahlrecht") soll nach dem Modell des „Stellvertreterwahlrechts" Kindern mit ihrer Geburt ein Wahlrecht zugesprochen werden. Dieses Wahlrecht soll bis zum Eintritt der Volljährigkeit treuhänderisch durch die gesetzlichen Vertreter ausgeübt werden, die dabei gemäß § 1626 Abs. 2 BGB die wachsende Fähigkeit des Kindes zu selbstständigem verantwortungsbewusstem Handeln zu berücksichtigen haben.
Vereinbarkeit mit Wahlrechtsgrundsätzen?

Die Ausformung eines sog. **Stellvertreterwahlrechts** wird in der Politik tatsächlich diskutiert und war bereits Gegenstand von fraktionsübergreifenden Anträgen im Bundestag.[45] Gleichwohl begegnet das Modell grundsätzlichen Bedenken, die aber möglicher Weise nicht unüberwindbar sind.

Lösung zum Beispielfall 13:
- Grundsatz der Allgemeinheit der Wahl
  Der Grundsatz der Allgemeinheit der Wahl wird durch die Erweiterung des Kreises der nominellen Wahlberechtigten über den Kreis der mindestens 18jährigen hinaus befördert. Das Modell verlangt insoweit eine Änderung des Art. 38 Abs. 2 1. Hs. GG.

41 BVerfGE 59, 119, 125 f.
42 So auch *Guckelberger*, JA 2012, 561, 566; *Maurer*, Staatsrecht I, § 13 Rn. 13.
43 Darauf weist *Maurer*, Staatsrecht I, § 13 Rn. 13, zutreffend hin.
44 So *Guckelberger*, JA 2012, 561, 566.
45 Etwa BT-Drs. 15/2544; 16/9868.

- Grundsatz der Unmittelbarkeit der Wahl
  Sieht man die Notwendigkeit der höchstpersönlichen Stimmabgabe als unmittelbaren Inhalt des Grundsatzes der Unmittelbarkeit der Wahl,[46] würde eine Stimmabgabe durch die Eltern bis zum 18. Lebensjahr des Kindes den Unmittelbarkeitsgrundsatz verletzen; hier könnte Art. 38 Abs. 2 GG ergänzt und § 14 Abs. 4 BWahlG geändert werden.
- Grundsatz der Gleichheit der Wahl
  Zweifelhaft ist die Achtung des Grundsatzes der Zählwertgleichheit.[47] Formal betrachtet bleibt es bei der Festlegung „One man- one vote": Jeder Wahlberechtigte hat eine Stimme, das Kind hat eine eigene Stimme, so wie die Elternteile je eine Stimme haben. Materiell betrachtet ergeben sich aber gerade für die Kleinkinder Bedenken. Letztlich läuft das Stellvertreterwahlrecht für die Zeit der mangelnden Einsichtsfähigkeit des Kindes auf ein verdecktes Pluralwahlrecht zugunsten der Eltern hinaus. (Nur) wenn man bei der formalen Sicht verbleibt, ergeben sich keine verfassungsrechtlichen Bedenken.
- Grundsatz der Freiheit und der Geheimheit der Wahl
  Der Grundsatz der Freiheit und der Geheimheit der Wahl sind bei Einführung des Stellvertreterwahlrechts für die Kinder nicht sichergestellt. Selbst wenn das Kind nach Ansicht der Eltern einsichtsfähig ist, ist es nicht frei von elterlicher Beeinflussung. Auch muss es seinen Eltern die eigene Überzeugung offenbaren. Nicht sichergestellt ist, dass die Eltern die betreffende Entscheidung des Kindes im Rahmen ihrer (dann wieder geheimen) Stimmabgabe für das Kind auch umsetzen. Diese Einschränkungen wären unter Zurückstellung der grundsätzlichen Gleichwertigkeit der Wahlrechtsgrundsätze mit einem Vorrang insb. der Allgemeinheit der Wahl allenfalls hinzunehmen.

Letztlich begegnet das Modell „Stellvertreterwahlrecht" damit jedenfalls Bedenken bezogen insb. auf die Freiheit, Geheimheit und Gleichheit der Wahl.

f) Grundsatz der Öffentlichkeit der Wahl?

Dem Grundsatz der Geheimheit der Wahl scheint der vom Bundesverfassungsgericht hervorgehobene Grundsatz der **Öffentlichkeit der Wahl** zu widersprechen; er betrifft aber nur die Transparenz des Wahlverfahrens, nicht die Zugänglichkeit der eigenen Wahlentscheidung für Dritte.

Gegenstand der zugrunde liegenden Entscheidung war eine Wahlprüfungsbeschwerde betreffend die Zulässigkeit rechnergesteuerter Wahlgeräte, sog. **„Wahlcomputer"**.[48] Dem Grundsatz der Öffentlichkeit der Wahl liegt die Forderung nach einem transparenten und für den Wähler nachvollziehbaren Wahlverfahren zugrunde. Dieses verlangt insb., dass der Wähler zuverlässig nachvollziehen kann, ob seine Stimme unverfälscht erfasst und in die Ermittlung des Wahlergebnisses einbezogen wird und wie die insgesamt abgegebenen Stimmen zugeordnet und gezählt werden. Hieraus folgt für das Bundesverfassungsgericht,

46 Vgl. oben Kap. 3 A II 1 b.

47 Vgl. oben Kap. 3 A II 1 d aa.

48 *BVerfG*, NVwZ 2009, 708 ff.

dass die Stimmen nach der Stimmabgabe nicht ausschließlich auf einem elektronischen Speicher abgelegt werden dürfen und der Wähler auf das Funktionieren und die technische Integrität des Systems vertrauen müsse.[49] Damit ist für das Bundesverfassungsgericht der Einsatz von Wahlcomputern nicht schlechthin ausgeschlossen; vielmehr sollen Geräte, die bspw. noch ein Papierprotokoll der abgegebenen Stimme ausdrucken, die Anforderungen der Öffentlichkeit der Wahl erfüllen können.

Bei einer reinen „Papierwahl", also einer Wahl mit Stimmzetteln, kann die Öffentlichkeit der Wahl – nur, aber jedenfalls – dadurch sichergestellt werden, dass der Wähler bei der Auszählung anwesend sein darf (vgl. 54 BWahlO: „*Während der Wahlhandlung sowie der Ermittlung und Feststellung des Wahlergebnisses hat jedermann zum Wahlraum Zutritt, soweit das ohne Störung des Wahlgeschäfts möglich ist.*"). Es besteht so die Möglichkeit, einen Abgleich zwischen der Zahl der abgegebenen Stimmzettel und der entsprechend der Markierungen im Wählerverzeichnis ausgegebenen Stimmzettel herzustellen. Ist die Zahl gleich, besteht jedenfalls die starke Vermutung, dass die eigene Stimme in das Wahlergebnis eingeflossen ist.

2. Wahlrecht zum Deutschen Bundestag

a) Entscheidung für ein personalisiertes Verhältniswahlrecht

Das Wahlrecht zum deutschen Bundestag setzt sich aus zwei Komponenten zusammen, einer Verhältniswahlkomponente und einer Personenwahlkomponente. Hieraus folgt die Bezeichnung als „**personalisiertes Verhältniswahlrecht**". Die Ausformung des Wahlrechts ist dem einfachen Recht, insb. dem BWahlG vorbehalten. Anders als einige Landesverfassungen trifft das Grundgesetz selbst keine Aussage zum anzuwendenden Wahlrecht.

Mit der Entscheidung für das personalisierte Verhältniswahlrecht geht das Wahlrecht in Deutschland den Mittelweg zwischen dem reinen Mehrheitswahlrecht und dem reinen Verhältniswahlrecht. Das Mehrheitswahlrecht bietet den Nachteil, dass eine hohe Zahl an Stimmen nicht im Wahlergebnis abgebildet wird (Einschränkung des Erfolgswertes[50]). Andererseits kann sich im Mehrheitswahlsystem der einzelne Abgeordnete darauf berufen, in seinem Wahlkreis die (jedenfalls relative) Mehrheit der Stimmen erhalten zu haben, er besitzt also eine relativ höhere demokratische Legitimation. Auch werden tendenziell klarere Mehrheiten erreicht, da große Parteien mit bekannten Gesichtern bevorzugt werden.

---

49 So *BVerfG*, NVwZ 2009, 708, 710 f.

50 Vgl. oben Kap. 3 A II 1 d aa.

Merke:
So wählt Großbritannien traditionell nach reinem Mehrheitswahlrecht und hatte lange Zeit ein weitgehendes Zweiparteiensystem. Mittlerweile sind – wohl nicht zuletzt infolge der Unzufriedenheit mit der Labour Party („Labour") und der Conservative Party („Tories") – als dritte bestimmende Kraft die Liberal Democrats mit über 20 % der Abgeordneten hinzugekommen. Die übrigen im Unterhaus befindlichen (Klein- und Kleinst-)Parteien sind mit wenigen Abgeordneten und nur aufgrund regionaler Verwurzelung vertreten.
Ob die Diversifizierung der britischen Parteienlandschaft trotz des Mehrheitswahlrechts fortschreitet, mag sich bei den nächsten Wahlen zum Unterhaus zeigen; so hat die United Kingdom Independance Party (UKIP) zwar keine Sitze im Unterhaus, sie hat aber mit einem ausgeprägt antieuropäischen Parteiprogramm bei den Europawahlen 2014 nach Verhältniswahlrecht mehrere Sitze erreicht.

Im Verhältniswahlrecht ist dagegen die Erfolgswertgleichheit, da hier auch kleinere Parteien Sitze erringen können, ungeachtet der 5 %-Hürde eher gewährleistet. So spiegelt sich im Wahlergebnis ein breiteres Spektrum politischer Ansichten wider. Nach Ansicht des Bundesverfassungsgerichts ist **vorherrschendes Moment** des Wahlrechts die **Verhältniswahlkomponente**.[51] Dies ist insoweit nachvollziehbar, als Ausgangspunkt für die Verteilung der Bundestagsmandate zunächst das Verhältnis der Parteien bezogen auf den gesamten Bundestag ist, und diese Verteilung durch die Anrechnung der Direktmandate modifiziert wird.[52]

Mit der Rechtsprechung des Bundesverfassungsgerichts ist davon auszugehen, dass trotz oder wegen der Vor- und Nachteile beider Wahlsysteme der Gesetzgeber sich neben dem jetzigen Wahlsystem auch für ein reines Mehrheits- oder reines Verhältniswahlrecht entscheiden dürfte.[53] Wichtig ist, dass immer „Abgeordnete" gewählt werden. So wäre eine reine Parteienwahl, also ohne für die Parteien auftretende Kandidaten, sei es als Direkt- oder Listenkandidaten, unzulässig[54].

b) Ausgestaltung des Wahlrechts in Grundzügen

Ausgangspunkt ist eine Anzahl von 598 Abgeordneten, die in 299 Wahlkreisen gewählt werden. Jeder Wähler verfügt über zwei Stimmen, die sog. **Erst-** und **Zweitstimme**.

Mit der **Erststimme** wählt er die in seinem Wahlkreis zur Wahl stehenden Direktkandidaten (Personalwahl- o. **Mehrheitswahlkomponente**), wobei nicht jede Partei in jedem Wahlkreis einen Direktkandidaten aufstellen muss. Mit der Erststimme wird in jedem Wahlkreis mit relativer Mehrheit ein Direktkandidat bestimmt.

---

51 Vgl. BVerfGE 131, 316 – Leitsatz 2 a): „In dem vom Gesetzgeber geschaffenen System der mit der Personenwahl verbundenen Verhältniswahl sind Überhangmandate [...] nur in einem Umfang hinnehmbar, der den Grundcharakter der Wahl als einer Verhältniswahl nicht aufhebt."

52 Vgl. unten Kap. 3 A II 2 a.

53 So BVerfGE 95, 335, 349.

54 In diesem Sinne BVerfGE 95, 335, 349.

Mit der **Zweitstimme** wählt der Wähler Landeslisten von Parteien (**Verhältniswahlkomponente**). Die Landeslisten sind „starre" Landeslisten, d.h., die Reihenfolge ist nicht abänderbar. Die Verteilung der Zweitstimmen wird zu einem prozentualen Gesamtergebnis der Parteien auf Bundesebene zusammengefasst („Oberverteilung") und so ermittelt, wie viele Sitze der Partei, gemessen an 598 Sitzen, auf Bundesebene zustehen. Berücksichtigt werden aber nur Parteien, die auf Bundesebene 5 % der Stimmen errungen haben („5 %-Hürde") oder mindestens drei Direktmandate erreicht haben („**Grundmandatsklausel**"). [55] Sofern eine Partei in einem Bundesland mehr Direktmandate als Listenmandate erreicht, sieht § 6 Abs. 4 BWahlG vor, dass die überzähligen Mandate bei der Partei verbleiben; es entstehen sog. **Überhangmandate**.

Merke:
Diese Überhangmandate standen lange in der Kritik. Nicht zuletzt wegen der Problematik der Überhangmandate, zentral aber aufgrund des damit verknüpften Phänomens des negativen Stimmgewichts ist das Bundeswahlrecht Gegenstand der Überprüfung durch das Bundesverfassungsgericht geworden. Negatives Stimmgewicht meint, dass Stimmzuwächse für eine Partei in einem Bundesland in einem anderen Bundesland zu Mandatsverlusten führen können. So konnten sich mehr Zweitstimmen für eine Partei, die aufgrund von Überhangmandaten in einem Land (Anrechnung von Direktmandaten auf Listenmandate!) nicht zu einer höheren Zahl von Sitzen führte, so auswirken, dass derselben Partei bei der Sitzerteilung in einem anderen Bundesland weniger Mandate über die Listen zugeteilt wurden. Das Mehr an Zweitstimmen einer Partei in einem Land konnte also bei bundesweiter Betrachtung zum Verlust von Sitzen führen. Noch interessanter ist der umgekehrte Effekt, dass ein schlechteres Zweitstimmenergebnis in einem Land, in dem aber Überhangmandate errungen wurden, für die betroffene Partei in einem anderen Bundesland zum Zugewinn an Sitzen führte, so wenn das dem Land zustehende Listenmandat aufgrund weniger Zweitstimmen nicht besetzt werden konnte und dieses Mandat einer Liste der Partei in einem anderen Land zugeschlagen wurden. Durch das Übergangmandat stand die Partei in dem Land trotz weniger Zweitstimmen nicht schlechter, in dem anderen Land aufgrund des zusätzlichen Mandates aber besser.[56]
Diese Situation sah das Bundesverfassungsgericht Ende 2012 als nicht verfassungsgemäß an; es mahnte – schon für die nächste Bundestagswahl – ein Wahlrecht ohne negatives Stimmgewicht an und gebot zugleich, dass die Zahl von Überhangmandaten, die nicht zugunsten anderer Parteien ausgeglichen werden, zu begrenzen sei.[57] So hat das Gericht die Zahl der nicht auszugleichenden Überhangmandate auf 15 begrenzt, hat aber zugleich ausgeführt: *„Der Senat ist sich bewusst, dass die Zahl von 15 Überhangmandaten als Akt richterlicher Normkonkretisierung nicht vollständig begründet werden kann."*[58]

---

55 Vgl. schon oben Kap 3 A II 1 d aa.

56 Zum Phänomen des negativen Stimmgewichts vgl. *Pukelsheim/Rossi*, JZ 2010, 922 ff.

57 BVerfGE 131, 316 ff.

58 BVerfGE 131, 316, 370.

Der Gesetzgeber hat vor der Bundestagswahl im September 2013 relativ kurzfristig reagieren müssen, und hat sich entschieden, dass bei der Sitzverteilung in einem komplexen mehrschrittigen Verfahren **Überhangmandate** nunmehr vollständig **ausgeglichen** werden.[59] Durch die starke Orientierung des neuen Wahlrechts am Zweitstimmenerfolg der Parteien wurde der Effekt des negativen Stimmgewichts weithin ausgeschlossen.

Schritt 1:
Im ersten Schritt werden für jedes Land im Verhältnis der Bevölkerungszahlen je Land **Sitzkontingente** ermittelt. Ausgangszahl für diese Sitzermittlung ist die Mitgliederzahl des Bundestages nach § 1 Abs. 1 S. 1 BWahlG, also insgesamt 598 Sitze. Dabei entfallen bspw. auf Bremen (ca. 575.000 deutsche Einwohner) als das bevölkerungsärmste Land sieben Sitze, auf Thüringen (ca. 2,2 Mio. deutsche Einwohner) 17 Sitze, auf NRW (ca. 16 Mio. deutsche Einwohner) 128 Sitze.

Schritt 2:
Im zweiten Schritt erfolgt die Verteilung der Sitzkontingente des jeweiligen Landes auf die Parteien entsprechend der Zahl ihrer Zweitstimmen auf Landesebene. Dabei muss für jedes Land mindestens das im vorherigen Schritt ermittelte Sitzkontingent erreicht werden. Die Zahl der auf die Parteien entfallenden Sitze kann aber auch höher sein als die **Mindestsitzzahl** im Verhältnis der Zweitstimmen, nämlich dann, wenn die Partei mehr Direktmandate als die Mindestsitzzahl nach dem o.a. Verfahren, also Überhangmandate erreicht hat; der höhere Wert bez. Listen- und Direktmandaten für die Partei zählt (= Maximalsitzzahl der Partei pro Land).

Beispiel: Bundestagswahl 2013 – Ergebnisse für NRW und Thüringen[60]

Ergebnisse NRW

Sitzkontingent nach Bevölkerungszahl: 128 Sitze (gemessen an 598 Sitzen, s .o.)

Partei	Listenmandate nach Zweitstimmen (Spalte 1)	Direktmandate (Spalte 2)	Maximalsitzzahl aus Spalte 1 u. 2)	Davon Überhandmandate
CDU	59	37	59	0
SPD	48	27	48	0
Die Linke	9	0	9	0
Grüne	12	0	12	0
Insgesamt	128		128	

---

59 Nähere Erläuterung auch unter http://www.bundeswahlleiter.de/de/aktuelle_mitteilungen/downloads/20131009_Erl_Sitzzuteilung.pdf, zuletzt abgerufen am 14.08.2016.

60 Alle weiteren Zahlen für Parteien und Bundesländer unter http://www.bundeswahlleiter.de/de/bundestagswahlen/BTW_BUND_13/veroeffentlichungen/BTW2013_Heft3.pdf, zuletzt abgerufen am 09.08.2016.

Ergebnisse Thüringen

Sitzkontingent nach Bevölkerungszahl: 17 Sitze (gemessen an 598 Sitzen, s.o.)

Partei	Listenmandate nach Zweitstimmen (Spalte 1)	Direktmandate (Spalte 2)	Maximalsitzzahl aus Spalte 1 u. 2)	Davon Überhandmandate
CDU	8	9	9	1
SPD	3	0	3	0
Die Linke	5	0	4	0
Grüne	1	0	1	0
Insgesamt	17		18	

Demnach gehen standen der CDU in NRW 59 Sitze zu (Maximalsitzzahl berechnet nach Zweitstimmenmandaten), in Thüringen aber 9 Sitze (einer mehr als nach Zweitstimmenmandaten, da ein Überhangmandat gewonnen wurde - Zweitstimmenmandate 8, Direktmandate 9). Für alle anderen Parteien in NRW und Thüringen ergab sich die Maximalzahl anhand der Zweitstimmenmandate.

Schritt 3:

In dritten Schritt wird dann die bundesweite Mindestsitzzahl einer Partei, gebildet aus der Summe der in den Ländern erreichten **Maximalsitzzahlen** entsprechend dem vorherigen Schritt. Im Beispiel gingen aus NRW für die CDU 59, aus Thüringen 9 Sitze in die bundesweite Mindestsitzzahl ein (SPD: NRW 48, Thüringen 3; Die Linke NRW 9, Thüringen 5; Grüne NRW 12, Thüringen 1).

In der Addition der Ergebnisse aller Maximalsitzzahlen der Parteien in den Ländern ergibt sich die Mindestsitzzahl der Parteien im Bundestag. Mindestsitzzahl insoweit, als nunmehr nach dem BWahlG bestehende Überhangmandate ausgeglichen werden. Aus der Addition der Mindestsitzzahlen der Parteien auf Bundesebene ergibt sich die Mindestsitzzahl des Bundestages.

Beispiel: Bundestagswahl 2013 – Mindestsitzzahl des Bundestages mit Überhangmandaten

Bei der Bundestagswahl 2013 hätte die CDU in der Addition alleine der Zweitstimmensitze in den Ländern 238 Sitze zu besetzen gehabt; aufgrund von vier Überhangmandaten (jeweils eines in Brandenburg, Sachsen-Anhalt, Thüringen und im Saarland) stand der CDU eine Mindestsitzzahl von 242 Mandaten zu; alle anderen Parteien hatten keine Überhangmandate erworben. Damit wies der Bundestag eine Mindestsitzzahl von 602 Sitzen (598 Sitze nominell + 4 Überhangmandate) auf.

Schritt 4:

Nicht ganz einfach nachvollziehbar ist der nächste Schritt: Nach dem angewendeten **Verteilungsverfahren** (Sainte-Laguë/Schepers) würden die Parteien bei Verteilung der 602 Sitze im Verhältnis zu den erworbenen Zweitstimmen auf Bundesebene nicht die erforderliche Mindestsitzzahl erreichen. Deswegen wird die Sitzzahl durch Auswahl eines zutreffenden Divisors solange erhöht, bis alle Parteien die ihnen zustehende Mindestsitzzahl im Verhältnis zu den Zweitstimmen auf Bundesebene erhält. Damit wird eine wichtige Bedingung des Bundesverfassungsgerichts zur Ausgestaltung des neuen Wahlrechts erfüllt, nämlich die vornehmliche Orientierung der Sitzverteilung am Zweitstimmenerfolg der Parteien, damit der Verhältniswahlkomponente.

Beispiel:
Bundestagswahl 2013 – Sitzverteilung nach Verteilung von Ausgleichsmandaten

Partei	Mindest-sitzzahl	Zweit-stimmen	Divisor	Sitze (gerundet)	Davon Aus-gleichs-mandate
CDU	242	14.921.877		255	13
SPD	183	11.252.215	÷	193	10
Die Linke	60	3.755.699	58.420	64	4
Grüne	61	3.694.569		63	2
CSU	56	3.243.569		56	0
Insgesamt	602	36.867.417		631	29

Die Verteilung der Sitze nach Mindestsitzzahl für Grüne und Die Linke zeigen, dass das Ergebnis der Mindestsitze nicht dem Verhältnis der Zweitstimmen entsprach. Nach Ausgleich anhand des richtigen Divisors standen Zweitstimmenzahl und Gesamtsitzzahl beider Parteien im richtigen Verhältnis.

Stark vereinfacht ergibt sich damit folgendes Schema:

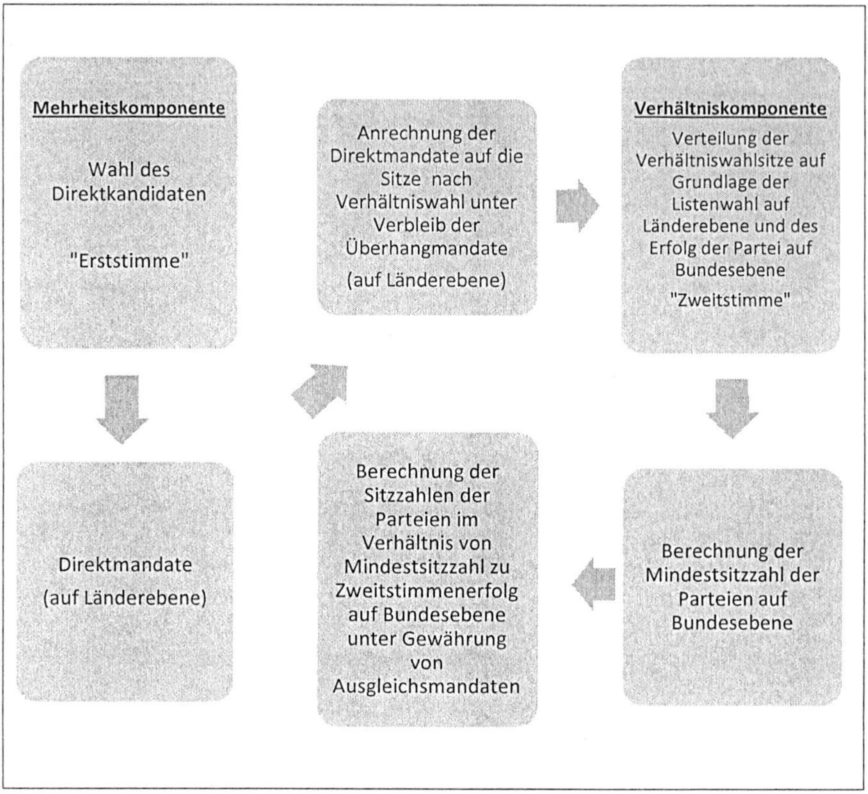

Vereinfachtes Schema der Sitzverteilung im Bundestag

Das neue Wahlrecht führt aufgrund der Ausgleichsregelung damit aber tendenziell zu einer schwer abschätzbaren Vergrößerung des Bundestages (Aktueller Bundestag: 631 Abgeordnete – nominell 598 Abgeordnete). Nach altem Wahlrecht mit nicht auszugleichenden Überhangmandaten tendierte der Bundestag zudem über die Legislaturperiode zu seiner alten Größe zurück: Wenn ein Bundestagsmitglied ausschied, rückte von der jeweiligen Landesliste seiner Partei der nächste bei der Wahl nicht berücksichtigte Kandidat nach; nur bei Erschöpfung der Liste, also wenn diese keine Kandidaten mehr auswies,[61] blieb der Sitz frei. Ein **Nachrücken** schied nach BWahlG aber aus, solange die betreffende Partei in dem jeweiligen Bundesland über Überhangmandate verfügte; auf diese Weise konnten Überhangmandate über die Legislaturperiode hinweg abgebaut werden. Nach neuem Wahlrecht rückt – ungeachtet der Listenerschöpfung – für jedes ausscheidende Bundestagsmitglied ein Listenkandidat der gleichen Partei nach.

---

61 Vgl. dazu schon oben Kap 3 A II 1 b.

Merke:
Es hätten verschiedene andere Möglichkeiten bestanden, unter Wahrung beider Komponenten des Wahlrechts und unter Beibehaltung der jetzigen nominellen Größe des Bundestages (598 Sitze) den Effekt von negativem Stimmgewicht und Überhangmandaten zu vermeiden oder einzudämmen, die aber alle ihre eigenen Nachteile aufweisen.
Drei der hierzu diskutierten Möglichkeiten sind:
- Vergabe von jeweils 50 % der Mandate (598 ÷ 2 = 299) nach Mehrheitswahlrecht und Verhältniswahlrecht (sog. Grabenwahlkampf) – Nachteil: Benachteiligung kleiner Parteien, die geringe Chancen auf Direktmandate haben.
- Verkleinerung der Zahl der Wahlkreise unter Beibehaltung der Zahl von 598 Sitzen; durch die damit einhergehende Verkleinerung der Zahl der Direktmandate in Relation zu den Listenmandaten wäre die Wahrscheinlichkeit von Überhangmandaten reduziert – Nachteil: Der Zuschnitt von Wahlkreisen ist zeitaufwändig (und wäre damit vor der Bundestagswahl 2013 nicht zu bewerkstelligen gewesen) und die Verbundenheit der jetzigen Wahlkreiskandidaten zu den bestehenden Wahlkreisen würde aufgebrochen.
- Verzicht auf Trennung zwischen Erst- und Zweitstimme, da durch die bestehende Zweistimmenregelung die Möglichkeit des Stimmensplittings entsteht; der Wähler gibt dem aussichtsreichen Kandidaten der X-Partei die Erststimme und gibt die Zweitstimme der kleineren Y-Partei, die damit bei den Listenmandaten profitiert – Nachteil: Benachteiligung kleiner Parteien, da, wenn über eine Stimme sowohl Direkt- als auch Listenmandate vergeben werden, der Wähler tendenziell die Stimme immer eher der für das Direktmandat aussichtsreichen großen Partei geben wird.

Ob das jetzige Wahlrecht „das letzte Wort" des Gesetzgebers bleibt, ist abzuwarten.

III. Rechte und Pflichten des Abgeordneten

Die Rechtsstellung des einzelnen Abgeordneten wird im Wesentlichen in Art. 38 Abs. 1 S. 2, 46-48 GG beschrieben. Der Abgeordnete erwirbt die **Bundestagsmitgliedschaft** nach der erfolgreichen Wahl mit der Eröffnung der ersten („konstituierenden") Sitzung des neuen Bundestages (§ 45 Abs. 1 BWahlG). Die Mitgliedschaft endet regulär (ungeachtet der Möglichkeit der Wiederwahl) durch die Beendigung der Legislaturperiode mit Zusammentritt des nächsten Bundestages. Der Abgeordnete verliert das Mandat (relativ selbsterklärend) durch Tod, und aus den Gründen des § 46 Abs. 1 BWahlG, insb. durch Neufeststellung des Wahlergebnisses zu seinen Lasten, durch Verlust des passiven Wahlrechts, und durch Verzichtserklärung vor allem gegenüber dem Bundestagspräsidenten, also dass er das Mandat niederlege. Das Mandat geht auch verloren, wenn die Partei, der der Abgeordnete angehört, durch das Bundesverfassungsgericht verboten wurde (Art. 21 Abs. 2 GG).

1. Freies Mandat

> **Beispielfall 14:**
> Der Bundestagskandidat B der S-Partei hat sich bei der Kandidatenaufstellung durch die Partei eine schriftliche Verpflichtungserklärung abgegeben, nach Wahl in den Bundestag einen sog. „Plakatierungstaler" an die Partei zu entrichten, der monatlich für die Legislaturperiode 20 € ausmacht, um die Wahlkampfkosten, die die Partei aufgebracht hat, mit zu decken. Zudem hat er erklärt, dass er für den Fall eines Parteiaustritts und eines Ausscheidens aus der zukünftigen S-Fraktion sein Bundestagsmandat verliert.
> Der B kann sich nach einem Jahr im Bundestag wegen der seines Erachtens verfehlten Energiepolitik nicht mehr mit den Zielen der S-Partei identifizieren, tritt aus Partei und Fraktion aus und wechselt nach Parteibeitritt zur Fraktion der G-Partei. Den Plakatierungstaler, den er bislang zähneknirschend entrichtet hat, will er auch nicht mehr zahlen, vielmehr will er die bereits geleisteten Beträge (240,- €) zurückerhalten.
> Die S-Partei fordert ihn auf, dem Bundestagsabgeordneten gegenüber zu erklären, dass er entsprechend seiner Verpflichtungserklärung nicht mehr Abgeordneter sei, bzw. jedenfalls dem Bundestagspräsidenten ggü. erklären müsse, das Mandat niederzulegen, damit ein Kandidat der S-Partei nachrücken kann. Das Geld will die S-Partei weiter von B sehen, an eine Rückzahlung sei nicht zu denken.
> Wie ist die Rechtslage?

Das **„freie Mandat"**, das in der Fassung des Art. 38 Abs. 1 S. 2 GG zum Ausdruck kommt (*„Sie* [die Abgeordneten, Anm. d. Verf.] *sind Vertreter des ganzen Volkes, an Aufträge und Weisungen nicht gebunden und nur ihrem Gewissen unterworfen."*) ist in ähnlicher Form bereits Gegenstand sowohl der Reichsverfassung von 1871 (Art. 29 RV) als auch der Weimarer Reichsverfassung (Art. 21 WRV) gewesen. Schon § 96 Paulskirchenverfassung (PaulskirchenV) lautete: *„Die Mitglieder beider Häuser können durch Instruktionen nicht gebunden werden."*

Insb. die Paulskirchenverfassung und die Reichsverfassung von 1871 waren wesentlich weniger geprägt durch das Phänomen des Parteienstaates, die Parlamente galten vielmehr als „Honoratiorenparlamente", in denen die Repräsentanz des ganzen Volkes und die Freiheit der Willensbildung letztlich unbeeinflusster stattfinden konnte.[62] Im „Parteienstaat" Bundesrepublik ist es den tatsächlichen Gegenebenheiten geschuldet, dass der Abgeordnete nicht stets eigene, frei geschöpfte Entscheidungen trifft, sondern regelmäßig eine von der Partei und der Fraktion **vorgeformte Willensentschließung** mit trägt; dies ist aber nicht zuletzt Folge der zunehmenden **Komplexität** politischer Entscheidungsprozesse, die der Einzelne schon aufgrund eigener Sachkenntnis häufig nicht alleine bewältigen kann. Art. 38 Abs. 1 S. 2 GG sichert daher auch vornehmlich einen Rechtsstatus des Abgeordneten, der es verbietet, ihn bei abweichenden Ansichten zu reglementieren oder zu bestrafen, damit er sich in die Diskussion in seiner Partei und Fraktion mit eigenen Ansichten und Ideen einbringen kann.

---

62 In diesem Sinne *Ipsen*, Staatsrecht I, Rn. 291.

Das Mittragen der Parteilinie kann daher als zulässige **Fraktionsdisziplin** angesehen werden, die aber **nicht** in **Fraktionszwang** – eben partei- oder fraktionsinterne Ahndung abweichender Positionen – umschlagen darf. Zugleich soll sich der Abgeordnete nicht im Vorhinein Bindungen unterwerfen müssen, die die Partei an ihn heranträgt und damit sein rechtliches und politisches Schicksal als Abgeordneten beeinflusst. Selbstverständlich ist auch, dass diese Freiheit von Zwang nur das laufende Mandat betreffen kann; nicht auszuschließen ist, dass vermeintliche oder tatsächliche Illoyalität bzw. „Abweichlertum" bspw. bei der nächsten Aufstellung von Kandidatenlisten zulasten des „Parteirebellen" geht. Entscheidend ist aber, dass weder Partei noch Fraktion auf das laufende Mandat des Abgeordneten einwirken können, ihn also insb. nicht zur Aufgabe des Mandates zwingen können.

Lösung zum Beispielfall 14:

1. Mandatsverlust

Die der Partei gegenüber ausgesprochene Selbstverpflichtung ist kein Verlustgrund für das Abgeordnetenmandat. Insoweit hat der B das Mandat mit Partei- und Fraktionswechsel nicht automatisch verloren. Wenn er seine Verpflichtungserklärung durch Verzichtserklärung gegenüber dem Bundestagspräsidenten umsetzen müsste, würde dies genau die Art von Zwang bedeuten, die durch den Grundsatz des freien Mandates vermieden werden soll. Somit ist er nicht rechtlich verpflichtet, den Verzicht zu erklären, die Verpflichtungserklärung ist insoweit unwirksam.

2. Plakatierungstaler

Unabhängig vom Umstand des Wechsels der politischen Richtung bedeutet auch die Selbstverpflichtung in wirtschaftlicher Hinsicht unzulässigen Zwang, den die Partei – ungeachtet eines uU anerkennenswerten Interesses – mit Blick auf Art. 38 Abs. 1 S. 2 GG nicht durchsetzen kann. Der B war so zu keiner Zeit zur Zahlung des Plakatierungstalers verpflichtet. Da die entsprechende Verpflichtungserklärung unwirksam ist, fehlt es auch für die geleisteten Zahlungen zugleich an einem Rechtsgrund, so dass er den Betrag von 240,- € nach den Grundsätzen des bürgerlichen Rechts zurückverlangen kann.

Das Bundesverfassungsgericht hat als Ausfluss des freien Mandates auch einen Anspruch auf eine von staatlicher Beeinflussung freie Kommunikationsbeziehung zwischen dem Abgeordneten und den Wählerinnen und Wählern sowie die Freiheit des Abgeordneten von exekutiver Beobachtung, Beaufsichtigung und Kontrolle anerkannt. Anlass war die offene, also lediglich aus öffentlichen Quellen gespeiste und unter Verzicht auf geheimdienstliche Mittel vorgenommene Beobachtung eines Bundestagsabgeordneten von der Partei „Die Linke". Das Gericht vertrat die These, dass der Abgeordnete, der in seiner Kommunikation mit dem Wahlvolk gestört wird, seine **Repräsentationsaufgabe** („*Vertreter des ganzen Volkes*") nicht vollumfänglich erfüllen könne; sofern der Staat dennoch Beobachtungsmaßnahmen durchführen wolle, müsse dies nach Maßgabe einer strengen Verhältnismäßigkeitsprüfung erfolgen.[63]

63 *BVerfG*, NVwZ 2013, 1468, 1470 ff.

2. Rechte und Pflichten des Abgeordneten im Parlament

Der parlamentarische Status des Abgeordneten ist gekennzeichnet durch ein grundsätzliches **Rederecht**. Insoweit wird aber in der praktischen Arbeit des Parlaments die Rolle des Abgeordneten durch den Einfluss der Fraktion determiniert. So gehört es zu den parlamentarischen Üblichkeiten, dass der Bundestagspräsident den Fraktionen Redezeitkontingente ungefähr entsprechend ihrer Vertretung im Bundestag (mit Besserstellung kleinerer Fraktionen) zuweist und die Fraktionen die Redezeit auf Abgeordnete in ihren Reihen verteilen.[64] In Ausübung seiner Kontrollfunktion hat der Abgeordnete auch ein **Fragerecht** gegenüber der Bundesregierung,[65] das insoweit aber durch die Fraktionen in Fragestunden, großen und kleinen Anfragen gelenkt werden kann. Auch der fraktionslose Abgeordnete muss hinreichend Redezeit eingeräumt bekommen und den Wunsch nach Redezeit frühzeitig beim Bundestagspräsidenten einreichen können.

Selbstverständlich ist das **Stimmrecht** des Abgeordneten bei allen Abstimmungen im Bundestag, so bei einfachen Parlamentsbeschlüssen, aber auch bei Gesetzesbeschlüssen. Zudem ist der Abgeordnete im Rahmen der GOBT antragsberechtigt, so bez. Änderungen der Tagesordnung (§ 20 Abs. 2 GOBT) und bez. Änderungen in der zweiten Lesung von Gesetzesvorlagen (Art. 82 Abs. 1 GOBT). In Ausübung des Selbstorganisationsrechts besitzt der Abgeordnete das Recht, mit anderen Abgeordneten eine Fraktion oder eine Gruppe zu bilden (§ 10 GOBT).[66]

Ausgehend davon, dass in den Ausschüssen die wesentliche parlamentarische Arbeit stattfindet,[67] hat jeder Abgeordnete **Anspruch** auf einen Sitz in einem **Bundestagsausschuss**.[68] Dies gilt auch für fraktionslose Abgeordnete, die in ihrem Ausschuss zugleich ein Rede- und Antragsrecht, nicht aber zwingend ein Recht auf Teilnahme an Abstimmungen haben.[69] Allerdings hat kein Abgeordneter einen Anspruch auf Zuordnung zu einem Ausschuss seiner Wahl. Für fraktionsangehörige Abgeordnete bestimmt dies die Fraktion, für fraktionslose Abgeordnete hält der Bundestagspräsident einen Pool an Ausschusssitzen vor, aus dem diesen ein Sitz zugewiesen wird (§ 57 Abs. 2 S. 1 GOBT).

Die Pflichtenstellung des Abgeordneten verbietet es ihm, für seine parlamentarischen Tätigkeiten andere als die gesetzlichen Zuwendungen anzunehmen. Allerdings steht es ihm frei, neben dem Mandat andere Tätigkeiten auch gegen Entgelt auszuüben (§ 44a AbgG). Über derartige **Nebeneinnahmen** (die die Einnahmen als Abgeordneter im Einzelfall aber auch deutlich überschreiten können) muss der Abgeordnete durch Anzeige gegenüber dem Bundestagspräsidenten Rechenschaft ablegen. Die Einnahmen müssen dabei nicht detailliert ausgewiesen werden; regelmäßig werden bspw. Auftraggeber oder Anstellungskörperschaften benannt und Einnahmen in einem mittlerweile zehnstufigen System (Stufe 1 -

---

64 Vgl. dazu und zur Problemlage unten Kap 3 A V 1 u. 2.

65 Vgl. dazu unten Kap. 3 A IV 2 b.

66 Dazu näher unten Kap. 3 A V 2.

67 Vgl. unten Kap. 3 A V 4.

68 So BVerfGE 80, 188, 224 – Wüppesahl; siehe dagegen § 57 Abs. 1 S. 2 GOBT: *„Jedes Mitglied des Bundestages soll grundsätzlich einem Ausschuss angehören."*

69 Wiederum BVerfGE 80, 188, 224 f.

Einkünfte von 1.000 bis 3.500 € bis Stufe 10 - Einkünfte über 250.000 €) lediglich nach Stufen ausgewiesen. Auf Mandatsgeheimnisse und ähnliches wird durch Anonymisierung des Auftraggebers Rücksicht genommen. Daneben muss der Abgeordnete empfangene Spenden für seine politische Arbeit ausweisen.[70] Verstöße gegen die Anzeigepflicht können mittlerweile Ordnungsgelder nach sich ziehen.

3. Immunität und Indemnität

Zum Sicherung der freien politischen Auseinandersetzung und zum Schutz vor ungerechtfertigter staatlicher Verfolgung genießen Abgeordnete das Recht der **Indemnität** (Art. 46 Abs. 1 GG) und der **Immunität** (Art. 46 Abs. 2 GG).

Beispielfall 15:
Ausgangsfall
Im Rahmen einer Bundestagsdebatte um ein großes Rüstungsvorhaben äußert der Abgeordnete A, der als Kenner der Szene gilt, massive Zweifel an der Fähigkeit des Rüstungsunternehmens R, die technischen Schwierigkeiten mit dem für R überlebenswichtigen Rüstungsprojekt, dem Hubschrauber BE 100, in den Griff zu bekommen: „BE steht wohl für Bleierne Ente, und die 100 für 100 Tonnen von dem Blei!". A ist von der Berechtigung seiner Zweifel zutiefst überzeugt; tatsächlich unterliegt das Projekt aber nur einer Entwicklungsverzögerung, wie sie bei Projekten dieser Art üblich ist. Gleichwohl bricht der Börsenkurs des Unternehmens, nachdem die 20 Uhr-Nachrichten die Redepassage des A übertragen hatte, massiv ein, und verschiedene Kleinaktionäre verlieren ihr sauer Erspartes, dem sie mittelbar mit dem BE 100 Flügel verleihen wollten. Kleinsparer K will seine Verluste bei A einklagen. Mit Erfolg?
Fortsetzung
Der Abgeordnete B hat infolge von Verlusten durch Spekulation mit Aktien der Rüstungsfirma R seinerseits Geldsorgen. Er entwendet seinem pazifistisch erzogenen Neffen N dessen echt aussehende Spielzeugpistole (Vergehen nach §§ 242, 248a StGB – Diebstahl geringwertiger Sachen) und schnippelt in eine Werbe-Pudelmütze des Deutschen Bundestages (Aufschrift: „Für Ihren Kopf vom Bundestag!") zwei Sehschlitze. Dann lässt er sich vom Fahrdienst der Deutschen Bundestages in die Nähe einer Filiale der Berliner Bank bringen, zieht die Mütze über den Kopf und die Pistole aus der Tasche, um dann in der Bank auf unkonventionelle Art Geld abzuheben (Verbrechen nach §§ 249, 250 StGB o. §§ 253, 255, 250 StGB – schwerer Raub o. schwere räuberische Erpressung). Zwei Tage später findet ein Raumpfleger im Mülleimer von B's Bundestagsbüro die Mütze und die Pistole, und wendet sich an die Strafverfolgungsbehörden. N's Eltern sind zwar froh, das „schreckliche Ding" los zu sein, stellen aber gleichwohl Strafantrag wegen der geklauten Pistole.
Was muss die Staatsanwaltschaft tun, um den nunmehr dringend tatverdächtigen B wegen der oa Taten verhaften zu können?

70 Vgl. http://bundestag.de/static/appdata/Hinweise_zur_Veroeffentlichung.pdf, zuletzt abgerufen am 09.08.2016.

a) Indemnität

Mit der Indemnität ist der Abgeordnete von jeder rechtlichen Verantwortlichkeit für **Äußerungen** im Bundestag, in regulären Sitzungen, in Ausschüssen und in der Fraktion, freigestellt.[71] Er kann für entsprechende Äußerungen nicht bestraft werden, nicht zivilrechtlich oder disziplinarrechtlich an Anspruch genommen werden. Äußerungen, die vom Abgeordneten außerhalb des parlamentarischen Raums getätigt werden, unterfallen nicht der Indemnität, die Verfolgung kann aber in strafrechtlicher Hinsicht durch den Grundsatz der Immunität gehindert werden. Wann eine Äußerung im parlamentarischen Raum oder öffentlich einzustufen ist, ist im Einzelfall zu klären. Wird der Presse eine im Parlament gefallene Äußerung (nachgewiesen durch schriftliche Anfragen uÄ) nachträglich zugetragen und berichtet diese, gilt die Äußerung als im parlamentarischen Raum gefallen. Wenn der Abgeordnete sich zunächst gegenüber der Presse und anschließend im Bundestag äußert, kann er für die zunächst der Presse gegenüber erfolgte Kundgabe belangt werden.

Ausgenommen von der Indemnität sind, so der Wortlaut des Art. 46 Abs. 1 S. 2 GG, „verleumderische Beleidigungen“. Dies bezeichnet nach dem Text des StGB in der Fassung vor der Strafrechtsreform von 1975 den heutigen Verleumdungstatbestand, § 187 StGB, zugleich den Tatbestand des § 103 Abs. 1 2. Alt. StGB: Verleumderische Beleidigung von Organen oder Vertretern ausländischer Staaten und § 188 Abs. 2 StGB Verleumdung gegenüber Personen des politischen Lebens. Voraussetzung ist, dass wider besseres Wissen in Beziehung auf einen anderen eine unwahre Tatsache behauptet oder verbreitet wird, welche denselben verächtlich zu machen oder in der öffentlichen Meinung herabzuwürdigen oder dessen Kredit zu gefährden geeignet ist. Demnach von der Indemnität erfasst sind (Formal-)Beleidigungen iSd § 185 StGB.

> **Merke:**
> *„Mit Verlaub, Herr Präsident, Sie sind ein Arschloch!“* Der berühmte Ausspruch des Grünen-Abgeordneten und späteren Bundesaußenministers Joschka Fischer von 1984 gegenüber Bundestagsvizepräsident Richard Stücklen, nachdem dieser den Abgeordneten Jürgen Reents ausgeschlossen hatte, weil er Bundeskanzler Helmut Kohl als "von Flick freigekauft" bezeichnete, war zwar Formalbeleidigung iSd § 185 StGB. Sie hätte aber, selbst wenn Stücklen dies gewollt hätte, wegen des Grundsatzes der Indemnität nicht verfolgt werden können. Richard Stücklen war im Übrigen CSU-Abgeordneter.

Eine Verfolgung ist auch nach Ende des Mandates nicht möglich. Art. 46 Abs. 1 S. 1 GG sagt insoweit, der Abgeordnete dürfe ***„zu keiner Zeit“*** verfolgt werden. Der Abgeordnete kann auf die Indemnität nicht verzichten; auch kann der Bundestag sie nicht aufheben.[72] Nicht geschützt ist der Abgeordnete gegen parlamentarische Ordnungsmaßnahmen wegen der Äußerungen, etwa einen Sitzungsausschluss.

---

71 *Magiera* in Sachs, Grundgesetz-Kommentar, Art. 46 GG Rn.4.

72 Wiederum *Magiera* in Sachs, Grundgesetz-Kommentar, Art. 46 GG Rn.4.

Lösung zu Beispielfall 15, Ausgangsfall:
Ob auch bei Vorliegen einer Verleumdung des A gegenüber R eine privatrechtliche Verfolgung durch K möglich gewesen wäre, ist zweifelhaft. Jedenfalls war A von der Richtigkeit seiner Einschätzung überzeugt, so dass eine Verleumdung ausscheidet. Somit kommt eine Inanspruchnahme des A durch K wegen der erlittenen Verluste unter keinen Umständen in Betracht.

b) Immunität

Die Immunität nach Art. 46 Abs. 2 GG schützt den Abgeordneten schlechthin vor **Strafverfolgung** wegen jedes begangenen Delikts, gleich ob im Bundestag oder im öffentlichen Raum. Sie schützt dagegen nicht vor zivilrechtlichen Ansprüchen wegen eines Deliktes. Die Immunität gewährt nicht Straffreiheit, sie ist ein reines Strafverfolgungshindernis. Dieses Strafverfolgungshindernis endet in jedem Fall mit dem Ende des Mandates. Zudem kann die Immunität auf Antrag durch den Bundestag als Ganzem (bei schweren Delikten) aufgehoben werden, bzw. durch den Immunitätsausschuss bei leichteren Delikten. Letzterer erlässt in diesen Fällen Vorentscheidungen, die – was rechtlich umstritten ist – als Bundestagsbeschluss gelten. Selbst verzichten kann der Abgeordnete auf die Immunität nicht.[73]

Die Immunität wird nur bezogen auf das einzelne potentiell begangene Delikt aufgehoben, wegen anderer evtl. möglicher Straftaten besteht sie bis zur Aufhebung für diese Tat fort.[74] Sog. „mitgebrachte" Straftaten, also Taten, die vor Beginn des Mandats begangen wurden, können während der Mandatszeit nicht verfolgt werden. Allerdings ruht für diese Zeit, wie für alle in der Mandatszeit begangenen Taten, die Verfolgungs- und Vollstreckungsverjährung.

Nicht ausgeschlossen ist nach jetziger Praxis, dass die Strafverfolgungsbehörden ermitteln; für Ermittlungsverfahren erteilt der Bundestag zu Beginn jeder Legislaturperiode eine generelle Genehmigung.[75] Die Strafverfolgungsbehörden müssen den Bundestagspräsidenten aber von der Einleitung von Ermittlungen in Kenntnis setzen. Ohne Genehmigung des Bundestages kann der Abgeordnete gem. Art. 46 Abs. 2 GG verhaftet und verfolgt werden, wenn er bei Begehung der Tat („**in flagranti**") oder im Laufe des folgenden Tages (bis 24.00 Uhr) festgenommen wird. Auch in solchen Fällen aber ist die anschließende Vollstreckung einer Freiheitsstrafe genehmigungsbedürftig.[76]

Lösung zu Beispielfall 15, Fortsetzung:
Da seit der Tat des B jedenfalls mehr als zwei Tage vergangen sind, kann die Verhaftung des B nur nach Genehmigung durch den Bundestag, also nach Aufhebung der Immunität für die begangene Tat des Raubes, erfolgen; die Entscheidung müsste im Zweifel

73 BVerfGE 104, 310, 326 f.

74 *Ipsen*, Staatsrecht I, Rn. 310.

75 Zu dieser umstrittenen Praxis *Magiera* in Sachs, Grundgesetz-Kommentar, Art. 46 GG Rn. 20.

76 *Magiera* in Sachs, Grundgesetz-Kommentar, Art. 46 GG Rn. 17 f.

wegen der Schwere der Tat durch das Plenum erfolgen. Die Verfolgung wegen des Entwendens der Spielzeugpistole würde für sich genommen allein aufgrund einer Entscheidung des Immunitätsausschusses erfolgen können – wenn dieser für eine solche Bagatellstraftat die Immunität aufzuheben bereit ist. Ist er es nicht, würde über die Mandatszeit aber keine Verjährung eintreten können, so dass die Verfolgung nach Ende des Mandates einsetzen könnte.

Merke:
Nachdem der Grünen-Abgeordnete Volker Beck Anfang des Jahres 2016 offenbar mit illegalen Drogen durch die Polizei aufgegriffen worden war, hat der amtierende Bundestagspräsident Lammert vorgeschlagen, die Regelung nach § 46 Abs. 2 GG dergestalt zu verändern, dass Abgeordnete bei Verdacht von Straftaten grds. verfolgt werden dürfen, es sei denn, der Bundestag spricht ihnen Immunität zu. "*Immunität wird in der Öffentlichkeit häufig als Privileg der Abgeordneten angesehen, ist in Wirklichkeit aber eher eine Belastung, da ein Immunitätsverfahren immer mit erheblicher Publizität verbunden ist, die schnell auch den Charakter einer Vorverurteilung annehmen kann.*" [77]
Eine solche Regelung ist bereits in der brandenburgischen Verfassung enthalten (Art. 58 LVerf BB: „*Jede Strafverfolgungsmaßnahme gegen einen Abgeordneten, jede Haft und jede sonstige Beschränkung seiner persönlichen Freiheit sind auf Verlangen des Landtages auszusetzen, wenn durch sie die parlamentarische Arbeit des Landtages beeinträchtigt wird.*“). Hierfür kann sprechen, dass in der heutigen Zeit nicht mehr zu erwarten ist, dass staatliche Stellen willkürliche und nicht rechtsstaatlich motivierte Strafverfolgungsmaßnahmen gegen Bundestagsabgeordnete anstrengen, um diese „auszuschalten“ oder in ihrer Reputation zu schädigen. Eine Entscheidung über eine derartige Verfassungsänderung steht aus.

4. Abgeordnetenentschädigung

Für seine Tätigkeit hat der Abgeordnete Anspruch auf eine angemessene Entschädigung, sog. Diäten (Nicht weil's so knapp bemessen ist, sondern von lat. dies = der Tag, abgeleitet von den früheren Tagegeldern für die Teilnahme an einzelnen Sitzungstagen). Die **Abgeordnetenentschädigung** beträgt gem. § 11 Abs. 1 AbgG ab dem 01.07.2014 8.667 €, ab dem 01.01.2015 9.082 €. Erstmals zum 01.07 2016 soll die Entschädigung gem. § 11 Abs. 3 AbgG entsprechend des Wachstums des Nominallohnindexes automatisch angepasst werden. Über die Beibehaltung dieser Regelung soll jeder neue Bundestag bis drei Monate nach Beginn der Legislaturperiode beschließen, ansonsten bleibt es für die Legislaturperiode bei dem zuletzt ermittelten Betrag, bis der Bundestag das Gesetz ändert oder bestätigt, und damit ggf. den Anpassungsmodus wieder aktiviert.

---

[77] So *Lammert*, zitiert nach http://www.zeit.de/politik/deutschland/2016-03/immunitaet-bundestag-norbert-lammert-fuer-abschaffung, zuletzt abgerufen am 03.06.2016.

Merke:
Diese Neuregelung von 2014 ist hoch umstritten. Die Gesetzesbegründung führt aus: *„Das Verfahren (...) befreit den Deutschen Bundestag von der Notwendigkeit, in unregelmäßigen Abständen stets aufs Neue über die Höhe der Entschädigung entscheiden zu müssen."* Gerade dies aber ist nach der Rechtsprechung des Bundesverfassungsgerichts gefordert. Das Gericht hatte schon 1975 im Diäten-Urteil entschieden: *„Denn dies letztere* [Koppelung an Entwicklung der Beamtengehälter, Anm. d. Verf.] *ist kein bloß ‚formal-technisches Mittel' zur Bemessung der Höhe der Entschädigung, sondern der Intention nach dazu bestimmt, das Parlament der Notwendigkeit zu entheben, jede Veränderung in der Höhe der Entschädigung im Plenum zu diskutieren und vor den Augen der Öffentlichkeit darüber als einer selbständigen politischen Frage zu entscheiden. Wertet man also die ‚technische' Kopplung der Entschädigung an eine besoldungsrechtliche Regelung materialiter, so führt sie zur Abhängigkeit jeder Erhöhung der Entschädigung von einer entsprechenden Erhöhung der Besoldung. Genau dies aber widerstreitet der verfassungsrechtlich gebotenen selbständigen (und nicht in die ganz andere Entscheidung über die angemessene Besoldung der Beamten eingeschlossene) Entscheidung des Parlaments über die Bestimmung dessen, was nach seiner Überzeugung ‚eine angemessene, die Unabhängigkeit sichernde Entschädigung ist'."*[78]
Mit der Ankoppelung an den Nominallohnindex unterscheidet sich die Regelung von 2014 nicht wesentlich von den im Jahre 1975 verworfenen Regelungen.[79] Den zentralen Makel der Dynamisierung der Diäten, dass es keiner Diskussion um Diätenerhöhungen vor den Augen der Öffentlichkeit bedarf, trägt auch die Reform von 2014 in sich.

Neben der Entschädigung erhält der Abgeordnete eine steuerfreie **Kostenpauschale**, die derzeit 4.204 € beträgt und jährlich entsprechend des Anstiegs des Lebenshaltungskostenindexes steigt. Hiervon können Wahlkreisbüros, Fahrten im Wahlkreis und auch evtl. Zweitwohnsitzkosten in Berlin bestritten werden.

Daneben stehen dem Abgeordneten alle **Verkehrsmittel** der Deutsche Bahn AG zur Benutzung frei („Bahncard 100" – die Schwarze!); gem. § 16 Abs. 1 AbgG werden im Inland auch sonstige Fahrt- und Flugkosten, die in Ausübung des Mandate entstehen, ersetzt.

IV. Aufgaben des Bundestages

Die Aufgaben des Bundestages sind in seiner Funktion als Kreationsorgan, als Kontrollorgan, der Gesetzgebungsfunktion, als Mitwirkungsorgan an der Staatsleitung und in anderen Angelegenheiten, sowie in der Funktion als Repräsentationsorgan zu sehen.

78 BVerfGE 40, 296, 316 f.

79 So, auch im Ergebnis wie hier, *von Arnim*, DVBl 2014, 605, 607.

1. Kreationsfunktion

Der Bundestag ist an der **Wahl** anderer **Staatsorgane** – alleine oder mit anderen – beteiligt. So wählt er alleine den Bundeskanzler als Teilorgan der Bundesregierung, und er ist über die Gesamtheit der Abgeordneten Teil der Bundesversammlung, die den Bundespräsidenten wählt. Über den Richterwahlausschuss nach § 6 BVerfGG ist der Bundestag mit der Bestimmung der Hälfte der Bundesverfassungsrichter (Art. 94 Abs. 1 S. 2 GG) befasst und wirkt über Richterwahlausschüsse nach Art. 95 Abs. 2 GG an der Besetzung der Obersten Gerichtshöfe des Bundes mit.

2. Kontrollfunktion

Seine **Kontrollfunktion** übt der Bundestag gegenüber der Exekutive aus. Die Kontrollfunktion äußert sich in unterschiedlichen Ausprägungen.

a) Budgetrecht

Traditionell übt das Parlament, so auch der Bundestag, seine Kontrollfunktion über die Regierung mittels des **Budgetrechts** aus, also über die Gewährung staatlicher Mittel für Aufgaben der Exekutive.

> Merke:
> Historisches Beispiel für die Einflussnahmemöglichkeit des Parlaments ist der sog. Preußische Verfassungskonflikt oder Budgetstreit von 1859 bis 1866, in dem das preußische Abgeordnetenhaus die Mittel für die Heeresreform von König Wilhelm I. verweigerte.

Ob das Budgetrecht heute in Anbetracht langfristiger Bindungen der öffentlichen Haushalte und der Schuldenlast noch als wirksames Kontrollinstrumentarium taugt, kann mit Recht bestritten werden.[80] Jedenfalls dient die Haushaltsdebatte, dort insb. um den Etat des Kanzleramtes, der parlamentarischen Minderheit („Nichtregierungsfraktionen") zur Abrechnung mit der Politik der jeweiligen Regierung.[81]

b) Zitierrecht und Fragerecht

Gem. Art. 43 GG kann der Bundestag und jeder seiner Ausschüsse die **Anwesenheit** mit Mitgliedern der Bundesregierung bei den jeweiligen Sitzungen verlangen. Anwesenheit bedeutet in diesem Kontext das körperliche Zugegensein, beschränkt sich aber nicht in diesem. So ist davon auszugehen, dass mit der Pflicht zur Anwesenheit auch eine Pflicht zur

---

80 Vgl. nur http://www.landtagswahl-bw.de/etatrecht.html, zuletzt abgerufen am 09.08.2016.

81 Vgl. insoweit *Maurer*, Staatsrecht I, § 13 Rn. 231.

Mitwirkung und zur Auskunft verbunden ist, da über stummes Dasitzen des Regierungsmitgliedes (gleich ob verbunden mit wachem Blick oder erkennbarem Dämmern) die mit dem Zitierrecht verbundene Kontrollfunktion nicht wahrgenommen werden kann.[82] Vertretung ist durch einen anderen Bundesminister zulässig, mit Einverständnis des Parlaments/Ausschusses auch durch andere Personen, etwa Staatssekretäre. Es kann insb. in Ausschüssen nicht nur Anwesenheit des bezogen auf den Ausschussgegenstand fachnahen Ministers verlangt werden, sondern die Anwesenheit jedes Ministers.[83]

Fragerechte kann der Bundestag gegenüber der Regierung über die Instrumente der GOBT ausüben. Vorgesehen ist die „Große **Anfrage**" gem. Art. 100 ff. GOBT über wichtige Gegenstände der Politik, die nach Beantwortung durch die Regierung regelmäßig eine Bundestagsdebatte nach sich zieht (§ 101 GOBT). Die Kleine Anfrage (§ 104 GOBT) bezieht sich auf ausgewählte Einzelfragen (auch mehrere in einer Anfrage), wird aber nach einer regelmäßigen Beantwortungsfrist von 14 Tagen nicht im Plenum, also in der Vollversammlung des Bundestages, debattiert. Kurze mündliche Anfragen an die Regierung können Gegenstand sog. Fragestunden (§ 105 GOBT) sein.

Die Fragerechte sind stets verbunden mit der (nicht rechtlich, aber im Falle der Aufdeckung von Unwahrheiten politisch zu sanktionierenden) Pflicht zur vollständigen und wahrheitsgetreuen Beantwortung.[84]

c) Untersuchungsausschüsse

Daneben kann der Bundestag gem. Art. 44 GG **Untersuchungsausschüsse** einsetzen, die dazu dienen, bestimmte ungeklärte Fragestellungen, häufig im Kontext politischer Skandale oder Affären, aufzuklären.[85]

d) Kontrolle durch Hilfsorgane und Gremien

Gem. Art. 45b GG bedient sich der Bundestag zum Schutz der Grundrechte der Soldaten der Bundeswehr eines von ihm zu wählenden Wehrbeauftragten. Zugleich sieht Art. 45d GG die Einrichtung eines parlamentarischen **Kontrollgremiums** zur Kontrolle der nachrichtendienstlichen Tätigkeit des Bundes vor. Nähere Bestimmungen finden sich jeweils in Bundesgesetzen, im Gesetz über den Wehrbeauftragten des Deutschen Bundestages (Gesetz zu Artikel 45b des Grundgesetzes – WBeauftrG) und im Gesetz über die parlamentarische Kontrolle nachrichtendienstlicher Tätigkeit des Bundes (Kontrollgremiumgesetz - PKGrG). Der Wehrbeauftragte ist nicht zwingend Parlamentsabgeordneter (§ 14 Abs. 1 WBeauftrG), die Mitglieder des Parlamentarischen Kontrollgremiums werden aus der Mitte des Bundestages bestimmt (§ 2 Abs. 1 PKGrG).

---

82 BVerfGE 67, 100, 129; *Magiera* in Sachs, GG-Kommentar, Art. 43 Rn. 5.

83 So auch wiederum *Magiera* in Sachs, GG-Kommentar, Art. 43 Rn. 4.

84 Wie hier *Ipsen*, Staatsrecht I, Rn. 205.

85 Dazu näher unten Kap. 3 A V 4 b.

3. Gesetzgebungsfunktion

Der Bundestag ist nach Maßgabe des Art. 76 Abs. 1 GG im Gesetzgebungsverfahren **initiativberechtigt**, berät die Gesetzesvorlagen in Ausschüssen und im Plenum, und stimmt über die Gesetzesvorlagen ab.[86] Zugleich kann der Bundestag mit mindestens einem Viertel seiner Abgeordneten die Verfassungsmäßigkeit von Gesetzen vor dem Bundesverfassungsgericht überprüfen lassen (Art. 93 Abs. 1 Nr. 2 GG).

4. Mitwirkungsfunktion

Entsprechend den Vorgaben des **staatsrechtlichen Wesentlichkeitsgrundsatzes** ist der Bundestag an allen staatswesentlichen Entscheidungen zu beteiligen. Dies gilt für solche in Gesetzesform wie auch für die Mitwirkung durch Beschlussfassung.[87] Daneben sieht das Grundgesetz ausdrücklich die Mitwirkung in Angelegenheiten der EU und der NATO vor. Gem. Art. 23 Abs. 2, 3 GG ist der Bundestag vor der Beteiligung der Regierung an der Rechtssetzungstätigkeit im Rahmen des Ministerrates seinerseits zu beteiligen. Art. 23 Abs. 1a GG räumt dem Bundestag ein Klagerecht zum EuGH ein, wenn nach Ansicht des Bundestages der Grundsatz der Subsidiarität (Art. 5 Abs. 3 EUV: *„Nach dem Subsidiaritätsprinzip wird die Union in den Bereichen, die nicht in ihre ausschließliche Zuständigkeit fallen, nur tätig, sofern und soweit die Ziele der in Betracht gezogenen Maßnahmen von den Mitgliedstaaten weder auf zentraler noch auf regionaler oder lokaler Ebene ausreichend verwirklicht werden können, sondern vielmehr wegen ihres Umfangs oder ihrer Wirkungen auf Unionsebene besser zu verwirklichen sind.“*) verletzt ist. Bezogen auf die NATO ist umstritten, inwieweit der Bundestag abweichenden Strukturentscheidungen bezogen auf das westliche Verteidigungsbündnis als Bündnis kollektiver Sicherheit nach Art. 24 Abs. 2 GG erneut (durch Gesetz) zustimmen müsste.[88] Kampftruppeneinsätze deutscher Soldaten im Ausland bedürfen schon aufgrund des zuvor beschriebenen Wesentlichkeitsgrundsatzes stets der Zustimmung des Bundestages.

5. Repräsentationsfunktion

Die Abgeordneten sind Vertreter des gesamten Volkes, dies aber im Zeichen des repräsentativ-parlamentarischen Demokratieverständnisses, also nicht im Sinne einer Stellvertretung. Der Bundestag übt seine **Repräsentationsfunktion** vielmehr in dem Sinne aus, dass er in seinen Abgeordneten das Volk verkörpert, idealer Weise mit all seinen gesellschaftlichen Strömungen und sozialen Gruppen. Ob das Volk durch die jetzige Zusammensetzung des Bundestages in all seinen Schichten und Gruppierungen optimal repräsentiert wird, kann bezweifelt werden. Festzustellen ist ein zunehmender Anteil von Abgeordneten, die dem öffentlichen Dienst entstammen oder für Parteien arbeiten, zugleich ein Rückgang von Selbständigen und Freiberuflern.

---

86 Dazu näher unten Kap. 4 B II 1.

87 Dazu näher oben Kap. 2 B III.

88 Vgl. insoweit BVerfGE 118, 244, 263 – Beteiligung deutscher Tornados an der ISAF-Mission in Afghanistan.

V. Organe und Untergliederungen

1. Bundestagspräsident, Präsidium und Ältestenrat

Art. 40 GG benennt den Präsidenten des Bundestages, beschreibt aber dessen Wahl und Funktionen nur unvollständig. Die Wahl des **Bundestagspräsidenten** erfolgt in geheimer Abstimmung und bedarf der Mehrheit der gesetzlichen Mitglieder des Bundestages (§ 2 Abs. 1 GOBT). Üblicherweise stellt die stärkste Fraktion den Kandidaten für dieses Amt. Daneben werden Vizepräsidenten aus den übrigen Fraktionen im Bundestag gewählt. Diese bilden gemeinsam mit dem Bundestagspräsidenten das Präsidium. Die Sitzungsleitung der Bundestagssitzungen wird abwechselnd durch den Präsidenten und die Vizepräsidenten, jeweils unterstützt durch zwei Schriftführer, wahrgenommen.

Beispielfall 16:
Innerhalb der Regierungsfraktionen hat sich zu einer – auch in der Öffentlichkeit stark diskutierten – strittigen Frage eine Gruppe von Abweichlern gebildet, die die Linie der Regierung nicht mittragen wollen. Entsprechend der parlamentarischen Übung haben die Regierungsfraktionen ihre Redner in der anstehenden Debatte benannt, dabei aber keinen der zuvor angesprochenen Abweichler. Daraufhin erteilt der Bundestagspräsident zwei der betreffenden Abgeordneten das Wort. Die Fraktionen des Bundestages halten das Vorgehen des Bundestagspräsidenten einhellig für rechtwidrig.
Ist die Ansicht zutreffend?
Könnte eine Änderung der Geschäftsordnung, die solche Festlegungen des Bundestagspräsidenten ausschließt, den Präsidenten zukünftig von derartigen Handlungen abhalten?

Der Bundestagspräsident beruft die Sitzungen des Bundestages ein, er eröffnet, leitet und beschließt die Sitzungen. Auch erteilt er einzelnen Abgeordneten das Wort. Grundsätzlich bestimmen nach parlamentarischer Übung die Fraktionen, welcher Abgeordnete im Rahmen der ihnen zugeteilten Redezeiten spricht. Dennoch steht es dem Präsidenten frei, von der Liste der Fraktionen abzuweichen (siehe auch § 28 GOBT).

Lösung zum Beispielfall 16:
Zwar mag die Verteilung der Redezeit innerhalb der Fraktionen der parlamentarischen Übung entsprechen. Die Leitungsfunktion des Bundestagspräsidenten geht dieser Übung aber vor, so dass er den Abgeordneten das Wort erteilen durfte.
Ob eine Änderung der Geschäftsordnung die Rechte des Bundestagsabgeordneten insoweit einschränken könnte, ist nicht eindeutig. Die Sitzungsleitung ist keine ausdrücklich vom Grundgesetz vorgeschriebene, aber im Zweifel vorausgesetzte Aufgabe des Bundestagspräsidenten, die die GOBT ihm ausdrücklich zuweist. Einschränkungen der Sitzungsgewalt in der GOBT würden insoweit auf der normativ gleichen Ebene (GOBT-Norm gegen GOBT-Norm) angesiedelt sein, was für eine Einschränkbarkeit der Rechte spricht.

Merke:
In der dem Beispielfall zugrunde liegenden Situation hatte Bundestagspräsident *Norbert* Lammert Abweichler aus CDU und FDP zur Euro-Rettungsschirm-Debatte im Bundestag sprechen lassen. Darauf war eine Änderung der GOBT erwogen worden, die die parlamentarische Übung der Bestimmung von Rednern durch die Fraktionen positiv normiert. Von dieser Forderung sind die Fraktionen mittlerweile wieder abgerückt.[89]

Zu den unbestrittenen Aufgaben des Bundestagspräsidenten gehören die Außenvertretung des Bundestages, die Funktion als oberste Dienstbehörde der Bundestagsmitarbeiter, sowie gem. Art. 40 Abs. 2 GG die Ausübung des Hausrechts und der Polizeigewalt über den Bundestag. Daneben nimmt er noch die Aufgabe der Verwaltung von Mitteln der **Parteienfinanzierung** wahr.[90] Protokollarisch ist der Bundestagspräsident der zweite Mann im Staate, nach dem Bundespräsidenten.

Der **Ältestenrat** ist in der Verfassung nicht erwähnt, stellt aber eine wichtige Nahtstelle zwischen den Fraktionen im Bundestag dar; der Ältestenrat ist ua zuständig, den reibungslosen Ablauf von Sitzungen, Abstimmung der Ausschussarbeit sicherzustellen; zugewiesen sind ihm zudem alle Aufgaben, die nicht dem Präsidenten oder dem Präsidium zugewiesen sind. Der Ältestenrat (§ 6 GOBT) besteht aus dem Präsidium und dreiundzwanzig weiteren Abgeordneten aller Fraktionen, dabei insb. deren Geschäftsführer.

2. Fraktionen und Gruppen; „Opposition"

a) Fraktionen und Gruppen

Fraktionen sind Zusammenschlüsse von Abgeordneten der gleichen Partei bzw. von Parteien, die in keinem Bundesland um Wählerstimmen konkurrieren.

Merke:
Der Fall einer Fraktion, gebildet aus Abgeordneten verschiedener Parteien, die in keinem Bundesland im Wettbewerb stehen, ist die CDU/CSU-Fraktion; bei Bundestagswahlen tritt die CDU traditionell in allen Bundesländern außer Bayern, die CSU nur in Bayern an.
Zwar brüllt der Bayerische Löwe von Zeit zu Zeit gegen diese Tradition;[91] trotzdem hält die Fraktionsehe der beiden Parteien seit 1949. Sie muss aber eingangs jeder Legislaturperiode neu beschlossen werden.

---

89 Vgl. http://www.faz.net/aktuell/politik/inland/reform-des-rederechts-im-bundestag-ausgesetzt-auch-abweichler-duerfen-lange-reden-11719575.html, zuletzt abgerufen am 09.08.2016.

90 Dazu näher unten Kap. 3 A V 3 e.

91 Vgl. http://www.spiegel.de/politik/deutschland/cdu-csu-fraktions-ehe-seit-1949-a-376001.html, zuletzt abgerufen am 09.08.2016.

§ 10 Abs. 1 S. 1 GOBT enthält insoweit eine Legaldefinition und bestimmt zugleich, dass die betreffenden Vereinigungen **mindestens 5 %** der Abgeordneten des Bundestages repräsentieren müssen. Insoweit besteht eine Rückkoppelung zur 5 %-Hürde, da nur Abgeordnete von Parteien, die die 5 %-Hürde überwunden haben, das Recht haben, Fraktionen zu bilden.[92] Abweichende (bspw. parteiübergreifende) Zusammensetzungen von mindestens 5 % der Abgeordneten bedürfen für eine Fraktionsbildung der Zustimmung durch den Bundestag. Fraktionen sind gem. § 46 Abs. 2 AbgG rechtsfähige Vereinigungen, sie können also klagen und verklagt werden. Da sie nach Absatz 3 nicht Teil der öffentlichen Verwaltung sind und keine öffentliche Gewalt ausüben, werden sie als juristische Personen sui generis (eigener Art) angesehen. Die Fraktionen werden im Grundgesetz nur am Rande (Art. 53a Abs. 1 S. 2 GG) erwähnt, die Verfassung setzt ihre Existenz aber offenbar als selbstverständlich voraus.[93]

Fraktionen bilden sich zu Beginn jeder Legislaturperiode neu, sie enden mit dem Zusammentritt des folgenden Bundestages. Die Fraktionsgründung folgt dem Selbstorganisationsrecht der Abgeordneten (Art. 38 Abs. 1 S. 2 GG). Hauptaufgabe der Fraktionsarbeit ist die **Kanalisierungsfunktion** bez. der Willensbildung gerade auch innerhalb der Abgeordneten einer politischen Richtung. Die GOBT räumt den Fraktionen erhebliche Rechte ein, so die Verteilung der der Fraktion zugewiesenen Redezeiten ihrer Abgeordneten.[94] Auch will § 76 Abs. 1 GOBT neben anderen Rechten das Initiativrecht für Gesetzesvorhaben an den Vorschlag „von einer Fraktion" (oder mindestens 5 % der Abgeordneten) binden.[95]

Politisch bündeln die Fraktionen die politischen Kräfteverhältnisse im Bundestag. So finden sich traditionell „Regierungs-" und „Oppositions-"Fraktionen. Erstere sind diejenigen, die die Regierung in der Person des Kanzlers gewählt haben und diese mit ihrer Mehrheit tragen; die Oppositionsfraktionen sind diejenigen, die nicht an der Regierung beteiligt sind und zumeist den Minderheitswillen repräsentieren. Das Grundgesetz koppelt bestimmte Kontrollfunktionen an Quoren (notwendige Anzahl von Stimmen, von lat. „quorum" – von denen), die zumeist von den Minderheitsfraktionen erreicht werden Ein Beispiel ist die Einberufung von Sitzungen des Bundestages auf Antrags eines Drittels der Abgeordneten (Art. 39 Abs. 3 GG), die Einrichtung von Untersuchungsausschüssen (Art. 44 Abs. 1 GG) und die abstrakte Normenkontrolle (Art. 93 Abs. 1 Nr. 2 GG) durch ein Viertel der Abgeordneten. Auch öffentliche Anhörungen in Ausschüssen des Bundestages hängen an einem Antrag von einem Viertel der Abgeordneten im Ausschuss.

Problematisch ist diese Vorgehensweise, wenn sich im Bundestag eine sog. **„große Koalition"** bildet, die die größten im Bundestag vertretenen Parteien umfasst und – wie in der 18. Legislaturperiode (2013-2017) mit ca. 80 % der Abgeordneten – eine übergroße Mehrheit von Abgeordneten repräsentiert. In dieser Situation kann eine Gefährdung der Minderheiterechte im Bundestag eintreten; Abhilfe soll insoweit § 126a GOBT schaffen, der für

---

92 Anders *Maurer*, Staatsrecht I, § 13 Rn. 110, der die Orientierung der Mindestfraktionsgröße an der 5 %-Hürde für nicht überzeugend erachtet, da die Bezugspunkte, Einzug in den Bundestag und Mitwirkung im Bundestag, unterschiedliche seien.

93 *Schmidt-Jortzig*, NVwZ 1994, 1145, 1146.

94 Vgl. oben Kap. 3 A III 2.

95 Dazu näher unten Kap. 4 B I 3.

die 18. Legislaturperiode die Quoren für die Wahrnehmung verschiedener parlamentarischer Rechte auf die nominelle Stärke der Minderheitsfraktionen (Quorum von 120 Abgeordnete bei 127 Abgeordneten von „Die Linke" und „Bündnis 90/ Die Grünen) zuschneidet. Während das Parlament im Zuge seines Selbstorganisationsrechts so noch in begrenztem Maße über die Gewährung von Rechten disponieren kann, ist ihm das etwa bei der Frage der Quoren für die Anrufung des Bundesverfassungsgerichts (vgl. Art. 93 Abs. 1 Nr. 2 – abstrakte Normenkontrolle,

Zusammenschlüsse von Abgeordneten, die zahlenmäßig nicht Fraktionsgröße erreichen, können als **Gruppen** anerkannt werden. Zur Bildung von Gruppen kann es insb. bei Eingreifen der Grundmandatsklausel kommen[96], aber auch, wenn die Zahl der Abgeordneten in einer Fraktion unter 5 % sinkt. Dies kann geschehen, wenn Abgeordnete aus einer Fraktion – etwa wegen Parteiwechsels – ausscheiden oder wenn Abgeordnete aus dem Parlament ausscheiden und kein Nachrücken stattfinden kann[97]. Das Recht, in Ausschüssen anteilig vertreten zu sein, wird auch Gruppen zuzugestehen sein. Die Gruppen haben Anspruch auf Mittel des Bundestages für die Selbstorganisation, nicht aber in Höhe eines Fraktionszuschusses.[98]

b) Existenz einer „Opposition"?

Zwar erkennt das Bundesverfassungsgericht einen in der *„Rechtsprechung [...] konkretisierten allgemeinen verfassungsrechtlichen Grundsatz effektiver Opposition"* an.[99] Zurückgeführt wird dieser Grundsatz unter anderem auf das Gewaltenteilungsprinzips als Ausfluss des Rechtsstaatsprinzips und das hierin zum Ausdruck kommende Prinzip der gegenseitigen Kontrolle der Staatsgewalten; die Kontrolle der Regierung obliege gerade bei einer stabilen Regierungsmehrheit nicht nur dem Parlament insgesamt, sondern insb. den Abgeordneten und Fraktionen, die die Regierung nicht tragen. Das Grundgesetz kennt den Begriff der Opposition – bspw. als Organteil des Bundestages – nicht und gewährt deswegen den Minderheitsfraktionen gleichwohl auch keinen gesonderten „Oppositions(fraktions)rechte; zugleich sollen sich solche Rechte auch nicht aus der Verfassung herleiten lassen.[100] Hiergegen soll nicht zuletzt die grundsätzliche Gleichheit aller Abgeordneten sprechen, die nicht gewahrt würde, wenn einzelnen Abgeordneten oder Zusammenschlüssen solcher Abgeordneten als Teil der politischen Minderheit bessere Rechte zukommen. Das Bundesverfassungsgericht steht auf dem Standpunkt, *„dass sich die quorengebundenen parlamentarischen Minderheitenrechte durch jede sich situativ bildende Minderheit ausüben lassen - ohne Ansehung ihrer Zusammensetzung und ihres Zustandekommens und ohne Rücksicht auf Partei- oder Fraktionszugehörigkeit der mitwirkenden Abgeordneten."*[101]

---

96 Vgl. oben Kap. 3 A II 1 d aa.

97 Vgl. oben Kap. 3 A II 1 b.

98 Hierzu insgesamt *Maurer*, Staatsrecht I, § 13 Rn. 110.

99 BVerfG, Urt. v. 03.05.2016 - 2 BvE 4/14 - Rn. 84 ff., zit. nach http://www.bverfg.de/e/es20160503_2bve000414.html, zuletzt abgerufen am 03.06.2016.

100 BVerfG, Urt. v. 03.05.2016 - 2 BvE 4/14 - Rn. 91 ff., zit. nach http://www.bverfg.de/e/es20160503_2bve000414.html, zuletzt abgerufen am 03.06.2016.

101 BVerfG, Urt. v. 03.05.2016 - 2 BvE 4/14 - Rn. 102, zit. nach http://www.bverfg.de/e/es20160503_2bve000414.html, zuletzt abgerufen am 03.06.2016.

In der Folge sieht das Bundesverfassungsgericht die an Quoren gebundene Kontrollfunktion des Parlaments auch in Zeiten einer „großen großen Koalition" als verbindlich und zugleich als nicht analogiefähig an.

> **Merke:**
> Das parlamentarische System Großbritanniens erkennt die Oppositionals als eigenes Gebilde mit expliziten Rechten an, mit dem „Leader of Her Majesty's Most Loyal Opposition in the United Kingdom" an der Spitze. So hat die offizielle Opposition bspw. das Recht, an zwanzig Sitzungstagen in einer Legislaturperiode die Gegenstände der Debatten zu bestimmen.

3. Exkurs: Parteien

Die Fraktionen sind kaum zu trennen von den **politischen Parteien**, da die Mitglieder einer Fraktion regelmäßig der gleichen Partei angehörte, § 10 GOBT. Die Parteien sind in Art. 21 GG ausdrücklich erwähnt und finden ihre ausführliche Regelung im Parteiengesetz (PartG).

a) Organisationsform und Aufgaben der Parteien

Art. 21 Abs. 1 GG weist den Parteien die Aufgabe der Mitwirkung an der politischen Willensbildung zu. Das Bundesverfassungsgericht hat sie früh als „verfassungsmäßige Institution" und, wenn nicht als Teil der obersten Staatsorgane, so doch als Staatsorgane bezeichnet.[102] § 2 Abs. 1 S. 1 PartG beschreibt Parteien als

> *„Vereinigungen von Bürgern, die dauernd oder für längere Zeit für den Bereich des Bundes oder eines Landes auf die politische Willensbildung Einfluss nehmen und an der Vertretung des Volkes im Deutschen Bundestag oder einem Landtag mitwirken wollen, wenn sie nach dem Gesamtbild der tatsächlichen Verhältnisse, insbesondere nach Umfang und Festigkeit ihrer Organisation, nach der Zahl ihrer Mitglieder und nach ihrem Hervortreten in der Öffentlichkeit eine ausreichende Gewähr für die Ernsthaftigkeit dieser Zielsetzung bieten."*

Diese Definition wird vom Bundesverfassungsgericht – nicht unbestritten – als verfassungsmäßige Konkretisierung des Parteienbegriffs nach Art. 21 Abs. 1 GG angesehen.[103] Jedenfalls stellt das PartG eine Orientierung für die Interpretation des Art. 21 GG dar.[104] In seiner neueren Rechtsprechung löst sich das Bundesverfassungsgericht ein Stück weit von der Vorstellung der Parteien als **Wahlermöglichungsorgane**, sondern formuliert:

---

102 BVerfGE 1, 208, 225.

103 BVerfGE 91, 262, 267; anders bspw. wohl *Kluth* in BeckOK GG, Art. 21 GG Rn. 19: Sachliche Übereinstimmung der Parteibegriffe nach Art. 21 Abs. 1 GG und § 2 PartG, aber keine inhaltliche Ableitung aus dem einfachen Gesetzesrecht.

104 So auch *Morlok*, PartG, Einleitung Rn. 3.

„Die Parteien sind ... nicht bloße Wahlvorbereitungsorganisationen und nicht nur in dieser Funktion sind sie für die demokratische Ordnung unerlässlich. Sie sind vornehmlich berufen, die Bürger freiwillig zu politischen Handlungseinheiten mit dem Ziel der Beteiligung an der Willensbildung in den Staatsorganen organisatorisch zusammenzuschließen und ihnen so einen wirksamen Einfluss auf das staatliche Geschehen zu ermöglichen. Den Parteien obliegt es, politische Ziele zu formulieren und diese den Bürgern zu vermitteln sowie daran mitzuwirken, dass die Gesellschaft wie auch den einzelnen Bürger betreffende Probleme erkannt, benannt und angemessenen Lösungen zugeführt werden. Die für den Prozess der politischen Willensbildung im demokratischen Staat entscheidende Rückkoppelung zwischen Staatsorganen und dem Volk ist auch Sache der Parteien. Sie erschöpft sich nicht nur in dem nur in Abständen wiederkehrenden Akt der Wahl des Parlaments. Willensbildung des Volkes und Willensbildung in den Staatsorganen vollziehen sich in vielfältiger und tagtäglicher, von den Parteien mitgeformter Wechselwirkung. Politische Programme und Verhalten der Staatsorgane wirken auf die Willensbildung des Volkes ein und sind selbst Gegenstand der Meinungsbildung.“[105]

Dennoch bleibt die auch in § 2 Abs. 1 PartG angesprochene Funktion, Einflussnahme auf die politische Willensbildung durch **Teilnahme an Wahlen,** eine **Kernaufgabe** der Parteien.[106] Dem entsprechend verlangt § 2 Abs. 2 PartG die Teilnahme an Wahlen auf Bundes- oder Landesebene spätestens sechs Jahre nach Gründung für neue Parteien bzw. sechs Jahre nach dem letzten Wahltermin für existierende Parteien.[107] Die regelmäßige Teilnahme an Wahlen ist Ausweis der in § 2 Abs. 1 PartG geforderten **Ernsthaftigkeit**.

Die Feststellung der Parteieneigenschaft ist derzeit nicht an einer Stelle gebündelt, weshalb ein Registrierungsverfahren erwogen wird.[108] Letztlich ist nach der jetzigen Lage jede staatliche Stelle, bei der eine vermeintliche Partei Rechte geltend macht, frei in der Bewertung der Frage, ob die Voraussetzungen des § 2 Abs. 1 PartG gegeben sind. Nach Gründung einer Partei kann der gewählte Vorstand dem Bundeswahlleiter die Satzung, das Parteiprogramm sowie eine Liste der Namen von Vorständen der Partei und der Landesverbände mit Angabe der Funktionen bekannt geben. Die Kundgabe ggü. dem Bundeswahlleiter kann als Anhaltspunkt für die Parteieigenschaft dienen. Dabei erkennt § 6 Abs. 4 PartG die Existenz reiner Landesparteien grundsätzlich an.

Parteien sind regelmäßig wie rechtsfähige oder nicht rechtsfähige **Vereine** organisiert,[109] ohne aber Vereine iSd Vereinsgesetzes zu sein (vgl. § 2 Abs. 2 Nr. 1 VereinsG); diese auf den ersten Blick befremdlich wirkende Regelung beruht darauf, dass für Parteien die spezielleren Regelungen des GG sowie des PartG gelten.[110] Mitglieder nach § 2 Abs. 1 S. 3 PartG können nur natürliche Personen sein. Abgesehen von der CSU, der FDP und der Linken sind

105 BVerfGE 85, 264, 284 f.

106 So auch *Kluth* in BeckOK GG, Art. 21 GG Rn. 21.

107 *Morlok*, PartG, § 2 Rn. 11.

108 Vgl. *Morlok/Bäcker* NVwZ 2011, 1153, 1157.

109 *Morlok*, PartG, § 2 Rn. 3.

110 Vgl. *Groth*, VereinsG, Kommentar, § 2 VereinsG Rn. 10.

die meisten deutschen Parteien als nicht rechtsfähige Vereine organisiert. Eine Mindestmitgliederzahl ist gesetzlich nicht definiert. Während eine Mindestzahl von 55 Mitgliedern in der Rechtsprechung als nicht genügend angesehen wurde, hat der Bundeswahlleiter für Bundestagswahl 2009 die Partei Nein!-Idee mit 61 Mitgliedern zugelassen. Ziel einer Partei muss gem. § 2 Abs. 1 S. 1 PartG sein, an Wahlen teilnehmen zu können; hierfür muss eine gewisse Zahl an Mitgliedern gegeben sein. Allerdings können Defizite bei der Mitgliederzahl ggf. zunehmend durch ein Mehr an anderen Stellen (Nachweis technischer Möglichkeiten zur Wahlorganisation wie Internetwahlkampf uÄ) ausgeglichen werden.[111]

Die Parteien wurden nach der Rechtsprechung des Bundesverfassungsgerichts zunächst aufgrund ihrer Quasi-Staatsorganqualität als nicht grundrechtsfähig, aber organstreitverfahrensfähig (Art. 93 Abs. 1 Nr. 1 GG) angesehen.[112] Mittlerweile wird die Staatsfreiheit der Parteien in den Vordergrund gerückt, weshalb Parteien als juristische Personen des Zivilrechts (vgl. Art. 19 Abs. 3 GG[113]) grundrechtsberechtigt[114] und damit **verfassungsbeschwerdefähig** sind, zugleich durch Art. 21 GG besonderen Schutz genießen. Gleichwohl wird ihnen gerade im Streit mit anderen Verfassungsorganen oder Organteilen nach wie vor das Recht zu gestanden, einen Organstreit zu bemühen.[115]

b) Innere Ordnung

Die **innere Ordnung** der Partei muss entsprechend Art. 21 Abs. 1 S. 2 **GG demokratischen Grundsätzen** entsprechen. Damit sind autokratische Parteistrukturen, die die Partei nur dem Willen der Parteispitze unterworfen, unzulässig. Dies feststellen zu können, bedeutet zugleich die Forderung nach einer gewissen Öffentlichkeit und Transparenz der Parteiarbeit. Zu verlangen ist wenigstens die Besetzung von Ämtern und Kandidatenpositionen durch Wahlen. Zumeist werden derartige Wahlen durch Delegierte auf Parteitagen durchgeführt. Nicht dagegen verlangt sind basisdemokratische Strukturen, wie eine Urwahl, d.h. die Wahl jedes einzelnen Kandidaten oder jeder Parteifunktion durch alle Mitglieder[116] bis hin zu Nichtparteimitgliedern. Das vom Bundesverfassungsgericht aufgestellte Postulat, dass der Parteiaufbau von unten nach oben erfolgen muss,[117] bedeutet insb., dass die Mitglieder nicht von der Willensbildung in der Partei ausgeschlossen sein dürfen. Das besagt aber nicht, dass nicht wichtige Impulse für die Partei von den Führungsgremien ausgehen dürfen.[118] Indiz für das Vorliegen einer demokratischen inneren Ordnung ist stets die Satzung der Partei, die aber entsprechend gelebt werden muss – deshalb die Forderung nach Öffentlichkeit und Transparenz.

---

111 In diesem Sinne auch *Morlok*, PartG, § 23 Rn. 10.

112 BVerfGE 1, 208, 255 ff.

113 Dazu näher unten Kap. 7 D I 2.

114 *BVerfG*, NJW 2002, 2227, 2227.

115 Vgl. etwa BVerfGE 136, 323 ff. – Organstreit der NPD gegen den Bundespräsidenten wg. abschätziger Äußerungen über die NPD in der Öffentlichkeit.

116 So auch *Klein* in MDHS, Grundgesetz-Kommentar, Art. 21 GG Rn. 338; 340 ff.

117 So BVerfGE 2, 1, 40 – SRP-Verbotsverfahren.

118 *Klein* in MDHS, Grundgesetz-Kommentar, Art. 21 GG Rn. 338.

c) Parteienprivileg

Beispielfall 17:[119]
Im Bundesland B macht die seit 10 Jahren existierende „Widerstandsbewegung im Land B (WiLB)" von sich reden mit einer sog. „Volkstod-Kampagne", die den Slogan verwendet: *„Die Demokraten bringen uns den Volkstod!"* Deswegen lehnt die Bewegung nach eigenem Bekunden die Beteiligung an Wahlen generell ab. Der Innenminister des Landes B erwägt, die WiLB zu verbieten: Zu seiner Überzeugung ergibt sich aus der Überwachung des Fernmeldeverkehrs der WiLB, aus Recherchen der Verfassungsschutzbehörden im Internet und in Anbetracht zahlreicher einschlägiger Ermittlungsverfahren gegen Mitglieder, dass die WiLB verfassungsfeindliche Ziele verfolge. Nach Erkenntnissen des Verfassungsschutzes hat die WiLB 30 feste Mitglieder und einen lockeren wechselnden Unterstützerkreis von ca. 40 Personen.
Der „Sprecher" der WiLB meint dagegen, „Parteien wie die WiLB" dürfe nur das Bundesverfassungsgericht verbieten; wenn schon ein Minister die WiLB verbieten wolle, dann allenfalls der Bundesinnenminister, denn schließlich betätige man sich regelmäßig zweimal im Jahr bei Fackelzügen auch im Bundesland C.
Wäre die Zuständigkeit des Innenministers von B für ein Verbot der WiLB gegeben?

Das sog. **Parteienprivileg** wird vornehmlich hergeleitet aus Art. 21 Abs. 2 GG, wonach Parteien, *„die nach ihren Zielen oder nach dem Verhalten ihrer Anhänger darauf ausgehen, die freiheitliche demokratische Grundordnung zu beeinträchtigen oder zu beseitigen oder den Bestand der Bundesrepublik Deutschland zu gefährden"*, nur vom Bundesverfassungsgericht als verfassungswidrig verboten werden dürfen. Damit genießen Parteien einen deutlich stärkeren Schutz als bspw. politische Vereine. Diese können durch die Innenminister, bei Agieren eines Vereins im Wesentlichen auf dem Gebiet eines Landes durch den Landesinnenminister, bei Erstreckung der Betätigung auf mehrere Bundesländer durch den Bundesinnenminister, nach Vereinsgesetz (VereinsG) verboten werden. Rechtsmittel gegen die Vollziehung des Verbots haben keine aufschiebende Wirkung (§ 6 Abs. 2 VereinsG). Der **politische Verein** verliert damit mit der **Verbotsverfügung** seine Existenz, und wird allenfalls noch für ein Rechtschutzverfahren als existent fingiert. Ein wichtiger Aspekt des Parteienprivilegs ist es dagegen, dass eine Partei bis zu ihrem **Verbot** durch das **Bundesverfassungsgericht** vollwertig als Partei agieren kann, weiter Anspruch auf Mittel aus der staatlichen Teilfinanzierung hat und als nicht verfassungswidrig gelten muss. Erst mit dem Verbotsausspruch ist die Partei verboten, ihr Vermögen kann eingezogen werden und zugleich kann die Gründung von Nachfolgeorganisationen untersagt werden. Auch verlieren Abgeordnete der Partei im Bundestag ihren Sitz (vgl. § 1 Abs. 1 Nr. 5 BWahlG).

Antragsberechtigt für das **Parteiverbotsverfahren** (§ 43 BVerfGG) sind die Bundesregierung, der Bundestag und der Bundesrat. Es genügt, wenn einer der Antragsteller tätig wird; bei Bundestag und Bundesrat sind entsprechende Mehrheitsbeschlüsse für ein Parteiverbotsverfahren erforderlich. Art. 21 Abs. 2 GG verlangt, dass Parteien verboten werden können, wenn sie darauf ausgehen, „die **freiheitliche demokratische Grundordnung** zu beein-

---

119 Frei nach *OVG Berlin-Brandenburg*, Urt. v. 20.11.2013 – OVG 1 A 4.12 –, juris.

trächtigen oder zu beseitigen oder den Bestand der Bundesrepublik Deutschland zu gefährden." Das Bundesverfassungsgericht hat die freiheitlich-demokratische Grundordnung in der Entscheidung über das Verbot der Sozialistischen Reichspartei (SRP) wie folgt beschrieben:

> *„So lässt sich die freiheitliche demokratische Grundordnung als eine Ordnung bestimmen, die unter Ausschluss jeglicher Gewalt- und Willkürherrschaft eine rechtsstaatliche Herrschaftsordnung auf der Grundlage der Selbstbestimmung des Volkes nach dem Willen der jeweiligen Mehrheit und der Freiheit und Gleichheit darstellt. Zu den grundlegenden Prinzipien dieser Ordnung sind mindestens zu rechnen: die Achtung vor den im Grundgesetz konkretisierten Menschenrechten, vor allem vor dem Recht der Persönlichkeit auf Leben und freie Entfaltung, die Volkssouveränität, die Gewaltenteilung, die Verantwortlichkeit der Regierung, die Gesetzmäßigkeit der Verwaltung, die Unabhängigkeit der Gerichte, das Mehrparteienprinzip und die Chancengleichheit für alle politischen Parteien mit dem Recht auf verfassungsmäßige Bildung und Ausübung einer Opposition."*[120]

Damit sind nach der Rechtsprechung des Bundesverfassungsgerichts die wesentlichen Elemente der freiheitlich-demokratischen Grundordnung (die Abkürzung fdGO sollte nach Möglichkeit vermieden werden):

- Achtung der Grundrechte des GG (insb. Art. 2 Abs. 1, Abs. 2 GG)
- Wahrung des Grundsatzes der Volkssouveränität (Art. 20 Abs. 2 S. 1 GG)
- Grundsatz der Gewaltenteilung
- Wahlrecht und Wahlrechtsgrundsätze
- Verantwortlichkeit der Regierung
- Grundsatz der Gesetzmäßigkeit der Verwaltung
- Unabhängigkeit der Gerichte
- Bestand des Mehrparteiensystems
- Grds. Chancengleichheit der Parteien
- Wahrung von Minderheiterechten im Parlament

Es ist allerdings nicht hinreichend, dass diese Ordnung abgelehnt wird; für ein Verbot muss eine aktiv **kämpferische, aggressive Haltung** gegenüber der bestehenden Ordnung hinzukommen.[121] Diese muss auch das Bestreben, den Bestand der Bundesrepublik zu gefährden, kennzeichnen. Das Parteiverbotsverfahren wird einerseits als Ausdruck der sog. „streitbaren" oder „wehrhaften Demokratie" verstanden, andererseits kann der besondere Schutz der Parteien – durch Monopolisierung und Formalisierung des Verfahrens beim Bundesverfassungsgericht – einen Missbrauch der Verbotsmöglichkeiten seitens der Staatsmacht zulasten lediglich missliebiger politischer Kräfte eindämmen.

---

120 BVerfGE 2, 1, 12 f. – SRP-Verbotsverfahren.

121 BVerfGE 5, 85, 141 – KPD-Verbotsverfahren.

Merke:
Bislang ist gegen zwei Parteien ein erfolgreiches Verbotsverfahren durchgeführt worden: Im Jahre 1952 wurde die Sozialistische Reichspartei Deutschlands (SRPD oder SRP) verboten, im Jahre 1956 die Kommunistische Partei Deutschlands (KPD). Die SRP war eine unverhohlen neonazistisch ausgerichtete Partei, die sich in der Nachfolge der NSDAP sah. Für die KPD wurde angenommen, dass sie das System der Bundesrepublik langfristig zugunsten eines marxistisch-leninistischen Gesellschaftssystems beseitigen wolle.
Das erste NPD-Verbotsverfahren im Jahre 2003 wurde im Hinblick darauf eingestellt, dass das Verfahren selbst rechtsstaatlichen Anforderungen genügen müsse; dies sah das Gericht in Anbetracht der starken Unterwanderung der NPD durch sog. V-Leute (Verbindungs- oder Vertrauensleute) der Verfassungsschutzbehörden als nicht gewährleistet.[122]
Bez. des neuerlichen NPD-Verbotsverfahrens aus dem Jahr 2014, das allein vom Bundesrat initiiert wurde, ist eine Äußerung des Bundesverfassungsgerichts aus dem KPD-Verbotsverfahren bemerkenswert: *„Eine Partei kann nach dem Gesagten auch dann verfassungswidrig im Sinne des Art. 21 Abs. 2 GG sein, wenn nach menschlichem Ermessen keine Aussicht darauf besteht, dass sie ihre verfassungswidrige Absicht in absehbarer Zukunft werde verwirklichen können."*[123] Diese Feststellung ist mit Blick darauf, dass die NPD ab dem Jahr 2014 nur noch in einem Landtag vertreten ist, wieder von Interesse. In seiner Entscheidung bez. des Verbots der Refah-Partei in der Türkei hat der Europäische Gerichtshof für Menschenrechte (EGMR), der von der Refah-Partei angerufen wurde, das Verbot damit gerechtfertigt, dass die Partei im Moment des Verbots das realistische Potenzial hatte, ihre politischen Ziele durchzusetzen;[124] so hatte die Refah-Partei bei vorhergehenden Wahlen 22 % bzw. 35 % der Stimmen erreicht. Damit wäre umgekehrt ein evtl. Verbot der NPD durch das Bundesverfassungsgericht vor dem EGMR wegen der tendenziell zunehmenden Bedeutungslosigkeit der Partei möglicher Weise nicht zu halten.
Das Bundesverfassungsgericht hat sich der vorgenannten Problematik im zweiten NPD-Verbotsverfahren in der Weise gestellt, dass es die NPD zwar für verfassungswidrig erklärt, aber nicht verboten hat.[125] Der Ansatz hierfür war, dass die NPD nach ihren Zielen und nach ihrem Verhalten zwar auf die Beseitigung der freiheitlich-demokratischen Grundordnung aus sei, sie aber nicht in der Lage sei, diese Ziele auch durchzusetzen: *„Auch wenn die Antragsgegnerin sich nach alledem zu ihren verfassungsfeindlichen Zielen bekennt und planmäßig auf deren Verwirklichung hinarbeitet, erreicht ihr Handeln nicht die Qualität einer Bekämpfung der freiheitlichen demokratischen Grundordnung im Sinne des "Darauf Ausgehens" (Art. 21 Abs. 2 Satz 1 GG). Es fehlen hinreichende Anhaltspunkte von Gewicht, die eine Durchsetzung der von ihr verfolgten verfassungsfeindlichen Ziele möglich erscheinen lassen. Weder steht eine erfolgreiche*

---

[122] BVerfGE 107, 339 ff. – 1. NPD-Verbotsverfahren.

[123] BVerfGE 5, 85, 143.

[124] EGMR 41340/98, Rz. 197, zit. nach http://www.servat.unibe.ch/dfr/em413409.html, zuletzt abgerufen am 16.08.2016: *"The Court accordingly considers that at the time of its dissolution Refah had the real potential to seize political power without being restricted by the compromises inherent in a coalition."*

[125] *BVerfG*, NJW 2017, 611 ff.

Durchsetzung dieser Ziele im Rahmen der Beteiligung am Prozess der politischen Willensbildung in Aussicht (a), noch ist der Versuch einer Erreichung dieser Ziele durch eine der Antragsgegnerin zurechenbare Beeinträchtigung der Freiheit der politischen Willensbildung in hinreichendem Umfang feststellbar."[126]

In der Folge des – damit letztlich gescheiterten und gleichermaßen nicht gescheiterten – NPD-Verbotsverfahrens hat sich der Bundesgesetzgeber auf Anregung des Bundesverfassungsgerichts zu einer Grundgesetz-Änderung entschlossen, mit der Parteien, die vom Bundesverfassungsgericht für (lediglich!?!) verfassungswidrig, erklärt wurden, von der staatlichen Parteienfinanzierung ausgenommen sind. Art. 21 GG wird dabei nach Absatz 2 um zwei Absätze ergänzt:[127]

Art. 21 GG

(1) ...

(2) ...

(3) Parteien, die nach ihren Zielen oder dem Verhalten ihrer Anhänger darauf ausgerichtet sind, die freiheitliche demokratische Grundordnung zu beeinträchtigen oder zu beseitigen oder den Bestand der Bundesrepublik Deutschland zu gefährden, sind von staatlicher Finanzierung ausgeschlossen. Wird der Ausschluss festgestellt, so entfällt auch eine steuerliche Begünstigung dieser Parteien und von Zuwendungen an diese Parteien.

(4) Über die Frage der Verfassungswidrigkeit nach Absatz 2 sowie über den Ausschluss von staatlicher Finanzierung nach Absatz 3 entscheidet das Bundesverfassungsgericht."

(5) ...

Diese als „Lex NPD" bezeichnete Grundgesetzänderung folgt einerseits dem – nachvollziehbaren – Ansatz, dass Parteien, die auf Beseitigung der staatlichen Ordnung der Bundesrepublik aus sind, im Zeichen der wehrhaften Demokratie nicht auch noch von dem Staat, den sie bekämpfen wollen, staatliche Mitel für die Unterstützung dieses Kampfes erhalten sollen. Andererseits wird mit dem Verdikt der Verfassungswidrigkeit, aber nicht Verbotswürdigkeit der Grundsatz der Chancengleichheit der (existenten, weil nicht verbotenen) Parteien in Frage gestellt.

Lösung zum Beispielfall 17:
Die alleinige Zuständigkeit des Bundesverfassungsgerichts wäre gegeben, wenn es sich bei der WiLB um eine Partei, hier eine Landespartei, handeln würde. Hiergegen spricht bereits, dass sie in Anbetracht ihrer Existenz seit 10 Jahren und ihrer offenbaren Ablehnung von Wahlen ein zentrales Merkmal des § 2 Abs. 1, 2 PartG („*an der Vertretung des Volkes im Deutschen Bundestag oder einem Landtag mitwirken ...*") nicht erfüllt bzw. ein Ausschlusskriterium („*sechs Jahre lang weder an einer Bundestagswahl noch*

---

126 *BVerfG*, NJW 2017, 611 ff., Rn. 896.

127 Vgl. zu Text und Begründung BT-Drs. 18/12357.

an einer Landtagswahl mit eigenen Wahlvorschlägen teilgenommen ...") verwirklicht. Auch dürfte ihr fester Mitgliederkern von 30 Personen für eine Partei zu klein sein. Folglich liegt ein politischer Verein vor, der durch die Exekutive verboten werden kann. Der Innenminister wäre zuständig, wenn sich die Vereinigung im Wesentlichen auf dem Gebiet des Landes B betätigt. Dies dürfte aber bei der nach eigenem Bekunden nur sporadischen Teilnahme an Veranstaltungen im Bundesland C anzunehmen sein. Folglich ist der Landesinnenminister auch insoweit zuständig.

d) Anspruch auf Aufnahme?

Parteien sind gem. Art. 21 Abs. 1 GG in ihrer Gründung frei. Ob es den Parteien aber auch freisteht, Bewerber um eine Parteimitgliedschaft abzulehnen, ist umstritten. So könnte es die Verantwortung insb. der großen Parteien sein, sich nicht abzuschotten, damit die besondere Funktion der Parteien, die politische Willensbildung des Volkes zu fördern, erfüllt werden kann. Parteien können ausländische Staatsangehörige aufnehmen, die Partei verliert aber nach § 2 Abs. 3 Nr. 1 PartG den Parteistatus, wenn sie überwiegend ausländische Mitglieder hat. Deswegen kann die Aufnahme von Ausländern begrenzt werden. Ob die Parteien Diskriminierungsverboten, orientiert an Merkmalen des Art. 3 Abs. 3 GG (Rasse, Geschlecht, soziale Herkunft usw.) unterliegen, ist umstritten.

Beispielfall 18:
Der erfolgreiche Unternehmer U sieht in der Politik der C-Partei die einzige akzeptable Stimme für eine unternehmerfreundliche und wachstumsfördernde Wirtschaftspolitik, weshalb es die C-Partei zu fördern gelte. Er stellt an den zuständigen Kreisverband der C-Partei einen Aufnahmeantrag.
Der Kreisverbandsvorsitzende K ist zunächst entzückt vom Antrag des U, von dem er sich reiche Spenden für die Partei erhofft. K „googelt" den U, um sich von der wirtschaftlichen Potenz von dessen Unternehmen zu überzeugen. Umso entsetzter ist K, als er auf der Internetseite des U einen Link auf die Seite „atheistic-phantastic.de" findet. Dort wirbt eine areligiöse Bewegung, zu deren Führung der U gehört, für die „Freuden eines gottlosen Lebens". Die Satzung der C-Partei bekennt sich zu christlichen Werten, weshalb sich der K außer Stande sieht, dem Antrag des U zu entsprechen.
Zu Recht?

§ 10 Abs. 1 S. 1 PartG sagt, dass die Parteien „*nach näherer Bestimmung der Satzung frei über die Aufnahme von Mitgliedern*" entscheiden. Grundsätzlich soll Art. 21 Abs. 1 S. 3 GG („*Ihre innere Ordnung muss demokratischen Grundsätzen entsprechen.*") einen Aufnahmeanspruch gewähren, der aber unter dem Vorbehalt entgegenstehender berechtigter Interessen der Partei steht.[128] Für die Berücksichtigung der Interessen der Partei streitet zunächst die grundsätzliche Staatsfreiheit der Parteien. Andererseits könnte der Umstand, dass die Parteien zu guten Teilen staatlich finanziert werden, für eine generelle Öffnung für den Bürger sprechen. So wird auch eine Auslegung des Art. 10 Abs. 1 S. 2 PartG im Sinne einer Aufnahmepflicht nach Maßgabe der Satzung nicht als schlechthin ausgeschlossen

---

128 Vgl. *Morlok*, PartG, § 10 Rn. 3.

erachtet. Andererseits muss nach der Rechtsprechung ein Mindestmaß an inhaltlicher Übereinstimmung zwischen den erklärten Zielen einer Partei und einem Bewerber um Aufnahme erkennbar sein; die gerichtliche Überprüfbarkeit von Ablehnungen der Aufnahme wie des Parteiausschlusses soll demnach auf eine **Willkürkontrolle** beschränkt sein.[129]

> **Lösung zum Beispielfall 18:**
> Zwar steht die Überzeugung des U in Sachen Wirtschaftspolitik möglicher Weise im Einklang mit den Zielen der C-Partei. Wenn aber die C-Partei mit Blick auf ihre – auch in der Satzung geäußerte – christliche Überzeugung einen bekennenden Atheisten als Parteimitglied ablehnt, ist diese Entscheidung nicht als willkürlich zu erachten.
> Die Ablehnung des U erfolgte damit zu Recht.

e) Grundzüge der Parteienfinanzierung

Wenn Parteien ihrer Rolle bei der politischen Willensbildung des Volkes gerecht werden wollen, ist hierfür eine hinreichende Ausstattung mit Geldmitteln unumgänglich. Die wesentlichen **Finanzierungsquellen** sind

- Mittel aus der sog. staatlichen Teilfinanzierung
- Spenden
- Mitgliedsbeiträge
- Mandatsträgerabgaben
- Mittel aus wirtschaftlicher Betätigung

Zuständig für die Verwaltung und Verteilung der Mittel ist der Bundestagspräsident, der insoweit in einer Exekutivfunktion tätig wird. Die Berechnung der Mittel erfolgt auf Grundlage sog. Wählerstimmenkonten der Parteien (§ 19a Abs. 2 PartG), sowie auf Grundlage der von den Parteien nach Art. 21 Abs. 1 S. 3 GG vorzulegenden Rechenschaftsberichte.

aa) Staatliche Teilfinanzierung

Die staatliche Teilfinanzierung wird gem. § 18 PartG aus einem festgelegten Gesamtvolumen von Mitteln (sog. **absolute Obergrenze**) geleistet, das im Jahre 2012 150,8 Mio. € betrug und das ab 2013 jährlich angehoben wird um den Prozentsatz, um den sich der Preisindex der für eine Partei typischen Ausgaben im dem Anspruchsjahr vorangegangenen Jahr erhöht hat. Dabei bestimmen sich 70 % der Erhöhung nach dem allgemeinen Verbraucherindex, 30 % nach dem Index der tariflichen Monatsgehälter von Angestellten und Arbeitern bei Gebietskörperschaften.

Anspruch auf Mittel aus der staatlichen Teilfinanzierung haben Parteien, die bei einer Europa- oder Bundestagswahl mindestens 0,5 % der Stimmen, bei einer Landtagswahl mindestens 1 % der Stimmen erreicht haben. Für die jeweils ersten vier Millionen Stimmen

---

129 *BVerfG*, NJW 2002, 2227, 2227 f.

erhält die Partei 1 Eur, für alle weiteren Stimmen jeweils 83 Cent. Daneben wird für jeden nach dem Rechenschaftsbericht rechtmäßig ausgewiesenen Euro aus Spenden, Mitglieds- und Mandatsträgerabgaben 45 Cent ausgeschüttet, wobei Zuwendungen natürlicher Personen nur bis 3.300 € berücksichtigt werden. Die staatliche Teilfinanzierung soll so an den Rückhalt der Partei in der Bevölkerung gekoppelt werden, wie er sich in Wahlerfolg, Spendenbereitschaft, Mitgliederzahlen und wirtschaftlicher Betätigung widerspiegelt. Für das Jahr 2013 waren neben den fünf im Bundestag vertretenen Parteien 16 weitere Parteien anspruchsberechtigt.[130]

Wenn der Betrag der absoluten Obergrenze überschritten wird, werden die Mittel für alle Parteien gekürzt. Damit es zu keiner überwiegenden staatlichen Finanzierung kommt, darf für die einzelne Partei die Zahlung aus der staatlichen Teilfinanzierung die Summe der selbst erwirtschafteten Beträge Eigeneinnahmen nicht überschreiten (**relative Obergrenze**).

bb) Spenden

Grundsätzlich darf jede natürliche und juristische Person in unbegrenzter Höhe an politische Parteien spenden, wobei die **Spenden** für natürliche Personen bis zu 1650 € unmittelbar steuermindernd berücksichtigt werden (§ 34g EStG), über den Betrag hinaus bis zu 3.300 € als Sonderausgaben (§ 10b Abs. 2 EStG).

Einzelspenden über 50.000 € sind dem Bundestagspräsidenten unverzüglich **anzuzeigen**. Im Übrigen müssen alle Spender, die im Kalenderjahr in der Summe mehr als 10.000 € spenden, im jährlichen Rechenschaftsbericht namentlich bezeichnet werden (§ 25 PartG). Diese Vorschriften dienen der Herstellung von Transparenz hinsichtlich evtl. Einflussnahme auf die Parteiarbeit.

cc) Mitgliedsbeiträge

Mitgliedsbeiträge sind die von den Parteimitgliedern auf Grundlage von Parteibeschlüssen zu entrichtenden Beiträge an die Partei. Diese sind zumeist einkommensabhängig gestaffelt; die Parteimitglieder veranlagen sich vorwiegend selbst. Der Mindestbeitrag liegt regelmäßig bei monatlich 5 € (CDU u. SPD: Einkommen unter 1000 €; FDP 8 €) und steigt bis auf Beträge von 50 € (CDU: Einkommen über 5.000 €) bis 250 € (SPD: Einkommen über 4.000 €); manche Parteien erheben auch prozentuale Anteile am Einkommen (Die Linke: Einkommen über 2.500 € = 4 % des Nettoeinkommens).

---

130 Daten unter http://www.bundestag.de/blob/195536/cbe31f83de48d58d9973662c534ca7fe/fnanz_13-data.pdf, zuletzt abgerufen am 03.06.2016.

dd) Mandatsträgerabgaben

Mandatsträgerabgaben sind gem. § 27 Abs. 1 S. 2 PartG *„regelmäßige Geldleistungen, die ein Inhaber eines öffentlichen Wahlamtes (Mandatsträger) über seinen Mitgliedsbeitrag hinaus leistet"*. Diese liegen je nach Partei und Amt bei 10 bis 20 % der Bezüge. Mandatsträgerabgaben gelten, da sie (formal) freiwillig geleistet werden, als Spenden und werden bei der staatlichen Teilfinanzierung entsprechend berücksichtigt.

> Merke:
> Die Freiwilligkeit ergibt sich bspw. für Bundestagsabgeordnete daraus, dass eine Pflicht zur Zahlung gegen die Freiheit des Mandats (Art. 38 Abs. 1 S. 2 GG) verstoßen würde; gleichwohl wird eine Weigerung eines Abgeordneten, Mandatsträgerabgaben von seinen Diäten zu leisten, nicht ohne Einfluss darauf bleiben, ob die Partei gedenkt, denjenigen wieder zur Wahl aufzustellen.

ee) Einnahmen aus wirtschaftlicher Betätigung und sonstige Einnahmen

§ 24 Abs. 4 Nr. 5 bis 7 PartG gliedert rechenschaftspflichtige Einnahmen aus Unternehmenstätigkeit und Beteiligungen, aus sonstigem Vermögen sowie aus Veranstaltungen, Vertrieb von Druckerzeugnissen usw. aus. **Erwerbswirtschaftliche Betätigung** von Parteien ist im Rahmen des vereinsrechtlichen Nebentätigkeitsprivilegs zulässig, das greift, soweit es sich bei der Tätigkeit um eine untergeordnete, den idealen Hauptzwecken des Vereins dienende wirtschaftliche Betätigung handelt.

Die Einnahmen aus wirtschaftlicher Betätigung haben insoweit Einfluss auf die Höhe der Mittel aus der staatlichen Teilfinanzierung, als bei der Bestimmung der relativen Obergrenze der staatlichen Leistungen die Gesamtsumme der Einnahmen einer Partei zugrundgelegt werden. Rechtfertigung, dies bei der staatlichen Teilfinanzierung zu berücksichtigen, dürfte sich aus der häufig sozialpolitischen Ausrichtung dieser Erwerbstätigkeiten (bspw. Beteiligung an politischen Verlagen) ergeben.

Die von der Partei AFD vorgenommenen Goldan- und -verkäufe zur Erhöhung der staatlichen Teilfinanzierungsmittel und damit zur Aufbesserung der Parteifinanzen wurden von der Bundestagsverwaltung als in Anbetracht der damals geltenden Rechtslage zulässig angesehen. Die Partei „Die Partei" zog deswegen mit dem Verkauf von 100-Eur-Scheinen für 80 Eur nach. Sie machte damit die Absurdität dieser Regelung deutlich; letztlich konnte trotz des offenbaren Verlustgeschäfts wegen der generierten Umsätze in der Gesamtbilanz eine Erhöhung der staatlichen Leistungen erreicht werden. In der Folge regte Bundestagspräsident Lammert eine Änderung des Parteiengesetzes an, um derartige Geschäfte zukünftig unterbinden zu können. Mittlerweile sind nach PartG bei der Bestimmung der Einnahmen zur Ermittlung der relativen Obergrenze nur noch Gewinne einzuberechnen (§§ 19a Abs. 4 S. 2, 24 Abs. 4 Nr. 5 PartG).

ff) Rechenschaftspflicht

Zugleich unterliegen die Parteien gem. Art. 21 Abs. 1 S. 3 GG einer Rechenschaftspflicht, mit der nicht zuletzt mögliche Einflussnahmen auf die von der jeweiligen Partei verfolgte Politik durch außenstehende Dritte kenntlich gemacht werden können. Der **Rechenschaftsbericht** wird dem Bundestagspräsidenten zur Prüfung vorgelegt. Verstöße gegen die Rechenschaftspflicht werden – gleich auf welcher Ebene der Partei (Bundes-, Landes- oder Regionalebene) der Verstoß begangen wurde – mit Strafzahlungsforderungen in Höhe des Doppelten des unrichtig ausgewiesenen Betrages (§ 31b PartG), geahndet. Bei der Annahme von Spenden, die nach § 25 Abs. 3 PartG als unzulässig angesehen werden, wird nach § 31c PartG das Dreifache des unzulässig erworbenen Spendenbetrages als Strafzahlung erhoben. Für die Festsetzung der Strafzahlungen (und die Rückforderung überhöhter Zahlungen aus der Teilfinanzierung) ist wiederum der Bundestagspräsident zuständig.

4. Bundestagsausschüsse

In den **Ausschüssen** des Deutschen Bundestages findet – so ist häufig zu lesen – die eigentliche **parlamentarische Arbeit** statt. Dies liegt darin begründet, dass die Ausschüsse als Untergliederungen des Parlaments zur Vorberatung und Vorbereitung der Auseinandersetzung von Sachfragen im Plenum dienen. Dass hierzu ständige Ausschüsse einzurichten sind, regelt § 54 Abs. 1 S. 1 GOBT.

Verschiedene **ständige Ausschüsse** sind unmittelbar nach dem Grundgesetz einzurichten, so der Ausschuss für EU-Angelegenheiten (Art. 45 GG), der Ausschuss für auswärtige Angelegenheiten (Art. 45a GG), der Verteidigungsausschuss (Art. 45a GG) und der Petitionsausschuss (Art. 45c GG). Daneben sieht die Bundeshaushaltsordnung die Einrichtung des Haushaltsausschusses vor, das WahlprüfG einen Wahlprüfungsausschuss und das BVerfGG einen Richterwahlausschuss für die Wahl der durch den Bundestag zu bestimmenden Verfassungsrichter. Nicht zu den Bundestagsausschüssen iSd § 54 GOBT zählen der Vermittlungsausschuss (Art. 77 Abs. 2 GG)[131] und der Gemeinsame Ausschuss (Art. 53a GG)[132]; beide sind gemeinsame Gremien von Bundestag und Bundesrat, und gelten als Verfassungsorgane. Auch die Gremien zur Kontrolle der Nachrichtendienste (Parlamentarisches Kontrollgremium zur Kontrolle der Geheimdienste, G 10-Kommission zur Überprüfung von Eingriffen in Rechte aus Art. 10 GG – Brief, Post- Fernmeldegeheimnis und das Vertrauensgremium für die Bewilligung der Mittel für Aufgaben, die der Geheimhaltung unterliegen) gelten nicht als Bundestagsausschüsse.

Daneben hat der Bundestag nach § 44 Abs. 1 s. 1 GG das Recht und auf Antrags eines Viertels der Mitglieder auch die Pflicht, Untersuchungsausschüsse zur Untersuchung und Aufklärung von Sachverhalten außerhalb und innerhalb des Parlaments einzurichten.

---

131 Näher unten Kap. 4 B II 2 b u. c.

132 Näher unten Kap. 3 E.

a) Gegenstände und Einrichtung der Ausschüsse im Allgemeinen

Die Einrichtung ständiger Ausschüsse ist Ausfluss des Selbstorganisationsrechts des Parlaments. Die Bestimmung, welche Ausschüsse mit welchen Zuständigkeiten einrichtet werden, obliegt abgesehen von den genannten Pflichtausschüssen dem Parlament selbst. Die Besetzung der Ausschüsse erfolgt, soweit dies rechnerisch möglich ist, entsprechend den Mehrheitsverhältnissen im Parlament (§ 12, 57 GOBT), so dass die stärkste Fraktion zugleich auch die Ausschussmehrheit stellt. Auch bestimmen die Fraktionen die Personen, die in die Ausschüsse entsendet werden[133]; die Mitgliedschaft eines Abgeordneten in mehreren Ausschüssen ist möglich. In der 18. Legislaturperiode existieren einschließlich der Pflichtausschüsse 24 Ausschüsse.

Merke:
Eingangs der 18. Legislaturperiode verzögerte sich die Bildung der Regierung aufgrund der langwierigen Koalitionsverhandlungen; in dieser Zeit wollten die Mehrheitsfraktionen keine Ausschüsse einrichten. Schließlich einigten sich diese Fraktionen auf die Einrichtung eines Hauptausschusses, der die Aufgaben der übrigen Ausschüsse übergangsweise übernehmen sollte. Dieses Vorgehen war jedenfalls bezogen auf die zuvor genannten Pflichtausschüsse, die vom Bundestag nach der konstituierenden Sitzung problemlos hätten geschaffen werden können, mehr als bedenklich.

Üblicher Weise wird neben den Pflichtausschüssen jeweils ein Ausschuss parallel zum Geschäftsbereich eines Bundesministeriums errichtet; weitere oder anders zugeschnittene Ausschüsse sind aber möglich. Eine Hauptaufgabe der Ausschüsse ist die Beratung von Gesetzesentwürfen, zu denen die Ausschüsse dem Bundestag Änderungsempfehlungen bis hin zur Empfehlung, einen Gesetzesvorschlag nicht weiter zu verfolgen, geben können; dies ist aus Sicht des Demokratieprinzips unbedenklich, da jeder Ausschuss bezogen auf seine Besetzung ein „**verkleinerter Bundestag**“[134] ist.

b) Untersuchungsausschüsse

aa) Untersuchungsgegenstände

Untersuchungsausschüsse des Bundestages werden eingerichtet für die Untersuchung von innerparlamentarischen Vorgängen bezogen auf einzelne Abgeordnete (sog. Kollegialenquête, von franz. Enquête - Untersuchung), vornehmlich aber für die Erforschung und Aufklärung außerparlamentarischer Sachverhalte, die sich auf die Arbeit der Regierung und/ oder der Behörden beziehen. Sie gelten als das – mehr oder minder – „**scharfe Schwert**“ der Minderheit gegenüber der Mehrheit im Parlament und der Exekutive. Die Untersuchungsgegenstände sind begrenzt auf den verfassungsrechtlichen Zuständigkeitsbereich des Bundes. Allerdings darf der Untersuchungsgegenstand nicht in die ausschließliche Zuständigkeit anderer Verfassungsorgane fallen. So kann die Regierung einen Kernbereich

133 Zur Vertretung fraktionsloser Abgeordneter in Ausschüssen schon oben Kap. 3 A III 2.

134 Vgl. insoweit BVerfGE 80, 188, 221 f. – Wüppesahl.

exekutiver Eigenverantwortung geltend machen, der sich der Untersuchung durch das Parlament entzieht Das Bundesverfassungsgericht definiert diesen Begriff als grundsätzlich nicht ausforschbaren Initiativ-, Beratungs- und Handlungsbereich: *„Dazu gehört z.B. die Willensbildung der Regierung selbst, sowohl hinsichtlich der Erörterungen im Kabinett als auch bei der Vorbereitung von Kabinetts- und Ressortentscheidungen, die sich vornehmlich in ressortübergreifenden und -internen Abstimmungsprozessen vollzieht"*.[135] Damit ist dem Bundestag insb. der Zugriff auf laufende Entscheidungsprozesse in der Regierung verschlossen.

Ein aufsehenerregender Untersuchungsausschuss war der sog. **NSU-Untersuchungsausschuss**. Gegenstand des Ausschusses war vornehmlich die Frage, inwieweit Bundesbehörden Versäumnisse bei der Verfolgung der Terrorgruppe „Nationalsozialistischer Untergrund" vorzuwerfen waren, aber auch die Fragestellung, ob Schlussfolgerungen für die Zusammenarbeit von Bundes- und Landesbehörden in vergleichbaren Fällen zu ziehen sind.[136] Ein anderer wichtiger Untersuchungsausschuss in den letzten Jahren war der zur Rolle des Bundesnachrichtendienstes bei der Verschleppung des in Deutschland geborenen türkischen Staatsangehörigen Murat Kurnaz, der im Lager Guantanamo inhaftiert wurde. Die Untersuchung des Luftangriffes bei Kundus wurde vom Verteidigungsausschuss als Untersuchungsausschuss geführt; der Verteidigungsausschuss kann sich nach § 45a Abs. 2 GG selbst als Untersuchungsausschuss mit den Rechten nach dem PUAG einsetzen (§ 34 PUAG). Ein laufender Untersuchungsausschuss in der 18. Legislaturperiode mit bundesweitem Interesse ist der sog. NSA-Untersuchungsausschuss, der die Abhörpraxis amerikanischer Geheimdienste und die Verwicklung deutscher Sicherheitsbehörden aufdecken soll.[137]

bb) Einsetzung und Verfahren

Der Untersuchungsausschuss kann als Minderheits- oder Mehrheitsenquête eingesetzt werden. Erforderlich ist nach Art. 44 Abs. 1 S. 1 GG für die Minderheitsenquête der Antrag eines Viertels der Abgeordneten. Besonderheit der **Minderheitsenquête** ist, dass der Untersuchungsgegenstand nicht durch die Mehrheit im Bundestag abgeändert werden darf.

> **Merke:**
> Wegen der Sondersituation in der 18. Legislaturperiode, bei der Minderheitsfraktionen nur über ein Fünftel der Abgeordneten verfügen, wurde das Quorum auf 120 Abgeordnete abgesenkt; auch wurde sichergestellt, dass *„die Fraktionen, die nicht die Bundesregierung tragen"*, ein Viertel der Mitglieder stellen (§ 126a Abs. 1 Nr. 1 GOBT).

---

135 BVerfGE 110, 199, 214; BVerfGE 67, 100, 139.

136 BT-Drs. 17/ 8453, S. 2 f.

137 BT-Drs. 17/843.

Wichtige Verfahrensvorschriften sind dem Gesetz über Parlamentarische Untersuchungsausschüsse (PUAG) zu entnehmen. Grds. verhandelt ein Untersuchungsausschuss öffentlich. Der Ausschuss hat auf Antrag eines Viertels seiner Mitglieder **Beweiserhebungen** vornehmen; bei Streit über die Zulässigkeit einer Beweiserhebung entscheidet der Ermittlungsrichter beim Bundesgerichtshof (§ 17 PUAG). Der Ausschuss kann Aktenvorlage von Regierung und Bundesbehörden in den Grenzen eines vorrangigen Geheimhaltungsinteresses verlangen (§ 18 PUAG). Die Wahrnehmung von Beweiserhebungsrechten gegenüber Privaten muss deren Grundrechte wahren; die Betroffenen können sich bei der Behauptung von Grundrechtsverletzungen Verfassungsbeschwerde zum Bundesverfassungsgericht erheben.

cc) Abschluss und Ergebnis

Abgeschlossen wird ein Untersuchungsausschuss regelmäßig mit einem **Abschlussbericht**, in dem ggf. Fehler und politische Verantwortlichkeiten bez. des Untersuchungsgegenstandes festgestellt werden, nicht aber eine straf- oder zivilrechtliche Verantwortlichkeit bindend ausgesprochen wird. Dies ist Aufgabe der Gerichte, die auch nicht an die Ergebnisse eines Untersuchungsausschusses gebunden sind. Kommt der Ausschuss zu keiner übereinstimmenden Meinung, können im Abschlussbericht abweichende Einschätzungen in einem Sondervotum wiedergegeben werden.

VI. Abstimmungen im Bundestag

Der Bundestag stimmt grds. mit einfacher Mehrheit, also mit der Mehrheit der anwesenden Abgeordneten ab (**relative Mehrheit**), es sei denn, das Grundgesetz bestimmt etwas anderes. So ist, wenn das Grundgesetz von der Mehrheit der Mitglieder (bspw. Art. 68 Abs. 1 GG) spricht, gem. Art. 121 GG die Mehrheit der gesetzlichen Mitglieder erforderlich (**absolute Mehrheit** oder „Kanzlermehrheit“).

Merke:
Eine Besonderheit ist das sog. „Pairing“. So kann zwischen den Fraktionen eine sog. Pairing-Vereinbarung getroffen werden, Diese besagt – vereinfacht –, dass bei Abstimmungen über Regierungsvorlagen, bei denen im Bundestag eine überwiegende Zahl von Abgeordneten der Minderheitsfraktionen („Opposition“) anwesend ist, sich so viele Abgeordnete der Opposition enthalten, dass die Mehrheit der Regierungsfraktionen sichergestellt ist. Die Vereinbarung ist nicht bindend, ihre Einhaltung kann nicht eingeklagt, und sie kann jederzeit gekündigt werden.
Die auf den ersten Blick befremdlich anmutende Pairing-Praxis hat bei genauerer Betrachtung eine gewisse Berechtigung. Oftmals sind Abgeordnete aus nachvollziehbaren Gründen nicht im Parlament anwesend (Ausschussarbeit, Dienstreisen, Krankheit). Es soll aber nicht von derartigen Zufällen abhängen, dass sich die im Übrigen unbestrittene Mehrheit der Regierungsfraktionen in der Abstimmung nicht durchsetzt. Wenn das Pairing-Abkommen gekündigt ist, hilft’s aber nix, dann müssen möglichst alle Mann an Bord sein, damit die Abstimmungen durchgehen!

VII. Auflösung des Bundestags

Nur in zwei Fällen sieht das Grundgesetz die vorzeitige **Auflösung** des Bundestages – also vor Ende der Legislaturperiode – vor: Zum einen kann der Bundespräsident den Bundestag auflösen, wenn es dem Bundestag endgültig nicht gelingt, den Kanzler mit absoluter Mehrheit der Mitglieder des Bundestages, sondern nur mit Mehrheit der abgegebenen Stimmen zu wählen (Art. 63 Abs. 4 GG). Der Bundespräsident kann dann eine Minderheitsregierung zulassen, oder den Bundestag auflösen und so den Weg zu Neuwahlen öffnen.[138]

Zum anderen kann wiederum der Bundespräsident den Bundestag auf Vorschlag des Bundeskanzlers auflösen, wenn der Bundestag dem Antrag des Kanzlers, ihm das Vertrauen auszusprechen, nicht mit der Mehrheit der Mitglieder zugestimmt hat (sog. **Vertrauensfrage**, Art. 68 GG).

Beispielfall 19:
Der Bundeskanzler will wegen Verlusten seiner Partei in einem Bundesland die Arbeit der Regierung trotz einer zwar knappen, aber gleichwohl existenten Mehrheit im Parlament absichern und „klare Verhältnisse" schaffen. Er plant daher, im Parlament die Vertrauensfrage gem. Art. 68 GG zu stellen. Dabei sollen sich die Mitglieder der Regierungsfraktionen der Stimme enthalten; die Minderheitsfraktionen werden gegen ihn stimmen. Mit der so verlorenen Vertrauensfrage soll der Weg zur Auflösung des Bundestags und zu Neuwahlen freigemacht werden.
Ist das Vorgehen des Kanzlers verfassungsgemäß?

Das Grundgesetz sieht für den Bundestag **kein Selbstauflösungsrecht** vor, anders als etwa die nordrhein-westfälische Landesverfassung gem. Art. 35 Abs. 1 LVerfNRW: *„Der Landtag kann sich durch eigenen Beschluss auflösen. Hierzu bedarf es der Zustimmung der Mehrheit der gesetzlichen Mitgliederzahl."* Als Grund für die Nichteinführung eines Selbstauflösungsrechts im Grundgesetz gilt die Erfahrung der Weimarer Republik, in der zahlreiche Auflösungen des Reichstags zu politischer Instabilität führten; allerdings sah auch die Weimarer Reichsverfassung kein Selbstauflösungsrecht vor, sondern nur die Möglichkeit der Auflösung durch den Reichspräsidenten vor (Art. 25 Abs. 1 WRV).

Zweimal wurde der Deutsche Bundestag nach Art. 68 GG, also in Folge einer gescheiterten Vertrauensfrage aufgelöst. Beide Male allerdings handelte es sich um eine sog. **„unechte" Vertrauensfrage**, bei der der jeweilige Kanzler (Helmut Kohl im Jahre 1983, Gerhard Schröder im Jahre 2005) die Angehörigen der Regierungsfraktionen, die nach wie vor die Mehrheit im Bundestag verkörperten, zur Stimmenthaltung aufforderte. Beide Vertrauensfragen wurden durch das Bundesverfassungsgericht als verfassungsgemäß bestätigt.

Das Bundesverfassungsgericht urteilte zur Vertrauensfrage 2005, dass über den Wortlaut des Art. 68 Abs. 1 GG hinaus, der lediglich die formelle Auflösungslage (gescheiterte Vertrauensfrage) beschreibt, auch eine materielle Auflösungslage hinzutreten müsse. Diese sei

---

138 Dazu näher unten Kap. 3 B I 2 a.

dann anzunehmen, wenn die **Handlungsfähigkeit** der Bundesregierung tatsächlich gefährdet sei. Ausdrücklich heißt es:

> *„Art. 68 GG umfasst nicht nur die nicht auflösungsgerichtete (so genannte echte) Vertrauensfrage, durch die eine in Zweifel stehende Handlungsfähigkeit hinsichtlich der tatsächlichen Kräfteverhältnisse im Parlament auf die Probe gestellt werden kann; auch die auflösungsgerichtete (so genannte unechte) Vertrauensfrage gehört danach zu den Instrumenten, die das Grundgesetz den Verfassungsorganen zur Verfügung stellt, um eine handlungsfähige Regierung mit hinreichender parlamentarischer Mehrheit zu sichern oder wieder zu gewinnen.“*[139]

Allerdings gesteht das Gericht dem Bundeskanzler einen erheblichen Spielraum bei der Einschätzung zu, ob eine hinreichende Handlungsfähigkeit noch gegeben ist; dem Kanzler soll dabei auch erlaubt sein, kommenden Krisenlagen zuvor zu kommen.[140] Zugleich nimmt sich das Bundesverfassungsgericht unter Hinweis auf das gewaltenteilende System hinsichtlich der Kontrolldichte dieser **Prognoseentscheidung** weithin zurück.[141] Damit wäre eine auflösungsgerichtete oder unechte Vertrauensfrage nur unzulässig, wenn keinerlei Anzeichen für eine Lage politischer Instabilität anzunehmen ist. Dies könnte gegeben sein, wenn sich ein Kanzler bspw. zur Mitte der Legislaturperiode auf der Höhe seiner Macht sieht, sich beste Chancen für eine Wiederwahl ausrechnet und in dieser Situation vom Mittel der unechten Vertrauensfrage Gebrauch macht, um so vorzeitig eine weitere Amtszeit zu sichern.

Lösung zum Beispielfall 19:
Nimmt man an, dass in der Argumentation des Bundeskanzlers die hinreichende Andeutung einer kommenden Krisenlage für die Regierung einhergehend mit ihren drohenden Handlungsunfähigkeit zu sehen ist, wäre das Vorgehen entsprechend der Rechtsprechung des Bundesverfassungsgerichts mit Art. 68 GG vereinbar.

Merke:
Die Richtigkeit der Argumentation des Bundesverfassungsgerichts kann mit Recht bezweifelt werden.[142] Das Risiko, mit einzelnen Vorlagen zu scheitern, ist im parlamentarischen Regierungssystem angelegt. Hieraus – und noch eher dem weithin unkonkreten Drohen solcher Niederlagen – auf eine Krisenlage zu schließen, erweitert den Zugriff des Kanzlers auf den Bestand des durch das Volk legitimierten Bundestages erheblich. Die Option, zurückzutreten und auf einem sichereren verfassungsrechtlichen Boden des Grundgesetzes den Weg für eine neue Kanzlerwahl im Bundestag frei zu machen, haben im Ergebnis weder Kohl noch Schröder erwogen.
Zuzugestehen ist, dass auch auf die fingiert verlorene Vertrauensfrage keine automatische Auflösung folgt, da der Bundespräsident nicht gezwungen ist, das Parlament

---

139 BVerfGE 114, 121, 151.
140 BVerfGE 114, 121, 154.
141 BVerfGE 114, 121, 155 f.
142 Vgl. insoweit nicht zuletzt das Sondervotum des Richters *Jentsch*, BVerfGE 114, 121, 170 ff.

aufzulösen; auch könnten die eigenen Abgeordneten ihrem Kanzler durch Aussprechen des Vertrauens die Gefolgschaft verweigern; gerade letzterer Gedanke zeigt aber die ansatzweise Widersinnigkeit der unechten Vertrauensfrage.
Zwar wird das Selbstauflösungsrecht des Parlaments verfassungspolitisch nach wie vor abgelehnt. Aber die für sich zutreffende Feststellung des Bundesverfassungsgerichts, dass von der unechten Vertrauensfrage bislang nur sparsam Gebrauch gemacht wurde, würde im Zweifel auch für ein durch Verfassungsänderung ins Grundgesetz eingefügtes Selbstauflösungsrecht gelten.

VIII. Grundsatz der Diskontinuität

Da der Bundestag kein ewiges, sondern ein sich periodisch neu konstituierendes Gremium[143] ist, gilt für ihn der Grundsatz der **formellen Diskontinuität**. Dies betrifft zunächst die Abgeordnetenposition, die – auch bei Wiederwahl – mit dem Zusammentritt des Bundestages formal endet, und für den Wiedergewählten neu begründet wird. Auch die Fraktionen enden mit der Legislaturperiode und müssen, gleich ob mit identischem oder – wahrscheinlicher – partiell neuem Personalbestand, neu gegründet werden. Ebenso enden die Ämter des Bundestagspräsidenten und aller anderen Funktionsträger.

Gem. § 125 GOBT gelten (im Sinne einer **materiellen Diskontinuität**) zudem „alle Vorlagen als erledigt“. Dennoch finden sich zahlreiche in der Sache gerade nicht erledigte, also noch nicht im Verfahren des Bundestages abgearbeitete Vorlagen. Dies gilt vor allem für Gesetzesvorhaben, die noch im Verfahrensgang befindlich sind. Diese können nicht nahtlos im neuen Bundestag weiter behandelt werden. Vielmehr müssen – sollte ein Vorhaben überhaupt weiter verfolgt werden, worin der neue Bundestag frei ist – die bislang schon erfolgten Verfahrensschritte allesamt neu durchgeführt werden, auch wenn auf die Vorlagen und Zwischenergebnisse grds. zurückgegriffen werden darf.

Der Grundsatz der Diskontinuität erledigt neben den ständigen Ausschüssen auch die **Untersuchungsausschüsse**, die noch nicht zu einem Abschlussbericht gelangt sind. Dies hat zur Folge, dass die Arbeit gerade dieser Ausschüsse zum drohenden Ende der Legislaturperiode hin oft deutlich beschleunigt wird, um noch zu einem Ergebnis zu gelangen.

B Bundeskanzler/Bundesregierung

Der VI. Abschnitt des Grundgesetzes (Art. 62-69 GG) benennt als **Verfassungsorgan** die Bundesregierung. Bundeskanzler und Bundesminister, aus denen die Regierung besteht (Art. 62 GG), sind (lediglich) Organteile mit eigenen Rechten. Dabei hängen die Bundesminister zusätzlich in vielfacher Weise von der Person des Bundeskanzlers ab. Die Bundesregierung nimmt – gemeinsam mit dem Parlament – Aufgaben der materiellen Staatsleitung wahr; materiell insoweit, als Staatsoberhaupt der Bundespräsident ist (formelle Staatsleitung), die staatsleitenden politischen Entscheidungen aber dem Kanzler und den Ministern

143 Anders als der Bundesrat, siehe dort Kap. 3 C.

zugewiesen sind. Zugleich bilden die Ministerien die Spitze der Bundesverwaltung (als oberste Bundesbehörden, vgl. bspw. Art. 85 Abs. 3 GG[144]). Eine Sonderstellung nimmt der sog. Kanzleramtsminister ein, der zwar Bundesminister „für besondere Aufgaben", von seiner Funktion her aber einem Staatssekretär angenähert ist. Er ist einerseits gleichberechtigtes Regierungsmitglied, andererseits aber dem Kanzler gegenüber weisungsgebunden.[145] Ausgehend von der regelmäßig notwendigen besonderen Vertrauensstellung ggü. dem Kanzler dürfte diese Doppelstellung allerdings in der Praxis unproblematisch sein.

Nicht zur Bundesregierung zählen die **Staatssekretäre**. Unterscheiden wird zwischen Staatssekretären im engeren Sinne (oder auch **beamtete Staatssekretäre**) und sog. Parlamentarischen Staatssekretären. Beamtete Staatssekretäre sind ständige Vertreter des jeweiligen Ministers. Sie haben zugleich Vorgesetztenfunktion ggü. den übrigen Bediensteten und leisten als Verwaltungsspitze vornehmlich die Lenkung und Koordination der Arbeit im Behördenablauf. Sie sind zwar Beamte, als politische Beamte aber können sie bei politischen Differenzen mit dem Minister abgelöst werden.[146]

Parlamentarische Staatssekretäre arbeiten in erster Linie dem Minister zu und unterstützen ihn unmittelbar; sie sind Zeitbeamte, müssen aber zugleich regelmäßig Abgeordnete des Bundestages sein. Der Aufgabenzuschnitt des Parlamentarischen Staatssekretärs obliegt dem Minister. Häufig nimmt der Parlamentarische Staatssekretär Repräsentationsaufgaben anstelle des Ministers wahr. Er vertritt diesen auch, wenn dem Minister die Anwesenheit im Parlament nicht möglich ist. Die Parlamentarischen Staatssekretäre verlieren ihre Position mit Verlust oder Aufgabe des Abgeordnetenstatus, sie teilen im Übrigen das politische Schicksal des Ministers, dem sie zugeordnet werden.

I. Bundeskanzler

An der **Spitze der Bundesregierung**, die laut Art. 62 GG vom Bundeskanzler und den Bundesministern gebildet wird, steht der Bundeskanzler.

1. Wählbarkeit und Wahl des Bundeskanzlers

a) Wählbarkeit

An die **Wählbarkeit** zum Amt des Bundeskanzlers sind keine besonderen, über § 15 BWahlG hinausgehenden Anforderungen gestellt. Der Kandidat muss, wie auch potentielle Bundestagsabgeordnete, 18 Jahre alt, Deutscher iSd Art. 116 Abs. 1 GG sein und das passive Wahlrecht besitzen.

Voraussetzung ist insb. **nicht**, dass der Kandidat **Mitglied** des deutschen Bundestages ist. Dieses Erfordernis könnte in Art. 63 Abs. 1 GG angelegt werden, so mit einer Art. 52 Abs. 1

144 Vgl. hierzu *Tschentscher*, Bundesaufsicht in der Bundesauftragsverwaltung, S. 77 ff.

145 *Maurer*, Staatsrecht I, § 14 Rn. 15.

146 *Maurer*, Staatsrecht I, § 14 Rn. 10.

LVerf NRW vergleichbaren Formulierung: *„Der Landtag wählt aus seiner Mitte...“*; dies ist nach Art. 63 Abs. 1 GG nicht verlangt.

> **Merke:**
> Bislang gehörte nur ein Bundeskanzler nicht dem Bundestag als Abgeordneter an. So trat Bundeskanzler Heinz Erhard nach der Wahl zum 5. Deutschen Bundestag (1965-1969) am 30.11.1966 als Bundeskanzler einer CDU/FDP-Koalition zurück. Neuer Kanzlerkandidat der CDU wurde Kurt Georg Kiesinger, der zu dieser Zeit Ministerpräsident des Landes Baden-Württemberg war. Kiesinger, wegen seiner früheren NSDAP-Zugehörigkeit umstritten, wurde am 01.12.1066 zum Kanzler der ersten großen Koalition zwischen CDU und SPD gewählt. Da er nicht Abgeordneter war, hatte er als Bundeskanzler in den Bundestagssitzungen zwar Teilnahme- und Rederecht, aber kein Stimmrecht.

Im Amt unterliegt der Bundeskanzler dann – wie die Bundesminister – den Vorgaben des Art. 66 GG, der insb. verbietet, dass die Mitglieder der Regierung ein anderes besoldetes Amt führen, ein Gewerbe oder einen anderen Beruf ausüben. Auch darf er kein Unternehmen leiten oder ohne Zustimmung des Bundestages einem Aufsichtsrat eines Unternehmens angehören. Weitere **Inkompatibilitätsbestimmungen** enthält das Bundesministergesetz (BMinG).

b) Wahl des Bundeskanzlers

Die Wahl des Bundeskanzlers vollzieht sich nach Art. 63 GG. Sie erfolgt jedenfalls regelmäßig zu **Beginn** der **Legislaturperiode**. Jedoch sind weitere Kanzlerwahlen, so nach Rücktritt oder Tod eines Kanzlers, oder durch konstruktives Misstrauensvotum (Art. 67 GG)[147] nicht ausgeschlossen.

Zunächst schlägt der **Bundespräsident** dem Bundestag einen Kandidaten zur Wahl vor. Er ist dabei grundsätzlich frei in seinem Vorschlagsrecht. Er ist insb. nicht gebunden an das Ergebnis von Koalitionsverhandlungen oder durch eine evtl. Erwartungshaltung in Politik und Bevölkerung. Gleichwohl orientiert sich der Bundespräsident in der Praxis an den voraussichtlichen Erfolgsaussichten der in Frage kommenden Personen, so dass regelmäßig derjenige vorgeschlagen wird, der sich nach Koalitionsverhandlungen zwischen regierungswilligen Parteien als Kandidat einer mehrheitsfähigen Koalition abzeichnet.

In dieser ersten Wahlphase (Art. 63 Abs. 1, 2 GG) versucht der Kandidat, die Mehrheit der Stimmen der gesetzlichen Mitglieder, in der 18. Legislaturperiode bspw. also mindestens 316 von 631 Abgeordnetenstimmen, zu erlangen; diese Mehrheit wird auch – nicht nur bei der Kanzlerwahl – als absolute Mehrheit oder „Kanzlermehrheit“ bezeichnet. Erringt der Kandidat diese Mehrheit, ist er vom Bundespräsidenten zu ernennen. Bislang sind alle Kanzler, die im Verfahren nach Art. 63 GG gewählt wurden, in der ersten Wahlphase erfolg-

---

[147] Vgl. dazu unten Kap. 3 B I 2 b.

reich gewesen. Die Wahl erfolgt „ohne Aussprache", d.h. der Kandidat stellt nicht etwa zuvor sein politisches Programm vor oder stellt sich der politischen Diskussion; dieser Gedanke kann auf alle weiteren Wahlphasen übertragen werden.[148]

Gelingt es in der ersten Wahlphase dagegen nicht, die notwendige (Kanzler-)Mehrheit zu erreichen, kann nunmehr binnen 14 Tagen in der zweiten Wahlphase eine Wahl des Kanzlers auf Vorschläge aus dem Parlament hin erfolgen (Art. 63 Abs. 3 GG); es kann hierunter auch der Kandidat der ersten Wahlphase sein. Innerhalb dieser 14-Tage-Frist können beliebig viele **Wahlgänge** stattfinden. Ziel ist wiederum, einen Kandidaten mit **absoluter Mehrheit** zum Bundeskanzler zu wählen. Gelingt dies, ist der Bundespräsident abermals verpflichtet, die Ernennung vorzunehmen.

Gelingt es binnen der 14 Tage nicht, die Wahl erfolgreich durchzuführen, folgt eine weitere, dritte Wahlphase mit einem Wahlgang (Art. 63 Abs. 4 S. 1 GG). Die Wahlvorschläge hierzu, auch ggf. wieder solche, die bereits Gegenstand der vorherigen Wahlphasen waren, kommen aus dem Parlament. Hier ist jedenfalls zunächst gewählt, wer mindestens die Mehrheit der abgegebenen Stimmen – einfache Mehrheit – erringt. Die Frage, ob der Bundespräsident die Ernennung vornehmen muss, hängt dann aber davon ab, welche Mehrheit der Gewählte tatsächlich erreicht hat. Wurde er mit absoluter Mehrheit gewählt, muss der Bundespräsident ihn ernennen. Wurde er dagegen nur mit **einfacher Mehrheit**, also ohne Kanzlermehrheit gewählt, hat der Bundespräsident ein Wahlrecht. Er kann binnen sieben Tagen die Ernennung vornehmen, billigt damit zugleich eine potenziell instabile Minderheitsregierung. Er kann aber auch die Ernennung ablehnen, den Bundestag **auflösen** und so den Weg für Neuwahlen freimachen.

2. Amtszeit und Beendigung des Amtes

a) Einzelne Beendigungstatbestände

Die Amtszeit des Bundeskanzlers beginnt mit der Ernennung durch den Bundespräsidenten. Das „normale" Ende der **Amtszeit** eines Bundeskanzlers wird durch Art. 69 Abs. 2 GG markiert: Das Amt endet regulär mit dem Zusammentritt des neuen Bundestages. Daneben, vom Grundgesetz nicht geregelt, endet das Amt auch mit dem **Tode** des Kanzlers. Daneben kann der Kanzler, auch hierzu äußert sich das Grundgesetz nicht, nach dem Grundsatz der Freiwilligkeit der Amtsübernahme von seinem Amt ohne Nennung von Gründen **zurücktreten**. Hierzu richtet er ein Entlassungsgesuch an den Bundespräsidenten. Die Folge dieses Rücktritts ist nicht eindeutig. Jedenfalls kann der Bundestag einen neuen Kanzler wählen. Es wird aber auch erwogen, dass der Bundespräsident in diesem Moment das Recht hat, den Bundestag aufzulösen. Ein solches Recht dürfte aber wegen der eindeutig bezeichneten – und damit im Zweifel abschließend genannten – Auflösungsgründe (Art. 63 Abs. 4, 68 GG) abzulehnen sein.[149] Die Beendigung des Amtes nach (echter oder unechter)

---

148 Vgl. *Oldiges* in Sachs, Grundgesetz-Kommentar, Art. 67 GG Rn. 22.

149 In diesem Sinne auch *Schenke*, NJW 1982, 2521, 2526 f. mwN, auch für die Gegenansicht, dass die Auflösung zulässig sei.

verlorener Vertrauensfrage, Bundestagsauflösung und Neuwahl (Art. 68 GG)[150] ist letztlich ein Regelfall nach Art. 69 Abs. 2 GG, da dies zu einem Zusammentritt eines neuen Bundestages führt.

Damit mit der Beendigung des Amtes des Kanzlers keine regierungslose Zeit eintritt, sieht Art. 69 Abs. 3 GG vor, dass der Bundespräsident den Kanzler ersuchen kann, die Regierungsgeschäfte **kommissarisch** fortzuführen. Diese Aufgabe kann in Fällen des Rücktritts, des Todes oder der Amtsunfähigkeit ggf. durch den Vizekanzler (Art. 69 Abs. 1 GG) erfolgen. Der Kanzler/Vizekanzler muss dem Ersuchen Folge leisten, der Bundespräsident dürfte zur Vermeidung einer regierungslosen Zeit aber auch verpflichtet sein, dass Ersuchen an die Betreffenden zu richten. Eigentlich handelt es sich bei der kommissarischen Regierungsführung um eine vollwertige Regierungsverantwortlichkeit, letztlich hat sich aber eingebürgert, dass in dieser Zeit – soweit vermeidbar – keine grundlegenden Entscheidungen getroffen werden.

b) Sonderfall: Konstruktives Misstrauensvotum

Ein weiterer Beendigungstatbestand ist nach Art. 67 GG das sog. konstruktive Misstrauensvotum. Der Bundestag kann dem amtierenden Bundeskanzler dadurch das Misstrauen aussprechen, dass er einen neuen Bundeskanzler wählt. Der Anwendungsfall des Art. 67 GG ist regelmäßig die politische Krisensituation, in der der Kanzler den Rückhalt der Mehrheit der Abgeordneten verloren hat. Verbunden ist die **Neuwahl** des **Kanzlers** mit der Pflicht des Bundespräsidenten zur Entlassung des alten und der Ernennung des neugewählten Bundeskanzlers.

Das „**Konstruktive**" an diesem Misstrauensvotum ist, dass der Kanzler abgewählt wird, die Abwahl aber durch Wahl eines neuen Kanzlers geschieht, so dass keine kanzler- bzw. regierungslose Situation folgt. Erforderlich ist damit aber ein Wahlvorschlag mit Nennung eines konkreten Kandidaten, verbunden mit der Entscheidung über den Antrag, den Bundespräsidenten um Entlassung des alten Kanzlers zu ersuchen. Der Antrag muss nach § 97 Abs. 1 GOBT von einem Viertel der Abgeordneten getragen werden. Der Wahlgang darf zum Schutz vor Übereilung erst 48 Stunden nach Eingang des Antrags beim Bundestagspräsidenten durchgeführt werden (Art. 67 Abs. 2 GG).

> Merke:
> In der Geschichte der Bundesrepublik sind zwei konstruktive Misstrauensvoten angestrengt worden. Das erste im Jahre 1972 von Rainer Barzel, CDU, gegen Kanzler Willy Brandt, SPD, war nicht erfolgreich; heute geht man davon aus, dass das Ministerium für Staatssicherheit der DDR Abgeordnete der Union bestochen hat, damit sie nicht für Barzel stimmen. Das zweite Misstrauensvotum im Jahre 1982 von Helmut Kohl, CDU, gegen Helmut Schmidt, SPD, hatte dagegen Erfolg.

---

150 Vgl. zu den Folgen der (gescheiterten) Vertrauensfrage oben Kap. 3 A VII.

3. Rechte und Aufgaben des Bundeskanzlers

Beispielfall 20:
Bundeskanzler K erfährt nach seiner Wahl zum Bundeskanzler und vor der Vorlage der Kabinettsliste an den Bundespräsidenten, dass der M, der als Verteidigungsminister vorgesehen ist, in jüngeren Jahren durch Protestkundgaben gegen die Bundeswehr und die Störung von öffentlichen Vereidigungen der Bundeswehr aufgefallen ist. K fürchtet, dass „die Truppe" rebellieren wird. Er beabsichtigt daher, da so schnell kein Besserer zur Hand ist, sich selbst neben dem Amt des Kanzlers das Ressort des Verteidigungsministers zuzuweisen.

Der Bundeskanzler besitzt zunächst das sog. materielle **Kabinettsbildungsrecht**; das Kabinett war das (Hinter-)Zimmer des Herrschers, in denen er seine Vertrauten empfing. Er hat also das Recht, im Rahmen der Vorgaben des Grundgesetzes[151] die Zahl und den Zuschnitt der Ministerien zu bestimmen (Organisationskompetenz) und zugleich seine Ministerriege festzulegen (Personalkompetenz). Zugleich kann er auch die Entlassung von Ministern durch Vorschlag gegenüber dem Bundespräsidenten veranlassen. Dabei ist er grds. nicht gehindert, zugleich ein Ministerressort selbst zu übernehmen.[152] Ob hiergegen Art. 66 GG streitet, ist allerdings nicht eindeutig; unzulässig wäre es, neben dem Salär als Kanzler auch noch die Bezüge als Minister zu beanspruchen. Art. 66 GG kann aber auch so gelesen werden, dass kein weiteres Amt übernommen werden darf, für das überhaupt eine Besoldung vorgesehen ist, gleich ob man diese erhalten will oder nicht. Die Ratio des Art. 66 GG dürfte aber sein, eine anderweitig ausgeübte Erwerbstätigkeit zu vermeiden.[153]

Er leitet die Sitzungen der Regierung, die **Kabinettssitzungen**. Im Verteidigungsfall geht die Befehls- und Kommandogewalt vom Bundesverteidigungsminister gem. Art. 115b GG auf den Bundeskanzler über. Bezogen auf das Kollegialorgan „Bundesregierung" hat er gem. Art. 65 S. 1 GG die Richtlinienkompetenz, also das Recht, die Leitlinien der Politik vorzugeben.[154]

Lösung zu Beispielfall 20:
Nicht zu beanstanden ist, dass sich der Bundeskanzler selbst ein Ressort neben dem Amt des Kanzlers zuweist; auch dies ist von seiner Personalhoheit gedeckt. Dabei ist davon auszugehen, dass der Kanzler nicht „doppelt Gürkchen", also das Ministergehalt haben will.
Da der Kanzler das Verteidigungsministerium nicht dem Kanzleramt einverleiben will (Realunion), sondern als Bundesminister der Verteidigung als Chef des Ressorts agieren will (Personalunion), existiert den Vorgaben des Grundgesetzes entsprechend auch formal ein Verteidigungsminister.[155]

---

151 Dazu näher unten Kap 3 B II.

152 So im Ergebnis auch *Oldiges* in Sachs, Grundgesetz-Kommentar, Art. 65 GG Rn. 10.

153 So auch *Oldiges* in Sachs, Grundgesetz-Kommentar, Art. 66 GG Rn. 22; *Leisner* in Sodan, Grundgesetz-Kommentar, Art. 64 Rn. 7.

154 Dazu näher unten Kap. 3 B I 3.

155 Dazu unten Kap. 3 B II 1.

Problematisch könnte aber sein, dass Art. 65a GG im Zusammenspiel mit Art. 115b GG eine Personenverschiedenheit nahelegt. Die Frage der Zulässigkeit einer Personengleichheit wird unterschiedlich beantwortet. Teilwiese wird jegliche Personalunion mit den Pflichtministerien abgelehnt,[156] teilweise wird dieses Vorgehen als nicht wünschenswert, aber ausnahmsweise zulässig angesehen.[157]
Je nach Sicht kann das Vorgehen als zulässig oder unzulässig gelten; jedenfalls ist davon auszugehen, dass das Grundgesetz die Personalunion nicht vor Augen hatte.

Schließlich hat der Kanzler das Recht, dem Parlament die **Vertrauensfrage** zu stellen (Art. 68 GG), um sich so des Rückhalts der Mehrheit der Abgeordneten zu versichern.[158] Zulässiger Weise (arg. e. Art. 81 Abs. 1 S. 2 GG) – und in der Praxis schon geschehen – kann die Vertrauensfrage mit einer kritischen politischen Sachfrage oder einer Gesetzesvorlage verbunden werden. Der Kanzler macht damit sein Schicksal als Kanzler von der Gefolgschaft in dieser Frage abhängig („*Wer mich liebt, stimmt für mich auch in dieser Frage! Beweist', Ihr Abgeordneten, mir Eure Liebe!*"). Er baut damit einen erheblichen Druck auf die Abgeordneten auf; Zweifel an der Rechtmäßigkeit dieses Vorgehens könnten sich aus Art. 38 Abs. 1 S. 2 GG ergeben, aus dem freien Mandat des Abgeordneten. Wie aber oben gezeigt[159], sichert das freie Mandat nur die Rechtsstellung des Abgeordneten gegen Eingriffe Dritter, rein politischer Druck dagegen muss zulässig sein, auch wenn mittelbar (bei Verlust des Vertrauens des Kanzlers) in der Folge eine Bundestagsauflösung in Betracht kommt.

Merke:
Bundeskanzler Gerhard Schröder verknüpfte im Jahre 2001 die Frage der Zustimmung zum Afghanistan-Einsatz der Bundeswehr mit der Vertrauensfrage, um so insb. die Abgeordneten der Grünen-Fraktion als Koalitionspartner auf die Regierungslinie zu bringen. Die Grünen-Fraktion stimmte mehrheitlich zähneknirschend für den Einsatz und sprach Schröder damit gleichzeitig das Vertrauen aus – oder umgekehrt, zähneknirschend jedenfalls.

Im Übrigen vertritt der Kanzler die Bundesrepublik im Rahmen der innerstaatlichen Kompetenzverteilung nach außen. So tritt bei den Treffen der Staats- und Regierungschefs etwa auf europäischer Ebene (im Europäischen Rat als Treffpunkt der Staats- und Regierungschefs[160]) der Bundeskanzler als die Person mit den am weitesten reichenden politischen **Entscheidungsbefugnissen** auf, auch wenn die offizielle völkerrechtliche Außenvertretung gem. Art. 59 Abs. 1 GG der Bundespräsident innehat.

---

156 *Plaum*, DVBl 1958, 452 ff; speziell für den Verteidigungsminister *Schmahl-Leisner* in Sodan, Grundgesetz-Kommentar, Art. 65a GG Rn. 7.

157 So wohl *Böckenförde*, Die Organisationsgewalt im Bereich der Regierung, S. 200; auch *Dürig* in MDHS, Grundgesetz-Kommentar (Vorauflage), Art. 65a GG Rn. 39.

158 Zur sog. unechten oder auflösungsgerichteten Vertrauensfrage vgl. schon oben Kap. 3 A VII.

159 Dazu näher oben Kap. 3 A III 1.

160 Dazu unten Kap. 11 A.

> **Merke:**
> Wer sich bislang immer noch nicht für den Job interessiert, hier das Sahnehäubchen: Der Bundeskanzler hat Anspruch auf eine Amtswohnung mit Ausstattung (§ 12 Abs. 1 S. 1 BMinG). Die derzeitige Amtswohnung ist gelegen im Regierungsviertel in Berlin, Bundeskanzleramt, 8. Etage, Willy-Brandt-Str. 1, 10557 Berlin, Grundrenovierung bei Einzug inclusive.

II. Bundesminister

Die persönlichen Voraussetzungen für die Ernennung zum Bundesminister entsprechen denen des Kanzlers. Auch der Bundesminister muss nicht Abgeordneter sein. Der **Zuschnitt** der Ministerien obliegt dem Kanzler ebenso wie die Personalauswahl. Das Grundgesetz sieht drei Minister **ausdrücklich** vor, den Justizminister (Art. 96 Abs. 2 S. 4 GG), den Verteidigungsminister (Art. 65a, 115b GG) und den Finanzminister (Art. 108 Abs. 3, 112, 114 Abs. 1 GG); diese Ministerien sind als Pflichtministerien zu errichten.

1. Erlangung des Ministeramtes

Den Personalvorschlag für die Ministerernennung macht im Rahmen seines Kabinettsbildungsrechtes der Bundeskanzler gegenüber dem Bundespräsidenten. Dieser ernennt den Bundesminister. Die Formulierung des Art. 63 Abs. 1 GG „werden auf Vorschlag ... ernannt" legt eine **Ernennungspflicht** des Bundespräsidenten nahe, wenn die rechtlichen Voraussetzungen (Einhaltung bspw. der Vorgaben des Art. 66 GG und des BMinG) erfüllt sind.

2. Ende des Ministeramtes

Regulär endet das Amt des Ministers mit dem Ende des Amtes des Kanzlers, gleich wie diese „**Erledigung**", wie Art. 69 Abs. 2 GG es nennt, zustande kommt; hier kommen alle zuvor genannten Beendigungstatbestände in Betracht.[161]

Der Minister kann, wie bereits Art. 64 Abs. 1 GG besagt, auf Vorschlag des Kanzlers durch den Bundespräsidenten **entlassen** werden. Auch hier ist der Präsident verpflichtet zu entlassen; spätestens die Variante der Entlassung zeigt, dass sich der Kanzler, der zu seiner Ministerriege Vertrauen haben muss, mit seinem „Vorschlag" durchsetzen können muss. Selbstverständlich steht dem Minister das Recht zu, zurück zu treten. Auch der Tod, wenig verwunderlich, beendet das Amt. Keinen unmittelbaren Einfluss hat das Parlament auf das Amt des einzelnen Ministers. Das Misstrauen kann nur dem Kanzler auf dem Weg über Art. 67 GG ausgesprochen werden. Ein untechnisches Misstrauensvotum des Parlaments bezogen auf einen Minister würde – allenfalls, aber immerhin – politischen Druck auf den Kanzler ausüben, der sich dann entscheiden müsste, den Minister zu entlassen oder – gegen den Willen des Parlamentes – an ihm fest zu halten.

---

161 Dazu oben Kap. 3 B I 2 a.

3. Rechte der Minister und Sonderrechte einzelner Minister

Die Bundesminister leiten ihr Ressort **eigenverantwortlich** (Ressortkompetenz, Art. 65 S. 2 GG) und sind im Kabinett grds. gleichberechtigt, auch wenn die Größe oder Wichtigkeit des Ressorts eine politische Rangfolge vorgeben mag. Einzelne Minister haben allerdings Sonderrechte. So ist der Verteidigungsminister nach Art. 65a GG Inhaber der Befehls- und Kommandogewalt über die Bundeswehr in Friedenszeiten. Nach Art. 112 GG steht dem Bundesfinanzminister ein Zustimmungsrecht bei außer- und überplanmäßigen Ausgaben zu, die aber unvorhergesehen und unabweisbar sein müssen. Im Übrigen hat er nach § 26 Abs. 1 Geschäftsordnung der Bundesregierung (GOBReg) im Kabinett ein Widerspruchsrecht bei finanziellen Fragen. Ebenso können nach § 26 Abs. 2 GOBReg Innen- und Justizminister bei Maßnahmen oder Gesetzesentwürfen der Regierung widersprechen, die zu ihrer Überzeugung gegen geltendes Recht verstoßen.

III. Exkurs: Koalitionsvereinbarungen

Die Politik auf Bundesebene ist seit Beginn der Bundesrepublik durch **Regierungskoalitionen** bestimmt. In wechselnden Konstellationen bilden zwei oder mehr Parteien die Regierung. Das Regierungsprogramm wird nach der Bundestagswahl zwischen koalitionswilligen Parteien, die zunächst in Sondierungsgesprächen die Möglichkeiten einer Koalition ausloten, ausgehandelt.

> **Beispielfall 21:**
> Bundeskanzler K hält den M, der vom Koalitionspartner in der Koalitionsvereinbarung als Sozialminister festgelegt worden ist, für unfähig So hat der M, mit dem goldenen Löffel im Mund geboren, mehrfach öffentlich über „Sozialschmarotzer" und „Nuckler an der Titte der Wohlfahrt" abgehetzt. Der Kanzler beabsichtigt daher, kurzfristig den S als Sozialminister vorzuschlagen.
> Der Bundespräsident B, der den Inhalt der Koalitionsvereinbarung kennt, bekommt die Kabinettsliste vorgelegt. Er zweifelt, ob er dem Ansinnen des Kanzlers, den S zum Sozialminister zu ernennen, Folge leisten will. Schließlich könne er nicht dulden, dass die Regierungsbildung mit einem „Rechtsbruch" bezogen auf die Besetzung der Ministerämter lt. Koalitionsvereinbarung beginnt.
> Darf B die Ernennung des S zum Sozialminister verweigern?

1. Rechtscharakter und „Vertragspartner"

Der **Rechtscharakter** der Koalitionsvereinbarung ist umstritten. Teils wird die Koalitionsvereinbarung als zivilrechtlicher Vertrag angesehen. Diese Betrachtungsweise folgt primär aus der Betrachtung der „Vertragspartner". Die Einigung erfolgt grds. zwischen den Parteien, die die Koalition einzugehen gedenken. Parteien sind zivilrechtliche Rechtsgebilde,[162]

---

[162] Dazu oben Kap. 3 A V 3 a.

woraus auf den zivilrechtlichen Charakter der Vereinbarung geschlossen wird. Im Rückgriff auf Rechtsprechung des Bundesgerichtshofs wird auch der Charakter als verwaltungsrechtlicher Vertrag (§§ 54 ff. VwVfG) erwogen, wobei diese Rechtsprechung nur technische Vorfragen, nicht aber die Koalitionsvereinbarung selbst betraf. Vorzugswürdig dürfte sein, die Koalitionsvereinbarung als staatsrechtliche Vereinbarung sui generis (eigener Art) zwischen am Verfassungsleben beteiligten Vereinigungen anzusehen.[163]

2. Bindungswirkung der Koalitionsvereinbarung

Gegen die Einordnung der Koalitionsvereinbarung als zivilrechtlichen Vertrag spricht insb., dass die dort getroffenen Festlegungen als nicht rechtlich, sondern allenfalls politisch bindend angesehen werden. Entsprechend sind die Inhalte auch nicht – insoweit eben auch nicht vertragstypisch – gerichtlich durchsetzbar. Die Annahme einer rechtlichen **Bindungswirkung** würde auch der rechtlichen Position insb. des Bundeskanzlers widersprechen. Koalitionsvereinbarungen enthalten Aussagen über die Leitlinien und Ziele der Politik der kommenden Legislaturperiode, ebenso häufig Festlegungen über die Zuweisung von Ministerien an Parteien bzw. konkrete Personen in den Parteien. Wären diese Vorgaben rechtlich verbindlich, würde dies dem materiellen Kabinettsbildungsrecht des Kanzlers und dessen Richtlinienkompetenz widersprechen. Unbestritten ist, dass der Bundeskanzler nicht beliebig von den Aussagen der Koalitionsvereinbarung abweichen kann. Dies gilt aber in erster Linie deshalb, weil so kurz- oder mittelfristig der Bruch der Koalition zu befürchten wäre.

Lösung zum Beispielfall 21:
Der Bundespräsident ist grundsätzlich verpflichtet, den Vorschlägen des Kanzlers für die Ernennung der Minister Folge zu leisten. Zugestanden wird ihm aber eine Berücksichtigung von Rechtshindernissen bez. einer Ernennung.
Da nicht ersichtlich ist, dass der S gegen Inkompatibilitätsvorschriften nach GG oder BMinG verstößt, kommt allenfalls eine Berücksichtigung der Festlegungen in der Koalitionsvereinbarung in Betracht. Wären diese rechtlich verbindlich, könnte dem B eine Berufung hierauf zuzugestehen sein. Dies ist schon bei Annahme einer rechtlichen Verbindlichkeit der Vereinbarung zweifelhaft, da der Bundespräsident zwar im Rahmen des Rechtsstaatsprinzips die Gesetze achten muss, nicht aber die Einhaltung von Verträgen zwischen Dritten zu kontrollieren hat. Entscheidend ist aber, dass die Koalitionsvereinbarung nicht rechtlich bindend und schon von daher kein Rechtshindernis ersichtlich ist.
Allerdings ist der Bundespräsident nicht gehindert, den Bundeskanzler im Interesse einer stabilen Regierung auf die politischen Konsequenzen seines Handelns mahnend hinzuweisen.[164]

---

163 Vgl. den Überblick bei *Maurer*, Staatsrecht I, § 14 Rn. 23 ff.; 30.

164 In diesem Sinne auch *Oldiges* in Sachs, Grundgesetz-Kommentar, Art. 64 GG Rn. 16.

IV. Aufgabenverteilung in der Bundesregierung

1. Richtlinien- und Ressortkompetenz, Kollegialprinzip

Art. 65 GG regelt die grundsätzliche Aufgabenverteilung innerhalb der Regierung, die durch die Richtlinienkompetenz (Art. 65 S. 1 GG), die Ressortkompetenz (Art. 65 S. 2 GG) und das Kollegialprinzip (Art. 65 S. 3 GG) gekennzeichnet ist.

Der Bundeskanzler hat innerhalb der Regierung die **Richtlinienkompetenz** (Art. 65 S. 1 GG): Er bestimmt die Richt- oder **Leitlinien** der Politik, jedenfalls bez. der Zielsetzungen, da die Umsetzung zumeist der Mitwirkung durch den Bundestag bedarf. Im Rahmen der Richtlinien führen die Minister ihr Ressort eigenständig (**Ressortkompetenz**[165]). Von der Richtlinienkompetenz sind die grundlegenden politischen Entscheidungen der Bundespolitik erfasst. Was genau die Richtlinien sind, steht nicht fest.

Beispiele:
Auslandseinsätze der Bundeswehr (hinsichtl. des „Ob", nicht das „Wie", was Sache des Verteidigungsministers ist), Aufnahme oder Abbruch von diplomatischen Beziehungen zu anderen Staaten, Kurswechsel in der Sozialpolitik („Agenda 2010"), Einführung einer Finanzmarktsteuer, Verlängerung der Laufzeiten von Kernkraftwerken (einerseits), Atomausstieg (andererseits), Einführung oder Nichteinführung eines Mindestlohns

---

Allerdings hat der Kanzler nicht das Recht, frei zu definieren, was gerade Richtlinie der Politik ist, um so seinen politischen Handlungsspielraum bspw. auch in die Ressorts der einzelnen Minister hinein zu erweitern. Eingegrenzt wird die Richtlinienkompetenz des Kanzlers in der Praxis zudem durch Koalitionsvereinbarungen, die die Richtlinien der Regierungspolitik vorzeichnen und für den Kanzler wenn keine rechtliche, so doch politische Verbindlichkeit besitzen.[166]

Umstritten ist, wie weit sich aus der Richtlinienkompetenz ein **Einzelweisungsrecht** gegenüber einem Minister herleiten lässt; überzeugend ist, dass trotz der Ressortkompetenz bei wichtigen politischen Entscheidungen die Leitlinien der Politik des Kanzlers auch im Einzelweisungswege durchgesetzt werden dürfen. Dies folgt schon daraus, dass der Kanzler nach außen die Verantwortung für die Regierungspolitik trägt und ggf. nur er durch Misstrauensvotum abgelöst werden kann. Die Einzelweisungen dürfen aber nicht dazu führen, dass die Ressortverantwortlichkeit des Ministers ausgehöhlt wird.[167]

Bei Meinungsverschiedenheiten zwischen Ministern entscheidet nach Art. 65 S. 3 GG „die Bundesregierung", d.h., dass, wenn eine Streitschlichtung nicht gelingt, ggf. durch Mehrheitsbeschluss entschieden wird (§ 9 S. 2 GOBReg). Der Kanzler hat insoweit keine hervorgehobene Position, wobei sich seine Stimme in der Praxis im Zweifel durchsetzen wird, das sog. „**Machtwort** des Kanzlers".

---

165 Dazu näher unten Kap. 3 B II 3.

166 Dazu näher unten Kap. 3 B III 2.

167 *Gröpl*, Staatsrecht I, Rn. 1420 f.

Merke:
Im Jahr 2016 hatte die Bundesregierung darüber zu befinden, ob gem. §§ 103, 104a StGB dem Ansinnen des türkischen Staates entsprochen werden sollte, die Ermächtigung für die Strafverfolgung des Kabarettisten Böhmermann zu erteilen. Dieser hatte den türkischen Staatspräsidenten Erdogan mit dem Vortrag eines Gedichtes mit partiell wohl beleidigendem Inhalt im Rahmen einer Fernsehsendung angegangen.
§ 104a StGB lautet: *„Straftaten nach diesem Abschnitt werden nur verfolgt, wenn die Bundesrepublik Deutschland zu dem anderen Staat diplomatische Beziehungen unterhält, die Gegenseitigkeit verbürgt ist und auch zur Zeit der Tat verbürgt war, ein Strafverlangen der ausländischen Regierung vorliegt und die Bundesregierung die Ermächtigung zur Strafverfolgung erteilt."*
Dem Vernehmen nach wurde hierüber in einer Runde von ausgewählten SPD- und CDU-Ministern (Außenminister/Justizminister SPD, Innenminister/"Kanzleramt" CDU[168]) unter Beteiligung der Bundeskanzlerin entschieden, deren Stimme aufgrund Gleichstand der Abstimmung den Ausschlag gegeben haben soll. Ein solches Abstimmungsverfahren ist nicht im GG, Art. 65 S. 3 GG, und auch nicht in der GOBReg vorgesehen und wäre daher letztlich verfassungswidrig. Aber wo kein Kläger, da kein Richter.

2. Vertretung

Das Grundgesetz bestimmt in Art. 69 Abs. 1 GG, dass der Bundeskanzler einen Minister als Stellvertreter („**Vizekanzler**") benennt. Dieser wird in der Praxis vom (nächst-)kleineren Koalitionspartner gestellt. Die Bundesminister werden aufgrund kabinettsinterner Festlegung durch einen im Vorhinein bestimmten anderen Bundesminister vertreten.

Im Falle der Bundestagsauflösung bzw. in der Zeit nach Zusammentritt des Bundestages und Wahl des neuen Kanzlers *„kann"* der Bundespräsident den alten Kanzler ersuchen, geschäftsführend im Amt zu bleiben. Der Kanzler muss diesem Ansinnen nachkommen (Art. 69 Abs. 3 GG). Es ist zugleich davon auszugehen, dass der Präsident das Ersuchen an den Kanzler regelmäßig richten muss.[169]

V. Aufgaben der Bundesregierung

Zunächst ist die Bundesregierung mit dem Kanzler an der Spitze das Organ der materiellen **Staatsleitung**.[170] Der Bundesregierung steht als Kollegialorgan das Recht zu, Gesetzesinitiativen auf den Weg zu bringen (Art. 76 Abs. 1 GG). Daneben hat die Regierung Stellungnahmerechte zu Initiativen des Bundesrates (Art. 76 Abs. 3 GG). Auch kann die Bundesregierung im Gesetzgebungsverfahren den Vermittlungsausschuss anrufen (Art. 77 Abs. 2 S. 4 GG). Im Abschlussverfahren müssen der Kanzler und/oder der zuständige Minister ein Gesetz vor Ausfertigung durch den Bundespräsidenten gegenzeichnen.

---

168 Vgl. http://www.tagesspiegel.de/politik/satire-affaere-boehmermann-erdogan-merkel-und-die-folgen/13455884.html, zuletzt abgerufen am 05.06.2016.

169 *Oldiges* in Sachs, Grundgesetz-Kommentar, Art. 69 GG Rn. 29 mwN.

170 Dazu schon oben Kap. 3 B I 3.

Im Bund-Länderverhältnis kann die Bundesregierung, wenn ein Bundesland seine Pflichten nach dem Grundgesetz oder einem Bundesgesetz dem Bund gegenüber nicht erfüllt, den sog. **Bundeszwang** nach Art. 37 GG ausüben. Die Bundesregierung kann die Maßnahmen treffen, um das betreffende Land zur Einhaltung seiner Pflichten anzuhalten. Dies kann bspw. die Einsetzung eines Bundesbeauftragten oder eines Staatskommissars als provisorische Leitung des Landes sein. Auch kann die Bundesregierung Weisungen gegenüber den Ländern und ihren Behörden erteilen. Der Bundeszwang, der bislang noch nicht ausgeübt werden musste, bedarf der Zustimmung des Bundesrates.

Im Bereich exekutiver Rechtssetzung kann die Regierung zum Erlass von **Rechtsverordnungen** ermächtigt werden; diese Ermächtigung kann durch den Gesetzgeber aber auch einzelnen Bundesministern erteilt werden (Art. 80 GG). Im Bereich des Gesetzesvollzuges kann der zuständige Minister daneben für das jeweilige Ressort Verwaltungsvorschriften gegenüber nachgeordneten Behörden oder auch gegenüber den Behörden der Länder erlassen (Art. 84 ff. GG). In diesem Kontext steht auch die Aufgabe der Rechtmäßigkeits- und Zweckmäßigkeitskontrolle (Rechts- und Fachaufsicht) beim Vollzug der Bundesgesetze.

Weiterhin ist die Bundesregierung in verschiedenen Verfahren vor dem **Bundesverfassungsgericht** antragsberechtigt, so im Organstreitverfahren (Art. 93 Abs. 1 Nr. 1 GG), mit der Behauptung, durch ein anderes Staatsorgan in eigenen Rechten verletzt zu sein. Hier können auch der Bundeskanzler und die Bundesminister als Organteile der Bundesregierung und Inhaber eigener Rechte für sich antragsbefugt sein. Die Bundesregierung kann zudem die abstrakte Normenkontrolle nach Art. 93 Abs. 1 Nr. 2 GG, ein Bund-Länderstreitverfahren nach Art. 93 Abs. 1 Nr. 4 GG und Parteiverbotsverfahren (§ 43 Abs. 1 BVerfGG) anstoßen.

Im Rahmen ihrer Ressortkompetenz repräsentieren die Mitglieder der Bundesregierung die Bundesrepublik Deutschland im **Ministerrat** oder auch Rat der Europäischen Union, und zwar in der jeweils ihrem Ressort entsprechenden Ratsformation.[171]

C Bundesrat

Der Bundesrat ist die Vertretung der Länder bzw. Landesregierungen, die über den Bundesrat bei der Gesetzgebung und Verwaltung des Bundes und in Angelegenheiten der Europäischen Union mitwirken (Art. 50 GG). Obgleich der Bundesrat Vertretung der Länder ist, ist er oberstes **Verfassungsorgan des Bundes.**[172] Der Bundesrat ist im Kern geregelt im IV. Abschnitt des Grundgesetzes (Art. 50-53 GG), er findet aber auch an anderen Stellen Erwähnung, etwa bez. der Beteiligung an der Bundesgesetzgebung.

Der Bundesrat ist, anders als der an die Legislaturperiode gebundene Bundestag, ein **kontinuierliches Gremium**, aber mit – entsprechend der Ergebnisse zwischenzeitlicher Landtagswahlen – wechselnden Mitgliedern.

---

171 Dazu unten Kap. 11 B.

172 Vgl. *Gröpl*, Staatsrecht I, Rn. 1113.

Merke:
Ein äußeres Zeichen dieser Kontinuität, auch in Abgrenzung zum Bundestag, ist die Nummerierung der Drucksachen, also der Beratungsunterlagen in Bundestag und Bundesrat. Bundestags-Drucksachen (BT-Drs.) sind nach laufender Nummer der Drucksache in der Legislaturperiode nummeriert (bspw. für die 18. Legislaturperiode BT-Drs. 18/2718: Kleine Anfrage von Abgeordneten der Grünen und der Fraktion Die Linke), die Drucksachen des Bundesrates (BR-Drs.) nach laufender Nummer im Jahr (bspw. BR-Drs. 115/14: Entwurf eines Gesetzes zur Änderung des Waffengesetzes).

Folge der Kontinuierlichkeit des Bundesrates ist zugleich, dass der Grundsatz der Diskontinuität[173] hier nicht gilt. Die wechselnden Besetzungen können aber dazu führen, dass eine heute noch bestehende Mehrheit zu einer bestimmten Frage, bspw. einem Gesetzentwurf, morgen nach einer Wahl – mit Wechsel der Regierungsmehrheit im Land und neuen Vertretern im Bundesrat – nicht mehr besteht oder eine solche Mehrheit neu entsteht.

I. Organe und Untergliederungen des Bundesrates

Wichtigstes Organ des Bundesrates ist der **Bundesratspräsident**. Er wird aus den Mitgliedern für ein Jahr (1.11.-31.10.) gewählt. Aufgrund der Königsteiner Vereinbarung von 1950 ist ein turnusgemäßer Wechsel zwischen den Ministerpräsidenten der Länder vorgesehen, wobei eine Wahl – aber entsprechend der vorgesehenen Reihung – stattfindet. Die Wahl folgt der Bevölkerungszahl in abfallender Reihenfolge, also von Nordrhein-Westfalen in Richtung Bremen und wieder beginnend bei Nordrhein-Westfalen.

Der Bundesratspräsident beruft die Plenarsitzungen des Bundesrates ein und leitet diese. Zugleich ist er gem. Art. 57 GG Vertreter des Bundespräsidenten.[174] Neben dem Bundesratspräsidenten werden zwei Vizepräsidenten gewählt, die den Bundesratspräsidenten etwa dann vertreten, wenn dieser in Vertretung des Bundespräsidenten tätig ist. Vizepräsidenten sind immer der vorherige und der kommende Bundesratspräsident.
Die meisten Entscheidungen des Bundesrates fallen im Plenum. Der Bundesrat bildet zur Vorbereitung der Beschlüsse wie der Bundestag Ausschüsse, diese aber dauerhaft. Das einzige beschlussfassende Gremium neben dem Bundesratsplenum ist die Europakammer (Art. 52 Abs. 3a GG), in der die Länder dann mit Stimmen entsprechend dem Kräfteverhältnis im Plenum vertreten sind.

II. Zusammensetzung des Bundesrates

Der Bundesrat besteht gem. Art. 51 Abs. 1 GG aus Mitgliedern der **Regierungen der Länder**, er spiegelt also nicht die Länderparlamente, sondern allein die jeweilige politische Führung der Länder wider. Mitglieder der Regierungen sind in Flächenstaaten die Ministerpräsidenten und Minister, in Stadtstaaten (Berlin, Hamburg, Bremen) der (Regierende Ober- oder Erste) Bürgermeister und Senatoren.

---

173 Dazu oben Kap. 3 A VII.

174 Dazu näher unten Kap. 3 D II 2.

Art. 51 Abs. 2 GG beschreibt die Stimmen, die das jeweilige Land im Bundesrat hat, wobei die Länder so viele Mitglieder entsenden können, wie sie Stimmen haben (Art. 51 Abs. 3 GG). Die **Staffelung** erfolgt anhand der Bevölkerungszahlen, wobei jedes Land mindestens drei Stimmen hat, Länder mit mehr als zwei Mio. Einwohnern, vier, mit mehr als sechs Mio. Einwohner fünf und mit mehr als sieben Mio. Einwohnern sechs Stimmen haben. Nach derzeitigem Bevölkerungsstand bedeutet dies für die einzelnen Bundesländer entsprechend den Bevölkerungszahlen nach Zensus 2011[175]:

Bundesland	Bevölkerung	Stimmen
Baden-Württemberg	10,57 Mio.	6
Bayern	12,52 Mio.	6
Berlin	3,38 Mio.	4
Brandenburg	2,45 Mio.	4
Bremen	0,65 Mio.	3
Hamburg	1,73 Mio.	3
Hessen	6.09 Mio.	5
Mecklenburg-Vorpommern	1,60 Mio.	3
Niedersachsen	7,78 Mio.	6
Nordrhein-Westfalen	17,55 Mio.	6
Rheinland-Pfalz	3,99 Mio.	4
Saarland	0,99 Mio.	3
Sachsen	4,05 Mio.	4
Sachsen-Anhalt	2,26 Mio.	4
Schleswig-Holstein	2,81 Mio.	4
Thüringen	2,17 Mio.	4
		69

Derzeit sind also in der Addition 69 Stimmen der Länder im Bundesrat vertreten. Die Stimmenzahlen sind gemessen an der Bevölkerungszahl erkennbar stabil, lediglich das Land Hessen hantiert recht knapp an der Grenze zu vier Stimmen anstelle der derzeitigen fünf. Die relativ starke Repräsentanz kleiner Länder gegenüber der schwachen Repräsentanz großer Länder zeugt von einem Moment des Minderheitenschutzes.

Wer jeweils in die Sitzungen des Bundesrates entsandt wird, steht im Ermessen der Landesregierungen; zugrunde liegt ein Beschluss der Landesregierung, der dem Bundesratspräsidenten mitzuteilen ist.

III. Aufgaben des Bundesrates

Der Bundesrat ist zunächst an der **Gesetzgebung** des Bundes beteiligt. Diese Beteiligung kann zunächst im Vorverfahren, also bei der Gesetzesinitiative erfolgen. Auch ist der Bundesrat (als Ganzer, also nicht etwa ein einzelnes Land oder eine Gruppe von Ländern) berechtigt, Gesetzesvorlagen ins Gesetzgebungsverfahren einzubringen (Art. 76 Abs. 1 GG).

[175] Nach http://www.statistik-portal.de/statistik-portal/de_jb01_jahrtab1.asp, zuletzt abgerufen am 11.08.2016.

Daneben ist der Bundesrat berechtigt, aber nicht verpflichtet[176], zu Gesetzesvorlagen der Bundesregierung vor Überleitung an den Bundestag Stellung zu nehmen (Art. 76 Abs. 3 GG). Schließlich ist der Bundesrat im Hauptverfahren an jedem Gesetzgebungsprojekt zu beteiligen (Art. 77 f. GG), dies in unterschiedlichen Verfahren, je nachdem, ob es sich um ein Zustimmungs- oder Einspruchsgesetz handelt.[177]

Im Bereich der Exekutive sieht Art. 80 Abs. 1 S. 1 GG vor, dass der Bundesrat je nach Inhalt beim Erlass von **Rechtsverordnungen** mitwirkt. Soweit die Länder die Gesetze des Bundes vollziehen, (etwa nach Art. 84, 85 GG), können auch Verwaltungsvorschriften des Bundes der Zustimmung durch den Bundesrat unterliegen. In Angelegenheiten der Europäischen Union hat der Bundesrat einen frühzeitigen Informationsanspruch gegenüber der Bundesregierung. Bei Gesetzgebungsvorhaben der Union ist der Bundesrat je nachdem, wie weit innerstaatlich die Gesetzgebungskompetenz der Länder berührt wird, unterschiedlich zu beteiligen (Art. 23 Abs. 4-6 GG).

Im Bereich der Judikative ist der Bundesrat berechtigt, die Hälfte der Richter des Bundesverfassungsgerichts zu wählen, Art. 94 Abs. 1 S. 2 GG. Auch ist der Bundesrat antragsberechtigt in verschiedenen Verfahren vor dem Bundesverfassungsgericht, insb. Art. 93 Abs. 1 Nr. 1 u. Nr.2a GG.

IV. Verfahrensweise im Bundesrat

Der Bundesrat stimmt regelmäßig im Plenum ab; er tagt öffentlich. Technisch erfolgt die Abstimmung durch Handaufheben. Auf Antrag eines Landes wird durch Aufruf der Länder abgestimmt. Der Aufruf erfolgt dann durch den Bundesratspräsidenten in alphabetischer Reihenfolge der Länder (§ 29 Abs. 1 GOBR).

Die Abstimmungen sind geprägt durch verschiedene Faktoren. Diese sind vornehmlich die Notwendigkeit der Abstimmung mit absoluter Mehrheit, die Weisungsgebundenheit der Bundesratsvertreter, das Stimmführerprinzip und die Notwendigkeit der einheitlichen Stimmabgabe.

Beispielfall 22:
Grundfall:
Für das Land L (2,5 Mio. Einwohner) sind drei Minister des kleineren Koalitionspartners als Vertreter des Landes im Bundesrat anwesend. Sie sind mit dem Gesetzgebungsvorhaben, das an dem Tag zur Abstimmung steht und dem sie nach Weisung des Landeskabinetts zustimmen sollen, nicht einverstanden. Deswegen entschließen sie sich, beim namentlichen Aufruf des Landes L mit „Nein" zu stimmen. Der Bundesratspräsident, der am Abend zuvor mit dem Ministerpräsidenten des Landes L telefoniert hatte

176 *Mann* in Sachs, GG-Kommentar, Art. 76 Rn. 16.

177 Dazu näher unten Kap. 4 B I 1; *Gröpl*, Staatsrecht I, Rn. 1152, weist darauf hin, dass der Bundesrat keine selbständige zweite Gesetzgebungskammer ist, sondern lediglich an Gesetzgebungsverfahren, zu denen der Bundestag nach Art. 77 Abs. 1 GG beschließt, beteiligt wird.

und deshalb um dessen zustimmende Haltung zum Gesetz wusste, ist ob des Abstimmungsverhalten der drei Minister irritiert und wertet die Stimmen des Landes L schließlich als Ja-Stimmen. Die Abstimmung ergibt danach 36 Ja-Stimmen, 24 Nein-Stimmen und neun Enthaltungen.
Hat der Bundesrat dem Gesetz wirksam zugestimmt?

Abwandlung:
Für das Land L sitzen im Bundesrat der Ministerpräsident und zwei Minister, der Sozial- und der Innenminister, letzterer vom kleineren Koalitionspartner. Bei Aufruf des Landes zur Abstimmung über einen umstrittenen Gesetzentwurf durch den Bundesratspräsidenten sagt der anwesende Sozialminister laut und vernehmlich: "Ja." Nahezu zeitgleich sagt der Innenminister: „Nein." Der Bundesratspräsident fragt nunmehr beim Ministerpräsidenten nach, wie das Land abstimme, worauf der Ministerpräsident wörtlich ausführt: „Als Ministerpräsident des Landes L erkläre ich: Das Land L stimmt mit Ja." Der Innenminister sagt: „Herr Präsident, Sie kennen meine Ansicht". Die Abstimmung geht wieder mit 36 Ja-Stimmen, 24 Nein-Stimmen und neun Enthaltungen aus.
Hat der Bundesrat dem Gesetz wirksam zugestimmt?

1. Notwendigkeit der absoluten Mehrheit

Im Bundesrat sind derzeit 69 Stimmen der Länder vertreten. Gem. Art. 52 Abs. 3 S. 1 GG beschließt der Bundesrat stets mindestens mit der Mehrheit seiner Stimmen. Die Abstimmung hat damit stets so zu erfolgen, dass eindeutig ist, ob die **absolute Mehrheit** der Stimmen erreicht ist. Hieraus folgt, dass positive Beschlüsse des Bundesrates bei 69 vertretenen Stimmen stets 35 oder mehr Stimmen erfordern. Die relative Mehrheit reicht nicht aus, so dass alles, was nicht Ja-Stimme ist, entweder eine Nein- Stimme ist oder – bei Enthaltungen und ungültigen Stimmen – wie eine Nein-Stimme zählt.

Entsprechend sind bspw. gem. § 30 Abs. 1 GO BR die Abstimmungsfragen im Bundesrat so zu fassen, dass sich aus der Abstimmung zweifelsfrei ergibt,

- ob der Bundesrat mit der Mehrheit seiner Stimmen beschlossen hat, eine Gesetzesvorlage beim Bundestag einzubringen (Art. 76 Abs. 1 GG),
- zu einer Gesetzesvorlage der Bundesregierung Stellung zu nehmen und welchen Inhalt diese Stellungnahme hat (Art. 76 Abs. 2 GG),
- einem vom Bundestag beschlossenen Gesetz zuzustimmen (Art. 78 GG),
- wegen eines vom Bundestag beschlossenen Gesetzes die Einberufung des Vermittlungsausschusses zu verlangen (Art. 77 Abs. 2 Satz 1 GG),
- gegen ein vom Bundestag beschlossenes Gesetz Einspruch einzulegen oder ihn zurückzunehmen (Art. 77 Abs. 3 S. 1, Art. 78 GG).

Letztlich sind also alle Fragen im Bundesrat so zu stellen, dass sich ein „Ja" mit absoluter Mehrheit ergeben kann.

2. Weisungsgebundenheit

Anders als der Abgeordnete des Bundestages ist der Vertreter eines Landes im Bundesrat nicht Vertreter des ganzen (Landes-)Volkes, er ist Repräsentant der jeweiligen Landesregierung. Hieraus folgt, dass er, damit sich die politische Richtung im Land auch im Bundesrat durchsetzt, an die Weisungen der Landesregierung in Sachfragen gebunden ist, sog. **imperatives Mandat**. Allerdings muss aus Gründen der **Rechtssicherheit** die Stimmabgabe, die im Innenverhältnis entgegen der Weisung erfolgt, im Außenverhältnis wirksam sein. Ansonsten könnten Abstimmungsergebnisse mit Hinweis auf einen (vermeintlichen oder tatsächlichen) Weisungsverstoß korrigiert bzw. sogar nachträglich manipuliert werden. Es gilt also das Skatprinzip: Was liegt, das liegt!

Lösung zum Beispielfall 22:
Grundfall:
Die Vertreter des Landes im Bundesrat sind zwar weisungsgebunden, diese Gebundenheit besteht aber nur im Innenverhältnis zum Land. Nach außen sind die Stimmen zu zählen wie abgegeben. Insoweit hat auch bei anderer Kenntnis der Bundesratspräsident keine Möglichkeit der eigenmächtigen Korrektur.
Damit waren die Stimmen als Nein zu werten. Damit ist das Abstimmungsergebnis 33 Ja-Stimmen, 27 Nein-Stimmen und neun Enthaltungen. Dem Gesetz ist nicht mit absoluter Mehrheit zugestimmt worden, die Zustimmung ist nicht erteilt.
Die einzige – aber ggf. schmerzhafte – Sanktion ist, dass die Vertreter des Landes zuhause im Zweifel geteert und gefedert werden – und wahrscheinlich nie mehr in den Bundesrat dürfen, wenn man sie überhaupt je wieder sieht.

3. Stimmführerprinzip und Notwendigkeit einheitlicher Stimmabgabe

In Abstimmungen des Bundesrates hat sich das sog. **Stimmführerprinzip** eingebürgert, nach dem nicht alle anwesenden Bundesratsmitglieder eines Landes abstimmen müssen; vielmehr reicht es aus, wenn sich ein Stimmführer für das Land äußert. Voraussetzung ist, dass der Stimmführer ein Mitglied für das Land im Bundesrat oder ein offizieller Stellvertreter ist. Mit der Äußerung des Stimmführers werden so viele Stimmen abgegeben, wie dem Land zustehen.[178] Damit ist es auch nicht erforderlich, dass für ein Land so viele Vertreter im Bundesrat sitzen, wie das Land Stimmen hat. Der Stimmführer kann, muss aber nicht der Ministerpräsident sein; ob ein Stimmführer und ggf. wer dazu bestimmt wird, ist Sache des Landes.[179]

Die **Stimmabgabe** muss darüber hinaus gem. Art. 51 Abs. 3 S. 2 GG **einheitlich** erfolgen, das heißt, alle Vertreter des Landes müssen die Stimme einheitlich mit Ja, Nein oder Enthaltung stimmen, ein Stimmensplitting ist nicht zulässig. Dies befördert zugleich das zuvor beschriebene Stimmführerprinzip, das vom Bundesverfassungsgericht auch anerkannt

---

178 *Dörr* in BeckOK GG, Art. 51 GG Rn. 17.
179 So BVerfGE 106, 310, 330.

wird.[180] Es war lange umstritten, was im Falle uneinheitlicher Stimmabgabe geschieht. Es wurden drei Ansätze diskutiert. Nach einer Ansicht sollte die ganze Abstimmung ungültig sein. Eine weitere Ansicht wollte den Stimmführer als entscheidend ansehen. Die dritte Ansicht ging von der Ungültigkeit aller Stimmen des Landes aus. Was nicht vertretbar ist und nie vertreten wurde, ist die Verteilung der gesplitteten Stimmen als Ja- oder Nein-Stimmen.

Gegen die erste Ansicht spricht, dass – gerade bei Abstimmungen durch Aufruf der Länder – die alphabetisch nachgelagerten Länder eine missliebige Abstimmung durch uneinheitliche Stimmabgabe torpedieren könnten. Die Ansicht, dass der Stimmführer entscheidet, würde diesem, was nicht angelegt ist, eine hervorgehobene Stellung unter den Vertretern des Landes zugestehen;[181] zudem folgen nicht alle Länder dem Stimmführerprinzip. Gelöst hat das Bundesverfassungsgericht die Frage aus Anlass der Abstimmung über das Zuwanderungsgesetz im Jahre 2002, die so verlief, wie in der Abwandlung zu Beispielfall 18 geschildert. Das Bundesverfassungsgericht entschied wie folgt: Zwar soll der Stimmführer alle Stimmen abgeben dürfen, was aber kein Bundesratsvertreter des Landes hindert, selbst abzustimmen. Wenn diese Abstimmung abweichend vom Stimmführer vorgenommen wird, ist die Stimmabgabe des Landes nicht einheitlich und aufgrund der Vorgabe des Art. 51 Abs. 3 S. 2 GG **unrettbar ungültig.**[182]

Lösung zum Beispielfall 22:
Abwandlung:
Die Stimmabgabe wäre durch den Sozialminister einheitlich möglich gewesen, jedoch konnte der Innenminister mit seinem Nein dagegen halten. Die Stimmabgabe ist nicht mehr einheitlich. Nach Bundesverfassungsgericht ist die Stimmabgabe bez. der drei Stimmen des Landes ungültig. Die Nachfrage beim Ministerpräsidenten konnte die Einheitlichkeit nach dieser Rechtsprechung nicht nachträglich herstellen, auch ein ausdrückliches Beharren des Innenministers auf seinem Nein war nicht notwendig.
Damit waren die Stimmen als ungültig zu werten. Damit ist das Abstimmungsergebnis 33 Ja-Stimmen, 24 Nein-Stimmen, neun Enthaltungen und drei ungültige Stimmen. Dem Gesetz ist wieder nicht mit absoluter Mehrheit zugestimmt worden, die Zustimmung ist nicht erteilt.

D Bundespräsident

Der Bundespräsident ist das **Staatsoberhaupt** der Bundesrepublik Deutschland. Die wesentlichen Vorschriften sind im V. Abschnitt des Grundgesetzes (Art. 54-61 GG) enthalten. Die Amtszeit beträgt fünf Jahre (Art. 54 Abs. 2 S. 1 GG). Das Amt des Bundespräsidenten ist nach den Erfahrungen mit der deutlich stärkeren Position des Reichspräsidenten nach der Weimarer Reichsverfassung („Lehren von Weimar") politisch relativ schwächer ausgestaltet; gleichwohl ist der eigenständige Entscheidungsspielraum des Bundespräsidenten, den

180 Wiederum BVerfGE 106, 310, 330.
181 So *Dörr* in BeckOK GG, Art. 51 GG Rn. 17.
182 So BVerfGE 106, 310, 330 ff.

ihm das Grundgesetz gerade in politischen Krisensituationen zugesteht,[183] nicht zu unterschätzen.

I. Wählbarkeit und Wahl des Bundespräsidenten

1. Wählbarkeit

Die Wählbarkeit zum Amt des Bundespräsidenten hängt gem. Art. 54 Abs. 1 GG zunächst an der Deutscheneigenschaft nach Art. 116 Abs. 1 GG. Wählbar ist darüber hinaus nur, wer das aktive und passive Wahlrecht[184] zum Deutschen Bundestag besitzt. Zudem stellt das Grundgesetz das Erfordernis eines **Mindestalters** von 40 Lebensjahren auf; letztere Anforderung ist der Vermutung geschuldet, dass die Repräsentationsaufgaben und auch die integrierende Funktion, die der Bundespräsident hat, erst mit einem höheren Lebensalter überzeugend ausgefüllt werden können. Nähere Vorschriften zur Wahl ergeben sich aus dem Gesetz über die Wahl des Bundespräsidenten durch die Bundesversammlung (BPräsWahlG).

Inkompatibilitätsanforderungen enthält Art. 55 GG: Der Präsident darf kein Mitglied eines Parlaments sein und keine besoldeten Ämter, kein Gewerbe uÄ ausüben. Er genießt im Amt Immunität, nicht aber Indemnität (Art. 60 Abs. 4, 46 Abs. 2-4 GG).

Ein Hindernis für eine **Wiederwahl** des Bundespräsidenten ist die Begrenzung des Amtes auf zwei Amtszeiten in Folge, Art. 54 Abs. 2 S. 2 GG. Im Anschluss an die Amtszeit eines anderen Staatspräsidenten ist die erneute Wahl wieder für maximal für zwei Amtsperioden in Folge zulässig. Der Fall der Wiederwahl nach Pausieren für die Amtszeit anderer Präsidenten ist bislang noch nicht eingetreten.

2. Wahl des Bundespräsidenten

Der Bundespräsident wird gewählt durch die **Bundesversammlung.** Diese wird gebildet aus den Mitgliedern des Deutschen Bundestages und einer gleich hohen Zahl von Vertretern der Länder. Einberufen wird sie vom Bundestagspräsidenten, dies lediglich aus Anlass einer Bundespräsidentenwahl; die Bundesversammlung ist damit ein nichtständiges, ein ad-hoc-Verfassungsorgan. Der Bundestagspräsident hat auch die Leitung inne.

Die Ländervertreter werden in den Ländern von den Landtagen (ggf. Bürgerschaften) aufgrund von Vorschlagslisten der Parteien nach den Grundsätzen der Verhältniswahl gewählt; die Zahl der durch die Länder zu entsendenden Vertreter hängt wiederum an der Bevölkerungszahl. Gewählt werden kann jeder Deutsche mit passivem Wahlrecht (§ 3 BPräsWahlG); entsendet werden nicht lediglich Politiker, sondern häufig auch Personen des öffentlichen Lebens, Schauspieler, Sportler oÄ.

---

183 Vgl. unten Kap. 3 D III.

184 Vgl. insoweit *Leisner* in Sodan, Grundgesetz-Kommentar, Art. 54 GG Rn. 3.

Beispielfall 23:
Die Bundesversammlung tritt zusammen. Im Plenum erblickt der von der C-Partei entsendete frühere DDR-Spitzensportler S seinen von der L-Partei entsendeten früheren DDR-Trainer T, gegen den ein Strafverfahren wegen Körperverletzung gegenüber S wegen Verjährung eingestellt worden war. T hatte S jahrelang ohne dessen Wissen Dopingmittel verabreicht, wodurch S bleibende gesundheitliche Schäden erlitt. Erbost tritt S auf T zu und brüllt ihn an: „Du Schwein hast meine Gesundheit ruiniert!" T zieht sich errötend zurück, will S aber dennoch wegen Beleidigung (§ 185 StGB) belangen. Mit Erfolg?

Die Teilnehmer der Bundesversammlung sind allesamt nicht an Weisungen und Aufträge gebunden (§ 7 S. 2 BPräsWahlG). Für die Bundestagsabgeordneten liegt das in der Parallele zu Art. 38 Abs. 1 S. 2 GG nahe, aber auch die Vertreter der Länder gilt die **Weisungsfreiheit**. Wenn sie also durch eine politische Partei in die Bundesversammlung entsendet werden, kann die entsendende Partei, die regelmäßig einen Präsidentschaftskandidaten favorisieren wird, insoweit nur Empfehlungen aussprechen.

Zugleich genießen die Bundesversammlungsmitglieder uA das Recht der **Indemnität** und **Immunität** (§ 7 S. 1 BPräsWahlG);[185] auch die Vertreter der Länder sind insoweit Bundestagsabgeordneten angenähert.

Lösung zu Beispielfall 23:
Der S genießt das Recht der Indemnität; er kann also für Äußerungen, die er während der Bundesversammlung tätigt, zu keiner Zeit verfolgt werden, wenn es sich nicht um Verleumdungen handelt. Hier war der T der Verurteilung nur aufgrund der Verjährung entgangen, so dass die Begehung einer tatbestandlichen Körperverletzung feststehen dürfte. Formalbeleidigungen („Du Schwein ...") sind von der Indemnität erfasst, so dass T den S wegen seiner Äußerungen nicht belangen kann.

Die Wahl des Bundespräsidenten erfolgt in mehreren Wahlgängen, jeweils ohne Aussprache. In zwei Wahlgängen wird mit dem Ziel gewählt, für einen Kandidaten die Stimmen der Mehrheit der Mitglieder (absolute Mehrheit) zu erreichen; im dritten Wahlgang reicht die Mehrheit der abgegebenen Stimmen, also die relative Mehrheit (Art. 54 Abs. 6 GG).

Merke:
Es können beliebig viele Kandidaten aufgestellt werden; jedes Mitglied der Bundesversammlung hat ein Vorschlagsrecht. Wenn mehrere Kandidaten zur Wahl stehen, kann es vorkommen, dass Kandidaten nach einem Wahlgang zurückgezogen werden; die Gruppe, die den Kandidaten bislang unterstützt hat, gibt dann „ihren Mitgliedern" Empfehlungen, wer im nächsten Wahlgang unterstützt werden soll. Die Mehrheitsverhältnisse sind damit häufig größeren Unsicherheiten unterworfen. Im dritten Wahlgang wurden bisher gewählt Christian Wulff (2010), Roman Herzog (1994) und Gustav

185 Dazu schon oben Kap. 3 A III 3.

Heinemann (1969); die beiden Erstgenannten errangen im dritten Wahlgang die absolute Mehrheit, Heinemann wurde als bislang einziger Bundespräsident mit relativer Mehrheit gewählt.

II. Beendigung des Amtes und Vertretung

1. Beginn und Beendigung des Amtes

Das Amt des neuen Präsidenten beginnt mit Ende der Amtszeit des Amtsvorgängers, nicht jedoch vor Eingang der Annahmeerklärung des Nachfolgers beim Bundestagspräsidenten (§ 10 BPräsWahlG). Das Amt des Bundespräsidenten wird, wenn der amtierende Präsident nach einer Amtszeit nicht wiedergewählt wird oder werden will, mit Ablauf der **Amtszeit** beendet.

Wie stets endet das Amt auch mit dem **Tod** des Amtsinhabers. Es steht dem Bundespräsidenten aber auch frei, zurück zu treten. Das Grundgesetz geht von der Möglichkeit der vorzeitigen Beendigung des Amtes aus, dies in Art. 54 Abs. 4 GG bez. der Einleitung der Neuwahl und in Art. 57 GG bez. der Vertretung vorzeitiger Erledigung des Amtes. Hierunter fallen aber alle Fälle der Erledigung vom Tod über den Amtsverzicht, die erfolgreiche Präsidentenanklage, Verlust des Wahlrechts bis hin zur dauerhaften schweren Geisteskrankheit.[186] Die **Präsidentenanklage** kann nach Art. 61 GG von Bundestag oder Bundesrat wegen vorsätzlicher Rechtsverletzungen angestrengt werden.

Für den Fall der regulären Beendigung des Amtes sieht Art. 54 Abs. 4 GG eine Einberufung der Bundesversammlung spätestens 30 Tage vor Amtszeitende vor. Die Frist ist insoweit flexibel. Die Bundesversammlung kann früher einberufen werden. In Fällen vorzeitiger Beendigung (insoweit wohl sinngleich mit dem Begriff der Erledigung nach Art. 57 GG) ist eine Höchstfrist von 30 Tagen für die Einberufung der Bundesversammlung einzuhalten. [187]

2. Vertretung

Vertreter des Bundespräsidenten ist nach Art. 57 GG der **Bundesratspräsident**, der während der Vertretung die Befugnisse des Bundespräsidenten wahrnehmen darf, in dieser Zeit aber die Position des Bundesratsvorsitzes ruhen lässt. Protokollarisch ist der Bundesratspräsident der vierte Mann im Staate, allerdings hätte eine Vertretung durch den zweiten Mann, den Bundestagspräsidenten insb. mit Blick auf die potentielle Abhängigkeit des Bundestages von Entscheidungen des Bundespräsidenten (Bundestagsauflösung in den im Grundgesetz vorgesehenen Fällen) verfassungsrechtliche Probleme gebracht. Denkbar wäre eine Vertretung durch den Bundesverfassungsgerichtspräsidenten gewesen. Aus Gewaltenteilungssicht wäre hier ein Übergriff zwischen Legislative/Exekutive und Judikative

---

186 *Nierhaus* in Sachs, Grundgesetz-Kommentar, Art. 57 GG Rn. 8.

187 Dazu insgesamt *Herzog* in MDHS, Grundgesetz-Kommentar, Art. 54 GG Rn. 36.

gegeben. Die gewollte Überparteilichkeit des Bundespräsidenten, die auch den Bundesverfassungsgerichtspräsidenten auszeichnet, hätte diese Bedenken aber überwinden können. Kollisionen hätten sich bei Organstreitverfahren und Präsidentenanklagen vor dem Bundesverfassungsgericht ergeben können,[188] jedoch hätte hier ein Ruhen des Amtes des Verfassungsgerichtspräsidenten während der Vertretung des Bundespräsidenten und eine entsprechende Geschäftsverteilung (indem entsprechende Verfahrensarten nicht dem Präsidentensenat zugeschrieben werden) Abhilfe schaffen können.

> Merke:
> Art. 79 Abs. 1 Herrenchiemseer Entwurf zum Grundgesetz[189] sah eine Vertretung durch den Bundesverfassungsgerichtspräsidenten vor.

III. Aufgaben des Bundespräsidenten

Der Bundespräsident soll die ungeschriebene und aus der Funktion als Staatsoberhaupt herzuleitende Aufgabe der **Staatspflege** erfüllen. Er soll als unabhängige und weisungsfreie Persönlichkeit eine Integrationsfigur darstellen, die die unterschiedlichen gesellschaftlichen Kräfte und Gruppierungen verbindet.[190] Zwar hindert ihn das Amt nicht an der Mitgliedschaft in einer Partei, sein Amt soll aber durch Überparteilichkeit geprägt sein. Wie etwa in der berühmt gewordenen „Ruck-Rede" von Roman Herzog im Jahre 1997 („Durch Deutschland muss ein Ruck gehen!") steht es dem Bundespräsidenten frei, auf seines Erachtens auftretende gesellschaftliche (Fehl-)Entwicklungen hinzuweisen und so Impulse für ein Umsteuern zu geben. Die hierin ggf. zutage tretende Kritik an aktueller (Regierungs-)Politik muss von den übrigen politischen Akteuren grds. hingenommen werden.

> Merke:
> Das Bundesverfassungsgericht gesteht dem Bundespräsidenten bei seiner Aufgabenwahrnehmung einen weiten Gestaltungsspielraum zu. Es geht davon aus, dass der Bundespräsident den mit dem Amt verbundenen Erwartungen nur gerecht werden kann, wenn er auf gesellschaftliche Entwicklungen und allgemeinpolitische Herausforderungen entsprechend seiner Einschätzung eingehen kann und dabei in der Wahl der Themen ebenso frei ist wie in der Entscheidung über die jeweils angemessene Kommunikationsform. Der Bundespräsident bedarf daher, auch soweit er auf Fehlentwicklungen hinweist oder vor Gefahren warnt und dabei die von ihm als Verursacher ausgemachten Kreise oder Personen benennt, über die seinem Amt immanente Befugnis zu öffentlicher Äußerung hinaus keiner gesetzlichen Ermächtigung.
> Anlass war ein Organstreitverfahren der NPD gegen Bundespräsident Gauck, der anlässlich einer öffentlichen Veranstaltung Anhänger der NPD unter anderem als „Spinner" bezeichnet hatte. Zwar habe der Bundespräsident gegenüber der NPD und ihren

---

188 Hierzu und zu den Vertretungsvarianten insgesamt *Herzog* in MDHS, Grundgesetz-Kommentar, Art. 57 GG Rn. 7.

189 Dazu oben Kap 1 B I.

190 Vgl. auch *Gröpl*, Staatsrecht I, Rn. 1439 f.; auch *BVerfG*, Urt. V.10.06.2014 - 2 BvE 4/13 - Rn. 21; http://www.bverfg.de/e/es20140610_2bve000413.html; zuletzt abgerufen am 05.06.2016.

Anhängern und Unterstützern ein negatives Werturteil abgegeben, das isoliert betrachtet durchaus als diffamierend empfunden werden und auf eine unsachliche Ausgrenzung der so Bezeichneten hindeuten könnte. Laut Bundesverfassungsgericht diente die Bezeichnung als "Spinner" - neben derjenigen als "Ideologen" und "Fanatiker" - als Sammelbegriff für Menschen, die die Geschichte nicht verstanden hätten und, unbeeindruckt von den verheerenden Folgen des Nationalsozialismus, rechtsradikale - nationalistische und antidemokratische - Überzeugungen verträten. In der Folge lehnte das Gericht eine Rechtsverletzung gegenüber der NPD ab.[191]

Formal erfüllt der Bundespräsident die Aufgabe der völkerrechtlichen **Außenvertretung** der Bundesrepublik; so schließt er völkerrechtliche Verträge im Namen der Bundesrepublik (Art. 59 GG), ohne deren Inhalt allerdings vorzeichnen zu können.

Seine **Ernennungs-** und **Entlassungszuständigkeiten** beziehen sich auf die (stets persönlich ausgeübten) Ernennungen und Entlassungen des Kanzlers, der Bundesminister, sowie der (vielfach an nachgeordnete Stellen delegierten = übertragenen) Ernennung und Entlassung von Bundesrichtern, Bundesbeamten und Offizieren/Unteroffizieren der Bundeswehr.

Im Gesetzgebungsverfahren ist der Bundespräsident gehalten, die Bundesgesetze nach Gegenzeichnung durch Mitglieder der Regierung **auszufertigen** (also die Gesetzesurkunde zu unterschreiben)[192], und die **Verkündung** im Bundesgesetzblatt zu veranlassen. Aus dieser Funktion folgt die leicht herabwürdigende Bezeichnung als „Staatsnotar“. Inwieweit ihm dabei vor Ausfertigung ein Prüfungsrecht zukommt, ist umstritten.[193]

Erheblichen politischen Einfluss hat der Bundespräsident in den Fällen, in denen ihm das Grundgesetz das Recht einräumt, den **Bundestag aufzulösen.** So kann er in Fällen der gescheiterten Kanzlerwahl (Verfehlen der „Kanzlermehrheit“, Art. 64 Abs. 4 S. 3 GG) und in Fällen der gescheiterten Vertrauensfrage (Art. 68 GG) nach seinem politischen Ermessen entscheiden, ob der Bundeskanzler ernannt wird bzw. im Amt bleibt, oder ob er durch Auflösung des Bundestages den Weg zu Neuwahlen frei macht.

Merke:
Den eher repräsentativen und staatsnotariellen Funktionen des Bundespräsidenten im Regelfall steht ein erheblicher und eigenverantwortlich ausgeübter Einfluss gerade im Moment der politischen Krise gegenüber, so wie nach der gescheiterten Vertrauensfrage oder nach der gescheiterten Kanzlerwahl. Deswegen ist die These von der gewollt schwach ausgestalteten Position des Bundespräsidenten in unserer verfassungsmäßigen Ordnung jedenfalls mit Vorsicht zu genießen!

191 BVerfG, Urt. V.10.06.2014 - 2 BvE 4/13; http://www.bverfg.de/e/es20140610_2bve000413.html; zuletzt abgerufen am 05.06.2016.

192 Zur Ausfertigung und zur Funktion der vorherigen Gegenzeichnung vgl. unten Kap. 4 B III.

193 Dazu sogleich unten Kap. 3 D IV.

Dem Bundespräsidenten steht nach Art. 60 Abs. 2-3 GG ein – da „Gnade vor Recht" geht – nicht justiziables (nicht gerichtlich überprüfbares) **Begnadigungsrecht** zu. Die fehlende gerichtliche Überprüfbarkeit gilt dann aber auch für ablehnende Gnadenentscheidungen.[194] Die Befugnis, Gnadenentscheidungen zu treffen, ist delegierbar. Begrenzt ist das Gnadenrecht zum einen auf die Entscheidungen der Gerichtsbarkeit des Bundes, zum anderen ist Begnadigung nur „im Einzelfall" möglich, womit Amnestien, also die Verfügung von Straffreiheit für eine Mehrzahl von Personen nach allgemeinen Kriterien ausscheiden.

IV. Prüfungsrecht des Bundespräsidenten

Umstritten ist, ob der Bundespräsident vor der Ausfertigung von Gesetzen ein Recht hat, diese auf ihre Verfassungsmäßigkeit hin zu überprüfen. Weithin unbestritten ist ein **formelles Prüfungsrecht** des Präsidenten, also eine Prüfung auf Verfahrensfehler (Gesetzgebungskompetenz, Gesetzgebungsverfahren, formelle Aspekte) hin. Dies ergibt sich aus dem Wortlaut des Art. 82 Abs. 1 GG, demzufolge (nur) die „nach den Vorschriften dieses Grundgesetzes zustande gekommenen Gesetze" vom Bundespräsidenten ausgefertigt werden.

Umstritten ist das Vorliegen eines **materiellen Prüfungsrechts**, also eine Prüfung auf inhaltliche Abweichungen von Vorgaben des Grundgesetzes. Ein Argument wird aus dem Amtseid des Bundespräsidenten (Art. 56 GG) hergeleitet: "*Ich schwöre, dass ich meine Kraft dem Wohle des deutschen Volkes widmen, seinen Nutzen mehren, Schaden von ihm wenden, das Grundgesetz und die Gesetze des Bundes wahren und verteidigen, meine Pflichten gewissenhaft erfüllen und Gerechtigkeit gegen jedermann üben werde* (...)". Aus der Wendung: *„das Grundgesetz wahren"* wird darauf geschlossen, dass er so nicht sehenden Auges materiell verfassungswidrige Gesetze passieren lassen dürfe. Hiergegen wird angeführt, dass die Anmaßung eines in der Verfassung nicht nachweisbaren materiellen Prüfungsrechts selbst das Grundgesetz verletzen würde; hier läge ein unzulässiger Zirkelschluss vor. Die gleiche Argumentation wird von Befürwortern des Prüfungsrechts wie den Vertretern der Gegenposition aus dem Rechtsstaatsprinzip hergeleitet. Die Ausfertigung verfassungswidriger Gesetze sei Verstoß gegen das Rechtsstaatsprinzip, die Anmaßung eines nicht existenten Prüfungsrechts genauso.

Gegen ein Prüfungsrecht wird vorgebracht, dass das Verwerfungsmonopol für verfassungswidrige Gesetze beim Bundesverfassungsgericht liege. Allerdings würde dann auch kein formelles Prüfungsrecht angenommen werden dürfen. Auch ist das Bundesverfassungsgericht bis auf den Sonderfall von Zustimmungsgesetzen zu völkerrechtlichen Verträgen frühestens ab dem Zeitpunkt der Verkündung zuständig, nicht im Zeitpunkt vor der Ausfertigung. Zugleich wird das Bundesverfassungsgericht auf Antrag hin tätig, nicht von sich aus, so dass gar nicht sicher ist, dass ein zweifelhaftes Gesetz der Überprüfung durch das Verfassungsgericht zugeführt wird.

---

194 BVerfGE 25, 352, 362; anders für den Widerruf von Gnadenentscheidungen BVerfGE 30, 108, 111.

Merke:
Die Ausnahme für Zustimmungsgesetze zu völkerrechtlichen Verträgen (Ratifizierungsgesetze, Art. 59 Abs. 2 GG) wird gemacht, weil mit der Verkündung des Gesetzes die völkerrechtliche Bindung des Vertrages nach außen eintritt. Würde das Ratifizierungsgesetz erst nachträglich vom Verfassungsgericht gekippt, wäre die innerstaatliche Ratifikation unwirksam, die völkerrechtliche Bindung aber würde bestehen bleiben. Deswegen dürfen derartige Gesetze dem Bundesverfassungsgericht bereits vor Verkündung zur Überprüfung vorgelegt werden.

Angeführt wird gegen das materielle Prüfungsrecht auch die gewollt schwächere Stellung des Bundespräsidenten gegenüber der Weimarer Reichspräsidenten. Hiergegen wird eingewendet, dass die Stellung des Bundespräsidenten nur aus dem Grundgesetz heraus zu interpretieren sei, nicht über den Vergleich mit der Weimarer Reichsverfassung.

Gegenargument ist weiter, dass die materielle Prüfung dem Kanzler oder den Ministern vor der Gegenzeichnung obliege; wenn man eine solche Prüfungspflicht annimmt, spricht aber nichts dagegen, das Gesetz doppelt prüfen zu lassen.

Merke:
Um ein materielles Prüfungsrecht der Regierungsmitglieder im Rahmen der Gegenzeichnung[195] wird ein paralleler Streit mit nahezu den gleichen Argumenten geführt.

Die wohl überwiegende Ansicht steht auf dem Standpunkt, dass es dem Bundespräsidenten nicht zumutbar sei, vor einer von ihm erkannten materiellen Verfassungswidrigkeit die Augen verschließen zu müssen. Deswegen wird dem Bundespräsidenten eine **Evidenzkontrolle** zugebilligt: Er soll das Recht und die Pflicht zur Überprüfung auf offensichtlich materiell verfassungswidrige Umstände hin haben, dies auch bei Äußerung von Zweifeln an der Verfassungsmäßigkeit bereits im Gesetzgebungsverfahren.

Merke:
Die Evidenzthese ist herrschend, allerdings ist der Evidenzhorizont der bisherigen Bundespräsidenten bezogen auf die Verfassungswidrigkeit von Gesetzen wohl höchst unterschiedlich. So war Bundespräsident Roman Herzog (1994-1999) Staatsrechtslehrer, Bundespräsident Johannes Rau (1999-2004) dagegen war gelernter Verlagsbuchhändler.
Letztlich werden die meisten Bundespräsidenten eine Überprüfung auf Hinweise von außen hin vornehmen bzw. eher veranlassen. Erhärtet eine solche vertiefte Prüfung die Zweifel an der Verfassungsgemäßheit, kann der Präsident die Ausfertigung verweigern. So wird man im Ergebnis von einem vollumfänglichen auch materiellen Prüfungsrecht ausgehen können.
Aber noch einmal: Herrschende Meinung ist die Zulässigkeit der Evidenzkontrolle!

195 Vgl. unten Kap. 4 B III.

V. Exkurs: Direktwahl des Bundespräsidenten?

Immer wieder diskutiert wird die Direktwahl des Bundespräsidenten durch das Volk. Die Einführung einer Direktwahl wäre mittels Verfassungsänderung (Art. 79 GG) jederzeit möglich. Für eine solche **Direktwahl** wird regelmäßig eine erhöhte Legitimation und ein größerer Rückhalt im Volk vorgebracht. Zugleich würden direkt-demokratische Elemente in der Verfassungsordnung gestärkt. Gegen eine Direktwahl spricht, dass bez. der Position des Bundespräsidenten dem Höchstmaß an demokratischer Legitimation ein relativ geringes Maß an politischer Funktion gegenübersteht; die Erwartungshaltung in der Bevölkerung, die eine solche Wahl gegenüber dem Gewählten erzeugen mag, würde dieser in Anbetracht der im Alltag doch letztlich eingeschränkten Befugnisse im Zweifel nicht erfüllen können. Zwar ist im Vorfeld einer Präsidentenwahl eine Diskussion um mögliche Kandidaten und ihre Unterstützer üblich. Bei einer Direktwahl wäre die Durchführung von Wahlkämpfen aber wahrscheinlich unumgänglich. Derartige Präsidialwahlkämpfe werden – mit Recht – als dem Amt des Präsidenten nicht zuträglich angesehen.[196]

Wollte man ein hinreichendes Maß an **Legitimation** schaffen, müsste wahrscheinlich eine absolute Mehrheit der abgegebenen Stimmen verlangt werden. Eine solche Wahl mit mehr als 50 % Zustimmung würde – vergleichbar den französischen Präsidentschaftswahlen – regelmäßig nur in zwei Wahlgängen zu erreichen sein: Im ersten Wahlgang würden alle Kandidaten antreten; anschließen müsste sich, wenn im ersten Wahlgang keine absolute Mehrheit erreicht wird, mit zeitlichem Abstand eine Stichwahl zwischen den erfolgreichsten Kandidaten des ersten Wahlgangs. Zu überlegen wäre auch, ob eine Mindestwahlbeteiligung zu verlangen ist.

E Gemeinsamer Ausschuss

Der Gemeinsame Ausschuss nach Art. 53a GG ist im Zuge der Regelungen über die **Notstandsverfassung** in das Grundgesetz eingefügt worden. Der Gemeinsame Ausschuss besteht 48 aus Mitgliedern (plus gleicher Zahl an Stellvertretern), die zu 2/3 vom Bundestag und zu 1/3 aus Mitgliedern des Bundesrates gestellt werden. Die Bundestagsmitglieder des Gemeinsamen Ausschusses werden zu Beginn jeder Legislaturperiode – quasi vorsorglich – gewählt. Der Ausschuss ist Verfassungsorgan. Trotz der Auswahl der Bundestagsmitglieder zu Beginn jeder Legislaturperiode gilt er zudem als dauerndes Gremium und unterliegt nicht der Diskontinuität.[197] Seine Funktion erfüllt der Gemeinsame Ausschuss aber nur im Verteidigungsfall (Art. 115a Abs. 1 GG).

Der Gemeinsame Ausschuss hat im Verteidigungsfall, weil dann ein Funktionieren des Bundestages gefährdet ist, **Gesetzgebungskompetenzen.** Diese sind allerdings beschränkt. So ist dem Ausschuss der Zugriff auf das Grundgesetz und auf einzelne Gesetzgebungsmate-

---

196 *Nierhaus* in Sachs, GG-Kommentar, Art. 54 G Rn. 17 zur jetzigen Rechtslage.

197 *Herzog/Klein* in MDHS, Grundgesetz-Kommentar, Art. 53a GG Rn. 13; zum Grundsatz der Diskontinuität schon oben Kap. 3 A VII.

rien (bestimmte Gesetze mit Europabezug, Art. 23 GG, Gesetze zur Übertragung von Hoheitsrechten, Art. 24 GG, Gesetze zur Neugliederung des Bundes, Art. 29 GG) verwehrt, ebenso Änderungen des BVerfGG ohne Einbindung des Bundesverfassungsgerichts.[198]

Bereits in **Friedenszeiten** ist der Gemeinsame Ausschuss über die Vorkehrungen der Bundesregierung für den Verteidigungsfall zu unterrichten (Art. 53 Abs. 2 GG). Die Mitglieder des Ausschusses müssen schon in Friedenszeiten stets für den Bundestagspräsidenten als Vorsitzenden erreichbar und verfügbar sein. Entscheidungen werden im Verteidigungsfall, der Sondersituation geschuldet, stets mit der Mehrheit der Anwesenden getroffen; verlangt ist für die Beschlussfähigkeit aber die Anwesenheit der Hälfte der Mitglieder bzw. ihrer Vertreter.

F Bundesverfassungsgericht

Das Bundesverfassungsgericht ist zugleich Gericht (Gerichtshof des Bundes) und Verfassungsorgan mit Sitz in Karlsruhe. Es findet seine Regelung im Wesentlichen in den Vorschriften des IX. Abschnitts: Die Rechtsprechung, dort Art. 93, 94, 99, 100 GG. Das Bundesverfassungsgericht steht außerhalb der Ministerialbürokratie, auch des Justizministeriums und unterliegt **keiner Aufsicht**. Zudem hat es einen eigenen Einzelplan im Bundeshaushalt. Die wesentlichen einfachgesetzlichen Regelungen ergeben sich aus dem Bundesverfassungsgerichtsgesetz (BVerfGG).

I. Zusammensetzung

Das Bundesverfassungsgericht besteht aus **zwei Senaten** mit jeweils **acht Richtern**. Die Richter werden für eine Amtszeit von zwölf Jahren gewählt, je zur Hälfte durch den Bundestag (durch Richterwahlausschuss) und den Bundesrat (unmittelbar); die Wahl erfolgt mit Zweidrittelmehrheit der jeweiligen Wahlgremien. Die Richter müssen mindestens 40 Jahre alt sein und die Befähigung zum Richteramt besitzen (sog. „Volljuristen“). Inkompatibilitätsbestimmungen ergeben sich aus § 3 Abs. 3 BVerfGG.

Jeder Senat ist mit mindestens drei Richtern von Obersten Gerichtshöfen des Bundes besetzt (BGH, BAG, BVerwG, BSG, BFH), die dort vor ihrer Wahl drei Jahre tätig gewesen sein sollen. Die Stellen der nicht richterlichen Mitglieder werden häufig durch Rechtslehrer an deutschen Hochschulen besetzt. Gewählt werden im Wechsel zwischen Bundestag und Bundesrat ein Präsident und ein Vizepräsident, die jeweils einem der beiden Senate vorsitzen. Die Ernennung der Richter erfolgt durch den Bundespräsidenten.

Wichtig ist die Zuarbeit durch wissenschaftliche Mitarbeiter, die jeweils den Verfassungsrichtern zugeordnet sind (sog. **„Dritter Senat“**). Hauptaufgabe ist – neben der Vorabsichtung der Anträge – die Entlastung der Richter durch Vorbereitung der Voten (Entscheidungsvorschläge), die derjenige Richter, dem die Sache übertragen ist, als Berichterstatter dem Senat vorlegt.

---

198 Vgl. hierzu insg. *Leisner* in Sodan, Grundgesetz-Kommentar, Art. 53a GG Rn. 1 ff.

Neben den Senatsentscheidungen ergehen in beiden Senaten auch Entscheidungen durch dort gebildete **Kammern**, besetzt mit drei Richtern. Hier wird insb. vorab über Verfassungsbeschwerden[199] entschieden, wenn sie entweder offensichtlich unzulässig, offensichtlich unbegründet oder offensichtlich begründet sind. In allen anderen Fällen wird die Entscheidung vom Senat getroffen.

II. Zuständigkeit

Die Zuständigkeit des Bundesverfassungsgerichts wird enumerativ (abschließend) nach den im Grundgesetz vorgesehenen **Verfahrensarten** (etwa Art. 61 GG, Art. 93 GG, Art. 100 GG) bestimmt, konkretisiert durch die Vorschriften des BVerfGG. Dort benennt § 13 BVerfGG die einschlägigen Verfahrensarten noch einmal abschließend. Ergänzt wird die Zuständigkeit des Gerichts durch das Verfahren der einstweiligen Anordnung, § 32 BVerfGG.

III. Wirkung der Entscheidungen

Die Wirkung der Entscheidungen variiert je nach Verfahrensart. Sie haben teilweise rechtsgestaltenden Charakter (bspw. Verfassungsbeschwerdeverfahren bei Aufhebung von Hoheitsakten), teilweise feststellenden Charakter (bspw. Organstreitverfahren – Feststellung, dass ein Verfassungsorgan – oder Organteil – ein anderes Verfassungsorgan – oder Organteil – in Rechten verletzt hat). Teilweise haben die Entscheidungen auch **Gesetzeskraft** (bspw. abstrakte Normenkontrolle – sofern Entscheidung über die Nichtigkeit eines Gesetzes; dann Veröffentlichung des Tenors der Entscheidung im Bundesgesetzblatt).

---

199 Vgl. *Pieroth/Schlink/Kingreen/Poscher*, Staatsrecht II, Rn. 1225.

Kapitel 4: Gesetzgebung

Das Grundgesetz befasst sich im VII. Abschnitt mit der Gesetzgebung des Bundes (Art. 70 - 82 GG). Zunächst finden sich Aussagen zur Verteilung der **Gesetzgebungskompetenzen** (Art. 70 - 74 GG), sodann zum **Gesetzgebungsverfahren** (Art. 76 - 82 GG).

A System der Gesetzgebungskompetenzen

Das Grundgesetz ist bezüglich des Bund-Länderverhältnisses gekennzeichnet durch die Aussage des Art. 30 GG, wonach die Ausübung der staatlichen Befugnisse und die Erfüllung der staatlichen Aufgaben Sache der Länder ist, soweit dieses Grundgesetz keine andere Regelung trifft oder zulässt. Diese Wertung wird für die Frage der Gesetzgebungskompetenz in Art. 70 Abs. 1 GG bestätigt: *„Die Länder haben das Recht der Gesetzgebung, soweit dieses Grundgesetz nicht dem Bunde Gesetzgebungsbefugnisse verleiht."*

Nach Art. 70 Abs. 2 GG bemisst sich die **Abgrenzung** der Zuständigkeit zwischen Bund und Ländern nach den Vorschriften über die ausschließliche und die konkurrierende Gesetzgebung. Der Bund muss sich also, um gesetzgeberisch tätig werden zu dürfen, primär auf einen Kompetenztitel aus der **ausschließlichen** (vornehmlich Art. 73 GG) oder **konkurrierenden** Gesetzgebungskompetenz (vornehmlich Art. 74 GG) berufen können. Daneben stehen dem Bund aber auch **ungeschriebene Gesetzgebungskompetenzen** zu. Die frühere Rahmengesetzgebung (Art. 75 GG) ist mit der Föderalismusreform von 2006 weggefallen.

I. Ausschließliche Gesetzgebungskompetenz

Die Vorschriften zur ausschließlichen Gesetzgebungskompetenz finden sich im Wesentlichen in **Art. 71 GG** und Art. 73 GG. Dabei beschreibt Art. 71 GG das Wesen der ausschließlichen Gesetzgebungskompetenz, Art. 73 GG enthält (nicht abschließend) die verschiedenen Gesetzgebungskompetenztitel.

Beispielfall 24:
Im Land Berlin kommt dem Regierenden Bürgermeister zu Ohren, dass der Beauftragte der Bundesregierung für Angelegenheiten der Kultur und der Medien die Ausfuhr eines von Otto Dix geschaffenen und in Privatbesitz befindlichen Bildnisses „Mutzli II (Frau von Otto Dix) mit Hut" von Berlin nach Südamerika genehmigen will. Der Beauftragte der Bundesregierung ist nach § 6 des (Bundes-)Gesetzes zum Schutz deutschen Kulturgutes gegen Abwanderung (KultgSchG) für die Genehmigung der Ausfuhr geschützten Kunstgutes ins Ausland zuständig. Das Bildnis unterfällt dem Gesetz. Der Regierende Bürgermeister ist empört: Nur weil, wie er meint, der Beauftragte des Bundes einerseits mit Frauen und andererseits mit Otto Dix nichts am Hut habe, dürfe er das Land Berlin nicht um das Bildnis ärmer machen. Deswegen überlegt der Bürgermeister, im Berliner Abgeordnetenhaus ein Landesgesetz zum Schutz Berliner Kulturgutes gegen Abwanderung ins Ausland einzubringen, das die Zuständigkeit für Ausfuhrgenehmigungen ausgewählter Kunstwerke, die sich auf dem Territorium des Landes befinden,

beim Bürgermeister bündelt. Der Entscheidung des Bundes, die er respektieren wolle, soll eine Berliner „Zweitgenehmigung" nachgeordnet werden, die bei Nichterteilung die Ausfuhr hindert.
Gesetzgebungskompetenz des Landes Berlin?

1. Wesen der ausschließlichen Gesetzgebungskompetenz

Die Besonderheit der ausschließlichen Gesetzgebungskompetenz des Bundes ist, dass in den Bereichen, in denen der Bund diese Kompetenz zusteht, grundsätzlich nur der Bund Gesetze erlassen darf. Dies heißt in erster Linie, dass, wenn der Bund von seiner Kompetenz keinen Gebrauch gemacht hat, die Länder auch bei Annahme eines Regelungsbedürfnisses nicht anstelle des Bundes regeln dürfen. Dem entsprechend sind von der ausschließlichen Gesetzgebungskompetenz des Bundes solche Titel erfasst, bei denen sinnlogisch eine **bundeseinheitliche Regelung** nahe liegt. Deswegen sind Materien erfasst wie die auswärtigen Angelegenheiten des Bundes, die Verteidigung oder das Staatsangehörigkeitsrecht.

Im Bereich der ausschließlichen Gesetzgebung des Bundes herrscht damit eine **Sperrwirkung** zulasten der Landesgesetzgebung. Art. 71 GG drückt dies relativ umständlich aus, indem er die – absolute – Ausnahme von diesem Grundsatz beschreibt, nämlich dass der Bund die Länder auf dem Gebiet seiner ausschließlichen Gesetzgebungskompetenz ausdrücklich ermächtigt, gesetzgeberisch tätig zu werden. Diese ausdrückliche Ermächtigung dürfte dabei allerdings niemals die Gesetzgebungsmaterie als Ganze betreffen. Der Bund wäre allenfalls befugt, Ausschnitte aus dieser Regelungskompetenz auf die Länder zu übertragen.[1] Diese Delegation – von der im Übrigen bislang nur äußerst selten Gebrauch gemacht wurde – müsste durch Parlamentsgesetz mit Zustimmung des Bundesrates erfolgen; sie kann zudem durch den Bund jederzeit ausdrücklich oder konkludent – Letzteres bspw. durch nachträgliche Vollregelung anstelle der Regelung der Länder – eingeschränkt oder auch aufgehoben werden. Im Übrigen sollen nur solche Bereiche aus einer Gesetzgebungsmaterie übertragen werden, die nicht einer einheitlichen Bundesregelung bedürfen, sondern – dies ist die Ratio der Norm – Raum für die Berücksichtigung regional unterschiedlicher Regelungsbedürfnisse der Länder lassen. Aber auch dann, wenn die Länder ein solches Regelungsbedürfnis sehen oder behaupten, ist der Bund frei, ob er eine Delegation vornimmt.

2. Übersicht über die Kompetenztitel der ausschließlichen Gesetzgebungskompetenz

a) Der Katalog des Art. 73 Abs. 1 GG

Das Grundgesetz regelt die **Kompetenztitel** der ausschließlichen Gesetzgebungskompetenz im Kern in Art. 73 GG. Neben den bereits beispielhaft aufgeführten Materien auswärtige Angelegenheiten und Verteidigung (Art. 73 Abs. 1 Nr. 1 GG) sowie Staatsangehörigkeit

---

1 *Seiler* in BeckOK GG, Art. 71 GG Rn. 6.

(Art. 73 Abs. 1 Nr. 2 GG) finden sich dort Regelungskomplexe, die nur durch den Bund sinnvoll für den gesamten Raum der Bundesrepublik geregelt werden können. So sind Fragen des Ausweiswesens (Personalausweise, Pässe, Art. 73 Abs. 1 Nr. 3 GG) und der der Währung (Art. 73 Abs. 1 Nr. 4 GG) erfasst. Während die vorgenannten Fälle als Gegenstand der ausschließlichen Gesetzgebung selbst erklärend erscheinen (nordrhein-westfälische Luftwaffe und bayerische Personalausweise anstelle der des Bundes?), sind andere Materien im Zuge der Föderalismusreform in die ausschließliche Gesetzgebungskompetenz transportiert worden. So waren etwa das Waffen- und Sprengstoffrecht (Art. 73 Abs. 1 Nr. 12 GG) und die Erzeugung und Nutzung der Kernenergie zu friedlichen Zwecken (Art. 73 Ab. 1 Nr. 14 GG) bis zur Föderalismusreform im Katalog der konkurrierenden Gesetzgebung enthalten, der Schutz deutschen Kulturguts gegen Abwanderung ins Ausland (Art. 73 Abs. 1 Nr. 5a GG) war Gegenstand der Rahmengesetzgebung. Die Übertragung dieser Materien in den Katalog des Art. 73 Abs. 1 GG muss in erster Linie als eine Form des „Glattziehens", also des Nachvollziehens der Verfassungswirklichkeit im Verfassungstext verstanden werden. So war das Gesetz zum Schutz deutschen Kulturgutes gegen Abwanderung (KultgSchG), das als Rahmengesetz nach Art. 75 GG erlassen worden war, den Ländern also Raum zur Ausgestaltung unter Rücksicht auf besondere regionale Regelungsbedürfnisse geben sollte, letztlich immer eine nahezu vollständige Regelung des Bundes. Auch die als konkurrierende Gesetzgebungskompetenzen ausgestalteten Materien des Waffen- und Sprengstoffrechts und des Atomrechts waren im Waffengesetz des Bundes, im Sprengstoffgesetz und im Atomgesetz abschließend geregelt; die vorgefundene Rechtslage wurde so in Art. 73 GG lediglich nachgezeichnet, zumal in all den angesprochenen Gebieten nie ein Zweifel an der Notwendigkeit einer im Kern bundeseinheitlichen Regelung bestand.[2]

Relativ unklar in seinem rechtlichen Gehalt ist Art. 73 Abs. 1 Nr. 9a GG, der Befugnisse des Bundeskriminalamtes auf dem Gebiet der **internationalen Terrorabwehr** zum Gegenstand hat. Zwischen Art. 73 Abs. 1 Nr. 10 GG – der unter anderem die bundesgesetzliche Grundlegung eines Bundeskriminalpolizeiamtes (in der Praxis Bundeskriminalamt oder BKA) legitimiert – und Art. 87 Abs. 1 S. 2 GG besteht ein Gleichlauf von Gesetzgebungs- und Verwaltungskompetenz auf dem Gebiet der Bundeskriminalbehörden. Eine solche eindeutige Verknüpfung von Gesetzgebungszuständigkeit und korrespondierender Verwaltungskompetenz fehlt für den Bereich präventiv-polizeilichen Handelns auf dem Gebiet der internationalen Terrorbekämpfung. Dieser Unstimmigkeit kann man am ehesten durch eine erweiternde Lesart des Art. 87 Abs. 1 S. 2 GG auch bezogen auf die Materien des Art. 73 Abs. 1 Nr. 9a GG begegnen.[3] Letztlich Sinn macht Art. 73 Abs. 1 Nr. 9a GG aber nur, wenn man dem BKA über diesen Kompetenztitel durch Bundesgesetz auch einzelne präventiv-polizeiliche Eingriffsbefugnisse zusprechen darf, die im Bereich der Gefahrenabwehr im Allgemeinen traditionell bei den Ländern liegen. Die fehlende Abgrenzbarkeit von internationalem und nationalem Terrorismus erschwert eine genaue Zuständigkeitsfestlegung aber zusätzlich.

---

2 Vgl. *Starck*, Föderalismusreform, Rn. 37.

3 Zu diesem Regelungskomplex wiederum *Starck*, Föderalismusreform, Rn. 91 ff.

Merke:
Zu empfehlen ist, sich die übrigen Kompetenztitel des Art. 73 Abs. 1 GG einmal anzusehen, dies vornehmlich vor dem Hintergrund, wie im Einzelnen die Idee einer ausschließlich dem Bund zustehenden Gesetzgebungskompetenz zu rechtfertigen sein könnte. Auf diese Weise kann uU ein Gefühl für die Denkweise des Grundgesetzes bei der Verteilung der Gesetzgebungszuständigkeiten entwickelt werden.

b) Ausschließliche Gesetzgebungskompetenzen im Übrigen

Neben dem Katalog des Art. 73 Abs. 1 GG enthält das Grundgesetz an verschiedenen anderen Stellen ausschließliche Gesetzgebungskompetenzen des Bundes. Dies ist immer dann anzunehmen, wenn das Grundgesetz zu einem bestimmten Regelungskomplex die nähere **Regelung durch ein Bundesgesetz** vorsieht.

Beispiele:
Art. 4 Abs. 3 S. 2 GG: Kriegsdienstverweigerung
Art. 21 Abs. 3 GG: Politische Parteien
Art. 38 Abs. 3 GG: Wahlrecht zum Deutschen Bundestag
Art. 48 Abs. 3 S. 2 GG: Rechtsstellung der Abgeordneten des Bundestages

---

Die vorgenannten Beispiele zeichnen sich, dem Grundgedanken der ausschließlichen Gesetzgebung folgend, dadurch aus, dass die betreffenden Materien zumeist sinnlogisch nur durch den Bund geregelt werden können. Dies wird besonders deutlich bezüglich des (Bundestags-)**Wahlrechts** und des (Bundestags-)**Abgeordnetenrechts**.

Ausnahmsweise spricht das Grundgesetz dem Bund außerhalb des Katalogs des Art. 73 Abs. 1 GG aber auch ausdrücklich die ausschließliche Gesetzgebungskompetenz zu, so in Art. 105 Abs. 1 GG: *„Der Bund hat die ausschließliche Gesetzgebung über die Zölle und Finanzmonopole."*

Merke:
Im Zuge der europäischen Einigung sind einzelne Kompetenzen der ausschließlichen Gesetzgebung in Anwendung des Art. 23 Abs. 1 S. 2 GG durch Übertragung von Hoheitsrechten auf den europäischen Gesetzgeber übergegangen, so bspw. im Kontext der Einführung des Euro für den Bereich Währung, im Kontext der Zollunion und der Grundfreiheiten für die Bereiche Zollwesen, Zoll- und Handelsgebiet und Freizügigkeit des Warenverkehrs. Im innerstaatlichen Bereich bleibt es aber trotzdem bei der durch Art. 71, 73 GG vorgezeichneten Gesetzgebungszuständigkeit,[4] etwa wenn auf den betreffenden Gebieten Richtlinienrecht in deutsches Recht umzusetzen ist; hier läge die Gesetzgebungszuständigkeit alleine beim Bund.

---

4 *Seiler* in BeckOK GG, Art. 71 GG Rn. 16.

Lösung zum Beispielfall 24:
Die Länder sind nach Art. 70 Abs. 1 GG für die Gesetzgebung zuständig, soweit die Gesetzgebungskompetenz nicht ausdrücklich dem Bund zugewiesen ist. Hier könnte sich die Gesetzgebungskompetenz aus Art. 71, 73 Abs. 1 Nr. 5a GG ergeben. Danach liegt die Gesetzgebungskompetenz für den Schutz deutschen Kulturgutes gegen Abwanderung ins Ausland beim Bund. Eine Delegation nach Art. 71 GG an die Länder ist nicht ersichtlich.
Damit hat der Bund das ausschließliche Gesetzgebungsrecht für den betreffenden Bereich. Das Land Berlin dürfte ein solches Landesgesetz nicht erlassen.

II. Konkurrierende Gesetzgebungskompetenz

Die Vorschriften zur **konkurrierenden** Gesetzgebungskompetenz finden sich im Wesentlichen in Art. 72 GG und Art. 74 GG. Die Grundsätze der konkurrierenden Gesetzgebungskompetenz und ihre unterschiedlichen Spielarten werden in **Art. 72 GG** beschrieben, die einzelnen Kompetenztitel ergeben sich im Kern aus Art. 74 GG.

1. Wesen und Systematik der konkurrierenden Gesetzgebungskompetenz

Die konkurrierende Gesetzgebungskompetenz stellt sich als deutlich komplexer dar als die ausschließliche. Zum einen ist die konkurrierende Gesetzgebung nicht als einheitliche Kompetenz ausgestaltet, sie teilt sich vielmehr in drei unterschiedliche Formen auf. Zum anderen sind bei der – in Anbetracht des Namens – offenbar denkbaren „**Konkurrenz**" zwischen Bund und Ländern wertende Gesichtspunkte heranzuziehen, die die Entscheidung, wer in welcher Frage die Gesetzgebungskompetenz hat, nicht immer ganz leicht macht.

Beispielfall 25:
Im Bundesland X kommt es immer häufiger zur Entwendung von Friedhofsschäufelchen. Die Schäufelchen werden in bewährter Manier durch die Grabstellenbesitzer hinter dem Grabstein, getarnt mit Blattwerk, abgelegt, damit man sie nicht immer wieder zur Grabpflege mitschleppen muss. Schlampige Zeitgenossen, die ihr eigenes Schäufelchen vergessen haben, suchen sich hinter den Grabsteinen ein fremdes solches, „leihen" es sich kurz aus und vergessen dann regelmäßig, wo sie es weggenommen haben. Deswegen landen die Schäufelchen nach der Grabpflege im nächsten Gebüsch, wo die Eigentümer sie dann zumeist nicht mehr wiederfinden. Da sich die „Diebe" die Schäufelchen nicht aneignen wollen, liegt kein Diebstahl vor, sondern ein sog. Gebrauchsdiebstahl. Daraufhin erlässt das Bundesland X ein „Gesetz zur Strafbarkeit des Gebrauchsdiebstahls an Friedhofsschäufelchen".
Der Bundesjustizminister erfährt davon und gerät in Rage. Schließlich habe der Bund den Gebrauchsdiebstahl in § 248b StGB abschließend geregelt, so dass das Land hier nicht regeln dürfe.

§ 248b Abs. 1 StGB lautet:
„Unbefugter Gebrauch eines Fahrzeugs
Wer ein Kraftfahrzeug oder ein Fahrrad gegen den Willen des Berechtigten in Gebrauch nimmt, wird mit Freiheitsstrafe bis zu drei Jahren oder mit Geldstrafe bestraft, wenn die Tat nicht in anderen Vorschriften mit schwererer Strafe bedroht ist. (...)"
Hat das Bundesland X die Gesetzgebungskompetenz?

Der Grundsatz der konkurrierenden Gesetzgebung nach Art. 72 Abs. 1 GG lautet, dass die Länder Gesetze erlassen dürfen, *„solange und soweit"* der Bund nicht geregelt hat. Das heißt, es ist zu fragen, zunächst ob der Bund überhaupt geregelt hat („**solange**"), und wenn er geregelt hat, ob er abschließend geregelt hat („**soweit**"). Im Ergebnis können im Bereich der konkurrierenden Gesetzgebungskompetenz also Landesgesetze existieren, die eine nicht existente Bundesregelung für das Territorium des Landes entweder ersetzen oder eine existente Bundesregelung ergänzen.

Systematisch unterscheidet man im Rahmen der konkurrierenden Gesetzgebungskompetenz drei Gruppen:

- Bundeskompetenzen **ohne Erforderlichkeitsklausel** (Art. 72 Abs. 1 GG)
- Bundeskompetenzen **mit Erforderlichkeitsklausel** (Art. 72 Abs. 2 GG)
- Bundeskompetenzen mit **Abweichungsrecht** der Länder (Art. 72 Abs. 3 GG)

Bei verschiedenen Titeln des Art. 74 Abs. 1 GG wird vermutet, dass die betreffenden Materien im Kern bundeseinheitlich geregelt werden müssen. Diese Vermutung gilt aber nicht durchgängig; bei manchen Gesetzgebungstiteln des Art. 74 Abs. 1 GG (den in Art. 72 Abs. 2 GG genannten) muss der Bund zunächst nachweisen, dass eine bundeseinheitliche Regelung erforderlich ist. Bei wieder anderen Titeln des Art. 74 Abs. 1 GG (den in Art. 72 Abs. 3 GG genannten) darf der Bund zwar wiederum ohne Nachweis der Erforderlichkeit bundeseinheitlicher Regelung Gesetze erlassen, die Länder dürfen aber für ihr eigenes Territorium abweichende Regelungen treffen.

Merke:
Die Systematik der konkurrierenden Gesetzgebungskompetenz in der heutigen Fassung ist Ergebnis der Föderalismusreform I von 2006: In der ursprünglichen Fassung des Art. 72 Abs. 2 GG wurde für alle Titel des Art. 74 GG nach einem „Bedürfnis" nach bundeseinheitlicher Regelung gefragt. Ab 1994 war für alle Titel die Erforderlichkeit nachzuweisen, tendenziell also mehr als ein reines Bedürfnis. Dieser Katalog wurde 2006 reduziert auf die in Art. 72 Abs. 2 GG ausdrücklich genannten Titel; dafür wurde den Ländern für die in Art. 72 Abs. 3 GG genannten Bereiche ein Abweichungsrecht von der bundeseinheitlichen Regelung eingeräumt.

a) Bundeskompetenzen ohne Erforderlichkeitsklausel – Kernkompetenzen

Bei den Gesetzgebungstiteln ohne Erforderlichkeitsklausel wird vermutet, dass die betreffenden Materien grundsätzlich eine bundeseinheitliche Regelung erfordern. Hier kann der Bund **voraussetzungslos** von der Gesetzgebungskompetenz Gebrauch machen. Die betreffenden Titel des Art. 74 Abs. 1 GG werden auch als „**Kernkompetenzen**"[5] bezeichnet. Es besteht hier ein Regel-Ausnahme-Verhältnis zugunsten der Regelungskompetenz des Bundes.

Die Kernkompetenzen ergeben sich bei Betrachtung des Art. 74 Abs. 1 GG unter Hinzuziehung des Art. 72 Abs. 2 GG: Kernkompetenzen sind solche, die in Art. 72 Abs. 2 GG nicht aufgeführt sind. Damit ergibt sich für die Kernkompetenzen folgende hochmathematische Gleichung, an der jeder Taschenrechner versagt:

Art. 74 Abs. 1 GG - Art. 72 Abs. 2 GG = Kernkompetenzen

> Merke:
> Bei Anwendung dieser „Gleichung" ergibt sich zugleich, dass auch die in Art. 72 Abs. 3 GG genannten Regelungsbereiche, die dem Abweichungsrecht der Länder unterfallen, Kernkompetenzen darstellen. Kernkompetenzen und Kompetenzen mit Abweichungsrecht[6] schließen sich also nicht aus, sondern sind teilweise deckungsgleich.

b) Bundeskompetenzen mit Erforderlichkeitsklausel

Für die in Art. 72 Abs. 2 GG genannten Teil des Art. 74 Abs. 1 GG muss der Bund gesondert **nachweisen**, dass eine bundeseinheitliche Regelung **erforderlich** ist. Die Kriterien, anhand derer die Erforderlichkeit nachzuweisen ist, sind Gegenstand des Art. 72 Abs. 2 GG. Hier besteht ein Regel-Ausnahme-Verhältnis zugunsten der Regelungskompetenz der Länder. Demnach dürfen im gesamtstaatlichen Interesse Regelungen des Bundes nur dann ergehen, wenn und soweit diese

- zur Herstellung gleichwertiger Lebensverhältnisse im Bundesgebiet oder
- zur Wahrung der Rechtseinheit oder
- zur Wahrung der Wirtschaftseinheit

erforderlich sind.

Das Bundesverfassungsgericht hat für den Nachweis dieser Umstände in der Entscheidung zum Altenpflegegesetz folgende Maßstäbe entwickelt:[7]

---

5 *Gröpl*, Staatsrecht I Rn. 1183; dort auch bezeichnet als „Vorrangkompetenzen".

6 Dazu sogleich unten Kap. 4 A II 1 d.

7 BVerfGE 106, 62, 143 ff.

aa) Herstellung gleichwertiger Lebensverhältnisse im Bundesgebiet

Ein Eingreifen des Bundesgesetzgebers ist erst dann erforderlich, wenn sich die Lebensverhältnisse in den Ländern der Bundesrepublik in erheblicher, das bundesstaatliche Sozialgefüge beeinträchtigender Weise **auseinander entwickelt** haben oder sich eine derartige Entwicklung konkret abzeichnet. Es müssen damit einerseits nicht einheitliche Lebensverhältnisse angestrebt werden, es reicht aber andererseits auch nicht aus, dass der Gesetzgeber eine Verbesserung der Lebensverhältnisse erstrebt.[8]

bb) Wahrung der Rechtseinheit

Die Rechtseinheit ist erst gefährdet und rechtfertigt damit eine bundeseinheitliche Rechtssetzung, wenn eine Regelung durch abweichende Ländergesetze zu einer **Rechtszersplitterung** mit problematischen Folgen führt, die im Interesse sowohl des Bundes als auch der Länder nicht hingenommen werden kann. Dies ist etwa gegeben, wenn die unterschiedliche rechtliche Behandlung desselben Lebenssachverhalts unter Umständen erhebliche Rechtsunsicherheiten und damit unzumutbare Behinderungen für den länderübergreifenden Rechtsverkehr erzeugen kann.[9]

cc) Wahrung der Wirtschaftseinheit

Eine bundeseinheitliche Regelung liegt im gesamtstaatlichen Interesse, wenn es um die Erhaltung der **Funktionsfähigkeit** des **Wirtschaftsraums** der Bundesrepublik durch bundeseinheitliche Rechtssetzung geht. *„Der Erlass von Bundesgesetzen zur Wahrung der Wirtschaftseinheit steht dann im gesamtstaatlichen, also im gemeinsamen Interesse von Bund und Ländern, wenn Landesregelungen oder das Untätigbleiben der Länder erhebliche Nachteile für die Gesamtwirtschaft mit sich bringen.“*[10]

dd) Anforderungen an den Nachweis

Das Bundesverfassungsgericht baut so auf den ersten Blick erhebliche Hürden für bundesgesetzliche Regelungen im Bereich des Art. 72 Abs. 2 GG auf. Gleichwohl nimmt das Gericht Rücksicht auf den **Prognosespielraum** des Gesetzgebers. Der Prognose müssen Sachverhaltsannahmen zu Grunde liegen, die sorgfältig ermittelt sind oder sich jedenfalls im Rahmen der gerichtlichen Prüfung bestätigen lassen. Voraussetzung ist weiter die Wahl und die konsequente Anwendung eines geeigneten **Prognoseverfahrens**. Auch dürfen erkennbar keine sachfremden Erwägungen eingeflossen sein.[11] Kann sich der Gesetzgeber bei der Frage nach der Erforderlichkeit einer bundesgesetzlichen Regelung hierauf berufen, lässt das Bundesverfassungsgericht dies genügen.

---

[8] BVerfGE 106, 62, 144.

[9] BVerfGE 106, 62, 146.

[10] BVerfGE 106, 62, 147.

[11] BVerfGE 106, 62, 152.

> **Merke:**
> Fazit für den Nachweis der Erforderlichkeit bundeseinheitlicher Regelung: „Es wird nichts so heiß gegessen, wie es gekocht wird!"

Sollten ein Land, mehrere Länder oder der Bundesrat **Zweifel** an der Erforderlichkeit hegen, eröffnet Art. 93 Abs. 1 Nr. 2a GG den Weg zum Bundesverfassungsgericht isoliert für diese Frage. Fällt die Erforderlichkeit nachträglich weg, kann der Bundesgesetzgeber eine **Freigabe** der Materie für die Länder durch Bundesgesetz erklären. Ihm steht hierbei einerseits gesetzgeberisches Ermessen zu, das andererseits vom Bundesverfassungsgericht nach Art. 93 Abs. 2 GG überprüft werden kann.[12]

c) Einschub: Abschließende Regelung des Bundes?

Damit, dass der Bund überhaupt von seiner Gesetzgebungskompetenz Gebrauch macht, tritt in den Fällen des Art. 72 Abs. 1 oder Abs. 2 GG (Frage nach dem „solange", Abs. 1, oder dem „wenn", Abs. 2) nicht automatisch eine Sperrwirkung zulasten der Länder ein. Vielmehr reicht die Sperrwirkung des Bundesgesetzes nur soweit, wie der Bund **abschließend** geregelt hat. Fragen, die der Bundesgesetzgeber in seinem Gesetz nicht abschließend geregelt hat, stehen dem Landesgesetzgeber zur Regelung frei.

Allerdings ist es nicht immer leicht zu ermitteln, ob das Bundesgesetz abschließend ist. Wenn eine Frage explizit angesprochen ist, wird man von einer abschließenden Regelung ausgehen können. Der Gesetzgeber kann aber auch durch Nichtregelung einer Frage abschließend regeln, sog. „**beredtes Schweigen**" oder „absichtsvolles Unterlassen"[13]. Hier kann sich durch Auslegung, aber auch unter Heranziehung von Gesetzgebungsmaterialien oder durch den systematischen Kontext ergeben, dass die Nichtregelung (abschließend) gewollt war, wodurch der Landesgesetzgeber dann auch gesperrt wäre.

> **Lösung zum Beispielfall 25:**
> Zu fragen ist zunächst nach der Gesetzgebungskompetenz des Bundes. Diese ergibt sich hier nicht aus Art. 73 Abs. 1 GG, aber aus Art. 74 Abs. 1 Nr. 1 GG. Art. 74 Abs. 1 Nr. 1 GG unterfällt nicht dem Art. 72 Abs. 2 GG, ist damit Kernkompetenz, bei der die Erforderlichkeit bundeseinheitlicher Regelung vermutet wird.
> Der Gesetzgeber hat – Frage nach dem „solange" – mit dem StGB von seiner Gesetzgebungskompetenz Gebrauch gemacht; er hat hierbei auch in § 248b StGB eine Regelung zum Gebrauchsdiebstahl getroffen. Der Landesgesetzgeber im Land X wäre damit nur dann an einer eigenen Bestimmung gehindert, wenn – Frage nach dem „soweit" – § 248b StGB abschließend ist.
> Gegen eine abschließende Regelung spricht, dass dem Wortlaut nach die Strafbarkeit des Gebrauchsdiebstahls nach § 248b StGB nur Kraftfahrzeuge und Fahrräder betrifft.

12 *Seiler* in BeckOK GG, Art. 72 GG Rn. 18.

13 So BVerfGE 98, 265, 300.

Man könnte also annehmen, dass die Länder alle anderen Fälle des Gebrauchsdiebstahls regeln dürfen, also auch den Gebrauchsdiebstahl an Friedhofsschäufelchen.
Denkbar ist aber auch, einen Fall „beredten Schweigens" des Bundesgesetzgebers anzunehmen. Möglicher Weise hat der Gesetzgeber nur diese typischen und häufigen Fälle des Gebrauchsdiebstahls als strafwürdig erachtet: Zum einen die Fälle der „Jugendlichen", die „nur mal eine Spritztour machen wollen", oder wenn sich jemand, weil er zu faul, ist, zu Fuß zu gehen, nur mal eben ein Fahrrad „ausleiht" und es nach Benutzung irgendwo abstellt.
Zur Beantwortung dieser Frage mag folgende Kontrollüberlegung helfen: Wenn ein Gebrauchsdiebstahl an anderen Gegenständen als denen des § 248b StGB geschieht, findet dies nicht im rechtsfreien Raum statt. Wenn der „Gebrauchsdieb" ermittelt wird und der Gegenstand verschwunden bleibt, ist derjenige – nur, aber immerhin – zivilrechtlich zu Schadenersatz verpflichtet.
Damit erscheint hier die Annahme „beredten Schweigens" des Bundesgesetzgebers jedenfalls naheliegender.
Folgt man dem Ergebnis, fehlt dem „Gesetz zur Strafbarkeit des Gebrauchsdiebstahls an Friedhofsschäufelchen" an der notwendigen Kompetenz des Landesgesetzgebers (aA gut vertretbar!).

d) Bundeskompetenz mit Abweichungsrecht der Länder

Die Kompetenztitel mit **Abweichungsrecht** der Länder ergeben sich aus Art. 72 Abs. 3 GG. Betroffen sind die Titel des Art. 74 Abs. 1 Nr. 28-33 GG. Hier darf der Bund zunächst voraussetzungslos regeln (Kernkompetenz![14]), die Länder dürfen aber für das eigene Territorium abweichende landesrechtliche Regelungen aufstellen. Die dem Art. 72 Abs. 3 GG unterfallenden Gesetzgebungskompetenzen sind dabei vornehmlich solche, die früher der weggefallenen Rahmengesetzgebungskompetenz unterfielen.[15] Die Abweichungsgesetzgebung ist Ergebnis der Föderalismusreform I. Sie sollte anders als die Rahmengesetzgebung nach Art. 75 GG, die den Ländern oft nur Brosamen zur Regelung überließ, den regionalen Regelungsbedürfnissen der Länder besser Rechnung tragen. Zugleich sollten die Länder entscheiden können, ob ihnen unter Verzicht auf eigene Gesetzgebung die einheitliche Bundesregelung nicht näher liegt. Erhofft wurde zudem ein „regulatorischer Wettbewerb" um die beste Lösung eines gesetzgeberischen Problems.[16]

Mit der Einführung des Abweichungsrechts hat das Grundgesetz für die betroffenen Titel verschiedene Neuerungen eingeführt, die systematisch stark vom bisherigen System konkurrierender Gesetzgebung abweichen.

---

[14] Dazu oben Kap. 4 A II 1 a.

[15] *Starck*, Föderalismusreform, Rn. 38.

[16] *Starck*, Föderalismusreform, Rn. 27 ff.

Beispielfall 26:
Das Bundesjagdgesetz (BJagdG) sieht eine Aufteilung der Gebiete, die dem Jagdrecht unterliegen, in Jagdgenossenschaften (zwangsweise Verbindung mehrerer Grundstückseigentümer) und – ab 75 ha – Eigenjagdbezirken vor. Im Bundesland L will die Regierung aufgrund der Grundstücksstruktur im Landes L die Eigenjagdbezirke ab 65 ha festlegen. Für diese Eigenjagdbezirke soll dann zusätzlich eine sog. „kleine Jagdberechtigung" erworben werden können, die – anders als der Jagdschein nach BJagdG – die Jagd nur im Eigenjagdbezirk, nur auf Kaninchen und anderes Kleinwild und nur mit kleinkalibrigen Waffen erlaubt. So geschieht es auch im neuen Landesjagdgesetz (LJagdG).
Durfte das Land L das Gesetz so erlassen?

Auszug § 7 BJagdG
(1) Zusammenhängende Grundflächen mit einer land-, forst- oder fischereiwirtschaftlich nutzbaren Fläche von 75 Hektar an, die im Eigentum ein und derselben Person oder einer Personengemeinschaft stehen, bilden einen Eigenjagdbezirk. Die Länder können abweichend von Satz 1 die Mindestgröße allgemein oder für bestimmte Gebiete höher festsetzen. (...)

aa) Verhältnis von Bundesrecht zu Landesrecht

Bislang war das Verhältnis von Bundesrecht zu Landesrecht dadurch geprägt, dass der Bundesgesetzgeber den Landesgesetzgeber verdrängen konnte, „solange" er überhaupt und „soweit" er abschließend geregelt hat. Dieses Verhältnis wird im Bereich des Art. 72 Abs. 3 GG aufgelöst. Der Landesgesetzgeber ist **vollumfänglich** berechtigt, von der bundesgesetzlichen Regelung **abzuweichen** und kann so eine bestimmte Sachfrage, die der Bund in der einen Richtung geregelt hat, wenn er dies möchte, genau in der entgegengesetzten Richtung regeln. Die Folge ist, dass, soweit bestimmte Länder vom Abweichungsrecht Gebrauch machen, dort das abweichende Landesrecht, im übrigen Bundesgebiet weiter das Bundesrecht gilt.

Das Verhältnis von abweichendem Bundes- und Landesrecht wird üblicher Weise durch Art. 31 GG geregelt: „*Bundesrecht bricht Landesrecht.*" Der Grundsatz kommt insbesondere bei existierendem Landesrecht und später erlassenem Bundesrecht zu der gleichen Frage zum Tragen.[17] Art. 72 Abs. 3 S. 3 GG weicht von diesem Grundsatz zugunsten der sog. „**lex posterior-Regel**" ab; es gilt im Verhältnis von Bundesrecht zu Landesrecht das jeweils später erlassene Gesetz.

Die lex-posterior-Regel funktioniert in beide Richtungen. So wie die Länder abweichende Landesgesetze erlassen können, kann der Bund ebenso einheitliche Bundesregelungen nachschieben, die dann wieder dem Landesrecht vorgehen. Hierauf können die Landesgesetzgeber mit Abweichungsgesetzen reagieren.

---

17 Vgl. hierzu insgesamt *Degenhart*, Staatsrecht I, Rn. 184 f.

bb) Einschränkung des Abweichungsrechts

Eingeschränkt ist der Landesgesetzgeber dabei nur durch die sog. **„abweichungsfesten Kerne"**, die in den Nrn 1-6 des Art. 72 Abs. 3 GG durch die Klammerzusätze gekennzeichnet sind. Die Länder dürfen dem entsprechend im Bereich Jagdwesen keine Abweichungen zum Jagdscheinrecht treffen, im Bereich Naturschutz nicht von allgemeinen Grundsätzen des Naturschutzes abweichen. Sie dürfen nicht zu Artenschutz und Meeresnaturschutz abweichend regeln und im Wasserhaushaltsrecht keine abweichenden stoff- und anlagenbezogenen Regelungen treffen.[18]

Ein Sonderfall ist die Regelung nach Art. 84 Abs. 1 S. 5 GG. Der Bund darf bei der Ausführung der Bundesgesetze durch die Länder als eigene Angelegenheit Behördenaufbau und Verwaltungsverfahren bestimmen. Die Länder können hiervon landesgesetzlich wiederum abweichen. Wenn dem Bund an einer verbindlichen Vorgabe des Verwaltungsverfahrens gelegen ist, kann er durch Gesetz das Abweichungsrecht der Länder ausschließen; dies kann er aber nur tun in *„Ausnahmefällen (...) wegen eines besonderen Bedürfnisses nach bundeseinheitlicher Regelung"*, und nur mit Zustimmung der Länder.[19]

cc) Spezielle Inkrafttretensregelung für Bundesrecht

Gem. Art. 82 Abs. 2 GG soll jedes Gesetz den Tag seines **Inkrafttretens** bestimmen. Art. 72 Abs. 3 S. 2 GG schränkt den Bundesgesetzgeber dahingehend ein, dass dieser Tag frühestens **sechs Monate** nach der Verkündung liegen darf. Ratio ist, dass der Landesgesetzgeber so Gelegenheit hat, auf eine neue Bundesrechtslage durch Erlass eines Landesgesetzes zu reagieren und so die Bundesrechtslage im Land günstigenfalls nie in Kraft treten zu lassen. Der Landesgesetzgeber kann, da zumeist nur in einer Kammer – dem Landtag – entschieden wird, Gesetze tendenziell schneller erlassen als der Bund; auch sind die Länder über den Bundesrat frühzeitig über die Bundesgesetze informiert, so dass sie bereits zu einem frühen Zeitpunkt Abweichungsgesetze vorbereiten können. Die Sechsmonatsfrist reicht den Ländern damit in der Regel aus, um eigenes Recht gegen das Bundesrecht zu setzen. Die Länder sind aber nicht gehindert, auch nach Ablauf der Sechsmonatsfrist Abweichungsgesetze zu erlassen.

dd) Kritik der Abweichungsgesetzgebung

Die Regelung zur Abweichungsgesetzgebung nach Art. 72 Abs. 3 GG ist verschiedenen Kritikpunkten ausgesetzt.

---

[18] Eine weitere Einschränkung des Abweichungsrechts ist mittlerweile ausgelaufen; so durften die Länder vom Abweichungsrecht in verschiedenen Fällen erst nach Ablauf bestimmter Fristen Gebrauch machen, sofern der Bund nicht vorher selbst neu geregelt hatte. Diese in Art. 125b GG genannten Fristen sind allesamt abgelaufen. Das Abweichungsrecht steht den Ländern also mittlerweile vollumfänglich zu.

[19] Zum Wesen der Zustimmungsgesetze unten Kap. 4 B II 2 a u. c. Zur (Regel-)Ausführung des Bundesgesetze als eigene Angelegenheit der Länder unten Kap. 5 A.

Wie ausgeführt, gilt nach Art. 72 Abs. 3 S. 3 GG das jeweils jüngere Gesetz, gleich ob Bundes- oder Landesgesetz. Aufgrund dessen wird die Gefahr gesehen, dass Bund und Länder in einen Wettbewerb von sich ablösenden Gesetzen verfallen könnten („**Ping-Pong-Spiel**“[20]). Die Gefahr eines solchen Ping-Pong wird umso größer, je geringer die Anforderungen sind, die an eine „Neuregelung“ gestellt werden. Bedarf es einer grundlegenden Neukonzeption (wohl kaum) oder reichen grammatikalische („ein doppelter Genitiv, wie hässlich!“) Änderungen? Genügt vielleicht auch eine reine Neuverkündung eines bestehenden Gesetzes? Einschränkungen lässt Art. 72 Abs. 3 GG in dieser Frage nicht erkennen. Ungeklärt ist auch, was geschieht, wenn ein Land mit einem Gesetz über das Außerkraftsetzen der Bundesregelung ohne eigene Regelung reagiert – was Art. 72 Abs. 3 GG wiederum nicht ausdrücklich verbietet.[21]

Probleme ergeben sich auch für den **Rechtsanwender**, für den es zunehmend schwierig wird, die für ihn geltende Rechtslage in einem bestimmten Bundesland zu ermitteln. Die Länder nehmen bei der Nutzung der Abweichungsrechte zunehmend Fahrt auf. Zur Illustration sei auf das Bundesnaturschutzgesetz (BNatSchG) verwiesen. Dort finden sich in den ersten drei Kapiteln (§ 1-19 BNatSchG) mittlerweile um die 70 abweichende Länderregelungen; zugleich haben die Länder abweichende Länderregelungen mittlerweile wieder aufgehoben.

Merke:
Als öffentlich zugängliches „Abweichungsverzeichnis“ kann momentan in erster Linie die Internetquelle www.gesetze-im-internet.de, betrieben von Bundesjustizministerium und juris, dienen, wo, soweit erkennbar, alle Abweichungsregelungen der Länder in den betroffenen Bundesgesetzen nachgehalten werden.

Schließlich ist eine der Zielsetzungen der Föderalismusreform in Betracht zu ziehen, an der sich Art. 72 Abs. 3 GG messen lassen muss. So war es erklärtes Ziel der Reform, die **Europatauglichkeit** des Grundgesetzes zu erhöhen.[22] Zugleich sind in den Kreis der Abweichungstitel vornehmlich solche aus dem Bereich des Umweltrechts aufgenommen worden, das in erheblichem und zunehmendem Maße europarechtlich vorgeprägt ist. Wenn insbesondere bei der Umsetzung von Richtlinienrecht eine Konkurrenz von Bundesgesetzgeber und sechzehn Landesgesetzgebern auftritt, erhöht sich das Risiko der nicht ordnungsgemäßen Umsetzung der Richtlinienvorgaben erheblich: Sobald nur ein Land in seinem Abweichungsgesetz an der Richtlinie vorbei regelt, dürfte die Richtlinie, solange das Landesgesetz gültig ist, im gesamten Bundesgebiet nicht vollständig bzw. richtig umgesetzt sein.

Ein vorsichtiges Fazit zu Art. 72 Abs. 3 GG könnte lauten: „Wer sowas regelt, der frisst auch kleine Kinder!“

---

20 Statt vieler *Gröpl*, Staatsrecht I, Rn. 1191.
21 So zutreffend *Degenhart*, Staatsrecht I Rn. 179a.
22 Vgl. *Starck*, Föderalismusreform, Rn. 211 mwN.

Lösung zum Beispielfall 26:
Die (konkurrierende) Gesetzgebungskompetenz für das Jagdrecht liegt grundsätzlich beim Bund, Art. 74 Abs. 1 Nr. 28 GG. Der Bund darf voraussetzungslos regeln, da es sich um eine Kernkompetenz handelt. Fraglich ist, ob den Ländern ein Abweichungsrecht nach Art. 72 Abs. 3 GG zusteht. Zunächst ist das Jagdrecht von der Abweichungsrecht erfasst, Art. 72 Abs. 3 S. 1 Nr. 1 GG. Im Weiteren ist aber zu differenzieren:

- Die „kleine Jagdberechtigung"
  Die kleine Jagdberechtigung könnte vom Abweichungsrecht ausgenommen sein, wenn es sich hierbei um eine Regelung aus dem „Recht der Jagdscheine" handelt, die als abweichungsfester Kern aufgeführt sind. Das Land würde im Zweifel vertreten, dass es gerade keinen Jagdschein, sondern etwas anderes (ein „aliud") regelt. Bei nüchterner Betrachtung handelt es sich bei der kleinen Jagdberechtigung aber um ein Minus zum Jagdschein nach BJagdG, so dass dem Land der Zugriff versperrt ist. Das Bundesland L durfte die kleine Jagdberechtigung nicht regeln.
- Der Zuschnitt der Eigenjagdbezirke
  Hier steht den Ländern grundsätzlich ein Abweichungsrecht zu. Fraglich ist aber, ob die Länder in beiden Richtungen von der Größe der Eigenjagdbezirke nach § 7 BJagdG abweichen dürfen. Hiergegen könnte § 7 Abs. 1 S. 1 BJagdG sprechen, wonach die Länder nur größere Eigenjagdbezirke definieren dürfen. Allerdings handelt es sich beim BJagdG um eine Regelung, die noch als Rahmengesetz gem. Art. 75 GG aF erlassen wurde. § 7 Abs. 1 S. 2 BJagdG stellte eine solche durch die Länder ausfüllungsfähige Vorschrift dar, bei der der Bund aber die Bedingungen der Landesregelung vorgeben konnte, hier eben die flächenmäßige Abweichung nach oben. Mit dem vollumfänglichen Abweichungsrecht nach Art. 72 Abs. 3 GG ist diese Beschränkung gegenstandslos geworden, so dass die Länder nunmehr auch nach unten abweichend regeln dürfen. Die Gesetzgebungskompetenz des Landes L wäre damit gegeben, die Regelung wäre grundsätzlich zulässig.
- Kontrollüberlegung: Teilnichtigkeit – Gesamtnichtigkeit?
  Ist also die Regelung zur kleinen Jagdberechtigung nichtig, die zum Zuschnitt der Eigenjagdbezirke zulässig, könnte sich die Unzulässigkeit noch aus dem Gedanken der Gesamtnichtigkeit wegen Nichtigkeit eines Teils des Regelungskomplexes ergeben. Ansatz hierfür ist der Gedanke, dass die Regelungen der kleinen Jagdberechtigung und der Eigenjagdbezirke offenbar auf einander bezogen sind. Zu fragen ist also, ob die zulässige Regelung ohne die nichtige Regelung noch Sinn macht. Dies ist hier aber zu bejahen. Auch ohne die kleine Jagdberechtigung kann der Eigentümer eines Eigenjagdbezirks in seinem Bezirk die Jagd ausüben. Zwar steht ihm hierfür nicht die eingeschränkte kleine Jagdberechtigung zur Verfügung, es steht ihm aber frei, einen (vollständigen) Jagdschein nach BJagdG zu erwerben.

Im Ergebnis bleibt es also dabei. Die Regelung zur kleinen Jagdberechtigung ist nichtig, die Regelung zum Zuschnitt der Eigenjagdbezirke ist verfassungsrechtlich unbedenklich.

2. Übersicht über die Kompetenztitel der konkurrierenden Gesetzgebung

Die Kompetenztitel konzentrieren sich in Art. 74 Abs. 1 GG. Bemerkenswert ist zunächst Art. 74 Abs. 1 Nr. 3 GG. Vor der Föderalismusreform umfasste die Nr. 3 auch das **Versammlungsrecht**, das nunmehr gestrichen wurde und damit in die Regelungshoheit der Länder gewechselt ist. Bislang haben nur fünf Länder eigene Versammlungsgesetze erlassen, für die übrigen Länder gilt bis zu Erlass einer eigenen Regelung nach Art. 125a Abs. 1 GG das Versammlungsgesetz des Bundes als Bundesrecht weiter.

Ein wichtiger, weil sehr breit aufgestellter Kompetenztitel ist Art. 74 Abs. 1 Nr. 11 GG, **Recht der Wirtschaft**. Hierauf lässt sich – im Sinne einer Auffangkompetenz – eine nahezu unbegrenzte Vielzahl von Regelungen mit Bezug zur Wirtschaft stützen. Ausgenommen ist nunmehr das Recht der Ladenöffnungszeiten, das früher dem (Bundes-)Ladenschlussgesetz unterfiel. Dieses Gesetz ist nunmehr flächendeckend durch Gesetze der Länder ersetzt worden, die bemerkenswerter Weise fast durchweg als Laden-“öffnungs“-gesetze tituliert sind, womit die Regelungsrichtung deutlich werden dürfte.

> Merke:
> Auch hier sei wieder empfohlen, sich die übrigen Kompetenztitel des Art. 74 Abs. 1 GG einmal in Ruhe zu Gemüte zu führen.

Außerhalb des Katalogs des Art. 74 Abs. 1 GG finden sich noch wenige versprengte konkurrierende Gesetzgebungskompetenzen, so bei der Steuergesetzgebung nach Art. 105 Abs. 2 iVm Art. 106 GG.

III. Ungeschriebene Gesetzgebungskompetenzen

Neben den geschriebenen Gesetzgebungskompetenzen werden drei Komplexe ungeschriebener Gesetzgebungskompetenzen des Bundes unterschieden, die dann eingreifen können, wenn die geschriebenen Kompetenzen nicht weiterhelfen.

1. Bundeskompetenz kraft Natur der Sache

> **Beispielfall 27:**
> Der Bundespräsident möchte – bewegt durch den großen Erfolg der deutschen Nationalmannschaft bei der Fußball-WM 2014 – „Auf uns!“ von Andreas Bourani zur Nationalhymne machen.
> Er fragt sich, ob er – wie die Homepage des Bundespräsidenten dies aussagt[23] – einfach bestimmen kann, dass „Auf uns!“ Nationalhymne wird, oder ob es doch Sache des Gesetzgebers ist, und wenn ja, welches Gesetzgebers.

---

23 Vgl. http://www.bundespraesident.de/DE/Amt-und-Aufgaben/Wirken-im-Inland/Repraesentation-und-Integration/repraesentation-und-integration-node.html, zuletzt abgerufen am 06.06.2016.

Bundeskompetenzen kraft Natur der Sache sind solche Kompetenzen, für die kein geschriebener Kompetenztitel besteht, die aber – ähnlich wie bei der ausschließlichen Gesetzgebungskompetenz nach Art. 71, 73 GG – sinnlogisch nur der Bund regeln kann. Klassische Beispiele sind Regelungen zu Bundessymbolen, etwa zur Nationalflagge, zur Nationalhymne oder auch zur Bundeshauptstadt. Bundeskompetenzen kraft Natur der Sache sind damit aber auch – wenn auch ungeschriebene – ausschließliche Gesetzgebungskompetenzen des Bundes.

Lösung zum Beispielfall 27:
Die Homepage des Bundespräsidenten sagt aus, dass der Bundespräsident die Staatssymbole festlegt, „soweit nicht der Gesetzgeber tätig wird", verweist aber insoweit nur auf Art. 22 Abs. 2 GG („*Die Bundesflagge ist schwarz-rot-gold*"). In Art. 22 GG (dort Absatz 1) ist aber bspw. auch Berlin als Bundeshauptstadt geregelt.
Fraglich ist, ob die Bestimmung der Nationalhymne Sache des Bundespräsidenten oder des Gesetzgebers ist. Ausgehend vom staatsrechtlichen Wesentlichkeitsgrundsatz sind alle staatswesentlichen Entscheidungen durch das Parlament und vorrangig durch Parlamentsgesetz zu treffen.[24] Sieht man – was gut vertretbar ist – die Entscheidung über die Nationalhymne als staatswesentlich an, bietet sich die Entscheidung durch Parlamentsgesetz an.
Wenn die Entscheidung aber durch Parlamentsgesetz zu treffen ist, steht die Entscheidung hierüber sinnlogisch dem Bund kraft Natur der Sache zu.

Merke:
Ein wenig Staatsbürgerkunde für Anfänger: Die Nationalhymne der Bundesrepublik Deutschland wurde in einem Briefwechsel zwischen dem ersten deutschen Bundespräsidenten Theodor Heuss und dem damaligen Bundeskanzler Konrad Adenauer festgelegt (deswegen im Zweifel auch der Eintrag auf der Homepage des Bundespräsidenten). Sie besteht aus dem Gedicht „Lied der Deutschen", von August-Heinrich Hoffmann von Fallersleben 1841 auf der Insel Helgoland geschrieben, zu der Melodie des zweiten Satzes des „Kaiserquartetts" von Joseph Haydn aus dem Jahr 1791; die Einigung ging dahin, zu staatlichen Anlässen nur die dritte Strophe zu singen.
Im Jahre 1991 kam es wiederum zu einem Briefwechsel zwischen Bundespräsident (Richard von Weizsäcker) und Bundeskanzler (Helmut Kohl), in dem diese Lage für das vereinte Deutschland übernommen wurde.

Da die geschriebenen Kompetenzen den ungeschriebenen Kompetenzen vorgehen, muss zunächst – ggf. durch Auslegung – ermittelt werden, ob eine geschriebene Kompetenz die Sachfrage erfasst, bevor man auf ungeschriebene Kompetenzen zurückgreifen kann.

---

24 Vgl. oben Kap. 2 B III.

Beispielfall 28:
Der Bundestag möchte aufgrund der überwältigenden Hilfsbereitschaft während der Flutkatastrophe im Sommer 2002 per Gesetz ein neues Verdienstabzeichen („Goldener Helm – Deutsches Zivilverdienstabzeichen") für vorbildliche Leistungen im Zivil- und Katastrophenschutz einführen. Daneben will aber auch das Land Brandenburg gesetzlich ein eigenes Ehrenzeichen („Silberner Sandsack") für besonders verdiente Rettungskräfte und Bundeswehrsoldaten regeln, die an der Bewältigung der Flutkatastrophe beteiligt waren.
Darf der Bund und darf das Land Brandenburg ein entsprechendes Gesetz erlassen?

Lösung zum Beispielfall 28:
Als geschriebene Kompetenz des Bundes kommt Art. 73 Abs. 1 Nr. 1 GG im Betracht, wo vom Schutz der Zivilbevölkerung die Rede ist. Diese Kompetenz darf aber nicht ohne Rücksicht auf den gesamten Regelungskomplex gelesen werden. Wenn es dort heißt „Verteidigung einschließlich des Schutzes der Zivilbevölkerung", wird deutlich, dass hier nur der Zivilschutz im Kontext denkbarer kriegerischer Auseinandersetzungen gemeint ist,[25] also letztlich „Bunkerbauen". Der übrige Zivilschutz ist nicht geregelt. Wenn der Bund ein Ehrenzeichen regeln will, gleich ob zum Zivil- und Katastrophenschutz oder zu anderen Anlässen, kann er sich auf die Kompetenz kraft Natur der Sache stützen.
Damit ist selbstverständlich das Land nicht gehindert, Ähnliches für sein eigenes Territorium zu regeln. Diese Kompetenz könnte sich aus Art. 70 Abs. 1 GG ergeben, es kann aber auch eine Landeskompetenz kraft Natur der Sache angenommen werden.
Die Frage, ob Bundeswehrsoldaten Orden und Ehrenzeichen annehmen oder führen dürfen, ist wiederum Gegenstand des Titels Verteidigung und des Dienstrechts des Bundes, gestützt auf Art. 73 Abs. 1 Nr. 1 und 8 GG[26]; dies hindert das Land aber nicht, Bundeswehrsoldaten als mögliche Träger des Silbernen Sandsacks vorzusehen.

2. Bundeskompetenz kraft Sachzusammenhangs

Fehlt dem Bund eine ausdrückliche Zuweisung der Gesetzgebungskompetenz, kann sich die Befugnis zur Bundesgesetzgebung auch ergeben, wenn die betreffende Frage in untrennbarem **Sachzusammenhang** mit einer geschriebenen Kompetenz steht, so dass eine dem Bund ausdrücklich zugewiesene Materie nicht sinnvoll geregelt werden kann, ohne dass die nicht ausdrückliche Materie mit geregelt wird. Beispiel ist der Dienstleistungsverkehr als untrennbar mit der Waren- und Zahlungsverkehr mit dem Ausland (Art. 73 Abs. 1 Nr. 5 GG) zu nennen. Der Waren-, der Dienstleistungs- und der Kapitalverkehr sollen lt. Bundesverfassungsgericht im Bereich der Außenwirtschaft so vielfältig miteinander verknüpft sein, dass eine getrennte Regelung zur Erfüllung solcher Ziele, wie sie das Außenwirtschaftsgesetz verfolgt, nicht sachgerecht wäre.[27] Die Bundeskompetenz kraft Sachzusammenhangs

25 So auch *Seiler* in BeckOK GG, Art. 73 GG Rn. 4.
26 BVerfGE 62, 354 ff.
27 BVerfGE 110, 33, 47 f.

muss eher zurückhaltend angewendet werden; zum gleichen, aber letztlich besser begründeten Ergebnis gelangt man häufig durch Auslegung des geschriebenen Kompetenztitels.[28] Schließt sich die Kompetenz kraft Sachzusammenhangs an eine geschriebene Gesetzgebungskompetenz aus dem Bereich der **ausschließlichen** Gesetzgebung an, ist auch die Kompetenz kraft Sachzusammenhangs nach den Regeln der ausschließlichen Gesetzgebungskompetenz zu behandeln. Schließt sich die Kompetenz kraft Sachzusammenhangs dagegen an eine **konkurrierende** Gesetzgebungskompetenz an, ist auch die Kompetenz kraft Sachzusammenhangs wie eine konkurrierende Gesetzgebungskompetenz zu behandeln.

3. Annexkompetenz

Die **Annexkompetenz** unterscheidet sich von der Kompetenz kraft Sachzusammenhangs, dass nicht eine geschriebene Materie auf eine andere ausgedehnt wird, sondern dass eine geschriebene Kompetenz ausgeweitet wird: *„Die Kompetenz kraft Sachzusammenhangs geht in die Breite, die Annexkompetenz in die Tiefe.“*[29] Dennoch lässt die Abgrenzung zwischen beiden einiges an Trennschärfe vermissen, so dass beide Kompetenzen teilweise auch als angenähert betrachtet werden. Beispiel für eine Annexkompetenz ist die Regelungsbefugnis des Bundes für die Bundeswehrhochschulen (Hochschulrecht als im Wesentlichen den Ländern zugewiesene Materie) als Annex zum Bereich Verteidigung (Art. 74 Abs. 1 Nr. 1 GG).

Für die Behandlung der Annexkompetenz als ausschließliche oder konkurrierende Gesetzgebungskompetenz gilt das Gleiche wie für die Kompetenz kraft Sachzusammenhangs.[30]

> Merke:
> Die Abgrenzung zwischen Sachzusammenhang und Annexkompetenz birgt erkennbar Untiefen. Über diese sollten man sich aber keine allzu großen Sorgen machen. Letztlich dürfte immer beides vertretbar sein. Ein sicherer Hafen dagegen ist eigentlich immer die Kompetenz kraft Natur der Sache: Leicht erkennbar, leicht erklärbar. Aber Vorsicht: Immer erst der Blick in die geschriebenen Kompetenzen.

IV. Zusammenfallen von Bundes- und Landeskompetenzen

Wenn für ein bestimmtes Rechtsgebiet sowohl eine Bundes- als auch eine Landeskompetenz gegeben ist, ist die sinnvollste Vorgehensweise, nach dem **Schwerpunkt** der Regelung zu fragen. So würde die Frage einer Verjährung von Strafdelikten im Pressebereich wohl

---

[28] So auch *Degenhart*, Staatsrecht I, Rn. 170 f.; als Beispielfall für die Kompetenz kraft Sachzusammenhangs werden auch häufig die Jugendpflege und der Jugendschutz angeführt, die im Sachzusammenhang der öffentlichen Fürsorge (Art. 74 Abs. 1 Nr. 7 GG) stehen sollen; zu diesem Ergebnis gelangt man aber auch durch Auslegung des Begriffs „öffentliche Fürsorge“; in diesem Sinne wohl auch eher *Seiler* in BeckOK GG, Art. 74 GG Rn. 24.

[29] So *Gröpl*, Staatsrecht I, Rn. 1199; ähnlich *Degenhart*, Staatsrecht I, Rn. 169.

[30] Dazu oben Kap. 4 A III 2.

den Ländern zuzuordnen sein. Das Presserecht ist angestammtes Landesrecht, das Strafrecht über Art. 74 Abs. 1 Nr. 1 GG einschließlich des gerichtlichen Verfahrens dem Bund zugewiesen. Da es aber vorrangig um speziell pressebezogene Strafbarkeit geht, liegt der Schwerpunkt beim Presserecht und nicht beim allgemeinen Strafrecht.[31]

V. Schema zur Ermittlung von Gesetzgebungskompetenzen

Da gem. Art. 70 Abs. 1 GG der **Regelfall** die Gesetzgebungskompetenz der Länder ist, und die Gesetzgebungskompetenz des Bundes die – wenn auch über die Regeln der Art. 71 bis 74 GG recht ausgedehnte – **Ausnahme**, bietet sich als Ausgangsfrage die nach der Gesetzgebungskompetenz des Bundes an. Von dort kämpft man sich von „sicher" (ausschließliche Kompetenz) nach unsicher (konkurrierend und ungeschrieben) durch, und wenn man nichts findet, dürfen die Länder.

1. **Ausschließliche Gesetzgebungskompetenz (Katalog Art. 73 Abs. 1 GG o. Sondertatbestände)**
   → *wenn ja – Bundeskompetenz (+)*
   → *wenn nicht, dann ggf.*

2. **Konkurrierende Gesetzgebungskompetenz (Katalog Art. 74 Abs. 1 GG o. Sondertatbestände).**
   a) als Kernkompetenz: *wenn ja – Bundeskompetenz (+)*
   → *Wenn nicht, dann ggf.*
   b) mit Erforderlichkeitsklausel (vgl. Art. 72 Abs. 2 GG).
   - *wenn erforderlich – Bundeskompetenz (+)*
   - *wenn nicht – Bundeskompetenz (-)*
   oder
   c) mit Abweichungsrecht (vgl. Art. 72 Abs. 3 GG)
   - *dann Bundeskompetenz (+),*
   - aber Abweichungsmöglichkeit: parallele Zuständigkeit der Länder.
   → *Wenn nicht, dann ggf.*

3. **Ungeschriebene Gesetzgebungskompetenzen**
   → als ausschl. Bundeskompetenz (dann wie 1.)
   → als konkurrierende Bundeskompetenz (dann wie 2.).
   → *Wenn nicht*
4. **Regelmäßig Landeskompetenz (Art. 70 Abs. 1 GG)**

Schema zur Prüfung von Gesetzgebungskompetenzen des Bundes

---

31 Siehe auch BVerfGE 7, 29, 38: „Wegen dieses inneren Zusammenhangs zwischen Verjährung und Pressewesen ist die Verknüpfung der Verjährungsregelung mit dem Presserecht enger und stärker als ihre Verbindung zum allgemeinen Strafrecht".

B Gesetzgebungsverfahren

Das Gesetzgebungsverfahren des Bundes richtet sich nach Art. 76 bis 82 GG. Letztlich gliedert es sich wie ein guter Deutschaufsatz: **Einleitungsverfahren – Hauptverfahren – Schlussverfahren**. Beteiligt am Gesetzgebungsverfahren, das als förmliches Verfahren durch die Verfassung vorgegeben ist, ist zunächst zentral der Bundestag. Weitere Beteiligte sind – ggf. im Einleitungsverfahren, spätestens aber im Schlussverfahren – die Bundesregierung (bzw. der Kanzler und/oder einzelne Minister) und ggf. im Einleitungsverfahren, jedenfalls aber im Hauptverfahren – der Bundesrat, sowie im Schlussverfahren der Bundespräsident.

I. Einleitungsverfahren

Gegenstand des Einleitungsverfahrens gem. Art. 76 GG ist zunächst die Frage, wer berechtigt ist, **Gesetzesvorlagen** in das Gesetzgebungsverfahren einzubringen; darüber hinaus sind dabei – je nachdem, wer die Gesetzesinitiative einbringt – weitere Verfahrensbesonderheiten zu beachten. Art. 76 Abs.1 GG sieht vor, dass Gesetzesvorlagen durch die **Bundesregierung**, *„aus der **Mitte** des **Bundestages**"* und durch den **Bundesrat** ins Gesetzgebungsverfahren gegeben werden dürfen.

Gesetzesvorlagen setzen sich regelmäßig zusammen aus dem eigentlichen Gesetzentwurf, also dem gewollten Gesetzestext, und einer Gesetzesbegründung. Die Notwenigkeit einer Begründung ergibt sich aus § 76 Abs. 2 GOBT, nicht aber aus der Verfassung.

Beispielfall 29:

1. Fallvariante:

Die Bundesregierung sieht ein dringendes Regelungsbedürfnis in der Frage der Kostentragung für Maklerkosten bei Wohnungsvermietungen. Sie möchten die Vorlage für ein Gesetz auf den Weg bringen, mit dem die Maklerkosten durch denjenigen zu zahlen sind, der den Makler beauftragt. Der Bundeskanzler bittet den Fraktionsvorsitzenden der Regierungspartei im Bundestag, den vom Wohnungsbauministerium gefertigten Gesetzesentwurf über die Fraktion in den Bundestag einzubringen. Es geht dem Bundeskanzler darum, das Verfahren zu beschleunigen; daneben will er nicht, dass der Entwurf bereits im Vorfeld „zerredet" wird.
Ist das Vorgehen des Kanzlers verfassungsgemäß?

2. Fallvariante:

Der obige Entwurf geht nicht auf die Bundesregierung zurück, sondern auf zwei Abgeordnete, einen der A- und einen der B-Fraktion. Ihre jeweiligen Fraktionsvorsitzenden bekommen sie von ihrem Plan nicht überzeugt. Trotzdem legen sie die Vorlage dem Bundestagspräsidenten vor, der ihn gem. § 75 Abs. 1 lit. a GOBT auf die Tagesordnung des Bundestages setzen möge.
Wie wird sich der Bundestagspräsident verhalten?

3. Fallvariante:
Der obige Entwurf ist von Landesregierung NRW entwickelt worden und soll in das Gesetzgebungsverfahren gelangen.
Was muss die Landesregierung NRW tun, um das Gesetzgebungsverfahren für ein entsprechendes Bundesgesetz anzustoßen?

1. Einbringung durch die Bundesregierung

Bei Initiativen der **Bundesregierung** geht regelmäßig eine Abstimmung innerhalb des Kabinetts voraus, dass der Gesetzentwurf in einer bestimmten Fassung in den Gesetzgebungsprozess gegeben werden soll. Dieser Regierungsentwurf ist dann gem. Art. 76 Abs. 2 S. 1 GG zunächst dem **Bundesrat** zuzuleiten. In diesem sog. ersten Durchgang hat der Bundesrat binnen sechs Wochen Gelegenheit, der Regierung gegenüber eine **Stellungnahme** zum Entwurf abzugeben, wozu er aber nicht verpflichtet ist. Ist die Angelegenheit ausnahmsweise eilbedürftig, kann der Entwurf schon nach drei Wochen dem Bundestag zugeleitet werden. Hat der Bundesrat sich bis zum Ablauf der Fristen nicht geäußert, muss die Bundesregierung eine später vorgelegte Stellungnahme unmittelbar dem Bundestag nachreichen. Insbesondere bei umfänglichen Vorlagen kann die Frist auch verlängert werden.[32]

Merke:
Statistisch stammen die meisten Gesetzesvorlagen von der Regierung (1949-2013: 73 %), es folgen der Bundestag (1949-2013: 16 %) und der Bundesrat (1949-2013: 11 %).[33]

2. Einbringung aus der Mitte des Bundestages

Über die Wendung *„aus der Mitte des Bundestages“* ist auch dem Bundestag, also den Abgeordneten selbst die Möglichkeit eröffnet, Gesetzgebungsverfahren anzustoßen. Dabei ist die Aussagekraft dieser Formulierung nicht eindeutig. § 76 GOBT „übersetzt“ den Text des Art. 76 GG dabei dergestalt, dass Vorlagen vom Bundestagsabgeordneten von einer **Fraktion** oder mindestens 5 % der Abgeordneten unterzeichnet werden müssen. Fraglich ist, ob ein Gesetzentwurf, der nicht diese Unterstützung erhält, unwirksam wäre, ggf. mit der Folge, dass das Gesetz an einem formellen Mangel leiden könnte.

---

32 Sie beträgt regulär neun Wochen bei Vorlagen zur Änderung des Grundgesetzes und bei Vorlagen, die die Übertragung von Hoheitsrechten betreffen, Art. 23 f. GG.

33 Zahlen nach http://www.bundesrat.de/DE/dokumente/statistik/statistik-node.html, zuletzt abgerufen am 15.08.2016.

Merke:
Geschäftsordnungsverstöße als Verstöße gegen Parlamentsinnenrecht führen nicht automatisch zu einem Verfassungsverstoß. Ein solcher ist nur anzunehmen, wenn der Verstoß gegen die Geschäftsordnung zugleich einen Verstoß gegen eine Verfassungsbestimmung begründet (letztlich also, wenn die betroffene GOBT-Norm eins zu eins die Verfassung abbildet).

§ 76 Abs. 1 GOBT muss vor dem Hintergrund gesehen werden, dass das Parlament nicht mit Gesetzesvorlagen einzelner Abgeordneter oder kleiner Gruppen von Abgeordneten überschwemmt werden soll; dies könnte (theoretisch) die **Funktionsfähigkeit** des Parlaments – ein Rechtsgut mit Verfassungsrang[34] – gefährden. Damit stellt sich die GOBT-Vorschrift, wie so häufig, als im Regelfall sinnvoll dar. Da *„aus der Mitte des Bundestages"* aber nicht zwingend „Fraktion" oder „5 % der Abgeordneten" bedeutet, begründet ein Verstoß gegen die Geschäftsordnung insoweit nicht zugleich einen Verfassungsverstoß. Andernfalls würde das Gesetzesinitiativrecht der Abgeordneten auch unangemessen eingeschränkt werden[35]. Schließlich ist die Gefährdung der Arbeitsfähigkeit des Parlaments durch unkontrollierte Einreichung von Gesetzesvorlagen relativ gering, da damit erheblicher Aufwand verbunden ist. In der Folge sind also auch Vorlagen von Abgeordneten unterhalb der Fraktionsstärke zulässig, letztlich auch Entwürfe einzelner Abgeordneter.[36] Spätestens aber, wenn der Bundestag den Entwurf aufgreift und berät, macht er ihn sich mit der auch nach GOBT notwendigen Mehrheit zu Eigen.

Gesetzesvorlagen aus der Mitte des Bundestages durchlaufen **kein Vorverfahren** und können sofort im Bundestag beraten werden; weder muss die Bundesregierung vorab befragt werden, noch ist ein erster Durchgang beim Bundesrat vorgesehen.

3. Einbringung durch den Bundesrat

Gesetzesvorlagen aus dem **Bundesrat** müssen zunächst der **Bundesregierung** zugeleitet werden, die diese an den Bundestag weiterleitet. Die Regierung „soll" (Art. 76 Abs. 3 S. 2 GG) eine Stellungnahme abgeben. Ein Gesetzentwurf des Bundesrates muss von der Mehrheit des Bundesrates getragen werden. Wenn also ein Land ein Regelungsbedürfnis durch Bundesgesetz sieht und einen Entwurf fertigt, muss der Bundesrat mit der Mehrheit seiner Stimmen[37] für diesen Entwurf votieren, bevor er ins Gesetzgebungsverfahren gelangt. Der Entwurf kann auch vom Bundesrat selbst erarbeitet werden, oder ein Landesentwurf durch den Bundesrat geändert werden.

---

[34] Vgl. nur BVerfGE 80, 188, 219.

[35] In diesem Sinne *Eickler*, JA 2005, 513, 514.

[36] Umstritten; wie hier *Degenhart*, Staatsrecht I Rn. 196, der zutreffend darauf hinweist, dass das Grundgesetz keine zahlenmäßige Begrenzung erkennen lässt.

[37] Dazu oben Kap. 3 C IV 1.

Lösung zum Beispielfall 29:

1. Fallvariante:

Problematisch könnte sein, dass der Bundeskanzler den Bundesrat im ersten Durchgang umgeht. Allerdings hat der Bundestag ein vollumfängliches Gesetzesinitiativrecht; auf wen tatsächlich die eigentliche Arbeit am Entwurf zurückgeht, ist zweitrangig. Wenn also die Abgeordneten bereit sind, dem Ansinnen des Kanzlers Folge zu leisten, ist das Vorgehen insgesamt unproblematisch. Der Bundesrat wird auf jeden Fall im weiteren Verfahren am Gesetzgebungsvorgang mitwirken. Ob das Vorgehen sinnvoll ist, steht auf einem anderen Blatt. Zwar wird Zeit gespart, aber es wird die Chance verpasst, frühzeitig die Chancen eines Entwurfes im Bundesrat abzuklären.[38]

2. Fallvariante:

Zwar steht eine Vorlage durch nur zwei Abgeordnete im Widerspruch zu § 76 GOBT, dieser hat aber nicht seinen Niederschlag im Verfassungstext gefunden. Damit liegt nur ein GOBT- aber kein Verfassungsverstoß vor. Der Vorschlag muss vom Bundestagspräsidenten angenommen werden. Spätestens wenn der Bundestag ernsthaft über den Entwurf berät, sind die Bedenken hinsichtlich des GOBT-Verstoßes ausgeräumt.

3. Fallvariante:

Das Land NRW muss zunächst den Bundesrat in seiner Mehrheit (absolute Mehrheit = 35 Stimmen) von seinem Gesetzentwurf überzeugen. Macht ihn sich der Bundesrat durch Abstimmung zu Eigen, kann er der Bundesregierung zugeleitet werden.

II. Hauptverfahren

Das **Hauptverfahren** betrifft die eigentliche Beratung und Beschlussfassung über Gesetzesvorlagen im Bundestag und die anschließende Behandlung im Bundesrat.

1. Verfahren im Bundestag

Für alle Vorlagen, die ins Gesetzgebungsverfahren gelangen, besteht eine **Befassungspflicht** des Bundestages; der Vorschlag muss in angemessener Frist behandelt werden. Der Bundestag kann sich unliebsamer Vorlagen nicht durch schlichtes Liegenlassen entziehen.

Beispielfall 30:

In den Bundestag wird ein Gesetzentwurf eingebracht, mit dem nach einer Häufung von bestimmten Taten ein Paragraph des Strafgesetzbuches um ein weiteres, dieses Verhalten betreffendes Regelbeispiel erweitert werden soll, um dieses Verhalten sicher unter Strafe stellen zu können. Die entsprechende Änderung ist zuvor breit in der Öffentlichkeit und in der Politik diskutiert worden und es besteht ein breiter politischer Konsens über diese Regelung.

[38] So auch *Degenhart*, Staatsrecht I, Rn. 200.

Deswegen schlägt ein Redner der Opposition in der ersten Lesung vor, diese Änderung sofort der Schlussabstimmung zuzuführen. So geschieht es, die Änderung des StGB wird mit großer Mehrheit beschlossen. Ist das Gesetz im Bundestag verfassungsgemäß zustande gekommen?

Die Aussagen des Grundgesetzes, wie im Bundestag mit Gesetzen zu verfahren sind, sind schmal. Letztlich heißt es nur in Art. 77 Abs. 1 S. 1 GG: *„Die Bundesgesetze werden vom Bundestage beschlossen."* Die wesentlichen Aussagen zum Verfahren finden sich wiederum in der GOBT.

§ 78 GOBT bestimmt, dass Gesetze in drei Beratungen (auch „**Lesungen**") behandelt werden. Die **erste Lesung** befasst sich nur allgemein mit dem geplanten Gesetzesinhalt; es wird von Befürwortern oder Gegnern des Entwurfs das Für und Wider vorgetragen, ohne regelmäßig ins Detail der Regelungen zu gehen.

Nach der ersten Lesung erfolgt nach § 80 GOBT die Überweisung des Entwurfs an einen oder mehrere Ausschüsse, wobei ein sachnaher **Ausschuss** als federführend bestimmt wird. In den Ausschüssen findet die eigentliche Auseinandersetzung mit dem Entwurf statt. Es können Anhörungen von Interessenvertretern und Sachverständigen stattfinden. Der Gesetzentwurf kann geändert oder ergänzt werden. Er kann genauso gut unverändert bleiben oder auch vollständig verworfen werden. Die Auseinandersetzung mit dem Entwurf fließt dann in Empfehlungen des Ausschusses an den Bundestag ein, wie mit dem Entwurf weiter verfahren werden soll.

Umstritten ist, wie weit das **Änderungsrecht** in den Ausschüssen reicht; so soll den Ausschüssen verwehrt sein, die den sachlichen Zusammenhang der Ursprungsinitiative nicht mehr wahren.[39] Diese Sicht ist zwar in Anbetracht des nicht bestehenden Initiativrechts der Ausschüsse zutreffend, leidet aber an einer nur unzureichenden Überprüfbarkeit. So kann zutreffender Weise wohl nur in Fällen eklatanten Missbrauchs des Änderungsrechtes von einem verfassungswidrigen Vorgehen des Ausschusses ausgegangen werden.[40]

Der Bundestag debattiert über den Entwurf in **zweiter Lesung**; hier soll das Gesetz in seinen Einzelbestimmungen durchgegangen werden, mit der Möglichkeit, weitere Änderungen einzubringen; über die einzelnen Vorschriften incl. der Änderungen wird abgestimmt.

In der **dritten Lesung** findet nochmals eine allgemeine Aussprache über das Gesetz statt. Die dritte Lesung kann mit der zweiten Lesung zusammengezogen werden, wie sich aus der Zusammenschau von § 85 GOBT und § 86 GOBT herleiten lässt. In der Schlussabstimmung wird über das Gesetz im Normalfall mit einfacher Mehrheit (Mehrheit der abgegebenen Stimmen) abgestimmt.

---

[39] In diesem Sinne *Degenhart*, Staatsrecht I, En. 201.

[40] So auch *Kersten* in MDHS, Grundgesetz-Kommentar, Art. 77 GG Rn. 19.

Lösung zum Beispielfall 30:
Die Vorgehensweise lässt § 78 GOBT, die Behandlung von Gesetzen in drei Beratungen (Lesungen) außer Betracht. Ein Verstoß gegen die Geschäftsordnung liegt vor. Wiederum ergibt sich hieraus nur dann eine Verfassungswidrigkeit des Gesetzes, wenn zugleich ein Verfassungsverstoß gegeben ist. Das Grundgesetz selbst sagt in Art. 77 Abs. 1 S. 1 GG nur, dass Gesetze „vom Bundestage beschlossen" werden. Dem ist der Bundestag nachgekommen, das Gesetz ist verfassungsgemäß zustande gekommen.[41] Wieder einmal regelt die GOBT den sinnvollen Umgang im Normalfall, von dem aber abgewichen werden kann, ohne dass heraus eine Verfassungswidrigkeit folgt.

Voraussetzung für einen wirksamen Gesetzesbeschluss ist grundsätzlich die **Beschlussfähigkeit** des Bundestages. Diese ist gegeben, wenn mehr als die Hälfte der Abgeordneten anwesend sind, § 45 Abs. 1 GOBT.

Beispielfall 31:
Der Gesetzentwurf zur Änderung des Meldegesetzes liegt dem Bundestag an einem Mittwochabend zur Abstimmung vor; anwesend sind 70 Abgeordnete, davon 40 der Regierungsfraktionen; der geringe „Besatz" beruht darauf, dass zur gleich Zeit die deutsche Nationalmannschaft im Viertelfinale der Europameisterschaft spielt. Einige der Anwesenden sind nervös, da sie noch die zweite Halbzeit sehen wollen, andere sind eher in einer dösigen Feierabendstimmung. Der Abgeordnete A schlägt unter Punkt 21 von 55 Punkten der Beratung über das Gesetz eine Änderung vor, mit der die bisher vorgesehene Regelung, wonach Bürger für eine Weitergabe von Meldedaten an Privatfirmen ihre ausdrückliche Zustimmung erklären müssen, in eine Widerspruchslösung umgestaltet wird. Nach der Änderung ist eine Weitergabe also immer zulässig, es sei denn, der Bürger erklärt ausdrücklich den Widerspruch. In dieser Stimmung zwischen Nervosität und Dösigkeit fällt die 180°-Wende im Gesetzestext nicht weiter auf, die Änderung geht in zweiter und dritter Lesung sowie bei der Schlussabstimmung mit 40 zu 25 Stimmen bei fünf Enthaltungen durch.
Ist das Gesetz im Bundestag ordnungsgemäß zustande gekommen?

Das Bundesverfassungsgericht geht zwar aufgrund des Repräsentationsgedankens davon aus, dass grundsätzlich alle Mitglieder des Bundestages an der Willensbildung beteiligt sein sollen, dass aufgrund von Sachzwängen aber nicht immer die Anwesenheit aller möglich ist; deswegen werden die Regeln über die Beschlussfähigkeit grundsätzlich als zulässig erachtet.[42] Hierzu gehört nach § 49 Abs. 2 GOBT aber auch, dass der Bundestag als beschlussfähig gilt, solange die Beschlussunfähigkeit nicht positiv festgestellt ist.

41 Vgl. BVerfGE 29, 221, 234, wonach drei Lesungen auch nicht beachtliches Verfassungsgewohnheitsrecht sind; auch *Degenhart*, Staatsrecht I, Rn. 201.

42 BVerfGE 44, 308, 316 f.

Lösung zum Beispielfall 31:
Trotz der geringen Zahl an Abgeordneten ist mangels positiver Feststellung der Beschlussunfähigkeit von der Beschlussfähigkeit des Bundestages auszugehen. Damit ist die Abstimmung wirksam.

Merke:
Beispielfall 31 ist leider keine Fiktion. In Wahrheit war es sogar schlimmer. Die Zahl der Anwesenden am Fußballabend im Bundestag lag bei 30 Abgeordneten, so dass im Zweifel nicht einmal die notwendige Zahl von Antragstellern für die Feststellung der Beschlussunfähigkeit vorgelegen hätte. Die Geschäftsordnung sieht für diesen Fall keine Regelung vor, im Zweifel hätte die Beschlussunfähigkeit nicht festgestellt werden können; es hätte den anwesenden Abgeordneten aber freigestanden, zuzuhören und zu widersprechen. Keines von beidem ist geschehen.[43]

2. Verfahren im Bundesrat

Nach dem Gesetzesbeschluss im Bundestag werden die Gesetzesvorlagen dem Bundesrat zugeleitet. Der **Bundesrat** ist an jedem Gesetzgebungsverfahren zum Erlass von Bundesgesetzen im sog. zweiten Durchgang beteiligt. Im Bundesrat bestimmt sich das Verfahren je nachdem, ob es sich bei dem betreffenden Gesetz um ein **Einspruchsgesetz** oder um ein **Zustimmungsgesetz** handelt.

a) Unterscheidung zwischen Einspruchs- und Zustimmungsgesetze

Die Unterscheidung zwischen Einspruchs- und Zustimmungsgesetzen ist insoweit bedeutsam, als der Bundesrat Zustimmungsgesetze, sofern er die Zustimmung nicht erteilt, endgültig verhindern kann; bei Einspruchsgesetzen kann ein evtl. Einspruch des Bundesrates vom Bundestag überstimmt werden, so dass das Gesetz dann trotzdem zustande kommen kann.

Der **Regelfall**, den das Grundgesetz vor Augen hat, ist das **Einspruchsgesetz.**[44] **Zustimmungsgesetze** sind nur solche, für die das Grundgesetz die Zustimmungspflicht **ausdrücklich** anordnet.

---

43 Vgl. http://www.handelsblatt.com/politik/deutschland/geisterdebatte-im-bundestag-meldegesetz-entlarvt-die-tricks-der-abgeordneten/6855122.html#, zuletzt abgerufen am 15.08.2016.

44 So auch *Degenhart*, Staatsrecht I, Rn. 662.

Merke:
Entsprechende Anordnungen finden sich in folgenden Artikeln des Grundgesetzes: Art. 16a GG, Art. 23 Abs. 1 S. 2, Abs. 7 GG, Art. 29 Abs. 7 GG, Art. 73 Abs. 2 GG, Art. 74 Abs. 2 GG, Art. 79 Abs. 2 GG, Art. 84 Abs. 1 GG, Art. 84 Abs. 5 GG, Art. 85 Abs. 1 S. 1 GG, Art. 87b Abs. 1 GG, Art. 87c GG, Art. 87d Abs. 2 GG, Art. 87e Abs. 5 GG, Art. 87f Abs. 1 GG, Art. 91a Abs. 2 GG, Art. 96 Abs. 5 GG, Art. 104a Abs. 4, 5, 6 GG, Art. 104b Abs. 2 GG, Art. 105 Abs. 3 GG, Art. 106 Abs. 3, 4, 5a GG, Art. 106 Abs. 5, 6 GG, Art. 106a GG, Art. 108 Abs. 2, 4, 5 GG, Art. 109 Abs. 3, 4 GG, Art. 109 Abs. 5 GG.

Besonders bedeutsam, da eine Vielzahl von Gesetzen betreffend sind Fälle des Art. 104a Abs. 4 GG, Gesetze, die Ansprüche auf **Geldleistungen** oder geldwerte Leistungen zu Lasten der Länder begründen, und Art. 105 Abs. 3 GG, Gesetze über **Steuern**, deren Aufkommen den Ländern oder Gemeinden ganz oder zum Teil zufließt. Stets zustimmungspflichtig sind auch verfassungsändernde Gesetze gem. Art. 79 Abs. 2 GG und solche, mit denen Hoheitsrechte an überstaatliche Stellen übertragen werden, Art. 23 Abs. 7 GG.

Grundsätzlich gilt, dass wenn ein Gesetz nur eine zustimmungspflichtige Vorschrift enthält, das ganze Gesetz zustimmungspflichtig ist. Die für sich klare Aussage, dass nur ausdrücklich als zustimmungspflichtig bezeichnete Gesetze zustimmungspflichtig sind, löst leider nicht alle Streitfragen.

So ist nicht eindeutig, ob **Änderungsgesetze** zu zustimmungspflichtigen Gesetze ihrerseits zustimmungspflichtig sind. Teilweise wird vertreten, dass diese stets der Zustimmung unterfallen, da in das System des Gesetzes, das ursprünglich zustimmungspflichtig war, eingegriffen wird. Vorzugswürdig erscheint es aber, nur Änderungen an zustimmungspflichtigen Teilen solcher Gesetze als zustimmungspflichtig anzusehen. Es gilt – formal betrachtet – letztlich das zuvor Gesagte: Enthält das Gesetz auch nur eine zustimmungspflichtige Bestimmung, ist es als Ganzes zustimmungspflichtig; enthält es im Umkehrschluss aber keine, kann es auch nicht zustimmungspflichtig sein.[45]

Eine Ausnahme von dem zuvor aufgestellten Grundsatz kann gelten, wenn ein Änderungsgesetz zwar insgesamt einen nicht zustimmungspflichtigen Inhalt aufweist, damit aber die zustimmungspflichtige Ursprungsvorschrift in Bedeutung und Tragweite so geändert wird, dass wiederum Zustimmungspflicht anzunehmen ist. Dies könnte gegeben sein beim 11. Gesetz zur Änderung des Atomgesetzes[46], mit dem die Laufzeiten der deutschen Atomkraftwerke vor der Katastrophe von Fukushima zunächst verlängert worden waren. Hier wird diskutiert, ob die längere Belastung der Länder mit Aufgaben der Auftragsverwaltung im Bereich Kernenergieverwaltung (Art. 87c GG) erneut die Zustimmungspflicht auslöst, ob es sich also um eine **qualitative** oder nur **quantitative Änderung** handelt. Erstere könnte die Zustimmungspflicht des Änderungsgesetzes auslösen, letztere würde dies im Zweifel nicht tun.

---

[45] Vgl. BVerfGE 48, 127, 178; zum Meinungsstand vgl. *Degenhart*, Staatsrecht I, Rn. 659 ff.

[46] 11. AtGÄndG vom 06.12.2010, BGBl. I S. 1814.

Zulässig ist es, Gesetzesvorlagen so zuzuschneiden, dass aus dem Gesamtsystem eines Gesetzes zustimmungspflichtige Teile **ausgekoppelt** und einem späteren Gesetzgebungsverfahren zugeführt werden, so dass der Bundesrat zunächst auf die reine Einspruchsmöglichkeit zurückgeworfen ist und erst in einem späteren Gesetz die Zustimmungspflicht eintritt.

b) Verfahren bei Einspruchsgesetzen

Bei Einspruchsgesetzen hat der Bundesrat die Möglichkeit, das Gesetz durch reines **Nichthandeln** passieren lassen; dies ergibt sich aus Art. 77 Abs. 2 S. 1 GG, wonach der Bundesrat drei Wochen Zeit hat, im Vorhinein einer möglichen Einspruchseinlegung den **Vermittlungsausschuss** anzurufen. Läuft die Drei-Wochen-Frist ohne ein Tätigwerden des Bundesrates ab, ist das Gesetz automatisch zustande gekommen und kann ins Schlussverfahren übergeleitet werden.

Problematisch ist, dass der Bundesrat regulär nur etwa zehn Sitzungen im Jahr durchführt, also ca. alle fünf Wochen. In der Praxis werden die Fristen dadurch gehalten, dass die Zuleitung frühestens drei Wochen vor der nächsten Plenarsitzung des Bundesrates erfolgt (nach Durchführung des Vermittlungsverfahrens zwei Wochen); ggf. muss aber bei Eilbedürftigkeit auch eine Sondersitzung des Bundesrates einberufen werden.

> **Merke:**
> Nach allgemeiner Auffassung kann der Bundesrat die Drei-Wochen-Frist abkürzen und dem Gesetz aktiv die Zustimmung erteilen; dann kann das Gesetz ohne Verzögerung ins Schlussverfahren übergehen.

Ruft der Bundesrat den Vermittlungsausschuss an, tut er dies mit Blick darauf, bei Erfolglosigkeit der Vermittlung durch Erhebung des Einspruchs seine Ablehnung des Gesetzes zum Ausdruck zu bringen. Plant der Bundesrat also, Einspruch einzulegen, muss er zuvor zwingend den Vermittlungsausschuss anrufen.

> **Merke:**
> Der Vermittlungsausschuss ist ein Gremium zwischen Bundestag und Bundesrat, das mit jeweils 16 Vertreter beider Seiten besetzt ist. Der Vermittlungsausschuss tagt grundsätzlich nicht öffentlich.[47] Seine Aufgabe ist es, bezüglich eines Gesetzgebungsvorschlags zu einem Konsens zu gelangen, dem beide Seiten, Bundestag und Bundesrat, zustimmen können. Seine Mitglieder, auch die des Bundesrates, sind nicht weisungsgebunden (Art. 77 Abs. 2 S. 3 GG). Der Vermittlungsausschuss kann mit Mehrheit der anwesenden Mitglieder die Änderung, die Ergänzung, aber auch die Beibehaltung oder den Wegfall eines Gesetzesvorschlags empfehlen.

---

47 Vgl. § 6 Geschäftsordnung des Vermittlungsausschusses (GOVA): *„Anderen Personen kann die Teilnahme an den Sitzungen nur durch Beschluss des Ausschusses gestattet werden."*

Wichtig ist, dass der Vermittlungsausschuss keine Initiativrechte hat. Änderungen der bestehenden Vorlagen dürfen nur auf dem Boden des vorliegenden Entwurfs ergehen, völlig neue Regelungen darf der Vermittlungsausschuss nicht vorschlagen.[48]

Über alle Empfehlungen des Vermittlungsausschusses, die die Vorlage abändern, muss zunächst im Bundestag und dann im Bundesrat **erneut** entschieden werden. Kehrt der Bundestag zu seinem ursprünglichen Vorschlag zurück, wird der Bundesrat regelmäßig Einspruch erheben, ebenso dann, wenn der Kompromissvorschlag nicht weit genug reicht.

Der Bundesrat entscheidet binnen zwei Wochen nach Übermittlung des erneuten Bundestagsbeschlusses (Art. 77 Abs. 3 GG), ob er Einspruch einlegen will. Über den Einspruch wird – wie immer im Bundesrat – mit der Mehrheit seiner Stimmen entschieden. Verstreicht die Frist ohne Einlegung des Einspruchs, gilt das Gesetz als zustande gekommen und kann ins Schlussverfahren überführt werden. Legt der Bundesrat Einspruch ein, kann der Bundestag diesen überstimmen. Hat der Bundesrat den Einspruch nur mit (einfacher) **Mehrheit** der Stimmen (mindestens 35 Ja-Stimmen für den Einspruch) eingelegt, kann der Einspruch mit **Kanzlermehrheit**, also der Mehrheit der gesetzlichen Mitglieder des Bundestages überstimmt werden. Hat der Bundesrat dagegen mit 2/3-Mehrheit Einspruch eingelegt (mindestens 46 Ja-Stimmen für den Einspruch), kann der Bundestag den Einspruch nur mit 2/3 der abgegebenen Stimmen überstimmen, die aber zugleich mindestens die Mehrheit der gesetzlichen Mitglieder des Bundestages ausmachen müssen (Art. 77 Abs. 4 GG).

Beispiel

für das Überstimmen eines mit 2/3-Mehrheit beschlossenen Einspruchs des Bundesrates; Ausgangspunkt ist der Bundestag der 18. Wahlperiode (631 Mitglieder).

Abstimmungsergebnisse sind

1. **301 Stimmen bei 450 abgegebenen Stimmen**
Einspruch nicht überstimmt: Zwar mehr als 2/3 der abgegebenen Stimmen (301 mehr als 2/3 von 450 = 300), aber nicht Mehrheit der gesetzlichen Mitglieder (301 weniger als 631 : 2 +1 = 316)
2. **344 Stimmen bei 519 abgegebenen Stimmen**
Einspruch nicht überstimmt: Zwar Mehrheit der gesetzlichen Mitglieder (344 mehr als 631 : 2 + 1 = 316), aber weniger als 2/3 der abgegebenen Stimmen (344 weniger als 2/3 von 519 = 346).
3. **344 Stimmen bei 450 abgegebenen Stimmen**
Einspruch überstimmt: Mehrheit der gesetzlichen Mitglieder (344 mehr als 631 : 2 + 1 = 316) und 2/3 Mehrheit der abgegebenen Stimmen (344 mehr als 2/3 von 450 = 300)

Hat der Bundestag den Einspruch **überstimmt**, ist das Gesetz zustande gekommen und kann ins Schlussverfahren gereicht werden. Wird der Einspruch nicht überstimmt, ist der Gesetzentwurf gescheitert und das Gesetzgebungsverfahren – **erfolglos** – beendet.

[48] BVerfGE 101, 297, 308.

c) Verfahren bei Zustimmungsgesetzen

Bei **Zustimmungsgesetzen** entscheidet der Bundesrat – wiederum mit **Mehrheit** seiner Stimmen –, ob er dem Gesetz zustimmt oder die Zustimmung verweigert. In der Praxis werden die Länder durch Aufruf im Plenum des Bundesrates aufgefordert, mit Ja die Zustimmung des Landes zu erklären oder mit Nein die Ablehnung zum Ausdruck zu bringen. Enthaltungen sind ebenso möglich, diese zählen aber wie stets nicht für die Mehrheit und wirken daher wie Nein-Stimmen. Erklärt der Bundesrat seine Zustimmung, ist das Gesetz zustande gekommen und kann ins Schlussverfahren übergeleitet werden.

Will der Bundesrat die Zustimmung verweigern, kommen verschiedene Möglichkeiten in Betracht. Für den Bundesrat ist die Anrufung des **Vermittlungsausschusses** vor der Abstimmung über das Gesetz möglich, aber nicht verpflichtend, wie sich aus Art. 77 Abs. 2a GG ergibt. Es steht ihm also frei, den Vermittlungsausschuss anzurufen oder unmittelbar die Zustimmung zu verweigern. Wenn der Bundesrat die Zustimmung sofort verweigert, können **Bundesregierung** oder **Bundestag** im Anschluss an die Zustimmungsverweigerung ihrerseits den Vermittlungsausschuss anrufen.

Gleich wie der Vermittlungsausschuss ins Spiel kommt, läuft das Verfahren dort wie bei Einspruchsgesetzen. Wird der Gesetzentwurf in irgendeiner Weise geändert, berät und beschließt der Bundestag hierüber erneut. Es ist dann am Bundesrat zu entscheiden, ob er dem Gesetz in der Fassung des Bundestagsbeschlusses die Zustimmung erteilt oder verweigert. Erteilt er die Zustimmung, ist das Gesetz zustande gekommen und kann ins Schlussverfahren überführt werden. Verweigert er die Zustimmung, ist der Gesetzentwurf gescheitert und das Gesetzgebungsverfahren – **erfolglos** – beendet.

d) Bindung an Einschätzung des Bundestages

Problematisch sind die Fälle, in denen der **Bundestag** das Gesetz als **Einspruchsgesetz** bezeichnet, der Bundesrat aber davon ausgeht, dass das Gesetz zustimmungspflichtig ist. Würde der Bundesrat auf seiner Position beharren und das Gesetz als Zustimmungsgesetz behandeln, würde die Frist des Art. 77 Abs. 2 S. 1 GG zu laufen beginnen. Die Folge wäre, dass nach drei Wochen das Gesetz wegen des untätig Bleibens des Bundesrates mangels Einschaltung des Vermittlungsausschusses als zustande gekommen gilt und ins Schlussverfahren übergeleitet werden könnte. Es bleibt dem Bundesrat damit nichts, als diesen Automatismus durch Einschaltung des Vermittlungsausschusses zu unterbrechen. Bestehen die Unstimmigkeiten über das Vorliegen eines Einspruchs- oder Zustimmungsgesetzes fort, müsste der Bundesrat nach Ablauf des Vermittlungsverfahrens vorsorglich Einspruch einlegen, um ein Zustandekommen des Gesetzes durch Untätigkeit zu verhindern. Eine endgültige Klärung, ob das Gesetz Einspruchs- oder Zustimmungsgesetz war, kann dann nur nach Abschluss des Gesetzgebungsverfahrens durch abstrakte **Normenkontrolle** nach Art. 93 Abs. 1 Nr. 2 GG vor dem Bundesverfassungsgericht erfolgen, im Zweifel auf Antrag einer Landesregierung oder eines Viertels der Mitglieder des Bundestages, bevorzugt der Opposition.

III. Schlussverfahren

Ist das Gesetz durch Behandlung in Bundestag und Bundesrat zustande gekommen, kann es im **Schlussverfahren** behandelt werden. Das Schlussverfahren richtet sich nach Art. 82 Abs. 1 GG.

Der Bundespräsident ist aufgefordert, das Gesetz **auszufertigen**, d.h. auf der Gesetzesurkunde zu unterzeichnen. Das Gesetz muss aber zunächst vom Bundeskanzler oder dem oder den zuständigen Bundesministern gegengezeichnet werden.[49] Mit der **Gegenzeichnung** bestätigen die Gegenzeichner die verfassungsrechtliche Unbedenklichkeit des Gesetzes. Sie vermitteln als Teil der in der parlamentarischen Verantwortung stehenden Regierung dem Bundespräsidenten zugleich die parlamentarische Legitimation seines Handelns im Rahmen der Ausfertigung.[50]

Mit der Ausfertigung bestätigt der Bundespräsident einerseits den **Abschluss** des Gesetzgebungsverfahrens, andererseits bestätigt er aber auch die Übereinstimmung des von ihm unterzeichneten Textes mit der Fassung des Gesetzes im Zeitpunkt der letzten Beschlussfassung. Mit der Ausfertigung ordnet der Bundespräsident zugleich die **Verkündung** im Bundesgesetzblatt an.

> **Merke:**
> Die Verkündung in gedruckter Form im Bundesgesetzblatt ist die derzeit einzig wirksame Form der Verkündung eines Gesetzes. Den verbindlichen Inhalt des Gesetzes kann der Bürger nur aus dem Bundesgesetzblatt herleiten; die Verkündung in Papierform ist damit Gebot des Rechtsstaatsprinzips in der Ausprägung der Rechtssicherheit.

Bevor der Bundespräsident das Gesetz ausgefertigt und die Verkündung anordnet, hat er das Recht und die Pflicht, sein **Prüfungsrecht** hinsichtlich der Verfassungsmäßigkeit des Gesetzes auszuüben.[51]

Voraussetzung für die Entfaltung von Außenwirkung gegenüber den Normadressaten ist nunmehr nur noch das **Inkrafttreten** des Gesetzes. Ein Gesetz *„soll"* gem. Art. 82 Abs. 2 S. 1 GG den Zeitpunkt des Inkrafttretens nennen. Fehlt dieser, führt das nicht zur Verfassungswidrigkeit. Vielmehr tritt das Gesetz gem. Art. 82 Abs. 2 S. 2 GG 14 Tage nach Ausgabe des betreffenden Teils des Bundesgesetzblatts in Kraft, in dem das Gesetz abgedruckt wurde. Erinnert sei noch einmal an die Sonderregel für das Inkrafttreten von Gesetzen nach Art. 72 Abs. 3 S. 2 GG, wonach Gesetze des Bundes mit Abweichungsrecht der Länder frühestens sechs Monate nach Verkündung in Kraft treten dürfen.[52]

---

49 Nach § 29 Abs. 1 GOBReg ist die Gegenzeichnung durch Kanzler und zuständige(n) Minister vorgesehen; nach den Anforderungen des Grundgesetzes (siehe Art. 58 S. 1 GG) reicht die Gegenzeichnung durch eine Seite.

50 *Degenhart*, Staatsrecht I Rn. 706 zur Gegenzeichnung allgemein.

51 Dazu oben Kap. 3 D IV.

52 Vgl. oben Kap. 4 A II 1 d.

IV. Ablaufschemata Einspruchs- und Zustimmungsgesetze

1. Einspruchsgesetze

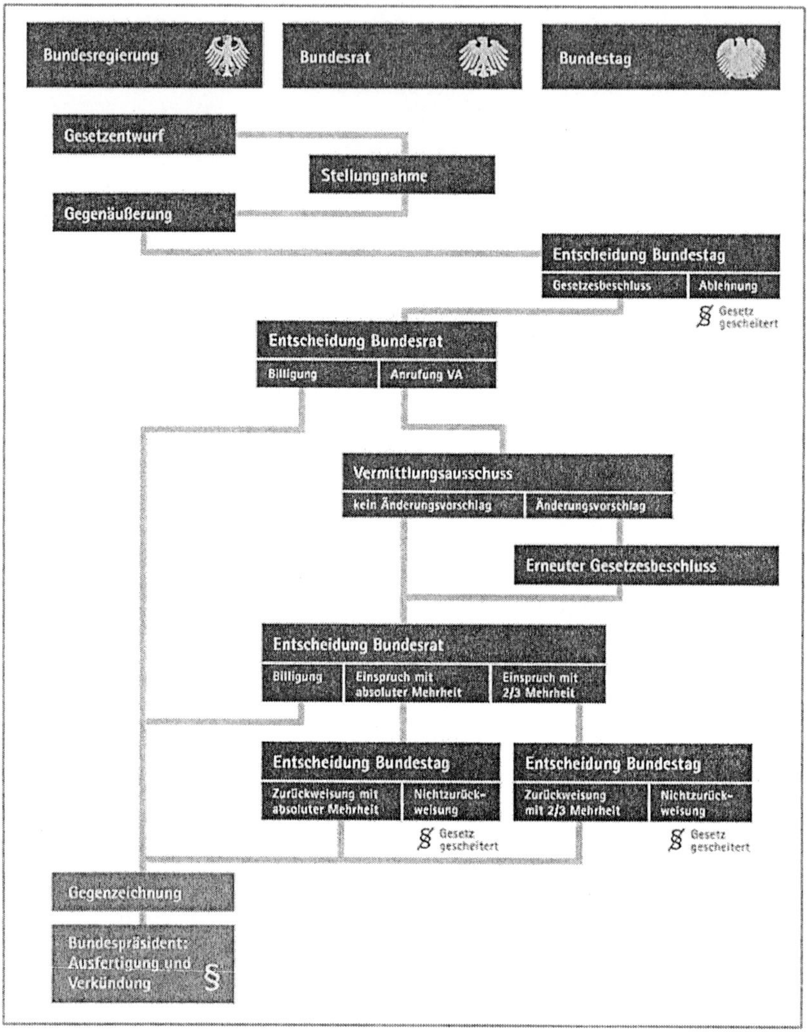

2. Zustimmungsgesetze

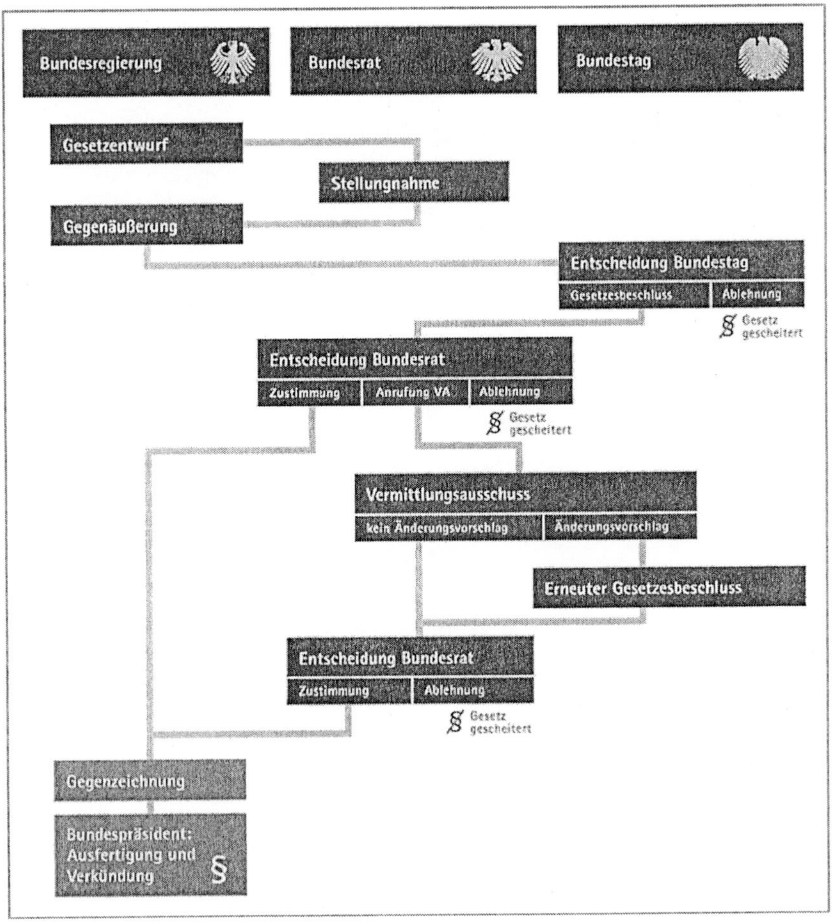

© Bundesrat

V. Sonderfall: Gesetze zur Änderung des Grundgesetzes

Gesetze zur **Änderung** des **Grundgesetzes**, also verfassungsändernde Gesetze, unterliegen den Sonderregelungen des Art. 79 GG. Hier gelten auch abweichende Fristbestimmungen bei den Stellungnahmerechten des Bundesrates, Art. 76 Abs. 2 S. 5 GG.

1. Gebot der Textänderung, Art. 79 Abs. 1 GG

Gesetze zur Änderung des Grundgesetzes müssen gem. Art. 79 Abs. 1 S. 1 GG den **Text** des Grundgesetzes ausdrücklich **ändern** oder ergänzen. Es kann so kein Recht mit Verfassungsrang außerhalb der Verfassungsurkunde existieren. Die Regelung ist Ausfluss der „Lehren von Weimar"; nach der Weimarer Reichsverfassung existierte Recht mit Verfassungsrang außerhalb der Reichsverfassung, wodurch es zu Verfassungsdurchbrechungen kommen konnte. So veränderte etwa das Ermächtigungsgesetz von 1931 die Weimarer Reichsverfassung in Teilen erheblich, ohne als Teil des Verfassungsrechts ausgewiesen zu sein.[53]

Neben dem Gebot der **Verfassungsklarheit** erfüllt Art. 79 Abs. 1 S. 1 GG aber auch eine **Warnfunktion** gegenüber dem Gesetzgeber, dass er mit der betreffenden Änderung an den rechtlichen Grundfesten des Staates hantiert.

2. Mehrheitserfordernisse, Art. 79 Abs. 2 GG

Nach Art. 79 Abs. 2 GG verlangt eine Verfassungsänderung eine **qualifizierte Mehrheit** von mindestens 2/3 der gesetzlichen Mitglieder des Bundestages (18. Legislaturperiode: 421 Stimmen) und von 2/3 der Stimmen im Bundesrat (46 Stimmen).

> Merke:
> Die Große Koalition der 18. Legislaturperiode ist insoweit eine „echte" große Koalition, als sie in ihren Reihen mit 80 % der Abgeordneten die verfassungsändernde Mehrheit vereint!

Im Übrigen folgt das Gesetzgebungsverfahren den Bestimmungen des Einleitungs- und Hauptverfahrens über Zustimmungsgesetze des Bundes. Auch das Schlussverfahren folgt den Regeln des Art. 82 GG.

3. Ewigkeitsklausel, Art. 79 Abs. 3 GG

Einer Verfassungsänderung entzogen sind die in Art. 79 Abs. 3 GG genannten Punkte (**Ewigkeitsklausel**). Die Aufteilung des Bundes in **Länder** muss ebenso unverändert bleiben wie die Beteiligung der Länder an der Gesetzgebung, einschließlich der Garantie eigener Gesetzgebungsmacht der Länder.[54] Daneben dürfen die in Art. 1 und 20 GG genannten **Grundsätze** nicht geändert werden. Mit den Grundsätzen des Art. 20 GG sind die **Staatsprinzipien**, Rechtsstaatlichkeit, Bundesstaatlichkeit, Sozialstaatlichkeit, Demokratie- und Republikprinzip gemeint. Hinsichtlich der Reichweite der Unabänderlichkeit kann auch auf die Bestandteile der freiheitlich-demokratischen Grundordnung verwiesen werden.[55]

---

[53] Vgl. *Herdegen* in MDHS, Grundgesetz-Kommentar, Art. 79 GG Rn. 19 f.

[54] *Degenhart*, Staatsrecht I, Rn. 222.

[55] Vgl. oben Kap. 3 A V 3 c.

Schließlich ist mit den in Art. 1 GG genannten Grundsätzen die Unabänderlichkeit der **Menschenwürde** als Grundlage des Staates gemeint. Nicht ausdrücklich genannt und damit nicht schlichtweg unabänderlich sind damit die Grundrechte nach Art. 2 bis 19 GG; diese unterliegen der Ewigkeitsgarantie, soweit sie einen Menschenwürdegehalt aufweisen. So wäre bspw. die Gleichheit aller Menschen vor dem Gesetz nach Art. 3 Abs. 1 GG als unmittelbarer Ausfluss der Menschenwürdegarantie unabänderlich; wie weit der **Menschenwürdegehalt** einzelner **Grundrechte** reicht, kann nicht generell festgestellt werden, sondern bedarf der Feststellung im Einzelfall.

Um seine Funktion zu sichern, ist, ohne dass dies ausdrücklich ausgeführt wird, auch Art. 79 Abs. 3 GG selbst von der **Ewigkeitsklausel erfasst.** Die Ewigkeitsklausel verhindert jedoch nicht, dass sich das deutsche Volk eine das Grundgesetz ablösende Verfassung schaffen könnte, auch wenn diese Veränderungen mit sich bringt, die eigentlich durch die Ewigkeitsklausel verhindert werden sollen. Diese Möglichkeit, eine **neue Verfassung** zu schaffen, sieht Art. 146 GG ausdrücklich vor. Damit muss aber auch Art. 79 Abs. 3 GG in der jetzigen Fassung zur Disposition stehe. Das Bundesverfassungsgericht deutet aber an, dass ein Bestand von Staatsgrundsätzen *„schon wegen der Universalität von Würde, Freiheit und Gleichheit sogar für die verfassungsgebende Gewalt gilt, also für den Fall, dass das deutsche Volk in freier Selbstbestimmung, aber in einer Legalitätskontinuität zur Herrschaftsordnung des Grundgesetzes sich eine neue Verfassung gibt.“*[56] Menschenwürdebindung, Rechtsstaatlichkeit und Demokratie müssten damit mit einiger Sicherheit Gegenstand jeder neuen deutschen Verfassung sein.[57]

C Exkurs: Rechtsverordnungen

Rechtsverordnungen (hier des Bundes) stellen Gesetze (nur) im materiellen Sinne dar. Sie sind das Ergebnis **exekutiver Rechtssetzung** und kommen daher nicht nach den Regeln über Parlamentsgesetze, sondern vielmehr in zumeist nicht-öffentlichen Verfahren innerhalb der Exekutive zustande. Sie stehen im Rang unterhalb des Parlamentsgesetzes,[58] und benötigen stets eine parlamentsgesetzliche Ermächtigung.

I. Funktion von Rechtsverordnungen

Rechtsverordnungen dienen zunächst dazu, die Parlamentsgesetze von häufig technischen Detailregelungen zu **entlasten**. Daneben soll die Verordnung hierzu gerade den fachnahen **Sachverstand** der Ministerialverwaltung nutzen.

---

56 BVerfGE 123, 267, 343, ausdrücklich bezogen auf das demokratische Prinzip.

57 Für andere strukturprägende Momente des Grundgesetzes mag das nicht in gleicher Weise gelten, etwa für Bundesstaatlichkeit oder Bindung an das Republikprinzip.

58 Dazu oben Kap. 2 D II 2.

Beispiel:
Die Straßenverkehrszulassungsordnung (StVZO) befasst sich uA mit lichttechnischen Anlagen an Fahrzeugen (Blinker, Fernlicht, Bremsleuchten usw.) So heißt es in § 50 Abs. 3 S. 2 StVZO: *„Bei Scheinwerfern für Abblendlicht darf der niedrigste Punkt der Spiegelkante nicht unter 500 mm und der höchste Punkt der leuchtenden Fläche nicht höher als 1 200 mm über der Fahrbahn liegen."* Ehrlich gesagt, obwohl diese Nummer noch harmlos gegenüber anderen Bestimmungen der StVZO ist, ist sie kein geeigneter Inhalt eines Parlamentsgesetzes, der von kaum hinreichend fachkundigen Abgeordneten sinnvoll beschlossen werden könnte.

Schließlich gibt die Rechtsverordnung die Möglichkeit, auf gerade im technischen Bereich häufig sich ändernde Sachlagen **schneller** als auf dem Weg des verfahrensmäßig recht umständlichen Parlamentsgesetzes reagieren zu können.

II. Verfassungsrechtlicher Rahmen

Rechtsverordnungen sind Gegenstand des Art. 80 GG. Die Norm stellt formale und inhaltliche **Anforderungen** an die Gesetze, die zum Erlass von Rechtsverordnungen **ermächtigen**, sie beschreibt den Kreis der **Verordnungsermächtigten** und enthält in begrenztem Maße **Verfahrensbestimmungen.**

1. Inhaltliche Anforderungen

Gem. Art. 80 Abs. 1 S. 2 GG müssen *„**Inhalt, Zweck und Ausmaß** der erteilten Ermächtigung im Gesetze bestimmt werden"*. Dies bedeutet, dass das Parlament im Sinne des Wesentlichkeitsgrundsatzes[59] dem Verordnungsgeber den Rahmen der Verordnung hinreichend vorzeichnen muss. Der Inhalt beschreibt die in der Rechtsverordnung anzuordnenden Rechtsfolgen, Der Zweck beschreibt das mit der Rechtsverordnung zu verfolgende Ziel; das Ausmaß der Verordnung schließlich zielt darauf ab, klar abzugrenzen, wie weit die Verordnung anstelle des Gesetzes genauer regeln darf.

Je weiter die Rechtsverordnung reicht, je grundrechtsintensiver bspw. ihre Regelungen sind, desto höher sind die Anforderungen an die Wiedergabe von Inhalt, Zweck und Ausmaß der Ermächtigung. Als **Auslegungshilfe** für die betreffenden Merkmale kann aber das ermächtigende Gesetz als Ganzes, nicht nur die eigentliche Ermächtigungsnorm, herangezogen werden.[60] Auch werden häufig bei hinreichend klarer Zweckbeschreibung Abstriche bei der Beschreibung von Inhalt und Ausmaß der Ermächtigung zugelassen. Würde man überzogene Anforderungen an das Merkmal der Bestimmtheit stellen, wäre die Funktion der Rechtsverordnung bez. der Entlastung des Parlamentsgesetzgebers gefährdet (*„Wenn ich sowieso alles ins Gesetz schreiben muss, brauch' ich die Verordnung nicht mehr!"*).

---

[59] Dazu oben Kap. 2 B III.

[60] BVerfGE 58, 257, 277.

2. Formale Anforderungen und Verordnungsermächtigte

Jede Rechtsverordnung muss **die gesetzliche Grundlage**, aufgrund derer sie erlassen wurde, benennen, Art. 80 Abs. 1 S. 3 GG. Dies geschieht im Bundesgesetzblatt regelmäßig eingangs des Verordnungstextes, zugleich mit der Nennung des **Verordnungsermächtigten.**

Beispiel:
Eingangs der Verordnung zur Änderung der Bundespolizeilaufbahnverordnung vom 15.10.2014 (BGBl. I, 1626) heißt es:
„Auf Grund des § 3 Absatz 2 Satz 1 des Bundespolizeibeamtengesetzes, der durch Artikel 3 Nummer 2 des Gesetzes vom 29. Juni 1998 (BGBl. I S. 1666) neu gefasst worden ist, verordnet die Bundesregierung: (...)“

Mögliche **Verordnungsermächtigte** (oder auch Delegatare) sind gem. Art. 80 Abs. 1 S. 1 GG die Bundesregierung, ein Bundesminister oder die Landesregierungen. Wenn von *„die Landesregierungen“* die Rede ist, heißt das gleichwohl, dass nicht nur alle Landesregierungen, sondern auch einzelne und mehrere Landesregierungen ermächtigt werden dürfen; gleich ob alle oder nur ausgewählte Landesregierungen ermächtigt werden, verlangt dies das Tätigwerden jeder einzelnen Regierung; eine gemeinsam erlassene Rechtsverordnung durch die Länder ist unzulässig.[61]

Das Grundgesetz ermöglicht zugleich die **Subdelegation**, die aber im ermächtigenden Gesetz zugelassen sein muss, Art. 80 Abs. 1 S. 4 GG. In diesen Fällen kann in der Rechtsverordnung bestimmt werden, dass andere staatliche Stellen Rechtsverordnungen im Rahmen des ursprünglich ermächtigenden Gesetzes erlassen dürfen; eine Delegation an Private ist unzulässig.[62]

Die Nutzung der Möglichkeit **verordnungsersetzender Landesgesetze** bei Delegation an Landesregierungen, Art. 80 Abs. 4 GG, steht im Ermessen des Landesgesetzgebers, der die Regelungsmacht von der Regierung an sich ziehen darf. Die Regelung dient der Stärkung des Landesgesetzgebers.

3. Verfahrensbestimmungen

Art. 80 GG enthält nur in geringem Maße **Verfahrensbestimmungen**. Wie genau das Verfahren des Verordnungserlasses abläuft, ist im Wesentlichen Gegenstand von Geschäftsordnungen, auf Bundesebene die Gemeinsame Geschäftsordnung der Bundesministerien (GGO), dort §§ 62 ff. Eine wesentliche Verfahrensbestimmung enthält Art. 80 Abs. 2 GG, wonach die dort genannten Rechtsverordnungen des Bundes der Zustimmung des Bundesrates bedürfen. Zugleich ist der Bundesrat bez. des Erlasses von Bundesrechtsverordnungen gegenüber der Bundesregierung initiativberechtigt, Art. 80 Abs. 3 GG.

---

61 *Uhle* in BeckOK GG, Art. 80 GG Rn. 14.
62 *Uhle* in BeckOK GG, Art. 80 GG Rn. 34.

Rechtsverordnungen sind schließlich **auszufertigen** und zu **verkünden** nach den Regeln des Art. 82 Abs. 1 S. 2, Abs. 2 GG.

4. Fehlerfolgen von Rechtsverordnungen

Rechtsverordnungen, die den Rahmen des ermächtigenden Gesetzes überschreiten, sind nichtig; dies gilt auch bei Verletzung des Zitiergebotes, Art. 80 Abs. 1 S. 3 GG und bei sonstigen Verstößen gegen höherrangiges (einfaches Gesetzes- oder Verfassungs-)Recht. Verfahrensverstöße sind irrelevant, solange nur gegen Geschäftsordnungsrecht verstoßen wird.

Die **Verwerfungskompetenz** liegt nicht allein beim Bundesverfassungsgericht. Eine Rechtsverordnung kann Gegenstand der abstrakten Normenkontrolle nach Art. 93 Abs. 1 Nr. 2 GG sein. Bei Anwendung von Verordnungsrecht ist aber auch jedes Gericht befugt, die Verordnung auf ihre Wirksamkeit hin zu überprüfen und ggf. außer Anwendung zu lassen; die Feststellung der Unwirksamkeit wirkt damit aber nur zwischen den Parteien des Rechtsstreites („inter partes“), nicht gegenüber jedermann („inter omnes“). Für Landesrechtsverordnungen stellt § 47 VwGO ein Verfahren zur allgemeinverbindlichen Überprüfung vor den Oberverwaltungsgerichten zur Verfügung, soweit die Länder hiervon Gebrauch machen wollen.

Kapitel 5: Ausführung der Bundesgesetze

Der VIII. Abschnitt (Art. 83-91 GG) befasst sich mit dem **Vollzug** der **Bundesgesetze** und der **Bundesverwaltung**. Entsprechend dem Grundsatz der Länderexekutive (Art. 83 GG) werden Gesetze des Bundes nur in geringem Maße durch Bundesbehörden vollzogen. Die weit höhere Zahl der Gesetze unterliegt dem Vollzug durch die Behörden der Bundesländer. Unterschieden wird hierbei der Regelvollzug durch die Länder als eigene Angelegenheit (Art. 83, 84 GG) und die Bundesauftragsverwaltung (Art. 85 GG). Grundsätze zum Vollzug der Bundesgesetze durch Bundesbehörden und ihrer Struktur finden sich in Art. 86 f. GG. Im Übrigen (87a-91 GG) werden Besonderheiten einzelner Verwaltungsgegenstände nachgezeichnet.

A Landeseigenverwaltung, Art. 84 GG

Wie in Art. 83 GG geregelt („*Die Länder führen die Bundesgesetze als eigene Angelegenheit aus, soweit dieses Grundgesetz nichts anderes bestimmt oder zulässt.*"), ist die Ausführung der Bundesgesetze durch die Länder „*als **eigene Angelegenheit***" der Regelfall des Vollzugs von Bundesrecht (sog. **Landeseigenverwaltung**). Zutreffender Weise wird man den Begriff „Bundesgesetze" als Bundesrecht lesen müssen, da nicht einsehbar ist, wieso nur Parlamentsgesetze des Bundes dem Art. 84 GG unterfallen, und nicht auch untergesetzliches, bspw. Verordnungsrecht des Bundes.[1]

I. Grundsätze des Art. 84 GG

Die Ausführung der Gesetze als eigene Angelegenheit berechtigt die Länder zugleich, bez. der **Behördenstruktur** und bez. des **Verwaltungsverfahrens** nach eigenen Vorstellungen zu entscheiden. Von der Behördenstruktur ist die Einrichtung (oder Errichtung) von Behörden genauso erfasst wie die Zuordnung von Aufgaben zu bestimmten Verwaltungsebenen, Zuordnung zur unmittelbaren oder mittelbaren Staatsverwaltung, bis hin zur Einschaltung Beliehener.[2] Regelungen zum Verwaltungsverfahren liegen vor, wenn die Art und Weise sowie die Form der Ausführung eines Bundesgesetzes bestimmt wird. Das kann auch dann der Fall sein, wenn ein bestimmtes verfahrensmäßiges Verwaltungshandeln festgelegt wird.

II. Vorgaben für die Landesverwaltung

Der Bund kann gesetzlich die **Behördenerrichtung** und das **Verwaltungsverfahren** vorgeben. Hiervon können die Länder aber nach den Regeln des Art. 72 Abs. 3 GG [3] abweichen. Der Bund kann die Abweichungsmöglichkeit der Länder gesetzlich ausschließen, wenn er ein besonderes Bedürfnis einer bundeseinheitlichen Vorgabe des Verwaltungsverfahrens

---

1 So auch *F. Kirchhof* in MDHS, Grundgesetz-Kommentar, Art. 84 GG Rn. 46.

2 *Südermann* in BeckOK GG, Art. 84 GG Rn. 23 f.

3 Dazu oben Kap. A II 1 d.

sieht, Art. 84 Abs. 1 S. 4 GG; ein solches Gesetz unterliegt aber der Zustimmungspflicht der Länder.

> **Merke:**
> Ein derartiger Ausschluss des Abweichungsrechts ist bspw. geregelt in § 73 Bundes-Immissionsschutzgesetz (BImSchG): *„Von den in diesem Gesetz und auf Grund dieses Gesetzes getroffenen Regelungen des Verwaltungsverfahrens kann durch Landesrecht nicht abgewichen werden."* Begründet wurde das besondere Bedürfnis nach bundeseinheitlicher Regelung unter anderem mit der Notwendigkeit länder- und grenzüberschreitender Beteiligung von Behörden und Bürgern in Genehmigungs- und Planungsverfahren nach BImSchG.[4]

Mit Zustimmung des Bundesrates darf der Bund allgemeine **Verwaltungsvorschriften** für die Ausführung der Bundesgesetze erlassen, um so einen einheitlichen Vollzug zu gewährleisten, Art. 84 Abs. 2 GG. Bundesgesetze können gem. Art. 84 Abs. 5 GG zudem mit Zustimmung des Bundesrates vorsehen, dass in näher zu bestimmenden Sachfragen Einzelweisungen an die Behörden der Länder, regelmäßig an die dort zuständigen Ministerien erteilt werden dürfen. Damit besteht grds. ein Durchgriffsverbot auf die nachgeordneten Landesbehörden; nur in dringlichen Fällen ist ein Durchgriff auf nachgeordnete Behörden der Länder zulässig.

III. Umfang der Aufsicht des Bundes

Die Länder unterstehen nach Art. 84 Abs. 3 GG der **Rechtsaufsicht** des Bundes. Das bedeutet, dass der Bund das Recht hat, die Rechtsanwendung im Einklang mit den Gesetzen zu überprüfen („Macht es richtig!"). Nicht erfasst ist dagegen die Fachaufsicht, mit der die Zweckmäßigkeit der Gesetzesausführung überwacht werden darf („Macht es schön!").

Ein erster Schritt der Aufsicht ist das Recht des Bundes, sich durch Beauftragte, die vorrangig an die zuständigen Ministerien der Länder entsendet werden, über den Verwaltungsvollzug der Länder umfassend zu informieren (Art. 84 Abs. 3 GG). Stellt die Bundesregierung Rechtsmängel beim Verwaltungsvollzug fest, eröffnet Art. 84 Abs. 4 GG die Möglichkeit einer **Mängelrüge**. Leistet das betroffene Land der Mängelrüge nicht Folge, kann der Bundesrat angerufen werden, der als Schiedsinstanz über das Vorliegen eines Rechtsverstoßes entscheidet. Kommt das Land der Mängelrüge auch nach entsprechender Feststellung des Bundesrates nicht nach, bleibt die Anwendung von **Bundeszwang** im Verfahren nach Art. 37 GG.[5]

---

4 Vgl. insoweit BT-Drs. 16/3311, S. 16 f.

5 Vgl. insoweit *Maurer*, JuS 2010, 945, 952; auch *Haratsch* in Sodan, Grundgesetz-Kommentar, Art. 84 GG Rn. 3.

IV. Erstreckung auf unmittelbar anwendbares Recht der Europäischen Union

Analog anwendbar ist Art. 84 GG auf die Ausführung unmittelbar anwendbaren **Unionsrechts**, also insbesondere des Verordnungsrechts der EU nach Art. 288 Abs. 2 AEUV[6]. Dies ist jedenfalls dann der Fall, wenn die Rechtsmaterie, zu der das Unionsrecht ergangen ist, innerstaatlich in der Gesetzgebungskompetenz des Bundes liegt,[7] und die Rechtsmaterie zugleich innerstaatlich dem Art. 84 GG unterfällt.[8]

B Bundesauftragsverwaltung, Art. 85 GG

Nur in den vom Grundgesetz vorgesehenen Fällen kann der Vollzug der Bundesgesetze durch die Länder „im Auftrag des Bundes“ erfolgen. Die Fälle der **Auftragsverwaltung** sind:

- Bundeswehrverwaltung, Art. 87b Abs. 2 GG
- Friedliche Nutzung der Kernenergie, Art. 87c GG
- Luftverkehrsverwaltung, Art. 87d Abs. 2 GG
- Eisenbahnverkehrsverwaltung Art. 87e Abs. 1 S. 2 GG
- Bundeswasserstraßen, Art. 89 Abs. 2 GG
- Verwaltung der Bundesfernstraßen, Art. 90 Abs. 2 GG
- Geldleistungen des Bundes, Art. 104a Abs. 3 S. 2 GG
- Landesfinanzverwaltung, Art. 108 Abs. 3 GG
- Lastenausgleich, Art. 120a Abs. 2 GG

Das Grundgesetz unterscheidet Fälle der **obligatorischen** (zwingend angeordneten) und der **fakultativen** (nicht zwingenden, wahlweisen) Auftragsverwaltung. Obligatorische Auftragsverwaltung ist vorgesehen in Art. 90 Abs. 2, 104a Abs. 3 S. 2 und 108 Abs. 3 S. 1 GG; hier wird die Auftragsverwaltung bei Vorliegen der Voraussetzungen zwingend angeordnet. So heißt es in Art. 90 Abs. 2 GG: *„Die Länder (...) verwalten die Bundesautobahnen und sonstigen Bundesstraßen des Fernverkehrs im Auftrage des Bundes.“*

Fälle fakultativer Auftragsverwaltung enthalten die übrigen genannten Vorschriften; hier kann durch Bundesgesetz mit **Zustimmung** des **Bundesrates** Auftragsverwaltung **angeordnet** werden. So heißt es in Art. 87c GG zur Kernenergieverwaltung: *„Gesetze, die auf Grund des Artikels 73 Abs. 1 Nr. 14 ergehen, können mit Zustimmung des Bundesrates bestimmen, dass sie von den Ländern im Auftrage des Bundes ausgeführt werden.“*

---

6 Dazu unten Kap. 13.

7 *Suerbaum* in BeckOK GG, Art. 84 GG Rn. 14.

8 So ergänzend *Haratsch* in Sodan, Grundgesetz-Kommentar, Art. 84 GG Rn. 3.

I. Grundsätze des Art. 85 GG

Die Auftragsverwaltung ist zwar Landesverwaltung, denn es handelt sich um nach außen wirksame Vollzugstätigkeit der Länder bezogen auf Bundesgesetze. Allerdings wird diese Landesverwaltung durch erhebliche Eingriffs- und **Weisungsrechte** des Bundes bestimmt, so dass in der Literatur von Verwaltungstätigkeit zwischen Landeseigenverwaltung und Bundeseigenverwaltung gesprochen wird.[9] Dennoch bleibt es formal Landesverwaltungstätigkeit.

II. Vorgaben für die Landesverwaltung

Grundsätzlich obliegt die Ausgestaltung der Behördenstruktur und – trotz der fehlenden Erwähnung in Art. 85 Abs. 1 GG – auch des Verwaltungsverfahrens[10] den Ländern. Der Bund kann aber durch Bundesgesetz mit Zustimmung der Länder Vorgaben machen. Anders als in Art. 84 GG besteht insoweit **kein Abweichungsrecht** der Länder. Durch Verwaltungsvorschriften kann der Bund auch Maßgaben für die Ausbildung von Personal aufstellen, Art. 85 Abs. 2 GG.[11]

Besonderheit der Auftragsverwaltung ist das Auseinanderfallen von Wahrnehmungs- und Sachkompetenz. Die **Wahrnehmungskompetenz**, also die Kompetenz zur außenwirksamen Verwaltungstätigkeit und auch die Verantwortlichkeit für dieses Handeln nach außen, liegen unentziehbar bei den Ländern. Dies gilt zunächst auch für die Sach- oder Entscheidungskompetenz, also die Vorgabe der sachlichen Beurteilung und Entscheidungen bezogen auf die Ausführung der Gesetze. Die **Sachkompetenz** kann vom Bund aber jederzeit an sich gezogen werden. Die Behörden der Länder vertreten und verantworten dann Inhalte, die ihnen der Bund vorgegeben hat, auch wenn sie nicht der Überzeugung der Länder, insbesondere der zuständigen Ministerien entsprechen.

> Merke:
> Dieser Zustand reicht so weit, dass die Behörden der Länder verwaltungsgerichtlich zur Verantwortung gezogen werden können für Entscheidungen, die ihnen der zuständige Bundesminister zwingend vorgegeben hat. Dies gilt selbst dann, wenn die Landesbehörden die Weisung für rechtwidrig halten.

Ein wichtiges Mittel zur Umsetzung der Sachkompetenz ist das Weisungsrecht des Bundes, Art. 85 Abs. 3 S. 1 GG. Gegenstand der Weisungen sind nicht lediglich Rechtsfragen, Weisungen betreffen das gesamte Spektrum der Verwaltungsmaßnahmen einschließlich politischer Aspekte, aber auch bezüglich rein administrativer, wirtschaftlicher oder technischer Fragestellungen.[12]

---

9 So *Maurer*, JuS 2010, 945, 952.

10 Vgl. insoweit eindeutig BVerfGE 26, 338, 385.

11 *Suerbaum* in BeckOK GG, Art. 85 GG Rn. 22.

12 *Maurer*, JuS 2010, 945, 952.

Beispielfall 32:
Der zuständige Umweltminister des Landes X will die durch das Energieunternehmen E beantragte und nach Atomgesetz (AtG) erforderliche Genehmigung zum Wiederanfahren eines Kernkraftwerks nach umfangreichen Wartungsarbeiten verweigern. Er begründet seine Weigerung wie folgt: Zwar seien die Genehmigungsvoraussetzungen für das Wiederanfahren nachgewiesen. Im Rahmen des ihm eingeräumten pflichtgemäßen Ermessens sei es ihm aber trotzdem nicht möglich, positiv zu bescheiden. Wie schon die Atomkatastrophen von Tschernobyl und Fukushima gezeigt hätten, sei die Atomkraft mit erheblichen Risiken für Leben, Gesundheit und Sachwerte behaftet, so dass die Energiegewinnung aus Kernkraft mittelfristig abzulehnen sei; das Nichtwiederanfahren sei insoweit ein erster richtiger Schritt.
Der Bundesminister für Umwelt und Reaktorsicherheit weist ihn daraufhin nach vorheriger Anhörung an, die beantragte Genehmigung zu erteilen.
Ist die Weisung rechtmäßig?

Grundsätzlich sind **Weisungen** des Bundes auch zu befolgen, wenn das Land diese für rechtswidrig hält. Eine Grenze sieht das Bundesverfassungsgericht

> *„in dem äußersten Fall, dass eine zuständige oberste Bundesbehörde unter grober Missachtung der ihr obliegenden Obhutspflicht zu einem Tun oder Unterlassen anweist, welches im Hinblick auf die damit einhergehende allgemeine Gefährdung oder Verletzung bedeutender Rechtsgüter schlechterdings nicht verantwortet werden kann."*[13]

Für das Vorliegen einer solchen Lage verlangt das Gericht aber den Nachweis konkreter, unmittelbarer Gefahrenlagen für die Allgemeinheit in Leben und Gesundheit durch das angewiesene Bundesland.

Lösung zu Beispielfall 32:
Die äußeren Voraussetzungen für die Ausübung des Weisungsrechts liegen vor. Zunächst ist für die betreffenden Fragen in Einklang mit Art. 87c, 73 Abs. 1 Nr. 14 GG die Auftragsverwaltung angeordnet, vgl. § 24 Abs. 1 AtG. Der Landesumweltminister ist der richtige Weisungsadressat, der Bundesumweltminister der richtige Weisungsgeber. Verfahrensmäßig – Grundsatz der Bundestreue in Form länderfreundlichen Verhaltens![14] – hat eine vorherige Anhörung des Landes stattgefunden.
Bleibt die Frage nach der inhaltlichen Vertretbarkeit der Weisung. Gegen die Rechtmäßigkeit der Weisung und für ein Weigerungsrecht des Landes, diese zu befolgen, könnte die Argumentation des Landesministers zur Gefährlichkeit der Atomenergienutzung sprechen. Allerdings sind die konkreten Sicherheitsanforderungen für das Wiederanfahren des Reaktors erfüllt. Die vom Landesminister vorgetragenen Bedenken sind nur allgemeiner Natur und lassen keinen Schluss auf eine konkrete Gefährdung der Allgemeinheit zu. Die Weisung war damit rechtmäßig; der Landesminister muss ihr auch entgegen seiner politischen Überzeugung Folge leisten.

---

13 BVerfGE 81, 310, 334.

14 Dazu oben Kap 2 A III.

III. Umfang der Aufsicht des Bundes

Anders als bei der Landeseigenverwaltung nach Art. 84 GG hat der Bund im Rahmen der Auftragsverwaltung die **Rechtsaufsicht** und **Fachaufsicht**. Er überwacht also nicht nur die Einhaltung von Recht und Gesetz, er darf auch die **Zweckmäßigkeit** des Verwaltungshandelns, also die Art und Weise der Aufgabenerfüllung kontrollieren. Die Reichweite der Zweckmäßigkeitskontrolle entspricht dem Weisungsrecht in Fragen der Sachkompetenz, umfasst also alle Fragen administrativer, technischer wirtschaftlicher oder politischer Natur.

IV. Erstreckung auf unmittelbar anwendbares Recht der Europäischen Union

Für die analoge Anwendung des Art. 85 GG auf unmittelbar geltendes Unionsrecht gilt das zu Art. 84 GG Ausgeführte entsprechend. Wiederum ist für das betreffende Gebiet die Bundesgesetzgebungskompetenz vonnöten und die betreffende Gesetzgebungsmaterie muss innerstaatlich Gegenstand der Auftragsverwaltung nach Art. 85 GG sein.

C Bundeseigenverwaltung, Art. 86 GG

Nach Maßgabe des Art. 83 GG ist die **bundeseigene Verwaltung** die Ausnahme bei der Ausführung der Bundesgesetze. Unterschieden wird zwischen der obligatorischen und der fakultativen Bundeseigenverwaltung.

In vom Grundgesetz zwingend angeordneter, damit obligatorischer Bundesverwaltung werden geführt:

- Auswärtiger Dienst, Bundesfinanzverwaltung, länderübergreifend tätige Sozialversicherungsträger, Art. 87 Abs. 1 S. 1, Abs. 2 GG)
- Aufstellung der Streitkräfte, Art. 87a Abs. 1 S. 1 GG
- Bundeswehrverwaltung, Art. 87b Abs. 1 S. 1 GG
- Luftverkehrsverwaltung , Art. 87d Abs. 1 S. 1 GG
- Verkehrsverwaltung für Eisenbahnen des Bundes, Art. 87e Abs. 1 S. 1 GG
- Hoheitsaufgaben bez. Post und Telekommunikation, Art. 87f Abs. 2 S. 2 GG
- Bundesbank, Art. 88 GG
- Bundeswasserstraßenverwaltung, Art. 89 Abs. 2 S. 1 GG
- IT-Verbindungsnetz Bund/Länder, Art. 91c Abs. 4 S 1 GG
- Aufgaben im Bereich Zölle, Verbrauchssteuern des Bundes, KFZ-Steuer, EU-Abgaben, Art. 108 Abs. 1 GG
- Bundesrechnungshof, Art. 114 Abs. 2 GG
- Übergangsverwaltung bez. Vorkonstitutioneller Verwaltungseinheiten Art. 130 Abs. 1 S 1 GG
- Übergangsverwaltung bez. Umwandlung von Bahn- und Wirtschaftsunternehmen, Art. 143a Abs. 2 GG

In Bundeseigenverwaltung können (deswegen „fakultativ“) geführt werden:

- Bundesgrenzschutz (Bundespolizei), Zentralstellen von Polizei und Verfassungsschutz, Art. 87 Abs. 1 S 2 GG
- Ausbau der Bundesverwaltung im Bereich der Gesetzgebungskompetenz des Bundes, Art. 87 Abs. 3 S. 1, 2 GG
- Beschädigtenversorgung, Bauwesen im Bereich Verteidigung, Wehrersatzwesen, Zivilschutz, Art. 87b Abs. 1 S. 3, Abs. 2 S. 1 GG
- Verkehrsverwaltung bez. nicht bundeseigener Eisenbahnen, Art. 87e Abs. 2 GG
- Länderübergreifende Binnenschifffahrt und Seeschifffahrt, Art. 89 Abs. 2 S. 2 GG
- Bundesfernstraßenverwaltung, Art. 90 Abs. 3 GG
- Teile der Steuerverwaltung, Art. 108 Abs. 4 GG iVm Art. 106 Abs. 1 GG
- Lastenausgleich, Art. 120a Abs. 1 GG
- Sonderregeln für Verwaltung und Finanzen im Verteidigungsfall, Art. 115c Abs. 3 GG

Bundesgesetze, mit denen fakultative Bundesverwaltung angeordnet wird, bedürfen regelmäßig der **Zustimmung** der Länder. Die Bundesverwaltung tritt dann an die Stelle der Landeseigen- oder der Auftragsverwaltung. Die Übernahme in Bundesverwaltung kann auf Anträgen der Länder beruhen, vgl. Art. 90 Abs. 3 GG.

Will der Bund im Bereich der fakultativen Bundesverwaltung seine Kompetenzen ausweiten, kann er, sofern ihm für die Verwaltungsmaterie die Gesetzgebungskompetenz zusteht, gem. Art. 87 Abs. 3 S. 1 GG durch Gesetz selbständige **Bundesoberbehörden** einrichten. Die betreffenden Gesetze unterliegen den Regeln der Gesetzgebung nach Art. 71, 72 GG. So muss der Bund für die Errichtung einer Bundesoberbehörde im Bereich der konkurrierenden Gesetzgebung mit Erforderlichkeitsklausel (Art. 72 Abs. 2 GG) die Erforderlichkeit einer solchen Regelung nachweisen.[15] Beispiel für eine solche nachträglich errichtete Bundesoberbehörde ist das im Jahre 1989 errichtete Bundesamt für Strahlenschutz mit Hauptsitz in Salzgitter.

Bundeseigene **Mittel- oder Unterbehörden**, also von nachgeordneten Bundesbehörden mit regional begrenztem Zuständigkeitsbereich können nach Art. 87 Abs. 3 S. 2 GG nur bei dringendem Bedarf und nur durch Gesetze mit Zustimmung des Bundesrates errichtet werden.

I. Grundsätze des Art. 86 GG

Art. 86 GG regelt zunächst nur, wie die bundeseigene Verwaltung geführt wird. Voraussetzung dafür, dass Bundesgesetze in Eigenverwaltung des Bundes vollzogen werden, ist die entsprechende **Anordnung** obligatorischer oder fakultativer Bundesverwaltung, insbesondere in Art. 87 ff. GG.

---

[15] Dazu oben Kap. 4 A II 1 b.

Die bundeseigene Verwaltung betrifft nicht die **gesetzesakzessorische**, also die gesetzesausführende Verwaltung, erfasst ist auch der Bereich der **„gesetzesfreien Verwaltung"**, etwa wenn für bestimmte Verwaltungsbereiche geringe gesetzliche Vorgaben existieren, so für den Auswärtigen Dienst oder technische-bauliche Fragen der Bundeswasserstraßenunterhaltung.[16]

II. Vorgaben für die Bundesverwaltung

Zuständig für den Vollzug der Bundesgesetze durch den Bund in Eigenverwaltung sind einerseits **nicht rechtsfähige Organisationseinheiten** des Bundes als Teil der unmittelbaren Staatsverwaltung, also Behörden des Bundes, und andererseits rechtsfähige Einheiten der mittelbaren Staatsverwaltung, die in Art. 86 GG genannten **bundesunmittelbaren Körperschaften** und Anstalten des öffentlichen Rechts.[17]

Merke:
Nur so macht Art. 86 GG Sinn: Wenn die Norm von „bundeseigene Verwaltung" spricht, lässt sich hierunter kein Organisationstypus von Verwaltungseinheiten fassen; vielmehr machen die nicht rechtfähigen und die rechtsfähigen Verwaltungseinheiten auf Bundesebene die bundeseigene Verwaltung in ihrer Gesamtheit aus.

Bez. der Behörden des Bundes kann unterschieden werden zwischen solchen, die lediglich als **Bundesoberbehörden** oder **Zentralstellen** existieren (etwa das Bundeskriminalpolizeiamt - BKA oder das Bundesamt für Verfassungsschutz) und solchen mit **eigenem Veraltungsunterbau** (etwa der Auswärtige Dienst).

Bez. der bundesunmittelbaren Körperschaften und Anstalten des öffentlichen Rechts handelt es sich um verselbständigte regelmäßig **rechtsfähige Verwaltungsträger**, deren Zuständigkeit sich über die Grenzen eines Landes erstreckt, Dies sind etwa Sozialversicherungsträger wie die Deutsche Rentenversicherung Bund, die Agentur für Arbeit oder das Deutschlandradio.

Art. 86 GG gibt der Bundesregierung grundsätzlich die Befugnis zum Erlass allgemeiner **Verwaltungsschriften** für die Gegenstände der bundeseignen Verwaltung. Dies gilt sowohl für die Tätigkeit der Behörden des Bundes wie für die bundesunmittelbaren Körperschaften; gegenüber letzteren müssen aber die Selbstverwaltungsrechte der betreffenden Träger geachtet werden.[18]

---

16 *Ibler* in MDHS, Grundgesetz-Kommentar, Art. 86 GG Rn. 43.

17 So auch *Maurer*, Staatsrecht I, § 18 Rn. 19; *Suerbaum* in BeckOK GG, Art. 86 GG Rn. 16.

18 *Suerbaum* in BeckOK GG, Art. 86 GG Rn. 26.

Nicht in Art. 86 GG genannt sind zulässige Formen der **privatrechtlich organisierten Verwaltung**; so verwendet Art. 87e GG (Luftverkehrsverwaltung) den nebulösen Begriff der „Bundesverwaltung“ und erfasst damit auch privatrechtlich organisierte Verwaltungsträger wie die Deutsche Flugsicherung GmbH (DFS).[19]

III. Umfang der Aufsicht des Bundes

Im Bereich der Behörden des Bundes gelten die normalen Regelungen der **Rechts**- und **Fachaufsicht** in der Verwaltungshierarchie. Die selbständigen Bundesoberbehörden unterstehen der Rechts- und Fachaufsicht der zuständigen Bundesministerien. Für die bundesunmittelbaren Körperschaften und Anstalten, die regelmäßig Selbstverwaltungsrechte haben, ist die Aufsicht auf Fragen der Rechtmäßigkeit des Verwaltungshandelns begrenzt.

IV. Erstreckung auf unmittelbar anwendbares Recht der Europäischen Union

Für die analoge Anwendung des Art. 86 GG auf unmittelbar geltendes **Unionsrecht** gilt das zu Art. 84 GG Ausgeführte entsprechend. Wiederum ist für das betreffende Gebiet die Bundesgesetzgebungskompetenz vonnöten und die betreffende Gesetzgebungsmaterie muss innerstaatlich Gegenstand der Bundeseigenverwaltung nach Art. 86 GG sein.

D Gemeinschaftsaufgaben

Für die Tätigkeit der Bundes- und der Landesbehörden gilt der Grundsatz der Trennung von Bundes- und Landesverwaltung.[20] Trotzdem definiert das Grundgesetz im Abschnitt VIIIa **Gemeinschaftsaufgaben**, die sich auf Planung und Finanzierung der dort genannten Sachfragen erstrecken. Eine gesonderte verfassungsrechtliche Absicherung hat in Art. 91e GG die Arbeit der Arbeitsgemeinschaften nach § 44b SGB II gefunden, nachdem das Bundesverfassungsgericht die Regelungen zu den sog. Jobcentern als unzulässige Mischverwaltung als verfassungswidrig angesehen hatte.[21]

---

19 *Pabst/Schwartmann* in Bonner Kommentar zum Grundgesetz, Art. 87e GG Rn. 26 ff.; *Remmert* in BeckOK GG, Art. 87e GG Rn. 6.

20 *Maurer*, Staatsrecht I, Rn. 27.

21 BVerfG v. 20.12.2007, BVerfGE 119, 331 ff., abrufbar unter http://www.bverfg.de/entscheidungen/rs20071220_2bvr243304.html, zuletzt abgerufen am 12.08.2016.

Kapitel 6: Rechtsprechung

Der IX. Abschnitt (Art. 92-104 GG) befasst sich mit der **Rechtsprechung** als der sog. Dritten Gewalt. Rechtsprechung kann als die verbindliche Entscheidung von Rechtsstreitigkeiten durch unabhängige, nur Recht und Gesetz verantwortliche staatliche Stellen in einem mit besonderen Garantien ausgestalteten Verfahren angesehen werden.[1] Gekennzeichnet ist die Rechtsprechung damit durch ihre **Unabhängigkeit** und das Tätigkeitwerden in besonders ausgestalteten Verfahren, wie sie aus den **Verfahrensordnungen** der Gerichtsbarkeiten, ZPO, StPO, VwGO, SGG oder FGG oder FGO, aber auch dem BVerfGG hervorgehen. Aufgabe der Rechtsprechung ist es, den allgemeinen Justizgewährleistungsanspruch des Bürgers sowie den Rechtsschutz gegenüber hoheitlichen Maßnahmen sicherzustellen,[2] womit gleichzeitig das **Verbot** der **Selbstjustiz**, das staatliche **Gewaltmonopol** und die grundsätzliche Rechtsgehorsamspflicht des Bürgers abgesichert werden.

Merkmale richterlicher Tätigkeit, aus der auch das besondere Vertrauen des Staates und der Gesellschaft in die Rechtsprechung resultieren soll, ist die **Unparteilichkeit** und **Objektivität** der Rechtsprechung.

> Merke:
> Objektivität und Unparteilichkeit entkleiden den Richter nicht von seiner Eigenschaft als Subjekt mit eigenen Anschauungen und Überzeugungen, auch wenn er diese so weit wie möglich zurückstellen soll. Dennoch mag es bspw. bei Streitigkeiten um die Frage, wie oft der Nachbar das Grillen im angrenzenden Garten dulden muss,[3] schon einen Unterschied machen, ob der Richter noch mit dem Duft des zuletzt gegrillten Koteletts in den Gerichtssaal schwebt oder Veganer Stufe 5 ist („*Ich esse nichts, was einen Schatten wirft!*"[4]).

A Gerichtszweige

Die **Gerichtszweige** sind gem. Art. 95 Abs. 1 GG

- ordentliche Gerichtsbarkeit (Zivil- und Strafgerichte),
- Arbeitsgerichtsbarkeit
- Verwaltungsgerichtsbarkeit,
- Sozialgerichtsbarkeit,
- Finanzgerichtsbarkeit

An der Spitze dieser als Landesgerichtsbarkeiten (Art. 92 GG) ausgestalteten Gerichtszweige stehen die folgenden Obersten **Gerichtshöfe des Bundes** in der vorherigen Reihenfolge:

---

1 So *Maurer*, Staatsrecht I, § 19 Rn. 5.

2 Dazu oben Kap. 2 A D VIII.

3 Vgl. *AG Westerstede*, NZM 2010, 336 einerseits und *LG München*, WuM 2004, 368 andererseits.

4 Vgl. http://www.youtube.com/watch?v=ETNQ3suMLZA, zuletzt abgerufen am 15.12.2014.

- Bundesgerichtshof (BGH) mit (Haupt-)Sitz in Karlsruhe und Sitz in Leipzig
- Bundesarbeitsgericht (BAG) mit Sitz in Erfurt
- Bundesverwaltungsgericht (BVerwG) mit Sitz in Leipzig
- Bundessozialgericht (BSG) mit Sitz in Kassel
- Bundesfinanzhof (BFH) mit Sitz in München

Will ein Oberster Gerichtshof von der Entscheidung eines anderen Obersten Gerichtshofs des Bundes abweichen, wird der in Art. 95 Abs. 3 GG vorgesehene **Gemeinsame Senat** der Obersten Gerichtshöfe, angesiedelt beim BGH, angerufen. Dies gilt auch, wenn von einer Entscheidung dieses Gemeinsamen Senates abgewichen werden soll. Daneben existieren die Verfassungsgerichtsbarkeit des Bundes, das Bundesverfassungsgericht,[5] und die Verfassungsgerichtsbarkeiten der Länder. Kein Oberster Gerichtshof des Bundes, sondern Bundesgericht ist das **Bundespatentgericht** mit Sitz in München. Das Bundespatentgericht ist in teilweiser Ausübung der Kompetenz nach Art. 96 Abs. 1 GG durch Umgestaltung des Bundespatentamtes errichtet worden und ist Gericht erster Instanz für Fragen des Patentrechts, des Gebrauchs- und Geschmacksmusterrechts und des Markenrechts.[6]

B Richtervorbehalt

Gem. Art. 92 GG ist die rechtsprechende Gewalt den Richtern anvertraut (**Richtervorbehalt**). Damit kommt zum Ausdruck, dass die Rechtsprechung nicht vorrangig Objekt der Zuständigkeitsverteilung zwischen Bund und Ländern ist, vielmehr wird der Richter bzw. die Gerichtsbarkeit institutionell angesprochen. Dieser Fokus kann mit den Erfahrungen des Dritten Reiches begründet werden;[7] die Rechtsprechung dient der Flankierung des Rechtsstaats und nimmt hierfür den Richter in seiner persönlichen Verantwortung besonders in die Pflicht.

Spezielle Richtervorbehalte sieht das Grundgesetz etwa in Art. 13 GG (Eingriffe in die Unverletzlichkeit der Wohnung) und in Art. 104 GG (freiheitsentziehende Maßnahmen) vor.[8]

C Richterliche Unabhängigkeit

Richter sind **sachlich** und **persönlich unabhängig** (Art. 97, 98 GG). Sie sind nur an Recht und Gesetz gebunden. Die **sachliche** Unabhängigkeit bezieht sich auf die Rechtsprechungstätigkeit; die Entscheidungen der Richter und Gerichte ergehen weisungsfrei und frei von staatlicher Einflussnahme. Dies gilt gleichermaßen für Beeinflussungen seitens der Politik wie der Verwaltung.

---

5 Dazu oben Kap. 3 F.

6 Näher zu Vorgeschichte und Zuständigkeiten *Morgenthaler* in MDHS, Grundgesetzkommentar, Art. 96 GG Rn. 11 ff.

7 *Maurer*, Staatsrecht I, § 19 Rn. 11.

8 Näher *Maurer*, Staatsrecht I, § 19 Rn. 14 f. und unten Kap. 8 L und Kap. 8 E.

Die **persönliche** Unabhängigkeit sichert und ergänzt die sachliche Unabhängigkeit. Hauptamtliche und planmäßig endgültig angestellte („verplante") Richter dürfen nur unter engen gesetzlich abgesicherten Voraussetzungen (Art. 97 Abs. 2 GG) versetzt, entlassen oder in den Ruhestand versetzt werden (**Unabsetzbarkeit** und **Unversetzbarkeit**). Die persönliche Unabhängigkeit sichert auch Freiheiten bez. des Wie und des Wo richterlichen Arbeitens Diese Freiheiten bestehen in Grenzen, der Richter muss bspw. selbstverständlich für Sitzungstage im Gericht zur Verfügung stehen, ebenso muss er sich in die Arbeit in Kollegialgerichten einfügen.

Durch diese begrenzten Einwirkungsmöglichkeiten soll mittelbarer **Druck** auf die richterliche Tätigkeit (etwa Inaussichtstellen von Belastungen oder Begünstigungen für Entscheidungen in einer bestimmten Richtung) **vermieden** werden. Selbstverständlich ist andererseits, dass sich der Richter im Rahmen der Gesetze ggf. disziplinarrechtlich oder strafrechtlich für nachgewiesenes Fehlverhalten verantworten muss.

D Anspruch auf den gesetzlichen Richter/rechtliches Gehör

Im Kontext richterlicher Tätigkeit stehen auch die sog. **Justizgrundrechte**, insb. Art. 101 GG und 103 Abs. 1 und 3 GG[9]. Die Richtervorbehalte nach Art. 104 GG werden im Kontext des Art. 2 Abs. 2 GG angesprochen.[10]

Art. 101 Abs. 1 GG sichert dem Einzelnen einen Anspruch auf den **gesetzlichen Richter** zu. Damit ist gewährleistet, dass Richter und Gerichte nicht manipulativ zugeordnet werden, sondern aufgrund einer absehbaren, **generell-abstrakten Zuständigkeitsregelung** (bspw. Geschäftsverteilungspläne bei den Gerichten), dies auf Grundlage gesetzlicher Zuständigkeitsregelungen.[11] Ausdrücklich verboten sind nach Art. 103 Abs. 1 S. 1 GG **Ausnahmegerichte**, also Gerichte, die in Abweichung von den allgemeinen gesetzlichen Zuständigkeitsregelungen ad hoc zur Entscheidung bestimmter Einzelfälle gebildet werden.[12]

Art. 103 Abs. 1 GG sichert jedermann **rechtliches Gehör**, also das Recht zu, vor staatlichen Gerichten im Kontext laufender Verfahren mit seinem Vorbringen gehört zu werden, ebenso wie das Recht, dass dieses Vorbringen in die Entscheidung einfließt, jedenfalls dadurch, dass es mit Begründung als nicht erheblich gekennzeichnet wird. Umfasst ist das Recht, über die Rechtslage informiert zu werden, sowie vor Überraschungsentscheidungen geschützt zu sein.[13]

Art. 103 Abs. 2 GG regelt mit der Bestimmung, dass man nur wegen solcher Taten bestraft werden darf, bei denen das Verhalten als Straftat definiert und mit Strafe bedroht war,

---

[9] Zu Art. 104 GG siehe unten Kap. 8 D III. Zum Grundsatz „nulla poena sine lege", Art. 103 Abs. 2 GG, schon oben Kap. 2 D III.

[10] Vgl. unten Kap. 8 E.

[11] *Morgenthaler* in BeckOK GG, Art. 101 GG Rn. 10 ff.

[12] BVerfGE 3, 213, 223; BVerfGE 8, 174, 182..

[13] *Morgenthaler* in BeckOK GG, Art. 103 GG Rn. 6 ff.

verschiedene Gesichtspunkte. Zunächst ist die rechtsstaatlichen Gebote der **Tatbestandsbestimmtheit** („nullum crimen sine lege"), der Strafandrohungsbestimmtheit („nulla poena sine lege"), das Analogieverbot zulasten des Täters, das Verbot von Gewohnheits(straf)recht und das Rückwirkungsverbot.[14]

Art. 103 Abs. 3 GG enthält das **Verbot** der **Doppelbestrafung** wegen *„derselben Tat"* („ne bis in idem"). Das Bundesverfassungsgericht sieht in diesem Kontext eine Tat als einen *„geschichtlichen Vorgang, auf welchen Anklage und Eröffnungsbeschluss hinweisen und innerhalb dessen der Angeklagte als Täter oder Teilnehmer einen Straftatbestand verwirklicht haben soll."*[15] Folge kann sein, dass wenn eine Verurteilung wegen einer Tat erfolgt ist, die Verwirklichung eines schwereren Tatbestandes zu dieser Zeit aber nicht erkannt wurde, eine erneute Bestrafung wegen der schwereren Tat nicht mehr möglich ist (Strafklageverbrauch).

---

14 Vgl. Radtke/Hagemeier in BeckOK GG, Art. 103 GG Rn. 18 ff. zu den rechtsstaatlichen Bezügen schon partiell schon oben Kap. 2 D VI.

15 BVerfGE 23, 191, 202

Kapitel 7: Allgemeine Grundrechtslehren

Die sog. allgemeinen Grundrechtslehren beschreiben die **Grundrechte**, die an prominenter Stelle an der Spitze der Verfassung stehen, in ihrer **Funktion** und ihren unterschiedlichen **Ausprägungen**. Sie befassen sich mit den unterschiedlichen **Grundrechtsträgern** oder **Grundrechtsberechtigten**, und den **Grundrechtsadressaten** oder **Grundrechtsverpflichteten**. Zugleich wird die **Struktur** der Grundrechte erfasst, so die allgemein geltenden Regeln zum **Schutzbereich**, zum **Eingriff** in Grundrechte und zu Möglichkeiten der **Rechtfertigung** dieser Eingriffe.

A Entwicklung der Grundrechte und des Grundrechtsverständnisses in Deutschland

Echte grundrechtliche Gewährleistungen finden sich in Deutschland erst in der **Paulskirchenverfassung** von 1848. Bis dahin waren die Rechte, die die Bürger aufgrund der Verfassung hatten, monarchisch gewährte Freiheiten, die mit den bürgerlichen Vertretungsorganen mehr oder minder vereinbart waren. Erst die Paulskirchenverfassung basierte auf dem Gedanken der Volkssouveränität getragen von einem demokratischen Staatsverständnis. Mit dem Scheitern der deutschen Revolution folgten eher Rückschritte, so etwa in der **Preußischen Verfassungsurkunde** von 1850, die zwar verschiedene grundrechtliche Ansätze der Paulskirchenverfassung übernommen hatte, die Ausgestaltung dieser Rechte aber weithin der Ausgestaltung durch vom König gegebene Gesetze anheimstellte.

Erst die **Weimarer Reichsverfassung** nahm die Tradition der Paulskirchenverfassung wieder auf und leistete zugleich eine Fortschreibung im sozialen und ökonomischen Sinne, indem der Arbeiterschaft die Partizipation an der gesellschaftlichen Entwicklung ermöglicht werden sollte. Hierzu enthielt die Reichsverfassung das Gebot der Unentgeltlichkeit der Schulbildung (Art. 145 S. 3 WRV), die Sozialpflichtigkeit des Eigentums (Art. 153 Abs. 3 WRV) und die Garantie einer Sozialversicherung (Art. 161 WRV). Gleichwohl wurden die Berechtigungen des Zweiten Hauptteils, zu denen diese als Grundrechte bezeichneten Rechtspositionen gehörten, nach Ansicht eines Teils der Staatsrechtslehre nur als Staatsziele gesehen, die lediglich die Exekutive, nicht aber den Gesetzgeber banden.[1] Dieser hatte die Aufgabe, den formulierten Staatszielen in den einfachen Gesetzen möglichst umfassend Geltung zu verschaffen.

Mit dem Grundgesetz haben die Grundrechte mit ihrer Stellung an der Spitze der Verfassung und mit der Möglichkeit für den Einzelnen, die Verletzung von Grundrechten im Wege der **Verfassungsbeschwerde** geltend zu machen, einen enormen Bedeutungszuwachs erfahren. In Art. 1 Abs. 2 GG findet sich ein Bekenntnis zu unverletzlichen und unveräußerlichen Menschenrechten, womit ein Anklang an die Grundrechte als dem Staat vorausliegende Rechtspositionen – Rechte kraft Menschseins, nicht kraft staatlicher Gewährung – erfolgt. Gleichwohl finden sich auch Grundrechte, die kraft staatlicher Gewährung wirken, so die gesetzlich ausfüllungsbedürftigen Rechte auf Ehe und Eigentum. In Art. 1 Abs. 3 GG

---

[1] So insb. für die wirtschaftlichen und sozialen Rechtspositionen *Pieroth/Schlink/Kingreen/Poscher*, Staatsrecht II, Rn. 38.

schließlich ist nunmehr klargestellt, dass die Grundrechte **alle Staatsgewalt**, also auch den Gesetzgeber **binden**.

B Verhältnis der Grundrechte nach dem Grundgesetz zu anderen Gewährleistungen

Grundrechte sind nicht nur im Grundgesetz, sondern auch in anderen Rechtsquellen normiert. So sieht auf gesamteuropäischer Ebene die Europäische **Menschenrechtskonvention** (EMRK)[2] einen Bestand von sog. Menschenrechten; als Menschenrechte werden Grundrechte verstanden, die allen Menschen unabhängig von ihrer Staatsangehörigkeit zustehen. Die EMRK genießt als völkerrechtliche Vereinbarung in Deutschland den Rang eines einfachen Bundesgesetzes, jedoch ist jedes innerstaatliche Recht so auszulegen, dass eine Verletzung von Rechten nach der EMRK nach Möglichkeit vermieden und Verletzungen ggf. korrigiert werden müssen.[3] Als Teil des Primärrechts der Europäischen Union schützt die EU-Grundrechtecharta[4] vor Eingriffen aller Organe, Einrichtungen und sonstigen Stellen der Europäischen Union bzw. der Mitgliedstaaten bei Erlass und Anwendung von Unionsrecht, einschließlich der Umsetzung von Unionsrecht in nationales Recht.

Unterhalb der Grundrechte des Grundgesetzes finden sich auch in verschiedenen **Landesverfassungen** Grundrechtsgewährleistungen. Regelmäßig weisen Verfassungen, die älter sind als das Grundgesetz, eigene Grundrechtskataloge aus, so die Hessische Landesverfassung (Art. 1-26 HessVerf). In den jüngeren Verfassungen wird häufiger im Wege dynamischer Verweisungen auf den jeweils gültigen Grundrechtsbestand des Grundgesetzes Bezug genommen, so in der Verfassung des Landes NRW.[5] Die Landes- und Bundesgrundrechte sind nicht immer wortgleich, aber inhaltlich weithin deckungsgleich. Teilweise gibt es auch Grundrechtsgewährungen, die es so im Grundgesetz nicht gibt. So normiert die Bayerische Verfassung in Art. 142 Abs. 3 S. 1 BayVerf ein eigenes Grundrecht auf Genuss der Naturschönheiten des Landes: *„Der Genuss der Naturschönheiten und die Erholung in der freien Natur, insbesondere das Betreten von Wald und Bergweide, das Befahren der Gewässer und die Aneignung wildwachsender Waldfrüchte in ortsüblichem Umfang ist jedermann gestattet."*

Die Verfassungen der neuen Länder gehen unterschiedliche Wege; während die Verfassungen der Länder Brandenburg, Sachsen, Sachsen-Anhalt und Thüringen eigene Grundrechtskataloge enthalten, verweist Verfassung des Landes Mecklenburg-Vorpommern auf die Grundrechte des Grundgesetzes.

---

2 Konvention Nr. 005 des Europarats.

3 Grundsatz der Völkerrechtsfreundlichkeit des Grundgesetzes, dazu schon oben Kap. 2 D II 2.

4 Dazu näher unten Kap. 11 B II 3.

5 Trotz der missverständlichen Formulierung in Art. 4 Abs. 1 LVerf NRW (*„Die im Grundgesetz für die Bundesrepublik Deutschland in der Fassung vom 23. Mai 1949 festgelegten Grundrechte und staatsbürgerlichen Rechte sind Bestandteil dieser Verfassung und unmittelbar geltendes Landesrecht."*) wird die Norm als dynamische Verweisung begriffen. Die Bezeichnung des Grundgesetzes mit dem Inkrafttretensdatum verweist nicht auf den Grundrechtsbestand des Grundgesetzes mit Stand von 1949, sie dient der Identifizierbarkeit des Grundgesetzes als Quelle der Grundrechte der Landesverfassung.

Für das Verhältnis von Landes- zu Bundesgrundrechten enthält Art. 142 GG eine eigene **Kollisionsregel**: Wenn die Landesgrundrechte mit den Grundrechtsgewährleistungen des Grundgesetzes übereinstimmen (oder mehr Rechte gewähren[6]), bleiben sie ungeachtet des Art. 31 GG in Kraft und binden die Staatsgewalt des Landes. Ob tatsächlich der Fall gegeben ist, dass Landesgrundrechte einen umfänglicheren Schutz bieten, ist im Einzelfall zu klären. Wenn Art. 4 Abs. 2 S. 1 LVerf NRW ein Grundrecht auf Datenschutz gewährt, ist dies im Text des Grundgesetzes so nicht zu finden. Allerdings hat das Bundesverfassungsgericht aus dem allgemeinen Persönlichkeitsrecht als ungeschriebenem Freiheitsrecht nach Art. 2 Abs. 1 GG iVm Art. 1 Abs. 1 GG das Recht auf informationelle Selbstbestimmung hergeleitet;[7] damit ist der Datenschutz auch nach dem Grundgesetz grundrechtlich garantiert.

Die Bundesgrundrechte gehen den Landesgrundrechten nach Art. 31 GG in den Fällen vor, in denen letztere im **Widerspruch** zum Grundgesetz stehen. So ist das Aussperrungsverbot nach Art. 29 Abs. 5 HessVerf in Anbetracht dessen, dass die Koalitionsfreiheit nach Art. 9 Abs. 3 GG die Abwehraussperrung als zulässiges Arbeitskampfmittel umfasst,[8] unwirksam.[9] Grundrechte der Landesverfassungen, die im Schutzstandard hinter den Grundrechten des Grundgesetzes zurückbleiben, dem Grundgesetz aber nicht widersprechen, bleiben wirksam.[10]

Die folgenden Ausführungen betreffen die Grundrechte nach dem Grundgesetz, auch wenn verschiedene allgemeine Grundsätze auch für Landesgrundrechte gelten.

C Grundrechtsfunktionen

Bez. der Grundrechtsfunktionen wird üblicher Weise als wichtigste die **Abwehrfunktion** der Grundrechte benannt. Sie können zudem staatliche **Schutzpflichten** auslösen. Daneben tritt ihre Funktion als **Leistungsrechte**, als **Teilhaberechte** und als **Einrichtungsgarantien**. In Ergänzung dieser subjektiven Funktionen stellen sie zugleich eine objektive **Wertordnung** dar als Richtschnur für staatliches Handeln.

I. Abwehrfunktion

Die nach heutigem Verständnis wohl wichtigste Grundrechtsfunktion ist die des **Abwehrrechts** des Bürgers gegen den Staat. Der Einzelne soll durch die Grundrechte vor Eingriffen des Staates geschützt werden, er soll Einschränkungen oder Verletzungen seiner Grundrechte abwehren können. Wenn der Staat in diese grundrechtlich geschützten Bereiche eindringen will, soll er das nur aufgrund einer besonderen Rechtfertigung tun dürfen. Ohne solche Rechtfertigungen sind Eingriffe zu unterlassen, und wenn sie geschehen sind, zu beseitigen.[11] Anders gewendet gewähren Grundrechte Freiheit des Bürgers vor dem Staat.

---

6 *Germann* in BeckOK GG, Art. 142 GG Rn. 11.

7 BVerfGE 65, 1 ff.; dazu näher unten Kap. 8 C II 1.

8 Vgl. BVerfGE 84, 212 ff.

9 In diesem Sinne auch *Schroeder*, Grundrechte, Rn. 4.

10 *Pieroth/Schlink/Kingreen/Poscher*, Staatsrecht II, Rn. 64.

11 *Pieroth/Schlink/Kingreen/Poscher*, Staatsrecht II, Rn. 76.

Einzelne Grundrechte signalisieren die Abwehrfunktion deutlich. So formuliert Art. 4 Abs. 1 GG: *„Die Freiheit des Glaubens, des Gewissens und die Freiheit des religiösen und weltanschaulichen Bekenntnisses sind unverletzlich."*

II. Leistungsrechte

Nur ausnahmsweise lassen sich aus Grundrechten **Leistungsrechte** ableiten. So kann unter engen Voraussetzungen ein Anspruch aus grundrechtlichen Gewährleistungen herleiten.

Klassisches Beispiel ist die Privatschulfinanzierung. Gem. Art. 7 Abs. 4 S. 1 GG ist das Recht zur Einrichtung von Privatschulen gewährleistet; dieses Recht würde ggf. leerlaufen, wenn die Privatschulen gezwungen werden, zu ihrer Unterhaltung Schulgelder zu erheben. Dies könnte dazu führen, dass der Besuch von privaten Ersatzschulen wirtschaftlich bevorzugten Kreisen vorbehalten bliebe oder ihr Bestand gefährdet würde. Deswegen hat das Bundesverfassungsgericht entschieden: *„Soll Art. 7 Abs. 4 Satz 1 GG nicht zu einem wertlosen Individualgrundrecht auf Gründung existenzunfähiger Ersatzschulen und zu einer nutzlosen institutionellen Garantie verkümmern, so muss diese Verfassungsnorm zugleich als eine Verpflichtung des Gesetzgebers verstanden werden, die privaten Ersatzschulen zu schützen und zu fördern."*[12] Wie der Staat seine Förderungspflicht erfüllt, steht allerdings unter dem Vorbehalt des Finanzierbaren.

Leistungsrechtliche Ansprüche werden auch, in Verbindung mit dem **Sozialstaatsprinzip**, aus der Menschenwürdegarantie nach Art. 1 Abs. 1 S. 1 GG hergeleitet, wonach ein menschenwürdiges **Existenzminimum** gewährleistet werden muss.[13]

Ebenso wird aus Art. 6 Abs. 4 GG (*„Jede Mutter hat Anspruch auf den Schutz und die Fürsorge der Gemeinschaft."*) neben dem Auftrag an den Gesetzgeber, Vorschriften betr. Schutz und Fürsorge werdender Mütter zu erlassen, ein subjektiv-rechtlicher **Verschaffungsanspruch** für werdende Mütter hergeleitet.[14] So hat das Bundesverfassungsgericht zu Vorschriften des Mutterschutzgesetzes ausgeführt: *„Der mit den Beschäftigungsverboten angestrebte Schutz bleibt, gemessen an Art. 6 Abs. 4 GG, unvollständig, wenn er nicht von Maßnahmen begleitet wird, die die sich daraus ergebende Benachteiligung der Mutter, die während der Mutterschutzfrist an der Erfüllung der Anwartschaftszeit gehindert ist, soweit wie möglich ausgleichen."*[15]

Beispielfall 33:
Der Obdachlose O arbeitet als Redakteur bei einer Obdachlosenzeitung „Kälteblatt" in der Stadt S mit. Der Oberbürgermeister der Stadt veranstaltet einmal monatlich ein Treffen mit Lokalzeitungsredakteuren zu Fragen der Verwaltung und Politik der Stadt. Beim nächsten Treffen geht es um das Thema "Obdachlosigkeit in S". O begehrt Zugang

12 BVerfGE 75, 60, 65.
13 Jüngst BVerfGE 132, 134, 159 f.
14 *Sodan* in Sodan, Grundgesetz-Kommentar, Art. 6 GG Rn. 19.
15 BVerfGE 115, 259, 272.

zu diesem Treffen. Der Oberbürgermeister lehnt das ab: Man würde den O zwar noch unterbringen können, aber schließlich sei O gar kein ausgebildeter Journalist, auch sei Qualität der Artikel im „Kälteblatt" mies. Schließlich sehe der O furchtbar aus und stinke erbärmlich.
Hat der O einen Anspruch auf Teilnahme?

Neben den zuvor angesprochenen originären Leistungsrechten werden aber auch derivative (abgeleitete) Leistungsrechte anerkannt. So muss die gleichmäßige **Teilhabe** am Vorhandenen gesichert werden. Wenn ein knappes staatliches Gut zu verteilen ist, kann aus einem Grundrecht iVm Art. 3 Abs. 1 GG, dem allgemeinen Gleichheitssatz, ein Anspruch auf Leistung, jedenfalls aber auf Verteilung nach nachvollziehbaren Kriterien gewährleistet sein.

Lösung zum Beispielfall 33:
O hat auch als ungelernter Mitarbeiter beim „Kälteblatt" den Schutz der Pressefreiheit (Art. 5 Abs. 1 S. 2 1. Var. GG) auf seiner Seite. Dieser gibt für sich aber keinen Leistungsanspruch. Ein solcher Leistungsanspruch kann sich aber aus dem Zusammenspiel mit Art. 3 Abs. 1 GG ergeben. Sofern O Redakteur ist, müsste er gleich behandelt werden mit den übrigen Journalisten. Sachliche Gründe für seine Nichtberücksichtigung sind nicht ersichtlich. Sollte die Qualität der Artikel mies sein, könnte sich der Oberbürgermeister hierauf nicht berufen; dem Staat steht keine Qualitätskontrolle zu. Sofern der O ungepflegt aussieht und stinkt, dürfte das seiner Obdachlosigkeit zuzuschreiben sein. Aber auch dies ist kein sachlicher Grund. Er wäre bis zur Grenze der Gesundheitsgefährdung zu akzeptieren; wenn's zu sehr stinkt, muss das Fenster geöffnet werden. Da hinreichende Kapazität bei dem Treffen gegeben ist, kann er aus Art. 5 Abs. 1 GG iVm Art. 3 Abs. 1 GG Zulassung zu dem Treffen verlangen.

III. Teilhaberechte

Auch die Ausnahme sind aus Grundrechten abgeleitete **Teilhaberechte**. So wird aus dem grundrechtsgleichen Recht aus Art. 38 Abs. 1 S. 1 GG, dem Wahlrecht, ein grundsätzliches Teilhaberecht im Rahmen der Wahlgesetze abgeleitet.

Merke:
Die vorgenannten Dimensionen der Grundrechte werden von *Jellinek* als Statusrechte beschrieben, worauf bis heute immer wieder Bezug genommen wird. *Jellinek* unterscheidet den status negativus, den status positivus und den status activus.[16] Der status negativus entspricht im Wesentlichen der abwehrrechtlichen Dimension der Grundrechte, der status positivus der leistungsrechtlichen Komponenten. Schließlich beschreibt der status activus die Teilhaberechte aus Grundrechten.

---

[16] *Jellinek*, System der subjektiven öffentlichen Rechte, 2. Aufl. 1905, nachgedr. 2011, S. 87, 94 ff.

IV. Einrichtungsgarantien

Eine objektiv-rechtliche Dimension entfalten Grundrechte, die Einrichtungsgarantien als **Institutsgarantien** oder **institutionelle Garantien** gewähren. Zu den (privatrechtlich verorteten) Institutsgarantien zählen Ehe und Familie (Art. 6 Abs. 1 GG), wiederum die Privatschulen (Art. 7 Abs. 4 GG) und Privateigentum und Erbrecht (Art. 14 Abs. 1 GG). Diese „Institute" darf der Gesetzgeber nicht abschaffen. Vielmehr muss er einfachgesetzlich ein Konstrukt von Vorschriften zur Verfügung stellen, das bspw. der Namen „Ehe" oder „Privateigentum" verdient. Subjektiv-rechtlich eröffnen die Institutsgarantien bspw. das Recht, eine Ehe einzugehen, Privatschulen zu gründen oder Privateigentum zu haben. Zu den (öffentlich-rechtlich orientierten) institutionellen Garantien wird das Berufsbeamtentum (Art. 33 Abs. 5 GG) gerechnet, aber auch der Sonn- und Feiertagsschutz (Art. 140 GG iVm Art. 139 WRV).

V. Grundrechte als objektive Wertordnung

Damit der Bürger die grundrechtlichen Freiheiten in Anspruch nehmen kann, ist der Staat gehalten, die rechtlichen und tatsächlichen Voraussetzungen für die Freiheitsentfaltung des Einzelnen zu schaffen. Grundrechte sind insoweit eine Richtschnur für staatliches Handeln. Der Gesetzgeber muss im Bewusstsein des Freiheitsanspruchs des Bürgers tätig werden, Verwaltung und Rechtsprechung müssen das Recht im Lichte der Grundrechte als objektive **Wertentscheidungen** des Grundgesetzes anwenden und auslegen.[17] Ausdruck der objektiven **Wertordnung** sind auch die zuvor angesprochenen Einrichtungsgarantien.

VI. Schutzfunktion

Eine relativ neue Funktion der Grundrechte ist die **Schutzfunktion.** Im Rahmen der Schutzfunktion ist der Staat verpflichtet, aktiv zum Schutz des Bürgers tätig zu werden. Dies ist insb. dann zu gewährleisten, wenn eine drohende Grundrechtsverletzung, sollte sie sich verwirklichen, nicht reparabel wäre, wenn die Entwicklung, die zu einer Grundrechtsverletzung führen kann, nicht beherrschbar und für den potentiell betroffenen Grundrechtsträger nicht beeinflussbar ist. Staatliche Schutzpflichten werden diskutiert bspw. für das Recht auf Leben, Art. 2 Abs. 2 GG, auch nach Art. 6 Abs. 4 GG für die werdende Mutter; für das Recht auf Eigentum wird das Bestehen von Schutzpflichten offen gelassen.[18]

Wie der Staat seiner Schutzpflicht nachkommt, steht in seinem – weiten – gesetzgeberischen **Ermessen.** So kann der Staat ungeborenes Leben dadurch schützen, dass er Schwangerschaftsabbrüche ab einem gewissen Zeitpunkt unter Strafe stellt, dass er staatliche Leistungen gewährt, um Schwangere zur Fortführung der Schwangerschaft zu bewegen und/ oder Beratung anbietet.[19] Vorwerfbar ist reines Untätigbleiben des Staates, wenn die Pflicht zu staatlichem Handeln erkennbar ist; insoweit wird auch von „**Untermaßverbot**" gesprochen.[20]

---

[17] *Schroeder*, Grundrechte, Rn. 12.
[18] *BVerfG*, NJW 1988, 3264, 3264.
[19] BVerfGE 88, 203, 255 ff.
[20] *Schroeder*, Grundrechte, Rn. 41,

Die Verletzung einer staatlichen Schutzpflicht abgelehnt hat das Bundesverfassungsgericht bspw. im Fall der Ersatzansprüche von Waldbesitzern wegen Schädigungen des Waldes durch Umwelteinflüsse[21]; ein Untätigbleiben des Gesetzgebers, das nur noch durch Gewährung staatlicher Entschädigungsansprüche für geschädigte Waldbesitzer ausgeglichen werden könnte, vermochte das Gericht nicht festzustellen.

Merke:
In der juristischen Fallbearbeitung ist die abwehrrechtliche Funktion der Grundrechte die häufigste Variante; insb. aber die Erfüllung staatlicher Schutzpflichten gegenüber Dritten kann einen Eingriff in Grundrechte begründen. In diesem Fall ist das Gewicht des Grundrechts des Betroffenen mit der staatlichen Schutzpflicht abzuwägen. Am Beispiel der Entscheidung zum Schwangerschaftsabbruch stehen der staatlichen Schutzpflicht für das ungeborene Leben grundrechtlich geschützte Rechte der Schwangeren gegenüber.
Auch ist vorstellbar, dass der Staat in Ausübung seiner Schutzpflicht die Grundrechte desjenigen einschränkt, zu dessen Schutz er tätig wird. So verbietet der Staat Betreibern von Sonnenstudios, nach § 4 Gesetz zum Schutz vor nichtionisierender Strahlung bei der Anwendung am Menschen (NiSG), Minderjährige zu bedienen, um letztere in ihrem Recht auf Leben, Gesundheit und körperliche Unversehrtheit (Art. 2 Abs. 2 GG) wg. der Möglichkeit späterer Krebserkrankungen zu schützen. Dadurch werden die Minderjährigen, für die der Wunsch, kommerzielle Sonnenbanken zu benutzen, dem Schutzbereich der allgemeinen Handlungsfreiheit, Art. 2 Abs. 1 GG unterfällt, gerade in dieser allgemeinen Handlungsfreiheit beschnitten.

D Grundrechtsberechtigte und Grundrechtsverpflichtete

Grundrechte sind im Wesentlichen als **subjektive Rechte** ausgestaltet. Sie ermöglichen demjenigen, der sich auf die Grundrechte berufen kann, von demjenigen, der durch Grundrechte verpflichtet wird, die Achtung der Grundrechte zu fordern.

I. Grundrechtsberechtigte oder Grundrechtsträger

Grundrechtsberechtigt ist zunächst, wer Träger von Grundrechten sein kann. So gilt es festzustellen, wer sich überhaupt auf Grundrechte berufen kann, wer grundrechtsfähig ist. Die Frage, auf welche Grundrechte sich ein **Grundrechtsträger** konkret berufen kann, ist Frage der unterschiedlichen Typen von Grundrechten, bzw. der konkreten Ausgestaltung der einzelnen Grundrechte.

---

21 *BVerfG*, NJW 1998, 3264, 2366.

1. Natürliche Personen

Grundrechtsberechtigt im Sinne ihrer Grundrechtsfähigkeit sind zunächst alle **natürlichen Personen**. Natürliche Personen sind alle Menschen in ihrer Rolle als Rechtssubjekt, also als Träger von Rechten und Pflichten. Das BGB knüpft die Erlangung der Rechtsfähigkeit an den Umstand der Geburt (§ 1 BGB: *„Die Rechtsfähigkeit des Menschen beginnt mit der Vollendung der Geburt."*). Diese Betrachtung greift für die Frage der Grundrechte zu kurz. So genießt Grundrechtsschutz – bez. des Rechts auf Leben, Art. 2 Abs. 2 GG und der Menschenwürde, Art. 1 Abs. 1 S. 1 GG – bereits der „Nasciturus" (lat.: der, der geboren werden wird.) Ebenso endet die Grundrechtsfähigkeit nach der Rechtsprechung des Bundesverfassungsgerichts nicht mit dem Tod. Das Bundesverfassungsgericht leitet aus der Menschenwürdegarantie, Art. 1 Abs. 1 S. 1 GG, nicht zuletzt ein postmortales Persönlichkeitsrecht ab, das die Ehre und Würde des Menschen auch über den Zeitpunkt seines Ablebens hinaus schützen kann.

Mittlerweile geht die Rechtsprechung davon aus, dass Grundrechte auch in sog, **Sonderstatusverhältnissen** (bspw. Schüler, Strafgefangene, Soldaten, Beamte) gelten. In der Strafgefangenen-Entscheidung hat das Bundesverfassungsgericht ausgeführt, dass entgegen der früheren Ansichten zu diesen sog. „besonderen Gewaltverhältnissen" die Grundrechte – wenn auch im Einzelfall eingeschränkte – Geltung entfalten.[22]

2. Juristische Personen

Art. 19 Abs. 3 GG schließt die **juristischen Personen** in den Kreis der Grundrechtsberechtigten ein, in dem ausgeführt wird, dass die Grundrechte auch für inländische juristische Personen gelten, soweit sie ihrem Wesen nach auf diese anwendbar sind. Der Begriff der juristischen Person ist hier allerdings nicht lediglich im technischen Sinne einer rechtsfähigen Organisation oder Personenmehrheit – etwa Aktiengesellschaft, GmbH, eingetragener Verein – zu verstehen. Vielmehr sollen auch nicht voll rechtsfähige Personenmehrheiten als solche grundrechtsberechtigt sein, wenn sie sich durch ein Mindestmaß an Verfasstheit und Dauerhaftigkeit von den sie bildenden natürlichen Personen abgrenzen. So wäre ein nicht rechtsfähiger Verein juristische Person, eine Geburtstagsgesellschaft nicht; zweifelhaft sind in diesem Kontext bspw. Bürgerinitiativen. Wenn diese dauerhaft mit einer gewissen Binnenstruktur ihre Ziele verfolgen, können auch sie juristische Personen iSd Art. 19 Abs. 3 GG sein.

Wann ein Grundrecht dem **Wesen** nach anwendbar ist, richtet sich nach der jeweiligen Gewährleistung. So sind Grundrechte, die an Eigenschaften natürlicher Personen anknüpfen, nicht auf juristische Personen übertragbar. Diesen fehlt die Menschenwürde, sie leben nicht iSd Art. 2 Abs. 2 GG, sie können zwar Firmenehen, aber keine Ehe iSd Art. 6 Abs. 1 GG eingehen.

---

22 BVerfGE 33, 1 ff. – Strafgefangenen-Entscheidung.

Kritisch zu beurteilen ist, wenn das Bundesverfassungsgericht den Grundrechtsschutz juristischer Personen davon abhängig macht, dass die Bildung und Betätigung juristischer Personen Ausdruck der freien Entfaltung natürlicher Personen hinter der juristischen Person ist.[23] Dieser Gedanke des notwendigen „**personalen Substrats**" hinter juristischen Personen ist so aber nicht aus Art. 19 Abs. 3 GG herleitbar.[24] Sinnvoller scheint es, darauf abzustellen, ob sich die juristische Person in einer den natürlichen Personen vergleichbaren **Gefährdungslage** befindet.

Beispiel:
Eine Aktiengesellschaft kann wie eine natürliche Person bürgerlich-rechtliches Eigentum, bspw. an einem Grundstück haben; bürgerlich-rechtliches Eigentum ist Eigentumsposition iSd Art. 14 GG. Es macht im Falle einer Enteignung des Grundstücks keinen Unterschied, ob der Eigentumsgegenstand der juristischen oder einer natürlichen Person entzogen wird.

Eine juristische Person ist **inländisch** iSd Art. 19 Abs. 3 GG, wenn sie ihr tatsächliches **Aktionszentrum** im Inland aufweist. Dies kann, muss aber nicht der Ort ihres satzungsmäßigen Sitzes sein.[25] Liegt dieser Sitz im Inland, liegt die Annahme einer inländischen juristischen Person nahe.

3. Sonderproblem: Juristische Personen des öffentlichen Rechts

Ein Sonderproblem stellen die juristischen Personen des **öffentlichen Rechts**, Körperschaften, Anstalten, Stiftungen des öffentlichen Rechts dar.

Beispielfall 34:
Die Gemeinde S wendet sich gegen die Genehmigung eines Kernkraftwerks in unmittelbarer Nähe zu Grundstücken, die im Eigentum der Gemeinde stehen und teils selbst bewirtschaftet, teils an Dritte verpachtet werden. Die Gemeinde sieht sich durch die Möglichkeit atomarer Verseuchung in ihrem Eigentumsrecht aus Art. 14 Abs. 1 GG verletzt. Die Gemeinde trägt im Rahmen einer durch sie erhobenen Verfassungsbeschwerde vor, in gleicher Weise wie ein Privater betroffen zu sein.
Kann sich die Gemeinde S auf Art. 14 Abs. 1 GG berufen?

In ihrer Hauptfunktion – der Abwehrfunktion – vermitteln Grundrechte Freiheit vom Staat. Damit steht zugleich fest, dass der Staat Grundrechtsverpflichteter, nicht Grundrechtsberechtigter ist. Damit scheidet die Grundrechtsberechtigung juristischer Personen des öffentlichen Rechts grds. aus. Wenn eine staatliche Stelle in den Kompetenzbereich einer an-

---

23 BVerfGE 21, 362, 369.

24 So auch *Pieroth/Schlink/Kingreen/Poscher*, Staatsrecht II, Rn. 168.

25 *Pieroth/Schlink/Kingreen/Poscher*, Staatsrecht II, Rn. 163.

deren staatlichen Stelle übergreift, handelt es sich hierbei um **Kompetenzkonflikte** im weiteren Sinne, die nicht der grundrechtstypischen Gefährdungslage im Verhältnis Staat/Bürger entsprechen.

> **Lösung zum Beispielfall 34:**
> Die Gemeinde S ist eine öffentlich-rechtliche (Gebiets-)Körperschaft, damit juristische Person des öffentlichen Rechts. Zwar hat die Gemeinde S bürgerlich-rechtliches Eigentum. Gleichwohl kann sie nicht als Sachwalterin der Interessen ihrer Bürger gesehen werden, auch wenn eine etwaige Verletzung der bürgerlich-rechtlichen Eigentumsinteressen sich negativ auf die Gemeinde und mittelbar negativ auf die Bürger auswirken können. Somit ist auch außerhalb des Bereichs hoheitlicher Betätigung der Gemeinden eine Berufung auf Grundrechte wie Art. 14 GG ausgeschlossen.[26]

Eine Ausnahme von dem Grundsatz, dass juristische Personen des öffentlichen Rechts nicht grundrechtsfähig sind, wird in zwei Fällen gemacht.

Die erste Ausnahme sind juristische Personen des öffentlichen Rechts, die „unmittelbar dem durch die Grundrechte geschützten **Lebensbereich** zuzuordnen" sind. Dies ist anerkannt worden für die **Universitäten** und Fakultäten für den Bereich des Art. 5 Abs. 3 GG (Wissenschaftsfreiheit) und für die öffentlich-rechtlichen **Rundfunkanstalten** für den Bereich des Art. 5 Abs. 1 S. 2 2. Var. GG (Rundfunkfreiheit). Für letztere heißt es beim Bundesverfassungsgericht:

> *„Gerade um die Verwirklichung des Grundrechts der Rundfunkfreiheit zu ermöglichen, sind die Rundfunkanstalten als vom Staat unabhängige, sich selbstverwaltende Anstalten des öffentlichen Rechts durch Gesetze geschaffen worden; ihre Organisation ist derart, dass ein beherrschender Einfluss des Staates auf die Anstalten unmöglich ist."* [27]

Damit sind Universitäten und die dortigen Fakultäten begrenzt auf die Wissenschaftsfreiheit, die öffentlich-rechtlichen Rundfunkanstalten begrenzt auf die Rundfunkfreiheit grundrechtsfähig.

Eine weitere Ausnahme sind die als öffentlich-rechtliche Körperschaften organisierten **Religionsgemeinschaften**, insb. die Bistümer der katholischen Kirche, die evangelischen Landeskirchen und die jüdischen Gemeinden. Die Eigenschaft als öffentlich-rechtliche Körperschaften erhalten diese Religionsgemeinschaften zwar aufgrund staatlicher Gewährung, aber letztlich nur als Angebot des Staates in Anerkennung ihrer gesamtgesellschaftlichen Funktion. Sie werden durch den Körperschaftsstatus nicht Staat, sondern bleiben **staatsfern**. Die Folge ist, dass die Religionsgemeinschaften nicht nur in Bezug auf Art. 4 Abs. 1, 2 GG (Religionsfreiheit), sondern vielmehr umfassend grundrechtsberechtigt sind.

---

[26] BVerfGE 61, 82, 100 ff. – Sasbach-Entscheidung.

[27] BVerfGE 39, 302, 314; BVerfGE 31, 314, 322.

4. Sonderproblem: Juristische Personen des Privatrechts in öffentlich-rechtlicher Trägerschaft

Solche juristischen Personen des Privatrechts, die etwa im Wege der **formellen Privatisierung** entstanden sind, und Aufgaben der **Daseinsvorsorge** wahrnehmen (bspw. Stadtwerke-GmbH, Verkehrsbetriebe-AG), sind zwar formal nicht dem öffentlichen Recht zuzuordnen, sind aber Staat und damit nicht grundrechtsfähig.[28] Fehlt dem Staat als Anteileigner aber der bestimmende Einfluss auf die Geschäftsführung eines erwerbswirtschaftlichen Unternehmens, ist dieses als grundrechtsfähig anzusehen.[29] Bei mehr als 50 %iger Beteiligung des Staates wird die Grundrechtsfähigkeit verneint, zugleich die Grundrechtsbindung bejaht.[30] Der private Anteilseigner darf sich auch in einem solchen gemischtwirtschaftlichen Unternehmen selbstverständlich hinsichtlich seine Anteile auf die Eigentumsgarantie, Art. 14 Abs. 1 GG, berufen.

Beispiel:
Die Nachfolgeunternehmen der Deutschen Bundespost – Deutsche Post AG, Deutsche Telekom AG, Postbank – sind, auch soweit noch (Rest-)Anteilseigentum der Bundesrepublik besteht, grundrechtsberechtigt. Die Deutsche Bahn AG, die jedenfalls im Bereich des Personennahverkehrs noch Aufgaben der Daseinsvorsorge erfüllt, ist, weil zudem noch in alleiniger Anteilseignerschaft des Bundes, nicht grundrechtsberechtigt.

5. Sonderproblem: Justizgrundrechte

Die sog. **Justizgrundrechte** (Art. 101 Abs. 1 S. 1, 2 GG - Recht auf gesetzlichen Richter; Art. 103 Abs. 1 GG - Recht auf rechtliches Gehör) [31] sollen als Verfahrensrechte, die das Bundesverfassungsgericht nicht zu den „materiellen Grundrechten" iSd Art. 19 GG zählt, auch für juristische Personen des öffentlichen Rechts Geltung entfalten. Diese *„enthalten objektive Verfahrensgrundsätze, die für jedes gerichtliche Verfahren gelten und daher auch jedem zugute kommen müssen, der nach den Verfahrensnormen parteifähig ist oder von dem Verfahren unmittelbar betroffen wird."*[32]

II. Grundrechtsverpflichtete - Grundrechtsadressaten

Gem. Art. 1 Abs. 3 GG binden die Grundrechte alle **Staatsgewalt**, also Gesetzgebung, Exekutive und Rechtsprechung.

---

[28] Vgl. *Pieroth/Schlink/Kingreen/Poscher*, Staatsrecht I, Rn. 170 f.
[29] BVerfGE 115, 205, 227 f.
[30] BVerfGE 128, 226, 246 f. – Fraport-Entscheidung.
[31] Dazu oben Kap. 6 D.
[32] BVerfGE 61, 82, 104.

1. Grundrechtsbindung der Gesetzgebung oder Legislative

Der Gesetzgeber ist bei Erlass von **Rechtsvorschriften** an die Grundrechte gebunden, gleich ob er Normen des Privatrechts oder des öffentlichen Rechts erlässt. Gemeint ist im Übrigen jede Stelle, die staatliche Normsetzung gleich welchen Ranges betreibt, also der (parlamentarische) Bundes- der Landesgesetzgeber, aber auch der Kreis der Verordnungsgeber oder der (bspw. kommunale) Satzungsgeber.[33]

Im öffentlichen Recht (einschließlich des Strafrechts) bedeutet dies insbesondere, dass die Gesetzgebung die Grundrechte des Bürgers stets im Blick haben und **übermäßige** (unverhältnismäßige) **Eingriffe** vermeiden muss. Für das Privatrecht bedeutet dies, dass der Gesetzgeber bereits auf gesetzlicher Ebene bemüht sein muss, den **Ausgleich** zwischen Grundrechtspositionen der Grundrechtsberechtigten herzustellen; so kann mit der Einräumung von Rechten für bestimmte Private eine Auferlegung von Pflichten für andere einhergehen, und damit eine Verkürzung von Grundrechten.

Beispiel:
Beim Kaufvertrag (§ 433 BGB) bekommt der Käufer unter bestimmten Voraussetzungen Gewährleistungsrechte (§ 437 BGB) eingeräumt, die der Verkäufer ggf. erfüllen muss. Letzterer ist damit in seiner unternehmerischen Freiheit bzw. Vertragsfreiheit (Berufsfreiheit - Art. 12 Abs. 1 GG, allgemeine Handlungsfreiheit, Art. 2 Abs. 1 GG) eingeschränkt. Auf der anderen Seite kann sich der Käufer bspw. bei nicht ordnungsgemäßer Erfüllung nicht beliebig vom Vertrag lösen, er muss vielmehr häufig eine Frist zur Nacherfüllung setzen (§ 323 BGB), womit wiederum seine allgemeine Handlungsfreiheit (Art. 2 Abs. 1 GG) eingeschränkt ist.

---

2. Grundrechtsbindung der vollziehenden Gewalt oder Exekutive

Die Grundrechtsbindung der **Exekutive** scheint eine Selbstverständlichkeit zu sein, die keiner weiteren Darlegung bedarf. Dies ist für belastendes hoheitliches Staatshandeln auch einsichtig. Wenn der Staat gegen den Bürger mit Befehl und Zwang vorgeht, gilt wiederum der Grundsatz, dass die Grundrechte der Betroffenen möglichst zu achten sind und im Falle der Notwendigkeit eines Eingriffs nicht übermäßig beschränkt werden.

Als vollziehende Gewalt iSd Art. 1 Abs. 3 GG oder auch als Exekutive ist jede Stelle zu verstehen, die verwaltend und gesetzesvollziehend tätig wird. Dies können klassisch Behörden sein, aber auch Private, die mit hoheitlichen Befugnissen ausgestattet wurden, sog. Beliehene. Es kommt auch nicht darauf an, ob es sich im Übrigen um Stellen der unmittelbaren oder mittelbaren Staatsverwaltung handelt.[34]

---

33 *Schroeder*, Grundrechte, Rn. 54.

34 Zur letzteren würden – etwa neben den Kommunen – auch die Beliehenen gehören; *Pieroth/Schlink/Kingreen/Poscher*, Staatsrecht II, Rn. 183; zu den denkbaren grundrechtsverpflichteten öffentlichen Stellen auch *Schroeder*, Grundrechte, Rn. 56.

Merke:
Zu den Grundrechtsverpflichteten können so auch solche Stellen gehören, die gerade eben noch als Grundrechtsberechtigte skizziert wurden.
So ist eine staatliche Hochschule (Universität), die sich jedenfalls auf Art. 5 Abs. 3 GG berufen kann, im Falle einer Exmatrikulation eines Studierenden, weil dieser eine Prüfung endgültig nicht bestanden hat, hoheitlich tätig und insoweit grundrechtsverpflichtet. Das Gleiche gilt für eine Schule in kirchlicher Trägerschaft oder für die kirchensteuereinzugsberechtigten Religionsgemeinschaften, die in beiden Fällen hoheitlich handeln.

Problematisch sind die Fälle, in denen die Exekutive nicht in öffentlich-rechtlichen, sondern in privatrechtlichen Formen handelt.

Bei Handeln in Formen des **Verwaltungsprivatrechts**, also bei Versorgung mit Leistungen der Daseinsvorsorge (bspw. Gas, Wasser, Strom, Nahverkehrsleistungen) durch privatisierte Hoheitsträger (wie eben beschrieben Stadtwerke-AG oder Verkehrsbetriebe-GmbH) sind diese nach wie vor grundrechtsverpflichtet; es darf insoweit keine „Flucht ins Privatrecht" geben, um Grundrechtsbindungen abzuschütteln.

Umstritten ist die Grundrechtsbindung bei rein **erwerbswirtschaftlichem Handeln** (bspw. Holzverkauf aus dem Staatsforst) oder bei bedarfsdeckenden **Hilfsgeschäften** (Bleistifte einkaufen), die „Fiskalgeltung der Grundrechte". Hier soll nach BGH-Rechtsprechung die Geltung der Grundrechte, insb. die Bindung an den Gleichheitssatz, aufgehoben sein.[35] Hiergegen wird aber zu Recht eingewandt, dass zum einen nicht erkennbar sei, wieso die dem Allgemeinwohl verpflichtete Verwaltungstätigkeit im fiskalischen Bereich nicht den Grundrechten unterliegen sollte. Zum anderen gibt der allgemeine Gleichheitssatz dem Staat hinreichend Spielraum, den eigenen Interessen wie den Interessen der Grundrechtsträger auf der anderen Seite gerecht zu werden.[36] Es ist insb. nicht ersichtlich, wieso die Verwaltung beim Einkauf von Büromöbeln bspw. wie ein Privater nach der Haarfarbe des Anbieters („Rote Haare, Teufelskind, Unglück!" Anm. d. Verf.: Nur ein Beispiel, nichts gegen Rothaarige!) sollte differenzieren können.

III. Sonderproblem: Grundrechtsgeltung zwischen Privaten – Drittwirkung von Grundrechten

Aus der Gesamtschau der Grundrechtsberechtigten und Grundrechtsverpflichteten ergibt sich zunächst, dass eine **Grundrechtsgeltung** zwischen **Privaten** grds. nicht besteht.

---

35 *BGH*, NJW 1962, 196, 197 f.

36 In diesem Sinne *Pieroth/Schlink/Kingreen/Poscher*, Staatsrecht II, Rn. 186 ff.

Beispielfall 35:
Prinzessin C von M sieht in der Zeitschrift „Einfarbige" folgende Überschrift: „Prinzessin C von M verzweifelt: Schlägt er auch ihre Kinder?" Illustriert wird das Ganze von einem Foto, das C mit ihren Kindern A und B, beide weinend, im Arm zeigt. Sie erinnert sich genau, dass das Foto anlässlich eines Pressetermins entstanden ist, zu dem ein tölpelhafter Hofschranze der Familie mal so nebenbei das Ableben des Lieblingslabradors der fürstlichen Familie, L von Wuff, kündete.
Hintergrund des Berichtes in der „Einfarbigen" ist, dass der Ehemann der Prinzessin, E A von H, kürzlich wegen brutalen Eindreschens auf einen Gastwirt in Marbella verurteilt worden war.
C verlangt vor dem Zivilgericht mit Blick auf ihr allgemeines Persönlichkeitsrecht (Art. 2 Abs. 1 GG iVm 1 Abs. 1 GG) Unterlassung, die „Einfarbige" und ihr Reporter berufen sich auf die Presse- und Meinungsäußerungsfreiheit (Art. 5 Abs. 1 GG).
Gelten hier die Grundrechte?

Anerkannt ist eine Geltung der Grundrechte zwischen Privaten insbesondere für die **Koalitionsfreiheit** nach Art. 9 Abs. 3 S. 1 und 2 GG, weshalb insb. die Tarifvertragsparteien untereinander grundrechtsberechtigt sind und -verpflichtet sind.[37] Auch die **Menschenwürde** (Art. 1 Abs. 1 S. 1 GG) soll unmittelbare Drittwirkung entfalten, [38] so dass Private untereinander verpflichtet sind, ihr Gegenüber nicht seiner Menschenwürde zu entkleiden.

Im Übrigen bleibt es zunächst bei dem Befund, dass Grundrechte in Privatrechtsverhältnissen keine Geltung entfalten. Allerdings ist das staatliche Gericht, wenn es Rechtsstreitigkeiten zwischen Privaten schlichtet, gehalten, die Grundrechte als objektive Wertordnung zu achten und bei der Auslegung von Zivilrechtsnormen heranzuziehen. Dies wird jedenfalls vertreten für sog. Generalklauseln des Privatrechts, wenn unbestimmte Rechtsbegriffe verwendet werden (bspw. Sittenwidrigkeit, § 138 BGB; Treu und Glauben, § 242 BGB; Leistungsbestimmung nach billigem Ermessen, § 315 BGB; Rechtswidrigkeit und sonstige Rechte, § 823 Abs. 1 BGB). Diese „Einfallstore" für die Grundrechte transportieren die Wirkung der Grundrechte mittelbar in das Verhältnis zweier Privater untereinander, weshalb von der **„mittelbaren Drittwirkung"** der Grundrechte gesprochen wird. Mittlerweile wird diese mittelbare Drittwirkung letztlich auf die Anwendung jeder Norm des Privatrechts erstreckt, so dass die Bedeutung der zuvor angesprochenen Generalklauseln für die mittelbare Drittwirkung zurücktritt.[39]

Lösung zum Beispielfall 35:
C macht gegen die „Einfarbige" einen Unterlassungsanspruch nach §§ 823 Abs. 1, 1004 Abs. 1 S. 2 BGB geltend. Das Zivilgericht muss bei seiner Entscheidung über die Auslegung des Begriffs „rechtswidrig" nach § 823 Abs. 1 BGB das allgemeine Persönlichkeitsrecht der C (zugleich „sonstiges Recht" iSd § 823 Abs. 1 BGB) beachten und dabei einen

37 Zum Meinungsstand *Pieroth/Schlink/Kingreen/Poscher*, Staatsrecht II, Rn. 191; auch *Katz*, Staatsrecht, Rn. 614. Grundlegend BVerfGE 7, 198 ff. – Lüth und BVerfGE 25, 256 ff. – Blinkfüer.

38 *Hillgruber* in BeckOK, GG Art. 1 GG Rn. 8 mwN.

39 *Hufen*, NJW 1999, 1504, 1507; *Katz*, Staatsrecht, Rn. 619.

Ausgleich mit der Presse- und Meinungsäußerungsfreiheit auf Seiten der Einfarbigen herstellen.
Damit strahlen die Grundrechte der Streitbeteiligten mittelbar in die Zivilrechtsstreitigkeit aus, ein Fall mittelbarer Drittwirkung der Grundrechte ist gegeben.

E Grundrechtsmündigkeit

Im Zusammenhang mit der Frage der Grundrechtsfähigkeit oder -berechtigung steht die Frage der **Grundrechtsmündigkeit**, hier zugeschnitten auf die Frage der Möglichkeiten Minderjähriger, Grundrechte im eigenen Namen prozessual geltend zu machen.

Beispielfall 36:
Der 16-jährige J ist Gründungsmitglied einer in seinem Heimatort angesiedelten Bürgerinitiative gegen eine Düngemittelfabrik am Ortsrand. Er managt erfolgreich die Pressearbeit der Bürgerinitiative und gibt häufig Interviews. Bei seinem letzten Fernsehinterview im Lokalfernsehen beklagt er, dass zum vierten Mal in Folge die Kläranlage des Ortes durch Abwässer der Fabrik zum Kippen gebracht wurde.
Der Düngemittelhersteller D lässt J letztinstanzlich verbieten, „weiterhin die dreisten Lügen über D im Fernsehen zu verbreiten". J, der mittlerweile über Gutachten zum Zusammenhang zwischen Kläranlage und Fabrik verfügt, will sich an das Bundesverfassungsgericht mit der Behauptung einer Verletzung von Art. 5 Abs. 1 S. 1 1. Alt. GG, der Meinungsäußerungsfreiheit, wenden.
Ist J bezogen auf seine Meinungsäußerungsfreiheit grundrechtsmündig?

Nur in den seltensten Fällen signalisiert der einfache Gesetzgeber, wann er einen **Minderjährigen** für geeignet hält, Grundrechte im eigenen Namen geltend zu machen. Hier ist § 5 S. 2 des Gesetzes über die religiöse Kindeserziehung (RelKErzG) zu nennen; nach Vollendung des 14. Lebensjahres soll das Kind selbst entscheiden können, zu welchem religiösen Bekenntnis es sich halten will. Hieraus wird eine Altersgrenze bezogen auf die Religionsmündigkeit mit 14 Jahren abgeleitet. Für die übrigen Grundrechte könnte stets an eine starre Altersgrenze angeknüpft werden, insb. die Geschäftsfähigkeit mit Vollendung des 18. Lebensjahres. Das BGB regelt insoweit nur die Ausnahme der beschränkten Geschäftsfähigkeit (bspw. § 106 BGB), woraus die unbeschränkte Geschäftsfähigkeit ab dem 18. Lebensjahr, also mit Eintritt der Volljährigkeit (§ 2 BGB), hergeleitet werden kann.

Vorzugswürdig erscheint dagegen, an die **Einsichtsfähigkeit** des jeweiligen Grundrechtsträgers anzuknüpfen und so zu gleitenden Altersgrenzen zu gelangen; die starre Altersgrenze von 18 Jahren käme insb. für diejenigen Grundrechte in Betracht, die üblicher Weise mit privatrechtlichen Rechtsgeschäften verbunden sind, insb. Art. 12 Abs. 1 GG (Berufsfreiheit) und Art. 14 GG (Eigentumsfreiheit).[40]

[40] Vgl. zum Ganzen *Pieroth/Schlink/Kingreen/Poscher*, Staatsrecht II, Rn. 137 f.

Lösung zum Beispielfall 36:
J würde bei Annahme einer starren Altersgrenze, anknüpfend an die Volljährigkeit, mit 16 Jahren zu jung sein, um sich auf Art. 5 Abs. 1 S. 1 GG berufen zu können. Bei Annahme einer gleitenden Altersgrenze käme man dagegen wohl zu dem Ergebnis, dass ein 16-Jähriger, der in der Lage ist, die Pressearbeit einer Bürgerinitiative zu organisieren, einsichtsfähig bezogen auf die Meinungsäußerungsfreiheit ist. Dies zeigt die Vorzugswürdigkeit der gleitenden Altersgrenze.
J wäre so als einsichtsfähig bezogen auf Art. 5 Abs. 1 S. 1 GG einzustufen und insoweit grundrechtsmündig.

Die gleitende Altersgrenze kann dann allerdings in Konflikt mit dem elterlichen **Erziehungsrecht** nach Art. 6 Abs. 1 GG treten. Dieses muss zwar im Interesse des Kindes ausgeübt werden, aber die Eltern haben zunächst das Recht, dieses Interesse zu definieren. Gleichwohl gibt Art. 6 Abs. 2 GG den Eltern, da nicht mit öffentlicher Gewalt ausgestattet, keine Eingriffsermächtigung bez. der Grundrechte ihrer Kinder.

Merke:
Sollte das Bundesverfassungsgericht wider Erwarten eine mündliche Verhandlung anberaumen, bei der J einen Rechtsbeistand benötigt, müsste er seine Eltern bitten, diesen zu beauftragen. Weigern sich die Eltern, könnte sich J an das Familiengericht wenden. Kommt das Familiengericht zu der Überzeugung, dass J bezogen auf seine Meinungsäußerungsfreiheit einsichtsfähig und damit grundrechtsmündig ist, wird es einen Verfahrenspfleger für J bestellen, der dann die entsprechenden vertraglichen Voraussetzungen bez. des Rechtsbeistandes schafft; notfalls muss für J Prozesskostenhilfe beim Bundesverfassungsgericht beantragt werden.[41]

F Grundrechtstypen

Grundrechte lassen sich nach verschiedenen Kriterien einteilen, um so zu einer gewissen **Systematisierung** zu gelangen, die den Umgang mit den einzelnen Rechten vereinfachen kann. Bei der Durchsicht fällt auf, dass einzelne Grundrechte selbstverständlich in mehrere Kategorien eingeteilt werden können.

41 Zur Prozesskostenhilfe vor dem Bundesverfassungsgericht vgl. *Kunze* in Umbach/Clemens, BVerfGG-Kommentar, § 34a BVerfGG Rn. 64 f.

I. Freiheits- und Gleichheitsrechte

1. Allgemeines

Ein wesentliches Unterscheidungsmerkmal ist die Frage nach dem Vorliegen eines **Freiheitsrechts** und eines **Gleichheitsrechts**. Freiheitsrechte sind primär auf die Abwehrfunktion der Grundrechte ausgerichtet und schützen insoweit die grundrechtlich geschützte Betätigung vor Eingriffen durch den Staat. Gleichheitsrechte dagegen verlangen vom Staat ein Verhalten, mit dem eine unterschiedliche, insb. den Einzelnen dadurch benachteiligende Herangehensweise an vergleichbare Sachverhalte nach Möglichkeit vermieden wird.

Merke:
Diese unterschiedliche Herangehensweise findet ihren Niederschlag zum einen in den unterschiedlichen Prüfschemata, sie legen aber auch eine Reihenfolge der Prüfung nahe: Wenn ein Verhalten des Staates gemessen an den Freiheitsrechten des einzelnen Betroffenen noch hinnehmbar sein könnte, kann es gleichwohl durch eine andere Behandlung vergleichbarer Fälle gegen Gleichheitssätze verstoßen. Deswegen hat sich bei der Prüfung von Grundrechten die Reihung

Freiheit vor Gleichheit

als üblich erwiesen.

2. Beispiele

Einige klassische Beispiele für **Freiheitsrechte** sind:

- Allgemeine Handlungsfreiheit, Art. 2 Abs. 1 GG
- Recht auf Leben, Freiheit, körperliche Unversehrtheit, Art. 2 Abs. 2 GG
- Religions- und Gewissensfreiheit, Art. 4 Abs. 1 und 2 GG
- Meinungsäußerungs-, Presse-, Rundfunk- und Filmfreiheit, Art. 5 Abs. 1 GG
- Versammlungsfreiheit, Art. 8 Abs. 1 GG
- Vereinigungsfreiheit, Art. 9 Abs. 1 GG
- Koalitionsfreiheit, Art. 9 Abs. 3 GG
- Freizügigkeit, Art. 11 Abs. 1 GG
- Berufsfreiheit, Art. 12 Abs. 1 GG
- Unverletzlichkeit der Wohnung, Art. 13 GG

Gleichheitsrechte finden sich neben dem allgemeinen Gleichheitssatz:

Art. 3 Abs. 1 GG: *„Alle Menschen sind vor dem Gesetz gleich."*

in den sog. besonderen Gleichheitssätzen, so etwa:

- Gleichberechtigung von Männern und Frauen, Art. 3 Abs. 2 GG
- Allgemeine Diskriminierungsverbote, Art. 3 Abs. 3 GG
- Gleichbehandlung politischer Parteien, Art. 21 GG
- Gleiche staatsbürgerliche Rechte und Pflichten für alle Deutschen Art. 33 Abs. 1 GG
- Gleicher Zugang zu öffentlichen Ämtern Art. 33 Abs. 2 GG

- Gleiche bürgerliche und staatsbürgerliche Rechte, Art. 33 Abs. 3 GG
- Allgemeinheit und Gleichheit der Wahlen, Art. 38 Abs. 1 S. 1 GG (vgl. auch Art. 28 Abs. 1 GG)

II. Jedermann- und Deutschenrechte

1. Allgemeines

Weiterhin unterscheidet das Grundgesetz nach **Jedermannrechten** (oder auch Menschenrechten) und **Deutschenrechten**. Jedermannrechte zeichnen sich zumeist in ihrer Formulierung dadurch aus, dass sie den Kreis der Geschützten uneingeschränkt beschreiben. Dies gilt angefangen in Art. 1 Abs. 1 S. 1 GG: *„Die Würde des Menschen* ... (nicht etwa *„des Deutschen"*) über Art. 2 Abs. 1 GG *„Jeder hat das Recht* ...", Art. 3 Abs. 1 GG: *„Alle Menschen* ..." bis hin zu Art. 3 Abs. 3 GG: *„Niemand darf* ...". Andere Grundrechte signalisieren die Eigenschaft als Jedermannrecht durch Fehlen jeder personalen Eingrenzung, wie etwa Art. 4 Abs. 1 GG: *„Die Freiheit des Glaubens (...) ist unverletzlich."*

Zumeist deutlich zu erkennen sind die Deutschenrechte, die zunächst nur Deutschen iSd Art. 116 GG zustehen. Bei den grundrechtsgleichen Rechten ist die Allgemeinheit und Gleichheit der Wahl nicht als Deutschenrecht gekennzeichnet; aus dem Umstand, dass nach Art. 38 Abs. 1 S. 1 GG deutsche Staatsgewalt gewählt wird, ergibt sich die Beschränkung des Rechts auf Deutsche.

2. Beispiele

Jedermannrechte sind bspw.

- Menschenwürdegarantie, Art. 1 Abs. 1 S. 1 GG
- Allgemeine Handlungsfreiheit, Art. 2 Abs. 1 GG
- Recht auf Leben, Freiheit, körperliche Unversehrtheit, Art. 2 Abs. 2 GG
- Allgemeiner Gleichheitssatz, Art. 3 Abs. 1 GG
- Gleichberechtigung von Männern und Frauen, Art. 3 Abs. 2 GG
- Allgemeine Diskriminierungsverbote, Art. 3 Abs. 3 GG
- Religions- und Gewissensfreiheit, Art. 4 Abs. 1 und 2 GG
- Meinungsäußerungs-, Presse-, Rundfunk- und Filmfreiheit, Art. 5 Abs. 1 GG.
- Unverletzlichkeit der Wohnung, Art. 13 GG
- Eigentum, Art. 14 GG

Deutschenrechte sind bspw.

- Versammlungsfreiheit, Art. 8 Abs. 1 GG
- Vereinigungsfreiheit, Art. 9 Abs. 1 GG
- Koalitionsfreiheit, Art. 9 Abs. 3 GG
- Freizügigkeit, Art. 11 Abs. 1 GG
- Berufsfreiheit, Art. 12 Abs. 1 GG
- Gleiche staatsbürgerliche Rechte und Pflichten für alle Deutschen Art. 33 Abs. 1 GG
- Gleicher Zugang zu öffentlichen Ämtern Art. 33 Abs. 2 GG

- Gleiche bürgerliche und staatsbürgerliche Rechte, Art. 33 Abs. 3 GG
- Allgemeinheit und Gleichheit der Wahlen, Art. 38 Abs. 1 S. 1 GG (vgl. auch Art. 28 Abs. 1 GG)

3. Art. 2 Abs. 1 GG als Auffanggrundrecht für Ausländer

Allgemein wird Art. 2 Abs. 1 GG als **Auffanggrundrecht** für alle Verhaltensweisen angesehen, die nicht unter ein spezielleres Freiheitsrecht fallen. So ist die Freiheit, seinen Glauben zu entfalten (Art. 4 Abs. 1 GG) zugleich Teil der freien Entfaltung der Persönlichkeit (Art. 2 Abs. 1 GG); Gleiches gilt bspw. für die Ausübung der Berufsfreiheit nach Art. 12 Abs. 1 GG. Dies hat aber gleichzeitig zur Folge, dass Verhaltensweisen, die unter spezielle Grundrechte fallen, die Deutschen vorbehalten sind, für Ausländer jedenfalls über Art. 2 Abs. 1 GG geschützt sind.

Beispiel:
Für den deutschen Physiotherapeuten D ist der Betrieb seiner Massagepraxis über Art. 12 Abs. 1 GG (Berufsfreiheit) geschützt, für den türkischen Physiotherapeuten ist der Betrieb seiner Massagepraxis (nur, aber jedenfalls) über Art. 2. Abs. 1 GG (allgemeine Handlungsfreiheit) geschützt.

Der Unterschied besteht in erster Linie darin, dass die **Einschränkbarkeit** der speziellen Grundrechte teilweise etwas weiter reicht als die der allgemeinen Handlungsfreiheit. So hat das Bundesverfassungsgericht zu Rechten von Ausländern bezogen auf die Freizügigkeit im Bundesgebiet (Deutschengrundrecht nach Art. 11 GG) entscheiden:

> *„Das Grundrecht aus Art. 2 Abs. 1 GG auf die freie Entfaltung der Persönlichkeit steht als allgemeines Menschenrecht auch Ausländern in der Bundesrepublik zu. Die Beschränkung des Grundrechts der Freizügigkeit auf Deutsche und auf das Bundesgebiet (Art. 11 GG) schließt nicht aus, auf den Aufenthalt von Menschen in der Bundesrepublik auch Art. 2 Abs. 1 GG anzuwenden […]. Der daraus folgende Schutz ist jedoch nur in dem durch Art. 2 Abs. 1 GG gezogenen Rahmen, besonders nur in den Schranken der verfassungsmäßigen Ordnung gewährleistet; zur verfassungsmäßigen Ordnung gehört jede Rechtsnorm, die formell und materiell mit der Verfassung in Einklang steht.“*[42]

Das Gericht stellt damit klar, dass die Einschränkung der Freizügigkeit für Ausländer insbesondere nicht den relativ engen Grenzen des Art. 11 Abs. 2 GG unterliegt.

Gerade der Unterschied zwischen Art. 2 Abs. 1 GG und Art. 11 GG macht deutlich, worin der geringere Schutz des Art. 2 Abs. 1 GG liegt. Während die allgemeine Handlungsfreiheit durch jedes verfassungsgemäße Gesetz eingeschränkt werden kann, müssen sich die Gesetze, die die allgemeine Handlungsfreiheit für Deutsche einschränken können, in ihrer Zwecksetzung an den strengen Vorgaben des Art. 11 Abs. 2 GG orientieren.

---

[42] BVerfGE 35, 382, 399.

4. Sonderproblem: Deutschenrechte und EU-Ausländer

Deutschengrundrechte stellen sich mit Blick auf die Mitgliedschaft der Bundesrepublik in der Europäischen Union als problematisch dar. Für die Anwendbarkeit der Deutschengrundrechte auch auf **Unionsbürger** sprechen das allgemeine Diskriminierungsverbot gem. Art. 18 AEUV und die besonderen Diskriminierungsverbote der Grundfreiheiten. Der Vorrang des Europarechts ist heute allgemein anerkannt[43] und führt dazu, dass die EU-Ausländer verlangen können, ebenso wie Inländer behandelt zu werden. Für das Verhältnis von nationalem Recht (einschließlich der Grundrechte) und EU-Recht gilt das Prinzip des „effet utile", das besagt, dass sich das EU-Recht gegenüber nationalem Recht möglichst effektiv durchsetzen soll. Insb. Art. 18 AEUV ordnet eine Gleichstellung aller EU-Bürger an und fordert für diese das gleiche Schutzniveau innerhalb der Union.

Wie dieses Ziel der Gleichbehandlung von EU-Ausländern bezogen auf Deutschengrundrechte erreicht werden kann, wird anhand zweier unterschiedlicher Ansätze beurteilt.

Ansatz 1: Gegen eine Ausweitung des Schutzes von Deutschengrundrechten auch auf Unionsbürger spricht, dass der Wortlaut einer Norm üblicher Weise die äußerste Grenze der Auslegung ist. Folgt man dem klaren Wortlaut („Deutsche"), ist eine Anwendung auf EU-Ausländer gesperrt. In der Folge könnten sich Unionsbürger wie alle Ausländer nur auf Art. 2 Abs. 1 GG berufen können. Eine Gleichbehandlung lässt sich bei dieser Sicht herstellen, indem bei der Auslegung des Art. 2 Abs. 1 GG den strengeren Maßstäben des speziellen Deutschengrundrechte gefolgt wird. Also müssten, soweit der AEUV eine Gleichbehandlung mit Inländern fordert, im Wege einer **europarechtskonformen Auslegung** die Schranken des Deutschengrundrechts auf Art. 2 Abs. 1 GG übertragen werden.

Ansatz 2: Mehr spricht für die Möglichkeit einer Ausweitung der Deutschengrundrechte auf EU-Bürger. Zwar bildet der Wortlaut einer nationalen Norm die Grenze der Auslegung. Jedoch kann der **Anwendungsvorrang** des AEUV dazu führen, dass eine nationale Norm – auch entgegen ihrem klaren Wortlaut – teilweise außer Anwendung bleibt, soweit sie EU-Ausländer diskriminiert. Das Tatbestandsmerkmal „Deutscher" ist deshalb wegen des Vorrangs des Europarechts nicht anwendbar. Die Beschränkung des Schutzbereichs von Grundrechten auf Deutsche ist damit durch das Europarecht überlagert. Die Deutschengrundrechte sind somit so zu lesen, dass sie sowohl für Deutsche wie für EU-Ausländer gelten.

Beispiel:
Soll die Freizügigkeit im Inland beschränkt werden, würden diese sich bei Zugrundelegen des Ansatzes 1 EU-Ausländer nur auf Art. 2 Abs. 1 GG berufen können. Dieser kann durch jedes verfassungsmäßige Gesetz eingeschränkt werden. EU-Ausländer würden damit schlechter stehen als Deutsche, deren Freizügigkeit nur unter den engen Voraussetzungen des Art. 11 Abs. 2 GG eingeschränkt werden darf. Um Gleichbehandlung herzustellen, überträgt man für EU-Ausländer die engen Schranken des Art. 11 Abs. 2 GG auf Art. 2 Abs. 1 GG.

---

43 BVerfGE 85, 191 ff.

Dieser Weg („von hinten durch die Brust ins Auge") lässt sich bei der Anwendung der insoweit vorzugswürdigen Ansatz 2 vermeiden. Hier wird Art. 11 Abs. 1 GG zum Zwecke der Gleichstellung von Inländern und EU-Ausländern wie folgt gelesen: *„Alle Deutschen und EU-Ausländer genießen die Freizügigkeit im ganzen Bundesgebiet"*.

---

5. Sonderproblem: Anwendung von Grundrechten auf EU-ausländische juristische Personen

Erst relativ spät hat sich das Bundesverfassungsgericht mit der Frage der Anwendbarkeit von Deutschengrundrechten auf **EU-ausländische juristische Personen** auseinandergesetzt. Ansatz der Problematik ist die Beschränkung des Art. 19 Abs. 3 GG auf „inländische" juristische Personen.

Aus Anlass einer Verfassungsbeschwerde einer in Italien ansässigen „società per azioni" (dt. Gesellschaft auf Aktien) hat das Bundesverfassungsgericht entschieden, dass die Geltung der Deutschengrundrechte für EU-ausländische juristische Personen erweitert werden muss, sofern diese Grundfreiheiten in Anspruch nehmen oder sich im Anwendungsbereich des sekundären Europarechts bewegen.[44] Gleiches gilt für die Anwendung von Jedermanngrundrechten, da über die Erweiterung der Grundrechtsgeltung für EU-ausländische juristische Personen auch der Wortlaut des Art. 19 Abs. 3 GG „inländische" überwunden wird. Zu fragen ist dann jeweils noch nach der wesensmäßigen Anwendbarkeit.

III. Grundrechte mit und ohne ausdrücklichen Schrankenvorbehalt

Freiheitsrechte gewähren dem Einzelnen Freiheit vom Staat bei der Betätigung seiner Grundrechte. Allerdings ist es einsichtig, dass die Berufung auf Grundrechte nicht uneingeschränkt erfolgen kann. Es gibt sowohl staatliche Interessen, Interessen der Allgemeinheit und auch Interessen anderer Grundrechtsberechtigter, die der eigenen Freiheitsentfaltung Grenzen setzen können. Solche Grenzen zu setzen, ist die Aufgabe von **Grundrechtsschranken**.

Beispiel:
Sie sind Besitzer eines Porsche 911 Turbo, Spitzengeschwindigkeit 310 km/h. Ihr Wunsch ist es, diese 310 km/h im Rahmen Ihrer allgemeinen Handlungsfreiheit (Art. 2 Abs. 1 GG) immer und überall auszunutzen. Dem könnte der (zugegebener Maßen kleinliche) Wunsch von Dacia-Fahrern, Radlern und Fußgängern entgegenstehen, von Ihnen nicht gnadenlos plattgefahren zu werden.

---

[44] BVerfGE 129, 78, 94 ff.

1. Allgemeines

Manche Grundrechte enthalten bereits im Text unmittelbare Einschränkungen, sog. **verfassungsunmittelbare Schranken**. Andere Grundrechte lassen erkennen, dass sie nicht unbegrenzt – **„schrankenlos"** – gewährt werden, indem die Möglichkeit der Beschränkung oder auch Regelung – zumeist „durch Gesetz" oder „aufgrund eines Gesetzes" – normieren, sog. Schranken- oder Gesetzes- und Regelungsvorbehalte. Bei Letzteren werden teilweise auch genauere Anforderungen an diese **Schrankenregelungen** formuliert, sog. qualifizierte Gesetzesvorbehalte. Wieder andere werden dem Wortlaut nach ohne Einschränkung gewährt, müssen aber dem obigen Gedanken folgend, dennoch in irgendeiner Weise beschränkbar sein, über sog. verfassungsimmanente Schranken.

2. Beispiele

a) Verfassungsunmittelbare Schranken

Ein Beispiel für ein Grundrecht, das eine **verfassungsunmittelbare** Schranke enthält, ist Art. 8 Abs. 1 GG. So dürfen sich alle Deutschen ohne Anmeldung oder Erlaubnis versammeln, dies aber nur *„friedlich und ohne Waffen"*. Folge ist, dass eine Versammlung, die unfriedlich ist, oder deren Teilnehmer bewaffnet sind, von vorneherein nicht den Schutz des Art. 8 Abs. 1 GG genießt. Auch sind nach Art. 9 Abs. 2 GG Vereinigungen, deren Zwecke oder deren Tätigkeit den Strafgesetzen zuwiderlaufen oder die sich gegen die verfassungsmäßige Ordnung oder gegen den Gedanken der Völkerverständigung richten, verboten.

> Merke:
> Im Prüfungsaufbau sind verfassungsunmittelbare Schranken bereits im sachlichen Schutzbereich zu prüfen.[45] Nur die friedliche Versammlung ohne Waffen ist eine Versammlung, die in den sachlichen Schutzbereich des Art. 8 Abs. 1 GG fällt.

b) Schranken- oder Gesetzesvorbehalte, Regelungsvorbehalte

Von einem **Schrankenvorbehalt** (oder Gesetzesvorbehalt) spricht man bei einem Grundrecht, bei dem die Einschränkung des Grundrechts ausdrücklich durch Gesetz oder aufgrund eines Gesetzes ermöglicht wird. Man unterscheidet hier zwischen einfachen und qualifizierten Gesetzesvorbehalten.

Ein **einfacher Gesetzesvorbehalt** ist gegeben, wenn das Grundgesetz keine näheren Anforderungen an das einschränkende Gesetz gestellt werden.

[45] Zum Prüfaufbau vgl. unten Kap. 7 H.

Beispiel:
So garantiert Art. 2 Abs. 2 S. 1 u. 2 GG das Recht auf Leben, körperliche Unversehrtheit und Leben. Als Einschränkung dient Satz 3: „*In diese Rechte darf nur auf Grund eines Gesetzes eingegriffen werden*."
Art. 8 Abs. 1 GG garantiert das Recht der Deutschen, sich friedlich und ohne Waffen zu versammeln. Für Versammlungen unter freiem Himmel schränkt Absatz 2 ein: „*Für Versammlungen unter freiem Himmel kann dieses Recht durch Gesetz oder auf Grund eines Gesetzes beschränkt werden.*"

Merke:
Das Grundgesetz unterscheidet Einschränkungen „durch Gesetz" oder „aufgrund eines Gesetzes". Die Wendung „durch Gesetz" bedeutet, dass die Einschränkung eines Grundrechts unmittelbar durch ein Gesetz angeordnet wird.

- Das Arzneimittelgesetz (AMG) ist Parlamentsgesetz. § 10 AMG unmittelbar fest, dass Fertigarzneimittel die dort genannten Kennzeichnungen enthalten müssen; die Berufsfreiheit der Arzneimittelhersteller wird durch diese Norm unmittelbar beschränkt bzw. geregelt.

Die Wendung „aufgrund eines Gesetzes" bedeutet, dass ein Gesetz existieren darf, das die Einschränkung eines Grundrechts durch Exekutivakt ermöglicht. Dies kann sowohl durch exekutive Rechtssetzung (bspw. Rechtsverordnung), durch Verwaltungsakt oder durch Realakt erfolgen.

- Das Straßenverkehrsgesetz (StVG) ist Parlamentsgesetz. Die Straßenverkehrsordnung (StVO) ist erlassen worden als Rechtsverordnung – exekutive Rechtssetzung) auf Grundlage des § 6 StVG. § 30 Abs. 3 StVO lautet: „*An Sonntagen und Feiertagen dürfen in der Zeit von 0.00 bis 22.00 Uhr Lastkraftwagen mit einer zulässigen Gesamtmasse über 7,5 t sowie Anhänger hinter Lastkraftwagen nicht verkehren.*" Das Verbot erfolgt „aufgrund eines Gesetzes".
- Das OBG NRW ist (Landes-)Parlamentsgesetz. § 14 Abs. 1 OBG NRW ermöglicht den Erlass von Ordnungsverfügungen (Verwaltungsakt) bei Vorliegen einer Gefahr für die öffentliche Sicherheit oder Ordnung. Der Verwaltungsakt ergeht „aufgrund eines Gesetzes".
- Das Gesetz über den unmittelbaren Zwang bei Ausübung öffentlicher Gewalt durch Vollzugsbeamte des Bundes (UZwG) ist Parlamentsgesetz, das in §§ 9-12 Regeln zum Waffengebrauch enthält. Macht ein Bundespolizist von dieser Ermächtigung Gebrauch, indem er auf einen Menschen schießt, ist dies ein Realakt „aufgrund eines Gesetzes".

Von einem **qualifizierten Gesetzesvorbehalt** wird gesprochen, wenn an das einschränkende Gesetz besondere **materielle Anforderungen** gestellt werden.

Beispiel:
Art. 5 Abs. 2 GG bestimmt, dass die Rechte aus Art. 5 Abs. 1 GG (Meinungsäußerungsfreiheit, Informationsfreiheit, Presse-, Rundfunk- und Filmfreiheit) ihre Schranken *„in den Vorschriften der allgemeinen Gesetze* (...)" finden.[46]
Art. 11 Abs. 1 GG garantiert Freizügigkeit der Deutschen im gesamten Bundesgebiet. Gem. Art. 11 Abs. 2 GG kann dieses Recht durch Gesetz oder Maßnahmen aufgrund eines Gesetzes erfolgen, aber *„nur für die Fälle eingeschränkt werden, in denen eine ausreichende Lebensgrundlage nicht vorhanden ist und der Allgemeinheit daraus besondere Lasten entstehen würden oder in denen es zur Abwehr einer drohenden Gefahr für den Bestand oder die freiheitliche demokratische Grundordnung des Bundes oder eines Landes, zur Bekämpfung von Seuchengefahr, Naturkatastrophen oder besonders schweren Unglücksfällen, zum Schutze der Jugend vor Verwahrlosung oder um strafbaren Handlungen vorzubeugen, erforderlich ist."*

Regelungsvorbehalte sind nur ausnahmsweise vorgesehen, so in Art. 12 Abs. 1 S. 1 GG: *„Die Berufsausübung kann durch Gesetz oder aufgrund eines Gesetzes geregelt werden."* Nach früherem Verständnis beinhaltete der Regelungsvorbehalt das Recht des Gesetzgebers, Modalitäten der Grundrechtsausübung zu bestimmen, ohne das Grundrecht verkürzen zu dürfen.[47] Mittlerweile wird der Regelungsvorbehalt aber regelmäßig richtiger Weise als normaler Gesetzes- oder Schrankenvorbehalt mit jedweder Be- und Einschränkungsmöglichkeit begriffen.[48]

c) Verfassungsimmanente Schranken

Verschiedene Grundrechte enthalten **keinen** geschriebenen **Schrankenvorbehalt.** Dies bedeutet aber regelmäßig nicht, dass diese Grundrechte unbeschränkt gewähret werden. Vielmehr finden diese Grundrechte ihre Grenzen in **verfassungsimmanenten Schranken**, also in kollidierenden Rechtsgütern mit Verfassungsrang.

Merke:
Einzige Ausnahme ist die Menschenwürdegarantie aus Art. 1 Abs. 1 S. 1 GG: *„Die Würde des Menschen ist unantastbar."* Diese Gewährleistung erfolgt ohne Einschränkungsmöglichkeit.

Beispiele sind Art. 4 Abs. 1, 2 GG; die Religions- und Gewissensfreiheit enthält keinen geschriebenen Schrankenvorbehalt. Deutlich wird dies auch in Art. 5 Abs. 3 GG: *„Kunst und Wissenschaft, Forschung und Lehre sind frei."* Insoweit enthält Art. 5 Abs. 3 S. 2 GG eine nur

46 Zum Begriff des *„allgemeinen Gesetzes"* ausführlich unten Kap. 8 G III 1.
47 Vgl. hierzu *Pieroth/Schlink/Kingreen/Poscher*, Staatsrecht II, Rn. 235.
48 Vgl. nur *BVerfG*, NJW 1980, 2123, 2123 f.; auch hierzu *Pieroth/Schlink/Kingreen/Poscher*, Staatsrecht II, Rn. 877.

auf die Freiheit der Lehre bezogene verfassungsunmittelbare Schranke der Verfassungstreue bei aggressiven und verächtlichen Angriffen auf die freiheitliche demokratische Grundordnung, die, wenn sie nicht sachlich begründet ist, lediglich einen Missbrauch der Lehrfreiheit darstellen.

Beispielfall 37:
Die kleine Religionsgemeinschaft R hält es in Übereinstimmung mit den Schriften ihres Religionsstifters S gerade für angemessen, ihrer Gottheit mit Menschenopfern zu huldigen. Da die Religionsgemeinschaft – wie gesagt – klein ist und auch kein Nachwuchs in Sicht, entschließt man sich, bei einem Lieferdienst eine Pizza zu ordern. Der Pizzabote wird mit der Pizza in den Tempel gebeten, um sogleich rituell geopfert zu werden. Die Pizza wird kalt und ungenießbar.
Später befragt, wie man darauf komme, Pizzaboten zu opfern, meint der Hohepriester der R, dass das doch kein Problem sei, schließlich werde die Religionsfreiheit schrankenlos gewährt.
Ist die Ansicht des Hohepriesters zutreffend?

Einschränkungen der vorgenannten Grundrechte können sich nur aus der Verfassung selbst ergeben. **Rechtsgüter** mit **Verfassungsrang**, die dem Wortlaut nach schrankenlos gewährte Grundrechte einschränken können, sind bspw. Grundrechte anderer. Schranken sich können aber auch Staatsprinzipien ergeben.

Beispiel:
Das Interesse des Staates an einer geordneten Strafverfolgung kann als Ausfluss des Rechtsstaatsprinzips angesehen werden. Damit genießt die geordnete Strafverfolgung zugleich Verfassungsrang und kann als Einschränkung von Grundrechten dienen.
Sozusagen „ungeschriebenes" Rechtsgut mit Verfassungsrang kann bspw. auch die Funktionsfähigkeit des Parlaments, abgeleitet aus dem Demokratieprinzip, sein. Das Bundesverfassungsgericht hat auch die Funktionsfähigkeit der Bundeswehr als Rechtsgut mit Verfassungsrang eingestuft.[49]

Auch **Staatszielbestimmungen** können grundrechtseinschränkende Wirkung entfalten. So ist bspw. der Tierschutz nach Art. 20a GG ein Rechtsgut mit Verfassungsrang, das in der Lage ist, tierquälende Kunst oder wissenschaftliche Tierversuche nach Art. 5 Abs. 3 GG zu beschränken.

Grundrechtseinschränkende Wirkung haben auch Bestimmungen wie Art. 7 Abs. 1 GG, wonach das gesamte Schulwesen unter der Aufsicht des Staates steht. Über Art. 7 Abs. 1 GG kann das elterliche Erziehungsrecht aus Art. 6 GG eingeschränkt werden; abgeleitet aus Art. 7 Abs. 1 GG wird bspw. die allgemeine **Schulpflicht**, wie sie in den Schulgesetzen der Länder normiert ist (bspw. §§ 34 ff. SchulG NRW; auch Art. 8 Abs. 2 Verf NRW).

---

[49] BVerfGE 48, 127, 159.

Lösung zum Beispielfall 37:
Dem Wunsch der Religionsgemeinschaft, ihrer Gottheit mit Menschenopfer zu huldigen, steht das (Grund-)Recht auf Leben unseres fleißigen Pizzaboten gegenüber, das sich aus Art. 2 Abs. 2 S. 1 GG ergibt. Die vorzunehmende Abwägung sollte in aller Deutlichkeit ergeben, dass das religiös motivierte Opfern von Menschen durch das Recht auf Leben der zu Opfernden überwogen wird.
Kurz gesagt: Menschen opfern is' nicht!

Ziel der Abwägung zwischen Grundrechten und verfassungsimmanenten Schranken ist die Herstellung **„praktischer Konkordanz"**. Das Grundrecht muss nur soweit weichen, wie das kollidierende Verfassungsgut dies verlangt und umgekehrt. Oder wie das Bundesverfassungsgericht zur Kunstfreiheit ausführt:

> *„All dies erfordert eine Abwägung der widerstreitenden Belange und verbietet es, einem davon generell [...] Vorrang einzuräumen."*[50]

Dieser lobenswerte Ansatz kann aber nicht darüber hinwegtäuschen, dass auch bei Bemühen um praktische Konkordanz oft ein Rechtsgut komplett auf der Strecke bleibt; im Beispielfall 37 kann der Pizzabote halt nicht „ein bisschen geopfert" werden; hier muss die Religionsfreiheit zwingend zurückstehen.

G Anforderungen an grundrechtsbeschränkende Gesetze/Maßnahmen – Schranken-Schranken

So wie Einschränkungen von Grundrechten durch Schrankenregelungen erfolgen können, müssen diese Schranken in vielfacher Hinsicht auf ihre Wirksamkeit und ihre formelle und materielle Richtigkeit – Verfassungsmäßigkeit – hin überprüft werden. Nur **wirksame Schrankenregelungen** können Schranken für Grundrechte ergeben. Weil Grundrechtsschranken damit ihrerseits Schranken unterliegen, wird insoweit auch von **Schranken-Schranken** gesprochen.

Sofern Gesetze oder hierauf gestützte staatliche Maßnahmen Grundrechte einschränken sollen, müssen sie einige grundlegende Anforderungen erfüllen. Diese ergeben sich teilweise aus Art. 19 Abs. 1 und 2 GG, teilweise aus Staatsprinzipien, insb. dem Rechtsstaatsprinzip.

Aus dem Rechtsstaatsprinzip ergeben sich die Forderung nach der hinreichenden **Bestimmtheit** eines Gesetzes oder einer staatlichen Maßnahme, das Gebot des **Vertrauensschutzes** und das Gebot der **Verhältnismäßigkeit**. Letztere sind bereits angesprochen worden, so dass insoweit im Wesentlichen verwiesen werden kann.[51] Umfasst ist auch die Notwendigkeit, dass ein Gesetz, um Grundrechte einschränken zu können, zunächst formell verfassungsgemäß zustande gekommen sein muss, dass also der Gesetzgeber im Rahmen

50 BVerfGE 83, 130, 146 – Josephine Mutzenbacher.
51 Siehe oben Kap. 2 D V-VII.

seiner Gesetzgebungskompetenz gehandelt hat, das Gesetz im verfahrensfehlerfrei beschlossen und formal richtig ausgefertigt und verkündet wurde.[52] Das gleiche gilt für untergesetzliche Normen.[53]

Die Anforderungen des Art. 19 Abs. 1 und 2 GG betreffen das Verbot des Einzelfallgesetzes, das Zitiergebot und die Wesensgehaltsgarantie.

I. Verbot des Einzelfallgesetzes, Art. 19 Abs. 1 S. 1 GG

Mit dem **Verbot** des **Einzelfallgesetzes** soll im Wesentlichen vermieden werden, dass Grundrechtsbetroffene durch „Verwaltungsakte in Gesetzesform" in Grundrechten beschränkt werden; der Inhalt des Gesetzes darf sich also nicht auf eine konkret-individuelle Regelung reduzieren, vielmehr ist eine abstrakt-generelle Regelung gefordert.[54] Ausgeschlossen sind sowohl konkret-generelle Regelungen als auch abstrakt-individuelle Regelungen, also sowohl Einzelpersonen- als auch Einzelfallgesetze.[55]

Hintergrund ist, dass über ein Einzelfallgesetz Schranken für das Verhalten einzelner Grundrechtsberechtigter errichtet werden, die diese nur schwer anfechten können. Der Gesetzgeber soll nicht einen Einzelnen mit auf diesen zugeschnittenem einschränkendem Sonderrecht überziehen dürfen. Das Verbot geht auf – insoweit wohl zutreffende – Überlegungen aus der Weimarer Zeit zurück, wonach nur solche Gesetze den rechtsstaatlichen Anforderungen genügen sollten, sie inhaltlich generelle, auf gewisse Dauer konzipierte Rechtsregel aufstellen, was gesetzförmige Individualmaßnahmen ausschließen sollte.[56] Die Anforderung an ein Gesetz im Einklang mit Art. 19 Abs. 1 S. 1 GG ist,

> *„wenn sich wegen der abstrakten Fassung der gesetzlichen Tatbestände nicht absehen lässt, auf wie viele und welche Fälle das Gesetz Anwendung findet [...], wenn also nicht nur ein einmaliger Eintritt der vorgesehenen Rechtsfolgen möglich ist."*[57]

Was sich kaum verhindern lässt, was aber in der Praxis nicht vorkommen sollte, ist, dass ein Gesetz ein verkapptes Einzelfallgesetz ist.[58] Dies ist dann vorstellbar, wenn das Gesetz zwar abstrakt-generell formuliert ist, tatsächlich aber nur auf eine Person und/oder einen Sachverhalt anwendbar ist.

---

52 Siehe für die Bundesebene oben Kap. 4 A, B.

53 Siehe für Rechtsverordnungen des Bundes oben Kap. 4 C.

54 *Enders* in BeckOK GG, Art. 19 GG Rn. 10.

55 *Sachs* in Sachs, Grundgesetz-Kommentar, Art. 19 GG Rn. 21.

56 So *Enders* in BeckOK GG, Art. 19 GG Rn. 1.

57 BVerfGE 99, 367, 400.

58 *Enders* in BeckOK GG, Art. 19 GG Rn. 9.

Merke:
Ein Konflikt entsteht insoweit mit Blick auf Art. 14 Abs. 3 S. 2 GG. Die Norm ermöglicht Enteignungen, also die gezielte Entziehung von konkreten Eigentumspositionen zulasten des jeweiligen Eigentümers durch Gesetz. Diese sog. Legislativenteignungen (auch „Legalenteignungen") sind notgedrungen Einzelfallgesetze. Teilweise wird Art. 14 Abs. 3 S. 2 GG als lex specialis, also als vorrangiges Recht ggü. Art. 19 Abs. 1 S. 1 GG angesehen. Es wird aber auch vertreten, dass derartige Einzelfallgesetze nur zulässig sind, wenn die durch die Enteignung in Gesetzesform herbeigeführte Einschränkung des Rechtsschutzes (lediglich mit Verfassungsbeschwerde angreifbar!) aufgrund der tatsächlichen Lage sachlich geboten ist, und so eine Ausnahme von Art. 19 Abs. 1 S. 1 GG rechtfertigen kann.[59] Letztere Sicht dürfte in Anbetracht der unterschiedlichen Schutzrichtungen von Art. 14 Abs. 3 S. 2 GG (besondere inhaltliche Anforderungen an Grundrechtseingriffe durch Gesetz) und Art. 19 Abs. 1 S. 1 GG (Vermeidung von ungerechtfertigten Ungleichbehandlungen) zutreffend sein.

II. Zitiergebot, Art. 19 Abs. 1 S. 2 GG

Das sog. **Zitiergebot** nach Art. 19 Abs. 1 S. 2 GG steht in Beziehung zum Verbot des Einzelfallgesetzes. Satz 1 erlaubt die Einschränkbarkeit von Grundrechten nur durch Gesetze, die nicht Einzelfallgesetz sind. Darüber hinaus muss nach Satz 2 („*Außerdem muss das Gesetz* ...") das Grundrecht, das durch ein gemessen an Satz 1 zulässiges Gesetz eingeschränkt wird, dort als eingeschränkt benannt (also zitiert) werden.

1. Allgemeines

Mit dem Zitiergebot will Art. 19 Abs. 1 S. 2 GG eine Warn- und **Erinnerungsfunktion** gegenüber dem Gesetzgeber statuieren. Es soll bereits im Gesetzgebungsvorgang deutlich werden, dass das Gesetz freiheitsverkürzend wirkt; das Zitiergebot soll so als psychologische Schranke fungieren.[60] Das Zitiergebot gilt seinem Wortlaut nach unbegrenzt, also für alle Grundrechte, ist aber in seiner tatsächlichen Anwendbarkeit begrenzt.

2. Anwendbarkeit und Ausnahmen

Zunächst greift das Zitiergebot nur bei solchen Grundrechten ein, die einen Schrankenvorbehalt besitzen. Das betroffene Grundrecht muss also eine **Beschränkungsmöglichkeit** „durch Gesetz" und/oder „aufgrund eines Gesetzes" ausdrücklich vorsehen.[61]

---

59 Meinungsstand bei *Remmert* in MDHS, Grundgesetz-Kommentar, Art. 19 Abs. 1 GG Rn. 21 ff.
60 *Enders* in BeckOK GG, Art. 19 GG Rn. 14.
61 *Pieroth/Schlink/Kingreen/Poscher*, Staatsrecht II, Rn. 323.

Beispiel:
Eine typische Ausformung des Zitiergebots enthält das OBG NRW. So heißt es in § 44 OBG NRW – Einschränkung von Grundrechten:
„Durch dieses Gesetz werden die Grundrechte auf

körperliche Unversehrtheit (Artikel 2 Abs. 2 Satz 1 des Grundgesetzes)
Freiheit der Person (Artikel 2 Abs. 2 Satz 2 des Grundgesetzes)
und auf
Unverletzlichkeit der Wohnung (Artikel 13 des Grundgesetzes)

eingeschränkt."

Damit gilt das Zitiergebot bei Zugrundelegen des engen Wortlautes nicht für Gesetze ohne Gesetzesvorbehalt[62] und für Grundrechte mit Regelungsvorbehalt (auch wenn dieser im Ergebnis wie ein Gesetzesvorbehalt angewendet wird[63]). Die Nichtgeltung für Gesetze, die Einschränkungen des Art. 5 Abs. 1 GG (Meinungsäußerungsfreiheit usw.) ergibt sich neben dem Wortlaut daraus, dass der Begriff *„allgemeine Gesetze"* nach Art. 5 Abs. 2 GG gerade meinungsspezifisches Sonderrecht verbietet.[64] Bez. des Auffanggrundrechts nach Art. 2 Abs. 1 GG gilt das Zitiergebot auch deshalb nicht, weil jedes verfassungsmäßige Gesetz in der Lage ist, Art. 2 Abs. 1 GG einzuschränken; die Wahrung des Zitiergebots würde so zum Formalismus verkommen.

Allerdings sieht das Bundesverfassungsgericht auch dann von der Einhaltung des Zitiergebots ab, wenn die einschränkenden Gesetze **vorkonstitutionell** sind (also vor Inkrafttreten des Grundgesetzes erlassen wurden);[65] dies ist insoweit konsequent, als die beschriebene Warnfunktion für den Gesetzgeber hier nicht greifen kann. Es soll aber auch nicht eingreifen, wenn Inhalte vorkonstitutioneller Gesetze fortgeschrieben werden.

Beispiel:
So verweist das (nachkonstitutionelle) Atomgesetz auf Einschränkungsmöglichkeiten aus der (vorkonstitutionellen) Gewerbeordnung; deswegen muss der Gesetzgeber des AtomG das Zitiergebot nicht einhalten. [66]

Dagegen soll das Zitiergebot gelten *„bei jeder Veränderung der Eingriffsvoraussetzungen ..., die zu neuen Grundrechtseinschränkungen führt"*.[67] Dies gilt auch dann, wenn das eingeschränkte Grundrecht im bestehenden Gesetz bereits als eingeschränkt benannt ist.[68]

---

[62] Siehe oben Kap. 7 F III 2 c.

[63] Siehe oben Kap. 7 F III 2 b.

[64] Siehe unten Kap. 8 G.

[65] Zuletzt BVerfGE 124, 43, 66.

[66] So – wenig überzeugend – BVerfGE 61, 82, 113 – Sasbach-Entscheidung.

[67] BVerfGE 113, 348, 366.

[68] *Enders* in BeckOK GG, Art. 19 GG Rn. 16.

Merke:
Man stellt fest: Die Geschichte des Art. 19 Abs. 1 S. 2 GG scheint die Geschichte seiner Ausnahmen zu sein. In der Fallbearbeitung ist das Ganze weniger problematisch, weil man selten ein ganzes Gesetz zur Prüfung geboten bekommt und jegliches Nachdenken über die Einhaltung des Zitiergebots damit regelmäßig Kaffeesatzlesen und deswegen sinnlos ist. Wenn man überhaupt etwas dazu schreiben möchte, ist der beste Satz: *„Verstöße gegen das Zitiergebot sind nicht ersichtlich."*

III. Wesensgehaltsgarantie, Art. 19 Abs. 2 GG

Art. 19 Abs. 2 GG führt aus: *„In keinem Falle darf ein Grundrecht in seinem **Wesensgehalt** angetastet werden."* Zutreffend dürfte zunächst sein, dass mit dem Begriff „Wesensgehalt" der absolute Wesensgehalt eines Grundrechts gemeint ist.[69] Was genau den Wesensgehalt eines Grundrechts ausmacht, kann man mit Bergriffen wie „Mindestgehalt", „Wesenskern" oÄ nur unvollständig beschreiben. Ein weiterer Formulierungsversuch wäre, dass das Grundrecht durch eine staatliche Maßnahme ausgehöhlt wird und nur noch als leere Hülle dem Namen nach existiert. All diese Umschreibungsversuche kranken daran, dass bislang noch kein staatlicher Eingriff vorstellbar ist, der diese Aushöhlung des Grundrechts mit sich bringen würde.

Dies gilt jedenfalls dann, wenn man auf den **Verbleib** des **Sinngehalts** eines Grundrechts **im Allgemeinen** abstellt. So wird in der Literatur zunächst zutreffend dargestellt, dass der finale Rettungsschuss der Polizei das Grundrecht auf Leben für den Betroffenen vollkommen beseitigt. Deswegen soll in diesen Fällen auf die Entziehung des Grundrechtskerns im Allgemeinen, nicht für den betroffenen Einzelnen abzustellen sein.[70] Dem ist beizupflichten. Wenn aber andererseits bei Grundrechten, die keinem „ganz oder gar nicht"-Prinzip folgen, die Erhaltung des Grundrechtskerns für den Einzelnen in den Vordergrund geschoben wird, erscheint dies nicht konsequent. So soll im Gegensatz zum Recht auf Leben bei Eingriffen in die körperliche Unversehrtheit, die in verschiedenen Graden erfolgen kann, der Wesensgehalt in der Gewährleistung für den Einzelnen heranzuziehen sein.[71] Wenn man trotz des Wortlauts des Art. 19 Abs. 2 GG (*„In keinem Falle …"*) in Fällen wie dem Eingriff in das Recht auf Leben auf die Allgemeinheit abstellt, besteht kein rechter Grund, dies nicht generell zu tun. Den Wesensgehalt im Zweifel in der Verbürgung für den Einzelnen zu suchen,[72] hieße letztlich, die Prüfung der Angemessenheit eines Grundrechtseingriffs – Abwägung im Einzelfall – in die Verletzung der Wesensgehaltsgarantie zu transportieren.

---

69 Theorie vom absoluten Wesensgehalt; zur Abgrenzung von der Theorie vom relativen Wesensgehalt vgl. *Pieroth/Schlink/Kingreen/Poscher*, Staatsrecht II, Rn. 313 f.

70 *Pieroth/Schlink/Kingreen/Poscher*, Staatsrecht II, Rn. 316 f.

71 So wiederum *Pieroth/Schlink/Kingreen/Poscher*, Staatsrecht II, Rn. 318.

72 So ausdrücklich *Pieroth/Schlink/Kingreen/Poscher*, Staatsrecht II, Rn. 319.

Merke:
Diese Sicht, die ebenso wenig zwingend ist wie die Gegenansicht, hat dann aber zur Folge, dass der Verstoß gegen die Wesensgehaltsgarantie nur in Extremfällen eine wirksame Schranken-Schranke sein kann.

IV. Wiederholung: Verhältnismäßigkeitsgrundsatz

Die **Verhältnismäßigkeitsprüfung** ist Ausfluss des Rechtsstaatsprinzips[73] und zumeist das Herzstück jeder Prüfung einer Grundrechtsbeschränkung auf ihre Verfassungsmäßigkeit hin. Sie folgt dem Takt:

- Zweck
- Geeignetheit
- Erforderlichkeit
- Angemessenheit

1. Zweck

Bei grundrechtsbeschränkenden Eingriffen ist im Lichte des Verhältnismäßigkeitsgrundsatzes zu fragen, ob der Staat mit seiner Maßnahme (Gesetz und/oder Einzelakt) einen verfassungsrechtlich legitimen **Zweck** verfolgt. Als verfassungsrechtlich legitime Zwecke können alle Zwecke angesehen, die dem Schutz oder der Förderung von Rechtsgütern mit Verfassungsrang dienen.[74]

2. Geeignetheit

Geeignet ist eine staatliche Maßnahme (Gesetz und/oder Einzelakt) dann, wenn sie den zuvor festgestellten verfassungsrechtlich legitimen Zweck jedenfalls **fördert**. Wiederum: (Optimale) Zweckerreichung ist für die Geeignetheit nicht gefordert, nur „der Schritt in die richtige Richtung".

3. Erforderlichkeit

Die Frage nach der **Erforderlichkeit** ist die Frage danach, ob es für den Staat kein Mittel (keine andere Maßnahme) gibt, die das Grundrecht weniger einschränkt, dabei aber gleich wirksam ist.

---

[73] Siehe schon ausführlich oben Kap. 2 D VII.

[74] Letztlich also alle Rechtsgüter, die auch als verfassungsimmanente Schranken dienen können, vgl. Kap. 7 F III 2 c.

4. Angemessenheit

Bei der Prüfung der **Angemessenheit** geht um die Ermittlung und Bewertung aller einschlägigen Interessen, sowohl derjenigen des Staates, der Allgemeinheit bzw. derer, die der Staat mit einer bestimmten Maßnahme zu schützen oder zu befördern gewillt ist, als auch derjenigen, die durch die staatliche Maßnahme in Rechten betroffen werden.

Dabei ist zu bedenken, dass eine staatliche Maßnahme in der Mehrzahl der Fälle angemessen sein kann, den konkret Betroffenen in seiner persönlichen Situation aber über die Maßen belastet. Diesen Fall nicht zu sehen, kann ein Versäumnis des Gesetzgebers oder Rechtsanwenders sein, dem mit Ausnahmen, Härtefall- oder Übergangsregeln begegnet werden müsste, oder auch mit der schlichten Nichtanwendung einer Regelung.

Wichtig ist, dass die Verhältnismäßigkeitsprüfung in der Grundrechtsprüfung häufig auf **zwei Ebenen** stattzufinden hat. So ist zunächst zu prüfen, ob ein **Gesetz**, das Grundrechtseingriffe erlaubt, neben allen anderen Verfassungsmäßigkeitsvoraussetzungen[75], dem Grundsatz der Verhältnismäßigkeit genügt. Wenn der eigentliche Grundrechtseingriff aber in der **Anwendung** des Gesetzes auf den Einzelfall liegt, muss auf einer zweiten Ebene auch dieser Anwendungsakt verhältnismäßig sein. Der Anwendungsakt muss also einen legitimen Zweck verfolgen (der der gleiche sein sollte wie der, den das Gesetz verfolgt), geeignet, erforderlich und angemessen sein.

Beispiel:
Die Regelung zum finalen Rettungsschuss in § 63 Abs. 2 S. 2 PolG NRW („. *Ein Schuss, der mit an Sicherheit grenzender Wahrscheinlichkeit tödlich wirken wird, ist nur zulässig, wenn er das einzige Mittel zur Abwehr einer gegenwärtigen Lebensgefahr oder der gegenwärtigen Gefahr einer schwerwiegenden Verletzung der körperlichen Unversehrtheit ist.*") stellt den tödlichen Schusswaffeneinsatz unter enge Voraussetzungen und kennzeichnet ihn als ultima ratio (letzte Wahl). Die Regelung muss so als verhältnismäßig angesehen werden.
Wenn der Polizist P den finalen Rettungsschuss aber einsetzt, um seinen treuen Diensthund D, der sich in der Gewalt eines bewaffneten Räubers befindet, aus Lebensgefahr oder gegenwärtiger Gefahr für die körperliche Unversehrtheit zu erretten, handelt er nicht angemessen und damit nicht verhältnismäßig.

H Struktur einer Grundrechtsprüfung - Freiheitsrechte

Grundrechtsprüfungen folgen letztlich immer dem gleichen Schema, mit Variationen bez. der unterschiedlichen Grundrechtstypen. Zu fragen ist zunächst, ob ein Freiheits- oder Gleichheitsrecht betroffen ist. Bez. der Freiheitsrechte zeigen sich dann Unterschiede bei Grundrechten mit und ohne Schrankenvorbehalt.

---

75 Wie soeben dargestellt Kap. 7 G I-III.

Merke:
Das Schema für die Prüfung von Gleichheitsrechten soll im Rahmen der Darstellung der Gleichheitsrechte[76] erfolgen.

Die Prüfung von Freiheitsrechten folgt immer grob dem Schema:

- Schutzbereich
- Eingriff
- Rechtfertigung

I. Schutzbereich

Mit der Frage nach der Eröffnung des **Schutzbereichs** wird geprüft, ob sich ein bestimmtes Verhalten des Grundrechtsberechtigten unter ein Grundrecht subsumieren lässt (**sachlicher** Schutzbereich) und ob sich der Betroffene auf das Grundrecht berufen kann (**persönlicher** Schutzbereich).

1. Sachlicher Schutzbereich

Hier ist zu fragen, ob ein bestimmtes Verhalten oder eine Rechtsposition, die der Betroffene für sich reklamiert, dem „**Lebensbereich**" eines bestimmten Grundrechts zuzuordnen.

- Ist das, was der Betroffene tut, Beruf iSd Art. 12 Abs. 1 GG?
- Erfüllt eine Äußerung die Voraussetzungen für eine Meinungsäußerung iSd Art. 5 Abs. 1 GG?
- Ist die Handlung des Betroffenen Ausdruck von Glaube, Religion oder Gewissen iSd Art. 4 Abs. 1, 2 GG?
- Ist ein bestimmter Ort, den der Betroffene für sich reklamiert, Wohnung iSd Art. 13 GG?

Wenn ein bestimmtes Verhalten nicht unter eines der speziellen Freiheitsrechte zu fassen ist, bleibt immer noch der Schutz durch das **Auffangrundrecht** aus Art. 2 Abs. 1 GG, die allgemeine Handlungsfreiheit.

2. Persönlicher Schutzbereich

Beim **persönlichen Schutzbereich** steht die Frage im Vordergrund, ob der Betroffene sich auf das Grundrecht berufen kann. Die wichtigste Frage ist, ob es sich bei dem geprüften Grundrecht um eine Deutschen- oder ein **Jedermanngrundrecht** handelt, und ob der Betroffene – falls **Deutschengrundrecht** – Deutscher oder EU-Ausländer ist. Hier spätestens müsste die Diskussion geführt werden, ob Deutschenrechte auf EU-Ausländer zu erstrecken sind.[77]

---

[76] Dazu unten Kap. 9 D.

[77] Dazu oben Kap. 7 F II 4.

Wenn sich, insbesondere in einer Verfassungsbeschwerdeprüfung,[78] kein anderer Ort für die betreffende Prüfung findet, wäre hier auch zu problematisieren, ob das betreffende Grundrecht auf eine **juristische Person** iSd Art. 19 Abs. 3 GG „dem Wesen nach“ anwendbar ist.[79]

> **Merke:**
> Die Frage der Grundrechtsmündigkeit[80] könnte thematisch auch hier eingeordnet werden; da aber die Feststellung der Grundrechtsmündigkeit eher die Frage nach Verfahrens- oder Prozessfähigkeit des Grundrechtsträgers ist, spielt dies eher bei der Prüfung der prozessualen Geltendmachung von Grundrechtsverletzungen im Rahmen der Verfassungsbeschwerde[81] eine Rolle.

II. Eingriff

Ein Eingriff ist ***jede staatliche Maßnahme, die den Schutzbereich eines Grundrechts verkürzt, also dessen Ausübung erschwert oder unmöglich macht.***

Diese allgemein gültige Definition verhindert aber nicht, dass hinsichtlich des Eingriffs weiter differenziert werden sollte zwischen dem sog. klassischen Eingriffsbegriff und dem modernen Eingriffsbegriff. Die Definition erfasst dabei beide Eingriffskonstellationen.

1. Klassischer Eingriffsbegriff

Der ursprüngliche Eingriffsbegriff stellt für die Annahme eines Eingriffs auf folgende Kriterien ab:

- zielgerichtetes staatliches Eingriffshandeln
- unmittelbar gegen den Betroffenen gerichtet
- durch Rechtsakt
- mit den Mitteln von Befehl und Zwang.

Eingriffe im **klassischen** Sinne sind demnach staatliche Ge- oder Verbote, sei es unmittelbar durch Gesetz (oder untergesetzliche Normen) oder durch Einzelakt, bspw. Ordnungsverfügungen, auch durch gerichtliche Verurteilungen. Derartiges staatliches Eingriffshandeln erfüllt stets den Tatbestand einer Grundrechtsverkürzung und ist Eingriff in ein Grundrecht.

---

78 Dazu unten Kap. 10.

79 Dazu oben Kap. 7 D I 4.

80 Dazu oben Kap. 7 E.

81 Dazu unten Kap. 10 A III.

2. Moderner Eingriffsbegriff – mittelbar-faktischer Eingriff

Die Beschränkung auf Eingriffe im klassischen Sinne wird in der Erkenntnis, dass nicht nur gezielt eingreifendes Staatshandeln grundrechtsgefährdend sein kann, als zu eng angesehen. Deswegen erfasst der **moderne Eingriffsbegriff** auch mittelbare, tatsächliche und nicht zielgerichtete Beeinträchtigungen von Grundrechten.

Denkbare Kriterien für sog. **mittelbar-faktische Eingriffe** nach dem modernen Eingriffsbegriff sind:

- die Grundrechtsbeeinträchtigung durch faktisch mittelbares Handeln gerade **beabsichtigt** ist – sog. Finalität im engeren Sinne

---

Beispiel:
Der Sektenbeauftragte der Bunderegierung warnt die Allgemeinheit in Broschüren vor den Gefahren sog. Psycho- und Jugendsekten.
Der Staat bezuschusst die Aufklärungsarbeit der großen Religionsgemeinschaften bez. Psycho- und Jugendsekten.
Folge ist jeweils, dass der Zulauf zu entsprechenden Sekten – wie geplant – abnimmt.

---

oder

- die Grundrechtsbeeinträchtigung typische, objektiv **vorhersehbare** bzw. in Kauf genommene Nebenfolge des staatlichen Aktes – sog. Finalität im weiteren Sinne

---

Beispiel:
Die zuständige Behörde warnt vor Lebensmitteln, die unter Verwendung von sog. Vollei-Produkten hergestellt werden. Grund ist, dass in Einzelfällen im Vollei (aus dem Inhalt aufgeschlagener Hühnereier gewonnene Ei-Masse als Vorprodukt für die Lebensmittelindustrie) liebevoll pürierte Hühnerembryos zu finden waren.
In der Folge liegen die Nudeln auch der Fa. B, hergestellt mit nachweislich nicht verunreinigtem Vollei, wie Blei im Supermarktregal.

---

oder

- die Folgen des hoheitlichen Handelns derart **schwerwiegend** sind, dass sie einem klassischen Eingriff gleichstehen – sog. Intensität

---

Beispiel:
Eine Zivilstreife der Polizei verfolgt ohne Inanspruchnahme von Sonderrechten (das magnetisch aufsetzbare Blaulicht ist wieder mal defekt) einen flüchtigen Bankräuber. Rentner R bewegt sich, wie stets in den 60 Jahren seines unfallfreien Autofahrerlebens, fein säuberlich die Verkehrsregeln achtend, über die Straßen seiner Heimatstadt H. Der Polizist in seinem Einsatzwagen plättet den „Golf (60) plus" unseres Rentners unter Missachtung der Vorfahrt fein säuberlich weg.

Zu überprüfen ist bei mittelbar-faktischen Eingriffen das Merkmal einer gewissen Unmittelbarkeit; es dürfen keine wesentlichen selbständigen **Zwischenursachen** zwischen das Vorgehen des Staates und die Grundrechtseinwirkung treten.

Beispiel:
Durch Änderung der StVO wird die bisherige Richtgeschwindigkeit von 130 km/h auf deutschen Autobahnen in ein allgemeines Tempolimit von 120 km/h abgeändert.
Der Porschefahrer P sieht den Wiederverkaufswert seines Schmuckstücks (jedenfalls geschützt durch Art. 2 Abs. 1 GG – allgemeine Handlungsfreiheit) gefährdet!
Sollte es im Anschluss an die Einführung des Tempolimits im Segment des Sportwagen-Gebrauchtwagenmarktes zu Preiseinbrüchen kommen, tritt der Markt, also das Käuferverhalten, als wesentliche Zwischenursache zwischen das Verhalten des Staates und die Folge bei P (aA wohl noch vertretbar).

Die relative Weite des modernen Eingriffsbegriffs macht es auf der anderen Seite erforderlich, reine **Belästigungen** aus dem Bereich der Eingriffe auszuscheiden.

Beispiel:
Die Polizei sperrt eine Straßenkreuzung, die an einer Bankfiliale angrenzt und in der sich ein Bankräuber mit Geiseln befindet. Dies hindert den hungrigen Studierenden S, die neben der Bank liegende Imbissbude zum Erwerb seiner „Fritte rut-wieß“ (auf kölsch. Hochdeutsch: Pommes frites rot-weiß; Ruhrpott: Pommes Schranke) aufzusuchen.

Merke:
Ein Rückgriff auf den modernen Eingriffsbegriff ist insb. dann notwendig, wenn ein Eingriff im klassischen Sinne nicht gegeben ist. Liegt also deutlich ein klassischer Eingriff vor, bedarf der moderne Eingriffsbegriff keiner Erwähnung mehr.[82]

III. Verfassungsrechtliche Rechtfertigung

Mit dem Eingriff in den Schutzbereich ist das Grundrecht betroffen, aber noch nicht verletzt. Deswegen wird in einem weiteren Schritt nach der **verfassungsrechtlichen Rechtfertigung** des Eingriffs gefragt.

Ist der Eingriff verfassungsrechtlich gerechtfertigt, ist der Betroffene in seinem Grundrecht nicht verletzt, ist der Grundrechtseingriff nicht verfassungsrechtlich gerechtfertigt, liegt eine **Grundrechtsverletzung** vor.

---

82 Genau umgekehrt sieht das – ich bitte vielmals um Entschuldigung! – *Pieroth/Schlink/Kingreen/Poscher*, Staatsrecht II, Rn. 255, wie hier sieht das – ich bedanke mich vielmals! – *Michael/Morlok*, Grundrechte, Rn. 500.

1. Frage nach der Beschränkbarkeit des Grundrechts

Um den Maßstab für die Rechtfertigungsprüfung festzustellen, ist zunächst zu fragen, wie das Grundrecht **beschränkbar** ist, also die Frage, ob es sich um ein Grundrecht mit oder ohne geschriebenen Schrankenvorhalt[83] handelt.

2. Prüfung bei Grundrechten mit Gesetzes-/Schrankenvorbehalt

Bei Grundrechten mit Schrankenvorbehalt muss zunächst gefragt werden, ob ein beschränkendes Gesetz existiert, also eine Grundrechtsschranke. Dieses Gesetz muss dann aber auch verfassungsgemäß sein, um als **wirksame** Schranke dienen zu können, womit nach den **Schranken-Schranken** (Schranken für die Schranke!) gefragt wird.

a) Schranken-Schranken-Prüfung bei Grundrechten mit einfachem Gesetzesvorbehalt

Bei Vorliegen eines **einfachen Gesetzesvorbehalts**, wenn das Grundgesetz also keine speziellen Anforderungen an das einschränkende Gesetz stellt, muss das Gesetz

- durch den kompetenziell zuständigen Gesetzgeber
- im ordnungsgemäßen Verfahren
- formgerecht zustande gekommen sein (formelle Verfassungsmäßigkeit)[84]

sowie

- nicht gegen das Verbot des Einzelfallgesetzes verstoßen,
- dem Zitiergebot (soweit anwendbar) genügen,
- nicht gegen die Wesensgehaltsgarantie verstoßen,
- hinreichend bestimmt sein,
- dem Gebot des Vertrauensschutzes genügen, sowie
- verhältnismäßig sein (materielle Verfassungsmäßigkeit)[85].

Ziel der Verhältnismäßigkeitsprüfung ist wiederum insb. die Herstellung **praktischer Konkordanz** mit Interessen des Staates, der Allgemeinheit oder Dritter.

---

[83] Siehe Kap. 7 F III.

[84] Dazu oben Kap. 4 A, B.

[85] Dazu oben Kap. 7 G.

Merke:
Für die Klausur gilt bez. der **formellen Verfassungsmäßigkeit:**

- Verfahrens- und Formfehler sind nur bei Zweifeln im Sachverhalt anzusprechen.
- Die Gesetzgebungskompetenz kann und sollte (jedenfalls bei für die Klausur erfundenen Gesetzen) positiv festgestellt werden.

Für die Klausur gilt bez. der **materiellen Verfassungsmäßigkeit:**

- Das Verbot des Einzelfallgesetzes, das Zitiergebot, die Wesensgehaltsgarantie können, wenn überhaupt, mit einem Satz erwähnt werden (Verstöße gegen Verbot des Einzelfallgesetzes und das Zitiergebot nach Art. 19 Abs. 1 GG sowie die Wesensgehaltsgarantie nach Art. 19 Abs. 2 GG sind nicht ersichtlich). Ggf. kann dieser Satz ohne Hinweise auf Probleme auch weggelassen werden.
- Die Bestimmtheit ist nur anzusprechen, wenn der Wortlaut der Norm (insb. wenn ein Gesetz für die Klausur „erfunden" wird) im Sachverhalt wiedergegeben ist. Wird ein Gesetz nur referiert ("Der Gesetzgeber regelt, dass zukünftig ...") oder wird ein „ganz normales" Gesetz (§ 14 OBG und Ähnliches) angewendet, ist die Prüfung der Bestimmtheit kaum möglich und wenig sinnvoll.
- Zum Vertrauensschutz lohnen sich Ausführungen nur bei erkennbaren Rückanknüpfungen des Gesetzes; dies am ehesten nach der Verhältnismäßigkeit, da die Überlegungen in Teilen parallel dazu sind.
- Die Verhältnismäßigkeit ist immer (in Worten „immer!") ausführlich zu prüfen, im Rahmen einer Verfassungsbeschwerdeprüfung in Bezug auf das (die) als verletzt gerügte(n) Grundrecht(e).

Im Übrigen ist immer darauf zu achten, ob der Aufgabensteller das Gesetz nicht bereits als „formell (und/oder) materiell verfassungsgemäß" gekennzeichnet hat. Dann erübrigt sich die weitere Prüfung. Wird beides unterstellt, kommt es regelmäßig auf die Prüfung der Anwendung des Gesetzes an.
Hat der Aufgabensteller das Gesetz als „im ordnungsgemäßen Verfahren zustande gekommen" bezeichnet, kann man Wetten darauf annehmen, dass die Gesetzgebungskompetenz zu problematisieren ist.

Genügt das Gesetz den zuvor aufgestellten Anforderungen, stellt es eine wirksame Grundrechtsschranke dar.

b) Schranken-Schranken-Prüfung bei Grundrechten mit qualifiziertem Gesetzesvorbehalt

Bei Vorliegen eines **qualifizierten Gesetzesvorbehalts** ist zusätzlich zu prüfen, ob das einschränkende Gesetz den Voraussetzungen des qualifizierten Gesetzesvorbehalts genügt. So wäre bei Art. 5 Abs. 1 GG zu prüfen, ob das einschränkende Gesetz *„allgemeines Gesetz"* iSd Art. 5 Abs. 2 GG ist. Oder es ist bez. des Art. 11 Abs. 1 GG festzustellen, ob ein Gesetz, das die Freizügigkeit im Bundesgebiet einschränkt, eines oder mehrere der Ziele des Art. 11 Abs. 2 GG verfolgt. Die Prüfung kann vor der Prüfung der formellen Verfassungsmäßigkeit und der materiellen Anforderungen an das Gesetz erfolgen.

c) Prüfung des Einzelaktes

Ist das Gesetz auf einen Einzelfall angewendet worden, schließt sich die **Prüfung** des **Einzelaktes** an. Hier ist – insb. im Rahmen einer Verfassungsbeschwerdeprüfung – festzustellen, ob (durch Exekutive und Judikative, vom Einzelakt bis hin zu einem letztinstanzlichen Urteil) das Gesetz verfassungsgemäß, insb. grundrechtskonform angewendet wurde. Hier ist wiederum zu prüfen, ob die staatliche Maßnahme und ein diese bestätigender Urteilsspruch rechtsstaatlichen Anforderungen genügt, ob (falls erkennbar) insb. die Maßstäbe der Bestimmtheit und (falls einschlägig) die Grundsätze des Vertrauensschutzes gewahrt wurden. Vor allem ist wiederum zu prüfen, ob die Gesetzesanwendung die Grundrechtsrelevanz des Falles berücksichtigt hat, und ob die Anwendung des Gesetzes auf den Einzelfall verhältnismäßig war.

Ist dies im Ergebnis anzunehmen, ist das Grundrecht nicht verletzt. Ist der Anwendungsakt bzw. ein bestätigendes Urteil unter Missachtung der genannten rechtsstaatlichen Anforderungen und/oder der Grundrechte des Betroffenen zustande gekommen, ist das Grundrecht verletzt.

3. Schranken-Schranken-Prüfung bei Grundrechten ohne Gesetzes-/ Schrankenvorbehalt

Bei Grundrechten ohne geschriebenen Schrankenvorbehalt ist zunächst zu fragen, ob ein kollidierendes **Rechtsgut** mit **Verfassungsrang** existiert,[86] das der Staat hier gegen das Grundrecht des Betroffenen in Ansatz bringt.

Ist ein solches Rechtsgut gefunden, besinnt man sich auf den Grundsatz des Vorbehalts des Gesetzes[87]. Belastendes Staatshandeln bedarf stets einer gesetzlichen Grundlage. Also ist es tunlich, ein Gesetz zu suchen, dass das Rechtsgut mit Verfassungsrang **einfachgesetzlich konkretisiert**.

Beispiel:
Als kollidierendes Rechtsgut gegenüber Tierversuchen an Wirbeltieren, geschützt durch das schrankenlos gewährte Grundrecht der Wissenschaftsfreiheit aus Art. 5 Abs. 3 GG, ist der Tierschutz, verfassungsrechtlich abgesichert in Art. 20a GG – Staatsziel Tierschutz[88]. Einfachgesetzlich konkretisiert ist der Tierschutz bspw. im Tierschutzgesetz (TierSchG), so in §§ 7 ff. TierSchG.
Als kollidierendes Rechtsgut gegenüber dem religiös motivierten Wunsch muslimischer Mädchen, nicht am schulischen Schwimmunterricht teilzunehmen, lassen sich der staatliche Bildungsauftrag und die Schulpflicht, gestützt auf Art. 7 Abs. 1 GG, anführen. Einfachgesetzlich konkretisiert ist Art. 7 Abs. 1 GG bspw. im SchulG NRW; in § 43 SchulG NRW ist die Möglichkeit der Befreiung von Unterrichtsveranstaltungen *„aus wichtigem Grund"* vorgesehen.

---

[86] Dazu oben Kap. 7 III.
[87] Dazu oben Kap. 2 D III.
[88] Dazu oben Kap. 2 F III.

Soweit die einfachgesetzliche Konkretisierung gefunden ist, gleicht die weitere Prüfung derjenigen wie bei Grundrechten mit einfachem Gesetzesvorbehalt, ggf. mit anschließendem Einzelakt. Das konkretisierende **Gesetz** muss formell und materiell **verfassungsgemäß**, insb. verhältnismäßig sein. Liegt die Grundrechtsbeeinträchtigung in einem Vollzugsakt bez. des Gesetzes, muss auch hier eine **grundrechtskonforme Anwendung** des **Gesetzes** stattgefunden haben.

Beispiel:
Ein muslimisches Mädchen beantragt die Befreiung vom schulischen Schwimmunterricht nach § 43 Abs. 3 SchulG NRW, was die Schulaufsichtsbehörde unter Hinweis auf die Schulpflicht und den staatlichen Bildungsauftrag, Art. 7 Abs. 1 GG, verweigert.
§ 43 SchulG NRW ist ordnungsgemäß zustande gekommen und auch materiell verhältnismäßig, da die Schulpflicht nicht unbedingt durchgesetzt wird, § 43 Abs. 3 SchulG vielmehr Befreiungsmöglichkeiten vorsieht.
Bleibt die Frage, ob die Verweigerung der Befreiung verhältnismäßig, insb. angemessen war. Die Schulbehörde führt an, dass der Sportunterricht generell, aber auch der Schwimmunterricht, eine sozialisierende Funktion hat, und in Notsituationen die Fähigkeit, schwimmen zu können, lebensrettend sein kann. Der religiösen Überzeugung des Mädchens kann zur Herstellung praktischer Konkordanz durch Tragen eines Burkini Rechnung getragen werden.

IV. Prüfungsschema

Aus dem Vorgenannten ergibt sich damit folgendes (vollständige, in dieser Form nicht immer geforderte) Prüfungsschema:

I. Schutzbereich
1. Sachlicher Schutzbereich
2. Persönlicher Schutzbereich

II. Eingriff
1. Zunächst: Klassischer Eingriff, wenn nicht
2. Mittelbar-faktischer Eingriff (moderner Eingriffsbegriff)

III. Verfassungsrechtliche Rechtfertigung
1. Schrankenprüfung: Frage nach Beschränkbarkeit des Grundrechts
   Variante 1: Grundrechte mit Gesetzesvorbehalt
   Variante 2: Grundrechte ohne Gesetzesvorbehalt
2. Existenz eines beschränkenden Gesetzes (Variante 1)
   Kollidierendes Rechtsgut mit Verfassungsrang (Variante 2)

3. (Variante 1) Schranken-Schranken-Prüfung: Verfassungsmäßigkeit des einschränkenden Gesetzes
   (Variante 2) Schranken-Schranken-Prüfung: Frage nach einfachgesetzlicher Konkretisierung des Rechtsguts mit Verfassungsrang, dann Verfassungsmäßigkeit dieses konkretisierenden Gesetzes
   a) Formelle Verfassungsmäßigkeit
      - Gesetzgebungskompetenz
      - Gesetzgebungsverfahren
      - Form
   b) Materielle Verfassungsmäßigkeit
      - Einzelfallgesetz
      - Zitiergebot
      - Wesensgehalt
      - Vertrauensschutz
      - Bestimmtheit
      - Verhältnismäßigkeit
4. Verfassungsgemäße Anwendung des einschränkenden Gesetzes im Einzelfall, insb. Verhältnismäßigkeit

Kapitel 8: Einzelne Freiheitsrechte

Gegenstand der weiteren Darstellungen sind einzelne **Freiheitsrechte** und ihre Besonderheiten. Eingegangen wird auf die Grundrechte aus:

- Art. 1 Abs. 1 S. 1 GG (Menschenwürde)
- Art. 2 Abs. 1 GG (allgemeine Handlungsfreiheit)
- Art. 2 Abs. 1 iVm Art. 1 Abs. 1 S. 1 GG (allgemeines Persönlichkeitsrecht)
- Art. 2 Abs. 2 S. 1 GG (Leben, körperliche Unversehrtheit)
- Art. 2 Abs. 2 S. 2 GG (Freiheit der Person)
- Art. 4 Abs. 1, 2 GG (Religions- und Weltanschauungsfreiheit, Gewissensfreiheit)
- Art. 5 Abs. 1 GG (Meinungsäußerungs-, Informations-, Presse-, Rundfunk- und Filmfreiheit)
- Art. 5 Abs. 3 GG (Kunst- und Wissenschaftsfreiheit)
- Art. 6 GG (Ehe und Familie)
- Art. 10 GG (Post- und Fernmeldegeheimnis)
- Art. 11 GG (Freizügigkeit im Bundesgebiet)
- Art. 12 Abs. 1 GG (Berufsfreiheit)
- Art. 13 GG (Unverletzlichkeit der Wohnung)
- Art. 14 GG (Eigentumsfreiheit)

A Art. 1 Abs. 1 S. 1 GG - Menschenwürde

Die Achtung der **Menschenwürde** steht an der Spitze der Verfassung und am Beginn des I. Anschnitts „Die Grundrechte“. Gleichwohl ist nicht unstreitig, ob es sich bei der Menschenwürde um ein Grundrecht handelt. Auch weist die Menschenwürde hinsichtlich der Prüfung von Schutzbereich, Eingriff und Rechtfertigung Besonderheiten gegenüber anderen Vorschriften des I. Abschnitts auf.

I. Allgemeines

Das Bundesverfassungsgericht sieht die Menschenwürde als „tragendes **Konstitutionsprinzip** der Verfassung“ und „obersten Verfassungswert“;[1] über Art. 79 Abs. 3 GG genießt die Menschenwürde den Schutz der Ewigkeitsgarantie.[2]

Nicht letztlich unproblematisch ist aber der **Grundrechtscharakter** der Menschenwürdegarantie. Zweifel ergeben sich zunächst aus der Fassung des Art. 1 Abs. 1 S. 2 GG: „Sie [die

---

1 Siehe nur BVerfGE 87, 209, 228 – Tanz der Teufel; BVerfGE 67, 209, 228; BVerfGE 45, 187, 227.

2 Dazu oben Kap. 4 B V 3.

Menschenwürde; Anm. d. Verf.] zu achten und zu schützen ist Verpflichtung aller staatlichen Gewalt." Aus dieser Formulierung könnte herzuleiten sein, dass die Menschenwürde kein subjektives Recht des Einzelnen im Sinne eines Abwehrrechts, sondern vielmehr lediglich ein staatlicher Schutzauftrag ist. Gegen die Grundrechtseigenschaft des Art. 1 Abs. 1 S. 1 GG könnte auch Art. 1 Abs. 3 GG sprechen: *„Die nachfolgenden Grundrechte binden Gesetzgebung, vollziehende Gewalt und Rechtsprechung als unmittelbar geltendes Recht."*

Allerdings hat das Bundesverfassungsgericht festgestellt, dass Art. 1 Abs. 1 S. 1 GG Grundrechtscharakter hat: *„Einen solchen* [Prüfmaßstab; Anm. d. Verf.] *können die nachfolgenden Grundrechte, aber auch das in Art. 1 Absatz I GG gewährleistete Grundrecht bilden - dass Art. 1 Absatz I GG kein "nachfolgendes" Grundrecht ist, schließt eine Bindung der staatlichen Gewalten an dieses oberste Konstitutionsprinzip des Grundgesetzes nicht aus."*[3]

Die **Stellung** von Art. 1 Abs. 1 S. 1 GG zu Art. 1 Abs. 3 GG ist darauf zurückzuführen, dass der Parlamentarische Rat das Bekenntnis zur Menschenwürde mit Blick auf das die Menschenwürde verachtenden NS-Regime an die Spitze der Verfassung stellen, aber nicht deren Grundrechtscharakter infrage stellen wollte.[4] In der Folge ist die Menschenwürde Abwehrrecht des Einzelnen gegen staatliche Eingriffe jeder Art.

Trotz des Grundrechtscharakters des Art. 1 Abs. 1 S. 1 GG ist unbestritten, dass das Grundgesetz in Art. 1 Abs. 1 S. 2 GG – in dieser Deutlichkeit selten – eine ausdrückliche Verpflichtung des Staates zum **Schutz** der Menschenwürde des Einzelnen gegenüber staatlichen Stellen wie gegenüber Dritten, auch Privaten, normiert.

Leistungsrechtliche Bestandteile[5] weist die Menschenwürdegarantie – im Zusammenspiel mit dem Sozialstaatsprinzip – bez. der staatlichen Garantie eines menschenwürdigen Existenzminimums auf; dies ist jüngst noch einmal in der Rechtsprechung zum Asylbewerberleistungsgesetz bestätigt worden.[6]

II. Schutzbereich

Beispielfall 38:
Der Millionärssohn J wird von einem in Geldnot befindlichen Bekannten der Familie, dem G, entführt und kurz nach seiner Entführung ermordet. G wird schnell als Verdächtiger ermittelt, schweigt aber vor der Polizei. Der Polizeipräsident von Frankfurt aM, der D, der von der Ermordung des J noch nichts weiß, versucht aus G herauszubekommen, wo sich der J befindet, um diesen retten zu können. Da G weiterhin beharrlich schweigt, droht der D dem G Folter an, um an die gewünschten Informationen zu gelangen.

---

3 *BVerfG*, NJW 1983, 559, 560.

4 So auch *Pieroth/Schlink/Kingreen/Poscher*, Staatsrecht II, Rn. 364.

5 Zu Grundrechten als Leistungsrechte schon oben Kap. 7 C II.

6 BVerfGE 132, 134, 159 f.

Nachdem die Tat aufgeklärt ist, rügt der schließlich wegen Mordes und Kindesentführung verurteilte G gegenüber dem Land Hessen die Verletzung seiner Menschenwürde wegen der Folterandrohung.
Zu Recht?

1. Sachlicher Schutzbereich

Der Bestimmung des sachlichen Schutzbereichs kann man sich durch eine **positive** oder eine **negative** Beschreibung nähern.

Der sog. **Mitgift-Theorie** zufolge – positiver Ansatz – ist die Menschenwürde ein durch Gott oder die Natur mitgegebener Wert; „der Eigenwert und die Eigenständigkeit, die Wesenheit, die Natur des Menschen schlechthin."[7] Diesem philosophisch-transzendenten und auch naturrechtlich geprägten Ansatz steht die **Leistungstheorie** gegenüber, die, ohne einen philosophischen Ansatz zu präferieren, die Würde des Menschen aufgrund seines selbstbestimmten Verhaltens verliehen sieht.[8] Problematisch ist an der zweiten Ansicht vor allem, dass auch der nicht (mehr) zu selbstbestimmtem Handeln fähige Mensch alleine kraft seines Menschseins einen Würdeanspruch besitzt.

Das Bundesverfassungsgericht nähert sich – negativer Ansatz – dem Schutzbereich der Menschenwürde eher über die **Eingriffsseite**, indem es beschreibt, welches staatliche Verhalten die Würde des Menschen verletzt:

> *„Die Behandlung des Menschen durch die öffentliche Hand, die das Gesetz vollzieht, muss also, wenn sie die Menschenwürde berühren soll, Ausdruck der Verachtung des Wertes, der dem Menschen kraft seines Personseins zukommt, also in diesem Sinne eine "verächtliche Behandlung" sein."*[9]

Dabei klingt mit dem Gedanken der „kraft seines Personseins" verliehenen Würde der Ansatz der Mitgift-Theorie an.

Wichtig ist, dass die Menschenwürde dem Menschen alleine kraft seines **Menschseins**, unabhängig von Leistung, Stand, moralischer Anschauung, sozialem Status, körperlichem oder geistigem Zustand oder sonstiger persönlicher Eigenschaften zusteht. *„Selbst durch ‚unwürdiges' Verhalten geht sie nicht verloren. Sie kann keinem Menschen genommen werden."*[10]

---

7 *Nipperdey*, in: Die Grundrechte, Bd. II, S. 1.

8 *Luhmann*, Grundrechte als Institution, S 53 ff.

9 BVerfGE 30, 1, 26.

10 BVerfGE 87, 209, 228 – Tanz der Teufel.

2. Persönlicher Schutzbereich

Die Menschenwürdegarantie ist **Jedermannrecht**[11] und Menschenrecht. Zugleich ist sie, wie die Beschreibung des sachlichen Schutzbereichs zeigt, an das Menschsein gebunden und scheidet damit für eine wesensmäßige Anwendbarkeit auf juristische Personen (Art. 19 Abs. 3 GG)[12] aus.

Das Bundesverfassungsgericht geht davon aus, dass, sobald menschliches **Leben** existiert, diesem auch der Schutz der Menschenwürde zusteht, gleich, *„ob der Träger sich dieser Würde bewusst ist und sie selbst zu wahren weiß."*[13] Spricht man dem werdenden Leben, jedenfalls dem Nasciturus (lat.: „der, der geboren werden wird", also das gezeugte, aber nicht geborene Kind), das Recht auf Leben zu,[14] beginnt mit diesem Zeitpunkt auch der Schutz der Menschenwürde. Setzt man mit Teilen der staatsrechtlichen Literatur den Zeitpunkt des Lebens früher an, wird der Würdeschutz auch auf Embryonen vor der Einnistung erstreckt, wodurch Phänomene wie die verbrauchende Embryonenforschung und die Präimplantationsdiagnostik am Maßstab des Art. 1 Abs. 1 GG zu messen wären.[15]

Gleichzeitig erkennt das Bundesverfassungsgericht eine über den Tod hinaus bestehende Dimension des Würdeschutzes an, das aus Art. 1 Abs. 1 GG hergeleitete **„postmortale Persönlichkeitsrecht"**.[16]

III. Eingriff

Eingriffe in Art. 1 Abs. 1 S. 1 GG zeichnen sich dadurch aus, dass erhebliche Grundrechtsverkürzungen vorliegen müssen. Das Bundesverfassungsgericht verwendet hierfür – wie zuvor erwähnt – die sog. **Objektformel**:

> *„Mit ihm* [dem Begriff der Menschenwürde, Anm. d. Verf.] *ist der soziale Wert- und Achtungsanspruch des Menschen verbunden, der es verbietet, den Menschen zum bloßen Objekt des Staates zu machen oder ihn einer Behandlung auszusetzen, die seine Subjektqualität prinzipiell in Frage stellt."*[17]

Dem Ansatz des Bundesverfassungsgerichts wird mangelnde Bestimmtheit vorgeworfen,[18] was insoweit richtig ist, als ohne nähere Beschreibung, was diese Herabwürdigung ausmacht, wenig gewonnen ist. Gleichwohl zeigt die Objektformel, wie tiefgreifend ein staatliches Handeln wirken muss, um einen Eingriff in die Menschenwürde zu begründen; letztlich muss der Betroffene seiner Subjektqualität vollständig enthoben werden. Deswegen

---

11 Dazu oben Kap. 7 F II.

12 Dazu oben Kap. 7 D I 2.

13 BVerfGE 39, 1, 41.

14 Zur verfassungsrechtlichen Diskussion um den Beginn des Lebens unten Kap. 8 D II 1.

15 Vgl. die Nachweise bei *Lang* in BeckOK GG, Art. 2 GG Rn. 59.

16 BVerfGE 31, 173, 193 – Mephisto.

17 BVerfGE 87, 209, 228 – Tanz der Teufel.

18 *Pieroth/Schlink/Kingreen/Poscher*, Staatsrecht II, Rn. 374.

wird das Verbot der Todesstrafe nach Art. 102 GG als wesentliche Konkretisierung der Menschenwürdegarantie angesehen.[19]

Der Bundesgerichtshof sieht – was nicht unumstritten ist[20] – die Wiedereinführung der **Todesstrafe** als im Lichte des Art. 1 Abs. 1 GG ausgeschlossen an.[21] Der Ansicht des Bundesgerichtshofs dürfte zuzustimmen sein; zwar ist das Recht auf Leben nicht uneingeschränkt gewährt. Gleichwohl wäre in der vorsätzlichen Tötung eines in der Gewalt des Staates befindlichen Menschen die Negierung seiner Subjektqualität im Sinne der Objektformel zu sehen. Insoweit kann auch nicht auf die Schwere einer ggf. verwirklichten Straftat, Mord, Vergewaltigung uÄ, abgestellt werden; wie bereits ausgeführt, entkleidet auch unwürdiges Verhalten den Menschen nicht seiner Menschenwürde.

Deutlicher wird das Vorliegen eines Eingriffs in die Menschenwürde anhand von **Beispielen**. Eingriffe in die Menschenwürde werden angenommen bei

- Versklavung, Menschenhandel, Leibeigenschaft,
- Folter, Androhung von Folter[22],
- erzwungenen oder heimlichen medizinischen Behandlungen zu Forschungszwecken, Verabreichung von Drogen zu Vernehmungszwecken,
- zutiefst demütigendem Verhalten von Vorgesetzten, (vorgetäuschte Erschießungen zu Ausbildungszwecken),[23]
- Entzug des Existenzminimums, Nichteinschreiten bei Verwahrlosung,
- Eindringen des Staates mit Abhörmitteln in die Wohnung unter Verletzung des Kernbereichs privater Lebensführung,[24]
- Abschuss von entführten Zivilflugzeugen mit unschuldigen Passagieren an Bord (iVm Art. 2 Abs. 2 S. 1 GG – Recht auf Leben).[25]

Als Eingriff in die Menschenwürde wird auch lebenslange **Haft** ohne Aussicht auf Entlassung angesehen.[26] Die Vollzugsanstalten sollen bezogen auf die Grundrechte der eine lebenslange Freiheitsstrafe verbüßenden Gefangenen verpflichtet sein, schädlichen Auswirkungen des Freiheitsentzugs, im Rahmen des Möglichen zu begegnen. Dies gilt vor allem für deformierende Persönlichkeitsveränderungen, die die Lebenstüchtigkeit ernsthaft in Frage stellen und es ausschließen, dass sich der Gefangene im Falle einer Entlassung aus der Haft im normalen Leben noch zurechtzufinden vermag.[27] Allerdings führt das Bundesverfassungsgericht auch aus: *„Die Menschenwürde wird auch dann nicht verletzt, wenn der Vollzug der Strafe wegen fortdauernder Gefährlichkeit des Gefangenen notwendig ist und sich aus diesem Grunde eine Begnadigung verbietet. Es ist der staatlichen Gemeinschaft nicht*

---

19 *Scholz* in MDHS, Grundgesetzkommentar, Art. 102 GG Rn. 29.

20 Vgl. die Nachweise bei *Epping* in BeckOK GG, Art. 102 GG Rn. 5 f.

21 *BGH*, NJW 1996, 857, 858.

22 *EGMR*, NVwZ 2010, 3145 ff.

23 *BGH*, NJW 2009, 1360, 1366.

24 BVerfGE 109, 279, 314 ff.

25 BVerfGE 115, 118, 151 – Luftsicherheitsgesetz.

26 BVerfGE 45, 187, 228; BVerfGE 109, 133, 150 – Sicherungsverwahrung.

27 BVerfGE 64, 261, 272 f.

verwehrt, sich gegen einen gemeingefährlichen Straftäter durch Freiheitsentzug zu sichern.“[28]

> **Merke:**
> Wenn in § 211 StGB von lebenslanger Haft gesprochen wird, ist grds. lebenslange Haft gemeint. Hiervon zu trennen ist die Frage, dass nach Ablauf von 15 bzw. 18 Jahren (bei Feststellung der besonderen Schwere der Schuld) eine obligatorische Überprüfung der Strafaussetzung zur Bewährung erfolgt.

Anders als bei der Todesstrafe ist im **finalen Rettungsschuss** (bspw. § 54 Abs. 2 PolG NRW) oder auch im Abschuss eines nur mit Terroristen besetzten Flugzeugs, das als Waffe pervertiert werden soll, kein Menschenwürdeverstoß zu sehen. Dadurch, dass dem Betroffenen die Folgen seines selbstbestimmten Handelns – Gefährdung von Menschenleben Dritter – durch Anwendung von tödlicher Gewalt unmittelbar zugerechnet werden, wird er in seiner Subjektqualität geachtet.[29] Zugleich hat der Betroffene es immer noch in der Hand, von seinem Tun abzulassen.

Die Menschenwürde entfaltet nach allgemeiner Überzeugung auch **unmittelbare Drittwirkung.**[30] In der Folge stellt sie einen auch durch private Dritte unmittelbar zu achtenden Wert dar, so dass Eingriffe auch durch Private erfolgen können.

IV. Verfassungsrechtliche Rechtfertigung

Zunächst steht Art. 1 Abs. 1 S. 1 GG nicht unter Gesetzesvorbehalt. Damit käme allenfalls eine Einschränkung durch kollidierendes Verfassungsrecht in Betracht. Wegen ihrer herausragenden Stellung in der Verfassung als Fundament aller Grundrechte[31] ist sie jedoch mit keinem Einzelgrundrecht abwägungsfähig. Da sie zugleich *„in der freiheitlichen Demokratie [...] der oberste Wert“*[32] ist, scheidet auch eine Abwägung mit anderen Rechtsgütern mit Verfassungsrang aus. Hieraus folgt, dass Eingriffe in die Menschenwürde nicht gerechtfertigt werden können; jeder **Eingriff** in die Menschenwürde begründet zugleich ihre **Verletzung.**

> **Merke:**
> Dieser Umstand macht noch einmal deutlich, wieso Eingriffe in Art. 1 Abs. 1 S. 1 GG einer erheblichen Intensität bedürfen, wenn die Menschenwürde, wie der ehemalige Verfassungsrichter Böckenförde einmal gesagt hat, „nicht zur kleinen Münze verkommen“ soll.
> Deswegen ist bspw. ein möglicherweise zu Unrecht auferlegtes Bußgeld oder die Auferlegung eines Friedhofszwangs für Urnen kein Menschenwürdeverstoß.

---

28 BVerfGE 45, 187, 242.

29 BVerfGE 115, 118, 160 – Luftsicherheitsgesetz.

30 *Hillgruber* in BeckOK GG, Art. 1 GG Rn. 8 mwN.

31 Vgl. insoweit BVerfGE 107, 275, 284.

32 BVerfGE 5, 85, 204 – KPD-Verbot.

Lösung zu Beispielfall 38:
Wenn Folter und Androhung von Folter einen Menschenwürdeverstoß darstellen, muss dies auch für einen Tatverdächtigen und sogar einen Täter eines Mordes gelten. Durch den Verdacht der Tat oder die Tat selbst verliert er nicht den Anspruch auf Achtung seiner Menschenwürde, gleich ob er seinem Opfer gegenüber die Menschenwürde geachtet hat. Das Land Hessen ist in dem zugrunde liegenden Fall der Entführung des Bankierssohns *Jakob von Metzler* nach vorhergehendem Urteil des EGMR zur Zahlung von 3.000,- € Entschädigung zugunsten des Mörders *Magnus Gäfgen* verurteilt worden.

Der Fall *Gäfgen* hat die Diskussion um die Zulässigkeit der sog. **Rettungsfolter** aufkommen lassen; so wird als denkbar erachtet, dass auf gesetzlicher Grundlage in vergleichbaren Fällen zur Rettung von Entführungsopfern Foltermaßnahmen angeordnet werden dürfen. Hiergegen wird – letztlich überzeugend – das sog. Dammbruch-Argument geltend gemacht; wenn die Tür hin zur Folter als Mittel staatlichen Handels aufgemacht wird, kann dies zu einem Dammbruch, also zur schrittweisen Ausweitung auf andere, ggf. weniger gravierende Fälle führen.

V. Schutzpflicht

Beispielfall 39:
Die F-GmbH betreibt einen Freizeitpark mit Diskothek. Mit Plakaten wirbt die F wie folgt: „"Die neue Sensation aus den USA, Zwergenweitwurf, jetzt live in Eurer Disko, Bonsai-Warrior, ...". Gegenstand der Veranstaltung ist, dass sich an Kleinwüchsigkeit oder Mikrosomie leidende Menschen gegen Bezahlung zur Verfügung stellen, um von kräftigen Disko-Besuchern möglichst weit auf eine gepolsterte Fläche geworfen zu werden; wer „seinen Zwerg" am weitesten wirft, gewinnt.
Die zuständige Gewerbeaufsicht fragt sich, ob sie die Veranstaltung zum Schutz der Menschenwürde der Kleinwüchsigen verbieten darf.

Fraglich ist, wie weit die in Art. 1 Abs. 1 S. 2 GG normierte **Schutzpflicht** des Staates reicht, ob der Staat bspw. im Rahmen seiner Schutzpflicht gegen Menschenwürdeverstöße – durch den Staat oder Private – vorgehen muss.

So verbietet die **Strafprozessordnung** (§ 136a Abs. 3 StPO), Erkenntnisse aus Vernehmungen, die durch Misshandlung, durch Ermüdung, durch körperlichen Eingriff, durch Verabreichung von Mitteln, durch Quälerei, durch Täuschung oder durch Hypnose erreicht wurden, zu verwerten, auch wenn der Betroffenen der Erhebung bzw. Verwertung zustimmt.

Das *VG Neustadt* (*Weinstraße*) hat entschieden, dass auch bei **Einwilligung** durch die Betroffenen Zwergenweitwurfwettbewerbe wegen Verletzung der Menschenwürde durch Private zu verbieten seien.[33] Auch soll die Teilnahme von Frauen an Live-Peepshows gegen

[33] *VG Neustadt (Weinstraße)*, NVwZ 1993, 98, 99 f.

die Menschenwürde verstoßen.[34] Hiergegen wird vorgebracht, dass zwar eine Verletzung der Menschenwürde durch Private möglich und der Staat hier im Rahmen des Art. 1 Abs. 1 S. 2 GG einzuschreiten verpflichtet sein kann.

Ob und inwieweit eine **Einwilligung** des Betroffenen den Eingriff in die Menschenwürde und damit deren Verletzung ausschließen kann, ist umstritten. In Bezug auf Peep-Shows geht das Bundesverwaltungsgericht offenbar davon aus, dass die Einwilligung schlechthin ausgeschlossen sei.[35] Nach anderer Ansicht soll bei Einwilligung der Beteiligten, Freiwilligkeit unterstellt, ein Verstoß gegen die Menschenwürde ausgeschlossen sein.[36] Das Problem liegt, insb. in den Peepshow-Fällen, dann aber in der zweifelsfreien Feststellung der Freiwilligkeit. Wenig hilfreich ist in derartigen Fällen die Abgrenzung nach dem Vorliegen eines „Tabubruchs" als Grenze der Einwilligungsfähigkeit.[37] Dass eine Darstellung von Dritten als geschmacklos empfunden werden wird, vermag keinen Maßstab für die Vereinbarkeit mit der Menschenwürde zu abzugeben.

Lösung zu Beispielfall 39:
In Anwendung der Rechtsprechung des *VG Neustadt (Weinstraße)* hätte die zuständige Gewerbeaufsicht eine Handhabe, den Wettbewerb nach § 33a Abs. 2 Nr. 2 Gewerbeordnung (GewO) wegen des zu erwartenden Verstoßes gegen die guten Sitten zu verbieten. Der Sittenverstoß ergäbe sich dann aus dem Verstoß gegen die Menschenwürde. Bei Zugrundelegen der Ansicht des *VG Neustadt (Weinstraße)* sowohl eine Verletzung der staatlichen Schutzpflicht als auch – unmittelbare Drittwirkung – ein Eingriff durch die werfenden Gäste der Diskothek angenommen werden: *„Dabei kann der die Menschenwürde verletzende Angriff auch von privaten Personen ausgehen. Aufgrund seiner verfassungsrechtlichen Schutzpflicht ist der Staat in einem solchen Falle gehalten, die mit der Rechtsanwendung gegebenen Möglichkeiten zur Abwehr eines derartigen Angriffs auszuschöpfen."*[38]
Mit den zuvor genannten Argumenten könnte man den Verstoß gegen die Menschenwürde auch verneinen.

B Art. 2 Abs. 1 GG – allgemeine Handlungsfreiheit

Die etwas schwülstige Formulierung des Art. 2 Abs. 1 GG (*„Jeder hat das Recht auf die freie Entfaltung seiner Persönlichkeit, ..."*) sagt das aus, was in Art. 2 Abs. 2 Herrenchiemseer Entwurf[39] zum Grundgesetz etwas prosaischer klang: *„Jedermann hat die Freiheit, innerhalb der Schranken der Rechtsordnung und der guten Sitten alles zu tun, was anderen nicht schadet."*

---

34 BVerwGE 64, 274, 276 f.

35 *BVerwG*, NJW 1982, 664, 664 f.

36 *Dreier* in *Dreier*, Grundgesetz-Kommentar, Art. 1 I Rn. 152; *Pieroth/Schlink/Kingreen/Poscher*, Staatsrecht II, Rn. 372; *Herdegen* in MDHS, Grundgesetzkommentar, Art. 1 Abs. 1 GG Rn. 79; auch *OVG Hamburg*, DÖV 1987, 1024, 1024: Freiwillige Teilnahme an Peepshows schließt Menschenwürdeverstoß aus.

37 In diesem Sinne wohl *BayVGH*, NJW 2003, 1618, 1620 f. – Körperwelten.

38 *VG Neustadt (Weinstraße)*, NVwZ 1993, 98, 99.

39 Dazu oben Kap. 1 B I.

I. Allgemeines

Die allgemeine Handlungsfreiheit ist ein **Auffanggrundrecht**. Es ist nur einschlägig, wenn ein bestimmtes grundrechtlich geschütztes Verhalten nicht in den Schutzbereich eines spezielleren Grundrechts fällt.

Merke:
Es geht bei der Frage der Subsidiarität nicht darum, ob ein anderes Grundrecht verletzt ist. Bereits wenn die Tätigkeit unter den „Lebensbereich" eines Grundrechts zu fassen ist, also für ein bestimmtes Verhalten dessen Schutzbereich eröffnet ist, tritt Art. 2 Abs. 1 GG zurück.

Art. 2 Abs. 1 GG ist zugleich Auffanggrundrecht für Nicht-EU-Ausländer bezogen auf die Deutschenrechte.

Beispiel:
Während sich der griechische Kioskbesitzer – etwa bei gesetzlich verordneten Sortimentbeschränkungen (Kein Schnapsverkauf nach 22.00 Uhr) – auf die Berufsfreiheit als Deutschen- (bzw. EU-Ausländer-)grundrecht berufen kann, steht dem türkischen Kioskbesitzer insoweit (nur) Art. 2 Abs. 1 GG offen.

Zu beachten ist, dass diese Subsidiarität nur gegenüber anderen Freiheitsrechten gilt. Gegenüber Gleichheitsrechten tritt Art. 2 Abs. 1 GG **nicht** zurück. Daraus ergibt sich als Prüfreihenfolge, dass Art. 2 Abs. 1 GG, jedenfalls wenn er angesprochen wird, vor der Prüfung von Gleichheitsrechten angeordnet wird.[40]

II. Schutzbereich

Beispielfall 40:
Oma O hat ein Herz für Tauben. Deswegen zieht sie jeden Tag vor die Kirche ihres Heimatortes H, um die Tauben (überschlägig 250 Tiere mit wachsender Tendenz) mit Körnern und Brotresten zu beglücken. Dabei schert sie sich gerade mal Null um die nach § 29 OBG NRW erlassene ordnungsbehördliche Verordnung (samt Ordnungswidrigkeitentatbestand), mit der das Taubenfüttern auf näher bezeichneten Plätzen in H, unter anderem dem Kirchvorplatz, verboten wird. Das Ordnungsamt greift sich die O aus der Wolke von Brot, Kot und Taubenfedern, um sie auf das Schändliche ihres Tuns aufmerksam zu machen. Durch den anschließend formell ordnungsgemäß ergangenen Bußgeldbescheid sieht sie „ihr Recht auf Tierschutz aus Art. 20a GG" und ihre allgemeine Handlungsfreiheit aus Art. 2 Abs. 1 GG verletzt.
Zu Recht?

40 Zum Grundsatz „Freiheit vor Gleichheit" schon oben Kap. 7 F I 1.

1. Sachlicher Schutzbereich

Der sachliche Schutzbereich des Art. 2 Abs. 1 GG ist denkbar weit. Er umfasst **jede Verhaltensweise**, die sich nicht unter ein Spezialgrundrecht subsumieren lässt. Geschützt ist jedes Verhalten, gleich, ob es sozialethisch wertvoll ist, ohne Rücksicht darauf, welches Gewicht der Betätigung für die Persönlichkeitsentfaltung zukommt[41]. Erfasst ist das Taubenfüttern[42], das Sich berauschen[43] oder das Tragen einer bestimmten Haartracht[44]. Geschützt ist aber auch das Recht auf wirtschaftliche Handlungsfreiheit[45], das Recht auf freie wirtschaftliche Betätigung[46] und die Vertragsfreiheit[47], soweit nicht durch Spezialgrundrechte erfasst.[48] Schließlich war dem Bundesverfassungsgericht auch die Freiheit, auf dem Rücken eines Pferdes im Walde zu reiten, einer Betrachtung unter dem Aspekt der allgemeinen Handlungsfreiheit wert.[49]

2. Persönlicher Schutzbereich

In persönlicher Hinsicht ist die allgemeine Handlungsfreiheit jedem Menschen gewährt. Mit der schon angesprochenen Funktion als Auffanggrundrecht für Nicht-EU-Ausländer bez. der Deutschengrundrechte gewährt Art. 2 Abs. 1 GG auch diesen Ausländern **lückenlosen Grundrechtsschutz**. Zugleich ist die allgemeine Handlungsfreiheit dem Wesen nach auf juristische Personen anwendbar (Art. 19 Abs. 3 GG), dies gerade im Bereich wirtschaftlicher Betätigung.[50]

III. Eingriff

Beispielfall 41:
Die 16jährige C ist eine Sonnenanbeterin. Da der Herbst im Ruhrgebiet wenig Raum für derartige Vergnügungen hergibt, beschließt sie, das Sonnenstudio des S aufzusuchen, um ihrem über den Sommer in die Anmutung eines Brathähnchens mutierten Teint nachzuhelfen. Empört stellt sie fest, dass sie der Sonnenstudiobesitzer S nicht auf den Grill lassen will („*Dukummshiernitrein!*“ Klassiker!). Er beruft sich auf § 4 des Gesetzes zum Schutz vor nichtionisierender Strahlung bei der Anwendung am Menschen (NiSG), der es Sonnenstudiobesitzern verbietet, Minderjährige zu bedienen.
Liegt für C ein Eingriff in Art. 2 Abs. 1 GG vor?

---

41 So ausdrücklich BVerfGE 90, 145, 171.

42 *BVerfG*, NJW 1980, 2572, 2572.

43 BVerfGE 90. 145, 171.

44 *BayVGH*, BayVBl 2003, 212, 213 f. – der „gepflegte Lagerfeld-Zopf“ bei Polizisten.

45 BVerfGE 128, 193, 206 f.

46 BVerfGE 12, 341 ff.

47 *BVerfG*, NZA 2007, 42, 45.

48 Zum Katalog denkbarer Schutzgüter des Art. 2 Abs. 1 GG vgl. *Lang* in BeckOK GG, Art. 2 GG Rn. 6.

49 BVerfGE 80, 137 ff.

50 Vgl. *Lang* in BeckOK GG, Art. 2 GG Rn. 19.

Die Weite des Schutzbereichs führt dazu, dass praktisch **jedes staatliche Verhalten** mit einer Verkürzung der allgemeinen Handlungsfreiheit einhergehen kann. Dies hat zu der Überlegung geführt, dass die Geltung des sog. modernen Eingriffsbegriffs für die allgemeine Handlungsfreiheit ausgeschlossen sein soll.[51] Mit dem Ausschluss mittelbar-faktischer Eingriffe in den Schutzbereich des Art. 2 Abs. 1 GG wäre die Zahl der denkbaren Eingriffstatbestände tatsächlich besser eingrenzbar. Allerdings ist für diese Einschränkung außer Praktikabilitätserwägungen wenig vorzubringen. Insb. lässt sich eine derartige systemfremde Einschränkung normativ quasi nicht begründen.

Sinnvoller erscheint es – wohlgemerkt unter Inkaufnahme von Unschärfen durch Wertungsgesichtspunkte –, die mittelbar-faktischen Eingriffe zuzulassen, gleichzeitig aber die Weite der denkbaren Eingriffe durch Ausscheiden reiner **Belästigungen**, die dann die Schwelle eines Eingriffs nicht erreichen, auszuscheiden.[52]

Lösung zum Beispielfall 41:
Ein klassischer Eingriff liegt bez. C nicht vor, da es der Staat nur den Sonnenstudiobesitzern rechtsförmig durch Gesetz verbietet, Minderjährige zu bedienen. Ein ausdrückliches gesetzliches Verbot ggü. Minderjährigen wird nicht ausgesprochen. Also könnte bezogen aus C allenfalls – aber immerhin – ein mittelbar faktischer Eingriff vorliegen. Dieser wäre gegeben, da der Staat durch befehlendes Einwirken auf den Sonnenstudiobesitzer (insoweit klassischer Eingriff in dessen Art. 12 Abs. 1 GG) mittelbar erreichen will, dass Minderjährige nicht auf den Grill kommen (Finalität im engeren Sinne[53]). Nimmt man eine Beschränkung auf klassische Eingriffe an, läge damit – wenig überzeugend – im mittelbar-faktischen Einwirken auf C kein Eingriff in deren Handlungsfreiheit. Schließt man mittelbar-faktische Eingriffe ein, wäre allenfalls zu fragen, ob hier eine reine Bagatelle vorliegt. Allerdings dürfte dies bei dem ernsthaften Bräunungswunsch der C, dem nicht entsprochen wird, nicht anzunehmen sein.

Zugleich muss bei Einbeziehung der mittelbar-faktischen Eingriffe – wiederum wertend – das Erfordernis einer gewissen **Unmittelbarkeit** zwischen staatlichem Handeln und Grundrechtsverkürzung beachtet werden.

IV. Verfassungsrechtliche Rechtfertigung

Mit der Weite des Schutzbereich und der Weite der Eingriffsmöglichkeiten korrespondiert die Weite der **Einschränkungsmöglichkeiten**, die in Art. 2 Abs.1 2. HS GG angelegt ist.

---

51 Mit dieser Ansicht offenbar sympathisierend *Pieroth/Schlink/Kingreen/Poscher*, Staatsrecht II, Rn. 403 f.

52 In diesem Sinne *Lang* in BeckOK GG, Art. 2 GG Rn. 23.

53 Zu den Anforderungen an den mittelbar-faktischen Eingriff insoweit oben Kap. 7 H II 2.

1. Schranken

Art. 2 Abs. 1 2. Hs. GG stellt die allgemeine Handlungsfreiheit unter den Vorbehalt der Verletzung von Rechten anderer, des Verstoßes gegen die verfassungsmäßige Ordnung oder das Sittengesetz. In diesem Kontext wird von der sog. „**Schrankentrias**" gesprochen.

a) Rechte anderer

Rechte anderer umfassen nicht **Beeinträchtigungen** bloßer Interessen (die schöne Aussicht vom Balkon auf den Dom, der am liebsten immer freie Parkplatz auf der Straße vor der eigenen Wohnung), gemeint sind vielmehr subjektive Rechte des Einzelnen[54], also geschützte Rechtspositionen, auf die sich der Einzelne berufen kann.

b) Verfassungsmäßige Ordnung

Die verfassungsmäßige Ordnung erfasst alle formell und materiell verfassungsgemäßen **Rechtssätze** gleich welchen Ranges; erfasst sind Parlamentsgesetze, Verordnungen, Satzungen oder sonstiges Ortsrecht bis hin zu ordnungsbehördlichen Verordnungen.[55]

c) Sittengesetz

Das Sittengesetz beschreibt nicht etwa überkommene **Moralvorstellungen** der Masse der Bevölkerung. So würde man sexuelle Beziehungen zu unbelebten Gegenständen (Paraphilie oder Objektophilie) sicherlich nicht als mit den Moralvorstellungen der überwiegenden Bevölkerung übereinstimmend empfinden. Gleichwohl verstoßen derartige Neigungen nicht gegen das Sittengesetz. Erfasst sind vielmehr die positiv-rechtlich normierten Bereiche von Treu und Glauben und der guten Sitten im Sinne einer in der Gesellschaft vorherrschenden Rechtsmoral, so wie bspw. in §§ 242, 138 BGB niedergelegt.

d) Verhältnis der Schranken zueinander

Die Ausprägungen der drei Schranken der Schrankentrias zeigen bereits, dass sowohl die Rechte anderer als auch das Sittengesetz von der verfassungsmäßigen Ordnung erfasst werden, so dass die **verfassungsmäßige Ordnung** die einzig bedeutsame Schranke der allgemeinen Handlungsfreiheit ist.[56]

---

[54] *Pieroth/Schlink/Kingreen/Poscher*, Staatsrecht II, Rn. 410.

[55] *BVerfG*, NJW 1980, 2572, 2572.

[56] So statt vieler auch *Lang* in BeckOK GG, Art. 2 GG Rn. 24.

2. Schranken-Schranken

Damit erweist sich allerdings der Grundsatz der **Verhältnismäßigkeit** als die eigentliche Schranken-Schranke der allgemeinen Handlungsfreiheit. Selbstverständlich müssen Gesetze, die die Handlungsfreiheit einschränken, formell ordnungsgemäß zustande gekommen sein. Sie müssen auch hinreichend bestimmt sein. Das Zitiergebot ist schon wegen des Wortlauts des Schrankenvorbehalts[57] nicht zu beachten. Dass der Wesensgehalt der allgemeinen Handlungsfreiheit angetastet wird, ist nicht vorstellbar. Letztlich reduziert sich die Schranken-Schranken-Prüfung damit – nur, aber immerhin – zumeist auf die Frage, ob der Staat mit seiner Regelung bzw. Maßnahme der allgemeinen Handlungsfreiheit des Betroffenen hinreichend Raum gelassen hat. Im Ergebnis sind die Schranken der allgemeinen Handlungsfreiheit damit sehr weitgehend, jedoch muss sich jede einschränkende Regelung jedenfalls dem Prüfstand der Verhältnismäßigkeit stellen.

Lösung zum Beispielfall 40:
Um auf Oma O zurück zu kommen: Auf Art. 20a GG kann sich O nicht berufen, da dieser kein subjektives Recht auf Tierschutz gewährt.[58] Allerdings ist auch das Taubenfüttern vom weiten Schutzbereich des Art. 2 Abs. 1 GG erfasst. Durch das Verbot, Tauben zu füttern und die damit verbundene Sanktion ist das Grundrecht der O verkürzt, liegt ein (klassischer) Eingriff vor. Als Schranke kommt hier die auf das OBG NRW gestützte ordnungsbehördliche Verordnung als Ortsrecht des Stadt H in Betracht, die Teil der verfassungsmäßigen Ordnung sein müsste. Sie ist formell ordnungsgemäß zustande gekommen. Fraglich ist allenfalls die materielle Verfassungsmäßigkeit, insb. die Verhältnismäßigkeit. Zweck derartiger Verordnungen ist regelmäßig das Zurückdrängen der Taubenpopulation, um die Übertragung von Krankheiten und Schäden an Gebäuden zu minimieren. Hierzu ist die Verordnung geeignet und erforderlich. In der Angemessenheit steht dem Wunsch der O, Tauben zu füttern, das Interesse der Allgemeinheit und des Einzelnen am Schutz der Gesundheit und bedeutender Sachwerte gegenüber. Insoweit muss das Recht der O zurückstehen. Die Verordnung ist auch materiell verfassungsgemäß und vermag das Recht der O aus Art. 2 Abs. 1 GG zurückzudrängen. Oma O ist nicht in der allgemeinen Handlungsfreiheit verletzt.

V. Aufbauhinweis

Wenn Art. 2 Abs. 1 GG gegenüber anderen Grundrechten **subsidiär** ist, stellt sich die Frage, ob und ggf. wann Art. 2 Abs. 1 GG in der Klausur überhaupt Erwähnung finden muss, wenn der Schutzbereich anderer speziellerer Freiheitsrechte eröffnet ist. Hier ist folgende (vorsichtige) Empfehlung zu geben:

---

57 Dazu oben Kap. 7 G II.

58 Dazu oben Kap. 2 F I.

- Wenn der Grundrechtsbetroffene sich nicht auf bestimmte Grundrechte beruft, und sämtliche (!) Verhaltensweisen unter Spezialgrundrechte zu fassen sind, ist es nicht dringend notwendig, den stereotypen Hinweis zu geben, dass Art. 2 Abs. 1 GG im Wege der Subsidiarität hinter die speziellen Grundrechte zurücktritt.
- Rügt der Grundrechtsbetroffene ausdrücklich auch die Verletzung von Art. 2 Abs. 1 GG, sollte das Zurücktreten des Art. 2 Abs. 1 GG hinter die Spezialgrundrechte kurz erwähnt werden.
- Dabei ist aber stets darauf zu achten, ob nicht doch irgendwas an menschlichem Verhalten nicht unter Spezialgrundrechte fällt und damit für die Anwendung der allgemeinen Handlungsfreiheit übrigbleibt.

C Art. 2 Abs. 1 iVm Art. 1 Abs. 1 GG – Allgemeines Persönlichkeitsrecht

Das allgemeine Persönlichkeitsrecht ist ein sog. **unbenanntes Freiheitsrecht**, das also keinen besonderen Freiheitsbereich schützt, wie es die „benannten" Freiheitsrechte mit ihren speziellen Gewährleistungen (Glaube, Meinung, Versammlung usw.) tun. *„Seine Aufgabe ist es, im Sinne des obersten Konstitutionsprinzips der ‚Würde des Menschen' (Art. 1 Abs. 1 GG) die engere persönliche Lebenssphäre und die Erhaltung ihrer Grundbedingungen zu gewährleisten, die sich durch die traditionellen konkreten Freiheitsgarantien nicht abschließend erfassen lassen. Wegen der Eigenart des allgemeinen Persönlichkeitsrechts hat die Rechtsprechung des Bundesverfassungsgerichts den Inhalt des geschützten Rechts nicht abschließend umschrieben, sondern seine Ausprägungen jeweils anhand des zu entscheidenden Falles herausgearbeitet."*[59]

In der Folge dieser Feststellung steht zugleich fest, dass der Schutzbereich des allgemeinen Persönlichkeitsrechts nach dem Stand der Rechtsprechung nicht abschließend beschrieben sein dürfte, dass vielmehr auch zukünftig neue Facetten des allgemeinen Persönlichkeitsrechts „gefunden" werden.

I. Allgemeines

Die Herleitung des allgemeinen Persönlichkeitsrechts nimmt das Bundesverfassungsgericht anhand des Art. 2 Abs. 1 GG vor, verstärkt durch Art. 1 Abs. 1 GG. Durch die Heranziehung von Art. 1 Abs. 1 GG wird die Gewährleistung des Art. 2 Abs. 1 GG, frei vom Staat *handeln* zu dürfen, um die Komponente ergänzt, frei vom Staat *sein* zu dürfen. Geschützt ist damit das **passive Element** der Entfaltung der **Persönlichkeit**, während die allgemeine Handlungsfreiheit das aktive Element der Persönlichkeitsentfaltung schützt.[60] Das allgemeine Persönlichkeitsrecht hebt sich damit vom Schutzbereich der allgemeinen Handlungsfreiheit ab und dient dem Schutz der menschlichen Persönlichkeit.

---

59 So BVerfGE 54, 148, 153 f.

60 In diesem Sinne BVerfGE 54, 148, 153.

Das Bundesverfassungsgericht begründet das damit, dass *„dem Einzelnen um der freien und selbstverantwortlichen Entfaltung seiner Persönlichkeit willen ein ‚Innenraum' verbleiben muss, in dem er ‚sich selbst besitzt' und ‚in den er sich zurückziehen kann, zu dem die Umwelt keinen Zutritt hat, in dem man in Ruhe gelassen wird und ein Recht auf Einsamkeit genießt'."*[61]

Soweit das allgemeine Persönlichkeitsrecht eingreift, geht es der allgemeinen Handlungsfreiheit vor, steht aber hinter spezielleren Grundrechten zurück.

II. Schutzbereich

1. Sachlicher Schutzbereich

a) Allgemein

Der sachliche Schutzbereich ist vielgestaltig und kann im Zweifel nicht abschließend bestimmt werden. Denn es ist nicht auszuschließen, dass sich aus technischen und sozialen Entwicklungen neue Gefährdungen ergeben, die einen ergänzenden Schutz anhand des allgemeinen Persönlichkeitsrechts erfordern. Anerkannt sind nach der Rechtsprechung des Bundesverfassungsgerichts verschiedene Facetten des allgemeinen Persönlichkeitsrechts, die sich unter das Recht auf **Selbstbewahrung**, das Recht auf **Selbstdarstellung** und das Recht auf **Selbstentfaltung** fassen lassen.

aa) Recht auf Selbstbewahrung

Geschützt ist das Recht auf **Selbstbewahrung**, also insbesondere in der Privatsphäre, der Geheim- und der Intimsphäre unangetastet zu bleiben.[62] Hierzu zählt auch das Recht, sich nicht selbst bezichtigen zu müssen, ebenso die Vertraulichkeit des Tagebuchs[63] und das Vertrauen auf das Unterbleiben von verdeckten Abhörmaßnahmen im Auto (was zu deren Unverwertbarkeit führen kann).[64]

Ausdrucksformen der eigenen **Sexualität** gehören grundsätzlich in den absolut geschützten Kernbereich des allgemeinen Persönlichkeitsrechts.[65] Dies gilt jedenfalls dann, wenn der Betroffene diese Informationen geheim halten will.[66] Zu trennen ist aber die Beschränkung der Ausforschung oder Kundgabe durch Dritte von der – nicht unbeschränkten – Freiheit der sexuellen Selbstentfaltung, etwa in Fällen des Inzestes und der Sodomie.[67]

---

61 BVerfGE 27, 1, 6

62 BVerfGE 54, 148, 153 ff.

63 BVerfGE 80, 367, 373.

64 *BGH*, NJW 2012, 945 ff.

65 BVerfGE 119, 1, 29 f.

66 Vgl. insoweit *BGH*, NJW 2012, 767, 769 f., zum Fall der Berichterstattung über einen Pornodarsteller, der sich – erfolglos – gegen eine Berichterstattung über ihn und seine neue Freundin unter Bezugnahme auf seine aktuellen Pornofilme mit Sexualverkehr „ohne Kondom" wehren wollte.

67 Dazu sogleich unten Kap. 4 D II a cc.

Abzugrenzen ist die Privat- oder Intimsphäre von einem Bereich abgestufter Schutzbedürftigkeit, der mit dem Auftreten in der Öffentlichkeit schließlich in der **Sozialsphäre** mündet, die deutlich weniger Schutz genießt.

> **Merke:**
> Früher hat das Bundesverfassungsgericht in deutlicher abgrenzbaren Kreisen (Intimsphäre – absolut unantastbar, Privatsphäre – regelmäßig unantastbar, es sei denn, es wird, bspw. durch „Homestories", Zugang gewährt, Sozialsphäre – geringer Schutz) gedacht. Neuerdings ist die Rechtsprechung eher durch den nach wie vor unantastbaren Schutz der Intimsphäre, darüber hinaus aber einem fließenden Übergang abnehmender Schutzintensität über die Privat- in die Sozialsphäre geprägt.

Die letzte Ausprägung des Rechts auf Selbstbewahrung, die das Bundesverfassungsgericht entwickelt hat, ist das Recht auf Vertraulichkeit und Integrität informationstechnischer Systeme, das sog. „**Computergrundrecht**", das vor staatlicher Ausspähung im Wege von Online-Überwachungen („Bundestrojaner") schützt.[68]

bb) Recht auf Selbstdarstellung

Gegenstand des Rechts auf **Selbstdarstellung** ist ua das Recht der persönlichen Ehre,[69] das Recht am eigenen Namen, hier bez. des Rechts auf Mehrfachnamen,[70] das Recht am eigenen geschriebenen und gesprochenen Wort[71] und das Recht am eigenen Bild.[72]

Das Recht am eigenen Bild bietet immer wieder dann Konfliktpotential, wenn es um die Ablichtung von in der Öffentlichkeit stehenden Persönlichkeiten geht. Dies können sein: Bekannte Politiker, Wirtschaftslenker, berühmte Schauspieler, legendäre Sportler und Angehörige von Königshäusern oder Adelsgeschlechtern. Grundlage für ein eventuelles Recht bspw. der Presse oder des Rundfunks auf Abbildungen ohne Einwilligung der Betroffenen ist § 23 Kunsturhebergesetz (KunstUrhG), der lautet

---

§ 23 KunstUrhG

(1) Ohne die nach § 22 erforderliche Einwilligung dürfen verbreitet und zur Schau gestellt werden:

1. Bildnisse aus dem Bereiche der Zeitgeschichte;
2. Bilder, auf denen die Personen nur als Beiwerk neben einer Landschaft oder sonstigen Örtlichkeit erscheinen;

---

68 BVerfGE 120, 274, 302 ff.

69 BVerfGE 54, 208, 217.

70 BVerfGE 123, 90 ff.; im Ergebnis billigt das Bundesverfassungsgericht die Einschränkung von Mehrfachnamen.

71 BVerfGE 54, 148, 155.

72 BVerfGE 35, 202, 220; BVerfGE 101, 361, 380 – Caroline von Monaco.

3. Bilder von Versammlungen, Aufzügen und ähnlichen Vorgängen, an denen die dargestellten Personen teilgenommen haben;
4. Bildnisse, die nicht auf Bestellung angefertigt sind, sofern die Verbreitung oder Schaustellung einem höheren Interesse der Kunst dient.

(2) Die Befugnis erstreckt sich jedoch nicht auf eine Verbreitung und Schaustellung, durch die ein berechtigtes Interesse des Abgebildeten oder, falls dieser verstorben ist, seiner Angehörigen verletzt wird.

Nach früherer Rechtsprechung, so des Bundesgerichtshofs, bestand bei so genannten **„absoluten Personen der Zeitgeschichte"** stets ein Informationsinteresse. Absolute Personen der Zeitgeschichte waren solche, die „Zeitgeschichte machen und die über ihren Tod hinaus ständige Personen der Zeitgeschichte bleiben, also alle, die durch Geburt, Stellung, Leistungen, Taten oder Untaten im Bereich der Zeitgeschichte unter den Mitmenschen außergewöhnlich hervorragen und die deshalb im Blickfeld der Öffentlichkeit stehen".[73] Bei derartigen Personen war eine Verbreitung von Bildern auch ohne Einwilligung grundsätzlich zulässig, wenn nicht im Einzelfall schützenswerte Interessen dagegen sprachen. **Relative Personen der Zeitgeschichte** waren dagegen solche, die – ggf. auch unfreiwillig – aufgrund eines konkreten Anlasses gleichsam vorübergehend in den Fokus der Öffentlichkeit geraten waren. Bei diesen Personen („Filmsternchen", Opfer von Unglückfällen uÄ) war die Vermutung für das überwiegende Informationsinteresse nur für einen beschränkten Zeitraum und in beschränktem Umfang zu bejahen, bezogen auf das Ereignis, das die Eigenschaft als relative Person der Zeitgeschichte ausmachte.[74]

Aufgrund einer Entscheidung des Europäischen Gerichtshofs für Menschenrechte[75] hat die Rechtsprechung insoweit einen **Wandel** erfahren, als – auch bei früheren absoluten Personen der Zeitgeschichte – nunmehr keine Vermutung mehr für ein überwiegendes Informationsinteresse besteht; vielmehr ist stets eine **Einzelfallabwägung** vorzunehmen. Abgestellt wird nunmehr nicht mehr auf die Person und ihre Bekanntheit, sondern vielmehr auf das **einzelne Ereignis** und dessen Relation zur Zeitgeschichte. Wenn ein überwiegendes Informationsinteresse an dem betreffenden Ereignis vorliegt, ist der Schutz am eigenen Bild im Sinne des § 23 Abs. 1 Nr. 1 KunstUrhG eingeschränkt. Damit ist die Unterscheidung zwischen absoluten und relativen Personen der Zeitschichte mittlerweile verzichtbar. Ereignisse der Zeitgeschichte sind dabei alle Geschehnisse mit gesellschaftliche Relevanz. Gefragt wird insbesondere nach dem Beitrag der Berichterstattung zur öffentlichen Meinungsbildung, was gleichzeitig dazu führt, dass der Begriff des Ereignisses der Zeitgeschichte recht breit gefasst wird. Abzuwägen ist in jedem Einzelfall zwischen dem Grad des Informationsinteresses und dem konkreten Schutzinteresse des Betroffenen.[76]

---

73 So *Specht* in Dreier/Schulze, Urheberrechtsgesetz, 5. Aufl. 2015, § 23 KunstUrhG Rn. 5.

74 *Specht* in Dreier/Schulze, Urheberrechtsgesetz, 5. Aufl. 2015, § 23 KunstUrhG Rn. 6. 8.

75 EGMR, NJW 2004, 2647 ff. – *Caroline von Monaco*.

76 *BGH*, GRUR 2007, 527, 529.

Das allgemeine Persönlichkeitsrecht ist damit zugleich häufiger Anwendungsfall der sog. „**mittelbaren Drittwirkung**" von Grundrechten, klassisch im Kontakt von Presseberichterstattung und dem Objekt dieser Berichterstattung. Hier wird auf der einen (Presse-)Seite ein berechtigtes Interesse an der Berichterstattung geltend gemacht, während sich die andere Seite unter Berufung auf das allgemeine Persönlichkeitsrecht gegen diese Berichterstattung zur Wehr setzen möchte. Gewährt wird jedenfalls der **Schutz vor verfälschender und entstellender Darstellung**,[77] ggf. mit dem Recht auf Gegendarstellung. Geschützt ist auch das Recht am eigenen Bild und Wort, insb. wenn Prominente in jeder Situation damit rechnen müssen, durch verdeckte Aufnahmegeräte aufgenommen und später ohne eigene Einflussnahmemöglichkeit abgebildet zu werden.[78]

Beispielfall 42:
Prinzessin C von M sieht in der Zeitschrift „Einfarbige" folgende Überschrift: „Prinzessin C von M verzweifelt: Schlägt er auch ihre Kinder?" Illustriert wird das Ganze von einem Foto, das C mit ihren Kindern A und B, beide weinend, im Arm zeigt. Sie erinnert sich genau, dass das Foto anlässlich eines Pressetermins entstanden ist, zu dem ein tölpelhafter Hofschranze der Familie mal so nebenbei das Ableben des Lieblingslabradors der fürstlichen Familie, L von Wuff, kündete.
Hintergrund des Berichtes in der „Einfarbigen" ist, dass der Ehemann der Prinzessin, E A von H, kürzlich wegen brutalen Eindreschens auf einen Gastwirt in Marbella verurteilt worden war.
C verlangt vor dem Zivilgericht mit Blick auf das allgemeine Persönlichkeitsrecht (Art. 2 Abs. 1 GG iVm 1 Abs. 1 GG) Unterlassung, die „Einfarbige" und ihr Reporter berufen sich auf die Presse- und Meinungsäußerungsfreiheit (Art. 5 Abs. 1 GG).
Kann C sich erfolgreich auf ihre Grundrechte und die ihrer Kinder berufen?

Das **Recht am eigenen Wort** schützt ua davor, dass einem durch Dritte Worte in den Mund gelegt werden und entstellend oder verfälschend zitiert wird. Es bewahrt davor, dass jemandem Äußerungen zugeschrieben werden, die er nicht getan hat und die seine Privatsphäre oder den von ihm selbst definierten sozialen Geltungsanspruch beeinträchtigen. Der grundrechtliche Schutz wirkt dabei nicht nur gegenüber Fehlzitaten, sondern auch gegenüber unrichtigen, verfälschten oder entstellten Wiedergaben einer Äußerung. Gleichwohl hat der Bundesgerichthof eine Presseberichterstattung gebilligt, die eine Interpretation einer Äußerung darstellte, aber als wörtliche Äußerung gekennzeichnet war; der Bundesgerichtshof begründete seine Entscheidung damit, dass die tatsächliche Äußerung nicht mehrdeutig gewesen sei und die Interpretation die einzig zutreffende Deutung widergegeben habe.[79]

Zum Recht auf Selbstdarstellung gehört auch ein Recht auf **individuelle Gestaltung seines Äußeren** bspw. durch Wahl der Kleidung, so im Falle des Wunsches eines Strafgefangenen, nicht in Anstaltskleidung vor Gericht vorgeführt zu werden.[80]

---

77 BVerfGE 99, 185, 194. Vgl. insoweit auch *BGH*, NJW 2012, 767, 769 f.

78 BVerfGE 101, 361, 381 – Caroline von Monaco.

79 *BGH*, NJW 2011, 3516, 3516 f.

80 *BVerfG*, NJW 2000, 1399, 1399.

Keinen Anspruch gewährt das allgemeine Persönlichkeitsrecht dahingehend, öffentlich nur so dargestellt zu werden, wie es dem eigenen Selbstbild entspricht oder es einem **selbst genehm** ist. So ist insb. dann, wenn bspw. zuvor Aspekte der Sexualität öffentlich kundgetan werden, eine Berufung auf die Intimsphäre ausgeschlossen; der Wunsch, die betreffenden Informationen nicht nach außen dringen zu lassen, genießt dann ggf. nur noch einen abgeschwächten Schutz, nach früherer Diktion der Rechtsprechung den der Privat- oder nur der Sozialsphäre.[81]

cc) Recht auf Selbstentfaltung

Das Recht auf **Selbstentfaltung** umfasst bspw. das Recht auf schuldangemessene Strafe;[82] so ist bei der Festsetzung der Strafe das gerechte Verhältnis zwischen Tatschwere und Verschulden des Täters unter Berücksichtigung der besonderen Umstände des einzelnen Falles zu beachten. Der Schuldgrundsatz in seiner die Strafe begrenzenden Auswirkungen ist damit zugleich Ausdruck des Verhältnismäßigkeitsgrundsatzes. Erfasst ist auch das Recht auf Resozialisierung.[83]

Das Bundesverfassungsgericht hat als Teil des Rechts auf Selbstentfaltung ebenso das Recht des Minderjährigen anerkannt, in die Volljährigkeit ohne Schulden übergehen zu dürfen.[84] Zugleich besteht auch ein Recht auf **sexuelle Selbstentfaltung** und **Selbstbestimmung**, bspw. in Form des Rechts auf Fortpflanzung. Problematisch sind die Fälle des nach StGB strafbaren Inzestes (§ 173 Abs. 2 StGB), der, anders als dies für den Bereich der sexuellen Selbstentfaltung regelmäßig gilt, nicht in die unantastbare Intimsphäre zu rechnen ist, sondern aufgrund seiner Wirkungen über das Intimleben hinaus auch Belange Dritter und der Gemeinschaft berührt.[85] Gebilligt wurde jüngst auch das Verbot der Sodomie nach §§ 3 Nr. 13, 18 Abs. 1 Nr. 4, Abs. 4 TierschG.[86]

Leistungsrechtliche Komponenten weist das allgemeine Persönlichkeitsrecht bspw. auf bez. des Rechts auf Kenntnis von der eigenen Abstammung, da diese auch im Bewusstsein des Einzelnen eine Schlüsselstellung für Individualitätsfindung und Selbstverständnis einnehme.[87]

b) Insbesondere: Recht auf informationelle Selbstbestimmung

Teil des Rechts auf **Selbstbewahrung** ist das Recht auf **informationelle Selbstbestimmung**, also ein Verfügungsrecht über die eigenen Daten. „Gefunden" wurde dieses Recht im Volkszählungsurteil[88]. Das Urteil ist getragen von der Erkenntnis, dass der Staat mit den Mög-

---

81 Vgl. insoweit wiederum *BGH*, NJW 2012, 767, 769 f.,

82 BVerfGE 95, 96, 140 – Mauerschützen.

83 BVerfGE 35, 202, 235 ff. – Lebach.

84 BVerfGE 72, 155, 170.

85 BVerfGE 120, 224, 238 ff.

86 *BVerfG*, NJW 2016, 1229, 1229 f.

87 BVerfGE 79, 256, 268 ff.

88 BVerfGE 65, 1, 41 ff. - Volkszählung.

lichkeiten moderner Datenverarbeitung aus verstreuten, für sich unbedenklichen Einzeldaten umfassende Persönlichkeitsstrukturen abbilden kann. Aufgrund der Möglichkeit, Daten zusammenzuführen, gibt es zur Überzeugung des Bundesverfassungsgerichts keine belanglosen Daten mehr.[89] Aus dem Recht auf informationelle Selbstbestimmung folgt, dass der Mensch Schutz gegen unbegrenzte Erhebung, Speicherung, Verwendung und Weitergabe seiner persönlichen Daten genießt.

Das Bundesverfassungsgericht führt insoweit wörtlich aus:[90]

> *„Mit dem Recht auf informationelle Selbstbestimmung wären eine Gesellschaftsordnung und eine diese ermöglichende Rechtsordnung nicht vereinbar, in der Bürger nicht mehr wissen können, wer was wann und bei welcher Gelegenheit über sie weiß. Wer unsicher ist, ob abweichende Verhaltensweisen jederzeit notiert und als Information dauerhaft gespeichert, verwendet oder weitergegeben werden, wird versuchen, nicht durch solche Verhaltensweisen aufzufallen."*

Damit sind alle Daten geschützt, die geeignet sind, einen Bezug zu einer bestimmten Person herzustellen.

2. Persönlicher Schutzbereich

Das allgemeine Persönlichkeitsrecht ist **Jedermanngrundrecht**. Umstritten ist die wesensmäßige Anwendbarkeit auf juristische Personen nach **Art. 19 Abs. 3 GG**. Teilweise wird vertreten, dass hier wegen der Nähe des allgemeinen Persönlichkeitsrechts zur Menschenwürde nur der Schutz des Art. 2 Abs. 1 GG greift.[91] Sofern der juristischen Person das Recht am eigenen Wort zugestanden wird, soll dies auch nur aus Art. 2 Abs. 1 GG folgen.[92] Zugleich wird das allgemeine Persönlichkeitsrecht in der Zivilrechtsprechung auf den Bereich wirtschaftlicher Betätigung erstreckt. So bejaht der Bundesgerichtshof die Anwendbarkeit des allgemeinen Persönlichkeitsrechts nach Art. 19 Abs. 3 GG im Falle des Namens einer Handelsgesellschaft,[93] ohne aber eine eindeutige Herleitung aus Art. 2 Abs. 1 iVm Art. 1 Abs. 1 GG vorzunehmen; die Wendung, dass *„diese Befugnis* [den Namen werbend zu verwenden, Anm. d. Verf] *Teil des nur dem Namensträger selbst zustehenden Rechts auf (...) auf freie Entfaltung der Persönlichkeit"* sei, legt die Anwendung wiederum nur des Art. 2 Abs. 1 GG nahe.

---

89 BVerfGE 65, 1, 45 - Volkszählung.

90 BVerfGE 65, 1, 43 - Volkszählung.

91 So in der Tendenz wohl *BVerfG*, NJW 1994, 1784, 1784.

92 BVerfGE 106, 28, 43.

93 *BGH*, NJW 1981, 2402, 2402 f.

III. Eingriff

1. Allgemein

Eingriffe sind sowohl als **klassische** wie als **mittelbar-faktische Eingriffe** möglich. Rechtsförmige Eingriffe sind staatliche Ge- und Verbote, die den Schutzbereich in der eben beschrieben Weite beeinflussen. Eingriffe im klassischen Sinne sind auch Verurteilungen bspw. wegen strafbaren Inzestes.[94] Denkbar ist auch die – regelmäßig nicht rechtsförmige – staatliche Einsichtnahme in Tagebücher bspw. in Ermittlungsverfahren oder im Strafprozess.

In den beschriebenen Fällen **mittelbarer Drittwirkung** liegt der Eingriffsakt bspw. in Entscheidungen der Gerichte, die bestimmte Formen und Inhalte der Berichterstattung, gegen die sich der Grundrechtsträger wehren will, billigen.

2. Insbesondere: Recht auf informationelle Selbstbestimmung

Auch hier sind Eingriffe im **klassischen** wie im **mittelbar-faktischen** Sinne denkbar. Klassische Eingriffe können vorliegen, wenn ein Betroffener – etwa im Rahmen polizeilicher Identitätsfeststellung – zur Preisgabe von Daten aufgefordert wird.

Im Bereich des Rechts auf informationelle Selbstbestimmung überwiegen aber im Zweifel die **nicht-rechtsförmigen Eingriffe**. So kann ungezielte, massenhafte Datenspeicherung zum Eingriff führen. Auch heimliche Abhörmaßnahmen erfüllen nicht den Tatbestand des rechtsförmigen Eingriffs, sondern haben faktischen Charakter.[95]

IV. Verfassungsrechtliche Rechtfertigung

1. Schranken

Schranken ergeben sich für das allgemeine Persönlichkeitsrecht vornehmlich aus der **verfassungsmäßigen Ordnung** als Teil der Schrankentrias nach Art. 2 Abs. 1 GG. Die Herleitung auch aus der Menschenwürde führt nicht zur Unantastbarkeit des Grundrechts. Verlangt ist aber regelmäßig die Einschränkung durch Parlamentsgesetz.

Dies bedeutet aber, dass die Einschränkungsmöglichkeit im Falle des Art. 2 Abs. 1 iVm Art. 1 Abs. 1 GG unmittelbar **Gegenstand** des **Parlamentsgesetzes** sein muss und nicht etwa auf einen Verordnungsgeber delegiert werden dürfte. Die Anforderungen an rechtfertigende Rechtssätze als Teil der verfassungsmäßigen Ordnung sind so strenger als die in der allgemeinen Handlungsfreiheit nach Art. 2 Abs. 1 GG. Bez. des Rechts am eigenen Bild findet sich eine mögliche Rechtfertigung etwa in §§ 22, 23 KunstUrhG. Allerdings hat das Bundesverfassungsgericht entschieden, dass sich Polizisten, die während der Anfertigung von Bild-

---

94 Wiederum BVerfGE 120, 224, 253 ff.

95 *Manssen*, Staatsrecht II, Rn. 254.

und Videoaufnahmen im Rahmen von Versammlungen selbst fotografiert werden, zur Abwehr derartiger Aufnahmen nicht per se auf §§ 22, 23, 33 Abs. 1 KunstUrhG berufen können.[96]

2. Schranken-Schranken

a) Allgemein

Die Frage nach den Schranken-Schranken lässt sich nicht einheitlich beantworten. Zu unterscheiden ist nach der Intensität des Eingriffs.

So ist bei Eingriffen in die **Intimsphäre keine Rechtfertigungsmöglichkeit** gegeben; die Intimsphäre ist unantastbar. Je näher sich ein Eingriff im Umfeld der Intimsphäre bewegt, desto schärfer sind die Anforderungen an die Schranken-Schranken, insb. an die Wahrung des Verhältnismäßigkeitsgrundsatzes. Je weiter sich das Verhalten in die Öffentlichkeit, sozusagen die Sozialsphäre verlagert, desto geringer fällt der Schutz des allgemeinen Persönlichkeitsrechts aus.

Weitergehenden, in der Prüfung der Verhältnismäßigkeit zu beachtenden Schutz genießen auch **Kinder** von Prominenten; deren persönliche Entwicklung kann durch Presseberichterstattung erheblich gestört werden, weshalb sie einen umfassenderen Schutz vor Berichterstattung genießen als Erwachsene.[97]

Lösung zu Beispielfall 42:
Hier stehen sich das Persönlichkeitsrecht der C und ihrer Kinder einerseits und die Freiheit der Berichterstattung der Einfarbigen andererseits gegenüber.
Das Recht am eigenen Bild wird C für sich und ihre Kinder nicht geltend machen können, da die Aufnahme nicht verdeckt, sondern anlässlich eines Pressetermins entstanden ist. Möglicher Weise aber kann sie sich auf den Schutz vor entstellender Berichterstattung berufen. Für Übergriffe des E A von H auf ihre Kinder ist nichts ersichtlich; gleichwohl suggeriert der Bericht eine entsprechende Gefahr, auch wenn die Titelzeile in Frageform formuliert ist. Für ihre Kinder dürfte der verschärfte Schutz des allgemeinen Persönlichkeitsrechts gelten; aber auch für die C selbst bewegt sich die – grundlose – Berichterstattung nahe an der Privat- und Intimsphäre, so dass für sie und ihre Kinder der Schutz des allgemeinen Persönlichkeitsrechts die Rechte der Einfarbigen und des Redakteurs aus Art. 5 Abs. 1 GG überwiegen dürfte.

---

96 *BVerfG*, NVwZ 2016, 53, 54; zur Rechtmäßigkeit des Filmens polizeilicher Einsätze vgl. *BVerwG*, NVwZ 2000, 63, 65 mwN.

97 *BVerfG*, NJW 2003, 3262, 3263 f.

Besondere Hürden hat das Bundesverfassungsgericht bspw. für Eingriffe in das „**Computergrundrecht**" formuliert. Online-Durchsuchungen sind nur zulässig, wenn eine „*im Einzelfall drohende Gefahr für ein überragend wichtiges Rechtsgut*"[98] besteht, insb. Leben, körperliche Unversehrtheit und Freiheit, Allgemeingüter mit existentieller Bedeutung. „*Selbst bei höchstem Gewicht der drohenden Rechtsgutsbeeinträchtigung kann auf das Erfordernis einer hinreichenden Eintrittswahrscheinlichkeit nicht verzichtet werden*".[99] Konkret ist eine Gefahr – anders als im ordnungsrechtlichen Verständnis – wenn sich noch nicht mit hinreichender Wahrscheinlichkeit feststellen lässt, dass die Gefahr schon in näherer Zukunft eintritt, sofern bestimmte Tatsachen auf eine im Einzelfall drohende Gefahr für ein überragend wichtiges Rechtsgut hinweisen.[100] Zudem hat das Bundesverfassungsgericht einen **Richtervorbehalt** statuiert: Online-Durchsuchungen bedürfen richterlicher Anordnung. Der besondere Schutz der Privat- und Intimsphäre muss ebenfalls gewahrt bleiben; so sind Erkenntnisse, die bei einer Online-Durchsuchung diesen Bereich betreffen, etwas Dateien intimen Inhalts, unmittelbar zu tilgen.[101]

b) Insbesondere: Recht auf informationelle Selbstbestimmung

Im Falle von Eingriffen in das Recht auf informationelle Selbstbestimmung sieht das Bundesverfassungsgericht folgende besondere Abwägungstendenz:[102]

> *„Je mehr dabei der gesetzliche Eingriff elementare Äußerungsformen der menschlichen Handlungsfreiheit berührt, umso sorgfältiger müssen die zu seiner Rechtfertigung vorgebrachten Gründe gegen den grundsätzlichen Freiheitsanspruch des Bürgers abgewogen werden."*

Einer besonders **sorgfältigen Abwägung** mit dem Recht auf informationelle Selbstbestimmung bedürfen Eingriffe, mit denen der Betroffene nicht rechnete, die er nicht wahrnehmen konnte und denen er sich nicht entziehen konnte.[103]

Kritisch ist in diesem Kontext insbesondere die Datenerfassung zu Zwecken der Verfolgung von Straftaten und Ordnungswidrigkeiten, die anlasslos und **ohne konkreten Verdacht** erfolgt.

Beispiel:

So hat das Bundesverfassungsgericht die hessischen und schleswig-holsteinischen Regelungen zur unbemerkten anlasslosen automatischen Erfassung von Kennzeichen zur Aufdeckung von Verstößen gegen die Versicherungspflicht oder zur Aufdeckung von KFZ-Diebstählen für unzulässig erklärt.[104]

---

98 BVerfGE 120, 274, 326 f.
99 BVerfGE 120, 274, 327.
100 BVerfGE 120, 274, 329.
101 BVerfGE 120, 274, 335 ff.
102 Schon BVerfGE 17, 306, 314.
103 *Pieroth/Schlink/Kingreen/Poscher*, Staatsrecht II Rn. 409.
104 *BVerfG*, NJW 2008, 1505 ff.

Problematisch sind insoweit auch Verfahren zur Feststellung von Geschwindigkeitsverstößen, die Fahrzeugkennzeichen beim Einfahren in eine Messzone erfassen, um aus der Dauer des Durchfahrens auf die Einhaltung der Geschwindigkeitsbegrenzung zu schließen (sog. „Section Control"). Auch wenn die betreffenden Daten nach ordnungsgemäßer Durchfahrt sofort wieder gelöscht werden, liegt ein Verstoß gegen das Recht auf informationelle Selbstbestimmung nahe. [105]

D Art. 2 Abs. 2 S. 1 GG – Recht auf Leben, körperliche Unversehrtheit

I. Allgemeines

Art. 2 Abs. 2 GG schützt mit Leben, körperlicher Unversehrtheit und Freiheit der Person **höchstrangige Rechtsgüter**. Wie auch die Menschenwürdegarantie können die Gewährleistungen des Art. 2 Abs. 2 S. 1 GG nicht ohne Rücksicht auf die Erfahrungen des NS-Regimes betrachtet werden. Problematisch sind bez. des Rechts auf Leben insb. der Zeitpunkt des Beginns wie des Endes des Lebens.

II. Schutzbereich

1. Recht auf Leben

a) Sachlicher Schutzbereich

Mit dem Recht auf Leben ist der Schutz der biologisch-physischen Existenz geschützt. Wann genau das Leben **beginnt**, ist umstritten und wird je nach Sicht, philosophisch, juristisch, biologisch oder religiös, anders beurteilt. Extrempositionen sind einerseits die Annahme des Lebens mit Befruchtung der Eizelle, andererseits der Abschluss des Geburtsvorgangs. Das Bundesverfassungsgericht hat sich in der Entscheidung zu § 218 StGB (Schwangerschaftsabbruch) dafür entschieden, den Zeitpunkt des Beginns des Lebens „jedenfalls" mit der Nidation, also der Einnistung der befruchteten Eizelle in die Gebärmutterschleimhaut, bei normalem Verlauf etwa fünf bis sechs Tage nach der Befruchtung, anzunehmen.[106] Im Kontext der Entscheidung über die Verfassungsmäßigkeit des § 218 StGB konnten damit nidationshemmende Verhütungsmittel („Pille danach") aus der Abtreibungsdiskussion ausgeschlossen werden. Dass menschliches Leben bereits vor der Nidation, also mit Befruchtung der Eizelle gegeben ist, ist eine jedenfalls verbreitete Ansicht in der Literatur.[107] Letztlich kommt es dabei auf die Art der Verschmelzung nicht an, also ob sie auf natürlichem Wege oder außerhalb des Körpers durch sog. In-vitro-Fertilisation erfolgt. Mit der Vorverlagerung des Lebenszeitpunkts erstreckt sich der Schutz des Lebens dann auch auf Embryonen.

---

105 Zur Problematik, nicht zuletzt der tauglichen Ermächtigungsgrundlagen, *Albrecht*, SVR 2009, 161 ff.

106 BVerfGE 88, 203, 251 ff.

107 Vgl. die Nachweise bei *Lang* in BeckOK GG, Art. 2 GG Rn. 59.

Merke:
Mit dem Beginn des Lebens setzt dann auch der Schutz der Menschenwürde ein. Der Gesetzgeber hat sich der verbrauchenden Embryonenforschung und der Präimplantationsdiagnostik, also der Untersuchung von Embryonen vor der Einpflanzung in die Gebärmutter auf Merkmale von Erbkrankheiten hin, im Stammzellgesetz (StammzellG) und im Embryonenschutzgesetz (ESchG) gewidmet. Das Bundesverfassungsgericht hat sich zu diesen Fragen in Bezug auf die Geltung des Art. 1 Abs. 1 GG und des Art. 2 Abs. 2 S. 1 GG noch nicht geäußert.

Auch was das **Ende** des Lebens markiert, ist nicht eindeutig. Zwar ist mit dem Tod das Ende des Lebens und damit auch das Ende der sachlichen Geltung des Art. 2 Abs. 2 S. 1 GG gegeben; insb. existiert neben Leben und Tod kein drittes Moment als Übergangsstadium. Fraglich ist aber, ob auf den Hirntod, also der Zustand nicht mehr feststellbarer Hirnströme, ggf. unter Aufrechterhaltung der Herz-Kreislauf-Funktion abzustellen ist, oder auf den irreversiblen Herz-Kreislauf-Tod. Die noch herrschende Ansicht stellt auf den Hirntod ab. Allerdings wird diese Ansicht aufgrund der vegetativen Steuerungsfunktion des Menschen bez. Aufrechterhaltung der Herz-Kreislauf-Funktion auch unter dem Zustand fehlender Hirnaktivität zunehmend kritisiert.[108] Eine Stellungnahme des Bundesverfassungsgerichts steht noch aus.

Nicht erfasst vom Recht auf Leben ist nach überwiegender Ansicht das Recht auf Tod, also insb. auf Selbstmord. Jedoch ist die Freiheit, seinem Leben ein freigewähltes Ende zu bereiten, jedenfalls von der allgemeinen Handlungsfreiheit, Art. 2 Abs. 1 GG, gedeckt.[109]

b) Persönlicher Schutzbereich

Das Recht auf Leben ist Jedermannrecht. Mit einiger Selbstverständlichkeit scheidet die wesensmäßige Anwendbarkeit auf juristische Personen aus.

2. Recht auf körperliche Unversehrtheit

a) Sachlicher Schutzbereich

Die körperliche Unversehrtheit umfasst gleichermaßen die biologisch-physische wie die psychische **Gesundheit** des Menschen. So sieht das Bundesverfassungsgericht auch psychische und das soziale Wohlbefinden beeinträchtigende Auswirkungen auf den Menschen als von Art. 2 Abs. 2 S. 1 GG erfasst.[110] Einbezogen ist insoweit auch die Freiheit von Schmerz, nicht aber die Freiheit von rein sozialem oder sonstigem Unbehagen.[111]

---

108 Hierzu wiederum *Lang* in BeckOK GG, Art. 2 GG Rn. 61.

109 So auch *Manssen*, Staatsrecht II, Rn. 270; aA *Pieroth/Schlink/Kingreen/Poscher*, Staatsrecht II, Rn. 419.

110 BVerfGE 56, 54, 75 f.

111 Vgl. *Pieroth/Schlink/Kingreen/Poscher*, Staatsrecht II, Rn. 420.

b) Persönlicher Schutzbereich

Hier gilt Gleiches wie beim Recht auf Leben.

III. Eingriff

1. Recht auf Leben

Staatliche Einwirkungen auf das Leben kommen in erster Linie mit dem finalen Rettungsschuss der Polizei in Betracht. Wichtig ist, dass der Eingriff nicht erst bei der Einwirkung auf das Leben, sondern bereits bei dessen **Gefährdung** ansetzt. So hat das Bundesverfassungsgericht Verfassungsbeschwerden zugelassen, die sich gegen das Luftsicherheitsgesetz richteten, das aber zum Zeitpunkt des Verfahrens noch nie zur Anwendung gekommen war. Insoweit reichte es aus, dass das Gesetz die Möglichkeit des Eingriffs in menschliches Leben durch Waffeneinsatz der Bundeswehr zuließ. Eingriffscharakter kann auch das **Unterlassen** staatlicher **Schutzpflichten** haben.[112]

Eingriffe können sich auch aus – staatlich geduldeter oder staatlich unterstützter (bspw. in öffentlichen Krankenhäusern durchgeführter) – **Sterbehilfe** ergeben, so insb. bei Formen aktiver Sterbehilfe, aber auch bei passiver Sterbehilfe.

2. Recht auf körperliche Unversehrtheit

Eingriffe sind denkbar durch körperliche **Gewalteinwirkung** oder psychischen Druck seitens staatlicher Stellen (Polizeieinsätze mit unmittelbarem Zwang – vom Gummiknüppel über Wasserwerfer bis Schusswaffengebrauch). Aber auch Zwangsbehandlungen, Impfzwang, erzwungene Blutentnahmen[113] kommen in Betracht. Ein Eingriff kann ebenso in der staatlichen Duldung von Lärmeinwirkungen durch Auto- oder Flugverkehr liegen.

Auch gilt wieder, dass Eingriffe nicht erst bei der konkreten Einwirkung auf die Gesundheit vorliegen, sondern bereits dann, wenn die Schutzgüter des Art. 2 Abs. 2 S. 1 GG gefährdet sind.

---

112 Vgl. BVerfGE 46, 160, 164 – Schleyer, wo aber ein Anspruch der Angehörigen des entführten Hans-Martin Schleyer auf Freilassung inhaftierter Terroristen, die freigepresst werden sollten, mit Blick auf den weiten Entscheidungsspielraum bei der Erfüllung der Schutzpflicht für das Leben des Entführten verneint wurde.

113 Vgl. etwa *BVerfG*, 1996, 3071, 3073; gerechtfertigter Eingriff in Art. 2 Abs. 2 S. 2 GG bei Blutentnahme zum Zwecke einer DNA-Vergleichsuntersuchung.

IV. Verfassungsrechtliche Rechtfertigung

1. Schranken

Art. 2 Abs. 2 S. 3 GG sieht vor, dass die Rechte aus Satz 1 nur „**aufgrund** eines **Gesetzes**" eingeschränkt werden dürfen. In Abgrenzung zur Einschränkung „durch Gesetz" ist dies so zu verstehen, dass die unmittelbare Einwirkung auf Leben und körperliche Unversehrtheit niemals unmittelbar durch Gesetz, sondern immer nur durch einen Anwendungsakt im Einzelfall vorstellbar sind. Also muss es ein (Parlaments-)Gesetz (Wesentlichkeitsgrundsatz!) geben, das dem Staat eine Eingriffsmöglichkeit im Einzelfall einräumt, bspw. also die Vorschriften der Polizeigesetze zum finalen Rettungsschuss.

2. Schranken-Schranken

Diese Gesetze müssen den Anforderungen an wirksame Schranken entsprechen.[114] Eine Grundrechtsverletzung kann dementsprechend schon vorliegen, wenn das ermächtigende Gesetz bei der Formulierung der **Eingriffsvoraussetzungen** die Grundrechte der potentiell Betroffenen nicht hinreichend achtet. Der Schusswaffeneinsatz darf nur zum Schutz im Wesentlichen gleichwertiger Rechtsgüter erlaubt ist. Es ist zu fragen, ob die Gefahr durch eine Erkrankung schwer genug wiegt, dass sie einen Impfzwang rechtfertigt. Stehen die potentiellen Folgen der Impfung in angemessenem Verhältnis zu den Folgen der zu bekämpfenden Krankheit?

Ist das Gesetz im Einzelfall angewendet worden, ist wiederum zu fragen, ob diese Maßnahme verfassungsgemäß, insb. verhältnismäßig war. Hier muss dann uU auch die Abwägung einfließen, ob der jeweils Handelnde eine zutreffende **Prognoseentscheidung** getroffen hat. War zu vermuten, dass die Waffe des Geiselgangsters echt war? Lag ein hinreichender Verdacht auf Vorliegen einer Erkrankung vor, die eine Zwangsbehandlung erfordert? Wie weit war die Gefährdung des Hungerstreikenden fortgeschritten, in dem Moment, in dem die Zwangsernährung angeordnet wurde?

V. Schutzpflicht

Gerade das Recht auf Leben und körperliche Unversehrtheit kann staatliche Schutzpflichten auslösen. So ist der Staat verpflichtet, **Risikovorsorge** bezogen auf denkbare Gesundheitsbeeinträchtigungen bspw. durch Verkehrs- oder Fluglärm zu treffen.[115] Auch muss er zum Schutz von Grundrechtsträgern tätig werden, die selbst (noch) nicht in der Lage sind, ihr Grundrecht zu verteidigen. Bei der Ausgestaltung dieser Schutzpflicht steht dem Staat wiederum ein weiter Ermessensspielraum zu. So hat das Bundesverfassungsgericht das Konzept des Schutzes ungeborenen Lebens nach dem Schwangeren- und Familienhilfegesetz grundsätzlich gebilligt. Der Abbruch einer Schwangerschaft ist grundsätzlich Unrecht, bei bestimmten Indikationen aber kann ein Schwangerschaftsabbruch ausnahmsweise

---

114 Dazu oben Kap. 7 G.

115 BVerfGE 56, 54, 75 ff.

straflos bleiben.[116] Auch ist es zulässig, den Lebensschutz bis zu einem bestimmten Zeitpunkt durch ein verpflichtendes Beratungskonzept zu gewährleisten, bevor die Mittel des Strafrechts eingreifen.[117]

Die Grenze des Ermessensspielraums wird vornehmlich durch das **Untermaßverbot** skizziert, also durch den Punkt, an dem das Maß staatlichen Schutzes offenbar nicht mehr ausreicht, um das gewünschte Ziel zu erreichen. So hätte im Rahmen des o.a. Schutzkonzepts für menschliches Leben bei Schwangerschaftsabbrüchen eine freiwillige Beratung das Untermaßverbot wahrscheinlich verletzt.[118]

E Art. 2 Abs. 2 S. 2 GG – Freiheit der Person

I. Allgemeines

Die **Freiheit** der Person ist – als höchstrangiges Rechtsgut – wie auch das Recht auf Leben und körperliche Unversehrtheit im Kontext der Verbrechen des NS-Regimes zu sehen. Die Gewährung des Art. 2 Abs. 2 S. 2 GG steht dabei zugleich in Zusammenhang mit dem Justizgrundrecht aus Art. 104 GG.

Beispielfall 43:
Autofahrer A wird mit seinem nagelneuen Mercedes S 500 von einer Polizeistreife an den Straßenrand gewinkt. Die Beamten stellen sich höflich vor und bitten um die Vorlage von Fahrzeugschein und Führerschein. A händigt beides relativ mürrisch aus. Als der Beamte B fragt, ob der A einen Verbandskasten dabei habe, antwortet dieser: „Wie muss man denn drauf sein, um sich vorzustellen, dass jemand ein Auto für 130.000 € kauft und dann seinen Verbandskasten verscherbelt."
Daraufhin wird der Verbandskasten herausverlangt und Stück für Stück auf Ablauf des Haltbarkeitsdatums untersucht, an allen vier Reifen die Profiltiefe gemessen, die kompletten Lichtfunktionen überprüft, das TÜV-Siegel abgelesen, das Warndreieck auf Vorhandensein und Funktionstüchtigkeit hin geprüft, das Vorhandensein der gelben Warnweste festgestellt und das Wurzelholzlenkrad, die Reifen und die Auspuffanlage auf Übereinstimmung mit den Eintragungen im Fahrzeugschein hin überprüft.
Mittlerweile sind 45 min ins Land gegangen, in denen A hinter seinem (Wurzelholz-)Lenkrad schmort, wenn er nicht gerade gebeten wird, den einen oder anderen der zuvor genannten Gegenstände hervorzuzaubern.
Eingriff in Art. 2 Abs. 2 S. 2 GG?

---

116 BVerfGE 88, 203, 252 ff.
117 BVerfGE 88, 203, 264 ff.
118 So BVerfGE 88, 203, 270 f.

II. Schutzbereich

1. Sachlicher Schutzbereich

Sachlich schützt die Freiheit der Person das Recht auf körperliche **Bewegungsfreiheit**; garantiert ist also das Recht, sich von einem bestimmten Ort fort zu bewegen. Nicht unbedingt geschützt ist das Recht, jeden beliebigen Ort aufzusuchen und sich unbeschränkt an beliebigen Orten aufzuhalten.

Beispiel:
Militärische Sperrbezirke nicht beliebig aufsuchen zu dürfen, beschränkt nicht die Freiheit der Person, sondern die allgemeine Handlungsfreiheit.

---

2. Persönlicher Schutzbereich

Hier gilt zunächst das Gleiche wie beim Recht auf Leben und dem Recht auf körperliche Unversehrtheit; das Recht auf Freiheit der Person ist **Jedermannrecht** und juristischen Personen nicht zugänglich.

Zu betonen ist, dass auch **Geschäftsunfähige** das Recht auf Freiheit der Person haben. Sie – auch zu ihrem eigenen Schutz – zwangsweise unterzubringen und dort zu behalten, ist Eingriff in Art. 2 Abs. 2 S. 2 GG.

III. Eingriff

Eingriffe in die Freiheit der Person werden üblicher Weise in **Freiheitsbeschränkungen** und **Freiheitsentziehungen** unterteilt. Freiheitsbeschränkungen liegen vor, wenn der Grundrechtsträger durch staatliche Ge- oder Verbote entweder gehindert oder gezwungen wird, einen Ort aufzusuchen oder sich an einem bestimmten Ort aufzuhalten, der ihm an sich (rechtlich und tatsächlich) zugänglich ist.[119] Dies ist bspw. gegeben bei führungsaufsichtlichen Maßnahmen (bspw. Meldepflichten auf der Polizeiwache in regelmäßigen Abständen) oder bei Vorladungen.

Freiheitsentziehungen liegen vor, wenn die – tatsächlich und rechtlich an sich gegebene – körperliche Bewegungsfreiheit in jede Richtung aufgehoben wird.[120] Letzteres ist gegeben bei Arrest, Gewahrsam, bei Haft (bspw. Untersuchungshaft, Ersatzzwangshaft als Mittel des Verwaltungszwangs), bei Freiheitsstrafen oder zwangsweisen Unterbringungen.

---

119 BVerfGE 109, 239, 248.

120 BVerfGE 94, 166, 198.

Lösung zum Beispielfall 43:

Üblicher Weise werden einfache Verkehrskontrollen nicht als Eingriff in die Freiheit der Person angesehen. Hierfür werden regelmäßig die geringe Dauer und die Geringfügigkeit der Beschränkung angeführt.[121] Abgestellt werden kann hier auf die „maßnahmetypische Dauer" einer allgemeinen Verkehrskontrolle. Wird diese eingehalten, handelt es sich um einen Eingriff in die allgemeine Handlungsfreiheit, nicht in die Freiheit der Person.

Damit wäre das polizeiliche Vorgehen einschließlich der Frage nach dem Verbandskasten noch Eingriff in Art. 2 Abs. 1 GG, nicht in Art. 2 Abs. 2 S. 2 GG (aA vertretbar).

Spätestens wenn die Polizisten sich aber zu einem vollständigen „Filzen" eines Fahrzeugs hinreißen lassen (für die Beurteilung des Eingriffs nach Art. 2 Abs. 2 S. 2 GG ohne Belang, ob berechtigt oder als Schikane), ist bei Zugrundelegen von Schwerekriterien der Übergang zur Freiheitsbeschränkung erreicht.

So dürfte es wohl hier liegen: Spätestens mit Durchführen der Komplettkontrolle wäre eine Freiheitsbeschränkung anzunehmen (aA wohl vertretbar).

IV. Verfassungsrechtliche Rechtfertigung

Freiheitsbeschränkende und freiheitsentziehende Maßnahmen werden nach Art. 104 GG unter besondere Anforderungen gestellt. Dabei stellen Art. 104 Abs. 2 bis 4 GG spezielle Regelungen für Freiheitsentziehungen dar, die Absatz 1 vorgehen.

Merke:

Mittelalterliche Haftbefehle wurden mit den Worten „Habeas corpus" eingeleitet (lat.: „Du sollst den Körper haben."). Im *Habeas-Corpus-Act* von 1679 wurden in England Rechte Verhafteter bez. der Vorführung vor einen Richter niedergelegt. Vergleichbare Habeas-corpus-Rechte finden sich heute in Art. 104 GG.

Beispielfall 43a:

Der S ist Atomkraftgegner. Anlässlich eines Schienentransports von Atommüll („Castor-Transport") wird er am 26.11.2015 gegen 16.00 Uhr zusammen mit mehreren anderen Demonstranten dabei beobachtet, wie er Steine aus dem Schotterbett unter den Gleisen, auf denen der Castor-Transport rollen soll, entfernt. S ist bekleidet mit einem weißen Schutzanzug, Arbeitshandschuhen, Knie- und Armschonern sowie einer Schutzbrille. Daraufhin nimmt ihn die Polizei auf Grundlage des § 18 Abs. 1 Nr. 2 a) Niedersächsisches Gesetz über die öffentliche Sicherheit und Ordnung – NdsSOG (vergleichbar § 35 Abs. 1 Nr. 2 PolG NRW) in präventiven Gewahrsam. Hier wird S mit den anderen Aufgegriffenen zunächst erkennungsdienstlich behandelt. Während des Transports zum Polizeipräsidium kommt es zu verkehrsbedingten Verzögerungen. Dort angekommen weigert sich S zunächst, seine Identität preiszugeben. Gegen 19.00 Uhr schließlich beantragt die Polizei die richterliche Entscheidung über die Zulässigkeit und

---

121 Nachweise bei *Barczak*, NZV 2010, 598, 598 f., der selbst die Geltung des Art. 2 Abs. 2 S. 2 GG annimmt.

Fortdauer der Freiheitsentziehung. Die richterliche Bestätigung der Ingewahrsamnahme sei unumgänglich, weil die Beschwerdeführer einer Gruppe angehörten, die offensichtlich geplant und zielgerichtet vorgehe und den absoluten Willen gezeigt habe, den Castortransport zu verhindern oder jedenfalls so lange wie möglich aufzuhalten.
Das zuständige Amtsgericht bestätigt – formell ordnungsgemäß – die Ingewahrsamnahme bis zu dem Zeitpunkt, an dem der Castor-Transport spätestens durchgeführt sei, längstens bis zum 28.11.2015, 24.00 Uhr. Die Ingewahrsamnahme sei jeweils unerlässlich, weil aufgrund des Polizeiberichts und nach Anhörung der Beschwerdeführer zu befürchten sei, dass diese sich in allernächster Zeit erneut nach §§ 316b Abs. 1, 315 Abs. 1, 25 Abs. 2 StGB (gemeinschaftliche Störung öffentlicher Betriebe, hier Beschädigung der Bahngleise, gemeinschaftlicher gefährlicher Eingriff in den Bahnverkehr) strafbar machen würden. Am 28.11.2015 gegen 4.00 Uhr morgens – unmittelbar nach Beendigung des Castortransports – wird der S mit seinen Kumpels entlassen.
Verletzung von Art. 2 Abs. 2 GG?

1. Freiheitsbeschränkende Maßnahmen

Art. 104 Abs. 1 S. 1 GG verlangt, dass freiheitsbeschränkende Maßnahmen nur aufgrund eines förmlichen (Parlaments-)**Gesetzes** ergehen dürfen, das die Freiheitsbeschränkung bez. Form, Verfahren und Zuständigkeit ausgestalten muss. Unabhängig von den Voraussetzungen des Art. 104 Abs. 1 GG sind stets die übrigen Rechtmäßigkeitsvoraussetzungen bez. Gesetz und Einzelakt zu wahren, insb. die Anforderungen der Bestimmtheit und der Verhältnismäßigkeit.

2. Freiheitsentziehende Maßnahmen

Abgesehen von den Fällen, in denen die Polizei von ihrem **Festnahmerecht** Gebrauch macht (Art. 104 Abs. 2 S. 2 u. 3, Abs. 3 S. 1 GG), kann nur ein Richter über freiheitsentziehende Maßnahmen entscheiden (Art. 104 Abs. 2 S. 1 GG).

Nur wenn die mit der Festnahme verfolgten Zwecke mit vorheriger Einschaltung eines **Richters** nicht erreichbar sind, darf auf die vorherige richterliche Anordnung verzichtet werden. Hat die Exekutive Festnahmerechte ausgeübt, muss diese Freiheitsentziehung richterlich überprüft und ggf. bestätigt werden (Art. 104 Abs. 2 S. 2 GG, Abs. 3 GG); die Frist des Art. 104 Abs. 2 S. 3 GG, wonach Festgenommene nicht länger als bis zum Ende des Folgetages in Polizeigewahrsam verbleiben dürfen, entbindet nicht von der Pflicht zur unverzüglichen Vorführung vor einen Richter.[122] Eine weitere verfahrensmäßige Absicherung enthält Art. 104 Abs. 4 GG bez. des Rechts, dass Angehörige oder Vertrauenspersonen von der Andauer der Haft benachrichtigt werden.

122 BVerfGE 105, 239, 249.

Die nähere Ausgestaltung des Verfahrens obliegt dem einfachen **Gesetzgeber**. Vorschriften finden bspw. zu Haftgründen in der StPO, zum Verfahren der Unterbringung in den Gesetzen über die Unterbringung psychisch Kranker. Aufgabe der Gerichte ist, die Erreichbarkeit eines zuständigen Richters – jedenfalls zur Tageszeit (vgl. etwa § 188 Abs. 1 ZPO, § 104 Abs. 3 StPO) – sicherzustellen.[123]

Neben dieser verfahrensmäßigen Absicherung muss im Rahmen der Schranken-Schranken-Prüfung im Einzelfall die Anwendung der entsprechenden Vorschriften wiederum insbesondere **verhältnismäßig** sein. So müssen Haftgründe bspw. in Anbetracht der zu Höhe der zu erwartenden Strafe angewendet werden (§ 112 Abs. 1 StPO). Wiederholungsgefahr als Haftgrund verlangt eine hinreichende Schwere der Anlasstat (§ 112a StPO). Zum Schutz der Betroffenen ist auch eine möglichst zügige Verfahrensabwicklung zu fordern.[124]

Besondere Anforderungen ergeben sich für Strafgefangene mit langen **Haftstrafen**, ggf. lebenslanger Haft, und Sicherungsverwahrte. Hier muss zwischen dem Gedanken des Schutzes der Allgemeinheit und den Rechten der Betroffenen abgewogen werden. Tendenziell steigen die Anforderungen an die Fortdauer von Haft und Sicherungsverwahrung mit der Dauer der jeweiligen Maßnahme.[125]

Lösung zu Beispielfall 43a:
Der Schutzbereich des Art. 2 Abs. 2 GG betrifft ua die Freiheit der Person, also di Freiheit, sich zu jedem frei zugänglichen Ort zu bewegen oder sich von einem solchen Ort weg zu bewegen. Art. 2 Abs. 2 GG ist Jedermanngrundrecht, so dass sich S hierauf berufen kann. Der Schutzbereich ist eröffnet.
Mit der gerichtlich bestätigten Ingewahrsamnahme wird der S gehindert, sich frei fort zu bewegen. In den Schutzbereich des Art. 2 Abs. 2 GG wird somit im Sinne eines klassischen Eingriffs eingegriffen. Dadurch, dass der S in seiner Bewegungsfreiheit über einen längeren Zeitraum vollkommen eingeschränkt ist, erreicht der Eingriff die Schwelle der Freiheitsentziehung.
Fraglich ist, ob der Eingriff verfassungsrechtlich gerechtfertigt ist. Art. 2 Abs. 2 S. 3 GG formuliert einen Gesetzesvorbehalt; in die Freiheit der Person darf nur aufgrund eines Gesetzes eingegriffen werden. Dieses Gesetz ist hier § 18 Abs. 1 Nr. 2 a) NdsSOG. Dieses Gesetz ist als formell und materiell verfassungsgemäß zu unterstellen und kann als wirksame Grundlage für freiheitsbeschränkende oder –entziehende Maßnahmen angesehen werden.
Fraglich ist, ob diese Schranke wirksam angewendet wurde.
Zunächst müsste die richterlich bestätigte Ingewahrsamnahme im Lichte des Grundrechts des S und seiner Freunde verhältnismäßig gewesen sein. Zweck war die Verhinderung der weiteren Begehung von Straftaten; dieser Zweck ist verfassungsrechtlich legitim. Durch die Ingewahrsamnahme wurde die Möglichkeit weiterer Beschädigungen des Gleiskörpers eingeschränkt, die Maßnahme somit war zweckförderlich, also geeignet.

123 BVerfGE 105, 239, 248.
124 *Pieroth/Schlink/Kingreen/Poscher*, Staatsrecht II, Rn. 455 f.
125 BVerfGE 109, 133, 159 f. zur Sicherungsverwahrung.

Als milderes Mittel gleicher Eignung wäre ein Platzverweis in Erwägung zu ziehen. Allerdings wäre aufgrund der Ausstattung des S und der in seinem Verhalten zum Ausdruck kommenden Entschlossenheit anzunehmen, dass dieser dem Platzverweis zuwiderhandeln und sofort wieder den Schotterspecht geben würde. Gleiches hätte gegolten, wäre S sofort nach der erkennungsdienstlichen Behandlung wieder auf freien Fuß gesetzt worden wäre.
Schließlich müsste die Ingewahrsamnahme angemessen gewesen sein. Hier ist zunächst die Höchstrangigkeit des Rechts auf Freiheit in Betracht zu ziehen. Diese im Sinne einer Freiheitsentziehung zu beschränken, bedarf des Nachweises erheblicher Gefährdungen für andere hochrangige Rechtsgüter. Dies sah das Bundesverfassungsgericht in Anbetracht der Wahrscheinlichkeit der Begehung weiterer Straftaten als gegeben an: *„Danach gehörten die Beschwerdeführerin zu I. und der Beschwerdeführer zu II. zu einer Gruppe, die durch ihre überwiegende Ausstattung mit Schutzkleidung und ihr arbeitsteiliges Vorgehen am Gleisbett den Willen gezeigt hatte, den Castortransport trotz des Einschreitens der Polizei durch die Begehung von Straftaten zu verhindern. Die Beschwerdeführer hatten sich bereits der Begehung eines der zu verhindernden Straftat gleichartigen Delikts hinreichend verdächtig gemacht. Die Störung des Castortransports durch die Begehung von Straftaten war ihnen sowohl im Zeitpunkt der Ingewahrsamnahme als auch im Zeitpunkt der amtsgerichtlichen Anordnung weiter möglich."*[126]
Zu beachten ist insoweit auch, dass die Freilassung unmittelbar nach Ende des gefährdeten Transports erfolgte.
Weiterhin müssen die besonderen Maßgaben des Art. 104 GG eingehalten worden sein. Wie bereits ausgeführt, beruht die Ingewahrsamnahme auf einem förmlichen Gesetz, die Maßgaben des Art. 104 Abs. 1 GG sind eingehalten. Fraglich ist, ob auch die Maßgaben des Art. 104 Abs. 2 GG eingehalten sind. Grds. Dazu müsste es sich zunächst um eine freiheitsentziehende Maßnahme handeln. Durch die Ingewahrsamnahme ist die körperliche Bewegungsfreiheit des S und seiner Freunde in jeder Richtung aufgehoben worden. Damit bedarf das Vorgehen der Polizei einer richterlichen Entscheidung. Diese ist zwar eingeholt worden, aber erst nach der Freiheitsentziehung. Gemäß Art. 104 Abs. 2 S. 2 GG ist bei jeder nicht auf richterlicher Anordnung beruhenden Freiheitsentziehung unverzüglich eine richterliche Entscheidung herbeizuführen.
Hier ist die Ingewahrsamnahme gg. 16.00 Uhr erfolgt, die richterliche Anordnung wurde drei Stunden später – gegen 19.00 Uhr – eingeholt. Die Zeitspanne von 16.00 Uhr bis 19.00 Uhr müsste also den Maßstäben einer unverzüglichen nachträglichen richterlichen Entscheidung entsprechen.
Gerade in Anbetracht dessen, dass die Ingewahrsamnahme am helllichten Tage erfolgte, könnte hieran zu zweifeln sein. Allerdings sah das Bundesverfassungsgericht das Erfordernis der Unverzüglichkeit noch gewahrt: *„Die nachträgliche richterliche Anordnung der Ingewahrsamnahme genügte dem Gebot der Unverzüglichkeit aus Art. 104 Abs. 2 Satz 2 GG. Das Landgericht hat den zeitlichen Ablauf von der Ingewahr-*

---

126 *BVerfG*, Beschl. V. 18.04.2016 - 2 BvR 1833/12 - Rn. 35; zit. nach http://www.bverfg.de/e/rk20160418_2bvr183312.html, zuletzt abgerufen am 13.06.2016.

samnahme bis zur Vorführung zur richterlichen Anhörung aufgeklärt und Verzögerungen jeweils in Anerkennung des verfassungsrechtlichen Maßstabs für sachlich gerechtfertigt gehalten." [127]
Damit war die Maßnahme selbst verhältnismäßig und damit verfassungsgemäß. Auch die Anforderungen des Art. 104 GG waren gewahrt. In der Folge ist der Eingriff in Art. 2 Abs. 2 GG gerechtfertigt, eine Verletzung des Art. 2 Abs. 2 GG scheidet aus.

F Art. 4 Abs. 1, Abs. 2 GG – Religions- und Weltanschauungsfreiheit, Gewissensfreiheit

Art. 4 Abs. 1, 2 GG betrifft die **Glaubens**- und Religionsfreiheit, sowie die **Weltanschauungsfreiheit** und die Gewissensfreiheit. Daneben regelt Art. 4 Abs. 3 GG mit dem Recht auf Kriegsdienstverweigerung einen Spezialfall der Gewissensfreiheit.

I. Religionsfreiheit und Weltanschauungsfreiheit

1. Allgemeines

Die Garantien des Art. 4 Abs. 1, 2 GG stehen in Zusammenhang mit der Garantie der Menschenwürde, da es zur Freiheit des Menschen als **sittliche Person** gehört, sich religiöse oder weltanschauliche Überzeugungen zu bilden und danach zu leben. Die Glaubens- und Weltanschauungsfreiheit genießt gerade im Lichte der Erfahrungen des NS-Regimes einen hohen Rang.

2. Schutzbereich

a) Sachlicher Schutzbereich

Glaube ist nach gängiger Definition die Überzeugung, die der Einzelne von der Stellung des Menschen in der Welt und seinen Beziehungen zu höheren Mächten und tieferen Seinsschichten hat. Als **Weltanschauung** wird die Ordnung der Weltsicht nach umfassenden Prinzipien und subjektiv verbindliche Handlungsanleitung im Rahmen einer Wahrheitsüberzeugung von einer ganzheitlichen Welt-, Lebens-, Sinn- und Werteordnung verstanden.[128]

Religions- und Weltanschauungsfreiheit stehen sich **gleichwertig** gegenüber. Sie haben gemeinsam, dass sie *„eine mit der Person des Menschen verbundene Gewissheit über bestimmte Aussagen zum Weltganzen sowie zur Herkunft und zum Ziel des menschlichen*

---

[127] *BVerfG*, Beschl. V. 18.04.2016 - 2 BvR 1833/12 - Rn. 36; zit. nach http://www.bverfg.de/e/rk20160418_2bvr183312.html, zuletzt abgerufen am 13.06.2016.

[128] Nachweise jeweils bei *Germann* in BeckOK GG Art. 4 Rn. 12.1.

Lebens betreffen, sowie zur Herkunft und zum Ziel des menschlichen Lebens zu verstehen; dabei legt die Religion eine den Menschen überschreitende und umgreifende (‚transzendente') Wirklichkeit zugrunde, während sich die Weltanschauung auf innerweltliche (‚immanente') Bezüge beschränkt."[129] Merkmal beider Begriffe ist die Totalität der jeweiligen Überzeugung; es geht stets um eine Gesamtansicht der Welt, wodurch sich insb. die Weltanschauung von politischen Ansichten im Übrigen unterscheidet.

Beiden Garantien ist zugleich eigen, dass nach überwiegender Ansicht Art. 4 Abs. 1 GG das Haben einer Glaubensüberzeugung oder einer Weltanschauung schützt („**forum internum**"), und Art. 4 Abs. 2 GG – entgegen dem auf die „Religion" beschränkten Wortlaut – die Betätigung von Glauben und Weltanschauung nach außen („**forum externum**"). Damit ergibt sich aus Art. 4 Abs. 1, 2 GG ein gemeinsamer Schutzbereich, einen Glauben oder eine Weltanschauung

- zu bilden,
- zu haben,
- zu äußern
- und danach zu handeln.

Hinweise auf das Vorliegen einer Religion oder einer Weltanschauung kann der Umstand sein, dass die Überzeugungen auf nachweisbare **Überlieferungen** zurückgehen, dass sie von mehreren (ggf. auch wenigen) geteilt und gemeinsam (in Ritualen) praktiziert werden. Geschützt ist dann insbesondere das Praktizieren derartiger Rituale.

Beispielfall 44:
Der türkische Metzger T beantragt bei der zuständigen Behörde nach § 4a Abs. 2 S. 1 TierschG eine Ausnahmegenehmigung zum betäubungslosen Schlachten (Schächten). Er trägt vor, dass der Koran beim Verzehr von Fleisch gebiete, dass dieses von geschächteten Tieren gewonnen werden müsse. Insb. könne wegen eines anstehenden hohen islamischen Feiertages der Bedarf der ansässigen Muslime – was zutrifft – nicht durch Importfleisch gedeckt werden.
Die Behörde versagt die Genehmigung, was von den Verwaltungsgerichten letztinstanzlich gebilligt wird.
Ist T in seinen Grundrechten verletzt?

Insb. von der Glaubens- und Religionsfreiheit ist nicht nur der judäo-christliche Anschauungsbereich umfasst. Die früher vertretene „**Kulturadäquanz-Formel**" besagte, das Grundgesetz wolle nicht jegliche Glaubensüberzeugung schützen, sondern *„nur diejenige, die sich bei den heutigen Kulturvölkern auf dem Boden gewisser übereinstimmender sittlicher Grundanschauungen im Laufe der geschichtlichen Entwicklung herausgebildet"*[130] hat. Heute wird das Verständnis dessen, was eine Religion ausmacht, überwiegend nach dem **Selbstverständnis** der Religionsgemeinschaft selbst bestimmt. Das Bundesverfassungsge-

129 BVerwG, NJW 1992, 2496, 2497.

130 BVerfGE 12, 1, 4 – Tabak-Beschluss.

richt hat aber in der Bahá'í-Entscheidung verlangt, dass es sich bei der betreffenden Gemeinschaft *„auch tatsächlich, nach geistigem Gehalt und äußerem Erscheinungsbild, um eine Religion und Religionsgemeinschaft handeln“*[131] müsse. Die Behauptung religiöser Betätigung muss also plausibel sein. Zwar ist letztverbindlich der Staat zuständig für die Bestimmung dessen, was religiöses Verhalten ist, dabei ist aber das Selbstverständnis der (Religions-)Gemeinschaft maßgeblich zu berücksichtigen,[132] ggf. unter Heranziehung anerkannter Autoritäten.

Nicht erfasst vom Glaubens- und Religionsbegriff sind rein geistige Techniken, etwa gerichtet auf ein besseres Ausschöpfen des geistigen Potentials; auch darf die wirtschaftliche Betätigung nicht der (verkappte) Hauptzweck der Gemeinschaft sein (**Scientology**). Dagegen ist religiös motivierte caritative Betätigung grds. von der Glaubensfreiheit gedeckt.[133] Zwar kann auch wirtschaftliche Betätigung von Art. 4 GG gedeckt sein, sie muss aber ansatzweise religiöse Motive und Elemente enthalten.

> Merke:
> Die vorherigen Ausführungen machen deutlich, dass die rechtliche Diskussion vornehmlich um Religionsgemeinschaften geführt wird. Allerdings betreffen die Aussagen zu Selbstverständnis, zu zulässigen Betätigungen und staatlicher Anerkennung letztlich auch Weltanschauungsgemeinschaften.
> Beispiele für solche Weltanschauungsgemeinschaften sind der Bund für Geistesfreiheit Bayern, die Freigeistige Aktion für humanistische Kultur, das Freigeistige Lebenshilfswerk oder der Humanistische Freidenkerbund Brandenburg.

Geschützt ist die Freiheit, nach seinem Glauben oder seiner Weltanschauung zu handeln, wie auch bestimmte Handlungen aufgrund seiner Überzeugung zu unterlassen. Geschützt ist nicht nur die Freiheit, einen Glauben oder eine Weltanschauung zu haben, sondern auch die Freiheit, diese nicht zu haben (**negative Glaubensfreiheit**). Auch darf niemand gezwungen werden, das Haben oder Nichthaben eines Glaubens zu offenbaren. Letzteres ist immer dann problematisch, wenn sich der Betroffene für ein bestimmtes Tun oder Unterlassen auf seine religiöse oder weltanschauliche Überzeugung berufen will. Hier muss ihm zugemutet werden, die entsprechende Überzeugung auch darzulegen.[134]

b) Persönlicher Schutzbereich

Persönlich schützt die Religions- und Weltanschauungsfreiheit jede natürliche Person; Art. 4 GG ist damit Jedermannrecht. Da die Religions- und Weltanschauungsfreiheit aber immer auch eine überindividuelle Dimension hat, insb. auf dem Gebiet der nach außen tretenden Überzeugung (forum externum), ist Art. 4 Abs. 1, 2 GG auch auf **juristische Personen** wesensmäßig anwendbar.[135] Dabei richtet sich die Freiheit, religiöse Vereinigungen zu

---

131 BVerfGE 83, 341, 353 – Bahá'í.
132 *Germann* in BeckOK GG, Art. 4 GG Rn. 18.
133 BVerfGE 24, 236, 246 ff. – Aktion Rumpelkammer.
134 So zutreffend *Pieroth/Schlink/Kingreen/Poscher*, Staatsrecht II, Rn. 573.
135 *Germann* in BeckOK GG, Art. 4 GG Rn. 18.

bilden, nach Art. 4 GG und nicht nach der Vereinigungsfreiheit, Art. 9 GG.[136] Speziell für die Religionsfreiheit wird gem. § 5 S. 2 Gesetz über die religiöse Kindeserziehung die Religionsmündigkeit (RelKErzG) ab dem 14. Lebensjahr angenommen.[137]

Erfasst sind auch selbständige **Untergliederungen** oder Einrichtungen der Religions- und Weltanschauungsgemeinschaften.

3. Eingriff

Denkbar sind gleichermaßen klassische wie mittelbar-faktische Eingriffe. Bez. des forum internum, also der inneren Glaubensüberzeugung, sind mittelbare-faktische Eingriffe anzunehmen bei staatlicher **Indoktrination**. Hierzu zählt auch staatliche oder staatlich geduldete oder geförderte Aufklärungsarbeit, so bez. Warnungen vor Jugend- und Psychosekten.

In den Bereich der **negativen Glaubensfreiheit** und der mittelbar-faktischen Eingriffe gehört auch der „Zwang zum Lernen unter dem Kreuz". So kann das Aufhängen von Kreuzen oder Kruzifixen (Darstellung des gekreuzigten Jesus am Kreuz) in Schulen einen Eingriff in die negative Glaubensfreiheit begründen.

> Merke:
> Für staatliche Warnungen ergibt sich das Problem der hinreichenden Ermächtigungsgrundlage.[138] Hierzu hat das Bundesverfassungsgericht vertreten, dass die Bundesregierung auf Grund ihrer Aufgabe der Staatsleitung (Art. 65 GG) überall dort zur Informationsarbeit berechtigt ist, wo ihr eine gesamtstaatliche Verantwortung zukommt, die mit Hilfe von Informationen wahrgenommen werden kann. Bei lediglich mittelbar-faktischer Einwirkung auf Grundrechte soll es dann auch keiner weiteren parlamentsgesetzlichen Ermächtigungen mehr bedürfen.[139]

Klassische Eingriffe sind anzunehmen bei staatlichen Verboten bestimmter religiöser Handlungen, aber bspw. auch bei Nichterteilung von Sondernutzungsgenehmigungen für Veranstaltungen religiösen Inhalts.

4. Verfassungsrechtliche Rechtfertigung

a) Schranken

Die Religions- und Weltanschauungsfreiheit unterliegt keiner geschriebenen Grundrechtsschranke. Teilweise ist versucht worden, durch Schrankenübertragung (Art. 2 Abs. 1, Art. 5 Abs. 2 GG) einen Schrankenvorbehalt zu konstruieren. Diese Ansätze **widersprechen** aber

---

136 BVerfGE 83, 341, 354 – Bahá'í.

137 Dazu schon oben Kap. 7 E.

138 Vgl. oben zum Vorbehalt des Gesetzes Kap. 2 D III.

139 *BVerfG*, NJW 2002, 2626, 2626 f.

dem klaren Wortlaut der Norm; insb. eine Schrankenübertragung aus Art. 2 Abs. 1 GG – die denkbar weiteste Schrankenregelung der Schrankentrias – widerspricht der deutlichen Intention des Grundgesetzes, bestimmte Grundrechte nicht gesetzlichen Schranken zu unterwerfen.[140]

Auch wird versucht, aus Art. 140 GG iVm Art. 136 Abs. 1, Abs. 3, Art. 137 Abs. 3 S. 1 WRV Schranken für die Religionsfreiheit herzuleiten. Das Bundesverfassungsgericht lehnt die Anwendung dieser einfachen Gesetzesvorbehalte ab, da Art. 4 GG die inkorporierten staatskirchenrechtlichen Artikel der **Weimarer Reichsverfassung** überlagere.[141] Gegen eine Schrankenübertragung spricht der Wortlaut des Art. 4 GG, auch die systematische Stellung der Normen zueinander. Zwar stellen die Weimarer Kirchenrechtsartikel vollgültiges Verfassungsrecht dar, jedoch fehlt es bspw. an einem Verweis von Art. 4 GG auf Art. 136 ff WRV. Auch spricht der Grundsatz der Schrankenspezialität gegen eine Übertragung von Schranken auf Art. 4 Abs. 1 und 2 GG.[142]

Damit ergeben sich Schranken der Religions- und Weltanschauungsfreiheit (nur) aus kollidierendem Verfassungsrecht.

b) Schranken-Schranken

Im Rahmen der Schranken-Schranken-Prüfung ist regelmäßig zu erwägen, ob das verfassungsrechtlich geschützte Rechtsgut eine einfachgesetzliche Konkretisierung gefunden hat. Hier ist dann bez. des Gesetzes und bez. seiner Anwendung zu fragen, ob die geschützten Rechtsgüter im Rahmen der **praktischen Konkordanz** zu einem vertretbaren Ausgleich mit den Freiheiten aus Art. 4 Abs. 1, 2 GG gebracht werden. Sollte es – etwa im Kontext staatlicher Aufklärungstätigkeit – an einer konkreten einfachgesetzlichen Grundlegung fehlen, ist es Aufgabe der Verhältnismäßigkeitsprüfung, die konfligierenden Rechtsgüter – bspw. Religionsfreiheit versus staatlicher Aufklärungsarbeit im Interesse der Allgemeinheit – in Ausgleich zu bringen. Hier kann dann bspw. geklärt werden, ob die stattliche Stelle von zutreffenden und nachprüfbaren Sachverhaltsannahmen ausgeht, oder ob die Wortwahl der Aufklärungsmaßnahme angemessen ist.[143]

Lösung zu Beispielfall 44:
Der türkische Metzger T dürfte mit seinem Ansinnen, nach islamischem Ritus zu schlachten, nicht vornehmlich in seiner Glaubensfreiheit, sondern im beruflichen Kontext betroffen sein; da Art. 12 Abs. 1 GG aber Deutschenrecht ist, greift für ihn das Auffanggrundrecht des Art. 2 Abs. 1 GG.[144] Dieses wird aber durch Art. 4 Abs. 1, 2 GG verstärkt. Damit ist für die Rechtfertigung des staatlichen Eingriffs – Schächtverbot – entscheidend, ob die Religionsfreiheit oder die Gebote des Tierschutzes als Rechtsgut

---

[140] Ablehnend insoweit BVerfGE 32, 98, 107.

[141] BVerfGE 33, 23, 31; kritisch dazu *Pieroth/Schlink/Kingreen/Poscher*, Staatsrecht II, Rn. 577 ff. In der Tendenz wie das Bundesverfassungsgericht Germann in BeckOK GG, Art. 4 GG Rn. 47 ff.

[142] *Germann* in BeckOK GG, Art. 4 GG Rn. 48.

[143] Vgl. etwa *BVerfG*, NJW 2002, 2626, 2626 f. zum Begriff „Sekte".

[144] Dazu oben Kap. 7 F II 3.

mit Verfassungsrang (Art. 20a GG) überwiegen. Einfachgesetzlich ist der Tierschutz konkretisiert im Tierschutzgesetz, das in § 4a Abs. 2 TierschG Ausnahmen vom Schächtverbot in begründeten Fällen vorsieht und das deshalb verhältnismäßig ist. Fraglich ist, ob die Verweigerung der Ausnahmegenehmigung verfassungsgemäß ist.
Hier ist zunächst festzustellen, ob das Gebot, nur Fleisch von geschächteten Trieren zu essen, zwingendes Gebot der Religionsgemeinschaft ist. Hier gehen die Meinungen bereits auseinander, da offenbar Aussagen im Koran belegen, dass die Einhaltung von Speiseriten nur dort verlangt wird, wo die jeweilige Ordnung dies zulässt. Geht man von einer übereinstimmenden Glaubensüberzeugung des Islam aus, könnte als Nächstes gefragt werden, ob denn der Verzehr von Fleisch Glaubensgebot ist. Das dürfte abzulehnen sein, da der Koran nicht gebietet, aus religiöser Überzeugung Fleisch zu essen. Jedoch würde eine solche Anforderung an die Lebensgestaltung, auf Fleisch zu verzichten, wenn es nicht nach den betreffenden Riten geschlachtet wurde, überzogen sein. Damit ist praktische Konkordanz nicht herstellbar. Also muss bei substantiierter Darlegung, dass die Versorgung der Gläubigen mit geschächtetem Fleisch nur mit der Ausnahmegenehmigung herbeigeführt werden kann, diese erteilt werden. Dies ist insb. in Anbetracht der nicht hinreichenden Versorgung mit Importfleisch anzunehmen. Dabei kann der Staat durch Nebenbestimmungen zu einer Ausnahmegenehmigung sicherstellen, dass die Schlachtung fachkundig und unter möglichster Einhaltung des Tierschutzes durchgeführt wird.
Im Ergebnis ist der T durch die Nichterteilung der Genehmigung in seinen Grundrechten aus Art. 2 Abs. 1 GG iVm Art. 4 Abs. 1, 2 GG verletzt (aA vertretbar).[145]

Ist die Herstellung praktischer Konkordanz nicht möglich, muss ggf. ein Rechtsgut vollständig zurückstehen, je nach dem die Religionsfreiheit oder das vom Staat verfolgte Interesse. So mag es dem Interesse einzelner Eltern und auch der staatlichen Schulen entsprechen, eine christlich geprägte Schulerziehung zu vermitteln. Aber gerade in konfessionell nicht gebundenen Schulen soll es von der negativen Glaubensfreiheit und der staatlichen Neutralitätspflicht gefordert sein, Kreuze oder Kruzifixe aus Unterrichtsräumen zu entfernen.[146]

II. Gewissensfreiheit

1. Allgemeines

Die **Gewissensfreiheit** schützt Entscheidungen des Einzelnen bezogen auf sein individuelles Handeln, wobei diese Entscheidungen durch bestimmte ethisch-moralische Überzeugungen geprägt sein müssen. Soweit diese Überzeugungen religiöser oder weltanschaulicher Natur sind, ergeben sich Überschneidungen zur Religions- und Weltanschauungsfreiheit, jedoch ist für die Gewissensfreiheit kein Anknüpfen an Totalität, also die Orientierung am Weltganzen, notwendig.

---

145 Vgl. insoweit BVerfGE 104, 337 ff.

146 So im Ergebnis BVerfGE 93, 1 ff. – Kruzifix.

2. Schutzbereich

a) Sachlicher Schutzbereich

Beispielfall 45:[147]
Der Chemiker C ist nach langer Arbeitslosigkeit zu einer Anstellung beim Pharmaunternehmen P gelangt. Er wird dort – entsprechend der Ausschreibung der Stelle – eingesetzt in der Forschung zur Entwicklung eines hochwirksamen Medikamentes zur Unterdrückung von Brechreiz. Nach einiger Zeit findet er heraus, dass er an einem sog. „dual-use"-Produkt forscht. Das Medikament ist nicht nur dafür gedacht, um etwa für Krebs-Patienten die Folgen einer Chemotherapie erträglicher zu machen. Es soll später auch eingesetzt werden, um im Falle eines Atomkrieges oder einer atomaren Verseuchung durch Krenkraftwerksunfälle totgeweihten verseuchten Soldaten oder Arbeitern ein Weiterkämpfen oder -arbeiten bis zum Tod zu ermöglichen.
In Anbetracht dieser Umstände will C auf eine andere – tatsächlich vorhandene – Stelle im Unternehmen versetzt werden. Er beruft sich als bekennender Pazifist und Atomkraftgegner darauf, die Weiterarbeit an dem Produkt nicht mit seinem Gewissen vereinbaren zu können. Das Unternehmen P wirft ihm Arbeitsverweigerung vor. Das Ausweichen auf eine andere Stelle helfe ihm im Übrigen nicht; schließlich mache er nur die Stelle frei für jemanden, der „weniger zimperlich" sei.
Gegen die schließlich ausgesprochene Kündigung wehrt sich der C vor dem Arbeitsgericht.
Wie wird das Gericht über die zulässige Klage des C entscheiden?

Sachlich schützt die Gewissensfreiheit wiederum die Freiheit, eine Gewissensentscheidung zu treffen und danach zu handeln.[148] Eine Gewissensentscheidung ist *„jede ernste sittliche, dh an den Kategorien von ‚Gut' und ‚Böse' orientierte Entscheidung [...], die der Einzelne in einer bestimmten Lage als für sich bindend und unbedingt verpflichtend innerlich erfährt, so daß er gegen sie nicht ohne ernste Gewissensnot handeln könnte."*[149] Die auf das eigene Gewissen gestützte Entscheidung muss für den Betroffenen als **innerer Zwang** verbindlich sein, im Falle des Zuwiderhandelns muss eine Schädigung der Persönlichkeit oder deren Zerbrechen drohen.

Mit der Orientierung an ethischen Wertungen wie „Gut" und „Böse" ist zugleich ausgeschlossen, dass Wertungen wie wahr oder unwahr, schön oder hässlich als Grundlage einer Gewissensentscheidung dienen können.

Merkmale einer Gewissensentscheidung sind

- ihre Höchstpersönlichkeit,
- ihre Subjektivität und
- ihre mangelnde Überprüfbarkeit

---

147 Nach *BAG*, NJW 1990, 203 ff.

148 *Germann* in BeckOK GG, Art. 4 GG Rn. 89.

149 Grundlegend BVerfGE 12, 45, 55 – Kriegsdienstverweigerung I.

Deswegen dürfen die Darlegungsanforderungen für den substantiierten Nachweis einer Gewissensentscheidung nicht überspannt werden. Insbesondere kann nicht – im Kontext der Kriegsdienstverweigerung lange Zeit üblich – von konstruierten **Fangfragen** der Nachweis des Vorliegens einer Gewissensüberzeugung, bspw. nicht töten zu wollen, abhängig gemacht werden. („*Was tun Sie, wenn der Feind auf Ihre Mutter zielt und neben Ihnen liegt eine Pistole?“ „Sie klammern sich nach einem Schiffbruch an eine Planke, die nur Sie trägt. Was tun Sie, wenn sich ein anderer Schiffbrüchiger nähert, der auch nach der Planke greifen will?“*)

Auch ist darauf hinzuweisen, dass das Gewissen **nichts Statisches** ist. So kann ein Handeln, das einem Betroffenen gestern noch möglich erschien, heute aufgrund besserer Einsicht aus Gewissensgründen unmöglich werden. Deswegen ist eine nachträgliche Kriegsdienstverweigerung aus Gewissensgründen möglich, ebenso kann ein Arzt, der zu Beginn seiner Tätigkeit noch zur Vornahme von Schwangerschaftsabbrüchen bereit war, gegenüber der Krankenhausleitung die weitere Vornahme von Eingriffen dieser Art aus Gewissensgründen verweigern.

b) Persönlicher Schutzbereich

Persönlich ist die Gewissensfreiheit ein Jedermannrecht. Wegen der Höchstpersönlichkeit der Gewissensentscheidung und die Verknüpfung mit ethischen Überzeugungen des Einzelnen soll die Gewissensfreiheit dem Wesen nach nicht auf juristische Personen anwendbar sein.

> **Merke:**
> Die letztgenannte Sicht ist absolut herrschend. Allerdings scheint es nicht ausgeschlossen, dass sich ein Wirtschaftsunternehmen über seine Firmenleitung und seine Belegschaft einer an ethischen Gesichtspunkten (kein Handel mit Produkten aus Kinderarbeit, Verwendung fair gehandelter Rohstoffe) orientierten Geschäftspolitik verpflichtet sieht und danach handelt.
> Zu empfehlen ist aber die Bezugnahme auf die herrschende Ansicht.

3. Eingriff

Eingriffe sind alle staatlichen Maßnahmen, die einen Grundrechtsträger **zwingen**, gegen sein Gewissen zu handeln oder gegen sein Gewissen Handlungen zu unterlassen.

4. Verfassungsrechtliche Rechtfertigung

Auch die Gewissensfreiheit steht nur unter dem Vorbehalt **kollidierenden Verfassungsrechts.** Insoweit wird auf die Ausführungen zur Religions- und Weltanschauungsfreiheit verwiesen.

Lösung zu Beispielfall 45:
Der C beruft sich der P gegenüber auf seine Gewissensfreiheit, P macht dagegen die Berufsfreiheit und die unternehmerische Freiheit (Art. 12 Abs. 1 GG, Art. 2 Abs. 1 GG) geltend. Das Arbeitsgericht muss diese Grundrechtspositionen bei seiner Entscheidung über die Rechtmäßigkeit der Kündigung zum Ausgleich bringen (mittelbare Drittwirkung![150]). Sofern ein „Einfallstor" für Grundrechte verlangt wird, würde sich dieses hier über den unbestimmten Rechtsbegriff *„nach billigem Ermessen"* nach § 315 Abs. 1 BGB, dem sog. Direktionsrecht, hier des Arbeitgebers, ergeben (*„Soll die Leistung durch einen der Vertragschließenden bestimmt werden, so ist im Zweifel anzunehmen, dass die Bestimmung nach billigem Ermessen zu treffen ist."*).
Die Darlegung seiner Gewissensnot dürfte C gelingen; dagegen muss das wirtschaftliche Interesse der P – insb. wenn ein Ausweicharbeitsplatz zur Verfügung steht – weichen. Dies gilt umso mehr, als sich C nicht schlechthin weigert, seine Arbeitskraft für P einzusetzen. Die Argumentation der P, C verhindere mit seinem Arbeitsplatzwechsel die Forschung nicht, ist nicht stichhaltig. Sie ändert nichts an der Gewissensüberzeugung des C, nicht selbst unmittelbar an der betreffenden Forschung beteiligt sein zu wollen.
Folglich wird das Arbeitsgericht die Kündigung mit Blick auf die Gewissensfreiheit für unwirksam erklären.
Anm.: Bei Fehlen eines Ersatzarbeitsplatzes dürfte es dagegen nicht ausgeschlossen sein, dass das Arbeitsverhältnis des C gekündigt wird.

G Art. 5 Abs. 1 GG – Meinungsäußerungsfreiheit, Informationsfreiheit, Presse-, Rundfunk- und Filmfreiheit

Art. 5 Abs. 1 GG enthält insgesamt **fünf** Gewährleistungen:

1. Meinungsäußerungsfreiheit (Art. 5 Abs. 1 S. 1 1. Alt. GG)
2. Informationsfreiheit (Art. 5 Abs. 1 S. 1 2. Alt. GG)
3. Pressefreiheit (Art. 5 Abs. 1 S. 2 1. Var. GG)
4. Rundfunkfreiheit (Art. 5 Abs. 1 S. 2 2. Var. GG)
5. Filmfreiheit (Art. 5 Abs. 1 S. 2 3. Var. GG)

I. Allgemeines

Die häufiger zu findende Feststellung, dass Art. 5 Abs. 1 GG „die Kommunikationsfreiheiten" schützt, ist relativ untechnisch und trägt zum Verständnis des Art. 5 Abs. 1 GG in Anbetracht der unterschiedlichen Schutzbereiche kaum bei. Trotz der unterschiedlichen Formulierungen in Art. 5 Abs. 1 S. 1 und S. 2 GG, einmal von der Seite des Berechtigten (Satz 1:

150 Vgl. dazu Kap. 7 D III.

„Jeder hat das Recht, ...“) bzw. vom Schutzbereich her (Satz 2: *„Die Pressefreiheit ...“*), gewährt Art. 5 Abs. 1 GG durchgehend **subjektive Rechte**. Gleichwohl wird gerade aus Art. 5 Abs. 1 S. 2 GG eine objektiv-rechtliche staatliche Schutzplicht jedenfalls für die Presse[151] hergeleitet, die auch Fördermaßnahmen rechtfertigt.

Art. 5 Abs. 1 S. 3 GG enthält mit dem **Zensurverbot** keine grundrechtliche Gewährleistung, sondern eine Schranken-Schranke für Eingriffe in Art. 5 Abs. 1 S. 1 u. 2 GG,[152] mit der staatliche Vorzensur, also die obligatorische Zensur von Meinungsäußerungen, Presse-, Rundfunk- und Filmbeiträgen vor ihrer Veröffentlichung im Sinne einer Vorab-Vorlagepflicht verboten wird.

II. Schutzbereiche und Eingriffe

1. Meinungsäußerungsfreiheit (Art. 5 Abs. 1 S. 1 1. Alt. GG)

Die Bedeutung der Meinungsäußerungsfreiheit hat das Bundesverfassungsgericht schon früh beschrieben: *„Das Grundrecht auf freie Meinungsäußerung ist als unmittelbarster Ausdruck der menschlichen Persönlichkeit in der Gesellschaft eines der vornehmsten Menschenrechte überhaupt.* [...] *“ Für eine freiheitlich-demokratische Staatsordnung ist es schlechthin konstituierend, denn es ermöglicht erst die ständige geistige Auseinandersetzung, den Kampf der Meinungen, der ihr Lebenselement ist.* [...] *Es ist in gewissem Sinn die Grundlage jeder Freiheit überhaupt ...“*.[153]

a) Sachlicher Schutzbereich

Art. 5 Abs. 1 S. 1 1. Alt. GG schützt die freie Meinungsäußerung. Meinungen sind jedenfalls **Werturteile**, d.h. Äußerungen, die durch das Element der Stellungnahme, des Dafürhaltens, der Beurteilung geprägt sind; unerheblich ist dabei, ob eine solche wertende Äußerung "wertvoll" oder "wertlos"[154], emotional oder rational begründet ist, oder von anderen als "richtig" oder "falsch" eingestuft wird.[155] Auch beleidigende Inhalte können als Werturteil geschützt sein, wie die Schrankenregelung des Art. 5 Abs. 2 GG zeigt, die die freie Meinungsäußerung unter den Vorbehalt des Rechts der persönlichen Ehre stellt.

Wenn neben dem Inhalt auch die Form der Meinungsäußerung geschützt ist, müssten sowohl Schmähkritik als auch formale Beleidigungen (bspw. herabsetzende Schimpfworte: *„Du A...loch!“*) dem Schutzbereich der Meinungsäußerungsfreiheit unterfallen. Teilweise entzieht das Bundesverfassungsgericht persönlichen Herabwürdigungen und rein diffamierender Schmähung den Schutz des Art. 5 Abs. 1 GG.[156] Andererseits sind die Hürden für die

---

151 BVerfGE 20, 162, 175 – Spiegel.

152 *Pieroth/Schlink/Kingreen/Poscher*, Staatsrecht II, Rn. 593.

153 So schon BVerfGE 7, 198, 208 – Lüth.

154 BVerfGE 30, 336, 347 – Sonnenfreunde.

155 In diesem Sinne BVerfGE 33, 1, 14 f.; BVerfGE 61, 1, 8.

156 BVerfGE 82, 272, 283 f.; vgl. auch *Grabenwarter* in MDHS, Grundgesetz-Kommentar, Art. 5 GG Rn. 61 f.

Annahme von Schmähkritik in der Rechtsprechung des Bundesverfassungsgerichts sehr hoch: *„Auch eine überzogene und selbst eine ausfällige Kritik macht für sich genommen eine Äußerung noch nicht zur Schmähung. Eine herabsetzende Äußerung nimmt vielmehr erst dann den Charakter der Schmähung an, wenn in ihr nicht mehr die Auseinandersetzung in der Sache, sondern die Diffamierung der Person im Vordergrund steht. Sie muss jenseits auch polemischer und überspitzter Kritik in der Herabsetzung der Person bestehen."*[157]

Merke:
In einer ersten Gerichtsentscheidung zum Fall des Fernsehsatirikers Jan Böhmermann, der öffentlich ein (Schmäh-)Gedicht über den türkischen Staatspräsidenten Recep Tayyip Erdoğan vorgetragen hatte, hat das LG Hamburg die weitere Verbreitung von großen Teilen des Gedichts als unzulässige Schmähkritik untersagt, allerdings erkennbar als Ergebnis eines Abwägungsvorgangs, und nicht, weil der Schutzbereich insoweit nicht eröffnet gewesen wäre.[158]

Das Bundesverfassungsgericht legt den Fokus der Meinungsäußerungsfreiheit auf die öffentliche Diskussion, den geistigen Kampf der Meinungen. Deshalb soll ein Verhalten, mit dem Meinung aufgezwungen und als Druckmittel eingesetzt wird, nicht in den Schutzbereich des Art. 5 Abs. 1 GG fallen.[159]

Nicht eindeutig ist die Einbeziehung von **Tatsachenbehauptungen**. Während Werturteile, also Urteile über Personen, Sachverhalte oder Ideen, nicht der Bewertung als falsch oder richtig zugänglich sind, sind Tatsachenbehauptungen hinsichtlich ihres Wahrheitsgehalts nachprüfbar. Art. 5 Abs. 1 S. 1 1. Alt. GG scheint Tatsachenäußerungen nicht einzubeziehen. Gleichwohl geht das Bundesverfassungsgericht – zutreffend – davon aus, dass Tatsachen Grundlage für Meinungsbildung sind und insofern dem Schutzbereich unterfallen.

Beispiel:
Der 1. FC Köln hat fünfmal in Folge verloren. Sie stellen sich im Kölner RheinEnergie-Stadion in den Fanblock des FC Köln und rufen: *„Der FC hat fünfmal in Folge verloren."* Der anschließend fällige Besuch beim Kieferorthopäden weist auf die angeregte Diskussion hin, die sich aus Ihrer Mitteilung wahrer Tatsachen ergeben hat.

Nicht vom Schutzbereich umfasst sind **bewusst unwahre** Tatsachenbehauptungen, und solche, deren Unwahrheit bereits im Zeitpunkt der Äußerung unzweifelhaft feststeht; Tatsachenbehauptungen, die sich im Nachhinein als unwahr erweisen, genießen im Moment der Äußerung den Schutz des Art. 5 Abs. 1 GG.[160] Zugleich ist durch Auslegung zu ermitteln,

---

157 BVerfGE 82, 272, 283 f.

158 *LG Hamburg*, Beschl. v. 17.05.2016 – Az. 324 O 255/16; zitiert nach http://openjur.de/u/887161.html, zuletzt abgerufen am 15.07.2016.

159 BVerfGE 25, 256, 265 – Blinkfüer. Gegenstand der Entscheidung war ein Boykottaufruf des Springerverlags gegen eine Zeitung, die nach dem Mauerbau das Fernsehprogramm der DDR abdruckte; jeder Zeitungshändler, der daraufhin noch die Zeitung Blinkfüer vertrieb, wurde mit einem Lieferstopp durch den Springerverlag bedroht.

160 BVerfGE 99, 185, 197.

ob eine erkennbar unwahre Tatsachenbehauptung wirklich als solche gemeint ist, oder ob die betreffende Aussage nicht vielmehr ein Werturteil darstellt.[161]

Angaben im Rahmen **statistischer** Erhebungen, etwa im Rahmen einer Volkszählung sind reine Tatsachenmitteilungen, die mit Meinungsbildung nichts zu tun haben. Sie unterfallen deshalb der Meinungsäußerungsfreiheit weder als Werturteil noch als Tatsachenbehauptung.[162]

> **Merke:**
> Deswegen kann sich derjenige, der sich an einer Volkszählung nicht beteiligen möchte, auch nicht auf die negative Meinungsfreiheit, also auf die Freiheit, eine Meinung nicht äußern zu müssen, berufen.

Werbeaussagen im wirtschaftlich-kommerziellen Bereich sollen laut Bundesverfassungsgericht dann dem Art. 5 Abs. 1 S. 1 GG unterfallen, *„wenn eine Ankündigung wertenden, meinungsbildenden Inhalt hat oder Angaben enthält, die der Meinungsbildung dienen."*[163] „Rein werbende" Werbung soll dagegen der Berufsfreiheit, Art. 12 Abs. 1 GG, unterfallen. Eine solche Unterscheidung ist kaum durchführbar, so dass Einiges dafür spricht, jegliche Werbeaussage dem Schutz der Meinungsäußerungsfreiheit zu unterstellen.[164]

Geschützte Verhaltensweisen sind das **Äußern** und **Verbreiten** einer Meinung. Zwar ist hierfür im Vorfeld das Bilden und das Haben einer Meinung erforderlich, was aber dem staatlichen Zugriff entzogen ist (*„Die Gedanken sind frei!"*[165]).

> **Merke:**
> Die Pressefreiheit ist kein Spezialfall der Meinungsäußerungsfreiheit. Meinungsäußerung in der Presse bleibt für den Äußernden, gleich ob Redakteur, Journalist, Kolumnist, Leserbriefverfasser oder Buchautor, Gegenstand der Meinungsäußerungsfreiheit.

Äußern und Verbreiten sind nicht strikt voneinander zu trennen. Das Äußern ist die Kundgabe an die Außenwelt, jedoch kann damit bereits untrennbar die Verbreitung einer Meinung verbunden sein. Auch die Aufzählung der Art und Weise des Äußerns und Verbreitens als beispielhaft anzusehen. So ist die Verfassung offen für neue Kommunikationsformen.

---

161 BVerfGE 61, 1, 9; das zuvor entscheidende Oberlandesgericht hatte der Äußerung in einer Wahlrede *„Die CSU ist die NPD von Europa"* als offenbar unwahre Tatsachenbehauptung den Schutz des Art. 5 Abs. 1 GG verwehrt; das Bundesverfassungsgericht dagegen meinte, die Aussage sei als Tatsachenbehauptung so absurd falsch, dass niemand sie in dieser Bedeutung verstehen würde.

162 BVerfGE 65, 1, 41 – Volkszählungsurteil.

163 BVerfGE 107, 275, 280.

164 So auch *Grabenwarter* in MDHS, Grundgesetz-Kommentar, Art. 5 GG Rn. 64.

165 Deutsches Volkslied, Text um 1780; vgl. http://www.volksliederarchiv.de/die-gedanken-sind-frei/, zuletzt abgerufen am 15.06.2016.

Beispiel:
1949 dürfte der QR-Code noch nicht bekannt gewesen sein, kann aber heute eine Form der Meinungsäußerung darstellen.

Geschützt ist auch der **Empfang** der Meinung durch ein Gegenüber; so ist der Übersender einer (bspw. schriftlich gefassten) Meinungsäußerung in seiner Meinungsäußerungsfreiheit betroffen, wenn die Nachricht vor Erreichen des Empfängers angehalten wird.[166]
Geschützt ist ebenso die **negative** Meinungsfreiheit, also das Recht, sich der Kundgabe einer Meinung zu enthalten. Die negative Meinungsfreiheit schützt auch vor ungewollter Vereinnahmung durch staatliche Meinungsbekundungen, wie Protestschreiben oder Grußbotschaften.

Wie bereits ausgeführt, sind reine statistische Angaben ohne wertende Stellungnahme nicht vom Meinungsbegriff umfasst. Deswegen ist die Problematik gewerberechtlicher Auskunfts- und Meldepflichten keine Fragestellung, die Art. 5 Abs. 1 GG betrifft.

b) Persönlicher Schutzbereich

Die Meinungsfreiheit ist **Jedermannrecht**. Sie steht grds. auch Personen in **Sonderrechtsverhältnissen** (Beamte, Soldaten, Schüler, Strafgefangene) zu, kann hier nur relativ leichter eingeschränkt werden. Das Grundrecht ist dem Wesen nach auch auf juristische Personen anwendbar, die insoweit zu kollektiven Meinungsäußerungen in der Lage sind. Äußerungen von Abgeordneten im Rahmen ihres Mandates werden dagegen nicht von Art. 5 Abs. 1 S. 1 GG erfasst; sie nehmen mit ihrem parlamentarischen Rederecht Organrechte wahr, die über Art. 38 Abs. 1 S. 2 GG geschützt sind.[167]

c) Eingriff

Eingriffe sind sowohl im klassischen wie im mittelbar-faktischen Sinne denkbar. Jede staatliche Maßnahme, die die Meinungsäußerung oder -verbreitung hindert, erschwert, verbietet oder auch gebietet (negative Meinungsfreiheit!), kann Eingriff sein. Der Einschränkung muss eine gewisse **Gegenwärtigkeit** innewohnen, weshalb nicht jede Befürchtung, zukünftig an Meinungsäußerungen gehindert zu sein, Eingriff ist. Jedoch ist jegliches zivilrechtliche oder strafrechtliche Verbot, bestimmte Meinungen zukünftig wieder zu äußern, ebenso ein relevanter Eingriff wie ein Gebot, Meinungen zu widerrufen. Gleichermaßen schränkt ein Vertriebsverbot für Zeitschriften und Zeitungen die Meinungsfreiheit der dort schreibenden Autoren ein.[168]

---

166 *BVerfG*, NJW 2005, 1341, 1341 f. – Übersendung einer haftkritischen Broschüre an einen Häftling.
167 Kap. 3 A III 2.
168 BVerfGE 30, 336, 347 – Sonnenfreunde.

Art. 5 Abs. 1 S. 1 GG ist häufiger Anwendungsfall der sog. **mittelbaren Drittwirkung**, wenn bspw. Meinungskundgaben in der Presse mit Persönlichkeitsrechten Dritter kollidieren und zivilgerichtlich um Unterlassung und Widerruf gestritten wird.[169]

2. Informationsfreiheit (Art. 5 Abs. 1 S. 1 2. Alt. GG)

Die Informationsfreiheit nach Art. 5 Abs. 1 S. 1 2. Alt. GG schützt die Möglichkeit der Unterrichtung aus frei **zugänglichen Quellen**.

a) Sachlicher Schutzbereich

Informationen sind alle Werturteile und Tatsachenbehauptungen Dritter, aber auch sonstige Mitteilungen, Tatsachen usw. Informationsquellen sind alle Träger von Informationen, gleich ob Medienberichte, Akten, Briefe, mündliche Auskünfte oder Zeitungsartikel. Quelle der Information ist auch die Information selbst.

Beispiel:
Wer Augenzeuge eines Unfalls ist, bekommt die Information über den Unfall; das heißt aber zugleich, dass der Unfall selbst Quelle der Information ist.

Allgemein zugänglich muss die Quelle sein; das ist sie, wenn sie „geeignet und bestimmt ist, der Allgemeinheit, also einem individuell nicht bestimmbaren Personenkreis, Informationen zu beschaffen."[170]

Die **Informationsfreiheitsgesetze** des Bundes und der Länder haben mittlerweile im Rahmen der in diesen Gesetzen zugleich enthaltenen Restriktionen (Geheimschutz, Schutz personenbezogener Daten usw.) die bisher – außerhalb der Akteneinsichtsrechte – weithin verschlossenen Behördenakten der Allgemeinheit zugänglich gemacht; allerdings ist das damit geschaffene Informationsfreiheitsrecht nicht verfassungsrechtlich geboten.[171]

b) Persönlicher Schutzbereich

Für den persönlichen Schutzbereich gilt das zur Meinungsäußerungsfreiheit Gesagte gleichermaßen.

---

169 Dazu oben Kap. 7 D III.

170 So zuletzt BVerfGE 103, 44, 60.

171 *Schmitz/Jastrow*, NVwZ 2005, 984, 985, dort auch zu den Informationsfreiheitsgesetzen im Allgemeinen.

c) Eingriff

Eingriffe können Verbote des Zugangs zu (bislang) allgemein zugänglichen Quellen sein. Jedoch kann auch jede nicht rechtsförmliche tatsächliche Beschränkung des Zugangs zu Informationen Eingriffsqualität haben.

Dass das Bundesverfassungsgericht dem Staat mittlerweile zugesteht, ohne Annahme eines Eingriffs in die Informationsfreiheit **vorab** bestimmen zu dürfen, ob und inwieweit eine Quelle öffentlich zugänglich ist, ist wenig nachvollziehbar: *„Legt der Gesetzgeber die Art der Zugänglichkeit von staatlichen Vorgängen und damit zugleich das Ausmaß der Öffnung dieser Informationsquelle fest, so wird in diesem Umfang zugleich der Schutzbereich der Informationsfreiheit eröffnet."* [172] In der Konsequenz kann in einem solchen Fall die Behauptung, eine Quelle müsse öffentlich zugänglich sein oder der Staat habe die Zugänglichmachung übermäßig verengt, nicht mit der Verfassungsbeschwerde, gestützt auf Art. 5 Abs. 1 S. 1 2. Alt. GG geltend gemacht werden. Das Bundesverfassungsgericht will die Überprüfung solcher gesetzlichen Bestimmungen davon abhängig machen, ob eine solche Beschränkung vom Recht zur Bestimmung des Zugangs gedeckt ist. *„Folgt aber aus Verfassungsrecht, dass der Zugang als solcher weiter oder gar unbeschränkt hätte eröffnet werden müssen, kann dies vom Träger des Grundrechts der Informationsfreiheit, bei dem Ausschluss rundfunkspezifischer Aufnahme- und Verbreitungstechniken vom Träger des Grundrechts der Rundfunkfreiheit, geltend gemacht werden."*[173] Der Maßstab dieser Überprüfung bleibt aber weithin unklar; auch wird nicht deutlich, woraus sich ohne Annahme eines Eingriffs in die Informationsfreiheit die Beschwerdebefugnis eines Grundrechtsträgers[174] ergeben soll.

Merke:
Dass derartige Ausgestaltungen der Allgemeinzugänglichkeit keinen Eingriffscharakter haben, ist vom Bundesverfassungsgericht anhand der Rundfunkberichterstattung aus dem Gerichtssaal entschieden worden. Untersagt wurde im konkreten Fall nur die Art der Informationsbeschaffung, nicht aber die Informationsbeschaffung selbst, da die Zugänglichkeit der Verhandlungen ohne Aufnahmetätigkeit nicht beschränkt wurde. Das mag im Kontext von Gerichtsverhandlungen noch nachvollziehbar sein, darf aber nicht Anlass für eine generelle Verfahrensweise des Staates werden.

3. Pressefreiheit (Art. 5 Abs. 1 S. 2 1. Var. GG)

Die Presse gilt als prägend für die öffentliche **Meinungsbildung** und genießt insoweit einen besonderen Schutz. Gekennzeichnet ist die Presse durch Meinungspluralität und Staatsunabhängigkeit.

---

172 Wiederum BVerfGE 103, 44, 60; dazu sogleich Kap. 8 G II 2.

173 BVerfGE 103, 44, 60.

174 Dazu unten Kap. 10 A II 5.

a) Sachlicher Schutzbereich

Der Pressebegriff ist entwicklungsoffen, wie dies etwa in § 7 Abs. 1, 2 PresseG NRW deutlich wird:

> *„Druckwerke im Sinne dieses Gesetzes sind alle mittels der Buchdruckerpresse oder eines sonstigen zur Massenherstellung geeigneten Vervielfältigungsverfahrens hergestellten und zur Verbreitung bestimmten Schriften, besprochenen Tonträger, bildlichen Darstellungen mit und ohne Schrift, Bildträger und Musikalien mit Text oder Erläuterungen. [...] Zu den Druckwerken gehören auch die vervielfältigten Mitteilungen, mit denen Nachrichtenagenturen, Pressekorrespondenzen, Materndienste und ähnliche Unternehmungen die Presse mit Beiträgen in Wort, Bild oder ähnlicher Weise versorgen. Als Druckwerke gelten ferner die von einem presseredaktionellen Hilfsunternehmen gelieferten Mitteilungen ohne Rücksicht auf die technische Form, in der sie geliefert werden."*

Geschützt sind gleichermaßen periodisch erscheinende **Druckwerke**, bis hin zu Werkszeitungen und Schülerzeitungen, einmalig erscheinende Druckwerke wie Bücher, aber auch Flugblätter und Handzettel, sowie gleichermaßen ton- und bildtragende Trägermedien wie CD, DVD, Blu-ray-Disk.[175] Ob damit generell die Bindung an ein körperliches Trägermedium verlangt ist, ist in Abgrenzung zur Rundfunkfreiheit umstritten.[176]

Der Schutz besteht unabhängig vom **Inhalt** des Druckerzeugnisses; im Vordergrund steht der Herstellungs- und Verbreitungsvorgang, einschließlich aller presseinternen Vorbereitungs- und Hilfstätigkeiten, von der Informationsbeschaffung bis zur Verbreitung von Nachrichten und Meinungen in den genannten Pressemedien. Umfasst ist die Tätigkeit aller an der Erstellung von Presseerzeugnissen Beteiligten, Verleger, Drucker, Redakteure, Mitarbeiter der Verlagsverwaltungen bis hin zum Zeitungsausträger. Die Pressefreiheit ist vom Schutzbereich her eröffnet, *„wenn es um die im Pressewesen tätigen Personen in Ausübung ihrer Funktion, um ein Presseerzeugnis selbst, um seine institutionell-organisatorischen Voraussetzungen und Rahmenbedingungen sowie um die Institution einer freien Presse überhaupt geht."*[177] Eingeschlossen ist auch das Verhältnis zwischen Presse und evtl. privaten Informanten.[178]

> **Merke:**
> Pressefreiheit ist kein Spezialfall der Meinungsäußerungsfreiheit. Meinungsäußerung in der Presse bleibt für den Äußernden, gleich ob Redakteur, Journalist, Kolumnist, Leserbriefverfasser oder Buchautor, Gegenstand der Meinungsäußerungsfreiheit.

Wichtig ist wie bei der Meinungsfreiheit, dass dem Staat **keine Qualitätskontrolle** zusteht. Presse ist geschützt, wenn und weil sie die Merkmale des Pressebegriffs erfüllt, nicht nur, wenn und weil sie Tiefschürfendes, qualitativ Hochwertiges und Erbauliches produziert.

---

175 So *Pieroth/Schlink/Kingreen/Poscher*, Staatsrecht II, Rn. 611.

176 Vgl. die Nachweise bei *Schemmer* in BeckOK GG, Art. 5 GG Rn. 43.

177 BVerfGE 85, 1, 12 f.

178 BVerfGE 20, 162, 176.

Umstritten ist die Existenz einer **inneren Pressefreiheit**, also die Freiheit des Redakteurs oder Journalisten gegenüber dem Verleger. Dies Frage wird so zu lösen sein, dass der Verleger die (bspw. politische) Linie seines Blattes vorgibt, und der einzelne Mitarbeiter in diesem Rahmen eigenverantwortlich publizistisch tätig werden kann. Die Fragestellung erweist sich als Anwendungsfall der sog. „mittelbaren Drittwirkung" von Grundrechten. Anknüpfungspunkt kann hier das Direktionsrecht des Arbeitgebers nach § 315 Abs. 1 BGB, („*Soll die Leistung durch einen der Vertragschließenden bestimmt werden, so ist im Zweifel anzunehmen, dass die Bestimmung nach billigem Ermessen zu treffen ist.*") und der besondere Schutz von Unternehmen und Betrieben, die überwiegend Zwecken der Berichterstattung oder Meinungsäußerung dienen, § 118 Abs. 1 Nr. 2 BetrVG.[179]

b) Persönlicher Schutzbereich

Es gilt das zur Meinungsäußerungsfreiheit Gesagte; da alle am Pressewesen **Beteiligten** geschützt sind, steht die Pressefreiheit auch juristischen Personen (als AG oder GmbH organisierten Verlagen, Vereinen usw.) zu.

c) Eingriff

Beispielfall 46:
Die Zeitung „Freie Völker – marxistisch-leninistisches Wochenblatt" wird wegen vermuteter verfassungsfeindlicher Tendenzen in den Verfassungsschutzbericht des Landes L aufgenommen.
Eingriff in Art. 5 Abs. 1 S. 2 1. Var. GG?

Der Eingriffsbegriff ist auch bei der Pressefreiheit weit zu fassen. Selbstverständlich liegt beim Verbot einer Publikation ein Eingriff in die Pressefreiheit vor. Auch die **Durchsuchung** von Redaktionsräumen stellt einen Eingriff dar;[180] ebenso Maßnahmen, die Pressevertreter von der Informationsbeschaffung ausschließen, etwa der Verweis aus einer Pressekonferenz uÄ.

Es reicht aber auch jede Einflussnahme des Staates auf Dritte, etwa dadurch, dass das Verhalten dieser Dritten die publizistischen **Wirkungsmöglichkeiten** oder die finanziellen Erträge des Presseorgans nachteilig beeinflusst.

Lösung zu Beispielfall 46:
Auf jeden Fall erfüllen die „Freien Völker" die Voraussetzungen des Pressebegriffs. Mit Befehl und Zwang wird nicht gegen die Zeitung vorgegangen. Wenn aber eine Einflussnahme auf das Verhalten Dritter ausreicht, muss auch eine Aufnahme in den Verfassungsschutzbericht als mittelbar-faktischer Eingriff in die Pressefreiheit angesehen

179 Näher *Kühling* in BeckOK Informations- und Medienrecht, Art. 5 GG Rn. 53.
180 BVerfGE 20, 262, 186.

werden.[181] Auch wenn eine wirtschaftliche Schädigung des Presseorgans möglicher Weise nicht gewollt ist (Finalität im engeren Sinne), ist eine abschreckende Wirkung auf das Publikum und die potentielle Leserschaft jedenfalls absehbar (Finalität im weiteren Sinne).[182]

4. Rundfunkfreiheit (Art. 5 Abs. 1 S. 2 2. Var. GG)

Auch der Rundfunkfreiheit wird eine **konstituierende Bedeutung** für die freiheitlich-demokratische Grundordnung zugesprochen,[183] da sie neben der Presse maßgeblichen Einfluss auf die öffentliche Meinungsbildung hat.

a) Sachlicher Schutzbereich

Ursprünglich bezeichnet Rundfunk die Verbreitung von Inhalten in **elektromagnetischer** Form, gleich ob über Antennen, Kabel, Satellit, dies sowohl als Fernseh- als auch als Radioübertragung. Da die Rundfunkfreiheit genauso offen konzipiert ist wie die Pressefreiheit, sind auch neue Verbreitungsformen wie Video on Demand oÄ erfasst. Umstritten ist, wie weit Onlineinhalte der Rundfunkfreiheit unterfallen; das Konkurrenzverhältnis zur Pressefreiheit ist insoweit noch nicht endgültig geklärt.

Wichtig ist, dass die Verbreitung an eine unbestimmte **Vielzahl** von Personen gerichtet ist, die aber zugleich nicht übermäßig groß sein muss. Damit sind auch bspw. Krankenhausrundfunksender erfasst. Erforderlich ist weiter eine irgendwie geartete redaktionelle Tätigkeit hinter den Inhalten; die reine Tätigkeit als Provider oder jede andere rein fernmeldetechnische Tätigkeit ohne Vermittlung von Inhalten[184] fällt nicht unter die Rundfunkfreiheit. Steht eine redaktionelle Tätigkeit im Hintergrund, ist es gleich, ob die jeweilige Sendung der Information, der Bildung oder der Unterhaltung dient.[185]

Wie bei der Pressefreiheit ist – trotz der Reduzierung des Wortlauts auf die „Berichterstattung durch Rundfunk" – das gesamte **Spektrum** der rundfunkbezogenen Tätigkeit von der Informationsbeschaffung über die Vorbereitung bis zur Ausstrahlung von Inhalten geschützt. Auch ist wieder wie bei der Pressefreiheit das Verhältnis von im Rundfunk Tätigen zu externen Informanten als Teil der Vorbereitung von Rundfunkbeiträgen vom Schutzbereich des Art. 5 Abs. 1 S. 2 2. Var. GG erfasst.[186]

---

181 BVerfGE 113, 63, 76 f. – Junge Freiheit.

182 Zu den Kriterien des mittelbar-faktischen Eingriffs oben Kap. 7 H II 2.

183 Vgl. nur BVerfGE 77, 65, 74.

184 BVerfGE 12, 205, 226 – Deutschland-Fernsehen.

185 *Schemmer* in BeckOK GG, Art. 5 GG Rn. 66 ff.

186 BVerfGE 77, 65, 74 f.

> **Merke:**
> Für das Verhältnis von Meinungsäußerungsfreiheit und Rundfunkfreiheit gilt wiederum, dass die Meinungsäußerung im Rundfunk der Meinungsäußerungsfreiheit unterfällt, die Rundfunkfreiheit dagegen wiederum den strukturellen Rahmen von Vermittlung derartiger Inhalte schützt.

Ähnlich wie bei der Pressefreiheit ist die Existenz einer **inneren Rundfunkfreiheit** umstritten, also die Freiheit des Redakteurs oder Journalisten gegenüber dem Intendanten im öffentlich-rechtlichen Rundfunk oder dem privaten Rundfunkunternehmer. Verschärft wird die Problematik im Rundfunkbereich durch die Verpflichtung auf den durch den Binnenpluralismus gekennzeichneten Programmauftrag insb. der öffentlich-rechtlichen Rundfunkanstalten. Hierdurch wird die Meinungs- und Rundfunkfreiheit der Programmitarbeiter regelmäßig begrenzt. Im öffentlich-rechtlichen Rundfunk werden Konflikte zwischen Programmmitarbeitern und Sendeanstalt regelmäßig durch Redakteurstatute geregelt.[187]

Umstritten ist, wie weit **textliche Onlineinhalte** der Rundfunkfreiheit unterfallen; das Konkurrenzverhältnis zur Pressefreiheit ist insoweit noch nicht endgültig geklärt. Problematisch ist insoweit vor allem die Konkurrenz zwischen dem öffentlich-rechtlich dominierten Rundfunkbereich einerseits und den privatrechtlich ausgestalteten Pressestrukturen andererseits. Um Online-Angebote gerade öffentlich-rechtlicher Rundfunkanstalten auf ihre Zulässigkeit hin untersuchen zu können, wird ein sog. **Drei-Stufen-Test** angewendet. Das Angebot muss

1. zum öffentlichen Auftrag gehören,
2. einen publizistischen Mehrwert aufweisen und
3. mit verhältnismäßigem Aufwand erstellt sein, um einen Verdrängungswettbewerb gegenüber privaten Presseangeboten zu vermeiden.[188]

In der Tendenz wird die Berechtigung öffentlich-rechtlicher Rundfunkanstalten, Angebote über das Internet zu machen, derzeit eher restriktiv gesehen.

b) Persönlicher Schutzbereich

Für den persönlichen Schutzbereich gilt zunächst, dass es sich um ein Jedermanngrundrecht handelt, das auch juristischen Personen zusteht. Besonderheit ist weiterhin, dass die **öffentlich-rechtlichen Rundfunkanstalten** Träger des Grundrechts sind.[189] Dabei ist es Ausdruck der Staatsferne der öffentlich-rechtlichen Rundfunkanstalten, dass die Aufsichtsgremien der Anstalten, die Rundfunkräte, mit Personen mit möglichst unterschiedlichen Perspektiven und Erfahrungshorizonten aus allen Bereichen des Gemeinwesens zu besetzen

---

[187] Vgl. insoweit etwa das Redakteurstatut des WDR unter http://www.agra-rundfunk.org/mediawiki/index.php?title=WDR_Redakteurstatut&redirect=no, zuletzt abgerufen am 15.06.2016.

[188] Näher *Kühling* in BeckOK Informations- und Medienrecht, Art. 5 GG Rn. 85 und *Sokoll*, NJW 2009, 885, 886 ff.

[189] Dazu schon oben Kap. 7 D I 3.

sind. Dabei darf die Besetzung nur zu einem Drittel mit staatlichen oder staatsnahen Vertretern erfolgen.[190]

Neben den öffentlich-rechtlichen Rundfunkanstalten sind selbstverständlich auch private Rundfunkveranstalter geschützt.

c) Eingriff

Eingriffe sind alle Maßnahmen, die gezielt und mit rechtlicher Einwirkung oder mittelbar die **Rahmenbedingungen** der Rundfunktätigkeit beschränken. Keinen Eingriff stellt es dar, wenn der Gesetzgeber organisatorische Vorgaben für Rundfunkveranstalter oder Rundfunkveranstaltungen trifft, um die Rundfunkfreiheit zu sichern; ob es sich um beschränkende oder ausgestaltende Vorschriften und Maßnahmen handelt, ist im Einzelfall zu klären.[191]

d) Schutzpflicht

Im Zeichen knapper **Übertragungskapazitäten** ist es Aufgabe des Gesetzgebers, einen organisatorischen Rahmen für die Verteilung der verfügbaren Ressourcen zu errichten. Die öffentlich-rechtlichen Rundfunkanstalten werden für die Grundversorgung der Bevölkerung mit Rundfunkleistungen im terrestrischen (antennengebundenen) Rundfunk in Anspruch genommen. Insoweit ist auch eine Gebührenfinanzierung des öffentlich-rechtlichen Rundfunks zu rechtfertigen.

Bez. der privaten Rundfunkveranstaltungen ist es Sache der (insoweit allein zuständigen) Landesgesetzgeber, durch Medien- und Rundfunkgesetze im Zeichen einer sog. **Außenpluralität** für eine Vielzahl unterschiedlicher Anbieter zu sorgen, bzw. durch Vorgaben für Anbieter einen hinreichenden **Binnenpluralismus** im eigenen Programm sicherzustellen.

5. Filmfreiheit (Art. 5 Abs. 1 S. 2 3. Var. GG)

a) Sachlicher Schutzbereich

Sachlich schützt die Filmfreiheit die Übermittlung von Bildinhalten durch zur **Projektion** vorgesehenen Bilderreihe. Die Filmfreiheit beschränkt sich nicht auf dokumentarische oder informierende Filme, sie umfasst auch unterhaltende Filme bis hin zum Kunstfilm.

b) Persönlicher Schutzbereich

Für den persönlichen Schutzbereich gilt das zur Pressefreiheit Gesagte.

---

190 BVerfGE 139, 9, 37 ff. – ZDF-Staatsvertrag.

191 Vgl. die Abgrenzung bei BVerfGE 95, 220, 235.

c) Eingriff

Hier gilt das zur Rundfunkfreiheit Ausgeführte.

III. Verfassungsrechtliche Rechtfertigung

Die Schranken des Art. 5 Abs. 1 GG ergeben sich aus Art. 5 Abs. 2 GG; die Dogmatik der Schranken und Schranken-Schranken wurde zu guten Teilen an der **Meinungsäußerungsfreiheit** entwickelt, kann aber auf die weiteren Freiheiten aus Art. 5 Abs. 1 GG – die Besonderheiten der übrigen Gewährleistungen achtend – übertragen werden.

1. Schranken und Schranken-Schranken

a) Schranke der „allgemeinen Gesetze"

Art. 5 Abs. 2 stellt die Gewährleistungen des Art. 5 Abs. 1 unter die Schranken der Vorschriften der allgemeinen Gesetze, der gesetzlichen Bestimmungen zum Schutz der Jugend und des Rechts der persönlichen Ehre. Art. 5 Abs. 2 GG stellt damit einen **qualifizierten** Gesetzesvorbehalt[192] dar.

Zentralbegriff des Art. 5 Abs. 2 GG ist der der allgemeinen Gesetze. Um eines vorab klarzustellen:

> **„Allgemeine Gesetze" ist <u>nicht</u> gleichbedeutend mit „alle abstrakt-generellen Regelungen".**

Gesetze iSd Art. 5 Abs. 2 GG sind zunächst **Parlamentsgesetze**, die aber auch zu Verordnungen und sonstigem nachrangigem Recht sowie zu Einzelakten ermächtigen dürfen. Selbstverständlich ist, dass nur formell ordnungsgemäße Gesetze Schranken iSd Art. 5 Abs. 2 GG sein können, auch müssen sie bspw. inhaltlich hinreichend bestimmt sein, sie dürfen keine Einzelfallgesetze sein und sie müssen der Wesensgehaltsgarantie entsprechen.[193]

Die Gesetze müssen aber allgemein sein. Zur Bestimmung, wann ein Gesetz allgemein ist, werden die **Sonderrechtslehre** und die **Abwägungslehre** herangezogen, die das Bundesverfassungsgericht zur sog. **Verbindungslehre** zusammenzieht.

Nach der **Sonderrechtslehre** sind allgemeine Gesetze solche, die nicht eine Meinung als solche verbieten oder sich gegen eine Meinung als solche richten.[194] Ausgeschlossen sind damit Gesetze, die eine bestimmte Meinung wegen ihres nicht erwünschten Inhalts oder ihrer nicht genehmen geistigen Zielrichtung verbieten.

---

192 Dazu schon oben Kap. 7 F III 2 b.

193 Dazu oben Kap. 7 G; dort auch (II 2) zur (Nicht-)Geltung des Zitiergebots.

194 So *Anschütz*, VVdStRL Bd. 4, S. 74 f.; die Sonderrechtslehre geht damit schon auf die Zeit der Weimarer Republik zurück.

Beispiel:
Die Bundesregierung plant groß angelegte Sozialreformen („Ztrah V"). Verschiedene Verbände, Gewerkschafter und Presseorgane äußern heftige Kritik an dem Geplanten und wollen gemeinsam eine groß angelegte Medienkampagne gegen das Vorhaben starten. Die Bundesgesetzgeber beschließt deswegen auf Initiative der Bundesregierung ein „Gesetz zur Wahrung des sozialen Friedens", mit dem im Interesse der Allgemeinheit für die Dauer von einem Jahr kritische Äußerungen zur Sozialreform „Ztrah V" untersagt werden.
Dieses Gesetz wäre nicht „allgemein" im Sinne der Sonderrechtslehre – und damit zugleich verfassungswidrig!

Das Bundesverfassungsgericht kombiniert diese Lehre in Anlehnung an Ansätze aus der Zeit der Weimarer Republik mit der sog. **Abwägungslehre**. Danach sind allgemeine Gesetze solche, die dem Schutz eines schlechthin, ohne Rücksicht auf eine bestimmte Meinung, zu schützenden Rechtsguts dienen, dem Schutz eines Gemeinschaftswerts, der gegenüber der Betätigung der Meinungsfreiheit Vorrang hat.[195]

Das Bundesverfassungsgericht verlagert damit ein Stück weit die Verhältnismäßigkeitsprüfung (Schranken-Schranken) in die **Schrankenprüfung**, indem sie das Gesetz, das die Meinungsäußerungsfreiheit einschränken soll, bereits einer Abwägung mit dem hohen Rang der Meinungsäußerungsfreiheit unterzieht. Wie bei den übrigen Freiheiten des Art. 5 Abs. 1 GG verlangt das Gericht *„eine Wechselwirkung in dem Sinne, dass die allgemeinen Gesetze zwar dem Wortlaut nach dem Grundrecht Schranken setzen, ihrerseits aber [...] in ihrer das Grundrecht beschränkenden Wirkung selbst wieder eingeschränkt werden müssen."*[196] Es wird also nach dieser sog. „**Wechselwirkungslehre**" (auch „Schaukeltheorie" oder eher Wippentheorie??) eine verfassungskonforme Auslegung des einschränkenden Gesetzes im Lichte des Grundrechts aus Art. 5 Abs. 1 GG verlangt, wobei eine Vermutung für die freie Rede gelten soll.

b) Schranke der „gesetzlichen Bestimmungen zum Schutz der Jugend"

Ziel dieser Grundrechtsschranke ist es, die Entwicklung von Kindern und Jugendlichen zu **eigenverantwortlichen Persönlichkeiten** zu fördern und zu schützen. Sie müssen daher von Einflüssen ferngehalten werden, die sich (nicht zuletzt) auf die Entwicklung ihrer Persönlichkeit nachteilig auswirken können.[197] Hierzu gehören neben schamverletzenden sexuellen Darstellungen aber auch solche, die gewaltverherrlichend sind, Rassenhass provozieren oder Verbrechen glorifizieren. Der Gesetzgeber ist berechtigt und gehalten, Jugendlichen derartige Darstellungen durch gesetzliche Vorschriften möglichst unzugänglich zu machen. Dabei muss der Staat einerseits seiner Schutzpflicht nachkommen, andererseits aber auch den Grundsatz der Verhältnismäßigkeit wahren.

---

195 BVerfGE 7, 198, 209 f. – Lüth; so die Fassung der Abwägungslehre als Teil der Verbindungslehre.
196 BVerfGE 7, 198, 208 f. – Lüth.
197 BVerfGE 83, 130, 139 f.

c) Schranke des „Rechts der persönlichen Ehre"

Erfasst sind alle gesetzlichen Vorschriften, die dem Schutz der persönlichen Ehre dienen, die über Art. 2 Abs. 1 iVm Art. 1 Abs. 1 GG selbst grundrechtlichen Schutz genießt. Hierzu gehören etwa die strafrechtlichen Ehrschutzvorschriften (§§ 185 ff. StGB), aber auch zivilrechtliche Widerrufs- und Unterlassungsansprüche (§§ 823 Abs. 1, 1004 BGB).

d) Erstreckung des Erfordernisses der allgemeinen Gesetze

Mit der Wunsiedel-Entscheidung hat das Bundesverfassungsgericht festgestellt, dass – anders als der Wortlaut dies vermuten lässt – auch die **Ehrschutzgesetze** (in der Konsequenz auch der Jugendschutz) den Charakter allgemeiner Gesetze haben müssen.[198] Der Wortlaut legt diese Sicht nicht nahe; immerhin werden die Varianten „allgemeine Gesetze" einerseits und Ehrschutz und Jugendschutz andererseits in Art. 5 Abs. 2 GG nebeneinander gestellt, und nicht etwa durch ein „insbesondere" verbunden. Für die Ansicht spricht jedoch, dass insb. Gesetze zum Schutz der persönlichen Ehre nicht dazu missbraucht werden dürfen, eine Meinungsäußerung wegen ihres Inhalts – etwa zulasten einer Person des öffentlichen Lebens – zu verbieten (bspw. strafrechtliches Verbot der Kanzlerinnenbeleidigung).

Die Konsequenz ist allerdings, dass diejenigen Vorschriften des StGB, die die **Verherrlichung** der NS-Herrschaft unter Strafe stellen (insb. § 130 Abs. 4 StGB), zunächst keine allgemeinen Gesetze sind, da sie eine Meinung als solche verbieten, weiterhin aber auch als Ehrschutzvorschriften nicht als Schranke der Meinungsäußerungsfreiheit dienen könnten, da auch diese Vorschriften allgemeine Gesetze sein müssen. Das Bundesverfassungsgericht behilft sich mit folgender Feststellung: *„Angesichts des sich allgemeinen Kategorien entziehenden Unrechts und des Schreckens, die die nationalsozialistische Herrschaft über Europa und weite Teile der Welt gebracht hat, und der als Gegenentwurf hierzu verstandenen Entstehung der Bundesrepublik Deutschland ist Art. 5 Abs. 1 und 2 GG für Bestimmungen, die der propagandistischen Gutheißung des nationalsozialistischen Regimes in den Jahren zwischen 1933 und 1945 Grenzen setzen, eine Ausnahme vom Verbot des Sonderrechts für meinungsbezogene Gesetze immanent."*[199]

e) Schranken-Schranken

aa) Verhältnismäßigkeit und Wechselwirkungslehre

Im Zeichen der bereits angesprochenen **Wechselwirkungslehre** ist zu ermitteln, ob den Rechtgütern des Art. 5 Abs. 1 GG in Abwägung mit den durch die Schranken geschützten Rechtsgütern, die im Einzelfall den Freiheiten des Art. 5 Abs. 1 GG vorgehen können, **im Lichte des hohen Ranges** der Grundrechte aus Art. 5 Abs. 1 GG hinreichend Rechnung getragen wurde. So heißt es beim Bundesverfassungsgericht: *„Das ‚Recht der persönlichen Ehre' und die ‚allgemeinen Gesetze' müssen im Lichte der Bedeutung des Grundrechts der Meinungsfreiheit gesehen werden; sie sind ihrerseits aus der Erkenntnis der wertsetzenden*

---

[198] BVerfGE 124, 300, 326.

[199] BVerfGE 124, 300, 327 f.

Bedeutung dieses Grundrechts im freiheitlichen demokratischen Staat auszulegen und so in ihrer das Grundrecht beschränkenden Wirkung selbst wieder einzuschränken.“[200]

Dabei ist aber nicht nur das Gesetz in dem obigen Sinne auszulegen, zugleich werden auch Anforderungen an die Deutung der betreffenden Äußerung gestellt. So soll nicht die Sicht des Äußernden und nicht die Sicht des Adressaten der Äußerung maßgeblich sein; vielmehr ist eine **objektive** Deutung der Äußerung verlangt, die eine möglichst geringe Kollision mit dem zu schützenden Rechtsgut erzeugt. Jedenfalls sind die Fachgerichte gehalten, nach einer solchen konfliktarmen Variante zu suchen, um dann ggf. darzulegen, warum diese Deutung hier nicht zugrunde gelegt werden kann.[201]

Beispiel:
Bei einem öffentlichen Gelöbnis der Bundeswehr wird aus dem anwesenden Publikum gerufen: „Soldaten sind Mörder!“ Der Rufende wird wegen Beleidigung vor Gericht gestellt. Nun gilt es zu ermitteln, was der Rufer aussagen wollte. Zwischen *„Ihr, die Ihr da in Uniform steht, seid Mörder* (also Täter iSd § 211 StGB).“ und *„Soldaten können in die Lage kommen, ungerechtfertigt zu töten.“* ist jede Deutung denkbar. Legt man die erstere zugrunde, würde man ggf. zu einer Verurteilung gelangen, legt man die letztere zugrunde, wäre ein Freispruch sicher.[202]

Bei Äußerungen, die gegenüber den tatsächlichen Elementen stark wertende Momente aufweisen, ist es regelmäßig schwieriger, die **konfliktarme** Deutungsvariante zugrunde zu legen.[203] Dennoch können bei der Bewertung von Äußerungen auch unterschiedliche (vertretbare) Deutungskategorien in Betracht gezogen werden.

Bei sog. **Kollektivbeleidigungen** sieht das Bundesverfassungsgericht die persönliche Betroffenheit des Mitglieds eines Kollektivs als umso geringer an, je größer das Kollektiv ist. Im Falle einer Punkerin, die ein Sweatshirt mit dem Aufdruck „FCK CPS“ trug, hat das Bundesverfassungsgericht die Entscheidung des Jugendgerichts wegen Beleidigung von Mitgliedern des örtlichen Polizeikommissariats aufgehoben. Es fehle an hinreichenden Feststellungen zu den Umständen, die die Beurteilung tragen könnten, dass sich die Äußerung auf eine hinreichend überschaubare und abgegrenzte Personengruppe bezieht. Insbesondere reiche die Bezugnahme im Urteil auf die Bewegung der Punkerin im öffentlichen Raum und die Möglichkeit, dabei Polizisten des gleichen Kommissariats wie bei den vorherigen Ermahnungen zu treffen, für einen hinreichenden Beleidigungsvorsatz nicht aus.[204]

---

200 BVerfGE 7, 198, 208 f. – Lüth.

201 BVerfGE 94, 1, 9.

202 Instruktiv insoweit BVerfGE 93, 266 ff. – „Soldaten sind Mörder“; auch *BVerfG*, NJW 2009, 3505, 3505 f. Ähnlich *BVerfG*, NJW 1994, 2943, 2943 f.: *„Darüber hinaus hat das Amtsgericht der beanstandeten Äußerung einen Sinn gegeben, den diese objektiv nicht hat. Es begründet die Verurteilung wegen Volksverhetzung damit, daß der Beschwerdeführer mit der Verwendung des Aufklebers die Angehörigen der Bundeswehr der Begehung von Mordtaten beschuldigt habe. Ein solcher Sinn kommt der in dem Aufkleber enthaltenen Aussage bei verständiger Würdigung jedoch nicht zu.“*

203 BVerfGE 85, 1, 16 f.

204 *BVerfG* (3. Kammer des 1. Senats), NJW 2015, 2022 f.

Merke:
Für naive Menschen wie den Verfasser: „FCK CPS“ steht für FuCK CoPS“

Bei der Abwägung sind dann auch situative Momente mit einzubeziehen. So ist eine verbale Auseinandersetzung sozusagen im verschärften **Meinungskampf**, bspw. im Kontext des Wahlkampfes, mit anderen Maßstäben zu messen als in anderen Situationen. Hier muss der Angesprochene ggf. mehr einstecken, als er dies üblicher Weise tun müsste. Hier müssen auch Äußerungen in überspitzter und polemischer Form eher hingenommen werden.[205]

Befremdlich ist allerdings, wenn das Bundesverfassungsgericht die Inanspruchnahme eines verstorbenen NS-Gegners durch eine rechtsradikale Partei mittels entstellter und verkürzter Zitate („*Ganz unsere Meinung: DVU*!)“ mangels **Schmähkritik** gemessen an dessen postmortalem Persönlichkeitsrecht als zulässig erachtet.[206]

Hier ist im Rahmen der Verhältnismäßigkeitsprüfung ein umfassender **Abwägungsvorgang** vorzunehmen, der situative Elemente berücksichtigen kann (bspw. politischer Meinungskampf): *„Insbesondere muß in der öffentlichen Auseinandersetzung, zumal im politischen Meinungskampf, auch Kritik hingenommen werden, die in überspitzter und polemischer Form geäußert wird, weil andernfalls die Gefahr einer Lähmung oder Verengung des Meinungsbildungsprozesses drohte.“*[207]

bb) Spezielle Schranken-Schranke: Das Zensurverbot (Art. 5 Abs. 1 S. 3 GG)

Art. 5 Abs. 1 S. 3 GG enthält mit dem **Zensurverbot** eine spezielle Schranken-Schranke für die Meinungsfreiheit, die Presse-, die Rundfunk- und die Filmfreiheit.

Das Zensurverbot verbietet eine verbindliche staatlicherseits angeordnete Vorlagepflicht für Meinungsäußerungen, Presse-, Rundfunk- oder Filmbeiträgen **vor** ihrer **Veröffentlichung** oder Kundgabe bei staatlichen Stellen. Das Bundesverfassungsgericht nennt insoweit *„einschränkende Maßnahmen vor der Herstellung oder Verbreitung eines Geisteswerkes, insbesondere das Abhängigmachen von behördlicher Vorprüfung und Genehmigung seines Inhalts“*.[208]

Die staatliche Vorzensur ist damit zu **unterscheiden** von **nachträglichen Beschränkungen** bspw. der Meinungsfreiheit oder der Pressefreiheit auf Betreiben des Staates oder Dritter, die zum Schutz vorrangiger Rechtspositionen oder zum Schutz von Rechten Dritter erlassen

---

205 *BVerfG*, NJW 2009, 3505, 3505 f., dort auch zum Verhältnis unterschiedlicher Deutungsmöglichkeiten von Meinungsäußerungen.

206 *BVerfG*, NJW 2001, 2947 ff. – Wilhelm Kaisen; dazu *Pabst*, NJW 2002, 999 ff.

207 BVerfGE 82, 272, 282.

208 BVerfGE 33, 52, 71 f.; *BVerfG*, NJW 2015, 1438, 1440.

werden. Auch kein Fall der Vorzensur ist gegeben, wenn eine Meinungsäußerung – im betreffenden Fall eine gemessen an Art. 5 Abs. 1 S. 1 GG ggf. bedenkliche Werbemaßnahme – freiwillig zur Abstimmung einer staatlichen Stelle vorgelegt wird.[209]

2. Prüfaufbau

Die Vorgehensweise des Bundesverfassungsgerichts macht die übliche Trennung in Schranken und Schranken-Schranken schwierig. Ein denkbarer **Ausweg** ist Folgender:

Man definiert allgemeine Gesetze so, dass sie sich weder gegen bestimmte Meinungen richten, sondern vielmehr dem Schutz eines schlechthin, ohne Rücksicht auf eine bestimmte Meinung, zu schützendes Rechtsgut dienen, dem Schutz eines Gemeinschaftswerts, das gegenüber der Betätigung der Meinungsfreiheit Vorrang ***haben kann***. Es würde also im Rahmen der Schranken festgestellt, dass das Gesetz den Schutz eines derart hochrangigen Rechtsguts bezweckt (allg. Persönlichkeitsrecht Dritter, Unparteilichkeit des öffentlichen Dienstes usw.). Im Rahmen der Schranken-Schranken würde man dann im Zeichen der Wechselwirkungslehre die eigentliche Abwägung zwischen dem zu schützenden Rechtsgut und den Freiheiten nach Art. 5 Abs. 1 GG vornehmen.

H Art. 5 Abs. 3 GG – Kunst- und Wissenschaftsfreiheit

I. Allgemeines

Die Kunst- und die Wissenschaftsfreiheit gem. Art. 5 Abs. 3 GG gewähren ein hohes Maß an Freiheit. Kunst, Wissenschaft, Forschung und Lehre **„sind frei"**. Die gesondert angeordnete Verpflichtung der Lehre auf die Verfassungstreue nach Art. 5 Abs. 3. S. 2 GG betrifft nur den Missbrauch der Lehre für lehrfremde Zwecke als verfassungsunmittelbare Schranke, und kommt so praktisch nicht zum Tragen.

II. Schutzbereich

1. Kunstfreiheit

Der Schutzbereich der Kunstfreiheit hängt an der **Definition** von Kunst, die von je her Schwierigkeiten bereitet.

---

209 *BVerfG*, NJW 2015, 1438, 1440.

Beispielfall 47:
Der G ist umtriebiger Graffiti-Sprayer, der in zahlreichen Kunstlexika und Szeneveröffentlichungen als *„einer der größten lebenden Graffiti-Künstler"* gefeiert wird. Bevorzugt besprüht er Wände und Schreiben von Versicherungskonzernen und großen Firmen, um *„die triste Kommerzarchitektur mit Werken provozierend schillernder Farbigkeit und Leichtigkeit"* zu beleben.
Eines Nachts wird G durch die Polizei „von der Leinwand gepflückt" – hier in Form der Seitenwand der Protectas-Securitas-Fidelitas-Versicherung AG. Es folgt eine strafrechtliche Verurteilung wegen Sachbeschädigung.
Ist G in seiner Kunstfreiheit betroffen?

a) Sachlicher Schutzbereich

Gekennzeichnet ist die Diskussion um den Kunstbegriff von der Schwierigkeit, diesen zu definieren. Wenn aber teilweise ein Definitionsverbot für Kunst gefordert wird, macht das die Kunstfreiheit kaum noch handhabbar. Jedenfalls eine typologische Beschreibung dessen, was Kunst ist, scheint daher geboten. Das Bundesverfassungsgericht hat sich dem Begriff der Kunst über mehrere mehr oder weniger greifbare Kunstbegriffe genähert, die grds. nebeneinander stehen, sich teilweise aber auch überschneiden. Zugleich muss ein Werk nicht die Merkmale aller Kunstbegriffe erfüllen, um als Kunst gelten zu können.

Der **formale** Kunstbegriff nähert sich dem Kunstbegriff über die jeweilige Werk- oder Kunstform, also bspw. Malerei, Bildhauerei, Dichtung, Roman, Komposition oder Theater.[210]

Dem **materiellen** Kunstbegriff zufolge ist Kunst eine *„freie schöpferische Gestaltung, in der Eindrücke, Erfahrungen, Erlebnisse des Künstlers durch das Medium einer bestimmten Formensprache zu unmittelbarer Anschauung gebracht werden. Alle künstlerische Tätigkeit ist ein Ineinander von bewussten und unbewussten Vorgängen, die rational nicht aufzulösen sind. Beim künstlerischen Schaffen wirken Intuition, Phantasie und Kunstverstand zusammen; es ist primär nicht Mitteilung, sondern Ausdruck und zwar unmittelbarster Ausdruck der individuellen Persönlichkeit des Künstlers."*.[211] Damit wird Kunst eher aus der Sicht des Kunstschaffenden und aus dem Prozess des Kunstschaffens heraus betrachtet.

Relativ konturenlos ist der **offene** Kunstbegriff; hier sieht das Bundesverfassungsgericht *„das kennzeichnende Merkmal einer künstlerischen Äußerung darin [...], dass es wegen der Mannigfaltigkeit ihres Aussagegehalts möglich ist, der Darstellung im Wege einer fortgesetzten Interpretation immer weiter reichende Bedeutungen zu entnehmen, so dass sich eine praktisch unerschöpfliche, vielstufige Informationsvermittlung ergibt"*.[212] Hier liegt der Fokus auf dem Produkt des Kunstschaffens, durch das der Kunstschaffende die Außenwelt zur Interpretation anregt.

---

[210] BVerfGE 67, 213, 226 – Anachronistischer Zug.
[211] BVerfGE 30, 173, 189 – Mephisto.
[212] BVerfGE 67, 213, 226 f. – Anachronistischer Zug.

Da alle verwendeten Kunstbegriffe systematische Schwächen aufweisen, ist es nahe liegend, die Begriffe nebeneinander und sich ergänzend zu verwenden. Ausgeschlossen ist, sich allein der Sicht des Kunstschaffenden selbst zu unterwerfen („*Was ich mache ist Kunst, und wer was anderes behauptet, lügt.*"). Hilfreich kann dagegen – objektivierend – das ergänzende Kriterium der **Drittanerkennung** eines bestimmten Vorgangs oder Produktes als Kunst sein, also dass Dritte, insb. Fachleute, ein bestimmtes Schaffen als Kunst ansehen. Jedenfalls zeigt die Rechtsprechung, dass der Kunstbegriff sehr weit ist.[213] Auch ist der Kunstbegriff in seiner Weite offen für neue, bislang noch nicht bekannte Kunstformen; so werden neue – inzwischen schon wieder alte – Kunstformen wie Videoinstallationen oder Happenings unproblematisch vom Schutzbereich des Art. 5 Abs. 3 GG erfasst.

Ausgeschlossen ist eine Einteilung von Kunst durch Attribute wie **wertvoll** oder **wertlos**, schön oder hässlich, niveaulos oder ansprechend, um so den jeweils vermeintlich niederen Formen der Kunst den Schutz der Kunstfreiheit abzusprechen. Die Kunst entzieht sich damit bez. ihrer Qualifizierung als Kunst jeder staatlichen Qualitätskontrolle.

Geschützt ist sowohl der **Werk**- wie der **Wirkbereich** der Kunst. Das bedeutet, dass sowohl der Prozess des Kunstschaffens wie die unvermeidliche Wirkung der Kunst nach Außen durch Ausstellung, Aufführung oder Vorführung dem Schutzbereich des Art. 5 Abs. 3 GG unterfällt.

In einer Entscheidung hat das Bundesverfassungsgericht versucht, Kunst unter Inanspruchnahme fremden Eigentums als verbotene Form des Kunstschaffens dem Schutzbereich der Kunst zu entziehen[214]. Gegenstand der Entscheidung war der sog. „Sprayer von Zürich", Harald Nägeli, der für seine Graffiti-Kunstwerke ohne Einverständnis fremde Hauswände benutzte und damit den Tatbestand der strafbaren Sachbeschädigung erfüllte. Hier liegt es aber näher, auch solche Kunst in den Kunstbegriff einzubeziehen und die Einschränkung über die verfassungsrechtliche Rechtfertigung – Vorrang der Rechte Dritter – herbeizuführen. Nicht umfasst ist dagegen der Diebstahl von Farbe und Leinwand, Marmorbrocken und Meißeln, um künstlerisch tätig werden zu können.

Merke:
Ist das Böhmermann-Gedicht[215] über Recep Tayyip Erdoğan Kunst?

Formaler Kunstbegriff: Nicht alles, was hinkt, ist ein Vergleich. Genauso ist nicht alles, was sich reimt, ein Gedicht. Aber das Böhmermann-Gedicht weist die Merkmale dieser klassischen Werkform auf; es ist in Knittelversen verfasst, also in vierhebigen Versen, die sich durch Paarreime auszeichnen. Ob Kunst schon aufgrund des satirischen Charakters anzunehmen ist, erscheint zweifelhaft. Nicht gegen Kunst im formellen Sinne spricht die derbe, obszöne Wortwahl, da vor allem keine Qualitätskontrolle erfolgt.

---

213 BVerfGE 119, 1, 13 – Esra.

214 *BVerfG*, NJW 1984, 1293 ff.

215 Text und Video unter http://archiv.cicero.de/salon/erdogan-schmaehgedicht-das-boehmermann-video-im-original/60770, zuletzt abgerufen am 16.06.2016

Materieller Kunstbegriff: Böhmermann verweist in der Sendung „Neo Magazin Royale" darauf, dass auch Erdoğan Satire hinzunehmen habe. Böhmermann spricht in seiner Anmoderation insoweit das zuvor im Rundfunk ausgestrahlte Satiregedicht „Erdowie, Erdowo Erdogan" an, auf das Erdoğan mit einer Beleidigungsanzeige reagiert hatte. In diesem Gesamtkontext kann eine freie schöpferische Gestaltung gesehen werden, in der Eindrücke, Erfahrungen, Erlebnisse des Künstlers durch das Medium einer bestimmten Formensprache zu unmittelbarer Anschauung gebracht werden. Insoweit ist dann wiederum die derbe Wortwahl Teil der künstlerischen Intention (aA vertretbar).

Offener Kunstbegriff: Ob (für die Bejahung von Kunst nicht notwendig) der offene Kunstbegriff erfüllt ist, mag bezweifelt werden. Die Vorstellung, dass Begriffen wie „Ziegen ficken" und „Schrumpelklöten" im Wege einer fortgesetzten Interpretation immer weiter reichende Bedeutungen zu entnehmen sind, verlangt Phantasie. Gleichwohl besagt auch eine Einstufung als Kunst nicht, dass der Kunstfreiheit insoweit gemessen am Persönlichkeitsrecht des Angesprochenen Vorrang gebührt. Die Gerichte werden es zu entscheiden haben.[216]

b) Persönlicher Schutzbereich

Die Kunstfreiheit ist Jedermannrecht. Wenn der Werk- und der Wirkbereich geschützt ist, wird zugleich deutlich, dass jedenfalls im Wirkbereich auch **juristische Personen** Träger der Kunstfreiheit sein können, Theater, Kunstverlage, Museumsvereine usw. Diese unentbehrliche Mittlerfunktion[217] können natürliche Personen, zugleich aber juristische Personen, auch solche des öffentlichen Rechts, Museen, Orchester, Theater in entsprechenden Organisationsformen und Trägerschaften, wahrnehmen.[218]

c) Eingriff

Eingriffe sind sowohl **klassisch** mit Befehl und Zwang wie **mittelbar-faktisch** möglich. Klassische Eingriffe liegen etwa in Auftrittsverboten, Publikationsverboten[219] oder in strafrechtlichen Verurteilungen. Hierhin würde auch die Nichterteilung von Sondernutzungserlaubnissen für Straßenkunst gehören. Mittelbar-faktische Eingriffe können in der Entziehung von Fördergeldern oder Subventionen für Künstler und Ausstellungsprojekte liegen.

---

216 Das Vorliegen von Kunst, Satire und Meinungsäußerung nebeneinander bejaht das LG Hamburg, sieht aber eine weitgehende Kollision mit dem Persönlichkeitsrecht Erdoğans; vgl. *LG Hamburg* AfP 2016, 282 ff.In der Hauptsache weitgehend bestätigt durch *LG Hamburg*, AfP 2017, 177 ff.

217 BVerfGE 36, 321, 331.

218 Zu letzteren *Kempen* in BeckOK GG, Art. 5 GG Rn. 174.

219 BVerfGE 119, 1 ff. – Esra.

2. Wissenschaftsfreiheit

a) Sachlicher Schutzbereich

Der Begriff der **Wissenschaft** wird üblicher Weise definiert als jede Tätigkeit, *„die nach Inhalt und Form als ernsthafter planmäßiger Versuch zur Ermittlung der Wahrheit anzusehen ist“*.[220] Da die Definition von Wissenschaft ähnlichen Unwägbarkeiten wie die der Kunst unterliegt, hilft auch hier die Anerkennung durch Fachkreise, also das Merkmal der Drittanerkennung einer Tätigkeit als Wissenschaft.

Forschung wird als *„die geistige Tätigkeit mit dem Ziele, in methodischer, systematischer und nachprüfbarer Weise neue Erkenntnisse zu gewinnen“* angesehen.[221] Wissenschaft und Forschung dürften dabei nicht „ethisch limitiert“ werden auf friedliche, sozialverträgliche, erlaubte Wissenschaft und Forschung; auch hier ist vorzugswürdig, solche Tätigkeiten, die rechtliche oder sozialethische Grenzen überschreiten, auf der Ebene von Eingriff und Rechtfertigung zu limitieren, nicht durch Verengung des Schutzbereichs.[222]

Als **Lehre** wird die systematisch angelegte Verbreitung von Erkanntem bzw. Erforschtem betrachtet. Damit ist zugleich die Lehre an Schulen nicht Gegenstand der Lehrfreiheit. Erfasst ist aber die Lehre außerhalb von Universitäten, also auch an Fachhochschulen.[223]

b) Persönlicher Schutzbereich

Wissenschafts-, Forschungs- und Lehrfreiheit sind **Jedermanngrundrechte**; erfasst sind neben den primär angesprochenen Hochschullehrern auch wissenschaftliche Mitarbeiter. Selbst Studierende sind als Teilnehmer an der Lehre umfasst.

Juristische Personen, etwa Lehrorganisationseinheiten (bspw. Hochschulen als solche oder Forschungsinstitutionen, gleich welcher Organisationsform), sind bereits kraft des Entschlusses ihrer Gründer, den Aufgaben von Wissenschaft, Forschung und Lehre zu dienen, von der Forschungsfreiheit umfasst. Hierzu zählen insb. auch Hochschulen als juristische Personen des **öffentlichen Rechts.** Diese sind dem Lebensbereich der Freiheiten des Art. 5 Abs. 3 GG zugeordnet, und als solche in einer gleichen grundrechtstypischen Gefährdungslage wie natürliche Personen oder private Hochschulen.[224]

c) Objektive Gewährleistung

Im Sinne einer **objektiven** Gewährleistung ist der Staat verpflichtet, die Rahmenbedingungen für freie wissenschaftliche Betätigung und Forschung zu eröffnen. Hierzu gehört auch

---

220 BVerfGE 35, 79, 112.

221 BVerfGE 35, 79, 112.

222 In diesem Sinne auch *Losch/Radau*, NVwZ 2003, 390, 393.

223 *Kempen* in BeckOK GG, Art. 5 GG Rn. 183.

224 Dazu oben Kap. 7 D I 3.

die Ermöglichung universitärer Selbstverwaltungsstrukturen. Als Ausprägung staatlicher Schutzpflicht muss der Staat gewährleisten, dass Störungen des Wissenschafts- und Forschungsbetriebs von außen vermieden werden und dass Wissenschaftlern ggf. ein hinreichender Urheberrechts- und Patentschutz zugutekommt.[225]

d) Eingriff

Eingriffe sind in Formen des **klassischen** wie des **mittelbar-faktischen** Eingriffs denkbar. Im Rahmen des üblichen wissenschaftlichen Diskurses sind Bewertungen, Kritik oder die Notwendigkeit, sich in Bewerbungsverfahren zu beweisen, keine Eingriffe. Eingriffscharakter haben aber gleichermaßen staatliche wie inneruniversitäre **Evaluationen**.

III. Verfassungsrechtliche Rechtfertigung

1. Schranken

Art. 5 Abs. 3 GG ist ein dem Wortlaut nach **schrankenlos** gewährtes Grundrecht. Insb. die teilweise erwogene Übertragung der Schranken des Art. 5 Abs. 2 GG auch auf Art. 5 Abs. 3 GG ist systematisch nicht haltbar. Damit steht Art. 5 Abs. 3 GG unter dem Vorbehalt kollidierenden Verfassungsrechts.

Dieses kann sich sowohl aus **Grundrechten** Dritter, bspw. dem allgemeinen Persönlichkeitsrecht, ergeben, in Betracht kommen aber auch sonstige **Verfassungsrechtsgüter** wie etwa der Tierschutz bezogen auf tierquälende Kunst oder Tierversuche.

Einfachgesetzliche Konkretisierungen finden sich – etwa bez. beleidigender Kunst – in Vorschriften zum Schutz der Ehre in StGB und BGB, bez. des Tierschutzes im Tierschutzgesetz.

2. Schranken-Schranken

Das Bundesverfassungsgericht hat sich bez. der Schranken-Schranken vornehmlich zur Kunstfreiheit geäußert. Hier standen verschiedentlich Abwägungen mit dem allg. Persönlichkeitsrecht in Rede. So hat das Bundesverfassungsgericht einerseits entschieden, dass der damalige Kanzlerkandidat Franz-Josef Strauß hinnehmen musste, als Puppe neben als Nazi-Größen erkennbare andere Puppen in einem Umzug abgebildet zu werden.[226] Nicht hinnehmen musste besagter Franz-Josef Strauß, als kopulierendes Schwein zusammen mit anderen Schweinen in Richterrobe abgebildet zu werden. Dabei hielt das Gericht dem Zeichner der entsprechenden Karikaturen zugute, dass sich **Satire** und **Karikatur** grds. des Stilmittels der Überzeichnung und der Verzerrung bedienen dürfen.[227]

---

225 *Kempen* in BeckOK GG, Art. 5 GG Rn. 186 ff.

226 BVerfGE 67, 213, 228 ff. – Anachronistischer Zug.

227 BVerfGE 75, 369, 377 – Strauß-Karikatur.

In literarischen Werken macht das Bundesverfassungsgericht das Überwiegen von Kunstfreiheit oder Persönlichkeitsrecht vornehmlich vom Merkmal der Erkennbarkeit des Betroffenen abhängig, also dem Vergleich von **Urbild** und **Abbild**. Je eher derjenige, der sich in seinem Persönlichkeitsrecht betroffen fühlt, im Roman erkennbar ist, desto eher geht sein Persönlichkeitsrecht vor. Während aber das Bundesverfassungsgericht zunächst nach der Erkennbarkeit für ein außenstehendes Publikum fragte,[228] reichte später – in der Sache eher zweifelhaft – bereits die Erkennbarkeit durch Personen im Umfeld der Betroffenen.[229]

Im Bereich der **Wissenschaftsfreiheit** ist entschieden worden, dass einem Theologieprofessor, der sich vom Glauben lossagt, mit Blick auf das Selbstverständnis der Religionsgemeinschaft die Lehrbefugnis entzogen werden darf.[230] Auch wird der Wissenschafts- und Forschungsfreiheit bei der Versorgung von Patienten in Hochschulkliniken Grenzen gesetzt durch das Recht auf körperliche Unversehrtheit der Patienten;[231] der Anspruch der Patienten auf optimale Versorgung steht insoweit an Hochschulklinken nicht hinter der Versorgung an normalen Krankenhäusern zurück.

Lösung zu Beispielfall 47:
G will mit seinen Sprayaktionen offenbar zur Diskussion und zur Auseinandersetzung mit seinen Werken auffordern. Auch wenn es sich nicht um Malerei im klassischen Sinne handelt, ist er jedenfalls von der Fachwelt als „Künstler" anerkannt. Fraglich ist aber, wie es sich verhält, dass er seine Kunst auf fremde Wände sprüht. Eigentlich dürfte das am Künstlerischen seines Tuns nichts ändern. Legt man aber die o.a. Rechtsprechung des Bundesverfassungsgerichts zugrunde, würde ein solches Handeln von vorneherein nicht in den Schutzbereich der Kunstfreiheit fallen; *„Ihre Reichweite erstreckt sich aber von vorneherein nicht auf die eigenmächtige Inanspruchnahme oder Beeinträchtigung fremden Eigentums zum Zwecke der künstlerischen Entfaltung"*.[232] Damit wäre Schutzbereich nicht eröffnet, ein Eingriff in die Kunstfreiheit wäre so bereits mangels Eröffnung des Schutzbereichs ausgeschlossen.
Selbstverständlich kann sich Kunst auch ohne Beschädigung fremden Eigentums entfalten; doch kann auch dies bereits Teil von Kunst sein. Näher liegt es daher, den Schutzbereich als eröffnet anzusehen. Dann wäre die Verurteilung ein Eingriff, der aber in Anbetracht des kollidierenden Rechtsguts der Eigentumsfreiheit gerechtfertigt wäre. Bei der verfassungsrechtlichen Rechtfertigung ist der Einwand, dass Kunst nicht zwingend fremdes Eigentum in Anspruch nehmen muss, angebrachter, und würde im Zweifel durchgreifen.

---

228 So noch BVerfGE 30, 173, 190 – Mephisto.
229 BVerfGE 119, 1, 29 ff. – Esra.
230 BVerfGE 122, 89, 114 ff.
231 *BVerfG*, NJW 1981, 1995 ff.
232 So *BVerfG*, NJW 1984, 1293, 1294.

I Art. 6 GG – Ehe und Familie

I. Allgemeines

Regelungsgegenstand des Art. 6 GG sind Die **Ehe**, die **Familie**, sowie Eltern und **Kinder** im Verhältnis untereinander wie im Verhältnis zum Staat. In Art. 6 GG finden sich **abwehrrechtliche** Gesichtspunkte (Art. 6 Abs. 1, 2 S. 1 GG), **Diskriminierungsverbote** (Art. 6 Abs. 1, 4, 5 GG), staatliche **Schutzaufträge** (Art. 6 Abs. 1, 4 GG), sowie **Institutsgarantien** (Art. 6 Abs. 1 GG), die zugleich die Normprägung von Ehe und Familie, also die gesetzgeberische Gestaltungsmacht bei der Ausfüllung der Begriffe Ehe und Familie betreffen.

Art. 6 Abs. 1 GG hat dabei im Wesentlichen **drei Dimensionen**: Er ist wertentscheidende Grundsatznorm, Grundrecht und Institutsgarantie.

II. Art. 6 Abs. 1 GG als wertentscheidende Grundsatznorm

Art. 6 Abs. 1 GG wird als wertentscheidende Grundsatznorm angesehen, aus der für den Staat Pflichten zum **Schutz** und zur **Förderung** von Ehe und Familie entstehen sollen. Hinsichtlich der Schutzpflicht steht dem Staat hierbei wie stets ein erheblicher Gestaltungsspielraum zu. Zugleich ist es dem Staat verboten, Ehe und Familie im Sinne einer belastenden Differenzierung zu benachteiligen. Diese Wertentscheidung kommt in der – in dieser Form in der Verfassung einmaligen – Wendung in Art. 6 Abs. 1 GG zum Tragen, dass Ehe und Familie *„unter dem besonderen Schutz des Staates"* stehen.

Umstritten ist, ob aus der staatlichen Förderungspflicht ein **Abstandsgebot** insb. der Ehe bzw. Familien mit einer Ehe in ihrem Kern gegenüber anderen Formen des Zusammenlebens von zwei Menschen folgt[233]. Das Bundesverfassungsgericht hat die Existenz eines solchen Abstandsgebots in seinen Entscheidungen insb. zu gleichgeschlechtlichen Lebensgemeinschaften, namentlich der eingetragenen Lebenspartnerschaft, **verneint.**[234] Die betreffende Rechtsprechung wird in Anbetracht des besonderen Schutzauftrags aus Art. 6 Abs. 1 GG teilweise als überaus kritisch angesehen.[235]

III. Grundrechtliche Gewährleistung

Daneben enthält Art. 6 Abs. 1 GG eine grundrechtliche Gewährleistung, die **abwehrrechtlichen Charakter** hat und dem Staat zugleich im zuvor beschriebenen Maß Schutzpflichten auferlegt.

---

233 So etwa *Krings* ZRP 2000, 409, 411.

234 Vgl. etwa BVerfGE 105, 313, 346 ff.; auch BVerfGE 132, 179, 188 ff.

235 Umfassend zum Meinungsstand *Uhle* in BeckOK GG, Art. 6 GG Rn.

1. Schutzbereich

a) Ehe (Art. 6 Abs. 1 1. Alt. GG)

aa) Sachlicher Schutzbereich

Gegenstand des Ehebegriffs ist zunächst das **Eheverständnis**, wie es aufgrund seiner kulturellen Prägung und des allgemeinen Begriffsverständnisses im Moment der Entstehung des Grundgesetzes zugrunde gelegt wurde. Demnach ist die Ehe die *„auf freiem Entschluss beruhende, auf der Grundlage gleichberechtigter Partnerschaft frei ausgestaltete und staatlich beurkundete Verbindung eines Mannes und einer Frau zur grundsätzlich unauflöslichen Lebensgemeinschaft“*[236].

Merke:
Die aktuelle Diskussion um die Einbeziehung gleichgeschlechtlicher Partnerschaften in den Ehebegriff iSd Art. 6 Abs. 1 GG entzündet sich in erster Linie daran, dass das Grundgesetz den Begriff der Ehe nicht als Partnerschaft von Frau und Mann definiert. Die Vorläuferverfassung ging in Art. 119 Abs. 1 WRV noch davon aus, dass *„sie* [die Ehe] ... *auf der Gleichberechtigung beider Geschlechter“* beruhe. Aus dieser Formulierung war das Leitbild der Verschiedengeschlechtlichkeit der Ehe mittelbar abzuleiten. Anhand der Entstehungsgeschichte des Grundgesetzes lässt sich nachweisen, dass auf die Hervorhebung der Verschiedengeschlechtlichkeit verzichtet wurde, ohne diese damit als Wesensmerkmal der Ehe aufzugeben.[237] Hieraus könnte folgen, dass eine Erstreckung des Ehebegriffs auf gleichgeschlechtliche Paare durch den einfachen Gesetzgeber ausgeschlossen ist. Will man die Ehe für Paare gleichen Geschlechts öffnen, dürfte dies dann nur im Wege der Verfassungsänderung und entsprechender (Neu-)Definition des Ehebegriffs im Grundgesetz möglich sein.
Die entgegengesetzte Sicht sieht das Grundgesetz als entwicklungsoffen(er?) an, was zur Folge hat, dass sich der Ehebegriff des Grundgesetzes trotz des ursprünglich zugrunde gelegten Begriffsverständnisses gewandelt haben könnte, mit der Folge, dass der Ehebegriff des Grundgesetzes auch für eine einfachgesetzlich normierte „Ehe für alle“ offen ist.
Mit dem Gesetzesbeschluss vom 30.06.2017 im Bundestag und der Bestätigung vom 07.07.23017 ist der Weg für die Ehe für gleichgeschlechtliche Paare zunächst grds, eröffnet. Wahrscheinlich ist, dass gegen das Gesetz mit der zunächst dargestellten Argumentation Normenkontrollverfahren vor dem Bundesverfassungsgericht eingeleitet werden.

Die **standesamtliche Beurkundung** stellt einen notwendigen und konstitutiven, dh die Ehe begründenden staatlichen Mitwirkungsakt dar. Insoweit reicht eine lediglich nach religiösen Riten geschlossene Ehe nicht aus, um den Schutz des Art. 6 Abs. 1 GG auszulösen.

236 BVerfGE 105, 313, 345.

237 *Häberle*, Entstehungsgeschichte der Artikel des Grundgesetzes, S. 93 ff.

Das Moment prinzipieller **Unauflöslichkeit** ist trotz des verweltlichten Eheverständnisses – auch rechtliches (§ 1353 Abs. 1 BGB) – Leitbild der Ehe, die Ehescheidung ist der Ausnahmefall.[238] Ebenso wie die Eheschließung eines staatlichen Mitwirkungsaktes bedarf, erfolgt auch die Ehescheidung nicht aufgrund privatautonomer Entscheidung der Ehepartner, sondern durch staatlichen **Auflösungsakt**. Die grundsätzliche Unauflöslichkeit ist auch ein zentrales Unterscheidungsmerkmal zur nichtehelichen Lebensgemeinschaft, die daher nicht den Schutz des Art. 6 Abs. 1 GG, sondern den Schutz des Art. 2 Abs. 1 GG genießt.

Zu den konstituierenden Ehemerkmalen gehört nach dem Eheverständnis des Grundgesetzes zunächst das Prinzip der **Einehe**. Nach überwiegender, aber nicht unbestrittener Sicht genießt eine nach ausländischem Recht wirksam geschlossene polygame (Mehr-)Ehe nicht den Schutz des Art. 6 Abs. 1 GG.[239]

Umstritten ist, ob die sog. Scheinehe geschützt ist, also die Ehe, die formal wirksam geschlossen (daher ist der Name „Scheinehe" irreführend), aber nicht auf Bildung einer dauerhaften Lebensgemeinschaft gerichtet ist, etwa mit dem Ziel, lediglich einen Namen weiter zu geben („Namensehe") oder auch um einem Ehepartner Schutz vor Abschiebung zu gewähren („**Aufenthaltsehe**"). Während einerseits von einem Formenmissbrauch ausgegangen wird, der den Schutz des Art. 6 Abs. 1 GG ausschließen soll,[240] wird andererseits darauf verwiesen, dass der verfassungsrechtliche Ehebegriff nicht durch das Erfordernis einer Motiverforschung auf Seiten der Eheleute einfachgesetzlich konterkariert werden dürfe.[241] Letztere Ansicht scheint vorzugswürdig. Auch die sog. „**hinkende**" Ehe, die nach deutschem Recht unwirksam ist, aber die Anerkennung einer ausländischen Rechtsordnung findet, soll den Schutz des Art. 6 Abs. 1 GG genießen.[242]

Erfasst sind die nach Scheidung geschlossenen Folgeehen. Weiterhin gehört zum Ehebegriff der freie **Konsens** zur Ehe und deren Ausgestaltung auf Grundlage **gleichberechtigter Partnerschaft** im Sinne rechtlicher Gleichheit der Ehepartner[243].

bb) Persönlicher Schutzbereich

Persönlich schützt Art. 6 Abs. 1 GG jede **natürliche Person**; es handelt sich um ein Jedermanngrundrecht. Die wesensmäßige Anwendbarkeit auf juristische Personen nach Art. 19 Abs. 3 GG scheidet aufgrund des Anknüpfens der Gewährleistung an die Eigenschaft der Grundrechtsträger als natürliche Personen aus.

---

238 *Uhle* in BeckOK GG, Art. 6 GG Rn. 8.

239 *OVG NRW*, FamRZ 2009, 1145, 1146.

240 So iE *Uhle* in BeckOK, Art. 6 GG Rn. 13.

241 So *Pieroth/Schlink/Kingreen/Poscher*, Staatsrecht II Rn. 691 f.

242 *Uhle* in BeckOK, Art. 6 GG Rn. 11; *Pieroth/Schlink/Kingreen/Poscher*, Staatsrecht II Rn. 691.

243 BVerfGE 62, 323, 331; BVerfGE 103, 89, 101.

b) Familie (Art. 6 Abs. 1 2. Alt. GG)

aa) Sachlicher Schutzbereich

Auch der Begriff der Familie stützt sich auf die bürgerlich-rechtliche Ausformung. Als Familie wird die **umfassende Gemeinschaft von Eltern und Kindern** erfasst, die für die Eltern das Recht und die Pflicht zur Erziehung und Pflege der Kinder erwachsen lässt.

Nicht konstitutiv für die Familie ist der Umstand, ob die Eltern (rechtmäßig) **verheiratet** sind. Damit genießen einerseits Eltern in nicht ehelicher Lebensgemeinschaft mit ihren Kindern den Schutz der Familie. Aber auch Eltern und Kinder, die aus einer nach Art. 6 Abs. 1 GG nicht geschützten (bspw. Mehr-)Ehe entstehen, bilden eine Familie iSd Art. 6 Abs. 1 GG. Ebenso wenig konstitutiv ist die leibliche Verwandtschaft zwischen Eltern und Kindern, so dass auch Stief-, Adoptiv- oder Pflegekinder mit ihren Eltern im Rechtssinne eine Familie bilden.[244] Erfasst ist gleichermaßen die Verbindung nur der (leiblichen oder rechtlichen) Mutter oder des (leiblichen oder rechtlichen) Vaters zum Kind.

Mittlerweile hat das Bundesverfassungsgericht auch anerkannt, dass **gleichgeschlechtliche Paare** Eltern eines Kindes sein können und mit diesem folglich eine Familie bilden können. Dies gilt wiederum unabhängig davon, ob das Kind leibliches Kind des einen Elternteils oder von diesem adoptiert ist; das Gericht hat dennoch den Anspruch des nicht leiblich oder rechtlich mit dem Kind verbundenen Teils der Partnerschaft auf Sukzessionsadoption (bislang noch) abgelehnt.[245] Damit hat jedenfalls das Bundesverfassungsgericht ein bislang als wesentlich für die Familie angesehenes Grundmerkmal aufgegeben, nämlich, dass die Familie auf Elternseite auf einem grundsätzlich ehefähigen Paar beruhen soll. Mit der oben bereits angesprochenen „Ehe für alle" würden die bisherigen Restriktionen für gleichgeschlechtliche Paare im Adoptionsrecht wegfallen.

Der **biologische Vater**, der nicht Vater im Rechtssinne ist, genießt mit seinem leiblichen Kind den Schutz der Familie jedenfalls dann, wenn zwischen beiden eine soziale Beziehung besteht. Die Verfassung nimmt dabei – ähnlich, wie dies aber auch bei Pflegekindern der Fall ist – die Zugehörigkeit von Kindern zu zwei Familien in Kauf.

Geschützt ist die bürgerliche **Kleinfamilie** ((Mutter-Vater-Kind) ebenso wie die darüber hinausgehende **Großfamilie.**[246] Kinderlose Paare erfüllen den Familienbegriff ebenso wenig wie inzestuöse Beziehungen, aus denen Kinder stammen, letzteres mit Blick darauf, dass eine solche Konstellation vom Leitbild der Familie zu weit abweicht.[247]

bb) Persönlicher Schutzbereich

Für den persönlichen Schutzbereich gilt das zum Ehebegriff Gesagte.

---

244 BVerfGE 18, 97, 105 f

245 *BVerfG*, NJW 2013, 847, 849 ff.

246 Vgl. hierzu und zum Familienbegriff insgesamt *Uhle* in BeckOK, Art. 6 GG Rn. 14 ff.

247 BVerfGE 120, 224, 243 ff.

c) Elternrecht (Art. 6 Abs. 2 GG)

Eine gegenüber dem Begriff der Familie speziellere Gewährleistung enthält Art. 6 Abs. 2 GG mit dem Elternrecht.

aa) Sachlicher Schutzbereich

Sachlich schützt das Elternrecht über den Schutzbereich der Familie hinaus die spezielle Beziehung zwischen Eltern und Kindern. Es umfasst das Recht, gegenüber dem Kind die **Elternverantwortung** vorrangig vor allen anderen Stellen auszuüben.

Das Elternecht ist ein **dienendes**, dh im Interesse des Kindes bestehendes **Recht**. Kehrseite des Elternrechts ist die Inpflichtnahme der Eltern. Elternrecht und Elternpflicht bestehen gleichsam als zwei Seiten der gleichen Medaille. Damit ist zugleich klar, dass das Elternrecht **keine negative Freiheit** beinhaltet, dergestalt, das Elternrecht ggü. dem eigenen Kind nicht ausüben bzw. die Elternverantwortung nicht wahrnehmen zu müssen.

bb) Persönlicher Schutzbereich

Für den persönlichen Schutzbereich gilt das zum Ehebegriff Gesagte.

2. Eingriffe

Die Normprägung des Art. 6 Abs. 1, 2 GG bedingt es, dass der Staat bez. Ehe und Familie vornehmlich ausgestaltend tätig wird. Mit Regelungen, die **definieren**, was Ehe und Familie ist, verkürzt der Staat das Grundrecht nicht, vielmehr **beschreibt** er selbst den **Schutzbereich**. Denkbar sind in solchen Fällen allenfalls übermäßige Regelungsansätze, so die im Folgenden angesprochenen Zölibatsregelungen.

a) Ehe und Familie

Staatliche Eingriffe sind bez. der Ehe bspw. denkbar durch die Errichtung von Ehehindernissen. So existierten beamtenrechtliche Zölibatsklauseln für Bereitschaftspolizisten.[248] Diese würden nach heutigem Verständnis die Grenzen des zulässigen Regelungsrahmens **überschreiten** und damit zu (rechtfertigungsbedürftigen, aber im Zweifel nicht rechtfertigungsfähigen) Eingriffen werden. In solchen Fällen liegt ein Definitionsversuch vor, der aufgrund seines Misslingens zum Eingriff wird.[249] Daneben wäre auch ein Verheiratungsgebot

---

[248] So im Grundsatz noch akzeptiert in BVerfGE 14, 21, 27 ff.; die Verweigerung der Heiratserlaubnis wurde lediglich im zu entscheidenden Einzelfall als unverhältnismäßig angesehen, da die Partnerin des Polizisten schwanger war und dem Kind – Schande, Schande, Schande – ein Leben als unehelich drohte; 1962 halt!

[249] So anschaulich *Pieroth/Schlink/Kingreen/Poscher*, Staatsrecht II Rn. 703.

staatlicher Eingriff. Kein Eingriff, sondern Ausgestaltungen, sind die derzeitigen Bestimmungen zum (ggf. nicht) gemeinsamen Ehe- oder Familiennamen.

Merke:
Das Recht der Ehe- und Familienamen hat eine bewegte Geschichte. Ursprünglich war der Ehe- und Familienname der Name des Mannes (recht so!). Dann (bis 1991) durften die Ehegatten den Geburtsnamen der Frau oder des Mannes zum Familiennamen bestimmen; im Falle der Nichteinigung galt wiederum der Name des Mannes als Familiennamen (einigermaßen recht so!). Seit 1991[250] führen die Ehegatten bei Nichteinigkeit (insb. auch bei Einigkeit über die Nichteinigkeit!) ihren Geburtsnamen weiter, müssen aber bei Geburt des ersten Kindes für dieses und alle ggf. folgenden Kinder den Namen der Frau oder des Mannes als Familiennamen festlegen (Sodom und Gomorra!).[251]
Das Namensrecht sieht auch vor, dass ein Ehegatte den Namen des Partners (der Frau oder des Mannes) annehmen und den eigenen Geburtsnamen davorstellen oder anhängen kann. Denkbar ist, so, dass ein Doppelname, der Geburtsname eines Ehepartners ist, durch Ergänzung des Namens des anderen zum Dreifachnamen wird; Familienname ist dann aber stets nur der Name, den der Ehegatte angenommen hat. Heiraten zwei Personen mit einem Doppelnamen als Geburtsnamen, wäre für den annehmenden Partner ein Vierfachname denkbar, Familienname bliebe aber der angestammte Doppelname des nicht annehmenden Ehegatten.
Doppelnamen dürfen aber wg. der Gefahr von „Bandwurmnamen" nicht zum Familiennamen bestimmt werden. Folge könnte nämlich sein, dass zwei Personen mit Doppelnamen als Geburtsnamen diese zu einem Vierfachnamen als Familiennamen zusammenziehen. Heiraten zwei derartige Freaks, hätte man einen Achtfachnamen. Und da sich gleich und gleich gerne gesellt, würde ein Sechzehnfachname ...

Eingriffe sind insb. denkbar durch Bestimmungen **aus anderen Rechtsgebieten;** so stellt es einen Eingriff in das Eherecht dar, wenn ein Transsexueller aufgrund von Regelungen im Transsexuellengesetz erst nach Ehescheidung die personenstandsrechtliche Anerkennung seiner neuen Geschlechtszugehörigkeit erhalten dürfte.[252]

Keinen Eingriff stellt zunächst die **Besserstellung anderer Formen** der Partnerschaft und hieraus resultierender Familien durch staatliche bzw. verfassungsgerichtliche Gleichstellungsbemühungen dar. Hierin kann ein Eingriff allenfalls unter dem Aspekt der additiven Grundrechtsbeschränkung gesehen werden. So kann eine durch Aktivierung des Gleichheitssatzes herbeigeführte Besserstellung insb. im finanziellen Bereich in der Summe mittelbar zulasten der „klassischen" Familien gehen. Die Figur der additiven Grundrechtsbeschränkung ist schwer fassbar und messbar; die Möglichkeit, dass es zu derartigen mittelbaren Belastungen kommt, wird insb. dadurch befördert, dass – wie zuvor ausgeführt – ein Abstandsgebot ggü. anderen Lebensformen abgelehnt wird.

---

250 BVerfGE 84, 9 ff. hatte diese Rechtslage für unvereinbar mit Art. 3 Abs. 2 GG erklärt.

251 Persönliche Anmerkung: Der Autor lebt im Zustand von Sodom und Gomorra.

252 Vgl. insoweit BVerfGE 121, 175, 198 ff.

b) Elternrecht

Anders als bez. Ehe und Familie ist insb. in Art. 6 Abs. 2 S. 2 GG die **Möglichkeit staatlicher Eingriffe** durch die Statuierung des staatlichen Wächteramtes impliziert. Eingriffe seitens des Staates sind auf verschiedenen Ebenen denkbar. So stellt bereits die Statuierung einer staatlichen **Schulpflicht** eine Einschränkung des Elternrechts dar.[253] Hierhin gehören Fälle des Verbots des sog. „Homeschooling", gleich ob die Eltern das Homeschooling aus religiösen oder sonstigen Motiven betreiben wollen.

> **Merke:**
> Das Bundesverfassungsgericht bemüht gerade in Fällen des Elternrechts die Figur der Grundrechtsverstärkung[254]: So umfasst das Elternrecht insb. auch das Recht der Erziehung des Kindes in religiösen Fragen. Durch Zusammenziehung des Art. 6 Abs. 2 GG mit Art. 4 Abs. 1, 2 GG bekommt das Elternrecht ein (relativ) stärkeres Gewicht gegenüber staatlichen Eingriffen, was aber nicht dazu führen muss, dass sich die Eltern mit dieser Rechtsposition durchsetzen.[255]

Ebenso ist die staatliche Beschränkung kreativer elterlicher **Namensgebung** (Vater: *„Unser Kind soll ‚April Hulkine Cheyenne Mastiffe' heißen."* Standesbeamter: *„Vergiss' es!"*) denkbarer Eingriff in das Elternrecht.

Eingriffe stellen auch alle denkbaren Formen **staatlicher Intervention** gegenüber Eltern dar, mit denen der Staat die Vernachlässigung elterlicher Pflichten erforschen, beheben oder beenden will, bis hin zur Herausnahme der Kinder aus der Familie.

3. Verfassungsrechtliche Rechtfertigung

a) Schranken

Art. 6 Abs. 1, 2 GG statuieren **keine geschriebenen Schrankenvorbehalte**. Ist nach den obigen Maßgaben ein Eingriff anzunehmen, kann sich eine Schranke nur aus kollidierendem Verfassungsrecht ergeben.

Als kollidierendes Verfassungsrecht kommen das allg. Persönlichkeitsrecht (bspw. in Fällen mit Namensbezug), die staatliche Schutzpflicht für Leben und Gesundheit oder – insb. in Fällen des Elternrechts – das **Kindeswohl** in Betracht.

---

[253] So auch *Pieroth/Schlink/Kingreen/Poscher*, Staatsrecht II Rn. 702.

[254] Denkbar auch in Fällen der Forschungsfreiheit: Der universitätsbedienstete Forscher kann sich bei Eingriffen in seine berufliche Forschungstätigkeit auf Art. 12 Abs. 1 GG iVm Art. 5 Abs. 3 GG berufen.

[255] Vgl. Anhang Fall 4: „Ein Finger für den Guru".

b) Schranken-Schranken

Zunächst bedürfen Eingriffe in die besagten Grundrechtspositionen stets einer **gesetzlichen Grundlage**; dies gilt vor allem für die Wahrnehmung des staatlichen Wächteramtes nach Art. 6 Abs. 2 S. 2 GG.[256]

Im Übrigen stehen alle Maßnahmen, die das Sorgerecht der Eltern beeinträchtigen, unter strenger Geltung des **Verhältnismäßigkeitsgrundsatzes.** Eine besondere Schranken-Schranke stellt insoweit Art. 6 Abs. 3 GG dar, der die Trennung von Kindern ihrer Familie nur in Fällen des Versagens der Erziehungsberechtigten oder sonstiger Fälle drohender Verwahrlosung der Kinder erlaubt; auch diese Vorschrift ist unter strenger Anwendung des Verhältnismäßigkeitsgrundsatzes, insb. der Erforderlichkeit anzuwenden.[257]

IV. Institutsgarantie und normgeprägtes Grundrecht

Die **Ehe** knüpft an das bürgerlich-rechtliche Institut der Ehe an und ist damit selbst **Institutsgarantie**[258]; dh, der einfache Gesetzgeber muss stets einen Normbestand zur Verfügung stellen, der ein rechtliches Gebilde formt, das den Namen „Ehe" verdient, und der sich insoweit an Art. 6 Abs. 1 GG messen lassen muss.[259] Damit könnte zugleich der Gestaltungsspielraum des Gesetzgebers beschränkt sein, etwa bezogen auf die Abänderung des Merkmals der Verschiedengeschlechtlichkeit.

Auch die **Familie** beschreibt eine **Institutsgarantie**, so dass grds. das zu Art. 6 Abs. 1 1. Alt. GG Gesagte gilt. Es sei an dieser Stelle aber noch einmal auf die Entscheidung zur Sukzessivadoption eingetragener Lebenspartner verwiesen. Diese könnte es mit sich bringen, dass der einfache Gesetzgeber, vollzieht er die Entscheidung im Gesetz nach, den Familienbegriff bis an (oder über) die Grenze des von der Verfassung Vorgegebenen ausweiten muss.

Der institutsrechtliche Charakter des **Elternrechts verbietet** bspw. alle Formen staatlicher **Kollektiverziehung.** Zugleich erwächst hieraus ein **Schlichtungsauftrag** des Staates im Falle widerstreitender Interessen der beiden (ggf. getrennt lebenden) Elternteile bez. des gemeinsamen Kindes. In diesen Kontext gehört auch die Verpflichtung des Staates, einen Komplex sorgerechtlicher Regelungen zu treffen, die die Interessen erziehungsfähiger Eltern einerseits und der Kinder andererseits achten müssen. Im Falle der Einigkeit der (erziehungsfähigen!) Eltern über die gemeinsame Sorgerechtsausübung darf der Staat diesen Willen grds. nicht konterkarieren.[260]

---

256 Vgl. BVerfGE 107, 104, 120 zur Verfassungswidrigkeit von Vorschriften des JGG, mit denen sorgeberechtigte Personen vom Jugendstrafverfahren ausgeschlossen werden durften.

257 Vgl. insoweit auch *Uhle* in BeckOK GG, Art. 6 GG Rn. 66.

258 Vgl. schon oben Kap. 7 C IV.

259 In diesem Sinne auch *Uhle* in BeckOK GG, Art. 6 GG Rn. 2 mwN.

260 Vgl. dazu insgesamt *Uhle* in BeckOK GG, Art. 6 GG Rn. 49.

V. Weitere Gewährleistungen aus Art. 6 GG

1. Schutz der werdenden Mutter nach Art. 6 Abs. 4 GG

Art. 6 Abs. 4 GG soll einen **Ausgleich** für die durch die Schwangerschaft und Mutterschaft entstehenden **Belastungen** gewähren und konkretisiert insoweit das Sozialstaatsprinzip. Zeitlich begrenzt ist Art. 6 Abs. 4 GG auf die Zeit der Schwangerschaft, der Geburt und ggf. der Stillzeit, sowie die Zeit der Erholung von der Geburt.

Art. 6 Abs. 4 GG enthält eine **grundrechtliche Dimension** in leistungs- und abwehrrechtlicher Hinsicht. Beschränkt wird die Anwendung aber auf Vorschriften, die gerade die Mutter unmittelbar betreffen. Nachteile im Kontext der Schwangerschaft, die sowohl Mütter als auch Väter betreffen können, werden – ohne dass für diese Sicht ein Anhalt in der Norm bestehen würde – nicht an Art. 6 Abs. 4 GG gemessen.[261] Ausdruck der leistungsrechtlichen Dimension ist etwa die Gewährung von Mutterschaftsgeld, Mutterschaftsurlaub oder Schutz vor Arbeitsplatzverlust.

Art. 6 Abs. 4 GG beinhaltet aber zugleich wiederum einen **Auftrag an den Gesetzgeber** und eine **wertentscheidende Grundsatznorm**. Dies beruht was insb. darauf, dass Mutterschaft nicht ein reines „Privatvergnügen" der Mutter ist („*Du musstest ja nicht schwanger werden!*"), sondern auch ein gewichtiges Gemeinschaftsinteresse begründet.[262] Allerdings liegt es im Gestaltungsspielraum des Gesetzgebers, nicht jeden denkbaren – insb. wirtschaftlichen – Nachteil durch die Mutterschaft auszugleichen.[263]

Für Eingriffe und Rechtfertigung gelten die Ausführungen zu Art. 6 Abs. 1, 2 GG entsprechend.[264]

2. Diskriminierungsverbot nach Art. 6 Abs. 5 GG

Art. 6 Abs. 5 GG ist der Erkenntnis geschuldet, dass uneheliche oder **nichteheliche Kinder** – heute uU weniger als früher – häufig unter **ungünstigeren Lebensumständen** zu leiden haben als eheliche Kinder.

Art. 6 Abs. 5 GG regelt damit ein spezielles **Gleichheitsgrundrecht** für nichteheliche Kinder ggü. ehelichen Kindern. Ziel ist die Schaffung „*wirklich gleicher Bedingungen*"[265] für nichteheliche Kinder, womit neben dem leistungs- und abwehrrechtlichen Gehalt zugleich ein Gesetzgebungsauftrag verbunden ist, den der Gesetzgeber zwar im Rahmen seines Gestaltungsspielraums, aber unter Achtung des speziellen verfassungsrechtlichen Auftrags nach Art. 6 Abs. 5 GG wahrnehmen muss.[266] Träger des Grundrechts ist das nichteheliche Kind, nicht dessen Mutter oder Vater.

---

261 Vgl. etwa BVerfGE 94, 241, 259; kritisch insoweit *Uhle* in BeckOK GG, Art. 6 GG Rn. 68.

262 Vgl. insoweit BVerfGE 88, 203, 258 f.

263 So auch *Uhle* in BeckOK GG, Art. 6 GG Rn. 71.

264 Vgl. oben Kap. 8 I III 2, 3.

265 BVerfGE 85, 80, 88.

266 Auch *Uhle* in BeckOK GG, Art. 6 GG Rn.75 f.

Für Eingriffe und Rechtfertigung gelten die Ausführungen zu Art. 6 Abs. 1, 2 GG entsprechend.[267]

J Art. 10 GG – Brief-, Post- und Fernmeldegeheimnis

I. Allgemeines

Ansinnen des Art. 10 GG ist der Schutz der **Vertraulichkeit** der dort angelegten **Kommunikationsformen**, Briefverkehr, Postverkehr und Fernmeldeverkehr. Art. 10 GG ist über die Zeiten einem erheblichen rechtlichen und tatsächlichen **Wandel** unterworfen worden. Zum einen hat sich der Rechtsrahmen durch die weitgehende Entstaatlichung des Post- und Fernmeldesektors gewandelt, zum anderen sind neue Formen der Kommunikationsvermittlung hinzugetreten.

II. Schutzbereich

1. Sachlicher Schutzbereich

a) Briefgeheimnis, Art. 10 Abs. 1 1. Var. GG

Das Briefgeheimnis schützt die Vertraulichkeit des **Inhalts** eines **Briefs** oder einer sonstigen verkörperten Sendung mit **individuellen schriftlichen Miteilungen**. Obgleich bei geschlossenen Briefen das Vorliegen individueller schriftlicher Mitteilungen nicht erkennbar ist, folgt aus dem Umstand des Verschlusses, dass eine solche Mitteilung vorliegen könnte, weshalb derartige Sendungen dem Schutzbereich unterfallen. Der Umstand, dass eine individuelle Mitteilung nicht verschlossen übermittelt wird (Telegramme, so es diese noch gibt, oder offene **Postkarten**), schließt diese Sendungen nicht vom Briefgeheimnis aus; geschützt sind derartige Sendung jedenfalls gegen gezielte Ausspähung (bspw. Sammeln und Durchlesen aller Postkarten aus einem Briefkasten). Dem entsprechend geschützt sind auch die äußeren Umstände des Kommunikationsvorgangs, so Ort und Zeit der Aufgabe der Sendung sowie Absender- und Empfängerdaten. Hier ist wie bei der Postkarte nicht von Interesse, dass diese – beim Empfänger sinnlogisch – nach außen erkennbar sind und bspw. vom Postboten auch erkannt werden müssen. Der Schutz besteht auch hier wieder gegen jede Form von Erfassung über das für die Versendung Notwendige hinaus.

Ob Waren- oder **Postwurfsendungen** erfasst sind, ist umstritten;[268] jedenfalls zu verlangen sind stichhaltige, nach außen erkennbare Anhaltspunkte dafür, dass der Absender keine individuelle schriftliche Mitteilung übersenden wollte.[269] Ausgeschlossen vom Briefgeheimnis können so insb. Kataloge und Zeitungen sein.

---

267 Vgl. oben Kap. 8 III 2, 3.

268 Dagegen *Pieroth/Schlink/Kingreen/Poscher*, Staatsrecht II Rn. 830; dafür *Michael/Morlok*, Grundrechte Rn. 322.

269 In diese Richtung wohl auch *Baldus* in BeckOK GG, Art. 10 Rn. 3, der aber darauf abstellt, dass der Absender erkennbar Dritte nicht von der Kenntnisnahme des Inhalts der Sendung ausschließen wollte, was

Zeitlich beginnt der Schutz des Briefgeheimnisses ab dem Zeitpunkt, zu dem Dritte von Inhalt und Umständen Kenntnis nehmen können und endet mit dem Zeitpunkt, in den die Sendung unter Ausschluss Dritter in den Herrschaftsbereich des Empfängers gelangt ist.

b) Postgeheimnis, Art. 10 Abs. 1 2. Var. GG

Das Postgeheimnis erfasst alle zur **postalischen Versendung** vorgesehenen Inhalte, damit neben Briefen auch die ggf. nicht vom Briefgeheimnis erfassten Zeitungssendungen oder Warensendungen, sowie Postwurfsendungen. Von der ursprünglichen Bedeutung her war die postalische Versendung wörtlich zu nehmen, also der Transport durch die früher noch staatlich organisierte Deutsche Bundespost.

Durch die mittlerweile weithin vollzogene materielle Privatisierung würde das Postgeheimnis bei fortgesetzter Betrachtung anhand der Organisationsform mehr oder minder leer laufen – und damit die gerade wieder vom Grundrechtsschutz erfassten Gegenstände letztlich wieder herausfallen. Deswegen wird mit guten Gründen dafür plädiert, das Merkmal des postalischen Transports funktional zu betrachten und damit Transporte durch private bzw. **privatisierte Postdienstleister** einzubeziehen.[270] Insoweit tritt nunmehr der an den Staat gerichtete Schutzauftrag ggü. privaten oder privatisierten Postdienstleistern in den Vordergrund.

c) Fernmeldegeheimnis, Art. 10 Abs. 1 3. Var. GG

Anknüpfungspunkt für das Fernmeldegeheimnis sind alle Kommunikationsvorgänge mittels drahtloser oder drahtgebundener elektromagnetischer Wellen, also der klassische Telefon-, Telegramm-, aber auch der Mobilfunkverkehr. Geschützt sind sowohl Inhalte als auch Umstände des Kommunikationsvorgangs.

Neben dem klassischen Fernmeldeverkehr sind aber auch **neue Kommunikationsformen** wie etwa Email oder **Internet** erfasst.

Allerdings erstreckt sich der Schutz des Art. 10 Abs. 1 GG nicht auf alle Informationen, die das Telekommunikationsverhalten oder insgesamt die Beziehungen zwischen Dienstanbietern und Kunden betreffen. Das Fernmelde- oder Telekommunikationsgeheimnis schützt insb. **nicht** die Vertraulichkeit der jeweiligen **Umstände der Bereitstellung** von Telekommunikationsdienstleistungen, bspw. die Zuordnung der von den Dienstanbietern vergebenen Telekommunikationsnummern zu bestimmten Anschlussinhabern. Diese Daten genießen vorrangig den Schutz des Art. 2 Abs. 1 iVm Art. 1 Abs. 1 GG in der Ausprägung des

---

bspw. bei Warensendungen trotz Fehlens einer individuellen schriftlichen Mitteilung der Fall sein könnte.

270 So überzeugend *Pieroth/Schlink/Kingreen/Poscher*, Staatsrecht II Rn. 835.

Rechts auf informationelle Selbstbestimmung.[271] Erfasst ist dagegen die Zuordnung dynamischer IP-Adressen, da hierfür ein Rückgriff auf konkrete Verbindungsdaten notwendig ist.[272]

d) Verhältnis der Gewährleistungen zueinander

Die **Schutzgehalte** des Art. 10 Abs. 1 GG stehen grds. **nebeneinander**, auch wenn sie sich, so insb. im Bereich des Brief- und des Postgeheimnisses, sachlich überschneiden; insb. bilden die Garantien des Art. 10 GG kein einheitliches Grundrecht.[273] Dies kann zur Folge haben, dass durch ein bestimmtes Verhalten sowohl das Brief- als auch das Postgeheimnis betroffen sind.

2. Persönlicher Schutzbereich

Art. 10 GG ist **Jedermanngrundrecht**. Geschützt ist also jede natürliche Person. Das Grundrecht ist wesensmäßig auf inländische **juristische Personen** anwendbar,[274] damit genauso auf EU-europäische juristische Personen die im Bereich der Marktfreiheiten oder des hierzu erlassenen Sekundärrechts der europäischen Union tätig sind.[275]

3. Territoriale Geltung, Grundrechtsberechtigte und -verpflichtete

a) Territoriale Geltung

Mit einiger Selbstverständlichkeit gilt Art. 10 GG für alle inländischen Kommunikationsvorgänge. Allerdings sind auch Kommunikationsvorgänge zwischen dem **Ausland** und der Bundesrepublik sowie solche im Ausland vom Schutz des Art. 10 Abs. 1 GG umfasst, sofern ein **Gebietskontakt** hergestellt wird, so insb. durch Erfassungsvorgänge von deutschem Boden aus.[276]

Noch nicht letztendlich geklärt ist dagegen, ob auch Kommunikationsvorgänge im Ausland **ohne Gebietskontakt** ggü. deutscher Staatsgewalt geschützt sind. Hierfür spricht, dass, sofern deutsche Staatsgewalt unter Inanspruchnahme fremden Territoriums ausgeübt wird, diese nach Art. 1 Abs. 3 GG die Grundrechte als unmittelbar geltendes Recht zu achten hat; Gründe für eine Beschränkung der Geltung des Art. 10 Abs. 1 GG sind nicht zu erkennen.[277]

---

271 BVerfGE 130, 151, 179 f.

272 BVerfGE 130, 151, 181.

273 *Hermes* in Dreier, GG-Kommentar, Art. 10 GG Rn 25.

274 BVerfGE 100, 313, 356.

275 Dazu oben Kap. 7 E III 5.

276 BVerfGE 100, 313, 363 f.

277 In diesem Sinne auch *Baldus* in BeckOK GG, Art. 10 GG Rn. 21.

b) Grundrechtsberechtigte

Grundrechtsberechtigte sind jeweils die **Absender** sowie die **Empfänger** des jeweiligen Kommunikationsvorgangs, also der Absender und Empfänger des Briefes oder der Sendung bzw. der Anrufer und der Angerufene, entsprechend der Absender der Mail und ihr Empfänger.

Nicht dagegen umfasst sind die **Kommunikationsmittler**, also die Post- oder Kommunikationsdienstleister. Diese können sich ggü. hoheitlichen Maßnahmen ggf. auf Art. 12 Abs. 1 GG (Berufsfreiheit) bzw. Art. 2 Abs. 1 GG (allg. Handlungsfreiheit) berufen.[278]

c) Grundrechtsverpflichtete

Grundrechtsverpflichtet ist ***„alle Staatsgewalt"***, d.h. alle staatlichen Stellen, zumeist in der Gestalt der Sicherheitsorgane, Polizei, Verfassungsschutz usw. Vom Begriff der Staatsgewalt erfasst sind auch solche Unternehmen, die zwar in der Form des Privatrechts bestehen, aber in Alleinbesitz des Staates oder unter dessen beherrschenden Einfluss stehen; dies galt vor deren materieller Privatisierung für die Nachfolgeunternehmen der Deutschen Bundespost, Deutsche Post AG und Deutsche Telekom AG.

Darüber hinaus ist eine unmittelbare Drittwirkung ggü. Privaten abzulehnen. Allerdings können sich insoweit ggü. **privaten** oder materiell privatisierten **Kommunikationsdienstleistern** Konstellationen **mittelbarer Drittwirkung** ergeben, so dass bei Auslegung privatrechtlicher Vorschriften durch Gerichte auch Art. 10 GG zu berücksichtigen ist.

Darüber hinaus verpflichtet Art. 10 Abs. 1 GG den **Gesetzgeber**, rechtliche Mechanismen zum Schutz von Kommunikationsvorgängen auch vor Übergriffen seitens Privater zu entwickeln.[279]

III. Eingriffe

1. Briefgeheimnis

Unmittelbare Eingriffe liegen vor, wenn eine **Kenntnisverschaffung** vom Inhalt einer individuellen Mitteilung iSd Art. 10 Abs. 1 1. Var. GG erfolgt. Kein Eingriff in das Grundrecht liegt dagegen bei Verhinderung oder Erschwerung des Übermittlungsvorgangs vor, da nicht der Kommunikationsvorgang als solcher, sondern lediglich sein Inhalt und seine Umstände geschützt sind.

---

278 *Baldus* in BeckOK GG, Art. 10 GG Rn. 18.

279 BVerfGE 106, 28, 37.

2. Postgeheimnis

Eingriffe in das Postgeheimnis ergeben sich bei **Öffnung von Sendungen**, Ermittlung ihres Inhalts, bei der Überprüfung der Absender oder der Empfänger. Insoweit ergeben sich besagte Überschneidungen bez. der Schutzbereiche von Brief- und Postgeheimnisse, wenn nämlich Briefe von der Öffnung betroffen sind.

Für die Deutsche Bundespost ergaben sich nach § 5 Abs. 2 PostG, heute für Postdienstleister nach § 39 Abs. 2 PostG **Ausnahmen vom Postgeheimnis** zur Erfüllung von Aufgaben im Bereich der dienstinternen Abwicklung von Postdienstleistungen, so etwa im Bereich der Anschriftenermittlung oder der Sicherung des Inhalts beschädigter Sendungen. Die betreffenden Maßnahmen sind trotz ihrer im Einzelfall höchstwahrscheinlichen Notwendigkeit dennoch als (im Regelfall gerechtfertigte) Eingriffe in das Postgeheimnis zu sehen, und nicht etwa nur als „betriebsbedingte Schranken" oder innere Begrenzungen des Postgeheimnisses.[280]

3. Fernmeldegeheimnis

Der Katalog von Eingriff in das Fernmeldegeheimnis ist aufgrund **technischer Überwachungsmöglichkeiten** besonders breit. Maßnahmen der Staats- und Verfassungsschutzbehörden sowie der Polizeibehörden zur Abwehr besonders schwerer Straftaten durch das Abhören, das Mitschneiden, das Abgleichen und Auswerten des Gehörten stellen typische Eingriffe dar. Anerkannt sind bspw. Eingriffe durch

- Erfassung und Verwertung von Kommunikationsdaten[281] und -inhalten,
- gerichtliche Anordnungen zu derartigen Erfassungsvorgängen bzw. die Sicherstellung bzw. Beschlagnahme durch staatliche Stellen[282] („Telefonüberwachung"),

aber auch

- gerichtliche Anordnungen ggü. privaten Kommunikationsdienstleistern zur Speicherung und Übermittlung an staatliche Stellen[283] („Vorratsdatenspeicherung"); der Eingriff in Art. 10 Abs. 1 GG besteht hier, wie bereits ausgeführt, ggü. den Kommunizierenden im Sinne einer konkreten Grundrechtsgefährdung, nicht ggü. dem Dienstleister, der aber in Art. 12 Abs. 1 GG betroffen sein kann,
- Einrichtung von Fangschaltungen zur Möglichkeit der Rückverfolgung eines Anrufers.[284]

Zu letzterem Punkt sei angemerkt, dass es für die Qualifikation als Eingriff auf die **Rechtmäßigkeit** des Kommunikationsvorgangs, bzw. etwa dessen Einsatz zu kriminellen Zwecken, **nicht ankommt**; dies gilt nicht nur für Eingriffe in das Fernmeldegeheimnis, sondern für alle Eingriffe in die Gewährleistungen des Art. 10 Abs. 1 GG.

---

280 So aber BVerwGE 76, 152, 155; dagegen zu Recht *Baldus* in BeckOK GG, Art. 10 Rn. 26.

281 BVerfGE 100, 313, 366.

282 BVerfGE 124, 43, 58 – „Beschlagnahme" von Emails.

283 BVerfGE 125, 260, 310.

284 BVerfGE 85, 386, 395 f.

Kein Eingriff in Art. 10 Abs. 1 GG ist die Eröffnung von **Mithörgelegenheiten** durch einen Kommunikationsteilnehmer für Dritte, da Schutzgut der Schutz vor Gefahren des Kommunikationsmittels und nicht durch den Kommunikationspartner ist.[285]

4. Möglichkeit der Einwilligung

Grds. steht den Betroffenen die Möglichkeit der **Einwilligung** in die Überwachungsmaßnahme zu; zu beachten ist allerdings, dass die Einwilligung, soll sie den Eingriffscharakter der Maßnahme vollständig ausschließen, von **allen Teilnehmern** des Kommunikationsvorgangs erklärt werden muss.

IV. Rechtfertigung

1. Schranken

Art. 10 Abs. 2 GG normiert einen einfachen Gesetzesvorbehalt. Erforderlich ist ein **Parlamentsgesetz**, das selbst die wesentlichen Eingriffsvoraussetzungen regeln muss. Entsprechende gesetzliche Bestimmungen finden sich auf Bundes- und Landesebene. Die ausschließliche Gesetzgebungskompetenz des Bundes nach Art. 73 Abs. 1 Nr. 7 GG für Postwesen und Telekommunikation betrifft im Wesentlichen die technische Seite des Aufbaus betreffender Infrastrukturen, nicht aber die Regelung des Umgangs mit Inhalten. Damit bleibt für andere bundes- und auch landesgesetzliche Regelungen Raum, so im Recht der **Geheimdienste** (Bundes- und Landesverfassungsschutz), in der StPO (insb. §§ 99, 100a, 100b StPO) sowie in den **Polizeigesetzen** der Länder.

Mittels Vorschriften des PostG und des **TKG** können auch Bindungen gegenüber privaten Kommunikationsdienstleistern als Schranke des Art. 10 Abs. 1 GG normiert werden.

Eine spezielle gesetzliche Grundlage für Eingriffe der Verfassungsschutzbehörden des Bundes und der Länder sowie der Geheimdienste bietet das Gesetz zur Beschränkung des Brief-, Post- und Fernmeldegeheimnisses (Artikel 10-Gesetz - **G 10**), mit dem entsprechende Eingriffsmöglichkeiten für die betreffenden Stellen auch gegenüber privaten Kommunikationsdienstleistern eröffnet werden. Das G 10 nutzt dabei in bestimmten Fällen die Möglichkeit des **erweiterten Gesetzesvorbehalts** nach Art. 10 Abs. 2 S. 2 GG, der im Einzelfall die nachträgliche Kenntnisverschaffung von Überwachungsmaßnahmen und den gerichtlichen Rechtsschutz ggü. diesen beschränken kann.[286]

---

[285] *Pieroth/Schlink/Kingreen/Poscher*, Staatsrecht II Rn. 846.

[286] Näher dazu sogleich unten Kap. 8 J V.

2. Schranken-Schranken

Aufgrund der teilweise massiven Eingriffe in die Rechte aus Art. 10 Abs. 1 GG gewinnt die Frage der **Bestimmtheit** des einschränkenden Gesetzes sowie der Grundsatz der **Verhältnismäßigkeit** des Gesetzes wie auch der hierauf gestützten Maßnahme besondere Bedeutung.

Der Grundsatz der Bestimmtheit verlangt bspw., dass im Rahmen der Strafverfolgung diejenigen Taten, zu deren Aufklärung eine Telekommunikationsüberwachung angeordnet werden darf, klar umrissen werden. Hierzu sind bevorzugt **Straftatenkataloge** anzugeben; eine gesetzliche Erweiterung dergestalt, dass neben den Katalogtaten auch Taten „ähnlicher Art und Schwere" die Überwachung erlauben, dürfte nicht hinreichend sein.[287]

Aus dem Grundsatz der Verhältnismäßigkeit hat das Bundesverfassungsgericht für Eingriffe in Art. 10 Abs. 1 GG einen **Richtervorbehalt** abgeleitet, wobei als Grundlage für die richterliche Genehmigung das Erfordernis einer hinreichend substantiierten Begründung und Begrenzung der Abfrage der begehrten Daten durch die staatliche Stelle hervorgehoben wird.[288]

Überwachungsmaßnahmen haben zudem immer zu **unterbleiben** bzw. beendet zu werden, sofern tatsächliche Anhaltspunkte für die Annahme vorliegen, dass durch sie Erkenntnisse aus dem **Kernbereich privater Lebensgestaltung** des Betroffenen erfasst werden (vgl. insoweit auch § 3a G 10).

V. Rechte Betroffener

Nach Abschluss einer für den Betroffenen nicht erkennbaren staatlichen Eingriffsmaßnahme hat der Betroffene aus Art. 10 Abs. 1 GG einen **Anspruch** auf **nachträgliche Kenntnis** von der Maßnahme. Dieser Anspruch erwächst, wenn die Kenntnis Grundlage gerichtlichen Rechtsschutzes ist, zugleich aus dem Anspruch auf effektiven Rechtsschutz nach Art. 19 Abs. 4 GG.

> **Merke:**
> Im Falle der fehlenden Kenntnis im Moment der belastenden Maßnahme und erst späterer Kenntnisverschaffung kann dem Betroffenen im Rahmen der Überprüfung der Maßnahme durch Erheben der Verfassungsbeschwerde nicht die fehlende Gegenwärtigkeit der Beschwer[289] entgegen gehalten werden.
> Zwar ist der Betroffene nach Abschluss der Überwachungsmaßnahme häufig nicht mehr beschwert; hatte er aber zum Zeitpunkt der Beschwer keine Kenntnis hiervon und damit keine Rechtsschutzmöglichkeit, darf ihm der Grundrechtsschutz im Nachgang nicht verwehrt werden.

---

287 In diesem Sinne BVerfGE 120, 274, 317 f. zu § 5 VSG NRW.

288 BVerfGE 125, 260, 337 f. - Vorratsdatenspeicherung.

289 Vgl. dazu unten Kap. 10 B I 5 b bb.

Allerdings kann bei vorgehender richterlicher Kontrolle der Maßnahme auch ein Zurückstellen der Kenntnisverschaffung ermöglicht oder auch eine **Ausnahme** hiervon gemacht werden; von dieser Möglichkeit darf im Lichte des Verhältnismäßigkeitsgrundsatzes aber nur sehr zurückhaltend Gebrauch gemacht werden.[290]

Unter den Voraussetzungen des Art. 10 Abs. 2 S. 2 GG kann die Mitteilung **unterbleiben**, *„solange eine Gefährdung des Zwecks der Beschränkung nicht ausgeschlossen werden kann oder solange der Eintritt übergreifender Nachteile für das Wohl des Bundes oder eines Landes absehbar ist"* (so bspw. der Text des § 12 Abs. 1 S. 2 G 10). Das Unterlassen der Mitteilung muss ggf. durch eine hierzu eingerichtete Kommission bestätigt werden, die unter bestimmten Voraussetzungen auch die Beschränkungsmaßnahmen selbst anstelle der Gerichte überprüft. Eine solche Kommission ist auf Bundesebene die sog. **G 10-Kommission** (vgl. § 15 G 10). Auch die Entscheidung über das Unterbleiben der Mitteilung nach den einschlägigen gesetzlichen Vorschriften untersteht dem Grundsatz der **Verhältnismäßigkeit**, so dass eine nachträgliche Kenntnisverschaffung geboten sein kann.[291]

Merke:
Die Einfügung des Art. 10 Abs. 2 S. 2 GG war Teil der sog. Notstandsgesetze im Jahre 1968. Gerade die Einfügung dieses Satzes 2 war heftiger Kritik unterworfen. Insb. wurde angeführt, dass wegen eines denkbaren Menschenwürdeverstoßes und wegen Verletzung des Rechtsstaatsprinzips eine solche Änderung durch die Ewigkeitsgarantie des Art. 79 Abs. 3 GG gesperrt sei. Das Bundesverfassungsgericht hat hierzu ausgeführt, dass es im Lichte des Art. 79 Abs. 3 GG möglich sei, *„auch elementare Verfassungsgrundsätze systemimmanent zu modifizieren"*. Weiter meint das Gericht: *„In dieser Sicht gehört der aus dem Rechtsstaatsprinzip ableitbare Grundsatz, dass dem Bürger ein möglichst umfassender Gerichtsschutz zur Verfügung stehen muss, nicht zu den in Art. 20 GG ‚niedergelegten Grundsätzen'; er ist in Art. 20 GG an keiner Stelle genannt. Art. 19 Abs. 4 GG, der eine Rechtsweggarantie in diesem Sinne enthält, ist also durch Art. 79 Abs. 3 GG einer Einschränkung und Modifizierung durch verfassungsänderndes Gesetz nicht entzogen."* [292] Die Zweifelhaftigkeit dieser Argumentation scheint offensichtlich.

Im Falle der nicht rechtmäßigen Beschränkung besteht ein Anspruch auf **Löschung** bzw. Berichtigung der erhobenen Daten. Ungeachtet der zuvor beschriebenen Fälle nach Art. 10 Abs. 2 S. 2 GG besteht regelmäßig auch ein Anspruch auf **nachträgliche richterliche Überprüfung** von staatlichen Maßnahmen.

290 BVerfGE 129, 208, 239, 251.

291 *Baldus* in BeckOK GG, Art. 10 Rn. 59.

292 BVerfGE 30, 1, 24 ff.

VI. Objektive Gewährleistung

Als objektive Gewährleistung lässt sich aus Art. 10 GG die Verpflichtung des Staates im Sinne einer Schutzpflicht herleiten, seine Bürger vor entsprechenden Eingriffen seitens der Hoheitsgewalt von **Drittstaaten** zu schützen.

> **Merke:**
> NSA lässt grüßen!

Allerdings steht die Wahrnehmung und Ausformung dieser Schutzpflicht wie stets bei Schutzpflichten im **Ermessen** des Staates.

Eine **Schutzpflicht** des Staates steht den Bürgern – insb. nach weitgehender Privatisierung des Post- und Telekommunikationssektors auch ggü. dem **Verhalten privater Dritter** zu, soweit diese auf Kommunikationsvorgänge zugreifen können. Hieraus folgt allerdings kein Anspruch, entsprechende Leistungen weiterhin in staatlicher Form erbringen zu müssen.

VII. Verhältnis zu anderen grundrechtlichen Gewährleistungen

Gerade die Nähe technischer Kommunikationsvorgänge zu anderen grundrechtlichen Gewährleistungen macht einen Blick auf das **Verhältnis der Grundrechte** untereinander nötig. Das **Recht auf informationelle Selbstbestimmung** (Art. 2 Abs. 1 iVm Art. 1 Abs. 1 GG) ist neben dem Fernmeldegeheimnis anwendbar, soweit es um den Schutz technischer Kommunikationsdaten geht. Dagegen soll Art. 10 Abs. 1 GG dem Recht auf informationelle Selbstbestimmung **vorgehen**, soweit durch Eingriff in die Kommunikation **personenbezogene Daten erhoben** werden.[293]

Gleiches gilt für das aus Art. 2 Abs. 1 iVm § 1 Abs. 1 GG hergeleitete Recht auf Gewährleistung der Vertraulichkeit und Integrität informationstechnischer Systeme, das sog. „Computergrundrecht".[294]

Aufgrund der unterschiedlichen Schutzrichtungen stehen Art. 10 GG und Art. 13 GG **nebeneinander**, etwa wenn zur Ermöglichung einer Telekommunikationsüberwachung („Verwanzung" des Telefons) in die **Unverletzlichkeit der Wohnung** eingegriffen wird.

Art. 10 Abs. 1 GG soll schließlich der **Meinungsfreiheit** (Art. 5 Abs. 1 GG) vorgehen, wenn durch staatliche Maßnahmen eine über ein Kommunikationsmittel des Art. 10 Abs. 1 GG geäußerte Meinung wahrgenommen, erfasst oder weiterverarbeitet wird.[295]

---

293 BVerfGE 125, 260, 310.

294 BVerfGE 124, 43, 57.

295 BVerfGE 113, 348, 364.

K Art. 11 GG – Freizügigkeit im Bundesgebiet

I. Allgemeines

Art. 11 GG scheint eine Selbstverständlichkeit zu regeln, nämlich die Freiheit, sich im ganzen **Bundesgebiet** zu **bewegen** und insb. auch, sich an jedem gewünschten Ort niederzulassen. Dass dies nicht selbstverständlich ist, zeigt das Beispiel der früheren DDR, wo – ungeachtet der beschränkten Ausreisemöglichkeiten – der Wegzug und Zuzug innerhalb des Staatsgebiets, insb. in die großen Städte wie Berlin, Magdeburg oder Leipzig, staatlich reglementiert wurde.

II. Schutzbereich

1. Sachlicher Schutzbereich

Sachlich schützt Art. 11 GG das Recht, sich frei zu entscheiden, an welchem Ort im Staatsgebiet der Bundesrepublik man **Aufenthalt** und Wohnung nehmen will. Geschützt ist die Freizügigkeit zwischen Bundesländern, zwischen Gemeinden und innerhalb von Gemeinden gleichermaßen. Geschützt ist auch das Recht, zum Zwecke der Wohnungsnahme in das Bundesgebiet einzureisen.

Merke:
Die Freiheit auszureisen dagegen ist nach überwiegender Ansicht nicht vom Schutzgehalt des Art. 11 GG erfasst. Die Ausreisefreiheit ist aber Teil der allg. Handlungsfreiheit nach Art. 2 Abs. 1 GG.[296]
Gesetzliche Ausreisebeschränkungen sind neuerdings im Gespräch für Islamisten deutscher Staatsangehörigkeit, die in die Krisengebiete im Nahen und Mittleren Osten reisen möchten, um sich dort an Kämpfen zu beteiligen. Diesen soll zukünftig der Personalausweis entzogen werden dürfen, der bislang für eine Einreise in die Türkei ausreicht, um von dort nach Syrien oder in den Irak zu gelangen. Geplant ist die Ausstellung von Ersatzdokumenten, die nicht mehr zur Ausreise berechtigen.

Nicht letztlich **geklärt** ist, ob der Wunsch, sich nur **vorübergehend** an einen anderen Ort zu begeben, Gegenstand der Art. 11 GG oder des Art. 2 Abs. 1 GG ist. Allerdings wird schon bei Planung einer Übernachtung an einem anderen Ort Art. 11 GG als einschlägig angesehen.[297] Art. 11 GG sichert auch ein Recht gegen **Ausweisung** und Abschiebung; für Auslieferungen an andere Staaten gilt Art. 16 Abs. 2 GG als spezieller.

---

[296] So auch BVerfGE 6, 32, 35 ff., 42 – Elfes.

[297] *Baldus* in BeckOK GG, Art. 11 GG Rn. 3.

2. Persönlicher Schutzbereich

Art. 11 GG ist **Deutschenrecht**, wobei hier die Weiterung des persönlichen Schutzbereichs auf EU-Ausländer zu bedenken ist, die sich gleichermaßen auf die Garantien des Art. 11 GG berufen dürfen, sei es unmittelbar oder über Art. 2 Abs. 1 GG unter Heranziehung der Schranken des Art. 11 GG.[298] Nicht-EU-Ausländer können sich insoweit (nur) auf Art. 2 Abs. 1 GG berufen.

> **Merke:**
> Derartige lediglich an Art. 2 Abs. 1 GG zu messende Residenzpflichten existieren heute bereits nach § 56 AsylG. Entsprechende Wohnsitzregelungen zu, wie sie im Entwurf des Integrationsgesetzes (§ 12a Integrationsgesetz) vorgesehen sind, könnten, auch wenn sie gemessen an Art. 2 Abs. 1 GG Bestand haben könnten, gegen Art. 26 der Genfer Flüchtlingskonvention verstoßen.
> **Art. 26 GFK** – Freizügigkeit
> *Jeder vertragschließende Staat wird den Flüchtlingen, die sich rechtmäßig in seinem Gebiet befinden, das Recht gewähren, dort ihren Aufenthalt zu wählen und sich frei zu bewegen, vorbehaltlich der Bestimmungen, die allgemein auf Ausländer unter den gleichen Umständen Anwendung finden.*

Die Freizügigkeit ist dem Wesen nach nur auf natürliche Personen anwendbar, nicht auf juristische Personen. Ist bspw. deren Sitzverlagerung betroffen, kann Art. 12 Abs. 1 GG eingreifen. Im Übrigen würde für juristische Personen auch nur Art. 2 Abs. 1 GG in Betracht kommen.

III. Eingriffe

Da die Freizügigkeit auch die kleinräumige Bewegungsfreiheit im Bundesgebiet schützt, enthält bereits die **Wohnungsverweisung** mit Rückkehrverbot einen Eingriff in Art. 11 GG. Auch Platzverweisungen können Eingriffscharakter bez. Art. 11 GG haben.[299] In diesen Kontext gehören dann auch sog. **Gefährderansprachen**, wenn etwa die Polizei potentiell gewalttätigen Fußballfans nahelegt, gegnerische Stadien nicht aufzusuchen.

Beispiel:
Der bekannte Hooligan H packt gerade sein Köfferchen, um seine geliebte Eintracht zu begleiten und am Spielort für Zwietracht zu sorgen.
Da die Polizei seines Heimatortes dies ahnt, bekommt H am Abend vor der Abreise einen wohlmeinenden Besuch von zwei wohlmeinenden Polizeibeamten, die ihm „anraten", die Eintracht am nächsten Tag nicht zum Zwecke der Zwietracht zu begleiten. Er müsse – da „man ein Auge auf ihn" habe – andernfalls beim kleinsten Augenzwinkern mit seiner Ingewahrsamnahme rechnen.

---

298 Dazu oben Kap. 7 F II 4.

299 Vgl. *OVG Magdeburg*, Beschl. vom 27.06.2006 – Az. 2 M 224/06, juris: Platzverweisung für sog. Hooligans bez. Public-Viewing-Veranstaltungen.

Das „Anraten" stellt mangels Regelungsgehaltes im Zweifel keinen Verwaltungsakt dar; dennoch liegt im Sinne der Finalität im engeren Sinne (die Polizei will die Reise des H verhindern!) ein mittelbar-faktischer Grundrechtseingriff vor, der aber – gestützt auf die polizeirechtliche Generalklausel – bei hinreichenden Anhaltspunkten für das Sähen von Zwietracht auf der Reise der Eintracht gerechtfertigt wäre.

IV. Verfassungsrechtliche Rechtfertigung

1. Schranken

Art. 11 Abs. 2 GG enthält einen **qualifizierten** Gesetzesvorbehalt, mit dem die zulässigen Zielsetzungen von Gesetzen, die die Freizügigkeit beschränken, stark vorgeprägt werden. Betroffen sind sowohl Bundes- als auch Landesgesetze, die jeweils zu Verordnungen oder zu Einzelmaßnahmen ermächtigen dürfen. Die Erstreckung auf Landesgesetze ergibt sich insb. daraus, dass gefahrenabwehrrechtliche Normen, die die Freizügigkeit beschränken können traditionell Landesrecht sind.[300] Die speziellen Fälle, die eine gesetzliche Einschränkung der Freizügigkeit erlauben, sind:

- Bekämpfung von Gefährdungen der ausreichenden Lebensgrundlage mit Lasten für die Allgemeinheit
- Abwehr einer drohenden Gefahr für den Bestand oder die freiheitliche demokratische Grundordnung des Bundes oder eines Landes,
- Bekämpfung von Seuchengefahr, Naturkatastrophen oder besonders schweren Unglücksfällen
- Schutze der Jugend vor Verwahrlosung
- Vorbeugung strafbarer Handlungen

Eine ähnliche Ermächtigung enthält Art. 17a GG für den Verteidigungsfall.

Die zulässigen **Einschränkungstatbestände** erreichen nicht durchweg die gleiche Schwere. So ist die präventive Freiheitsbeschränkung zur vorbeugenden Verbrechensbekämpfung jedenfalls nicht zwingend mit dem gleichen Allgemeinbezug versehen wie die übrigen Einschränkungsgründe. Gleichwohl lässt die Aufzählung aber erkennen, dass das Grundgesetz erhebliche **Hürden** für die Einschränkung der Freizügigkeit vorsieht.

2. Schranken-Schranken

Art. 11 GG unterfällt entsprechend der Formulierung des Schrankenvorbehalts („*durch Gesetz oder aufgrund Gesetzes*") zunächst dem **Zitiergebot**.[301] Im Übrigen sind an Gesetze, die die Freizügigkeit beschränken, hohe Bestimmtheitsanforderungen zu stellen. Auch ist die Verhältnismäßigkeit bez. des einschränkenden Gesetzes wie bez. dessen Anwendung

---

[300] *Baldus* in BeckOK GG, Art. 11 GG Rn. 16; insoweit ist die Kompetenzzuweisung nach Art. 73 Abs. 1 Nr. 3 GG, die Regelungen zur Freizügigkeit dem Bund überlässt, enger gefasst.

[301] Dazu oben Kap. 7 G II 2.

besonders sorgsam zu prüfen. Insb. auf Ebene des einschränkenden Gesetzes ist im Einzelfall die Abfederung unbilliger Härten zu erwägen.[302]

L Art. 12 Abs. 1 GG – Berufsfreiheit

I. Allgemeines

Art. 12 Abs. 1 GG gewährt die **Berufs-**, **Ausbildungs-** und **Arbeitsplatzfreiheit**. In der Prüfung im Vordergrund steht regelmäßig die Berufsfreiheit. Bez. der Arbeitsplatzfreiheit ist wichtig, dass Art. 12 Abs. 1 GG keinen Anspruch auf einen Arbeitsplatz, also kein Recht auf Arbeit garantiert.

II. Schutzbereich

1. Sachlicher Schutzbereich

a) Einheitlicher Schutzbereich

Die Formulierung des Art. 12 Abs. 1 GG mutet befremdlich an. Es wird unterschieden zwischen Beruf einerseits und Berufsausübung andererseits. Die Berufswahl (Satz 1) scheint frei, die Berufsausübung (Satz 2) dagegen regelbar durch Gesetz oder aufgrund eines Gesetzes. Das Bundesverfassungsgericht hat entgegen dem Wortlaut schon früh entschieden, dass Art. 12 Abs. 1 GG ein **einheitliches Grundrecht** der Berufsfreiheit gewährt. Mit der Berufswahl beginnt die Berufsausübung, die wiederum die Berufswahl immer neu bestätigt.[303]

b) Berufsdefinition

Zentral für die Bestimmung des Schutzbereichs des Art. 12 Abs. 1 GG ist der Begriff des Berufs. Für den Beruf gibt es folgende allgemeingültige, leicht einprägsame und auf jeden Fall einzuprägende Definition:

Beruf ist

- **jede erlaubte**
- **auf Dauer angelegte Tätigkeit,**
- **die der Deckung des Lebensunterhalts dient.**[304]

---

302 *Baldus* in BeckOK GG, Art. 11 GG Rn. 18 ff. mwN.

303 BVerfGE 7, 377, 402 – Apotheken-Urteil.

304 Vgl. nur BVerfGE 7, 377, 397 – Apotheken-Urteil.

Der Berufsbegriff ist **offen** konzipiert. Er umfasst althergebrachte, typische Berufsbilder (Schuster, Arzt, Schornsteinfeger), aber auch neue, nicht genau fassbare Berufe (Event-Manager, Web-Designer). Die jeweiligen Berufe müssen nur die o.a. Merkmale erfüllen.

Beispielfall 48:
E, A, H und B, allesamt Deutsche tummeln sich in der Gegend umher und haben so ihre Probleme und Fragen rund um das täglich Brot.

Variante 1:
Der E erbt von seiner Mutter ein Gemälde von Emil Nolde. Er möchte es ins Ausland verkaufen, um von dem erwarteten Erlös (ein siebenstelliger Betrag) sein weiteres Leben, nicht zuletzt mit Traumreisen in ferne Länder, zu bestreiten. Dazu eröffnet er eine Webseite, mit der er auf Russisch Käufer für sein Bild anspricht, weil er in Russland – zu Recht – potente Abnehmer vermutet. Empört stellt er fest, dass das Gemälde auf der Liste wertvollen Kulturguts steht, das gegen Abwanderung ins Ausland geschützt ist. E sieht hierin eine Beschränkung seiner Berufsfreiheit als Kunsthändler.

Variante 2:
Der A ist Angestellter im öffentlichen Dienst, möchte aber sein fürstliches Gehalt ein wenig aufbessern, um endlich die gewünschten Traumreisen in ferne Länder machen zu können. Er macht deswegen einen Kiosk auf, mit dem er mit ca. 5 Stunden pro Woche einen Zuverdienst von ca. 10 % seines Angestelltengehaltes erwirbt. Als ihm dort ein Verkaufsverbot für Spirituosen ab 23.00 Uhr auferlegt wird, sieht er hierin einen Eingriff in seine Berufsfreiheit.

Variante 3:
Die H ist gelernte Hufpflegerin, die sich der Hufpflege von Pferden verschrieben hat. Weil es bei Hufpflegern zu Unregelmäßigkeiten gekommen ist (im Bundesgebiet sind drei treue Ponys an Infektionen nach Hufpflege verstorben), wird durch Bundesgesetz der Beruf des Hufpflegers verboten und abgeschafft; die Tätigkeit wird nunmehr Hufschmieden vorbehalten. H fragt sich, ob sie nunmehr keinen Beruf mehr hat und deswegen zukünftig keine Traumreisen in ferne Länder mehr unternehmen kann.

Variante 4:
Der B ist Berufskrimineller und geht seit längerem mit einigem Erfolg der Profession des Bankräubers nach. Hiervon lebt er recht fürstlich und macht regelmäßig Traumreisen in ferne Länder. B ist stolz auf seinen Beruf. Aber hat er einen?

Als **Tätigkeit** im obigen Sinne wird eine Bündelung von Handlungen und Verhaltensweisen verstanden, die in ihrer Gesamtheit ein typisches Gesamtbild für eine bestimmte Beschäftigung ergeben.

Erlaubt ist eine Tätigkeit im Sinne der Berufsdefinition, wenn sie nicht schlechthin gemeinschädlich ist. Damit scheiden „Berufs"-Kriminelle" aus dem Berufsbegriff aus. Dies bedeutet aber zugleich, dass wenn der Gesetzgeber ein Berufsbild verbietet oder abschafft, dieses nicht zugleich nicht mehr erlaubt im Sinne der Definition ist. Vielmehr ist zu prüfen, ob die Tätigkeit schlechthin gemeinschädlich ist.

Auf **Dauer** angelegt ist eine Tätigkeit, wenn sie sich nicht in einer einzelnen Handlung erschöpft.[305] Damit sind auch probe- oder übergangsweise übernommene und befristete Tätigkeiten auf Dauer angelegt. Da sie nur auf Dauer angelegt sein muss, erfüllt auch eine gerade begonnene Tätigkeit das erforderliche Merkmal, wenn die Perspektive auf eine mehr als einmalige Handlung angelegt ist.

Der Deckung der **Lebensgrundlage** dient eine Tätigkeit, wenn sie jedenfalls einen Teil der Kosten des täglichen Lebens abdeckt, also nicht bloß als Hobby oder aus altruistischen Gründen betrieben wird. Zur Deckung des Lebensunterhalts dient eine Tätigkeit auch, wenn sie dieses Merkmal im Moment noch nicht erfüllt. So handeln ein Komponist oder ein Schriftsteller, die die Welt in ihrer Genialität noch nicht entdeckt hat, zur Deckung des Lebensunterhalts, wenn sie planen, vom Komponieren oder Schreiben zu leben.

Lösung zu Beispielfall 48:

Variante 1:

Unser E ist dem Erscheinungsbild nach im Zweifel als Kunsthändler zu sehen. Er plant auch, vom Kunstverkauf zu leben. Nur, weil die Veräußerung bestimmter Gemälde im Interesse der Allgemeinheit Restriktionen unterliegt, ist die Tätigkeit nicht schlechthin gemeinschädlich. Allerdings soll sich die Tätigkeit des E in einem einzigen, wenn auch – wenn's klappt – zweifellos beglückenden Einzelakt bestehen. Die Tätigkeit ist so nicht auf Dauer angelegt und damit – ungeachtet der Frage, ob die Listeneintragung Eingriff in die Berufsfreiheit wäre – bereits kein Beruf.

Variante 2:

Unser A ist zwar Angestellter im öffentlichen Dienst, aber zugleich Kioskbesitzer. Diese Tätigkeit ist nicht schlechthin gemeinschädlich, sie ist auch auf Dauer angelegt. Da er jedenfalls einen Teil seines Lebensunterhalts mit dem Kioskbetrieb bestreiten will, dient die Tätigkeit auch der Schaffung der Lebensgrundlage. Folglich hat A insoweit einen Beruf. Die Sortimentbeschränkung stellt auch eine Verkürzung dieser Freiheit, also einen Eingriff dar.

Variante 3:

Unsere H hat einen Beruf im Sinne des Berufsbildes der Hufpflegerin erlernt. Wir können davon ausgehen, dass sie den Job dauerhaft und zur Erhaltung der Lebensgrundlage betreibt. Fraglich ist, ob die Tätigkeit erlaubt ist. Zwar wird das Berufsbild durch das gesetzliche Verbot, dem Beruf weiter nachzugehen, quasi abgeschafft. Allerdings kann in Anbetracht dreier verstorbener Ponys nicht davon ausgegangen werden, dass die Tätigkeit schlechthin gemeinschädlich wäre. Die H hat mit dem gesetzlichen Verbot den Beruf der Hufpflegerin nicht verloren, sie kann sich insoweit weiter auf Art. 12 Abs. 1 GG berufen.

Variante 4:

Schlechte Nachrichten dagegen für unseren B: Trotz aller Ganovenehre, trotz allen erfolgreichen Bemühens, sein Leben dauerhaft mit ehrbaren Überfällen zu bestreiten, ist die Tätigkeit des B schlicht kriminell und damit schlechthin gemeinschädlich. Bankräuber ist kein Beruf, jedenfalls nicht im Sinne des Art. 12 Abs. 1 GG. (Hat der B aber schon geahnt!)

---

305 BVerfGE 97, 228, 253.

Geschützt sind Berufe sowohl in **selbständiger** wie in **unselbständiger** Ausübung. Erfasst ist auch das Recht, keinen Beruf ergreifen zu wollen und ggf. von seinem Vermögen zu leben (negative Berufsfreiheit). Berufe im Staatsdienst werden durch Art. 33 GG mit gestaltet, verlieren aber nicht vollkommen den Schutz des Art. 12 Abs. 1 GG. So ist ein Amtsarzt nach wie vor Arzt, so dass staatliches Handeln, das bspw. seine Approbation, also seine Zulassung zum Heilberuf erfasst, Eingriff in Art. 12 Abs. 1 GG ist. Lediglich der rechtlich-organisatorische Rahmen seiner Tätigkeit wird durch Art. 33 GG bestimmt; Gleiches gilt für staatlich gebundene Berufe wie etwa Notare.[306]

Merke:
Geschützt ist auch die Ausbildungsfreiheit im umfassenden Sinne, damit nicht zuletzt die freie Wahl der Ausbildungsstätte. So ist auch die Durchführung und Beendigung einer Ausbildung, gleich ob an Berufsschulen, in privaten Kursen, an Hochschulen oder Fachschulen, geschützt. Verbürgt ist nicht eine kostenlose Ausbildung.
Keine Ausbildungsstätten sind allgemeinbildende Schulen, wenn sie nicht Qualifikationen zu bestimmten Berufen vermitteln. Damit scheiden Grund- und Hauptschulen aus dem Begriff der Ausbildungsstätte aus, Realschulen und Gymnasien sind erfasst.[307]

Die freie Wahl des Arbeitsplatzes bedeutet nicht – wie eingangs ausgeführt – ein Recht auf Arbeit. Geschützt ist einerseits die Freiheit, seinen erlernten Beruf oder seine Fähigkeiten durch Aufnahme einer Tätigkeit überhaupt umzusetzen (der Mediendesigner entschließt sich, bei Werbeagenturen vorstellig zu werden), andererseits aber auch die Freiheit, eine bestimmte Arbeitsstelle an einem bestimmten Ort anzutreten und zu behalten; insoweit geht Art. 12 Abs. 1 GG der Gewährleistung des Art. 11 GG vor.

b) Herausarbeiten des konkret ausgeübten oder angestrebten Berufs

Was genau den **spezifischen Beruf** ausmacht, ist im Einzelfall festzustellen und kann Auswirkungen auf die weitere Prüfung haben. So ist jeweils zu ermitteln, ob die konkrete Tätigkeit einem bestimmten Berufsbild im Wesentlichen entspricht und ggf. lediglich eine Spielart dieses Berufes ist, oder ob sich die konkret ausgeübte Tätigkeit so weit vom „Grundmuster“ eines Berufes unterscheidet, dass sie einen eigenen Beruf ausmacht. Die vorgenannte Feststellung enthält dabei zwingend wertende Gesichtspunkte.

Beispiel:
Ein **Humanmediziner** („Arzt“) hat ein abgeschlossenes Medizinstudium hinter sich. Gleichwohl kann es für das Berufsbild einen Unterschied machen, ob er als angestellter Arzt in einem Krankenhaus oder als niedergelassener Arzt in eigener Praxis arbeitet. Dann aber mag die konkrete Ausrichtung seiner ärztlichen Tätigkeit (Internist, Gynäkologe, Urologe oder Orthopäde) häufig keine Unterschiede mehr erzeugen.
Fraglich ist aber bereits, ob bei Ärzten in eigener Praxis die Innehabung eines Kassenarztsitzes eine Unterscheidung zu Ärzten in reiner Privatpraxis zulässt. Zwar sind die

---

306 Vgl. insoweit *Pieroth/Schlink/Kingreen/Poscher*, Staatsrecht II Rn. 887.

307 *Pieroth/Schlink/Kingreen/Poscher*, Staatrecht II Rn. 890.

Patienten alle mit den gleichen Lebern und Kniegelenken ausgestattet, es ist aber durchaus – je nach Sitz der Praxis – von Bedeutung, ob derjenige Kassenarzt oder Privatarzt ist. In Anbetracht dessen, dass ca. 90 % der deutschen Bevölkerung im System der gesetzlichen Krankversicherung versichert sind, kann „Kassenarzt" schon als eigener Beruf angesehen werden (aA vertretbar).
Ein **Bauingenieur** kann sich auf Grundlage dieser Ausbildung durch Absolvieren weiterer Ausbildungsschritte, aufgrund anschließender Prüfung und gesonderter Zulassung zum Prüfingenieur weiterbilden, bspw. mit der Berechtigung zur Prüfung von Statik und Feuerwiderstandsklassen im Baugewebe. Sein Beruf dürfte dann nicht Bauingenieur in der Spielart „Prüfingenieur" sein. Näher liegt es, den Prüfingenieur als eigenes Berufsbild anzusehen.

Von Bedeutung ist diese Unterscheidung im Lichte der Rechtsprechung des Bundesverfassungsgerichts insb. bei den Anforderungen an die Rechtfertigung von Eingriffen in die Berufsfreiheit.[308]

2. Persönlicher Schutzbereich

Persönlich schützt Art. 12 Abs. 1 GG nur Deutsche iSd Art. 116 GG. Hier ist wiederum die Notwendigkeit der **Gleichbehandlung** von EU-Ausländern in Betracht zu ziehen, so dass nach hier vertretener Ansicht das Grundrecht der Berufsfreiheit auch auf EU-Ausländer zu erstrecken ist.[309]

Das Grundrecht der Berufsfreiheit ist auch **kollektiv** ausübbar, so dass es dem Wesen nach auch auf juristische Personen anwendbar ist (Art. 19 Abs. 3 GG). Zweifel könnten sich in Anbetracht der Berufsdefinition („zur Deckung der Lebensgrundlage") ergeben. Übersetzt man dies im Falle juristischer Personen richtiger Weise mit „Gewinnerzielungsabsicht", passen die Dinge wieder zusammen.

III. Eingriff

1. Geltung beider Eingriffsbegriffe

Aus dem Wortlaut des Art. 12 Abs. 1 S. 2 GG, der einen sog. Regelungsvorbehalt enthält, ist geschlossen worden, dass Eingriffe in die Berufsfreiheit nur klassischer Natur sein können; wer regelt, der regelt rechtlich und gezielt. Allerdings wird der Regelungsvorbehalt nach überwiegendem Verständnis als allgemeiner Schrankenvorbehalt begriffen, so dass auch mittelbar-faktische Eingriffe denkbar sind.

---

308 Dazu sogleich unten Kap. 8 L IV.

309 Dazu oben Kap. 7 F II 4.

Korrektiv ist das Erfordernis der berufsregelnden Tendenz. Es reicht nicht jedwede noch so fernliegende Auswirkung staatlichen Handelns auf berufliche Tätigkeiten aus. So muss eine staatliche Maßnahme subjektiv eine berufsregelnde Wirkung bezweckt haben (klassischer Eingriff), oder diese Wirkung muss von einigem Gewicht und insoweit vorhersehbar gewesen sein (mittelbar-faktischer Eingriff).

Beispiel:

Fall 1:

Der Landesgesetzgeber L reglementiert das Reiten im Walde. Die P betreibt in der Nähe einiger ausgedehnter Wälder einen Ponyhof mit Namen „*Das Leben ist ein Ponyhof!!*“. Sie beklagt, dass dies nunmehr nicht mehr so sei. Schließlich habe sie immer mit Ausritten in die Wälder der Umgebung geworben, diese dürften nunmehr nur noch in wesentlich geringerem Umfang, nämlich nur noch in Wäldern mit ausgewiesenen Reitwegen stattfinden.

Die Maßnahme des Landesgesetzgebers hat weder in subjektiver noch in objektiver Hinsicht eine berufsregelnde Tendenz. Zentrales Ziel der Regelung ist der Schutz der Wälder. Die Berufstätigkeit von Ponyhofbetreibern lag nicht im Fokus des Gesetzgebers. Objektiv ist die Tätigkeit des Ponyhofbetreibens weiter möglich und wird nur am Rande, also ohne wesentliches Gewicht eingeschränkt. Insb. werden durch die Beschränkung des Reitens im Walde nicht typischer Weise überwiegend Berufstätige – wie etwa die P – betroffen. nicht Ein mittelbar-faktischer Eingriff in die Berufsfreiheit ist abzulehnen.

Fall 2:

Der Bundesgesetzgeber senkt den Mehrwertsteuersatz auf Bahntransporte auf 1 %, um die Umwelt zu schonen und die Straßen zu entlasten. Dadurch wird die Schiene für den gewerblichen Güterverkehr so attraktiv, dass der Güterverkehr auf der Straße Umsatzeinbrüche von bis zu 50 % erleidet. Zwar war es primäres Ziel, Güter von der Straße auf die Schiene umzulenken, die Maßnahme richtete sich also nicht primär und unmittelbar gegen Lastkraftunternehmer. Gleichwohl war die eingetretene Verlagerungswirkung gewollt und erwartbar, und trifft typischer Weise Transportunternehmer als Berufstätige. Bei derartigen Umsatzeinbrüchen ist die Belastung auch von einigem Gewicht. Ein Eingriff mit (objektiv) berufsregelnder Tendenz liegt vor.

Fall 3:

Das Luftsicherheitsgesetz sah vor, dass Flugzeuge, die entführt und als Waffe missbraucht werden sollten, von der Bundeswehr abgeschossen werden durften.[310] Der (fiktive) Flugkapitän F der Lufthansa sieht sich durch den zweifelsfrei berufsbeendenen Charakter eines eventuellen Abschusses in seiner Berufsfreiheit betroffen. Das Gesetz hatte aber insoweit keinerlei berufsregelnde Tendenz.

Anm. zu Fall 3: Da sieht man mal, auf was man alles kommen kann, wenn man während eines Streiks zu viel Zeit hat.

---

310 BVerfGE 115, 118 ff. – Luftsicherheitsgesetz.

2. Unterscheidung nach Intensität

Das Bundesverfassungsgericht hat in dem berühmt-berüchtigten Apotheken-Urteil die Intensität der Eingriffe in Art. 12 Abs. 1 GG in drei Stufen unterschiedlicher Intensität unterteilt und hieran – wie gleich zu zeigen sein wird – unterschiedliche Rechtfertigungsanforderungen geknüpft. Das Gericht unterscheidet Eingriffe in die Berufsausübung („Wie" des Berufs) und die Berufswahl („Ob" des Berufs), und trennt letztere noch einmal in subjektive und objektive Berufswahlregelungen (sog. **Dreistufentheorie**).[311]

a) Berufsausübungsregelungen

Berufsausübungsregelungen liegen vor, wenn die konkreten **Modalitäten** der der Berufsausübung vorgegeben werden.

Hierzu gehört die Verpflichtung, Schutzkleidung zu tragen, der Robenzwang für Anwälte, die Ausgestaltung von Geschäftsräumen nach lebensmittelrechtlichen Vorgaben, die Vorgabe von Ladenöffnungszeiten oder Sortimentbeschränkungen, etwa die Vorgabe von zeitlich beschränkten Verkaufszeiten für bestimmte Waren. Eingriffe in die Berufsausübung werden tendenziell als von geringerem Gewicht erachtet.

b) Subjektive Berufswahlregelungen

Subjektive Berufswahl- oder Berufszugangsregelungen betreffen die Reglementierung des Zugangs, aber auch der Beendigung eines Berufes, und zwar orientiert an subjektiven Kriterien, nämlich insb. persönliche Eigenschaften oder Kenntnisse, pflichtgemäß zu erbringende Qualifikationsmerkmale (Ausbildungen, Prüfungen, Abschlüsse). Gegenstand subjektiver Berufswahlregelungen sind also **persönliche Merkmale** der Berufsausübenden.

Beispiel ist die Notwendigkeit zweier juristischer Staatsexamina für die Befähigung zum Richteramt, der Nachweis gewerberechtlicher **Zulässigkeit**, aber auch Altershöchstgrenzen für das Ausüben bestimmter Berufe.

> **Merke:**
> Letztere zeigen, dass das häufig angeführte Merkmal für subjektive Berufswahlregelungen, nämlich das der persönlichen Beeinflussbarkeit von Merkmalen, irreführend ist. Wie jeder von uns beim Blick in den Spiegel feststellt, Lebensalter ist nicht beeinflussbar. Gleichwohl stellt das Lebensalter ein persönliches, ein in der Person des Berufsausübenden liegendes Merkmal dar, an das der Gesetzgeber ggf. für die Frage der weiteren Berufstätigkeit anknüpfen darf.

Subjektive Berufswahlregelungen gelten tendenziell als **schwerwiegender** gegenüber reinen Berufsausübungsregelungen.

---

311 BVerfGE 7, 377 ff. – Apotheken-Urteil.

c) Objektive Berufswahlregelungen

Als die tendenziell **schwersten Eingriffe** in die Berufsfreiheit gelten die objektiven Berufswahl- oder Berufszugangsregelungen. Diese betreffen Merkmale, die nicht in der Person des Berufsausübenden liegen, von diesem auch **nicht beeinflussbar** sind, insb. nicht an dessen Qualifikation hängen.

Hierzu gehören staatlich reglementierte **Kontingentierungen** oder Bedürfnisklauseln, die die Berufsausübung von einer begrenzten Zahl von Lizenzen abhängig machen.

Beispiel:
Sie erwerben einen Führerschein und einen Personenbeförderungsschein, kaufen einen nagelneuen Mercedes E 250 D, lackieren ihn in Zahnsteingelb, schrauben ein Taxameter ans Armaturenbrett und eine Taxileuchte aufs Dach. Zudem sind Sie der gewerberechtlich zuverlässigste Mensch der Welt. Wenn in Ihrer Stadt aber die Taxenlizenzen vergeben sind, ist mit Taxiunternehmer als Beruf trotzdem Essig.

Aber auch Verwaltungsmonopole oder staatlich geschützte **Monopole** fallen hierunter. So ist die Eröffnung von Spielbanken regelmäßig durch Landesrecht dem Staat vorbehalten.

Merke:
Bis 1983 war in Deutschland gesetzlich der Vertrieb von Streichhölzern der Deutschen Zündwaren-Monopolgesellschaft vorbehalten, die hierzu Kontingente an deutsche Zündwarenhersteller vergab. Damit stellte das Monopol eine objektive Berufswahlregelung für Zündwarenhersteller dar.
Hintergrund des Zündwarenmonopolgesetzes von 1930 war der Umstand, dass ein schwedischer Industrieller dem Deutschen Reich Kredite mit einer Laufzeit von 53 Jahren eingeräumt und hierfür das Zündwarenmonopol für das Deutsche Reich und im Anschluss für die Bundesrepublik übertragen bekam. Mit Ende der Kreditvereinbarung und Rückzahlung der Kredite lief das Monopol 1983 aus.

Ebenso hängt die Tätigkeit als Kassenarzt daran, ob im jeweiligen Bezirk ein **Kassenarztsitz** für eine bestimmte Fachrichtung verfügbar ist. Hier reicht die fachliche Qualifikation als Internist oÄ nicht aus, um eine Kassenarztpraxis eröffnen zu können. Hier zeigt sich die Auswirkung der Bestimmung des Berufsbildes. Sieht man Kassenarzt nur als Spielart des Arztberufs, ist die Kontingentierung der Kassenarztsitze reine Berufsausübungsregelung. Ist der Beruf aber Kassenarzt, ist die Kontingentierung objektive Berufswahlregelung.[312]

---

312 Das Bundesverfassungsgericht (BVerfGE 103, 172, 183 ff.) tendiert zur Einstufung als Berufsausübungsregelung, was aber in Anbetracht der sozialen Wirklichkeit mit über 90 % gesetzlich Krankenversicherten auch anders gesehen werden kann.

IV. Verfassungsrechtliche Rechtfertigung

1. Schranken

Laut Art. 12 Abs. 1 S. 2 GG kann die **Berufsausübung** durch Gesetz oder aufgrund Gesetzes **geregelt** werden. Dieser Regelungsvorbehalt wird aber mittlerweile als allgemeiner Schranken- oder Gesetzesvorbehalt angesehen.[313] Die oben beschriebene Sicht, dass Art. 12 Abs. 1 GG ein einheitliches Grundrecht der Berufsfreiheit verbürgt, führt zudem dazu, dass die Schranke des Art. 12 Abs. 1 S. 2 GG als allgemeine Schranke auf dieses einheitliche Grundrecht der Berufsfreiheit ausgeweitet wird.[314]

2. Schranken-Schranken

Da Art. 12 Abs. 1 GG von einem Regelungsvorbehalt, nicht von einem Schrankenvorbehalt spricht, gilt bei formaler Betrachtung das Zitiergebot nicht.[315]

Die Schranken-Schranken-Prüfung im Übrigen wird durch die oben angesprochene **Dreistufentheorie** und die nach der Rechtsprechung des Bundesverfassungsgerichts unterschiedlichen Rechtfertigungsanforderungen je nach Eingriffsintensität modifiziert. Ursprünglich hat die Anwendung der Dreistufentheorie die Verhältnismäßigkeitsprüfung weithin verdrängt. Mittlerweile benutzt das Bundesverfassungsgericht die Begriffe der Dreistufentheorie weiter, gliedert die Verhältnismäßigkeitsprüfung damit aber letztlich nur vor und führt im Ergebnis eine an den Stufen orientierte dezidierte Verhältnismäßigkeitsprüfung durch.

Die **Rechtfertigungsanforderungen** nach dem Apotheken-Urteil beschreiben sich bezogen auf die Dreistufentheorie wie folgt:[316]

- Berufsausübungsregelungen sind gerechtfertigt durch jede vernünftige Erwägung des Allgemeinwohls.
- Subjektive Berufswahlregelungen sind gerechtfertigt, wenn sie zur Abwehr von Schäden oder Gefahren für ein wichtiges Gemeinschaftsgut erforderlich sind.
- Objektive Berufswahlregelungen sind nur zulässig zur Abwendung schwerer und nachweisbarer Gefahren für ein überragend wichtiges Gemeinschaftsgut, wie etwa die Volksgesundheit oder Leib und Leben.

Die genannten Formeln zeigen, dass die Dreistufentheorie relativ **undifferenziert** ist und insb. den tatsächlichen Eingriffsintensitäten nicht immer Rechnung trägt. So können reine Berufsausübungsregelungen einen Gewerbetreibenden härter treffen als subjektive Berufswahlregelungen, etwa wenn anstelle von Fachkundenachweisen besonders hohe Anforderungen an Umgang und Lagerung bestimmter Stoffe gestellt werden, damit auch der

---

313 Vgl. nur *BVerfG*, NJW 1980, 2123, 2123 f.

314 *Pieroth/Schlink/Kingreen/Poscher*, Staatsrecht II, Rn. 877.

315 Dazu oben Kap. 7 G II 2.

316 BVerfGE 7, 377 ff. – Apotheken-Urteil.

nicht ausgebildete Angestellte damit umgehen kann. Auch erkennt das Bundesverfassungsgericht an, dass Regelungen auf der Ebene der Berufsausübungsregelung in ihrer Wirkung subjektiven Berufswahlregelungen so nahe kommen, dass sie mit den Maßstäben der Berufsausübungsregelungen nicht mehr vernünftig messbar sind.[317] Denkbar ist weiter, dass sich Regelungen, die für die überwiegende Zahl von Fällen Berufsausübungsregelungen darstellen, im Einzelfall die Auswirkung einer subjektiven Berufswahlregelung haben.

Beispiel:
§ 57 Abs. 4 S. 1 SchulG NRW lautete wie folgt:
„Lehrerinnen und Lehrer dürfen in der Schule keine politischen, religiösen, weltanschaulichen oder ähnliche äußere Bekundungen abgeben, die geeignet sind, die Neutralität des Landes gegenüber Schülerinnen und Schülern sowie Eltern oder den politischen, religiösen oder weltanschaulichen Schulfrieden zu gefährden oder zu stören."
Mit dem Verbot von Bekundungen der beschriebenen Art wird vornehmlich das „Wie" der Berufsausübung, nämlich weltanschaulich, politisch und religiös neutral vorgegeben. Damit handelt es sich um eine Berufswahlregelung, Stufe 1 der Dreistufentheorie. Für eine muslimische Lehrerin, die das Tragen eines Kopftuchs in der Öffentlichkeit, damit auch im Beruf, als religiös verbindlich erachtet, bedeutete § 57 Abs. 4 S. 1 SchulG NRW eine subjektive Berufswahl- bzw. Berufszulassungsregelung.
Im Ergebnis erachtete das Bundesverfassungsgericht das Abstellen auf eine nur abstrakte Eignung religiöser oder ähnlicher Bekundungen vornehmlich im Lichte des Art. 4 Abs. 1, Abs. 2 GG, aber auch gemessen an Art. 12 Abs. 1 GG als übermäßig. Es ließ die Regelung nur in verfassungskonformer Anwendung gelten; so sollte bspw. das Kopftuch nur dann verboten werden können, wenn nach der zumindest eine hinreichend konkrete Gefahr insb. für den Schulfrieden als Schutzgut des Gesetzes vorliegen muss.[318] Mittlerweile hat der Gesetzgeber in NRW den Passus aus dem Schulgesetz komplett gestrichen.

Die Dreistufentheorie macht also die Prüfung der Verhältnismäßigkeit nicht entbehrlich; vielmehr liefert sie nur erste **Anhaltspunkte** für das voraussichtliche Ergebnis der Abwägung. Zugleich zeigt sich aber auch wieder, dass die Festlegung des Berufsbildes über die tendenziell strengeren Rechtfertigungsanforderungen Einfluss auf die Prüfung hat.

V. Prüfaufbau

Die Prüfung von Verletzungen des Art. 12 Abs. 1 GG funktionieren in der Klausur nicht ohne Rückgriff auf die Dreistufentheorie. Wie die Dreistufentheorie sinnvoll in die Prüfung eingebaut wird, ist aber nicht eindeutig. Der hier vorgelegte Aufbau stellt eine (!) von mehreren Varianten dar.[319]

---

[317] Vgl. nur BVerfGE 86, 28, 39; BVerfGE 103, 172, 183 ff.

[318] BVerfG, Beschl .v 27.01.2015 - 1 BvR 471/10 - Rn. 80, zitiert nach http://www.bverfg.de/e/rs20150127_1bvr047110.html.

[319] Ein abweichendes Konzept verfolgen *Pieroth/Schlink/Kingreen/Poscher*, Staatsrecht II, Rn. 916 ff.

I. **Schutzbereich**
Vorab Feststellung des einheitlichen Schutzbereichs
1. **Sachlich** (Problem: Bestimmung des genauen Berufsbildes)
2. **Persönlich**

II. **Eingriff**
Klassisch oder mittelbar-faktisch

> **Merke:**
> Hier wäre die erste Möglichkeit, die Dreistufentheorie im Sinne einer qualifizierten Eingriffsprüfung (Auf welcher Stufe bewegt sich der Eingriff hier?) Nachteil ist, dass die unterschiedlichen Rechtfertigungsanforderungen hier nicht sinnvoll angesprochen werden können.

III. **Verfassungsrechtliche Rechtfertigung**
1. **Feststellung der Beschränkbarkeit**
Hier Feststellung, dass es sich um einen einheitlichen Schrankenvorbehalt für das einheitliche Grundrecht der Berufsfreiheit handelt.
2. **Vorliegen einer wirksamen Schrankenregelung**
3. **Schranken-Schranken-Prüfung, insb. Verhältnismäßigkeit**
Vorab ggf. formelle Prüfung des Gesetzes
a) **„Qualifizierte" Zweckprüfung**
Welchen Zweck verfolgt der Gesetzgeber und passt der Zweck zu der hier vorliegenden Eingriffsstufe anhand der Rechtfertigungsanforderungen der unterschiedlichen Stufen (bspw.: Verfolgt der Gesetzgeber das Ziel, ein überragend wichtiges Gemeinschaftsgut vor höchstwahrscheinlicher Gefährdung zu schützen?
Dazu
- Feststellung der Eingriffsstufe,
- Darstellung der Rechtfertigungsanforderungen,
- Subsumtion des beschriebenen Zwecks unter diese Anforderungen.

b) **Geeignetheit**
Frage nach der Zweckförderlichkeit
c) **Erforderlichkeit**
1. Frage nach milderem Mittel auf einer niedrigeren Eingriffsstufe
2. Frage nach milderem Mittel auf der gleichen Eingriffsstufe
d) **Angemessenheit**
4. **Ggf. Prüfung des Einzelakts**

M Art. 13 Abs. 1 GG – Unverletzlichkeit der Wohnung

"For a man's home is his castle, ..."; so heißt es bei Sir Edward Coke in „The Institutes of the Laws in England" von 1628. Das Grundrecht auf **Unverletzlichkeit** der Wohnung versucht diesen Gedanken umzusetzen, indem es dem Einzelnen einen elementaren Lebensraum gewährt. In diesem Lebensraum hat jeder das Recht, in Ruhe gelassen zu werden. Die eigentliche grundrechtliche Gewährung ist in Art. 13 Abs. 1 GG enthalten, die übrigen Absätze befassen sich mit Eingriffsermächtigungen und Berichtspflichten.

I. Allgemeines

Art. 13 GG bestand bis 1998 aus den heutigen Absätzen 1, 2 und 7; eingefügt wurden 1998 vor Absatz 2 die heutigen Absätze 3 bis 6. Der bisherige Absatz 3 wurde zu Absatz 7. Insbesondere durch die eingefügten Absätze 3 bis 5 wurden die Eingriffsmöglichkeiten in Art. 13 GG erweitert.

II. Schutzbereich

1. Sachlicher Schutzbereich

Zentralbegriff des Art. 13 GG ist die **„Wohnung"**. Wohnung bezeichnet zunächst einmal den Bereich der räumlichen Privatsphäre, der einerseits gekennzeichnet ist durch den nach außen erkennbaren Willen des Einzelnen zur bloß privaten Zugänglichkeit von Räumen und Örtlichkeiten. Dieser Raum muss aber zum anderen auch die soziale Anerkennung dieser individuellen Bestimmung räumlicher Privatsphäre besitzen.[320] Diese Eigenschaft erfüllt jedenfalls die Wohnung im klassischen Sinne, sei es aufgrund Eigentum oder Miete, einschließlich evtl. vorhandener Kellerräume, Garagen usw. Umfasst sind auch Wohnungen für den nur vorübergehenden Aufenthalt, Ferienwohnungen, Hotelzimmer, aber auch mobile Wohnmöglichkeiten wie Zelte, Wohnwagen, Wohnmobile.[321] Kraftfahrzeuge fallen grds. nicht unter den Wohnungsbegriff, es sei denn, sie werden über ihren eigentlichen Fortbewegungszweck hinaus als Quasiwohnwagen verwendet. Erfasst sind auch Außenbereiche eines Hauses oder einer Wohnung, soweit diese durch Hecken, Mauern oder Zäune der öffentlichen Zugänglichkeit entzogen sind. Nicht geschützt sind dagegen Hafträume oder Sammelunterkünfte, etwa in Kasernen.

Den Schutz des Art. 13 GG soll auch der gekündigte **Mieter** haben, der nach Ablauf der Kündigungsfrist noch in der Wohnung lebt: *„Die Kündigung des Mietverhältnisses berührt die Privatheit [...] nicht."*[322] Teilweise wird sogar erwogen, Hausbesetzern das Recht aus Art. 13 GG für den besetzten Wohnraum zukommen zu lassen.[323]

---

[320] In diesem Sinne *Pieroth/Schlink/Kingreen/Poscher*, Staatsrecht II Rn. 947.

[321] *Papier* in MDHS, Grundgesetz-Kommentar, Art. 13 GG Rn. 10.

[322] BVerfGE 89, 1, 12.

[323] *Kunig* in v. Münch/Kunig, Grundgesetz-Kommentar, Art. 13 GG Rn. 14. Anders *Papier* in MDHS, Grundgesetz-Kommentar, Art. 13 GG Rn. 12: Unberechtigtes Eindringen kann nicht den Schutz des Art. 13 GG genießen.

In Anbetracht des Fokus auf den Aspekt der Privatheit dürften Betriebs- und **Geschäftsräume** eigentlich nicht unter den Wohnungsbegriff fallen. Gleichwohl bezieht das Bundesverfassungsgericht derartige Räumlichkeiten unter bestimmten Voraussetzungen mit ein. Dass derartige Räume überhaupt Wohnung sein können, begründet das Gericht damit, dass insb. die Bedeutung des Grundrechts der Berufsfreiheit aus Art. 12 Abs. 1 GG für die Lebensgestaltung die Einbeziehung von Betriebs- und Geschäftsräumen nahelegt.[324]

Gleichwohl werden hinsichtlich der Einbeziehung von Betriebs- und **Geschäftsräume** Abstufungen vorgenommen.

Bei Betriebs- und Geschäftsräumen innerhalb der privaten Wohnräume („Home office") gilt der Schutz uneingeschränkt.

Sind die Räumlichkeiten, wie etwa bei **Anwaltskanzleien**, Arztpraxen, aber auch Werkshallen, dem unkontrollierten Zugang Dritter durch Sicherungsmaßnahmen gleich welcher Art (auch die geschlossene, wenngleich auf Klingeldruck automatisch sich öffnende Praxistür) entzogen, gilt der Schutz der Wohnung. Allerdings soll in derartigen Fällen der Schutz des Art. 13 GG tendenziell herabgesetzt sein.[325]

Umstritten ist der Schutz von Räumlichkeiten, die gerade auf freie Zugänglichkeit angelegt sind. So soll für Freizeitparks, **Einkaufszentren** oder Selbstbedienungsläden der Schutz des Art. 13 GG nur zu Schließungszeiten gelten. Glasschiebetüren oder Drehtüren dürften insoweit eher dem Schutz vor Witterungseinflüssen als der Begrenzung der Öffentlichkeit dienen. Allerdings kann das Hausrecht der Inhaber, über das ungebetene Kunden oder Gäste herausexpediert werden können, für die Annahme hinreichender Privatheit nutzbar gemacht werden. Selbst wenn man die strengere Sicht fehlender Privatheit zugrunde legt, genießt die Einrichtung, sobald der Inhaber den öffentlich zugänglichen Bereich – auch während der generellen Öffnungszeiten – schließt, wieder den Schutz des Art. 13 GG.

2. Persönlicher Schutzbereich

Der Schutzbereich ist für **jedermann** eröffnet. Insb. die Einbeziehung von Betriebs- und Geschäftsräumen legt nahe, dass das Grundrecht dem Wesen nach auch auf juristische Personen abwendbar ist. Gleiches gilt aber für Vereine und andere Personenmehrheiten in ihren Vereinslokalen, Clubräumen oÄ, sofern sie nicht für den freien Zugang der Öffentlichkeit gedacht sind.

III. Eingriff

Insb. im Bereich staatlicher Ermittlungsmaßnahmen stehen mittelbar-faktische Eingriffe im Vordergrund, also die nicht rechtsförmlichen Eingriffsmaßnahmen. Eingriffe können sich ergeben aus jeder Form des körperlichen oder nichtkörperlichen **Eindringens** (mittels technischer Hilfsmittel, Richtmikrofone, Kameras) in geschützte Räumlichkeiten. Der Eingriff

---

324 BVerfGE 96, 44, 51; BVerfGE 32, 54, 69 ff.

325 BVerfGE 97, 228, 266; *Papier* in MDHS, Grundgesetz-Kommentar, Art. 13 GG Rn. 14.

beginnt in den letzteren Fällen mit dem ggf. notwendigen Eindringen zum Zwecke der Installation von Aufklärungsmitteln, dauert während der technischen Aufklärung an und setzt sich ggf. in der Speicherung und Weitergabe von gewonnenen Aufnahmen an Dritte fort.

Art. 13 Abs. 2 bis 5, 7 GG beschreiben dabei unterschiedliche Eingriffskonstellationen, die mit gesonderten Rechtfertigungsanforderungen korrespondieren.

Beispielfall 49:
Frittenbudenbesitzer B ist ein gestandenes Schmuddeltier; deswegen hält er seine Küche, die er hinter seiner Imbisstheke betreibt, immer feinsäuberlich (das einzig Feinsäuberliche in seinem Betrieb) geschlossen; niemand soll das Elend verrottender Lebensmittel und fettiger Krusten zu sehen bekommen. Eines Tages betreten gegen 13.00 Uhr zwei Mitarbeiter der zuständigen Überwachungsbehörde seinen Gourmettempel und verlangen Einlass in seine Küche, um dort die Einhaltung lebensmittelrechtlicher Vorschriften zu überprüfen. B tritt ihnen entgegen, weil er meint, solch eine Durchsuchung sei nur zulässig mit richterlicher Anordnung.
Zutreffend? Wäre die Maßnahme rechtmäßig?

1. Durchsuchungen

Eine Durchsuchung iSd Art. 13 Abs. 2 GG ist *„das ziel- und zweckgerichtete Suchen staatlicher Organe nach Personen oder Sachen oder zur Ermittlung eines Sachverhalts, um etwas aufzuspüren, was der Inhaber der Wohnung von sich aus nicht offenlegen oder herausgeben will."*[326] Allerdings darf sich die Suche nicht in der Feststellung des Zustandes der durchsuchten Räumlichkeit erschöpfen. Vielmehr ist das **Zutage fördern** von **Verstecktem** Wesensmerkmal der Durchsuchung.

Durchsuchungen iSd Art. 13 Abs. 2 GG sind sowohl strafprozessuale Durchsuchungen, als auch solche durch Gerichtsvollzieher oder Polizei- und Ordnungsbehörden.

2. Sog. Lauschangriffe

Unter den Begriff der **Lauschangriffe** fasst man Ermittlungsmaßnahmen mit technischen Hilfsmitteln wie Wanzen, Videokameras oder Richtmikrofone.

Art. 13 Abs. 3 GG sieht solche Maßnahmen zu **repressiven**, strafprozessualen Zwecken nur mittels akustischer Hilfsmittel vor. Art. 13 Abs. 4 erfasst Aufklärungsmaßnahmen zu **präventiven** Zwecken, also zu Zwecken der Gefahrenabwehr, mittels akustischer und optischer Mittel. Diese beiden sog. großen Lauschangriffe sind abzugrenzen von kleinen Lauschangriffen, der insoweit nicht das Eindringen in Wohnungen bezweckt, sondern dem Schutz von Spitzeln oder **V-Leuten** dient, und der keine Begrenzung bez. technischer Hilfsmittel, wohl aber bez. der Verwertung gewonnener Erkenntnisse vorsieht.

---

[326] BVerfGE 76, 83, 89.

3. Sonstige Eingriffe

Alle Formen des **Betretens**, Verweilens oder Besichtigens zu anderen Zwecken als der Durchsuchung fallen unter Art. 13 Abs. 7 GG; dies gilt bspw. für gewerberechtliche Nachschauen, etwa § 29 Abs. 2 GewO.

IV. Verfassungsrechtliche Rechtfertigung

Zunächst unterliegt Art. 13 GG zunächst einem **qualifizierten Gesetzesvorbehalt**, Art. 13 Abs. 7 1. Hs. formuliert zudem eine verfassungsunmittelbare Schranke. Schrankenregelungen ergeben sich aus den Gesetzen, die entsprechende Eingriffshandlungen vorsehen. Ermächtigungsgrundlagen für Lauschangriffe finden sich bspw. in §§ 100c ff. StPO. Durchsuchungen können gestützt werden im strafprozessualen Bereich etwa auf §§ 102 ff. StPO, für die polizeiliche Gefahrenabwehr bspw. auf §§ 41 f. PolG NRW (iVm § 24 Nr. 13 OBG NRW auch für Ordnungsbehörden), für das Handeln von Gerichtsvollziehern auf §§ 758 ff. ZPO. Sonstige Betretungsmaßnahmen können auf Sonderordnungsrecht, bspw. den schon erwähnten § § 29 Abs. 2 GewO gestützt werden.

Im Bereich der Schranken-Schranken gilt zunächst aufgrund der Formulierung der Schrankenregelung das **Zitiergebot** nach Art. 19 Abs. 1 GG. Im Übrigen hat das Bundesverfassungsgericht stets die besondere Bedeutung des Verhältnismäßigkeitsgrundsatzes für die Rechtfertigung von Eingriffen in Art. 13 GG in den Vordergrund gestellt.[327] Im Übrigen stellt das Grundgesetz weitere **Rechtfertigungsanforderungen** je nach Eingriffsmaßnahme.

1. Durchsuchungen

Beispielfall 49a:
Der M ist Inhaber einer Internet-Domain, über die er Internet-Nutzern Email-Adressen bereitstellt. Ein noch nicht namentlich bekannter Kunde des M steht im Verdacht, über ein illegales Download-Portal im Internet 9 Filme, 8 Musiktitel und 8 weitere Dateien aus dem Internet heruntergeladen und strafbewehrte Urheberrechtsverletzungen begangen zu haben.
Die Staatsanwaltschaft hofft, wie es im Antrag auf Anordnung eines Durchsuchungsbeschlusses heißt, bei M als Zeugen „*Beweismittel zur Identität und Täterschaft des noch zu ermittelnden Internetnutzers, der über M eine E-Mail-Adresse erhalten hat, zu finden.*" Im Rahmen der aufgrund § 103 Abs. 1 S. 1 StPO richterlich angeordneten Durchsuchung der Geschäftsräume des M beschlagnahmt die Polizei mehrere Festplatten.
M protestiert heftig, kann die Maßnahme aber nicht verhindern; er fragt sich gleichwohl, ob das Vorgehen gemessen an Art. 13 GG rechtmäßig war.

327 Bspw. BVerfGE 109, 279, 315 ff.

Art. 13 Abs. 2 GG bestimmt, dass Durchsuchungen regelmäßig nur durch den **Richter** angeordnet und in der in den Gesetzen vorgeschriebenen Form durchgeführt werden dürfen. Derartige Formvorschriften sind jeweils in den oa Gesetzen mit geregelt. Die Gerichte müssen sicherstellen, dass ein richterlicher Bereitschaftsdienst erreichbar ist. Nur wenn dies ausnahmsweise wegen besonderer Eilbedürftigkeit („Gefahr im Verzug") nicht möglich ist („*wenn schon die zeitliche Verzögerung wegen eines solchen Versuchs* [einen Richter zu erreichen, Anm. d. Verf.] *den Erfolg der Durchsuchung gefährden würde*"[328]), kann ohne richterliche Anordnung durchsucht werden. An das Vorliegen dieser Umstände sind aber strenge Maßstäbe anzulegen.

Inhaltlich ist eine Durchsuchung nur gerechtfertigt, wenn sie verspricht, geeignete **Beweismittel** zu erbringen, die erforderlich sind, um den jeweiligen Gesetzeszweck zu fördern. Dabei ist stets die Wahrung von Grundrechten Dritter zu bedenken, so etwa die schützenswerten Interessen von Patienten oder Mandanten bei der Durchsuchung von Arztpraxen oder Anwaltskanzleien.

Sieht eine Vorschrift, die eine Durchsuchung regelt, ausnahmsweise **keinen Richtervorbehalt** vor, gilt dieser Richtervorbehalt kraft Verfassung unmittelbar aus Art. 13 Abs. 2 GG; die dann einzuhaltende Form kann in analoger Anwendung existierender Durchsuchungsvorschriften ermittelt werden.[329]

Lösung zu Beispielfall 49a:
(angelehnt an LG Köln, Beschl. v. 21.04.2015, 119 Qs 3/15, n.v.)

Es könnte ein Verstoß gegen Art 13 GG vorliegen. Der Schutzbereich ist eröffnet, wenn es sich bei den Geschäftsräumen des M um eine Wohnung handelt. Dies ist bei Geschäftsräumen grds. nicht ausgeschlossen, da sie regelmäßig der Ort eines wesentlichen Teils der privaten Lebensgestaltung sind. Der Umstand, dass Geschäftsräume eines Internet-Providers im Zweifel nur einem begrenzten Kreis zugänglich sein sollen, spricht ebenfalls für den Schutz aus Art. 13 GG. Der M kann sich, gleich ob natürliche oder juristische Person des Privatrechts, personell auf Art. 13 GG berufen. Der Schutzbereich ist insgesamt eröffnet.
Die vom zuständigen Gericht angeordnete Maßnahme dient dem ziel- und zweckgerichteten Suchen staatlicher Organe nach Personen oder Sachen oder zur Ermittlung eines Sachverhalts, um etwas aufzuspüren, was der Inhaber der Wohnung von sich aus nicht offenlegen oder herausgeben will. Die Staatsanwaltschaft will hier in den Räumen Hinweise auf die Identität eines einen potentiellen Straftäters finden; die Proteste des M deuten darauf hin, dass er, so er solche Hinwiese bieten kann, diese nicht herausgeben möchte. Folglich ist die Maßnahme als Durchsuchung iSd Art. 13 Abs. 2 GG zu qualifizieren.
Im Rahmen der Rechtfertigung ist zunächst festzustellen, dass § 103 Abs. 1 S. 1 StPO eine rechtmäßige Ermächtigungsgrundlage darstellt. Fraglich ist, ob die Durchsuchungsmaßnahme in Anwendung des § 103 Abs. 1 S. 1 StPO verfassungsgemäß war.

328 So BVerfGE 103, 142, 156.

329 BVerfGE 51, 97, 114 f.

Der nach Art. 13 Abs. 2 GG einzuhaltende Richtervorbehalt wurde durch die Staatsanwaltschaft beachtet.
Zweifel ergeben sich zunächst daraus, dass der Durchsuchungsbeschluss nur darauf gerichtet ist, ohne nähere Spezifizierung Beweismittel im Allgemeinen zu erbringen. Die Anordnung ist daher im Zweifel zu unbestimmt.
Fraglich ist im Übrigen die Verhältnismäßigkeit der Maßnahme. Zwar ist das Ermitteln der Identität eines Straftäters ein legitimer Zweck. Hierzu dürfte eine Durchsuchung bei einem Internetprovider jedenfalls dann zweckförderlich sein, wenn zu vermuten ist, dass der Provider den Internetzugang des potentiellen Täters bereitstellt. Die Maßnahme ist so geeignet.
Unterstellt, der E-Mail-Zugang bei M ist das einzige bekannte Datum bez. des Täters, stellt die Durchsuchung bei M im Zweifel auch das relativ mildeste Mittel dar.
Kippen dürfte die Nummer aber in der Angemessenheit: Gegenstand der Urheberrechtsverletzung ist ein Verstoß bezogen auf 25 Dateien. Adressat der Durchsuchungsanordnung ist nicht der Täter, sondern nur ein Zeuge. Dagegen streitet das hohe Gut der Unverletzlichkeit der Wohnung des M.
Damit ist die Durchsuchungsmaßnahme insgesamt unangemessen und damit neben der bereits festgestellten Unbestimmtheit auch unverhältnismäßig.

Ergebnis: Die Durchsuchungsmaßnahme verstößt gegen Art. 13 Abs. 2 GG.

Anm.: Die Größenordnung des angenommenen Urheberrechtsverstoßes entspricht der des Originalfalls; dass die Durchsuchungsmaßnahme und Beschlagnahmen im Falle des LG Köln zudem keine Ergebnisse erbracht haben, ist das Krönchen.

2. Sog. Lauschangriffe

Lauschangriffe zu **Strafverfolgungszwecken** (Art. 13 Abs. 3 GG) sind nur zur Verfolgung schwerer Straftaten zulässig (siehe etwa den Katalog nach § 100c Abs. 2 StPO). Erforderlich ist stets die richterliche Anordnung, dies kraft Verfassung durch ein Kollegialgericht mit drei Richtern erfolgen muss.

Da die **Intimsphäre** unantastbar ist,[330] muss zum Schutz des allgemeinen Persönlichkeitsrechts eine Abhörmaßnahme dann unterbrochen oder abgebrochen werden, wenn Information aus dem Kernbereich privater Lebensgestaltung erhoben werden.[331]

Merke:
Dies stellt organisatorische Anforderungen an das Handeln der Strafverfolgungsbehörden, die so nicht einfach Bandgeräte dauernd laufen lassen dürfen, sondern eigentlich stets gehalten sind mitzuhören, um bei persönlichkeitsrechtsrelevanten Äußerungen ggf. kurzfristig abzuschalten. Wie immer das gegen soll!

330 Dazu oben Kap. 8 C IV 2.
331 BVerfGE 109, 279, 315 ff. – Großer Lauschangriff.

Der Lauschangriff zu **Gefahrenabwehrzwecken** (Art. 13 Abs. 4 GG) und zum Schutz von V-Leuten (Art. 13 Abs. 5 GG) ist nur zulässig zur Gefahrenabwehr, nicht allein zur Gefahrverhütung im Vorfeld oder zur vorbeugenden Verbrechensbekämpfung. Für Lauschangriffe nach Art. 13 Abs. 4 GG ist eine konkrete („dringende") Gefahr für höchstwertige Rechtsgüter, Leben, schwere Gefährdungen körperlicher Unversehrtheit erforderlich. Ist eine richterliche Anordnung wegen Gefahr in Verzug nicht rechtzeitig erreichbar, ist sie – anders als bei Absätzen 2 und 3 – nachträglich einzuholen.

Der Lauschangriff zum Schutz von **V-Leuten** und verdeckten Ermittlern ist ohne Begrenzung der eingesetzten Mittel zulässig und kann durch die Ermittlungsbehörden angeordnet werden. Eine Verwertung von weiteren Erkenntnissen, die über den Schutz der Betroffenen hinausgehen, ist nur mit richterlicher Erlaubnis zulässig.

3. Sonstige Eingriffe

Einschränkungen sonstiger Art können aufgrund Gesetzes geregelt werden, also bspw. in ordnungsgemäß erlassenen Rechtsverordnungen. Regelmäßig zu verlangen ist eine **dringende Gefahr** für Rechtsgüter besonderen Gewichts. Hierunter ist – als gemeine Gefahr – eine erhebliche Gefährdung einer Vielzahl von Personen und Sachen zu verstehen. Bei Lebensgefahr kann auch eine gefährdete Person vorübergehend zwangsweise in einer Wohnung einquartiert werden, um so die Versorgung sicherzustellen.[332]

Trotz ihrer relativen Häufigkeit ist die Eingriffsqualität staatlicher Betretungs- und **Nachschaubefugnisse** hoch umstritten. Hier hat das Bundesverfassungsgericht unter Annahme eines geringeren Schutzes für Betriebs- und Geschäftsräume angenommen, dass derartige Maßnahmen nur unter dem Vorbehalt der verfassungsmäßigen Ordnung und der Verhältnismäßigkeit stehen.

Voraussetzungen für rechtmäßige **Betretungen** sollen sein:

- Eine ordnungsgemäße gesetzliche Ermächtigung, die das Betreten und Besichtigen erlaubt,
- die die Zwecke, zu deren Erreichung das Betreten erforderlich sein soll, hinreichend bestimmt ausweist und die Erforderlichkeit des Betretens erkennen lässt.
- Darüber hinaus ist ein Handeln zu diesen erlaubten Zwecken verlangt,
- und dies nicht zur Unzeit, also – verkürzt – „zu den üblichen Geschäftszeiten".[333]
- Hinzu tritt eine Pflicht zur Information des Inhabers des Hausrechts.

Letztlich **widerspricht** sich das Bundesverfassungsgericht damit ein Stück weit selbst, wenn es einerseits den Schutz des Art. 13 GG auf Betriebs- und Geschäftsräume erstreckt, andererseits aber das Schutzniveau – im Ergebnis wohl aus Praktikabilitätserwägungen heraus – so weit absenkt.

---

[332] Vgl. *Pieroth/Schlink/Kingreen/Poscher*, Staatsrecht II Rn. 964.

[333] Vgl. etwa *BVerfG*, NJW 2008, 2426, 2426 f.

Lösung zu Beispielfall 49:
Der Zweck des Besuches ist nicht das Auffinden von Sachen oder Personen zur Ermittlung eines Sachverhalts über die Feststellung des Zustandes der Sache hinaus. Die Maßnahme ist damit nicht Durchsuchung und unterfällt nicht dem Richtervorbehalt des Art. 13 Abs. 2 GG. Vielmehr handelt es sich um eine Nachschau nach § 22 Gaststättengesetz (GastG). Diese Norm und die konkrete Maßnahme entsprechen den Maßstäben des Bundesverfassungsgerichts, die Maßnahme wäre damit rechtmäßig. Die Kontrolleure bewegen sich im Rahmen des Gesetzeszwecks, machen die Intention ihres Handelns deutlich und erscheinen nicht zur Unzeit.
Also: Rein in den Saustall und sich nach Kräften ekeln!

N Art. 14 Abs. 1 GG – Eigentumsfreiheit

Art. 14 Abs. 1 GG garantiert das **Eigentum** und das **Erbrecht**. Von der Prüfungsrelevanz her steht die Eigentumsgarantie im Vordergrund.

I. Allgemeines

Art. 14 Abs. 1 GG gehört zu den (erheblich) normgeprägten Grundrechten. Letztlich ist es am Gesetzgeber zu bestimmen, was genau Eigentum ist. Dabei gibt Art. 14 GG als sog. Institutsgarantie einen unerlässlichen Rahmen vor. Als Abwehrrecht vermittelt Art. 14 Abs. 1 GG eine grundsätzliche Bestandsgarantie für vorhandenes Eigentum, die insb. im Falle einer Enteignung (Art. 14 Abs. 3 GG), die nur gegen Entschädigung erfolgen darf, in eine Eigentumswertgarantie umschlagen kann.

II. Institutsgarantie

Die Funktion des Art. 14 Abs. 1 GG als **Institutsgarantie** des Eigentums gibt einen – wenn auch recht lockeren – Rahmen für die Ausgestaltung der einfachgesetzlichen Eigentumsordnung vor. So muss der einfache Gesetzgeber zwei wesentliche Maßstäbe einer verfassungsgemäßen Eigentumsordnung im Blick behalten. Dies ist einerseits der Grundsatz der grundsätzlichen Privatnützigkeit des Eigentums. Zum anderen muss die grundsätzliche Verfügungsbefugnis über das Eigentum gewahrt bleiben. So ist gewährleistet, dass das Privateigentum weiterhin zur Ermöglichung einer eigenverantwortlichen Lebensgestaltung dienen kann. Das Eigentum soll *„dem Eigentümer als Grundlage privater Initiative in eigenverantwortlichem privatem Interesse von Nutzen sein."*[334] Die Sicherung von Privatnützigkeit und Verfügungsbefugnis setzt sich in der durch das Erbrecht garantierten Rechtsnachfolgegarantie fort.

---

334 BVerfGE 104, 1, 8 f.

Teil des Instituts „Eigentum" ist andererseits aber auch die dem Eigentum zugrunde liegende **Sozialbindung** („*Eigentum verpflichtet*", Art. 14 Abs. 2 S. 1 GG). Dies gilt nicht nur, aber insb. für nicht vermehrbare Eigentumsobjekte, wie etwa das Grundeigentum. Aufgabe des Gesetzgebers ist es, einen angemessenen Ausgleich zwischen den Eigentümerinteressen und den Interessen der Allgemeinheit herzustellen. Das Bundesverfassungsgericht hat bez. steuerlicher Belastungen entschieden, dass Erträge aus Eigentum allenfalls zu einem hälftigen Anteil dem Staat zufallen dürfen.[335]

III. Abwehrrecht

Neben der Dimension als Institutsgarantie hat Art. 14 GG auch eine **abwehrrechtliche Dimension**, die dem Einzelnen grundsätzlich Bestand, Privatnützigkeit und Verfügungsbefugnis über das Eigentum gegen staatliche Zugriffe sichert.

1. Schutzbereich

a) Sachlicher Schutzbereich

Zu fragen ist zunächst, was Eigentum iSd Art. 14 GG ist. Hier gilt zunächst der Grundsatz, dass Eigentum nur ist, was die Rechtsordnung zu einem bestimmten Zeitpunkt als Eigentum definiert.

Eigentum ist zunächst als Leitbild der Eigentumsgarantie das **Sacheigentum** nach den Vorschriften der §§ 903 ff. BGB; hier beschreibt § 903 S. 1 BGB die eben genannten Eckpfeiler des Eigentums, die Privatnützigkeit und die Verfügungsbefugnis: *„Der Eigentümer einer Sache kann, soweit nicht das Gesetz oder Rechte Dritter entgegenstehen, mit der Sache nach Belieben verfahren und andere von jeder Einwirkung ausschließen."*

Umfasst ist hiervon etwa auch die **Baufreiheit**, allerdings nur im Rahmen der Gesetze, also insb. im Rahmen des öffentlich-rechtlichen Bauordnungs- und Bauplanungsrechts. Geschützt ist auch nicht die Erwartung, dass ein bestimmtes Grundstück zu Bauland gemacht wird.

Über die Eigentumsgewährung des bürgerlichen Rechts hinaus ist Eigentum jedes privatrechtliche **vermögenswerte Recht**, bspw. Wertpapiere, Aktien, Warenzeichenrechte, Patentrechte, Forderungen nach Privatrecht, aber auch das Besitzrecht des Mieters an der gemieteten Wohnung[336].

---

335 BVerfGE 115, 97, 114 - Halbteilungsgrundsatz.

336 BVerfGE 89, 1, 7.

Beispielfall 50:
Kioskbesitzer K hat seinen Kiosk an einer Stelle, wo regelmäßig nächtliche Gelage stattfinden, die die Wohnbevölkerung die Wände hochtreiben. Die Feiernden nutzen seinen Kiosk, um die Parties alkoholtechnisch „am Laufen zu halten". Da diese Untriebe zunehmen, ermöglicht der Gesetzgeber, Verkaufsstellen wie denen des K den Alkoholverkauf nach 23.00 Uhr zu verbieten. Im Übrigen bemüht sich die Stadt, die nächtlichen Partygäste ab diesem Zeitpunkt von dem Platz zu vertreiben.
K, der durch die nächtlichen Alkoholkäufe ca. 20 % seiner Einnahmen erzielt, sieht sich durch beide Maßnahmen in seiner Eigentumsgarantie verletzt.
Zu Recht?

Seit je her umstritten ist die Eigentumsqualität des **eingerichteten und ausgeübten Gewerbebetriebs.** Der Bundesgerichtshof und weite Teile der Lehre sehen den Gewerbebetrieb mit all seinen wirtschaftlichen Bestandteilen als Eigentum an. Das Bundesverfassungsgericht dagegen sieht den Gewerbebetrieb nur als Summe seiner eigentumsrelevanten Einzelbestandteile geschützt und führt aus, dass der Schutz dieser Gesamtheit nicht weiter reichen könne als der Schutz der Einzelbestandteile.[337] Jedenfalls fällt aus dem Schutz der Eigentumsgarantie damit die reine Erwerbschance und ein Anspruch auf Beibehaltung günstiger Rahmenbedingungen („Good will" des Unternehmens; Marktstellung oder Freistellung von Konkurrenz; Erhalt einer günstigen Verkehrsanbindung oder öffentlicher Parkflächen in der Nähe; Erhalt des Kundenstamms; Schule neben Kiosk) heraus.[338] Ebenso ist ein Konzessionsinhaber nicht dagegen geschützt, dass ein mit der Konzession verbundenes Widerrufsrecht ausgeübt und so die Konzession entzogen wird.

Merke:
Für das Verhältnis von Art. 14 Abs. 1 GG zu Art. 12 Abs. 1 GG gilt: Art. 14 GG schützt das Erworbene, Art. 12 GG den Erwerb. Staatliche Maßnahmen, die die Erwerbstätigkeit betreffen, sind zunächst an Art. 12 Abs. 1 GG zu messen. Erst wenn staatliche Maßnahmen bspw. den Betrieb erdrosseln, also dessen Existenz gefährden, kommt Art. 14 GG ins Spiel.

Lösung zu Beispielfall 50:
Der K hat zwar Eigentum an dem Kiosk (entweder unmittelbar am eingerichteten und ausgeübten Gewerbebetrieb oder an der Summe der Güter, die den Kiosk ausmachen). Das Alkoholverbot betrifft aber nur seinen Erwerb, also seine Berufsfreiheit, jedenfalls wenn man – bei 20 % der Einnahmen aus dem nächtlichen Verkauf realistisch – nicht von einer Existenzgefährdung ausgeht. Auch hat K keinen Anspruch darauf, dass ihm die nächtliche Partygemeinschaft als Kundschaft erhalten bleibt.
K kann sich bez. des Verkaufsverbots und des Einschreitens gegen die Feierenden nicht auf einen Eingriff in Art. 14 Abs. 1 GG berufen.

337 BVerfGE 58, 300, 353 – Nassauskiesung.

338 Siehe die nachweise bei *Pieroth/Schlink/Kingreen/Poscher*, Staatsrecht II Rn. 983 f.

Gegenstand des Eigentums ist als vermögenswertes Recht damit aber auch das sog. geistige Eigentum, also **Urheberrechte** uÄ.

Auch **öffentlich-rechtliche** Rechtspositionen können Eigentumsqualität haben. Wesentliches Kriterium ist hier, dass die Positionen Äquivalent eigener Leistung sind, so etwa Steuerrückerstattungsansprüche. Nicht geschützt sind damit Ansprüche auf Kindergeld, Arbeitslosengeld II oder Sozialhilfe.

Im **Sozialversicherungsrecht** sollen solche Positionen Eigentumsschutz besitzen, die

- dem Versicherten ausschließlich und privatnützig zugeordnet sind,
- im Wesentlichen Äquivalent eigener Leistung sind
- und der Existenzsicherung dienen.

Dies sind im Wesentlichen Ansprüche auf gesetzliche Rente und Rentenanwartschaften, sowie Arbeitslosengeld I.

> Merke:
> Nicht geschützt durch Art. 14 GG ist das Vermögen, also der Wert aller vermögenswerten Rechte einer Person in ihrer Gesamtheit. Geschützt ist nur jede einzelne vermögenswerte Position für sich.
> Bedeutung hat dies insb. für das Verhältnis von Steuern und Art. 14 GG. Da Steuern nicht aus bestimmten vermögenswerten Gütern, sondern aus dem Vermögen als Ganzem geleistet werden, sind Steuern – ungeachtet der Rechtsprechung zum Halbteilungsgrundsatz[339] – eigentumsrechtlich irrelevant. Anders verhält es sich dann, wenn eine Steuer erdrosselnde Wirkung hat oder haben soll. Erdrosselungssteuern liegen vor, wenn der Steuergesetzgeber (auch Kommunen, bspw. bei Steuern auf Spielhallen oder bei Steuern auf Kampfhunde[340]) keine Einnahmen erzielen will, sondern das besteuerte Verhalten oder das Entstehen oder Fortbestehens des Steuertatbestandes durch Belastung mit einer besonders hohen Abgabenpflicht unterbinden möchte.

Geschützt ist, wie bereits ausgeführt, der **Bestand** des Eigentums, geschützt ist aber auch die Nutzung des Eigentums. Gemeint ist mit dem Begriff der Nutzung hier allerdings nur die eigentumsbezogene Nutzung, also das Recht, das Eigentum zu behalten, zu verkaufen, zu verschenken oder zu verschwenden. Teilweise räumt das einfache Recht Nutzungsrechte an Eigentumsgegenständen ein, so der Anliegergebrauch nach Straßenrecht (gesteigerter Gemeingebrauch, vgl. etwa § 14a StrWG NRW), der das Recht auf Zugänglichkeit des Grundstücks von öffentlichen Straßen und Wegen garantiert.

Nicht als Nutzung umfasst ist dagegen der „**sachtypische Gebrauch**" von Eigentumsgegenständen. So ist das Lesen einer erworbenen Zeitung von Art. 5 Abs. 1 S. 1 2. Alt. GG (Informationsfreiheit), das Fahren des eigenen Autos von Art. 2 Abs. 1 GG (allg. Handlungsfreiheit) geschützt, nicht aber von Art. 14 Abs. 1 GG.

---

339 Wiederum BVerfGE 115, 97, 114 – Halbteilungsgrundsatz.

340 Vgl. http://www.spiegel.de/panorama/bundesverwaltungsgericht-2000-euro-kampfhundesteuer-sind-zu-viel-a-997372.html, zuletzt abgerufen am 16.06.2016.

b) Persönlicher Schutzbereich

Dass Eigentum ist **Jedermannrecht**, Eigentum kann auch juristischen Personen zustehen. Ausdrücklich ausgenommen hat das Bundesverfassungsgericht Körperschaften des öffentlichen Rechts vom Schutz der Eigentumsgarantie, auch wenn diese bürgerlich-rechtliches Eigentum haben können: *„Art. 14 Abs. 1 GG schützt nicht das Privateigentum, sondern das Eigentum Privater."*[341]

2. Eingriff

Bez. der Eingriffe in Art. 14 GG wird unterschieden zwischen sog. Inhalts- und Schrankenbestimmungen und der Enteignung.

a) Inhalts- und Schrankenbestimmungen

Art. 14 GG ist gekennzeichnet durch die Normprägung und den Umstand, dass Eigentum immer nur das ist, was die Eigentumsordnung zu einem bestimmten Zeitpunkt als Eigentum definiert. Folge ist, dass die Gesetze die Eigentumsfreiheit erweitern oder auch verkürzen können. Derartige Eingriffe bezeichnet man als **Inhalts**- und **Schrankenbestimmungen**; sie *„legen generell und abstrakt die Rechte und Pflichten des Eigentümers fest."*[342]

Durch Inhalts- und Schrankenbestimmungen definiert der Gesetzgeber den Umfang des Eigentums für die **Zukunft**. Wer Eigentum erwirbt, tut dies nur im Umfang der Inhalts- und Schrankenbestimmung. Für bestehendes Eigentum jedoch bedeutet die Inhalts- und Schrankenbestimmung ggf. eine Verkürzung des Eigentumsrechts, also einen Eingriff.

b) Enteignung

Eine besonders drastische Form des Eigentumseingriffs ist die Enteignung. Mit der Enteignung werden konkrete Eigentumspositionen entzogen. Die Enteignung kann durch Einzelakt aufgrund eines Gesetzes (**Administrativenteignung**) oder durch Gesetz (Legal- oder **Legislativenteignung**) erfolgen.

Während Bundesverwaltungsgericht und Bundesgerichtshof je nach Schwere des Eingriffs oder Belastung des Betroffenen ein Umschlagen von Inhalts- und Schrankenbestimmungen in Enteignungen für möglich hielten, hat das Bundesverfassungsgericht eine klare **Abgrenzung** zwischen Inhalts- und Schrankenbestimmungen einerseits und Enteignungen andererseits vorgenommen:

---

[341] BVerfGE 61, 82, 108 f. – Sasbach.

[342] BVerfGE 58, 300, 330 – Nassauskiesung.

Enteignungen zeichnen sich formal dadurch aus, dass sie

- konkret und nicht abstrakt wirken,
- stets individuell und nicht generell gerichtet sind,
- Eigentumspositionen formal entziehen und Eigentum nicht (ggf. ausgehöhlt) belassen
- und nur zu Zwecken des Gemeinwohls zulässig sind.

> Merke:
> Für Enteignungen gilt das Nutella-Prinzip!
> Älteren Semestern dürfte noch die Nutella-Werbung präsent sein: Für die Oma, die die falsche Nuss-Nougat-Creme kauft, gilt der Grundsatz: „Nur wo Nutella draufsteht, ist Nutella drin!"
> Dieses Nutella-Prinzip gilt auch für Enteignungen: „Nur wo Enteignung draufsteht, ist Enteignung drin!"

3. Verfassungsrechtliche Rechtfertigung

a) Inhalts- und Schrankenbestimmungen

Die Festlegung und Ausgestaltung von Inhalts- und Schrankenbestimmungen erfolgt „durch die **Gesetze**". Da es sich dabei um eine Ausformung des Eigentums handelt, kann nicht von einem Gesetzesvorbehalt im klassischen Sinne ausgegangen werden. Obwohl neben der Formulierung „durch die Gesetze" ein „aufgrund von Gesetzen" fehlt, wird davon ausgegangen, dass die abstrakt-generelle Ausgestaltung des Eigentums auch aufgrund exekutiver Rechtssetzung (Rechtsverordnungen oder andere untergesetzliche Normen) erfolgen kann.

Der Gesetzgeber ist bei der Ausgestaltung der Inhalts- und Schrankenbestimmungen nicht völlig frei. Vielmehr unterliegt seine Ausgestaltungsbefugnis der Schranken-Schranke der Verhältnismäßigkeit. Hier muss versucht werden, den Ausgleich zwischen **Privatnützigkeit** und **Sozialbindung** herzustellen. Dabei ist einerseits die Eigenart der betreffenden Eigentumsposition zu beachten, andererseits die Bedeutung des vermögenswerten Gutes für den Eigentümer.

So ist **Grundeigentum** der Sache nach nicht vermehrbar und unterliegt so einer stärkeren Sozialbindung als andere Vermögensgegenstände.[343] Deswegen kann das Interesse der Allgemeinheit beim Verkehr mit Grundstücken stärker zur Geltung gebracht werden. Während aber der Gesetzgeber zu Zeiten, zu denen bspw. Schrebergärten noch eine Ernährungsfunktion hatten, die Kündigungsrechte und die Pachtpreisgestaltung durch Verpächter noch stärker beschränken durfte, sind diese Einschränkungen im Bedeutungswandel des Schrebergartens hin zum Wohngarten nicht mehr im gleichen Maße gerechtfertigt.[344] Je weiter die Bedeutung des Eigentums für die private Lebensgestaltung und die Ausgestaltung der persönlichen Freiheit reicht, desto weniger darf der Gesetzgeber eingreifen.

---

343 BVerfGE 21, 73, 82 f.

344 BVerfGE 52, 1, 32 f. – Kleingärten.

Regelmäßig sind Inhalts- und Schrankenbestimmungen, wenn sie nicht unverhältnismäßig – und damit verfassungswidrig – sind, **entschädigungslos** hinzunehmen. In Ausnahme- und Härtefällen kann aber eine Geldentschädigung für übermäßige Eingriffe in das Eigentum gewährt werden. So wurde die entschädigungslose Ablieferungspflicht eines Pflichtexemplars von Druckwerken durch Verlage an die Landesbibliothek als generell verhältnismäßig angesehen, für den Fall besonders kleiner Auflagen zu hohen Stückpreisen aber als unverhältnismäßig und damit verfassungswidrig erachtet. Hier hätte der Gesetzgeber eine Entschädigungsregelung vorsehen müssen. [345]

Auch wurde eine denkmalschutzrechtliche Regelung, die den Abriss eines denkmalgeschützten Gebäudes, für das keine wirtschaftliche Nutzung mehr möglich war, ohne aufwändige, den Wert des Grundstücks übersteigende Renovierungsmaßnahmen durchzuführen, als unwirksam erachtet; hier hätte eine gesetzliche Härtefall- oder eine finanzielle Ausgleichsregelung normiert werden müssen.[346]

b) Enteignung

Enteignungen sind regelmäßig aufgrund Gesetzes, nur **ausnahmsweise** – aufgrund des eingeschränkten Rechtsschutzes – unmittelbar durch Gesetz möglich. Im ersten Fall spricht man von Administrativenteignungen, im zweiten Fall von Legal- oder Legislativenteignungen. Die Legal- oder Legislativenteignung ist nur zulässig, wenn die Eigentumsgegenstände für die Erfüllung einer im Allgemeininteresse zwingend notwendigen Aufgabe im Wege der Einzelenteignung nicht in vertretbarer Zeit verfügbar gemacht werden können.

> **Merke:**
> Ein Fall zulässiger Legislativenteignung sah das Bundesverfassungsgericht im Hamburger Deichordnungsgesetz; nach der Flutkatastrophe von 1966 stand die Freie und Hansestadt Hamburg vor der Aufgabe, ein umfassendes Deichsystem sofort aufzubauen und das vorhandene Deichsystem zu sichern und wirksam auszubauen. Die Verschaffung der hierfür erforderlichen Grundstücke entlang der Elbe wäre im Wege des freihändigen Erwerbs bzw. durch Administrativenteignungen nicht rechtzeitig möglich gewesen.[347]

Wesentliche Schranken-Schranke für Gesetze, die Enteignungen ermöglichen, ist das Vorhandensein einer sog. **Junktim-Klausel** (von lat. iunctum = verbunden), in der vorab die Gewährung einer Entschädigung angelegt und nach Art und Umfang im Wesentlichen festgelegt ist. Fehlt es an einer solchen Klausel, ist das Gesetz nichtig, insb. darf ein Gericht keine Entschädigungsregelung durch Analogie ergänzen oder unmittelbar aus Art. 14 Abs. 3 S. 4 GG ableiten.

---

345 BVerfGE 58, 137, 149 ff. – Pflichtexemplar.

346 BVerfGE 100, 226, 243 – Denkmalschutz.

347 BVerfGE 24, 367, 402 ff. – Hamburger Deichordnungsgesetz.

Merke:
Dies hat aber zugleich zur Folge, dass derjenige, der sich nicht gegen eine solche verfassungswidrige Enteignung gerichtlich wehrt und sich eine Entschädigung erhofft, ins Leere schaut: Der Grundsatz: „*Dulde und liquidiere*!" ist tot.[348]

Die gewährte **Entschädigung** muss angemessen sein. Vor der Enteignung muss zudem versucht werden sein, den zu enteignenden Eigentumsgegenstand freihändig vom Eigentümer zu erwerben.

Darüber hinaus dürfen Enteignungen nur zum Wohl der **Allgemeinheit** erfolgen und müssen hierzu auch im Einzelfall erforderlich sein. Enteignungen zugunsten Privater sind nur zulässig, wenn mit der Enteignung ein Gemeinwohlzweck verfolgt wird, und die Erfüllung dieses Gemeinwohlzwecks auch hinreichend gesichert ist.[349]

O Konkurrenzen

Echte Grundrechtskonkurrenzen liegen vor, wenn ein Verhalten unter den **Schutzbereich** von zwei Grundrechten zu fassen ist. So können religiöse Prozessionen sowohl der Versammlungs- als auch der Religionsfreiheit unterfallen. Das bedeutet, dass beide Grundrechte geprüft werden müssen und der evtl. Eingriff bez. beider Grundrechte gerechtfertigt sein muss, damit kein Grundrechtsverstoß vorliegt.

Merke:
In diesen Fällen ist ein Gleichlauf der Ergebnisse nahe liegend; wer bei einer echten Grundrechtskonkurrenz zu abweichenden Ergebnissen zwischen beiden Grundrechten gelangt, sollte sein Ergebnis lieber noch einmal überprüfen.

Das Bundesverfassungsgericht löst Konkurrenzverhältnisse offenbar nach dem **Schwerpunkt** eines bestimmten grundrechtlich geschützten Verhaltens auf. So ist Kunst, insb. in Form der Satire, häufig mit Meinungsäußerung in Form von Werturteilen verbunden. Satire wird zumeist vorrangig an der Kunstfreiheit gemessen, wobei dann die Maßstäbe ggü. evtl. Verletzungen von Persönlichkeitsrechten etwas großzügiger sind, als dies bei der Meinungsfreiheit der Fall wäre.[350]

Konkurrenzverhältnisse können auftreten zwischen Art. 5 Abs. 1 S. 1 GG und Art. 12 Abs. 1 GG. So ist denkbar, dass ein **Redakteur** als „professioneller Meinungsäußerer" betroffen ist, so dass der Schutzbereich von Art. 5 Abs. 1 S. 1 1. Alt. GG und Art. 12 Abs. 1 GG eröffnet

---

348 Vgl. BVerfGE 58, 300 ff. – Nassauskiesung, dort Leitsatz 2: „*Sieht der Betroffene in einer gegen ihn gerichteten Maßnahme eine Enteignung, so kann er eine Entschädigung nur einklagen, wenn eine gesetzliche Anspruchsgrundlage vorhanden ist. Fehlt sie, muss er sich bei den zuständigen Gerichten um die Aufhebung des Eingriffsaktes bemühen.*"

349 BVerfGE 74, 264, 286 ff. – Boxberg.

350 Dazu BVerfGE 75, 369, 378 f. – Strauß-Karikatur; auch wenn hier die Abwägung zugunsten des Persönlichkeitsrechts ausgefallen ist.

ist. Gleiches gilt für einen Pressebetrieb bez. Art. 5 Abs. 1 S. 2 1. Var. GG und Art. 12 Abs. 1 GG. Wird in solchen Fällen eine Recherche oder eine Veröffentlichung wegen ihres Inhalts untersagt, tritt für den Journalisten und das Presseorgan Art. 5 Abs. 1 GG in den Vordergrund; Art. 12 Abs. 1 GG wird verdrängt. Wird dem Redakteur und/oder dem Presseorgan dagegen wg. Verstoßes gegen das Arbeitszeitgesetz Einschränkungen bez. der Herausgabe der Frühausgabe einer Zeitung auferlegt, behindert das zwar mittelbar die redaktionelle Pressearbeit, stellt aber primär einen Eingriff in die Berufsfreiheit dar.[351] Wird in einem solchen Falls allerdings – für sich kaum vorstellbarer– die Einschränkung mit Blick auf das Arbeitszeitgesetz nur vorgeschoben, um Pressearbeit zu behindern, würde wiederum Art. 5 Abs. 1 GG vorrangig einschlägig sein. Nach anderer Ansicht stehen in solchen Fällen Berufsfreiheit und Meinungs- und Pressefreiheit ideal konkurrierend nebeneinander.[352] Gleichermaßen löste das Bundesverfassungsgericht den Fall der muslimischen Lehrerin, der das Tragen des Kopftuchs im Schulalltag verboten wurde, vorrangig über Art. 4 Abs. 1, 2 GG.[353]

Auch in anderen Fällen sind Konkurrenzverhältnisse nicht eindeutig zu lösen. Dies gilt bspw. für das Konkurrenzverhältnis von Art. 5 Abs. 1 S. 2 3. Var. GG (**Filmfreiheit**) und Art. 5 Abs. 3 GG (**Kunstfreiheit**). Hier geht eine Meinung davon aus, dass die Filmfreiheit nur den dokumentarischen Film erfasse. Das Bundesverfassungsgericht geht aber mit der wohl überwiegenden Meinung eher von Idealkonkurrenz zwischen Filmfreiheit und Kunstfreiheit bez. auf den „Kunstfilm“ aus. In der Folge wären – jedenfalls in der Klausur, nicht aber für das Bundesverfassungsgericht – Filmfreiheit und Kunstfreiheit nebeneinander zu prüfen: "*Da die Verfassungsbeschwerde bereits aus den vorstehenden Gründen Erfolg hat, bedarf es nicht mehr der Entscheidung, ob die angegriffenen Beschlüsse die Beschwerdeführerin auch in ihrem Grundrecht aus Art. 5 Abs. 3 Satz 1 GG – der Freiheit der Kunst – verletzen.*“ [354]

351 So tendenziell *Pieroth/Schlink/Kingreen/Poscher*, Staatsrecht II, Rn. 346 f.

352 So *Schemmer* in BeckOK GG, Art. 5 GG Rn. 96.

353 BVerfG, Beschl. v 27.01.2015 - 1 BvR 471/10 - Rn. 80, zitiert nach http://www.bverfg.de/e/rs20150127_1bvr047110.html. zuletzt abgerufen am 12.08.2016

354 So BVerfGE 87, 209, 233: Annahme eines Verstoßes gegen das Vorzensurverbot (Art. 5 Abs. 1 S. 3 GG; vgl. oben Kap. 8 G III 1 e) bez. der Einziehung des Films "The evil dead - Tanz der Teufel", wodurch die Frage, ob auch die Kunstfreiheit verletzt sei, nicht mehr entschieden werden müsse.

Kapitel 9: Gleichheitsrechte

Gegenstand der weiteren Darstellungen ist im Schwerpunkt der allgemeine **Gleichheitssatz** nach Art. 3 Abs. 1 GG. Daneben werden die besonderen Gleichheitssätze, insb. Art. 3 Abs. 2 GG und Art. 3 Abs. 3 GG, angesprochen.

A Art. 3 Abs. 1 GG – Allgemeiner Gleichheitssatz

I. Allgemeines

Alle Menschen sind **ungleich**. Vor dem **Gesetz** aber, so verlangt es der allgemeine Gleichheitssatz, sind alle Menschen **gleich**. Der allgemeine Gleichheitssatz verbietet es damit kurz gesagt, wesentlich Gleiches ungleich und wesentlich Ungleiches gleich zu behandeln. Der Schwerpunkt der Darstellung liegt auf dem Umstand der Ungleichbehandlung von wesentlich Gleichem.

1. Tatbestand des Gleichheitssatzes

Anders als bei Freiheitsrechten gliedert sich die Prüfung nicht drei große Abschnitte, Schutzbereich, Eingriff, Rechtfertigung. Vielmehr wird zumeist in **zwei Schritten** geprüft.

1. **Feststellung einer Ungleichbehandlung wesentlich Gleichen**
2. **Rechtfertigung dieser Ungleichbehandlung**

Die Prüfung würde unter umgekehrten Vorzeichen für die Gleichbehandlung wesentlich Ungleichen ebenso verlaufen. Allerdings lässt sich regelmäßig über eine richtige **Vergleichsgruppenbildung** die Gleichbehandlung wesentlich Ungleichen als – leichter handzuhabende – Ungleichbehandlung wesentlich Gleichen fassen.

2. Ungleichbehandlung wesentlich Gleichen

Beispielfall 51:
Variante 1:
S ist Häftling und sitzt in der JVA Rheinberg ein. Von seinem Eigengeld, also dem ihm für Einkauf von Waren verbleibenden Geld, möchte er gerne Kosmetika kaufen, nämlich eine pflegende Nachtcreme und eine reichhaltige Tagescreme (mit Lichtschutzfaktor). Das Eigengeld umfasst alle Bezüge, die nicht als Hausgeld, Haftkostenbeitrag, Unterhaltsbeitrag oder Überbrückungsgeld in Anspruch genommen werden und alles Geld, was bei Haftantritt in die Anstalt mitgebracht oder später von Dritten überwiesen wird.
Während der formell ordnungsgemäße (fiktive) § 22a des einschlägigen Strafvollzugsgesetzes (StVollzG) weiblichen Gefangenen ermöglicht, Kosmetika vom Eigengeld zu erwerben, ist männlichen Gefangenen dieses versagt. Zur Begründung wird angeführt:

Zwar seien Kosmetika in Haftanstalten grds. eher unerwünscht, da dies zu Neid, Missgunst und Unruhe zwischen den Gefangenen führen könne. Kosmetika gehörten aber zu den natürlichen Bedürfnissen von Frauen, worin ein grundsätzlicher Unterschied zwischen Männern und Frauen liege, der hier Berücksichtigung gefunden habe.
S meint, dass diese Sicht in einem alten Rollenverständnis verhaftet sei. Schließlich wollten sich Männer heutzutage auch über Kernseife und Nivea-Creme hinaus pflegen, was auch durch die große Produktpalette von Herrenkosmetika (einschl. pflegender Nachtcremes und reichhaltiger Tagescremes mit Lichtschutzfaktor) bestätigt werde.
S sieht sich in seinem Recht aus dem allgemeinen Gleichheitssatz verletzt und will auch die genannten Kosmetika erwerben dürfen, insb. eine reichhaltige Tagescreme mit Lichtschutzfaktor.
Zu Recht?

Variante 2:

P ist Prüfingenieur, und als solcher für die Überprüfung von Standsicherheit und Feuersicherheit von Gebäuden zuständig. Aufgrund formell verfassungsmäßigen Landesgesetzes des Bundeslandes L gilt für seine Berufstätigkeit als Prüfingenieur eine Altersgrenze von 70 Jahren.
P ist empört, als er erfährt, dass das Nachbarland M in seinen Landesgesetzen keine vergleichbare Altersgrenze für die gleiche Tätigkeit setzt.
P, der arbeiten will, bis ihm das Messgerät aus der Hand fällt, fühlt sich in seinem Recht aus Art. 3 Abs. 1 GG verletzt.
Zu Recht?

Personen oder Sachverhalte ungleich zu behandeln, ist für die Staatsgewalt solange **unproblematisch**, wie sich Personen und Sachverhalte unterscheiden. Verfassungsrechtliche Relevanz – im Sinne einer Rechtfertigungsbedürftigkeit – ist die Ungleichbehandlung vergleichbarer Personen oder Sachverhalte.

In persönlicher Hinsicht schützt Art. 3 Abs. 1 GG **jedermann**. Der allgemeine Gleichheitssatz steht dabei in großer Nähe zur Menschenwürdegarantie. Gleichwohl ist Art. 3 Abs. 1 GG seinem Wesen nach auch auf **juristische Personen** anwendbar (Art. 19 Abs. 3 GG).

Zur Feststellung einer relevanten Ungleichbehandlung bedarf es zunächst der Feststellung eines gemeinsamen **Bezugspunkts**, also eines Faktors, in dem sich die Vergleichbarkeit von zwei Personen, zwei Personengruppen oder zwei Sachverhalten zeigt. Man spricht hier auch vom sog. „tertium comparationis“ (lat.: „das Dritte des Vergleiches“, also ein dritter Begriff, in dessen Umfang die anderen beiden Begriffe enthalten sind).

Voraussetzung für eine relevante Ungleichbehandlung ist damit:

1. Die rechtliche Behandlung von Personen/Personengruppen/Sachverhalten (Teilgruppe A) durch rechtliche Belastung/Begünstigung uÄ in einer bestimmten Weise,
2. Die rechtliche Behandlung von Personen/Personengruppen/Sachverhalten (Teilgruppe B) durch rechtliche Belastung/Begünstigung uÄ in einer anderen Weise,

3. Die Möglichkeit, beide Personen/Personengruppen/Sachverhalte (Teilgruppe A und B) unter einen gemeinsamen Nenner (Oberbegriff, tertium comparationis) zu fassen, der nur diese beiden und keine weiteren Personen/Personengruppen/Sachverhalte erfasst.

> Merke:
> Die eben angesprochene Vergleichsgruppenbildung enthält stark wertende Momente und ist daher nicht immer ganz einfach vorzunehmen. Wer den falschen Bezugspunkt wählt, geht in der Prüfung häufig in die Irre.

Da sich der Gleichheitssatz – wie alle Grundrechte – primär an den Staat als Verpflichteten wendet, ist dieser zur Gleichbehandlung verpflichtet. Allerdings ist dabei die Kompetenzordnung als begrenzender Faktor zu berücksichtigen. So ist die jeweilige Staatsgewalt nur im Rahmen ihres eigenen Zuständigkeitsbereichs zur Gleichbehandlung verpflichtet. Niemand kann verlangen, durch einen Hoheitsträger in gleicher Weise behandelt zu werden, wie dies ein anderer Hoheitsträger im Rahmen seiner Zuständigkeit tut. Man spricht von der **Begrenzung** des Art. 3 Abs. 1 GG durch die **Kompetenzordnung**. Dieser Grundsatz gilt auf der Ebene der Gesetzgebung (bspw. zwischen den Bundesländern und der vollziehenden Gewalt (bspw. Satzungserlass der Kommunen bzw. Ermessensausübung im eigenen Wirkungskreis).

> **(Zwischen-)Lösung zu Beispielfall 51:**
> **Variante 1:**
> Hier wäre der nahe liegende Oberbegriff „Häftling". Teilgruppe A sind die männlichen Häftlinge, Teilgruppe B sind die weiblichen Häftlinge. Die unterschiedliche Behandlung liegt in der Begünstigung der Teilgruppe B, Kosmetika erwerben zu dürfen gegenüber der Belastung der Teilgruppe A, dies nicht zu dürfen.
> **Zwischenlösung zu Variante 1**: Eine relevante Ungleichbehandlung liegt vor.
>
> **Variante 2:**
> Die Vergleichsgruppe könnte hier so zu fassen sein, dass als Oberbegriff die Tätigkeit als Prüfingenieur dient. Tertium comparationis wäre so „Prüfingenieure". Die Teilgruppe A wären die Prüfingenieure im Land L, die Teilgruppe B wären diejenigen im Land M. Die Behandlung in unterschiedlicher Weise läge darin, dass für die Teilgruppe A die Altersgrenze von 70 Jahren besteht, für die Teilgruppe B dagegen nicht.
> Fraglich ist aber, ob hierin eine relevante Ungleichbehandlung liegt.
>
> Der P ist Prüfingenieur im Lande L. Da das Landesgesetz, das die Altersgrenze auferlegt, formell ordnungsgemäß ist, ist davon auszugehen, dass die Regelung der Rechtsverhältnisse von Prüfingenieuren in der Hand des Landesgesetzgebers liegt. Hier hat der Landesgesetzgerber des Landes L im Rahmen seiner Kompetenz die Frage der Notwendigkeit einer Altersgrenze bejaht und bei 70 Jahren festgelegt. Diese Notwendigkeit hat der Landesgesetzgeber des Landes M in Rahmen seiner Kompetenz nicht gesehen.
>
> Damit liegt zwar eine Ungleichbehandlung vor, aber durch zwei unterschiedliche Hoheitsträger, so dass dieser Ungleichbehandlung die verfassungsrechtliche Relevanz

fehlt. Würde der Landesgesetzgeber L innerhalb des Landes zwischen unterschiedlichen Gruppen von Prüfingenieuren unterscheiden (nach Geschlecht, Tätigkeit in bestimmten Landesteilen, Eintrittsalter in den Beruf vor oder nach einem Stichtag), wären die Teilgruppen, die dann zu bilden wären (männl./weibl. Prüfingenieure, Prüfingenieure aus Landesteil X und Y, Prüfingenieure mit Einstellungsdatum vor oder nach Stichtag), vergleichbar.

Lösung zu Variante 2: Es fehlt an einem relevanten Vergleichsmerkmal, eine Verletzung von Art. 3 Abs. 1 GG scheidet insoweit schon aus.

Anm.: Will P arbeiten, bis ihm das Messgerät aus der Hand fällt, wäre ihm ein Umzug ins Land M zu empfehlen.

Etwas verkürzt bedarf es dann noch der Feststellung, dass Gleichbehandlung nur verlangt werden darf, so der Begünstigte **rechtmäßig** begünstigt wurde. Es gilt damit der Grundsatz:

Keine Gleichheit im Unrecht!

Beispiel:

Das (fiktive) StVollzG sieht ein generelles Verbot des Einkaufs von Kosmetika vor. Die JVA, in der S einsitzt, hat sowohl eine Männer- als auch eine Frauenabteilung. Der Leiter der JVA erlaubt den weiblichen Gefangenen aus Mitleid, entgegen dem Verbot des StVollzG Kosmetika zu erwerben.

Hier dürfte S nicht verlangen, aufgrund der – insoweit erkennbar rechtswidrigen – Bevorzugung der Frauen auch Kosmetika einkaufen zu dürfen.

Merke:

Genau genommen ist der Prüfpunkt „Relevante Ungleichbehandlung" in der Parallele zur Prüfung eines Freiheitsrechts an die Stelle der Prüfung von Schutzbereich und Eingriff zu setzen. Durch die relevante Ungleichbehandlung wäre quasi der „Schutzbereich des Art. 3 Abs. 1 GG verkürzt".

3. Verfassungsrechtliche Rechtfertigung

a) Vorüberlegung: Willkürformel oder Neue Formel

Art. 3 Abs. 1 GG wurde ursprünglich als reines **Willkürverbot** begriffen. So war der Staat gehalten, wesentlich Gleiches gleich, und wesentlich Ungleiches ungleich zu behandeln. Wenn er hiervon abwich, sollte hierfür jeder sachliche Grund ausreichen. Nur wenn die Ungleichbehandlung oder Gleichbehandlung evident willkürlich war, wurde hierin ein Verstoß gegen den Gleichheitssatz gesehen. *„Der Gleichheitssatz ist verletzt, wenn sich ein vernünftiger, sich aus der Natur der Sache ergebender oder sonstwie sachlich einleuchtender Grund für die gesetzliche Differenzierung oder Gleichbehandlung nicht finden lässt, kurzum, wenn die Bestimmung als willkürlich bezeichnet werden muss."*[1]

1 So noch BVerfGE 1, 14, 52 – Südweststaat.

Diese Sicht der „**Willkürformel**" hat sich mit der sog. „**Neuen Formel**", die mittlerweile (Geburtsjahr 1980) auch schon in die Jahre gekommen ist, gewandelt. Danach sind Ungleichbehandlungen nur gerechtfertigt, wenn zwischen zwei Gruppen „*Unterschiede von solcher Art und solchem Gewicht bestehen, dass sie eine ungleiche Behandlung rechtfertigen*".[2] In diesem Fall ist zu fragen, ob der Staat mit der Ungleichbehandlung einen legitimen Zweck verfolgt, sie Ungleichbehandlung geeignet und erforderlich ist, diesen Zweck zu fördern bzw. zu erreichen und die Ungleichbehandlung in angemessenem Verhältnis zu dem erstrebten Zweck steht. Damit wird letztlich die Ungleichbehandlung unter den Maßstab des **Verhältnismäßigkeitsgrundsatzes** gestellt.

Inzwischen wendet das Bundesverfassungsgericht Willkürformel und Neue Formel nebeneinander an, und zwar so, dass Ungleichbehandlungen geringerer **Intensität** tendenziell der Willkürformel, Ungleichbehandlungen größerer Intensität eher der Neuen Formel unterfallen.

Damit ist eingangs der Rechtfertigungsprüfung festzustellen, ob als **Maßstab** der weiteren Prüfung die Willkürformel oder die Neue Formel anzuwenden ist. Indizien für eine größere Intensität einer Ungleichbehandlung sind:

- Je stärker die Ungleichbehandlung personen- oder personengruppenbezogen ist (also an Merkmale in der Person oder den Personen anknüpft) und nicht an Sachverhalte oder Situationen, desto schwerer wiegt die Ungleichbehandlung.
- Je stärker die Ungleichbehandlung an eines der „verbotenen" Differenzierungskriterien des Art. 3 Abs. 3 GG angelehnt ist, desto schwerer wiegt die Ungleichbehandlung.
- Je weniger der Betroffene oder die Gruppe der Betroffenen Einfluss auf die Ungleichbehandlung hat (je weniger von der Seite der Benachteiligten auf die Seite der Begünstigten gewechselt werden kann), desto schwerer wiegt die Ungleichbehandlung.
- Je stärker die Ungleichbehandlung die Wahrnehmung grundrechtlicher Freiheiten im Übrigen beeinträchtigt, desto schwerer wiegt die Ungleichbehandlung.

Merke:
In den Prüfungsfällen ist, wenn eine Ungleichbehandlung wesentlich Gleichen gegeben ist, in aller Regel anhand der Maßgaben der Neuen Formel zu prüfen (aber Ausnahmen bestätigen ja bekanntlich die Regel).

Zwischenlösung zu Beispielfall 51:
Variante 1:
In der verbliebenen Variante 1 wäre nunmehr der Maßstab der Rechtfertigungsprüfung zu bestimmen.
Frage ist also, ob eine leichtere (dann Willkürformel) oder eine schwerere (dann Neue Formel) Ungleichbehandlung anzunehmen ist.

2 BVerfGE 55, 72, 88.

1.	Bez. des Merkmals der Anknüpfung an Personen oder Sachverhalte geht es zwar nur um den Sachverhalt Kosmetikeinkauf, die Differenzierung hängt aber am Geschlecht und damit an einem personenbezogenen Merkmal. – Tendenz: Schwere Ungleichbehandlung
2.	Damit, dass an das Geschlecht angeknüpft wird, bewegt sich die Ungleichbehandlung in der Nähe eines Merkmals des Art. 3 Abs. 3 GG, auch wenn nicht (dann Verstoß gegen das Diskriminierungsverbot) „wegen" des Geschlechts ungleich behandelt wird. – Tendenz: Schwere Ungleichbehandlung
3.	S kann nur mit einigem Aufwand von der Seite der Belasteten (Männer) auf die Seite der Begünstigten (Frauen) wechseln (Warum?? Denken Sie mal scharf nach!). – Tendenz: Schwere Benachteiligung
4.	S wird durch die Ungleichbehandlung jedenfalls in der allgemeinen Handlungsfreiheit (Art. 2 Abs. 1 GG), ggf. auch (Recht zur Außendarstellung) in seinem allgemeinen Persönlichkeitsrecht (Art. 2 Abs. 1 iVm Art. 1 Abs. 1 GG) betroffen. – Tendenz: Unklar

Die Punkte 1 bis 3 legen aber auf jeden Fall die Annahme einer schweren Ungleichbehandlung nahe, so dass hier nach der Neuen Formel zu prüfen wäre.

b) Prüfung der verfassungsrechtlichen Rechtfertigung

Auch Art. 3 Abs. 1 GG steht unter einem allgemeinen **Gesetzesvorbehalt**, wie bereits der Text *„vor dem Gesetz"* aussagt. Die Ungleichbehandlung kann sowohl durch Gesetz als auch aufgrund eines Gesetzes erfolgen.

Damit ist zunächst zu fragen, ob ein Gesetz vorliegt, das zu dem Verhalten, das die Ungleichbehandlung beinhaltet, ermächtigt. Dieses Gesetz muss formell ordnungsgemäß zustande gekommen und materiell zunächst hinreichend bestimmt sein.

Merke:
Die Formulierung wirkt etwas eirig, aber: Die Ungleichbehandlung muss nicht in einem Gesetz liegen, sie kann sich auch aus der Zusammenschau mehrerer Gesetze ergeben.

Beispiel:
So sah das Asylbewerberleistungsgesetz vor, dass Schmerzensgeldleistungen als aufzubrauchendes Einkommen anzusehen sind; § 83 Abs. 2 SGB XII schloss die Anrechnung solcher Entschädigungsleistungen für Sozialhilfeempfänger aus. [3]

Für die weitere Prüfung ist zu **unterscheiden**, ob die Willkürformel oder die Neue Formel Anwendung findet.

---

3 BVerfGE 116, 229 ff.

aa) Willkürformel

Bei Prüfung der Willkürformel reicht die Feststellung, ob der Staat für die im Gesetz angelegte Ungleichbehandlung einen **sachlichen Grund** vorbringen kann oder ob er evident willkürlich handelt.

bb) Neue Formel

Bei Prüfung der Neuen Formel ist der **Verhältnismäßigkeitsgrundsatz** mit folgenden Maßgaben zu anzuwenden.

- *Legitimer Zweck*

Zu fragen ist, warum der Gesetzgeber die gefunden Teilgruppen unterschiedlich behandelt und ob dies eine verfassungsrechtlich legitime Zielsetzung ist.

Beispiel:
So wurde für die Unterscheidung zwischen dem Vermögenseinsatz von **Asylbewerbern** und **Sozialhilfeempfängern** vorgebracht, dass *„der Gesetzgeber bei der Schaffung des Asylbewerberleistungsgesetzes bewusst eine unterschiedliche Behandlung von Berechtigten nach dem Bundessozialhilferecht und nach diesem Gesetz vorgesehen habe. Ziel sei es gewesen, ein eigenständiges Regelwerk zu schaffen, das auf die Bedürfnisse eines in der Regel nur kurzen, vorübergehenden Aufenthalts ausgerichtet sei. Unabhängig vom Bundessozialhilfegesetz sollte ein umfassender Vermögenseinsatz verlangt werden."* Die Sozialhilfe sei darauf angelegt, sich von der Bedürftigkeit zu lösen, während das Asylbewerberleistungsgesetz nur für einen vorübergehenden Zeitraum gelte und deswegen ein voller Vermögenseinsatz gefordert werden könne.[4]

Die Richtigkeit der Annahmen unterstellt, würde sich die Ungleichbehandlung als ein Eingehen auf unterschiedliche Lebenssituationen darstellen und wäre damit für sich verfassungsrechtlich legitim.

Zwischenlösung zu Beispielfall 51:
In der verbliebenen Variante 1 liegt die Zielsetzung in der Anerkennung der natürlichen biologischen Unterschiede von Mann und Frau, die eine Berücksichtigung weiblicher Bedürfnisse rechtfertige. Wiederum wäre dies bei Annahme der Richtigkeit dieser Prämisse eine billigenswerte Differenzierung.

---

[4] So das Vorbringen in BVerfGE 116, 229, 236 f.

- ***Geeignetheit***

Bei der Prüfung der Geeignetheit ist wiederum nach der **Zweckförderlichkeit** zu fragen. Das Problem ist hier, dass die unterschiedliche Behandlung zweier Gruppen bez. der Geeignetheit nicht immer in Relation zueinander betrachtet werden kann, sondern teilweise nur aus der Sicht der Begünstigten oder Belasteten geprüft werden kann.

Beispiel:
Im Fall der Asylbewerber und der Sozialhilfeempfänger hilft es den Sozialhilfeempfängern bei der gewünschten Lösung von der Sozialhilfe nicht, dass Schmerzensgeld bei Asylbewerbern anrechenbares Einkommen ist. Allerdings fördert es die Lösung von der Sozialhilfe, wenn Schmerzensgeld bei ihnen nicht angerechnet wird; die Regelung ist damit zweckförderlich und geeignet.
Taxen dürfen auf dem Rückweg von einem Transport jederzeit wieder Fahrgäste aufnehmen, Funkmietwagen dagegen nicht; sie müssen (theoretisch) zu ihrem Ausgangspunkt zurückkehren. Zweck dieser unterschiedlichen Behandlung ist ein funktionierendes Taxengewerbe im Interesse der Allgemeinheit. Da Taxen einem engen Korsett hinsichtlich der Fahrpreisgestaltung unterliegen und damit von der Konkurrenz der Funkmietwagen ein Stück weit freigehalten werden sollen, fördert die Erschwerung der Berufsausübung für Funkmietwagen die Taxen, deren Berufsausübung durch die oa Regelung zugleich begünstigt wird. Die Regelung ist damit zweckförderlich, also geeignet.

Es reicht damit grds. aus, wenn der Gesetzgeber mit seiner Regelung einen verfassungsrechtlich legitimen Zweck fördert, auch wenn die beiden Regelungen nicht in Korrelation zu einander stehen.

Zwischenlösung zu Beispielfall 51:
Hier haben zwar die weiblichen Häftlinge nichts davon, dass die männlichen Häftlinge keine Kosmetika kaufen dürfen; gleichwohl fördert die Erlaubnis für Frauen, Kosmetika erwerben zu dürfen, die Stillung ihrer – unterstellt – natürlichen Bedürfnisse und ist damit zweckförderlich und geeignet.

- ***Erforderlichkeit***

Hier ist nur zu fragen, ob der Staat ggü. der entstandenen Ungleichbehandlung eine Alternative hat, die den Förderzweck besser verfolgt und zugleich der Personengruppe, die nicht begünstigt oder belastet ist, geringer in Anspruch nimmt, und wodurch der Staat zugleich entweder gleich oder weniger belastet wird.

Beispiel:
Die Einbeziehung des Schmerzensgeldes in das anrechenbare Einkommen bei Asylbewerbern zu beseitigen, würde zwar den Asylbewerbern zugutekommen, den Sozialhilfeempfängern auch nicht sonderlich schaden. Es würde den Staat aber stärker belasten, da Asylbewerber so schneller in den Leistungsbezug kämen. Die Ungleichbehandlung ist damit erforderlich.

Zwischenlösung zu Beispielfall 51:
Denkbar wäre, den Einkauf von Kosmetika allen Häftlingen zu erlauben. Geht man aber davon aus, dass Kosmetika in Haftanstalten – wegen denkbarer Neidgefühle und damit einhergehenden Spannungen – generell eher unerwünscht sind, ist die Benachteiligung der männlichen Häftlinge auch erforderlich.

- *Angemessenheit*

Die Rechtsprechung des Bundesverfassungsgerichts ist gekennzeichnet durch die zuvor aufgezeigten Unwägbarkeiten bei der Feststellung von Geeignetheit und Erforderlichkeit und konzentriert sich regelmäßig auf die **Angemessenheitsprüfung**, die dann zentral dem Ausgangsgedanken Rechnung trägt: Bestehen zwischen den zwei gegenübergestellten Gruppen Unterschiede von solcher Art und solchem Gewicht bestehen, dass sie die ungleiche Behandlung rechtfertigen?

Hier ist dann zu fragen, ob der mit der Ungleichbehandlung verfolgte Zweck gemessen an den festgestellten Unterschieden zwischen beiden Gruppen tragfähig ist, oder ob er eine entsprechende Ungleichbehandlung nicht rechtfertigt.

Beispiel:
Wieder bezogen auf die Asylbewerber und Sozialhilfeempfänger: Das Schmerzensgeld ist seiner Zielsetzung nach darauf gerichtet, Genugtuung für Schäden immaterieller Art zu gewähren. Diese Situation ist für Asylbewerber wie für Sozialhilfeempfänger gleich. Zwar mag die Zielsetzung des SGB XII – Lösung von der Sozialhilfe – billigenswert sein; sie rechtfertigt aber nicht, den Asylbewerbern die Genugtuungsfunktion des Schmerzensgeldes durch Anrechnung auf das einzusetzende Einkommen quasi zu entziehen.

(Zwischen-)Lösung zu Beispielfall 51:
Zu fragen ist hier, ob die Prämisse des StVollzG (Frauen brauchen Kosmetika, Männer nicht) im Lichte der Angemessenheit tragfähig ist.
Dies ist in Anbetracht der tatsächlichen Verhältnisse allerdings zweifelhaft; es existiert ein Markt und erhebliche Nachfrage nach Männerkosmetik, so dass die natürlichen Unterschiede zwischen Mann und Frau, die hier unterstellt werden, wohl nicht mehr existieren.

Damit ist eine Verletzung des Art. 3 Abs. 1 GG anzunehmen, die betreffende Regelung zur Bevorzugung von Frauen ist verfassungswidrig.

(Das ist aber noch nicht die Lösung!)

c) Folgen eines Gleichheitsverstoßes

Mit der Feststellung der **Verfassungswidrigkeit** einer Norm gemessen an Art. 3 Abs. 1 GG ist über das Schicksal der betreffenden Regelung noch nicht viel gesagt.

Im **gewaltenteilenden System** des Grundgesetzes liegt die Gesetzgebung in der Hand der Legislative, nicht in der Hand der Judikative. Wenn das Bundesverfassungsgericht feststellt, dass eine Regelung gleichheitswidrig ist, signalisiert es dem Gesetzgeber bez. der Verfassungsmäßigkeit eines Gesetzes gemessen an Art. 3 Abs. 1 GG regelmäßig nur: *„So jedenfalls nicht!"*

Die Frage: *„Wie denn sonst?"* ist wiederum Sache des Gesetzgebers. Deswegen erklärt das Bundesverfassungsgericht gleichheitswidrige Regelungen regelmäßig nur für **verfassungswidrig** und nicht für nichtig, verbunden mit dem Auftrag, binnen einer bestimmten Frist eine **Neuregelung** zu schaffen, wobei die Berücksichtigung der Ausführungen des Bundesverfassungsgerichts vorausgesetzt wird.

Beispiel:
Das Bundesverfassungsgericht hat die unterschiedlichen gesetzlichen Kündigungsfristen für Arbeiter (starr vier Wochen) und Angestellte (sechs Wochen mit Zuwachs je nach Betriebszugehörigkeit) als gleichheitswidrig erachtet.
Denkbare Regelungsvarianten und tatsächliche Neuregelung:

- Für alle sechs Wochen plus ☐
- Für alle irgendwas dazwischen ☐
- Für alle vier Wochen ☒

Bez. des Asylbewerberleistungsgesetzes war dagegen kaum eine andere Lösung denkbar als die Herausnahme des Schmerzensgeldes aus dem anrechenbaren Einkommen; siehe entsprechend heute § 7 Abs. 5 AsylbLG.

Lösung zu Beispielfall 51:
Der Gesetzgeber ist frei, ob er in Anbetracht der Gleichheitswidrigkeit die Begünstigung auf alle Häftlinge ausweitet, den Erwerb bspw. auf eine bestimmte Summe begrenzt oder allen Häftlingen die Begünstigung streicht.
Im Ergebnis ist damit jedenfalls festzustellen: Die Benachteiligung des S gegenüber weiblichen Häftlingen ist gleichheitswidrig, einen Anspruch auf Erwerb pflegender Nachtcreme und reichhaltiger Tagescreme (mit Lichtschutzfaktor) hat er deshalb nicht.

B Besondere Gleichheitsätze

I. Art. 3 Abs. 2, Abs. 3 S. 1 1. Var. GG – Gleichberechtigung von Mann und Frau, Diskriminierungsverbot wg. des Geschlechts

Gegenstand des Art. 3 Abs. 2 GG, und insoweit auch des gleichgerichteten Art. 3 Abs. 3 1. Var. GG bezogen auf das Merkmal des **Geschlechts**, ist die Herstellung von Gleichberechtigung in der sozialen Wirklichkeit; dies wird durch den später eingefügten Satz 2 bestätigt.[5] Art. 3 Abs. 3 Var. 1 GG sieht zugleich ein Diskriminierungsverbot wegen des Geschlechtes vor.

Beispielfall 52:
Der K ist ein gestandener Kerl aus dem Bundesland L. Das dortige Feuerwehrgesetz (FwG) sieht eine Feuerwehrdienstpflicht vor. Für den Fall, dass man seiner Feuerwehrdienstpflicht nicht nachkommen will, sieht das Gesetz eine Satzungsermächtigung vor, nach der die Gemeinden ersatzweise eine Feuerwehrabgabe von diesen Feuerwehrdienstpflichtigen erheben kann. Feuerwehrdienstpflichtig sind nach Landesrecht nur Männer.
Der K ist zwar – wie gesagt – ein gestandener Kerl, hat aber mit der Feuerwehr nix am Hut. Er will aber auch die von ihm erhobene Feuerwehrabgabe mit Blick auf Art. 3 Abs. 1 und 3 GG nicht zahlen.
Zu Recht?

1. Grundsätzliche (Un-)Zulässigkeit der Anknüpfung an das Geschlecht

Das Geschlecht kann so nur in engen Grenzen Anknüpfungspunkt für differenzierende gesetzliche Regelungen sein. Denkbar sind aber auch **mittelbar-faktische** Diskriminierungen, die sich aus für sich geschlechtsneutralen Regelungen ergeben, die aber aufgrund natürlicher Unterschiede oder gesellschaftlicher Gegebenheiten ein Geschlecht überproportional betreffen.

Beispiel:
§ 11 Abs. 3 der Satzung des Versorgungswerks der Rechtsanwälte in Baden-Württemberg sah vor, dass der Mindestbeitrag für die Mitgliedschaft im Versorgungswerk dem Mindestbetrag in der gesetzlichen Rentenversicherung entsprach; eine Beitragsbefreiung für einkommenslose Zeiten war nicht vorgesehen. Diese geschlechtsneutrale Vorschrift traf aber vorwiegend Frauen, die aufgrund von Kindererziehungszeiten vorübergehend einkommenslos waren. Sie wurde deswegen vom Bundesverfassungsgericht als gegen Art. 3 Abs. 2 GG verstoßend angesehen.[6]

---

[5] Vgl. etwa BVerfGE 92, 91, 109.
[6] BVerfGE 113, 1, 15 ff.

Nicht vom Begriff des Geschlechts nach Art. 3 Abs. 3 GG erfasst und auch nicht Gegenstand des Art. 3 Abs. 2 GG ist die Frage Diskriminierung wegen der **sexuellen Orientierung**.

> **Merke:**
> Der Diskriminierung wegen der sexuellen Orientierung nimmt sich das Bundesverfassungsgericht anhand des Art. 3 Abs. 1 GG an; so hat es entschieden, dass die Privilegierung der Ehe gegenüber anderen Formen des geregelten Zusammenlebens, die vom Lebenssachverhalt wie von den Zielen her mit der Ehe vergleichbar sind, nicht mit dem allgemeinen Gleichheitssatz vereinbar sind.[7] Die Rechtsprechung verfolgt hier eine Tendenz zur weitgehenden Anerkennung und Angleichung gleichgeschlechtlicher Beziehungen.
> Bemerkenswert ist, dass das Bundesverfassungsgericht damit einerseits dem Verfassungsgesetzgeber vorgegriffen hat, der die Gleichstellung im Zweifel aufgrund der politisch heiklen Fragestellungen nicht beherzt angehen wollte. Der Verfassungsgesetzgeber andererseits zieht sich jetzt auf den Standpunkt zurück, einer Verankerung in der Verfassung bedürfe es nicht, da ja die entsprechende Rechtsprechung des Bundesverfassungsgerichts existiere.[8]
> Die Rechtsprechung des Bundesverfassungsgerichts wird teilweise kritisch gesehen, weil aus Art. 6 Abs. 1 GG heraus ein „Abstandsgebot" zwischen Ehe und anderen Formen des gesetzlich geregelten Zusammenlebens zweier Individuen gefordert wird; die Ehe wäre demnach aufgrund der verfassungsrechtlichen Hervorhebung in Art. 6 Abs. 1 GG gegenüber bspw. der eingetragenen Lebenspartnerschaft zu privilegieren.[9] Allerdings lehnt das Bundesverfassungsgericht die Existenz eines Abstandsgebotes ab.[10]

2. Ausnahmsweise Rechtfertigung

Die **Rechtfertigungsmöglichkeiten** für Ungleichbehandlungen oder Diskriminierungen in Anlehnung an das Merkmal des Geschlechts sind sehr **eng** gefasst.

Wichtig ist hier zunächst das Gebot der **Herstellung tatsächlicher Gleichberechtigung** nach Art. 3 Abs. 2 S. 2 GG. Hiermit lassen sich Bevorzugungen von Frauen rechtfertigen, bis die Gleichberechtigung von Mann und Frau „tatsächlich" durchgesetzt ist. Art. 3 Abs. 2 S. 2 GG stellt insoweit auch kollidierendes Verfassungsrecht dar. Dieses kann eingreifen, wenn sich Männer wegen Beeinträchtigung ihrer Berufsfreiheit oder Kapitalgesellschaften wegen Einschränkung ihrer Vereinigungsfreiheit gegen Frauenquoten wehren wollen, so wie bez. der Einführung einer Frauenquote in Aufsichtsräten von DAX-Unternehmen. Allerdings sollte die Einführung starrer Frauenquoten durch Art. 3 Abs. 2 S. 2 GG nicht gedeckt sein.[11] Art. 3 Abs. 2 S. 2 GG rechtfertigt auch eigentlich unzulässige Bevorzugungen wegen des Geschlechts iSd Art. 3 Abs. 3 S. 1 GG.

---

7 Vgl. nur BVerfGE 124, 199 ff.; BVerfGE 126, 400 ff.; BVerfGE 131, 239 ff.

8 BT-Drs. 17/4775, S. 5.

9 Vgl. etwa *Krings*, ZRP 2000, 409, 411; *Scholz/Uhle*, NJW 2001, 393, 397 ff.

10 Dazu schon oben Kap. 8 I II, III. 2 a.

11 BT-Drs. 12/6000, S. 50.

Im Übrigen sind solche Ungleichbehandlungen mit Bezug auf das Geschlecht gerechtfertigt, die auf **biologischen**, nicht aber auf funktionalen **Unterschieden** zwischen den Geschlechtern beruhen. Rücksichtnahme auf biologische Unterschiede wäre bspw. bei Beachtung der Folgen von Schwangerschaften gegeben. Funktionale Unterschiede, so etwa ein bestimmtes Rollenverständnis von Frauen und Männern, lässt das Bundesverfassungsgericht nicht mehr als Anknüpfungspunkt gelten.

Merke:
Bspw. ist § 19 Abs. 1 Arbeitszeitordnung (ArbZO), der für Frauen Nacharbeitsverbote enthielt, mit Blick auf Art. 3 Abs. 1 und 3 GG gekippt worden; Anlass für die Normierung der Nachtarbeitsverbote war der Umstand, dass Frauen weitaus häufiger als Männer neben ihrer Berufsarbeit mit der Betreuung von Kleinkindern und mit Hausarbeit belastet seien. Hierzu meinte das Bundesverfassungsgericht, dass überkommene Rollenverteilungen durch den Gesetzgeber nicht verfestigt werden dürften.[12]

Auf der Annahme biologischer Unterschiede dürfte § 16 Abs. 1 ArbZO beruht haben, der Frauen im Bergbau weithin die Arbeit **untertage** verbot. Mittlerweile ist die ArbZO insgesamt aufgehoben worden, entsprechende Vorschriften des Bundesberggesetzes (§ 64a BBergG)[13] gleichermaßen. Arbeit von Frauen untertage ist mit Sicherheit auch heute nicht die häufigste aller Beschäftigungsformen, aber durchaus möglich[14], und nunmehr jedenfalls auch durchgängig erlaubt.

Merke:
Nur falls Befürchtungen aufkommen: Durch den Wegfall des § 64a BBergG *dürfen* Frauen untertage arbeiten, sie *müssen* nicht!

Insoweit unterliegt die Möglichkeit einer Rechtfertigung von Anknüpfungen an das Geschlecht zugleich dem **Wandel** der gesellschaftlichen **Anschauungen** zum Verhältnis von Mann und Frau und des Verständnisses der biologisch bedingten Leistungsfähigkeit insb. von Frauen. In Betracht zu ziehen ist insoweit auch die zunehmende Technisierung der Berufe, die ggf. geringere Körperkraft auszugleichen in der Lage ist.

Lösung zu Beispielfall 52:
Die Inanspruchnahme nur männlicher Bewohner für die Feuerwehrdienstpflicht und die ersatzweise Inanspruchnahme für die Feuerwehrabgabe kann als Ungleichbehandlung und Diskriminierung wegen des Geschlechts angesehen werden. Sie wäre dann mit Art. 3 Abs. 1 und 2 GG zu vereinbaren, wenn die Beschränkung der Dienstpflicht auf Männer mit zwingenden biologischen Unterschieden zwischen Mann und Frau begründet werden kann.

---

12 BVerfGE 89, 191, 207.

13 Allerdings beruhte die Aufhebung des Beschäftigungsverbots untertage auf der Umsetzung einer entsprechenden EG-Richtlinie und einem Urteil des EuGH (C-203/03 v. 01.02.2005), wonach ein generelles Beschäftigungsverbot für Frauen untertage eine unzulässige unterschiedliche Behandlung darstelle und über das hinausgehe, was zum Schutz von Frauen erforderlich sei.

14 Vgl. http://www.bbm24.de/3.0/front_content.php?idcatart=4929&lang=5&client=7, zuletzt abgerufen am 15.07.2016.

Das Bundesverfassungsgericht sieht für die Annahme, dass Frauen wegen ihrer körperlichen Konstitution vom Feuerwehrdienst ausgenommen werden dürfen, aus heutiger Sicht keine zureichenden Gründe mehr. Die grundsätzliche Eignung von Frauen könne durch Tauglichkeitstests ermittelt werden. Die zunehmende Technisierung der Feuerwehrtätigkeit führe zu Erleichterungen; auch sei die Brandbekämpfung nur einer kleiner Teil der Tätigkeit. Eventuell aufkommende Belastungsspitzen könnten durch das Arbeiten im Team ausgeglichen werden.[15]

Ergänzend prüft das Bundesverfassungsgericht, ob mit der Ausnahme zugunsten von Frauen faktische, typischer Weise Frauen treffende Nachteile ausgeglichen würden, so dass Art. 3 Abs. 2 S. 2 GG als Rechtfertigung in Betracht käme; hier sieht das Gericht aber lediglich – irrelevante – Annahmen funktionaler Unterschiede zwischen Männern und Frauen als Motiv des Gesetzgebers, nicht aber den Ausgleich bestehender Nachteile.[16]

Liegen aber keine gewichtigen Gründe für einen Ausschluss von Frauen von der Feuerwehrpflicht vor, kann auch eine Heranziehung nur von Männern – zum aktiven Dienstpflicht wie zur ersatzweisen Feuerwehrabgabe – nicht gerechtfertigt sein. Eine Verletzung von Art. 3 Abs. 1 und 3 GG liegt vor.

II. Art. 3 Abs. 3 GG – Differenzierungsverbote im Übrigen

1. Art. 3 Abs. 3 S. 1 GG

a) Merkmale des Art. 3 Abs. 3 S. 1 GG

Art. 3 Abs. 3 GG S. 1 sieht neben der Anknüpfung an das Geschlecht auch ein Verbot von **Benachteiligungen** und **Bevorzugungen** wegen der Abstammung, der Rasse, der Sprache, der Heimat und Herkunft des Glaubens und der religiösen und politischen Anschauungen.

- **Abstammung** bezeichnet die natürliche biologische Beziehung eines Menschen zu seinen Vorfahren.
- **Rasse** bezeichnet die Zugehörigkeit eines Menschen zu einer Gruppe mit real oder vermeintlich vererbbaren Merkmalen; mit dieser Anknüpfung soll – deswegen *vermeintlich* vererbbaren Merkmalen – der Missbrauch von Rassenideologien vermieden werden.
- **Sprache** bezeichnet die Anknüpfung an die Muttersprache, nicht etwa an Dialekte.
- **Heimat** bezeichnet die örtliche Herkunft eines Menschen nach Geburt oder nach emotionaler Prägung durch einen bestimmten Lebensraum.
- **Herkunft** bezeichnet die Abstammung aus sozialen Schichten.
- **Glaube** ist Glaube iSd Art. 4 Abs. 1, 2 GG.[17]
- **Religiöse Anschauungen** sind glaubensgeprägte Überzeugungen.
- **Politische Anschauungen** sind Überzeugungen bez. staatlicher und gesellschaftlicher Vorgänge

[15] Vgl. BVerfGE 92, 91, 99 ff. zu den Feuerwehrgesetzen aus Baden-Württemberg und Bayern.

[16] BVerfGE 92, 91, 112 f.

[17] Dazu oben Kap. 8 F I 2 a.

Ein Fall der Differenzierung ist jedenfalls dann gegeben, wenn staatlicherseits an eines der Merkmale des Art. 3 Abs. 3 S. 1 GG positiv und zielgerichtet angeknüpft wird. Die Norm drückt dies mit dem Begriff „**wegen**" aus.

Umstritten ist, ob auch mittelbare Diskriminierungen der Norm unterfallen. Für das Merkmal des Geschlechts ist dies über die Sonderstellung im Kontext des Art. 3 Abs. 2 GG anerkannt.[18] Für die übrigen Merkmale würde dies zu einer ausufernden Zahl von mittelbaren Diskriminierungen führen, so dass die Norm restriktiv – beschränkt auf unmittelbare Diskriminierungen – verstanden wird. Etwas anderes ergibt sich für den Fall **verdeckter** Diskriminierung, bei der die tatsächliche Intention des Handelns verschleiert wird; diese sind den unmittelbaren Diskriminierungen zuzuordnen.

Deswegen ist immer genau zu ermitteln, ob eine Benachteiligung wirklich „wegen" eines Merkmals nach Art. 3 Abs. 3 S. 1 GG erfolgt.

Beispiel:
Wenn sich ein nicht des Deutschen Mächtiger auf eine Chefarztstelle in einem öffentlichen Krankenhaus bewirbt, wird er sich für seine Ablehnung nicht auf Art. 3 Abs. 3 S. 12 GG berufen dürfen, die Ablehnung erfolgt nicht wegen seiner „Sprache", sondern wegen mangelnder Deutschkenntnisse, die für den Beruf im Sinne der persönlichen Eignung unerlässlich sein dürften.

b) Ausnahmsweise Rechtfertigung

Die Anforderungen an eine Rechtfertigung von Diskriminierungen aufgrund von Merkmalen des Art. 3 Abs. 3 S. 1 GG sind überaus streng. Als Rechtfertigungsgrund kommt allenfalls **kollidierendes Verfassungsrecht** in Betracht oder sonstige **schwerwiegende Gründe** in Betracht, deren Gewicht aber zugleich für jedes Merkmal getrennt ermittelt werden muss.

Beispiel:
Wird ein hauptamtlicher Bürgermeister wegen seiner politischen Überzeugungen und dem sich hieraus ergebenden gestörten Vertrauensverhältnis zur Gemeindevertretung abgewählt, muss dies in Einklang mit Art. 3 Abs. 3 S. 1 GG geschehen dürfen.
Wird ein bekennender Rechtsradikaler, der seine Vorstellungen von Recht und Ordnung in einer Polizeiuniform ausleben möchte, nicht zum Polizeidienst zugelassen, kann man einerseits sagen, dass er wegen seiner politischen Anschauungen gemieden wird, es allerdings gewichtige Gründe gibt (Eintreten für die freiheitlich-demokratische Grundordnung als Grundvoraussetzung für die Aufnahme in den öffentlichen Dienst, insb. die Polizei), ihn nicht zu berücksichtigen. Man kann andererseits aber auch

[18] *Kischel* in BeckOK GG Art. 3 Gg Rn. 215.

schlichtweg annehmen, dass das Eintreten für die freiheitlich-demokratische Grundordnung zentrales Eignungskriterium für die Aufnahme in den öffentlichen Dienst ist,[19] sodass er nach Art. 33 Abs. 2 GG schlichtweg nicht die erforderliche Eignung für den Polizeidienst aufweist.

Bspw. hat das Bundesverfassungsgericht die Besserstellung von **Bekenntnisschulen** gegenüber sonstigen Privatschulen bei der staatlichen Förderung gestützt auf historische und finanzielle Gründe als gerechtfertigt erachtet.[20] Hier ging es um den Fall einer Bevorzugung, die aber mit einer relativen Benachteiligung der übrigen Privatschulen einherging.

Merke:
In der Rechtspraxis ist ein gezieltes Anknüpfen an Merkmale des Art. 3 Abs. 3 GG äußerst selten.
Sollte dies doch ausnahmsweise der Fall sein, ergibt sich für die Rechtfertigung solcher Anknüpfungen zumeist Folgendes: Auch wenn das Bundesverfassungsgericht im zuletzt genannten Fall eine verfassungsrechtliche Rechtfertigung der Besserstellung von Bekenntnisschulen bejaht hat, ist in der Tendenz davon auszugehen, dass eher keine Rechtfertigung gegeben sein dürfte. So ist nicht ersichtlich, welche rechtfertigenden Gründe es geben soll, bspw. an Abstammung, Sprache, Heimat oder Herkunft anknüpfen zu dürfen. Noch weniger ist vorstellbar, dass eine Anknüpfung an – existente oder vorgebliche – Rassemerkmale gerechtfertigt sein könnte.

2. Benachteiligungsverbot wegen Behinderung nach Art. 3 Abs. 3 S. 2 GG

Bez. Behinderter ist jede Benachteiligung verboten. **Behinderung** ist *„jede nicht nur vorübergehende Funktionsbeeinträchtigung, die auf einem regelwidrigen körperlichen, geistigen oder seelischen Zustand beruht.“*[21] Damit sind, da die Verfassung erkennbar an den herkömmlichen Behindertenbegriff anknüpfen wollte, offenbar rein altersbedingte – insoweit „regelgemäße“ – Beeinträchtigungen nicht erfasst.[22] Letztlich müsste auch jede Art chronischer Erkrankung erfasst werden, was aber in Anbetracht des zugrunde gelegten Behinderungsbegriffs auch nicht der Fall sein soll. Offenbar will der Verfassungsgeber vornehmlich an Schwerbehinderte anknüpfen; eine Unsicherheit bleibt insoweit.[23] Verpflichteter des Benachteiligungsverbots ist der Staat, eine unmittelbare Drittwirkung zwischen Privaten ist abzulehnen.[24]

---

19 Dazu sogleich unten Kap. 9 B III 2.

20 BVerfGE 75, 40, 69 ff.

21 BVerfGE 96, 288, 301.

22 Zweifelnd insoweit *Osterloh* in Sachs, Grundgesetz-Kommentar, Art. 3 GG Rn. 310.

23 Siehe hierzu auch *Sannwald*, NJW 1994, 3313, 3314 und *Dürig/Scholz* in MDHS, Grundgesetz-Kommentar, Art. 3 Abs. 3 GG Rn. 176.

24 *Dürig/Scholz* in MDHS, Grundgesetz-Kommentar, Art. 3 Abs. 3 GG Rn. 174; allgemein zur Drittwirkung von Grundrechten oben Kap. 7 D III.

Art. 3 Abs. 3 S. 2 GG schützt nur vor Benachteiligungen, gewährt aber **keinen Anspruch** auf **Begünstigungen.**[25] Allerdings wird mit der Norm die besondere Verantwortung des Staates für Behinderte hervorgehoben.

Verboten ist jede Anknüpfung an Behinderungen, die nicht durch zwingende Gründe gerechtfertigt ist. So kann das Fehlen bestimmter körperlicher oder geistiger Fähigkeiten die Wahrnehmung von Rechten einschränken, dies aber nur, wenn die entsprechenden Fähigkeiten für die Wahrnehmung dieser rechte unerlässlich sind. So hat das Bundesverfassungsgericht im Ausschluss schreibunfähiger Stummer von jeglicher **Testierfähigkeit** einen Verstoß gegen Art. 3 Abs. 3 S. 2 GG gesehen, soweit nicht bspw. eine intellektuelle oder physische Unfähigkeit zur Selbstbestimmung hinzutritt.[26]

III. Art. 6 Abs. 5 GG

Einen speziellen Gleichheitssatz enthält auch Art. 6 Abs. 5 GG, der die **Gleichstellung nichtehelicher** Kinder gegenüber ehelichen Kindern gebietet. Inhalt des Art. 6 Abs. 5 ist neben dem gleichheitsrechtlichen Gehalt ein Auftrag an den Gesetzgeber sowie der Ausdruck einer wertentscheidenden Grundsatznorm. Ähnlich wie Art. 3 Abs. 2 GG verlangt Art. 6 Abs. 5 GG Herstellung nicht nur rechtlicher, sondern tatsächlicher – **„wirklicher“ – Gleichstellung.** Art. 6 Abs. 5 GG wird im Kontext des Art. 6 GG näher erläutert.[27]

IV. Art. 33 GG

1. Art. 33 Abs. 1 GG

Art. 33 Abs. 1 GG verbürgt allen Deutschen in jedem Land die gleichen **staatsbürgerlichen Rechte** und **Pflichten.** Umfasst ist das Recht zur Teilnahme an Wahlen und Abstimmungen, der Zugang zu Bildungseinrichtungen und Sozialleistungen, allerdings auch die Unterwerfung unter Steuer- und Abgabenpflichten. Abhängig gemacht werden kann die Teilhabe und die Verpflichtung von der **Sesshaftigkeit** in dem jeweiligen Land. Die Vorschrift gilt als grundrechtsgleiches Recht; sie ist zugleich Reserveregelung, da die betreffenden Fälle zumeist über Art. 3 Abs. 1 GG gelöst werden können.[28]

2. Art. 33 Abs. 2 GG

Art. 33 Abs. 2 GG gewährt den gleichen Zugang zu **öffentlichen Ämtern**; dies sind alle beruflichen und nebenamtlichen Tätigkeiten und Funktionen in staatlichen Organisationen. Privatrechtliche Strukturen öffentlicher Verwaltung sind erfasst, soweit diese öffentliche Aufgaben wahrnehmen.[29]

---

[25] So auch *Sannwald*, NJW 1994, 3313, 3314.

[26] BVerfGE 99, 341, 353 ff.

[27] Vgl. oben Kap. 8 I V 2.

[28] Vgl. insoweit *Hense* in BeckOK GG, Art. 3 GG Rn. 3.

[29] Vgl. insoweit *Hense* in BeckOK GG, Art. 3 GG Rn. 11 ff.

Umfasst sind **Ersteinstellungen** und Ersternennungen ebenso wie **Beförderungen**; nicht umfasst ist ein Anspruch auf Einrichtung neuer Ämter oder Stellen.

Differenzierungskriterien sind die Merkmale Befähigung, fachliche Leistung und Eignung.

Befähigung ist die Summe der für eine Tätigkeit notwendigen Begabungen, Kenntnisse, Vor- und Ausbildungen, ggf. bis hin zu erforderlichen Ortskenntnissen.

Fachliche Leistung bezeichnet Merkmale wie praktische Erfahrungen, Fachwissen und fachliches Können, die vorgewiesen werden müssen.[30] Damit wird an Vergangenes angeknüpft, zugleich aber die Erwartung auf Zukünftiges einbezogen. Das Merkmal der fachlichen Leistung spielt damit insb., aber nicht nur bei Beförderungsentscheidungen eine Rolle.

Eignung ist ein schwer fassbarer Begriff. Als Eignung im engeren Sinn werden alle sonstigen geistigen, körperlichen, psychischen, charakterlichen Eigenschaften gezählt, die für ein spezifisches Amt von Bedeutung sind.[31] Hierzu zählen Merkmale wie die Verfassungstreue.

Seine Auswirkungen hat hier wiederum Art. 3 Abs. 2 S. 2 GG. Ist bei Bewerbern von gleicher Befähigung, fachlicher Leistung und Eignung auszugehen, kann Art. 3 Abs. 2 S. 2 GG die **Bevorzugung** weiblicher Bewerber rechtfertigen.

3. Art. 33 Abs. 3 GG

Mit Art. 33 Abs. 3 GG wird in erster Linie ein **religionsverfassungsrechtliches Neutralitätsgebot** normiert. Sinn der wiederholten Betonung der religiös-weltanschaulichen Neutralität des Staates waren die seit jeher erheblichen und spannungsgeladenen Religions- und Konfessionsunterschiede, insb. zwischen Katholiken und Protestanten. Die Irrelevanz derartiger Unterschiede sollte für den Bereich der staatsbürgerlichen Rechte und Pflichten noch einmal hervorgehoben werden.[32] Unzulässig sind unmittelbar glaubens- oder weltanschauungsbezogene Benachteiligungen.[33] Ziel ist insb. die Vermeidung des Eindrucks konfessionellen Proporzes im öffentlichen Dienst oder religiös motivierter Ämterpatronage.

V. Art. 38 Abs. 1 S. 1 GG – Allgemeinheit und Gleichheit der Wahl

Auch die **Wahlrechtsgrundsätze** der Allgemeinheit und Gleichheit der Wahl sind Ausdruck der Gleichheit aller Staatsbürger. Für die Einschränkungen sowohl der Allgemeinheit als auch der Gleichheit der Wahl und ihre jeweiligen Rechtfertigungen sei auf die entsprechenden Darstellungen im Rahmen der Wahlrechtsgrundsätze[34] verwiesen.

---

[30] BVerfGE 110, 304, 322.

[31] In diesem Sinne BVerfGE 92, 140, 151.

[32] Vgl. *Pieroth/Schlink/Kingreen/Poscher*, Staatsrecht II, Rn. 513 f.

[33] Näher *Hense* in BeckOK GG, Art. 3 GG Rn. 25 f.

[34] Dazu oben Kap. 3 A II 1 a und d.

C Grundrechtskonkurrenzen

Grundsätzlich stehen Art. 3 Abs. 1 GG und die genannten speziellen Gleichheitsrechte wegen unterschiedlicher Schutzrichtung **nebeneinander**; auch wenn sich bei Prüfung eines speziellen Gleichheitssatzes ergibt, dass dieser nicht verletzt ist, ist damit immer noch Art. 3 Abs. 1 GG zu prüfen.[35]

Sofern **Freiheitsrechte** und **Gleichheitsrechte** betroffen sind, ist zwischen beiden – wiederum aufgrund unterschiedlicher Schutzrichtungen – kein echtes Konkurrenzverhältnis anzunehmen. Beide stehen damit wiederum **nebeneinander**. Eingebürgert hat sich dabei die Prüfung der Freiheitsrechte vor den Gleichheitsrechten.

D Prüfungsschema

Aus dem zuvor Ausgeführten ergeben sich folgende Prüfungsschemata:

I. Prüfschema für den allgemeinen Gleichheitssatz

Besonderheit der Prüfung ggü. der Prüfung den Freiheitsrechten[36] ist die Prüfung der relevanten Ungleichbehandlung anstelle der Prüfpunkte „Schutzbereich" und „Eingriff" zu beachten, daneben das Herausarbeiten des Prüfungsmaßstabs für die Rechtfertigungsprüfung und die stark auf die Angemessenheit zugeschnittene Verhältnismäßigkeitsprüfung.

I. Relevante Ungleichbehandlung
- 1. Feststellung einer vergleichbaren Personengruppe/Sachverhalts
- 2. Rechtlich unterschiedliche Behandlung

II. Verfassungsrechtliche Rechtfertigung
- 1. Vorüberlegung: Feststellung des Prüfungsmaßstabes
  Leichtere oder schwerere Ungleichbehandlung mit Folge der Anwendbarkeit der Willkür- oder der Neuen Formel
- 2. Verfassungsrechtliche Rechtfertigung
  - a) Existenz einer gesetzlichen Grundlage für die Ungleichbehandlung
    - aa) Formelle Verfassungsmäßigkeit
    - bb) Materielle Verfassungsmäßigkeit, insb. bei
      - (1) Willkürformel: Feststellung eines sachlichen Grundes
      - (2) Neue Formel: Prüfung der Verhältnismäßigkeit
- 3. Ggf. Frage nach Rechtfertigung von Ungleichbehandlungen bei der Gesetzesanwendung nach den vorgenannten Kriterien

---

[35] Nicht ganz eindeutig insoweit *Pieroth/Schlink/Kingreen/Poscher*, Staatsrecht II, Rn. 506 einerseits und 539 andererseits; jedenfalls sollte in der Prüfung von Art. 33 Ab. 1 GG und Art. 3 Abs. 1 GG nebeneinander in jedem Fall ein inhaltlicher Gleichlauf, d.h. ein gleiches Ergebnis festzustellen sein.

[36] Dazu oben Kap. 7 H.

II. Anpassung der Prüfungsschemas für die Diskriminierungsverbote des Art. 3 Abs. 3 GG

Besonderheiten ergeben sich bei den **Diskriminierungsverboten** zunächst bez. des Prüfpunktes (**I.**): Anstelle der Feststellung einer relevanten Ungleichbehandlung und der Vergleichsgruppenbildung ist hier festzustellen, ob eine rechtliche Besser- oder Schlechterstellung auf einem Anknüpfen an Kriterien des Art. 3 Abs. 3 GG erfolgt.

In der Rechtfertigungsprüfung sollte dann differenziert werden zwischen der Anknüpfung an das **Geschlecht** oder eines der **übrigen Kriterien** des Art. 3 Abs. 3 GG.

Bei Anknüpfung an das Geschlecht kann

- bei **Bevorzugung** von Frauen zunächst nach einer Rechtfertigung aus Art. 3 Abs. 2 S. 2 GG gefragt werden.
- bei **Bevorzugung** von Frauen ggf. weiterhin gefragt werden, ob diese durch zwingende biologische Unterschiede zwischen Frauen und Männern geboten ist.
- bei **Benachteiligungen** von Frauen – auch bei einer behaupteten Verletzung von Art. 3 Abs. 2 S. 1 GG – gefragt werden, ob für die Ungleichbehandlung zwingende **biologische** Unterschiede zwischen Frauen und Männern eine Rolle spielen, die eine Gleichbehandlung von Frauen ausschließen.

Bez. der **übrigen** Kriterien des Art. 3 Abs. 3 S. 1 GG ist zu fragen:

- nach **kollidierenden Verfassungsrechtsgütern** zu fragen, die die Differenzierung tragen,
- sodann nach anderen **zwingenden Gründen**, die ausnahmsweise als Rechtfertigung dienen können.

Kapitel 10: Individualverfassungsbeschwerde

Grundrechte sind primär Abwehrrechte gegen den Staat. Trotz der grundsätzlichen Verpflichtung, Grundrechte des Bürgers zu achten, ist es möglich, dass es zu ungerechtfertigten Grundrechtsverkürzungen kommt, bzw. dass der Bürger Grundrechtsverletzungen vermutet. Die Verletzung von Grundrechten **prozessual** vor dem Bundesverfassungsgericht geltend zu machen, ist Aufgabe der **Individualverfassungsbeschwerde** nach Art. 93 Abs. 1 Nr. 4a GG.

Wenn von der „**Verfassungsbeschwerde**" die Rede ist, bezeichnet dies zumeist die Individualverfassungsbeschwerde nach Art. 93 Abs. 1 Nr. 4a GG, auch wenn die in Art. 93 Abs. 1 Nr. 4b GG geregelte Kommunalverfassungsbeschwerde ebenso „Verfassungsbeschwerde" ist. Die Kommunalverfassungsbeschwerde kann aber nur auf die Behauptung einer Verletzung der kommunalen Selbstverwaltungsgarantie aus Art. 28 Abs. 1 GG gestützt werden. Im Weiteren ist mit Verfassungsbeschwerde stets die Individualverfassungsbeschwerde gemeint.

A Allgemeines

I. Entstehungsgeschichte und rechtlicher Rahmen

Die Verfassungsbeschwerde war ursprünglich **nicht** unmittelbar im **Grundgesetz** geregelt. Vielmehr entscheid das Bundesverfassungsgericht gem. Art. 93 Abs. 2 GG wie heute *„ferner in den ihm sonst durch Bundesgesetz zugewiesenen Fällen"*. Zu diesen bundesgesetzlich geregelten Fällen gehörte auch die Verfassungsbeschwerde nach §§ 90 ff. BVerfGG, die dort seit 1951 als Verfahrensart enthalten war. Im Jahre 1969 gelangte die Verfassungsbeschwerde durch Änderung des Grundgesetzes im Zuge der Umsetzung der Notstandsverfassung in Art. 93 Abs. 1 Nr. 4a GG.

Art. 93 Abs. 1 Nr. 4a GG beinhaltet lediglich die Vorgabe, dass Verfassungsbeschwerden von ***„jedermann"*** mit der Behauptung erhoben werden können, *„durch die öffentliche Gewalt in einem seiner Grundrechte oder in einem seiner in Artikel 20 Abs. 4, 33, 38, 101, 103 und 104 enthaltenen Rechte verletzt zu sein."* Die insoweit abschließende Aufzählung der Zuständigkeiten des Bundesverfassungsgerichts in § 13 BVerfGG nennt die Verfassungsbeschwerde unter Nr. 8a. Die genauen Zulässigkeitsvoraussetzungen ergeben sich dann aus §§ 90 ff. BVerfGG.

B Zulässigkeitsvoraussetzungen, Begründetheit und Aufbauschema

I. Zulässigkeitsvoraussetzungen

Die **Zulässigkeitsvoraussetzungen** ergeben sich – wie ausgeführt – im Wesentlichen aus §§ 90 ff. BVerfGG.

1. Zuständigkeit des Bundesverfassungsgerichts

Mit der Frage nach der **Zuständigkeit** des Bundesverfassungsgerichts wird ermittelt, ob der Rechtsweg zum Bundesverfassungsgericht eröffnet ist, da das Bundesverfassungsgericht nur in den in den Gesetzen vorgesehenen Fällen tätig wird. Dies ergibt sich zum einen aus Art. 93 Abs. 1 Nr. 4a GG, zum anderen aus § 13 Nr. 8a BVerfGG.

> **Merke:**
> Der Prüfpunkt „Zuständigkeit des Bundesverfassungsgerichts" ist ein typischer Fall von Rückenmarksreflex, d.h. ohne großes Nachdenken hinzuschreiben.
> *„Das Bundesverfassungsgericht ist gem. Art. 93 Abs. 1 Nr. 4a GG, § 13 Nr. 8a BVerfGG zuständig für die Entscheidung über Individualverfassungsbeschwerden."*

2. Beschwerdeberechtigung

Die **Beschwerdeberechtigung** (auch Antragsberechtigung oder Beschwerdefähigkeit) knüpft an das Merkmal der Grundrechtsberechtigung an, also an die Frage, ob derjenige, der sich an das Bundesverfassungsgericht wendet, Träger von Grundrechten sein kann. Anknüpfungspunkt für die Prüfung ist der Begriff **„jedermann"** in Art. 93 Abs. 1 Nr. 4a GG und § 90 BVerfGG: „Jedermann" ist jeder, der sich auf Grundrechte oder grundrechtsgleiche Rechte berufen kann.

Damit ist im Prüfpunkt Beschwerdeberechtigung völlig **ohne Belang**, ob es sich bei demjenigen, der die Verfassungsbeschwerde einlegt, um eine natürliche Person oder um eine juristische Person handelt, ob die natürliche Person die deutsche Staatsangehörigkeit hat, Unionsbürger oder Nicht-EU-Ausländer ist, ob die juristische Person inländisch oder ausländisch ist oder ob die juristische Person eine solche des Privatrechts oder des öffentlichen Rechts ist, denn:

> Jeder natürlichen Person sind jedenfalls die Jedermanngrundrechte zugänglich, jede juristische Person, gleich ob inländisch, ausländisch, des Privatrechts oder des öffentlichen Rechts kann sich jedenfalls auf die grundrechtsgleichen Justizgrundrechte berufen.[1]

Damit **erübrigt** sich im Prüfpunkt „Beschwerdeberechtigung" aber auch jede **Stellungnahme**, welcher **Typ** von Grundrecht vom Beschwerdeführer (dem, der die Verfassungsbeschwerde einlegt) geltend gemacht wird, Deutschen- oder Jedermannrecht, oder dem Wesen nach auf juristische Personen abwendbare oder nicht anwendbare Grundrechte (Art. 19 Abs. 3 GG). Diese Darstellung ist dem Prüfpunkt „Beschwerdebefugnis" vorbehalten, wo gefragt wird, ob eine Verletzung in dem als verletzt gerügten Grundrecht möglich ist oder nicht.

---

1 Dazu oben Kap. 7 D 1.

> **Merke:**
> Über die Frage der Beschwerdeberechtigung kann man somit letztlich Tische und Hunde von der Verfassungsbeschwerde ausschließen (oder Katzen – wenn man Hunde nicht mag und Katzen vorzieht![2]).

3. Beschwerdegegenstand

Der **Beschwerdegegenstand** ist der **Akt** der **öffentlichen Gewalt**, aus dem sich eine Grundrechtsverletzung ergeben kann. Anknüpfungspunkt ist der Begriff „durch die öffentliche Gewalt" in Art. 93 Abs. 1 Nr. 4a GG, § 90 Abs. 1 BVerfGG. Akte der öffentlichen Gewalt sind solche der Legislative, der Exekutive und der Judikative.

- Akte der Legislative sind Rechtssetzungsakte durch Parlamentsgesetze.
- Akte der Exekutive sind Rechtsanwendungsakte, so bspw. Verwaltungsakte. Unter den Begriff der Exekutive fallen dabei auch Akte untergesetzlicher Normsetzung, so durch Rechtsverordnungen und Satzungen.
- Akte der Judikative sind vornehmlich Urteile der Gerichte.

Zu empfehlen ist, erst **aufzuzählen**, welche Akte der öffentlichen Gewalt es gibt und dann auszuführen, dass Beschwerdegegenstand hier ein Akt der Legislative, Exekutive oder Judikative ist.

> **Merke:**
> Der Prüfungspunkt „Beschwerdegegenstand" muss in Beziehung zu anderen Prüfpunkten, insb. der Beschwerdebefugnis und der Rechtswegerschöpfung gesehen werden. Deswegen muss man, wenn man den richtigen Beschwerdegegenstand sucht, die weitere Prüfung im Blick behalten.
> So kann eine Belastung in einem Gesetz wurzeln, so dass dieses tauglicher Beschwerdegegenstand sein könnte. Allerdings ist man, wenn die eigentliche Belastung nicht im Gesetz liegt, sondern in der Anwendung auf den Einzelfall, beschwerdebefugt nur gegen die Rechtsanwendung. Handelt es sich bspw. hierbei um einen Verwaltungsakt, wäre dieser als Akt der Exekutive zwar tauglicher Beschwerdegegenstand, allerdings muss hiergegen erst der einfachgerichtliche Rechtsschutz ausgeschöpft werden, bevor man Verfassungsbeschwerde erheben kann. Dann wäre erst das letztinstanzliche Urteil der richtige Beschwerdegegenstand.

Der Betroffene kann dann, wenn er ein letztinstanzliches Urteil anficht, jede ihn belastende **Einzelentscheidung** als Beschwerdegegenstand angreifen. Wenn gegen ihn bspw. ein belastender Verwaltungsakt ergeht, den er in der ersten Instanz erfolgreich anficht, wogegen die Behörde aber Rechtsmittel einlegt und in zweiter und dritter Instanz obsiegt, muss Beschwerdegegenstand das letztinstanzliche Urteil sein, der Ursprungsverwaltungsakt und das Urteil zweiter Instanz kann eingeschlossen werden.

---

2 Dazu oben Kap. 2 D VII 1.

4. Beschwerdebefugnis

In der Beschwerdebefugnis wird überprüft, ob die **Möglichkeit** besteht, dass der Beschwerdeführer durch den zuvor festgestellten Akt der öffentlichen Gewalt in seinen Grundrechten verletzt ist. Notwendig ist, in der Prüfung die als verletzt in Betracht kommenden Rechte zu benennen.

a) Substantiierte Behauptung einer Grundrechtsverletzung

Aus dem substantiierten, also mit Tatsachen belegten Sachvortrag des Beschwerdeführers muss sich die Möglichkeit ergeben, dass er in seinen Grundrechten verletzt ist. Dabei sind die Anforderungen, die in der Klausur an die **Substantiiertheit** zu stellen sind, nicht sonderlich hoch. Alles, was bei lebensnaher Betrachtung in Betracht kommt, kann angesprochen werden.

> **Merke:**
> Es gibt zwei Typen von Sachverhalten, die es hier zu unterscheiden gilt:
> Der eine Typus ist der, in dem der Beschwerdeführer rügt, „mein Art. 14 Abs. 1 GG, mein Art. 12 Abs. 1 GG, mein Art. 3 Abs. 1 GG und mein Art. 2 Abs. 1 GG ist verletzt."
> Damit steht das Prüfprogramm (Art. 14 Abs. 1 GG, Art. 12 Abs. 1 GG, Art. 2 Abs. 1 GG [Freiheit vor Gleichheit![3]], Art. 3 Abs. 1 GG).
> Der andere Typus ist der, in dem der Beschwerdeführer rügt, „meine Grundrechte, meine Grundrechte!" Hier muss man sich selbst – realistisch – überlegen, was in Betracht kommt. Falsch wäre es zu sagen: „Ist doch gar nicht substantiiert!"

Wieviel man in der Beschwerdebefugnis prüft, ist Geschmackssache. Die eine Möglichkeit (**Weg 1**) ist, nach der Toyota-Werbung zu verfahren: „Nichts ist unmöglich!" Das heißt, man sammelt alles, was so in Betracht kommt und schleppt es in die Begründetheit mit.

Die andere Möglichkeit (**Weg 2**) ist, taktisch zu denken, und hier schon einmal auszuharken, was offenbar nicht gewollt ist. Auch können Probleme, die man gerne schon mal abgehandelt hat, hier vorgezogen werden (Man weiß ja nie, wieviel Zeit man am Ende noch hat!).

Beispiel:

- Die X-AG fühlt sich menschenunwürdig behandelt.

Weg 1: „Nichts ist unmöglich!" Dann muss man in der Begründetheit, dort spätestens im persönlichen Schutzbereich, feststellen, dass das Grundrecht wesensmäßig nicht anwendbar ist. – Nicht vorzugswürdig!

Weg 2: Die Menschenwürde ist dem Wesen nach nicht auf juristische Personen anwendbar, Möglichkeit einer Grundrechtsverletzung insoweit ausgeschlossen; in der Folge fliegt Art. 1 Abs. 1 GG in der Beschwerdebefugnis raus. – Vorzugswürdig!

---

[3] Dazu oben Kap. 7 F I 1.

- Der griechische Kioskbesitzer G beruft sich auf die Berufsfreiheit.

Weg 1: „Nichts ist unmöglich!" Dann muss man das Problem der Berufung von EU-Ausländern auf Deutschengrundrechte in der Begründetheit, dort im persönlichen Schutzbereich des Art. 12 Abs.1 GG prüfen.
Weg 2: Man trägt das Problem hier aus und greift im persönlichen Schutzbereich auf die Ausführungen zurück. – Gleichwertig.

- Der türkische Kioskbesitzer T beruft sich auf die Berufsfreiheit.

Weg 1: „Nichts ist unmöglich!" (Vielleicht bekommt die Türkei zwischen Zulässigkeit und Begründetheit spontan die EU-Mitgliedschaft verliehen!), dann muss in der Begründetheit, dort im persönlichen Schutzbereich, der türkische Staatsbürger aus dem Schutzbereich des Art. 12 Abs. 1 GG ausgeschieden und stattdessen das Auffanggrundrecht Art. 2 Abs. 1 GG geprüft werden. – Nicht vorzugswürdig!
Weg 2: Man stellt fest, dass Art. 12 Abs. 1 GG Deutschenrecht ist, stellt fest, dass der T auch nicht EU-Ausländer ist, schließt ihn in der Beschwerdebefugnis aus Art. 12 Abs. 1 GG aus (keine Möglichkeit der Verletzung insoweit) und verweist ihn in der Beschwerdebefugnis auf das Auffanggrundrecht Art. 2 Abs. 1 GG. – Vorzugswürdig!

- Der deutsche Kioskbesitzer D macht mit Alkoholika nach 22 Uhr 20 % seines Umsatzes; der Alkoholverberkauf nach 22 Uhr wird untersagt. Der D beruft sich, obgleich keine Existenzgefährdung gegeben ist, auf Art. 14 Abs. 1 GG, daneben auf Art. 12 Abs. 1 GG.

Weg 1: „Nichts ist unmöglich!" – Schließlich hat D Eigentum am Kiosk (wie auch immer[4]); die Frage der fehlenden Existenzgefährdung (kein Eingriff in das Erworbene, also den Bestand des Eigentums) ist dann im Eingriff zu prüfen.
Weg 2: Man stellt in der Beschwerdebefugnis fest, dass zwar Eigentum besteht, aber keine Gefährdung des Erworbenen gegeben ist – Damit Verletzung des Art. 14 Abs. 1 GG nicht möglich. – Gleichwertig.

Grobe Richtlinie: Je mehr man unten (Begründetheit) noch zu tun hat, desto mehr sollte man oben (Beschwerdebefugnis) ausharken.

b) Qualifizierte Betroffenheit

Über die Darlegung zur Möglichkeit einer Grundrechtsverletzung muss in der Beschwerdebefugnis festgestellt werden, dass der Beschwerdeführer **qualifiziert**, d.h. selbst, gegenwärtig und unmittelbar betroffen ist.

[4] Dazu oben Kap. 8 N III 1 a.

aa) Selbstbetroffenheit

Die **Selbstbetroffenheit** ist in der Regel am wenigsten problematisch. Zum Ausschluss von „Popularverfassungsbeschwerden" muss vorgetragen werden, dass der Beschwerdeführer in einem *seiner* Grundrechte verletzt ist, die Beschwer also in seiner Person vorliegt.

Beispiel:
Der tapfere Ritter der Gerechtigkeit R erfährt, dass die taubenfütternde Oma O letztinstanzlich wegen ihres ordnungswidrigen Verhaltens – Taubenfüttern entgegen dem bußgeldbewehrten Fütterungsverbots – bestraft wurde. Dass kann R nicht auf O sitzenlassen und erhebt Verfassungsbeschwerde wegen Verletzung des Art. 2 Abs. 1 GG, aber eben wegen des Art. 2 Abs. 1 GG der O.
Mit der Zulässigkeit der Verfassungsbeschwerde des R ist Essig, nicht *seine* Grundrechte sind betroffen.

Eine Formulierung könnte sein: „Der B macht hier seine Grundrechte im eigenen Namen geltend und ist damit selbst betroffen." Bei Stellvertretungen (Eltern für Kinder) würde man schreiben. „Hier machen die Eltern der Kindes K im Rahmen ihres elterlichen Stellvertretungsrechts das Grundrecht des K aus Art. 4 Abs. 1, 2 GG geltend.

Problematisch kann die Selbstbetroffenheit allenfalls sein, wenn der Beschwerdeführer nicht selbst unmittelbarer **Adressat** einer staatlichen Maßnahme ist.

Beispiel:
So ist der Sonnenstudiobesitzer S, der gem. § 4 Gesetz über nichtionisierende Strahlung bei der Anwendung am Menschen (NiSG) Minderjährige nicht auf den Teutonengrill lassen darf, selbst in Art. 12 Abs. 1 GG betroffen. Der minderjährige Kunde von Sonnenstudios ist durch das Verbot aber auch selbst – jedenfalls in Art. 2 Abs. 1 GG – betroffen, da er nicht mehr auf den Grill darf wie er will.

---

bb) Gegenwärtige Betroffenheit

Die **Gegenwärtigkeit** der Beschwer ist gegeben (der Beschwerdeführer also gegenwärtig betroffen), wenn der Beschwerdeführer <u>*schon*</u> und <u>*noch*</u> betroffen ist. Die Prüfung ist dem Umstand geschuldet, dass man sich nicht wegen noch nicht gelegter oder schon verspeister Eier erregen dürfen soll.

Die gegenwärtige Beschwer ist unproblematisch, wenn bspw. ein Gesetz schon in Kraft ist und auf den Beschwerdeführer spürbare Rechtswirkungen entfaltet. Auch vermittelt ein ergangenes Urteil schon und noch Rechtswirkungen, bspw. wenn ein bestimmtes Verhalten (das Taubenfüttern für Oma O) endgültig verboten wird.

Ein **Sonderfall** ist gegeben, wenn der Betroffene von der Beschwer zu der Zeit, in der sie gegeben war, nichts wusste und sich entsprechend nicht dagegen wehren konnte. Dann ist das Merkmal der Gegenwärtigkeit erweitert auszulegen.

Beispiel:
Rocker R wird von der Polizei in seiner Kneipe abgehört, um an Informationen über geplante Straftaten gelangen zu können. Nachdem der R auch in der dritten Woche permanent über sein Motorrad und sein gichtgeplagtes Mütterlein schwafelt, bricht die Polizei die Abhörmaßnahme ab und unterrichtet den R entsprechend der gesetzlichen Vorschriften über die abgelaufene Abhöraktion. Hier ist R eigentlich nicht mehr betroffen, also nicht gegenwärtig beschwert. Da er aber zur Zeit der Abhörmaßnahme nichts davon wusste, steht die fehlende Gegenwärtigkeit der Beschwer einer Verfassungsbeschwerde, bspw. gestützt auf Art. 13 GG, nicht entgegen.

Ein weiterer Sonderfall ist die sog. „**Schonbetroffenheit**". Hier entfaltet eine Regelung noch keine aktuelle Beschwer, es würde für den Betroffenen aber nichts bringen, den Eintritt dieser aktuellen Beschwer abzuwarten. Dies gilt insb., wenn der potentiell Betroffene jetzt schon Dispositionen treffen muss, obwohl er der Regelung noch nicht unmittelbar unterfällt.

Beispiel:
Fall 1:
Der Berufsanfänger B, 23 Jahre alt, erfährt, dass er aufgrund einer gesetzlichen Neuregelung seinen Beruf nicht mehr beliebig lang, sondern nur bis zum siebzigsten Lebensjahr wird ausüben können. Zwar ist das Gesetz schon und noch in Kraft, die Auswirkungen der Regelung sind aber so fern, dass B, bspw. was die Sicherung seiner Altersversorgung angeht, noch nicht als beschwert anzusehen ist.
Fall 2:
Der gleiche Beruf, das gleiche Gesetz, aber nunmehr regt sich der alte Hase H auf, der 60 Jahre alt ist und seine Altersversorgung auf die sichere Basis: „Arbeiten, bis ich tot umfalle" gegründet hat. Auch für ihn greift die Altersgrenze noch nicht. Wenn er aber mit 60 Jahren eine alternative Altersversorgung aufbauen muss, sollte er sich langsam mal sputen. H ist also im Sinne der „Schonbetroffenheit" schon durch das Gesetz betroffen.

Die Schonbetroffenheit ist dabei häufig mit wertenden Gesichtspunkten behaftet, so dass das Ergebnis nicht immer ganz eindeutig ist. Wann setzt in den obigen Beispielen die Schonbetroffenheit ein? Mit vierzig, fünfzig oder erst mit sechzig Lebensjahren?

Merke:
Das Luftsicherheitsgesetz sah vor, dass Flugzeuge, die entführt und als Waffe missbraucht werden sollten, von der Bundeswehr abgeschossen werden durften.[5] Hiergegen wurde Verfassungsbeschwerde eingelegt. Das Bundesverfassungsgericht hat über die Frage der gegenwärtigen Beschwer kein Wort verloren. Man hätte dem Beschwerdeführer halt schlecht vorhalten können: *„Hör mal gut zu: Du kauft Dir jetzt einfach ein Netzticket von AirBerlin, cruist mal so'n bisschen durch die Lüfte, und wenn Dein Flugzeug entführt wird und abgeschossen zu werden droht, dann rufst'e uns an und dann schau'n wir mal."*

cc) Unmittelbare Betroffenheit

Die **Unmittelbarkeit** der Beschwer ist anzunehmen, wenn die Beschwer gerade durch den angegriffenen Akt der öffentlichen Gewalt, also nicht erst durch einen vermittelnden Zwischenakt erfolgt. *„Setzt die Durchführung der angegriffenen Vorschrift rechtsnotwendig oder auch nur nach der tatsächlichen Verwaltungspraxis einen besonderen Vollzugsakt voraus, muss der Beschwerdeführer grundsätzlich zunächst diesen Akt angreifen [...], bevor er die Verfassungsbeschwerde erhebt."*[6] Derjenige, der sich bspw. direkt gegen ein Gesetz wendet, das bei Vorliegen des Verdachts schwerster Straftaten ein Abhören ermöglicht, ist dadurch nicht unmittelbar betroffen.

Unmittelbar betroffen ist derjenige durch ein Gesetz, das **selbstvollziehend** („self-executing") ist, das also einen Normbefehl ohne weiteren Vollzugsakt ausspricht.

Beispiel:
Ein Landesgesetz verlangt, dass von jeder Auflage eines in dem betreffenden Land erschienenen Buches unterschiedslos ein Exemplar an die Landesbibliothek abzuführen ist – selbstvollziehendes Gesetz, Unmittelbarkeit der Beschwer gegeben.
Ein Landesgesetz verlangt, dass von jeder Auflage eines in dem betreffenden Land erschienenen Buches ein Exemplar der Landesbibliothek angedient wird. Diese entscheidet dann durch Verwaltungsakt, ob das Buch in den Bibliotheksbestand übernommen wird – kein selbstvollziehendes Gesetz: Unmittelbar belastet ist nur der, der den Überlassungsverwaltungsakt erhält. Dieser muss zunächst verwaltungsgerichtlich angefochten und kann letztendlich mit der Verfassungsbeschwerde angegriffen werden.

Das Abwarten von Vollzugsakten wird insb. dann nicht verlangt, wenn es **unzumutbar** ist. Dies ist etwa dann gegeben, wenn ein Gesetz ein bestimmtes Verhalten unter Strafe stellt oder als Ordnungswidrigkeit verfolgbar macht. Wenn man sich erst strafbar machen müsste, um gegen ein Gesetz Verfassungsbeschwerde einlegen zu können, wäre das nicht zumutbar.[7]

---

5 BVerfGE 115, 118 ff. – Luftsicherheitsgesetz.

6 *BVerfG*, NVwZ 2009, 103, 105.

7 Vgl. auch *Manssen*, Staatsrecht II, Rn. 879.

5. Rechtswegerschöpfung und Subsidiarität

Das Erfordernis der **Rechtswegerschöpfung** und der Grundsatz der **Subsidiarität** dienen der Entlastung des Bundesverfassungsgerichts. Zugleich wird mit dem Kriterium der Rechtswegerschöpfung das Verhältnis zwischen Fachgerichtsbarkeit und den außerordentlichen Rechtsbehelfen zum Verfassungsgericht deutlich.[8] Bevor man das Bundesverfassungsgericht anruft, soll man jede andere Möglichkeit ausgenutzt haben, um eine Verletzung seiner Grundrechte zu beseitigen. Dabei ist die Rechtswegerschöpfung nur ein Unterfall, zugleich aber der wichtigste Unterfall der Subsidiarität.

a) Rechtswegerschöpfung

Das Gebot der Rechtswegerschöpfung ergibt sich aus§ 90 Abs. 2 S. 1 BVerfGG. Der Rechtsweg ist erschöpft, wenn der Betroffene die Rechtsbehelfe, die das einfache Recht zur Verfügung stellt, erfolglos genutzt hat, einschließlich eines zur Verfügung stehenden **Instanzenzuges.**

> Merke:
> Das Kriterium der Rechtswegerschöpfung ist, soweit ein Rechtsweg eröffnet ist, anzusprechen. Am häufigsten dürfte aber der Fall sein, in dem sich der Beschwerdeführer „gegen das letztinstanzliche Urteil“ wendet. In diesen Fällen reicht der Hinweis: „Der Beschwerdeführer hat den Rechtsweg erschöpft.“

b) Subsidiarität der Verfassungsbeschwerde

Neben dem formalen Rechtsweg sollen aber auch alle anderen **Möglichkeiten ausgeschöpft** werden, die Grundrechtsverletzung zu beseitigen, bevor das Bundesverfassungsgericht angerufen wird. Hierzu gehört bspw. die Anrufung von Organen, die nicht Gerichte sind, so die sog. G 10-Kommission des Bundestages bei Verletzungen der Brief-, Post- und Fernmeldegeheimnisses nach Art. 10 GG.

Hoheitsakte, gegen die kein Rechtsweg gegeben ist, sind bspw. bestimmte Beschlüsse von Obergerichten, so etwa in Kostenfragen. Hier kann der Grundsatz der Subsidiarität gebieten, vor Erhebung der Verfassungsbeschwerde Gegenvorstellungen als nicht förmlichen Rechtsbehelf zu äußern.

---

[8] *Bethge* in Maunz/Schmidt-Bleibtreu/Klein/Bethge, BVerfGG-Kommentar, § 90 BVerfGG Rn. 377 f.

c) Durchbrechung der Rechtswegerschöpfung und des Grundsatzes der Subsidiarität

§ 90 Abs. 2 S. 2 BVerfGG sieht **Ausnahmen** von der Notwendigkeit der Rechtswegerschöpfung und vom Grundsatz der Subsidiarität vor, wenn die Verfassungsbeschwerde von allgemeiner **Bedeutung** ist oder wenn dem Beschwerdeführer ein schwerer und unabwendbarer **Nachteil** entstünde, falls er zunächst auf den Rechtsweg verwiesen würde.

Beispiel:
Eine Verfassungsbeschwerde von allgemeiner Bedeutung hat das Bundesverfassungsgericht angenommen für die Frage der Fortgeltung der Mietpreisbindung in den neuen Ländern, gemessen an Art. 14 GG der Vermieter.[9]

Besonders strenge Anforderungen stellt das Bundesverfassungsgericht an die Voraussetzungen einer **Unzumutbarkeit** der vorherigen Beschreitung des Rechtswegs. Bejaht wurde dies bspw. im Falle einer fehlerhaften Belehrung durch das erkennende Gericht, dass keine weiteren Rechtsmittel zur Verfügung stünden.[10] Ausnahmsweise soll dies auch gegeben sein, wenn eine gefestigte Rechtsprechung den Rechtsschutz aussichtslos erscheinen lässt.[11]

Merke:
In Klausurfällen ist die Behauptung der Unzumutbarkeit einer Rechtswegerschöpfung zumeist unbeachtlich, es sei denn, es würden ganze Wälder von Zaunpfählen auf die Unzumutbarkeit hindeuten.

d) Kein Rechtsweg eröffnet

In verschiedenen Fällen ist kein Rechtsweg eröffnet. So existiert kein Rechtsweg gegen **formelle Gesetze**. Auch gibt es keinen Rechtsweg gegen Bundes-Rechtsverordnungen. Dies zeigt ein Blick in § 47 Abs. 1 Nr. 2 VwGO, wo „im Rang unterhalb des Landesgesetzes" stehende Rechtsvorschriften vor dem Oberverwaltungsgericht angefochten werden können, „wenn das Landesrecht dies bestimmt".

Ist Beschwerdegegenstand also eine selbstvollziehende Norm dieser Art, ist der Rechtsweg nicht gegeben und damit auch nicht zu erschöpfen. Es bietet sich folgende Formulierung an:

> „Das Erfordernis der Rechtswegerschöpfung ist hier mangels Eröffnung eines Rechtsweges nicht zu erfüllen."

---

9 *BVerfG*, NJW 1995, 511, 511.

10 Pieroth/Schlink/Kingreen/Poscher, Staatsrecht II, Rn. 1265.

11 So BVerfGE 84, 59, 72 für den Fall der Nichtzulassungsbeschwerde zum Bundesverwaltungsgericht gegen die Nichtzulassung der Revision durch die Vorinstanz.

Merke:
In NRW ist die Anfechtung untergesetzlicher Rechtsnormen des Landesrechts nicht vorgesehen. Sofern diese also zulässiger Weise selbst Gegenstand einer Verfassungsbeschwerde sein können (insb. mit Blick auf die Unmittelbarkeit der Beschwer), ist kein Rechtsweg zu erschöpfen.

6. Form, Begründung und Frist

a) Form

Die Form einer Verfassungsbeschwerde ergibt sich aus § 23 Abs. 1 S. 1 BVerfGG. Sie ist **schriftlich** zu erheben.

Beispielfall 53:
Die D holt ihr schönstes Briefpapier aus dem Schreibtisch, auf dem all ihre persönlichen Daten, Anschrift, Telefonnummer und ihr Name einschließlich aller sechs Vornamen, die ihre Eltern (vermutlich ein Einzelkind) liebevoll für sie ausgesucht haben, vermerkt sind.
Sie verfasst in ihrer schönsten Schrift eine galant zu lesende Verfassungsbeschwerde mit allen Details des Unrechts, das ihr widerfahren ist. Erschöpft von diesem Tun bettet sie ihr Haupt zur Ruhe, um die Verfassungsbeschwerde am nächsten Tag noch einmal zu lesen, dann zu unterschreiben und abzuschicken. Aber die D ist ein Dummerle. Am nächsten Tag kann sie sich nicht mehr an ihren Vorsatz erinnern, tütet die Verfassungsbeschwerde ohne Unterschrift ein und schickt sie ans Bundesverfassungsgericht.
Ist die Verfassungsbeschwerde formgerecht erhoben?

Was genau Gegenstand des Schriftformerfordernisses ist, ist umstritten und hängt an der Funktion, die das Bundesverfassungsgericht mit der Schriftform verbindet. Zunächst besagt das Gesetz nicht das „Schriftform" zu wahren sei. Mit „Schriftform" ließe sich ein Rückgriff auf § 126 Abs. 1 BGB vertreten, der eine **eigenhändige Unterschrift** verlangt.

Prinzipiell verlangt das Bundesverfassungsgericht eine eigenhändige Unterschrift. Allerdings kann, da es vornehmlich auf die **Erkennbarkeit** des Ausstellers ankommt, eine fehlende Unterschrift dann unbeachtlich sein, wenn sich aus dem Kontext auf die Person des Verfassers schließen lässt.[12] Es muss auch darauf zu schließen sein, dass es sich um eine **willentliche** Übermittlung handelt.

---

[12] *V. Coelln* in Maunz/Schmidt-Bleibtreu/Klein/Bethge, BVerfGG-Kommentar, § 23 BVerfGG Rn. 19.

Lösung zu Beispielfall 53:
Angesichts der Angaben, die sich aus dem Schriftstück über die Person der D entnehmen zu lassen, ist anzunehmen, dass diese als Verfasserin erkennbar ist und sie sich die Verfassungsbeschwerdeschrift auch zurechnen lassen will. So kann ausnahmsweise von einer formgerechten Verfassungsbeschwerde auch ohne Unterschrift ausgegangen werden.

Geht dem Bundesverfassungsgericht ein nicht unterzeichnetes Schriftstück eines bevollmächtigten **Anwalts** zu, dürfte dies strenger zu behandeln sein. Hier ist nicht sicher, ob es sich bei der Verfassungsbeschwerdeschrift nicht um einen Entwurf handelt. Notfalls müsste in einem solchen Fall bei nicht formgerechter Einlegung innerhalb der Frist Wiedereinsetzung gewährt werden (§ 93 Abs. 2 BVerfGG).

Nicht möglich ist eine **mündliche** Einlegung oder eine Einlegung zur Niederschrift. Andere zugelassene Formen der Beschwerdeeinlegung sind dagegen die Einlegung durch Telegramm, durch Fernschreiben oder Bildschirmtext; all diese Übertragungsformen kennt man aber nur noch aus Romanen und schlechten Filmen.

Häufiger ist dagegen die Einlegung – unproblematisch – durch **Telefax**, aber auch durch **Computerfax** mit Unterschriftenersatz oder eingescannter Unterschrift. Hier wird wieder auf die eingangs skizzierte Funktion der Schriftform interessant. Die Person des Erklärenden muss durch die eingescannte Unterschrift oder durch den Ersatzvermerk ausreichend bestimmt werden können. Auch der Wille, einen solchen Schriftsatz dem Gericht zuzuleiten, muss erkennbar sein. Da dies bei beiden Formen des Computerfaxes gegeben sein dürfte, ist das Computerfax zugelassen. Dies gilt jedenfalls dann, wenn die „Briefform" nicht eingehalten werden kann.

Problematisch ist nach wie vor die Einlegung durch **E-Mail**. Zwar unterhält das Bundesverfassungsgericht auf seiner Homepage mittlerweile ein Webformular[13] (und auch eine Mailadresse), vermerkt dazu aber zugleich: *„Dieser Kommunikationsweg steht ausschließlich für Verwaltungsangelegenheiten zur Verfügung. Es wird darauf hingewiesen, dass mit diesem Kommunikationsmittel Verfahrensanträge oder Schriftsätze nicht rechtswirksam eingereicht werden können. Sollte Ihre Nachricht einen entsprechenden Schriftsatz beinhalten, ist eine Wiederholung der Übermittlung mittels Telefax (Nr.: +49 721 9109-382) oder auf dem Postwege unbedingt erforderlich."* Damit dürfte eine Einlegung durch Webformular oder E-Mail nicht zulässig sein.[14]

---

13 https://www.bundesverfassungsgericht.de/DE/Service/Kontakt/kontakt_node.html;jsessionid=EEFB5273A 99A0D5AC7D2A93A18C650F6.2_cid383, zuletzt abgerufen am 17.06.2016.

14 Anders *Pieroth/Schlink/Kingreen/Poscher*, Staatsrecht II Rn. 1268.

b) Begründung

Gem. § 23 Abs. 1 S. 2, 92 BVerfGG ist die Verfassungsbeschwerde zu **begründen**. Dabei verlangt § 92 BVerfGG, *„das Recht, das verletzt sein soll, und die Handlung oder Unterlassung des Organs oder der Behörde, durch die der Beschwerdeführer sich verletzt fühlt, zu bezeichnen."* Letztlich muss also als Begründung gegeben werden, was der Inhalt der Beschwerdebefugnis[15] ist. Die verletzten Rechte müssen nicht mit Artikel, Absatz, Satz aufgeführt sein, es reicht, wenn sie dem Inhalt nach angegeben werden. („Hilfe, meine Filmfreiheit!" nicht zwingend „Hilfe, mein Grundrecht aus Art. 5 Abs. 1 S. 2 3. Var. GG!").

c) Frist

Die **Fristen** für die Verfassungsbeschwerde ergeben sich aus § 93 Abs.1 und 3 BVerfGG. Für Urteilsverfassungsbeschwerden beträgt die Frist **einen Monat** ab *„Zustellung oder formlosen Mitteilung der in vollständiger Form abgefassten Entscheidung"*, dh in der Klausur ab Zustellung (§ 93 Abs. 1 S. 1 BVerfGG).

Wenn sich die Verfassungsbeschwerde gegen ein **Gesetz** richtet, oder gegen einen anderen Hoheitsakt, gegen den kein Rechtsweg eröffnet ist, beträgt die Frist ein **Jahr** ab Inkrafttreten des Gesetzes oder ab Erlass des betreffenden Hoheitsaktes, Art. 93 Abs. 3 GG.

Merke:
Das Abstellen für die Jahresfrist auf das Inkrafttreten ist wiederum im Kontext der gegenwärtigen Betroffenheit zu sehen. Eine Norm, die schon verkündet, aber noch nicht in Kraft getreten ist, entfaltet - abgesehen von den zuvor geschilderten Ausnahmen – noch keine Rechtswirkungen, die Beschwer wäre nicht gegenwärtig.[16]

Der Gesetzesbegriff ist nicht eindeutig. Jedenfalls gemeint sind **Parlamentsgesetze**, gleich ob des Bundes oder eines Landes. Ob auch untergesetzliche Rechtsnormen gemeint sind, ist umstritten.[17] Jedenfalls aber wäre gegen eine Bundes-Rechtsverordnung und in NRW gegen Landesrechtsverordnungen und anderes untergesetzliches Recht (abgesehen von den Fällen des § 47 Abs. 1 Nr. 1 VwGO) kein Rechtsweg eröffnet, so dass in jedem Fall die Jahresfrist gilt. Andere Hoheitsakte, gegen die kein Rechtsmittel eröffnet ist, sind bspw. sind die schon angesprochenen Beschlüsse von Obergerichten in Kostenfragen.[18]

Wie bereits ausgeführt, kann bei schuldloser **Fristversäumung** nach Art. 93 Abs. 2 GG **Wiedereinsetzung** in den vorigen Stand gewährt werden.

---

[15] Dazu oben Kap. 10 A II 4.

[16] Dazu schon oben Kap. 10 B I 5 b bb.

[17] Vgl. hierzu *Hömig* in Maunz/Schmidt-Bleibtreu/Klein/Bethge, BVerfGG-Kommentar, § 93 BVerfGG Rn.72 mwN, der untergesetzliche Normen vom Gesetzesbegriff umfasst sieht.

[18] Dazu oben Kap. 10 A II 5 b.

7. Verfahrensfähigkeit/Prozessfähigkeit

Der Prüfpunkt „**Verfahrensfähigkeit**" oder „Prozessfähigkeit" steht nicht zuletzt in Beziehung zur Grundrechtsmündigkeit.[19] Die Prozessfähigkeit hat im BVerfGG keine eigene Regelung gefunden; deswegen ist der Begriff auch nicht beliebig aus den übrigen Prozessordnungen übertragbar, so etwa aus § 62 VwGO. Deswegen wird in der Kommentarliteratur häufig von „Verfassungsbeschwerde-Prozessfähigkeit" oder „Verfahrensfähigkeit" gesprochen[20], die auch hier gemeint ist.

Merke:
Die Verfahrensfähigkeit ist nur anzusprechen, wenn dies im Fall verlangt ist, wenn also ein erkennbar Bekloppter oder ein Minderjähriger agiert.
Selbst bei juristischen Personen ist die Aussage, dass sie sich durch ihren Vorstand oÄ vertreten lassen müssen, zwar richtig, aber ein wenig nach dem Motto: „Herr Lehrer, ich weiß was!"

Hier ist anzusprechen, ob derjenige, der potentiell in Grundrechten verletzt ist, diese Grundrechtsverletzung auch **selbst** vor dem Bundesverfassungsgericht geltend machen kann oder hierfür einen gesetzlichen Vertreter braucht.

Hier ist anzusprechen, ob insb. der **Minderjährige** sich bereits selbst auf das betreffende Grundrecht berufen kann. Während man sich bei der Prüfung der Beschwerdeberechtigung einer Aussage hinsichtlich der potentiell verletzten Grundrechte enthalten muss, muss man bez. der Prozessfähigkeit einen Ausblick auf die weitere Prüfung vornehmen.

Beispiel:
Der häufigste Fall dürfte der des 14jährigen sein, der seine Religionsfreiheit geltend macht; dieser wäre nach § 5 S. 2 Gesetz über die religiöse Kindererziehung (RelKErzG) religionsmündig.
Ansonsten wäre der Streit auszutragen, ob Minderjährige im Übrigen erst mit Erreichen der Volljährigkeit grundrechtsmündig sind, oder ob – hier favorisiert – auf die Einsichtsfähigkeit abzustellen ist. Wenig schlau ist, wenn der Sachverhalt mit dem Zaunpfahl der Einsichtsfähigkeit winkt, und sich der Klausurbearbeiter dann für die Volljährigkeitsgrenze entscheidet.

Fehlt es dem minderjährigen Beschwerdeführer an der notwendigen **Einsichtsfähigkeit**, ist auf das elterliche Vertretungsrecht abzustellen. Will ein Minderjähriger gegen den Willen seiner Eltern Verfassungsbeschwerde erheben, wäre eine Verfahrenspflegschaft zu erwägen. Streitet ein geistig Behinderter oder Betreuter gerade um den Umstand der Beschneidung seiner Rechte, muss er insoweit als verfahrensfähig angesehen werden.[21]

---

19 Dazu oben Kap. 7 E.

20 So *Bethge* in Maunz/Schmidt-Bleibtreu/Klein/Bethge, BVerfGG-Kommentar, § 90 BVerfGG Rn. 171.

21 *Bethge* in Maunz/Schmidt-Bleibtreu/Klein/Bethge, BVerfGG-Kommentar, § 90 BVerfGG Rn. 173.

Merke:
Die Verfahrensfähigkeit wird in Aufbauschemata häufig unmittelbar nach der Beschwerdeberechtigung angesprochen. Das ist ein gangbarer Weg, der aber einen Nachteil hat.
In der Beschwerdeberechtigung benennt man keine möglicherweise verletzten Grundrechte, sondern reduziert die Prüfung auf die Frage des „jedermann", also auf die Frage, ob der Beschwerdeführer überhaupt Grundrechte oder grundrechtsgleiche Rechte für sich reklamieren kann.
Bei einer – wie hier vorgeschlagen – differenzierten Prüfung der Verfahrensfähigkeit je nach betroffenem Grundrecht müsste man im Prüfpunkt „Verfahrensfähigkeit" bereits benennen, welche Grundrechte verletzt sein könnten, was eigentlich dem Prüfpunkt „Beschwerdebefugnis" vorbehalten ist. Deswegen scheint die Anordnung der Prüfung nach der Beschwerdebefugnis vorzugswürdig.

8. Rechtsschutzbedürfnis

Im **Rechtsschutzbedürfnis** ist allenfalls noch zu klären, ob das Bundesverfassungsgericht in der Verfassungsbeschwerdesache bereits endgültig entschieden hat. Auch kann es vorkommen, dass die Beschwer mittlerweile anderweitig entfallen ist oder das Ziel der Verfassungsbeschwerde auf andere, billigere, schnellere Weise zu erreichen war.[22] Letzteres wird aber regelmäßig durch die Prüfung der Rechtswegerschöpfung und der Subsidiarität ausgeschlossen. Zumeist bedarf das Rechtsschutzbedürfnis keiner Erwähnung.

9. Annahme zur Entscheidung als Zulässigkeitsvoraussetzung?

Teilweise wird die **Annahme** zur Entscheidung (§ 93a BVerfGG) als Zulässigkeitsvoraussetzung angesehen. Dem ist aber entgegenzuhalten, dass die stattfindende Vorprüfung in der Klausurprüfung kaum nachvollziehbar ist. Wer will wissen, ob die Sache vom Bundesverfassungsgericht als bedeutend oder zur Durchsetzung der in § 90 Abs. 1 BVerfGG genannten Rechte angezeigt sieht? Letztlich handelt es sich also um einen Akt des Kaffeesatzlesens.

Merke:
Der Tipp hierzu ist Folgender: Man schaue seinem potentiellen Klausurkorrektur tief in die Augen und versuche herauszufinden, zu welcher Sorte Mensch er in Bezug auf § 93a BVerfGG gehört. Danach entscheide man, ob man den gewichtigen Passus

> *„IX. Annahme zur Entscheidung:*
> *Die Verfassungsbeschwerde müsste nach § 93a BVerfGG zur Entscheidung angenommen werden."*

gewichtig in die Klausur aufnimmt, oder sich die Tinte spart und das einfach lebensnah unterstellt.

---

22 Dazu *Manssen*, Staatsrecht II Rn. 887.

II. Begründetheit, insb. Entscheidungsumfang

Einleitungssatz der Begründetheit ist:

„Die Verfassungsbeschwerde ist begründet, wenn der Beschwerdeführer in einem seiner Grundrechte (oder grundrechtsgleichen Rechte) verletzt ist."

Die Aufgabe ist dann, die in der Beschwerdebefugnis als möglicher Weise verletzt verbliebenen Grundrechte anhand der üblichen Schemata[23] gemessen an dem angegriffenen Akt der öffentlichen Gewalt zu überprüfen.

Bei **Urteilsverfassungsbeschwerden**, insb. wenn zivilgerichtliche Streitigkeiten zugrunde liegen, ist vorab der Entscheidungsumfang des Bundesverfassungsgerichts zu bestimmen. Hintergrund ist, dass das Bundesverfassungsgericht nicht überprüft, ob in den betreffenden Gerichtsentscheidungen einfaches Recht zutreffend angewendet wurde. Es überprüft nur die spezifische Verletzung von Verfassungsrecht, oder – wie häufiger, aber nicht richtiger zu lesen ist – die Verletzung spezifischen Verfassungsrechts (Was ist *„spezifisches* Verfassungsrecht"?). Es ist also nicht für die (erneute oder Super-)Revision (die Überprüfung der letztinstanzlichen (Revisions-)Entscheidung auf vollständige rechtliche Richtigkeit hin zuständig. Dies verbirgt sich hinter der Formel: „Das Bundesverfassungsgericht ist **keine Superrevisionsinstanz.**"

Dieser Umstand kann in der Klausur wie folgt bedeutet gefasst werden:

„I. Prüfungsumfang des Bundesverfassungsgerichts

Das Bundesverfassungsgericht ist keine Superrevisionsinstanz. Es überprüft nur, ob bei Anwendung und Auslegung des einfachen Rechts die Ausstrahlungswirkung der Grundrechte grundlegend verkannt wurde. Dies ist insbesondere dann der Fall, wenn die einschlägigen Grundrechte übersehen oder falsch angewendet wurden."

> **Merke:**
> Diesen Passus gibt es in ähnlichen vergleichbaren Formen, er besagt aber immer das Gleiche.
> Aber folgende verschärfte **Warnung:** Dieser Passus gehört nur (!) zur Prüfung von Urteilsverfassungsbeschwerden.
> Ihn bei Verfassungsbeschwerden unmittelbar gegen Gesetze niederzuschreiben, zeugt von hartnäckigem, tiefsitzendem Unwissen. Es verstimmt den Prüfer aufs Äußerste, macht ihn aggressiv und übellaunig, was für die Zukunft der betreffenden Klausur nichts Gutes bedeutet!

[23] Dazu oben Kap. 7 H (Freiheitsrechte), Kap. 9 C (Gleichheitsrechte).

III. Notwendigkeit eines Hilfsgutachtens

Sollte insb. bez. Rechtserschöpfung, Subsidiarität oder Frist Unzulässigkeit der Verfassungsbeschwerde anzunehmen sein, muss die Begründetheit in aller Regel im **Hilfsgutachten** geprüft werden. Dann wird in der Begründetheit weitergeprüft, unterstellt, die Verfassungsbeschwerde sei zulässig. Sollte der Bearbeitervermerk eine Prüfung „unter allen rechtlichen Gesichtspunkten" verlangen, bietet sich zusätzlich die Prüfung der verbleibenden Zulässigkeitspunkte an.

Nicht jedes Mal, wenn die Aufgabestellung verlangt, dass „ggf. im Hilfsgutachten" zu prüfen sei, heißt das, dass die Zulässigkeit nicht gegeben wäre; manchmal soll nur verhindert werden, dass sich Kandidaten mit der (fälschlichen) Annahme der Unzulässigkeit die weitere Prüfung abschneiden. Es ist bei dieser Formulierung aber eine gewisse **Vorsicht** an den Tag zu legen, ob nicht irgendwo Unzulässigkeit lauert, bzw. die Annahme der Unzulässigkeit nicht jedenfalls vertretbar erscheint.

> Merke:
> Gelangt man in der Begründetheit dazu, dass ein Grundrecht verletzt ist, aber noch drei weitere geprüft werden können, erfolgt die Prüfung der weitern Grundrechte *nicht* im Hilfsgutachten. Hier gilt der Grundsatz der **Vollständigkeit** des **Gutachtens,** d.h. alle denkbaren Fehler sind zu ermitteln.

IV. Aufbauschema

Aus dem zuvor Ausgeführten folgt folgendes **Prüfungsschema** der Zulässigkeit (und Begründetheit) einer Verfassungsbeschwerde:

Einleitungssatz: Die Verfassungsbeschwerde ist erfolgreich, wenn sie zulässig und begründet ist.

A Zulässigkeit

I. Zuständigkeit des Bundesverfassungsgerichts
Art. 93 Abs. 1 Nr. 4a GG, § 13 Nr. 8a BVerfGG

II. Beschwerdeberechtigung
„Jedermann", also jeder, der Träger von Grundrechten oder grundrechtsgleichen Rechten sein kann.

III. Beschwerdegegenstand
Akt der öffentlichen Gewalt (Legislative, Exekutive, Judikative)

IV. Beschwerdebefugnis
1. Möglichkeit einer Grundrechtsverletzung
2. Qualifizierte Betroffenheit
   selbst
   gegenwärtig
   unmittelbar

V. Rechtswegerschöpfung/Subsidiarität
Zu prüfen insb. bei Akten der Exekutive/Judikative

VI. Form, Begründung, Frist

§§ 23 Abs. 1, S. 1, S. 2, 92, 93 BVerfGG

VII. Verfahrensfähigkeit

Letztlich Frage nach Grundrechtsmündigkeit, nur anzusprechen in Zweifelsfällen.

VIII. Rechtsschutzbedürfnis

Nur bei Zweifeln zu prüfen

(IX. Annahme zur Entscheidung)

Für den, der's braucht!

B Begründetheit

Einleitungssatz: „Die Verfassungsbeschwerde ist begründet, wenn der Beschwerdeführer in einem seiner Grundrechte (oder grundrechtsgleichen Rechte) verletzt ist.

I. Entscheidungsumfang des Bundesverfassungsgerichts

Nur (!) bei Urteilsverfassungsbeschwerden

II. Prüfung der Grundrechte nach Schema

In der Reihenfolge:

1. Freiheitsrechte
2. Gleichheitsrechte (sofern einschlägig)

2. Teil: Europarecht

Die Bundesrepublik Deutschland ist als Mitglied der **Europäischen Union** eingegliedert in ein Staatenbündnis, das sich immer weiter fortentwickelt. Zugleich nimmt der Einfluss der Europäischen Union und des Europarechts auf die Bundesrepublik fortwährend zu. Bestimmte Rechtsgebiete sind mittlerweile fast vollständig durch Europarecht vorgezeichnet, so etwa das Umweltrecht.

Gegenstand der weiteren Ausführungen sind zunächst die **Entwicklung** der europäischen Einigung und die **Besonderheiten** und Grundprinzipien der europäischen **Rechtsquellen**. Weiterhin werden die Europäischen **Institutionen** beleuchtet und kurz das **Rechtssetzungsverfahren** erläutert. Schließlich wird auf die **Grundfreiheiten** im Allgemeinen und im Besonderen eingegangen.

Kapitel 11: Einführung

Nach einem Blick auf die Entwicklung der europäischen **Einigungsgeschichte** wird versucht, die Europäische Union nach dem jetzigen Stand in ihrem Verhältnis zu den Mitgliedstaaten einzuordnen. Weiterhin werden die primären Rechtsquellen und die Grundprinzipien des Europarechts skizziert.

A Die Entwicklung der Europäischen Einigung

Die Entwicklung der europäischen **Integration** bis zum heutigen Tage stellt sich als eine Aufeinanderfolge von Fortschritten und Krisen dar. Sie ließ jedenfalls bis vor kurzem einen grundsätzlichen Willen zur Herstellung einer europäischen Einigung erkennen. In jüngster Zeit, wohl einer Zeit der Krise, stellen verschiedene Entwicklungen diesen Einigungswillen offenbar in Frage.

I. Frühzeit der europäischen Einigung

Die europäische Politik war bis zum ersten Weltkrieg gekennzeichnet durch die bestehenden Erbfeindschaften, die sich in wechselnder Reihenfolge zwischen den jeweils herrschenden Mächten ergaben, und damit im Wesentlichen nur zu vorübergehenden **Allianzen** zwischen einzelnen Staaten gegen Dritte führten. Teilweise wurden Bündnisse zwischen den großen, durchweg monarchisch regierten Staaten Europas nur geschmiedet, um „revolutionären Umtrieben" entgegen zu wirken und die Legitimität der monarchischen Herrschaft zu stärken.[1]

---

1 *Oppermann/Classen/Nettesheim*, Europarecht, Rn. 9.

Ein echter Schritt zur politischen Einigung dürfte – nach dem ersten Weltkrieg – die sog. „**Paneuropäische Bewegung**" des österreichischen Grafen Coudenhove-Kalergi von 1923 gewesen sein. Ziel war die Schaffung eines europäischen Bundesstaates, der „Vereinigten Staaten von Europa". Ausgenommen von den Plänen waren sowohl Großbritannien als auch Russland, womit die Zielsetzung, ein politisches Gegengewicht gegen die Großmächte USA, Großbritannien und Russland zu erzeugen, deutlich wird. Eingebettet war die Paneuropäische Bewegung in die Gründung des **Völkerbundes** von 1919. Getragen wurde die Idee der Paneuropäischen Einigung zudem von der (vorübergehenden) Überwindung der Erbfeindschaft zwischen Frankreich und Deutschland durch den deutsch-französischen **Nichtangriffsvertrag** von **Locarno** 1925 und den Beitritt Deutschlands zum Völkerbund 1926. Beides wurde betrieben vom französischen Außenminister *Briand* und vom deutschen Außenminister *Stresemann*. Schließlich trat der sog. *Briand/Kellogg*[2]-Pakt über die allgemeine Ächtung des Krieges von 1928 hinzu.

> Merke:
> Bis zu diesem Zeitpunkt war der europäische Einigungsprozess stark durch politische, friedenssichernde Momente gekennzeichnet.

Der zweite Weltkrieg mit dem gescheiterten Versuch, eine „Neue Ordnung" Europas unter Herrschaft der sog. **Achsenmächte** herzustellen (für Europa das Großdeutsche Reich und Italien, international eingebunden Japan), unterbrach den europäischen Einigungsprozess jäh.

II. Die Entwicklung nach dem zweiten Weltkrieg bis heute

1. Einigungsgedanken im Zeichen des Kalten Krieges (1946-1950)

Das Wiederaufkeimen des europäischen Einigungsgedankens war zunächst durch die Erfahrungen des zweiten Weltkriegs geprägt, aber auch durch den aufkommenden Ost-West-Gegensatz, der gekennzeichnet war durch das Gegenüber der erstarkenden Großmächte USA und Sowjetunion im **Kalten Krieg**. Genau in der Mitte lag Europa, geteilt in einen westlichen, den USA zugewandten Teil und einen östlichen, von der Sowjetunion dominierten Block.

In diesem Kontext steht die **Züricher Rede** *Winstons Churchills* von 1946, mit der die Notwendigkeit eines erstarkenden Europas zwischen den Großmächten postuliert wurde. Die europäische Einigung sollte unter Einschluss auch der Bundesrepublik, verbunden mit der Überwindung der Feindschaft zwischen Frankreich und Deutschland, erfolgen:

> *„Wir müssen eine Art Vereinigte Staaten von Europa errichten. (...) Der erste Schritt bei der Neubildung der europäischen Familie muss ein Zusammengehen zwischen Frankreich und Deutschland sein. (...) Es gibt kein Wiedererstehen Europas ohne ein geistig großes Frankreich und ein geistig großes Deutschland. Die Struktur der Vereinigten*

---

2 Frank Billings Kellogg (1856-1937), US-amerikanischer Außenminister.

> *Staaten von Europa wird, wenn sie richtig und dauerhaft errichtet werden soll, so geartet sein müssen, dass die materielle Stärke einzelner Staaten an Bedeutung einbüßt. Kleine Nationen werden so viel wie große gelten und sich durch ihren Beitrag für die gemeinsame Sache Ruhm erringen können."*

Begleitet wurde diese Initiative von der Gründung gesellschaftlicher Gruppen, die eine europäische Einigung zum Ziel hatten, so der **Europa-Union** in Deutschland (1946) und vergleichbarer Vereinigungen in anderen europäischen Staaten. Schließlich kam es zur Gründung des „Aktionskomitees für die Vereinigten Staaten von Europa", initiiert von Jean Monnet.

Merke:

Jean Monnet (1888-1979)

- französischer Unternehmer und Staatsmann
- Vorsitzender der Pariser Schuman-Plan-Konferenz zur Gründung der Montanunion
- Gilt mit Robert Schuman als einer der „Väter" der Europäischen Union
- „Wir einigen keine Staaten, wir bringen Menschen einander näher." (1952)

1949 wurde als Ort dauerhafter Staatenzusammenarbeit der **Europarat** gegründet, der getragen von ursprünglich zehn Mitgliedstaaten (Beitritt Deutschlands erst 1951) zunächst überwiegend Westeuropa umfasste. Wesentliche Grundlage des Europarates ist die Europäische Menschenrechtskonvention (**EMRK**) von 1950, deren Einhaltung bis heute durch den Europäischen Gerichtshof für Menschenrechte (**EGMR**), wie der Europarat angesiedelt in Straßburg, überwacht wird.

Merke:

Europarat und EGMR bestehen immer noch, sind aber keine Institutionen der Europäischen Union. Mittlerweile hat sich der Europarat weiter nach Osten und nach Vorderasien ausgebreitet, unter Einschluss Russlands und der Türkei.

2. Gründung der Europäischen Gemeinschaften (1950-1958)

Getragen vom damaligen französischen Außenminister *Robert Schuman* wurde im Jahre 1950 die Gründung der „**Europäische Gemeinschaft für Kohle und Stahl**" (EGKS oder Montanunion) angestoßen. Schuman nahm insoweit die Gedanken der Züricher Rede von Churchill aus dem Jahr 1946 auf. Ziel war es, die gesamte (zuvor stets kriegswichtige) deutsch-französische Kohle- und Stahlindustrie unter eine gemeinsame Oberhoheit zu stellen. Die EGKS sollte damit zugleich wirtschaftliche und sicherheitspolitische Interessen verfolgen.

Merke:

Robert Schuman (1886-1963)

- Deutsch-französischer Politiker luxemburgisch-lothringischer Abstammung
- Französischer Ministerpräsident der 4. Republik 1947-1948
- Französischer Außenminister (1949-1953)
- Erster Präsident der Gemeinsamen Versammlung, später Europäisches Parlament
- Gilt mit Jean Monnet als einer der „Väter“ der Europäischen Union

Nachdem die Bundesrepublik unter Bundeskanzler *Konrad Adenauer* Zustimmung signalisiert hatte, wurde die EGKS schließlich mit Vertrag vom 18.04.1951 in Paris gegründet. Neben **Frankreich** und **Deutschland** waren die **Benelux**-Staaten, Belgien, Niederlande, Luxemburg, und **Italien** beteiligt. Der Vertrag über die EGKS (EGKSV) trat am 23. Juli 1952 in Kraft und war auf eine Laufzeit von 50 Jahren angelegt. Im Rahmen einer begrenzten Zollunion erhielten die Mitgliedstaaten zugleich Zugang zu Kohle und Stahl, ohne dass zwischen den sechs Mitgliedern Zölle erhoben wurden. Erster Präsident der Hohen Behörde als Leitungsorgan der EGKS wurde *Jean Monnet*.

Einen **Rückschritt** erlebte der europäische Einigungsprozess dann mit dem Scheitern der Europäischen Verteidigungsgemeinschaft (EVG) und der politisch angelegten Europäischen Politischen Gemeinschaft (EPG) im Jahre 1954. Im Zuge des Scheiterns der EVG trat die Bundesrepublik nach der sog. Wiederbewaffnung schließlich der NATO bei.

Einen erneuten Aufschwung erfuhr das geeinte Europa dann aber im Jahre 1955 auf der **Außenministerkonferenz** von **Messina**, die eine Kommission zur Förderung der europäischen Wirtschaftsintegration einsetzte. Auf Grundlage des *Spaak*-Berichts von 1956 wurde schließlich ein Plan für eine weitgehende wirtschaftliche Integration mit gesonderten Regeln für die friedliche Nutzung der Kernenergie entwickelt. Im Jahre 1957 wurden schließlich von den sechs Mitgliedstaaten der EGKS die **„Römischen Verträge“** geschlossen, zum einen der Vertrag über die **Europäische Wirtschaftsgemeinschaft** (EWGV) und der Vertrag über die **Europäische Atomgemeinschaft** – auch **EURATOM** (EAGV). Beide Verträge traten am 01.01.1958 in Kraft und wurden mit unbestimmter Laufzeit geschlossen. Erster Präsident der EWG-Kommission als Leitungsgremium der EWG wurde der Deutsche *Walter Hallstein*.

Das Grundkonzept der Römischen Verträge war gekennzeichnet durch die **Balance** zwischen **mitgliedstaatlichen** Interessen und Gemeinschaftsinteressen. Die **Kommission**, Vorläufer der heutigen EU-Kommission, galt schon damals als „**Motor** und Wächter der **Verträge**“, wie *Walter Hallstein* es ausdrückte. Daneben agierte der Ministerrat, in dem Entsandte aus den Regierungen der Mitgliedstaaten vertreten waren, als Gremium der Mitgliedstaaten.

Das besondere Augenmerk lag auf der Verwirklichung des freien **Warenverkehrs** unter Einschluss einer gemeinsamen **Agrarpolitik**, der Schaffung der **Personenfreizügigkeit** und auf einer beginnenden Abstimmung der Außenbeziehungen, insb. im wirtschaftlichen Bereich.

Die Gemeinsame Versammlung, die seit 1952 im Zuge der EGKS als Kontrollgremium, gebildet durch Abgeordnete der nationalen Parlamente, existierte, war nunmehr für alle Verträge zuständig und benannte sich – ohne Kompetenzen oder eigene Finanzmittel – im Jahre 1958 in **Europäisches Parlament** um. Vertreten waren 142 Abgeordnete aus den Parlamenten der Mitgliedstaaten; erster Präsident wurde *Robert Schuman*.

> Merke:
> Wir befinden uns im Stadium des „**Europa der Sechs**", Deutschland, Frankreich, Italien, Belgien, Luxemburg, Niederlande.
> Zudem wies die europäische Integration im Stadium der Römischen Verträge vorrangig **wirtschaftliche** Aspekte auf.

3. Krise der Jahre 1960-1969

Mit den **Elysee-Verträgen** zwischen Deutschland und Frankreich von 1963 war die politische Zusammenarbeit beider Staaten auf ein neues Fundament gestellt worden. Auch war mit dem **Fusionsvertrag** von 1965 eine gemeinsame Kommission der drei Gemeinschaften EWG, EGKS und EAG, eingerichtet worden.

Dennoch geriet der Einigungsprozess in den Jahren nach 1960 wiederum in die Krise. Frankreich pochte unter Staatspräsident *de Gaulle* auf die Rolle der **Mitgliedstaaten** als **Herren** der **Gemeinschaft**. Zugleich suchte Frankreich die Aufnahme von Großbritannien in den gemeinsamen Markt zu unterbinden. Die Krise ging so weit, dass sich Frankreich im Jahr 1965 aus dem Ministerrat zurückzog. Ziel dieses Vorgehens war es letztlich, im Sinne des Konzepts eines „Europas der Vaterländer" in allen wichtigen Entscheidungen der Gemeinschaft das Prinzip der Einstimmigkeit durchzusetzen.

Aufgelöst wurde diese Krise mit den **Luxemburger Beschlüssen** von 1966, mit denen sich Frankreich mit seinen wesentlichen Positionen durchsetzte. Zur Frage der Einstimmigkeit wurde festgehalten, dass bei Beschlüssen, die wesentliche Interessen der Nationalstaaten betrafen, nach Möglichkeit eine einvernehmliche Regelung zu suchen sei.

4. Fortschritte der Jahre 1970-1985

Die folgenden Jahre waren dann wieder durch Fortschritte im Einigungsprozess gekennzeichnet. Auf dem **Gipfeltreffen** der Regierungschefs der EG-Staaten in **Den Haag** Ende 1969 wurden die Weichen für die Norderweiterung der EWG und den Ausbau der Finanzverfassung der Gemeinschaft gestellt. Daneben fanden sich erste Ansätze für eine Wirtschafts- und Währungsunion sowie für eine erweiterte politische Zusammenarbeit.

Der **Beitritt** Großbritanniens, Dänemarks und Irlands erfolgte schließlich im Jahre 1973; Norwegen entschied sich 1972 (erstmals) gegen einen Beitritt. Großbritannien legte dabei von Beginn an und letztlich bis heute – anders noch als *Churchill* in seiner Züricher Rede von 1946 – den Akzent auf die EWG als „family of nations".

Ab 1970 verselbständigte sich auch die **Haushaltsführung** der EWG durch Schaffung einer eigenen Haushaltsordnung und die Verschaffung eigener Haushaltsmittel. So galt es, insb. den Agrarfond der Gemeinschaften mit Geld auszustatten. Geldmittel flossen der EWG – im Wesentlichen bis zum heutigen Tage – aus Zöllen, Umlagen und Finanzmitteln der Mitgliedstaaten zu.

Die Europäische Politische Zusammenarbeit (**EPZ**) beschränkte sich zunächst in regelmäßigen Treffen der Außenminister der Mitgliedstaaten. Sie wurde erst 1987 durch die Einheitliche Europäische Akte (**EEA**) auf eine vertragliche Grundlage gestellt.

Als neues **Leitungsgremium** der EWG wurde ab 1974 der zweimal jährlich tagende **Europäische Rat**[3] als Treffen der Staats- und Regierungschefs ins Leben gerufen. Auch der Europäische Rat wurde ab 1987 mit der EEA in den Gemeinschaftsverträgen abgesichert.

Ein wichtiger Beschluss wurde 1976 getroffen hinsichtlich der erstmaligen Durchführung der bereits in Art. 138 EWGV angelegten **Direktwahlen** zum **Europäischen Parlament**. Die erste Direktwahl fand im Jahr 1979 statt; seither wird das Parlament alle fünf Jahre getrennt in den Mitgliedstaaten neu gewählt.[4]

> **Merke:**
> Wir befinden uns im Stadium des „**Europa der Neun**", Deutschland, Frankreich, Italien, Belgien, Luxemburg, Niederlande, Großbritannien, Dänemark und Irland.
> Zu diesem Zeitpunkt wies die europäische Integration erstmals neben dem starken Akzent auf wirtschaftlicher Zusammenarbeit auch erste gemeinsame **politische** Aspekte auf.

5. Entwicklung der Jahre 1986-1992

In den folgenden Jahren erfuhr die Gemeinschaft eine erneute **Erweiterung**. Mit der Einheitlichen Europäischen Akte (**EEA**) kam ein zentraler Änderungsvertrag zu den Römischen Verträgen zustande. Zugleich stieß die damalige Kommission unter *Jaques Delors* die Weiterentwicklung der gemeinsamen Marktstrukturen hin zum **Binnenmarkt** an.

Im Jahr 1981 trat **Griechenland** der Gemeinschaft bei. Im Jahr 1986 folgten **Portugal** und **Spanien**. Alle drei Staaten hatten die Zeit der Militärdiktaturen zugunsten eines Demokratisierungsprozesses überwunden; alle drei Staaten waren zudem stark agrarisch orientiert. Gerade Portugal und Spanien erlebten mit dem Beitritt einen erheblichen wirtschaftlichen Aufschwung.

Die Gemeinschaftsverträge über die nunmehr als **Europäische Gemeinschaften** bezeichnete Gemeinschaft wurden in der EEA erheblich geändert und um Kompetenzen in den Bereichen Umweltschutz, Forschung, Technologie und Bildung ergänzt. Ein weiterer Akzent

---

3 Dazu näher unten Kap. 12 A.

4 Dazu näher unten Kap. 12 C II 1.

auf die politische Zusammenarbeit trat hinzu, zudem wurde vermehrt der Begriff der Europäischen Union verwendet. Wie bereits angesprochen, wurde der **Europäische Rat** in der EEA in der bestehenden Form institutionalisiert.

Die durch die *Delors*-Kommission verfolgte **Binnenmarktstrategie** verkörperte sich in erster Linie durch eine gezielte Rechtsetzungspolitik, mit der nicht zuletzt die technischen Grundlagen für eine Weiterentwicklung des Gemeinsamen Marktes hin zu einem Binnenmarkt geschaffen wurden. So wurden technische Handelshemmnisse beseitigt, das öffentliche Auftragswesen angeglichen und Angleichungen auf den Sektoren Grenzkontrollen, Telekommunikation, Verkehr und Steuern angestoßen. Was in dieser Zeit noch offenblieb, war die für die Vollendung des Binnenmarktes notwendige Währungsunion.

Merke:
Wir befinden uns im Stadium des **„Europa der Zwölf"**, Deutschland, Frankreich, Italien, Belgien, Luxemburg, Niederlande, Großbritannien, Dänemark, Irland, Griechenland, Portugal und Spanien.
Mit der Optimierung des Binnenmarktes auf der wirtschaftlichen Seite geht eine erweiterte **politische** Zusammenarbeit einher.

6. Die Verträge von Maastricht, Amsterdam und Nizza (1992-2001)

Ein endgültiger Schritt über die wirtschaftliche Gemeinschaft hinaus wurde im Vertrag von Maastricht (Vertrag über die Europäische Union - **EUV**) vom 07.02.1992 getan. Dieser trat Anfang 1993 in Kraft.

Die Europäische Union in der Form des Maastricht-Vertrages stellte ein virtuelles Gebäude, gebildet aus **drei Säulen,** dar.

Die **erste Säule** wurde repräsentiert durch die Römischen Verträge, bzw. ihre Fortentwicklung, den bisherigen EGV (den früheren EWGV), den EGKSV (bis 2002) und den EAGV; diese Säule skizzierte das bisher auf das Wirtschaftliche ausgerichtete gemeinsame Europa.

Die **zweite Säule** bildete die zu dieser Zeit nicht vertraglich abgesicherte Gemeinsame Außen- und Sicherheitspolitik (GASP), die der Union eine gemeinsame politische Stimme nach außen geben sollte, aber immer noch ein Ort der Zusammenarbeit der mitgliedstaatlichen Regierungen blieb.

Die **dritte Säule** bildete die polizeilich-justizielle Zusammenarbeit in Strafsachen (PJZS). Diese Säule zeigt Züge einer partiellen gemeinsamen Innenpolitik, bleib aber wie die GASP auf der Ebene der intergouvernementalen Zusammenarbeit verhaftet.

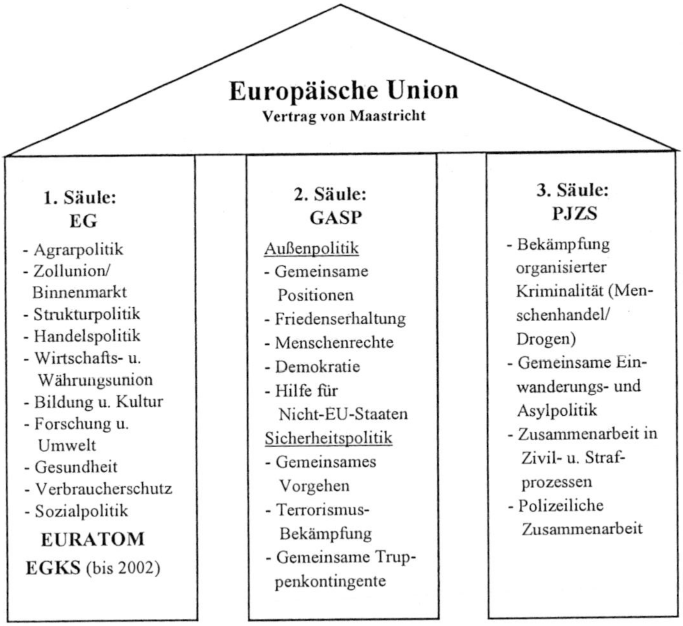

Drei-Säulen-Modell der Europäischen Union

Eine **Erweiterung** der Gemeinschaft trat 1995 ein mit dem Betritt Finnlands, Österreichs und Schwedens, bei denen bis zum Ende der Sowjetunion der neutrale Status den Beitritt verhindert hatte. Norwegen entschied sich im Jahr 1994 nach 1972 ein zweites Mal gegen den Beitritt.

Einen Schub erhielt der Einigungsprozess mit dem **Vertrag von Amsterdam** von 1997. Dieser Vertrag stellte die Weichen für die spätere **Währungsunion** durch den Stabilitäts- und Wachstumspakt, mit dem eine Angleichung der Wirtschaftsleistung in den Mitgliedstaaten erreicht werden sollte. Auch wurden die Rechtsetzungsbefugnisse des Parlaments gestärkt, nicht zuletzt durch Überführung von Teilen der PJZS in den EGV, womit die PJZS Gegenstand der regulären Rechtsetzung der EG wurde. Zugleich wurde der EGV um einen Titel zur Beschäftigungspolitik ergänzt.

Eine politische Krise erlebte die Gemeinschaft im Jahr 1999 mit dem **Rücktritt** der **EG-Kommission** unter *Jaques Santer*. Diesem Rücktritt waren Korruptionsvorwürfe gegen einzelne Mitglieder der Kommission vorausgegangen. Eine Folge dieser Krise waren verschärfte Transparenzanforderungen an das wirtschaftliche Gebaren der Kommissare. Im Jahre 2000 sah sich die Gemeinschaft wegen des Kosovokrieges zu verstärkten Bemühungen für eine gemeinsame **Außen- und Verteidigungspolitik** gezwungen. Der Europäische Rat postulierte im Jahr 2000 auch das Leitbild eines „**Raumes der Freiheit, der Sicherheit und des Rechts**" in der Europäischen Union.

Der **Vertrag von Nizza** von 2000/2001 bereitete die Gemeinschaft institutionell auf die zu erwartende Osterweiterung nach dem Zusammenbruch der Sowjetunion und die Entlassung ihrer Satellitenstaaten in Freiheit vor. Verkündet wurde die damals noch unverbindliche Charta der Grundrechte (**GrRCh**) der Europäischen Union.

Die bereits im Maastricht-Vertrag beschlossene **Währungsunion** wurde schließlich am 01.01.1999 eingeführt. Anfang 2002 löste der Euro die Währungen in elf der 15 Mitgliedstaaten ab. Die Geld- und Währungspolitik wurde der Europäischen Zentralbank mit Sitz in Frankfurt am Main, geschaffen nach dem Vorbild der Deutschen Bundesbank, übertragen.

> Merke:
> Wir befinden uns im Stadium des „**Europa der Fünfzehn**", Deutschland, Frankreich, Italien, Belgien, Luxemburg, Niederlande, Großbritannien, Dänemark, Irland, Griechenland, Portugal, Spanien, Österreich, Finnland und Schweden.
> Mit der **Entscheidung** für die **Währungsunion** wurde die Optimierung des Binnenmarktes vorangetrieben. Die **außenpolitischen Krisen** verstärkten zugleich das Bemühen um politische Zusammenarbeit.

7. Erweiterung und EU-Reform 2004-2013

In den Jahr 2004 wurde der **Beitritt** von **zehn** weiteren Mitgliedstaaten vollzogen, die überwiegend aus dem mittel- und osteuropäischen Raum stammten; hinzu kamen Estland, Lettland, Litauen, Polen, Tschechien, Ungarn, Slowakei, Slowenien, sowie Malta und Zypern. Im Jahr 2007 traten Rumänien und Bulgarien bei. Den vorerst letzten Erweiterungsschritt tat die Europäische Union im Jahr 2013 mit dem Beitritt Kroatiens.

> Merke:
> Wir befinden uns im aktuellen Stadium des „**Europa der Achtundzwanzig**", Deutschland, Frankreich, Italien, Belgien, Luxemburg, Niederlande, Großbritannien, Dänemark, Irland, Griechenland, Portugal, Spanien, Österreich, Finnland, Schweden, Estland, Lettland, Litauen, Polen, Tschechien, Ungarn, Slowakei, Slowenien, Malta, Zypern und Kroatien.
> Die große Erweiterung von 2004 bis 2007 wurde zum Anlass genommen, der Europäischen Union einen **neuen institutionellen Rahmen** zu geben.

Im sog. **Post-Nizza-Prozess** sollte das immens gewachsene Europa einer neuen institutionellen Struktur zugeführt werden. Die vielfach beklagten Demokratiedefizite der Europäischen Union sollten behoben werden.

Angegangen wurde die Problematik durch die Einsetzung eines **Verfassungskonvents** Ende 2001, der einen Entwurf für eine europäische Vertragsverfassung machen sollte. Der Vertragsentwurf wurde auf der **Regierungskonferenzen** 2003/2004 verhandelt. Vorgesehen war eine gegenüber dem Drei-Säulen-Modell einheitliche Europäische Union. Im Verfassungsvertrag enthalten sein sollten die bislang in der GrRCh niedergelegten Grundrechte.

Ebenso wurden die bislang losgelösten, nicht institutionalisierten Politikfelder in den Vertrag aufgenommen. Ende 2004 wurde Verfassungsvertrag von den zu dieser Zeit 25 Mitgliedstaaten verabschiedet; Ort der Unterzeichnung war in Anlehnung an die Verträge von 1958 wiederum **Rom**.

Der Verfassungsvertrag, der als völkerrechtlicher Vertrag der Ratifizierung durch die Mitgliedstaaten unterlag, **scheiterte** in zwei **Volksbefragungen** in den Niederlanden und in Frankreich. Die Hintergründe dieses Scheiterns mögen nicht nur in der Ablehnung des Vertragswerkes, sondern zugleich in der Unzufriedenheit mit der innerstaatlichen Politik zu suchen gewesen sein. Nach diesen Niederlagen wurde der Verfassungsvertag als fehlgeschlagen erachtet.

Während der deutschen Ratspräsidentschaft zu Beginn des Jahres 2007 wurde der Reformprozess dann wieder aufgenommen. Die Bemühungen endeten schließlich im **Vertrag von Lissabon**, der am 12.12.2007 unterzeichnet wurde. Der Vertrag von Lissabon griff in großen Teilen auf das einheitliche Vertragswerk des gescheiterten Verfassungsvertrages zurück, behielt aber die Trennung zwischen unterschiedlichen Verträgen bei. Im Kern bestand der Vertrag von Lissabon aus dem Vertrag über die Europäische Union (EUV), der die **Organisationsverfassung** der Europäischen Union enthielt, daneben aus dem Vertrag über die Arbeitsweise der Europäischen Union (**AEUV**), der zu großen Teilen die Regelungen des früheren EG-Vertrages ersetzte. Durch Art. 6 Abs. 2 EUV wurde die Grundrechte-Charta (**GrRCh**) als drittes Element rechtsverbindlich und gleichwertig neben die genannten Verträge gestellt.

Der Vertrag von Lissabon **mied**, nicht zuletzt durch die Trennung in unterschiedliche Vertragsteile und durch Verzicht auf Staatssymbole, die dem Verfassungsvertrag anhafteten, den Eindruck einer **Staatsverfassung** und damit eines „Staates Europa". Der Eindruck verstärkter Staatlichkeit der Union mag neben den genannten innenpolitischen Motiven auch zum Scheitern des Verfassungsvertrages beigetragen haben.

Nach dem Scheitern eines Referendums in Irland, das kurze Zeit später erfolgreich wiederholt wurde, nach Überprüfung durch das Vertragswerk durch das Bundesverfassungsgericht[5] und nach Herauszögern der Ratifizierung durch den tschechischen Präsidenten *Klaus*, der erst nach Prüfung durch das tschechische Verfassungsgericht unterschrieb, konnte der Vertrag schließlich am **01.12.2009** in Kraft treten.

EUV und AEUV verleihen der Europäischen Union **Rechtspersönlichkeit**. Zugleich bleibt die Europäische Union aber ein **nichtstaatlicher** und überstaatlicher **Staatenbund** auf unbegrenzte Zeit. Die Position der Mitgliedstaaten wurde dadurch, dass die Begründung neuer Kompetenzen für die Europäische Union erschwert wurde, gestärkt.

Der Vertrag von Lissabon **stärkte** einerseits das **Europaparlament**, andererseits aber auch den Europäischen Rat. Die **Grundrechtecharta** wurde durch rechtliche Verbindlichkeit **aufgewertet**. Der Vertrag verkomplizierte dagegen die **Mehrheitsfindung** im Ministerrat und löste die Probleme der **Arbeitsfähigkeit** der EU-Kommission **nicht**.

---

5 BVerfGE 123, 267 ff.

8. Finanzkrise

Eine weitere große und noch immer andauernde Krise erlebte die Europäische Union seit 2009 mit der drohenden **Insolvenz Griechenlands** und anderer Mitgliedstaaten, namentlich Irland, Portugal und Spanien. Die von den Mitgliedstaaten eingeleiteten Rettungsmaßnahmen durch Rettungspakete, Notkredite und **Rettungsschirme** haben bislang den Zusammenbruch der betroffenen Volkswirtschaften vermeiden können. Manche der betroffenen Staaten sind auf dem Weg zur Erholung, andere sind immer noch oder wieder akut gefährdet. Eine weitere Konsequenz dieser umstrittenen Finanztransaktionen – bis hin zu möglichen Kompetenzüberschreitungen der Europäischen Zentralbank durch den umstrittenen Aufkauf von Staatsanleihen – ist die fortschreitende Spaltung zwischen den Ländern der Eurozone und dem Rest der EU-Staaten.

9. Ausblick

Die Europäische Union hat einen Grad an **Integration** erreicht, der einem Staat nahekommt. Gleichwohl ist der letzte Schritt zur staatlichen Integration **nicht vollzogen** und wird auf absehbare Zeit nicht vollzogen werden. Dies dürfte auch nicht dem Wunsch der Mitgliedstaaten bzw. ihrer Bevölkerungen entsprechen. Die Zielsetzung, zu einem engeren Verbund in der Union zu gelangen, ist gleichwohl das erklärte Ziel entsprechend der Präambel des EUV.

Nicht ausgeschlossen ist eine weitere **Vergrößerung** der Europäischen Union, bspw. hin zu den Balkan-Staaten oder der Türkei, aber auch in Richtung der russischen Grenze. Hier bietet die **Ukraine-Krise** des Jahres 2014 und darüber hinaus ein Beispiel für politische Widerstände über die Grenzen der beteiligten Staaten hinaus. Durch den Ukraine-Konflikt wird die zentrale Leistung der Europäischen Union, dauerhaft **Frieden** in Europa **zu schaffen,** auf eine schwere Probe gestellt, an der die Union nicht versagen darf. Dies gilt umso mehr, als der **europäische Einigungsprozess**, wie er sein vorläufiges Ende im Vertrag von Lissabon gefunden hat, im Wesentlichen **unumkehrbar** sein dürfte.

B Der rechtliche Rahmen der Europäischen Union

I. Das Wesen der Europäischen Union

Obgleich die Europäische Union einschließlich ihrer Rechtsvorgänger seit Jahrzehnten existiert, ist der genaue **Rechtscharakter** dieses Zusammenschlusses immer noch **nicht** endgültig **geklärt**.

1. Europäische Union als „Staatenverbund"

Das Bundesverfassungsgericht hat im Maastricht-Urteil die Europäische Union als **„Staatenverbund"** gekennzeichnet: *„Der Vertrag begründet einen europäischen Staatenverbund, der von den Mitgliedstaaten getragen wird und deren nationale Identität achtet; er betrifft die Mitgliedschaft Deutschlands in supranationalen Organisationen, nicht eine Zugehörigkeit zu einem europäischen Staat."*[6]

Der Begriff des Staatenverbundes stellt keine gängige völkerrechtliche Kategorie des Zusammenschlusses von Staaten dar. Vielmehr schien das Bundesverfassungsgericht gewillt, die Besonderheit der **fortbestehenden Entscheidungsgewalt** und des entsprechenden Willens der **Mitgliedstaaten** über die Existenz der Union zum Ausdruck zu bringen.

Von Bedeutung ist für das Bundesverfassungsgericht, dass den Mitgliedstaaten ein ausreichender Raum zur Gestaltung der wirtschaftlichen, kulturellen und sozialen Lebensverhältnisse bleiben muss und die Volkssouveränität des Deutschen Volkes nicht unterlaufen werden dürfe.

Zu beachten ist allerdings, dass die Europäische Union in der Fassung des Vertrags von Lissabon auch als **„Union der Bürger"** verfasst ist. Hier ist der Bedeutungsgewinn des Europäischen Parlaments als demokratische Vertretung der Unionsbürger zu achten. So ist die Union (vgl. insoweit Art. 10 Abs. 1 EUV) wie die Bundesrepublik vom Wesen der repräsentativen Demokratie geprägt. Jedoch kann das Europäische Parlament mangels Staatsqualität der Europäischen Union die Funktion der mitgliedstaatlichen Parlamente nicht voll ersetzen, sondern allenfalls ergänzen. Dies einrechnend, dürfte die Bezeichnung der Europäischen Union als Staatenverbund bei aller Unbestimmtheit nach wie vor zutreffend sein.[7]

2. Das Verhältnis der Union zu den Mitgliedstaaten

Die **Mitgliedstaaten** haben die Europäische Union **errichtet**, bestimmen aber gleichzeitig weiterhin über ihren Fortbestand, ihre weitere Entwicklung und die ihr eingeräumten Befugnisse. Obgleich sich die Mitgliedstaaten freiwillig der Autorität der Europäischen Union in dem Maß der ihr übertragenen Kompetenzen und Hoheitsrechte unterworfen haben, hängt die Union gleichwohl weiterhin vom Willen der Mitgliedstaaten ab.

Im Verhältnis zwischen der Europäischen Union und den Mitgliedstaaten bestehen einerseits **Grundpflichten** der **Union**, wechselseitige Pflichten der Union und ihrer **Mitgliedstaaten** sowie alleinige Pflichten der Mitgliedstaaten gegenüber der Union.

Zu den Pflichten der Europäischen Union gegenüber den Mitgliedstaaten gehört gem. Art. 4 Abs. 2 EUV die Achtung der nationalen Identität, wie sie in den spezifischen innerstaatlichen Strukturen der Mitgliedstaaten zum Ausdruck kommt, und die Achtung der grundsätzlichen Gleichheit der Mitgliedstaaten.

---

6 BVerfGE 89, 155, 181.

7 So im Ergebnis auch *Streinz*, Europarecht, Rn. 138.

> **Merke:**
> Diese wiederum selbstverständlich anmutende Feststellung betrifft auch, aber nicht in erster Linie die Europäische Union als Gesetzgeber, da insoweit die Interessen der Mitgliedstaaten über die Beteiligung an der Gesetzgebung einfließen. Betroffen ist aber in besonderer Weise der Europäische Gerichtshof, der sich bei der Auslegung von Unionsrechts nicht allein als „Motor der Integration", sondern zugleich auch als Wahrer der nationalen Besonderheiten und der mitgliedstaatlichen Strukturen begreifen muss.

Gem. Art. 4 Abs. 3 S. 1 EUV verpflichten sich die Mitgliedstaaten und die Union zur gegenseitigen loyalen **Zusammenarbeit** bei der sich aus den Verträgen ergebenden Aufgaben. Die Mitgliedstaaten unterliegen gemäß Art. 4 Abs. 3 S. 2 EUV einer allgemeinen Vertragserfüllungspflicht und gemäß Satz 3 der Pflicht zur Unterstützung der Union bei der Erfüllung ihrer Aufgaben. Sie unterliegen zugleich aber auch der Pflicht zur Unterlassung von Maßnahmen, die der Verwirklichung der Ziele der Europäischen Union schaden könnten.

3. Rechtspersönlichkeit der Europäischen Union

Sicher ist, dass die Europäische Union mit dem Vertrag von Lissabon in Art. 47 EUV **Rechtspersönlichkeit** erhalten hat. Sie ist gem. Art. 1 S. 3 EUV insoweit **Rechtsnachfolgerin** der Europäischen Gemeinschaft, die nach dem EGV bereits Rechtspersönlichkeit hatte (Art. 281 EGV) und der Europäischen Union in der Fassung des Vertrags von Maastricht[8] die Handlungsfähigkeit nach außen über ihre Organe vermittelte. Die Europäische Union ist nunmehr eigenständiges **Völkerrechtssubjekt**, dh denkbare Trägerin völkerrechtlicher Rechte und Pflichten, und dies neben den sie bildenden Mitgliedstaaten. Die Reichweite ihrer völkerrechtlichen Befugnisse richtet sich nach den durch die Verträge übertragenen Hoheitsrechte und Kompetenzen.

Zugleich besitzt die Europäische Union Rechts- und **Geschäftsfähigkeit** auch innerhalb der Mitgliedstaaten (Art. 335 EUV). Vertreten wird die Europäische Union nach außen insoweit durch die Europäische Kommission.

II. Das primäre Europarecht

Den rechtlichen Rahmen für die Europäische Union bilden **völkerrechtliche Verträge**, die zwischen den ursprünglichen Mitgliedstaaten geschlossen und seither fortentwickelt worden sind. Mit jedem Beitritt neuer Mitgliedstaaten hat sich die Zahl der vertragschließenden Parteien erhöht. Von den durch die Römischen Verträge von 1958 gegründeten Institutionen, EGKS, E(W)G und EAG, ist nur die EAG verblieben. Die EGKS ist mit Auslaufen des EGKSV im Jahr 2002 in der EG aufgegangen. Die EG ihrerseits hat mit dem Vertrag von Lissabon in der **Europäischen Union** ihre **Rechtsnachfolgerin** gefunden.

---

8 Dazu oben Kap. 11 A II 6.

Die **Gründungsverträge** in der Form des Vertrags von Lissabon verfolgen **nicht** mehr das Konzept eines einheitlichen Verfassungsvertrages, einer einheitlichen Verfassung. Vielmehr wurde das vorherige Konzept der **Aufgliederung** des Unionsrechts in Einzelverträgen weiterverfolgt. Dies ändert nichts daran, dass die einzelnen Bestandteile, die derzeit im Wesentlichen das so genannte **primäre Europarecht**[9] bilden, letztlich die Inhalte des Verfassungsvertrages von 2004 widerspiegeln.

Die eigentliche Grundlegung der Europäischen Union bilden **gemeinsam** der **EUV** und der **AEUV**. Dies ist auch die Aussage des Art. 1 Abs. 3 S. 1 EUV: *„Grundlage der Union sind dieser Vertrag und der Vertrag über die Arbeitsweise der Europäischen Union."* In Satz 2 wird zugleich die Gleichrangigkeit dieser beiden Verträge festgestellt. Bestrebungen, den AEUV einer vereinfachten Änderungsmöglichkeit zu unterwerfen, sind verworfen worden. Beide Verträge können nur im **ordentlichen Vertragsänderungsverfahren** nach Art. 48 Abs. 1 bis 5 EUV abgeändert werden. Lediglich kleinere Teile des AEUV, die internen Politikbereiche der Union betreffend (vgl. Art. 48 Abs. 6 EUV), können in einem vereinfachten Änderungsverfahren abgeändert werden.[10]

Durch Art. 6 Abs. 1 EUV ist die Charta der Grundrechte der Europäischen Union (**GrRCh**) rechtlich gleichrangig neben die Verträge gestellt worden. Die GrRCh vervollständigt damit das primäre Europarecht.

> Merke:
> Daneben werden zum Primärrecht noch die ungeschriebenen allgemeinen Rechtsgrundsätze des Unionsrechts gerechnet. Hierzu gehören die rechtsstaatlich gebotenen Garantien des Verwaltungsverfahrens, wie sie nunmehr partiell in der Grundrechtecharta (Art. 41 GrRCh) positiv normiert sind und die neben der GrRCh fortbestehenden Unionsgrundrechte, wie sie sich aus den Verfassungsüberlieferungen der Mitgliedstaaten ergeben. Das Verhältnis zur GrRCh und der gleichermaßen parallel geltenden EMRK ist nicht einfach nachvollziehbar. Der EuGH sieht jedenfalls solche Maßnahmen als nicht rechtens an, die nicht mit den von den Verfassungen der Mitgliedstaaten gewährten Grundrechten vereinbar sind.[11]

1. Übersicht über den EUV

Der Vertrag über die Europäische Union in der Fassung des Vertrags von Lissabon teilt sich in **sechs Titel** auf.

Titel I (Art. 1-11 EUV) befasst sich mit **gemeinsamen Bestimmungen**, betreffend die Grundlegung der Europäischen Union in den Verträgen (Art. 1 EUV), die gemeinsamen **Werte** und Ziele der Union (Art. 2, 3 EUV), das Verhältnis der Mitgliedstaaten zur Union und die zentralen Leitprinzipien für die Abgrenzung der Zuständigkeiten zwischen der Europäischen

---

9 Zum sekundären Europarecht unten Kap. 13 A I.

10 *Streinz*, Europarecht, Rn. 88.

11 So EuGH, Rs. 4/73, Nold/Kommission, Slg. 1974, 491, Rn. 13.

Union und den Mitgliedstaaten. Diese sind der Grundsatz der begrenzten **Einzelermächtigung**, das **Subsidiaritätsprinzip** und der Grundsatz der **Verhältnismäßigkeit** (Art. 4, 5 EUV).[12] Daneben werden die Gleichrangigkeit der GrRCh mit den übrigen Verträgen und die Geltung der EMRK für die Union herausgestellt (Art. 6 EUV). Schließlich befasst sich der Titel mit dem Verfahren der Suspendierung von Rechten einzelner Mitgliedstaaten im Falle von schwerwiegenden Vertragsverstößen, sowie mit dem Verhältnis der Union zu Nachbarstaaten (Art. 7, 8 EUV).

> Merke:
> Hervorzuheben ist die im Laufe der Entwicklung der Europäischen Union entwickelte Zielsetzung in Art. 3 EUV, den *„Bürgerinnen und Bürgern einen Raum der Freiheit, der Sicherheit und des Rechts ohne Binnengrenzen"* zu gewährleisten, und zugleich die Schaffung eines Binnenmarktes sowie einer Währungsunion.

Titel II (Art. 9-12 EUV) befasst sich mit der Achtung der grundsätzlichen Gleichheit aller Bürger, der Begründung einer **Unionsbürgerschaft** neben der Staatsangehörigkeit in den Mitgliedstaaten, sowie mit den demokratischen Grundsätzen der Union, geprägt durch den Grundsatz der repräsentativen **Demokratie**. Zudem wird die Zusammenarbeit mit den nationalen Parlamenten unter Wahrung der Grundsätze der Subsidiarität und der Verhältnismäßigkeit angesprochen.

Titel III (Art. 13-19 EUV) enthält **Organisationsbestimmungen** über die Organe der Union, namentlich das Europäische Parlament, den Europäischen Rat, den (Minister-)Rat, die Kommission, den Europäischen Gerichtshof, die Europäische Zentralbank und den Europäischen Rechnungshof.

Titel IV (Art. 20 EUV) befasst sich allein mit Bestimmungen über die **Verstärkte Zusammenarbeit**, die es ermöglicht, falls notwendig, unter Beteiligung nicht aller Mitgliedstaaten zur Verwirklichung der Unionsziele beizutragen („Europa der zwei Geschwindigkeiten"). Anlass für die Aktivierung der Verstärkten Zusammenarbeit ist, wenn mehrere Mitgliedstaaten zu der Überzeugung gelangen, dass die gesteckten Ziele auf den in den Verträgen angelegten Wegen nicht in vertretbarer Zeit erreichbar scheinen.

> Merke:
> Die Norm institutionalisiert damit die schon vorher bestehende Möglichkeit, Projekte nicht in allen Mitgliedstaaten gleichzeitig durchzuführen. Beispiele für ein solches Europa der zwei Geschwindigkeiten aus der Zeit vor Einführung in den EUV sind das Schengener Abkommen von 1995 zum vereinfachten Grenzübertritt in der Union, das bis heute nicht von allen Mitgliedstaaten mit getragen wird, sowie die Einführung des Euro nur in der sog. „Eurozone".

12 Dazu näher unten Kap. 11 C II, V, VI.

Titel V (Art. 21-46 EUV) enthält Bestimmungen über das **auswärtige Handeln** der Union und über die gemeinsame Außen- und Sicherheitspolitik (**GASP**), einschließlich der gemeinsamen Verteidigungspolitik. Die GASP wird in ihren Zielen, den Wegen, wie sie zu verwirklichen ist, sowie hinsichtlich der Zuständigkeiten beschrieben.

Titel VI (47-55 EUV) enthält **Schlussbestimmungen**, in denen die Rechtspersönlichkeit der Europäischen Union festgestellt wird (Art. 48 EUV), und in denen das **Vertragsänderungsverfahren** (Art. 48 EUV) skizziert wird. Weitere Vorschriften befassen sich mit dem Beitritts- und Austrittsrecht von Staaten. Schließlich werden die Ratifikationspflicht und die Ausfertigung des Vertrages in den Vertragssprachen beschrieben.

2. Übersicht über den AEUV

Der Vertrag über die Arbeitsweise der Europäischen Union (**AEUV**) hat im Wesentlichen die Bestimmungen des früheren EGV übernommen. Er ist wesentlich umfangreicher als der EUV und gliedert sich in sieben Teile.

Im ersten Teil (Art. 1-17 AEUV) werden die **Zuständigkeiten** der Europäischen Union und allgemeine Bestimmungen zum Verhältnis der Unionsorgane zu den Bürgern und den gesellschaftlichen Kräften in den Mitgliedstaaten bei der Ausübung des Unionsrechts niedergelegt.

Der zweite Teil (Art. 18-25 AEUV) enthält als zentrale Vorschrift (Art. 18 AEUV) das allgemeine **Diskriminierungsverbot** aus Gründen der Staatsangehörigkeit, im weiteren Vorschriften zur **Unionsbürgerschaft**.

Der dritte Teil (Art. 26-197 AEUV) enthält wesentliche Bestimmungen zu den **Politiken** der Europäischen Union, insbesondere zur Schaffung des **Binnenmarkts** und zu den **Grundfreiheiten**, daneben zur Agrarpolitik, zu Fragen des Verkehrs, des Wettbewerbs, der Wirtschaft- und Währungspolitik, der Sozialpolitik und zu weiteren Politiken einschließlich Umwelt und Energie.

Der vierte Teil (Art. 198-204 AEUV) betrifft die **Assoziierung** der überseeischen Länder und Hoheitsgebiete, die zu einzelnen Staaten der Union besondere Beziehungen pflegen; hierzu gehören insb. frühere Kolonialgebiete.

Der fünfte Teil (Art. 205-222 AEUV) enthält nähere Bestimmungen zum **auswärtigen Handeln** der Union.

Der sechste Teil (Art. 223-334 AEUV) befasst sich mit **institutionellen Bestimmungen** und Finanzvorschriften. Besonders hervorzuheben ist hier der Katalog der wesentlichen **Handlungsformen** der Union gemäß Art. 288 AEUV.

Der siebte Teil (Art. 335-358 AEUV) enthält allgemeine Bestimmungen und **Schlussbestimmungen**, so zu Rechts- und Geschäftsfähigkeit der Union bis hin zur Ratifizierung und zur – unbestimmten – Gültigkeitsdauer des Vertrages.

3. Übersicht über die GrRCh

An der Spitze der **54 Artikel** in sieben Kapiteln umfassenden Grundrechte-Charta der Europäischen Union (**GrRCh**) steht das Bekenntnis zur Menschenwürde.

Im ersten Kapitel sind neben dem Schutz der **Menschenwürde** der Schutz von Leben, Körper und Gesundheit sowie Vorschriften zum Verbot menschenunwürdiger Behandlungen, Zwangsbehandlungen, Folter und Sklaverei, erfasst.

Das zweite Kapitel betrifft **Freiheitsrechte,** so wie die Meinungsäußerungsfreiheit, die Versammlungs- und Vereinigungsfreiheit, die Freiheit der Kunst, die Berufsfreiheit, aber auch ein Recht auf Bildung.

Das dritte Kapitel befasst sich mit **Gleichheitsrechten** sowie mit Rechten für Kinder, Ältere und Behinderte.

Das vierte Kapitel enthält spezielle **Arbeitnehmerrechte** sowie Rechte der Familien und einen Anspruch auf soziale Sicherheit. Nicht den Charakter subjektiver Rechte haben die Artikel zu Umweltschutz und Verbraucherschutz, die durch die Union sicherzustellen sind.

Das fünfte Kapitel befasst sich mit **Bürgerrechten**, so mit dem Recht zur Wahl des Europäischen Parlaments, und zur Beteiligung an Kommunalwahlen in den Mitgliedstaaten. Relativ diffus ist das Recht auf gute Verwaltung. Geregelt ist hier auch das Recht auf Freizügigkeit und Aufenthaltsfreiheit in den Mitgliedstaaten.

Das sechste Kapitel befasst sich mit dem **Justizgrundrechten**, so insb. mit dem Zugangsrecht zu Gerichten.

Das siebte Kapitel enthält allgemeine Bestimmungen, wobei die Bestimmung des **Anwendungsbereichs** nach Art. 51 GrRCh von besonderer Bedeutung ist: *„Diese Charta gilt für die Organe, Einrichtungen und sonstigen Stellen der Union unter Wahrung des Subsidiaritätsprinzips und für die Mitgliedstaaten ausschließlich bei der Durchführung des Rechts der Union. Dementsprechend achten sie die Rechte, halten sie sich an die Grundsätze und fördern sie deren Anwendung entsprechend ihren jeweiligen Zuständigkeiten und unter Achtung der Grenzen der Zuständigkeiten, die der Union in den Verträgen übertragen werden."*

III. Geltung der Verträge

1. Räumliche Geltung der Verträge

Seine **räumliche Geltung** beansprucht das Europarecht für die in Art. 52 Abs. 1 EUV genannten mittlerweile 28 Mitgliedstaaten der Europäischen Union. In Zusammenschau mit Art. 355 AEUV wird damit der Geltungsbereich der Verträge definiert. Da nach wie vor der Beitritt neuer Mitgliedstaaten möglich ist, ist der räumliche Geltungsbereich der Verträge nicht abschließend bestimmt. Aber auch nachträgliche Veränderungen des Staatsgebietes können den Geltungsbereich des Europarechts beeinflussen; so ist die Geltung der Verträge durch Beitritt der früheren DDR zur Bundesrepublik räumlich erheblich ausgeweitet worden.

Zwar gelten nach dem Grundsatz der **„beweglichen Vertragsgrenzen"** die Verträge bei Änderungen des territorialen Bestandes fort. Damit ist aber nicht geklärt, was geschehen würde, wenn sich ein Mitgliedstaat in zwei oder mehrere Staaten aufgeteilt. Hier dürfte davon auszugehen sein, dass der Grundsatz der Staatensukzession und der Nachfolge in völkerrechtliche Verträge gilt. Dies hätte zur Folge, dass die betreffenden neu entstandenen Staaten automatisch Mitglieder der Europäischen Union werden.[13] Letztlich sind diese Fragen aber weithin ungeklärt.

> Merke:
> Dass diese Überlegung nicht theoretischer Natur ist, zeigen die Abspaltungs- bzw. Teilungsbestrebungen in Großbritannien (Schottland), Spanien (Katalonien) und Belgien (Flandern und Wallonien). Würden die abgespaltenen oder die neu entstandenen Teile dieser Mitgliedstaaten den Weg des Beitritts über Art. 49 EUV gehen müssen, wäre schon aufgrund der wirtschaftlichen Situation nicht sichergestellt, dass diese Beitrittsanträge erfolgreich wären.

2. Geltung in Teilen von Mitgliedstaaten mit eigener Rechtspersönlichkeit

Sofern ein Mitgliedstaat, wie etwa die Bundesrepublik Deutschland, dergestalt **föderal** organisiert ist, dass die **Gliedstaaten** (Bundesländer) eigene Rechtspersönlichkeit besitzen, könnte fraglich sein, ob das Unionsrecht auch in diesen Teileinheiten uneingeschränkt gilt.

Allerdings ist **Vertragspartner** der Unionsverträge der jeweilige **Mitgliedstaat** als Zentralstaat. Dies bedeutet zugleich, dass der Mitgliedstaat als Ganzer **Adressat** der unionsrechtlichen Pflichten ist. Daraus folgt, dass sich der Mitgliedstaat bei eventuellen Vertragsverletzungen, die aufgrund innerstaatlicher Kompetenzverteilung durch einen Gliedstaat begangen werden, nicht erfolgreich auf dessen Fehlverhalten berufen kann. Vielmehr steht der Zentralstaat gegenüber der Union in der Pflicht und muss ggf. für ein **innerstaatliches Fehlverhalten haften**. So bestimmen Art. 4 Abs. 3 EUV und Art. 291 Abs. 1 AEUV, dass die Mitgliedstaaten verpflichtet sind, den Vollzug des Unionsrechts auf allen Ebenen der Staatlichkeit wirksam durchzusetzen.

---

13 *Streinz*, Europarecht, Rn. 101 f.

Im Übrigen wird der europäische Einigungsprozess für die Bundesrepublik Deutschland durch den Bund wie die Länder gleichermaßen getragen, wobei der Einfluss der Länder auf den weiteren Einigungsprozess genauso wie die Einflussrechte des Bundestages durch die Ergänzung des Art. 23 GG gestärkt worden sind.

3. Zeitliche Geltung der Verträge

Die zeitliche Geltung der Verträge wird in Art. 53 EUV und wortgleich in Art. 356 AEUV bestimmt. Art. 53 EUV und Art. 356 AEUV besagen: „Dieser Vertrag gilt auf **unbegrenzte Zeit.**" Damit ist zunächst ein automatisches Auslaufen der Verträge ausgeschlossen. Nicht ausgeschlossen ist jedoch, dass sie durch einen völkerrechtlichen Aufhebungsvertrag zwischen den vertragschließenden Staaten ihre Gültigkeit verlieren. Nicht ausgeschlossen ist zudem die teilweise Beendigung der Gültigkeit der Verträge, bspw. im Falle des Austritts eines Mitgliedstaates.

4. Austritt bzw. Wiedereintritt einzelner Mitgliedstaaten

Allerdings war bis zum Vertrag von Lissabon fraglich, inwieweit ein Mitgliedstaat **berechtigt** ist, aus der Europäischen Union **auszutreten**. Hiergegen wurde vor allem die zeitlich unbegrenzte Gültigkeit der Gemeinschaftsverträge angeführt. Das Bundesverfassungsgericht hat in der Entscheidung zum Vertrag von Maastricht die Ansicht vertreten, dass ein Austritt möglich sei: *„Deutschland ist einer der ‚Herren der Verträge', die ihre Gebundenheit an den ‚auf unbegrenzte Zeit' geschlossenen Unions-Vertrag [...] mit dem Willen zur langfristigen Mitgliedschaft begründet haben, diese Zugehörigkeit aber letztlich durch einen gegenläufigen Akt auch wieder aufheben könnten"*.[14]

Das **Austrittsrecht** hat nunmehr in Art. 50 EUV in der Fassung des Lissabon-Vertrages eine ausdrückliche **Regelung** einschließlich des anzuwendenden Verfahrens erhalten. Der Vorschrift zufolge kann jeder Mitgliedstaat *„im Einklang mit seinen verfassungsrechtlichen Vorschriften beschließen, aus der Union auszutreten"*.

Für die Bundesrepublik ist umstritten, ob ein Austritt überhaupt zulässig wäre. Das Bundesverfassungsgericht jedenfalls geht davon aus, dass eine *„Lösung aus der Gemeinschaft"* möglich sei.[15] Hindernis könnte Art. 23 Abs. 1 S. 1 GG sein, der einen Auftrag zur Mitwirkung an der Europäischen Union enthält. Allerdings könnte ein Austritt, der – bspw. im Falle eines Stillstands oder Rückschritts des Einigungsprozesses – die Zielsetzung einer Vertiefung der Integration verfolgt, zulässig sein. Nicht mit Art. 23 Abs. 1 GG vereinbar sein dürfte ein grundloser Austritt aus der Union.[16]

---

14 BVerfGE 89, 155, 190 - Maastricht.

15 BVerfGE 89, 155, 204 - Maastricht; in diesem Sinne auch BVerfGE 123, 267, 360 – Vertrag von Lissabon.

16 Vgl. den Meinungsstand bei *Callies* in Callies Ruffert, EUV/AEUV, Art. 50 EUV Rn. 4.

Merke:
In Großbritannien, das keine geschriebene Verfassung hat, beruhte die Einleitung des Referendums über den Austritt aus der Europäischen Union auf der Entschließung des Parlaments und mündete in ein einfaches Parlamentsgesetz, den European Union Referendum Act 2015.[17] Mit dem Referendum vom 23.06.2016 haben sich 51,9 % der Abstimmenden gegen den Verbleib in der Europäischen Union und damit für den „**Brexit**" entschieden. Zwar entfaltet das Referendum keine Bindungswirkung gegenüber der britischen Regierung, diese hat aber angekündigt, dem Ergebnis Folge zu leisten und den Austritt aus der Union zu betreiben.

Sofern der Mitgliedstaat seinen Austritt innerstaatlich beschlossen hat, teilt er dies dem Europäischen Rat mit. In der Folge wird über einen Zeitraum von **zwei Jahren** ein Abkommen ausgehandelt, das das die zukünftigen Beziehungen des ehemaligen Mitgliedstaates zur Union regeln soll. Die EU-Verträge finden auf den ausscheidenden Mitgliedstaat ab dem Tag des Inkrafttretens des oa Abkommens keine Anwendung mehr. Kommt das Abkommen binnen zweier Jahre nach der Austrittsmitteilung nicht zustande und wird die Frist nicht einvernehmlich verlängert, finden gem. Art. 50 Abs. 3 EUV die EU-Verträge nach Ablauf der zwei Jahre ab Mitteilung des Austrittswunsches automatisch keine Anwendung mehr. Damit wird deutlich, dass das Austrittsabkommen nach Art. 50 Abs. 2 EUV keine konstitutive Wirkung für den Austritt aus der Union hat.

An den Beratungen des Europäischen Rates über das Abkommen bzw. über die Entschließung, die Zwei-Jahres-Frist verlängern zu wollen, nimmt der austrittswillige Staat nicht teil.

Merke:
Das Austrittsverfahren ist mit Übergabe eines Austrittsantrages am 19.03.2017 eingeleitet worden. Von diesem Tag an läuft die Zweijahresfrist nach Art. 50 Abs. 3 EUV. Am 19.06.2017 fand die erste Verhandlungsrunde zwischen dem Beauftragten der Europäischen Union, *Michel Barnier*, und dem britischen Unterhändler, *David Davis*, statt. Gestritten wird zunächst um die Frage, ob der zukünftige Status Großbritannien ggü. der Union gleichzeitig mit der rechtlichen Entflechtung (Position Großbritanniens) oder erst danach (im Wesentlichen Position der Rest-EU) verhandelt wird.
Weiterer Problempunkt ist das Schicksal der in Großbritannien lebenden EU-Ausländer und der in der EU lebenden Briten.
Konfliktpotential bieten auch die finanziellen Forderungen der EU ggü. Großbritannien aus dauerhaft übernommenen Verpflichtungen ggü. der Union.
Der Ausgang der Verhandlungen ist weithin unabsehbar. Die Position innerhalb Großbritannien, ob ein harter Brexit („Kein Abkommen mit der EU ist schlechter als ein schlechtes Abkommen") oder ein weicher(er) Brexit anzustreben sei, ist innerhalb Großbritanniens selbst hoch umstritten.

---

17 Vgl. http://www.legislation.gov.uk/ukpga/2015/36/contents, zuletzt abgerufen am 21.06.2016.

Der **Wiedereintritt** eines Mitgliedstaates stellt dabei allerdings kein einfaches Rückgängigmachen des Austritts dar. Vielmehr muss ein einmal ausgetretener Mitgliedstaat den Weg des regulären Beitrittsverfahrens nach Art. 49 EUV beschreiten.[18]

> Merke:
> Dieses selbstverständlich anmutende Verfahren könnte im Einzelfall erhebliche Probleme für einen ehemaligen Mitgliedstaat mit sich bringen. So würden für einen einmal ausgeschiedenen Staat die Voraussetzungen für einen Beitritt wie für jeden anderen europäischen Staat, der die Werte der Union achtet und sich für seine Förderung einsetzt (vgl. insoweit Art. 2 EUV), geprüft werden. Dabei würde insb. festgestellt werden, ob der beitretende Staat die wirtschaftlichen Kriterien für einen Beitritt erfüllen würde.
> Würde bspw. Griechenland unter einer neuen Regierung den Austritt aus der Union betreiben, könnte einem späteren Wiedereintritt die blühende griechische Volkswirtschaft entgegengehalten werden.
> Interessant könnte wiederum die Situation in Großbritannien werden. Sollte Schottland, dessen Bevölkerung überwiegend gegen den Brexit entschieden hat, die Unabhängigkeit von Großbritannien betreiben, wäre zu überlegen, ob Schottland im Wege der Staatensukzession in die Rechte und Pflichten Großbritanniens auch bez. der EU-Verträge eintreten und so Mitglied der Union bleiben könnte.

5. Ausschluss einzelner Mitgliedstaaten

Nicht geregelt in den Verträgen ist der **Ausschluss** von Mitgliedstaaten. Insoweit dürfte die Regelung des **Art. 7 EUV** zunächst als **vorrangig** anzusehen sein. Dieser sieht bei schwerwiegenden und anhaltenden Verletzungen der den Verträgen zu Grunde liegenden Werte durch einen Vertragsstaat die Möglichkeit der **Suspendierung von Rechten** aus dem Vertrag für diesen Staat vor. Welche Rechte ausgesetzt werden, entscheidet im Einzelnen der (Minister-)Rat, einschließlich der Abstimmungsrechte der Vertreter des Staates im Rat selbst. Die Verfahrensregelungen des Art. 7 EUV sehen vor, dass der Rat im Falle der Suspendierung von Rechten regelmäßig überprüft, ob die *„eindeutige Gefahr einer schwerwiegenden Verletzung der in Art. 2 genannten Werte durch einen Mitgliedstaat"* fortbesteht.

Umstritten ist insoweit die Anwendbarkeit des **allgemeinen Völkerrechts**, dem zufolge bei grundlegenden Änderungen der bei Vertragsschluss zu Grunde liegenden Umstände (Art. 62 Wiener Vertragsrechtskonvention - WVRK) oder bei schwerwiegenden Vertragsverletzungen (Art. 60 Abs. 2 WVRK) ein Ausschluss von Vertragspartnern völkerrechtlicher Verträge möglich ist. Im Zweifel müsste einem beharrlich gegen die gemeinsamen Werte verstoßender Staat der Austritt auf dem Weg des Art. 50 EUV nahegelegt werden. Denkbar wäre nach allgemeinem Völkerrecht ein zwangsweiser Ausschluss eines Mitgliedstaates allenfalls als **„remedium ultimum"** (von lat.: letztes Mittel), wenn das Sanktionsinstrumentarium des Art. 7 EUV dauerhaft versagt und so unerträgliche Zustände eintreten.[19]

---

[18] So auch *Streinz* in Streinz, EUV/AEUV, Art. 50 EUV Rn. 109.

[19] Vgl. hierzu einerseits *Kokott* in Streinz, EUV/EGV (Vorauflage 2003), Art. 312 EGV Rn. 9; andererseits *Streinz*, Europarecht, Rn. 104 und *Callies* in Callies/Ruffert, EUV/AEUV, Art. 50 EUV Rn. 17.

> **Merke:**
> Eine solche Suspendierung von Rechten wurde in Bezug auf Ungarn im Jahr 2013 erwogen. Ungarn hatte unter der Regierung *Orban* Verfassungsänderungen beschlossen, mit denen die Unabhängigkeit des Verfassungsgerichts in Frage gestellt wurde und Bürgerrechte eingeschränkt wurden. Im Jahr 2015/2016 erfolgt eine ähnliche Debatte um Sanktionen gegen Polen.[20]
> Die Situation in Polen ist mit der umstrittenen Justizreform von Juli 2017 weiter verschärft worden, mit der – so die Sicht außerhalb Polens – die Unabhängigkeit der Justiz und damit wesentliche Teile der Gewaltenteilung aufgehoben wurden.[21].

C Grundprinzipien im Verhältnis der Union zu den Mitgliedstaaten

Wenn die Europäische Union nur **Staatenverbund** und nicht Staat ist, hat dies zugleich Konsequenzen für die Kompetenzausübung der Union in Relation zu den Mitgliedstaaten. Die Kompetenzen der Europäischen Union beruhen auf **abgeleiteter**, von den Mitgliedstaaten auf die Union übertragener **Staatsgewalt**. Für die Bundesrepublik findet sich die notwendige verfassungsrechtliche Grundlage in Art. 23 GG. Aus dem Umstand, dass die Europäische Union damit nur über freiwillig von den Mitgliedstaaten übertragene Staatsgewalt verfügt, folgt zunächst, dass der Europäischen Union ein wichtiges Merkmal von Staaten fehlt, nämlich die sog. Kompetenz-Kompetenz. Darüber hinaus ergeben sich Konsequenzen für die Kompetenzausübung seitens der Europäischen Union. Zentrale Norm ist insoweit Art. 5 EUV, der für die Abgrenzung der Zuständigkeiten der Union von denen der Mitgliedstaten das Prinzip der begrenzten Einzelermächtigung normiert. Daneben sind hier das das Subsidiaritätsprinzip sowie der Grundsatz der Verhältnismäßigkeit geregelt. Dabei kann die Europäische Union in den Bereichen, in denen sie Kompetenzen – insb. zur Rechtssetzung – hat, verlangen, dass sich das Unionsrecht in den Mitgliedstaaten effektiv durchsetzt.

I. Fehlende Kompetenz-Kompetenz

Merkmal souveräner Staaten ist es, dass sie die sog. Kompetenz-Kompetenz besitzen. Als Kompetenz-Kompetenz bezeichnet man die Befugnis von Staaten, auf erkannte Regelungsbedürfnisse durch Schaffung und Ansichziehen einer Regelungskompetenz zu reagieren. Die Kompetenz-Kompetenz ist damit die **Kompetenz**, **Kompetenzen** neu zu **begründen**. Diese Befähigung ist der Europäischen Union, die selbst keine originäre Staatsgewalt besitzt, verwehrt. Wenn die Europäische Union neue Kompetenzen begründen will, kann dies nur aufgrund autonomer Entscheidung der Mitgliedstaaten geschehen, der Union die entsprechende Kompetenz zu übertragen. Der Weg zur Begründung neuer Kompetenzen der Europäischen Union ist im Wesentlichen der über eine entsprechende Änderung der Verträge.

---

20 Vgl. http://deutsche-wirtschafts-nachrichten.de/2016/01/18/ungarn-kommt-polen-zu-hilfe-und-will-eu-sanktionen-mit-veto-blockieren/, zuletzt abgerufen am 18.06.2016

21 http://www.sueddeutsche.de/politik/justizreform-polen-besiegelt-das-ende-der-unabhaengigen-justiz-1.3591660, zuletzt abgerufen am 18.07.2017.

Dies hat aber gleichzeitig zur Folge, dass die Mitgliedstaaten, soweit sie Kompetenzen auf die Europäische Union übertragen haben, selbst in ihrer Kompetenz-Kompetenz beschnitten sind, da sie Kompetenzen **nicht** autonom von der Europäischen Union **zurückholen** können. Auch das Zurückholen von Kompetenzen kann nur im Wege der Vertragsänderung erfolgen.

II. Prinzip der begrenzten Einzelermächtigung

In engem Zusammenhang mit der fehlenden Kompetenz-Kompetenz steht das in Art. 5 Abs. 1 u. 2 EUV normierte **Prinzip** der **begrenzten Einzelermächtigung**. Dieser Grundsatz besagt, dass die Europäische Union, wenn sie Kompetenzen ausüben will, sich stets auf eine Kompetenznorm aus den Verträgen berufen können muss. Damit besteht grundsätzlich eine negative Zuständigkeitsvermutung zu Gunsten der Mitgliedstaaten, die so auch in Art. 4 Abs. 1 EUV bestätigt wird. Dies hat unter anderem zur Folge, dass in Fällen von Zweifeln über die Zuordnung einer Kompetenz den Mitgliedstaaten Vorrang einzuräumen ist.

Nach dem Prinzip der begrenzten Einzelermächtigung ist damit zu prüfen, ob die Europäische Union tätig werden darf. Sie muss damit für jeden verbindlichen Rechtsakt eine ausdrückliche Kompetenz aus den Verträgen nachweisen.

Beispiel:
Der Europäische Gerichtshof (EuGH) hat bspw. entschieden, dass wenn der Gemeinschaft eine Harmonisierung der Rechts- und Verwaltungsvorschriften der Mitgliedstaaten auf dem Gebiet des Gesundheitswesens grundsätzlich verwehrt ist, eine Harmonisierungsmaßnahme zur Optimierung des Binnenmarktes trotz bestehender Kompetenznorm unzulässig ist, wenn damit das Harmonisierungsverbot im Gesundheitswesen unterlaufen würde. Gegenstand der Entscheidung war die Richtlinie zum Tabakwerbeverbot.[22]

Hiervon umfasst ist auch die Forderung, dass nicht nur eine ausdrückliche, sondern zugleich die **richtige Kompetenzgrundlage** zu suchen ist. Denn nur so kann – neben der Frage, ob die Union tätig werden darf – entschieden werden, welches Organ der Europäischen Union in welcher Handlungsform und in welchem Verfahren tätig werden darf.

Probleme bereitet das Prinzip der begrenzten Einzelermächtigung dann, wenn die Verträge extrem weit gefasste Kompetenznormen enthalten. So sieht Art. 114 AEUV das Recht zur Rechtsangleichung zur **Verwirklichung** des **Binnenmarkts** vor. Da die Verwirklichung des Binnenmarktes eines der zentralen Ziele der Europäischen Union ist, und zugleich die Bezüge zum Binnenmarkt im wirtschaftlichen Bereich extrem weit und vielfältig sind, könnte über Art. 114 AEUV nahezu jede europäische Rechtsnorm gerechtfertigt werden. Die oben angesprochene Entscheidung zur Tabakwerbeverbot-Richtlinie legte die entsprechenden Kompetenznormen noch eng aus. In jüngerer Zeit finden sich aber immer häufiger Entschei-

---

[22] EuGH, Rs. C-376/98, Slg. 2000, I-2247, Rn. 83, 106 ff.

dungen des EuGH, die ein weites Verständnis des Art. 114 AEUV zugrunde legen. So begründete der EuGH den Bezug zwischen dem Binnenmarkt und der von der Union durch Richtlinie geregelten Vorratsdatenspeicherung damit, dass die zu erhebenden Daten vor allem bei privaten Telekommunikationsunternehmen als Marktteilnehmer anfallen würden.[23]

Das Prinzip der begrenzten Einzelermächtigung erfasst nicht nur die Frage des „Ob" einer Zuständigkeit, sondern zugleich auch die Frage der zulässigen **Handlungsformen**, also des „Wie" des Handelns. So ist die Europäische Union in den Formen, in denen sie Gesetzgebungs- und Hoheitsakte erlassen darf, im Wesentlichen auf die in Art. 288 AEUV genannten Handlungsformen limitiert.[24] Die Norm nennt die Verordnung, die Richtlinie, den Beschluss, so wie die Empfehlung und die Stellungnahme.[25]

III. Flexibilitätsklausel oder Vertragsabrundungskompetenz

Ein Stück weit durchbrochen wird das Prinzip der begrenzten Einzelermächtigung durch die in Art. 352 AEUV normierte **Flexibilitätsklausel** oder Vertragsabrundungskompetenz. Die Norm besagt, dass wenn ein Tätigwerden der Union im Rahmen der in den Verträgen festlegen Politikbereiche erforderlich ist, um eines der Vertragsziele zu verwirklichen, und gleichzeitig keine entsprechende Kompetenz vorhanden ist, die Union entsprechende Rechtsvorschriften erlassen darf. Mit dieser Auffangkompetenz geht grds. eine Missbrauchsgefahr gegenüber der Kompetenzvermutung zu Gunsten der Mitgliedstaaten einher. Diese Gefahr wird allerdings durch das Einstimmigkeitserfordernis bei der Beteiligung des Ministerrates im Zuge des Gesetzgebungsverfahrens eingeschränkt.[26]

IV. Implied-Powers-Regel

Nicht ganz unumstritten ist, ob neben der Flexibilitätsklausel aus Art. 352 AEUV die bereits früher vom EuGH angewendete **„Implied-Powers"**-Regel heute noch Bestand hat. Mit der Anwendung dieses aus dem Völkerrecht stammenden Instruments hat der EuGH bereits früher Lückenschließungen bezüglich der durch die Verträge eingeräumten Kompetenzen der Europäischen Gemeinschaft zugelassen. Verkürzt besagt die „Implied-Powers"-Regel, dass ein (völkerrechtlicher) Vertrag oder ein Gesetz zugleich (ungeschrieben) diejenigen Vorschriften beinhaltet, bei deren Fehlen sie sinnlos wären oder nicht in vernünftiger zweckmäßiger Weise zur Anwendung gelangen könnten. Somit wird letztlich eine Zuständigkeit kraft Sachzusammenhangs eröffnet. Nach wohl überwiegender Auffassung ist dieses zusätzliche Instrument zur Erweiterung der Unionszuständigkeiten neben Art. 352 AEUV weiter anwendbar.[27] Auch die Anwendung der „Implied-Powers"-Regel erweitert die

---

[23] EuGH, Rs. C-301/06, EuZW 2009, 212 ff.
[24] *Streinz*, Europarecht, Rn. 463.
[25] Dazu näher unten Kap. 13 A I.
[26] Vgl. *Rossi* in Callies/Ruffert, EUV/AEUV, Art. 352 AEUV Rn. 2 ff.
[27] *Callies* in Callies/Ruffert, EUV/AEUV, Art. 5 EUV Rn. 16.

Zuständigkeiten der Union ggü. den Mitgliedstaaten ggf. in bedenklicher Weise und lässt die Grenzen zur Änderung der Verträge verschwimmen.

V. Subsidiarität

Wenn feststeht, dass die Union regeln darf, fragt das in Art. 5 Abs. 3 EUV normierte **Subsidiaritätsprinzip** danach, ob in Bereichen, wo der Union nicht die ausschließliche Zuständigkeit zur Regelung eines Sachverhalts zusteht, die Mitgliedstaaten die betreffende Frage auf der Ebene des Nationalstaates hinreichend regeln können (Negativkriterium). Nur wenn das mit der Regelung verfolgte Ziel auf Unionsebene besser zu verwirklichen ist (Positivkriterium), soll die Union anstelle der Mitgliedstaaten regeln dürfen. Was eine ausschließliche und was eine geteilte Zuständigkeit ist, ergibt sich aus Art. 2 Abs. 1 AEUV.

Die Tendenz der Rechtsprechung des **EuGH** ist Folgende: Wenn aus Sicht des EuGH eine Aufgabe *„wegen ihres Umfangs oder ihrer Wirkungen auf Unionsebene besser zu verwirklichen"* ist, ist diese von den Mitgliedstaaten zugleich *„weder auf zentraler noch auf regionaler oder lokaler Ebene ausreichend verwirklicht werden"* kann. Der EuGH schließt damit – im Lichte des Subsidiaritätsgedankens überaus bedenklich – aus dem Vorliegen des Positivkriteriums ohne nähere Prüfung auf das gleichzeitige Vorliegen des Negativkriteriums.[28]

VI. Verhältnismäßigkeit

Der in Art. 5 Abs. 4 EUV niedergelegte Grundsatz der **Verhältnismäßigkeit** besagt, dass die Europäische Union auch im Rahmen ihrer Kompetenzen nur soweit zur Regelung berechtigt ist, wie dies zur Erreichung der Ziele der Union erforderlich ist. Das Verhältnismäßigkeitsprinzip gilt dabei – wie die Formulierung *„inhaltlich wie formal"* erkennen lässt – sowohl bezüglich des Inhalts wie der Form einer Regelung. So ist regelmäßig die Rechtsform der unmittelbar für alle Mitgliedstaaten verbindlichen Verordnung als eingriffsintensiver gegenüber der von den Mitgliedstaaten ins innerstaatliche Recht umzusetzenden Richtlinie anzusehen. Damit kann im Sinne der Verhältnismäßigkeit die Richtlinie gegenüber der Verordnung vorzugswürdig sein.[29]

VII. Effet-utile-Grundsatz

Eine weitere Ausweitung des Einflusses der Union auf die Mitgliedstaaten begründet der vom EuGH wiederum aus dem Völkerrecht entlehnte Grundsatz des **„effet utile"**, übersetzt der „nützlichen Wirksamkeit" von Normen der Europäischen Union. Dieser Grundsatz verlangt, dass bestehendes Unionsrecht in den Mitgliedstaaten einen Anspruch auf weitgehende Durchsetzungsfähigkeit genießt. Die Staaten müssen also alles unterlassen, was der Durchsetzungsfähigkeit des Unionsrechts im Wege stehen könnte.

---

28 Vgl. etwa EuGH Rs. C-58/08, EuZW 2010, 539 ff., Rn. 78.

29 Vgl. *Callies* in Callies/Ruffert, Art. 5 EUV Rn. 50.

Beispiel:
Wenn ein Mitgliedstaat Beihilfen zu Gunsten nationaler Marktteilnehmer gewährt, die nicht mit dem Unionsrecht in Einklang stehen, sind diese Beihilfen (vulgo „Subventionen") grds. zurückzufordern. Wenn nach bundesdeutschen Recht eine solche Subvention durch Verwaltungsakt gewährt wurde, kommt § 48 VwVfG (insb. Abs. 2-4: Rücknahme begünstigender Geldleistungsverwaltungsakte) zur Anwendung.
§ 48 VwVfG enthält insoweit verschiedene Möglichkeiten, eine Geldleistung bei schutzwürdigem Interesse beim Empfänger zu belassen. Der „effet-utile"-Grundsatz bewirkt, dass diese Vertrauensschutzinstrumente im Falle unionsrechtswidriger Subventionen weithin außer Anwendung bleiben müssen.

D Rangverhältnis von Europarecht und nationalem Recht

Ungeachtet der unterschiedlichen Begründungsansätze hierfür besteht weithin Einigkeit, dass das Europarecht gegenüber nationalem Recht Vorrang genießt.[30] Dabei ist nach überwiegender und zutreffender Ansicht davon auszugehen, dass das Europarecht gegenüber dem nationalen Recht **Anwendungsvorrang** hat, und zwar in den Fällen, in denen nationales Recht und Europarecht kollidieren. Dies bedeutet zugleich, dass nationales Recht dort, wo es nicht in Konkurrenz zum Europarecht steht, weiterhin zur Anwendung kommen kann.

Der Anwendungsvorrang trägt den Besonderheiten des Verhältnisses der Mitgliedstaaten zur Union Rechnung. Das Europarecht kann zwar einheitliche Geltung in der Union verlangen, soll aber gleichzeitig nationale Rechtsordnungen **nicht** übermäßig **beeinträchtigen**.

Beispiel:
Wenn europäisches Lebensmittelrecht mit nationalem Lebensmittelrecht kollidiert, geht für Sachverhalte mit Unionsbezug – bspw. der grenzüberschreitende Verkehr mit Lebensmitteln zwischen den Mitgliedstaaten – die Unionsregelung vor. Wenn dagegen Waren aus nichteuropäischen Staaten eingeführt werden, findet auf diese Waren das nationale Recht weiter Anwendung. Auch inländische Produkte unterfallen, solange keine Rechtsharmonisierung erfolgt ist, zunächst den nationalen Rechtsvorschriften.

Die Nichtgeltung des Unionsrechts für nationale Sachverhalte kann im Einzelfall zu einer Schlechterstellung des inländischen Betroffenen gegenüber anderen EU-Bürgern, bspw. EU-ausländischen Marktteilnehmern führen; diesen Umstand bezeichnet man als „**Inländerdiskriminierung**". Wenn eine inländische Rechtsvorschrift die Zutaten für Nahrungsmittel begrenzt, ist der inländische Marktteilnehmer dieser Vorschrift weiterhin unterworfen, während sich der EU-ausländische Marktteilnehmer darauf berufen kann, seine nach den

30 Zu den unterschiedlichen Begründungsansätzen *Streinz*, Europarecht, Rn. 204 ff.

Vorschriften seines Heimatlandes rechtmäßig hergestellten Produkte dann auch im Mitgliedstaat mit den strengeren lebensmittelrechtlichen Vorgaben vertreiben zu dürfen.[31]

Beispiel:
Das deutsche Reinheitsgebot für Bier schreibt vor, dass Bier im Wesentlichen aus Hopfen, Gerste, Malz und Wasser bestehen darf. In anderen europäischen Staaten sind auch abenteuerliche andere Zutaten gängig, wie Schokolade oder Fruchtauszüge. Der deutsche Staat durfte den Import von Bananenbier uÄ unter der Bezeichnung „Bier" nicht verbieten: Deutsche Brauer sind aber weiter gehindert, Biergetränke, die unter Hinzufügen anderer Zutaten als denen des Reinheitsgebots gebraut wurden, als „Bier" zu vertreiben.

Wenn aber nationales Recht auf **Sachverhalte** mit **Gemeinschaftsbezug** keine Anwendung findet, gleichwohl aber nicht ungültig wird, ist zu fragen, wie die Entscheidung über die Anwendbarkeit von Unionsrecht oder nationalem Recht auf einen bestimmten Sachverhalt getroffen wird.

Nach der Rechtsprechung des EuGH obliegt die Prüfung, ob Unionsrecht anwendbar ist – und in der Folge die Entscheidung über die **Nichtanwendung** des nationalen Rechts – den nationalen **Behörden** und **Gerichten**. In Deutschland kommt diesen Stellen eine solche Kompetenz nach innerstaatlichen Recht grds. nicht zu. Hierdurch könnte das nach nationalem Recht gültige Verwerfungsmonopol des Bundesverfassungsgerichts unterlaufen werden. Gleichwohl hat das Bundesverfassungsgericht diese untypische Konstellation mit der Notwendigkeit einer Durchsetzung des Unionsrechts ohne Zeitverzug – effet utile – gebilligt und sich selbst für nicht zuständig erklärt.[32]

Das Problem der Verdrängung nationalen Rechts im Einzelfall stellt sich dann nicht mehr, wenn die Union insb. durch Richtlinienrecht **Rechtsangleichung** herbeigeführt hat; wenn eine Richtlinie durch Umsetzung in nationales Recht umgesetzt wurde, handelt es sich um eine vollgültige abstrakt-generelle nationale Norm, die Geltung für alle ihr unterworfenen Sachverhalte verlangen kann. Gleiches gilt, wenn durch Erlass einer EU-Verordnung einheitliche EU-weite Vorgaben gemacht werden.

Merke:
An diesem Beispiel lässt sich zeigen, was die Rechtsharmonisierung durch das sog. Sekundärrecht[33] der Union leistet. Wenn bspw. eine EU-Verordnung ergeht, die unionsweit zugelassene Zutaten für Biere normiert, ist auch der deutsche Brauer berechtigt, sein Bananenkölsch als Bier zu vertreiben.

---

31 Dazu im Rahmen der Grundfreiheiten näher unten Kap. 15 A IV.

32 BVerfGE 31, 145, 174 f. Zum „effet utile" oben Kap. 11 C VII.

33 Dazu unten Kap. 13 A I.

Kapitel 12: Die Organe der Europäischen Union

Die **Organe** der Europäischen Union sind nach Art. 13 Abs. 1 EUV (nicht in der dort gewählten Reihenfolge):

- der Europäische Rat
- der Rat (Rat der Europäischen Union)
- das Europäische Parlament
- die Europäische Kommission
- die Europäische Zentralbank
- der Europäische Rechnungshof
- der Gerichtshof der Europäischen Union.

> **Merke:**
> Die Häufung der „**Räte**" soll nicht ratlos machen.
> Der „**Europarat**" mit Sitz in Straßburg ist kein Organ der Europäischen Union, sondern ein der Friedenssicherung und Verständigung dienendes Gremium neben der Europäischen Union; salopp ausgedrückt versteht der Europarat Europa in den Grenzen des „Grand Prix Eurovision de la Chanson" und darüber hinaus.
> Der „**Europäische Rat**" ist der „Treff" der Staats- und Regierungschefs
> Wenn in Art. 13, 16 EUV, 137 AEUV vom „**Rat**" die Rede ist, ist damit der Rat der Europäischen Union, der früher sog. Ministerrat (auch EU-Ministerrat) gemeint.

Daneben sind in Art. 13 Abs. 4 EUV noch der

- Wirtschafts- und Sozialausschuss und
- der Ausschuss der Regionen

als unterstützende Gremien benannt.

Die grundlegenden Regelungen über Zusammensetzung, ggf. Entstehen und Aufgaben der genannten Organe finden sich in Art. 13 ff. EUV; weitere Bestimmungen finden sich, insb. hinsichtlich der Zuständigkeiten, auch an anderen Stellen der Verträge.

A Der Europäische Rat

I. Allgemeines

Geschaffen wurde der **Europäische Rat** im Zuge der Europäischen Politischen Zusammenarbeit (EPZ) im Jahre 1974. In den Verträgen wurde der Europäische Rat erstmals 1986 durch die Einheitliche Europäische Akte (EEA) verankert. Geregelt ist der Europäische Rat mittlerweile in Art. 15 EUV und Art. 235 f. AEUV.

Mit der Einheitlichen Europäischen Akte (**EEA**) hat der Europäische Rat eine Regelung in den Verträgen erhalten und ist damit mittlerweile als Organ der Europäischen Union institutionalisiert. Damit hat die dort stattfindende Koordination der Staats- und Regierungschefs den Charakter einer rein politischen Abstimmung zwischen den Regierungen der Mitgliedstaaten („intergouvernementale" Abstimmung) ein Stück weit verloren. Das Handeln des Europäischen Rates ist nunmehr erkennbar ein Handeln im Rahmen der Unionsstrukturen.

II. Zusammensetzung

Der Europäische Rat ist der Ort des Zusammentreffens der **Staats**- und **Regierungschefs** der Mitgliedstaaten. Er ist das Leitungsorgan der Europäischen Union, was die Rolle der Mitgliedstaaten als „Herren der Verträge" verdeutlicht.

> Merke:
> Die Besetzung mit einerseits Staatschefs, andererseits Regierungschefs, wie sie in Art. 15 Abs. 2 EUV beschrieben ist, folgt den unterschiedlichen Regierungssystemen der Mitgliedstaaten. So finden sich Staaten, in denen der Staatschef zugleich die wesentliche politische Macht innehat, so insb. Frankreich. Daneben findet in der überwiegenden Zahl der Mitgliedstaaten eine Trennung zwischen dem Amt des Staatschefs und dem Amt des Regierungschefs statt. In diesen Staaten liegt die politische Staatsleitung in der Hand des Regierungschefs, dem Staatschef kommen im Wesentlichen repräsentative Funktionen zu. Dies gilt für alle parlamentarischen bzw. konstitutiven Monarchien in Europa (bspw. Belgien, Niederlande, Großbritannien, Spanien), aber auch für die republikanischen Systeme, wie in Deutschland, Italien, Griechenland oder Portugal. Vertreter der Bundesrepublik im Europäischen Rat ist damit der Bundeskanzler bzw. die Bundeskanzlerin, momentan Angela Merkel. Frankreich dagegen wird durch den Staatspräsidenten, momentan Emmanuel Macron, vertreten.

Aus der Zusammensetzung aus Staats-und Regierungschefs der Mitgliedstaaten ergibt sich zugleich, dass zum Europäischen Rat keine Wahlen stattfinden. Vertreter des Mitgliedsstaates ist jeweils derjenige, der im Mitgliedstaat die Funktion des Staats- oder Regierungschefs bekleidet.

Seit dem Vertrag von Lissabon steht neben den Staats- und Regierungschefs gem. Art. 15 Abs. 5 EUV ein **Präsident** des Europäischen Rats. Dieser wird für eine Amtszeit von **zweieinhalb Jahren** gewählt, mit der Möglichkeit einmaliger Wiederwahl. Der Präsident darf parallel zu seiner Präsidentschaft keinerlei politische Funktion in einem Mitgliedstaat innehaben.

> Merke:
> Der erste Präsident des Europäischen Rats (2009-2014) war der Belgier Herman Achille Van Rompuy. Mittlerweile wurde er am 01.11.2014 nach zwei Amtszeiten abgelöst durch den früheren polnischen Ministerpräsidenten Donald Tusk.

Daneben ist auch der **Präsident** der **Kommission** Mitglied des Europäischen Rats; an den Sitzungen des Europäischen Rates beteiligt ist zugleich der Hohe Vertreter der Union für die Außen- und Sicherheitspolitik.[1]

III. Aufgaben

Gem. Art. 15 Abs. 1 EUV ist es die zentrale Aufgabe des Europäischen Rats, für die Arbeit der Union und ihrer Entwicklung **Impulse** zu setzen und allgemeine politische Zielvorstellungen zu entwickeln. Er wird ausdrücklich nicht gesetzgeberisch tätig. Die im Europäischen Rat getroffenen Beschlüsse sind damit weithin politischer Natur und somit nicht justiziabel. Dies entspricht auch seiner Funktion der Förderung des Integrationsprozesses oberhalb der technisch-funktionalen Ebene.

Rechtlich bindende Beschlüsse trifft der Europäische Rat im Bereich der GASP (Art. 26 Abs. 2 EUV) und bei der **Koordinierung** der Wirtschaftspolitik (Art. 121 Abs. 2 UAbs. 3 AEUV). Auf Initiative des Parlaments legt der Europäische Rat auch die **Zusammensetzung** des **Parlaments**, insb. hinsichtlich der Zahl der auf die Mitgliedstaaten entfallenden Mitglieder durch Beschluss fest. Ebenso legt der Europäische Rat durch Beschluss gem. Art. 236 lit. a) AEUV die Zusammensetzungen des Rates („**Ratsformationen**"), abgesehen von den in Art. 6 Abs. 6 EUV bereits festgelegten Formationen, fest. Gleiches gilt für die Regelung des **Vorsitzes** der Formationen (Art. 236 lit. b AEUV), abgesehen vom Vorsitz des Rates in der Formation „Auswärtige Angelegenheiten".[2]

IV. Verfahren

Der Europäische Rat tagt mindestens **zweimal** im **Halbjahr** unter dem Vorsitz des Präsidenten; daneben sind aber auch außerordentliche Tagungen möglich (Art. 15 Abs. 3 EUV). Unterstützt wird der Europäische Rat durch das **Generalsekretariat** des Rates der Europäischen Union mit Sitz in Brüssel.

Die Beschlussfassung erfolgt überwiegend im **Konsens**, insb. wenn es um die Festlegung der Zukunftsperspektiven der Union geht, also um allgemeine politische Zielvorstellungen und Impulse. In diesen Fragen wird also üblicherweise so lange verhandelt, bis Kompromisse gefunden sind oder jedenfalls keiner der Staats- und Regierungschefs mehr widerspricht.

Merke:
Letztlich ist es Zielsetzung der Sitzungen des Europäischen Rates, grundlegende Meinungsverschiedenheiten zwischen den Mitgliedstaaten aufzulösen. Dass, wie zu lesen ist, die Entscheidungen in „Club-Atmosphäre" betroffen werden, soll nicht darüber hinwegtäuschen, dass hier häufig mit harten Bandagen gekämpft wird. Es kommen

1 Zu beiden unten Kap. 12 D II.

2 Dazu insgesamt unten Kap. 12 B II.

nicht zuletzt die üblichen Mittel bei der Erziehung von Kleinkindern zum Einsatz: Bestechung und/oder Erpressung.

Hinsichtlich der rechtlich bindenden Beschlüsse ist je nach Festlegung in den Verträgen Einstimmigkeit, das Erreichen einer **qualifizierten Mehrheit**[3] oder, so in Verfahrensfragen oder bei Erlass oder Änderung der Geschäftsordnung die einfache Mehrheit verlangt. Bei rechtsverbindlichen Beschlüssen stimmen sowohl der Präsident des Europäischen Rates als auch der Kommissionspräsident nicht mit, da dies einerseits zur Doppelung der Stimmen eines Mitgliedstaates (je nach Nationalität von Präsident und Kommissionspräsident) führen würde, andererseits das bestimmende Moment im Europäischen Rat die mitgliedstaatliche Komponente ist. Eingebunden ist der Europäische Rat auch in das Vertragsänderungsverfahren.

Der Präsident des Europäischen Rats bereitet die **Ratssitzungen** vor, leitet diese und erfüllt zugleich die Berichtspflichten des Europäischen Rats gegenüber dem Europäischen Parlament. Unklar ist die Aufgabenabgrenzung insbesondere gegenüber dem Hohen Vertreter der Union für die Außen- und Sicherheitspolitik. Der Präsident des Europäischen Rates nimmt die offizielle **Außenvertretung** der Europäischen Union wahr (Art. 15 Abs. 6 UAbs. 2 EUV), der Hohe Vertreter der Union für die Außen- und Sicherheitspolitik dagegen leitet die GASP (Art. 18 Abs. 2 S. 1 EUV). Außerhalb der GASP wiederum hat die Kommission die Aufgabe der Außenvertretung der Union (Art. 7 Abs. 1 S. 6 EUV), etwa im Kontakt mit Institutionen wie der World Trading Organisation (WTO). Diese vertraglich festgelegte Aufgabenverwirrung wirkt überaus unabgestimmt. Am ehesten lässt sich diese Problemlage damit auflösen, dass jedenfalls dem Präsidenten des Europäischen Rates vornehmlich repräsentative Aufgaben zugedacht werden.

V. Sitz

Regelmäßiger Tagungsort des Europäischen Rats ist **Brüssel**.

B Der Rat / Rat der Europäischen Union

I. Allgemeines

Der Rat der Europäischen Union, in den Verträgen nunmehr kurz als **Rat** bezeichnet, ist mittlerweile geregelt in Art. 16 EUV und Art. 237 bis 243 AEUV. Der Rat ist neben dem Europäischen Rat ein zweites europäisches Organ, in dem im Wesentlichen die mitgliedstaatlichen Regierungen vertreten sind. Gleichwohl wird die Willensbildung im Rat der Europäischen Union zugerechnet, nicht den einzelnen Regierungen der Mitgliedstaaten.[4]

---

[3] Zu den unterschiedlichen qualifizierten Mehrheiten unten Kap. 12 B IV 2.

[4] *Callies* in Callies/Ruffert, EUV/AEUV, Art. 16 EUV Rn. 7.

II. Zusammensetzung

1. Vertreter im Rat

Der Rat setzt sich zusammen aus je einem **Vertreter** pro Mitgliedstaat auf **Ministerebene**, der von den Mitgliedstaaten in das Gremium entsandt wird. Voraussetzung für die Vertretungsbefugnis ist grds., dass der Betreffende auf nationaler Ebene Minister, also Regierungsmitglied ist. Entgegen dem Wortlaut des Art. 16 Abs. 2 EUV ist aber auch eine Vertretung des Mitgliedsstaates durch Staatssekretäre möglich. Dies gilt auch dann, wenn – wie in Deutschland – die **Staatssekretäre** nicht formal Mitglieder der Regierung sind.[5] Insoweit wird mittlerweile von Unionsgewohnheitsrecht ausgegangen.[6]

Die Mitglieder des Rates sind als Vertreter der Mitgliedstaaten nationalem Recht unterworfen. Nach diesem Recht richten sich die Entsendung und die Handlungsbefugnis, sowie die Verfahren zur innerstaatlichen Willensbildung bez. der Abstimmungsposition im Rat. Innerhalb der Ratssitzungen vertritt der jeweilige Entsandte des Mitgliedsstaates die vom Mitgliedstaat **vorgegebene Position.** Insoweit dürfte – insb. aus deutscher Sicht – das Ressortprinzip (Art. 65 S. 2 GG) zugunsten der Richtlinienkompetenz des Bundeskanzlers (Art. 65 S. 1 GG) zurückstehen müssen. Es soll zugleich sichergestellt sein, dass der jeweilige Vertreter hinsichtlich strittiger Positionen einen gewissen Entscheidungsspielraum hat, um ggf. zu Kompromissen zu gelangen.

Das Verhalten der Vertreter im Rat selbst richtet sich nach europäischem Recht, so dass auch ein weisungswidriges **Abstimmungsverhalten** der Ratsvertreter im Außenverhältnis gültig bleibt. Zugleich kann so aber auch ein Mitgliedstaat Nichtigkeitsklage zum EuGH gegen Entscheidungen erheben, zu denen er im Rat durch seinen Vertreter die Zustimmung hat erklären lassen, bzw. zu denen der Vertreter die Zustimmung erklärt hat.[7]

Die Zusammensetzung des Rates kommt der Bundesrepublik insoweit entgegen, als nicht nur je ein vertretungsberechtigtes Mitglied der Bundesregierung in den Rat entsandt werden darf. Vielmehr kann je nach Thematik auch ein in Ansprache mit dem Bund von den Ländern bestimmter **Landesminister** im Rat agieren. Hierauf zielt auch Art. 23 Abs. 6 GG ab, der die Möglichkeit einer Entsendung von Landesministern in den Rat vorsieht:

> *„Wenn im Schwerpunkt ausschließliche Gesetzgebungsbefugnisse der Länder auf den Gebieten der schulischen Bildung, der Kultur oder des Rundfunks betroffen sind, wird die Wahrnehmung der Rechte, die der Bundesrepublik Deutschland als Mitgliedstaat der Europäischen Union zustehen, vom Bund auf einen vom Bundesrat benannten Vertreter der Länder übertragen. Die Wahrnehmung der Rechte erfolgt unter Beteiligung und in Abstimmung mit der Bundesregierung; dabei ist die gesamtstaatliche Verantwortung des Bundes zu wahren."*

---

5 Dazu oben Kap. 3 B.

6 *Callies* in Callies/Ruffert, EUV/AEUV, Art. 16 EUV Rn. 9.

7 *Callies* in Callies/Ruffert, EUV/AEUV, Art. 16 EUV Rn. 7.

Ergänzt wird die Regelung durch das Gesetz über die Zusammenarbeit von Bund und Ländern in Angelegenheiten der Europäischen Union (EUZBLG)[8], dort insb. § 6 EUZBLG, wo das Verfahren der Absprache über die im Rat zu vertretenden Positionen im gesamtstaatlichen Interesse beschrieben wird.

2. Ratsformationen

Der Rat gilt als einheitliches Organ, er tagt aber je nach Aufgabenstellung in unterschiedlichen **Ratsformationen**. Dabei hat der Rat in jeder Ratsformation die vollen Befugnisse des Rates als Unionsorgan. Die derzeit existierenden zehn unterschiedlichen Ratsformationen sind:

- Rat „Allgemeine Angelegenheiten"
- Rat „Auswärtige Angelegenheiten"
- Rat für Wirtschaft und Finanzen (ECOFIN)
- Rat für Justiz und Inneres
- Rat für Beschäftigung, Sozialpolitik, Gesundheit und Verbraucherschutz
- Rat für Wettbewerbsfähigkeit
- Rat für Verkehr, Telekommunikation und Energie
- Rat für Landwirtschaft und Fischerei
- Rat für Umwelt
- Rat für Bildung, Jugend, Kultur und Sport

Merke:
Bis zum Vertrag von Lissabon war als eine weitere Ratsformation der Rat in der Zusammensetzung der Staats- und Regierungschefs tätig, wo – in Abgrenzung zum Europäischen Rat – Abstimmungen zu technisch-funktionalen Fragen auf der obersten politischen Leitungsebene vorgenommen wurden. Diese Zuständigkeiten sind durch den Vertrag von Lissabon auf den Europäischen Rat übertragen worden, der – wie ausgeführt[9] – in diesen Fragen nunmehr auch rechtsverbindlich tätig wird.

Zu den Sitzungen des Rates werden die nach innerstaatlicher **Ressortverteilung** zuständigen Minister entsendet, ggf. im Falle Deutschlands bei überwiegender Betroffenheit der Länder auch ein Minister eines Bundeslandes.

Primärrechtlich, also auf Ebene der Verträge, werden **zwei** der Ratsformationen beschrieben. So nennt Art. 16 Abs. 6 UAbs. 2 EUV den Rat „Allgemeine Angelegenheiten", Art. 16 Abs. 6 UAbs. 3 EUV nennt den Rat „Auswärtige Angelegenheiten". Die übrigen Ratsformationen werden durch Beschluss des Europäischen Rates nach Art. 236 lit. a) AEUV festgelegt.

---

[8] BGBl. I 1993, S. 313, zul. geändert durch Art. 1 ÄndG v. 22.09.2009 (BGBl. I 2009, S. 2031.

[9] Dazu oben Kap. 12 A III.

Der Rat „Allgemeine Angelegenheiten" ist vor allem darauf ausgerichtet, die in Art. 7 AEUV zu achtende **Kohärenz**, also die „Orientierung auf die Herstellung von Zusammenhängen im Sinne eines harmonischen Ganzen"[10] für die Arbeit des Rates intern herzustellen. Ziel ist, über den Rat „Allgemeine Angelegenheiten" die Zielverwirklichung der Verträge und die hierzu zu treffenden Maßnahmen aufeinander abzustimmen. Hierzu bereitet der Rat „Allgemeine Angelegenheiten" die Sitzungen des Rates im Sinne einer vorwiegenden Koordinations- und Lenkungsfunktion vor.

> Merke:
> Letztlich bedeutet „Kohärenz", dass nicht eine Stelle der Union einfach mal machen soll, ohne zu beachten, was andere Stellen der Union so machen, auch nicht innerhalb des gleichen Organs. In Anbetracht der Breite der von der Union wahrgenommenen Aufgaben eine sinnvolle, aber im Zweifel nicht immer zu verwirklichende Forderung.

Der ursprüngliche Plan, dem Rat „Allgemeine Angelegenheiten" die alleinige Beteiligung an der Gesetzgebungstätigkeit vorzubehalten und so eine auf diese Formation begrenzte „Zweite Kammer" für die Gesetzgebung der Union einzuführen, ist nicht umgesetzt worden.

Vertreter im Rat „Allgemeine Angelegenheiten" sind häufig Europaminister der Mitgliedstaaten. Dieses Ressort existiert in der Bundesrepublik derzeit nicht, weshalb am ehesten der Außenminister (oder dessen Staatssekretär) Vertreter in dieser Ratsformation ist.

Da die Koordinations- und Lenkungsbefugnisse des Rates „Allgemeine Angelegenheiten" nicht begrenzt sind, sind **Kompetenzkonflikte** insb. mit dem Rat „Auswärtige Angelegenheiten" denkbar. Dieser Rat „Auswärtige Angelegenheiten" ist dazu berufen, im Rahmen der durch den Europäischen Rat vorgegebenen Richtlinien das auswärtige Handeln der Europäischen Union zu gestalten. Dies ist nicht begrenzt auf die Gemeinsame Außen- und Sicherheitspolitik (GASP), sondern auf alle Politikbereiche der Außenpolitik der Union. Das Kohärenzgebot des Art. 7 AEUV gilt für alle Stellen in der Union, wird aber für den Rat „Auswärtige Angelegenheiten" in Art. 16 Abs. 6 UAbs. 2 EUV ohne inhaltliche Begrenzung noch einmal hervorgehoben. Eine sinnvolle, Kompetenzkonflikte vermeidende Abgrenzung zur Tätigkeit des Rates „Allgemeine Angelegenheiten" kann am ehesten dadurch erreicht werden, dass das Kohärenzgebot des Art. 16 Abs. 6 UAbs. 2 EUV auf das außenpolitische Handeln begrenzt wird.[11]

> Merke:
> Da die Staatlichkeitsdiskussion um die Europäische Union nicht verebben mag, könnte der Rat mit seinen unterschiedlichen Formationen als Einführung des Ressortprinzips auf Unionsebene angesehen werden. Allerdings entscheiden im Rat die jeweils fachnächsten Minister aus den Mitgliedstaaten *für* die Mitgliedstaaten, so dass der Behauptung, es existiere ein Ressortprinzips, insoweit nicht gefolgt werden kann. Regierungs- und Ressortstrukturen weist zudem eher die EU-Kommission auf.

---

10 *Ruffert* in Callies/Ruffert, EUV/AEUV, Art. 7 AEUV Rn. 2.

11 So wohl zutreffend *Callies* in Callies/Ruffert, EUV/AEUV, Art. 16 EUV Rn. 39.

3. Vorsitz

Den Vorsitz im Rat hat grundsätzlich derjenige Staat, der nach dem Prinzip gleichberechtigter **Rotation** jeweils für sechs Monate hierfür ausersehen ist. Der jeweilige Vorsitzende wird als Präsident des Rates bezeichnet. Der Vorsitz ist dabei als „Teampräsidentschaft" ausgestaltet. Für einen Zeitraum von 18 Monaten teilen sich jeweils drei Staaten den Vorsitz, wobei je einer der Staaten die Präsidentschaft für sechs Monate innehat und nach dieser Zeit von einem der anderen beiden Mitgliedstaaten abgelöst wird.[12]

Eine abweichende Regelung zum Vorsitz ist für den Rat in der Formation „Auswärtige Angelegenheiten" vorgesehen. Hier führt stets der **Hohe Vertreter** der Union für Außen- und Sicherheitspolitik den Vorsitz.

Der Ausgestaltung des Rates in seinen unterschiedlichen Formationen ist es geschuldet, dass jede Ratsformation einem eigenen Präsidenten aus den Reihen der in ihr vertretenen Minister untersteht. Eine einheitliche Präsidentschaft existiert so nicht.

4. Ausschuss der Ständigen Vertreter

Als Hilfsorgan des Rates existiert daneben der Ausschuss der **Ständigen Vertreter**, der in Art. 16 Abs. 2 EUV erwähnt wird. Die Tätigkeit des Ausschusses der Ständigen Vertreter betrifft das Ratshandeln in allen Formationen. Entsendet werden die Leiter der Ständigen Vertretungen der Mitgliedstaaten bei der Europäischen Union. Diese Ständigen Vertretungen sind Botschaften vergleichbar; die Ständigen Vertreter entsprechen Botschaftern der Mitgliedstaaten bei der Europäischen Union.

Aufgabe des Ausschusses ist die Vor- und Nachbereitung der Ratssitzungen und die Klärung von Detailfragen im Vorfeld, um im Rat selbst möglichst einstimmig entscheiden zu können. Jeder Tagesordnungspunkt und jeder Beschluss des Rates wird im Ausschuss vorberaten und vorbereitet, wenn nicht der Rat einstimmig auf die Vorbereitung durch den Ausschuss verzichtet. Ziel dieser Absprachen ist es, eine Liste sog. **„A-Punkte"** zu erreichen, über die Übereinstimmung besteht, und die im Rat selbst als Block verabschiedet werden können.

III. Aufgaben

Bez. der Aufgaben des Rates stellt Art. 16 Abs. 1 EUV die Beteiligung des Rates an der **Gesetzgebung** und die Wahrnehmung der **Haushaltsbefugnisse**, jeweils gemeinsam mit dem Europäischen Parlament, in den Vordergrund.

---

[12] *Callies* in Callies/Ruffert, EUV/AEUV, Art. 16 Rn. 48.

1. Beteiligung an der Gesetzgebung

Gemäß Art. 294 AEUV ist der Rat gemeinsam mit dem Parlament **Hauptrechtssetzungsorgan** der Union. Insoweit steht der Rat als zweite gesetzgeberische Kammer neben dem Parlament, wobei sich im Rat die Meinung der Mitgliedstaaten im Gesetzgebungsprozess niederschlägt. Dadurch, dass über die Minister der Mitgliedstaaten eine Rückkoppelung zu den demokratisch legitimierten Parlamenten der Mitgliedstaaten erfolgt, ist die Beteiligung des Rates an der Gesetzgebung Ausdruck des repräsentativ-demokratischen Systems auch auf Unionsebene.

2. Haushaltsbefugnisse

Die zweite Funktion als **Haushaltsgesetzgeber** erfüllt der Rat ebenso gemeinsam mit dem Parlament. Rat und Parlament sind sowohl an der mehrjährigen Finanzplanung nach Art. 312 AEUV (Mehrjähriger Finanzrahmen - MFR) als auch an der Jahreshaushaltsplanung der Union (Art. 314 AEUV) maßgeblich beteiligt. Im Rahmen der mehrjährigen Finanzplanung wird das Budget der Union für bis zu sieben Jahre im Vorhinein durch Festlegung von Obergrenzen für Verpflichtungs- und Zahlungsermächtigungen definiert. Der Jahreshaushaltsplan betrifft die Finanzplanung der einzelnen Organe und Einrichtungen der Union, die von der EU-Kommission im Entwurf eines Haushaltsplanes zusammengefasst werden. Hierüber stimmen Rat und Parlament jeweils getrennt ab. Zunächst entwickelt der Rat einen „Standpunkt" zur Jahreshaushaltsplanung, der dem Parlament zugeleitet wird. Entweder billigt das Parlament den Haushaltsplan in der Form, wie sie aus dem Standpunkt des Rates hervorgeht, oder es initiiert seinerseits Änderungen. Diesen muss dann der Rat wiederum zustimmen. Ggf. wird bei Unstimmigkeit der Vermittlungsausschuss zwischen Rat und Parlament eingeschaltet, in dem die Kommission beratend tätig werden kann.

3. Anstoßen von Gesetzgebungsvorhaben

Wie später festzustellen sein wird, ist das Initiativrecht für Gesetzgebungsvorhaben in der Europäischen Union der Kommission vorbehalten. Gleichwohl hat der Rat nach Art. 241 S. 1 AEUV das Recht, die **Kommission** zur Ausübung dieses Initiativrechts **aufzufordern**. Sieht die Kommission keinen Handlungsbedarf, muss sie dies gegenüber dem Rat begründen. Hieraus folgt zugleich, dass die Kommission verpflichtet ist, sich mit der Aufforderung des Rates für einen Gesetzgebungsvorschlag auseinanderzusetzen. In der konkreten Ausgestaltung einer solchen Vorlage ist die Kommission frei. Weigert sich die Kommission, sich mit dem Ansinnen des Rates zu befassen, kann dieser Untätigkeitsklage zum EuGH erheben.[13]

---

13 *Ruffert* in Callies/Ruffert, EUV/AEUV, Art. 241 AEUV Rn. 3.

4. Beteiligung an Vertragsänderung und am Beitrittsverfahren

Im Rahmen des **Vertragsänderungsverfahrens** sind die Befugnisse des Rates beschränkt. Im Wesentlichen ist er darauf begrenzt, die von einem Mitgliedstaat, der Kommission oder neuerdings dem Parlament vorgelegten Änderungsentwürfe dem Europäischen Rat zu übermitteln bzw. den nationalen Parlamenten zur Kenntnis zu geben (Art. 48 EUV).

Bezüglich des **Beitrittsverfahrens** (Art. 49 EUV) entscheidet der Rat nach Zustimmung des Parlaments über den Beitritt eines möglichen neuen Mitgliedstaates. Hier hat er allerdings die neuerdings vom Europäischen Rat vorgegebenen Beitrittskriterien zu beachten. Ist ein Beitrittsabkommen zustande gekommen, bedarf dieses im Anschluss der Ratifikation durch die Mitgliedstaaten.

5. Koordinationsaufgaben

Koordinationsaufgaben hat der Rat insbesondere im Bereich der mitgliedstaatlichen Wirtschaftspolitik. Diese Aufgabe ist in Anbetracht der durch Art. 119 Abs. 1 AEUV angemahnten „engen Koordinierung der Wirtschaftspolitik der Mitgliedstaaten" von besonderer Bedeutung.

Die **Koordinierungsaufgaben** in Bezug auf die Herstellung von Kohärenz (Art. 7 EUV) innerhalb des Rates wie zwischen den Mitgliedstaaten, sowie den Organen und Einrichtungen, wurden bereits beschrieben. Die Aufgaben obliegen hier dem Rat „Allgemeine Angelegenheiten", zugleich auch dem Rat „Auswärtige Angelegenheiten" bez. der Herstellung von Kohärenz in der Außenpolitik.[14]

6. Außenpolitik

In der Außenpolitik gestaltet der Rat in der Formationen „Auswärtige Angelegenheiten" das auswärtige Handeln der Union, dies aber wiederum im Rahmen der vom Europäischen Rat vorgegebenen strategischen Leitlinien. Im Bereich der **GASP** beschließt der Rat sog. „Aktionen" und „Standpunkte" der Europäischen Union. Im Bereich der Gemeinsamen Handelspolitik (**GHP**) ist der Rat für den Abschluss von Abkommen mit Drittstaaten und internationalen Organisationen zuständig. Hierzu gehören auch Handelsabkommen und Assoziierungsabkommen, mit denen die Vertragspartner im Handel mit der Europäischen Union privilegiert werden können.

Verbindungen zwischen GASP und GHP ergeben sich bspw. dort, wo die Union im Äußeren mit dem Mittel des Wirtschaftsembargos agiert.

---

[14] Dazu oben Kap. 12 B II 2.

7. Kontrollfunktionen

Dem Rat besitzt die Klagebefugnis zum EuGH zur Erhebung der Nichtigkeits- oder Untätigkeitsklage. Er kann damit seine **Kontrollbefugnisse** ausüben, und zwar gegenüber der Kommission, dem Europäischen Parlaments, der Europäischen Zentralbank (EZB), aber auch dem Europäischen Rat, sowie gegenüber allen anderen Einrichtungen und Stellen der Union. Dies gilt jedenfalls hinsichtlich rechtserheblicher Akte der vorgenannten Einrichtungen, Organe und Institutionen.

8. Personalkompetenzen

Im Bereich der **Personalfragen** beschließt der Rat über die Zusammensetzung des Wirtschaft- und Sozialausschusses, des Ausschusses der Regionen und des Rechnungshofes. Zudem legt der Rat die Bezüge des Präsidenten des Europäischen Rates und des Kommissionspräsidenten, sowie der Mitglieder der Kommission fest. Gleiches gilt für die Gehälter der Richter und Generalsanwälte beim EuGH. Zugleich erlässt der Rat mit Zustimmung des Parlaments das Beamtenstatut für die Bediensteten der Union.

9. Aufgaben im Rahmen der Polizeilich-justiziellen Zusammenarbeit (PJZS)

Im Rahmen der **PJZS** sind dem Rat jedenfalls insoweit Befugnisse zugeflossen, als die PJZS weithin in die Verträge integriert und somit nunmehr Gegenstand des ordentlichen **Gesetzgebungsverfahrens** ist, an dem der Rat maßgeblich beteiligt ist.

IV. Verfahren

Die zentrale Frage hinsichtlich der Verfahren des Rates ist die Problematik der unterschiedlichen Formen der **Beschlussfassung.** So ist die Beschlussfassung ausnahmsweise mit einfacher Mehrheit, mit qualifizierter Mehrheit (als Regelfall) oder durch Einstimmigkeit vorgesehen. Mit dem Vertrag von Lissabon ist insb. die qualifizierte Mehrheit relativ kompliziert geregelt worden.

1. Einfache Mehrheit

Abstimmungen mit **einfacher Mehrheit** sind im Wesentlichen den Beschlüssen organisatorischer Art und zu Verfahrensfragen vorbehalten. Die einfache Mehrheit ist bei 28 Mitgliedstaaten nunmehr mit 15 Stimmen erreicht.

Beschlussfassungen mit einfacher Mehrheit sind bspw. vorgesehen für die **Organisation** des Generalssekretariats, den Erlass der Geschäftsordnung des Rates (jeweils Art. 240 AEUV) und die Einsetzung von bestimmten Ausschüssen (bspw. Art. 150, 160 AEUV).

Bemerkenswert ist, dass der Antrag auf Amtsenthebung eines Mitglieds der Kommission zum EuGH (Art. 247 AEUV) lediglich der einfachen Mehrheit bedarf. Die eigentliche Entscheidung über eine Amtsenthebung trifft dann allerdings alleine der EuGH.

2. Qualifizierte Mehrheit

Die qualifizierte Mehrheit ist nunmehr die **Regelform** der Beschlussfassung im Rat. Die Notwendigkeit einer qualifizierten Mehrheit ist dabei stets den entsprechenden Bestimmungen der Verträge zu entnehmen. Die unterschiedlichen Formen der qualifizierten Mehrheit sind durch den Vertrag von Lissabon zeitlich abgestuft bis 30.10.2014 und ab 1.11.2014 eingeführt worden.

Bis zum 30.10.2014 wurde eine so genannte Ponderierung (Gewichtung) der Stimmen der Mitgliedstaaten vorgenommen. Ausgangspunkt waren 345 Stimmen. Deutschland, Frankreich, Großbritannien und Italien gaben je 29 Stimmen ab, Spanien und Polen je 27 Stimmen, Rumänien 14 Stimmen, Niederlande 13 Stimmen, Griechenland, Portugal, Belgien, Tschechische Republik, Ungarn je zwölf Stimmen, Schweden, Österreich, Bulgarien je zehn Stimmen, Dänemark, Slowakei, Finnland, Irland, Litauen je sieben Stimmen, Lettland, Slowenien, Estland, Zypern, Luxemburg die vier Stimmen und Malta drei Stimmen.

> Merke:
> Letztlich wie im Bundesrat, nur „in Groß"!

Bei Beschlussfassungen nach den Verträgen auf **Vorschlag** der **Kommission** waren für die Zustimmung 255 der 345 Stimmen erforderlich, wobei gleichzeitig die Zustimmung von 14 der damals 27 Mitgliedstaaten erklärt worden sein musste. Diese Abstimmungsmethode ist mit dem 01.11.2014 nicht vollkommen bedeutungslos geworden, da jedes Mitglied des Rates bis 31.3.2017 eine Abstimmung nach dem Modus bis 31.10.2014 beantragen darf.[15]

Ab dem 01.11.2014 ist die qualifizierte Mehrheit erreicht, wenn eine Mehrheit von mindestens 55 % der Mitglieder des Rates, gebildet aus (abgerundet) 15 Mitgliedstaaten erreicht ist, wobei diese 15 Mitgliedstaaten mindestens 65 % der Union Bevölkerung repräsentieren müssen (Art. 16 Abs. 4 UAbs. 1 EUV).

> Merke:
> Dieser Abstimmungsmodus ist so überaus einfach und absolut übersichtlich, dass das Auflegen einer App (für Android und IOS, nicht für Microsoft, die EU mag Microsoft nicht mehr) anzuraten ist.

Eine allgemeine **Sperrminorität** gegen Beschlussfassungen auf Vorschlag der Kommission kann mit den Stimmen von vier Mitgliedstaaten erreicht werden. Daneben ist noch eine Sperrminorität zur Verhinderung von Beschlüssen des Rates vorgesehen in Fällen, in denen

[15] *Streinz*, Europarecht, Rn. 359.

nicht alle Mitgliedstaaten abstimmungsberechtigt sind (etwa bez. der Eurozone oder des Schengener Abkommens). Die Sperrminorität ist gegeben, wenn Mitglieder des Rates, die 35 % der Bevölkerung der Mitgliedstaaten repräsentieren, gegen ein Vorhaben des Rates stimmen.

Eine Regelung für Beschlussfassungen, die **nicht** auf Vorschlag der **Kommission** erfolgen, sieht Art. 238 Abs. 2 AEUV vor. Hier ist die qualifizierte Mehrheit erreicht, wenn 72 % der Mitglieder des Rates (aufgerundet 21 Vertreter der Mitgliedstaaten) zustimmen, und diese dabei 65 % der Bevölkerung der Union repräsentieren.

Merke:
Durch dieses relativ komplizierte Abstimmungssystem insbesondere der qualifizierten Mehrheit bei Beschlussfassung auf Vorschlag der Kommission wird erreicht, dass sich in den Beschlüssen des Rates sowohl das Europa der Mitgliedstaaten als auch das Europa der Bürger („Unionsbürger") abbildet. Problematisch scheint allerdings zu sein, dass die Berechnung der Anteile an der Gesamtbevölkerung der Union (65 % bzw. 72 %) nicht auf einer gemeinsamen gesetzlichen Basis beruht, sondern vielmehr von statistischen Angaben der Mitgliedstaaten abhängig ist.

3. Einstimmigkeit

Das Erfordernis der Einstimmigkeit ist vornehmlich den **politisch** brisanten **Entscheidungen** des Rates vorbehalten. Dieses etwa der Beitritt neuer Mitgliedstaaten (Art. 49 Abs. 1 EUV), Harmonisierung von indirekten Steuern (Art. 113 AEUV), Harmonisierung allgemein im Bereich der Steuern, der Freizügigkeit und der Rechte und Interessen der Arbeitnehmer (Art. 115 AEUV), oder auf dem Wahlverfahren zum europäischen Parlament (Art. 223 Abs. 1 AEUV). Wann Einstimmigkeit angeordnet ist, ergibt sich wiederum aus den jeweiligen Bestimmungen der Verträge.

Einstimmigkeit bedeutet stets Einstimmigkeit unter den Mitgliedern, entweder anwesenden oder vertretenen. Einstimmigkeit ist demnach nicht gegeben, wenn ein Mitgliedstaat weder anwesend ist, noch sich vertreten lässt.

4. Abstimmungsverfahren

Die Abstimmungen erfolgen regelmäßig **mündlich**, Art. 11 Geschäftsordnung, in dringlichen Angelegenheiten kann auch eine schriftliche Abstimmung erfolgen, Art. 12 Geschäftsordnung. Im Übrigen ist vorgesehen, dass die Verhandlungen des Rates bei Beratungen und Abstimmungen über Gesetzgebungsvorhaben öffentlich erfolgen. Die Sitzungen des Rates sind deswegen zweigeteilt in einen Teil bezüglich der Gesetzgebung und einen Teil bezüglich der übrigen Tätigkeiten (Art. 16 Abs. 8 EUV).

Regelmäßig anwesend bei den Sitzungen des Rates ist ein Mitglied der Kommission, das aber nicht stimmberechtigt ist.

V. Sitz

Der Rat hat seinen Sitz in **Brüssel**. Die Geschäftsordnung sieht aber vor, dass in den Monaten April, Juni und Oktober in Luxemburg getagt wird. Unterstützt wird die Arbeit des Rates durch ein Generalsekretariat, das seinen Sitz ebenfalls in Brüssel hat. Da die Aufgaben der früheren Ratsformationen der Staats- und Regierungschefs nunmehr vollständig auf den Europäischen Rat übergegangen ist, ist das Generalsekretariat zugleich für die Unterstützung der Arbeit des Europäischen Rates zuständig.[16]

C Das Europäische Parlament

Das Europäische Parlament, im Weiteren auch **Parlament** oder Europaparlament, ist mittlerweile geregelt in Art. 14 EUV und Art. 223 bis 234 AEUV geregelt. Es ist in der Entwicklungsgeschichte der Europäischen Union, nicht nur durch den Bedeutungsgewinn bei der Beteiligung an der Gesetzgebung, als der „rising star" unter den Unionsorganen auszumachen.

I. Allgemeines

Ursprünglich war das Parlament lediglich **Vertretungsorgan** von Abgeordneten der nationalen Parlamente in den Gremien der Institutionen nach den römischen Verträgen. Seit der ersten Direktwahl im Jahre 1979 ist es die eigentliche und unmittelbar legitimierte Vertretung der Unionsbürger auf der Ebene der Union.

Vorläufer des Parlaments war die „**Gemeinsame Versammlung**", die seit 1952 im Zuge der EGKS als Kontrollgremium fungierte, gebildet durch Abgeordnete der nationalen Parlamente. Nachdem die Gemeinsame Versammlung im Zuge der Römischen Verträge als „Parlamentarische Versammlung" für alle Verträge zuständig wurde, benannte sie sich – ohne Kompetenzen oder eigene Finanzmittel – im Jahre 1958 in Europäisches Parlament um. Vertreten waren zu dieser Zeit 142 Abgeordnete aus den Parlamenten der Mitgliedstaaten, die in die Gemeinsame Versammlung bzw. das dann sog. Europäische Parlament entsandt wurden. Erster Präsident der Parlamentarischen Versammlung war *Robert Schuman*.[17]

II. Zusammensetzung

1. Wahlen zum Europaparlament

Die Mitglieder des Europäischen Parlaments werden in allgemeiner, unmittelbarer, freier und geheimer **Wahl** für eine Amtszeit von fünf Jahren gewählt. Es fehlt insoweit das Merkmal der Gleichheit der Wahl. Dies ist insb. dem Umstand geschuldet, dass den Wahlen ein Prinzip **degressiver Proportionalität** zugrunde liegt. Dies bedeutet, dass sich die Zahl der

[16] Dazu schon oben Kap. 12 A IV.

[17] Dazu oben Kap. 11 A II 2.

Abgeordneten aus den Mitgliedstaaten nicht proportional zu den jeweiligen Bevölkerungszahlen verhält, und zwar tendenziell zu Lasten der großen Staaten.

Der Vertrag von Lissabon sieht vor, dass ab der Parlamentswahl von 2014 maximal 750 Abgeordnete, allerdings zuzüglich des Präsidenten, im Parlament vertreten sein dürfen. Jeder Mitgliedstaat hat mindestens sechs Sitze im Parlament, die maximale Sitzzahl pro Mitgliedstaat liegt bei 96 Mitgliedern.

Die pro Mitgliedstaat zu vergebenden Sitze verteilen sich wie folgt:

Deutschland	96 Sitze	Bulgarien	17 Sitze
Frankreich	74 Sitze	Dänemark	13 Sitze
Vereinigtes Königreich	73 Sitze	Slowakei	13 Sitze
Italien	73 Sitze	Finnland	13 Sitze
Spanien	54 Sitze	Irland	11 Sitze
Polen	51 Sitze	Kroatien	11 Sitze
Rumänien	32 Sitze	Litauen	11 Sitze
Niederlande	26 Sitze	Slowenien	8 Sitze
Griechenland	21 Sitze	Lettland	8 Sitze
Belgien	21 Sitze	Estland	6 Sitze
Portugal	21 Sitze	Zypern	6 Sitze
Tschechische Republik	21 Sitze	Luxemburg	6 Sitze
Ungarn	21 Sitze	Malta	6 Sitze
Schweden	20 Sitze		
Österreich	18 Sitze	**Insgesamt**	751 Sitze

Merke:
Bei Zugrundelegung einer unmittelbaren Proportionalität würde Deutschland ca. 130 Abgeordnete stellen. Durch die Verkleinerung des Parlaments im Zuge des Vertrags von Lissabon sind Deutschland zudem drei Sitze gegenüber den bis dahin schon degressiv proportional vergebenen 99 Sitzen verloren gegangen.

Die Europawahl wird getrennt in den Mitgliedstaaten nach den Grundsätzen der **Verhältniswahl** durchgeführt. Abweichungen ergeben sich insb. hinsichtlich der Wahltage, die sich traditionell an den traditionellen nationalen Wahltagen des jeweiligen Mitgliedstaats orientieren, aber auch hinsichtlich eventueller **Sperrklauseln**. Grundlage der Wahlen ist der Beschluss und Akt des Rates zur Einführung allgemeiner unmittelbarer Wahlen der Abgeordneten im Europäischen Parlament vom 20.09.1976. In Deutschland wird die Wahl durchgeführt aufgrund des Gesetzes über die Wahl der Abgeordneten des Europäischen Parlaments aus der Bundesrepublik Deutschland - Europawahlgesetz (EuWG) idF vom 07.10.2013[18] und der dazu ergangenen Europawahlordnung.

[18] BGBl. I, S. 3749.

> **Merke:**
> So war für die deutsche Wahl zum Europaparlament zunächst lange Jahre eine 5 %-Hürde vorgesehen. Diese wurde vom Bundesverfassungsgericht im Jahre 2011 mit Blick auf die Besonderheiten des Europäischen Parlaments, insb. den Umstand, dass das Parlament nicht auf eine stabile Regierungsmehrheit ausgerichtet ist, gekippt.[19] Dies hat den deutschen Gesetzgeber aber nicht gehindert, die gekippte 5 %-Hürde durch eine 3 %-Hürde zu ersetzen, die das Bundesverfassungsgericht im Jahr 2014 dann mit ähnlicher Begründung wieder kassiert hat.[20] Nunmehr wird in Deutschland, anders als in anderen europäischen Staaten, ohne Sperrklausel gewählt.

2. Innere Struktur des Parlaments

a) Präsidentschaft und Quästoren

Das Europäische Parlament wählt für die Dauer von **zweieinhalb Jahren** einen Präsidenten, der auch wiedergewählt werden darf. Üblicherweise wechselt jedoch die Präsidentschaft während der Legislaturperiode zwischen den größten Fraktionen im Parlament, der Europäischen Volkspartei (EVP) und der Progressiven Allianz der Sozialdemokraten im Europäischen Parlament (S&D).[21] Der Präsident übernimmt die Außenvertretung des Parlaments und hält Kontakt zu den übrigen Organen und Einrichtungen der Union. Neben dem Präsidenten sind im Präsidium 14 Vizepräsidenten vertreten, die auf die gleiche Dauer gewählt werden.

Die Interessen der Abgeordneten werden durch fünf sog. **Quästoren** vertreten. Das Kollegium der Quästoren ist mit Verwaltungs- und Finanzfragen betraut, die die Abgeordneten und ihre Arbeitsbedingungen direkt betreffen. Auch die Amtszeit der Quästoren beträgt zweieinhalb Jahre.

b) Fraktionen

Die wichtigsten Untergliederungen im Europäischen Parlament sind die Fraktionen. Die **Fraktionen** sind nicht nach Nationalitäten gegliedert, sondern nach verwandten politischen Richtungen in den Mitgliedstaaten. Werden Abgeordnete einer nationalen Partei in das Europaparlament gewählt, können sich diese einer Fraktion anschließen. Die Fraktionen werden, wie im Bundestag, nach jeder Europawahl neu errichtet, jedoch haben sich bestimmte Fraktionen dergestalt dauerhaft herausgebildet, dass sie mit Zusammentritt jedes neuen Parlaments unter dem gleichen Namen neu errichtet werden. Einzelne Fraktionen existieren schon seit 1952.

---

[19] BVerfGE 129, 300 ff.

[20] *BVerfG*, NJW 2014, 1431ff.

[21] Näher zu den Fraktionen sogleich Kap. 12 C II 2 b.

Der Fraktionsstatus wird mit einem Zusammenschluss von mindestens **25 Abgeordneten** aus mindestens sieben Mitgliedstaaten erreicht (Art. 30 Geschäftsordnung des Europaparlaments). Vorteile des Fraktionsstatus sind finanzielle Zuwendungen seitens des Parlaments für die Fraktionsarbeit, bestimmte parlamentarische Rechte, so das Recht zur Einbringung von Beschlussvorlagen, mehr Redezeit sowie die Repräsentation in den Ausschüssen nach Stärke der Fraktion.

Die derzeit im Europaparlament vertretenen Fraktionen und die dahinter stehenden politischen Richtungen sind:

Fraktion	**Parteien**	**Sitze im Parlament 2014-2019**
Fraktion der Europäischen Volkspartei (EVP)	Christdemokratische Parteien (Deutschland: CDU, CSU)	216
Fraktion der Progressiven Allianz der Sozialdemokraten im Europäischen Parlament (S&D)	Sozialdemokratische Parteien (Deutschland: SPD)	190
Europäische Konservative und Reformisten (EKR)	Konservative Parteien, bspw. die britischen Konservativen, auch europaskeptische Parteien	74
Fraktion der Allianz der Liberalen und Demokraten für Europa (ALDE)	Liberal-demokratische Parteien (Deutschland: FDP)	68
Konföderale Fraktion der Vereinten Europäischen Linken/Nordische Grüne Linke	Sozialistische/kommunistische Parteien und andere (Deutschland: Die Linke und Tierschutzpartei)	52
Die Grünen/Europäische Freie Allianz (Grüne/EFA)	Grün-ökologische Parteien, Regionalisten, Linksparteien (Deutschland: Die Grünen, Piraten, ÖDP)	51
Europa der Freiheit und der direkten Demokratie (EEFD)	Euroskeptisch-populistische Parteien, extreme Rechte: bspw. UKIP (Großbritannien) und LEGA Nord (Italien); mittlerweile aus Deutschland Beatrix von Storch, AfD	42
Europa der Nationen und der Freiheit (ENF)	Tendenziell europaskeptisch/nationalistisch-rechtsradikale Parteien: Front National (Frankreich, mit Marine Le Pen), aber auch aus Deutschland Marcus Pretzell, AfD	40

Daneben sind im Parlament derzeit 18 **fraktionslose** Abgeordnete vertreten, darunter aus Deutschland je ein Abgeordneter der Partei „Die Partei" und der NPD. Ein Versuch rechtspopulistischer und extrem rechter Parteien (insb. Front National, FN unter Marine Le Pen aus Frankreich, und Partij voor de Vrijheid, PVV unter Geert Wilders aus den Niederlanden), eine eigene Fraktion zu bilden, sind zu Beginn der Legislaturperiode 2014-2019 zunächst gescheitert. Ein Grund war die Weigerung, mit der KNP aus Polen zusammen zu arbeiten, die wohl partiell antisemitische Thesen vertritt und das Frauenwahlrecht ablehnt. Die Fraktionsgründung der Fraktion „Europa der Nationen und der Freiheit (ENF)" ist erst 2015 erfolgt.

Merke:
Die Verteilung der Abgeordneten auf die einzelnen Fraktionen zeigt, dass im Europaparlament ein Konsens nur über Parteigrenzen hinweg hergestellt werden kann. Deswegen ist es auch schwer zu behaupten, dass viele kleine Parteien die Arbeitsfähigkeit des Parlaments wesentlich beeinträchtigen können. Diese schließen sich entweder einer der bestehenden Fraktionen an, oder sie verschwinden in der Gruppe der Fraktionslosen. Insoweit dürfte die Einschätzung des Bundesverfassungsgerichts, dass für die 3 %-Hürde bei der Europawahl keine verfassungsrechtliche Legitimation besteht, letztlich zutreffend sein.

c) Ausschüsse

Ähnlich wie im Deutschen Bundestag wird die eigentliche Arbeit im Parlament auf **Ausschüsse** verteilt. Derzeit hat das Parlament 22 Ausschüsse gebildet. Die Ausschüsse bestehen aus 25 bis 71 Abgeordneten, haben jeweils einen Vorsitzenden, einen Vorstand und ein Sekretariat. Die Zusammensetzung der Ausschüsse spiegelt wie im Bundestag die Kräfteverhältnisse im Parlament wieder. In den Ausschüssen werden nicht bindende Legislativvorschläge für die Kommission erarbeitet, genauso wie die Gesetzgebungsinitiativen der Kommission in den Ausschüssen geprüft werden. Das Europäische Parlament hat auch das Recht, Untersuchungsausschüsse einzurichten.

Der Vermittlungsausschuss zwischen Rat und Parlament ist, wie im Deutschen Bundestag, kein Ausschuss des Europaparlaments, da hier sowohl Vertreter aus dem Rat als auch aus dem Parlament vertreten sind.

d) Generalsekretariat

Unterstützt wird das Parlament durch ein **Generalsekretariat**, das sich in zwölf Generaldirektionen und einen juristischen Dienst gliedert. Insgesamt sind ca. 5000 Bedienstete beim Parlament beschäftigt, darunter zahlreiche Übersetzer und Dolmetscher, aber auch sitzungsferne Dienste.

III. Aufgaben

1. Beteiligung an der Gesetzgebung und Haushaltsbefugnisse

Wie beim Rat stehen beim Europäischen Parlament die Aufgaben der **Gesetzgebung** und der Ausübung der **Haushaltsbefugnisse** im Vordergrund. Insoweit ist auf die Ausführungen zum Rat zu verweisen.

Im Übrigen kann das Parlament wie der Rat die Kommission zur Ausübung ihres Initiativrechts in bestimmten Fragen auffordern. Bei Angelegenheiten, die das Parlament selbst betreffen, kann dieses auch selbst Rechtsakte initiieren, so insb. den Beschluss zur Zusammensetzung des Europäischen Parlaments (Art. 14 Abs. 2 UAbs. 2 EUV).

2. Beratungsfunktion

Verschiedene Vorschriften der Verträge sehen obligatorische Anhörungen des Parlaments vor einer Beschlussfassung vor (vgl. etwa Art. 192, Abs. 2, 3 AEUV, Art. 31 Abs. 2 EAGV). Sofern eine obligatorische Anhörung des Parlaments unterbleibt, liegt hierin ein wesentlicher **Verfahrensverstoß**, der zur Anfechtung des betreffenden Rechtsakts mit der Nichtigkeitsklage führen kann.

Das Parlament ist vor Ernennung des Direktoriums der Europäischen **Zentralbank** (Art. 283 Abs. 2 AEUV) und der Mitglieder des Rechnungshofs (Art. 286 Abs. 2 AEUV) zu hören, so wie vor der Unterbreitung eines Vorschlags für das Amt des Kommissionspräsidenten (Art. 17 Abs. 7 UAbs. 1 S. 1 EUV), der anschließend vom europäischen Parlament gewählt wird. Zu hören ist das Parlament auch vor Änderungen der Unionsverträge (Art. 48 Abs. 3 EUV) und bezüglich bestimmter Abkommen mit Drittstaaten (Art. 36 Abs. 1 EUV).

Hinsichtlich der **GASP** soll die Rechtsposition des Europäischen Parlaments zu den wichtigsten Aspekten und den grundlegenden Weichenstellungen der Gemeinsamen Außen- und Sicherheitspolitik und der Gemeinsamen Sicherheits- und Verteidigungspolitik gebührend berücksichtigt werden (Art. 36 Abs. 1 S. 1 EUV).

3. Kontrollbefugnisse

Durch die Möglichkeit der Einreichung eines **Misstrauensvotums** gegen die Kommission (Art. 17 Abs. 8 EUV, Art. 234 AEUV) und das Fragerecht gegenüber der Kommission (Art. 230 Abs. 2 AEUV) sowie – auf freiwilliger Basis – gegenüber dem Rat und anderen Unionsorganen kann das Parlament politische Kontrollbefugnisse ausüben.

Ebenso kann das Parlament alle Rechtsakte der Organe der Union sowie ein Unterlassen dieser Organe vor dem EuGH mit Nichtigkeits- oder Untätigkeitsklage überprüfen lassen. Zugleich kann das Parlament Rechtsgutachten des EuGH beantragen (Art. 218 Abs. 11 AEUV).

Zu der Ausübung der Kontrollbefugnisse gehört die bereits erwähnte Möglichkeit, **Untersuchungsausschüsse** einzurichten, die Verstöße gegen das Unionsrecht durch Organe der Union, durch Mitgliedstaaten oder durch Einzelpersonen und Unternehmen zum Gegenstand haben.

4. Zustimmungsrechte

In zahlreichen Fällen sehen die Unionsverträge **Zustimmungsrechte** des Parlaments vor, so bspw. bei Sanktionen gegen Mitgliedstaaten (Art. 7 Abs. 1, 5 EUV) und Assoziierungsabkommen mit Drittstaaten (Art. 217 AEUV).[22]

5. Personalkompetenzen

Neben dem Präsidenten, den Vizepräsidenten (alles im Rahmen der Selbstorganisation) wählt das Parlament insb. auf Vorschlag des Europäischen Rates den **Präsidenten** der **Kommission** (Art. 17 Abs. 7 EUV. Daneben wählt das Parlament auch den **Bürgerbeauftragten** der Union (Art. 228 Abs. 1 AEUV).

IV. Verfahren

Soweit in den Verträgen nicht anderes festgeschrieben ist, entscheidet das Parlament mit der **Mehrheit** der abgegebenen Stimmen (Art. 231 Abs. 1 AEUV). In bestimmten Fällen (etwa im Gesetzgebungsverfahren bei Abänderungen ggü. dem Standpunkt des Rates, Art. 294 Abs. 7 AEUV) kann auch die Mehrheit der Mitglieder erforderlich sein.

V. Sitz

Das Parlament hat seinen Hauptsitzungsort in **Straßburg**. Dort finden jährlich zwölf jeweils viertägige Sitzungsperioden statt. Tagungsort der Fraktionen und Ausschüsse ist dagegen **Brüssel**; dort finden zudem sechs jeweils zweitägige Sitzungsperioden statt.

Das unterstützende Generalsekretariat sitzt mit etwa 3500 Bediensteten in Brüssel, mit den übrigen ca. 1400 Bediensteten in Luxemburg.

> Merke:
> Das Parlament entfaltet aufgrund der unterschiedlichen Sitze und Tagungsorte eine rege Reise- und Transporttätigkeit, die Kosten von geschätzten 200 Mio. € pro Jahr erzeugt und für ca. 19.000 Tonnen CO_2-Ausstoß pro Monat verantwortlich ist.[23] Dies

[22] Übersicht über weitere Zustimmungsbefugnisse bei *Streinz*, Europarecht, Rn. 325.

[23] Vgl. http://www.nzz.ch/aktuell/startseite/unmut-ueber-den-europaeischen-wanderzirkus-1.18188204, zuletzt abgerufen am 15.08.2016.

hat zu einer ewig dauernden Diskussion um die Zusammenfassung aller Funktionen des Parlaments bevorzugt in Brüssel geführt. Hierzu wäre aber eine Änderung der Unionsverträge notwendig, gegen die sich Frankreich (warum nur?) beharrlich sperrt.

D Die Europäische Kommission

Die Europäische Kommission, auch **Kommission** oder EU-Kommission, ist nunmehr geregelt in Art. 17 EUV und in Art. 244 bis 250 AEUV. Sie ist, wenn man derartige Parallelen ziehen will, am ehesten die „Regierung" der Europäischen Union. Sie ist beteiligt am Gesetzgebungsverfahren, übt aber auch die meisten der – insgesamt recht spärlichen – unmittelbaren Exekutivbefugnisse der Union aus. EU-Recht wird im Übrigen weit überwiegend durch die Mitgliedstaaten ausgeführt.

I. Allgemeines

Die Kommission hat ihren **Vorläufer** in der **Hohen Behörde** als Leitungsgremium der EGKS. Als Kommission ist sie zum ersten Mal jeweils im EWGV und im EAGV bezeichnet worden. Im Fusionsvertrag von 1965 wurde die Verschmelzung der Hohen Behörde mit den **Kommissionen** der EWG und der EAG zu einer einheitlichen Kommission beschlossen, die dann im Jahre 1967 vollzogen wurde.

Die Kommission gilt als **supranationales Organ** der Europäischen Union, da sie zwar mit Personen aus Mitgliedstaaten der Union besetzt ist, diese aber nicht als Vertreter der Mitgliedstaaten in der Kommission sitzen. Die Kommission ist ihrem Wesen nach nur dem Wohl der Union verpflichtet und handelt *„in voller Unabhängigkeit"* (Art. 17 Abs. 3 UAbs. 2 EUV) insb. von den Mitgliedstaaten, aber auch ggü. sonstigen Stellen, auch Privaten.[24]

II. Zusammensetzung

Die Mitglieder der Kommission müssen zunächst Staatsangehörige der Mitgliedstaaten sein. Die weiteren Befähigungsnachweise sind diffus, wenn von *„allgemeiner **Befähigung**"* für das Amt und *„Einsatz für Europa"* die Rede ist (Art. 17 Abs. 3 EUV). Auch persönlich wird von den künftigen Mitgliedern der Kommission erwartet, dass sie *„die volle Gewähr für ihre Unabhängigkeit"* bieten. Die Kommission besteht derzeit aus 28 Mitgliedern, jeweils ein Mitglied aus jedem EU- Mitgliedstaat. Zu den 28 Mitgliedern gehören der Präsident der Kommission und der Hohe Vertreter der Union für Außen- und Sicherheitspolitik; die Staaten, aus denen die Kandidaten für diese Positionen stammen, stellen keine Kommissare mehr.

---

24 *Ruffert* in Callies/Ruffert, EUV/AEUV, Art. 17 Rn. 53 f.

Merke:
Art. 17 Abs. 5 EUV sieht für die Kommission ab dem 01.11.2014 nur noch eine Mitgliederzahl entsprechend zwei Dritteln der Mitgliedstaaten vor, wobei die Mitgliedstaaten Mitglieder nach einem System gleichberechtigter Rotation stellen sollen. Dies hätte zur Folge, dass aus einer Anzahl von Mitgliedstaaten über einen gewissen Zeitraum kein Mitglied in die Kommission entsandt würde. Art. 17 Abs. 5 UAbs. 1 aE AEUV sieht aber zugleich vor, dass diese Regelung nur greift, *„sofern der Europäische Rat nicht einstimmig eine Änderung dieser Anzahl beschließt."* Diesen Beschluss hat der Europäische Rat, insb. auf Betreiben der kleineren Mitgliedstaaten dahingehend getroffen, dass es bei der 28er-Kommission bleibt.

Die Größe der Kommission weckt **Zweifel** an deren **Arbeitsfähigkeit**, da die Zahl und der Zuschnitt der Ressorts nicht durch die anfallenden Aufgaben, sondern vornehmlich durch die Zahl der Kommissare diktiert wird.[25]

Merke:
Derzeit ist die Kommission nur mit 27 Mitgliedern besetzt. Dies ist dem Umstand geschuldet, dass der britischen Kommissar nach dem Brexit-Referendum zurückgetreten ist und nicht ersetzt wurde.

Wenn die Kommission nicht mehr das Vertrauen des Parlaments genießt, kann das Parlament ein **Misstrauensvotum** gegenüber der Kommission erheben. Voraussetzung ist hierfür ein Antrag von einem Zehntel der Abgeordneten. Entschieden wird über den Misstrauensantrag mit doppelt qualifizierter Mehrheit. Dies bedeutet, dass einerseits zwei Drittel der abgegebenen Stimmen den Antrag befürworten müssen, die andererseits die Mehrheit der Mitglieder des Parlaments ausmachen. Die Abstimmung erfolgt offen.[26] Ist das Misstrauensvotum gegen die Kommission erfolgreich, legen die Kommissionsmitglieder ihr Amt nieder, der Hohe Vertreter für Außen- und Sicherheitspolitik allerdings nur in seiner Funktion als Kommissionsmitglied. Hinsichtlich seiner Funktionen im Europäischen Rat bleibt er im Amt (Art. 17 Abs. 8 EUV).

Hervorgehoben wird die **Weisungsfreiheit** der Kommission ggü. Dritten, insb. ggü. den Mitgliedstaaten, in Art. 17 Abs. 4 UAbs. 3 EUV. Zudem sind die Kommissionsmitglieder – insb. seit dem Scheitern der *Santer*-Kommission im Jahr 1999 – der Transparenz verpflichtet. Schon im Verfahren ihrer Berufung müssen sie ihre Vermögensverhältnisse offenlegen und dürfen neben der Kommissionstätigkeit keine besoldeten Ämter wahrnehmen. Es existiert ein mehrfach überarbeiteter Verhaltenskodex für Kommissionsmitglieder, ua bez. des Umgangs mit externen Tätigkeiten, bez. Finanzinteressen und Vermögen sowie im Umgang mit Geschenken.[27] Nach der Transparenz-Richtlinie der *Juncker*-Kommission (2014-2019) müssen Kommissare zukünftig auch ihre Lobbyisten-Kontakte offenlegen.[28]

---

[25] Dazu sogleich unten Kap. 12 D II 2.
[26] *Streinz*, Europarecht, Rn. 389.
[27] Vgl. http://ec.europa.eu/commission_2010-2014/pdf/code_conduct_de.pdf, zuletzt abgerufen am 15.08.2016.
[28] Vgl. http://ec.europa.eu/news/2014/11/20141119_de.htm, zuletzt abgerufen am 15.08.2016.

1. Präsident

An der Spitze der Kommission steht der **Kommissionspräsident**. Die Wahl des Kommissionspräsidenten erfolgt auf Vorschlag des Europäischen Rates durch das Europäische Parlament. Die Wendung in Art. 17 Abs. 7 UAbs. 1 S. 1 2. Hs. EUV: *„dabei berücksichtigt er das Ergebnis der Wahlen zum Europäischen Parlament"*. Dies bedeutet, dass der Kandidat – als Zeichen der Rückkoppelung zum Parlament – bevorzugt die politische Mehrheitsmeinung im Parlament widerspiegeln soll.[29] Dies bedeutet aber nicht, dass der Kommissionspräsident zwingend aus der Reihe der Mitglieder des Parlaments bestimmt würde.

> Merke:
> Art. 17 Abs. 7 EUV erinnert an die Einsetzung von Regierungschefs in souveränen Staaten und damit an den Quasi-Regierungscharakter der Kommission.

Für den Vorschlag des Europäischen Rates ist nicht Einstimmigkeit, sondern nur eine qualifizierte Mehrheit verlangt. Da über den Kandidaten des Kommissionspräsidenten nicht „auf Vorschlag der Kommission" entschieden wird, gilt hier die qualifizierte Mehrheit nach Art. 236 Abs. 2 AEUV. Verlangt sind die Stimmen von 72 % der Mitgliedstaaten (mindestens also 21 Mitgliedstaaten), die 65 % der Unionsbürger repräsentieren müssen. Damit ist sichergestellt, dass einzelne Mitgliedstaaten den Kandidatenvorschlag des Europäischen Rates nicht verhindern können.

Das Parlament wiederum wählt den Kommissionspräsidenten mit der **Mehrheit** der **Mitglieder**, also mit mindestens den Stimmen von 376 der 751 Abgeordneten. Die Amtszeit des Präsidenten und der Kommission beträgt fünf Jahre (Art. 17 Abs. 3 EUV). Wiederwahl ist möglich.

Innerhalb der Kommission hat der Präsident insoweit eine hervorgehobene Stellung, als er die Leitlinien für die Aufgabenerfüllung der Kommission vorgibt, was an die Richtlinienkompetenz des Bundeskanzlers nach Art. 65 S. 1 GG erinnert. Auch bestimmt er die interne **Organisation** der Kommission durch Zuschnitt und Verteilung der Ressorts auf die von den Mitgliedstaaten vorgeschlagenen übrigen Kommissionsmitglieder, die Kommissare. Er bestimmt aus den Reihen der Kommissare die Vizepräsidenten, wobei der Hohe Vertreter der Union für Außen- und Sicherheitspolitik geborener Vizepräsident ist. Auch kann der Präsident einen Kommissar zur Niederlegung des Amtes auffordern. Die besonderen Rechte des Präsidenten sind Gegenstand des Art. 3 der Geschäftsordnung der Kommission (GO Kommission).

---

29 In diesem Sinne *Callies* in Callies/Ruffert, EUV/AEUV, Art. 17 EUV Rn. 46.

2. Hoher Vertreter der Union für Außen- und Sicherheitspolitik

Der Hohe Vertreter der Union für Außen- und Sicherheitspolitik ist – vereinfacht – der „**Außenminister**" der Europäischen Union. Eingeführt wurde das Amt mit dem Vertrag von Lissabon. Vorgänger war der Hohe Vertreter für die Gemeinsame Außen- und Sicherheitspolitik. Der Hohe Vertreter füllt zugleich die frühere Funktion des Kommissars für Außenbeziehungen aus. Er wird durch den Europäischen Rat mit qualifizierter Mehrheit und mit Zustimmung des Kommissionspräsidenten ernannt (Art. 18 Abs. 1 EUV). Die Amtszeit ist nicht näher bestimmt, es ist aber anzunehmen, dass insoweit ein Gleichlauf zur Amtszeit der Kommission (5 Jahre) hergestellt wird.[30]

Der Hohe Vertreter nimmt an Sitzungen des Europäischen Rates teil (Art. 15. Abs. 2 S. 2 EUV), er ist geborener Präsident des Rates für Auswärtige Angelegenheiten (Art. 18 Abs. 3 EUV) und geborener Vizepräsident der Kommission (Art. 17 Abs. 4 S. 1 EUV). Damit nimmt er eine Sonderstellung zwischen den Organen Europäischer Rat, Rat und Kommission ein. Dies zeigt sich auch daran, dass er, wenn er vom Kommissionspräsidenten zur Niederlegung seines Amtes aufgefordert wird, nur das Amt in der Funktion innerhalb der Kommission niederlegt (Art. 17 Abs. 6 S. 2 EUV).

Mittlerweile hat der Hohe Vertreter für Außen- und Sicherheitspolitik einen eigenen **diplomatischen Dienst** der Union unter sich.

> Merke:
> Erste Hohe Vertreterin der Union für Außen- und Sicherheitspolitik (2009 bis 2014) war Catherine Margaret Ashton, Baroness Ashton of Upholland, eine britische Sozialpolitikerin (damit ausgewiesene Spezialistin für Außenpolitik – ?!?) aus den Reihen der Labour-Partei.
> Nachfolgerin ist seit 01.11.2014 Federica Mogherini, Mitglied der Partito Democratico und immerhin zuvor Außenministerin in Italien.

3. Kommissare

Die designierten Kommissare müssen die gleichen – diffusen – **Eignungskriterien** erfüllen wie der Präsident. Jeder Mitgliedstaat schlägt ein Mitglied der Kommission vor, nur diejenigen Staaten nicht, aus denen der Präsident bzw. der Hohe Vertreter stammt. Der gewählte Präsident legt dem Rat, nachdem er die interne Aufgabenverteilung vorgenommen hat, die Liste der designierten Kommissare vor, die der Rat im Einvernehmen mit dem Präsidenten annehmen muss. Die designierten Kommissare müssen sich sodann dem Parlament stellen und diesem gegenüber ihrer Eignung für das Amt darlegen. Wichtig ist, dass das Parlament nicht einzelne Kommissare ablehnen darf. Vielmehr gilt die Regel des Art. 17 Abs. 7 UAbs. 3 EUV, wonach sich die Kommission mit Präsident, Hohem Vertreter und den übrigen Kommissaren als Kollegium dem Zustimmungsvotum des Parlaments stellt. Hieraus folgt, dass das Parlament die Kommission nur als Ganze annehmen oder ablehnen

[30] *Cremer* in Callies/Ruffert, EUV/AEUV, Art. 18 EUV Rn. 6.

darf. Allerdings stellte sich dies in der Praxis so dar, dass bei durchgreifenden Bedenken des Parlaments gegen einzelne Kommissare der zukünftige Präsident geneigt war, in Rücksprache mit den Mitgliedstaaten geeignetere Kandidaten zu finden. Nach Zustimmung durch das Parlament wird die Kommission vom Europäischen Rat ernannt.

Die Kommissare leiten das ihnen zugewiesene Ressort **eigenverantwortlich**, besitzen aber gegenüber der übrigen Kommission keine Ressortkompetenz, wie dies etwa bei einem Bundesminister der Fall ist. Vielmehr entscheidet die Kommission im Kollegium über Vorschläge, die der einzelne Kommissar macht. Das **Kollegialprinzip** ist insoweit festgelegt in Art. 1 GO Kommission.

Unterstützt wird die Arbeit des einzelnen Kommissars durch ein sog. **Kabinett**, dem sechs bis neun Mitarbeiter angehören, häufig Vertraute des jeweiligen Kommissars aus der Arbeit im Mitgliedstaat. Aufgabe der Kabinettsmitglieder ist es, insb. hinsichtlich der von ihrem Kommissar verfolgten Pläne im Vorhinein möglichst Einvernehmen mit den übrigen Kommissionsmitgliedern herzustellen.

4. Generaldirektionen

Zugearbeitet wird der Kommission durch **Generaldirektionen**, deren Ressorts nicht deckungsgleich mit denen der Kommissare sind. Vielmehr kann es sein, dass ein Kommissar mit seinem Ressort verschiedene Generalsdirektionen unter sich hat. Andererseits gibt es auch einzelne Generaldirektionen, die mehreren Kommissaren zuarbeiten. Die Generaldirektionen sind ihrerseits in Direktionen und Ressorts gegliedert. Eine der größten Generaldirektionen ist die Generaldirektion für Landwirtschaft und ländliche Entwicklung mit insgesamt ca. 1000 Mitarbeitern und derzeit 13 Direktionen. Den Generalsdirektionen gleichgestellt sind der juristische Dienst und die Dolmetsch- und Übersetzungsdienste der Kommission. Die Generaldirektion und die gleichgestellten Dienste beschäftigen die überwiegende Mehrzahl der ca. 24.000 Kommissionsbediensteten.

III. Aufgaben

1. Initiativrecht

Abgesehen von wenigen Ausnahmen ist die Kommission alleine **initiativberechtigt** für Gesetzgebungsakte der Union. Grund für diese Monopolstellung soll der Umstand sein, dass die Kommission als originär europäisches Gremium vornehmlich das Gesamtinteresse der Union und nicht partikulare Interessen im Auge hat.[31] Durch das Anstoßen von Gesetzgebungsakten erfüllt die Kommission ihre Aufgabe als „**Motor** der Integration".

Die Kommission schlägt nicht nur den Inhalt, sondern auch die Form des Gesetzgebungsaktes, gemessen an den Handlungsformen des Art. 288 AEUV, vor.

---

[31] *Streinz*, Europarecht, Rn. 391.

2. Kontrollfunktion

Zentrale Aufgabe der Kommission ist weiterhin, die Einhaltung des Unionsrechts durch die Mitgliedstaaten zu überwachen, und nötigenfalls Klage zum EuGH zu erheben. Sie ist so zugleich „**Hüterin** des Unionsrechts".

3. Rechtssetzungsbefugnis

Rechtssetzungsbefugnisse hat die Kommission nur in begrenztem Maße, insb. wenn Rat und Parlament sie dazu ermächtigen (Art. 290 AEUV). Auch kann die Kommission zum Erlass von Durchführungsrechtsakten zur Herstellung einheitlicher Bedingungen für die Durchführung von Unionsrecht ermächtigt werden (Art. 291 AEUV).

Weitergehende Befugnisse hat die Kommission allerdings in den durch die Verträge vorgesehenen Fällen zum Erlass von **Beschlüssen** gem. Art. 288 Abs. 4 AEUV, da der Beschluss typische Handlungsform exekutiven Handelns ist, das in der Union überwiegend der Kommission zugeordnet wird.

4. Außenvertretung

Aufgaben der **Außenvertretung** hat die Kommission insb. hinsichtlich des Aushandelns von Abkommen der EU mit Drittstaaten oder internationalen Organisationen. Der Abschluss derartiger Abkommen ist dann anderen Organen vorbehalten, so insb. dem Rat (Art. 218 AEUV).

5. Exekutivfunktionen

Zwar wird das Unionsrecht überwiegend von den Mitgliedstaaten vollzogen, wenn jedoch exekutives Handeln unmittelbar auf der Ebene der Union stattfindet, ist dies zumeist der Kommission zugewiesen. So obliegt der Kommission die Überprüfung des mitgliedstaatlichen Handelns hinsichtlich der Gewährung von **Beihilfen**. Wenn ein Staat Beihilfen gewähren will, sind diese bei der Kommission anzuzeigen (Notifizierung). Ebenso ergreift die Kommission Maßnahmen, wenn sie auf unzulässige Beihilfegewährungen durch die Mitgliedstaaten aufmerksam wird (Art. 107-109 AEUV).

IV. Verfahren

Die Kommission tagt **nicht-öffentlich**, von ihren Sitzungen werden Protokolle veröffentlicht. Wie bereits ausgeführt, werden die Entscheidungen im Kollegium getroffen. Die Entscheidungen ergehen mit einfacher Mehrheit, also mit mindestens 15 Stimmen. Gem. Art. 7 GO Kommission ist die Anwesenheit von mindestens 15 Mitgliedern für die Beschlussfähigkeit notwendig. Die Beschlüsse werden zumeist in den Sitzungen (Art. 8 GO Kommission), teilweise auch im Umlaufverfahren gefasst (Art. 12 GO Kommission).

Merke:
Die Entscheidung mit einfacher Mehrheit ist logische Konsequenz dessen, dass die Kommission ein supranationales, also originär europäisches Organ ist. Dadurch, dass die Kommissionsmitglieder nur der Europäischen Union verpflichtet sind, besteht kein Anlass, dem einzelnen Kommissionsmitglied je nach Größe des Mitgliedsstaats, aus dem er stammt, größeres oder geringeres Gewicht einzuräumen.

Die Kommissare sind grundsätzlich **gleichberechtigt.** Eine hervorgehobene Stellung genießt neben dem Präsidenten der Hohe Vertreter der Union für Außen- und Sicherheitspolitik als geborener Vizepräsident.

Ebenfalls zu den Verfahrensfragen gehört es, wie in der Kommission mit den unterschiedlichsten Sprachen der Mitgliedstaaten umgegangen wird. Interne **Arbeitssprachen** der Europäischen Kommission sind Englisch, Französisch und Deutsch mit einer Präferenz zu Gunsten des Englischen in der täglichen Arbeit. Allerdings werden Entscheidungen über Vorlagen nur dann getroffen, wenn sie wenigstens auf Englisch, Französisch und Deutsch vorliegen.

V. Sitz

Die Kommission hat ihren Sitz in **Brüssel**, tagt aber in den Sitzungswochen, in denen das Parlament in Straßburg tagt, ebenfalls dort.

E Der Europäische Gerichtshof

Der Europäische Gerichtshof (EuGH), seit dem Vertrag von Lissabon „**Gerichtshof**", ist mit der Sicherung und Wahrung des Rechts der Europäischen Union bei der Auslegung und Anwendung der Verträge, sowie auch des auf Grundlage der Verträge ergangenen Sekundärrechts befasst. Seine wesentlichen Regelungen findet er in Art. 19 EUV und Art. 251 bis 281 AEUV.

I. Allgemeines

Seine rechtssichernde und rechtswahrende Funktion nimmt der EuGH aufgrund einer abschließenden Reihe von **Verfahrensarten** und durch Erstellung von Rechtsgutachten wahr. Die Streitigkeiten vor dem EuGH sind sowohl quasi verfassungsrechtlicher Art, so wenn Organe der Union und Mitgliedstaaten bzw. Mitgliedstaaten miteinander streiten, als auch verwaltungsrechtlicher Art, so bei Streitigkeiten zwischen Organen und (natürlichen oder juristischen) Einzelpersonen, sowie zwischen Organen und Unionsbediensteten. Daneben finden noch andere Verfahren wie die Vorabentscheidung, Amtshaftungsverfahren oder weitere Verfahren eigener Art statt.

Der Gerichtshof der Europäischen Union wird nach Art. 19 Abs. 1 EUV gebildet aus dem **Gerichtshof**, dem **Gericht** (bisher Gericht 1. Instanz oder EuG) und Fachgerichten. **Fachgerichte** können im ordentlichen Gesetzgebungsverfahren zwischen Rat und Parlament eingerichtet werden. Bislang besteht nur ein Fachgericht, das Gericht für den öffentlichen Dienst.

Zwischen Fachgerichten, Gericht und Gerichtshof besteht grundsätzlich ein Instanzenzug, so dass ein dreistufiger Gerichtsaufbau gegeben ist. Allerdings dienen auch der Gerichtshof und das Gericht je nach Verfahren als Eingangsinstanz.

II. Zusammensetzung

Der EuGH ist mit je einem Richter aus jedem Mitgliedstaat besetzt. Die Richter werden von den Mitgliedstaaten in gegenseitigem Einvernehmen für die Dauer von **sechs Jahren** mit der Möglichkeit der Wiederernennung bestimmt. Nach Art. 253 AEUV müssen die Richter Gewähr für Unabhängigkeit bieten und in ihrem Staat die für die höchsten richterlichen Ämter erforderlichen Voraussetzungen erfüllen, bzw. Juristen mit anerkannt hervorragender Befähigung sein. Die Richter des Gerichtshofs wählen aus ihrer Mitte auf drei Jahre einen Präsidenten, Wiederwahl ist zulässig.

Am Gerichtshof werden **Kammern** mit 3 bzw. 5 Richtern gebildet, daneben existieren große Kammern mit 13 Richtern. Möglich ist auch die Tagung im Plenum mit allen Richtern.

Für den Gerichtshof sind acht, zukünftig ggf. elf **Generalanwälte** tätig (Art. 19 Abs. 2 UAbs. 1 EUV, Art. 252 Abs. 1 S. 1 AEUV), die die Entscheidungen des Gerichtshofs in Form von begründeten Schlussanträgen vorbereiten. Der Generalanwalt ist ähnlichen Einrichtungen in Frankreich und den Niederlanden nachempfunden. In den Schlussanträgen wird die individuelle Auffassung des Generalanwalts zu der jeweiligen Rechtssache wiedergegeben. Der EuGH ist an die Schlussanträge nicht gebunden. Allerdings lassen die Schlussanträge häufig einen Schluss auf die endgültige Entscheidung des EuGH zu. Für das Verständnis der EuGH-Urteile ist die Lektüre der jeweiligen Schlussanträge regelmäßig hilfreich.[32] Die Generalanwälte müssen die gleichen Voraussetzungen wie die Richter erfüllen und werden nach einem vergleichbaren System eingesetzt.

Auch das **Gericht**, das frühere EuG, ist derzeit mit je einem Richter aus ein Mitgliedstaat besetzt; hier wird eine Erweiterung auf bis zu 12 Stellen erwogen. Die innere Organisation orientiert sich an der des Gerichtshofs. Für das Gericht sind keine Generalanwälte tätig.

III. Aufgaben

Wie bereits eingangs geschildert ist Aufgabe des Gerichtshofs der Europäischen Union die Sicherung und Wahrung des Unionsrechts jeder Ebene in vorgegebenen Verfahrensarten.

---

[32] *Streinz*, Europarecht, Rn. 410.

IV. Verfahren

Der Gerichtshof der Europäischen Union wird im Wesentlichen in den in Art. 258 ff. AEUV geregelten Verfahrensarten tätig. Die wichtigsten **Verfahrensarten** sind:

- Vertragsverletzungsverfahren
- Nichtigkeitsklage
- Untätigkeitsklage
- Vorabentscheidungsverfahren
- Amtshaftungsklage

Daneben existiert insb. noch das Gutachtenverfahren, Art. 218 Abs. 11 AEUV.

1. Vertragsverletzungsverfahren, Art. 258 f. AEUV

Klagegegenstand sind **Vertragsverletzungen** der Mitgliedstaaten. Der Antrag muss auf die Feststellung gerichtet sein, dass der Mitgliedsstaat durch eine bestimmte Verhaltensweise gegen eine unionsrechtliche Pflicht verstoßen hat. Es kommen Verstöße gegen Primär- und Sekundärrecht in Betracht. Der wohl häufigste Fall ist ein Verstoß gegen die Pflicht zur rechtzeitigen, richtigen und vollständigen Umsetzung von Richtlinien. Das Vertragsverletzungsverfahren kann von der Kommission (Art. 258 AEUV) und von anderen Mitgliedstaaten (Art. 259 AEUV) angestoßen werden.

> Merke:
> Das Verfahren auf Betreiben von Mitgliedstaaten ist eher selten. Man könnte ja selber mal in das Visier eines anderen Staates geraten. Aber was hilft doch manchmal ein Tipp an die Kommission, was der Nachbar so Böses treibt.

Voraussetzung für ein Vertragsverletzungsverfahren zum EuGH ist die Durchführung eines **Vorverfahrens**, mit dem die Kommission dem betroffenen Mitgliedstaat gegenüber eine begründete Stellungnahme zu seinem potentiellen Fehlverhalten abgibt. Folgt der Mitgliedstaat der Stellungnahme innerhalb einer angemessenen Frist nicht und beharrt auf seinem Verhalten, kann Klage zum EuGH erhoben werden.

Der EuGH erlässt ein **Feststellungsurteil**, mit dem festgestellt wird, ob und inwieweit der Mitgliedstaat gegen EU-Recht verstoßen hat. Der Mitgliedstaat muss nunmehr Maßnahmen ergreifen, die sich aus dem Urteil ergeben; so ist er bspw. verpflichtet, der Umsetzungspflicht bezüglich einer Richtlinie nachzukommen, bzw. eine unrichtige Umsetzung nachzubessern oder zu vervollständigen. Vollstreckungsmöglichkeiten existieren nicht, jedoch nicht in der Nichtbefolgung des Urteils eine weitere Vertragsverletzung, die ein weiteres Vertragsverletzungsverfahren zur Folge haben kann. Dieses ist gemäß Art. 260 Abs. 2 AEUV nunmehr auf Zahlung eines Pauschalbetrages oder eines Zwangsgeldes gerichtet.

2. Nichtigkeitsklage, Art. 263 AEUV

Mit der Nichtigkeitsklage kann grundsätzlich das rechtsverbindliche Handeln eines Unionsorgans angegriffen werden. Die Klageberechtigten sind in Art. 263 Abs. 2, 3 und 4 AEUV genannt. Abs. 2 benennt die **privilegiert** Klagebefugten, nämlich die Mitgliedstaaten, den Rat, die Kommission und das Europäische Parlament. Diese müssen für eine Nichtigkeitsklage nicht die Verletzung eigener Rechte geltend machen. **Nicht privilegiert** Klagebefugte sind nach Abs. 3 der Rechnungshof, die Europäische Zentralbank (EZB) und der Ausschuss der Regionen. Diese müssen geltend machen, durch das rechtsverbindliche Handeln des Organs in eigenen Rechten verletzt zu sein. Ebenfalls zu den nicht privilegiert Klagebefugten gehören nach Abs. 4 natürliche und juristische **Personen**, die nur gegen bestimmte Rechtsakte und nur unter engen Voraussetzungen Nichtigkeitsklage erheben können. Voraussetzung ist etwa, dass sie selbst Adressaten einer Einzelfallregelung sind oder durch Handlungen gegenüber Dritten selbst unmittelbar und individuell betroffen sind.

Mögliche **Klagegegner** sind gem. Art. 263 Abs. 1 AEUV das Europäische Parlament und der Rat gemeinsam, soweit gegen Gesetzgebungsakt beklagt wird, Rat, Kommission und EZB, soweit es nicht um unverbindliche Empfehlungen oder Stellungnahmen geht. Bezüglich Handlungen gegenüber Dritten können das Parlament, der Europäische Rat und sonstige Einrichtungen und Stellen der Union verklagt werden, sofern deren Handlung Rechtswirkung entfaltet.

Die Klage ist **fristgebunden**; sie muss gem. Art. 263 Abs. 6 AEUV binnen zwei Monaten nach Bekanntgabe der angegriffenen Handlung, ihrer Mitteilung an den Kläger oder ab Kenntnis des Klägers von der Handlung eingelegt werden.

Der EuGH erklärt die angefochtene Maßnahme im Falle ihrer Rechtswidrigkeit für **nichtig**. Das Urteil entfaltet ex-tunc-Wirkung, beseitigt die angegriffene Maßnahme also von Beginn an. Es wirkt zudem erga omnes, also nicht nur zwischen den Konfliktparteien, sondern ggü. jedermann.

Ein Sonderfall der Nichtigkeitsklage ist die **Subsidiaritätsklage**, mit der speziell eine Verletzung des Subsidiaritätsprinzips (Art. 5 Abs. 3 EUV) geltend gemacht wird. Diese Klage kann auch durch den Ausschuss der Regionen in Fällen erhoben werden, in denen der Ausschuss zu Gesetzgebungsvorhaben obligatorisch anzuhören ist.[33]

Für Nichtigkeitsklagen natürlicher und juristischer Personen ist das Gericht (Art. 256 Abs. 1 AEUV), für Klagen der Mitgliedstaaten und Organe nach Art. 51 der Satzung des Gerichtshofes der Europäischen Union im Wesentlichen der Gerichtshof erstinstanzlich zuständig. Rechtsmittel gegen Entscheidungen des Gerichts zum Gerichtshof sind unter bestimmten Voraussetzungen gegeben (Art. 256 Abs. 1 UAbs. 2 AEUV).

---

[33] *Streinz*, Europarecht, Rn. 661.

3. Untätigkeitsklage, Art. 265 AEUV

Auch bezüglich der **Untätigkeitsklage** wird zwischen privilegierten und nicht privilegierten Klagebefugten unterschieden. Privilegiert klagebefugt sind die Mitgliedstaaten und die Organe der Europäischen Union, ausgenommen der EuGH selbst. Nicht privilegiert klagebefugt sind natürliche und juristische Personen, sofern diese behaupten können, dass ihnen gegenüber ein rechtsverbindlicher Rechtsakt hätte ergehen müssen.

Klagegegenstand ist ein **Unterlassen** bezüglich einer Beschlussfassung, obgleich eine primärrechtliche Verpflichtung hierzu besteht. Vor Klageerhebung müssen das betreffende Organ (Parlament, Europäischer Rat, Rat, Kommission oder EZB) sowie sonstige Einrichtungen und Stellen der Union zum Handeln aufgefordert worden sein.

Seitens des EuGH ergeht wiederum ein **Feststellungsurteil**, das die Beklagten allerdings durch Vornahme des unterlassenen Aktes zu befolgen haben. Ggf. ist Schadenersatz zuzusprechen.

Für Untätigkeitsklagen natürlicher und juristischer Personen ist das Gericht (Art. 256 Abs. 1 AEUV), für Klagen der Mitgliedstaaten und Organe nach Art. 51 der Satzung des Gerichtshofes der Europäischen Union im Wesentlichen der Gerichtshof erstinstanzlich zuständig.

4. Vorabentscheidungsverfahren, Art. 267 AEUV

Sofern ein Gericht eines Mitgliedstaats im Rahmen einer Entscheidung auf **Unklarheiten** hinsichtlich der Auslegung oder Gültigkeit entscheidungserheblichen Unionsrechts trifft, kann es das Verfahren aussetzen und dem EuGH eine Vorlagefrage zukommen lassen, um dann auf Grundlage der Antwort die Sache rechtsverbindlich entscheiden zu können. Der Begriff des Gerichts ist weit auszulegen; so ist auch der Videoüberwachungsausschuss des Bundes als Gericht iSd Art. 267 AEUV anerkannt worden.[34]

Auch ohne explizite Regelung in den Verträgen ist anzunehmen, dass die nationalen Gerichte an die Einschätzung des EuGH gebunden sind. Wird aufgrund einer Vorlagefrage ein Rechtsakt des Sekundärrechts für ungültig erklärt, können sich die Gerichte auch in anderen Fällen auf diese Entscheidung berufen.[35]

5. Amtshaftungsklage, Art. 268 AEUV iVm Art. 340 AEUV

Die Amtshaftungsklage kann durch alle natürlichen und juristischen Personen, durch nicht rechtsfähige Verbände, durch Gebietskörperschaften, aber auch Mitgliedstaaten erhoben werden. Die Klage wird erhoben mit der Begründung, dass ein Unionsorgan oder ein Bediensteter der Union dem Betroffenen einen **Schaden** zugefügt hat. Voraussetzung ist

---

[34] EuGH, Rs. C-54/96, Dorsch Consult/Bundesbaugesellschaft Berlin, Slg. 1997, I-4961, Rn. 22 ff.

[35] Näher zu den Voraussetzungen und Rechtswirkungen des Vorabentscheidungsverfahrens *Streinz*, Europarecht, Rn. 686 ff.

rechtswidriges Handeln oder Unterlassen eines Unionsorgans. Hierzu gehört grundsätzlich auch das Unterlassen von Rechtsetzungsakten.

Mittlerweile erkennt der EuGH die Amtshaftungsklage als selbstständigen Rechtsbehelf etwa neben der Nichtigkeitsklage an. Lediglich dann, wenn über die Amtshaftungsklage versucht wird, einen rechtskräftigen, nicht rechtzeitig angefochtenen Rechtsakt zu beseitigen, soll die Erhebung der Amtshaftungsklage rechtsmissbräuchlich sein.[36]

6. Gutachtenverfahren, Art. 218 Abs. 11 AEUV

Im **Gutachtenverfahren** kann auf Grundlage des Art. 218 Abs. 11 AEUV ein Gutachten des EuGH zur Übereinstimmung einer geplanten Übereinkunft mit Drittstaaten oder internationalen Organisationen mit Unionsrecht eingeholt werden. Antragsberechtigt sind ein Mitgliedstaat, das Parlament, der Rat oder die Kommission.

Konsequenz eines Gutachtens des EuGH, das einen Verstoß gegen EU-Recht annimmt, ist, dass eine entsprechende Übereinkunft nur in Kraft treten kann, wenn entweder die Übereinkunft geändert wird, oder der Passus in den Verträgen, gegen den die Übereinkunft verstößt.

V. Sitz

Sitz des EuGH ist **Luxemburg**.

F Die Europäische Zentralbank

Die Europäische Zentralbank (**EZB**) ist einerseits Organ der Europäischen Union (Art. 13 Abs. 1 UAbs. 3 EUV), sie genießt andererseits die Stellung einer eigenständigen juristischen Person. Sie ist gegenüber den übrigen Unionsorganen und den Mitgliedstaaten unabhängig (Art. 282 AEUV). Die wesentlichen Regelungen zur EZB finden sich in Art. 282 bis 284 AEUV.

> Merke:
> Dieses Konstrukt folgt der Organisation der Deutschen Bundesbank, die insoweit als Vorbild für die EZB gelten darf. Die weit gehende Unabhängigkeit der EZB ist nicht unumstritten. So wird seitens einiger Mitgliedstaaten ((bspw. Frankreich) Währungspolitik als Staatspolitik angesehen, so dass von dieser Seite mehr Einfluss auf das Handeln der EZB gefordert wird. Die grundsätzliche Unabhängigkeit der EZB war aber Teil der deutschen Verhandlungsposition bei der Begründung der Währungsunion, die gleichzeitig zur Einrichtung der EZB geführt hat.

---

36 EuGH, Rs. 5/72, Schöppenstedt/Rat, Slg. 1971, 975, Rn. 2. Ff.

I. Allgemeines

Die EZB ist seit 1998 gemeinsame **Währungsbehörde** der Mitgliedstaaten der Währungsunion und bildet gemeinsam mit den Zentralbanken der Euro-Staaten das sog. Europäische System der Zentralbanken (ESZB). Art. 282 Abs. 1 S. 2 AEUV führt darüber hinaus aus: *„Die Europäische Zentralbank und die nationalen Zentralbanken der Mitgliedstaaten, deren Währung der Euro ist, bilden das Eurosystem und betreiben die Währungspolitik der Union."*

II. Zusammensetzung

Organ der EZB ist das EZB-Direktorium, das aus dem EZB-Präsidenten und fünf Direktoriumsmitgliedern, darunter ein Vizepräsident, besteht. Das Direktorium wird auf Empfehlung des Rates durch den Europäischen Rat auf acht Jahre ohne Möglichkeit der Wiederwahl gewählt. Weiteres Organ ist der Rat der EZB, der die EZB zusammen mit dem Direktorium leitet. Im EZB-Rat sitzen alle Mitglieder des Direktoriums und zusätzlich alle Präsidenten der nationalen Zentralbanken der Eurostaaten. Im erweiterten Rat der EZB sitzen neben den genannten Mitgliedern des Rates die Zentralbankchefs der übrigen Mitgliedstaaten.

III. Aufgaben

Zentrale Aufgabe der EZB ist die Festlegung und Ausführung der **Geldpolitik** der Union. Ziel ist es, in der Union die Preisstabilität zu wahren (Art. 130 AEUV). Ob die EZB in der derzeitigen Situation der Finanzkrise mit dem Aufkauf von Staatsanleihen im Rahmen ihrer Befugnisse handelt, ist weithin umstritten. Auf Vorlage des Bundesverfassungsgerichts[37] hat der EuGH entschieden, dass der sog. OMT-Beschluss (Outright Monetary Transaction), aufgrund dessen die EZB Staatsanleihen von Krisenstaaten aufzukaufen gedachte, noch vom Mandat der EZB gedeckt sei[38]. In der Folge hat das Bundesverfassungsgericht in der Entscheidung über Organstreitverfahren und Verfassungsbeschwerden, die das Vorgehen der EZB auf Vereinbarkeit mit dem GG hin überprüfen sollten, abgewiesen. Im Kern schließt sich das Bundesverfassungsgericht der Argumentation des EuGH an, dass ein Ankauf von Staatsanleihen nicht unbegrenzt zulässig sei, dass die EZB aber nicht verpflichtet sei, die Begrenzung ihrer Ankaufpläne nach außen aufzudecken.[39]

IV. Verfahren

Das EZB-Direktorium ist ausführendes Organ der **Beschlussorgane** der EZB. Beschlussorgane sind der Rat der EZB und der erweiterte Rat der EZB. Grundsätzlich erfolgt die Abstimmung im EZB-Rat mit einfacher Mehrheit, wobei jedes Mitglied eine Stimme hat. Hier werden die Richtlinien der Geldpolitik und die Leitzinssätze festgesetzt. Über das Kapital und

---

[37] BVerfGE 134, 366, 369 ff.

[38] EuGH, Rs. C-62/14 – Gauweiler, EuZW 2015, 599 ff.

[39] *BVerfG*, Urt. v. 21.06.2016 – 2 BvR 2728/13, Rn. 199 ff., zit. n. http://www.bverfg.de/e/rs20160621_2bvr272813.html, zuletzt abgerufen am 22.06.2016.

die Einnahmen der EZB entscheidet der Rat der EZB mit gewichteten Stimmen entsprechend der Höhe des gezeichneten Kapitals.

V. Sitz

Sitz der EZB ist **Frankfurt am Main.**

G Der Rechnungshof

Der Europäische Rechnungshof (**EuRH**) ist Organ der Europäischen Union, das sich aus je einem Vertreter des Mitgliedsstaates zusammensetzt, der die fachliche Eignung und die notwendige Unabhängigkeit besitzt. Die wesentlichen Regelungen finden sich in Art. 285 bis 287 AEUV.

An der Spitze des Rechnungshofs steht der Präsident, der aus der Reihe der Mitglieder des Rechnungshofs auf drei Jahre mit der Möglichkeit der Wiederwahl gewählt wird. Die innere Organisation des Rechnungshofs wird durch einen Generalsekretär geleitet.

Hauptaufgabe des Rechnungshofs ist es, jährlich einen **Bericht** über die Verwendung der EU-Mittel vorzulegen. Der Bericht dient dem Parlament als Mittel zur Haushaltskontrolle der Union und ist zugleich Grundlage für die Entlastung der Kommission durch das Parlament.

Sitz des Europäischen Rechnungshofs ist **Luxemburg**.

H Der Wirtschafts- und Sozialausschuss

Der Wirtschafts- und Sozialausschuss (WSA) gilt als **Nebenorgan** der Europäischen Union. Geregelt ist er in Art. 300 bis 304 AEUV. Der WSA gilt als „Brücke zur Zivilgesellschaft“. In ihm sind Arbeitgeber und Arbeitnehmer sowie andere Vertreter der Zivilgesellschaft aus den Mitgliedstaaten vertreten, so aus dem sozialen, wirtschaftlichen, beruflichen und kulturellen Bereich.

Die wesentliche Aufgabe des WSA ist die Abgabe von **Stellungnahmen** auf obligatorische oder fakultative Anhörungen hin. Die Stellungnahmen des WSA sind nicht verbindlich. Ist aber in einem Verfahren, so im Rechtssetzungsverfahren, eine obligatorische Anhörung des WSA vorgesehen, und wird diese nicht durchgeführt, leidet der Rechtsakt unter einem schweren Verfahrensfehler.

Die Mitglieder des WSA werden auf fünf Jahre ernannt. Der Ausschuss hat maximal 350 Mitglieder, die aufgrund von Vorschlägen aus den Mitgliedstaaten durch den Rat bestimmt werden. An der Spitze steht ein Präsident.

Der Sitz des WSA ist **Brüssel**.

I Der Ausschuss der Regionen

Der Ausschuss der Regionen (AdR) als Versammlung der **Regional**- und **Kommunalvertreter** der Union ist geregelt in Art. 300, 305 bis 307 AEUV. Die Einrichtung des Ausschusses ist dem Umstand geschuldet, dass etwa 75 % des Unionsrechts auf lokaler oder regionaler Ebene umgesetzt wird. Zugleich soll die regionale und kommunale Ebene in den europäischen Integrationsprozess eingebunden werden.

Der Ausschuss ist wie der WSA mit maximal 350 Mitgliedern aus den Regional- und Kommunalvertretungen der Mitgliedstaaten besetzt. Für die Bundesrepublik sind hier nicht zuletzt die Bundesländer vertreten.

Auch der Ausschuss der Regionen ist vornehmlich mit der Abgabe von **Stellungnahmen**, nicht zuletzt im Rechtsetzungsverfahren, betraut. Wie für den WSA gilt, dass, wenn eine Stellungnahme obligatorisch vorgesehen ist, dass Nichteinholen der Stellungnahme einen Verfahrensfehler bedeutet.

Sitz des AdR ist auch **Brüssel**.

> Merke:
> Im WSA und im Ausschuss der Regionen sind aus den Mitgliedstaaten zwischen fünf und 24 Mitglieder vertreten. Die beiden Ausschüsse nehmen damit noch weniger Rücksicht auf die Größen- und Bevölkerungsverhältnisse der Mitgliedstaaten. Dies ist aber insoweit hinzunehmen, als den Ausschüssen keine Entscheidungsbefugnisse, sondern nur unverbindliche Stellungnahmerechte zukommen.

Kapitel 13: Sekundärrecht der Europäischen Union und Rechtsetzungsverfahren

Gegenstand der bisherigen Ausführungen zum Europarecht waren insb. die primärrechtlichen Vorschriften der Verträge. Ein wesentlicher Teil des Europarechts wird aber durch sog. Sekundärrecht gebildet, also Rechtsakte, die auf den Verträgen beruhen und von der Union im Rahmen ihrer begrenzten Rechtsetzungskompetenz erlassen werden. Nach einer Darstellung der wesentlichen Rechtsetzungsformen soll ein kurzer Überblick über das ordentliche Gesetzgebungsverfahren der Union und das Vertragsänderungsverfahren gegeben werden.

A Das Sekundärrecht

Die wesentlichen Vorschriften zu den zulässigen Formen des Sekundärrechts ergeben sich aus Art. 288 AEUV. Der Vertrag stellt den Organen der Union ein begrenztes Portfolio von **Rechtsetzungsformen** zur Verfügung, an das die Organe im Lichte des Prinzips der begrenzten Einzelermächtigung[1] gebunden sind; dh, die Union hat insb. für außenwirksames Recht kein „Formenerfindungsrecht". Die in Art. 288 AEUV genannten Rechtsformen sind:

- Verordnung (Art. 288 Abs. 2 AEUV)
- Richtlinie (Art. 288 Abs. 3 AEUV)
- Beschluss (Art. 288 Abs. 4 AEUV)
- Empfehlung und Stellungnahme (Art. 288 Abs. 5 AEUV)

> Merke:
> Der Verfassungsvertrag (Art. I-33 Verfassungsvertrag) sah als Handlungsformen anstelle der Verordnung das Europäische Gesetz, anstelle der Richtlinie das Europäische Rahmengesetz, zusätzlich die Europäische Verordnung als abstrakt-generellen Rechtsakt ohne Gesetzescharakter und daneben den Beschluss, sowie Empfehlung und Stellungnahme vor.

Daneben besteht eine Fülle von „ungekennzeichneten Rechtsakten", die sich im Laufe der Zeit herausgebildet, aber nur in Teilen Niederschlag in den Verträgen gefunden haben. Diese Handlungsformen sind aber zumeist ohne Außenwirkung.

Generell gilt: Wenn ein Handeln der Organe **Rechtswirkungen** entfaltet, kann dieses Handeln, ungeachtet der Handlungsform, aufgrund seines rechtswirksamen Inhalts vor dem EuGH angefochten werden.[2] Darüber hinaus hat der EuGH immer wieder entschieden, dass es für die rechtliche Qualifizierung eines Rechtsakts nicht auf die Bezeichnung, sondern vornehmlich auf den tatsächlichen **Inhalt** ankommt.[3]

---

1 Dazu schon oben Kap. 11 C II.

2 *Ruffert* in Callies/Ruffert, EUV/AEUV, Art. 288 Rn. 98 ff. zu den Rechtsakten, ebd. Rn. 106 zum Rechtsschutz.

3 Vgl. nur EuGH, Rs. 101/76, Slg. 1977, 797, Rn. 5, 7 ff.

I. Handlungsformen nach Art. 288 AEUV

Art. 288 AEUV beschreibt die **Handlungsformen** der Union in erster Linie aus der Warte ihrer Wirkung, bzw. des Maßes ihrer Verbindlichkeit gegenüber den Adressaten.

1. Verordnung

Art. 288 Abs. 2 AEUV beschreibt die Verordnung wie folgt: *„Die Verordnung hat allgemeine Geltung. Sie ist in allen ihren Teilen verbindlich und gilt unmittelbar in jedem Mitgliedstaat."*

a) Wesen der Verordnung

Hauptmerkmal der **Verordnung** ist, dass für sie kein Umsetzungserfordernis besteht: Sie ist allgemein verbindlich und wirkt unmittelbar. Deswegen kann die Verordnung regelmäßig als Quasi-Gesetzgebungsakt angesehen werden.

> **Merke:**
> Dies wäre in der Bezeichnung „europäisches Gesetz" in der Fassung des Verfassungsvertrages – gerade in Abgrenzung zur „europäischen Verordnung" – deutlicher geworden; nunmehr teilt sich der Begriff der Verordnung nach wie vor in Formen legislativer und exekutiver Rechtsetzung (sog. Durchführungsverordnungen) auf. Diese Unterscheidung wird nunmehr unter Heranziehung der Art. 289 bis 291 AEUV deutlicher, wo delegierte Rechtsakte und Durchführungsakte ohne Gesetzescharakter geregelt sind.

b) Wirkung der Verordnung

Die Verordnung jedenfalls wirkt als Gesetzgebungsakt **abstrakt-generell**, d.h. für eine Vielzahl von Sachverhalten und für eine ggf. unbestimmte Zahl von Adressaten. Dass sie *„in allen ihren Teilen verbindlich"* ist, unterscheidet sie in erster Linie von der Richtlinie, die nur hinsichtlich der zu erreichenden Ziele verbindlich ist, und von den Empfehlungen und Stellungnahmen, die keine Verbindlichkeit aufweisen.

Dass die Verordnung *„in* ***jedem Mitgliedstaat****"* gilt, schließt nicht aus, dass Verordnungen existieren, die rechtlich nur in bestimmten Mitgliedstaaten gelten sollen. Dass der Vertrag dies vorsieht, zeigt sich etwa in den Vorschriften über die Verstärkte Zusammenarbeit (Art. 20 EUV).[4] Daneben gibt es Verordnungen, die schon aus tatsächlichen Gründen keine Geltung in allen Mitgliedstaaten haben, da die geregelten Tatbestände nicht in allen Mitgliedstaaten verwirklicht sind.

---

4 Umstritten; wie hier *Ruffert* in Callies/Ruffert, EUV/AEUV, Art. 288 AEUV Rn. 22.

Teilweise wird auch davon ausgegangen, dass solche nicht allgemein verbindlichen Verordnungen in der Form des Beschlusses ergehen bzw. eigentlich Beschlüsse darstellen. Hier käme die zuvor geschilderte Sicht des EuGH zum Tragen, dass es für die rechtliche Qualifizierung eines Rechtsakts nicht auf die Bezeichnung, sondern vornehmlich auf den tatsächlichen **Inhalt** ankommt.

Nicht zwingend ist, dass Verordnungen stets **Außenwirkung** haben. So ist das Beamtenstatut als Regelung der Rechtsverhältnisse der europäischen Beamten in Form der Verordnung geregelt, stellt aber reines Innenrecht dar.

c) Verfahren und Adressaten

Verordnungen werden auf Initiative der Kommission im ordentlichen **Gesetzgebungsverfahren** zwischen Rat und Parlament erlassen.[5]

Adressaten von Verordnungen können sowohl Mitgliedstaaten als auch – seltener – Organe der Union, jedenfalls aber auch Private, also natürliche oder juristische Personen in den Mitgliedstaaten sein.

Beispiel:
Die Verordnung (EU) Nr. 666/2013 legt die Anforderungen an die umweltgerechte Ausgestaltung von Staubsaugern fest. Diese dürfen als Neugeräte ab 01.09.2014 nur noch 1600 Watt, ab 01.09.2017 nur noch 900 Watt Wirkleistungsaufnahme haben. Die Verordnung richtet sich damit unmittelbar an Hersteller, mittelbar an die Käufer von Staubsaugern.

---

2. Richtlinie

Art. 288 Abs. 3 AEUV beschreibt die **Richtlinie** wie folgt: *„Die Richtlinie ist für jeden Mitgliedstaat, an den sie gerichtet wird, hinsichtlich des zu erreichenden Ziels verbindlich, überlässt jedoch den innerstaatlichen Stellen die Wahl der Form und der Mittel."*

a) Wesen der Richtlinie

Die Richtlinie unterscheidet sich von der Verordnung insb. dadurch, dass sie für die Mitgliedstaaten lediglich hinsichtlich ihrer **Zielsetzung** verbindlich ist. Diese Zielsetzung ist durch verpflichtende Umsetzungsakte im nationalen Recht zu realisieren. Es handelt sich somit um einen Akt kooperativ-zweistufiger Rechtsetzung. Damit wird die Richtlinie als **Mittelweg** zwischen der Durchsetzung unionsweiter Ziele durch Rechtsangleichung einerseits und Wahrung nationaler Besonderheiten andererseits angesehen.[6]

---

5 Dazu näher unten Kap. 13 B.

6 *Streinz*, Europarecht, Rn. 474.

Merke:
Die Richtlinien, die im Verfassungsvertrag als europäisches Rahmengesetz bezeichnet wurden, zeichnen sich durch eine zunehmende Regelungsdichte und einem zugleich abnehmenden Umsetzungsspielraum der Mitgliedstaaten aus. Dies ist häufig der jeweiligen Regelungsmaterie, die insb. in technischen Fragen einheitliche Vorgaben für die nationale Rechtsetzung verlangt, geschuldet. Bemerkenswert ist, dass das Richtlinienrecht damit letztlich die gleiche Entwicklung erfährt, die auch die Rahmengesetzgebung nach Art. 75 GG ausgezeichnet, aber schließlich zu deren Ablösung geführt hat: Rahmengesetze des Bundes entwickelten sich immer mehr zur Vollregelung mit nur noch geringen Ausgestaltungsmöglichkeiten der Länder. Dennoch wird die immer größere Regelungsdichte der EU-Richtlinien im Wesentlichen als zulässig erachtet.[7]

b) Umsetzungspflicht

Die Mitgliedstaaten sind verpflichtet, die Richtlinie **rechtzeitig**, richtig und vollständig in nationales Recht umzusetzen. Der EuGH hat dabei klare Anforderungen an die Form der innerstaatlichen Umsetzung gestellt. Verlangt ist insb. die Umsetzung in außenwirksame Rechtssätze, die im Wesentlichen die folgenden Anforderungen erfüllen müssen:

- **Publizität**: Die Betroffenen müssen zuverlässig Kenntnis von den Rechten und Pflichten nehmen können, die mittelbar aus der Richtlinie erwachsen.
- **Außenwirkung**: Die Betroffenen müssen sich gerichtlich auf die betreffende Vorschrift als außenwirksame Norm berufen können.
- **Klarheit**: Lediglich Übereinstimmung der Zielsetzung mit einer mitgliedstaatlich geprägten ständigen Verwaltungspraxis genügt nicht zur Umsetzung des Richtlinienziels.[8]

Den damit aufgestellten Anforderungen genügen auf nationaler Ebene in erster Linie **Parlamentsgesetze** und Rechtsverordnungen. Nicht genügen lassen hat der EuGH die Umsetzung von Umweltvorschriften in die deutsche „Technische Anleitung Luft“, die zwar lediglich die Rechtsqualität einer Verwaltungsvorschrift hatte, aber jedenfalls mittelbar Außenwirkung erzeugte.[9]

Merke:
Genügen würde grds. auch eine Umsetzung in kommunale Satzungen.[10] Hier ergäbe sich aber das Problem der vollständigen Umsetzung, da kaum nachzuhalten ist, ob entsprechende Satzungen in der gesamten Breite in einem Mitgliedstaat ergehen.

---

7 *Ruffert* in Callies/Ruffert, EUV/AEUV, Art. 188 AEUV Rn. 25.

8 EuGH, Rs. 102/79, Slg. 1980, 1473, Rn. 10 f.

9 EuGH, Rs. C-361/88, Slg. 1991, I-2567, Rn. 17 ff.

10 So *Ruffert* in Callies/Ruffert, EUV/AEUV, Art. 288 AEUV Rn. 36.

Grundsätzlich verbietet die Umsetzung in nationales Recht nicht die Verwendung von unbestimmten Rechtsbegriffen. Diese dürfen im Interesse der Rechtssicherheit die Wirkung der Richtlinie im nationalen Recht nicht behindern, bergen aber das Risiko nicht hinreichend bestimmter und damit unrichtiger Umsetzung.

c) Umsetzungsfrist und Vorwirkungen

In der Richtlinie wird regelmäßig eine **Umsetzungsfrist** genannt, die zumeist drei Jahre beträgt. Allerdings entfaltet die Richtlinie bereits in der Zeit bis zu ihrer finalen Umsetzung in nationales Recht Rechtswirkungen in den Mitgliedstaaten. Der EuGH geht insoweit von einer Vor- oder **Sperrwirkung** der Richtlinie aus und leitet diese aus Art. 249 Abs. 3 EGV iVm Art. 10 Abs. 2 EUV aF, heute Art. 288 Abs. 3 AEUV iVm Art. 4 Abs. 3 EUV ab.[11] Entsprechend der allgemeinen Loyalitäts- und Treuepflicht der Mitgliedstaaten gegenüber der Union, heute Art. 10 Abs. 3 EUV, verbieten sich während der Umsetzungsfrist solche Maßnahmen der Mitgliedstaaten, die das mit der Richtlinie verfolgte Ziel infrage stellen.[12] Auch soll es nationalen Gerichten verboten sein, innerhalb der Umsetzungsfrist nationale Rechtsnormen so zur Anwendung zu bringen, dass die Richtlinienziele konterkariert werden.

d) Verfahren und Adressaten

Richtlinien als Gesetzgebungsakte werden auf Initiative der **Kommission** im ordentlichen Gesetzgebungsverfahren zwischen Rat und Parlament erlassen.[13]

Adressaten von Richtlinien als Gesetzgebungsakte sind lediglich die Mitgliedstaaten, die zur Umsetzung der Richtlinie in nationales Recht verpflichtet sind. Grds. entfalten Richtlinien erst mit der Umsetzung in nationales Recht Wirkung gegenüber den Normadressaten der nationalen Rechtsnorm, in die die Richtlinie umgesetzt wurde. Dies gilt nur nicht in den Fällen der ausnahmsweisen unmittelbaren Wirkung von Richtlinien.[14]

Wer konkret die Richtlinie in nationales Recht umzusetzen hat, folgt der mitgliedstaatlichen **Kompetenzverteilung**. So würde auf bundesdeutscher Ebene eine Richtlinie, die die Gesetzgebungskompetenz der Länder betrifft, auch von diesen umgesetzt werden müssen. Nach außen verantwortlich für die rechtzeitige, vollständige und richtige Umsetzung bleibt aber der Gesamtstaat. Auf die insoweit prekäre Lage insb. bei der konkurrierenden Gesetzgebungskompetenz mit Abweichungsrecht nach Art. 72 Abs. 3 GG wurde bereits hingewiesen.[15] Erfolgt die Umsetzung nicht rechtzeitig, vollständig oder richtig, stellt dies einen Vertragsverstoß dar, der mit dem Vertragsverletzungsverfahren vor dem EuGH geahndet werden kann.[16]

---

11 Vgl. EuGH, Rs. C-129/96, Slg. 1997, I-7411, Rn. 45.

12 *Streinz*, Europarecht, Rn. 505.

13 Dazu näher unten Kap. 13 B.

14 Dazu sogleich unten Kap. 13 A I 2 e.

15 Dazu oben Kap. 4 A II 1 d dd.

16 Dazu oben Kap. 12 E IV 1.

e) Ausnahmsweise unmittelbare Wirkung

> **Beispielfall 54:**
> Die italienische Hausfrau H träumt von einer Reise nach Köln, sieht aber bislang davon ab, weil sie kein Deutsch kann. Sie wird auf dem Platz vor der Kathedrale in Mailand angesprochen, ob sie nicht einen Deutschkurs buchen wolle. Der Werber ist charmant, gewandt und überzeugend, und verscherbelt an die H schließlich einen Online-Deutschkurs des italienischen Sprachinstituts „Deutsch gutt in funf Minut", der auf zehn Internetseiten den ultimativen Einstieg in die deutsche Sprache verspricht und die Kleinigkeit von 1000 € kostet.
> Zuhause angekommen reut die H die Buchung des Kurses. Sie zweifelt nicht am Charme, an der Gewandtheit und der Überzeugungskraft des Vermittlers, wohl aber an der Qualität des Deutschkurses.
> Das innerstaatliche italienische Recht sieht für diesen Fall bislang keine Rücktrittsmöglichkeit vor. Allerdings existiert eine europäische Richtlinie, die die Umsetzung eines – in aller Bestimmtheit und Klarheit formulierten und auf den Fall der H zutreffenden – Rücktrittrechts in nationales Recht gebietet. Diese Richtlinie hat Italien trotz Ablaufs der Umsetzungsfrist nicht umgesetzt.
> Darf die H unter Berufung auf die Richtlinie zurücktreten?

Insb. im Fall der nicht rechtzeitigen, aber auch der unvollständigen oder nicht richtigen Umsetzung einer Richtlinie in nationales Recht hat der EuGH in Ausnahmefällen eine unmittelbare Wirkung nicht umgesetzten Richtlinienrechts in den Mitgliedstaaten konstruiert. Die Voraussetzungen für eine **unmittelbare Wirkung** von Richtlinien sind Folgende:

- Fehlende, unvollständige oder unrichtige Umsetzung trotz **Fristablauf**
  Richtlinien haben nur dann unmittelbare Wirkungen, *„wenn der Staat die Richtlinie nicht fristgemäß in nationales Recht umsetzt oder eine unzutreffende Umsetzung der Richtlinie vornimmt."*[17] Eine fehlerhafte Umsetzung kann auch gegeben sein, wenn die Umsetzung nicht inhaltlich unbedingt und hinreichend genau geschieht.

- Hinreichend genaue **Formulierung** von **Rechten** in der Richtlinie selbst
  Richtlinien können nur dann unmittelbare Wirkungen entfalten, wenn sie dem potentiellen Normadressaten nach nationalem Recht – ohne Umsetzungsspielraum für den nationalen Gesetzgeber – Rechte einräumen sollen. Hierzu sind aber keine subjektiven Rechte nach der deutschen Schutznormlehre erforderlich. Es reicht vielmehr, dass die Richtlinie im allgemeinen Interesse erlassen wurde und der Normunterworfene gerade dieses Interesse für sich geltend machen kann.[18]

- **Keine** Begründung rechtlicher **Verpflichtungen** unmittelbar aus Richtlinien
  Ausgeschlossen ist es, dass sich aus der Berufung auf eine Richtlinie eine Verpflichtung eines Dritten gegenüber dem Staat oder eine unmittelbare Verpflichtung eines Privaten gegenüber dem Begünstigten einer Richtlinie ergibt; so kann sich der Bürger nicht darauf

---

17 Vgl. nur EuGH, Rs. 152/84, Slg. 1986, 723, Rn. 46.

18 Hierzu, auch zur Entwicklung von Rspr. und Lehre zur Notwendigkeit der Vermittlung subjektiver Rechte durch Richtlinien *Ruffert* in Callies/Ruffert, EUV/AEUV, Art. 288 AEUV Rn. 66 ff.

berufen, dass es der Staat vermieden hat, eine ihn begünstigende Verpflichtung eines anderen Bürgers zu begründen, und sodann diese Begünstigung für sich einzufordern (keine „horizontale Drittwirkung“).[19]

> **Lösung zu Beispielfall 54:**
> Zwar formuliert die Richtlinie ein hinreichend bestimmtes Rücktrittsrecht, die Berufung auf die unmittelbare Wirkung der Richtlinie würde aber dem Recht der H auf Rücktritt eine entsprechende Verpflichtung des Gewerbetreibenden gegenüberstellen, so dass eine unmittelbare Wirkung der Richtlinie ausscheidet.
> *„Eine Ausdehnung dieser Rechtsprechung auf den Bereich der Beziehungen zwischen den Bürgern hieße, der Gemeinschaft die Befugnis zuzuerkennen, mit unmittelbarer Wirkung zu Lasten der Bürger Verpflichtungen anzuordnen, obwohl sie dies nur dort darf, wo ihr die Befugnis zum Erlass von Verordnungen zugewiesen ist. Folglich kann der Verbraucher, wenn die Maßnahmen zur Umsetzung der Richtlinie nicht innerhalb der vorgesehenen Frist erlassen worden sind, ein Widerrufsrecht gegenüber dem Gewerbetreibenden, mit dem er einen Vertrag geschlossen hat, nicht auf die Richtlinie selbst stützen und vor einem nationalen Gericht geltend machen.“*[20]
> Die H kann damit unmittelbar aus der Richtlinie kein Kündigungsrecht herleiten.

Ausgeschlossen ist zudem eine „umgekehrt vertikale Drittwirkung“, bei der sich der Staat auf eine **Verpflichtung** des Bürgers unmittelbar aus der Richtlinie beruft, weil und obwohl er die Richtlinie nicht rechtzeitig umgesetzt hat. Der Staat hätte es lt. EuGH in der Hand gehabt, die Richtlinie rechtzeitig, vollständig und richtig umzusetzen. Darum soll es ihm nicht zuletzt nach dem Grundsatz der Rechtssicherheit verwehrt sein, unmittelbar aus der Richtlinie Ansprüche gegen den Bürger geltend zu machen.[21]

f) Schadensersatzansprüche bei nicht rechtzeitiger oder fehlerhafter Umsetzung

> **Beispielfall 55:**
> Der Sachverhalt entspricht dem von Beispielfall 54. Aber:
> Hat die H ggf. Schadensersatzansprüche gegen den italienischen Staat?

Die nicht fristgerechte oder fehlerhafte Umsetzung einer Richtlinie kann – ungeachtet des Bestehens einer unmittelbaren Wirkung – **Schadensersatzansprüche** des Bürgers gegen den fehlerhaft agierenden Mitgliedstaat begründen. Voraussetzung ist wiederum die Verleihung von Rechten an einzelne durch die Richtlinie, die hinreichend bestimmt formuliert sein müssen. Zudem muss ein Kausalzusammenhang zwischen der Nichtumsetzung und dem entstandenen Schaden bestehen.

---

19 *Streinz*, Europarecht, Rn.494; *Ruffert* in Callies/Ruffert, EUV/AEUV, Art. 288 AEUV Rn. 63 ff.

20 So EuGH, Rs. C-91/92 - Faccini Dori, Slg. 1994, I-3325, Rn. 24 f.

21 *Streinz*, Europarecht, Rn. 488.

Merke:
Maßgeblich war hierfür die sog. *Francovich*-Entscheidung[22] des EuGH: Richtlinienrecht sah vor, dass Arbeitnehmern durch nationales Recht ein staatlicher Mindestschutz für die Zahlung von Gehältern im Falle der Insolvenz des Arbeitgebers zu gewähren sei. Italien hatte diese Richtlinie nicht rechtzeitig in nationales Recht umgesetzt.
Der Arbeitnehmer Francovich hat von seinem privaten Arbeitgeber über Monate hinweg keinen Lohn erhalten, da dieser zahlungsunfähig war. Eine Vollstreckung gegenüber dem Arbeitgeber verlief mangels Masse erfolglos. Deswegen verlangte Francovich vom italienischen Staat Schadenersatz. Der EuGH erkannte den Anspruch unter den zuvor genannten Voraussetzungen an.

Lösung zu Beispielfall 55:
Der italienische Staat hätte die Richtlinie rechtzeitig umsetzen müssen. Die Richtlinie sieht ein hinreichend bestimmtes Rücktrittsrecht in Fällen wie denen der H vor. Auch besteht ein hinreichender Kausalzusammenhang zwischen der Nichtumsetzung der Richtlinie und dem Schadenseintritt, hier mangels Einräumung eines Rücktrittsrechts die fortbestehende Bindung an die Forderung des Spracheninstituts.
„Für den Fall, daß das von der Richtlinie vorgeschriebene Ziel nicht im Wege der Auslegung erreicht werden kann, ist außerdem darauf hinzuweisen, dass das Gemeinschaftsrecht gemäß dem Urteil vom 19. November 1991 in den verbundenen Rechtssachen C-6/90 und C-9/90 (Francovich u.a., Slg. 1991, I-5357, Randnr. 39) die Mitgliedstaaten zum Ersatz der den Bürgern durch die Nichtumsetzung einer Richtlinie verursachten Schäden verpflichtet, sofern drei Voraussetzungen vorliegen. Zunächst muss Ziel der Richtlinie die Verleihung von Rechten an Bürger sein. Sodann muss der Inhalt dieser Rechte auf der Grundlage der Richtlinie bestimmt werden können. Schließlich muss ein Kausalzusammenhang zwischen dem Verstoß gegen die dem Staat auferlegte Verpflichtung und dem entstandenen Schaden bestehen.
Die Richtlinie über die außerhalb von Geschäftsräumen geschlossenen Verträge hat unbestreitbar die Verleihung von Rechten an Bürger zum Ziel, und ebenso sicher steht fest, dass der Mindestinhalt dieser Rechte allein auf der Grundlage der Richtlinie bestimmt werden kann (siehe Randnr. 17 dieses Urteils). Läge also ein Schaden vor und wäre dieser Schaden durch den Verstoß gegen die dem Mitgliedstaat auferlegte Verpflichtung verursacht worden, so hätte das vorlegende Gericht den Anspruch der geschädigten Verbraucher auf Schadenersatz im Rahmen des nationalen Haftungsrechts sicherzustellen.“[23]
In der Folge hat die H einen Anspruch gegen den italienischen Staat auf Schadenersatz.

---

22 EuGH, verb. Rs. C-6/90 und 9/90 – Francovich uA/Italien, Slg. 1991, I 5357.

23 So EuGH, Rs. C-91/92 - Faccini Dori, Slg. 1994, I-3325, Rn. 27 ff.

3. Beschluss

Art. 288 Abs. 4 AEUV beschreibt den **Beschluss** wie folgt: *„Beschlüsse sind in allen ihren Teilen verbindlich. Sind sie an bestimmte Adressaten gerichtet, so sind sie nur für diese verbindlich."*

a) Wesen des Beschlusses

Der Beschluss nach Art. 288 Abs. 4 AEUV vereinigt in sich die frühere **„Entscheidung"** nach Art. 249 Abs. 4 EGV mit den Beschlüssen der Organe in den Politikfeldern der Union, und wie sie jetzt immer noch im Bereich der GASP ergehen. Daneben werden hiermit auch die bislang nicht in Art. 249 Abs. 4 EGV zu fassenden adressatenlosen Beschlüsse (Art. 288 Abs. 4 S. 1 AEUV) als mehr oder minder heimlich entstandene Handlungsform erfasst, die vornehmlich Unionsorgane binden sollen.[24]

Die weiteren Ausführungen befassen sich vornehmlich mit dem der „Entscheidung" nach Art. 249 Abs. 4 EGV vergleichbaren **adressatengerichteten Beschluss**, der für den, an den er gerichtet ist, verbindlich ist.

b) Wirkung des adressatengerichteten Beschlusses

Die adressatengerichteten Beschlüsse bezeichnen ihren Adressaten individuell und entfalten damit individuelle **Bindungswirkung**. Sofern sich Beschlüsse an einen Mitgliedstaat richten, entfaltet sich die Bindungswirkung gegenüber jedem innerstaatlichen Organ.

Beschlüsse bedürfen, damit sie Rechtswirkungen entfalten, der **Bekanntgabe**. Sie stellen ggf. vollstreckbare Titel dar und können Nebenbestimmungen, Befristungen, Bedingungen, Auflagen oder Widerrufsvorbehalte, enthalten.[25]

c) Verfahren und Adressaten

Zum Erlass von Beschlüssen berechtigt sind das Parlament und der Rat gemeinsam, der Rat allein oder auch die Kommission. Der Regelfall ist der Erlass von Beschlüssen durch die **Kommission**, da Beschlüsse zumeist exekutives Handeln im Rahmen unionsunmittelbaren Verwaltungshandelns sind, und dieses Handeln vornehmlich der Kommission obliegt.[26]

Adressaten von Beschlüssen können sowohl einzelne Mitgliedstaaten, mehrere oder alle Mitgliedstaaten, aber auch Private sein. So richten sich Beschlüsse im Rahmen der Beihilfenkontrolle unmittelbar an einzelne Mitgliedstaaten, kartellrechtliche Beschlüsse dagegen können sich an Privatunternehmen richten. Insb. die an Private gerichteten Beschlüsse sind daher in ihrer Wirkung dem Verwaltungsakt nach nationalem Recht vergleichbar.

---

[24] *Streinz*, Europarecht, Rn. 515 f.; *Ruffert* in Callies/Ruffert, EUV/AEUV, Art. 288 Rn. 85 ff.

[25] *Oppermann/Classen/Nettesheim*, Europarecht, § 9 Rn. 122.

[26] *Oppermann/Classen/Nettesheim*, Europarecht, § 9 Rn. 118.

4. Empfehlung und Stellungnahme

Art. 288 Abs. 5 AEUV beschreibt die **Empfehlung** und die **Stellungnahme** wie folgt: *„Die Empfehlungen und Stellungnahmen sind nicht verbindlich."*

a) Wesen von Empfehlung und Stellungnahme

Empfehlungen und Stellungnahmen sind offizielle Verlautbarungen der sie erlassenden Organe der Europäischen Union. Die wichtigste Eigenheit von Empfehlung und Stellungnahme ist ihre jeweilige **Unverbindlichkeit**. Die Unterscheidung zwischen beiden Handlungsformen wird allgemein als wenig bedeutsam erachtet; wenn man eine Abgrenzung versuchen möchte, könnte man sagen, dass die Empfehlung zumeist unaufgefordert, die Stellungnahme dagegen zumeist auf Aufforderung hin ergeht.

b) Wirkung von Empfehlungen und Stellungnahmen

Obwohl sie nicht verbindlich sind, können sie gleichwohl Rechtswirkungen entfalten. Dies gilt insb. dann, wenn bspw. die Stellungnahme in einem mehrstufigen Verfahren vorgesehen ist. Unterbleibt in solchen Fällen die Stellungnahme des jeweiligen Organs, ist das Verfahren rechtsfehlerhaft.

Beispiel:
Die Stellungnahme der Kommission ist Prozessvoraussetzung für die Zulässigkeit des Vertragsverletzungsverfahrens nach Art. 258 AEUV.

Auch können insb. Empfehlungen, aber auch Stellungnahmen, wenn sie Beurteilungen von Sachfragen zum Gegenstand haben, unter dem Gesichtspunkt des **Vertrauensschutzes** Schadenersatzpflichten des sich äußernden Organs auslösen.[27]

c) Verfahren und Adressaten von Stellungnahmen und Empfehlungen

Stellungnahme und Empfehlungen können gemeinsam vom Rat und der Kommission, bevorzugt aber vom Rat oder von der Kommission eigenständig erlassen werden. Vorrangig erscheinen die Empfehlungsbefugnisse der **Kommission**, die gehalten ist, als „Motor und Hüterin der Verträge" Empfehlungen und Stellungnahmen im Rahmen der Verträge auch bei nicht ausdrücklicher Aufgabenzuweisung abzugeben. Auch der Rat ist befugt, sich immer dann mit Empfehlungen zu äußern, wenn er dies im Rahmen seiner Handlungszuständigkeiten für nötig erachtet.[28]

---

27 *Oppermann/Classen/Nettesheim*, Europarecht, § 9 Rn. 128.
28 *Oppermann/Classen/Nettesheim*, Europarecht, § 9 Rn. 124 f.

Insb. Stellungnahmen dürfen der Wirtschafts- und Sozialausschuss und der Ausschuss der Regionen, vor allem im Rahmen von Rechtsetzungsverfahren, abgeben. Auch hier gilt, dass eine vorgeschriebene, aber nicht eingeholte Stellungnahme das betreffende Verfahren **rechtsfehlerhaft** macht.[29]

II. Vorgaben für die Wahl der Handlungsformen

Die Unionsorgane sind nicht nur in der Auswahl der Handlungsformen für ihr Tätigwerden begrenzt, sie unterliegen zugleich – ausdrücklichen oder indirekten – **Begrenzungen** hinsichtlich der Auswahl der zur Verfügung stehenden Rechtsetzungsformen im Einzelfall. Grundsätzlich steht die Auswahl der Handlungsform im pflichtgemäßen Ermessen der Organe.[30] Eine indirekte Begrenzung kann der Grundsatz der Verhältnismäßigkeit (Art. 5 Abs. 4 EUV) darstellen. Dieser gebietet, dass, sofern durch die Verträge die Wahl der Handlungsformen vollkommen freigegeben ist, die in Relation zur Wirksamkeit am wenigsten eingriffsintensive Handlungsform gegenüber den Mitgliedstaaten zu wählen ist.

Beispiel:
In Art. 81 Abs. 2 AEUV heißt es: *„Für die Zwecke des Absatzes 1 erlassen das Europäische Parlament und der Rat, insbesondere wenn dies für das reibungslose Funktionieren des Binnenmarkts erforderlich ist, gemäß dem ordentlichen Gesetzgebungsverfahren Maßnahmen, die Folgendes sicherstellen sollen*: (...)

An verschiedenen Stellen der Verträge finden sich daneben ausdrückliche Vorgaben für die zu wählende Handlungsform. Dies ist immer dann der Fall, wenn hinsichtlich einer bestimmten Kompetenz eine der in Art. 288 AEUV genannten Handlungsformen **vorgeschrieben** wird.

Beispiel:
So heißt es in Art. 15 Abs. 3 UAbs. 2 AEUV: *„Die allgemeinen Grundsätze und die aufgrund öffentlicher oder privater Interessen geltenden Einschränkungen für die Ausübung dieses Rechts auf Zugang zu Dokumenten werden vom Europäischen Parlament und vom Rat durch Verordnungen gemäß dem ordentlichen Gesetzgebungsverfahren festgelegt."*

In Art. 82 Abs. 2 S. 1 AEUV heißt es: *„Soweit dies zur Erleichterung der gegenseitigen Anerkennung gerichtlicher Urteile und Entscheidungen und der polizeilichen und justiziellen Zusammenarbeit in Strafsachen mit grenzüberschreitender Dimension erforderlich ist, können das Europäische Parlament und der Rat gemäß dem ordentlichen Gesetzgebungsverfahren durch Richtlinien Mindestvorschriften festlegen."*

---

[29] Dazu schon oben Kap. 12 H und I.

[30] *Ruffert* in Callies/Ruffert, EUV/AEUV, Art. 288 AEUV Rn. 15.

In Art. 81 Abs. 3 UAbs. 2 AEUV heißt es: *„Der Rat kann auf Vorschlag der Kommission einen Beschluss erlassen, durch den die Aspekte des Familienrechts mit grenzüberschreitendem Bezug bestimmt werden, die Gegenstand von Rechtsakten sein können, die gemäß dem ordentlichen Gesetzgebungsverfahren erlassen werden."*

In Art. 60 Abs. 2 AEUV heißt es: *„Die Kommission richtet entsprechende Empfehlungen an die betreffenden Staaten."*

In Art. 126 Abs. 5 AEUV heißt es: *„Ist die Kommission der Auffassung, dass in einem Mitgliedstaat ein übermäßiges Defizit besteht oder sich ergeben könnte, so legt sie dem betreffenden Mitgliedstaat eine Stellungnahme vor und unterrichtet den Rat."*

Denkbar ist, dass eine Norm der Verträge die **Wahl** zwischen zwei Handlungsformen vorgibt, was dann wieder eine Entscheidung nach pflichtgemäßem Ermessen und eine mögliche Begrenzung durch den Grundsatz der Verhältnismäßigkeit nach sich ziehen kann.

Beispiel:
In Art. 46 Abs. 1 AEUV heißt es: *„Das Europäische Parlament und der Rat treffen gemäß dem ordentlichen Gesetzgebungsverfahren und nach Anhörung des Wirtschafts- und Sozialausschusses durch Richtlinien oder Verordnungen alle erforderlichen Maßnahmen, um die Freizügigkeit der Arbeitnehmer im Sinne des Artikels 45 herzustellen, (...)"*

B Überblick über das ordentliche Gesetzgebungsverfahren

Das ordentliche **Gesetzgebungsverfahren** ist insb. Gegenstand des Art. 294 AEUV, der den Ablauf des Verfahrens relativ minutiös beschreibt. Die Verfahrensvorschriften machen deutlich, dass insb. das Europäische Parlament vollwertig neben dem Rat an der Gesetzgebung beteiligt ist, womit das repräsentativ-demokratische Element in der Rechtsordnung der Union gestärkt wird und zugleich eine Rückkopplung zu den Unionsbürgern erfolgt. Die Fälle, in denen das ordentliche Gesetzgebungsverfahren vorgeschrieben ist, sind in den Verträgen ausdrücklich niedergelegt.[31]

I. Gesetzesinitiative, Art. 294 Abs. 2 AEUV

Das **Initiativrecht** im ordentlichen Gesetzgebungsverfahren obliegt der Kommission; sie kann allerdings durch andere Organe zur Vorbereitung von Rechtsetzungsverfahren durch Ausübung des Initiativrechts aufgefordert werden.

31 Vgl. hierzu die Aufzählung bei *Kluth* in Callies/Ruffert, EUV/AEUV, Art. 294 AEUV Rn. 9.

II. Erste Lesung

Liegt ein Entwurf der Kommission für ein Gesetzgebungsverfahren, gleich ob Verordnung oder Richtlinie, vor, nimmt zunächst das Parlament in erster Lesung Stellung. Diese „ **Standpunkt**" genannte Stellungnahme wird dem Rat übermittelt (Art. 294 Abs. 3 AEUV).

Der Rat kann diesen Standpunkt **billigen**; in diesem Fall *„ist der betreffende Rechtsakt in der Fassung des Standpunkts des Europäischen Parlaments erlassen"* (Art. 294 Abs. 4 AEUV).

Für den Fall, dass der Rat den Standpunkt des Parlaments nicht billigt, legt er seine Änderungsvorstellungen seinerseits in erster Lesung in einem **Standpunkt** fest, der dem Parlament übermittelt wird. Dem Rat obliegt in diesem Fall die Pflicht, das Parlament in allen Einzelheiten von den Gründen in Kenntnis zu setzen, die zu seinem Standpunkt geführt haben. Zu diesem Zeitpunkt leitet auch die Kommission, die über die Standpunkte zu ihrem Gesetzgebungsvorschlag unterrichtet wird,[32] dem Parlament einen eigenen Standpunkt zu.

> Merke:
> Das Parlament führt die Beratungen über den Standpunkt des Rates, ähnlich wie der Bundestag, nicht zuletzt unter Einschaltung von Ausschüssen, die dann ggf. auch Sachverständigenanhörungen durchführen können und Empfehlungen für die Entscheidung des Parlaments abgeben. Geregelt ist das Verfahren im Parlament in den betreffenden Vorschriften der Geschäftsordnung des Parlaments.

III. Ggf. zweite Lesung

Gegenstand der zweiten **Lesung** im Parlament ist der Standpunkt des Parlaments zu dem Gesetzgebungsvorhaben in der Fassung des Standpunktes des Rates.

Das Parlament hat innerhalb einer Frist von drei Monaten drei **Entscheidungsmöglichkeiten** (Art. 294 Abs. 7 AEUV):

- Es kann den Standpunkt des Rates billigen oder untätig bleiben, was zur Folge hat, dass der Rechtsakt als erlassen gilt.
- Es kann den Standpunkt des Rates ablehnen, woraufhin der Gesetzgebungsakt als nicht erlassen gilt. Erforderlich ist hierfür die absolute Mehrheit der Mitglieder.
- Es kann Änderungen zum Standpunkt des Rates aus der ersten Lesung beschließen und die abgeänderte Fassung dem Rat und der Kommission zuleiten; die Kommission gibt zu dieser geänderten Fassung wiederum eine Stellungnahme ab.

---

32 *Kluth* in Callies/Ruffert, EUV/AEUV, Art. 294 AEUV Rn. 12.

Im letzten Fall hat der **Rat** die Möglichkeit, binnen dreier Monate über die geänderte Fassung abzustimmen. Billigt der Rat die Änderungen in vollem Umfang, gilt der Rechtsakt als erlassen. Ist er mit den Änderungen insgesamt oder mit einzelnen Abänderungen nicht einverstanden, wird im Einvernehmen zwischen dem Präsidenten des Rates und dem Präsidenten des Parlaments binnen sechs Wochen der **Vermittlungsausschuss** angerufen (Art. 294 Abs. 8 AEUV). Hat sich die Kommission ablehnend zu Abänderungen durch das Parlament geäußert, kann der Rat diese Abänderungen nur einstimmig billigen.

Die Sechswochenfrist kann, wie alle übrigen Sechswochenfristen im Verfahren, um zwei Wochen **verlängert** werden; die jeweiligen Dreimonatsfristen können um einen Monat verlängert werden (Art. 294 Abs. 14 AEUV).

IV. Ggf. Vermittlungsverfahren

Im Vermittlungsverfahren wird zwischen Mitgliedern des **Rates** und des **Parlaments** in gleicher Zahl binnen sechs Wochen nach Einberufung eine Einigung über die Standpunkte zu dem Gesetzgebungsvorhaben herbeizuführen. Beteiligt am Vermittlungsverfahren ist auch die Kommission, die darauf hinarbeiten soll, die Standpunkte beider Seiten anzunähern. Hat das Vermittlungsverfahren innerhalb der sechs Wochen keinen Erfolg, gilt der Rechtsakt als nicht erlassen. Hat man sich im Vermittlungsausschuss auf eine gemeinsame Fassung geeinigt, geht diese Fassung in die **dritte Lesung** (Art. 294 Abs. 10-12 AEUV).

V. Ggf. dritte Lesung

In der dritten Lesung haben dann sowohl das Parlament als auch der Rat sechs Wochen Zeit, wieder über den geänderten Rechtsakt in der Form, wie er im Vermittlungsausschuss erarbeitet wurde, **abzustimmen**. Der Rat beschließt über den Entwurf mit qualifizierter Mehrheit nach Art. 238 Abs. 2 AEUV, das Parlament mit der Mehrheit der abgegebenen Stimmen (Art. 294 Abs. 13 AEUV).

VI. Besondere Bestimmung bei Initiativen Dritter

In den seltenen Fällen, in denen die Initiative nach den Verträgen von einer Gruppe von Mitgliedstaaten ausgeht, auf eine Empfehlung der EZB zurückgeht oder auf Antrag des Gerichtshofs erfolgt, **entfallen** die obligatorischen Beteiligungsrechte der **Kommission**. Die Kommission kann aber zu jeder Zeit zu Stellungnahmen zu dem Gesetzgebungsakt aufgefordert werden, oder ihrerseits initiativ Stellungnahmen abgeben (Art. 294 Abs. 15 AEUV).

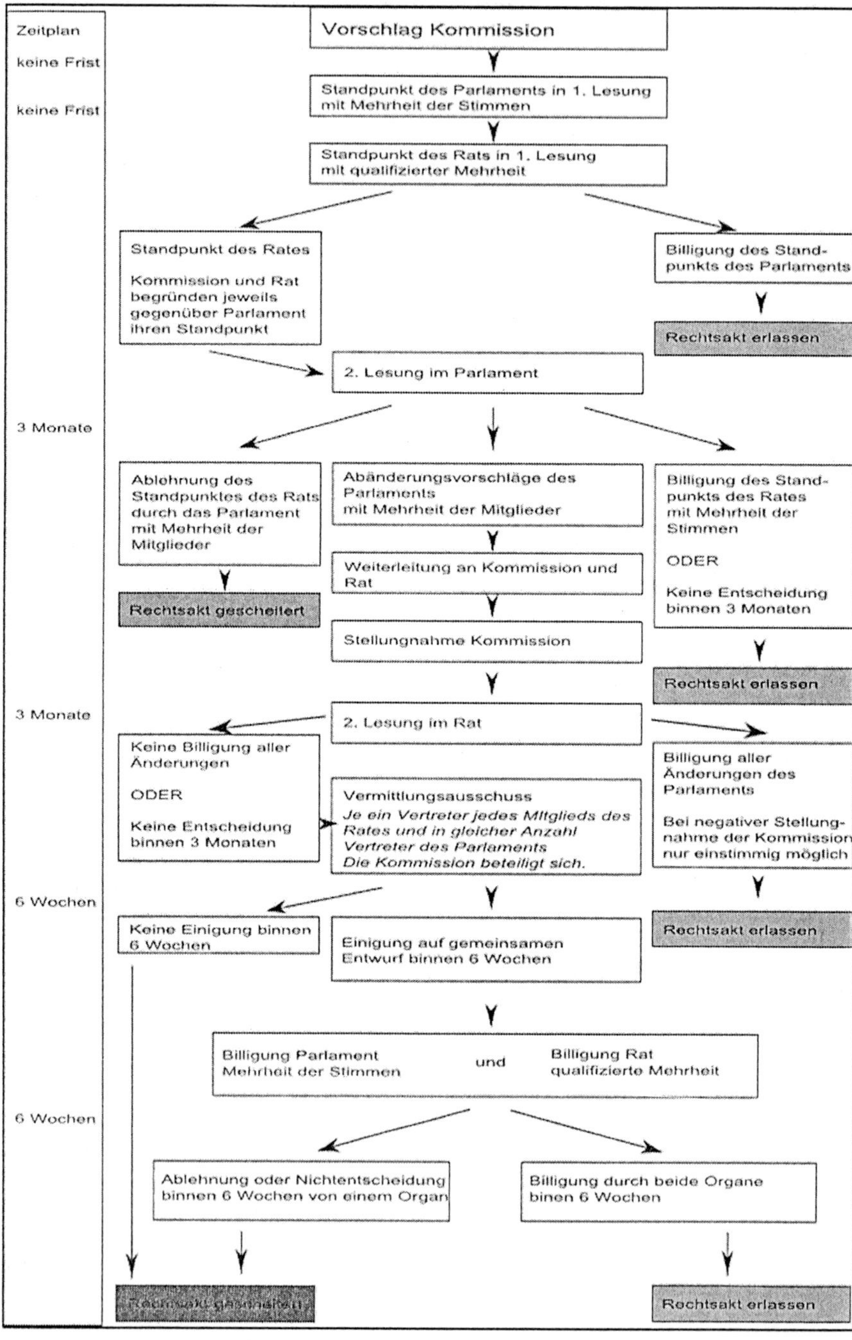
Zeitplan
keine Frist
keine Frist
3 Monate
3 Monate
6 Wochen
6 Wochen
Vorschlag Kommission
Standpunkt des Parlaments in 1. Lesung mit Mehrheit der Stimmen
Standpunkt des Rats in 1. Lesung mit qualifizierter Mehrheit
Standpunkt des Rates
Kommission und Rat begründen jeweils gegenüber Parlament ihren Standpunkt
Billigung des Standpunkts des Parlaments
Rechtsakt erlassen
2. Lesung im Parlament
Ablehnung des Standpunktes des Rats durch das Parlament mit Mehrheit der Mitglieder
Rechtsakt gescheitert
Abänderungsvorschläge des Parlaments mit Mehrheit der Mitglieder
Weiterleitung an Kommission und Rat
Stellungnahme Kommission
Billigung des Standpunkts des Rates mit Mehrheit der Stimmen
ODER
Keine Entscheidung binnen 3 Monaten
Rechtsakt erlassen
2. Lesung im Rat
Keine Billigung aller Änderungen
ODER
Keine Entscheidung binnen 3 Monaten
Vermittlungsausschuss
Je ein Vertreter jedes Mitglieds des Rates und in gleicher Anzahl Vertreter des Parlaments
Die Kommission beteiligt sich.
Billigung aller Änderungen des Parlaments
Bei negativer Stellungnahme der Kommission nur einstimmig möglich
Rechtsakt erlassen
Keine Einigung binnen 6 Wochen
Einigung auf gemeinsamen Entwurf binnen 6 Wochen
Billigung Parlament Mehrheit der Stimmen
und
Billigung Rat qualifizierte Mehrheit
Ablehnung oder Nichtentscheidung binnen 6 Wochen von einem Organ
Billigung durch beide Organe binen 6 Wochen
Rechtsakt erlassen

C Vertragsänderungen

Änderungen der Verträge sind im ordentlichen und im vereinfachten Änderungsverfahren möglich (Art. 48 Abs. 1 EUV).

I. Ordentliches Änderungsverfahren (Art. 48 Abs. 2 bis 5 EUV)

Die **Initiative** für Vertragsänderungen kann auf Mitgliedstaaten, das Parlament oder die Kommission zurückgehen. Die Initiativen gehen dem Rat zu, die dieser dem Europäischen Rat vorlegt und den nationalen Parlamenten zuleitet.

Der Europäische Rat kann nach Anhörung des Parlaments und der Kommission die Einsetzung eines **Änderungskonvents,** gebildet aus Vertretern der Staats- und Regierungschefs, des Parlaments und der Kommission, ggf. auch der EZB, beschließen. Dieser Konvent gibt im Konsens (also einstimmig!) eine Empfehlung ab, die einer „Staatenkonferenz", gebildet aus Vertretern der Regierungen der Mitgliedstaaten, zugeleitet wird. Ist die Änderung nur geringfügig, kann auf die Einsetzung eines Konvents verzichtet werden. Die Vertreter der Regierungen entscheiden schließlich über die Vertragsänderung. Erforderlich ist hier Einstimmigkeit, da es in Art. 48 Abs. 4 UAbs. 1 EUV heißt: „(...), *um die an den Verträgen vorzunehmenden Änderungen zu vereinbaren."* Schließlich müssen die Änderungen, die als Änderungen an den Verträgen selbst Vertragscharakter haben, in den Mitgliedstaaten gem. Art. 48 Abs. 4 UAbs. 1 EUV ratifiziert werden.

II. Vereinfachtes Änderungsverfahren

Das vereinfachte Änderungsverfahren betrifft Änderungen im dritten Teil des AEUV zu den **internen Politiken** der Union. Hier liegt der Vertragsänderung im Wesentlichen ein Beschluss des Europäischen Rates nach Anhörung von Parlament und Kommission, ggf. auch der EZB, über die jeweiligen Vertragsänderungen (Art. 48 Abs. 6 AEUV) zugrunde.

Weitere Fälle der vereinfachten Vertragsänderung betreffen im Wesentlichen die Änderung von **Verfahrensanforderungen** in den Verträgen (Art. 48 Abs. 7 EUV).

Kapitel 14: Die Grundfreiheiten im Allgemeinen

Allgemeine Aussagen über **Grundfreiheiten** zu treffen, erscheint auf der einen Seite recht einfach, stößt auf der anderen Seite aber an Grenzen, die sich aus der (fehlenden? wenig ausgeprägten?) Systematik der EuGH-Rechtsprechung zu den Grundfreiheiten ergeben.

Wenn an verschiedenen Stellen von „**allgemeinen Lehren** der Grundfreiheiten“ gesprochen wird, kann dies als Versuch angesehen werden, eine einheitliche Dogmatik der Grundfreiheiten herauszuarbeiten. So hilfreich dies im Umgang mit den Grundfreiheiten sein kann, so sehr ist der Versuch zugleich mit Vorsicht zu genießen. Letztlich handelt es sich hierbei um ein Bemühen der rechtswissenschaftlichen Literatur, eine solche Dogmatik der Grundfreiheiten zu ermitteln, also die Grundfreiheiten systematisch und begrifflich zu durchdringen, und so zugleich zu kategorisieren. Diesen Versuch unternimmt die Rechtsprechung des EuGH nicht. Vielmehr betrachtet der EuGH die Grundfreiheiten regelmäßig getrennt und arbeitet dann bezogen auf die einzelne Grundfreiheit zumeist mit immer wiederkehrenden schlagwortartigen Wendungen. Zugleich ist es aber der EuGH, der mit seiner nunmehr jahrzehntelangen Rechtsprechung die Grundfreiheiten weiter entwickelt, in der Tendenz jedoch – wie gesagt – eher separat als übergreifend.[1] Oft reagiert der EuGH auf politische Gegebenheiten, so dass die Rechtsprechung auch insoweit nicht immer konsistent ist. Auch scheint der EuGH teilweise zur Schaffung von Einzelfallgerechtigkeit zu tendieren.

Bei allen Bedenken gegen die Tendenz, allgemeine Lehren der Grundfreiheiten entwickeln zu wollen, kann jedenfalls der Versuch unternommen werden, **verallgemeinerungsfähige Entwicklungslinien** und Gemeinsamkeiten aufzuzeigen, mit dem Ziel, die Grundfreiheiten als Ganzes handhabbarer zu machen.

A Allgemeines

Jedenfalls hat der Rundgang durch die europäische Einigungsgeschichte gezeigt, dass die **wirtschaftlichen Aspekte** der Europäischen Gemeinschaft bzw. der Europäischen Union letztlich die Ursprungsidee der europäischen Einigung nach dem zweiten Weltkrieg waren. Zugleich gilt die Schaffung und Vollendung des Binnenmarktes, damit die Wirtschaftsintegration innerhalb der Union, nach wie vor als eines der vornehmsten Ziele der Union, wie Art. 26 f. AEUV zeigen.

[1] So zur unmittelbaren Drittwirkung der Arbeitnehmerfreizügigkeit unten Kap. 14 C IV.

I. Einordnung der Union nach Integrationsstufen

Idealtypisch findet Wirtschaftsintegration auf verschiedenen Stufen statt. Diese Stufen sind üblicher Weise

- Freihandelszone
- Zollunion
- Gemeinsamer Markt
- Binnenmarkt
- Vollintegration

Die **Freihandelszone** reduziert die Integration auf die Abschaffung von Zöllen und anderen Handelsbeschränkungen zwischen den Partnerstaaten der Freihandelszone. Gegenstand der Freihandelszone ist nur der Handel mit Gütern, und nur, soweit er zwischen den Partnerstaaten stattfindet. Nicht von der Integration erfasst sind die Zölle und Handelsbeschränkungen gegenüber Drittstaaten, die weiterhin zur Disposition der Partnerstaaten stehen.

Die **Zollunion** geht weiter als die Freihandelszone. Wesentliches Merkmal ist die Angleichung der Zölle und weiterer handelspolitischer Maßnahmen im Verhältnis zu Drittstaaten außerhalb der Zollunion. Ergebnis der Zollunion ist, dass Importe aus Drittstaaten nicht mehr bevorzugt über den Partnerstaat mit dem niedrigsten Zoll erfolgen. So werden Einfuhrverlagerungen zwischen den Staaten der Zollunion durch Festlegung auf einen gemeinsamen Außenzoll vermieden, wodurch auch der Güteraustausch zwischen den Partnerstaaten optimiert wird. Neben der Liberalisierung des Güterhandels regelmäßig nicht erfasst ist die Liberalisierung in Form der Gewährleistung grenzüberschreitender Mobilität anderer Produktionsfaktoren wie Arbeit und Kapital.

Im **Gemeinsamen Markt** wird neben dem liberalisierten Güterverkehr in Ansätzen auch die grenzüberschreitende Freiheit des Arbeits-, Dienstleistungs- und Kapitalmarktes verwirklicht. Nicht vollständig umfasst ist gerade der Arbeitsmarkt aber insoweit, als die Mobilität von Arbeitskräften häufig an einer nicht an den Erfordernissen des Arbeitsmarktes des anderen Mitgliedstaates ausgerichteten Berufsausbildung und der fehlenden Anerkennung gleichwertiger Abschlüsse der Partnerstaaten untereinander scheitert.

Der **Binnenmarkt** als höhere Stufe der Wirtschaftsunion überwindet den rein negativen Aspekt des Verbotes an Mitgliedstaaten, untereinander bestimmte außenwirtschaftliche Instrumentarien zu ergreifen. Die Wirtschaftspolitik der Mitgliedstaaten wird zunehmend selbst zum Gegenstand der Anpassung durch Verständigung auf eine gemeinsame Wirtschaftspolitik. Es erfolgt eine Koordinierung mitgliedstaatlicher Wirtschaftspolitiken über deren Harmonisierung bis hin zu deren eigentlicher Vergemeinschaftung. In der Folge werden wirtschaftspolitische Instrumente nunmehr gemeinschaftlich eingesetzt. Dieser erhöhte Grad an Integration bringt einen erhöhten Konsensbedarf unter den Mitgliedstaaten mit sich, weil die Gestaltungsaufgabe nur vor dem Hintergrund gemeinsamer wirtschaftlicher Grundüberzeugungen und Ziele wahrgenommen werden kann.

Die **Vollintegration** als höchste Integrationsstufe sieht regelmäßig vor, dass alle wirtschaftspolitischen Entscheidungen von einer zentralen Instanz getroffen werden. Somit wird eine Integrationsdichte erreicht, wie sie nur Staaten eigen ist; sie ist also nur bei gleichzeitiger politischer Integration denkbar. Ein solcher Integrationsraum ist dann nicht nur ein Binnenmarkt, sondern auch ein politischer Raum, in dem die Wirtschaftspolitik zwischen den Mitgliedstaaten zur Innenpolitik wird.

Merke:
Betrachtet man sich die Europäische Union, wie sie sich derzeit auf Grundlage der Verträge von Lissabon darstellt, stellt man fest, dass sie sich knapp oberhalb des Binnenmarktes mit einer – im Zweifel aufgrund entgegenstehenden politischen Willens – nicht vollendbaren Tendenz hin zur Vollintegration bewegt.

II. Hauptinstrumente zur Verwirklichung des Binnenmarktes

Die **Hauptinstrumente** der Union zur Verwirklichung des Binnenmarktes sind

- die Rechtsangleichung,
- die gegenseitige Anerkennung,
- der Gemeinsame Zolltarif und
- der Wettbewerbsschutz.

Rechtsangleichung wird betrieben vorrangig mit den Mitteln der Rechtssetzung im Sekundärrecht, wie zuvor beschrieben, insb. mit den Mitteln der Verordnung und der Richtlinie.[2] Durch Schaffung eines einheitlichen Rechtsrahmens in allen Mitgliedstaaten wird insb. vermieden, dass einzelne Mitgliedstaaten durch Diskriminierungen und Beschränkungen auf Marktteilnehmer aus anderen Mitgliedstaaten negativ einwirken können.

Das Mittel der Rechtsangleichung wird beschrieben in Art. 114 Abs. 1 AEUV, wo es heißt:

> *„Soweit in den Verträgen nichts anderes bestimmt ist, gilt für die Verwirklichung der Ziele des Artikels 26 die nachstehende Regelung. Das Europäische Parlament und der Rat erlassen gemäß dem ordentlichen Gesetzgebungsverfahren und nach Anhörung des Wirtschafts- und Sozialausschusses die Maßnahmen zur Angleichung der Rechts- und Verwaltungsvorschriften der Mitgliedstaaten, welche die Errichtung und das Funktionieren des Binnenmarkts zum Gegenstand haben."*

Das Mittel **gegenseitiger Anerkennung** folgt dem Prinzip, dass Rechtsvorschriften eines anderen Mitgliedstaats in ihrer Wirkung den inländischen Rechtsvorschriften gleichzusetzen sind (insb. Cassis de Dijon-Rspr.).[3] Hierzu gehört aber auch – insb. bez. des Produktionsfaktors Arbeit – die Anerkennung beruflicher Befähigungsnachweise (Art. 53 AEUV), die aber zugleich verstärkt Gegenstand von Rechtsangleichungsbemühungen ist.

---

[2] Vgl. oben Kap. 13 A I 1 u. 2.

[3] Dazu unten Kap. 15 A IV u. Kap. 15 A V 2.

Immer noch entscheidend für die Schaffung des Binnenmarkts ist der **gemeinsame Zolltarif** nach Art. 31 AEUV: *„Der Rat legt die Sätze des Gemeinsamen Zolltarifs auf Vorschlag der Kommission fest."* Damit fallen einerseits Binnenzölle zwischen den Mitgliedstaaten weg, und im Unterschied zur Freihandelszone kann bei der Einfuhr von Waren aus Drittländern kein Mitgliedstaat anstelle der einheitlichen Außenzölle eigene, ggf. günstigere Zölle erheben.

Von zunehmender Bedeutung ist der **Wettbewerbsschutz** (Art. 101 ff. AEUV). Durch kartellrechtliche Vorschriften kann unionsweit gegen die marktbeherrschende Stellung von Unternehmen vorgegangen werden (Art. 101-106 AEUV). Seit je her von besonderem Interesse ist daneben die Beihilfenkontrolle (Art. 107-110 AEUV), durch die verhindert wird, dass ein Mitgliedstaat durch offene oder verdeckte Subventionsgewährungen der eigenen Wirtschaft Marktvorteile ggü. Marktteilnehmern aus anderen Mitgliedstaaten verschafft.

B System der Grundfreiheiten

Wichtige Instrumente zur Schaffung des Binnenmarkts sind letztlich seit den Römischen Verträgen bis heute die **Grundfreiheiten**, wie insb. Art. 26 Abs. 2 AEUV erkennen lässt: *„Der Binnenmarkt umfasst einen Raum ohne Binnengrenzen, in dem der freie Verkehr von Waren, Personen, Dienstleistungen und Kapital gemäß den Bestimmungen der Verträge gewährleistet ist."*

Art. 26 Abs. 2 AEUV bezeichnet damit als Grundfreiheiten (oder auch Marktfreiheiten)

- die Warenverkehrsfreiheit,
- die Personenfreiheiten,
- die Kapitalfreiheiten und
- die Dienstleistungsfreiheit.

> Merke:
> Die Rechtsprechung hat sich ursprünglich besonders liebevoll der in der Praxis der frühen Gemeinschaft wohl bedeutsamsten Grundfreiheit, der Warenverkehrsfreiheit, angenommen. Viele Begriffe sind also an der Warenverkehrsfreiheit entwickelt und später – wiederum nicht unbedingt durch die Rechtsprechung des EuGH – auf andere Grundfreiheiten übertragen worden.

Die Grundfreiheiten sind vornehmlich gerichtet auf die Interessen von Individuen als **Marktbürger**, also letztlich als Subjekte wirtschaftlicher Tätigkeit. In der Zeit vor dem Vertrag von Maastricht war die „Freizügigkeit" in der Gemeinschaft als wirtschaftliche, marktbezogene Freizügigkeit konzipiert. Vorrangiges Ziel war es, den Staatsangehörigen der Mitgliedstaaten in jedem anderen Mitgliedstaat die Teilnahme am Wirtschaftsleben zu ermöglichen. Dieser Ansatz ist jedoch mit der Union im fortschreitenden Integrationsprozess nicht mehr recht vereinbar. Im Mittelpunkt steht der Unionsbürger, der seine **Freizügigkeit** innerhalb der Union nicht mehr nur wirtschaftsbezogen ausüben darf; Art. 21 AEUV besagt insoweit: *„Jeder Unionsbürger hat das Recht, sich im Hoheitsgebiet der Mitgliedstaaten vorbehaltlich der in den Verträgen und in den Durchführungsvorschriften vorgesehenen Beschränkungen und Bedingungen frei zu bewegen und aufzuhalten."* Dennoch genießen die Unionsbürger über die Grundfreiheiten nach wie vor einen ergänzenden, teilweise verstärkten Schutz.

Von besonderer Bedeutung ist seit je her die **Warenverkehrsfreiheit**, also die Freiheit, Waren im Rahmen einer einheitlichen Wettbewerbsordnung frei in der Union zirkulieren zu lassen.

Die **Personenfreiheiten**, die bereits von Beginn an Teil der Grundfreiheiten waren, haben mit der Zeit an Bedeutung gewonnen. Insb. die „Zirkulationsfähigkeit" des Produktionsfaktors Arbeit hat sich innerhalb der früheren Europäischen Gemeinschaft langsamer entwickelt, mit dem Ausbau einer gemeinsamen Sozialpolitik der Gemeinschaft jedoch an Bedeutung gewonnen. Neben der hiermit vornehmlich beschriebenen **Arbeitnehmerfreizügigkeit** ist Teil der Personenfreiheiten aber auch die **Niederlassungsfreiheit**, also das Recht, in anderen Mitgliedstaaten dauerhaft einer selbstständigen Beschäftigung nachzugehen. Diese entwickelt sich, nicht zuletzt begünstigt durch die Rechtsprechung des EuGH, als zweiter Teil der Personenfreiheiten immer weiter.

Die **Kapitalfreiheiten** sind aufgeteilt in die **Kapitalverkehrsfreiheit** und die **Zahlungsverkehrsfreiheit.** Während die Kapitalverkehrsfreiheit Investitionstätigkeiten innerhalb der Union sowie die Möglichkeit von Wertübertragungen zwischen den Mitgliedstaaten schützt, stellt die Zahlungsverkehrsfreiheit, die die Freiheit, Leistungen gleich welcher Art zu bezahlen betrifft, eine flankierende und letztlich unerlässliche Nebenfreiheit zu den übrigen Grundfreiheiten einschließlich der Kapitalverkehrsfreiheit dar.

Die **Dienstleistungsfreiheit** besteht zwischen den übrigen Freiheiten. Teil der Dienstleistungsfreiheit kann es sein, vorübergehend in einem Mitgliedstaat Dienstleistungen anzubieten, oder das Produkt einer Dienstleistung über Grenzen hinweg zu vertreiben. Gegenstand der Dienstleistungsfreiheit kann auch die Erbringung von Kapitaldienstleistungen sein. Die Dienstleistungsfreiheit umfasst damit einerseits letztlich sowohl die Warenverkehrsfreiheit, die Personenfreiheiten als auch die Kapitalfreiheiten. Sie ist andererseits gegenüber den genannten Freiheiten entsprechend dem Wortlaut des Art. 57 Abs. 1 AEUV subsidiär: *„Dienstleistungen im Sinne der Verträge sind Leistungen, die in der Regel gegen Entgelt erbracht werden, soweit sie nicht den Vorschriften über den freien Waren- und Kapitalverkehr und über die Freizügigkeit der Personen unterliegen."*

Merke:
Wichtig ist die Feststellung, dass die Berufung auf Grundfreiheiten nur noch dort möglich und notwendig ist, wo die betreffende Frage nicht sekundärrechtlich geregelt ist. Besteht ein Rechtsangleichungsakt der Union, gilt insoweit ein Anwendungsvorrang des Sekundärrechts gegenüber dem Primärrecht.

C Gemeinsame Merkmale der Grundfreiheiten

I. Grundfreiheiten als Diskriminierungsverbote

Anhand der Personenverkehrsfreiheiten und auch der Dienstleistungsfreiheit hat der EuGH die Grundfreiheiten ursprünglich im Wesentlichen als **Diskriminierungsverbote** verstanden. Der Ansatz hierfür zeigt sich bis heute in Art. 45 Abs. 2 AEUV, wo es heißt: *„Sie* [die Arbeitnehmerfreizügigkeit] *umfasst die Abschaffung jeder auf der Staatsangehörigkeit beruhenden unterschiedlichen Behandlung der Arbeitnehmer der Mitgliedstaaten ...“*.

Diskriminierungsverbot bedeutet, dass die Staaten zu einer strikten **Inländergleichbehandlung** verpflichtet sind, die gebietet, Unionsbürger aus anderen Mitgliedstaaten nicht anders zu behandeln als eigene Staatsangehörige. Dies wird etwa deutlich in Art. 57 Abs. 3 AEUV: *„(...) und zwar unter den Voraussetzungen, welche dieser Mitgliedstaat für seine eigenen Angehörigen vorschreibt.“*

Mittlerweile hat sich durchgehend herauskristallisiert, dass sowohl direkte wie auch indirekte, **versteckte Diskriminierungen** erfasst sind. Direkte Diskriminierungen sind anzunehmen, wenn unmittelbar an die Staatsangehörigkeit angeknüpft wird. Von einer versteckten Diskriminierung ist dann auszugehen, wenn zwar ein für sich wertfreies Kriterium herangezogen wird, das aber fast ausschließlich Ausländer betrifft, bspw. Anforderungen an Sprachkenntnisse oder das Erfordernis der Ansässigkeit im Mitgliedstaat. Seine Bestätigung findet die Gleichstellung von direkten und verdeckten Diskriminierungen etwa in Art. 65 Abs. 3 AEUV, wo einerseits von *„willkürliche Diskriminierung“* und andererseits von *„verschleierte Beschränkung“* gesprochen wird.

Fraglich ist, wie sich diese Diskriminierungsverbote zum **allgemeinen Diskriminierungsverbot** nach Art. 18 AEUV verhalten. Zunächst ist Art. 18 AEUV subsidiär ausgestaltet, da die Norm nur *„unbeschadet besonderer Bestimmungen“* gilt. Der EuGH hat Art. 18 AEUV immer dann neben den besonderen Diskriminierungsverboten herangezogen, wenn eine staatliche Maßnahme eines Mitgliedstaates nicht gegen eine bestimmte Grundfreiheit gerichtet war, sondern die Ausübung der Grundfreiheiten nur generell und unspezifisch zu behindern geeignet war; hier hätte eine Prüfung alleine anhand der speziellen Diskriminierungsverbote versagt.[4] Die bereits eingangs beschriebene Abkoppelung der allgemeinen Freizügigkeit für Unionsbürger von jeglicher wirtschaftlichen Betätigung hat zudem dazu geführt, dass nunmehr alle zwischenstaatlichen, die Freizügigkeit ohne wirtschaftlichen Bezug behinderten Sachverhalte in den Anwendungsbereich der Verträge fallen und so auch von der Rechtsprechung des EuGH erfasst werden. Der EuGH geht insoweit von einer „Schutzverstärkung“ der Grundfreiheiten durch die allgemeine Freizügigkeit nach Art. 18 AEUV aus.[5]

---

4 Vgl. etwa EuGH, Rs. C-45/93, Slg. 1994, I-911, Rn. 10.

5 So wörtlich EuGH, Rs. 208/05, Slg. 2007, I-181, Rn. 64.

II. Grundfreiheiten als Beschränkungsverbote

In der Rechtsprechung des EuGH sind die ursprünglichen Diskriminierungsverbote schrittweise zu **Beschränkungsverbote** ausgebaut worden. Während die Grundfreiheiten als Diskriminierungsverbote eine Schlechterstellung von Ausländern gegenüber Inländern verhindern sollen, ist es Ziel eines Beschränkungsverbots, dass auch solche Vorschriften, die unterschiedslos auf Inländer und Ausländer angewendet werden, am Maßstab der Verhältnismäßigkeit zu messen sind. Diese Entwicklung war zunächst auf dem Gebiet der Warenverkehrsfreiheit und der Dienstleistungsfreiheit festzustellen, wobei sie sich später auch auf die Arbeitnehmerfreizügigkeit und die Niederlassungsfreiheit erstreckte. Letztlich entwickeln die Grundfreiheiten so abwehrrechtlichen Charakter.

> Merke:
> Mit dem Ausbau der Grundfreiheiten in Richtung von Beschränkungsverboten nähert sich – bei aller begrifflichen Vorsicht – die Struktur der Grundfreiheiten der der Grundrechte nach dem Grundgesetz, die dem Dreiklang von Schutzbereich, Eingriff und Rechtfertigung folgt. Durch die Beschränkung wird der „Schutzbereich" einer Grundfreiheit im Sinne eines Eingriffs verkürzt, was dann der Rechtfertigung bedarf, um nicht zu einer Verletzung der Grundfreiheit zu gelangen.

Der EuGH verwendet für derartige Maßnahmen, die nicht diskriminieren, aber dennoch den Gebrauch der Grundfreiheit beschränken, verschiedene Wendungen: **Beschränkungen** sieht der Gerichtshof darin, dass bestimmte Maßnahmen die Wahrnehmung einer Grundfreiheit „weniger attraktiv" machten, ein „abschreckende Wirkung" auf ausländische Marktteilnehmer entfalteten oder diesen „höhere Kosten" verursachten. Die Beschränkungen kommen so in unterschiedlichsten Spielarten des Wegs.

III. Schutz gegen staatliches Handeln

Primäre Zielrichtung der Grundfreiheiten ist der Schutz vor **staatlichen Maßnahmen**. Damit ist stets sorgfältig zu ermitteln, ob eine Beschränkung staatlicherseits erfolgt.

Eindeutig ist dies stets bei Beschränkungen durch staatliche **Rechtssetzung** oder durch Anwendung staatlichen Rechts durch staatliche Stellen eines Mitgliedstaates. Schwieriger gestaltet sich die Situation dann, wenn Private handeln.

Beispielfall 56:
Die „Centrale Marketing-Gesellschaft der deutschen Agrarwirtschaft GmbH" (CMA) vergab das Güte-Siegel „Qualität aus deutschen Landen". Gesellschafter der CMA waren Landwirtschaftsverbände und Verbände der Lebensmittelindustrie. Finanziert wurde die CMA durch einen Absatzfonds als Anstalt des öffentlichen Rechts, in den Betriebe der Land- und Ernährungswirtschaft einzahlen mussten; die Rolle des Staates war auf das Erheben und die Kontrolle der Beitragszahlungen beschränkt. Die Vergabe des Gütesiegels selbst erfolgte aufgrund privatrechtlicher Vereinbarungen zwischen CMA und Betrieben.
Stellt das Gütezeichen eine Beschränkung der Warenverkehrsfreiheit dar?

Die öffentlich-rechtliche **Organisationsform** einer Einrichtung lässt relativ zwanglos auf ein Tätigwerden schließen, das dem Mitgliedstaat zurechenbar ist.

Beispiel:
Anwalts- oder Handwerkskammern als juristische Personen des öffentlichen Rechts

Ähnlich wie bei der Frage der Grundrechtsberechtigung kann allein aus der Rechtsform, in der eine Stelle handelt, nicht unmittelbar auf nicht staatliches Handeln schließen. Dies gilt etwa für den Bereich des **Verwaltungsprivatrechts**, wo die privatrechtliche Handlungsform nicht in der Lage ist, die Bindungen des öffentlichen Rechts abzustreifen. Gebunden an die Grundfreiheiten sind. auch sog. öffentliche Unternehmen. Gem. Art. 2 RL 80/723/EG (Transparenz-RL) sind solche Unternehmen als öffentlich anzusehen, bei denen die öffentliche Hand über Eigentum, finanzielle Beteiligung, Satzung oder sonstige Bestimmungen, die die Tätigkeit des Unternehmens regeln, unmittelbar oder mittelbar einen beherrschenden Einfluss ausüben kann, auch ohne dass explizit eine öffentlich-rechtliche Rechtform gewählt wird.

Merke:
Dass der EuGH grds. kaum zwischen öffentlich-rechtlichem oder privatrechtlichem Charakter einer Tätigkeit unterscheidet, ist – neben der Tatsache, dass sich im Sinne des „effet utile" kein Staat durch Wahl der Rechtsform der Geltung der Verträge entziehen können soll – dem Umstand geschuldet, dass die europäische Rechtsordnung ein Produkt zahlreicher unterschiedlicher Rechtstraditionen ist, die – anders etwa als das deutsche oder das französische Recht – keine strenge Unterteilung nach privatrechtlicher oder öffentlich-rechtlicher Gestaltung vornehmen. Im angelsächsischen Rechtsraum spielt diese Unterscheidung bspw. nur eine untergeordnete Rolle.

Die grundsätzliche Irrelevanz der Organisationsform ist in einzelnen Fällen dann doch von Bedeutung, wenn – wie in Art. 45 Abs. 4 AEUV (Arbeitnehmerfreizügigkeit), Art. 51 AEUV (Niederlassungsfreiheit) und Art. 62 AEUV (Dienstleistungsfreiheit) sog. **Bereichsausnahmen** für Tätigkeiten in der öffentlichen Verwaltung bzw. für die Ausübung hoheitlicher Gewalt gemacht werden.

Ebenso kann die Finanzierung der Tätigkeit **privatrechtlich** organisierter Stellen aufgrund gesetzlicher Vorschriften die Zurechnung des Handelns dieser Stellen zum Mitgliedstaat rechtfertigen, auch wenn sie selbst nicht oder nicht überwiegend staatlich getragen sind.

Lösung zu Beispielfall 56:
Der EuGH stellte zunächst fest, dass das Gütesiegel deutsche Verbraucher dazu animiere, deutsche Waren anstelle von Waren aus anderen Mitgliedstaaten zu kaufen, sodass eine Beschränkung anzunehmen war. Diese wäre aber nur relevant, wenn es sich hierbei um eine dem Staat, also der Bundesrepublik zuzurechnende Maßnahme handelt.
Der EuGH stellte fest, dass
- der die CMA finanzierende Fonds eine Anstalt des öffentlichen Rechts ist;
- die CMA die Richtlinien des Fonds zu beachten hatte;
- die durch Rechtsvorschriften (Absatzfondsgesetz) geregelte Finanzierung der Tätigkeit der CMA mit Mitteln erfolgt, die ihr vom Fonds zur Verfügung gestellt wurden;
- der Fonds die Tätigkeit der CMA und die ordnungsgemäße Verwendung der ihr vom Fonds zur Verfügung gestellten Mittel überwachte.

Insgesamt befand der EGH damit, dass es sich mittelbar um eine staatliche Maßnahme handelte, so dass eine Beschränkung der Warenverkehrsfreiheit anzunehmen war.

Anm: Da es sich im Übrigen im Gegensatz zur Sicht der Bundesrepublik nicht um eine geografische Herkunftsangabe handelte, war auch insoweit keine Rechtfertigung der Maßnahme anzunehmen.[6]

Der EuGH sieht Beschränkungen ausnahmsweise auch dann als gegeben an, wenn der Staat zwar nicht selbst handelt, aber gegen das Verhalten Privater, die die Grundfreiheiten beschränken, nicht vorgeht. Damit geht mit den Grundfreiheiten, lt. EuGH jedenfalls bez. der Warenverkehrsfreiheit, im Einzelfall auch eine **Schutzpflicht** der Mitgliedstaaten einher. Eine Ausweitung des Schutzpflichtgedankens auf andere Grundfreiheiten scheint aber nicht ausgeschlossen.

Beispiel:
Wenn der französische Landwirt (als solcher) etwa gegen billiges Importobst aus Spanien hat (und er hat etwas dagegen), dann hält sich der französische Landwirt (als solcher) nicht mit einem Traktorkorso mit dem blitzblank geputzten John Deere-Traktor auf, bei dem er eine Kiste Äpfel demonstrativ auf den Boden auskippt. Nein, der französische Landwirt (als solcher) fährt dann gerne mal zur französisch-spanischen Grenze, stoppt drei mit billigem Obst beladene spanische LKW und fackelt diese mit einigem Vergnügen ab.
Wenn dann die französische Bereitschaftspolizei (als solche), die sonst gerne mal den Knüppel blankzieht, diesen stecken lässt, und sich darauf beschränkt, die spanischen Obst-LKW nur kontrolliert abbrennen zu lassen (um das Straßenbegleitgrün nicht zu gefährden), dann sieht der EuGH (Spaßbremse!) hierin eine Beschränkung der Warenverkehrsfreiheit durch den französischen Staat.

[6] EuGH, Rs. C-325/00 (Kommission/Deutschland), Slg. 2002, I-9977 ff.

„Ein Mitgliedstaat verstößt gegen die Verpflichtungen aus Artikel 30 in Verbindung mit Artikel 5 des Vertrages und aus den Verordnungen über die gemeinsamen Marktorganisationen für landwirtschaftliche Erzeugnisse, wenn die Maßnahmen, die er gegen Handlungen von Privatpersonen ergriffen hat, die Hemmnisse für den freien Warenverkehr mit bestimmten landwirtschaftlichen Erzeugnissen verursacht haben, angesichts der Häufigkeit und Schwere der betreffenden Vorfälle offenkundig nicht ausreichten, um den freien innergemeinschaftlichen Handelsverkehr mit landwirtschaftlichen Erzeugnissen in seinem Gebiet dadurch zu gewährleisten, dass er die Urheber der fraglichen Zuwiderhandlungen wirksam an deren Begehung und Wiederholung hinderte und sie davon abschreckte."[7]

Anders sieht es der EuGH, wenn österreichische Umweltaktivisten (als solche) mal eben für 30 Stunden die Brenner-Autobahn blockieren und der österreichische Staat nicht einschreitet. Denn, so meint der EuGH, das Verhalten der Aktivisten sei seinerseits durch die Versammlungsfreiheit geschützt (na ja!).[8]

IV. Unmittelbare Drittwirkung der Grundfreiheiten?

Umstritten ist, ob die Grundfreiheiten auch **unmittelbar** zwischen **Privaten** gelten. Als Fall der unmittelbaren Drittwirkung wird angesehen, wenn im Rahmen der Arbeitnehmerfreizügigkeit einem privaten Verband kraft hoheitlicher Verleihung das Recht zur Festlegung von Verbandsstatuten eingeräumt wird, die die Arbeitnehmerfreizügigkeit beschränken. Dies galt im Fall *Bosman*, wo der privatrechtlich organisierte belgische Fußballverband durch Verbandsstatuten die Zahlung von Ablösesummen auch beim Vereinswechsel nach Vertragsende festgeschrieben hatte. So meinte der EuGH, es sei in Bezug auf Art. 48 EG (heute Art. 45 AEUV) *„daran zu erinnern, dass dieser Artikel, [...] nicht nur für behördliche Maßnahmen gilt, sondern sich auch auf Vorschriften anderer Art erstreckt, die zur kollektiven Regelung unselbständiger Arbeit dienen. Der Gerichtshof hat nämlich ausgeführt, dass die Beseitigung der Hindernisse für die Freizügigkeit zwischen den Mitgliedstaaten gefährdet wäre, wenn die Abschaffung der Schranken staatlichen Ursprungs durch Hindernisse zunichte gemacht werden könnte, die sich daraus ergeben, dass nicht dem öffentlichen Recht unterliegende Vereinigungen und Einrichtungen von ihrer rechtlichen Autonomie Gebrauch machen."*[9]

In einem anderen Fall zur **Arbeitnehmerfreizügigkeit** hatte der EuGH zu entscheiden, ob ein privater Arbeitgeber die Bewerber in einem Auswahlverfahren für die Einstellung von Personal verpflichten kann, ihre Sprachkenntnisse ausschließlich durch ein einziges Diplom nachzuweisen, das nur in einer Provinz eines Mitgliedstaats ausgestellt wird. Der EuGH sah hierin auf Grundlage des Art. 48 EG eine – im Ergebnis nicht gerechtfertigte – Diskriminierung: *„In diesem Zusammenhang ergibt sich aus dem Vorlagebeschluss, dass die Cassa di Risparmio ausschließlich die Bescheinigung als Nachweis der geforderten Sprachkenntnisse*

---

7 EuGH, Rs. C-265/95 („spanische Erdbeeren"), Slg. 1997, I-6959, Rn. 52.

8 EuGH, Rs. C-112/00 (Schmidberger), Slg. 2003, I-5659, Rn. 51 ff.

9 EuGH, Rs. C-415/93 (Bosman), Slg. 1995, I-04921, Rn. 82 f.; so auch schon EuGH, Rs. 36/74 (Walrave), Slg. 1974, 1405, Rn. 17.

zulässt und dass diese nur in einer Provinz des betreffenden Mitgliedstaats erlangt werden kann. Daraus folgt, dass Personen, die nicht in dieser Provinz wohnen, wenig Möglichkeiten haben, die Bescheinigung zu erwerben, und dass es für sie schwierig, ja sogar unmöglich sein wird, den betreffenden Arbeitsplatz zu erhalten."[10]

Die Rechtsprechungsbeispiele sind insoweit typisch für die eingangs des Kapitels erwähnte Vorgehensweise des EuGH bei der Auslegung von Grundfreiheiten: Die Entscheidungen zur unmittelbaren Drittwirkung sind überwiegend zur Arbeitnehmerfreizügigkeit ergangen und insoweit wohl **nicht** im Sinne einer „Lehre von der unmittelbaren Drittwirkung der Grundfreiheiten" **verallgemeinerungsfähig.** Hier ist zudem insoweit Zurückhaltung geboten, als die Annahme einer weitergehenden Drittwirkung der Grundfreiheiten zwischen Privaten eine erhebliche Einschränkung der Privatautonomie mit sich bringen würde. Üblicherweise ist der Schutz vor Gefährdungen der Marktfreiheiten durch wirtschaftliche Überlegenheit entsprechend dem AEUV vornehmlich durch das Wettbewerbsrecht gewährleistet; allerdings waren die oa Fälle für eine Entscheidung über das Wettbewerbsrecht nur schwer zugänglich.

V. Grundvoraussetzungen für das Eingreifen von Grundfreiheiten

Voraussetzung für das Eingreifen von Grundfreiheiten ist zunächst ein Bezug einer bestimmten Maßnahme zum **Binnenmarkt**. Folglich muss in Rede stehen

- eine Teilnahme am Wirtschaftsleben
- mit grenzüberschreitendem Bezug.

1. Teilnahme am Wirtschaftsleben

Das Merkmal „Teilnahme am **Wirtschaftsleben**" ist überaus weit gefasst. Umfasst sind alle wirtschaftlichen, dh. in der Regel entgeltlich erbrachten Tätigkeiten, gleich wie sie auf dem Staatsgebiet des Mitgliedstaates organisiert sind. Neben der Teilnahme am „normalen" Wirtschaftsleben kann dies auch Bereich betreffen wie etwa die Veranstaltung von Sportwetten, und – da die Organisationsform nicht von Bedeutung ist – auch in Formen des staatlichen Glücksspielmonopols, und damit auch, wenn ein erheblicher Anteil der erzielten Erlöse sogleich an die öffentliche Hand fällt. Die Folge ist, dass die Monopolisierung des Glücksspiels in einem Mitgliedstaat in staatlicher Hand nicht dazu führt, dass die betreffende Tätigkeit nicht mehr Teilnahme am Wirtschaftsleben wäre. Damit kann ein Ausschluss von EU-ausländischen Glücksspielanbietern von Glücksspielveranstaltungen unter Hinweis auf das nationale Glücksspielmonopol eine Beschränkung der Dienstleistungs- oder Niederlassungsfreiheit darstellen. [11]

---

[10] EuGH, Rs. C-281/98 (Angonese), Slg. 2000, I-4139, Rn. 39 f.

[11] Vgl. etwa EuGH, verb. Rs. C-316/07, C-358/07, C-359/07, C-360/07, C-409/07 und C-410/07, Slg. 2010, I-08069.

Ebenso stellt Prostitution eine Teilnahme am Wirtschaftsleben dar, jedenfalls wenn diese in dem jeweiligen Mitgliedstaat zumindest partiell legal ist; dies bedeutet zugleich, dass der EuGH seine Einschätzung, ob es sich bei einer Tätigkeit um eine legale Teilnahme am Wirtschaftsleben, nicht an die Stelle der Einschätzung der Mitgliedstaaten setzt.[12]

2. Grenzüberschreitender Bezug

Die Feststellung des **grenzüberschreitenden** Bezugs bedarf teilweise der näheren Betrachtung. Der „Klassiker" ist der französische Brie, der in Frankreich produziert und nach Deutschland exportiert wird (Warenverkehrsfreiheit), der griechische Koch, der sich im „Dancing Sorbas" in Paris anstellen lassen will, um den Souvlaki zu wenden (Arbeitnehmerfreizügigkeit), die irische Limited, die eine Niederlassung für eine Vermittlung von Finanzprodukten in Belgien eröffnet (Niederlassungsfreiheit), oder der polnische Klempner, der einen Auftrag annimmt, in Tschechien Wasserrohre zu verlegen (Dienstleistungsfreiheit).

Ein grenzüberschreitender Bezug ist aber auch gegeben, wenn der niederländische Supermarkt („Die 2 Brüder von Venlo") auf dem Marktplatz in Wesel für seinen Kaffee im Supermarkt in Venlo wirbt. Ebenso ist der grenzüberschreitende Bezug zu bejahen, wenn ein deutscher Reiseunternehmer seine Bustour mit deutschen Rentnern nach Lloret de Mar anbietet („*Lloret, Lloret, Lloret de Mar!*").

Ebenso ist der grenzüberschreitende Bezug zu bejahen, wenn Waren **durch** einen Mitgliedstaat in einen anderen Mitgliedstaat oder auch in einen Drittstaat verbracht werden, und zwar bezogen auf den Staat, durch den verbracht wird. So besagt Art. 36 AUEV: „*Die Bestimmungen der Artikel 34 und 35 stehen Einfuhr-, Ausfuhr- und Durchfuhrverboten oder -beschränkungen nicht entgegen, die aus Gründen der öffentlichen Sittlichkeit, Ordnung und Sicherheit, zum Schutze der Gesundheit und des Lebens von Menschen, Tieren oder Pflanzen, des nationalen Kulturguts von künstlerischem, geschichtlichem oder archäologischem Wert oder des gewerblichen und kommerziellen Eigentums gerechtfertigt sind.*"

3. Möglichkeit der Inländerdiskriminierung

Aus der Notwendigkeit des grenzüberschreitenden Bezugs folgt zugleich die bereits angesprochene Möglichkeit der **Inländerdiskriminierung**. Wenn die Grundfreiheiten nur für zwischenstaatliche Sachverhalte gelten, kann dies zusammen mit dem Umstand des lediglichen Anwendungsvorrangs des EU-Rechts[13] dazu führen, dass Inländer, die wegen des rein innerstaatlichen Sachverhalts weiter einer nationalen Rechtslage unterliegen, im Inland schlechter gestellt werden als der Marktteilnehmer aus einen Mitgliedstaat, der sich bspw. im Inland auf die ihn begünstigende Rechtslage im Heimatstaat berufen kann.

---

12 EuGH, Rs. C-268/99 (Jay), Slg. 2001, I-8657, Rn. 48 ff.

13 Vgl. oben Kap. 11 D.

Das Unionsrecht **akzeptiert**, nicht zuletzt weil es die nationalen Rechtsordnungen grds. achtet und Sachverhalte überwiegend unter dem Binnenmarktaspekt betrachtet, die Möglichkeit der Inländerdiskriminierung. Letztlich kann die Möglichkeit der Inländerdiskriminierung in erster Linie als Folge des unvollendeten Binnenmarkts angesehen werden,[14] die in erster Linie durch die fortschreitende Rechtsangleichung im Zuge des Sekundärrechts beseitigt werden kann. Wie bereits ausgeführt, wird über das Sekundärrecht, entweder durch die unmittelbar und abstrakt-generell in jeden Mitgliedstaat geltende Verordnung oder die in nationales Recht umzusetzende Richtlinie ein für alle geltendes Recht geschaffen, das keine Rücksicht mehr auf nationale oder grenzüberschreitende Sachverhalte nimmt.

VI. „Schranken" und „Schranken-Schranken" der Grundfreiheiten

Ähnlich wie bei deutschen Grundrechten existieren auch bez. der Grundfreiheiten **Rechtfertigungsmöglichkeiten** für vorgenommene Beschränkungen. Diese sind dem Unionsrecht zum einen ausdrücklich zu entnehmen, zum anderen hat die Rechtsprechung des EuGH aber auch ungeschriebene Schranken entwickelt. Diese Schranken unterliegen aber ihrerseits Schranken, so dass bei der Anwendung von Schranken eine der deutschen Schranken-Schranken-Prüfung vergleichbare Vorgehensweise geboten ist.

1. Geschriebene Schranken

Geschriebene Schranken im Bereich der **Warenverkehrsfreiheit** ergeben sich aus Art. 36 AEUV, wenn ein Einfuhr-, Ausfuhr- oder Durchfuhrverbot aus Gründen der öffentlichen Ordnung und Sicherheit, daneben zum Schutz der öffentlichen Sittlichkeit, der Gesundheit und des Lebens von Menschen, Tieren oder Pflanzen, des nationalen Kulturguts von künstlerischem, geschichtlichem oder archäologischem Wert oder des gewerblichen und kommerziellen Eigentums gerechtfertigt ist. Ähnlich können nach Art. Beschränkungen der **Arbeitnehmerfreizügigkeit** aus Gründen der öffentlichen Ordnung, Sicherheit und Gesundheit gerechtfertigt sein (Art. 45 Abs. 3 AEUV).

> Merke:
> Die Rechtfertigungsgründe insb. aus Gründen der öffentlichen Ordnung und Sicherheit, der öffentlichen Sittlichkeit und der öffentlichen Gesundheit werden üblicherweise unter dem Begriff „ordre public" (von franz.: öffentliche Ordnung) zusammengefasst. Der ordre-Public-Vorbehalt repräsentiert insoweit die grundlegenden Wertvorstellungen und Rechtsgrundsätze eines Staates, für die aber auch im Einzelfall festgestellt werden muss, ob die Berufung auf derartige Grundsätze schlüssig ist, und ob die entsprechenden Grundsätze im Einzelfall in verhältnismäßiger Weise angewendet werden.

[14] *Streinz*, Europarecht, Rn. 820.

Die vorgenannten Gründe können auch Beschränkungen der Niederlassungsfreiheit und der **Dienstleistungsfreiheit** rechtfertigen (Art. 52 Abs. 1, 62 AEUV); auf Maßnahmen aus Gründen der öffentlichen Ordnung und Sicherheit stellt auch Art. 65 Abs. 1 lit b) AEUV für die **Kapitalverkehrsfreiheit** ab.

> Merke:
> Die zuvor angesprochenen Bereichsausnahmen[15] stellen keine Schranken der jeweiligen Grundfreiheiten dar, sie nehmen vielmehr die betreffenden Tätigkeiten von der Geltung der Grundfreiheiten aus![16]

Insb. die Merkmale *„öffentliche Ordnung und Sicherheit"* sind dabei überaus **restriktiv** auszulegen. Sie entsprechen nicht dem deutschen Begriffsverständnis „öffentliche Sicherheit und Ordnung". So fasst der EuGH unter den Begriff **„öffentliche Sicherheit"** die grundlegenden Interessen des Staates und die Aufrechterhaltung wesentlicher öffentlicher Dienstleistungen, sowie das sichere und wirksame Funktionieren des Staatswesens.[17] Der Begriff **„öffentliche Ordnung"** beschreibt die hoheitlich festgelegten Grundregeln, die wesentliche Interessen des Staates berühren,[18] einschließlich der Grundrechte der Bürger. Damit eröffnen die genannten Schranken nicht annähernd die Einschränkungsmöglichkeiten, die bspw. im deutschen Recht über die Begriffe öffentliche Sicherheit und Ordnung herbeigeführt werden könnten.

2. Von der Rechtsprechung entwickelte Schranken

Gerade die restriktive Auslegung der vorgenannten Merkmale hat die Rechtsprechung des EuGH veranlasst, weitere, ungeschriebene Schranken für die Grundfreiheiten zu entwickeln. Auch war eine solche Vorgehensweise durch die Weiterentwicklung der Diskriminierungsverbote zu Beschränkungsverboten angezeigt.

Für den Bereich der Warenverkehrsfreiheit traten bspw. die Aspekte **zwingender Erfordernisse des Allgemeininteresses** in Gestalt des Umweltschutzes und des Verbraucherschutzes hinzu. Auch für die Dienstleistungs- und die Niederlassungsfreiheit stellte der EuGH als zusätzlichen Rechtfertigungsgrund auf zwingende Erfordernisse des Allgemeininteresses ab.[19] Die Weite dieser hier grds. anführbaren Allgemeinwohlbelange verlangt dann eine umso restriktivere Betrachtung unter dem Aspekt der Verhältnismäßigkeit als Schranken-Schranke. Dies gilt umso mehr, als der Katalog der „zwingenden Erfordernisse des Allgemeininteresses", wie er jetzt in der Rechtsprechung existiert, nicht abschließend und ausbaufähig ist.

---

15 Dazu oben Kap. 14 C III.

16 *Streinz*, Europarecht, Rn. 837.

17 EuGH, Rs. 72/83, Slg. 1984, 2727, Rn. 23, 34 ff.

18 Siehe nur EuGH, Rs. 30/77, Slg. 1977, 1999, 33 ff.

19 EuGH, Rs. 33/74 (van Binsbergen), Slg. 1974, 1299, Rn. 10 ff.

3. „Schranken-Schranken“

Alle vorgenannten Schranken stehen dabei unter weiteren Vorbehalten. So verbietet Art. 36 S. 2 AEUV, beschränkende Maßnahmen als Mittel willkürlicher Diskriminierung einzusetzen.

Beispiel:
Wenn ein Staat den Import von fröhlich bunten sex toys unter Berufung auf die „öffentliche Sittlichkeit“ als anstößig und unsittlich verbieten will, darf er nicht zugleich den Verkauf fröhlich bunter sex toys im Inland erlauben.

Daneben existiert als wesentliche Schranken-Schranke der Grundsatz der **Verhältnismäßigkeit**. Die beschränkende Maßnahme muss einen legitimen Zweck verfolgen, insb. einen solchen, der durch geschriebene oder ungeschriebene Schranken vorgegeben wird. Die Maßnahme muss geeignet und erforderlich sein. Grds. notwendig ist auch die Prüfung der Angemessenheit, wobei diese allerdings vom EuGH häufiger nicht ausdrücklich und nicht separat geprüft wird; einerseits lässt der EuGH den Mitgliedstaaten bei Annahme einer erforderlichen, d.h. der relativ mildesten Maßnahme einen gewissen Spielraum, andererseits fließen teilweise auch Aspekte der Angemessenheit in die Prüfung der Erforderlichkeit ein.

Kapitel 15: Die Grundfreiheiten im Besonderen

Wie bereits ausgeführt, beinhaltet der AEUV als **Grundfreiheiten** oder Marktfreiheiten

- die Warenverkehrsfreiheit,
- die Personenfreiheiten,
- die Kapitalfreiheiten und
- die Dienstleistungsfreiheit.

A Warenverkehrsfreiheit

Ihre Rechtsgrundlagen findet die **Warenverkehrsfreiheit** in Art. 28 bis 36 AEUV. Die Warenverkehrsfreiheit soll zunächst mit zwei Instrumenten herbeigeführt werden, zum einen der Zollunion, zum anderen der Abschaffung jeglicher mengenmäßiger Beschränkungen. Die Warenverkehrsfreiheit dient der Gewährleistung des freien innergemeinschaftlichen Warenverkehrs. Sie ist gerichtet auf die Beseitigung mitgliedstaatlicher Hemmnisse für den freien Warenverkehr und soll gleichen Marktzugang sowie gleiche Vermarktungschancen für in andere Mitgliedstaaten gelieferte und dorthin eingeführte Waren wie für im Inland hergestellte oder verkaufte Erzeugnisse sicherstellen.

I. Allgemeines

Die **Zollunion** und die mengenmäßigen Ein-, Aus- und Durchfuhrbeschränkungen stehen nebeneinander. Da die Zollunion verwirklicht ist, kommen als Einschränkungen der Warenverkehrsfreiheit insoweit vornehmlich Abgaben gleicher Wirkung in Betracht. Vor allem in der Prüfung ist die Bedeutung der mengenmäßigen Beschränkungen des Warenverkehrs- und die Maßnahmen gleicher Wirkung wesentlich größer.

II. Der Begriff der Ware

Zentralbegriff der Warenverkehrsfreiheit für die Zollunion wie für die mengenmäßigen Ein-, Aus- und Durchfuhrbeschränkungen ist die **Ware**.

1. Definition des Warenbegriffs

Der Begriff Ware ist in Art. 30 ff. AEUV nicht definiert. Die gängige Definition lautet:
Waren sind

- alle beweglichen Sachen und Erzeugnisse, die
- aufgrund ihres Geldwertes
- Gegenstand von rechtmäßigen Handelsgeschäften sein können und
- zu diesem Zweck über die Grenze von einem in den anderen Mitgliedstaat verbracht werden.

Beispielfall 57:
Der D ist Betreiber einer Lotteriegesellschaft mit Sitz in Gouda in den Niederlanden. Er lässt in Belgien Werbeflyer und Lotterieformulare drucken, die dann zu Werbezwecken für seine Lotteriegesellschaft nach Deutschland gebracht werden, wo sie in Kiosken ausliegen.
Sind die Flyer und die Lotterieformulare Waren? Und wenn ja, in welchen Rechtsbeziehungen?

Wiederverwendbare **Abfälle** gelten lt. EuGH unstreitig als Ware. Das Königreich Belgien hatte Zweifel, ob dagegen auch nicht recyclingfähige, also nicht rückführbare Abfälle dem Warenbegriff unterfallen. Belgien wollte die Durchfuhr von Abfällen durch Belgien unter Umweltschutzgesichtspunkten verhindern, da eine illegale Ablagerung befürchtet wurde. Das Königreich führte an, dass nicht recyclingfähige Abfälle nicht dem Regelungsbereich der Warenverkehrsfreiheit unterfallen würden. Der EuGH bejahte die Eigenschaft derartiger Abfälle als Ware:

> *„Wie im Übrigen vor dem Gerichtshof dargelegt wurde, ist die Unterscheidung zwischen rückführbaren und nicht rückführbaren Abfällen aus praktischer Sicht sehr schwierig, insbesondere was die Kontrollen an der Grenze angeht. Eine solche Unterscheidung stützt sich nämlich auf ungewisse Kriterien, die sich im Laufe der Zeit nach Maßgabe des technischen Fortschritts ändern können. Zudem hängt die Rückführbarkeit von Abfall auch von den Kosten der Rückführung und damit von der Rentabilität der beabsichtigten Wiederverwendung ab, sodass die Beurteilung dieser Frage notwendig subjektiv ist und von veränderlichen Faktoren abhängt. Folglich sind Abfälle, seien sie rückführbar oder nicht, als Erzeugnisse anzusehen, deren Verkehr gemäß Artikel 30 EWG-Vertrag grundsätzlich nicht verhindert werden darf.“*[1]

Die Entscheidung darf als Hinweis darauf angesehen werden, dass eine Tendenz zur möglichst umfassenden Erfassung wirtschaftlicher Tätigkeiten durch die Grundfreiheiten besteht.

Obgleich kein körperlicher Gegenstand, meint der EuGH auch mit einiger Selbstverständlichkeit, dass elektrischer **Strom** dem Warenbegriff unterfiel; die Argumentation ist brillant:

> *„Weder im Gemeinschaftsrecht noch auch in den nationalen Rechtssystemen wird bestritten, dass Elektrizität eine Ware im Sinne von Artikel 30 EWG-Vertrag darstellt. So wird die Elektrizität im Rahmen des Zolltarifschemas als Ware angesehen (KN-Code 27.16). Außerdem hat der Gerichtshof im Urteil vom 15. Juli 1964 in der Rechtssache 6/64 (Costa/Enel, Slg. 1964, 1253) entschieden, dass die Elektrizität in den Anwendungsbereich des Artikels 37 EWG-Vertrag fallen kann.“*[2]

„Haben wir immer so gemacht! Haben wir nie so gemacht! Da könnte ja jeder kommen!“ Letztlich ist zuzugeben, dass der Handel mit elektrischem Strom zu keiner anderen Grundfreiheit wesentlich besser passen würde, allenfalls zur Dienstleistungsfreiheit.

---

1 EuGH, Rs. 2/90, Slg. 1992, I-04431, Rn. 27 f.

2 EuGH, Rs. 392/90 (Almelo), Slg. 1994, I-0^477, Rn. 28.

Keine Waren sind **Zahlungsmittel** (körperliches Geld – Scheine und Münzen), die der Zahlungsverkehrsfreiheit unterfallen. Eine Ausnahme gilt dann, wenn die betreffenden Zahlungsmittel bspw. wegen ihres Sammlerwertes selbst Gegenstand von Handelsgeschäften sein können und deswegen nicht zur Begleichung von Forderungen dienen.[3]

Dabei kann „Ware" iSd Warenverkehrsfreiheit grds. auch das Produkt einer Dienstleistung sein. Dies ist dann der Fall, wenn die Dienstleistung eine **Verkörperung** erfährt und in dieser Form zum Gegenstand von Handelsgeschäften wird. Dies kann gegeben sein bei Spielfilmen[4] oder auch Computerprogrammen[5], die auf Datenträger (CD, DVD) übertragen worden sind. Dies gilt jedenfalls bei Massensoftware; eine andere Einschätzung kann sich ergeben bei Spezialsoftware, also für bestimmte Anwendung anlassbezogen programmierte Software, die allein zu Transportzwecken auf Datenträger gebannt wird; hier ließe sich vertreten, dass der Dienstleistungsaspekt im Vordergrund steht.

In Abgrenzung zu anderen Grundfreiheiten ist zu fragen, ob das Produkt um seiner selbst willen die mitgliedstaatlichen Grenzen überschreitet. Wenn es lediglich **Hilfsfunktionen** für ein anderes Geschäft erfüllt, wird es nicht als Ware aus- bzw. eingeführt.

> **Lösung zu Beispielfall 57:**
> Grds. sind Werbeflyer und Lotterieformulare körperliche Gegenstände, die aufgrund ihres Geldwertes Gegenstand legaler Handelsgeschäfte sein können; sie können also den Warenbegriff der Warenverkehrsfreiheit erfüllen. Im Rechtsverkehr zwischen den Niederlanden und Deutschland werden die Werbeflyer und Lotterieformulare allerdings nur als Hilfsmittel für die Dienstleistung „Lotterieveranstaltung" über die Grenze geschafft, die in den Niederlanden für deutsche Verbraucher angeboten wird. Im Verhältnis zwischen Belgien und den Niederlanden dagegen werden sie als Ware, also als geldwerter Gegenstand im Rahmen eines Handelsgeschäfts, geliefert von der Druckerei in Belgien an den Lotterieveranstalter in den Niederlanden, über die Binnengrenze verbracht.

Die Beispielfälle mögen verdeutlichen, dass Träger der Warenverkehrsfreiheit nicht der Eigner der Ware, der Händler oder der Empfänger sind. Träger der Warenverkehrsfreiheit ist die Ware selbst.

2. Ware „aus einem Mitgliedstaat"

Zweifelhaft kann – vornehmlich bezogen auf die Erhebung von Zöllen – weiterhin sein, ob es sich bei der jeweiligen Ware um Ware „aus einem **Mitgliedstaat**" handelt.

---

3 EuGH, Rs. 7/78 (Thompson), Slg. 1978, 2247, Rn. 30 f.

4 EuGH, verb. Rs. 60/84 und 61/84, Slg. 1985, 2605.

5 EuGH, Rs. C-79/89 (Brown Boveri), Slg. 1991, I-1853, Rn. 21.

Beispielfall 58:
Die japanische Fa. J lieferte im September 1986 Einzelteile für Videorecorder nach Portugal, wo aus diesen Einzelteilen durch ausgebildetes Fachpersonal fertige Videorecorder zusammengebaut werden. Diese sollten nach Deutschland geliefert werden. Der deutsche Zoll verweigerte die Einfuhr mit der Begründung, die festgelegte jährlich zulässige Höchstzahl von Videorecordern aus Japan sei bereits überschritten, mehr dürften nach Zollrecht nicht eingeführt werden. Hintergrund für die Einfuhrbeschränkung war ein Antidumping-Verfahren der Gemeinschaft gegen Japan aus dem Dezember 1985.
J meint, es handele sich um Videorecorder aus Portugal, die dem Schutz des Art. 28 EGV, heute Art. 34 AEUV unterfielen und deswegen in Europa allgemein verkehrsfähig seien.

Art. 5 Verordnung (EWG) Nr. 802/68 des Rates vom 27. Juni 1968 über die gemeinsame Begriffsbestimmung für den Warenursprung bestimmte Folgendes:

> *„Eine Ware, an deren Herstellung zwei oder mehrere Länder beteiligt sind, hat ihren Ursprung in dem Land, in dem die letzte wesentliche und wirtschaftlich gerechtfertigte Be- oder Verarbeitung stattgefunden hat, die in einem dazu eingerichteten Unternehmen vorgenommen worden ist und zur Herstellung eines neuen Erzeugnisses geführt hat oder eine bedeutende Herstellungsstufe darstellt."*

Ähnlich gilt nach Art. 24 Zollkodex[6] gilt Ware als aus einem Land stammend, wenn sie

- dort ihre letzte wirtschaftlich gerechtfertigte wesentliche Be- oder Verarbeitung erfahren hat,
- die in einem dazu eingerichteten Betrieb durchgeführt wurde
- und zu Herstellung eines neuen Erzeugnisses oder einer neuen relevanten Herstellungsstufe geführt hat.

Damit ist insb. bei Einfuhr von **Vorprodukten** aus Drittstaaten zu fragen, ob diese durch Be- oder Verarbeitung in der Union eine so wesentliche Veränderung erfahren haben, dass sie dadurch als Ware aus einem Mitgliedstaat oder nach wie vor aus dem Drittstaat anzusehen sind.

Beispiel:
Russland liefert Fahrräder in die Niederlande, bei denen der Lenker längs gestellt ist, die Pedale jeweils innen auf die Tretkurbeln geschraubt sind und deren – getrennt gelieferte – Vorderräder in die Vordergabel gesteckt und verschraubt werden müssen. Nach längeren Auswahlverfahren gelingt es, eine Mannschaft von 20 Niederländern, fünf Deutschen und 17 Franzosen zusammenzustellen, die aus den Fahrradteilen in einer eigens angemieteten Lagerhalle gebrauchsfertige Fahrräder montieren.
Zwar mag es sein, dass die Fahrräder erst mit der Endmontage gebrauchsfertig werden. Auch mag es sein, dass die Endmontage in den Niederlanden gerechtfertigt war

6 VO Nr. 2913/92/EWG, geändert durch VO (EG) 648/2005, Abl. L 117 vom 04.05.2005, S. 13.

(allein aus Gründen des einfacheren Transports – wer liefert Fahrräder in großer Stückzahl mit Pedalen nach außen und mit richtig stehendem Lenker?). Mit viel Phantasie kann man sich die Lagerhalle zu einem eigens zur Montage eingerichteten Betrieb schönsaufen. Jedoch haben all diese aufwändigen Montageschritte die „Fahrradteile" nicht zu einer neuen Herstellungsstufe oder einen neuen Produkt verzaubert. „Er zijn Russische fietsen, er bllijven Russische fietsen!"

Lösung zu Beispielfall 58:
Die Videorekorderteile haben für sich keinen Wert, unterfallen für sich aber auch nicht der Mengenbegrenzung. Sie haben in einem dafür eingerichteten Betrieb von geschultem Personal eine neue Herstellungsstufe – funktionstüchtige Videorekorder – erreicht. Der EuGH meint: *„Ein Montagevorgang kann als ursprungsbegründend angesehen werden, wenn er aus technischer Sicht und im Hinblick auf die Definition der betreffenden Ware die entscheidende Herstellungsstufe bildet, auf der die Bestimmung der verwendeten Bestandteile konkretisiert wird und auf der der Ware ihre besonderen qualitativen Eigenschaften verliehen werden."* [7]
Jedoch enthielt Art. 6 Ursprungsverordnung eine Klausel, die eingriff, wenn eine Ware nur zum Zwecke der Umgehung von Einfuhrbestimmunen in einem bestimmten Land erfolgte. Letztlich ist dies auch die Frage nach der wirtschaftlich gerechtfertigten Be- oder Verarbeitung. Der EuGH führt hierzu aus, *„dass die Verlagerung der Montage aus dem Land der Herstellung der Bestandteile in ein anderes Land, in dem bereits vorhandene Produktionsstätten genutzt werden, für sich gesehen nicht die Vermutung rechtfertigt, dass diese Verlagerung nur die Umgehung von Bestimmungen bezweckt, es sei denn, es besteht ein zeitlicher Zusammenhang zwischen dem Inkrafttreten der einschlägigen Regelung und der Verlagerung der Montage. In diesem Fall obliegt dem betreffenden Wirtschaftsteilnehmer der Nachweis, dass die Montagevorgänge aus einem sachgerechten Grund und nicht zu dem Zweck, den Folgen der betreffenden Bestimmungen zu entgehen, in dem Land stattgefunden haben, aus dem die Waren ausgeführt worden sind."*[8]
Damit könnte alleine die Inanspruchnahme billigerer Fachkräfte in Portugal ausreichen, um den Zusammenbau dort zu rechtfertigen. Fraglich ist jedoch, ob zwischen der einfuhrbeschränkenden Maßnahme (Dez. 1985) und dem Einfuhrvorgang der Einzelteile (Sept. 1986) ein so enger zeitlicher Zusammenhang besteht, dass hierin eine Umgehungsabsicht erkennbar sein könnte. Dies könnte hier mit guten Gründen bejaht werden, so dass die Einfuhr der Einzelteile als Umgehung der Ursprungsvorschriften zu bewerten sein könnte (aA vertretbar).

---

7 EuGH, Rs. 26/88, Slg. 1989, 4253, Rn. 19.
8 EuGH, Rs. 26/88, Slg. 1989, 4253, Rn. 29.

III. Verbot von Zöllen von Abgaben gleicher Wirkung

Art. 30 AEUV verbietet Ein- und Ausfuhrzölle. Durch Art. 30 AEUV ist aber auch ein Verbot von **Abgaben gleicher Wirkung** vorgegeben. Da an den Grenzen zwischen den Mitgliedstaaten regelmäßig keine Warenkontrollen mehr stattfinden, ergeben sich Problemstellungen heute zumeist über die Abgaben gleicher Wirkung.

1. Verbot von Zöllen – Zollunion

Spätestens mit Art. 12 bis 17 EWGV sind sämtliche Ein- und Ausfuhrzöllen zwischen den Mitgliedstaaten **beseitigt** worden. Die Zollunion ist ein im Kern letztlich auf den EGKSV zurückzuführendes, grundlegendes Moment der europäischen Wirtschaftsintegration. So waren die einheitlichen Außenzölle auf Kohle- und Stahlprodukte unter gleichzeitigem Verzicht auf Binnenzölle für derartige Produkte die Grundlage der Montanunion.

Nach außen wird die Zollunion verwirklicht durch einen **Gemeinsamen Zolltarif**, nach innen durch das Verbot von Ein- und Ausfuhrzöllen sowie Abgaben gleicher Wirkung zwischen den Mitgliedstaaten.

Grundlage der Zollunion ist ein einheitliches **Zollgebiet**, das die Hoheitsgebiete der Mitgliedstaaten, abgesehen von kleineren Ausnahmen (siehe etwa Helgoland!) umfasst und in Art. 3 VO 450/2008 festgelegt wird. Seit dem endgültigen Inkrafttreten des Gemeinsamen Zolltarifs darf kein Mitgliedstaat mehr einseitig Änderungen vornehmen. Die Zollunion liegt, wie auch die Gemeinsame Handelspolitik, in der alleinigen Regelungszuständigkeit der Union. Die Verwaltung auf dem Gebiet der Zollunion obliegt dagegen weitgehend den Mitgliedstaaten.

2. Abgaben gleicher Wirkung

Da der Begriff der *„Abgaben gleicher Wirkung“* in den Verträgen nicht definiert wird, hat der EuGH als Ausgangspunkt die Erwägung angestellt, dass im Handel zwischen den Mitgliedstaaten der innergemeinschaftlichen Warenverkehr alleine wegen des Umstands des Grenzübertritts keinerlei finanziellen **Belastung** ausgesetzt werden soll:

> *„Um zu erkennen, ob eine Abgabe die gleiche Wirkung wie ein Zoll hat, muss daher diese Wirkung mit den Zielen verglichen werden, die der Vertrag insb. hinsichtlich des freien Warenverkehrs [...] enthaltenen Teil verfolgt. Eine – – den in- oder ausländischen Waren wegen ihres Grenzübertritts einseitig auferlegte finanzierte Belastung stellt danach, wenn Sie kein Zoll im eigentlichen Sinn ist, unabhängig von ihrer Bezeichnung und der Art ihrer Erhebung eine Abgabe gleicher Wirkung [...] dar.“*[9]

---

9 EuGH, verb. Rs. 2/69 und 3/69, Slg. 1969, 211, Rn. 15, 18.

Damit stellt unabhängig von Bezeichnung, Höhe oder Verwendungszweck jede durch einen Staat vorgenommene oder durch ihn veranlasste finanzielle Belastung von Gütern aus Anlass des **Grenzübertritts** eine Abgabe gleicher Wirkung dar. In der Folge gehören aber auch Gebühren bspw. für Qualitäts- und Gesundheitskontrollen zu diesen Abgaben. Derartige Gebühren soll aber zulässig sein, wenn sie zum einen als Gegenleistung für tatsächlich erbrachte Dienste erhoben werden und den Ein- oder Ausführenden bevorteilt, und wenn weiterhin diese Gegenleistung in angemessenem Verhältnis zu dem Vorteil steht; diese Möglichkeit hat der EuGH als denkbar erachtet, sie kommt nur praktisch nicht zum Tragen. Abgaben gleicher Wirkung sind aber dann ausnahmsweise zugelassen, wenn derartige Kontrollen unionsrechtlich vorgeschrieben sind, wenn zudem die Gebühren angemessen sind, und wenn derartige Kontrollen den Warenverkehr dadurch begünstigen, dass sie anderweitige Kontrollen überflüssig machen.[10]

IV. Mengenmäßige Beschränkungen und Maßnahmen gleicher Wirkung

Der Begriff der **mengenmäßigen Beschränkungen** (Art. 34 AEUV) ist im AEUV nicht definiert. Der EuGH bezeichnet mengenmäßige Beschränkungen als *„sämtliche Maßnahmen, die sich als eine gänzliche oder teilweise Untersagung der Einfuhr, Ausfuhr oder Durchfuhr darstellen."*[11] In Abgrenzung zu den Maßnahmen gleicher Wirkung geht es also um Maßnahmen, die die Ein-, Aus- und Durchfuhr nicht lediglich erschweren.

> Merke:
> Da die Grenzen zwischen beiden fließend sind, verzichtet der EuGH zunehmend auf eine klare Festlegung zwischen mengenmäßigen Beschränkungen und Maßnahmen gleicher Wirkung.[12]

In der Praxis kommen derartige mengenmäßige Beschränkungen nur noch höchst selten vor. Von größerer Bedeutung sind mittlerweile die ***„Maßnahmen gleicher Wirkung"***. Auch diesen Begriff definiert der Vertrag nicht. Im Zeichen der Umgestaltung der Diskriminierungsverbote in Beschränkungsverbote hat der EuGH bei der Auslegung der Warenverkehrsfreiheit die sog. **Dassonville**-Formel geprägt. Demnach ist eine Maßnahme gleicher Wirkung

> *„jede Handelsregelung der Mitgliedstaaten, die geeignet ist, den innergemeinschaftlichen Handel unmittelbar oder mittelbar, tatsächlich oder potentiell zu behindern."*[13]

---

10 EuGH, Rs, 18/87, Slg. 1988, 5427, Rn. 7 ff., 14 f.

11 EuGH, Rs. 2/73, Slg. 1973, 865, Rn. 7.

12 *Kingreen* in Callies/Ruffert, EUV/AEUV, Art. 36 AEUV Rn. 126.

13 EuGH, Rs. 8/74 (Dassonville), Slg. 1974, 837, Rn. 5.

Merke:
Gegenstand des Verfahrens war, ob es eine Maßnahme mit gleicher Wirkung wie eine mengenmäßige Beschränkung iSd von Art. 30 EG darstellt, wenn eine Bestimmung des nationalen Rechts die Einfuhr einer Ware, die mit einer Ursprungsbezeichnung versehen ist, für den Fall untersagt, dass für diese Ware nicht eine vom Exportland ausgestellte amtliche Urkunde vorliegt, in der die Berechtigung zur Verwendung dieser Bezeichnung bescheinigt wird. Diese Frage wurde in einem in Belgien eingeleiteten Strafverfahren gegen die Spirituosenhändler *Benoit* und *Gustave Dassonville* aufgeworfen, die einen in Frankreich im freien Verkehr befindlichen Posten Scotch Whisky zwar ordnungsgemäß erworben, aber unter Verletzung belgischer Rechtsvorschriften nach Belgien eingeführt hatten, da sie nicht im Besitz einer Ursprungsbescheinigung der britischen Zollbehörden waren.

Mit der Dassonville-Formel hat der EuGH den Begriff der Maßnahme gleicher Wirkung extrem **weit**, nach späterer Einsicht im Zweifel zu weit gefasst. Der EuGH hat damit ein Prinzip der **gegenseitigen Anerkennung** der mitgliedstaatlichen Herstellungs- und Vermarktungsregelungen aufgestellt. Nach der **Cassis de Dijon**-Entscheidung des EuGH können Maßnahmen, mit denen Waren aus anderen Mitgliedstaaten, die dort rechtmäßig hergestellt und in den Verkehr gebracht wurden, besonderen Vorschriften unterworfen wurden, als Maßnahmen gleicher Wirkung und damit als Beschränkung der Warenverkehrsfreiheit angesehen werden.

Hinweise auf derartige produktbezogene Regelungen ergeben sich bei Anknüpfungen an Waren und Erzeugnisse bez.

- ihrer Bezeichnung,
- ihrer Form,
- ihrer Abmessungen,
- ihres Gewichts,
- ihrer Zusammensetzung,
- ihrer Aufmachung,
- ihrer Etikettierung oder
- ihrer Verpackung.

Beispiele
Im Bereich der Warenverkehrsfreiheit verlangte der belgische Staat unterschiedslos, dass Margarine nur in Würfelform in Folie verkauft werden dürfe; die – wie in Deutschland üblich – in Plastikschalen abgepackte Margarine war in Belgien nicht verkehrsfähig. Dieser sog. Gestaltzwang beschränkte die ausländischen Marktteilnehmer auf dem belgischen Markt wegen der Notwendigkeit einer anderen Verpackungsvariante und den damit einhergehenden höheren Kosten.[14]

---

14 EuGH, Rs. 261/81 (Rau/de Smedt), Slg. 1992, 3691, Rn. 13.

Der deutsche Gesetzgeber verlangte für Spirituosen, die unter dem Begriff „Likör" vertrieben werden durften, einen Mindestalkoholgehalt von 25 %; der französische Johannisbeerlikör „Cassis de Dijon" durfte so aufgrund seines traditionell geringeren Alkoholgehalts in Deutschland nicht als Likör vertrieben werden.[15]

Merke:
Nur damit man sieht, wozu's gut ist: **Kir Royal**
Zutaten: 1 cl Crème de Cassis ("Cassis de Dijon"), 9 cl Champagner
Crème de Cassis ins Glas geben und vorsichtig mit Champagner auffüllen. Ist kein Champagner vorrätig, kann auch ein guter trockener Sekt oder Crèmant verwendet werden. Santé!

Die Dassonville-Formel wurde vom EuGH auch auf andere Grundfreiheiten, so etwa die Personenfreiheiten und die Dienstleistungsfreiheit erstreckt.

Beispiele:
Im Bereich der Arbeitnehmerfreizügigkeit hätte der belgische Profi-Fußballer Jean-Marc Bosman aufgrund unterschiedslos geltender Verbandsstatuten des belgischen Fußballverbandes trotz seines ausgelaufenen Vertrages nur gegen eine Ablösesumme zu einem französischen Verein wechseln dürfen.[16]
Im Bereich der Niederlassungsfreiheit war dem Wortlaut nach lediglich Inländergleichbehandlung verlangt. Dennoch war es aus Sicht des EuGH nicht zulässig, für die Aufnahme einer selbständigen Tätigkeit die nationalen Qualifikationsnachweise zu verlangen; der EuGH sah hierin eine häufig kaum nicht überwindbare Beschränkung und verlangte die Anerkennung äquivalenter ausländischer Nachweise.[17]
Im Bereich der Dienstleistungsfreiheit hat es der EuGH als unzulässig angesehen, einen Handwerker, der in einem anderen EU-Land tätig werden wollte, dem für diesen Mitgliedstaat unterschiedslos geltenden Zwang zur Mitgliedschaft in einer Handwerkskammer zu unterwerfen.[18]

Eine Einschränkung erfuhr die Dassonville-Formel später in der sog. **Keck-Entscheidung.** Der EuGH stellte fest, dass kein Schutz für Marktteilnehmer aus Mitgliedstaaten vor reinen Verkaufsmodalitäten besteht, die für alle betroffenen Wirtschaftsteilnehmer gelten, die ihre Tätigkeit im Inland ausüben, und den Absatz der inländischen und der importierten Erzeugnisse rechtlich wie tatsächlich in gleicher Weise berühren.

---

15 EuGH, Rs. 120/78 (REWE/Bundesmonopolverwaltung für Brandwein –„Cassis de Dijon"), Slg. 1979, 649.

16 EuGH, Rs. C-415/93 (Bosman), Slg. 1995, I-04921.

17 EuGH, Rs. C-31/00, Slg. 2002, I-663, Rn. 24 ff.

18 EuGH, Rs. 279/80, Slg. 1981, 3305, Rn. 13 ff.; nach damaligen Maßstäben wurde dies noch als versteckte Diskriminierung angesehen.

„Sind diese Voraussetzungen nämlich erfüllt, so ist die Anwendung derartiger Regelungen auf den Verkauf von Erzeugnissen aus einem anderen Mitgliedstaat, die den von diesem Staat aufgestellten Bestimmungen entsprechen, nicht geeignet, den Marktzugang für diese Erzeugnisse zu versperren oder stärker zu behindern, als sie dies für inländische Erzeugnisse tut. Diese Regelungen fallen daher nicht in den Anwendungsbereich von Artikel 30 des Vertrages [heute Art. 34 AEUV].*"*[19]

Wichtig ist: Greift die *Keck*-Formel, ist bereits keine Beschränkung der Warenverkehrsfreiheit anzunehmen, so dass es auf eine evtl. Rechtfertigung nicht mehr ankommt.

Merke:
Gegenstand der Entscheidung war ein Strafverfahren gegen *Bernard Keck* und *Daniel Mithouard*, denen vorgeworfen wurde, unter Verstoß gegen Artikel 1 des französischen Gesetzes Nr. 63-628 vom 2. Juli 1963 in der Fassung des Artikels 32 der Ordonnance Nr. 86-1243 vom 1. Dezember 1986 Erzeugnisse in unverändertem Zustand zu unter ihrem tatsächlichen Einkaufspreis liegenden Preisen weiterverkauft zu haben. Keck und Mithouard wehrten sich gegen die Verurteilung mit der Behauptung, die französische Vorschrift verletze ihre Warenverkehrsfreiheit. Bei der Vorschrift, mit der – unterschiedslos – der Verkauf von Waren unter Einstandspreis verboten wurde, handelte es sich lt. EuGH aber um eine Verkaufsmodalität, die eben nicht produktbezogen wirkte, für alle Marktteilnehmer gleichermaßen galt und auch keine verdeckte Diskriminierung beinhaltete.
Im Ergebnis stellte der EuGH fest, dass bereits kein Eingriff in die Warenverkehrsfreiheit festzustellen war. Die französische Vorschrift verstieß damit nicht gegen Gemeinschaftsrecht, konnte auf *Keck* und *Mithouard* weiterhin angewendet werden und führte schließlich zu deren Verurteilung

Der EuGH bezeichnet insb. solche Vorschriften nicht als reine **Verkaufsmodalitäten**, die an die Eigenschaft von Produkten, ihre Zusammensetzung oder ihre Verpackung anknüpfen. Verkaufsmodalitäten sind dagegen Verkaufsvorbehalt für Apotheken, der Vertrieb von Tabakwaren nur durch zugelassene Vertriebshändler oder Beschränkungen für Fernsehwerbung für bestimmte Produkte.

Beispiel:
Eine klassische reine Verkaufsmodalität ist das Ladenschlussrecht, das für alle Marktteilnehmer gleich und unabhängig von den Eigenschaften einzelner Produkte gilt.

Derartige Werbeverbote können jedoch dann wieder eine Maßnahme gleicher Wirkung sein, wenn sie zwar unterschiedslos alle Produkte betreffen, jedoch ausländische Produkte gegenüber inländischen Produkten tatsächlich stärker betroffen werden. Dies wurde bejaht bez. eines vollständigen Werbeverbots für eine Produktgruppe (Verbot der Werbung für Alkoholika mit mehr als 23 Vol. % Alkohol in Schweden). Derartige Maßnahmen können

19 EuGH verb. RS C-267/91 und C-268/91 (Keck u. Mithouard), Slg. 1993, I-06097, Rn. 16.

im Zweifel dazu führen, dass eingeführte einheimische Produkte gegenüber Importprodukten regelmäßig bevorzugt werden.[20]

Dagegen soll es auch eine reine Verkaufsmodalität sein, wenn ganze Produktgruppen betroffen sind und Restriktionen lediglich die Absatzwege betreffen, so etwa eine **Apothekenpflicht** für bestimmte Produkte.[21]

V. Rechtfertigungsmöglichkeiten

Wie bereits zuvor ausgeführt, existieren geschriebene und ungeschriebene Ausnahmen von den Beschränkungsverboten. Die geschriebenen Ausnahmen – **Rechtfertigungsgründe** – führt Art. 36 AEUV an, die ungeschriebenen sind Ergebnis der Rechtsprechung des EuGH.

1. Geschriebene Ausnahmen – Art. 36 AEUV

Die geschriebenen Ausnahmen befindlichen Art. 36 AEUV. Auch die dort genannten Merkmale sind im Wesentlichen durch die Rechtsprechung des EuGH ausgeformt worden.

Beispielfall 59:
Wir haben schon mehrfach über die Segnungen des Deutschen Reinheitsgebots gesprochen. Aber noch einmal: Nach §§ 9, 10 Biersteuergesetz aF durfte ein Getränk in Deutschland nur dann als Bier vertrieben werden, wenn es lediglich aus Malz, Hopfen Wasser und Hefe hergestellt war. Der Brauer B aus Belgien möchte sein hoch gerühmtes Bananenbier in Deutschland nicht nur als „Bananenkaltschale mit Alkohol", sondern als das, was es seines Erachtens jedenfalls ist, nämlich als Bier vermarkten. Die deutsche Regierung räumte ein, dass das deutsche Biersteuergesetz eine Beschränkung der Warenverkehrsfreiheit darstellen könnte, diese sei aber jedenfalls durch die Belange des Verbraucherschutzes gerechtfertigt. Schließlich erwarte der Deutsche (als solcher) bei einem Produkt, das Bier heißt, ein Getränk, das (wir können es langsam nicht mehr hören) „lediglich aus Malz, Hopfen Wasser und Hefe" hergestellt sei.
Kann sich die Bundesregierung erfolgreich auf Rechtfertigungsgründe berufen?

a) Öffentliche Sittlichkeit

Der Rechtfertigungsgrund „öffentliche Sittlichkeit" wird gemeinsam mit den Gründen der öffentlichen Ordnung und der öffentlichen Sicherheit als sog. **„ordre-public-Vorbehalt"** bezeichnet.

---

20 Vgl. dazu EuGH, Rs. 1/90, Slg. 1991, I-4151, Rn. 24 ff.; der EuGH sah das Werbeverbot iE aus Gründen des Gesundheitsschutzes als gerechtfertigt an.

21 EuGH, Rs. C-391/92, Slg. 1995, I 1621 (Säuglingsmilch)

Als „öffentliche Sittlichkeit" ist der Inbegriff der **Moralvorstellungen** einer bestimmten Gesellschaft zu einer bestimmten Zeit zu sehen. Es soll grundsätzlich Sache des Mitgliedsstaates sein, die Maßstäbe der öffentlichen Sittlichkeit für das eigene Staatsgebiet in Einklang mit der jeweiligen Wertordnung auszufüllen. Allerdings verlangt der EuGH, dass diese Maßstäbe normativ abgesichert sind, sich also in gesetzlichen Vorschriften ablesen lassen; insb. wäre eine Berufung auf die „öffentliche Meinung" nicht hinreichend.[22]

b) Öffentliche Ordnung

Wie bereits zuvor kurz ausgeführt, greift das Schutzgut *„öffentliche **Ordnung**"*, wenn *„eine tatsächliche und hinreichend schwere Gefährdung vorliegt, die ein Grundinteresse der Gesellschaft berührt. "*[23] Wann dies der Fall ist, hat der EuGH in Einzelfällen beschrieben. So war die öffentliche Ordnung berührt durch die Notwendigkeit der Aufdeckung und Verfolgung von Geschäften mit gestohlenen Fahrzeugen,[24] die Betrugsbekämpfung im Zusammenhang mit Ausfuhrbeihilfen,[25] aber auch die Verhinderung des Umlauf außer Kraft gesetzte Silbermünzen zum Zwecke der Einschätzung durch den Staat.[26]

c) Öffentliche Sicherheit

Das Schutzgut *„öffentliche **Sicherheit**"* ist betroffen bei wesentlichen Fragen der inneren oder äußeren Sicherheit eines Staates, insb. das Funktionieren seiner Wirtschaft, seine Einrichtungen und seiner wichtigen öffentlichen Dienste, sowie das Überleben der Bevölkerung.[27] Bejaht wurde eine solche Betroffenheit etwa beim Vorgehen gegen Handel mit sog. Dual-use-Gütern[28] oder die Sicherung der Erdölversorgung.[29] Nicht gemeint sind, wie bereits ausgeführt, die polizei- und ordnungsrechtlichen Schutzgüter nach bundesdeutschem Verwaltungsrecht.

d) Schutz von Gesundheit und Leben von Menschen

Der Schutz von Gesundheit und Leben von Menschen kann Maßnahmen zur Bekämpfung des Alkoholmissbrauchs rechtfertigen. Der Vergleich mit der Wendung in Art. 52 Abs. 1 AEUV („... *aus Gründen der öffentlichen Ordnung, Sicherheit oder Gesundheit* ...") zeigt, dass nach Art. 36 AEUV vornehmlich die **individuelle Gesundheit** erfasst ist. Bei der Annahme von entsprechenden Gefährdungen müssen sich die Mitgliedstaaten auf mehr als Vermutungen oder Behauptungen stützen können.[30]

---

22 EuGH, Rs. C-1/96, Slg. 1998, I-1251, Rn. 66 f.

23 EuGH, Rs. C-36/02, Slg. 2004, I-9609, Rn. 30.

24 EuGH, Rs. C-239/90, Slg. 1991, I-2023, Rn. 23.

25 EuGH, Rs. C-426/92 (Deutsches Milchkontor), Slg. 1994, I-2757, Rn. 44.

26 EuGH, Rs. 7/78 (Thompson), Slg. 1978, 2247, Rn. 32 ff.

27 EuGH, Rs. 72/83, Slg. 1984, 2727, Rn. 34.

28 EuGH, Rs. C-367/89, Slg. 1991, I-4621, Rn. 22.

29 EuGH, Rs. 72/83, Slg. 1984, 2727, Rn. 34 f.

30 EuGH, Rs. C-228/91, Slg. 1993, I-2701, Rn. 28.

Teillösung zu Beispielfall 59:
Im Bereich der geschriebenen Schranken versuchte die Bundesrepublik, sich auf den Schutz der Gesundheit zu berufen. Dieser Ansatz ist insoweit vertretbar, wenn man in den im Bier ausländischer Herkunft verwendeten Zusatzstoffen eine Gesundheitsgefährdung vermuten würde. Damit konnte sich die Bundesrepublik zunächst auf den geschriebenen Rechtfertigungsgrund „Gesundheitsschutz" berufen.

e) Schutz von Gesundheit und Leben von Tieren

Der Schutz von Gesundheit und Leben von **Tieren** ist vergleichbar mit den Anforderungen an den Schutz von Menschen (nein, nicht der Alkoholmissbrauch); Anknüpfungspunkt sind nicht konkrete, sondern allgemeine Gefährdungen. Vorausgesetzt ist auch nicht die Gefahr des Aussterbens einer Art, es genügt bspw. ein wissenschaftliches oder anderes Interesse an der Erhaltung bestimmter Populationen an dem betreffenden Ort.

Beispiel:
Der EuGH billigte ein Einfuhrverbot von anderen Bienen als der braunen Læsø-Biene auf die dänische Insel Læsø. Dies ließ sich mit der Gefahr rechtfertigen, dass durch die Kreuzung mit anderen Bienen die Læsø-Biene wegen ihrer rezessiven Gene im Bestand gefährdet würde.[31]

f) Schutz des nationalen Kulturguts

Der Schutz des nationalen **Kulturguts** von künstlerischem, geschichtlichem oder archäologischem Wert betrifft in erster Linie Ausfuhrverbote entsprechender Gegenstände, ist aber weit überwiegend sekundärrechtlich geregelt, so dass die Ausnahme keine große Bedeutung mehr hat.

g) Schutz des gewerblichen und kommerziellen Eigentums

Der Schutz des **gewerblichen** und **kommerziellen Eigentums** betrifft Markenrechte, Patentrechte, Gebrauchs-, Sorten- und Geschmacksmusterrechte und – nicht unumstritten – das Urheberrecht. Gegenstand der Rechtsprechung ist hier in erster Linie das Bestreben, einen verhältnismäßigen Ausgleich zwischen Ausschließlichkeitsrechten des Rechteinhabers und der Warenverkehrsfreiheit herzustellen. So ist es ein berechtigtes Streben der nationalen Rechtsordnungen, zu verhindern, dass im Rahmen des Marken- und Warenzeichenrechts verwechslungsfähige Produkte auf den Markt gelangen. Auch ist der Patentschutz für das erstmalige Inverkehrbringen eines Gegenstandes zu achten.

---

31 EuGH, Rs. C-67/97, Slg. 1998, I-8033, Rn. 34.

2. Ungeschriebene Ausnahmen – Zwingendes Erfordernis des Allgemeininteresses

Der EuGH hat neben den vorgenannten geschriebenen Ausnahmen in Fällen des **zwingenden Erfordernisses** des **Allgemeininteresses** Ausnahmen von der Warenverkehrsfreiheit zugelassen. Die Rechtsprechung hat verschiedene Fallgruppen entwickelt, in denen ein solches zwingendes Erfordernis des Allgemeininteresses angenommen wird.

> *„Hemmnisse für den Binnenhandel der Gemeinschaft, die sich aus den Unterschieden der nationalen Regelungen über die Vermarktung dieser Erzeugnisse ergeben, müssen hingenommen werden, soweit diese Bestimmungen notwendig sind, um zwingenden Erfordernissen gerecht zu werden, insbesondere den Erfordernissen einer wirksamen steuerlichen Kontrolle, des Schutzes der öffentlichen Gesundheit, der Lauterkeit des Handelsverkehrs und des Verbraucherschutzes."* [32]

Verstärkt werden diese ungeschriebenen Rechtfertigungsgründe zudem in den Fällen, in denen auf nationaler Ebene **Grundrechte** in Anspruch genommen werden, die der Mitgliedstaat grundsätzlich zu achten hat.

Beispiel:
Der Fall der 30 Stunden lang gesperrten Brennerautobahn durch vom Versammlungsrecht geschützten Umweltaktivisten. [33]

Insgesamt ist davon auszugehen, dass der Kreis der zwingenden Erfordernisse des Allgemeininteresses in der Rechtsprechung **nicht abschließend** bestimmt ist, sich also Weiterungen auf andere Erfordernisse als die bisher geltend gemachten ergeben können.

a) Verbraucherschutz

Der **Verbraucherschutz** ist einer der bedeutendsten Fälle des Allgemeininteresses. Gemeinsam mit dem Erfordernis des Verbraucherschutzes wird häufig die Garantie des lauteren Handelsverkehrs geprüft. Die Abgrenzung zwischen beiden wird in der Rechtsprechung des EuGH nicht recht deutlich, deutlich überwiegend ist allerdings auch der Aspekt des Verbraucherschutzes.

Beim Verbraucherschutz geht der EuGH von einem *„durchschnittlich **informierten**, aufmerksamen und verständigen **Durchschnittsverbraucher**"* aus.[34] Damit zeigt sich ein recht deutlich abweichendes Konzept des Verbraucherschutzes gegenüber der deutschen Betrachtung, die den Verbraucher eher als unreifes, schutzbedürftiges Kleinkind betrachtet.[35]

---

32 EuGH, Rs. 120/78 (Cassis de Dijon), Slg. 1979, 649, Rn. 14.

33 EuGH, Rs. C-112/00 (Schmidberger), Slg. 2003, I-5659, Rn. 51 ff. Dazu schon oben Kap. 14 C III.

34 EuGH, Rs. C-210/96, Slg. 1998, I-4657, Rn. 31.

35 In diesem Sinne auch *Kingreen* in Callies/Ruffert, EUV/AEUV, Art. 36 AEUV, Rn. 212.

Damit steht der ungeschriebene Rechtfertigungsgrund des Verbraucherschutzes zugleich unter einem erheblichen Vorbehalt der **Verhältnismäßigkeit**, so dass die Berufung auf dieses zwingende Erfordernis des Allgemeininteresses häufig zwar zunächst möglich ist, aber über die Prüfung der Verhältnismäßigkeit („Schranken-Schranke") wieder eingegrenzt wird.

Teillösung zu Beispielfall 59:
Im Bereich der ungeschriebenen Schranken versuchte die Bundesrepublik, sich auf den Aspekt des Verbraucherschutzes zu berufen. Dieser Ansatz ist wiederum vertretbar, wenn man davon ausgeht, dass der deutsche Verbraucher bei Bier auf die Inhaltsstoffe „Bla, Bla, Bla" vertraut.
Damit konnte sich die Bundesrepublik zunächst auf den ungeschriebenen Rechtfertigungsgrund „Verbraucherschutz" berufen.

b) Umweltschutz

Der **Umweltschutz** ist ein relativ häufig akzeptiertes „zwingendes Erfordernis des Allgemeininteresses", mit dem Beschränkungen der Warenverkehrsfreiheit gerechtfertigt werden können. Zwar existiert kein grundsätzlicher Vorrang des Umweltschutzes, jedoch gesteht der EuGH den Mitgliedstaaten in diesen Fragen einen relativ großen Entscheidungsspielraum ein. Über den Aspekt des Umweltschutzes gerechtfertigt wurden die Einführung von Rücknahmesystemen für Pfandflaschen und Einwegverpackungen,[36] Importverbote für Abfall[37] oder Maßnahmen zum Schutz der Ozonschicht[38].

c) Sicherheit des Straßenverkehrs

Solange die Harmonisierung der Vorschriften zur Sicherheit des **Straßenverkehrs** nicht endgültig herbeigeführt wird, lässt der EuGH die Straßenverkehrssicherheit als zwingendes Erfordernis des Allgemeininteresses gelten. Insb. soll es Sache der Mitgliedstaaten sein, das Niveau der Sicherheit im Straßenverkehr für ihr Staatsgebiet im Wesentlichen selbst zu definieren.

Beispiel:
Nach italienischem Straßenverkehrsrecht ist es verboten, Motorräder oder Kleinkrafträder mit Anhängern im öffentlichen Verkehr zu betreiben (*Mit Caravan an der Vespa in den Urlaub?? Nicht in Bella Italia!*). Der EuGH erkannte das Recht der Italienischen Republik an, derartige Verbote generell auszusprechen.[39] Das Vertrauen des italienischen Staates in die Vernunft seiner rollerfahrenden Bevölkerung scheint nicht übermäßig ausgeprägt.

36 EuGH, Rs. 302/86, Slg. 1988, 4627, Rn. 8 ff.; EuGH, Rs. C-309/02, Slg. 2004, I-11763, Rn. 74 ff.
37 EuGH, Rs. C-2/90, Slg. 1992, I-4431, Rn. 29 ff.
38 EuGH, Rs. C-284/95, Slg. 1998, I-4301, Rn. 64 ff.
39 EuGH, C-110/05, Slg. 2009, I-519.

Die betreffende Entscheidung ist zugleich insoweit von Interesse, als der EuGH die Ausdehnung der Dassonville- und Keck-Rechtsprechung auf Nutzungsmodalitäten von Produkten ausdrücklich abgelehnt hat.

3. Verhältnismäßigkeit als Korrektiv

Bei der Rechtfertigung von Beschränkungen der Grundfreiheiten ist stets der Grundsatz der **Verhältnismäßigkeit** zu achten. Die Beschränkung muss die Realisierung des geschriebenen oder ungeschriebenen Begrenzungsgrundes bezwecken und muss hierzu geeignet und erforderlich sein. Wie bereits zuvor erwähnt, gesteht der EuGH den Mitgliedstaaten bei Annahme einer erforderlichen Beschränkungsmaßnahme einen relativ weiten Entscheidungsspielraum bezogen auf die Angemessenheit zu; dennoch sind Angemessenheitsaspekte zu prüfen. Dies lässt sich in der Rechtsprechung des EuGH teilweise insoweit schwierig nachweisen, als die Angemessenheit neben der Erforderlichkeit nicht mehr getrennt geprüft wird.

> Merke:
> Es ist vertretbar, die Angemessenheit dennoch neben der Erforderlichkeit zu prüfen, ggf. mit Hinweis darauf, dass eine solche Prüfung entgegen der Üblichkeit des EuGH geboten erscheint

Beispielhaft für die Prüfung der Verhältnismäßigkeit sei hier der **Verbraucherschutz** erwähnt. Da der aufmerksame und verständige Verbraucher regelmäßig in der Lage ist, seine Kaufentscheidung aufgrund hinreichender Information verantwortlich zu treffen, sind klare Hinweise auf der Ware, bspw. auf dem Etikett, regelmäßig das mildere Mittel gegenüber Einfuhr- oder Verkaufsverboten. Damit sind zugleich Einschränkungen von Produktbezeichnungen oder der Zwang zur Verwendung bestimmter – ggf. gewohnter – Verpackungsformen regelmäßig nicht zu rechtfertigen.

> **Lösung zu Beispielfall 59**:
> Zwar kann man nicht davon ausgehen, dass die Bundesrepublik mit dem Biersteuergesetz eine versteckte Diskriminierung von Bananenbier und ähnlichen Scheußlichkeiten im Sinne hatte.
> Als Schranken-Schranke kommt aber weiterhin der Grundsatz der Verhältnismäßigkeit in Betracht. Hier ist zu beachten, dass insb. die Verwendung natürlicher Zusatzstoffe, insb. Fruchtauszüge oÄ, im Zeichen der Verhältnismäßigkeit keine übermäßigen Gesundheitsgefährdungen hervorzubringen vermag.
> Hinsichtlich des Verbraucherschutzes geht der EuGH davon aus, dass der europäische Verbraucher ein mündiger Verbraucher ist (Anders als das deutsche Verständnis des Verbrauchers als willenloses Kleinkind). Der mündige Verbraucher aber sollte in der Lage sein, bei ausreichender Information, bspw. auf dem Etikett, selbst zu entscheiden, ob er Biere mit Bananen- oder Blaubeerauszügen konsumieren möchte, oder nur solche hergestellt aus „Bla, Bla, Bla“. Das Verbot

weiterer Zusatzstoffe verfolgt damit zwar einen legitimen Zweck (Verbraucherschutz), es ist auch geeignet, diesen Zweck zu fördern. Erforderlich ist ein völliges Verbot allerdings nicht, wenn eine ausreichende Verbraucherinformation den gleichen Zweck erfüllen kann.
Die Bundesregierung konnte sich damit nicht erfolgreich auf Rechtfertigungsgründe berufen.

VI. Prüfschema der Warenverkehrsfreiheit

Nach allem bietet sich für die Prüfung einer Verletzung der Warenverkehrsfreiheit, bezogen auf mengenmäßige Beschränkungen oder Maßnahmen gleicher Wirkung (Art. 34 AEUV) folgendes **Prüfschema** an:

I. Tatbestand der Warenverkehrsfreiheit („Schutzbereich")
1. Kein vorrangiges (sekundäres) Unionsrecht
   (Wenn doch, wäre der Weg in die Prüfung der Grundfreiheiten gesperrt.)
2. Liegt eine Ware iSd Art. 28 ff. AEUV?

II. Liegt eine staatliche Maßnahme vor, die die Freiheit des Warenverkehrs beschränkt? („Eingriff")
1. Mengenmäßige Beschränkung oder
2. Maßnahme gleicher Wirkung?
   Dassonville-Formel, begrenzt durch Keck-Formel: Wenn Keck-Formel (reine Verkaufsmodalität) eingreift, bereits keine Beschränkung der Warenverkehrsfreiheit
   Wenn produktbezogene Regelung, Frage nach:

III. Ausnahmen von den Beschränkungsverboten („Rechtfertigung")
1. Eingreifen von „Schranken"
   a) Geschriebene Ausnahmetatbestände nach Art. 36 AEUV
   b) Ungeschriebene Ausnahmen wg. zwingenden Erfordernisses des Allgemeininteresses
2. Verhältnismäßigkeit (Schranken-Schranke)

B Personenfreiheiten

Die Personenfreiheiten gliedern sich in die **Arbeitnehmerfreizügigkeit**, also die Regelungen zur abhängigen Beschäftigung in den Mitgliedstaaten, und die **Niederlassungsfreiheit**, also der Freiheit, in einem anderen Mitgliedstaat dauerhaft einer selbständigen Tätigkeit nachzugehen, bzw. dort eine Zweigstelle oÄ einzurichten.

I. Allgemeines

Sinn und Zweck der **Personenfreiheiten** ist, neben rein ökonomischen Gesichtspunkten der allgemeinen Wirtschaftsentwicklung im Binnenmarkt auch soziale Aspekte, die Möglichkeit einer Arbeitssuche und die Möglichkeit der Betätigung im gesamten Gemeinschaftsraum zu schützen, und so zugleich die wirtschaftliche und soziale Verflechtung der Union zu fördern. Aus ökonomischer Sicht geht es damit um die Herstellung bzw. Beförderung der Mobilität des Produktionsfaktors „Arbeit“ in abhängiger wie selbständiger Ausübung, und aus politischer Sicht um die Schaffung eines „Europas der Bürger“ als Teilnehmer am Wirtschaftsgeschehen der Union.

II. Arbeitnehmerfreizügigkeit

1. Tatbestand

Die **Arbeitnehmerfreizügigkeit** ist geregelt in Art. 54 bis 58 AEUV. Ziel der Arbeitnehmerfreizügigkeit ist es, jegliche unterschiedliche Behandlung von Unionsbürgern bezogen auf

- die Beschäftigung selbst,
- die Entlohnung und
- die sonstigen Arbeitsbedingungen

in den Mitgliedstaaten zu beseitigen. In Anbetracht der eben genannten Ziele verbietet sich eine rein wirtschaftliche Betrachtungsweise der Arbeitnehmerfreizügigkeit. Der ggf. arbeitslos gewordene Arbeitnehmer aus einem Mitgliedstaat soll nach Verlust der Arbeitsstelle nicht ausreisen müssen. Unter Berufung nur auf die allgemeine Freizügigkeit (Art. 21 AEUV) wären aufenthaltsbeendende Maßnahmen möglich. Darüber hinaus sollen soziale Vergünstigungen nicht nur dem Arbeitnehmer, sondern auch seinen Angehörigen zugutekommen. Damit besteht eine enge Korrelation zwischen wirtschaftlicher und sozialer Funktion gerade der Arbeitnehmerfreizügigkeit.

Als **Arbeitnehmer** i.S.d. Art. 45 AEUV gelten alle Personen, die eine abhängige Tätigkeit ausüben und dabei in einem Lohn- oder Gehaltsverhältnis stehen. Der EuGH legt hier ein weites Begriffsverständnis zugrunde. Vorrangig ist der Gedanke der Inländergleichbehandlung aus Art. 45 Abs. 2 AEUV, der nicht nur für Entlohnung und Arbeitsbedingungen, sondern auch für staatliche Unterstützungsleistungen gilt.[40] Erfasst ist auch die grundsätzliche steuerrechtliche Gleichhandlung EU-ausländischer Arbeitnehmer.[41] Ergänzt wird der Schutzbereich der Arbeitnehmerfreizügigkeit durch die Rechte der Art. 45 Abs. 3 AEUV bez. Einreise, Aufenthalt, Zugang zum Arbeitsmarkt und Bleiberecht.

Ein Ergebnis des **Bosman**-Urteils war, dass auch die Arbeitnehmerfreizügigkeit als umfassendes, allgemeines Beschränkungsverbot verstanden wird.[42] Das Beschränkungsverbot

---

40 EuGH, Rs. 9/74 (Casagrande), Slg. 1974, 773.

41 EuGH, Rs. C-279/93 (Schumacker), Slg. 1995, I-225

42 EuGH, Rs. C-415/93 (Bosman), Slg. 1995, I-4921, Rn. 94 ff.

verbietet es bspw. den Herkunftsstaaten von Arbeitnehmern, die Tätigkeit im EU-Ausland zu erschweren.

Beispiel:
Der EuGH bewertete eine nordrhein-westfälische Verordnung als unionsrechtswidrig, der zufolge Rechtsreferendare, die Teile der Ausbildung im Ausland verbrachten, keine Reisekostenerstattung erhielten, obwohl für Ausbildungsstationen, die im Inland außerhalb der Stammdienststellen lagen, Reisekosten ersetzt wurden.[43]

Zentrales Merkmal des Arbeitnehmerbegriffs ist für den EuGH, dass jemand während einer bestimmten Zeit für einen anderen nach dessen **Weisung** Leistungen erbringt, für die er als Gegenleistung eine Vergütung erhält. Dies sah der EuGH auch im Falle eines Profi-Fußballers als gegeben an. Über das Merkmal der Weisungsgebundenheit wird zudem zu den der Niederlassungsfreiheit unterfallenden selbständigen Tätigkeiten abgegrenzt.

Nicht notwendig ist, dass es sich um Vollzeitarbeitsverhältnisse handelt. Auch **Gelegenheitsarbeitsverhältnisse** können die Arbeitnehmereigenschaft erfüllen, jedenfalls, wenn die Tätigkeit trotz der gegebenen Unregelmäßigkeiten auf Dauer angelegt ist.[44] Spätestens seit dem Bosman-Urteil steht zudem fest, dass auch Berufssportler, die neben ihren Spielerbezügen zugleich in mehr oder minder großem Umfang Selbstvermarktung betreiben, der Arbeitnehmerfreizügigkeit unterfallen.[45]

Der Beginn des Schutzes der Arbeitnehmerfreizügigkeit beginnt spätestens mit Arbeitsaufnahme, aber auch mit Verlegung des Wohnsitzes in einen anderen Mitgliedstaat als dem Mitgliedstaat, in dem er arbeitet.[46] Auch Arbeitssuchende werden als Arbeitnehmer angesehen, solange sie in einem anderen Mitgliedstaat ernsthaft und nachhaltig nach einer Arbeitsstelle suchen.[47]

In den Schutzbereich der Arbeitnehmerfreizügigkeit können auch Arbeitgeber fallen, etwa dann, wenn sie im Mitgliedstaat ihrer Niederlassung einen EU-Ausländer aufgrund nationalen Rechts nicht beschäftigen dürfen.

Beispiel:
Der österreichischen „Clean Car Ges.m.b.H." war aufgrund österreichischen Gewerberechts verwehrt worden, einen deutschen Staatsangehörigen, der keinen Wohnsitz in Österreich hatte, als Geschäftsführer einzustellen. Der EuGH sah in dieser Regelung, die zwar nicht an die Staatsangehörigkeit des Arbeitnehmers, sondern an dessen

---

43 EuGH, Rs. 109/ 04 (Kranemann), Slg. 2005, I-2421, Rn. 25 ff.
44 EuGH, Rs. C-357/89, Slg. 1992, I-1027, Rn. 14.
45 EuGH, Rs. C-415/93 (Bosman), Slg. 1995, I-4921, Rn. 69 ff.
46 EuGH, Rs. 212/05 (Hartmann), Slg. 2007, I-6303.
47 EuGH, Rs. C-292/89 (Antonissen), Slg. 1991, I-745, Rn. 12 f.

Wohnsitz anknüpfte, eine versteckte Diskriminierung, die auch der Arbeitgeber geltend machen konnte.[48]

Auch auf dem Gebiet der Arbeitnehmerfreizügigkeit entfaltet die **Keck-Rechtsprechung** ihre Auswirkungen. So wird auch hier gefragt, ob unterschiedslos wirkende Maßnahmen den grenzüberschreitenden Zugang zum Arbeitsmarkt eines anderen Mitgliedstaats unmittelbar beeinflussen. Nur dann, wenn das „Ob" der Beschäftigung erfasst ist, liegt eine Beschränkung vor, die gerechtfertigt werden muss, damit sie Bestand hat. Nicht erfasst sind damit reine Beschäftigungsmodalitäten, die lediglich das „Wie" der Beschäftigung betreffen.

Zugleich zu beachten sind die **Bereichsausnahmen** nach Art. 45 Abs. 4 AEUV, der die Beschäftigung in der öffentlichen Verwaltung von vornherein aus dem Schutzbereich der Arbeitnehmerfreizügigkeit ausnimmt. Typische Tätigkeiten sind hier solche Tätigkeiten, die eine besondere Verbundenheit des Stelleninhabers zum jeweiligen Staat und eine Gegenseitigkeit von Rechten und Pflichten zugrunde legen, die durch das Staatsangehörigkeitsband vermittelt werden.

Merke:
Damit sind vornehmlich Tätigkeiten erfasst, die mit der Ausübung hoheitlicher Befugnisse einhergehen (Justiz, Polizei, Militär uÄ). Die Tätigkeit eines Lokführers eines staatlichen Eisenbahnunternehmens würde aber nicht darunter fallen.

2. Eingriffe in die Arbeitnehmerfreizügigkeit

Zunächst verbietet Art. 45 Abs. 2 AEUV jede unterschiedliche Behandlung von Arbeitnehmern in Bezug auf Beschäftigung, Entlohnung oder Arbeitsbedingungen, die auf der Staatsangehörigkeit beruht. Liegt eine solche **unmittelbare Diskriminierung** vor, ist diese stets untersagt, ohne dass eine Rechtfertigung eingreifen könnte.

Mittelbare Diskriminierungen können eintreten, wenn zwar von der Adressatenseite her unterschiedslos geltende nationale Vorschriften vorliegen, die aber EU-Ausländer eher oder stärker betreffen als Arbeitnehmer des Mitgliedstaats. Derartige Vorschriften können – wie etwa bei der Clean Car-Entscheidung[49] – gegeben sein beim Erfordernis eines Wohnsitzes im Inland.

Seit der Bosman-Entscheidung ist sichergestellt, dass die Arbeitnehmerfreizügigkeit auch ein Beschränkungsverbot enthält. So kommt eine Beeinträchtigung der Arbeitnehmerfreizügigkeit jedenfalls dann in Betracht, wenn durch unterschiedslos geltenden Maßnahmen

[48] EuGH, Rs. C-350/96 (Clean Car), Slg. 1998, I-2521, Rn. 20, 25.

[49] EuGH, Rs. C-350/96 (Clean Car), Slg. 1998, I-2521, Rn. 20, 25.

der Zugang von EU-ausländischen Arbeitnehmern zum Arbeitsmarkt verhindert oder in spezifischer Weise weniger attraktiv gemacht wird.[50]

3. Ausnahmen – Rechtfertigungsgründe

Liegt eine solche unmittelbare Diskriminierung vor, ist diese stets untersagt, ohne dass eine Rechtfertigung eingreifen könnte.[51] Mittelbare Diskriminierungen dagegen können gerechtfertigt sein, wenn wiederum zwingende Erfordernisse des **Allgemeininteresses** vorliegen und sich diese in der Anwendung als verhältnismäßig erweisen.[52] So wurde die ordnungsgemäße Verwaltung von Hochschulen zwar als denkbarer Rechtfertigungsgrund angesehen, zugleich aber im Lichte der Verhältnismäßigkeit untersagt, für bestimmte Tätigkeiten, die besonders häufig von EU-Ausländern übernommen werden, Befristungen auszusprechen, die für andere Beschäftigungsverhältnisse an Hochschulen nicht üblich waren.[53] Als zwingendes Erfordernis des Allgemeininteresses kann eine „erhebliche Gefährdung des finanziellen Gleichgewichts des sozialen Sicherungssysteme“[54] angeführt werden. Dieses Erfordernis wird aber seltener im Bereich der Warenverkehrsfreiheit aktiviert werden können. Aus jüngster Zeit – allerdings weithin unter der Geltung von Sekundärrecht – stammt ein Urteil des EuGH, der die rechtliche Zulässigkeit der Begrenzung einer Einreise im Zusammenhang mit der Inanspruchnahme von Sozialhilfe (bzw. „Hartz IV“ = ALG II) bejahte.[55]

Im Übrigen gelten gem. Art. 45 Abs. 3 AEUV die geschriebenen Ausnahmen des ordre public-Vorbehalts in Form der öffentlichen Ordnung, Sicherheit und Gesundheit.[56] Dabei ist mit dem Begriff *„Gesundheit“* wegen der Verknüpfung mit dem Begriff *„öffentlichen“* vornehmlich die Volksgesundheit gemeint.

Beispielfall 60:
R ist italienischer Staatsangehöriger. Er wohnt und arbeitet in Frankreich, und ist dort in einer Gewerkschaft engagiert. Nachdem er im Rahmen von wilden Streiks an Arbeiterunruhen beteiligt war, weist Frankreich ihn zunächst aus und verhängt später ein begrenztes Aufenthaltsverbot gegen ihn. R sieht seine Arbeitnehmerfreizügigkeit betroffen, Frankreich dagegen führt an, der R gefährde mit seiner politischen und gewerkschaftlichen Tätigkeit die öffentliche Ordnung in Frankreich.
Ist die Aufenthaltsbeschränkung mit den Vorschriften des AEUV vereinbar?

50 Vgl. etwa EuGH, Rs. 81/87 (Daily Mail and General Trust), Slg. 1988, 5483, Rn. 16 und wiederum EuGH, Rs. C-415/93 (Bosman), Slg. 1995, I-4921, Rn. 95 ff.

51 *Brechmann* in Callies/Ruffert, EUV/AEUV, Art. 45 AEUV Rn. 46.

52 EuGH, Rs. C-237/94 (O'Flynn), Slg. 1996, I-2617, Rn. 19 f.; EuGH, Rs. C-204/90 (Bachmann), Slg. 1992, I-249, Rn. 27.

53 EuGH, verb. Rs. C-259/91, C-331/91 und C-332/91 (Allué ua), Slg. 1993, I-4309, Rn. 15.

54 EuGH, Rs. C-120/95 (Decker), Slg. 1998, I-1831, Rn. 39.

55 EuGH, Urt. v. 11.11.2014, Rs. C-333/13 (Dano) – juris.

56 Dazu schon oben Kap. 15 A V 1 b-d.

Hier sind aber die gleichen **restriktiven Maßstäbe** anzulegen wie bei der Warenverkehrsfreiheit. Nicht jeder, der als Arbeitnehmer negativ auffällt, stört oder sich unbotmäßig verhält, darf insb. unter Berufung auf die öffentliche Ordnung und Sicherheit in seiner Arbeitnehmerfreizügigkeit beschränkt werden. Auch strafrechtliche Verurteilungen alleine reichen hierfür nicht aus.[57] Ebenso sind hinsichtlich des Gesundheitsschutzes nur schwerwiegende Gefährdungen der öffentlichen Gesundheit (insb. Krankheiten mit epidemischem Potenzial) heranzuziehen, und dies im Übrigen nur innerhalb eines begrenzten Zeitraums nach der Einreise.[58]

Lösung zu Beispielfall 60:
Mit der Berufung auf die öffentliche Ordnung und Sicherheit müsste der französische Staat geltend machen, dass von dem R eine tatsächliche und ausreichend schwer wiegende Gefährdung grundlegender Interessen des Staates ausgeht. Zwar mag das Verhalten des R nicht erwünscht sein, stellt aber keine derartige schwer wiegende Gefährdung dar. Falls sich der R mit seinem Verhalten möglicherweise strafrechtlich relevant verhalten haben sollte, würde auch dies mangels Schwere der Verstöße eine Aufenthaltsbeschränkung unter Berufung auf die öffentliche Ordnung und Sicherheit nicht rechtfertigen.

4. Sekundärrechtliche Durchdringung

Die Arbeitnehmerfreizügigkeit wird nur noch bedingt durch die primärrechtlichen Vorschriften der Art. 45 ff. AEUV bestimmt. Der Bereich der Arbeitnehmerfreizügigkeit ist mittlerweile sehr stark **sekundärrechtlich** durchnormiert. So ist bspw. mittlerweile der Zugang zur Beschäftigung, die Ausübung der Beschäftigung, sowie die Gleichbehandlung und die Rechtsstellung von Familienangehörigen von Arbeitnehmern Gegenstand der Verordnung VO (EU) 492/2011[59]; die Verordnung tritt neben die Richtlinie 2004/38/EG[60] über das Recht der Unionsbürger und ihrer Familienangehörigen, sich im Hoheitsgebiet der Mitgliedstaaten frei zu bewegen und aufzuhalten. Hinzu kommt die zunehmende Harmonisierung der sozialen Sicherungssysteme, so durch die VO (EWG) 1408/71[61] mit Vorschriften zur Koordination der mitgliedstaatlichen Systeme sozialer Sicherheit; letztere ist mittlerweile in Teilen abgelöst durch die Verordnung (EG) Nr. 883/2004[62] i. V. m. der Verordnung (EG) Nr. 987/2009[63].

---

57 EuGH, Rs. C-50/06, Slg. 2007, I-4383, Rn. 41, 46.
58 *Brechmann* in Callies/Ruffert, EUV/AEUV, Art. 45 AEUV, Rn. 105.
59 Abl. 2011 L 141/1.
60 Abl. 2004 L 158/77.
61 Abl. 1971 L 149/2.
62 Abl. 2004 L 166/1.
63 Abl. 2009 L 284/1.

III. Niederlassungsfreiheit

Die **Niederlassungsfreiheit** ist in Art. 49 ff. AEUV geregelt. Geschützt sind Aufnahme und Ausübung selbständiger Erwerbstätigkeiten sowie die Gründung und Leitung von Unternehmen bzw. Zweigstellen in Mitgliedstaaten der Union (Art. 49 UAbs. 2 AEUV).

1. Tatbestand

Niederlassung ist die dauerhafte Eingliederung in das **Wirtschaftsleben** eines Staates. Ausländische Gesellschaften und Personen aus allen Mitgliedstaaten dürfen sich nach den für Inländer geltenden Bestimmungen niederlassen (Diskriminierungsverbot). Durch den EuGH ist auch die Niederlassungsfreiheit zu einem allgemeinen Beschränkungsverbot – so jetzt auch der Normtext des Art. 49 Abs. 1 AEUV – geworden.[64]

Wie bereits bei der Arbeitnehmerfreizügigkeit ausgeführt, ist das wesentliche Unterscheidungsmerkmal zwischen Arbeitnehmertätigkeit und **selbständiger** Tätigkeit das Merkmal der Weisungsgebundenheit, das der selbständigen Tätigkeit regelmäßig fremd ist. Auch werden selbständige Tätigkeiten regelmäßig eigenverantwortlich ausgeübt.

Zur Dienstleistungsfreiheit kann dagegen am ehesten über das Merkmal der vorübergehend ausgeübten Tätigkeit abgegrenzt werden. Hier aber fehlen überzeugende Anhaltspunkte, wann eine Tätigkeit nur **vorübergehend** im Sinne der Dienstleistungsfreiheit oder immerhin vorübergehend (auch eine Tätigkeit, die von vornherein auf mehrere Jahre begrenzt ist, ist vorübergehend) im Sinne der Niederlassungsfreiheit ausgeübt wird.[65] Hilfskriterien könnten insoweit die Verlegung des Wohnsitzes oder die Errichtung von Betriebseinrichtungen in einem anderen Mitgliedstaat sein. Zwingendes Kriterium für das Eingreifen der Niederlassungsfreiheit ist aber stets der grenzüberschreitende Bezug der Tätigkeit.[66]

Die Niederlassungsfreiheit umfasst selbständige Tätigkeiten aller Art, gleich ob Industrie, Handel, Handwerk, oder so genannte freiberufliche Tätigkeiten, wie die Tätigkeit von Anwälten, Steuerberatern oder Architekten. Erfasst sind von der Niederlassungsfreiheit auch vorbereitende Tätigkeiten wie Grundstückserwerbe, Anmietungen oder die Einrichtung und Unterhaltung von Produktionsanlagen.

Die Niederlassungsfreiheit betrifft nicht nur natürliche Personen, sondern gemäß Art. 54 Abs. 1 AEUV auch **juristische Personen**, sofern diese nach den Vorschriften eines Mitgliedstaates gegründet wurden. Erfasst sind sowohl rechtsfähige als auch nicht rechtsfähige Vereinigungen.

---

64 EuGH, Rs. C-55/94 (Gebhard), Slg. 1995, I-4165, Rn. 37.

65 Vgl. dazu EuGH, Rs. 55/94 (Schnitzer), Slg. 1995, I-4165.

66 EuGH, Rs. C-204/87 (Bekaert), Slg. 1988, 2029, Rn. 12.

Zu beachten sind wiederum die **Bereichsausnahmen** nach Art. 51 Abs. 1 AEUV, der Tätigkeiten, die in einem Mitgliedstaat dauernd oder zeitweise mit der Ausübung öffentlicher Gewalt verbunden sind, von der Geltung der Niederlassungsfreiheit ausnimmt. Zweifel äußert der EuGH neuerdings an der hoheitlichen Tätigkeit deutscher Notare,[67] da diese zwar mit hoheitlichen Befugnissen ausgestattet sind, aber nicht von sich aus, sondern überwiegend auf Verlangen Privater tätig werden.

2. Eingriffe in die Niederlassungsfreiheit

a) Allgemein

Beschränkungen ergeben sich insb. dann, wenn die Tätigkeit in einem Mitgliedstaat vom Nachweis bestimmter **Qualifikationen** abhängig gemacht wird und so Niederlassungswillige von der Tätigkeit im Mitgliedstaat abgehalten werden. Unzulässig sind alle Regelungen bzw. nationalen Maßnahmen, die die Ausübung der Niederlassungsfreiheit behindern oder weniger attraktiv machen.[68]

In entsprechender Anwendung der Keck-Rechtsprechung liegen dagegen bei reinen – unterschiedslos wirkenden – Berufsausübungsregelungen („**Wie**" der Niederlassung) keine Beschränkungen vor. Hier kommt allenfalls in Betracht, dass diese – jedenfalls dann, wenn sie überwiegend EU-Ausländer betreffen – verdeckt diskriminierend wirken.

Rechtfertigungsbedürftige Beschränkungen können sich neben den genannten **Qualifikationsanforderungen** aus der Pflicht zur Verwendung spezieller innerstaatlicher Berufsbezeichnungen oder der Pflicht zur Einhaltung von Standesregeln ergeben.[69]

b) Speziell: Sitzverlegungen juristischer Personen

Speziell zu den juristischen Personen hat den EuGH in verschiedenen Entscheidungen die Frage der **Sitzverlegung** in andere Mitgliedstaaten unter Inanspruchnahme einer jeweils ggf. günstigeren Rechtslage beschäftigt.

Nach der in vielen Mitgliedstaaten geltenden **Sitztheorie** bestimmt sich die Rechtspersönlichkeit einer Gesellschaft nach den Vorschriften desjenigen Staates, in dem sich ihr effektiver Verwaltungssitz befindet.

Wenn eine Gesellschaft ihren effektiven **Verwaltungssitz** verlagert, würde sie daher die Rechtspersönlichkeit nach dem Recht des Herkunftsstaates verlieren und müsste sie im Aufnahmestaat nach dessen Recht neu erwerben. Dies entsprach auch der früheren Rechtsprechung des EuGH; Art. 43 EG sollte Unternehmen nicht das Recht verleihen, jenseits des

---

67 EuGH, Rs. C-54/08, NJW 2011, 2941 ff.

68 EuGH, Rs. C-19/92 (Kraus), Slg. 1993, I-1663, Rn. 32; auch EuGH, Rs. C-55/94 (Gebhard), Slg. 1995, I-4165, Rn. 37.

69 EuGH, Rs. C-55/94 (Gebhard), Slg. 1995, I-4165.

nationalen Gesellschaftsrechts unter Wahrung ihrer Identität grenzüberschreitend mobil zu sein.[70] Diese Sichtweise erschwerte aber die Sitzverlagerung und verhinderte außerdem, dass in einem Staat, in dem die Anforderungen besonders niedrig waren, Gesellschaften gegründet wurden, um ihre Geschäftstätigkeit in einem anderen Staat zu entfalten.

Eine relativ überraschende Wende vollzog der EuGH in der **Centros-Entscheidung**. Hier wurde zugelassen, dass eine Kapitalgesellschaft die relativ geringen Gründungsvoraussetzungen eines Mitgliedsstaates ausnutzt, um dann die Gesellschaftstätigkeit im Wesentlichen über eine Zweigniederlassung in einem anderen Mitgliedsstaat abzuwickeln.[71]

> Merke:
> Der Centros-Entscheidung lag im Wesentlichen folgender Sachverhalt zugrunde:
> Die Centros private limited company (Ltd.) war eine Gesellschaft nach englischem Recht, die in England von einem dänischen Ehepaar gegründet wurde, um den in der dänischen Gesellschaftsrechtsordnung statuierten Schutzvorschriften im Rechtsverkehr mit Kapitalgesellschaften zu entgehen. Entscheidend war, dass das Stammkapital für englische Kapitalgesellschaften geringer ausfiel als für dänische Kapitalgesellschaften.
> Das dänische Ehepaar wollte mit der Centros Ltd. seine Geschäftstätigkeit in Dänemark aufnehmen und beantragte die dafür erforderliche Eintragung einer Zweigniederlassung bei der dänischen Zentralverwaltung. Die lehnte die Eintragung und damit die Geschäftstätigkeit der Centros Ltd. in Dänemark mit der Begründung ab, die Centros Ltd. umgehe mit ihrer Gründung in England die nationale Gesellschaftsrechtsordnung und habe dadurch nicht das erforderliche Mindesthaftungskapital für eine Kapitalgesellschaft in Dänemark.
> Der EuGH entschied, dass ein Mitgliedstaat der Union gegen die Niederlassungsfreiheit verstoße, wenn er eine Eintragung einer Kapitalgesellschaft mit der Begründung ablehnt, dass die Gründung im EU-Ausland nur zur Umgehung nationaler gesellschaftsrechtlicher Schutzvorschriften erfolgte.
> In der Folge war es zulässig, eine Kapitalgesellschaft innerhalb der Union zu gründen und dann die gesamte Geschäftstätigkeit über eine Zweigniederlassung in einem anderen Mitgliedstaat der Union zu entfalten. Diese Kapitalgesellschaft sollte innerhalb der ganzen Union partei- und rechtsfähig sein.

Der EuGH hat in den zitierten Entscheidungen letztlich die Anwendung der Sitztheorie innerhalb der Union zugunsten der **Gründungstheorie**, wonach eine juristische Person, die nach dem Recht des Gründungsstaates gebildet wurde, ihre Rechtspersönlichkeit behält, beendet.

Eine gegenläufige Tendenz zeigt sich in der neueren Rechtsprechung. So stellte im November 2005 die ungarische Fa. **Cartesio** beim zuständigen ungarischen Handelsregistergericht einen Antrag, die Verlegung ihres Sitzes nach Gallarate (Italien) zu bestätigen und die Sitzangabe im Handelsregister entsprechend zu ändern.

---

70 EuGH, Rs. 81/87 (Daily Mail), Slg. 1988, 5483.

71 EuGH, Rs. C-212/97 (Centros), Slg. 1999, I-1459, Rn. 27; fortgesetzt in EuGH, Rs. C-208/00 (Überseering), Slg. 2002, I-9919, Rn. 81, 93 und EuGH (Inspire Art), Rs. C-167/01, Slg. 2003, I-10155.

Dieser Antrag wurde mit der Begründung abgelehnt, dass eine in Ungarn gegründete Gesellschaft nach geltendem ungarischem Recht ihren Sitz nicht unter Beibehaltung des ungarischen Personalstatuts ins Ausland verlegen könne. Eine solche Verlegung erfordere, dass die Gesellschaft zunächst zu bestehen aufhöre und dann nach dem Recht des Landes, in das der Sitz verlegt werden solle, neu gegründet werde. Die Niederlassungsfreiheit – so der EuGH nunmehr – stehe Rechtsvorschriften eines Mitgliedstaats nicht entgegen, die es einer nach dem nationalen Recht dieses Mitgliedstaats gegründeten Gesellschaft verwehren, ihren Sitz in einen anderen Mitgliedstaat zu verlegen und dabei ihre Eigenschaft als Gesellschaft nach dem Recht ihres Herkunftsstaates zu behalten.[72]

3. Ausnahmen – Rechtfertigungsgründe

Gem. Art. 52 Abs. 1 AEUV gelten für die Niederlassungsfreiheit im Wesentlichen die gleichen **Ausnahmebestimmungen** wie für die **Arbeitnehmerfreizügigkeit**, insoweit kann nach oben verwiesen werden.[73]

Im Übrigen gelten auch im Bereich der Niederlassungsfreiheit die ungeschriebenen Rechtfertigungsgründe der zwingenden Erfordernisse des **Allgemeininteresses**, so insb. des Gläubigerschutzes, des Arbeitnehmerschutzes, des Verbraucherschutzes oder des Umweltschutzes.

Auch bei der Anwendung dieser Ausnahmetatbestände ist stets eine sorgfältige Verhältnismäßigkeitsprüfung geboten.

Beispiel:
Grundsätzlich mögen Sprachanforderungen eine zulässige Beschränkung für die Aufnahme von Tätigkeiten in einem Mitgliedstaat sein. Jedoch ist im Einzelfall zu fragen, welche Sprachanforderungen an die jeweilige Tätigkeit zu stellen sind. So dürften regelmäßig an Tätigkeiten eines Arztes oder eines Anwalts höhere Anforderungen an Sprachkenntnisse zu stellen sein, als dies etwa bei Handwerksunternehmen der Fall sein mag, die insb. durch Einstellung inländischen Personals die Sprachbarrieren überwinden können. Dies ist bei höchstpersönlicher Leistungserbringung wie bei Ärzten oder Anwälten kaum vorstellbar.

4. Sekundärrechtliche Durchdringung

Wie bei der Arbeitnehmerfreizügigkeit ist auch im Bereich der Niederlassungsfreiheit eine Unzahl von **sekundärrechtlichen Vorschriften** ergangen, die die Bedeutung der primärrechtlichen Vorschriften zurückgedrängt. Neben der bereits erwähnten Freizügigkeitsrichtlinie (Richtlinie 2004/38/EG[74]) sind dies insb. Vorschriften zur gegenseitigen Anerkennung

---

72 EuGH, Rs. C-210/06 (Cartesio), Slg. 2008, I-0964.

73 Dazu oben Kap. 15 B II 3.

74 Abl. 2004 L 158/123.

von Berufsqualifikationen (die insoweit auch für die Arbeitnehmerfreizügigkeit von Bedeutung sein können), bspw. die Richtlinie 2001/19/EG[75] für ärztliche Berufe und Krankenpflegeberufe und die Richtlinie 2005/36/EG[76] über die Anerkennung von Berufsqualifikationen.

IV. Prüfschema der Personenfreiheiten

Nach allem bietet sich für die Prüfung einer Verletzung der Personenfreiheiten folgendes **Prüfschema** an:

I. Tatbestand der Personenfreiheiten („Schutzbereich")
1. Kein vorrangiges (sekundäres) Unionsrecht
(Wenn doch, wäre der Weg in die Prüfung der Grundfreiheiten gesperrt.)
2. Ist ein die Aufnahme einer abhängigen Beschäftigung oder eine Niederlassung in einem andren Mitgliedstaat betroffen?
3. Greift eine Bereichsausnahme (Art. 45 Abs. 4, Art. 51 AEUV) ein?

II. Liegt eine staatliche Maßnahme vor, die die Freiheit des Arbeitnehmers oder der Niederlassung beschränkt? („Eingriff")
1. Unterschiedliche Behandlung aufgrund Staatsangehörigkeit?
2. Unterschiedslose Behandlung mit unterschiedlicher Wirkung?

III. Ausnahmen von den Beschränkungsverboten („Rechtfertigung")
1. Eingreifen von „Schranken"
   a) Geschriebene Ausnahmetatbestände nach Art. 45 Abs. 3, 52 AEUV oder
   b) ungeschriebene Ausnahmen wg. zwingenden Erfordernisses des Allgemeininteresses
2. Verhältnismäßigkeit (Schranken-Schranke)

C Kapitalfreiheiten

Die **Kapitalfreiheiten** sind primärrechtlich in Art 63 bis 66 AEUV geregelt. Sie gliedern sich in die **Kapitalverkehrsfreiheit**, also die Regelungen zum Vermögens-, Anlage- und Investitionsverkehr zunächst zwischen den Mitgliedstaaten, aber auch ggü. Drittstaaten, und die **Zahlungsverkehrsfreiheit**, die den grenzüberschreitenden Fluss von Zahlungsmitteln in allen Erscheinungsformen erfasst, wiederum auch ggü. Drittstaaten.

I. Allgemeines

Anders als dies bei den Personenfreiheiten der Fall ist, finden sich die wesentlichen Regelungen zu den Kapitalfreiheiten nicht im Sekundärrecht, sondern weiterhin im AEUV. Dies

---

75 Abl. 2001 L 206/1.
76 Abl. 2005 L 255/32.

ist Folge des Umstandes, dass der Union keine Kompetenz (mehr) zur Angleichung des Kapitalverkehrs zusteht. Damit ist aber davon auszugehen, dass die Kapitalfreiheiten unmittelbare Wirkung auch gegenüber den Mitgliedstaaten ggü. deren Rechtssetzung im Kapitalbereich entfalten.[77]

Das Verhältnis zur **Warenverkehrsfreiheit** und zu den **Personenfreiheiten** ist nicht letztlich geklärt. So kann gestritten werden, ob die Freiheiten in einem Exklusivverhältnis zueinander stehen, oder ob es sich, insb. bei der Zahlungsverkehrsfreiheit, um eine parallele, die übrigen Freiheiten ergänzende Freiheit handelt. Zwischen der Warenverkehrsfreiheit und der Zahlungsverkehrsfreiheit kann ein unerlässliches Parallelverhältnis gesehen werden, da in vielen Fällen die grenzüberschreitende Zahlung ihren Grund im grenzüberschreitenden Warentransfer hat.[78] Der Warenverkehrsfreiheit alleine unterfallen jedenfalls solche Transfers von Geldmitteln, die kein offizielles Zahlungsmittel mehr sind.[79]

Dagegen soll der Transfer von Geldmitteln, der alleine der **Geldanlage** dient, der Kapitalverkehrsfreiheit unterfallen, wohingegen der Geldtransfer zum Zwecke des Beteiligungserwerbs und Gewinnung unternehmerischen Einflusses der Niederlassungsfreiheit unterfallen soll; Gleiches würde dann für Immobilienerwerbe im Rahmen der Vorbereitung von Niederlassungen gelten.[80] Trotz der im Normtext angelegten Subsidiarität der Dienstleistungsfreiheit soll diese bei Bankdarlehen vorgehen,[81] obgleich es sich hierbei zugleich um Finanzdienstleistungen handelt.

II. Tatbestand

Der Freiheit des **Kapitalverkehrs** unterliegen gem. Art 63 AEUV

- Kapitalbewegungen
- zwischen den Mitgliedstaaten untereinander und
- zwischen den Mitgliedstaaten und Drittstaaten.

Unter Kapitalbewegungen sind einseitige **Wertübertragungen** in Form von Sach- oder Geldkapital, die zugleich eine Vermögensanlage darstellen.[82] Hierzu zählen Direktinvestitionen, Immobilieninvestitionen, Kreditgeschäfte, Wertpapiergeschäfte, Bürgschaften, oder auch Schenkungen. Träger der Kapitalverkehrsfreiheit ist – wie bei der Warenverkehrsfreiheit[83] – dabei stets das Kapital, nicht der Eigner desselben; Voraussetzung ist nur, dass das Kapital rechtmäßig im Unionsgebiet „ansässig" ist.

---

77 EuGH, Rs C-302/97 (Konle), Slg 1999, I-3099 ff, Rn. 39, 56.

78 *Streinz*, Europarecht, Rn. 926.

79 Dazu oben Kap. 15 A II 1.

80 *Streinz*, Europarecht, Rn. 926 f.

81 EuGH, Rs. 484/93 (Svennson und Gustavsson), Slg. 1995, I-3955, Rn. 11.

82 EuGH, verb. Rs. 286/82 und 26/83 (Luisi und Carbone), Slg 1984, 377, Rn. 21.

83 Dazu oben Kap. 15 A II 1.

Die Freiheit des Kapitalverkehrs bezieht sich – wie eingangs erwähnt – schon dem Wortlaut des Art. 61 AEUV nach – auch auf Kapitalbewegungen und Zahlungen zwischen Mitgliedstaaten und Drittstaaten. Die Kapitalfreiheiten sind damit die einzigen Grundfreiheiten, die über die Grenzen des Binnenmarktes hinausgehend konzipiert sind.

III. Schranken der Kapitalfreiheiten

Die **geschriebenen Schranken** ergeben sich einzig aus Art. 63 AEUV. Art 63 Abs. 1 AEUV untersagt jegliche Maßnahme, die die Ein- oder Ausfuhr von Kapital gegenüber dem inländischen Kapitalverkehr ungleich behandelt. Es handelt sich also um ein Diskriminierungsverbot aus Gründen der Herkunft oder des Bestimmungsortes des Kapitals. Die Norm regelt damit zugleich ein Gebot der Inlandsgleichbehandlung.

Gleiches gilt gem. Art. 63 Abs. 2 AEUV für alle Zahlungsflüsse zwischen den Mitgliedstaaten und zwischen Mitgliedstaaten und Drittstaaten. Geschriebene **Beschränkungsmöglichkeiten** sieht alleine Art. 65 AEUV vor, der in Abs. 1 lit a) das Recht der Mitgliedstaaten betrifft, die einschlägigen Vorschriften ihres Steuerrechts anzuwenden, die Steuerpflichtige mit unterschiedlichem Wohnort oder Kapitalanlageort unterschiedlich behandeln, und lit b) die unerlässlichen Maßnahmen zu treffen, um Zuwiderhandlungen gegen innerstaatliche Rechts- und Verwaltungsvorschriften, insbesondere auf dem Gebiet des Steuerrechts und der Aufsicht über Finanzinstitute, zu verhindern. Umfasst von lit b) sind bspw. Verdächte auf Geldwäsche, Drogenhandel und Terrorismusfinanzierung.

Geht man von einem Parallelverhältnis von Warenverkehrsfreiheit und Zahlungsverkehrsfreiheit aus, könnten insb. die Grenzen des „ordre public", also der öffentlichen Sittlichkeit, Ordnung und Sicherheit übertragen werden, aber auch die ungeschriebenen Schranken zur Warenverkehrsfreiheit.[84]

IV. Prüfschema der Kapitalfreiheiten

Nach allem bietet sich für die Prüfung einer Verletzung der Kapitalfreiheiten folgendes **Prüfschema** an:

I. Tatbestand der Kapitalfreiheit („Schutzbereich")

1. Kein vorrangiges (sekundäres) Unionsrecht
   (Wenn doch, wäre der Weg in die Prüfung der Grundfreiheiten gesperrt; mangels fortbestehender Kompetenzeinräumung allerdings sehr selten.)
2. Vorliegen von grenzüberschreitendem Kapitalverkehr iSd Art. 63 AEUV (insb. in Abgrenzung zu anderen Freiheiten)?

---

84 *Streinz*, Europarecht, Rn. 928. Dazu näher oben Kap. 15 A III 2.

II. Liegt eine staatliche Maßnahme vor, die die Freiheit des Kapitalverkehrs beschränkt? („Eingriff")

1. Regelung, die an den Wohnsitz oder Anlageort anknüpft (Fälle des Art. 65 Abs. 1 lit a) AEUV)?
2. Unterschiedslose Behandlung (Fälle des Art. 65 Abs. 2 lit b) AEUV?

III. Ausnahmen von den Beschränkungsverboten („Rechtfertigung")

1. Eingreifen von „Schranken"
   a) Bei unterschiedlicher Behandlung Zulassung auf Grundlage des Art. 65 Abs. 1 lit a).
   b) Bei unterschiedsloser Behandlung Vorliegen der Gründe des Art. 65 Abs. 1 lit b) AEUV oder Eingreifen eines. zwingenden Erfordernisses des Allgemeininteresses.
2. Verhältnismäßigkeit (Schranken-Schranke) nach Art. 65 Abs. 3 AEUV

D Dienstleistungsfreiheit

Die **Dienstleistungsfreiheit** ist geregelt in Art. 56 bis 62 AEUV. Gem. Art. 57 Abs. 1 AEUV sind Dienstleistungen *„Leistungen, die in der Regel gegen Entgelt erbracht werden, soweit sie nicht den Vorschriften über den freien Waren- und Kapitalverkehr und über die Freizügigkeit der Personen unterliegen."* Die Dienstleistungsfreiheit ist also bereits ihrem Wortlaut nach subsidiär ggü. den übrigen Grundfreiheiten, was nicht zuletzt dem Umstand geschuldet ist, dass auch die übrigen Freiheiten, bzw. die mit der Ausübung der Freiheiten verbundenen Tätigkeiten Dienstleistungen beinhalten.

I. Allgemeines

Die Dienstleistungsfreiheit **ergänzt** insb. die Personenfreiheiten (Arbeitnehmerfreizügigkeit und Niederlassungsfreiheit) dahingehend, dass auch solche erwerbswirtschaftlichen Tätigkeiten in anderen Mitgliedstaaten, die nicht mit einem Wohnsitzwechsel oder der Errichtung einer Niederlassung verbunden sind, von den Diskriminierungsverboten und Beschränkungsverboten erfasst werden. Die Aufzählung in Art. 57 Abs. 2 AEUV, der zufolge Dienstleistungen *„insbesondere:*

a) gewerbliche Tätigkeiten
b) kaufmännische Tätigkeiten,
c) handwerkliche Tätigkeiten
d) freiberufliche Tätigkeiten"

sind, bedürfte es insoweit eigentlich nicht, zumal damit in der Allgemeinheit der Angaben letztlich nahezu das gesamte Spektrum denkbarer wirtschaftlicher Tätigkeiten erfasst ist. Ausgenommen sind aber gem. Art. 58 Abs. 1 AEUV ausdrücklich Verkehrsdienstleistungen und in Art. 58 Abs. 2 AEUV Dienstleistungen der Banken und Versicherungen.

Einen **Bedeutungsgewinn** hat die Dienstleistungsfreiheit dadurch erfahren, dass mit der Rechtsprechung des EuGH in Sachen *Luisi* und *Carbone*[85] auch der Empfänger von Dienstleistung in den „Schutzbereich" der Dienstleistungsfreiheit einbezogen wurde. Zudem wurden in der Sache *Koestler*[86] auch Korrespondenzdienstleistungen zum Anwendungsfall der Dienstleistungsfreiheit gemacht, also solche, bei denen nur die Dienstleistung die Grenze überschreitet, nicht aber der Dienstleistende oder der Dienstleistungsempfänger.

II. Tatbestand

1. Begriff der Dienstleistung

Die Dienstleistungsfreiheit beruht auf einem genuin **unionsrechtlichen** Dienstleistungsbegriff, bei dem nicht die zivilrechtliche oder die volkswirtschaftliche Betrachtung im Vordergrund steht. Zentrales Merkmal der Dienstleistung iSd Art. 56 ff. AEUV ist die Teilnahme am Wirtschaftsverkehr, in der Regel durch Selbständige erbracht. Der EuGH stellt zudem den grenzüberschreitenden Charakter der Dienstleistung heraus, also dass die an der Dienstleistung Beteiligten in verschiedenen Mitgliedstaaten ansässig sind.[87]

Die Dienstleistung muss entgeltlich erfolgen, wobei hier wieder die Weite der Auslegung des Begriffs „Teilnahme am **Wirtschaftsleben**"[88] zu beachten ist. Erfasst sind alle Tätigkeiten mit einer weit verstandenen Gewinn- oder Ertragserzielungsabsicht. Dies gilt für Tätigkeiten sportlicher oder kultureller Natur, in Bildungseinrichtungen, Rundfunk und Fernsehen, auch bei religiösen Vereinigungen, wenn die Mitglieder die gewerbliche Tätigkeit im Rahmen der Vereinigung ausgeübt wird. Das Entgelt muss wirtschaftliche Gegenleistung für die erbrachte Dienstleistung sein, die deswegen einen wirtschaftlichen Wert haben muss.[89] Staatliche Dienstleistungen sind erfasst, wenn der Staat Leistungen durch Teilnahme am Wirtschaftsleben erbringt (bspw. staatliche Lotterien[90]); nicht erfasst sind abgabenfinanzierte Leistungen des Staates.

2. Aktive und passive Dienstleistungsfreiheit

Art. 56 ff. AEUV umfassen sowohl die **aktive** als auch die **passive Dienstleistungsfreiheit.** Gegenstand der aktiven Dienstleistungsfreiheit ist der Fall, in dem der Dienstleistungs*erbringer* die Grenze überschreitet, um im Mitgliedstaat eine Dienstleistung zu erbringen.

85 EuGH, verb. Rs. 286/82 und 26/83 (Luisi und Carbone), Slg 1984, 377 ff.

86 EuGH, Rs. 15/78 (Koestler), Slg. 1978, S. 1971, Rn. 3.

87 EuGH, Rs. C-124/97 (Läära), Slg. 1999, I-6067, Rn. 27.

88 Dazu oben Kap. 14 C V 1.

89 *Kluth* in Callies/Ruffert, EUV/AEUV, Art. 7 AEUV. Rn. 11 ff.

90 EuGH, Rs. C-275/92 (Schindler), Slg. 1994, I-1039, Rn. 46 ff.

Beispiel:
Die irische Dachdeckerkolonne, die nach Großbritannien übersetzt, um dort Dächer zu decken.

Die **passive** Dienstleistungsfreiheit ist gegeben, wenn der Dienstleistungs*empfänger* die Grenze überschreitet, um im anderen Mitgliedstaat Leistungen entgegen zu nehmen.[91]

Beispiel:
Der deutsche Staatsangehörige mit dem lahmen Kreuz, der sich in die Niederlande begibt, um dort physiotherapeutische Behandlungen in Anspruch zu nehmen.

Erfasst sind auch Fälle der sog. **Korrespondenzdienstleistungen**, in denen weder der Dienstleistungs*erbringer* noch der Dienstleistungs*empfänger* die Grenze überschreiten, sondern lediglich die Dienstleistung selbst.

Beispiel:
Ein Softwareunternehmen bietet Kunden in anderen Mitgliedstaaten Programme als Download von einem Server im Heimatstaat des Unternehmens an.
Ein Fernsehzuschauer empfängt Sendungen, die im Nachbarstaat ausgestrahlt werden.

Da der Grenzübertritt, gleich ob der der Dienstleistung, des Dienstleistungserbringers oder des Dienstleistungsempfängers, das entscheidende Kriterium ist, ist die Dienstleistungsfreiheit auch einschlägig, wenn der Dienstleistungserbringer und der Dienstleistungsempfängers aus dem gleichen Staat stammen, die Dienstleistung aber in einem anderen Mitgliedstaat erbracht wird, in den sich der Dienstleistungs*erbringer* und der Dienstleistungs*empfänger* zu diesem Zweck begeben, sog. **auslandsbedingte Dienstleistungen**.[92]

Beispiel:
Ein deutscher Reiseunternehmer packt einen Bus voll mit deutschen Akademikern, die dann gemeinsam nach Griechenland fahren, um die brüchige Schönheit der Akropolis zu erkunden (solange sie noch steht).

3. Subsidiarität

Die in Art. 57 Abs. 1 AEUV angeordnete **Subsidiarität** der Dienstleistungsfreiheit macht es notwendig, zu den übrigen Freiheiten abzugrenzen. So kann der Zeitfaktor – bez. der vorübergehenden Leistungserbringung – eine Rolle spielen, wenn der Leistungserbringer zwar keine echte Zweigniederlassung oder eine Agentur in einem anderen Mitgliedstaat

---

91 EuGH, verb. Rs. 286/82 und 26/83 (Luisi und Carbone), Slg 1984, 377 ff.

92 *Streinz*, Europarecht, Rn. 915.

unterhält, aber gleichwohl dort dauerhaft Leistungen anbieten will.[93] Allerdings schließt das Vorhandensein eines Büros in einem Mitgliedstaat das Eingreifen der Dienstleistungsfreiheit nicht aus.

Beispiel:
Ein Bauunternehmen betreibt in einem Mitgliedstaat ein Bauprojekt und richtet zu diesem Zweck in einem Container auf dem Baugelände ein Planungsbüro ein. Der Charakter des Vorhabens ist ein vorübergehender, so dass die Dienstleistungsfreiheit eingreift.
Sobald von diesem Planungsbüro aus neue Projekte angestoßen oder übernommen werden, würde die Niederlassungsfreiheit eingreifen.[94]

Andererseits kann auch eine längerfristige, häufig wiederkehrende Leistungserbringung in einem anderen Mitgliedstaat der Dienstleistungsfreiheit unterfallen, wenn dabei **keinerlei Infrastruktur** in dem betreffenden Staat errichtet wird. *„Der Vertrag enthält keine Vorschrift, die eine abstrakte Bestimmung der Dauer oder Häufigkeit ermöglicht, ab der die Erbringung einer Dienstleistung oder einer bestimmten Art von Dienstleistung in einem anderen Mitgliedstaat nicht mehr als eine Dienstleistung im Sinne des Vertrages angesehen werden kann."*[95]

Keine Rolle spielt das Zeitmoment auch bei reinen Korrespondenzdienstleistungen, da in solchen Fällen mangels Agierens auf dem Staatsgebiet des Mitgliedstaates insb. die Abgrenzung zur Niederlassungsfreiheit entfällt; Gleiches gilt für die passive Dienstleistungsfreiheit.

In dem Fall, in dem eine Dienstleistung – gerade bei Handwerksleistungen recht häufig – mit der **Lieferung** und Verwendung von **Produkten** einhergeht, ist zur Warenverkehrsfreiheit über das Merkmal des **Schwerpunkts** der Leistung abzugrenzen.[96]

Über Art. 62 AEUV gelten die **Bereichsausnahmen** für die Ausübung hoheitlicher Gewalt auch für die Dienstleistungsfreiheit.

III. Eingriffe in die Dienstleistungsfreiheit

Denkbar sind offene oder versteckte Diskriminierungen aufgrund der Staatsangehörigkeit. Darüber hinaus sind aber auch Beschränkungen denkbar. Häufiger Fall sind sog. **Residenzpflichten**, die die Erbringung von Dienstleistungen von einer Residenz im Mitgliedstaat abhängig machen.

---

93 EuGH, Rs. 205/84, Slg. 1986, 3755, Rn. 21; ein Versicherungsunternehmen betrieb seine Geschäfte überwiegend in einem anderen Mitgliedstaat, wo lediglich ein Büro existierte, das aber wie eine Agentur fungierte.

94 *Kluth* in Callies/Ruffert, EUV/AEUV, Art. 57, Rn. 15.

95 EuGH, Rs. C-215/01 (Schnitzer), Slg. 2003, S. I-14847, Rn. 31.

96 *Kluth* in Callies/Ruffert, EUV/AEUV, Art. 57, Rn. 18.

Beispiel:
So ging es im Fall *van Binsbergen* um einen niederländischen Rechtsanwalt, der seinen Wohnsitz aus den Niederlanden nach Belgien verlegt hatte und dem deshalb die Wahrnehmung einer Prozessvertretung vor einem niederländischen Gericht untersagt wurde, da das niederländische Recht vorsah, dass nur in den Niederlanden ansässige Rechtsanwälte vor Gericht auftreten dürfen.[97]

Ähnliche Wirkungen wie Residenzpflichten können Registrierungspflichten bei staatlichen Stellen entfalten, so etwa die Pflicht, in die **Handwerksrolle** eingetragen zu sein.[98]

Beschränkungen der passiven Dienstleistungsfreiheit können gegeben sein, wenn der Staat, in dem die Dienstleistungsempfänger wohnen, die Entgegennahme von Dienstleistungen im Ausland erschweren, so wenn die Ausfuhr von Geldmitteln, die zum Zwecke der Bezahlung von Dienstleistungen in den Mitgliedstaat verbracht werden sollen, begrenzt wird.[99]

IV. Schranken der Dienstleistungsfreiheit

Zunächst gelten für die Dienstleistungsfreiheit über Art. 62 AEUV die Schranken aus Gründen des **„ordre public"** in der Form der öffentlichen Ordnung, Sicherheit und Gesundheit. Daneben ist eine Einschränkung aus Gründen des zwingenden Erfordernisses des Allgemeininteresses denkbar:

> *„Jedoch darf der freie Dienstleistungsverkehr als fundamentaler Grundsatz des EWG-Vertrags nur durch Regelungen beschränkt werden , die durch das Allgemeininteresse gerechtfertigt sind und die für alle im Hoheitsgebiet des Bestimmungsstaats tätigen Personen oder Unternehmen gelten , und zwar nur insoweit, als dem Allgemeininteresse nicht bereits durch die Rechtsvorschriften Rechnung getragen ist, denen der Leistungserbringer in dem Staat unterliegt, in dem er ansässig ist. Diese Anforderungen müssen außerdem sachlich geboten sein, um die Einhaltung der Berufsregelungen und den Schutz der Interessen, den diese bezwecken, zu gewährleisten."*[100]

Auf die jeweiligen Ausführungen zu den übrigen Grundfreiheiten kann insoweit verwiesen werden.

---

[97] EuGH, Rs. 33/74 (van Binsbergen), Slg. 1974, 1299.

[98] EuGH, Rs. C-58/98 (Corsten), Slg. 1999, I-7919, Rn. 38.

[99] EuGH, Verb. Rs. 286/82 und 26/83 (Luisi und Carbone), Slg. 1984, S. 377.

[100] EuGH, Rs. 205/84, Slg. 1986, 3755, Rn. 27.

V. Sekundärrechtliche Durchdringung

Auch für den Bereich der Dienstleistungsfreiheit sind zahlreiche Richtlinien zur Harmonisierung und Koordinierung des Rechts der Dienstleistungen in den Mitgliedstaaten ergangen. Neben der bereits erwähnten Freizügigkeitsrichtlinie (Richtlinie 2004/38/EG[101]) sind dies wiederum Vorschriften zur gegenseitigen Anerkennung von Berufsqualifikationen, insb. aber die Richtlinie 2006/123/EG[102], die Europäische **Dienstleistungsrichtlinie.** In Umsetzung dieser Richtlinie ist insb. in den Mitgliedstaaten ein „Einheitlicher Ansprechpartner", in der Bundesrepublik auf Ebene der Länder, eingeführt worden. In Nordrhein-Westfalen etwa kann über das Portal www.ea-finder.nrw.de der jeweils zuständige Einheitliche Ansprechpartner gefunden werden, der bspw. als Behördenlotse für Dienstleistungserbringer und für Dienstleistungsempfänger dient.

VI. Prüfschema der Dienstleistungsfreiheit

Nach allem bietet sich für die Prüfung einer Verletzung der Dienstleistungsfreiheit folgendes **Prüfschema** an:

I. Tatbestand der Dienstleistungsfreiheit („Schutzbereich")

1. Kein vorrangiges (sekundäres) Unionsrecht
   (Wenn doch, wäre der Weg in die Prüfung der Grundfreiheiten gesperrt.)
2. Vorliegen einer Dienstleistung?
   - Aktive Dienstleistung
   - Passive Dienstleistung
   - Korrespondenzdienstleistung
   - Auslandsbedingte Dienstleistung
3. Kein Eingreifen der Subsidiaritätsklausel, Art. 57 Abs. 1 AEUV

II. Liegt eine staatliche Maßnahme vor, die die Freiheit der Dienstleistung beschränkt? („Eingriff")

1. (Verdeckte) Diskriminierungen
2. Beschränkungen

III. Ausnahmen von den Beschränkungsverboten („Rechtfertigung")

1. Eingreifen von „Schranken"
   a) Schranken der öffentlichen Ordnung, Sicherheit und Gesundheit?
   b) Zwingende Erfordernisse des Allgemeininteresses?
2. Verhältnismäßigkeit (Schranken-Schranke)

---

[101] Abl. 2004 L 158/123.

[102] Abl. 2006, L 376/36.

Anhang

Übungsfälle

Teil 1: Staatsrecht – Grundrechte

Vorbemerkung:

Die zu den Fällen vorgelegten Lösungshinweise übersteigen zum Teil die Anforderungen, die in Klausuren gestellt würden. Auch stellen die Lösungen **nicht** die allein glückmachende, nicht zu hinterfragende und finale Wahrheit dar (*„Löst die Fälle anders, und Ihr werdet sehen, was Ihr davon habt!“*).

Jetzt aber:

Fall 1: Porsche fahr'n – dat is‘, wie wenn‘se fliechs!

P ist begeisterter Schnellfahrer und hat sich deswegen einen stolzen roten Porsche 911 Turbo angeschafft, der eine Höchstgeschwindigkeit von ca. 280 km/h erreicht. Da er in Bonn ansässig ist, nutzt er häufiger die A 555 zwischen Bonn und Köln, um den Wagen so richtig auszufahren.

Umso größer ist sein Entsetzen, als er feststellen muss, dass der Bundesverkehrsminister die Pläne der Bundesregierung umgesetzt hat und mit Zustimmung des Bundesrates durch Änderung des § 3 StVO anstelle der bisherigen Richtgeschwindigkeit von 130 km/h auf Autobahnen ein flächendeckendes Tempolimit von 120 km/h einführt.

Nach Inkrafttreten der Regelung fragt er, sich seines künftigen Fahrspaßes beraubt sehend, an, ob und unter welchen Umständen er gegen die Änderung der StVO Verfassungsbeschwerde erheben kann. Er will weiterhin wenigstens partiell die Möglichkeit haben, seinen Wagen "auszufahren". Zudem sieht er den Wiederverkaufswert seines Wagens und damit sein Eigentum extrem gefährdet.

Wie sind die Erfolgsaussichten einer Verfassungsbeschwerde zu beurteilen?

Lösungshinweise Fall 1: Porsche fahr'n – dat is', wie wenn'se fliechs!

(Schwerpunkt: Unmittelbarkeit der Beschwer, Art. 14 Abs. 1 GG, Art. 2 Abs. 1 GG)

Die Verfassungsbeschwerde gemäß Art. 93 Abs. 1 Nr. 4a, §§ 13 Nr. 8a BVerfGG hat Erfolg, wenn sie zulässig und begründet ist.

A Zulässigkeit

I. Zuständigkeit

Das Bundesverfassungsgericht ist gem. Art. 93 I Nr. 4a GG, § 13 Nr. 8a BVerfGG für die Entscheidung über Individualverfassungsbeschwerden.

II. Antragsberechtigung

Antragsberechtigt ist gem. Art. 93 Abs. 1 Nr. 4a GG, § 90 Abs. 1 BVerfGG „jedermann", dh, jeder, der Träger von Grundrechten sein kann. Dies ist bei P als natürliche Person gegeben.

> **Anm.**: Grundrechtsmündigkeit/Verfahrensfähigkeit ist hier für P, der offenbar volljährig (Führerscheininhaber!), und nicht erkennbar geistesschwach ist, offenbar gegeben und damit nicht anzusprechen.

III. Beschwerdegegenstand

Beschwerdegegenstand ist jeder Akt der öffentlichen Gewalt. Akte der öffentlichen Gewalt sind solche der rechtsetzenden (Legislative), der vollziehenden (Exekutive) und der richterlichen Gewalt (Judikative).

Hier ist der der öffentlichen Gewalt der Erlass der Verordnung zur Änderung der StVO. Dies ist ein Akt exekutiver Rechtssetzung, damit ein Akt der Exekutive. Auch Rechtsverordnungen können möglicher Gegenstand der Verfassungsbeschwerde sein.

IV. Beschwerdebefugnis

Zu prüfen ist die Behauptung des Beschwerdeführers, in Grundrechten verletzt zu sein.

Es gilt die Möglichkeitstheorie, die besagt, dass der Bf. substantiiert behaupten muss, in seinen Grundrechten oder grundrechtsähnlichen Rechten verletzt zu sein, und diese Verletzung auch möglich erscheint.

Hier ist eine Verletzung von Art. 14 Abs. 1 GG nicht gänzlich ausgeschlossen, da P meint, der Wert seines Fahrzeuges sinke. Denkbar ist im Wesentlichen aber eine Verletzung von Art. 2 Abs. 1 GG, da P nicht mehr (fahren) kann, wie er will, und wiederum weil er möglicher Weise einen schlechteren Preis für seinen Porsche erzielt.

P müsste durch den Akt der öffentlichen Gewalt aber auch qualifiziert betroffen sein, dh, selbst, gegenwärtig und unmittelbar.

- Selbstbetroffenheit des P
  P ist als denkbarer Adressat der StVO-Änderung selbst betroffen.

- Gegenwärtige Betroffenheit des P
  Die StVO-Änderung ist schon und noch in Kraft, und entfaltet P gegenüber aktuell Rechtswirkungen. Der P ist somit gegenwärtig betroffen.

- Unmittelbare Betroffenheit des P
  Voraussetzung für die unmittelbare Betroffenheit des P wäre, dass er durch den angegriffenen Akt der öffentlichen Gewalt unmittelbar, dh, ohne weiteren Zwischenakt, betroffen ist. Hier könnte problematisch sein, dass P Verfassungsbeschwerde gegen eine Rechtsvorschrift erhebt. Möglicher abzuwartender Vollzugsakt wäre ein Bußgeldbescheid für zu schnelles Fahren im Rahmen eines Ordnungswidrigkeitenverfahrens.

  Zum einen statuiert die StVO mit dem allgemeinen Tempolimit aber ein unbedingtes Verbot ggü. den Verkehrsteilnehmern, schneller als 120 km/h zu fahren. Zum anderen wäre es unzumutbar, für die Unmittelbarkeit der Beschwer einen Verstoß gegen Straf- und Ordnungswidrigkeitenvorschriften zu verlangen, da der Rechtsweg zum Bundesverfassungsgericht nicht mit dem Risiko einer möglichen Verurteilung behaftet sein darf.

P ist damit im Ergebnis auch unmittelbar betroffen.

V. Rechtswegerschöpfung/Subsidiarität

Hier richtet sich die Verfassungsbeschwerde gegen die StVO, damit gegen eine Rechtsvorschrift. Rechtsschutz gegen Verordnungen ist allenfalls denkbar durch die sog. prinzipale Normenkontrolle zum OVG nach § 47 VwGO. Diese kann aber nur gerichtet werden gegen Rechtsverordnungen „unterhalb des Landesgesetzes", zudem nur, soweit dies nach Landesrecht vorgesehen ist. Hier greift P eine Bundes-Rechtsverordnung an. Damit ist kein Rechtsweg eröffnet und das Erfordernis der Rechtswegerschöpfung ist nicht zu erfüllen.

VI. Frist

Die Beschwerdefrist beträgt bei Verfassungsbeschwerden gegen Gesetze oder – wie hier – gegen Rechtsakte, gegen die kein Rechtsweg eröffnet ist, gem. § 93 Abs. 3 BVerfGG ein Jahr an Inkrafttreten des Rechtsaktes. Diese Frist wäre hier einzuhalten.

VII. Ordnungsgemäßer Antrag

§ 23 Abs. 1 S. 1 BVerfGG erfordert die schriftliche Erhebung der Verfassungsbeschwerde. Das Begründungserfordernis folgt §§ 23 Abs. 1 S. 2, 92 BVerfGG. Hier wäre der Rechtsakt, aus dem sich die Beschwer ergibt, zu bezeichnen, und die nach Überzeugung des Beschwerdeführers betroffenen Grundrechte zu benennen bzw. zu beschreiben.
Hier ist die Einhaltung dieser Voraussetzungen zu unterstellen.

Zwischenergebnis: Die Verfassungsbeschwerde des P ist zulässig.

B Begründetheit

Die Verfassungsbeschwerde ist begründet, wenn der P in einem seiner Grundrechte oder grundrechtsähnliches Recht verletzt ist, Art. 93 Abs. 1 Nr. 4a GG.

I. Art. 14 Abs. 1 GG

1. Schutzbereich

a) Sachlicher Schutzbereich

Art. 14 Abs. 1 GG schützt das Eigentum. Eigentum ist ein normgeprägtes Grundrecht. Es wird das geschützt, was die Rechtsordnung zu einem bestimmten Zeitpunkt als Eigentum definiert. Dies ist – gleichsam als Leitbild des Eigentumsbegriffs – jedenfalls das bürgerlich-rechtliche Eigentum gem. §§ 903 ff. BGB.

Hier ist davon auszugehen, dass der P bürgerlich-rechtliches Eigentum am Porsche besitzt. Im Wesentlichen geschützt ist aber die Substanz des Eigentums im Sinne einer Bestandsgarantie.

Nicht erfasst ist der Tauschwert des Eigentums, also die Wertgarantie. Damit fällt der – unterstellt – sinkende Wiederverkaufspreis nicht in den Schutzbereich des Eigentums. Geschützt ist zwar auch die Nutzung des Eigentumsobjekts. Gemeint ist damit allerdings die eigentumsbezogene Nutzung, also das Recht, mit der Sache nach Belieben zu verfahren, etwas durch Vermietung, Verkauf, Verschenken.

Der sachtypische Gebrauch ist bei beweglichen Sachen nicht über die Eigentumsgarantie erfasst, sondern über die Grundrechte, denen das jeweilige Verhalten zuzuordnen ist.

> **Bsp.**: Das Lesen der gekauften Zeitung unterfällt Art. 5 Abs. 1 S. 1 2. Alt GG – Informationsfreiheit

Da P nur die sachtypische Nutzbarkeit seines Wagens betroffen sieht, ist insoweit schon der Schutzbereich des Art. 14 GG nicht eröffnet.

Jedenfalls aber hinsichtlich der Geltendmachung des bürgerlich-rechtlichen Eigentums ist der Schutzbereich der Eigentumsgarantie nach Art. 14 Abs. 1 Gg eröffnet.

b) Personaler Schutzbereich

Art. 14 Abs. 1 GG ist ein Jedermanngrundrecht, damit besteht keine Einschränkung für P.

2. Eingriff

Eingriff ist jede staatliche Maßnahme, die den Schutzbereich eines Grundrechts verkürzt, also dessen Ausübung erschwert oder unmöglich macht.

Jedoch wird dem P durch die Änderung der StVO das bürgerlich-rechtliche Eigentum am Porsche nicht streitig gemacht. Damit fehlt es insoweit an einer Grundrechtsverkürzung und damit an einem Eingriff.

Zwischenergebnis: P ist nicht in Art. 14 Abs. 1 GG verletzt.

II. Art. 2 Abs. 1 GG

> Anm.: Art. 2 Abs. 1 GG ist nur zu prüfen, wenn kein spezielleres Grundrecht eingreift (Subsidiarität!).
> Da hier der Tauschwert des Eigentums und dessen sachtypische Nutzbarkeit nicht vom Schutzbereich des Art. 14 Abs. 1 GG erfasst ist, kommt insoweit eine Prüfung des Art. 2 Abs. 1 GG in Betracht.

1. Schutzbereich

a) Sachlicher Schutzbereich

Art. 2 Abs. 1 GG ist allgemeines Freiheitsrecht und ergreift damit jegliche menschliche Verhaltensweise, nicht nur solche besonders wertvoller Art. Damit ist grds. auch das (schnelle) Autofahren Gegenstand des Art. 2 Abs. 1 GG. Ebenso ist die Verwirklichung des Tauschwertes Gegenstand der allg. Handlungsfreiheit, insb. da dies insoweit von Art. 14 Abs. 1 GG nicht erfasst ist.

b) Persönlicher Schutzbereich

Art. 2 Abs. 1 GG ist Jedermanngrundrecht, auf das sich der P als natürliche Person berufen kann.

2. Eingriff

Eingriff ist jede staatliche Maßnahme, die den Schutzbereich eines Grundrechts verkürzt, also dessen Ausübung erschwert oder unmöglich macht.

a) Tauschwert

Fraglich ist, ob bez. des – unterstellt – geringeren Tauschwerts, also bez. des möglicher Weise geringeren Wiederverkaufswertes ein staatlicher Eingriff gegeben ist.

Hier könnte allenfalls ein mittelbar-faktischer Eingriff vorliegen, da insoweit ggü. P nicht rechtsförmig mit Befehl und Zwang vorgegangen wird. Gegen das Vorliegen eines solchen Eingriffs sprechen hier zwei Gesichtspunkte. Zum einen ist bereits fraglich, ob der Tauschwert gemindert wird. In nahezu allen Staaten der Welt herrschen generelle Tempolimits, ohne dass der Wert schneller Autos gemindert würde. Bspw. vertreibt Porsche große Teile seiner Produktion im Ausland. Zudem würde es – den geringeren Tauschwert unterstellt – an der notwendigen Unmittelbarkeit fehlen. Der Preis von PKW (auch Gebrauchtwagen) wird im Wesentlichen über den Markt bestimmt. Hier kommen so viele Faktoren zusammen, dass ein Tempolimit kaum nachweisbare und für den Staat nicht vorhersehbare Auswirkungen auf den Wiederverkaufswert von Gebrauchtwagen haben dürfte. Damit ist ein Eingriff insoweit im Ergebnis zu Eingriff zu verneinen (aA wohl vertretbar).

b) Schnellfahren

P darf aufgrund des entsprechenden Verbots in der StVO auf keinem öffentlichen Straßenteil mehr beliebig schnell fahren, damit ist ein (klassischer) Eingriff in den Schutzbereich gegeben.

3. Verfassungsrechtliche Rechtfertigung des Eingriffs

a) Beschränkbarkeit des Grundrechts?

Art. 2 Abs. 1 2. Hs. GG steht unter dem Vorbehalt der verfassungsmäßigen Ordnung, der Rechte Dritter und des Sittengesetzes, sog. Schrankentrias.

b) Existenz einer wirksamen Schranke?

Hier kommt vornehmlich eine Einschränkung durch die verfassungsmäßige Ordnung in Form der StVO-Änderung in Betracht. Dazu müsste die StVO in der Fassung der Änderungs-VO Teil der verfassungsmäßigen Ordnung sein. Dazu müsste die StVO(-Änderung) auf einer wirksamen Ermächtigungsgrundlage beruhen, von der durch die richtigen Verordnungsermächtigten in verfassungsgemäßer Weise Gebrauch gemacht wurde.

aa) Beruht der Eingriff (Änderung der StVO) auf einer gesetzlichen Grundlage?

Hier liegt die Ermächtigung für den Erlass der StVO in § 6 StVG. Das StVG ist als wirksame Ermächtigungsgrundlage anzusehen, die auch die Anforderungen des Art. 80 Abs. 1 GG bez. der Wiedergabe von Inhalt, Zweck und Ausmaß der Verordnungsermächtigung erfüllt. Das StVG (insb. § 6 Abs. 1 Ziffer 3 StVG) ist damit wirksame Verordnungsermächtigung i.S.d. Art. 80 Abs. 1 GG

bb) Formelle Rechtmäßigkeit der StVO-Änderung

Gehandelt hat der nach § 6 StVG ermächtigte Bundesminister für Verkehr, das weitere Verfahren (Zustimmung des Bundesrates, Ausfertigung, Verkündung usw.) ist als ordnungsgemäß zu unterstellen.

c) Materielle Rechtmäßigkeit

§ 3 StVO n.F. entspricht den in der Ermächtigungsgrundlage (§ 6 Abs. 1 Ziffer 3 StVG) genannten Zwecken. Fraglich ist, ob sie die Schranken-Schranken einhält. Die Norm ist hinreichend bestimmt. Fraglich ist aber vornehmlich, ob sie dem Grundsatz der Verhältnismäßigkeit entspricht.

aa) Verfassungsrechtlich legitimer Zweck

> **Anm.**: Der Sachverhalt nennt nicht die Zwecke, die der Verordnungsgeber/Gesetzgeber mit der betreffenden Regelung verfolgt. Dann müssen die naheliegenden Zwecke selbst erarbeitet werden, was aber in diesem Fall keine sonderlichen Probleme bereitet.

Zweck der Regelung ist zum einen Schutz von Leib und Lebens anderer Verkehrsteilnehmer und bedeutender Sachwerte, sowie der Umweltschutz. Leib, Leben und Eigentum Dritter sind grundrechtlich geschützt, der Umweltschutz genießt nach Art. 20a GG Verfassungsrang. Damit verfolgt die Neuregelung insgesamt verfassungsrechtlich legitime Zwecke.

bb) Geeignetheit

Die Frage nach der Geeignetheit der Regelung ist die nach der Zweckförderlichkeit im weitesten Sinne.
Es entspricht der Lebenswahrscheinlichkeit, dass geringere Geschwindigkeiten die Folgen von Unfällen reduzieren. Zugleich kann davon ausgegangen werden, dass mit einer geringeren Geschwindigkeit auch ein geringerer CO_2-Ausstoß einhergeht.

Geeignetheit im Sinne der Zweckförderlichkeit dürfte hier somit anzunehmen sein.

cc) Erforderlichkeit

Zu fragen ist im Rahmen der Erforderlichkeit, ob ein milderes Mittel gleicher Eignung zur Zweckerreichung existiert.

In Betracht käme zur Reduzierung von Unfallfolgen auch ein Ausbau von Straßen und Autobahnen, um so die Verkehrssicherheit zu erhöhen. Dieses Mittel wäre aber zum einen infolge des Diktats leerer Kassen nicht milder, da ein entsprechender Ausbau kaum finanzierbar wäre, bzw. durch notwendige Umschichtungen im Haushalt zulasten anderer notwendiger Staatsaufgaben ginge. Zum anderen wäre mit dem Ausbau der Straßen dem Umweltschutz nicht wesentlich geholfen, so dass die Maßnahme bezogen auf diesen verfolgten Zweck nicht gleich geeignet wäre.
Für den Umweltschutz könnte die staatliche Förderung verbraucharmer Fahrzeuge ein milderes Mittel sein. Dies würde aber bei Beibehaltung der hohen Geschwindigkeiten auf Seiten des Unfallschutzes nichts beitragen.
Zentrales Problem ist die Frage, wieso das Tempolimit im Zeichen der Erforderlichkeit bei 120 km/h, und nicht etwa bei 130 km/h oder 110 km/h angesetzt wird. Wenn die Annahme stimmt, dass schnelles Fahren die oben genannten Effekte hat, wäre eine Prognoseentscheidung, dass bei 120 Km/h diese Effekte verringert werden, grds. wissenschaftlich abzusichern. Allerdings ist die Festsetzung des Tempolimits bei 120 km/h – gerade auch im internationalen Vergleich (Belgien 120 km/h, Frankreich 130 km/h), vom Prognosespielraum des Verordnungsgebers, der insoweit zu achten ist, gedeckt.

Anm.: Das Problem, die Erforderlichkeit festzustellen, stellt sich bei allen festen Grenzen, die staatlicherseits gezogen werden. Die Frage ist im Wesentlichen, ob die Maßnahme des Staates „in range" ist. Dabei ist der „Blick über den Tellerrand", also auf vergleichbare Regelungen, bspw. in Nachbarstaaten, legitim, und kann hilfreich sein.

Das Tempolimit ist somit erforderlich.

dd) Angemessenheit

Es stehen sich das Interesse des P am schnellen Fahren und das Interesse der Allgemeinheit an sauberer Umwelt und Verkehrssicherheit gegenüber.
Hier ist bereits eine deutliche Unwucht zulasten des Interesses des P festzustellen, da der Staat hier den Schutz höchstwertiger Rechtsgüter bezweckt. Zudem fällt das Tempolimit von 120 km/h noch relativ moderat aus. Außerdem besteht für P die Möglichkeit auszuweichen. Auf privaten Rennstrecken besteht nach wie vor die Möglichkeit, das eigene Fahrzeug nach Herzenslust auszufahren. Der Staat zieht sich hier einerseits aus dem Rechtsgüterschutz zwischen den Nutzern dieser Strecken ein Stück weit heraus und macht andererseits insoweit schon Zugeständnisse, was den Schutz der Umwelt angeht.

Das Tempolimit ist damit angemessen.

Zwischenergebnis: Zwar liegt in der Änderung der StVO bezogen auf das Recht des P, so schnell zu fahren, wie er möchte, ein Eingriff in das Grundrecht aus Art. 2 Abs. 1 GG, dieser ist aber gerechtfertigt.

Endergebnis: Die Verfassungsbeschwerde ist zulässig, aber unbegründet.

Fall 2: Jammern im Jammertal

Fürstin F von und zu Jammertal (im Weiteren „F") ist eine in der sog. Regenbogenpresse bekannte und beliebte Adlige, die sich bislang bei der Berichterstattung von Jetset-Partys stets in den Vordergrund drängte und sich dabei regelmäßig mit ihren jeweiligen Liebschaften, ihrerseits B- bis D-Promis, ablichten ließ. Auch lud sie die Presse häufig zu sog. Homestorys auf Schloss Jammertal ein, bei denen sie gerne mehr oder minder schlüpfrige Andeutungen über ihr reiches Liebesleben zu verbreiten beliebte.

Doch F's Leben ist im Umbruch begriffen. Nach einer unglücklichen Romanze mit einem italienischen Gigolo (die Presse berichtete ausführlich) hat sie die Liebe zu einem Bediensteten, dem schüchternen, aber grundsoliden B entdeckt. B dient der Fürstin seit Jahren im Bereich der fürstlichen Finanzen. Als Zeichen des besagten Umbruchs lädt F die Presse zu einer – wie sie anlässlich der Einladung ankündigt – „letzten Homestory", bei der es bevorzugt um die frisch renovierten fürstlichen Badezimmer (offene Regenwalddusche, Whirlpool, platinierte Armaturen, Hängeklo) gehen soll.

In einem Moment, in dem sie sich unbeachtet fühlt, haucht sie dem B während des Pressetermins einen zarten Kuss auf die Lippen und lässt ihre Hand sanft auf dessen Rücken spielen. Der geübte Fotograf P, der für die X-Verlag GmbH (im Weiteren „X") tätig ist, bemerkt die Szene und schießt ein Foto der beiden.

X plant daraufhin in der bei ihr erscheinenden „Goldenen Gazette" ein Titelblatt mit dem besagten Foto und der Bildüberschrift: „Der Buchhalter der Fürstin – stellt er künftig die Bilanzen ihrer Liebe auf?"; im Inneren des Blattes findet sich ein Artikel mit Belanglosigkeiten zu den neuen Bädern der Fürstin und lauen Spekulationen über die Liebschaft der Fürstin mit – so wörtlich – „Bernd B." Auf dem Foto auf dem Titelblatt erkannt man die F recht deutlich, und auch, dass sie den B küsst; von B sieht man die etwas schütteren Haare, den Rücken im grauen Sakko, die Andeutung einer Goldrandbrille und ein zart errötetes Ohr. Es ist nicht auszuschließen, dass enge Bekannte des B diesen auf dem Foto erkennen können.

F und B erfahren im Vorfeld von dem geplanten Bericht und wollen per einstweiliger Anordnung, gestützt auf einen Unterlassungsanspruch nach §§ 823 I, 1004 I 2 BGB, die Veröffentlichung verhindern. Sie berufen sich auf ihr allgemeines Persönlichkeitsrecht (insoweit auch „sonstiges Recht" iSd § 823 I BGB), insb. auf das Recht am eigenen Bild und auf ihre Intim- bzw. Privatsphäre. Schließlich sei das Leben der F im Umbruch, insoweit wolle sie die öffentliche Inszenierung ihres Lebens nicht mehr. Im Übrigen habe der Pressetermin vornehmlich den neuen Bädern gegolten. Jedenfalls der B sei keine Person von öffentlichem Interesse, so dass er eine Ablichtung nicht dulden müsse. Auch enthalte schon das Titelblatt unwahre und sogar herabwürdigende Aussagen: Schließlich sei B – was jeweils zutrifft – gelernter Wirtschaftsprüfer und nur mit etwa 15 % seiner Tätigkeit mit der Buchhaltung der F betraut.

X beruft sich dagegen auf die Pressefreiheit. Schließlich sei das Liebesleben der F aufgrund ihrer eigenen Inszenierungen von öffentlichem Interesse, sie selbst habe die Presse nach Hause eingeladen. Und auch dem B müsse klar sein, dass er sich, wenn er sich mit F einlässt, selbst ins Rampenlicht rückt. Im Übrigen sieht X einen Verstoß gegen das Zensurverbot nach Art. 5 I 3 GG.

Im Rahmen einer Anhörung der Parteien neigt das Zivilgericht dazu, die Veröffentlichung vorläufig zu untersagen; im Wesentlichen beruft sich auf die Argumente der F und des B, insb. auf den zukünftig geplanten anderweitigen Lebenswandel der F und die besondere Schutzwürdigkeit des B gegenüber dem Veröffentlichungsinteresse der X als Teil der Presse.

Würde das Zivilgericht mit einer Untersagung die Pressefreiheit der X verletzen?

Bearbeitervermerk: Auf die im Sachverhalt angesprochenen Argumente ist – ggf. hilfsgutachterlich – einzugehen.

Lösungshinweise Fall 2: Jammern im Jammertal

(Schwerpunkt: Art. 2 Abs. 1 iVm Art. 1 Abs. 1 S. 1 GG – allgemeines Persönlichkeitsrecht; Art. 5 Abs. 1 S. 2 1. Var. GG – Pressefreiheit; mittelbare Drittwirkung)

Das Zivilgericht könnte mit einer evtl. einstweiligen Verfügung das Grundrecht der X aus Art. 5 I 2 1. Var. GG verletzen.

1. Schutzbereich

a) Sachlicher Schutzbereich

Presse umfasst jedenfalls alle zur Verbreitung an einen unbestimmten Personenkreis geeigneten und bestimmten Druckerzeugnisse, so auch die Goldene Gazette. Der Schutzbereich umfasst dabei sowohl die Bild- wie die Textberichterstattung.

Der Schutzbereich könnte aber dann nicht eröffnet sein, wenn die Presseveröffentlichung der Verbreitung einer bewusst unwahren Tatsachenbehauptung oder herabwürdigender Äußerungen dient.

> **Anm.**: Dieser Aspekt kann auch im Rahmen der Angemessenheit angesprochen werden.

Diese könnte hier darin liegen, dass das Titelblatt den B verkürzt als „Buchalter" der F bezeichnet. Doch ist hierin zum einen keine unwahre Tatsache gelegen, da B für F auch Aufgaben als Buchalter wahrnimmt. Zwar kann die Bezeichnung eines Menschen als „Buchalter" eine negative Konnotation haben, jedoch ist in der Darstellung auf dem Titelblatt keine derartige Herabwürdigung des B zu sehen, sondern eine in Presseorganen übliche und zulässige Vereinfachung.

Danach ist der sachliche Schutzbereich eröffnet.

b) Persönlicher Schutzbereich

Die Pressefreiheit ist Jedermann-Grundrecht und steht aufgrund ihrer wesensmäßigen Anwendbarkeit gem. Art. 19 III GG auch Presseunternehmen wie der X als jur. Person zu.

Damit ist auch der persönliche Schutzbereich für X eröffnet.

2. Eingriff

Eingriff ist jede staatliche Maßnahme, die den Schutzbereich eines Grundrechts verkürzt, also dessen Ausübung erschwert oder unmöglich macht.

Problematisch ist, dass F und B als Private selbst nicht grundrechtsverpflichtet sind, ebenso wenig wie X. Durch die Einschaltung des Zivilgerichts käme hier aber die Konstruktion der mittelbaren Drittwirkung zum Tragen. Ein Eingriff läge damit für X in dem (drohenden) Ausspruch des Zivilgerichts, sofern die einstweilige Verfügung erlassen wird.

> **Anm.**: Wichtig ist insoweit, dass erkannt wird, dass aufgrund der fehlenden Grundrechtsverpflichtung keine Eingriffshandlung zwischen F/B und X gegeben sein kann, und dass das Konstrukt mittelbarer Drittwirkung gesehen wird.

3. Rechtfertigung

Ein solcher späterer Eingriff könnte gerechtfertigt sein.

a) Beschränkbarkeit

Art. 5 I 2 1. Var. GG unterliegt gem. Art. 5 II GG der Schranke der allgemeinen Gesetze, der Vorschriften zum Schutz der Jugend und der persönlichen Ehre.

Allgemeine Gesetze sind nach der Verbindungslehre des BVerfG – gewendet auf die Pressefreiheit – solche, die nicht eine bestimmte Presseveröffentlichung verbieten und die sich nicht gegen die Pressefreiheit als solche richten, sondern die dem Schutz eines schlechthin gewährleisteten Rechtsguts dienen, das ggü. der Pressefreiheit im Einzelfall Vorrang genießen kann.

b) Existenz einer Schranke

Als allgemeine Gesetze kommen hier §§ 823 I, 1004 BGB in Betracht, die mit einem evtl. Unterlassungsanspruch nicht gegen eine bestimmte Veröffentlichung gerichtet sind, sondern dem Schutz eines ggf. höherrangigen Rechts, hier des allg. Persönlichkeitsrechts, das F und B geltend machen, dienen können. Über das Merkmal „rechtswidrig" in § 823 I GG bietet sich auch ein jedenfalls nach der früheren Rspr. des BVerfG notwendiges „Einfallstor" für die Grundrechte.

c) Verfassungsgemäße Anwendung der Schranke im Einzelfall

aa) Unzulässige Vorzensur?

Bei einer vorläufigen Unterlassungsverfügung könnte die spezielle Schranken-Schranken-Regelung des Art. 5 I 3 GG eingreifen, das Zensurverbot. Läge ein Verstoß gegen das Zensurverbot vor, wäre dies keiner Rechtfertigung zugänglich, die einstweilige Verfügung wäre verfassungswidrig.

Umfasst ist vom Zensurverbot nur die Vorzensur, nicht die Nachzensur, also die auf die Veröffentlichung eines in den Schutzbereich des Art. 5 I GG fallenden Verhaltens folgende Sanktionierung, etwa aufgrund vorrangiger Rechtspositionen Dritter oder der Allgemeinheit. Da hier die Veröffentlichung noch nicht erfolgt ist, könnte es sich aber um Vorzensur handeln.

Als Vorzensur werden allerdings nur einschränkende Maßnahmen vor der Herstellung oder Verbreitung eines Geisteswerkes, insb. das Abhängigmachen von behördlicher Vorprüfung und Genehmigung seines Inhalts iS eines Verbots mit Erlaubnisvorbehalt angesehen (formelle Vorzensur); hierunter fällt nicht eine materielle Vorzensur, insb. auf Betreiben betroffener Dritter, die sich durch eine Veröffentlichung in Rechten beeinträchtigt fühlen.

Die Verfügung unterfiele damit nicht dem Zensurverbot des Art. 5 I 3 GG.

bb) Verfassungsmäßigkeit, insb. Verhältnismäßigkeit einer Unterlassungsverfügung im Übrigen

Zu fragen ist allerdings, ob das Zivilgericht mit einer vorl. Untersagung das Grundrecht der X aus Art. 5 I 2 1. Var. GG in einen vertretbaren, verhältnismäßigen Ausgleich mit dem Grundrecht von F und B aus Art. 2 I, 1 I GG bringen würde.

> **Anm.**: Die Bearbeiterinnen und Bearbeiter können an dieser Stelle unter Anwendung der Wechselwirkungslehre in einen allgemeinen Abwägungsvorgang zw. den Grundrechten der Beteiligten eintreten; die Wechselwirkungslehre kann aber auch der Prüfung der Angemessenheit vorbehalten werden. Es ist zu erwarten, dass die Bearbeitungen eine klassische Verhältnismäßigkeitsprüfung, ggf. auch unter Nichterwähnung der Wechselwirkungslehre, eintreten werden. Dieses Vorgehen wäre nicht ideal, aber hinzunehmen.

Das Zivilgericht würde mit einer Untersagung einen **legitimen Zweck**, nämlich den Schutz des allg. Persönlichkeitsrechts von F und B verfolgen.

Das Vorgehen wäre dadurch, dass die Presseveröffentlichung vorläufig unterbliebe, jedenfalls zweckförderlich und damit **geeignet**. Ein milderes Mittel gleicher Wirksamkeit käme nicht in Betracht; insb. der Verzicht auf das Foto wäre für X gleichermaßen belastend und würde zugleich F und B nicht aus dem Fokus des öffentlichen Interesses rücken. Das Vorgehen wäre damit **erforderlich**.

Fraglich ist, ob das Vorgehen im Lichte der Grundrechte der Beteiligten auch **angemessen** wäre. Hier (spätestens) ist die Wechselwirkungslehre des BVerfG zu beachten, nach der die allg. Gesetze ihrerseits im Lichte des hohen Ranges der Gewährleistungen aus Art. 5 I GG, hier der Pressefreiheit der X, auszulegen sind. Die Anwendung der §§ 823 I, 1004 BGB dient, wie bereits ausgeführt, dem Schutz des allg. Persönlichkeitsrecht von F und B.

Das allg. Persönlichkeitsrecht umfasst mit dem Recht auf Selbstdarstellung das Recht am eigenen Bild und mit dem Recht auf Selbstbewahrung den grundsätzlichen Schutz der Intim- bzw. Privatsphäre. Auf beides berufen sich F und B. Dagegen beruft sich X auf das Informationsinteresse der Öffentlichkeit, das zu erfüllen Aufgabe von Presse ist. Zu beachten ist, dass das BVerfG tendenziell keine strenge Dreiteilung mehr zwischen Intimsphäre, Privatsphäre und Sozialsphäre mehr vornimmt, sondern neben der absolut geschützten Intimsphäre eine nach außen hin ausgleitende, immer schwächer geschützte Zone zwischen Privat- und Sozialsphäre zugrunde legt.

Nicht mehr gebräuchlich ist im Übrigen auch die Annahme geringerer Schutzwürdigkeit sog. „absoluter Personen der Zeitgeschichte“, zu denen F unter Umständen zählen könnte. Diese mussten auf Grundlage des § 23 KunstUrhG außerhalb der Intimsphäre regelmäßig die ungenehmigte Veröffentlichung von Abbildungen dulden. Auch hier wird nach aktueller Rechtsprechung eine Einzelfallabwägung vorgenommen, die eine konkrete Abwägung zwischen den Interessen der Abgebildeten und des Informationsinteresses vornimmt.

Die Pressefreiheit müsste auf jeden Fall zurücktreten, wenn die Berichterstattung einen Eingriff in die Intimsphäre von F und B bedeuten würde. Derartige Eingriffe wären keiner Rechtfertigung zugänglich. Da aber die konkrete Berichterstattung insb. keine explizit sexuellen Handlungen betrifft, sondern nur einen flüchtigen Kuss unter Liebenden, dürfte die Intimsphäre nicht betroffen sein. Die Situation spielt sich damit in der in ihrer Schutzwürdigkeit nach außen abnehmenden Zone zwischen (früherer) Privatsphäre und Sozialsphäre ab.

Anm.: Die Annahme einer Betroffenheit der Intimsphäre mag noch vertretbar sein, ist aber relativ fernliegend. Gleichwohl müsste nach Bearbeitervermerk auf die übrigen vorgebrachten Argumente eingegangen werden.
Den Bearbeiterinnen und Bearbeitern ist im Übrigen zuzugestehen, die in der früheren Rspr. des BVerfG übliche stärkere Abgrenzung zwischen Intimsphäre, Privatsphäre und Sozialsphäre anzuwenden, und nicht zwischen Intimsphäre einerseits und einem nach außen hin fließend geringeren Schutzbereich des Persönlichkeitsrechts (letztlich orientiert an den gleichen Sphären) andererseits zu unterscheiden.

Die Betroffenheit des Persönlichkeitsrechts von F und B ist damit grds. einer Abwägung mit der Pressefreiheit zugänglich.

Gegen ein Überwiegen der Pressefreiheit könnte weiterhin sprechen, dass die Veröffentlichung das Recht von F und B am eigenen Bild verletzt. Hier kann zwischen F und B differenziert werden. F genießt zunächst einen tendenziell geringeren Schutz, da sie bislang auch regelmäßig die Öffentlichkeit gesucht hat und hier die Presseorgane selbst nach Hause eingeladen hat. Dass hierbei nach der Vorstellung der F ggf. vornehmlich die luxuriösen neuen Bäder des Schlosses vorgestellt werden sollten, ändert an dieser Bewertung zunächst nichts. Damit, dass Aufnahmen auch von ihr gemacht werden, musste sie jedenfalls rechnen. Für B wird anzunehmen sein, dass er als bislang nicht in der Öffentlichkeit auftretende Person einen tendenziell stärkeren Schutz genießt. Allerdings ist er auf dem Foto für eine breitere Öffentlichkeit nicht erkennbar; auch nennt der Beitrag in der Zeitschrift nicht seinen Klarnamen. Sofern enge Bekannte den diesen erkennen können, dürfte diesen die Liebschaft mit F bekannt sein, das Bekanntwerden jedenfalls keine übermäßig negativen Effekte für B haben.

Für ein Überwiegen der Pressefreiheit könnte sprechen, dass F trotz des Umstandes, dass sie sich zukünftig offenbar stärker aus der Öffentlichkeit zurückziehen will, diese „letzte Homestory" zugelassen und dazu eingeladen hat. Die Berichterstattung war also weiterhin für die interessierte Öffentlichkeit gedacht. Insofern konnte auch davon ausgegangen werden, dass F grds. weiterhin Bilder von ihr und ihren Liebschaften akzeptiert. Zudem ist die Darstellung in der Goldenen Gazette nach der Feststellung oben (sachl. Schutzbereich) nicht per se unwahr oder herabwürdigend.

Geht man davon aus, dass sich F und B der Anwesenheit der Presse bewusst waren, das Informationsinteresse der Öffentlichkeit fortbesteht und diese Umstände auch dem B bewusst waren, wird man hier von einem Überwiegen der Pressefreiheit ausgehen können.

Ergebnis: Die einstweilige Verfügung würde die X damit in ihrem Recht aus Art. 5 I 2 1. Var. GG verletzen.

Anm.: Das gegenteilige Ergebnis ist gleichermaßen vertretbar. Wichtig ist, dass die widerstreitenden Interessen erkannt, gegenüber gestellt und intensiv abgewogen werden.

Fall 3: Körpersäfte

G ist Geschäftsführer und Mitgesellschafter einer GmbH. Er macht sich einen Sport daraus, Fragebögen der Handwerkskammer, zu deren Beantwortung er sich nicht verpflichtet glaubt, nicht auszufüllen bzw. mit beleidigenden und sinnlosen Anmerkungen zu versehen. Folge dieser Späße ist die – für sich ordnungsgemäße – Verhängung eines Bußgeldes von 1.000 €. Da dieser Bußgeldbescheid eindeutig auf das Konto des G geht und der GmbH ein Schaden in Höhe der Buße entstanden ist, wird gegen G auf eine Anzeige anderer Gesellschafter hin Anklage wegen Untreue (§ 266 StGB) erhoben.

Da der G in der Hauptverhandlung weiter relativ verhaltensauffällig ist (er erscheint deutlich nach Rosenmontag mit einer Clownsnase im Gerichtssaal), will der Amtsrichter die Zurechnungsfähigkeit des G feststellen, und ordnet hierzu eine ärztliche Untersuchung des Angeklagten an, bei der eine Untersuchung des Liquor (Gehirn- und Rückenmarkflüssigkeit) durchgeführt werden soll. Für die Liquorentnahme muss der Rückenmarkskanal punktiert werden, was unter anderem mit Infektionsrisiken und Risiken für Folgeerkrankungen behaftet ist.

Wie zu erwarten war, verweigert G auch die Durchführung dieser Untersuchung. Schließlich würde man ja nicht jedem, der gut gelaunt sei, gleich Nadeln in der Körper jagen, um sich an dessen Körpersäften zu erfreuen. Der Amtsrichter bleibt bei seinem Plan und ordnet durch Beschluss auf Grundlage des § 81a StPO die Vornahme der Untersuchung in einer örtlichen Nervenklinik an.

G legt gegen die Anordnung Beschwerde ein, die das Landgericht letztinstanzlich als unbegründet verwirft.

G erhebt daraufhin Verfassungsbeschwerde mit der Begründung, er werde durch den Beschluss in seinem Grundrecht aus Art. 2 Abs. 2 GG verletzt.

Ist die zulässige Verfassungsbeschwerde des G erfolgreich?

Bearbeitervermerk:
Es ist davon auszugehen, dass die Liquorentnahme geeignet ist, Auskunft über den geistigen Gesundheitszustand des G zu geben.

§ 81a StPO:
(1) Eine körperliche Untersuchung des Beschuldigten darf zur Feststellung von Tatsachen angeordnet werden, die für das Verfahren von Bedeutung sind. Zu diesem Zweck sind Entnahmen von Blutproben und andere körperliche Eingriffe, die von einem Arzt nach den Regeln der ärztlichen Kunst zu Untersuchungszwecken vorgenommen werden, ohne Einwilligung des Beschuldigten zulässig, wenn kein Nachteil für seine Gesundheit zu befürchten ist.
(2) Die Anordnung steht dem Richter, bei Gefährdung des Untersuchungserfolges durch Verzögerung auch der Staatsanwaltschaft und ihren Ermittlungspersonen (§ 152 des Gerichtsverfassungsgesetzes) zu.
(3) Dem Beschuldigten entnommene Blutproben oder sonstige Körperzellen dürfen nur für Zwecke des der Entnahme zugrundeliegenden oder eines anderen anhängigen Strafverfahrens verwendet werden; sie sind unverzüglich zu vernichten, sobald sie hierfür nicht mehr erforderlich sind.

Lösungshinweise Fall 3: Körpersäfte

(Angelehnt an BVerfGE 16, 194; Schwerpunkt: Art. 2 Abs. 2 GG, Art. 19 Abs. 1 GG)

Die zulässige Verfassungsbeschwerde des G ist begründet, wenn er durch den Beschluss des Landgerichts in seinen Grundrechten verletzt wurde.

> **Anm.**: Die Fallfrage lautet: „Ist die *zulässige* Verfassungsbeschwerde des G erfolgreich?" Wer jetzt die Zulässigkeit prüft, kann sich von G gleich mal die Clownsnase ausleihen und dazu die Narrenkappe aufsetzen – die mit Glöckchen und Bömmeln.

I. Prüfungsmaßstab

Zu beachten ist, dass das Bundesverfassungsgericht nur die spezifische Verletzung von Verfassungsrechts prüft. Das Bundesverfassungsgericht ist keine Superrevisionsinstanz und prüft daher nicht, ob richtig unter die Tatbestandsmerkmale der Ermächtigungsgrundlage subsumiert wurde. Vorrangig ist die Frage, ob die Gerichte die Ausstrahlungswirkung der Grundrechte erkannt und in einen vertretbaren Ausgleich mit den Interessen der Allgemeinheit oder Dritter gebracht haben.

II. Verletzung von Grundrechen, hier Art. 2 Abs. 2 S. 1 GG

Die Anordnung zur Liquorentnahme in der Form des letztinstanzlichen Beschlusses des Landgerichts könnte den G in seinem Recht auf körperliche Unversehrtheit aus Art. 2 Abs. 2 S. 1 GG verletzen.

1. Schutzbereich

a) Sachlicher Schutzbereich

Dazu müsste zunächst der Schutzbereich des Art. 2 Abs. 2 S. 1 GG eröffnet sein. Art. 2 Abs. 2 S. 1 GG schützt das Leben und die körperliche Unversehrtheit. Betroffen sein könnte die körperliche Unversehrtheit des G. Mit körperlicher Unversehrtheit ist die Gesundheit im biologisch-physiologischen Sinn, wie im psychischen Sinn gemeint. Erfasst sind auch die körperliche Integrität und die Freiheit von Schmerzen. Der sachliche Schutzbereich des Art. 2 Abs. 2 S. 1 GG ist somit eröffnet.

b) Persönlicher Schutzbereich

Art. 2 Abs. 2 S. 1 GG ist Jedermanngrundrecht, so dass G als natürliche Person erfasst ist.

2. Eingriff

Eingriff ist jede staatliche Maßnahme, die den Schutzbereich eines Grundrechts verkürzt, also dessen Ausübung erschwert oder unmöglich macht.

Wenn die Untersuchung wie angeordnet durchgeführt wird, wird die körperliche Integrität des G verletzt und es werden nicht unerhebliche Schmerzen zugefügt. Eine Liquorentnahme ist mit nicht unerheblichen Schmerzen verbunden und birgt auch das Risiko von schwerwiegenden Infektionen. Auch wenn mit dem Beschluss die körperliche Integrität noch nicht betroffen ist und auch noch keine Schmerzen zugefügt werden, schafft er doch die rechtlichen Voraussetzungen für den Eingriff. Der richterliche Beschluss über die Anordnung der körperlichen Untersuchung stellt somit bereits einen (klassischen) Eingriff in die körperliche Unversehrtheit des G dar.

3. Rechtfertigung

Der Eingriff könnte jedoch gerechtfertigt sein.

a) Beschränkbarkeit des Grundrechts

Das Grundrecht auf Leben und körperliche Unversehrtheit steht unter einem Gesetzesvorbehalt nach Art. 2 Abs. 2 S. 3 GG; die Einschränkung aufgrund eines Gesetzes ist möglich. Da Eingriffe in den Schutzbereich des Art. 2 Abs. 2 S. 1 GG häufig von erheblicher Intensität sind, muss nach dem Wesentlichkeitsgrundsatz eine Eingriffsermächtigung sowohl bez. der Eingriffe auf der körperlichen Unversehrtheit durch Parlamentsgesetz geregelt werden. Darüber hinaus muss diese Schrankenregelung auch verfassungsgemäß angewendet worden sein.

b) Existenz einer wirksamen Schranke.

Grundlage des Beschlusses ist § 81a StPO als Parlamentsgesetz. Damit § 81a StPO eine wirksame Grundlage für Grundrechtseingriffe ist, muss die Norm zunächst verfassungsgemäß sein.

aa) Formelle Verfassungsmäßigkeit des Gesetzes

§ 81a StPO ist formell verfassungsgemäß, wenn der zuständige Gesetzgeber tätig geworden ist und keine Verfahrens- oder Formmängel vorliegen. Die StPO als Bundesgesetz liegt gem. Art. 74 Abs. 1 Nr. 1 GG in der Zuständigkeit des Bundes. Mangels entgegenstehender Angaben im Sachverhalt ist die formelle Verfassungsmäßigkeit im Übrigen anzunehmen.

bb) Materielle Verfassungsmäßigkeit

Hinsichtlich der materiellen Verfassungsmäßigkeit ist zu prüfen, ob das Zitiergebot des Art. 19 Abs. 1 S. 2 GG eingehalten wurde, ob die Norm hinreichend bestimmt ist, und ob sie verhältnismäßig ist.

(1) Zitiergebot

Das Zitiergebot hat eine Warn- und Besinnungsfunktion für den Normgeber und den Normanwender. Allerdings findet das Zitiergebot bei vorkonstitutionellen Gesetzen keine Anwendung. Die StPO ist ein solches vorkonstitutionelles Gesetz. Zwar kann ein vorkonstitutionelles Gesetz in den Willen des nachkonstitutionellen Gesetzgebers übergegangen sein, so durch Neuverkündung oder wesentliche Änderung. Das Zitiergebot soll dann aber nicht eingreifen, wenn dadurch bereits geltende Grundrechtseinschränkungen unverändert oder mit geringfügigen Abweichungen wiederholt werden, was hier anzunehmen ist.
Das Zitiergebot ist somit nicht einzuhalten.

(2) Bestimmtheitsgebot

§ 81a StPO benennt den Anlass, den Rahmen und die Voraussetzungen für körperliche Eingriffe, und ist so hinreichend bestimmt.

(3) Verhältnismäßigkeit

Fraglich ist, ob das Gesetz verhältnismäßig ist. Der Grundsatz der Verhältnismäßigkeit erfordert, dass das Gesetz einem legitimen Ziel dient und zur Erreichung dieses Ziels geeignet, erforderlich und angemessen ist.

(a) Legitimer Zweck

§ 81a StPO dient der Durchführung eines geordneten Strafverfahrens durch Feststellung verfahrenserheblicher Tatsachen; die Norm verfolgt somit einen verfassungsrechtlich legitimen Zweck.

(b) Geeignetheit

Durch die in § 81a StPO vorgesehenen Untersuchungen kann der Zweck, verfahrenserhebliche Tatsachen, wie etwa auch die Zurechnungsfähigkeit eines Betroffenen zu ermitteln, gefördert werden.

(c) Erforderlichkeit

Fraglich ist, ob ein milderes Mittel gleicher Zweckdienlichkeit existiert. Ein milderes Mittel wäre die Möglichkeit, körperliche Untersuchungen nur im Einverständnis mit den Betroffenen vorzunehmen. Da hier kein Zwang ausgeübt würde, wäre dies zwar ein milderes Mittel, das aber im Falle der einfachen Weigerung des Betroffenen nicht gleich effektiv wäre.

(d) Angemessenheit

Hier sind die geschützten Interessen des Betroffenen und der Allgemeinheit abzuwägen. Durch § 81a StPO wird das Allgemeininteresse an einer funktionierenden Strafrechtspflege befördert. Dagegen steht die körperliche Unversehrtheit des Betroffenen als hochwertiges Schutzgut. § 81a StPO trifft allerdings klare Verfahrensregelungen (Durchführung durch einen Arzt nach den Regeln der ärztlichen Kunst und nur, wenn kein Nachteil für die Gesundheit des Betroffenen zu befürchten ist). Damit werden die körperlichen Folgen der Untersuchung nach Möglichkeit minimiert, so dass das Interesse der Strafrechtspflege hier überwiegt. § 81 a StPO ist somit insgesamt verhältnismäßig.

c) Verfassungsmäßigkeit der Einzelmaßnahme

Fraglich ist jedoch, ob § 81a StPO im Einzelfall durch den Richter verfassungsgemäß, insb. verhältnismäßig angewendet worden ist.

aa) Legitimer Zweck der Einzelmaßnahme

Die Einzelmaßnahme verfolgt das legitime Ziel, die Zurechnungsfähigkeit des G als Voraussetzung für die ordnungsgemäße Durchführung des Strafverfahrens festzustellen.

bb) Geeignetheit

Dazu ist sie auch geeignet, weil zweckförderlich.

cc) Erforderlichkeit

Im Sinne der Erforderlichkeit ist zu unterstellen, dass zur Liquorentnahme keine sinnvolle Alternative besteht.

dd) Angemessenheit

Fraglich ist jedoch, ob die Anordnung der Liquorentnahme im konkreten Fall angemessen war. Hier ist wiederum die funktionierende Strafrechtspflege mit dem Recht des G auf körperliche Unversehrtheit des G abzuwägen. Zunächst ist die funktionierende Strafrechtspflege ein hochrangiges Rechtsgut, das hier nicht zuletzt auch im Interesse des G liegt.
Zu berücksichtigen ist allerdings, dass der potentielle Schaden durch die Untreue mit 1.000 € relativ gering ist. Dagegen steht die schmerzhafte und mit erheblichen Infektionsrisiken behaftete Liquorentnahme, die weshalb das Interesse des G aus Art. 2 Abs. 2 S. 1 GG das Allgemeininteresse an der ordnungsgemäßen Durchführung des Strafverfahrens überwiegt. Durch das Beharren der Gerichte auf der Durchführung der Untersuchung ist das vorrangige Interesse des G missachtet worden.

Die Einzelmaßnahme ist daher unverhältnismäßig und verfassungswidrig.

Ergebnis: Die zulässige Verfassungsbeschwerde des G ist begründet.

Anm.: Wenn dann Zweifel an der Schuldfähigkeit des G verbleiben, muss das Verfahren im Zweifel eingestellt werden.

Fall 4: Ein Finger für den Guru

H ist Hohepriester der X-Gemeinschaft, die den Lehren ihres in den Himmel aufgefahrenen gottgleichen „Glaubensstifters" G folgt, der vor 100 Jahren in einem Land auf dem Gebiet des heutigen Indien geboren wurde. H selbst und seine Familienmitglieder sind indische Staatsbürger.

G hat zu Lebzeiten umfangreiche Schriften dazu verfasst, welche Form der Lebensgestaltung zu Reinigung, Erkenntnis und schließlich ewigem Leben führt. Hierzu gehören unter anderem tägliche Gebete und die Teilnahme an gottesdienstähnlichen Handlungen. Für die Söhne der Anhänger hat G etwas Besonderes vorgesehen. Da der Glaubensstifter selbst mit einer angeborenen Behinderung zur Welt gekommen ist, nämlich nur mit vier Fingern an der rechten Hand, ist es vorgeschrieben, dass den Jungen mit vier Jahren der Zeigefinger der rechten Hand vollständig amputiert wird. Diese Handlung wird durch die Hohepriester durchgeführt, denen die Techniken für eine relativ schmerzfreie und hygienisch vertretbare Amputation von anderen Hohepriestern übermittelt werden.

H will das Ritual im Einverständnis mit seiner Ehefrau an ihrem gemeinsamen Sohn S durchführen. Das zuständige Jugendamt erfährt von der anstehenden Amputation und erwirkt eine gerichtliche Anordnung, mit der die Operation untersagt wird. Dem H wird für den Fall, dass er den Plan weiter verfolgt, strafrechtliche Verfolgung angedroht. Zudem wird die Entziehung des Sorgerechts in Aussicht gestellt; S würde in eine Pflegefamilie gegeben werden.

Der vierjährige S, der von seinem Vater über die Wichtigkeit des Rituals für sein künftiges Seelenheil eindringlich aufgeklärt wurde, bestätigt dem Jugendamt gegenüber, dass er das Ritual um jeden Preis an sich vollziehen lassen wolle.

H lässt gleichwohl zunächst von seinem Plan ab, beruft sich aber auf eine Verletzung der Religionsfreiheit seines Sohnes S und zugleich auf die Verletzung seines Elternrechts und dem seiner Frau, wozu schließlich auch die religiöse Erziehung und die Bestimmungsgewalt in religiösen Fragen gehöre.

Zu Recht?

Lösungshinweise Fall 4: Ein Finger für den Guru

(Schwerpunkt: Art. 4 Abs. 1, 2 GG, Art. 6 Abs. 2 iVm Art. 4 GG – elterliches Erziehungsrecht in religiösen Fragen)

Teil 1: Die Religionsfreiheit des S

S könnte durch das Verbot des Rituals in seiner Religionsfreiheit nach Art. 4 Abs. 1, 2 GG, verletzt sein.

> **Anm.**: Der Fall folgt keinem prozessualen Aufbau, so dass lediglich nach Schutzbereich, Eingriff und Rechtfertigung zu fragen ist. In der Zulässigkeitsprüfung einer Verfassungsbeschwerde müsste nach der Verfahrensfähigkeit des S, orientiert an der Grundrechtsmündigkeit gefragt, und diese verneint werden. Allerdings würde die Verfahrensfähigkeit und die Religionsmündigkeit durch das Recht der elterlichen Sorge des H und seiner Frau, das auch Fragen der Religiosität erfasst, ersetzt werden.

1. Schutzbereich

a) Sachlicher Schutzbereich

Das Ritual, das an S vollzogen werden soll, müsste Ausdruck von Glaube und Religion sein. Glaube ist die Überzeugung, die der Einzelne von der Stellung des Menschen in der Welt und seinen Beziehungen zu höheren Mächten und tieferen Seinsschichten hat.

Gegen das Vorliegen eines Glaubens, der durch Art. 4 Abs. 1, 2 GG geschützt ist, könnte hier aber schon sprechen, dass eine Religion, die die Verstümmelung von Kindern vorsieht, aufgrund der sog. Kulturadäquanzformel nicht den Schutz der Religionsfreiheit genießt. So heißt es in BVerfGE 12, 1 4:

> *„Das Grundgesetz hat nicht irgendeine, wie auch immer geartete freie Betätigung des Glaubens schützen wollen, sondern nur diejenige, die sich bei den heutigen Kulturvölkern auf dem Boden gewisser übereinstimmender sittlicher Grundanschauungen im Laufe der geschichtlichen Entwicklung herausgebildet hat.“*

Von dieser Kulturadäquanzformel hat sich das Bundesverfassungsgericht allerdings in späteren Entscheidungen (vgl. BVerfGE 41, 29, 50) Abstand genommen und die Begrenzung der Glaubensfreiheit auf den judäo-christlichen Kulturkreis aufgegeben. Es stellt im Zeichen weltanschaulich-religiöser Neutralität des Staates vornehmlich auf das Selbstverständnis der Religionsgemeinschaft ab und fragt, ob eine Glaubensüberzeugung im obigen Sinne vorliegt, die von Mehreren geteilt und durch Rituale nach außen getragen wird.

Bei Zugrundelegen des Selbstverständnisses der X-Gemeinschaft ist festzustellen, dass ein geschlossenes Gedankengebäude entsprechend den Lehren des G existiert, das dieser überliefert hat, und in dem die Stellung des Menschen in der Welt und seinen Beziehungen zu höheren Mächten, repräsentiert durch den in den Himmel aufgefahrenen G bestimmt wird. Die X-Gemeinschaft vollzieht die von G vorgegebenen Rituale. Damit verkörpert das Verhalten der X-Gemeinschaft nach ihrem Selbstverständnis einen Glauben; die X-Gemeinschaft ist Religionsgemeinschaft. Damit stellt aber auch das Amputationsritual Ausdruck des Glaubens im Sinne des forum externum dar.

b) Persönlicher Schutzbereich

Art. 4 Abs. 1, 2 GG ist Jedermanngrundrecht, damit könnte sich S unabhängig von seiner Staatsangehörigkeit als natürliche Person grds. hierauf berufen. Allerdings fehlt ihm im Alter von vier Jahren die Religionsmündigkeit. Zum einen hat er die Altersgrenze von 14 Jahren nach § 5 S. 2 Gesetz über religiöse Kindererziehung noch nicht erreicht, zum anderen besitzt er mit vier Jahren nicht die notwendige Einsichtsfähigkeit. Allerdings tritt hier an die Stelle der Religionsmündigkeit des S das elterliche Sorgerecht (§ 1626 BGB), das auch religiöse Fragen umfasst.

Der Schutzbereich der Religionsfreiheit ist eröffnet.

2. Eingriff

Eingriff ist jede staatliche Maßnahme, durch die der Schutzbereich eines Grundrechts verkürzt, also dessen Ausübung erschwert oder unmöglich gemacht wird.

Die Drohung des Jugendamtes mit Strafverfolgung und Entziehung des Sorgerechts für den Fall des Vollzugs des Amputationsrituals verhindert, dass das Ritual als wichtiger Teil der Glaubensüberzeugung der X-Gemeinschaft und des S entsprechend den Lehren des G vollzogen wird. Das Recht auf Religionsausübung des S wird so teilweise unmöglich gemacht und verkürzt, auch ohne dass das Sorgerecht bereits entzogen oder eine strafrechtliche Verfolgung eingeleitet wäre. Da gegenüber S kein rechtlicher Zwang ausgeübt wird – Adressaten sind insoweit die Weltfern des S – liegt diesem gegenüber kein klassischer Eingriff vor. Ein Eingriff im mittelbar-faktischen Sinne ist aber jedenfalls zu bejahen.

3. Verfassungsrechtliche Rechtfertigung

Der Eingriff könnte gerechtfertigt sein.

a) Beschränkbarkeit des Grundrechts

Fraglich ist, ab die Glaubensfreiheit nach Art. 4 Abs. 1, 2 GG beschränkbar ist. Die Ansicht, dass Art. 140 GG iVm Art. 136 ff. WRV geschriebene Schranken der Religionsfreiheit enthält, ist aus systematischen Gründen abzulehnen; insb. ist nicht zu ersehen, dass der Grundgesetzgeber in Art. 4 GG hinsichtlich der Beschränkung des Grundrechts auf die Weimarer Staatskirchenrechtartikel verweisen wollte. Auch eine Schrankenleihe aus Art. 5 Abs. 2 GG (Schranke der allgemeinen Gesetze) ist aus den gleichen systematischen Gesichtspunkten abzulehnen. Schließlich scheidet auch eine Schrankenleihe aus Art. 2 Abs. 1 GG aus; es ist nicht ersichtlich, dass alle dem Wortlaut nach unbeschränkten Grundrechte unter Bezugnahme auf die Schrankentrias des Art. 2 Abs. 1 GG einem denkbar weiten Schrankenvorbehalt unterstellt werden sollten.

Im Ergebnis kann Art. 4 Abs. 1, 2 GG damit nur durch verfassungsimmanente Schranken eingeschränkt werden.

b) Existenz einer wirksamen Schranke

Als eine solche verfassungsimmanente Schranke kommt hier die staatliche Schutzpflicht für das Leben und die körperliche Unversehrtheit aus Art. 2 Abs. 2 S. 1 GG in Betracht. Einfachgesetzlich konkretisiert ist diese Schranke in den Vorschriften über die strafbare Körperverletzung, §§ 223 ff StGB und die Vorschriften zum Sorgerechtsentzug (§§ 1666 f. BGB).
Von der Verfassungsmäßigkeit der betreffenden Vorschriften ist auszugehen.

c) Verfassungsgemäße Anwendung der Schranken

Fraglich ist nun noch, ob die Schranken verfassungsgemäß angewendet wurden, insb. ob das Vorgehen des Jugendamtes verhältnismäßig war.

aa) Legitimer Zweck

Das Jugendamt verfolgt damit, dass es für den Fall der Durchführung des Rituals Strafverfolgung androht und den Entzug des Sorgerechts in Aussicht stellt, den verfassungsrechtlich legitimen Zweck, die körperliche Integrität des S zu wahren.

bb) Geeignetheit

Durch die Androhung der genannten Maßnahmen wird der Zweck, die körperliche Integrität des S zu schützen, wird die Durchführung des Rituals zwar nicht unmöglich gemacht, aber jedenfalls eine psychologische Hürde errichtet. Die Maßnahmen sind so zweckförderlich, damit geeignet.

cc) Erforderlichkeit

Ein ggü. der Androhung der Maßnahmen mildere Maßnahme gleicher Effektivität ist nicht ersichtlich. Jetzt bereits den Sorgerechtsentzug durchsetzen, wäre ggf. effektiver, in Anbetracht der Bereitschaft des H, das Ritual vorerst nicht durchzuführen, aber belastender.

dd) Angemessenheit

Gegenstand der Angemessenheitsprüfung ist der Versuch, die religiöse Überzeugung des S und seiner Eltern im Sinne praktischer Konkordanz zu einem vertretbaren Ausgleich mit dem Schutzauftrag des Staates zu bringen.
Fest steht dabei zunächst, dass das von dem vierjährigen S ernsthaft erklärte Einverständnis mit der Durchführung des Rituals mangels Einsichtsfähigkeit bez. der Folgen des Eingriffs für sein weiteres Leben nicht ins Gewicht fällt.
Zugleich ist aber grds. zu beachten, dass die Nichtdurchführung des Rituals an S ihn und seine Familie in einen schweren Konflikt mit den Lehren der X-Gemeinschaft stürzt. Zur

Überzeugung aller Anhänger des G könnte der Verzicht auf das Ritual das Seelenheil des S schwer gefährden. Auch könnte S als nicht vollwertiges Mitglied der Glaubensgemeinschaft stigmatisiert werden.
Dagegen streitet, dass mit dem Verlust des Zeigefingers der rechten Hand hinsichtlich der Greiffähigkeit und der damit einhergehenden Einschränkung motorischer Fähigkeiten eine erhebliche und irreparable Beeinträchtigung des S für sein ganzes weiteres Leben einhergehen dürfte. Eine weniger intensive Vorgehensweise (bspw. Amputation nur eines Fingergliedes), die uU eine geringere Beeinträchtigung des S bedeuten würde, dürfte staatlicherseits im Zweifel auch nicht geduldet werden, würde aber auch der religiösen Überzeugung der X-Gemeinschaft nicht entsprechen. Infolge dessen ist praktische Konkordanz hier nicht herstellbar. Im Zweifel muss das Schutzinteresse des Staates hier die religiöse Überzeugung des S und seiner Eltern überwiegen. Das faktische Verbot der Durchführung des Rituals durch die Androhungen des Jugendamts ist damit verhältnismäßig.

Das Recht des S, vertreten durch seine Eltern, aus Art. 4 Abs. 1, 2 GG, ist nicht verletzt.

Teil 2: Das elterliche Sorgerecht von H und seiner Frau in religiösen Fragen aus Art. 6 Abs. 2, 4 Abs. 1, 2 GG

1. Schutzbereich

Das Elternrecht aus Art. 6 Abs. 2 GG stellt eine wertentscheidende Norm zugunsten beider Eltern dar. Es umfasst das Recht der Eltern auf Erziehung und Pflege des Kindes in allen Belangen, auch in religiösen Fragen und wird hier so durch Art. 4 Abs. 1, 2 GG verstärkt. Das Elternrecht aus Art. 6 Abs. 2 GG ist Jedermanngrundrecht und steht so auch H und seiner Frau als indischen Staatsbürgern zu.

2. Eingriff

Durch das Verhalten des Jungendamtes wird das Elternrecht von H und seiner Frau verkürzt. Sie können mit ihrem Sohn S nicht entsprechend den Geboten ihrer Religion verfahren.

3. Rechtfertigung

Art. 6 Abs. 2 S. 2 und Abs. 3 GG enthält Schranken des Elternrechts. Das staatliche Wächteramt aus Art. 6 Abs. 2 S. 2 GG ermöglicht staatliche Interventionen zulasten der Eltern. Zugleich lässt Art. 6 Abs. 3 GG den Entzug des Sorgerechts in Fällen schwerwiegenden Versagens der Eltern zu. Hinsichtlich der Anwendung der Schranken auf H und seine Frau ist nach oben zu verweisen. So wie die religiöse Überzeugung hinter der staatlichen Schutzpflicht zurückstehen muss, muss dies in diesem Fall auch für das Elternrecht aus Art. 6 Abs. 2 iVm Art. 4 Abs. 1, 2 GG gelten.

Ergebnis: Das Elternrecht des H und seiner Frau aus Art. 6 Abs. 2 iVm Art. 4 Abs. 1, 2 GG ist nicht verletzt.

Fall 5: Einmal Tibet und zurück

Die B ist Beamtin des mittleren Dienstes und in der Meldehalle der kreisfreien Stadt S in NRW tätig. In der Zeit vor den Olympischen Spielen in Peking erscheint sie regelmäßig mit einem ca. 6 x 3 cm großen Sticker an der Kleidung im Dienst, der ein Abbild der tibetischen Flagge zeigt. Als ihr Dienstvorgesetzter auf die Plakette aufmerksam wird, erteilt er ihr auf Grundlage des Beamtenstatusgesetzes die Weisung, diese sofort abzunehmen, da ein solches Verhalten eine Verletzung ihrer Grundpflichten als Beamtin darstelle.

B ist entsetzt und wendet sich erfolglos bis in die letzte Instanz an die Verwaltungsgerichte. Die Richter bestätigen die Sicht des Dienstherrn, dass in Anbetracht der beamtenrechtlichen Zurückhaltungspflicht *„eindeutige politische Statements im Dienst"* gerade bei Publikumskontakt, wie die B ihn täglich habe, unterbleiben müssten.

Daraufhin sieht sie als letzte Möglichkeit, das Bundesverfassungsgericht anzurufen, da sie sich in ihren Grundrechten verletzt sieht. Weil sie ein moderner Mensch ist, sendet sie – um die Monatsfrist nach dem BVerfGG wissend – am letzten Tag dieser Frist eine einfache Email (d.h. ohne digitale Signatur) mit dem Text einer ordnungsgemäß begründeten Verfassungsbeschwerde an das Bundesverfassungsgericht, dem sie ein Word-Dokument mit dem gleichen Text sowie ihrer eingescannten Unterschrift anhängt.

Hat die Verfassungsbeschwerde der B Erfolg?

Lösungshinweise Fall 5: Einmal Tibet und zurück

(Schwerpunkt: Meinungsäußerungsfreiheit, Art. 5 Abs. 1 S. 1 1. Alt. GG; Grundrechtsgeltung im Sonderstatusverhältnis; Begriff des allgemeinen Gesetzes)

Die Verfassungsbeschwerde hat Aussicht auf Erfolg, wenn sie zulässig und begründet ist.

A Zulässigkeit

I. Zuständigkeit des BVerfG

Das BVerfG ist gem. Art. 93 Abs. 1 Nr. 4a GG, 13 Nr. 8a, 90 ff. BVerfGG zuständig für die Entscheidung über Individualverfassungsbeschwerden.

II. Beschwerdeberechtigung

B ist natürliche Person, damit als "jedermann" iSd Art. 93 Abs. 1 Nr. 4a GG beschwerdeberechtigt.

III. Beschwerdegegenstand

Beschwerdegegenstand ist jeder Akt der öffentlichen Gewalt, der Legislative, der Exekutive und der Judikative. Hier kommt ein Akt der rechtsprechenden Gewalt durch Erlass des letztinstanzlichen Urteils in Betracht.

IV. Beschwerdebefugnis

1. Behauptung einer Grundrechtsverletzung

B müsste substantiiert behaupten können, in ihren Grundrechten verletzt zu sein, und diese Verletzung darf nicht schlechthin unmöglich erscheinen. Hier kommt die Verletzung der Meinungsäußerungsfreiheit gemäß Art. 5 Abs. 1 S. 1 1. Alt. GG in Betracht.

Gegen die Möglichkeit einer Verletzung könnte sprechen, dass B Beamtin und damit in einem sog. Sonderstatusverhältnis steht. Als Sonderstatusverhältnis bezeichnet man einen Zustand der gesteigerten Bindung des Bürgers an den Staat, welche in ihrer Intensität über die normale Bindung des Bürgers an den Staat (allgemeines Gewaltverhältnis) hinausgeht. Grundsätzlich ist jeder Beamte als Person auch Grundrechtsträger. Entscheidend ist, ob eine bestimmte Maßnahme bis in persönliche Rechtsstellung des Beamten hineinreicht. Die dienstliche Weisung des Vorgesetzten betrifft B nicht nur als Teil der Organisation, sondern angesichts der umfassenden Bedeutung der Meinungsfreiheit für den Einzelnen – als Ausdruck der menschlichen Persönlichkeit – auch in ihrer persönlichen Rechtstellung und somit als Trägerin von Grundrechten.

> **Anm.**: Die Frage der Grundrechtsberechtigung im Sonderstatusverhältnis kann mit gleichermaßen unter dem Punkt „Beschwerdeberechtigung“ angesprochen werden. Hauptsache, die Frage wird angesprochen.

2. Selbst, gegenwärtig und unmittelbar betroffen?

B müsste selbst, gegenwärtig und unmittelbar betroffen sein.

B ist als Adressatin des Urteils selbst betroffen. Gegenwärtig betroffen ist B, da das Urteil schon ergangen ist und noch Rechtswirkungen entfaltet. Die unmittelbare Betroffenheit ergibt sich bereits daraus, dass keine weiteren Vollzugsakte erforderlich sind.

V. Rechtswegerschöpfung/Subsidiarität

B hat den Rechtsweg gegen die dienstliche Weisung bis zur letzten Instanz gem. § 90 Abs. 2 BVerfGG erfolglos durchlaufen. Andere Möglichkeiten, ihr Recht durchzusetzen, hat B nicht.

VI. Form

Fraglich ist, ob die Einlegung durch eine einfache Mail bzw. die angehängte Datei den Anforderungen des § 23 Abs. 1 S. 1 BVerfGG entspricht.

Das BVerfG will vor allem sichergestellt wissen, dass hinter dem Antrag, hier auf Einlegung der Verfassungsbeschwerde, tatsächlich der Antragsteller steht. Die Authentizität erfordert dabei nicht unbedingt eine eigenhändige Unterschrift, soweit aus dem Kontext hinreichend erkennbar ist, dass der Einsender tatsächlich auch der Antragsteller ist.

Diesen Grundsätzen wird entsprochen, wenn Urheber und Inhalt der rechtsgestaltenden Erklärung einwandfrei feststehen und bspw. ausgeschlossen werden kann, dass es sich dabei nur um einen Entwurf handelt. Von der ernsthaften und authentischen Einlegung des Rechtsbehelfs ist grds. auszugehen, wenn der Antragsteller eigenhändig unterschrieben hat, sodass ihm das Schriftstück zuverlässig und zweifelsfrei zugeordnet werden kann.

Auch kann eine Verfassungsbeschwerde per Fax eingereicht werden. Auf dem Telefax muss die Unterschrift der Partei oder, im Falle einer anwaltlichen Vertretung, des Rechtsanwalts wiedergegeben sein. Es muss erkennbar sein, wer die Urschrift der Klage verantwortlich unterzeichnet hat. Hier kann – wie bereits ausgeführt – sogar eine eingescannte Unterschrift ausreichen, wenn sich aus dem Gesamtkontext eine hinreichend gesicherte Identität des Antragstellers herleiten lässt.

Eine einfache E-Mail genügt den vorgenannten Maßstäben nicht. Ihr lässt sich nicht mit gebotener Sicherheit entnehmen, ob sie vollständig und richtig ist, und ob sie tatsächlich von dem in ihr angegebenen Urheber stammt. Diese Sicherung der Authentizität ist zur Überzeugung des BVerfG durch einfache E-Mails nicht gewährleistet. Es besteht hier eine größere Gefahr von Missbrauch und Täuschung durch Unbefugte.

Fraglich ist, ob sich aufgrund der mit der eingescannten Unterschrift versehenen Datei etwas anderes ergibt. Zwar wird angenommen, dass bei einer per Computerfax eingegangenen Verfassungsbeschwerde eine eingescannte Unterschrift ausreicht (so BVerfG, NJW 2002, 3534, 3534 f.). Allerdings genügt aufgrund des Umstandes, dass bereits die Versendung der Mail nicht sicher auf den Antragsteller schließen lässt, eine nur als Dateianhang angehängte Beschwerdeschrift den Anforderungen des § 23 Abs. 1 S. 1 BVerfGG nach jetziger Lesart nicht.

Folglich ist die Verfassungsbeschwerde nicht in der Frist formgerecht eingelegt und damit unzulässig.

Anm.: Zu erwägen wäre allenfalls eine Wiedereinsetzung in den vorigen Stand nach § 93 Abs. 2 BVerfGG. Hier wird aufgrund der eindeutigen Hinweise auf der Homepage des Bundesverfassungsgerichts, wonach Anträge über Webformular oder Mail nicht wirksam eingereicht werden können, aber davon auszugehen sein, dass die Fristversäumung nicht schuldlos war.

Hilfsgutachten

VI. Frist

Die Verfassungsbeschwerde ist gemäß § 93 Abs. 1 BVerfGG binnen eines Monats nach Bekanntgabe der Urteilsgründe zu erheben. Bei formgerechter Einlegung wäre die Frist bei Eingang am letzten Tag der Frist gewahrt worden.

Anm.: Es wäre nicht zu beanstanden, würde das Hilfsgutachten in der Begründetheit ansetzen.

Zwischenergebnis: Die Verfassungsbeschwerde ist unzulässig.

B Begründetheit

Die Verfassungsbeschwerde ist begründet, wenn B in einem ihrer Grundrechte oder in einem grundrechtsähnlichen Recht verletzt ist.

I. Prüfumfang des Bundesverfassungsgerichts

Da das Bundesverfassungsgericht keine „Superrevisionsinstanz" ist, bleibt die Anwendung des einfachen Rechts Sache der Verwaltung bzw. der Fachgerichtsbarkeit. Hier hat sich das Bundesverfassungsgericht auf die Prüfung der Verletzung von spezifischem Verfassungsrecht zu beschränken. Es prüft allein, ob die Verwaltung bzw. die Gerichtsbarkeit bei Anwendung der streitentscheidenden Normen

- überhaupt erkannt haben, dass Grundrechte eine Rolle spielen,
- die Ausstrahlungswirkung der Grundrechte beachtet haben,
- Schutzbereich und Grenzen der einschlägigen Grundrechte zutreffend gewürdigt haben
- bei kollidierenden Grundrechten das den Beschwerdeführer schützende Grundrechte mit dem ihm gebührenden Gewicht in die Abwägung eingestellt haben.

II. Verletzung von Grundrechten

In Betracht kommt eine Verletzung von Art. 5 Abs. 1 S. 1 1. Alt. GG – Meinungsäußerungsfreiheit.

1. Schutzbereich

a) Sachlicher Schutzbereich

Fraglich ist, ob der Anstecker mit der Tibet-Flagge eine Meinungsäußerung darstellt. Grundsätzlich kann eine Meinung durch Wort, Schrift und Bild geäußert werden, hier uU durch Bild.

Hiergegen könnte sprechen, dass der Anstecker keinen über die Flagge mit ihren Farben und Formen hinausgehenden Aussagegehalt hat bzw. eine reine Tatsachendarstellung beinhaltet. Sie könnte auch reiner Schmuck sein. Der Anstecker kann aber nicht ungeachtet des politischen Kontextes gesehen werden. Wer in der Zeit vor den olympischen Spielen in Peking eine tibetische Flagge zeigt, will damit in der Regel seine Solidarität mit dem unter staatlicher Unterdrückung stehenden tibetischen Volk signalisieren, sodass auch dem reinen Zurschaustellen der Flagge unschwer ein politischer Aussagegehalt beigemessen werden kann. Eine Meinungsäußerung liegt vor.

b) Persönlicher Schutzbereich

Die Meinungsäußerungsfreiheit ist Jedermanngrundrecht, sodass der persönliche Schutzbereich eröffnet ist.

2. Eingriff

Eingriff ist jede staatliche Maßnahme, durch die die Ausübung eines Grundrechts verkürzt, also erschwert oder unmöglich gemacht wird. Durch die dienstliche Weisung und die diese bestätigenden Urteile wird es B unmöglich gemacht, ohne weitere Sanktion ihre Meinung im Dienst in der eben geschilderten Weise zu äußern. Ein Eingriff im klassischen Sinne liegt vor.

3. Verfassungsrechtliche Rechtfertigung

a) Beschränkbarkeit

Die Meinungsfreiheit ist kein schrankenlos gewährtes Grundrecht, sondern findet ihre Grenzen gem. Art. 5 Abs. 2 GG in den Schranken der „allgemeinen Gesetze", des „Jugendschutzes und des Rechts der persönlichen Ehre".

b) Vorliegen einer wirksamen Schranke

Als allgemeines Gesetz kommt hier das Beamtenstatusgesetz in Form der §§ 33, 35 BeamtStG in Betracht.
Bei dem allgemeinen Gesetz darf es sich nach der Sonderrechtslehre nicht um Sonderrecht handeln, das das Äußern bestimmter Meinungen verbietet. Daneben gelangt die Abwägungslehre zur Anwendung: „Allgemein" sind Gesetze, die dem Schutz eines schlechthin, unabhängig von der Meinungsfreiheit zu schützenden, potentiell vorrangigen Rechtsgutes dienen.

Nach der Verbindungslehre des Bundesverfassungsgerichts sind allgemeine Gesetze solche, die sich weder gegen bestimmte Meinungen richten, die vielmehr dem Schutz eines schlechthin, ohne Rücksicht auf eine bestimmte Meinung, zu schützenden Rechtsguts dienen, dem Schutz eines Gemeinschaftswerts, der gegenüber der Betätigung der Meinungsfreiheit Vorrang hat (BVerfGE 7, 198, 209 f).

Bei §§ 33, 35 BeamtStG handelt es sich nicht um sondergesetzliche Vorschriften, die sich gegen die Meinungsfreiheit als solche bzw. gegen bestimmte Meinungen richten. Sie sind vielmehr einfachgesetzliche Konkretisierungen des Art. 33 Abs. 5 GG, der die Berücksichtigung der „hergebrachten Grundsätze des Berufsbeamtentums" regelt. Das BVerfG zählt hierzu den „Kernbestand von Strukturprinzipien, die allgemein oder doch überwiegend und während eines längeren, traditionsbildenden Zeitraums, mindestens unter der Reichsverfassung von Weimar, als verbindlich anerkannt gewährt worden sind." Hierzu gehört insb. die Zurückhaltung hinsichtlich der Äußerung politischer Ansichten und der Grundsatz der (partei-)politischen Neutralität im Amt, sowie die Treuepflicht gegenüber ihrem Dienstherrn, hier in der Ausprägung der grundsätzlichen Weisungsgebundenheit gegenüber dem Vorgesetzten. Somit handelt es sich bei dem BeamtStG um ein Gesetz zur Erhaltung der Funktionsfähigkeit des Berufsbeamtentums und damit um ein allgemeines Gesetz iSd Art. 5 Abs. 2 GG.

Angesichts der grundlegenden Bedeutung der Meinungsfreiheit für den demokratischen Rechtsstaat muss das grundrechtsbeschränkende Gesetz seinerseits im Lichte des beschränkten Grundrechts ausgelegt werden („Wechselwirkungslehre"). Angesichts der Bedeutung der Pflicht zur Zurückhaltung und zu parteipolitischer Neutralität im Amt handelt es sich bei diesen Regelungen um zulässige Einschränkungen der Meinungsfreiheit, da dem Vertrauen der Bürger in die Neutralität und Objektivität der Amtsführung durch Beamte ein hohes Gewicht zukommt.

§§ 33, 35 BeamtStG sind formell verfassungsgemäß. Insb. besteht nach Art. 74 Abs. 1 Nr. 27 GG die Gesetzgebungskompetenz des Bundes. Die Regelung müsste materiell verfassungsgemäß, insb. verhältnismäßig sein. Das Gesetz erfüllt mit dem Schutz des Ansehens des öffentlichen Dienstes durch die Sicherung unparteiischer Amtsführung einen legitimen Zweck. Hierzu ist das Gesetz auch geeignet und erforderlich. Der Umstand, dass nur Zurückhaltung und nicht etwa ein Verbot jedweder Äußerung gefordert ist, ist die Regelung auch angemessen. Die materielle Verfassungsmäßigkeit, insb. die Verhältnismäßigkeit, ist damit gleichermaßen gegeben.

§§ 33, 35 BeamtStG sind somit taugliche Schranken der Meinungsfreiheit.

c) Verfassungsgemäße Anwendung der Schranke

Zu prüfen bleibt, ob die Schranke im Einzelfall im Lichte des hochrangigen Grundrechts der B verfassungsgemäß, insb. in verhältnismäßiger Weise angewendet wurde.

Die Forderung nach Zurückhaltung und (partei-)politischer Neutralität dient – wie bereits ausgeführt – dazu, das Vertrauen der Bevölkerung in Neutralität und Objektivität des öffentlichen Dienstes zu befördern. Dies war auch die Zielsetzung des Vorgesetzten der B. Die Weisung war insoweit auch zweckförderlich, also geeignet.

Hinsichtlich der Erforderlichkeit wäre zu bedenken, dass B aus der Meldehalle in den Innendienst umgesetzt werden könnte. Allerdings würde auch dort das Gebot politischer Zurückhaltung ggü. den anderen Bediensteten gelten, nicht zuletzt auch zur Wahrung der innerdienstlichen Disziplin. Zudem würde eine solche Umsetzung erheblichen Verwaltungsaufwand mit sich bringen. Ein milderes Mittel gleicher Wirksamkeit ist damit nicht ersichtlich, die Weisung war damit auch erforderlich.

Fraglich ist, ob die Weisung auch angemessen war. Gegen die Angemessenheit der Weisung könnte sprechen, dass die B zunächst nur eine sehr zurückhaltende Form der Meinungsäußerung gewählt hat; wahrscheinlich vermag nicht einmal jeder „Kunde" in der Meldehalle, den Sticker als politisches Statement zu begreifen. Auch läuft sie nach ihrer Funktion – anders als dies etwa bei einem beamteten Lehrer gegenüber seinen Schülern der Fall wäre – nicht Gefahr, durch das Tragen des Ansteckers übermäßig indoktrinierend aufzutreten.

Andererseits ist in der aufgeheizten politischen Diskussion um den Umgang des chinesischen Staates mit Oppositionellen bereits das Tragen eines entsprechenden Ansteckers in einem Dienstbereich mit Publikumsverkehr von so erheblicher Brisanz, dass eine dienstliche Untersagung vertretbar erscheint, zumal nur das Tragen im dienstlichen Bereich verboten wird. Außerhalb des Dienstes wäre – selbst bei Annahme einer fortgeltenden Pflicht zu einer gewissen politischen Zurückhaltung – das Tragen des Stickers zulässig.

Die Weisung und die diese bestätigenden Urteile sind damit angemessen und verhältnismäßig. B wird hierdurch nicht in ihren Grundrechten verletzt.

Ergebnis: Die Verfassungsbeschwerde ist unzulässig und unbegründet.

Fall 6: FCK CPS

Die 16jährige Punkerin F aus Kleve am schönen Niederrhein läuft am liebsten mit ihrem Lieblings-Sweatshirt (Grundton: schwarz) durch ihre Heimatstadt, auf dem in zwei dicken weiß unterlegten Balken übereinander die roten Druckbuchstaben „FCK" und „CPS" zu lesen sind.

Sie wird mehrfach von Polizisten des örtlichen Kommissariats angesprochen mit dem Hinweis, dass das Tragen dieses Schriftzugs eine Beleidigung darstelle, die in Zukunft nicht mehr toleriert werde.

Schließlich wird F, die weiterhin ihr Lieblings-Sweatshirt trägt, von einem Polizeibeamten wg. Beleidigung angezeigt. Das zuständige Jugendgericht gibt ihr wg. Beleidigung (§ 185 StGB) als Erziehungsmaßregel 10 Stunden gemeinnütziger Arbeit auf.

Das Gericht begründet die Verurteilung damit, dass „FCK CPS" als Abkürzung für „Fuck Cops" stehe, was mittlerweile einem großen Personenkreis bekannt sei. Diese Äußerung sei eine Kundgabe der Missachtung, weil sie den sozialen Wert der betroffenen Personen im Amt betreffe und schmälern solle. Bei verständiger Würdigung der Gesamtumstände und insbesondere der früheren Ansprachen liege eine hinreichende Individualisierung der Äußerung auf die Beamten des örtlichen Polizeikommissariats vor, die eine überschaubare und hinreichend abgrenzbare Gruppe bildeten.

F hatte dagegen im Verfahren vorgetragen, dass sie „Cops" halt im Allgemeinen nicht leiden könne. Die Herrschaften des örtlichen Kommissariats seien ihr herzlich egal. Aber jeder ziehe sich halt den Schuh an, der ihm passe.

F geht gegen die Entscheidung durch alle zur Verfügung stehenden Instanzen vor, aber ohne Erfolg. Vier Wochen nach Zustellung des letztinstanzlichen Urteils wendet sie sich formgerecht an das Bundesverfassungsgericht mit der Behauptung, durch dieses letztinstanzliche Urteil in ihrem Recht aus Art. 5 Abs. 1 S. 1 1. Alt. GG zu sein.

Hat die Verfassungsbeschwerde Aussicht auf Erfolg?

Bearbeitervermerk:

1. § 185 StGB lautet:

„§ 185

Beleidigung

Die Beleidigung wird mit Freiheitsstrafe bis zu einem Jahr oder mit Geldstrafe und, wenn die Beleidigung mittels einer Tätlichkeit begangen wird, mit Freiheitsstrafe bis zu zwei Jahren oder mit Geldstrafe bestraft."

§ 9 JGG lautet:

„§ 9

Arten

Erziehungsmaßregeln sind

1. *die Erteilung von Weisungen,*
2. *die Anordnung, Hilfe zur Erziehung im Sinne des § 12 in Anspruch zu nehmen."*

§ 10 Abs. 1 JGG lautet auszugsweise:

§ 10

Weisungen

(1) Weisungen sind Gebote und Verbote, welche die Lebensführung des Jugendlichen regeln und dadurch seine Erziehung fördern und sichern sollen. Dabei dürfen an die Lebensführung des Jugendlichen keine unzumutbaren Anforderungen gestellt werden. Der Richter kann dem Jugendlichen insbesondere auferlegen,

(...)

4. *Arbeitsleistungen zu erbringen,*

(...)

2. Der Fall ist unter allen im Sachverhalt angelegten rechtlichen Aspekten, ggf. hilfsgutachterlich, zu lösen.

Lösungshinweise Fall 6: FCK CPS

(angelehnt an BVerfG [3. Kammer des 1. Senats], NJW 2015, 2022 f.; Schwerpunkt: Verfahrensfähigkeit/Grundrechtsmündigkeit; Art. 5 Abs. 1 GG, konfliktärmste Deutungsvariante)

Die Verfassungsbeschwerde hat Aussicht auf Erfolg, wenn sie zulässig und begründet ist.

A Zulässigkeit

I. Zuständigkeit

Das Bundesverfassungsgericht ist gem. Art. 93 I Nr. 4a GG, § 13 Nr. 8a BVerfGG für die Entscheidung über Individualverfassungsbeschwerden.

II. Beschwerdeberechtigung

Antragsberechtigt ist gem. Art. 93 Abs. 1 Nr. 4a GG, § 90 Abs. 1 BVerfGG „jedermann", dh, jeder, der Träger von Grundrechten sein kann. Dies ist bei F als natürliche Person gegeben.

III. Beschwerdegegenstand

Beschwerdegegenstand ist jeder Akt der öffentlichen Gewalt. Akte der öffentlichen Gewalt sind solche der rechtsetzenden (Legislative), der vollziehenden (Exekutive) und der richterlichen Gewalt (Judikative).
Hier ist der Akt der öffentlichen Gewalt das letztinstanzliche Urteil. Dies ist ein Akt der rechtsprechenden Gewalt also der Judikative.

IV. Beschwerdebefugnis

Zu prüfen ist die Behauptung des Beschwerdeführers, in Grundrechten verletzt zu sein.

Es gilt die Möglichkeitstheorie, die besagt, dass der Bf. substantiiert behaupten muss, in seinen Grundrechten oder grundrechtsähnlichen Rechten verletzt zu sein, und diese Verletzung auch möglich erscheint.
Hier ist eine Verletzung von Art. 5 Abs. 1 GG nicht ausgeschlossen.
F müsste durch den Akt der öffentlichen Gewalt aber auch qualifiziert betroffen sein, dh, selbst, gegenwärtig und unmittelbar.

F ist als Adressatin des Urteils selbst betroffen.
Das Urteil ist (schon) ergangen und entfaltet F gegenüber aktuell noch Rechtswirkungen. Die F ist somit gegenwärtig betroffen.
Damit das Urteil die Rechtswirkungen gegenüber F entfaltet, bedarf es auch keiner weiteren Zwischen- oder Vollzugsakte. Sie ist damit unmittelbar betroffen.

V. Rechtswegerschöpfung/Subsidiarität

Hier wendet sich F gegen das letztinstanzliche Urteil. Der Rechtsweg ist damit erschöpft. Auch sind keine für F keine anderen Möglichkeiten eröffnet, zu ihrem Recht zu kommen.

VI. Frist

Die Beschwerdefrist beträgt bei Verfassungsbeschwerden gegen Urteile gem. § 93 Abs. 1 BVerfGG einen Monat ab Zustellung des Urteils. Die Frist ist damit gewahrt.

VII. Ordnungsgemäßer Antrag

§ 23 Abs. 1 S. 1 BVerfGG erfordert die schriftliche Erhebung der Verfassungsbeschwerde. Das Begründungserfordernis folgt aus §§ 23 Abs. 1 S. 2, 92 BVerfGG. Die entsprechende Form ist eingehalten.

VIII. Verfahrensfähigkeit

Problematisch könnte aber die Verfahrensfähigkeit der 16jährigen F sein, die sich nach ihrer Grundrechtsmündigkeit richtet.
Zum einen könnte, sofern keine einfachgesetzlichen Regelungen wie etwa § 5 S. 1 des Gesetzes über die religiöse Kindeserziehung bezogen auf Art. 4 I, II GG bestehen, für die Grundrechtsmündigkeit generell auf die Volljährigkeit abzustellen sein. Dann wäre F nicht grundrechtsmündig und verfahrensfähig.
Näher liegt es aber, auf die Einsichtsfähigkeit im Einzelfall abzustellen. Zu fragen ist also, ob F bezogen auf die Wahrnehmung ihrer Rechte nach Art. 5 Abs. 1 GG einsichtsfähig ist. Da sie das Sweatshirt offenbar nicht zufällig trägt, sondern wegen der darin enthaltenen Aussage, und in Anbetracht ihrer Einlassung vor Gericht, ist von ihrer Einsichtsfähigkeit und damit Grundrechtsmündigkeit und Verfahrensfähigkeit auszugehen.

> Anm.: Die Verfahrensfähigkeit kann auch im Anschluss an die Beschwerdeberechtigung geprüft werden.

Zwischenergebnis: Die Verfassungsbeschwerde des P ist zulässig.

B Begründetheit

Die Verfassungsbeschwerde ist begründet, wenn F in Grundrechten oder grundrechtsgleichen Rechten verletzt ist.

I. Prüfumfang

Zu beachten ist, dass das Bundesverfassungsgericht nur die spezifische Verletzung von Verfassungsrechts prüft. Das Bundesverfassungsgericht ist keine Superrevisionsinstanz und prüft daher nicht, ob richtig unter die Tatbestandsmerkmale einfachgesetzlicher Vorschriften subsumiert wurde. Vorrangig ist die Frage, ob die Gerichte die Ausstrahlungswirkung der Grundrechte erkannt und in einen vertretbaren Ausgleich mit den Interessen der Allgemeinheit oder Dritter gebracht haben.

II. Verletzung von Art. 5 Abs. 1 GG

F könnte durch die Verurteilung in ihrem Grundrecht aus Art. 5 Abs. 1 S. 1 1. Alt. GG verletzt sein.

1. Schutzbereich

a) Sachlicher Schutzbereich

Geschützt ist die Meinungsäußerungsfreiheit. Geschützt sind sowohl Werturteile als auch Tatsachenbehauptungen. Hier liegt ein Werturteil vor, das durch die subjektive Einstellung des sich Äußernden zum Gegenstand der Äußerung gekennzeichnet ist und ein Urteil über Sachverhalte, Ideen oder Personen enthält.

> BVerfG, NJW 2015, 2022, 2022: „Der Aufdruck „FCK CPS“ ist nicht von vornherein offensichtlich inhaltlos, sondern bringt eine allgemeine Ablehnung der Polizei und ein Abgrenzungsbedürfnis gegenüber der staatlichen Ordnungsmacht zum Ausdruck. Es handelt sich um eine Meinungsäußerung iSd Art. 5 Abs. 1 GG.“

Die vorgenannte Ablehnung von Polizisten zum Ausdruck zu bringen, ist nach Aussage der F auch ihre Intention beim Tragen des Sweatshirts; es handelt sich um eine Meinungsäußerung durch Schrift.

b) Persönlicher Schutzbereich

Art. 5 Abs. 1 S. 1 1. Alt. GG ist Jedermannsrecht, auf das sich F als natürliche Person berufen kann.

Der Schutzbereich des Art. 5 Abs. 1 S. 1 1. Alt. GG ist eröffnet.

2. Eingriff

Ein Eingriff ist jede staatliche Maßnahme, durch die der Schutzbereich eines Grundrechts verkürzt, also dessen Ausübung erschwert oder unmöglich gemacht wird.

Durch das letztinstanzliche Urteil wird die Meinungsäußerung der F mit einer Erziehungsmaßregel belegt. Zwar handelt es sich hierbei nicht um eine Strafe im strafrechtlichen Sinne. Es ist aber davon auszugehen, dass sie bei Bestand des Urteils zukünftig vom Tragen des Sweatshirts mit der Meinungsäußerung in Form des Aufdrucks absehen wird, um weiteren staatlichen Sanktionen, die bis in eine Jugendstrafe münden können, zu entgehen.

Das Urteil wirkt dabei zielgerichtet, rechtsförmig und mit Befehl und Zwang. Ein Eingriff im klassischen Sinne liegt vor.

3. Verfassungsrechtliche Rechtfertigung

a) Beschränkbarkeit der Meinungsäußerungsfreiheit

Art. 5 Abs. 2 GG formuliert mit der Schranke „in den Vorschriften der allgemeinen Gesetze, den gesetzlichen Bestimmungen zum Schutze der Jugend und in dem Recht der persönlichen Ehre“ einen qualifizierten Gesetzesvorbehalt.

b) Schranken der Meinungsfreiheit

Als Schranke kommen hier die Vorschriften zum Schutz der persönlichen Ehre, insb. § 185 StGB, in Betracht.

Diese Norm müsste nach der Wunsiedel-Rechtsprechung des Bundesverfassungsgerichts (BVerfGE 124, 300 ff.) zusätzlich die Anforderungen an ein allgemeines Gesetz erfüllen.

Zunächst verbietet § 185 StGB nicht eine Meinung als solche und richtet sich auch nicht gegen die Meinungsfreiheit schlechthin. Zielrichtung ist vielmehr der Schutz des Achtungsanspruchs des Einzelnen, der im Einzelfall der Meinungsfreiheit vorgehen kann. Damit liegt sowohl nach der Sonderrechtslehre wie nach der Abwägungslehre ein allgemeines Gesetz vor.

> Anm.: Sofern die Wunsiedel-Rspr. des BVerfG nicht bekannt ist, ist nicht auszuschließen, dass die Kandidatinnen und Kandidaten unmittelbar auf die Schranke des Rechts der persönlichen Ehre zusteuern, ohne die Allgemeinheit des § 185 StGB zu problematisieren. Es ist den Korrektorinnen und Korrektoren freigestellt, wie sie diese „Abkürzung“ bewerten.

c) Schranken-Schranken

aa) Verfassungsmäßigkeit des einschränkenden Gesetzes

Wie dargestellt, erfüllt § 185 StGB die Anforderungen an den qualifizierten Schrankenvorbehalt des Art. 5 Abs. 2 GG. Zweifel an der Verfassungsmäßigkeit des § 185 StGB im Übrigen bestehen nicht. Die Norm ist bei Zugrundelegen der Parallelwertung in der Laiensphäre auch bei Verwendung unbestimmter Rechtsbegriffe wie etwa „Beleidigung“ hinreichend bestimmt. Insbesondere ist die Norm mit Blick auf die abgestufte Strafandrohung verhältnismäßig.

§ 185 StGB ist damit verfassungsgemäßes allgemeines Gesetz und bildet eine taugliche Schranke der Meinungsfreiheit.

bb) Anwendung des allg. Gesetzes im Einzelfall

Fraglich ist, ob der Jugendrichter § 185 StGB in diesem Fall in verfassungsgemäßer Weise angewendet hat.

> BVerfG, NJW 2015, 2022, 2022: „Die Auslegung und Anwendung der Strafgesetze ist grundsätzlich Aufgabe der Fachgerichte. Gesetze, die in die Meinungsfreiheit eingreifen, müssen dabei jedoch so interpretiert werden, dass der prinzipielle Gehalt dieses Rechts in jedem Fall gewahrt bleibt. Es findet

eine Wechselwirkung in dem Sinne statt, dass die Schranken zwar dem Wortlaut nach dem Grundrecht Grenzen setzen, ihrerseits aber aus der Erkenntnis der grundlegenden Bedeutung dieses Grundrechts im freiheitlich demokratischen Staat ausgelegt und so in ihrer das Grundrecht begrenzenden Wirkung selbst wieder eingeschränkt werden müssen."

Das Urteil dient dem legitimen Zeck, die persönliche Ehre hier der Mitglieder des betreffenden Kommissariats zu schützen und ist hierfür zweckförderlich, also geeignet. Auch ist kaum ein milderes Mittel gleicher Eignung zu erkennen als die Verurteilung zum Ableisten von (lediglich) 10 Sozialstunden.

Fraglich ist, ob die Verurteilung in Abwägung der persönlichen Ehre der Polizisten des Kommissariats (Ausfluss des Art. 2 Abs. 1, 1 Abs. 1 GG – allg. Persönlichkeitsrecht) angemessen ist und so dem hohen Rang der Meinungsfreiheit gerecht wird.

Die Feststellung auf dem Sweatshirt der F könnte auch in der kryptischen und entstellten Form der Äußerung (Auslassung der Vokale) tatsächlich beleidigenden Inhalt haben. Das Problem könnte hier aber darin liegen, dass das Jugendgericht zu Unrecht von einer hinreichenden Konkretisierung und Individualisierung des negativen Werturteils ausgegangen ist.

Bei sog. Kollektivbeleidigungen sieht das Bundesverfassungsgericht die persönliche Betroffenheit des Mitglieds eines Kollektivs als umso geringer an, je größer das Kollektiv ist. Hier würde das Bundesverfassungsgericht die Entscheidung des Jugendgerichts für unzureichend begründet halten. Es fehlte im konkreten Urteil an hinreichenden Feststellungen zu den Umständen, die die Beurteilung tragen könnten, dass sich die Äußerung auf eine hinreichend überschaubare und abgegrenzte Personengruppe bezieht. Insbesondere reiche die Bezugnahme im Urteil auf die Bewegung der F im öffentlichen Raum und die Möglichkeit, dabei Polizisten des gleichen Kommissariats wie bei den vorherigen Ermahnungen zu treffen, für einen hinreichenden Beleidigungsvorsatz der F nicht aus. Bei Zugrundelegen der von F plausibel dargelegten Deutung, nicht die Polizisten des konkreten Kommissariats, sondern Polizisten schlechthin abzulehnen, spricht gegen eine hinreichende Konkretisierung auf die vorgenannten Polizisten. Fehlt es aber einer entsprechenden Konkretisierung, ist der Meinungsäußerungsfreiheit gegenüber dem allgemeinen Persönlichkeitsrecht der Polizisten aus Kleve der Vorrang einzuräumen.

Die Verurteilung verletzt die F damit in ihrem Recht aus Art. 5 Abs. 1 S. 1 1. Alt GG.

Ergebnis: Die Verfassungsbeschwerde der F ist zulässig und begründet.

Fall 7: Pampe

K ist eine arrivierte Performance-Künstlerin. Thema einer Performance war „60 Jahre Bundesrepublik Deutschland". Absicht der K war es unter anderem, die Gefahren des Neofaschismus, aber auch die Nachwehen faschistoider Ideen des Dritten Reiches erlebbar zu machen, die nicht zuletzt durch die Behandlung von Kindern, Frauen und Andersdenkenden zum Ausdruck gekommen seien.

Zur Verdeutlichung sollte die Darstellung eigenen und fremden Leidens dienen. Hierzu hatte die K den Theaterraum schwarz-rot-gold ausgekleidet und sich selbst schwarz-rot-gold bemalt. Unter den Klängen der Nationalhymne kämpfte sich durch ein Holzgestell zur Versinnbildlichung des Kampfes mit den Unbill des Lebens, zerstückelte Würste als Sinnbild des männlichen Phallus, und füllte schließlich ein 20 cm x 20 cm großes Goldfischglas mit einer Mischung aus zerschlagenen Eiern und den zuvor genannten Würsten.

Stellvertretend für den leidenden Menschen entnahm sie einem Transportkasten ihren Kanarienvogel, den „Berti“, den sie eigens von zuhause mitgebracht hatte. Sie setzte das treue Tierchen zunächst mit den Füßen in die Wurst-Eier-Pampe. Beine und Unterkörper des Tieres versanken in der Masse. Daraufhin schwenkte sie das Glas für 5 bis 10 Sekunden, wodurch der Vogel endgültig bedeckt wurde. Nach Absetzen des Glases auf dem Boden hüpfte der Vogel auf den Glasrand des Aquariums und schließlich auf den Bühnenboden, wo er, heftig mit den Flügeln schlagend und panisch zwitschernd, von Helfern aufgenommen und hinter der Bühne mit Wasser gereinigt wurde.

Zuhause unterzog die K ihren Hausgenossen mittels eines Vogelbades einer liebevollen Grundreinigung, was Berti – zusammen mit einer Sonderration „Trill“ (mit Jod S-11-Körnchen) – schließlich mit dem ihm Angetanen versöhnte.

Zu ihrer großen Überraschung wurde die K auf diese Vorstellung hin vom zuständigen Amtsgericht im Ordnungswidrigkeitenverfahren zu einer Geldstrafe wegen Verstoßes gegen das Tierschutzgesetz verurteilt. Nach Erschöpfung des Rechtsweges erhebt sie Verfassungsbeschwerde.

Hat die zulässige Verfassungsbeschwerde der K Aussicht auf Erfolg?

Hinweis: Art. 12 Abs. 1 GG ist nicht zu prüfen.

Auszug aus dem **TierSchG** (Sart. 873):

§ 3 Es ist verboten,

...

6. ein Tier zu einer Filmaufnahme, Schaustellung, Werbung oder ähnlichen Veranstaltung heranzuziehen, sofern damit Schmerzen, Leiden oder Schäden für das Tier verbunden sind, ...

§ 18 (1) Ordnungswidrig handelt, wer vorsätzlich oder fahrlässig

1. einem Wirbeltier, das er hält, betreut oder zu betreuen hat, ohne vernünftigen Grund Schmerzen, Leiden oder Schäden zufügt,

...

4. einem Verbot nach § 3 zuwiderhandelt, (...)

Lösungshinweise Fall 7: Pampe

(angelehnt aus *AG Kassel*, NStZ 1991, 443 ff.; Schwerpunkt: Art. 5 Abs. 3 GG)

Die zulässige Verfassungsbeschwerde der K hat Aussicht auf Erfolg, wenn sie in ihren Grundrechten oder grundrechtsähnlichen Rechten verletzt wurde.

Fraglich ist also, ob das letztinstanzliche Urteil die Grundrechte der K in gehöriger Weise beachtet hat.

A Verstoß des Urteils gegen Art. 5 Abs. 3 S. 1 GG, Kunstfreiheit

I. Schutzbereich

1. Sachlicher Schutzbereich

Das Verhalten der K müsste vom Schutzbereich der Kunstfreiheit umfasst sein.

a) Ist das Verhalten der K grds. Kunst i.S.d. Kunstbegriffe des Art. 5 Abs. 3 GG?

- formaler Kunstbegriff: Einordnung in klassische Werkformen?
  Hier liegt als klassische Werkform allenfalls die des Theaters vor. Dies ist aber zweifelhaft, da die Werkform des Theaters üblicher Weise die Wiedergabe vorgegebener Texte und Aktionen beinhaltet. Daran fehlt es hier. Damit liegt nach dem formalen Kunstbegriff im Zweifel keine Kunst vor. Ob das „Happening“ bereits eine klassische Kunstform ist, ist in Anbetracht der Vielgestaltigkeit derartiger Aufführungen zweifelhaft.

- materieller Kunstbegriff:
  Der materielle Kunstbegriff stellt auf die freie schöpferische Gestaltung, in der Eindrücke, Erfahrungen, Erlebnisse des Künstlers durch das Medium einer bestimmten Formensprache zu unmittelbarer Anschauung gebracht werden. In der Gesamtschau will K die - auch fremden - Eindrücke und Erfahrungen des Dritten Reiches und deren heutige Auswirkungen durch die von ihr gewählte Form der metaphorischen Darstellung verdeutlichen. Damit liegt nach dem materiellen Kunstbegriff Kunst vor.

- offener Kunstbegriff:
  Der offene Kunstbegriff stellt auf die praktisch unerschöpfliche vielstufige Informationsvermittlung im Lichte der Interpretationsfähigkeit des Verhaltens des Darstellenden ab. Auch insoweit dürfte Kunst vorliegen

- Merkmal der Drittanerkennung
  Da K eine „arrivierte“, also zu Ansehen gelangte Happening-Künstlerin ist, scheint die Verwirklichung des Merkmals Kunst im Handeln der K in der Kunstszene nicht in Frage zu stehen. Also liegt auch nach dem Hilfskriterium der Drittanerkennung Kunst vor.

b) Einschränkung des Schutzbereichs nur auf erlaubtes Kunstschaffen?

Bei Zugrundelegen der Sprayer von Zürich-Entscheidung (BVerfG, NJW 1984, 1293) könnte erwogen werden, dass ein nicht erlaubtes Verhalten (hier wg. Verstoßes gegen das TierSchG) bereits nicht dem Schutzbereich der Kunstfreiheit unterfällt. Die Entscheidung des Bundesverfassungsgerichts vermag aber nicht zu überzeugen, da dann die Reichweite der Kunstfreiheit zur Disposition des einfachen Gesetzgebers stünde. Auch ist der oa Entscheidung des Bundesverfassungsgerichts erkennbar keine ähnliche, diese Linie verfolgende Entscheidung ergangen.

Lehnt man weiterhin mit dem Argument, dass das Grundgesetz in Anbetracht der objektiven Wertentscheidung für den Rang der Kunstfreiheit deren weiten Schutzbereich anerkennt und dass die Schrankendogmatik des GG keinen Schluss auf die Gültigkeit der Tatbestandslösung zulässt, bereits die Möglichkeit einer Einschränkung des Grundrechtstatbestands ab, ist das Verhalten der K insgesamt als Kunst und damit vom Schutzbereich des Art. 5 Abs. 3 S. 1 GG geschützt anzusehen.

b) Persönlicher Schutzbereich

Art. 5 Abs. 3 GG ist Jedermanngrundrecht. Damit kann sich die K als natürliche Person in jedem Fall hierauf berufen.

II. Eingriff in den Schutzbereich?

Durch das letztinstanzliche Urteil (Akt der öffentlichen richterlichen Gewalt) wird in die Kunstfreiheit der K eingegriffen, da das Verhalten der K als verboten gekennzeichnet und einer strafrechtlichen (genauer ordnungswidrigkeitenrechtlichen) Sanktion unterworfen wurde. Auch ist die K durch das Urteil noch belastet, da sie zukünftig von derartigen Kunstaktionen absehen wird.

III. Verfassungsrechtliche Rechtfertigung

1. Beschränkbarkeit des Grundrechts?

a) Ausdrückliche Schrankenregelung?

Eine Schrankenübertragung aus Art. 5 Abs. 2 GG (allgemeine Gesetze) ist aufgrund der systematischen Stellung des Abs. 3 zu Abs. 2 abzulehnen. Auch eine Schrankenübertragung aus Art. 2 Abs. 1 GG (verfassungsmäßige Ordnung; Rechte Dritter Sittengesetz) scheidet aus; es ist nicht ersichtlich, dass alle dem Wortlaut nach unbeschränkten Grundrechte unter Bezugnahme auf die Schrankentrias des Art. 2 Abs. 1 GG einem denkbar weiten Schrankenvorbehalt unterstellt werden sollten.

b) Verfassungsimmanente Schranken?

Das dem Wortlaut nach unbeschränkte Grundrecht aus Art. 5 Abs. 3 S. 1 GG kann seinerseits aber durch Grundrechte oder andere mit Verfassungsrang ausgestattete Rechtsgüter eingeschränkt werden (BVerfGE 30, 173, 191 ff. - Mephisto). Seine einfachgesetzliche Ausprägung hat der Tierschutz im TierschG gefunden.

2. Vorhandensein kollidierenden Verfassungsrechts?

Die Frage ist also, ob der Tierschutz in der Ausprägung, wie das TierSchG sie darstellt, mit Verfassungsrang ausgestattet ist, so dass er als kollidierendes Verfassungsgut anzusehen ist?

a) Möglicher Anknüpfungspunkt: Art. 74 Abs. 1 Nr. 20 GG

Kann eine Kompetenzvorschrift einen Aussagegehalt über die betroffene Materie dergestalt treffen, dass diese mit Verfassungsrang ausgestattet ist? Insoweit ist weithin unstreitig, dass die Nennung von Gesetzgebungsmaterien im Kompetenzkatalog jedenfalls einen Rückschluss auf die grds. verfassungsrechtliche Billigung des zu regelnden Gegenstandes zulässt (vgl. friedliche Nutzung der Atomkraft, Art. 73 Abs. 1 Nr. 14 GG). Diese Billigung erhebt die Gesetzgebungsmaterien aber nicht in den Rang des Verfassungsrechtsgutes. Die Folge wäre wegen der flächendeckenden Nennung von Gesetzgebungsmaterien die völlige Nivellierung des Grundrechtsschutzes bei Grundrechten ohne ausdrücklichen Schrankenvorbehalt.

b) Art. 20a GG – Tierschutz

Bleibt also das Staatsziel Tierschutz, wie es mit Wirkung vom 01.08.2002 Eingang in das Grundgesetz gefunden hat.

> *„Art. 20a GG*
> *Der Staat schützt auch in Verantwortung für die künftigen Generationen die natürlichen Lebensgrundlagen und die Tiere im Rahmen der verfassungsmäßigen Ordnung durch die Gesetzgebung und nach Maßgabe von Gesetz und Recht durch die vollziehende Gewalt und die Rechtsprechung."*

Aus dem Umstand, dass das Tierschutzgesetz durch die Einführung des Staatszielbestimmung „Tierschutz" in Art. 20a GG zum Schutz eines mit Verfassungsrang ausgestatteten Rechtsguts dient, führt nicht automatisch dazu, dass die Kunstfreiheit hinter dem jeweiligen Verfassungsgut zurückstehen muss. Es ist vielmehr im Rahmen der Abwägung festzustellen, wie der Konflikt zwischen den widerstreitenden Verfassungsnormen zu lösen ist. Die Vorschriften des TierSchG, auf die sich das Urteil stützt, stellen eine einfachgesetzliche Konkretisierung des Tierschutzes nach Art. 20a GG als Ausprägung eines mit Verfassungsrang ausgestatteten Rechtsgutes dar, das geeignet ist, die Kunstfreiheit zu beschränken.

c) Wirksamkeit der Schranke

Das Tierschutzgesetz liegt in der Kompetenz des Bundes nach Art. 74 Abs. 1 Nr. 20 GG. Vom Erfordernis bundesgesetzlicher Regelung (Art. 72 Abs. 2 GG) ist im Interesse der Wahrung der Rechtseinheit auszugehen. Mangels entgegenstehender Hinweise ist davon auszugehen, dass das TierschG formell ordnungsgemäß zustande gekommen ist.

Fraglich ist, ob das Gesetz materiell verfassungsgemäß, insb. verhältnismäßig ist. Hierfür spricht etwa, dass die Ordnungswidrigkeit nach § 18 Abs. 1 Nr. 1 TierschG nur begeht, wer dem Tier „ohne vernünftigen Grund" Leid zufügt; diese Wendung kann als Einfallstor für Aspekte vorrangigen Grundrechtsschutzes dienen. Zugleich unterliegt die Verfolgung von Taten als Ordnungswidrigkeit dem Opportunitätsprinzip.

d) Richtige Anwendung der Schranke im Einzelfall

Zu prüfen bleibt, ob §§ 3, 18 TierschG als einfachgesetzliche Konkretisierung des Art. 20a GG verfassungsgemäß, insb. verhältnismäßig angewendet wurde.

aa) Zweck
Zweck der Gerichtsentscheidungen war, dem Tierschutz als Rechtsgut mit Verfassungsrang Geltung zu verschaffen.

bb) Geeignetheit
Zwar kann das dem Berti bereits zugefügte Leid durch das Urteil nicht beseitigt werden. Dadurch, dass die K von weiteren gleichartigen Taten abgeschreckt werden, wird das Ziel des Tierschutzes aber jedenfalls gefördert.

cc) Erforderlichkeit
Eine irgendwie geartete Verwarnung der K ohne Aussprechen einer Geldbuße wäre milder, aber nicht gleich effektiv gewesen.

dd) Angemessenheit
Gegenüber stehen sich die Kunstfreiheit der K und der staatliche Anspruch auf Durchsetzung des Tierschutzes nach Art. 20a GG. Zunächst ist das Vorgehen der K für den Vogel ganz offenbar mit Qualen verbunden. Zugleich ist zu fragen, ob der Einsatz des Vogels im Rahmen des Happenings nicht verzichtbar ist. Gleichwohl stellt die Behandlung des Tieres eine gezielte und im Kontext des Stückes „passende" Provokation dar. Für ein Überwiegen der Kunstfreiheit mag im Ergebnis sprechen, dass der Vogel zwar vorübergehend ein erhebliches Unwohlsein empfunden haben mag, aber letztlich nicht Schaden kommt.

> **Anm.**: Anders könnte die Entscheidung ausfallen, wenn dem Vogel erkennbar Schmerz zugefügt oder er verstümmelt oder getötet würde. Mit Blick auf die Möglichkeit, als Ersatz des lebendigen Tieres eine lebensechte, vielleicht noch animierte Attrappe zu benutzen, kann aber auch ein Überwiegen der Tierschutzgesichtspunkte erwogen werden. Dies allerdings würde eine erhebliche nicht unerhebliche Beeinträchtigung der künstlerischen Entfaltungsfreiheit der K darstellen.

Da Berti hier im Ergebnis wohlauf ist, dürfte die Verurteilung der K wohl unangemessen gewesen sein (aA vertretbar).

Zwischenergebnis: Das Urteil des AG verletzt das Grundrecht der K aus Art. 5 Abs. 3 S. 1 GG.

B Art. 5 Abs. 1 S. 1 1. Hs. GG

In Betracht käme daneben eine Verletzung von Art. 5 Abs. 1 S. 1 1. Hs. GG, da mit dem Happening der K als Ausdruck politischer Kunst zugleich eine Meinungsäußerung verbunden sein könnte.

Jedoch tritt Art. 5 Abs. 1 S. 1 1. Alt. GG insoweit hinter Art. 5 Abs. 3 GG als lex specialis zurück, sofern zwar eine – hier politische – Meinungsäußerung vorliegt, diese aber in erster Linie als Kunstwerk erscheint.

Endergebnis: Wegen der festgestellten Verletzung des Art. 5 Abs. 3 GG hat die Verfassungsbeschwerde Erfolg.

Das BVerfG wird das Urteil aufheben und an ein zuständiges Gericht zurückverweisen, § 95 Abs. 2 BVerfGG.

Fall 8: Kein Tanken an der Tanke

Der nordrhein-westfälische Gesetzgeber möchte der Begehung alkoholbeeinflusster Straftaten und Ordnungswidrigkeiten im öffentlichen Raum während der Nachtzeit entgegentreten und den Gesundheitsgefahren begegnen, die mit einem übermäßigen Alkoholkonsum infolge des auch in den Nachtstunden jederzeit möglichen Erwerbs von Alkohol in Verkaufsstellen verbunden sind. Dabei geht es dem Gesetzgeber vor allem um die Eindämmung des Alkoholmissbrauches und der entsprechenden Begleiterscheinungen an innerstädtischen Plätzen und Grünanlagen (so genannte Szenetreffs). Daher beschließt der Landtag in einem ordnungsgemäß durchgeführten Gesetzgebungsverfahren, in Anwendung des Art. 74 Abs. 1 Nr. 20 GG folgende Regelung in das nordrhein-westfälische Ladenöffnungsgesetz (LÖG NRW) aufzunehmen:

> *„§ 6a - Verkauf alkoholischer Getränke*
> *In Verkaufsstellen i. S. v. § 3 Abs. 1 dürfen in der Zeit von 22 Uhr bis 5 Uhr keine alkoholischen Getränke verkauft werden. Verkaufsstellen auf Volksfesten und Märkten sowie innerhalb der Terminals von Verkehrsflughäfen dürfen abweichend von Satz 1 alkoholische Getränke verkaufen."*

Der griechische Tankstellenbesitzer T betreibt in einer nordrhein-westfälischen Großstadt eine Tankstelle und verkauft in seinem „Tankshop" unter anderem auch alkoholische Getränke an „Nachtschwärmer". Mit diesen nächtlichen Einnahmen aus dem „Tankshop" erzielt T ca. 20 % seines gesamten Gewinns. Er muss feststellen, dass seine Umsätze mit alkoholischen Getränken unmittelbar nach dem Inkrafttreten des Verkaufsverbots gemäß § 6a LÖG NRW erheblich zurückgehen. T legt deshalb 5 Monate nach dem Inkrafttreten von § 6a LÖG NRW formgerecht beim Bundesverfassungsgericht Verfassungsbeschwerde ein. T rügt die Verletzung seines Eigentumsrechts, seiner Berufsfreiheit und – bezogen auf die nach wie vor zum Nachtverkauf von Alkohol berechtigten Stellen – des allgemeinen Gleichheitssatzes. Der Bund habe bereits im Lebensmittel-, Bedarfsgegenstände- und Futtermittelgesetzbuch (LFGB) umfassende und abschließende lebensmittelrechtliche Regelungen getroffen, so dass es an einer Zuständigkeit des Landes fehle. Überdies sei § 6a LÖG NRW unverhältnismäßig.

Wird die Verfassungsbeschwerde des T Erfolg haben?

Bearbeitervermerk:
Gehen Sie dabei auf alle im Sachverhalt aufgeworfenen Rechtsfragen - ggf. hilfsgutachterlich - ein.

Lösungshinweise Fall 8: Kein Tanken an der Tanke

(Schwerpunkt: Anwendbarkeit von Deutschengrundrechten auf EU-Ausländer, Art. 12 Abs. 1 GG - Berufsausübungsregelungen, Art. 3 Abs. 1 GG)

Die Verfassungsbeschwerde des T hat Erfolg, wenn sie zulässig und begründet ist.

A Zulässigkeit

I. Zuständigkeit des BVerfG

Das BVerfG ist gem. Art. 93 Abs. 1 Nr. 4a GG, § 13 Nr. 8a BVerfGG für die Entscheidung über Verfassungsbeschwerden zuständig.

II. Beschwerde- und Verfahrensfähigkeit

T ist als natürliche Person gemäß § 90 Abs. 1 BVerfGG beschwerde- und im Übrigen verfahrensfähig.

III. Beschwerdegegenstand

Akte der öffentlichen Gewalt sind solche der Legislative, der Exekutive und der Judikative. § 6a LÖG NRW stellt einen Akt der legislativen Gewalt i.S.v. Art. 93 Abs. 1 Nr. 4a GG, §§ 13 Nr. 8a, 90 Abs. 1 BVerfGG und somit einen tauglichen Beschwerdegegenstand dar.

IV. Beschwerdebefugnis

Fraglich ist, ob eine Verletzung von Art. 14 Abs. 1 GG möglich erscheint. Betroffen sein könnte der eingerichtete und ausgeübte Gewerbebetrieb als Eigentumsgegenstand (bzw. die Gesamtheit der diesen Betrieb ausmachenden Eigentumsgegenstände). Dazu wäre aber eine Existenzgefährdung vonnöten, die mit Blick auf die nicht unerheblichen, aber mit 20 % nicht ausreichenden Gewinneinbußen wohl im Ergebnis auszuschließen ist.

> **Anm.**: Es steht den Bearbeitern frei, diese Frage erst in der Begründetheit anzusprechen. Jedenfalls war auch ohne ausdrückliche Nennung im Sachverhalt zu sehen, dass ein 20 %iger Gewinneinbruch keine Existenzgefährdung mit sich bringt.

Fraglich ist, ob T, wie er behauptet, durch § 6a LÖG NRW im Grundrecht der Berufsfreiheit verletzt ist. Voraussetzung ist, dass dieses auf T als Griechen anwendbar ist. Hiergegen könnte sprechen, dass Art. 12 Abs. 1 GG ein sog. Deutschen-Grundrecht ist.

Der Vorrang des Europarechts ist heute allgemein anerkannt (BVerfGE 85, 191 ff.) und führt dazu, dass die EU-Ausländer verlangen können, ebenso wie Inländer behandelt zu werden. Denn das allgemeine Diskriminierungsverbot nach Art. 21 AEUV, das wegen des Anwendungsvorrangs und des effet-utile-Prinzips des EU-Rechts auch bei der Auslegung von Grundrechten des Grundgesetzes berücksichtigt werden muss, ordnet eine Gleichstellung aller EU-Bürger an und fordert für diese das gleiche Schutzniveau innerhalb der Gemeinschaft. Art. 12 Abs. 1 GG müsste demnach europarechtskonform ausgelegt werden mit der Folge, dass alle EU-Bürger sich auf Art. 12 Abs. 1 GG berufen können.

Zwar bildet der Wortlaut einer nationalen Norm die Grenze der Auslegung. Jedoch kann der Anwendungsvorrang des AEUV dazu führen, dass eine nationale Norm auch entgegen ihrem klaren Wortlaut teilweise außer Anwendung bleibt, soweit sie EU-Ausländer diskriminiert.

Gegen eine Ausweitung des Schutzes des Art. 12 Abs. 1 GG auch auf Unionsbürger spricht, dass es „rechtsmethodisch nicht angezeigt erscheint, [...] den eindeutigen Wortlaut („alle Deutschen") völlig zu ignorieren. Der Wortlaut einer Norm bildet üblicher Weise die „äußerste" Grenze jeder Auslegung (Wieland in Dreier, GG 1; Art. 12; Rn. 66). Folgt man dem klaren Wortlaut, so kann sich der Unionsbürger nur auf Art. 2 Abs. 1 GG berufen, der aber aufgrund des Diskriminierungsverbotes und des effet-utile-Prinzips des EU-Rechts bei der Auslegung den strengeren Maßstäben des Art. 12 Abs. 1 GG folgen müsste. Also müssten, soweit der AEUV eine Gleichbehandlung mit Inländern fordert, im Wege einer europarechtskonformen Auslegung die Schranken des Deutschengrundrechts auf Art. 2 Abs. 1 GG übertragen werden (Wernsmann, JURA, 2000, 657, 659 mwN).

Jedoch spricht mehr für die Annahme einer Ausweitung des Art. 12 Abs. 1 GG auch auf Bürger der EU. Zwar bildet der Wortlaut einer nationalen Norm die Grenze der Auslegung. Gleichwohl kann der Anwendungsvorrang des AEUV dazu führen, dass eine nationale Norm – auch entgegen ihrem klaren Wortlaut – teilweise außer Anwendung bleibt, soweit sie EU-Ausländer diskriminiert. Das Tatbestandsmerkmal „Deutscher" ist deshalb wegen des Vorrangs des Europarechts nicht anwendbar (Wernsmann, a.a.0. S. 659); Hufen, Staatsrecht II – Grundrechte; § 35; Rn. 11). Die Beschränkung des Schutzbereichs auf Deutsche in Art. 12 Abs. 1 GG ist damit durch das Europarecht überlagert worden. Eine Verletzung von Art. 12 Abs. 1 GG ist damit grds. möglich.

> **Anm.**: Es steht den Bearbeitern frei, sich für die Gegenansicht (Art. 2 Abs. 1 GG unter Anwendung der Maßstäbe des Deutschengrundrechts) zu entscheiden. Auch könnte die Frage der Geltung von Deutschengrundrechten für EU-Ausländer erst in der Begründetheit, dort im Rahmen des persönlichen Schutzbereichs des Art. 12 Abs. 1 GG angesprochen werden.

Auch ist nach dem Vortrag des Betroffenen eine Verletzung des Art. 3 Abs. 1 GG nicht ausgeschlossen.

T ist durch § 6a LÖG NRW selbst (Adressat der Norm), gegenwärtig (§ 6a LÖG NRW ist schon und noch in Kraft) und unmittelbar (§ 6a LÖG NRW als selbstvollziehende Norm) in seiner

Berufsfreiheit aus Art. 12 Abs. 1 GG sowie in seinem Gleichbehandlungsanspruch aus Art. 3 Abs. 1 GG betroffen (§ 90 Abs. 1 BVerfGG).

V. Rechtswegerschöpfung und Subsidiarität

Gegen die landesgesetzliche Regelung des § 6a LÖG NRW ist kein Rechtsweg eröffnet, sodass T keine anderweitige Möglichkeit zur Erreichung seines Rechtsschutzziels hat. Eine Normenkontrolle nach § 47 Abs. 1 Nr. 2 VwGO scheidet aus, da § 6a LÖG NRW nicht im Rang unter einem Landesgesetz steht.

VI. Form und Frist

Die Verfassungsbeschwerde wurde formgerecht eingelegt (§§ 23, 92 BVerfGG). Zudem wurde die Jahresfrist des § 93 Abs. 3 BVerfGG gewahrt.

Zwischenergebnis: Die Verfassungsbeschwerde ist zulässig.

B Begründetheit

I. Verletzung der Berufsfreiheit aus Art. 12 Abs. 1 GG

1. Schutzbereich

a) Sachlicher Schutzbereich

Da durch das Verbot das Erworbene gem. Art. 14 Abs. 1 GG nicht betroffen ist, sondern allenfalls der Erwerb, kommt eine Verletzung der Berufsfreiheit in Betracht. Beruf ist jede auf Dauer angelegte, nicht schlechthin gemeinschädliche Tätigkeit, die der Schaffung und Erhaltung der Lebensgrundlage dient, so auch das Betreiben einer Tankstelle und eines Tankshops. Dabei enthält Art. 12 Abs. 1 GG ein einheitliches Grundrecht der Berufsfreiheit.

Die Freiheit der Berufsausübung umfasst auch das Recht, die Art der am Markt angebotenen Güter selbst festzulegen und den Kreis der angesprochenen Interessenten selbst auszuwählen (BVerfGE 121, 317 ff.; BVerfGE 106, 275 ff.). Daher wird die Freiheit des T zum Verkauf alkoholischer Getränke zu jeder Zeit vom Schutzbereich des Art. 12 Abs. 1 GG umfasst.

b) Persönlicher Schutzbereich

Wie gezeigt, kann sich T trotz seiner griechischen Staatsangehörigkeit auf das Deutschengrundrecht aus Art. 12 Abs. 1 GG berufen.

2. Eingriff

§ 6a LÖG NRW stellt einen klassischen Eingriff in die Freiheit des Berufs dar, weil dem T die Möglichkeit genommen wird, selbst darüber zu entscheiden, zu welchen Zeiten er alkoholische Getränke anbietet. Die Regelung hat auch eine ggü. Ladenbesitzern berufsregelnde Tendenz.

3. Verfassungsrechtliche Rechtfertigung

Fraglich ist, ob der Eingriff in die Berufsausübungsfreiheit verfassungsrechtlich gerechtfertigt ist. Aus dem Umstand, dass Art. 12 Abs. 1 GG das einheitliche Grundrecht der Berufsfreiheit umfasst, folgert das Bundesverfassungsgericht zugleich, dass der Regelungsvorbehalt für die Berufsausübung nach Art. 12 Abs. 1 S. 2 GG einen allgemeinen Schrankenvorbehalt für die Berufsfreiheit darstellt. Demnach bedarf es für Einschränkungen der Berufsfreiheit gemäß Art. 12 Abs. 1 S. 2 GG einer gesetzlichen Grundlage. Die eingreifende Vorschrift muss kompetenzgemäß erlassen worden sein und vor allem dem Grundsatz der Verhältnismäßigkeit entsprechen.

a) Formelle Verfassungsmäßigkeit, insb. Gesetzgebungskompetenz des Landes

Grundsätzlich steht die Gesetzgebungskompetenz nach Art. 70 Abs. 1 GG den Ländern zu. Zwar hat das Land NRW die Regelungen in das LÖG NRW eingefügt, gleichwohl handelt es sich nicht um eine der Landesgesetzgebungskompetenz unterliegende Frage der Ladenöffnungszeit, sondern des Genussmittelrechts. Eine ausschließliche Gesetzgebungskompetenz des Bundes (Art. 71, 73 GG) ist hierfür nicht gegeben. Möglicherweise hat der Bund mit dem LFGB von einer ihm zustehenden konkurrierenden Gesetzgebungskompetenz (Art. 72, 74 Abs. 1 Nr. 20 GG) in einer Weise Gebrauch gemacht, dass den Ländern der Erlass eines Alkoholverkaufsverbotes verwehrt wäre. Den Ländern steht das Gesetzgebungsrecht im Bereich der konkurrierenden Gesetzgebungskompetenz zu, solange und soweit der Bund nicht geregelt hat.

Hier hat der Bund zwar auf dem Gebiet des Lebensmittelrechts geregelt. Allerdings dienen die Regelungen des LFGB nur der Abwehr von Gefahren, die durch einen bestimmungsgemäßen Gebrauch von Lebensmitteln entstehen können, vgl. §§ 1 Abs. 2, 5 Abs. 1, 6 Abs. 1 LFGB. § 6a LÖG NRW dient nach der erklärten Zielsetzung des Gesetzgebers und dem objektiven Regelungsgehalt dagegen der Abwehr von Gefahren, die durch Alkoholmissbrauch entstehen. Die Fragen sind im LFGB nicht geregelt, das LFGB ist insoweit nicht abschließend, so dass das Land NRW im Rahmen der konkurrierenden Gesetzgebung ergänzende Regelungen treffen darf.

Daher steht der Erlass des LFGB dem in § 6a LÖG NRW normierten Alkoholverkaufsverbot kompetenzrechtlich nicht entgegen.

2. Materielle Verfassungsmäßigkeit, insb. Verhältnismäßigkeitsgrundsatz

a) Legitimer Zweck

Zu prüfen ist, ob § 6a LÖG NRW im Lichte der Rechtsprechung des Bundesverfassungsgerichts zu Art. 12 Abs. 1 GG einen legitimen Zweck verfolgt.

Das Bundesverfassungsgericht hat die Eingriffe in die Berufsfreiheit in der Dreistufenlehre in Berufsausübungsregelungen, subjektive und objektive Berufswahlregelungen unterteilt. Die geringsten Anforderungen sind an die Berufsausübungsregelungen zu stellen, die durch jede vernünftige Erwägung des Allgemeinwohls gerechtfertigt sein können. Die subjektiven Berufswahlregelungen können gerechtfertigt sein, wenn sie zum Schutz eines wichtigen Gemeinschaftsgutes erforderlich sind. Die objektiven Berufswahlregelungen sind nur zulässig zur Abwendung schwerer und nachweisbarer Gefahren für ein überragend wichtiges Gemeinschaftsgut (z. B. Volksgesundheit, Recht auf Leben).

Durch das Alkoholverkaufsverbot zur Nachtzeit wird nur das „Wie" der Berufsausübung des T geregelt, nicht aber das „Ob". Damit handelt es sich um eine reine Berufsausübungsregelungen, die vernünftige Erwägungen des Allgemeinwohls gerechtfertigt sein können. Die vom Gesetzgeber angestrebte Eindämmung der mit Alkoholmissbrauch verbundenen Gefahren für die öffentliche Sicherheit und Ordnung sowie die Gesundheit stellen jedenfalls solche wichtige Gemeinwohlziele dar. Damit wird ein Zweck verfolgt, der Eingriffe auf der Ebene der Berufsausübung grds. rechtfertigt. Die Regelung muss aber gleichwohl geeignet, erforderlich und angemessen sein.

b) Geeignetheit

Verlangt ist Zweckförderlichkeit im weitesten Sinne. Im Hinblick auf die Eignung eines Alkoholverkaufsverbotes zur Erreichung des genannten Zweckes steht dem Gesetzgeber ein Einschätzungs- und Prognosespielraum zu (BVerfGE 115, 276 ff.; BVerfGE 103, 293 ff.). Die Annahme des Gesetzgebers, dass eine nächtliche Einschränkung der Erwerbsmöglichkeiten alkoholischer Getränke zu einer Verringerung der mit einem missbräuchlichen Konsumverhalten einhergehenden Gefahren führt, ist insoweit nicht zu beanstanden. Die Eignung des Alkoholverkaufsverbotes wird auch nicht dadurch in Frage gestellt, dass § 6a S. 2 LÖG NRW bestimmte Verkaufsstellen ausnimmt, die trinkbereite Personen anstelle anderer Verkaufsstellen zum Erwerb alkoholischer Getränke nutzen könnten. Die privilegierten Verkaufsstellen auf Volksfesten und Märkten sowie in Verkehrsflughäfen zeichnen sich durch eine erhöhte Präsenz von Ordnungskräften und eine dichtere soziale Kontrolle als der anonyme Verkauf in Tankstellen, Supermärkten oder Kiosken aus. Dies gilt auch für den anschließenden Konsum. Insoweit ist es vom gesetzgeberischen Beurteilungsspielraum gedeckt, unterschiedlichen Verkaufsstellen unterschiedliche Gefährdungspotentiale beizumessen.

c) Erforderlichkeit

Auch bei der Frage der Erforderlichkeit verfügt der Gesetzgeber über eine Einschätzungsprärogative (BVerfGE 115, 276 ff.; BVerfGE 102, 197 ff.). Hier sind keine milderen, ebenso effektiven Mittel zur Zweckerreichung ersichtlich. Eine denkbare Beschränkung des Verkaufsverbots auf bestimmte Arten hochprozentiger alkoholischer Getränke wäre ersichtlich weniger wirksam als ein striktes, auch Getränke mit niedrigem Alkoholgehalt umfassendes Verkaufsverbot. Eine räumlich begrenzte Beschränkung des Alkoholverkaufes mittels Gefahrenabwehrverordnungen könnte zu einer örtlichen Problemverlagerung hin zu fortbestehenden Erwerbsmöglichkeiten an benachbarten Verkaufsstellen führen.

d) Angemessenheit

Schließlich ist eine Gesamtabwägung zwischen der Schwere des Eingriffs und dem Gewicht sowie der Dringlichkeit der ihn rechtfertigenden Gründe vorzunehmen. Das tageszeitlich begrenzte Alkoholverkaufsverbot dient dem Schutz hochrangiger Gemeinschaftsgüter. Die Auswirkungen auf T beschränken sich auf eine Verringerung des Umsatzes seines „Tankshops". T generiert mit dem Gewinn aus seinen gesamten Tankshop-Verkäufen jedoch lediglich 20% seines gesamten Gewinns. Überdies muss berücksichtigt werden, dass beim Erwerb alkoholischer Getränke an Tankstellen, Supermärkten oder Kiosken der Konsum häufig unkontrolliert im öffentlichen Raum (etwa an Szenetreffs) stattfindet. Demnach geht von den nichtprivilegierten Verkaufsstellen (wie dem „Tankshop“ des T) ein gesteigertes Gefahrenpotential aus. Daher ist das Alkoholverkaufsverbot auch angemessen.

II. Allgemeiner Gleichheitssatz , Art. 3 Abs. 1 GG

Das Verkaufsverbot könnte den T in seinem Recht aus Art. 3 Abs. 1 GG verletzen.

1. Ungleichbehandlung wesentlich Gleichen

Hier ist das Vergleichsmerkmal („tertium comparationis“) Verkaufsstellen mit Öffnungszeiten zur Nachtzeit. Die Ungleichbehandlung liegt darin, dass den einen Verkaufsstellen (Volksfeste/Märkte/Flughäfen) der Verkauf zur Nachtzeit erlaubt, den anderen Verkaufsstellen, wie der des T, dagegen nicht.

2. Verfassungsrechtliche Rechtfertigung

a) Feststellung des Prüfmaßstabes

Fraglich ist, ob die festgestellte Ungleichbehandlung am Maßstab der Willkürformel oder der Neuen Formel zu prüfen ist. Zunächst wird zwar nicht an Personen, sondern an Sachverhalte angeknüpft, was für das Eingreifen der Willkürformel spricht. Allerdings ist es dem T nicht möglich, mit seinem Tankshop auf die Seite der Begünstigten zu wechseln. Auch steht die Ungleichbehandlung in engem Zusammenhang mit dem Ausüben seiner Berufsfreiheit. Insgesamt dürfte daher die Neue Formel anzuwenden sein.

b) Verhältnismäßigkeit

Damit ist § 6a LÖG NRW am Maßstab des Verhältnismäßigkeitsgrundsatzes zu messen. Der Gleichheitssatz des Art. 3 Abs. 1 GG verbietet es demnach, dass eine Gruppe von Normadressaten im Vergleich zu anderen Normadressaten anders behandelt wird, obwohl zwischen beiden Gruppen keine Unterschiede von solcher Art und solchem Gewicht bestehen, dass sie die ungleiche Behandlung rechtfertigen könnten.

Der wesentliche Unterschied zwischen den privilegierten und den nicht privilegierten Verkaufsstellen für die vorgenommene Differenzierung nach § 6a LÖG NRW liegt aber gerade in dem unterschiedlichen Potential der Verkaufsstellen, zur Bildung von Szenetreffs, zu missbräuchlichem Alkoholkonsum und den mit diesem verbundenen gefährlichen Begleiterscheinungen beizutragen.

Der Gesetzgeber hat damit in vertretbarer Weise zwischen den unterschiedlichen Arten von Verkaufsstellen differenziert. Das Alkoholverkaufsverbot verletzt T daher auch nicht in seinem Grundrecht aus Art. 3 Abs. 1 GG.

Endergebnis: Die Verfassungsbeschwerde ist demnach unbegründet. Sie wird keinen Erfolg haben.

Fall 9: „Das birgt Sprengstoff!"

In jüngster Zeit hat es in der Bundesrepublik mehrfach Sprengstofffunde in Frachtzügen und LKW gegeben. Der Sprengstoff befand sich jeweils in Druckerpatronen, die – über Nachbarstaaten eingeführt – statt mit Toner mit einem explosiven Gemisch gefüllt waren, welches dann durch geeignete Zündmechanismen zur Sprengung gebracht werden konnte. Die Bundesregierung will dieser Gefahr entgegenwirken. Hierzu wird auf Empfehlung von Sachverständigen – formell ordnungsgemäß – durch das Innen- und das Wirtschaftsministerium mit Wirkung vom 31.10.2010 eine Rechtsverordnung (RVOFnS) erlassen, die für Frachtunternehmen einen "Fachkundenachweis Sprengstoffe" (FnS) verlangt. Hier werden Kenntnisse vermittelt, um Sprengstoffe zu erkennen, die von ihnen ausgehende Gefahr zu bewerten und ggf. Gegenmaßnahmen selbst ergreifen oder entsprechende Hilfe herbeirufen zu können. Der Nachweis ist bei einzelkaufmännischen Frachtunternehmen mit nur einem Firmensitz zwingend vom jeweiligen Firmeninhaber zu erbringen. Bei größeren Frachtunternehmen, insbesondere in Form von Kapitalgesellschaften mit mehr als einem Firmensitz, müssen an jedem Firmensitz mindestens zwei Angestellte, ab einer bestimmten Beschäftigtenzahl auch mehr Angestellte, den Fachkundenachweis erbringen. Vorgeschrieben sind weiterhin regelmäßige Fortbildungen. Ohne den entsprechenden Nachweis darf das Unternehmen nicht mehr geführt werden; eine angemessene Übergangsfrist ist geregelt.

Der insoweit betroffene deutsche Frachtunternehmer F, der sein kleines Unternehmen als Einzelkaufmann mit einem Firmensitz betreibt, hat – die Gefahr entsprechender Sendungen vorhersehend – bereits seit Jahren in den Reihen seiner Beschäftigten einen Angestellten, der einen solchen Fachkundenachweis besitzt und auch permanent fortgebildet wird. F sieht sich deswegen durch das Verlangen des Verordnungsgebers extrem gebeutelt. Zwar würde ihn ein entsprechender Nachweis nicht in seiner Existenz gefährden, es würde für ihn aber einen großen (Zeit)Aufwand bedeuten, den Nachweis selbst zu erbringen und sich permanent fortzubilden. Auch will er die Argumente des Verordnungsgebers, warum bei Firmen seines Zuschnitts gerade der Firmeninhaber die Fachkunde nachweisen müsse, nicht gelten lassen.

So wird angeführt, in derart neuralgischen Situationen, wie sie ein eventueller Sprengstofffund darstelle, müsse sich die Weisungsbefugnis gegenüber den Angestellten voll durchsetzen, was gerade bei den betroffenen kleineren Unternehmen optimal nur in der Person des Firmenchefs gewährleistet sei. Zudem sei gerade bei kleineren Firmen nur so der Sorge um das permanente Vorhalten von Fachkenntnis durch natürliche Personalfluktuation zu begegnen.

F dagegen meint, er dürfe sein Unternehmen in dieser Frage so organisieren, wie er wolle. In Gefährdungssituationen würden die übrigen Angestellten schon aus reinem Eigeninteresse den Weisungen des Spezialisten folgen, auch habe er stets dem entsprechende Vorgaben für seine Angestellten zur strikten Weisungsgebundenheit dem Fachkundigen gegenüber gemacht. Der betreffende Angestellte weise jetzt schon geeignete Nachfolger in seine Tätigkeit ein, so dass Ersatz schnell gewährleistet sei. Schließlich dürften größere Firmen die Last auch auf Angestellte verteilen.

Fristgerecht erhebt F Verfassungsbeschwerde. Hierin rügt er mit den zuvor genannten Argumenten die Verletzung seiner Grundrechte aus Art. 14 Abs. 1 GG, Art. 12 Abs. 1 GG, Art. 3 Abs. 1 GG und Art. 2 Abs. 1 GG.

Hat die Verfassungsbeschwerde des F Erfolg?

Lösungshinweise Fall 9: „Das birgt Sprengstoff!"

(Schwerpunkt: Art. 12 Abs. 1 GG – Berufswahlregelungen; Art. 3 Abs. 1 GG)

Die Verfassungsbeschwerde des F hat Erfolg, wenn sie zulässig und begründet ist.

A Zulässigkeit

I. Zuständigkeit des BVerfG

Das BVerfG ist gem. Art. 93 Abs. 1 Nr. 4a GG, 13 Nr. 8a, 90 ff. BVerfGG zuständig für die Entscheidung über Individualverfassungsbeschwerden.

II. Antragsberechtigung

F ist natürliche Person, damit als "jedermann" iSd Art. 93 Abs. 1 Nr. 4a GG antragsberechtigt.

III. Beschwerdegegenstand

Beschwerdegegenstand sind Akte der öffentlichen Gewalt, der Legislative, der Exekutive und der Judikative. Hier wendet sich S gegen die Rechtsverordnung, damit gegen einen Akt der Exekutive.

IV. Beschwerdebefugnis

1. Behauptung einer Grundrechtsverletzung

F müsste substantiiert behaupten können, in seinen Grundrechten verletzt zu sein und diese Verletzung darf nicht schlechthin unmöglich erscheinen. Hier ist eine Verletzung der Eigentumsgarantie gemäß Art. 14 GG wegen der Belastungen durch die RVOFnS jedenfalls nicht schlechthin ausgeschlossen. Auch könnte der F wegen der Vorgaben für die Ausgestaltung seines Unternehmens in der Berufsfreiheit gemäß Art. 12 Abs. 1 GG sowie allgemein durch die staatlichen Vorgaben in seiner allgemeinen Handlungsfreiheit aus Art. 2 Abs. 1 GG verletzt sein. Wegen der unterschiedlichen Behandlung je nach Firmenzuschnitt kommt auch eine Verletzung von Art. 3 Abs. 1 GG in Betracht.

> **Anm.**: Es steht den Bearbeitern frei, die Verletzung von Art. 14 Abs. 1 GG schon hier unter Hinweis auf die fehlende Existenzgefährdung und die alleinige Betroffenheit des Vermögens auszuscheiden. Der ausdrückliche Hinweis des F auf die allgemeine Handlungsfreiheit macht es notwendig, das Grundrecht „mitzuziehen", auch wenn das Eingreifen der Subsidiaritätsklausel naheliegt; wer Art. 2 Abs. 1 GG in der Beschwerdebefugnis ausscheiden möchte, muss die Eröffnung des Schutzbereichs jedenfalls des Art. 12 Abs. 1 GG an dieser Stelle positiv feststellen.

2. Selbst, gegenwärtig und unmittelbar betroffen?

F müsste zudem qualifiziert, dh selbst, gegenwärtig und unmittelbar betroffen sein.
F ist als Adressat der Rechtsverordnung selbst betroffen. Gegenwärtig betroffen ist F, da die Rechtsverordnung schon und noch in Kraft ist und somit F gegenüber Rechtswirkungen entfaltet. Die unmittelbare Betroffenheit ergibt sich daraus, dass die Verpflichtung zum Nachweis der Fachkunde ohne Notwendigkeit weiterer Vollzugsakte direkt auf der Rechtsverordnung („self-executing") beruht.

V. Rechtswegerschöpfung/Subsidiarität

Gegen Bundesrechtsverordnungen ist kein Rechtsweg eröffnet, insbesondere nicht der nach § 47 VwGO. Auch ist kein anderer Weg ersichtlich, gegen die Rechtsverordnung vorzugehen.

VI. Frist/Form

Einzuhalten ist die Frist des § 93 Abs. 3 BVerfGG, demzufolge gegen ein Gesetz oder gegen einen sonstigen Hoheitsakt, gegen den ein Rechtsweg nicht offensteht, die Verfassungsbeschwerde nur binnen eines Jahres seit dem Inkrafttreten des Gesetzes oder dem Erlass des Hoheitsaktes erhoben; in Betracht kommt hier die Variante des sonstigen Hoheitsaktes. Gem. § 23 Abs. 1 S. 1 BVerfGG ist die Verfassungsbeschwerde schriftlich, gem. § 23 Abs. 1 S. 2, 92 BVerfGG mit qualifizierter Begründung einzulegen. Beides ist hier geschehen.
Die Verfassungsbeschwerde wurde frist- und formgerecht erhoben.

Zwischenergebnis: Die Verfassungsbeschwerde ist zulässig.

B Begründetheit

Die Verfassungsbeschwerde ist begründet, wenn der Beschwerdeführer in einem seiner Grundrechte oder grundrechtsgleichen Rechte verletzt ist.

I. Art. 14 Abs. 1 GG

1. Schutzbereich

Bei der Prüfung des Schutzbereiches kann in persönlicher Hinsicht dem F, wie jedem Menschen, Eigentum zustehen.

In Betracht käme eine Betroffenheit des Art. 14 Abs. 1 GG unter dem Gesichtspunkt des eingerichteten und ausgeübten Gewerbebetriebes. Die Rechtsprechung des Reichsgerichts und des Bundesgerichtshofes entwickelte das Recht am eingerichteten und ausgeübten Gewerbebetrieb zur Begründung deliktischer und negatorischer Ansprüche und ordnete es neben den absoluten Rechten als ein "sonstiges Recht" im Sinne des § 823 Abs. 1 BGB ein. Aus Sicht des Bundesverfassungsgerichts ist der eingerichtete und ausgeübte Gewerbebetrieb die tatsächliche Zusammenfassung der zum Vermögen eines Unternehmens gehörenden Sachen und Rechte. Dieser Schutz nach Art. 14 Abs. 1 GG umfasst jedenfalls den konkreten Bestand des einzelnen Unternehmens (BVerfGE 68, 193, 222 f. mwN).

F führt mit dem Frachtunternehmen einen eingerichteten und ausgeübten Gewerbebetrieb, der für sich oder als Summe der ihn ausmachenden Sache und Rechte den Schutz des Art. 14 Abs. 1 GG genießt.

2. Eingriff

Fraglich ist aber, ob in den Schutzbereich eingegriffen wurde. Dies wäre der Fall, wenn das hier in Rede stehende Eigentumsobjekt in seinem Bestand gefährdet wäre. Das Unternehmen des F ist aber durch die in der RVOFnS ausgesprochene Verpflichtung nicht von Schließung/Konkurs oÄ bedroht. Die Existenz des F ist – auch nach dessen eigenen Angaben – nicht gefährdet. Damit ist Art. 14 Abs. 1 GG schon insoweit nicht betroffen. Eine Verletzung von Art. 14 Abs. 1 GG scheidet damit aus.

II. Art. 12 Abs. 1 GG

1. Schutzbereich

a) Sachlicher Schutzbereich

Art. 12 Abs. 1 GG schützt als einheitliches Grundrecht das Recht der Berufsfreiheit. Beruf ist jede auf Dauer angelegte erlaubte Tätigkeit, die der Bestreitung des Lebensunterhaltes dient. F betreibt langfristig sein Frachtunternehmen, eine nicht schlechthin gemeinschädliche und damit erlaubte Tätigkeit, und es ist davon auszugehen, dass er dies zur Bestreitung seines Lebensunterhalts tut.

b) Persönlicher Schutzbereich

Der F ist Deutscher und damit vom persönlichen Schutzbereich des Art. 12 Abs. 1 GG erfasst.

2. Eingriff

Eingriff ist jede staatliche Maßnahme, durch die der Schutzbereich eines Grundrechts verkürzt, also dessen Ausübung erschwert oder unmöglich gemacht wird.
Die staatliche Maßnahme liegt darin, per RVOFnS eine bestimmte Qualifikation („Sachkundenachweis“) zu verlangen. Die berufsregelnde Tendenz ist gegeben, der Beruf wird tangiert; die mittelbaren Auswirkungen auf F sind erheblich (großer Zeitaufwand).

Durch die Vorgabe, den Fachkundenachweis in seiner Person führen zu müssen, um dem Beruf des Frachtunternehmers weiter ausüben zu können, wird die Ausübung der Berufsfreiheit erschwert.

> **Anm.**: Je nachdem, welchem Aufbau der Drei-Stufen-Theorie man folgt, könnte man bereits den Eingriff nach den dort genannten Kriterien qualifizieren.

3. Verfassungsrechtliche Rechtfertigung

Der Eingriff in die Berufsfreiheit des A ist dann gerechtfertigt, wenn das Grundrecht beschränkbar ist und diese Schranke wirksam ausgefüllt wurde.

a) Beschränkbarkeit des Grundrechts

Die Beschränkbarkeit des Grundrechts aus Art. 12 Abs. 1 S. 1 GG ergibt sich aus Satz 2 der Vorschrift. Aufgrund der Annahme eines einheitlichen Grundrechts der Berufsfreiheit erstreckt sich der in Satz 2 formulierte Gesetzesvorbehalt entgegen dem Wortlaut nicht nur auf die Berufsausübungs-, sondern nach der Rechtsprechung des Bundesverfassungsgerichts auch auf die Berufswahlfreiheit.

b) Vorliegen einer wirksamen Schranke

Die Rechtsverordnung könnte – ggf. gemeinsam mit dem sie ermächtigenden Gesetz – eine wirksame Ausgestaltung des Regelungsvorbehalts nach Art. 12 Abs. 1 S. 2 GG darstellen; dazu müsste die Rechtsverordnung formell und materiell rechtmäßig, sein, im Rahmen der materiellen Rechtmäßigkeit vor allem den sogenannten Schranken-Schranken, hier insbesondere dem Grundsatz der Verhältnismäßigkeit, genügen.

aa) Formelle Verfassungsmäßigkeit

Die Rechtsverordnung ist formell ordnungsgemäß erlassen, von der Verfassungsmäßigkeit des ermächtigenden Gesetzes ist auszugehen.

bb) Materielle Verfassungsmäßigkeit

Im Rahmen der Schranken-Schranken kommen Verstöße gegen Art. 19 Abs. 1 und 2 GG nicht in Betracht; insb. gilt das Zitiergebot für Regelungsvorbehalte nicht. Die Regelung dürfte überdies bestimmt genug sein. Im Übrigen muss die Rechtsverordnung insbesondere dem Grundsatz der Verhältnismäßigkeit genügen.

(1) Legitimer Regelungszweck

Zu prüfen ist, ob der Verordnungsgeber im Lichte der Rechtsprechung des Bundesverfassungsgerichts zu Art. 12 Abs. 1 GG einen legitimen Zweck verfolgt.

Das Bundesverfassungsgericht hat zur Überprüfung berufsregelnder Gesetze im Apothekenurteil die sogenannte Drei-Stufen-Theorie entwickelt, der zufolge je nach Intensität des Eingriffs unterschiedliche Anforderungen an die Legitimität der betreffenden Regelung gestellt werden.

> **Anm.**: Je nachdem, welchem Aufbau der Drei-Stufen-Theorie man folgt, kann man erst in der weiteren Verhältnismäßigkeitsprüfung auf die folgenden Punkte eingehen.

Das Bundesverfassungsgericht sieht als Eingriffe der geringsten Intensität reine Berufsausübungsregelungen, also solche, die die Modalitäten und gesetzlichen Rahmenbedingungen einer Tätigkeit bestimmen. Auf der zweiten Stufe unterscheidet es subjektive Zulassungsschranken, also solche Zulassungsschranken, die sich an der Erfüllung oder dem Besitz persönlicher Fähigkeiten oder Voraussetzungen orientieren. Auf der dritten, eingriffsintensivsten Stufe sieht es objektive Zulassungsschranken, die unabhängig von persönlicher Qualifikation und ohne Beeinflussbarkeit durch den Grundrechtsberechtigten aufgestellt werden.

Fraglich ist, auf welcher Ebene der Drei-Stufen-Theorie der Eingriff einzuordnen ist. Hier könnte es sich um eine subjektive Zulassungsbeschränkung handeln. Das „Ob" ist betroffen, F darf das Unternehmen nur mit Nachweis der betreffenden Qualifikation, damit aufgrund einer in der Person liegenden Eigenschaft fortführen.

Legitimer Gesetzeszweck für die Rechtfertigung subjektiver Zulassungsschranken ist, dass ohne die einschränkende Regelung Schäden oder Gefahren für die Allgemeinheit drohen. Hier ist der Schutz der Allgemeinheit vor Gefahren durch Sprengstofffunde durch Gefährdung von Leben und Gesundheit aller am Warentransport Beteiligten und durch Gefährdung von Sachgütern, bezweckt. Der Regelungszweck rechtfertigt damit grundsätzlich subjektive Berufswahlregelungen.

(2) Geeignetheit

Der Sachkundenachweis müsste geeignet sein, dieses Ziel jedenfalls zu fördern. Mögliche Sprengstoffpakete würden besser/schneller erkannt und Gegenmaßnahmen ergriffen werden können. Die Geeignetheit ist – nicht zuletzt mit Blick auf die Aussagen der Sachverständigen, die eine entsprechende Empfehlung ausgesprochen haben werden – zu bejahen.

(3) Erforderlichkeit

Im Rahmen der Erforderlichkeit ist zu fragen, ob ein milderes Mittel gleicher Eignung besteht. Denkbar ist ein Eingriff bereits auf einer niedrigeren Eingriffsstufe, oder auch auf gleicher Ebene der Dreistufentheorie, der aber weniger belastet.

Als milderes aber möglicherweise gleich geeignetes Mittel kommt – wie von F angemahnt – in Betracht, dass nicht gerade der Firmenchef, sondern ein anderer Mitarbeiter im Betrieb die notwendigen Kenntnisse hat; hier läge ein Berufsausübungsregelung, also ein Eingriff auf einer niedrigeren Stufe, vor, da lediglich die Ausgestaltung des Unternehmens und damit das „Wie“ der Berufsausübung betroffen wäre. Für die Sicht des F spricht das von ihm vorgebrachte Eigeninteresse der übrigen Mitarbeiter, die – nicht zuletzt aufgrund der ausgesprochenen Weisung – auch auf anderer Fachkundige als den Chef hören werden. Das Argument der hohen Fluktuation ist allerdings nicht von der Hand zu weisen, so dass nicht unbedingt von der gleichen Eignung auszugehen ist.

(4) Angemessenheit

Im Rahmen der Angemessenheit ist zu fragen, ob der Eingriff die Rechtspositionen der Beteiligten in einen vertretbaren Ausgleich bringt. Zu konstatieren ist zunächst, dass die durch die RVOFnS geschützten Rechtsgüter allesamt hochwertig sind. Hiergegen steht das Interesse der Transportunternehmer, nicht Zeit und Geld für den persönlichen Nachweis entsprechender Fertigkeiten zum Erhalt ihres Unternehmens aufwenden zu müssen. Dieses Interesse dürfte geringer zu bewerten sein. Auch greift die RVOFnS erst nach einer angemessenen Übergangsfrist.

Zu fragen ist allerdings, ob für Unternehmen, die schon vor Erlass der Verordnung ein geeignetes System zur Minimierung der vorgenannten Gefahren installiert haben, Ausnahmeregelungen vorzuhalten sind. Wenn aber die Erforderlichkeit der Regelung bejaht wurde, liegt es nahe, auch bei solchen Unternehmen den Wechsel des Systems im Sinne der Verordnung als angemessen zu erachten, zumal der Nachweis eines vergleichbar wirksamen Systems einen erheblichen personellen und finanziellen Überprüfungsaufwand mit sich bringen würde..

> **Anm.**: Im Ergebnis sind beide Varianten vertretbar. Wichtig ist, dass die im Sachverhalt vorgebrachten Argumente sinnvoll zugeordnet und abgewogen werden.

Zwischenergebnis: Art. 12 Abs. 1 GG ist nach der Argumentation nicht verletzt.

III. Art. 2 Abs. 1 GG

> **Anm.**: Da der F die Verletzung von Art. 2 Abs. 1 GG ausdrücklich rügt, ist Art. 2 Abs. 1 GG trotz offensichtlichem Eingreifen der Subsidiarität anzusprechen.
> Nach dem Grundsatz „Freiheitsrechte vor Gleichheitsrechten“ geht die Prüfung des Art. 2 Abs. 1 GG dabei zugleich der Prüfung des Art. 3 Abs. 1 GG vor.

Davon ausgehend, dass die aufgewandte Zeit für den Fachkundenachweis von der Berufsfreiheit erfasst ist, tritt Art. 2 Abs. 1 GG hinter Art. 12 Abs. 1 GG als Spezialgrundrecht zurück.

IV. Art. 3 Abs. 1 GG

Zu prüfen bleibt, ob die RVOFnS gegen den allgemeinen Gleichheitssatz verstößt.

> **Anm.**: Verkürzt wäre es, für den Fall, dass Art. 12 Abs. 1 GG als verletzt angesehen wird, zugleich auf eine Verletzung des Art. 3 Abs. 1 GG zu schließen.

1. Ungleichbehandlung von wesentlich Gleichem

Gemeinsames Merkmal ist hier das Betreiben von Transportunternehmen, wobei die RVOFnS den Transportunternehmen nach dem Zuschnitt von F's Unternehmen den Nachweis durch den Firmenchef auferlegt, während größere Unternehmen mit mehreren Firmensitzen die Sprengstoffkunde auch durch Angestellte nachweisen lassen können.

2. Verfassungsrechtliche Rechtfertigung

Die Nähe zur beruflichen Betätigung des F und der Umstand, dass F auf den Zuschnitt seines Unternehmens kurzfristig keinen Einfluss hat, legen eine differenzierte Verhältnismäßigkeitsprüfung im Sinne der Neuen Formel nahe.

Als legitimer Regelungszweck kommt hier wieder die Eindämmung der Gefahren durch Sprengstoff in Transportsendungen in Betracht, was durch den Fachkundenachweis gleich ob durch den Firmenleiter oder durch Angestellte gefördert werden kann. Hier differenziert der Gesetzgeber nach Firmengröße und Vorliegen verschiedener Firmenstandorte. Zunächst ist es nachvollziehbar, dass bei mehreren Firmensitzen der Fachkundenachweis durch den Firmenchef nicht ausreichen kann. Der höheren Fluktuation bei Angestellten versucht der Verordnungsgeber durch Verteilung des Nachweises auf mehrere Fachkundige pro Standort zu begegnen. Auch ist die persönliche Bindung der Angestellten an ihren Chef unter Umständen nicht mit der gegenüber einem lediglichen Geschäftsführer eines Unternehmens vergleichbar, so dass die Gründe, die bei kleinen Unternehmen für eine Konzentration der Fachkenntnis beim Firmenleiter sprechen, nicht gleichermaßen gelten mögen. Allerdings ist an dieser Stelle wieder das von F reklamierte Eigeninteresse der Angestellten, auch auf fachkundige Kollegen zu hören, in Betracht zu ziehen.

Im Ergebnis wird aber anzunehmen sein, dass der Verordnungsgeber die vorgenommene Differenzierung zwischen größeren und kleineren Unternehmen grds. so treffen durfte.

> **Anm.**: Im Ergebnis sind wieder beide Varianten vertretbar.

Zwischenergebnis: Art. 3 Abs. 1 GG ist als nicht verletzt anzusehen.

Ergebnis: Die Verfassungsbeschwerde des F ist damit zulässig, aber unbegründet.

Fall 10: Trennungsschmerz

Im Bundesland X besagt § 3 des formell verfassungsgemäßen "Gesetzes über die Abgabe von Pflichtexemplaren an die Staatsbibliothek des Landes X":

> "*Von jedem Druckwerk, das innerhalb des Landes X erscheint, hat der Verleger, soweit er nicht nach anderen Vorschriften dieses Gesetzes befreit ist, ein Stück (Pflichtexemplar) kostenlos und auf eigene Kosten der Staatsbibliothek des Landes X abzuliefern. Das Pflichtexemplar ist mit Beginn der Verbreitung ohne besondere Anforderung unverzüglich abzuliefern.*"

Verleger V, der bislang im Lande Y ansässig war und nunmehr mit seinem Betrieb in das Land X umgezogen ist, erstellt im Selbstverlag wertvolle Kunstbände in kleinen Auflagen, die teilweise Originalradierungen enthalten. Die Preise seiner Druckwerke liegen - bei einer Auflage von durchschnittlich 70 Stück - zwischen 1.000,- und 1.500,- € pro Band. Gerade jetzt hat er mit der Veröffentlichung eines Bandes, der in einer Auflage von 60 Stück 1.200,- € kosten soll, begonnen.

V ist erschüttert über die Regelung und sieht sich aufs Übelste in seinem Eigentumsrecht betroffen. Er fragt, ob er gegen diese "wegelagerische Enteignung" seitens des Landes X Verfassungsbeschwerde zum Bundesverfassungsgericht erheben kann. Die Kultusverwaltung des Landes X sieht die Ablieferungspflicht als zulässige Inhalts- und Schrankenbestimmung des Verlegereigentums, die einem anerkennenswerten kulturpolitischen Bedürfnis folge. Dieses liege darin, dass das verlegerische Werk im Moment der Verbreitung den Bereich der Privatnützigkeit des Eigentums verlasse und der breiten Öffentlichkeit – nicht zuletzt zum Zwecke der Dokumentation des verlegerischen Schaffens der jeweiligen Epochen – in geeigneter Weise zugänglich gemacht werden müsse.

Hat die zulässige Verfassungsbeschwerde des V Aussicht auf Erfolg?

Lösungshinweise Fall 10: Trennungsschmerz

(angelehnt an BVerfGE 82, 126 ff.; Schwerpunkt: Art. 14 GG; Abgrenzung Inhalts- und Schrankenbestimmung – Enteignung)

Die zulässige Verfassungsbeschwerde des V hat Aussicht auf Erfolg, wenn er in seinen Grundrechten oder grundrechtsähnlichen Rechten verletzt ist, Art. 93 Abs. 1 Nr. 4a GG.

In Betracht kommt eine Verletzung von Art. 14 Abs. 1 GG

I. Schutzbereich

1. Sachlicher Schutzbereich

Hier steht das bürgerlich-rechtliche Eigentum an den Druckwerken, die V als Verleger herstellt in Rede. Betroffen ist der Bestand seines Eigentums, so dass die vom Gesetz betroffene Vermögensposition auch dem Schutzumfang nach dem Schutzbereich der Eigentumsgarantie unterfällt.

2. Persönlicher Schutzbereich

Art. 14 Abs. 1 GG ist Jedermanngrundrecht, auf das sich der V als natürliche Person berufen kann.

II. Eingriff

Fraglich ist, ob das Gesetz in die Eigentumsfreiheit eingreift. Die Ablieferungspflicht könnte einen Eingriff in die Eigentumsfreiheit darstellen. In Betracht kommt eine Inhalts- und Schrankenbestimmung oder eine Enteignung des V.

Dem formalen Ansatz des BVerfG folgend ist zu fragen, ob die Vorschrift eine konkrete Belastung des V oder eine abstrakte Belastung darstellt. Auch ist zu fragen, ob sie individuell auf V zugeschnitten ist oder generellen Charakter hat. Zugleich ist zu prüfen, ob V das Eigentum belassen wird oder ob ein Eigentumsentzug vorliegt.

Für eine Enteignung könnte sprechen, dass V konkret und individuell das Eigentum an dem abzugebenden Druckwerk entzogen wird. Eine Eigentumsentziehung i.S. einer Enteignung liegt aber nur dann vor, wenn der Staat auf eine spezielle Vermögensposition des Betroffenen zugreifen will. Hier stellt sich die Lage aber so dar, dass § 3 des Gesetzes in abstrakt-genereller Weise eine Naturalleistungspflicht der Verleger im Lande X normiert. Es kommt dem Staat also nicht auf ein bestimmtes individualisiertes Druckwerk aus dem Bestand des V an. Die vom Verleger vorzunehmende Auswahl und Ablieferung eines beliebigen Druckstückes der Auflage aktualisiert diese allgemein und im Vorhinein diesem obliegende Verpflichtung.

Damit liegt eine Inhalts- und Schrankenbestimmung vor. Diese betrifft auch den aktuellen Bestand der Werke aus dem Verlag des V und stellt daher einen Eingriff dessen Eigentumsrecht dar.

II. Verfassungsrechtliche Rechtfertigung

1. Beschränkbarkeit des Grundrechts

Art. 14 Abs. 1 S. 2 GG enthält einen geschriebenen Gesetzesvorbehalt, der dem Gesetzgeber die Ausgestaltung des Eigentums aufgibt.

2. Wirksame Konkretisierung dieser Schranke?

a) Formell verfassungsmäßiges Gesetz?

Das Gesetz ist formell verfassungsgemäß. Die Gesetzgebungskompetenz des Landes ergibt sich aus Art. 70 Abs. 1 GG.

b) Materielle Verfassungsmäßigkeit, insb. Verhältnismäßigkeit des Gesetzes

aa) Zweck der Regelung,

Zweck der Regelung ist ein kulturpolitisches Bedürfnis, der Öffentlichkeit, auch in späteren Generationen, das Kulturschaffen als Teil einer Kunstepoche zugänglich zu machen.

bb) Geeignetheit

Durch die Sammlung an einer Stelle wird die breite Öffentlichkeit in den Stand gesetzt, auch ohne den Erwerb eines Buches in alle Zukunft Zugang zu den entsprechenden Werken zu haben. Die Regelung ist zweckförderlich.

cc) Erforderlichkeit

Milderes Mittel könnte die Verpflichtung zu zeitweisen Leihgaben oder Dauerleihgaben sein. Der Zweck ist jedoch durch eine nur zeitweise Leihgaben nicht zu erreichen; Dauerleihgaben sind nicht weniger belastend.

Ebenso kann ein genereller Ankauf der Bücher mangels finanzieller Möglichkeiten regelmäßig nicht erfolgen und ist daher weniger geeignet.

Eine zeitweise Überlassung zur Digitalisierung wäre zwar milder, hätte aber nicht den gleichen Dokumentationswert.

dd) Angemessenheit

Bei Art. 14 Abs. 1 GG stellt sich insbesondere die Frage nach der Privatnützigkeit des Eigentums einerseits und Allgemeinnützigkeit andererseits.

> BVerfGE 58, 137, 148 f.: "*Vom Zeitpunkt der Publikation an entwickelt jedes Druckwerk ein Eigenleben. Es bleibt nicht nur vermögenswertes Ergebnis verlegerischer Bemühungen, sondern wirkt in das Gesellschaftsleben hinein. Damit wird es zu einer eigenständigen, das kulturelle und geistige Geschehen der Zeit mitbestimmender Faktor. (...) Es*

ist, losgelöst von privatrechtlicher Verfügbarkeit, geistiges und kulturelles Allgemeingut. Mit Blick auf diese soziale Bedeutung stellt es ein legitimes Anliegen dar, die literarischen Erzeugnisse dem wissenschaftlich und kulturell Interessierten möglichst geschlossen zugänglich zu machen und künftigen Generationen einen umfassenden Eindruck vom geistigen Schaffen früherer Epochen zu vermitteln. (...)"

Somit ist die Allgemeinnützigkeit des Druckwerks grds. zu bejahen, die gegenüber der Privatnützigkeit des Vermögensgegenstandes vorrangig ist. Damit liegt zunächst eine verhältnismäßige Inhalts- und Schrankenbestimmung vor, die im Regelfall entschädigungslos hinzunehmen ist.

Fraglich ist aber, ob dies auch im konkreten Einzelfall gilt. Hier könnte der Eigentumsgarantie - jedenfalls als Eigentumswertgarantie – ein besonderer, über den Normalfall hinausgehender Stellenwert gebühren.

BVerfGE 58, 137, 149 f.: "*Unter diesen Umständen stellt die unentgeltliche Abgabe eines Belegexemplars je Druckwerk eine zumutbare, den Verleger nicht übermäßig und einseitig treffende Belastung dar, wenn der damit verbundene Nachteil nicht wesentlich ins Gewicht fällt. (...) Die besondere soziale Bedeutung, die künstlerisch, wissenschaftlich oder literarisch herausragend wertvollen und daher in der Herstellung regelmäßig sehr teuren Druckwerken im Blick auf Art. 14 Abs. 2 GG zukommt, kann nicht losgelöst von deren Entstehung gesehen werden.*"

Deswegen ist bei derart teuren und aufwändig hergestellten Auflagen das unternehmerische Risiko und die finanzielle Belastung so hoch einzustufen, dass eine kostenlose Ablieferung eines Pflichtexemplars die Grenzen verhältnismäßiger und noch zumutbarer Festlegung des Verlegereigentums überschreitet. Ohne eine Ausnahme für teure Kleinstauflagen ist die Regelung des § 3 des Gesetzes damit unangemessen und die Vorschrift damit soweit verfassungswidrig.

Ergebnis: § 3 des "Gesetzes über die Abgabe von Pflichtexemplaren an die Staatsbibliothek des Landes X" verletzt in dem dargestellten Umfang das Grundrecht des V aus Art. 14 Abs. 1 GG. Die Verfassungsbeschwerde ist damit begründet.

Hinweis zur Tenorierung:
Aufgrund der Vielzahl der Fälle, in denen das Gesetz eine wirksame Inhalts- und Schrankenbestimmung enthält, ist das Gesetz aber nicht generell für verfassungswidrig und damit nichtig zu erklären. Es ist vielmehr Aufgabe des Gesetzgebers, das Pflichtexemplarrecht grundsätzlich neu zu ordnen oder es in Bezug auf Härtefälle der dort bestehenden Interessenlage unter Beachtung der Eigentumsgarantie anzupassen. Dies wird das BVerfG dem Gesetzgeber, mit oder ohne Setzen einer Frist, aufgeben.

Teil 2: Europarecht – Grundfreiheiten

Fall 11: Handzettel

Nachdem es in den Fußgängerzonen zahlreicher Innenstädte im Bundesland N nicht zuletzt durch die Verteilung von Handzetteln zu Verunreinigungen gekommen war, hat N ein Gesetz zur Reinhaltung von Fußgängerzonen (FRG) erlassen. § 1 FRG lautet: „Zur Vermeidung der Verunstaltung der Innenstädte durch Papiermüll können die zuständigen Behörden in Fußgängerzonen das Verteilen von Handzetteln im Einzelfall unterbinden."

Das niederländische Unternehmen P wirbt im Bundesland N in der Fußgängerzone der nahe der niederländischen Grenze gelegenen Stadt K mit Handzetteln für sein Warenhaus, das in unmittelbarer Grenznähe auf niederländischer Seite gelegen ist. Auf den Handzetteln findet sich neben dem Namen des Warenhauses und einer Wegbeschreibung eine wöchentlich wechselnde Auflistung der „Schnäppchen der Woche" einschließlich Bildern und Preisangaben, Die Handzettel können die Passanten einem Ständer entnehmen, den P vor dem Geschäft des ihm befreundeten Unternehmers U mit dessen Zustimmung im Eingangsbereich in der Fußgängerzone von K angebracht hat. Der Ständer fasst 1000 Zettel und wird täglich frisch aufgefüllt. Die zuständige Behörde stellt fest, dass die meisten Handzettel in der Fußgängerzone auf den Boden geworfen werden und weist P darum an, die bisherige Verteilungspraxis sofort einzustellen.

P sieht sich in seinen unionsrechtlich garantierten Grundfreiheiten beeinträchtigt, weil es in Deutschland nicht mehr ungestört für sein Warenhaus werben könne.

Liegt ein Verstoß gegen die unionsrechtlichen Grundfreiheiten vor?

Bearbeitervermerk:
Es ist zu unterstellen, dass keine einschlägigen sekundärrechtlichen Vorschriften zu dieser Frage existieren.

Lösungshinweise zu Fall 11: Handzettel

(Schwerpunkt: Warenverkehrsfreiheit; Maßnahme gleicher Wirkung; Dassonville-Formel; Keck-Formel)

I. Niederlassungsfreiheit, Art. 49 ff. AEUV

Die Niederlassungsfreiheit könnte allenfalls betroffen sein, wenn man den Werbeständer als ortsfeste Einrichtung gleichzeitig als Niederlassung ansieht. Erforderlich wäre die Ausübung wirtschaftlicher Tätigkeit mittels fester Einrichtung im Mitgliedsstaat; hierfür reicht Handzettelständer nicht aus.

> **Anm.:** Die Prüfung der Niederlassungsfreiheit erfolgt höchst vorsorglich. Im Zweifel könnte auch darauf verzichtet werden.

II. Warenverkehrsfreiheit, Art. 34 ff. AEUV

Betroffen sein könnte aber die Warenverkehrsfreiheit nach Art. 34 ff. AEUV.

1. Tatbestand

Voraussetzung ist, dass es um Waren iSd Art. 34 ff. AEUV geht. Waren sind körperliche Gegenstände, die Gegenstand von legalen Handelsgeschäften sein können, und die zu diesem Zweck über mitgliedsstaatliche Grenzen verbracht werden.

Im Betracht kommen zunächst die Handzettel selbst. Diese erfüllen zwar die Warendefinition, werden aber nicht als Gegenstand von Warengeschäften, also nicht um ihrer selbst willen über die Grenze gebracht. Sie dienen vielmehr nur als Hilfsmittel für den Absatz der Artikel im Warenhaus des P in den Niederlanden. Anknüpfungspunkt könnten aber die Waren im Warenhaus des P sein. Diese erfüllen als normale Supermarktprodukte den Warenbegriff. Fraglich ist, ob sie, im Warenhaus in den Niederlanden lagernd, über eine mitgliedstaatliche Grenze verbracht werden. Hierfür ist aber nicht erforderlich, dass die Ware die Grenze überschreitet, um im Nachbarland abgesetzt zu werden. Es genügt auch, wenn – wie hier – Kunden aus einem Mitgliedstaat die Grenz überschreiten, die Waren dort erwerben und dann zurück über die Grenze in ihren Heimatstaat verbringen.

Damit erfüllen die beworbenen Artikel im Warenhaus des P in den Niederlanden den Begriff der Ware iSd Art. 34 AEUV.

2. Beschränkung der Warenverkehrsfreiheit

a) Mengenmäßige Beschränkung

Für eine mengenmäßige Beschränkung der Wareneinfuhr oder -ausfuhr ist nichts ersichtlich.

b) Maßnahme gleicher Wirkung

Denkbar ist aber eine Maßnahme gleicher Wirkung.

Nach der Dassonville-Forme ist eine Maßnahme jede Handelsregelung der Mitgliedstaaten, die geeignet ist, den innergemeinschaftlichen Handel unmittelbar oder mittelbar, tatsächlich oder potentiell zu behindern (EuGH Rs. 8/74, Slg. 1974, 837 Rn. 5 – Dassonville). Hierunter fallen auch unterschiedslos wirkende Regelungen. Hier ist vorstellbar, dass durch das Verbot, Handzettel im Stadtgebiet der Grenzstadt zu verteilen, weniger Kunden auf das Warenhaus des P in den Niederlanden aufmerksam werden, und so nicht auf den Gedanken kommen, ins Nachbarland zum Einkauf zu fahren. Damit kann durch das Verbot von Werbemaßnahmen eine mittelbare, potentielle Behinderung des zwischenstaatlichen Handels auftreten. Nach der Dassonville-Formel ist zunächst eine Maßnahme gleicher Wirkung gegeben.

Die Dassonville-Formel kann, da sie sehr weit gefasst ist, durch die Keck-Formel (EuGH, Rs. C-267/91, Slg. 1993, I-6097 Rn. 16 f. – Keck und Mithouard) eingeschränkt werden.

So begründet die Vorgabe reiner Verkaufsmodalitäten dann nicht die Warenverkehrsfreiheit, wenn

- Regelungen nicht das Inverkehrbringen von Erzeugnissen in einem Mitgliedstaat verhindern und damit die Ware oder das Produkt unmittelbar betreffen (EuGH Rs. C-470/93, Slg. 1995, I-1923 Rn. 12 f. – Mars),
- Geltung für alle Wirtschaftsteilnehmer im Inland haben,
- den Absatz inländischer wie ausländischer Erzeugnisse gleichermaßen betreffen
- und mit ihnen keine tatsächliche Diskriminierung einhergeht.

Hier muss also zunächst eine Abgrenzung von zulässigen reinen Verkaufsmodalitäten zu ggf. unzulässigen produktbezogenen Maßnahmen vorgenommen werden. Hier ist nur eine Werbemaßnahme, gerichtet auf beliebige Waren, nicht aber eine bestimmte Ware selbst betroffen; damit liegt eine Verkaufsmodalität vor.

Die Geltung ist für in- und ausländische Marktteilnehmer unterschiedslos. Zwar ergeht hier ein Einzelakt ggü. P, die aber jedem anderen in- und ausländischen Marktteilnehmer ggü. ebenso ergehen könnte und den Vertrieb jeder beworbenen Ware unterschiedslos beschränken könnte.

Ein Problem könnte hier in einer faktischen Diskriminierung insbesondere ausländischer Waren liegen. So kann ein umfassendes Werbeverbot ausländische Marktteilnehmer härter treffen als inländische Marktteilnehmer (Alkoholwerbeverbot in Schweden, EuGH Rs. C-405/98, Slg. 2001, I-1823, Rn. 21); hier wird allerdings mit dem Verbot, Handzettel auszulegen, nur ein Werbeweg verschlossen, alle anderen Werbemöglichkeiten (Zeitungsannoncen, Litfaßsäulen usw.) bleiben für P geöffnet.

Damit fehlt es bereits an einer Beschränkung der Warenverkehrsfreiheit nach Art. 34 AEUV (-)

III. Dienstleistungsfreiheit, Art. 56 ff. AEUV

Eine Verletzung der Dienstleistungsfreiheit scheidet aufgrund Subsidiarität wegen der Einschlägigkeit der Warenverkehrsfreiheit aus, vgl. Art. 57 Abs. 1 AEUV.

Ergebnis: Folglich ist der P nicht in Grundfreiheiten verletzt.

Fall 12: Das birgt auch Sprengstoff

(Anschluss an Fall 9)

Um der Gefahr zu begegnen, dass auf dem Weg über Druckerkartuschen aus dem Ausland Sprengstoff nach Deutschland gelangt, erlässt die Bundesregierung weiterhin – wiederum formell ordnungsgemäß – durch Rechtsverordnung des Innen- und des Wirtschaftsministeriums (mit Verlängerungsoption bei Fortbestehen der Gefährdungslage) ein auf 6 Monate befristetes absolutes nationales Einfuhrverbot für sog. Refill-Kartuschen, da diese schon durch die gewerbsmäßige Wiederbefüllung naturgemäß Manipulationsspuren aufwiesen und damit von zu kriminellen Zwecken manipulierten Kartuschen schwer zu unterscheiden seien.

Der belgische Refill-Spezialist R liefert seit Jahren erfolgreich nach Deutschland wie in andere EU-Länder. Er führt an, dass seine Druckerpatronen insbesondere deswegen so erfolgreich seien, weil sie in einem aufwändigen Verfahren auf Fremdstoffe kontrolliert, dann eingeschweißt und gesiegelt werden. Die Verwechslungsgefahr mit anderen manipulierten Kartuschen sei deswegen ausgeschlossen.

Frage 1:

Ist die Maßnahme der Bundesregierung mit EU-Recht vereinbar?

Frage 2:

Die belgische Regierung will im Interesse der belgischen Exporteure gerichtlich intervenieren. Was kann sie gegen die Rechtsverordnung unternehmen? Wäre insoweit die Europäische Kommission zu beteiligen?

Bearbeitervermerk:
Es existieren keine einschlägigen sekundärrechtlichen Vorschriften zu dieser Frage.

Lösungshinweise Fall 12: „Das birgt auch Sprengstoff!"

(Schwerpunkt: Warenverkehrsfreiheit; mengenmäßige Einfuhrbeschränkung; geschriebene Rechtfertigungsgründe)

In Betracht kommt mangels Vorliegens sekundärrechtlicher Vorschriften eine Verletzung des Vertrages über die Arbeitsweise der Europäischen Union.

Zu prüfen ist, ob die Grundfreiheiten nach dem AEUV verletzt sind. In Betracht kommt eine Verletzung der Warenverkehrsfreiheit.

1. Tatbestand

a) Ware

Ware iSd Art. 28 AEUV ist jedes Gut, das Gegenstand legaler Handelsgeschäfte sein kann. Die Refill-Kartuschen sind in Belgien legal hergestellt und dürfen auch dort grundsätzlich gehandelt werden. Eine Ware liegt vor.

b) Grenzüberschreitender Sachverhalt

In den Schutzbereich der binnenmarktbezogenen Grundfreiheiten fallen nur grenzüberschreitende Sachverhalte. Reine Inlandssachverhalte werden von vornherein nicht erfasst. Hier ist der europaweite grenzüberschreitende Verkehr mit Refill-Kartuschen betroffen, nicht zuletzt auch in die Bundesrepublik.

2. Beschränkung der Warenverkehrsfreiheit

Beschränkungen der Warenfreiheit können monetär (Zölle und Abgaben gleicher Wirkung) und nicht-monetär (Ein-/Ausfuhrbeschränkungen und Maßnahmen gleicher Wirkung) vorgenommen werden. Für eine monetäre Maßnahme liegt kein Anhaltspunkt vor.

Denkbar ist eine mengenmäßige Einfuhrbeschränkung oder eine Maßnahme gleicher Wirkung. Letztere wäre im Sinne des Art. 34 AEUV ist gegeben, wenn eine staatliche Maßnahme auch nur potentiell den Absatz der Ware negativ beeinträchtigt. Hier liegt aber sogar eine mengenmäßige Einfuhrbeschränkung („Nullkontingent", wenn auch zeitlich befristet) vor. Durch den Erlass der Rechtsverordnung liegt auch eine staatliche Maßnahme vor. Ein Eingriff in die Warenverkehrsfreiheit gem. Art. 34 AEUV könnte also grundsätzlich vorliegen.

Die Ausnahme nach der Keck-Formel greift nicht ein. Zwar sind alle (zumindest ausländischen) Kartuschen-Lieferer gleich betroffen, jedoch ist weder der freie Marktzugang weiter gewahrt, noch liegt eine bloße Verkaufsmodalität vor, da an die Ware selbst bez. ihrer Art und Zusammensetzung angeknüpft wird. Damit bleibt es beim Vorliegen eines Eingriffs in die Warenverkehrsfreiheit.

3. Rechtfertigung

Fraglich ist, ob die Einfuhrbeschränkung gerechtfertigt sein könnte.

a) Geschriebene Ausnahmetatbestände

Vorrangig sind die gesetzlich formulierten Gründe des Art. 36 AEUV zu prüfen. Einschlägig ist hier der öffentlichen Ordnung und Sicherheit. Zu beachten ist, dass dieser sog. „ordre public"-Vorbehalt enger gefasst ist als die nationale deutsche Definition; so verlangt der EuGH – unter Abgrenzung von Aspekten der öffentlichen Ordnung und der öffentlichen Sicherheit (EuGH, Rs. 72/83, Slg. 1983, 2727, Rn. 33 – Campus Oil) – regelmäßig schwerwiegende Beeinträchtigungen nationaler Interessen, denen der Mitgliedstaat mittels einer staatlichen Maßnahme entgegenwirken will (vgl. etwa EuGH, Rs. 72/83, Slg. 1983, 2727, Rn. 34 – Campus Oil). Für die Betroffenheit der öffentlichen Ordnung bspw. reicht es aus, wenn die Maßnahme einer Verfolgung oder Verhinderung von Taten dient, die als Straftat verfolgt werden können (EuGH Rs. C 239/90, Slg. 1991, I-2023 Rn. 23 – Boscher).

Durch potentielle Sprengstoffanschläge sind hochwertige Rechtsgüter wie Leib und Leben und auch wichtigste staatliche Interessen bis hin zur Existenzbedrohung gefährdet. Der Rechtfertigungsgrund greift also. Ebenso kann – selbst bei der gebotenen restriktiven Auslegung dieser Merkmale (vgl. EuGH Rs. C-17/93, Slg. 1994, I-3527 Rn. 17 f. – Van der Veldt) - auch der Schutz der Gesundheit, Leib und Leben von Menschen als Rechtfertigungsgrund herangezogen werden.

Nach den bisherigen Erfahrungen ging die Gefährdung lediglich von importierten Kartuschen aus; die Rechtsverordnung kann so auch nicht als Mittel zur willkürlichen Diskriminierung oder als verschleierte Handelsbeschränkung betrachtet werden.

b) Verhältnismäßigkeit

Durch die Maßnahme müsste aber der allgemeine unionsrechtliche Grundsatz der Verhältnismäßigkeit gewahrt sein. Zu beachten ist also insbesondere, ob die mitgliedstaatliche Maßnahme den Zweck tatsächlich fördert und ob dem Zweck nicht auch in einer weniger einschneidenden Weise gedient werden kann.

aa) Legitimes Ziel

Ein legitimes Ziel liegt mit dem Schutz der öffentlichen Ordnung und Sicherheit vor, s.o.

bb) Geeignetheit

Durch das Einfuhrverbot werden zumindestens Anschläge mit präparierten Importkartuschen verhindert, daher ist die Maßnahme auch zweckförderlich und damit geeignet.

cc) Erforderlichkeit

Fraglich ist, ob sie auch erforderlich ist. Der belgische Händler gibt an, gerade eine spezielle Methode zu haben, die eine Manipulation durch Prüfung und Versiegelung faktisch ausschließen soll. Demnach wäre ein komplettes Einfuhrverbot für Kartuschen dieser Art u.U. nicht erforderlich, durch mildere Maßnahmen (Generelles Vorschreiben entsprechender Versiegelungsmaßnahmen, Kontrolle direkt durch Hersteller oder auch Stichprobenkontrollen bei Einfuhr) ist das Ziel möglicher Weise ebenso gut erreichbar.

Demgegenüber ist zu erwägen, dass selbst die strengste Kontrolle keinen absoluten Schutz bieten kann, und das Risiko, doch eine manipulierte Kartusche zu befördern, mit Blick auf die Intensität des möglichen Schadens für hochwertige Rechtsgüter zu schwer wiegt. Somit ist die Annahme vertretbar, dass zwar mildere Maßnahmen existieren, diese aber in der konkreten Gefährdungslage nicht ebenso tauglich sind wie ein Einfuhrverbot. Demnach wäre die Erforderlichkeit gegeben.

Ohne dass dieser Prüfpunkt in der Rechtsprechung des EuGH in der entsprechenden Deutlichkeit herausgehoben wird, ist die Verhältnismäßigkeit i.e.S. (Angemessenheit) zu prüfen. Hier ist mit einer Grundfreiheit im Rahmen des Gemeinsamen Marktes eine prägende und tragende Säule des kompletten Gefüges der EU betroffen. Das Verbot hätte Auswirkungen weit über einzelne Personen bzw. ja sogar über die Grenzen Deutschlands hinaus.

Dennoch wiegt das Ziel, Menschenleben vor Anschlägen zu schützen, wohl mindestens ebenso schwer. Gerade die Aufzählung von Gesundheit, Leib und Leben in den Rechtfertigungsgründen des Art. 36 AEUV zeigt die überragende Bedeutung dieser Rechtsgüter. Zugleich ist das Einfuhrverbot – wenn auch mit Verlängerungsoption – nur zeitlich befristet. Daher ist die Verhältnismäßigkeit zu bejahen.

> **Anm.**: Im Ergebnis sind wieder beide Varianten vertretbar.

Ergebnis: Eine Verletzung der Warenverkehrsfreiheit ist zu verneinen.

Frage 2:

Die belgische Regierung könnte gegen die Bundesrepublik eine Vertragsverletzungsklage als Staatenklage, Art. 259 AEUV, beim EuGH erheben. Die belgische Regierung könnte insoweit geltend machen, dass die deutsche Rechtsverordnung Grundfreiheiten des AEUV verletzt sind.

Zu beachten ist, dass vorher die Kommission als „Hüterin der Verträge" eingeschaltet werden muss, um in einem Vorverfahren nach Anhörung der Beteiligten eine Stellungnahme abzugeben, Art. 259 S. 2 AUEV.

Fall 13: „Lejía razepuzo"

Laut Artikel 2 Absatz 2 des Königlichen Dekrets 3360/1983 in der Fassung aufgrund des Real Decreto 349/1993, por el que se modifica la Reglementación técnico-sanitaria de la lejía (Königliches Dekret zur Änderung der sanitär-technischen Regelungen für Bleichlauge) vom 5. März 1993 (BOE Nr. 94 vom 20. April 1993, S. 1251) ist „lejía" (Bleichlauge) definiert als eine Lösung aus alkalischem Hypochlorit mit einem Anteil von aktivem Chlor, der nicht unter 35 g/Liter und nicht über 100 g/Liter liegen darf. Die erste Zusatzbestimmung des Königlichen Dekrets enthält Regelungen für den Fall, dass die Bleichlauge ein Bestandteil des Erzeugnisses ist. Ihr erster Absatz bestimmt, dass der Ausdruck „Bleichlauge" auf dem Etikett eines Erzeugnisses - zusätzlich zu den anderen Stoffen, aus denen dieses Erzeugnis besteht - als Bestandteil nur erscheinen darf, wenn der Anteil von aktivem Chlor an dem in dem Erzeugnis enthaltenen Hypochlorit der gesetzlich für Bleichlauge vorgeschriebenen Konzentration entspricht.

Der deutsche Reinigungsmittelhersteller H stellt ein chlorhaltiges Reinigungsmittel her, das bei einem Chlorgehalt von nur 10 g/Liter aufgrund umweltfreundlicher Wirkverstärker nachweislich die Bleichwirkung eines Reinigungsmittels mit ca. 50 g/Liter Chlorgehalt aufweist und in der Bundesrepublik rechtmäßig unter der Bezeichnung „Ratzeputz-Bleichlauge" vertrieben wird. H will seine Bleichlauge in Spanien unter der Bezeichnung „lejía razepuzo" auf den Markt bringen. Das in spanischer Sprache aufgebrachte Etikett weist den spanischen Begriff für Bleichlauge und neben den übrigen Bestandteilen den Chlorgehalt von 10 g/Liter, sowie den Hinweis „Entspricht der Bleichwirkung von ca. 50 g/Liter Hypochlorit" aus.

Die spanischen Behörden untersagen den Vertrieb von „lejía razepuzo" unter diesem Namen und mit den o.a. Angaben auf dem Etikett unter Hinweis auf Belange des Verbraucherschutzes; spanische Verbraucher würden bei der Angabe „lejía" ein Produkt mit höherem Chlorgehalt erwarten.

Frage: Liegt ein Verstoß gegen Grundfreiheiten vor?

Lösungshinweise Fall 13: „Lejía razepuzo"

(Schwerpunkt: Warenverkehrsfreiheit, Maßnahme gleicher Wirkung; Cassis de Dijon-Formel; zwingende Erfordernisse des Allgemeininteresses; Verhältnismäßigkeit)

Es könnte ein Verstoß gegen die Warenverkehrsfreiheit vorliegen.

1. Tatbestand

a) Ware

Bei der „lejía razepuzo" handelt es sich um eine Ware, nämlich um ein bewegliches Erzeugnis, das Gegenstand legaler Handelsgeschäfte ist.

b) Grenzüberschreitender Bezug

Hier liegt der grenzüberschreitende Bezug in der Einfuhr des Reinigungsmittels von Deutschland nach Spanien.

2. Beschränkung der Warenverkehrsfreiheit

Eine mengenmäßige Einfuhrbeschränkung liegt nicht vor. Es könnte aber eine Maßnahme gleicher Wirkung vorliegen.

Nach der Dassonville-Formel sind Maßnahmen gleicher Wirkung iSd Art. 34 AEUV alle staatlichen Maßnahmen, die geeignet sind, unmittelbar oder mittelbar, tatsächlich oder potentiell den Handelsverkehr zwischen den Mitgliedstaaten zu behindern. Hier stellt das Verbot, das Reinigungsmittel mit den genannten Angaben auf dem Etikett zu vertreiben, ein mittelbares potentielles Handelshemmnis dar, da das Produkt trotz gleicher Wirkung nicht als eine in Spanien gebräuchliche Bleichlauge vertrieben werden darf.

Fraglich ist, ob die Beschränkung der Warenverkehrsfreiheit durch Anwendung der Keck-Formel wieder beseitigt werden kann. Die Keck-Formel betrifft auf Inlands- und Importprodukte unterschiedslos anwendbare, das heißt nichtdiskriminierende Regelungen, die lediglich eine Verkaufsmodalität, also den Vertriebsvorgang betreffen, also nicht produktbezogen sind. Hier ist die Regelung zwar unterschiedslos auf alle Reinigungsmittel auf dem spanischen Markt anwendbar, es wird aber an eine Produkteigenschaft, hier den Chlorgehalt angeknüpft. Mangels Anwendbarkeit der Keck-Formel ist der Eingriff in die Warenverkehrsfreiheit zu bejahen.

Damit müsste nach dem Prinzip wechselseitiger Anerkennung ein Produkt wie die Lejía razepuzo, die in einem Mitgliedstaat (Deutschland) zugelassen ist, in einem anderen Mitgliedstaat (Spanien) grds. verkehrsfähig sein, auch wenn nationale Regelungen dem widersprechen.

3. Rechtfertigung

Zu prüfen ist weiter, ob die Beschränkung, hier das Verbot der spanischen Behörden, die Lejía razepuzo in der vorgelegten Form zu vertreiben, gerechtfertigt ist. Nach der Cassis de Dijon-Formel des EuGH (EuGH, Rs. 120/78 [Cassis de Dijon], Slg. 1979, 649, Rn. 8) gilt:

> *„Hemmnisse für den Binnenhandel der Gemeinschaft, die sich aus den Unterschieden der nationalen Regelungen über die Vermarktung (bestimmter) Erzeugnisse ergeben, müssen hingenommen werden, soweit diese Bestimmungen notwendig sind, um zwingenden Erfordernissen gerecht zu werden, insbesondere den Erfordernissen einer wirksamen steuerlichen Kontrolle, des Schutzes der öffentlichen Gesundheit, der Lauterkeit des Handelsverkehrs und des Verbraucherschutzes."*

a) Zwingendes Erfordernis des Allgemeininteresses

Spanien beruft sich auf den ungeschriebenen Rechtfertigungsgrund des Verbraucherschutzes, der als solcher in der Rechtsprechung des EuGH anerkannt ist; auch wird nicht verdeckt diskriminiert

b) Verhältnismäßigkeit

.Allerdings muss der Rechtfertigungsgrund in verhältnismäßiger Weise angewendet werden. Zweifel bestehen an der Erforderlichkeit der Regelung. Der EuGH geht von einem mündigen Verbraucher aus, der sich aufgrund hinreichender Produktinformationen selbst orientieren kann.

Mit den auf dem Etikett enthaltenen Angaben kann der spanische Verbraucher selbst entscheiden, ob er das Reinigungsmittel mit dem geringeren Chlorgehalt bei gleicher Bleichwirkung erwerben und benutzen möchte.

Die spanische Regelung ist damit unverhältnismäßig und der Eingriff in die Warenverkehrsfreiheit nicht gerechtfertigt.

Ergebnis: Eine Verletzung der Warenverkehrsfreiheit liegt vor.

Fall 14: FCK CPS für alle

(Anschluss an Fall 6)

Einen Effekt hat das Verfahren um die Punkerin F, das ja immerhin bis hin vors Bundesverfassungsgericht gegangen ist, jedenfalls: Sweatshirts mit dem Aufdruck „FCK CPS“ sind der Renner im örtlichen Handel und bald ausverkauft. Der niederländische Bekleidungshersteller S will in die Lücke stoßen und bietet in seinem Factory-Outlet-Laden im niederländischen Ort Groesbeck direkt hinter der deutsch-niederländischen Grenze bei Kleve Sweatshirts, T-Shirts und Base Caps (Schirmmützen) mit dem besagten Aufdruck „FCK CPS“ an. Um die hungrige deutsche Kundschaft auf sein Angebot aufmerksam zu machen, versorgt er zahlreiche Kioske und Frittenbuden im Bereich der Stadt Kleve mit Werbeplakaten, die mit bunten Bildern auf seinen Laden in den Niederlanden und die besagten Kleidungsstücke aufmerksam machen.

Die Ordnungsbehörde der Stadt Kleve wird recht bald aufmerksam auf die betreffenden Plakate. Da man sich mit der örtlichen Polizei gut versteht, sprechen die Mitarbeiter der Ordnungsbehörde die Kiosk- und Frittenbudenbesitzer auf Anweisung der Behördenleitung hin an: Die Stadt könne – was zutrifft – die Plakate zwar nicht verbieten, man sähe es von Seiten der Stadt aber gerne, „wenn man die Plakate nicht mehr sähe“. Schließlich handele es sich um eine unnötige Provokation der örtlichen Polizei, die im Interesse der öffentlichen Ordnung und Sicherheit möglichst zu vermeiden sei. Auch sei das Abnehmen der Plakate dem „Miteinander von Ordnungsbehörde und Gewerbetreibenden“ langfristig sicher zuträglich. Auf diesen „Ratschlag“ hin hängen etwa zwei Drittel der Angesprochenen die Plakate ab.

Der Umsatz des S mit seinen T-Shirts, Sweatshirts usw. geht in der Folge – wenig überraschend – deutlich zurück. Entsprechend empört ist er auch, als er von den Vorgängen, die zu diesem Umsatzrückgang führen, erfährt. Er schimpft einerseits auf die Feigheit der deutschen Ladenbesitzer, hält das Vorgehen der deutschen Behörden aber zugleich für einen Verstoß gegen Grundfreiheiten nach dem AEUV. Die deutschen Behörden halten dagegen, dass die Abnahme der Plakate schließlich freiwillig geschehen sei.

Liegt ein Verstoß gegen Grundfreiheiten des S vor?

Bearbeitervermerk:

Es ist für Fall 13 zu unterstellen, dass die Verfassungsbeschwerde im Fall 6 (FCK CPS) erfolgreich war.

Es ist weiter zu unterstellen, dass keine den Fall betreffenden primär- oder sekundärrechtlichen europäischen Sonderregelungen existieren.

Der Fall ist unter allen im Sachverhalt angelegten rechtlichen Aspekten, ggf. hilfsgutachterlich, zu lösen.

Lösungshinweise Fall 14: FCK CPS für alle

(Schwerpunkte: Warenverkehrsfreiheit, Maßnahme gleicher Wirkung/Keck-Formel; Anforderungen an staatliches Handeln)

Betroffen sein könnte aber die Warenverkehrsfreiheit nach Art. 34 ff. AEUV.

1. Tatbestand

Voraussetzung ist, dass es um Waren iSd Art. 34 ff. AEUV geht. Waren sind körperliche Gegenstände, die Gegenstand von legalen Handelsgeschäften sein können, und die zu diesem Zweck über mitgliedsstaatliche Grenzen verbracht werden.

Im Betracht kommen zunächst die Werbeplakate selbst. Diese erfüllen zwar die Warendefinition, werden aber nicht als Gegenstand von Warengeschäften, also nicht um ihrer selbst willen über die Grenze gebracht. Sie dienen vielmehr nur als Hilfsmittel für den Absatz der Artikel im Factory-Outlet des B in den Niederlanden.

Anknüpfungspunkt könnten aber die Kleidungsstücke im Ladenlokal des B sein. Diese erfüllen als normale Verkaufsobjekte den Warenbegriff. Fraglich ist, ob sie, im Ladengeschäft in den Niederlanden lagernd, über eine mitgliedstaatliche Grenze verbracht werden. Hierfür ist aber nicht erforderlich, dass die Ware die Grenze überschreitet, um im Nachbarland abgesetzt zu werden. Es genügt auch, wenn – wie hier – Kunden aus einem Mitgliedstaat die Grenze überschreiten, die Waren dort erwerben und dann zurück über die Grenze in ihren Heimatstaat verbringen.

Damit erfüllen die beworbenen Artikel im Ladengeschäft des B in den Niederlanden den Begriff der Ware iSd Art. 34 AEUV.

2. Beschränkung der Warenverkehrsfreiheit

a) Mengenmäßige Beschränkung

Für eine mengenmäßige Beschränkung der Wareneinfuhr oder -ausfuhr ist nichts ersichtlich.

b) Maßnahme gleicher Wirkung

Denkbar ist aber eine Maßnahme gleicher Wirkung.

Nach der Dassonville-Forme ist eine Maßnahme jede Handelsregelung der Mitgliedstaaten, die geeignet ist, den innergemeinschaftlichen Handel unmittelbar oder mittelbar, tatsächlich oder potentiell zu behindern (EuGH Rs. 8/74, Slg. 1974, 837 Rn. 5 – Dassonville).

Hier könnte die Aufforderung an die Kiosk- und Frittenbudenbesitzer, die Plakate abzunehmen, eine Maßnahme sein, die den zwischen staatlichen Handel mittelbar potentiell behindert. So dürfte die nunmehr eingeschränkte Werbung für den Laden des B Auswirkungen auf dessen Umsatz haben.

Fraglich ist aber, ob hierin eine staatliche Handelsregelung zu sehen ist. So besteht tatsächlich keine rechtliche Verpflichtung, die Plakate abzunehmen. Das Abnehmen der Plakate erfolgt letztlich freiwillig; zu erkennen ist insoweit auch, dass nicht alle Betroffenen dem „Ratschlag" Folge leisten.

Der Begriff der Handelsregelung hat keine konstitutive Wirkung und wird in späteren Entscheidungen zugunsten des Begriffs der Regelung oder der Maßnahme aufgegeben. Als staatliche Maßnahme kann grds. auch das Verhalten Privater gelten, sofern der Staat Einflussnahmemöglichkeiten auf deren Verhalten hat. Unter einer Behinderung ist jede negative Beeinflussung der Handelsströme durch Beeinträchtigung der Handlungsfreiheit bestimmter Marktteilnehmer zu verstehen. Es genügt, dass diese Behinderung mittelbarer Art ist, womit gesagt ist, dass sie nicht unmittelbar auf die Wareneinfuhr bezogen sein muss. Auch Eingriffe in die Handlungsfreiheit der am Warenverkehr beteiligten Personen, welche auf der Produktions- oder Vertriebsebene ansetzen, werden von Art. 34 AEUV erfasst. Wesentlich ist, ob sie im Ergebnis eine Behinderung des Handels herbeiführen können. Ob eine Maßnahme hierzu geeignet ist, beurteilt der EuGH an Hand allgemeiner Erfahrungswerte, indem er vergleicht, welche Entwicklung mit oder ohne die betreffende Maßnahme eingetreten wäre.

Legt man diese weite Definition der Maßnahme zugrunde, kann auch der – partiell drohende – „Ratschlag" der lokalen Ordnungsbehörde als Maßnahme iSd Dassonville-Formel verstanden werden (aA gut vertretbar). Nach der Dassonville-Formel ist zunächst eine Maßnahme gleicher Wirkung gegeben.

Die Dassonville-Formel kann, da sie sehr weit gefasst ist, durch die Keck-Formel (EuGH, Rs. C-267/91, Slg. 1993, I-6097 Rn. 16 f. – Keck und Mithouard) eingeschränkt werden.

So begründet die Vorgabe reiner Verkaufsmodalitäten dann nicht die Warenverkehrsfreiheit, wenn

- Regelungen nicht das Inverkehrbringen von Erzeugnissen in einem Mitgliedstaat verhindern und damit die Ware oder das Produkt unmittelbar betreffen (EuGH Rs. C-470/93, Slg. 1995, I-1923 Rn. 12 f. – Mars),
- Geltung für alle Wirtschaftsteilnehmer im Inland haben,
- den Absatz inländischer wie ausländischer Erzeugnisse gleichermaßen betreffen
- und mit ihnen keine tatsächliche Diskriminierung einhergeht.

Hier muss also zunächst eine Abgrenzung von zulässigen reinen Verkaufsmodalitäten zu ggf. unzulässigen produktbezogenen Maßnahmen vorgenommen werden. Hier ist zwar nur eine Werbemaßnahme betroffen, diese aber bezogen auf eine bestimmte Ware. Damit ist die Maßnahme produktbezogen, womit die Keck-Formel nicht greift. Auch der Umstand, dass einer Werbemaßnahme seitens eines inländischen Anbieters im Zweifel genauso begegnet würde, ändert hieran nichts.

3. Rechtfertigung

Fraglich ist, ob die Einfuhrbeschränkung gerechtfertigt sein könnte.

Vorrangig sind die gesetzlich formulierten Gründe des Art. 36 AEUV zu prüfen. Einschlägig könnte hier entsprechend der Äußerung der Ordnungsbehörde der Rechtfertigungsgrund der öffentlichen Ordnung und Sicherheit. Zu beachten ist, dass dieser sog. „ordre public"-Vorbehalt enger gefasst ist als die nationale deutsche Definition. So verlangt der EuGH – unter Abgrenzung von Aspekten der öffentlichen Ordnung und der öffentlichen Sicherheit (EuGH, Rs. 72/83, Slg. 1983, 2727, Rn. 33 - Campus Oil) – regelmäßig schwerwiegende Beeinträchtigungen nationaler Interessen, denen der Mitgliedstaat mittels einer staatlichen Maßnahme entgegenwirken will (vgl. etwa EuGH, Rs. 72/83, Slg. 1983, 2727, Rn. 34 – Campus Oil). Für die Betroffenheit der öffentlichen Ordnung bspw. reicht es aus, wenn die Maßnahme einer Verfolgung oder Verhinderung von Taten dient, die als Straftat verfolgt werden können (EuGH Rs. C 239/90, Slg. 1991, I-2023 Rn. 23 – Boscher).

Gegen das Eingreifen solcher vorrangigen Interessen spricht hier bereits, dass die Plakatierung nicht verboten ist, da für Produkte geworben sind, die – entsprechend der Entscheidung des BVerfG – auch im Inland beanstandungslos abgesetzt werden dürfen. Dass die Plakate offenbar nicht erwünscht sind, ändert hieran nichts. In der Folge kann Art. 36 AEUV nicht als Rechtfertigungsgrund herangezogen werden.

Das Eingreifen weiterer Rechtfertigungsgründe ist nicht zu erkennen.

Die Maßnahme stellt damit eine unzulässige Beschränkung der Warenverkehrsfreiheit dar; ein Verstoß gegen Art. 34 AEUV ist gegeben.

Fall 15: „Von Särgen und Salben"

Der belgische Bestattungsunternehmer B betreibt sein Unternehmen in der Nähe der belgisch-niederländischen Grenze. Sein Betrieb hat eine Zentrale und fünf Filialen, die im Einklang mit belgischem Recht jeweils von Angestellten geführt werden. Er selbst besitzt als einziger in seinem Unternehmen einen einem Meistertitel vergleichbaren Abschluss und leitet die Zentrale.

Da immer mehr Kunden aus den Niederlanden zu ihm kommen, um Bestattungen in Auftrag zu geben, überlegt er, unweit der Grenze in den Niederlanden eine Zweigniederlassung zu errichten. Auf Nachfrage bei der zuständigen niederländischen Behörde wird ihm mitgeteilt, dass die Ausbildungswege und -inhalte im Bestattungswesen im Wesentlichen denen in Belgien entsprechen. B plant, einen seiner flämisch-sprachigen Angestellten mit Gesellenprüfung, der bislang erfolgreich eine belgische Filiale geleitet hat, mit der Leitung der niederländischen Zweigstelle zu betrauen.

Auf seine Andeutung gegenüber der zuständigen niederländischen Behörde, so verfahren zu wollen, teilt ihm diese mit, dass das nach niederländischem Recht nicht ginge. Schließlich sei das Bestattungsgewerbe von eine besonderen Vertrauensverhältnis zwischen Kunden und Bestattern geprägt. Deswegen sei – was zutrifft – nach niederländischem Recht verlangt, dass die Betriebe jeweils von einem Bestatter mit einem Meistertitel oder einem vergleichbaren Abschluss geführt werden müssten. Bei Filialbetrieben sei dies dadurch zu gewährleisten, dass entsprechendes Personal angestellt werde.

Begründet wird die Regelung zunächst mit den Gründen der öffentlichen Ordnung und Sicherheit. Schließlich bestehe bei einfachen Angestellten stets die Gefahr, dass diese, um ihren Aufstieg im Unternehmen zu sichern, den Kunden im Moment des größten Schmerzes unsinnige und überteuerte Angebote „aufschwatzten". Diese Gefahr sei bei einem Bestattermeister, der in seinem Beruf bereits alles erreicht habe, deutlich geringer. Zu begründen sei die Regelung damit zugleich mit dem Verbraucherschutz.

B trägt dagegen vor, dass die Beschäftigung von Angestellten mit der Qualifikation eines Meisters die Gründung einer Zweigniederlassung wegen der höheren Entlohnung wirtschaftlich uninteressant mache. Seine Angestellten seien verdiente Kräfte und würden schon zutreffend beraten.

Ähnliches widerfährt der D, einer GmbH nach niederländischem Recht, in Deutschland. Die D-GmbH betreibt in den Niederlanden Apothekenfilialen und will sich auf das Gebiet der Bundesrepublik ausdehnen und begehrt eine Zulassung für die Stadt Aachen. Hier widerspricht die zuständige Bezirksregierung Köln mit Blick auf das deutsche Apothekengesetz (ApoG), das die Leitung von Apotheken natürlichen Personen vorbehält. Ziel der deutschen Regelung sei es, die unabhängige, nur an sachlichen Kriterien orientierte Beratung sicherzustellen. Das ApoG diene so dem Schutz der Volksgesundheit. Hiergegen wendet D ein, dass die Regelungen gegen Unionsrecht verstießen, und macht seine Niederlassungsfreiheit geltend. Schließlich sehe auch das deutsche Recht die Möglichkeit vor, approbierte Apotheker anzustellen. Wieso in einem solchen Fall von einem Angestelltenverhältnis zu einer juristischen Person eine größere Gefahr einer gewinn- und nicht am Patientenwohl orientierten Beratung ausgehe, sei nicht ersichtlich. Die Verpflichtung auf das patientenwohl sei – was zutrifft – bereits durch berufsrechtliche Vorgaben in den Niederlanden gleich wie in Deutschland – vorgegeben. Zudem weist die D darauf hin, dass in ihren Anstellungsverträgen mit den angestellten Apothekern das Direktionsrecht der D bez. der Verschreibung von Medikamenten weithin zurückgenommen sei.

B und D sehen sich jeweils in ihrer Niederlassungsfreiheit verletzt.

Zu Recht?

Bearbeitervermerk: Es ist jeweils davon auszugehen, dass keine sekundärrechtlichen Regelungen zu den genannten Bereichen existieren.

Auszug aus dem ApoG

§ 1

(1) Den Apotheken obliegt die im öffentlichen Interesse gebotene Sicherstellung einer ordnungsgemäßen Arzneimittelversorgung der Bevölkerung. (...)

§ 2

(1) Die Erlaubnis ist auf Antrag zu erteilen, wenn der Antragsteller

(...)

2. voll geschäftsfähig ist;

(...)

4. die für den Betrieb einer Apotheke erforderliche Zuverlässigkeit besitzt; dies ist nicht der Fall, wenn Tatsachen vorliegen, welche die Unzuverlässigkeit des Antragstellers in bezug auf das Betreiben einer Apotheke dartun, insbesondere wenn strafrechtliche oder schwere sittliche Verfehlungen vorliegen, die ihn für die Leitung einer Apotheke ungeeignet erscheinen lassen, oder wenn er sich durch gröbliche oder beharrliche Zuwiderhandlung gegen dieses Gesetz, die auf Grund dieses Gesetzes erlassene Apothekenbetriebsordnung oder die für die Herstellung von Arzneimitteln und den Verkehr mit diesen erlassenen Rechtsvorschriften als unzuverlässig erwiesen hat

(...)

§ 8

Mehrere Personen zusammen können eine Apotheke nur in der Rechtsform einer Gesellschaft bürgerlichen Rechts oder einer offenen Handelsgesellschaft betreiben; in diesen Fällen bedürfen alle Gesellschafter der Erlaubnis. Beteiligungen an einer Apotheke in Form einer Stillen Gesellschaft und Vereinbarungen, bei denen die Vergütung für dem Erlaubnisinhaber gewährte Darlehen oder sonst überlassene Vermögenswerte am Umsatz oder am Gewinn der Apotheke ausgerichtet ist, insbesondere auch am Umsatz oder Gewinn ausgerichtete Mietverträge sind unzulässig. Pachtverträge über Apotheken nach § 9, bei denen die Pacht vom Umsatz oder Gewinn abhängig ist, gelten nicht als Vereinbarungen im Sinne des Satzes 2. Die Sätze 1 bis 3 gelten für Apotheken nach § 2 Abs. 4 entsprechend.

Lösungshinweise Fall 15: „Von Salben und Särgen"

(partiell angelehnt an EuGH, C-171/07, Slg. 2009, I-4171 – DocMorris)

B und D könnten in Ihrer Niederlassungsfreiheit aus Art. 49 AEUV verletzt sein.

1. Anwendungsbereich

B und D müssten zunächst in den Anwendungsbereich der Niederlassungsfreiheit fallen. Hier begehren beide die Gründung von Zweigniederlassungen in einem anderen Mitgliedstaat, was von Art. 49 Abs. 1 S. 2 AEUV ausdrücklich erfasst ist. Aus Art. 49 Abs. 2 AEUV ist zugleich die Erstreckung auf Kapitalgesellschaften wie die D zu ersehen.

2. Beschränkung

Fraglich ist, ob die Niederlassungsfreiheit beschränkt wird.

a) Beschränkung des B

Indem das niederländische Recht allgemein das Führen eines Bestattungsunternehmens nur unter Leitung eines Meisters, bzw. die Führung von Zweigniederlassungen mit angestellten Meistern vorschreibt, liegt in der Norm keine offene oder versteckte Diskriminierung, sie wirkt insoweit unterschiedslos auf inländische wie ausländische Marktteilnehmer.

Allerdings enthält Art. 49 AEUV ein ausdrückliches Beschränkungsverbot. Dies hat der EuGH in seinem Gebhard-Urteil und in mittlerweile ständiger Rechtsprechung - auch für die Niederlassungsfreiheit - bestätigt.

Nach der Rspr. des EuGH sind bereits solche Maßnahmen als Beschränkung der Niederlassungsfreiheit anzusehen, aufgrund derer die Ausübung der Grundfreiheit unterbunden, behindert oder auch nur weniger attraktiv gemacht wird.

Das niederländische Recht zur Ausgestaltung von Bestattungsunternehmen ist geeignet, die Gründung von Zweigniederlassungen in den Niederlanden.

Fraglich ist aber, ob der weite Begriff der Beschränkung in entsprechender Anwendung der Keck-Formel eingeschränkt sein könnte. So will der EuGH die Keck-Formel zwar nicht vorbehaltlos auf die Niederlassungsfreiheit übertragen wissen (vgl. hierzu Nettersheim, NVwZ 1996, 342, 344 mwN). Allerdings soll den Mitgliedstaaten nicht verwehrt werden, in eigener Verantwortung Maßnahmen zur Marktorganisation zu betreiben. Damit ist zu fragen, ob die betreffende nationale Regelung das „Ob" der Niederlassung betrifft, was als Beschränkung der Niederlassungsfreiheit anzusehen wäre, oder ob nur das „Wie" der Niederlassung – unterschiedslos – geregelt wird (vgl. EuGH, Rs. 221/85, Slg. 1987, 734, 737).

Die betreffende niederländische Regelung hindert B nicht, eine Niederlassung in den Niederlanden zu begründen. Es handelt sich lediglich um eine innerorganisatorische Maßnahme, die – jedenfalls aufgrund geringerer Schwere – bereits keine Beschränkung der Niederlassungsfreiheit darstellt.

b) Beschränkung des D

Auch die Verweigerung der Niederlassung ggü. D ist keine Diskriminierung, da die Regeln unterschiedslos für deutsche und EU-ausländische Bewerber gelten. Allerdings liegt nach der Gebhard-Entscheidung des EuGH eine Beschränkung vor, wenn „nationale Maßnahmen, die die Ausübung der durch den Vertrag garantierten grundlegenden Freiheiten behindern oder weniger attraktiv machen" (EuGH, C-55/94, Slg. 1995, I-04165 – Gebhard). Dadurch, dass die deutschen Behörden gestützt auf das ApoG die Niederlassung der D in Deutschland aufgrund ihrer Organisationsform als GmbH verhindern, liegt eine Einwirkung auf das „Ob" der Niederlassung vor, damit eine Beschränkung der Niederlassungsfreiheit.

3. Rechtfertigung

Die Beschränkung der Niederlassungsfreiheit für D könnte gerechtfertigt sein. Dabei geht es um drei Voraussetzungen: Die nationale Regelung dürfte nicht diskriminierend angewendet worden sein, die Beschränkung muss aus zwingenden Gründen des Allgemeininteresses erfolgt sein und die Grenzen der Verhältnismäßigkeit müssten gewahrt sein. Dazu mit der Regelung die Verwirklichung des verfolgten Zieles zu gewährleisten sein, und das Vorgehen muss auf das beschränkt sein, was zur Erreichung dieses Zieles erforderlich ist.

a) Nicht diskriminierende Anwendung

Hier wird die nationale Regelung des § 8 ApoG in nicht diskriminierender Weise angewendet, da das Verhalten in gleicher Weise nationalen Marktteilnehmern verwehrt wäre.

b) Vorliegen eines zwingenden Erfordernisses des Allgemeininteresses

Die öffentliche Gesundheit oder Volksgesundheit ist geschriebener Rechtfertigungstatbestand gem. Art. 52 Abs. 1 AEUV. Damit beruft sich Deutschland auf ein zwingendes Erfordernis des Allgemeininteresses.

c) Verhältnismäßigkeit

aa) Legitimer Zweck

Zunächst ist Zweck der Regelung die Wahrung der Volksgesundheit durch Sicherstellen einer unabhängigen, nur an sachlichen Kriterien und dem Patientenwohl verpflichteten Beratung.

bb) Geeignetheit

Hierzu kann der Ausschluss von Kapitalgesellschaften, die tendenziell auf größeres Gewinnstreben zugunsten der Gesellschafter geprägt sind, vom Betrieb von Apotheken jedenfalls als Zweckförderlich, damit geeignet erachtet werden.

cc) Erforderlichkeit (Angemessenheit)

Zunächst ist festzustellen, dass der Schutz der Volksgesundheit ein hohes Gut ist, so dass der nationale Gesetzgeber vorbeugend regeln darf, ohne abwarten zu müssen, ob durch anderweitige Regelungen der Schutz der Bevölkerung gleichermaßen oder nur schlechter gewährleistet ist. Auch wird den Mitgliedstaaten die Entscheidung über das Niveau des gewährten Schutzes zuzugestehen sein.

Zwar wollen auch natürliche Personen als Apotheker Gewinne erwirtschaften. Als Berufsapotheker ist bei ihm aber davon auszugehen, dass er die Apotheke nicht nur aus rein wirtschaftlichen Zwecken betreibt, sondern auch unter einem beruflich-fachlichen Blickwinkel. Damit wird sein privates Interesse an Gewinnerzielung somit durch seine Ausbildung, seine berufliche Erfahrung und die ihm obliegende Verantwortung gezügelt, da ein etwaiger Verstoß gegen Rechtsvorschriften oder berufsrechtliche Regeln nicht nur den Wert seiner Investition, sondern auch seine eigene berufliche Existenz erschüttert (so EuGH, Slg. 2009, I-4171 Rn. 38).

Als milderes Mittel könnte die von D in ihren Verträgen niedergelegte Beschränkung des Direktionsrechts anzusehen sein. Diese würde zwar, wenn danach verfahren wird, die unabhängige und unbeeinflusste Beratung durch den angestellten Apotheker sichern. Allerdings ist die Einhaltung dieser Zurückhaltungsverpflichtung seitens der Kapitalgesellschaft kaum kontrollierbar.

Stehen sich somit die Volksgesundheit auf der einen und die Niederlassungsfreiheit auf der anderen Seite gegenüber, ist es vertretbar, trotz der gewichtigen Zielsetzung der Vollendung des Binnenmarktes dem hohen Gut der Volksgesundheit den Vorrang einzuräumen.

Damit kann die Verhältnismäßigkeit der nationalen Regelung bejaht werden.

Damit sind B (der bereits nicht in seiner Niederlassungsfreiheit beschränkt ist) und D nicht in ihrer Niederlassungsfreiheit verletzt.

> **Anm.**: Die Lösungshinweise folgen weithin der Argumentation des EuGH. Mit guten Gründen wäre aber auch ein gegenteiliges Ergebnis vertretbar. Offenbar hat der EuGH das dem deutschen Kunden vertraute Bild des eigenständig agierenden „Apothekers des Vertrauens" geachtet.

Fall 16: „Weise Führer nach Athen“

Die AkademiTours Bustouristik-GmbH bietet seit Jahren ca. 25 mal im Jahr Bustouren nach Athen an, um dort deutschen akademischen Bildungsbürgern die brüchige Schönheit der Akropolis näher zu bringen. Mit an Bord ist regelmäßig der K, ein studierter Kunsthistoriker, der mit Auszeichnung bestanden, dann aber standesgemäß keine besseren Job als den eines Fremdenführers für deutsche akademische Bildungsbürger gefunden hat.

Doch von einem Moment zum anderen bricht die Welt für die AkademiTours Bustouristik GmbH und den K zusammen. Eine neu erlassene Satzung der Stadt Athen schreibt vor, dass die Führungen auf dem Gelände der Akropolis nur von Fremdenführern durchgeführt werden dürfen, die bei der Stadt Athen angestellt sind und speziell geschult sind. Als Begründung wird angeführt, dass die speziell geschulten einheimischen Fremdenführer die Schönheit der Akropolis wesentlich besser zu schützen in der Lage seien, und so zum einen die öffentliche Ordnung auf der Akropolis gewahrt werden könne, und die Regelung zum anderen dem Schutz nationalen Kulturgutes diene.

Weiterhin wird geltend gemacht, dass der Tourismusverkehr rund um die Akropolis mit ihren zahlreichen heimischen Führern einen wesentlichen Wirtschaftsfaktor für Athen ausmache. Da immer mehr ausländische Reiseunternehmen eigene Führer mitbrächten, sei die betreffende Regulierung zur Bewahrung des Arbeitsfriedens zwingend erforderlich.

Für die AkademiTours Bustouristik GmbH würden durch die Inanspruchnahme der regionalen Führer deutlich höhere Kosten entstehen; auch müsste sie mindestens fünf ihre angestellten Reisebegleiter entlassen. Die eigenen Fremdenführer wie den K bei der Stadt Athen schulen zu lassen, sei unter Umständen noch möglich; allerdings sei deren Übergang in ein Anstellungsverhältnis mit der Stadt Athen weithin ausgeschlossen.

Insgesamt sieht sich die AkademiTours Bustouristik GmbH in ihren Grundfreiheiten verletzt.

Zu Recht?

Bearbeitervermerk:
Es existieren keine einschlägigen sekundärrechtlichen Vorschriften zu dieser Frage.

Lösungshinweise Fall 16: „Weise Führer nach Athen"

(angelehnt an EuGH, Rs. 398/95, Slg. 1997, I-3091; Schwerpunkt: Dienstleistungsfreiheit, Auslandsbezug, Subsidiarität)

Die AkademiTours Bustouristik GmbH könne in ihrer Dienstleistungsfreiheit verletzt sein.

I. Tatbestand

Es müsste eine Dienstleistung iSd Art. 56 f. AEUV vorliegen. Dies könnte zweifelhaft sein, da hier der Dienstleistungserbringer und die Dienstleistungsempfänger aus dem gleichen Mitgliedstaat stammen.

Hier könnte aber eine sog. auslandsbedingte Dienstleistung vorliegen, bei der Dienstleistungserbringer und Dienstleistungsempfänger zwar im gleichen Mitgliedstaat ansässig sind, der grenzüberschreitende Bezug aber durch die Leistungserbringung im Ausland hergestellt wird.

Genau dieser Umstand ist gegeben: Das Unternehmen und die Reisenden sind in Deutschland ansässig, die Dienstleistung (Reiseleistungen) werden im Wesentlichen im EU-Ausland, hier in Griechenland erbracht. Da die AkademiTours Bustouristik GmbH auch nicht zu den Gutmenschen Stufe 5 zählen wird, ist naheliegend, dass die Reiseleistungen gegen Entgelt erbracht werden.

Fraglich ist, ob die hohe Frequenz der Touren nach Athen gegen das Eingreifen der Dienstleistungsfreiheit spricht. Zweifelhaft könnte sein, ob die Leistungserbringung vorübergehend erfolgt. Hier ist allerdings anzumerken, dass insb. in den Fällen, in denen keine Infrastruktur besteht, die Häufigkeit der Leistungserbringung nicht für ein Eingreifen der Niederlassungsfreiheit anstelle der Dienstleistungsfreiheit spricht.

II. Beschränkung

Durch das Erfordernis, dass nur speziell geschulte und bei der Stadt Athen angestellte Reiseführer Führungen auf der Akropolis übernehmen dürfen, wird die Dienstleistungsfreiheit der AkademiTours Bustouristik GmbH beschränkt.

> „*Artikel 59 EG-Vertrag* [heute Art. 56 AEUV] *verlangt jedoch nicht nur die Beseitigung sämtlicher Diskriminierungen von Dienstleistungserbringern aufgrund ihrer Staatsangehörigkeit, sondern auch die Aufhebung aller Beschränkungen - selbst wenn sie unterschiedslos für einheimische Dienstleistungserbringer wie für Dienstleistungserbringer anderer Mitgliedstaaten gelten -, wenn sie geeignet sind, die Tätigkeit von Dienstleistungserbringern, die in einem anderen Mitgliedstaat ansässig sind und dort rechtmäßig entsprechende Dienstleistungen erbringen, zu unterbinden oder zu behindern (Urteil vom 25. Juli 1991 in der Rechtssache C-76/90, Säger, Slg. 1991, I-4221, Randnr. 12). Ist*

eine Beziehung, die Dienstleistungen eines Fremdenführers im Rahmen der Durchführung von Tourismusprogrammen in einem Mitgliedstaat zum Gegenstand hat, nach einer Regelung der genannten Art zwingend als Arbeitsverhältnis im Sinne des nationalen Rechts dieses Staates zu qualifizieren, so wird dadurch Fremdenführern aus anderen Mitgliedstaaten die Möglichkeit genommen, ihre Tätigkeit in dem erstgenannten Mitgliedstaat selbständig auszuüben. Durch eine solche Regelung werden Fremdenführer aus anderen Mitgliedstaaten somit in ihrer Freiheit behindert, derartige Dienstleistungen selbständig zu erbringen." (EuGH, Rs. 398/95, Slg. 1997, I-3091, Rn. 16 ff.)

III. Rechtfertigung

Fraglich ist, ob die Beschränkung der Dienstleistungsfreiheit hier gerechtfertigt sein könnte.

1. Geschriebene Ausnahmen

In Betracht kommt ein Eingreifen der geschriebenen Rechtfertigungsgründe nach Art. 62, 52 Abs. 1 AEUV.

a) Schutz der öffentlichen Ordnung

Hier könnte, wie von Griechenland vorgetragen, die öffentliche Ordnung heranzuziehen sein. Voraussetzung hierfür ist, dass eine tatsächliche und hinreichend schwere Gefährdung vorliegt, die ein Grundinteresse der Gesellschaft berührt. Dies ist bereits zweifelhaft, da nicht erkennbar ist, wieso ausländische Fremdenführer größere Zerstörungen an der Akropolis herbeizuführen imstande sein sollten. Selbst wenn man das Eingreifen des Rechtfertigungsgrundes „öffentliche Ordnung" bejahen würde, wäre insb. aber die Notwendigkeit eines Anstellungsverhältnisses mit der Stadt Athen hier in keiner Weise förderlich und damit unverhältnismäßig.

b) Schutz des nationalen Kulturerbes

Zuzugestehen ist, dass die Akropolis zum nationalen Kulturerbe Griechenlands zählen mag, Art. 62 AEUV verweist aber nur auf Art. 52 Abs. 1 AEUV, wo der Schutz des Kulturerbes nicht erfasst ist. Dieser gehört zu den Rechtfertigungsgründen des Art. 36 AEUV.

2. Zwingende Erfordernisse des Allgemeininteresses

a) Schutz des Arbeitsfriedens

Der EuGH (EuGH, Rs. 398/95, Slg. 1997, I-3091, Rn. 23.) führt hierzu aus:

> *„Die Wahrung des Arbeitsfriedens als Mittel, einen Tarifkonflikt zu beenden und so negative Auswirkungen auf einen Wirtschaftszweig und damit auf die Wirtschaft eines Landes zu verhindern, ist aber als Ziel wirtschaftlicher Art anzusehen, das keinen Grund des Allgemeininteresses darstellen kann, der eine Beschränkung einer durch den Vertrag gewährleisteten Grundfreiheit rechtfertigen könnte."*

Damit stellt der Arbeitsfrieden hier kein zwingendes Erfordernis des Allgemeininteresses dar.

b) Schutz des nationalen Kulturerbes

Der Schutz nationalen Kulturgutes könnte aber als zwingendes Erfordernis des Allgemeininteresses angeführt werden; der Katalog der ungeschriebenen Rechtfertigungsgründe ist insoweit offen.

Allerdings ist insoweit auf die Ausführungen zur öffentlichen Ordnung zu verweisen. Insb. die Notwendigkeit, Fremdenführertätigkeiten nur auf Grundlage eines Arbeitsverhältnisses mit der Stadt Athen zu erlauben, wäre, wenn die betreffende Regulierung überhaupt zum Schutz des Kulturerbes beiträgt, in keiner Weise förderlich und damit unverhältnismäßig.

Ergebnis: Die AkademiTours Bustouristik GmbH ist damit in ihrer Dienstleistungsfreiheit verletzt.

Stichwortverzeichnis

Die Zahlen verweisen auf die Seiten.